건설, 플랜트, 제작, 공사를 위한

물류의 정석(Ⅰ)

앤디 박

저자는 만경고등학교와 서강대학교를 졸업하고 LG건설에서 조달업무를 수행하였습니다.
삼성엔지니어링에서는 다수의 해외 Project 물류업무를 담당하였습니다.
사우디아라비아 현지 조달업무를 총괄하는 IPO장을 역임했으며, 수석엔지니어로 퇴직하였습니다.
현재 DPL 부사장으로 재직중입니다.
andypark@dplogistics.co.kr
livestory@daum.net

건설, 플랜트, 제작, 공사를 위한 물류의 정석(Ⅰ)

초판 인쇄 2019년 7월 10일
초판 발행 2019년 7월 19일
지은이 앤디 박
펴낸이 최국주
펴낸곳 동명사
출판등록 1950년 11월 1일(제1-76호)
주소 (우 10881) 경기도 파주시 회동길 50(문발동)
전화 031-955-7200(대표)~2, 7203(편집부), 7204(물류)
팩스 031-955-7205
전자우편 webmaster@dmsbook.com
홈페이지 www.dmsbook.com

東明社

ISBN 978-89-411-8204-7 93530
값 75,000원

책을 펴내며

이 책이 출간될 수 있도록 많은 배려를 해주시고 인생의 나침반이 되어주신 디피로지스틱스의 김인호 사장님과 김주현 전 대표님께 깊이 감사드립니다. 요양생활을 하고 있을 때, 안부를 염려해주시고, 현재도 늘 조언을 해주시는 대우로지스틱스의 김상억 사장님과 김유숙 이사님, 하어육 팀장님, 하동훈 부장님께 감사드립니다. 바쁜 업무 중에도 자료를 정리하고 탈고에 도움을 준 강은혜, 김동욱, 김수호, 김연진, 나영희, 박민아, 박민호, 박성욱, 손동우, 안혜진, 오도섭, 이주형, 이화정, 정윤호, 최서윤, 디피로지스틱스 가족들에게도 감사드립니다.

어떻게 하면 우리 직원들이 시간에 쫓기지 않으면서 좀 더 쉽게 업무에 임할 수 있을지 고민했습니다. 직원들을 위한 교육자료를 만들기 시작한 것이 계기가 되어 이 책이 탄생하게 되었습니다. 시행착오를 줄이고 보다 효율적으로 물류업무를 수행하도록 하자는 것이 이 책의 근본 취지입니다. 물류업계에 종사하는 동안 참고할 만한 교재의 부재로 인해 필자가 겪었던 만큼 어려운 과정을 겪고 있을 후배 물류인들에게 이 책이 실전과도 같은 길잡이 역할을 할 수 있기를 바랍니다.

> "도량형의 난맥상은 정신을 혼란시켜 상거래를 저해한다. 미래에도 영원히 바뀌지 않을 것을 기초로 하여 새로운 단위를 만들자"

이는 프랑스의 탈레랑이 새로운 도량형 도입의 당위성을 주창(主唱)하면서 한 말입니다.

필자도 이와 비슷한 생각을 해보았습니다. 시간은 좀 걸리더라도 제대로 된 지침서를 만들자는 목표를 설정하고 집필에 임했습니다. 원리적 접근과 함께 현장의 경험을 토대로 처음 물류업무를 접하는 분들도 이해하기 쉽도록 다양한 사례들을 활용하였습니다.

이 책의 주제를 한 마디로 표현하면 '선행관리'입니다. 물류조직이 영속할 수 있는 방안을 제시하라면 필자는 주저없이 선행관리라고 답변할 것입니다. 이 책은 선행관리의 중요성을 부단히 강조하고 있습니다. 이를 통해 물류의 성과를 극대화할 수 있기를 바랍니다.

산고의 고통을 경험한 세상의 모든 어머니들은 위대하다고 합니다. 그 고통만큼은 아닐지라도 지금까지 세상에 없던 책을 완성해내야 한다는 나름의 산고를 겪었습니다. 진정 최고의 지침서를 집필하려는 노력이 오늘에서야 결실을 맺게 되었습니다.

이 책은 물류의 선행공정과 후행공정의 업무를 담당하고 계시는 분들에게도 Total Cost를 고려한 올바른 의사결정에 도움을 줄 것입니다. 물류는 물론, 사업, 설계, 구매, 공정관리 업무를 담당하고 계시는 분들에게도 권하고 싶은 책입니다. 물류의 다양한 분야에 몸 담고 계시는 분들 또한 목표에 도달하기 위한 좌표를 설정하는 데에 훌륭한 이정표가 되어줄 것입니다.

개인과 조직의 역량을 한층 끌어올려서 대한민국 물류 발전과 국가 경쟁력 향상에 이바지할 수 있기를 기원합니다.

출판에 흔쾌히 응해주신 동명사 최국주 사장님과 김봉섭 팀장님, 편집부 직원분들께 깊이 감사드립니다. 집필에 임하는 동안 함께할 시간이 많지 않았는데, 묵묵히 응원해준 사랑하는 아내와 아이들에게 이렇게나마 미안하고 고맙다는 글을 남깁니다.

감사합니다.

앤디 박

감사의 글

참 따뜻한 분들을 만나 지금까지 살아가고 있고, 더불어 이 책이 세상에 모습을 드러내게 되었습니다.

많은 관심과 배려로 늘 응원해주시는 배상돈, 안용호, 오연순, 오점곤, 유상열, 차기토, 차영민, 차영원, 최순미 동문 선후배님들께 감사드립니다.

LG건설 근무시절, 조달업무에 눈을 뜨게 해주시고, 인생의 참된 가르침을 주신 박채현 상무님, 권영주 팀장님, 조세형 팀장님, 김주남 팀장님, 박정대 팀장님, 임시빈 상무님, 노희일 상무님, 오민석 상무님, 서용원 상무님, 한종원 상무님, 노희범 상무님, 유서길 부장님, 김정택 부장님, 이응중 부장님, 김판근 부장님, 임정택 부장님, 장홍순 부장님, 이용만 부장님, 송영선 부장님, 조용준 부장님, 윤석훈 부장님, 동용철 부장님, 김영규 부장님, 김대경 부장님, 남궁왕 부장님, 안규현 부장님, 정의열 부장님, 심인숙 부장님, 김홍구 부장님, 박경진 부장님, 이영훈 부장님, 김익환 부장님, 배윤영 부장님, 조영석 부장님, 권선희 부장님, 김현주 부장님, 민경희 부장님, 한재경 부장님, 안석봉 부장님, 엑스메트릭스 김창준 사장님, 우진해운 김용제 이사님, 이대진 이사님, 협진해운 한상섭 사장님, 에스포트 정해동 사장님께 감사드립니다. 김우미, 남진희, 오유진, 이기영, 이봉희, 이형준, 임수경, 전상재, 정인선 후배님들께도 감사드립니다. 한스비투비 한상훈 사장님, 박용희 부장님, 유수룡 부장님, 박창현 실장님, 한성수 부장님, 노영호 부장님, 한재범 부장님, 계성준 부장님, 안선희 후배님께 감사드립니다.

해외파견 근중무중에 지원을 아끼지 않으시고, 본사 복귀 후에도 많은 배려를 해주신 당시 조달본부장 현 삼성엔지니어링 최성안 사장님, 강성영 부사장님, 전광용 전무님, 최경배 전무님, 박진섭 전무님, 김헌수 실장님, 강신열 전무님, 최영근 전무님, 성연기 전무님, 조영태 상무님, 김충곤 상무님, 홍성일 상무님, 김종필 상무님, 홍태웅 상무님, 한경종 위원님, 김형수 상무님, 김범석 상무님, 유수근 상무님, 양호근 팀장님, 이원국 위원님, 이관희 IPO장님, 이충원 팀장님, 홍정기 사우디 거점장님, 오경석 허브장님, 나일석 팀장님, 김동찬 팀장님, 천세민 팀장님, 주태운 팀장님, 전동택 그룹장님, 문동욱 그룹장님, 정영진 그룹장님, 성종민 그룹장님, 김성일 그룹장님, 전주택 그룹장님, 권용창 수석님, 임재수 수석님, 김도훈 수석님, 박성옥 수석님, 이준종 수석님, 양재진 수석님, 정영하 수석님, 전환우 수석님, 서명현 수석님, 홍성호 수석님, 박종제 수석님께 감사드립니다.

사우디에서 고락을 함께 했던 장영문, 김규하, 최원호, 정원석 전 IPO 가족들과 서성구, 윤보용, 오호승 감독관님, 관악FM 임문일 선배님, 배우 정한용 선배님, 큐로모터스 김석주 대표님, 카스코무역 박재식 전무님, 썬글로벌 양천아 부사장님, 진승기업 김인수 사장님, 전 농구국가대표 김유택 형님, GS건설 강동훈 부장님, 삼성전자 김인수 부장님, 삼성물산 이지성 부장님께도 감사드립니다.

물류업무 수행의 든든한 동반자가 되어주신 유니코 박형주 사장님, 도이그로 김희철 사장님, 케딤해운 이태구 사장님과 이경복 부장님, 포스플랜트 안병식 사장님, Sonex 서동일 사장님, WBL 황의장 사장님, 알마주이 한국지사 유정현 사장님, 우진글로벌 김민수 부사장님, 현대상선 박승일 팀장님, OCL 조일장 사장님과 김성희 지점장님, CJ대한통운 김상원 상무님, 중동 현지물류를 이끌고 계신 세 분, SEL 함용현 사장님, GIL 김동현 사장님과 김광수 부장님, 지오디스 이대중 이사님, Clasquin의 Cedric Mezzi 지사장님, Altaqwwa 한국지사 이동혁 전무님, 그리고 김종환 선배님께 감사드립니다.

물류를 통해 인연을 맺게 된 김광엄, 김성아, 김수아, 김승희, 김예림, 김장현, 민준연, 서진혁, 신태윤, 육태웅, 이성태, 이정인, 이치훈, 이송석, 이충혁, 이효진, 차현경, 최기원, 황성, 홍재경, 황윤옥 후배님들에게도 감사드립니다.

신입사원으로 입사하여 동고동락하며, 좋은 추억을 만들어준 김곤수, 김상구, 박철효, 방수영, 이준근, 장기창, 장덕규, 황재훈 동기들과 죽마고우 강동인, 강병선, 강천일, 곽택운, 김남곤, 김상호, 김성종, 김진호, 김태권, 박봉영, 박승찬, 서현심, 양승룡, 오재곤, 유덕희, 이남곤, 이숙경, 정희구, 조재호, 진광언, 채홍석, 최규상, 최수열, 최인선, 최정훈, 함미자, 허경임, 홍지숙 그리고 PAIN 클럽 강도연, 고종이, 김영완, 서영찬, 유성엽, 조성오 친구들에게 감사드립니다.

학과 동기들, 강민석, 곽영곤, 권성준, 권오정, 김무영, 김병찬, 김선미, 김성기, 김승곤, 김영진, 김영훈, 김응진, 김재민, 김재현, 김지만, 김효욱, 김효한, 맹계환, 민경찬, 민경태, 민준홍, 박경근, 박동석, 박상우, 박윤성, 박재현, 박정현, 박진경, 박현규, 배주연, 성영진, 손성덕, 송제훈, 신우용, 심장섭, 양도환, 양지훈, 유상호, 유성철, 윤덕민, 윤정욱, 이동훈, 이상필, 이신철, 이용남, 이하용, 이혁준, 임지수, 임진호, 장정열, 정세희, 정승관, 정재웅, 조경상, 조석원, 조숭희, 최준혁, 최지웅, 한대식, 홍승태, 황일영 친구들에게 감사드립니다.

K Ships 김성원 대표, O&C 문항석 대표, 물류가 만들어준 또 다른 인연, 김경진, 김문정, 김승환, 김종원, 김준수, 김형석, 류정석, 박현아, 박현주, 배석, 배준구, 손민규, 신진희, 신왕호, 오재희, 유석용, 이민우, 이은희, 이주연, 이창훈, 이충엽, 이호연, 임선희, 임재홍, 정수익, 유지성, 정예원, 정은선, 채병덕,

GIL 최원호, 최종현, 한형우, 홍동완 지인님들에게도 감사의 말씀을 전합니다.

삼성엔지니어링 옛 동료분들, 강민수, 고민길, 김도식, 김영범, 김완섭, 김은진, 나대민, 노상채, 류기영, 박건우, 박수영, 박영관, 박영재, 손강식, 안성환, 안유미, 오수현, 오진환, 우종인, 유채현, 이규상, 이대영, 이동헌, 이보람, 이상백, 이선주, 이승환, 이재현, 이재환, 이정석, 이주미, 이창주, 임혜영, 장성민, 정미정, 정재훈, 정주현, 조성웅, 조정택, 채성규, 최병우, 최윤희, 최정호, 최지강, 최지웅, 한승희, 황정아, 황준철 후배님들께 감사드리며, 삼성엔지니어링 물류검사팀 직원들과도 이 기쁨을 함께 나누고 싶습니다.

참스승이 되어주신 모교 은사님들, 선강호 선생님, 서공석 선생님, 곽병원 선생님, 김광웅 선생님, 김규호 선생님, 김길환 선생님, 김동석 선생님, 김선관 선생님, 김윤균 선생님, 남궁병 선생님, 남궁윤 선생님, 박경자 선생님, 반평숙 선생님, 백유종 선생님, 서현숙 선생님, 손선국 선생님, 송민정 선생님, 오준상 선생님, 유우상 선생님, 유재수 선생님, 이금연 선생님, 이문배 선생님, 이병옥 선생님, 이성열 선생님, 이영재 선생님, 이제련 선생님, 이진호 선생님, 이후상 선생님, 장윤환 선생님, 전성훈 선생님, 조종곤 선생님, 진광일 선생님, 채의석 선생님, 최귀동 선생님, 최병태 선생님, 최난숙 선생님, 한재윤 선생님, 허민호 선생님, 박형상 교수님, 박흥목 교수님, 유기풍 교수님, 이광순 교수님, 이원홍 교수님, 이재욱 교수님, 최정우 교수님, 최청송 교수님께 감사드립니다.

차례

물류의 정석

PART 1

1. 당신은 세상에서 가장 소중한 일을 하고 있습니다.

[그림 1-1] De-methanizer 운송, 사우디아라비아

물류의 영어 표현은 'Logistics'입니다. 로지스틱스는 병참(兵站), 병참술에서 유래하였습니다. 병참은 작전에 필요한 군사와 식량, 전쟁물자 등을 보급, 지원하는 일을 의미합니다. 이들이 제때에 지원되지 않아 병참업무가 중단된다면, 전쟁에서 승리를 장담할 수 없게 될 것입니다. 싸워보기도 전에 퇴각을 결정하거나, 어쩌면 부대가 전멸(全滅)하는 불행한 사태를 야기할 수도 있습니다.

과거 우리의 역사 또한 로지스틱스의 중요성을 일깨워 줍니다.

1592년 4월 13일(음력), 고니시 유키나가의 조선 침략 선봉군은 700여 척의 함선과 1만 8천여명의 병력으로 부산포를 내습해 왔습니다. 대규모 함선의 출현에 전의(戰意)를 상실한 경상좌수사(慶尙左水使) 박홍은 함선을 자침(自沈)시키고 본진을 불태운 후 도주하였습니다. 경상우수사 원균 또한 우수영을 버리고 퇴각해버리니 왜군은 싸움 한번 치르지 않고 부산진성(釜山鎭城)으로 진격합니다. 이렇게 시작된 임진왜란(壬辰倭亂)은 7년에 걸쳐 전쟁이 지속되는 동안 조선에 커다란 상처를 남겼습니다.

첫 전투로 기록된 4월 14일 부산진성전투에서는 백성들까지 합세하여 격렬히 맞서 싸웠으나 군민(軍民)을 이끌던 부산진첨절제사(釜山鎭僉節制使) 정발 장군이 탄환에 맞아 전사하자 전세가 급격히 기울었고 성은 곧 왜군에게 함락되었습니다. 군사 1천여명과 300여 민호(民戶), 다 합쳐도 3천명 수준에 불과한 부산진성은 조총(鳥銃)으로 무장한 왜군을 대적하기에는 중과부적(衆寡不敵)이었습니다. 당시 일본측 기록인 길야일기(吉野日記)에 의하면 성안의 군사와 부녀자, 어린 아이, 심지어 개와 고양이까지 피를 흘릴 수 있는 것은 모조리 죽였다고 하니, 그 참상이 어느 정도였을지 가히 짐작이 가고도 남습니다.

부산진성전투에서 기세를 올린 왜군은 4월 15일 동래성(東萊城)을 공격합니다. 동래성은 약 3천명의 군사가 지키고 있었습니다. 구원을 온 경상좌병마절도사(慶尙左兵馬節度使) 이각은 부산진성 함락 소식에 겁을 먹고 외부에서 협공하겠다는 구실을 내세워 성을 빠져나와 도주해버립니다. 대규모 병력과 신무기로 무장한 적군에 맞서기에는 동래성 또한 역부족이었습니다. 동래부사(東萊府使) 송상현이 전사하고, 많은 군민들이 전사하거나 처참하게 학살당하는 또 한번의 참극(慘劇)이 벌어집니다.

2005년 부산 지하철 4호선 공사 도중 수안역 부지에서 동래성 해자(垓子) 유적이 발견되었습니다. 해자는 적의 침입을 막기 위해 파 놓은 성을 둘러싼 도랑을 말합니다. 해자 안에서는 칼에 베이고, 조총과 둔기에 두개골이 뚫리거나 함몰된 채 살해된 것으로 추정되는 100여구의 인골이 발굴되었습니다. 머리를 두 번이나 무참하게 베인 흔적이 있는 20대 여인의 인골과 조총에 살해된 5세 남짓 유아의 인골도 발굴돼 부녀자와 어린 아이 가릴 것 없이 왜군이 동래성에서 저지른 대학살의 참상을 고스란히 보여주고 있습니다.

당시 토요토미 히데요시는 조선인의 코를 베어 보내라는 명령을 하달하였습니다. 왜군은 발길이 닿는 곳마다 닥치는 대로 조선인들을 살육하여 이들의 코를 베고 소금에 절여 본국으로 보냈습니다. 그 증표로 치하와 함께 영수증을 발급받았습니다. 조선인에 대한 살육의 숫자로 왜장들의 전과(戰果)를 평가했던 것입니다. '눈 감으면 코 베어 간다.'는 말이 이때부터 유래되었다고 합니다. 살인, 방화, 강간 등 왜군의 만행은 전쟁이 끝날 때까지 지속되었습니다. 결국 수많은 군사와 백성들이 목숨을 잃거나 포로로 끌려가게 되었습니다.

경복궁, 창경궁, 창덕궁이 불에 타 소실되었고, 전주 사고(史庫)에 보관되어 있던 실록(實錄)은 민관이 협력하여 미리 옮겨놓은 탓에 화를 면할 수 있었으나, 전주본을 제외한 나머지 3개 지역 사고의 조선왕조실록은 모두 불에 타 소실되었습니다. 더욱이 조선의 국토는 경작지의 3분의 2가 황폐화됨으로써 전쟁이 끝난 후에도 백성들의 삶은 여전히 피폐할 수밖에 없었습니다.

임진왜란이 종지부를 찍게 된 배경에는 명나라의 참전과 토요토미 히데요시의 갑작스러운 죽음이 있었지만, 나라를 내팽개친 채, 북으로 북으로 도망가기에 바빴던 무능하고도 무책임한 임금과 신하들, 백성과 군사들을 버리고 도주한 지방의 문무관원들에도 불구하고, 충직한 소수의 관원들과 곽재우, 고경명, 권응수, 김면, 김덕령, 김천일, 김희, 사명대사, 서산대사, 신갑, 이정암, 정문부, 정인홍,

조영규, 조헌, 최경회 등 전국 각지에서 궐기한 의병들의 활약이 조선의 명줄을 이어가게 만들었습니다([그림 1–2]의 자료는 KBS 제공).

[그림 1–2] 임진왜란 의병장들의 궐기

더불어 이순신장군이 이끄는 23전 23승 불패의 조선 수군이 결정적인 역할을 하였습니다. 한반도 근해의 제해권(制海權)을 장악함으로써 무기와 식량 등 왜군의 보급로를 차단하였습니다. 결국 로지스틱스 기능이 무너진 왜군이 패퇴(敗退)하는 커다란 원인으로 작용하였습니다.

참혹(慘酷)했던 왜란을 겪고도 정신을 못 차린 조선 조정은 명나라에 대한 사대주의(事大主義) 망상과 국제정세를 제대로 읽지 못하는 아둔함으로 청을 배척하는 정책을 펼치다가 결국 병자호란(丙子胡亂)을 자초합니다. 1636년 12월 1일 청태종 홍타이지(愛新覺羅 皇太極)는 12만 대군을 수도 심양(瀋陽)에 집결시키고 다음 날 몸소 조선 침략에 나섭니다.

청국군이 쳐들어온다는 소식에 세자빈 강씨, 원손(元孫), 둘째 아들 봉림대군과 셋째 아들 인평대군을 먼저 강화도로 피신하도록 하고 인조 자신도 뒤따라 가려 했으나, 이미 강화도로 가는 길목이 봉쇄되었다는 급보가 전해집니다. 이조판서 최명길이 청국군 진영에 당도하여 청국군 장수에게 술과 음식을 대접하고 시간을 벌어준 사이, 인조는 소현세자와 신하들을 대동, 남한산성(南漢山城, 경기도 광주시)으로 피신하게 됩니다. 이후 영의정 김류 등이 산성의 불리함을 이유로 강화도 이전을 주장하여 12월 15일 새벽 실행에 옮기지만, 빙판길로 인해 사람도 말도 이동이 쉽지 않게 되자 포기하고 다시 산성 안으로 돌아옵니다.

충청도관찰사(忠淸道觀察使) 정세규, 경상좌병마절도사(慶尙左兵馬節度使) 허완, 경상우병마절도사 민영, 전라도병마절도사 김준룡, 평안도관찰사 홍명구, 도원수(都元帥) 김자점, 강원도관찰사 조정호, 함경남도관찰사 민성휘, 이들이 이끄는 군대가 청국군에 패해 차례로 무너지니 남한산성으로 향하던 구원군은 모두가 궤멸(潰滅)되고 말았습니다. 산성 안에는 1만3천명의 군사와 겨우 50일 정도 버틸 수 있는 양곡이 있었습니다. 그 사이 산성은 포위되었고, 산성 안으로는 군사, 병장기, 식량, 어느 것 하나 제대로 보급되지 못한 채, 인조는 고립무원(孤立無援)의 처지가 되었습니다. 시간이 지날수록 성안의 백성들과 군사들은 추위와 굶주림으로 아비규환(阿鼻叫喚)에 내몰리게 됩니다.

로지스틱스 기능이 완전히 마비된 상태에서 인조는 더 이상 버텨낼 방도가 없었습니다. 결국 1637년 1월 30일 삼전도(三田渡, 서울시 송파구 삼전동의 옛 삼전나루)에서 청태종 앞에 불려나가 한 번 무릎을 꿇을 때마다 세 번 머리를 땅에 닿기를 세 차례 반복하는 삼궤구고두(三跪九叩頭 또는 三拜九叩頭)의 굴욕을 겪게 됩니다.

최명길의 지천집(遲川集)에는 2월 15일 청국군이 한강을 건너갈 때 50만명의 백성들을 포로로 잡아갔다고 적고 있습니다. 이들은 끌려가는 도중에 굶주림과 병으로 목숨을 잃고, 도망가다 잡혀 처형당하고, 발가벗겨진 채 조롱을 당하다가 스스로 목숨을 끊거나 청나라에 도착해서는 노예시장에 팔려가는 신세가 되었습니다. 무능하고 무책임한 조선의 임금들과 국제정세에 무지했던 지도층이 자초한 두 차례의 참극이었습니다.

돌이켜보면 우리의 뼈아픈 역사는 유능한 지도자의 필요성과 로지스틱스의 중요성을 일깨워주고 있습니다. 그런데 어쩌다가 이토록 간담(肝膽)을 서늘하게 하는 군대용어가 물류를 대표하는 용어로 굳어졌을까요? 그것은 전쟁터에 비견될 만큼, 물류가 진행중인 곳의 치열한 상황을 잘 표현하고 있기 때문일 것입니다.

실제로 각 현장의 Needs에 부응하기 위해 물류 담당자들은 매일같이 전쟁을 벌이고 있다고 해도 과언이 아닙니다. 역량있는 협력사 선정, 제작일정 모니터링, 최적의 선적모드 결정, 선박일정 조율, 안전한 선적진행, Detention 예방, 운송지연에 따른 대책마련, 사고 및 Damage 방지 노력 등 촉박한 시간과 빠듯한 예산 범위 내에서 최선의 결과를 도출하고자 각고의 노력을 경주하고 있습니다.

특히 현지에서 통관 및 내륙운송을 담당하는 직원들은 단 하루의 차이에도 희비가 교차하고 있습니다. 어떻게 해서든 일정을 앞당겨 보려고 세관이나 경찰서에 호소하기도 하고, 부족한 트레일러 때문에 백방으로 운송사를 접촉하기도 합니다. Demurrage 등 각종 비용 발생을 최소화하려는 노력은 물론, 적기 운송에 만전을 기하고자 사업주와 협력사를 독려하면서 매일같이 동분서주(東奔西走)하고 있습니다. 현장과의 접점에서 조달 공정의 최후의 보루(堡壘)라는 사명감으로 물류의 과업을 완수해내려는 치열한 전투를 벌이고 있는 것입니다.

Delivery Schedule, Delivery Date 등 운송을 뜻하는 용어, 'Delivery'를 실무에서 자주 접하게 됩니다. 'Delivery = 물류'라 칭할 만큼 대부분의 경우, 현장 Delivery의 완성이 곧 물류의 완성으로 귀결되기 때문에, 현지에서는 Delivery가 더욱 강조됩니다. 다음은 Delivery Schedule의 예시입니다. 일정 부분에 색상이 다르게 표시된 것은 해당 트레일러가 원점 복귀 후 어느 화물을 다시 운송하게 되는지를 나타낸 것입니다.

〈표 1-1〉 Delivery Schedule 수립

Item No.	Item Description	Size (m)			Vol. (CBM)	Wgt. (Ton)	Trailer Configuration	May												
		L	W	H				13	14	15	16	17	18	19	20	21	22	23	24	25
	High Temp. Shift Converter	10.880	4.852	5.479	289.2	63.64	8A/L													
	Purifier Cold Box Package	25.880	5.050	4.960	648.2	98.00	10A/L+Spacer													
	CO_2 Absorber-U	21.700	4.900	5.500	584.8	110.10	10A/L+Spacer													
	CO_2 Absorber-L	27.200	5.250	5.500	785.4	195.70	22A/L													
	Urea Reactor	21.200	4.220	4.650	416.0	197.00	22A/L													
	NH_3 Synthesis Converter1	15.320	4.250	3.800	247.4	203.50	22A/L													
	NH_3 Synthesis Converter2	11.350	3.900	3.885	172.0	168.00	18A/L													
	Surface Condenser	12.750	3.850	4.300	211.1	100.40	10A/L+Spacer													
	Secondary Reformer	20.520	4.910	5.070	510.8	119.06	10A/L+Spacer													
	Ammonia Unitized Chiller	25.000	4.300	4.600	494.5	171.00	22A/L													
	Gas Turbine	12.950	4.000	4.340	224.8	97.00	8A/L													

'Deliver'에는 운송 외에도 '출산하다.', '출산을 돕다.'의 고귀한 뜻이 담겨 있습니다. 새 생명을 처음으로 다루는 일, 그것이 바로 Delivery입니다. 서양인들은 일찍이 아기를 낳고 받아내는 일과 운송을 동일한 단어로 표현할 만큼, 물류의 중요성을 잘 인식하고 있었던 것으로 보입니다.

신생아를 받아내는 과정에서 실패라는 것을 상상하기 어렵듯이, 물류 또한 운송을 진행하면서 실패를 상상할 수 없습니다. Delivery의 실패는 궁극적으로 Project의 실패나 다름 없기 때문입니다. 핵심 기기가 장기간 세관에 억류되거나, 목적지와는 다른 엉뚱한 국가로 운송된다면, 또는 트레일러가 전복(顚覆)되고, 선박으로부터 이탈하여 기기를 못 쓰게 되는 일이 발생한다면, 이는 Project 공기(工期)에 치명적인 영향을 미치게 될 것이 자명합니다. 그 만큼 Delivery의 중요성이 강조될 수밖에 없는 이유이자,

전세계 각지에서 물류의 과업을 완수해내고 성공적인 Project 수행에 크게 기여하고 있는 물류인들이 자랑스러운 이유이기도 합니다.

척박한 여건 속에서도 꿋꿋하게 물류업무를 수행하고 있는 당신의 노력과 열정은 언젠가는 꼭 빛을 발하게 될 것입니다. 왜냐하면, 전쟁터에서 아군의 승리에 기여하는 일, 새 생명의 탄생 그 숭고(崇高)함과 동격의 일, Project의 성패를 좌지우지(左之右之) 하는 일, 그래서 더욱 가치가 있고 자부심을 느끼기에 충분한 일, 당신은 지금, 이 세상에서 가장 소중한 일을 하고 있기 때문입니다.

[그림 1-3] 성공적인 물류업무 수행의 결실

2. 물류의 정의

물류(物流)의 문자적 정의는 '물건의 흐름' 즉, '물건의 이동'을 의미합니다. 좀 더 살을 붙이자면 '생산자와 소비자 사이에서 물건이 공간적으로 이동하는 경제적 행위'를 뜻합니다. 여기에는 포장, 통관, 운송, 보관 등의 요소가 수반되며, 영어의 'Physical Distribution'을 번역한 물적유통(物資流通)에서 유래하여 이의 줄임말인 물류라는 용어로 정착되었습니다. 이는 다분히 겉으로 보여지는 현상에서 기인한 개념이라고 할 수 있습니다. 세상의 그 어떤 물건도 저절로 목적지를 찾아가지는 않기 때문에 물건의 이동현상이 유발되기 위해서는 동인(動因)이 충족되어야 합니다. 물류의 동인에 대해서는 다음 장에서 구체적으로 살펴보겠습니다.

경제적 관점의 물류(業)의 정의는 다음과 같이 표현할 수 있습니다.

- 최적의 운송수단을 이용하여,
- 적정의 물량을,
- 원하는 장소에,
- 최소의 비용으로,
- 적기에 운송함으로써, 경제적 가치를 창출하는 활동

1톤 트럭이면 충분한 것을 굳이 4.5톤 트럭을 동원해야 할 이유가 없고, 당장 공사에 사용되지 않을 과다한 물량을 실어 보내면 현장에서는 보관상의 문제가 발생할 수 있습니다. 당연히 타 현장으로 운송되어서는 곤란하겠지만, 실제로 목적지가 아닌 곳으로의 배달사고가 발생하기도 합니다. 일정에 여유가 있는데도 불구하고 직항노선이나 쾌속선 또는 항공운송을 이용함으로써 물류비 낭비를 초래하면 안 됩니다. 그리고 현장의 필요일자, 즉 적기에 운송하는 것이 중요합니다.

12톤 Transformer가 160톤으로, 80톤 Converter가 127톤으로, 85톤 Air Cooler가 35톤으로, 161톤 Thermal Oxidizer가 18톤으로, 156 kg Separator가 156톤으로, 15톤 Dust Scrubber가 350톤으로 각각 중량이 변경되었다고 하면 "이게 정말 실화입니까?"라고 되묻는 분이 계실 것 같습니다. 변경의 정도가 심한 편이긴 하지만, 안타깝게도 실화입니다. 엄밀히 말해서 변경이 아니라 애초부터 잘못된 정보에 의한 잘못된 교신의 결과입니다.

이미 품목별 운송비 계약을 체결한 상태에서 일부가 중량물 리스트로부터 제외되어야 한다면, 운송사는 운송비 보전을 요구할 수 있습니다. 반면에 계약내용과 달리 중량이 현격히 증가하거나, 중량물 수량이 늘어나는 경우에는 일정을 맞추기 위해 해외에서든, 현지에서든 트레일러를 추가로 동원해야 하는 문제가 제기될 수 있습니다. 이는 시간과 비용이 동시에 결부되는 사안으로, 운송사가 기존의 유사 화물보다 운송단가를 높게 제시하더라도, 물류부서로서는 이를 수용해야 할 가능성이 농후합니다. 이처럼 중량물 사양과 수량의 변동은 실행예산에 영향을 미치게 되며, 계약서를 수정해야 하는 직접적인 원인이 됩니다.

상호간에 이해의 깊이가 다른 언어로 대화하고, 정확하지 않거나 부족한 정보로 교신하고, 이마저도 제때에 소통이 이뤄지지 않기 때문에 이와 같은 문제가 불거지게 됩니다. 아울러 중량물리스트를 관리하는 PRE(Procurement Engineer) 또는 물류 담당자가 기자재에 대한 소양(素養)이 부족한 탓이기도 합니다. PS(Packing Sketch) 도면이 출도되기 전이라도 GA(General Assembly) 도면을 검토하면 중량물 리스트에 등재된 화물에 대해서 만큼은 그 진위 여부를 파악할 수 있으나, 이를 방기(放棄)한 측면도 있습니다.

잘못된 정보는 잘못된 교신을 낳고, 잘못된 교신은, 후행부서 또는 협력사의 후속업무에 오류를 유발하게 되며, 나아가서 엉뚱한 운송수단의 선정과 부실계약, 그리고 각종 준비시점의 불일치 문제를 야기시킵니다. 이로 인해 물류업무 수행의 절대적 필요시간을 헛되이 소모하게 되고, 궁극적으로는 물류비 상승 및 적기운송 실패로 인한 공기지연이라는 유형의 손실과 물류부서의 위상 실추라는 무형의 손실을 초래하게 됩니다.

더욱이 물류조직의 수행역량 부재(不在)는 문제에 대한 올바른 인식의 시점을 자꾸만 뒤로 밀쳐냅니다. 잘못된 의사결정이었음을 깨달았을 때, 이를 돌이키기에는 너무 멀리 와버린 경우가 있습니다. 이때의 시간은 이미 우리 편이 아닙니다. 물류 전문가가 아닌 최종 의사결정권자의 어설픈 Leading과 이에 동조하는 소신없는 물류조직의 수장이 사태를 악화시키는 측면도 있습니다.

물류의 전문성을 무시하고 Project 수행 규모에 비해 턱없이 적은 인력과 물류경험이 없는 인력으로 조직을 구성하는 것 또한 물류기능이 부실해지는 원인 중의 하나라고 할 수 있습니다. 이 때문에 중요한 일보다는 급한 일에 치중하게 되어 지속적으로 문제를 촉발시키는 악순환이 반복됩니다.

이러한 여건하에서 그나마 시간감각과 올바른 방향성을 유지하도록 해주는 건 경험과 역량을 갖춘 협력사들입니다. 협력사 선정에 있어서 가격이 협력사를 낙점하는 절대적 요인이 되어서는 안 되는 이유가 바로 여기에 있습니다. 설계, 제작, 공사부문의 협력사 또한 같은 맥락에서 접근할 필요가 있습니다. 필자는 광의(廣義)의 물류조직의 개념에 협력사를 포함하고 있습니다.

언급한 내용들은 물류의 동인(動因)과 밀접한 관련이 있습니다. 이와 같은 상황을 종합해 볼 때, 물류를 다음과 같이 정의할 수 있습니다.

"출발지와 목적지 사이에서 동인의 정상적인 작동에 의한 재화의 경제적 이동"

물건의 이동이라는 표면적 현상 뿐만 아니라, 의도한 바대로 적기에 물건의 이동이 구현될 수 있도록 하는 동인에 주목해야 합니다. 동인이 정상적으로 작동될 때, 비로소 물건이 정상적으로 이동된다는 것이 필자의 지론입니다.

3. 물류의 동인(動因)

물류가 성공적으로 수행되기 위한 토대가 동인입니다. 물류의 동인에는 정보, 계약, 시간, 조직, 운송수단 그리고 수행역량이 있습니다. 이들의 구체적인 내용에 대해서 살펴보겠습니다.

(1) 정보

정보는 물리적 특성에 관한 정보와 시점에 관한 정보로 구분되고, 정확성과 시의성을 전제로 합니다. 정확성과 시의성이 결여된 정보는 가치가 없다고 해도 과언이 아니며, 오히려 심각한 문제를 야기할 수 있습니다.

Shipping Drawing에 사실과 다른 중량과 Size가 기재된다면 운송사 역시 현실과는 동떨어진 운송계획을 수립하게 될 것입니다. 도면상에 잘못 기재된 화물높이를 믿고 선적을 진행하다가 Pontoon이 닫히지 않거나, 내륙운송중에 Overbridge와 충돌하는 사고가 발생할 수 있습니다. 시의성(時宜性)의 사전적 의미는 당시의 상황이나 사정에 딱 들어맞는 성질로 다른 말로 표현하면 시기적으로 적합한 것이어야 함을 의미합니다. 이미 Booking이 완료된 선박에 선복을 의뢰하는 사후약방문(死後藥方文)식이 되어서는 곤란합니다. 더욱이 선복이 충분하다 해도 배가 떠난 후에 선적을 요청하는 것은 아무런 의미가 없습니다. 따라서 무엇보다도 정확성과 시의성에 입각하여 정보를 관리하는 것이 중요합니다.

1) 물리적 특성에 관한 정보

물리적 특성에 관한 정보는 기본정보(개별정보)와 공통정보로 구분할 수 있습니다. 중량물 운송을 예로 들어보겠습니다. 물론 이후에도 추가 정보가 필요하지만, 일단 선적만을 고려했을 때, 다음과 같은 정보들이 이에 해당됩니다.

[기본정보]

화물명, Item No. 화물의 형상과 Size, 중량, 무게중심(COG, Center of Gravity), Saddle 위치와 Size, Trailer Configuration, Lifting Lug 구성 및 Lifting Plan, 기기의 재질, Vendor Name 등

[공통정보]

선적항(POL, Port of Loading), 하역항(POD, Port of Discharging), 선박제원(Vessel Particular), 선적순서(Loading Sequence), 적하계획(積荷計劃, Stowage Plan), 계선계획(繫船計劃, Mooring Plan), 고박계획(固縛計劃, Seafastening Plan) 등

물리적 특성에 관한 정보의 다수가 도면으로 표현되는 것들입니다. 문제는 우리가 도면과 친숙하지 않다는 점입니다. 독도(讀圖)방법을 잘 모르기 때문이기도 하지만, 도면에 대한 해석을 협력사에 의존하는 경우이기도 합니다. 다음 PS(Packing Sketch) 도면의 HRSG(Heat Recovery Steam Generator) Module은 Saddle이 없는 대신 Supporting Beam 5개로 지지하는 형태입니다.

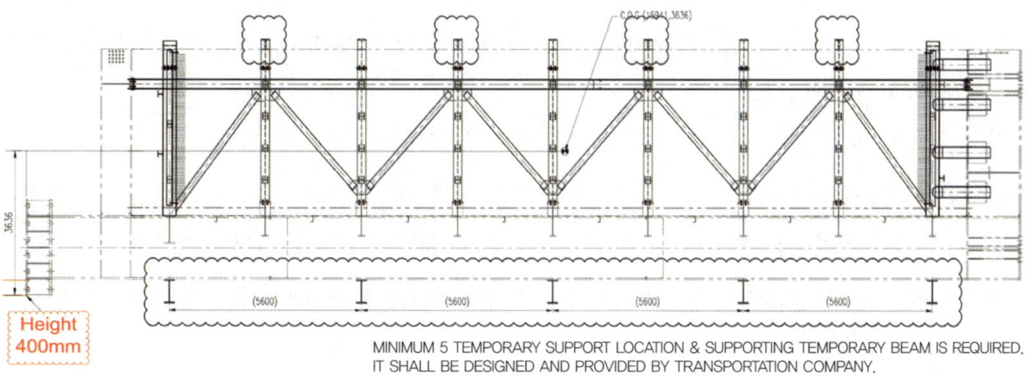

[그림 3-1] HRSG Module 도면 사례

도면 왼쪽 400mm 높이의 하단 돌출부 때문에 Supporting Beam 공급은 필수사항입니다. 도면에는 Supporting Beam이 Vendor의 공급 Scope에서 제외된다는 문구가 기재되어 있습니다. 이 사실을 인지한 물류 담당자는 일차적으로 규격과 수량을 충족시키는 Timber 등 Load Spreader의 본선 보유여부를 확인해야 합니다. 부족하거나 미보유 상태라면 선적 및 내륙운송 목적에 부합하는 적정 길이와 높이의 Supporting Beam이 Vendor를 통해 제공될 수 있도록 조치를 취해야 합니다.

하지만 도면을 도외시한 결과, Supporting Beam이 추가로 공급되어야 한다는 사실이 간과될 수 있습니다. 선박도착이 임박한 시점에 이르러서야 그 사실을 인지하게 된다면, 그리고 다수의 HRSG Module을 선적해야 하는 관계로 Beam 제작에 상당한 시간이 소요되어 선박이 장시간 대기하는 일이 벌어진다면,

그때 가서 상황을 돌이키기에는 이미 늦어도 한참 늦은 것입니다. 제공된 정보를 회피하거나, 부주의하게 대처하거나, 바르게 해석할 수 있는 기본역량이 부족한 경우, 물류기능의 오작동 또는 지연작동을 초래하게 될 것입니다.

정확성과 시의성에 더하여 정보를 가치있게 만드는 또 하나의 중요한 포인트는 바로 정보를 대하는 직원들의 태도입니다. 제공된 정보를 현명하게 활용할 줄 아는 물류 담당자의 지혜가 필요합니다. 사실, 그동안 물류부서가 대과(大過)없이 비교적 순항을 해온 배경에는 유능한 Freight Forwarder를 협력사로 둔 덕분에 이들의 조력(助力)이 일정부분 기여한 측면이 있습니다. 본 사례 또한 Forwarder의 공이 컸습니다. 단순히 가격이 협력사 선정의 절대적 기준이 되어서는 안 되는 이유이기도 합니다. 그러나 여기에도 문제가 없는 것은 아닙니다.

첫째, 물류부서 스스로가 역량을 갖추지 않는 한, 협력사에 의지한 소위 운발이라고 하는 것이 항상 유효하다는 보장이 없습니다.

둘째, 협력사에 대한 의존도가 높아지면서 물류부서의 역량은 오히려 퇴보하고 있다는 사실입니다. 직급이 높아져도 같은 수준에 머물러 있다면 그것이 바로 퇴보입니다.

마지막으로, 협력사의 협조없이는 스스로 판단할 수 있는 일이 많지 않고, 검증능력을 상실함으로써 사실과 다른 사안마저 협력사의 얘기가 마치 불변의 진리인양 받아들여지게 된다는 점입니다. 이 단계에 이르면 특별한 결격사유가 없는 한, 기존의 Forwarder를 제치고 다른 Forwarder가 그 자리를 차지하기란 결코 쉽지 않은 일이 될 것입니다.

물류부서의 성과를 높이면서 협력사에 대한 지나친 의존도에서 탈피하여 자존감을 회복하고 물류업무를 주도적으로 수행하기 위해서는 부서원 각자가 본인의 역량을 끌어올리려는 지속적인 노력이 필요합니다. 이를 위해서도 기본정보와 공통정보를 제때에 입수하여 바르게 해석하고 근거를 바탕으로 소통하는 자세가 중요합니다.

2) 시점에 관한 정보

시점에 관한 정보는 계획일자와 실행일자로 표시되는 정보입니다.

[시점에 관한 정보]

제작완료, 선적요청[書](SR, Shipping Request), 검사필증(IRN, Inspection Release Note or IRC, Inspection Release Certificate) 발급, 선복확약(船腹確約), 수출신고, 내륙운송 Permit 신청/취득 및 유효기한, 화물준비, 내륙운송 출발, 화물의 선적항 도착, 선박도착, 선적준비, 선적개시, 선적완료 및 출항 등

① 특수 컨테이너 선적관리

간혹 문제가 되는 것이 IRC 발급일입니다. 검사에 합격할 것으로 믿고 선복계약을 추진했다가 낭패를 보는 경우가 발생합니다. IRC 발급시점이 지연되면 일반 컨테이너 선적 건은 다음 선박 또는 그 이후의 선박으로 선적을 미룰 수 있고 보통은 그에 따른 금전적 손실도 발생하지 않습니다. 단지 일정만 늦춰질 뿐입니다. 반면에 FR(Flat Rack)과 같이 특수 컨테이너를 이용해야 하는 경우에는 선적 불이행에 따른 Cancelling Charge가 부과될 수 있습니다. 또한 선박 입항은 매주 가능하다 해도 장비는 매주 가용하다는 보장이 없습니다. 지역에 따라서는 1개월 이상, 선적이 장기간 늦춰질 수도 있습니다. 재검사를 통과하여 화물이 준비되더라도 여전히 장비확보가 관건이기 때문에 일정이 좀 더 늘어지는 난감한 상황에 처할 수 있습니다.

그러므로 컨테이너 유형별 SR 접수시점과 선복확약 시점, 그리고 지연에 따른 책임소재를 명확히 할 필요가 있습니다. 특히 장비확보가 관건인 FR, OT(Open Top), 45ft HC(High Cubic) 등 특수 컨테이너(Special Container) 선적에 있어서는 예상 선적준비일로부터 최소한 35일 이전에 SR이 접수되도록 하고, 이상없이 검사를 통과한다는 전제하에 예상 선적준비일로부터 30일 이전에 선복확약을 실시하며, IRC 발급지연으로 인해 선적이 미뤄지는 경우에는 면책사유가 됨을 명확히 해둘 필요가 있습니다.

그러나 공정관리자가 특수 컨테이너에 대한 인식이 부족하거나 이에 대한 중요성을 간과해버린다면, 그래서 일반 컨테이너 화물처럼 취급하고 느긋하게 대처한다면, 그 여파는 고스란히 물류부서가 떠안을 수밖에 없습니다. 그러므로 선행부서에서 업무에 제대로 반영할 수 있도록 Project 초기에 특수 컨테이너 선적에 대한 지침을 제공해야 합니다. 단발성에 그치면 과거의 업무 스타일로 회귀할 가능성이 있기 때문에 아울러 지속적으로 이를 상기시키는 노력이 필요합니다.

② 일정 모니터링

중량물 선적의 경우에는 SR 접수지연에 따른 문제가 더욱 확대될 수 있습니다. 육상 플랜트의 대표적인 중량물인 Column이나 Vessel 등의 제관류를 예로 들어보겠습니다. 제작완료 시점이 임박했을 때, 이후의 과정은 다음과 같습니다.

운송 Permit 신청(취득에 장기간 소요시) → 제작완료 → VI & DI → Hydro-test → 운송 Permit 신청(취득에 단기간 소요시) → Surface Treatment 검사 → Packing & Shipping Mark 검사 → IRC 발급 → 화물준비 → 내륙운송 출발→ 선적항 도착 → 선적준비 → 선적개시 → 선적완료 및 출항

주요 시점들이 의미하는 바를 살펴보겠습니다.

ⓐ 제작완료일

VI & DI(Visual Inspection & Dimension Inspection, 육안검사와 치수검사)를 실시하기 전, 기계적

제작을 완료한 일자입니다. (Mechanical Completion Date)

플랜트의 기계적 준공 또한 MC(Mechanical Completion)라고 표현합니다. MC 이후 Pre-Commissioning, Commissioning, RFSU(Ready for Start-up) 단계를 거치게 됩니다. Commissioning은 Test Operation(시운전)을 의미하며, 이들 각각이 사업주와 EPC 수행사간 Project 계약의 이행시점으로 준용(準用)될 수 있습니다. 경우에 따라서는 O&M(Operation & Maintenance, 운영관리 및 유지보수) 수행 조건을 수행사의 Scope에 포함하기도 합니다. 오늘날에는 PAC(Provisional Acceptance Certificate)가 발급되는 시점을 계약의 이행시점으로 정하는 것이 일반적입니다. PAC는 정상적인 플랜트 가동이 확인된 후 사업주가 발행하는 잠정적 준공증명서입니다. 다만 이후에도 품질보증기간(Warranty Period) 동안 하자보수가 필요하기 때문에 해당 Project가 완전히 종료되는 시점은 보증기간 경과 후 FAC(Final Acceptance Certificate)가 발급되는 시점입니다.

ⓑ 화물준비일

IRC 발급 후, 화물을 둘러싼 비계(飛階, Scaffolding)와 보조장비를 철수하고, 내륙운송 Permit이 유효한 상태에서 트레일러를 맞이할 준비를 완료한 일자를 의미합니다. (Cargo Readiness Date)

[그림 3-2] Vendor Shop 화물준비

[그림 3-2]의 Column 주변에 설치한 가설물이 비계입니다. 현지에서 제관류를 제작하는 경우, Saddle 길이가 충분하지 않고 상차를 위한 크레인 사용이 여의치 않다면, 사전에 Transportation Beam을 Vendor Shop에 제공해야 합니다. Transportation Beam 제공시점을 협의하여 일정이 지연되지 않도록 관리할 필요가 있습니다. 사례에서도 운송사의 Transportation Beam이 사용되었습니다. 본 내륙운송의 특이사항은 화물준비가 완료되지 않은 상태인데 이미 트레일러가 도착해 있다는 점입니다. 운송장비의 도착시점이 늦어지는 것보다는 일정상 유리할 수 있으나, Trailer Detention 문제가 발생할 수 있기 때문에 불필요한 논쟁거리를 없애기 위해 보다 세밀한 일정관리가 필요합니다.

ⓒ 화물의 선적항도착일

선적항 내의 임시 보관장소에 화물이 도착하는 일자입니다. 경우에 따라서는 상차상태의 트레일러가 선적항 진입 후 곧바로 본선 옆으로 이동하기도 합니다.

ⓓ 선박의 선적항도착일

선사와 화주간의 계약에 있어서는 선박이 외항의 묘박지(錨泊地, Anchorage)에 정박하거나 또는 묘박지가 없는 Port에서 부두에 곧바로 접안하여 입항수속 절차(Vessel Clearance)를 마치고 NOR(Notice of Readiness) Tender 행위를 실시한 시점을 의미합니다. 다만, WICCON 등의 부가조항이 있는 경우에는 입항수속 전이라도 선적 또는 하역을 위한 Readiness를 통보할 수 있습니다. 선주(Owner)와 용선주(Charterer)간의 용선계약에서는 도선구역(導船區域) 도착시점(APS, Arrival Pilot Station)을 기준으로 용선과 선박의 반환시점을 정할 수 있습니다. 이때의 NOR은 용선계약 이행준비 완료통보를 의미합니다.

Fixture Note상에 별도의 조항이 없고 GENCON 규정을 따를 경우, 정오 이전 NOR Tender가 이뤄지면 13:00시부터 정오 이후 NOR Tender가 이뤄지면 다음 영업일의 06:00시부터 Laytime(정박기간)의 기산점이 됩니다. Turn Time(Free Time)이 기재된 경우에는 Turn Time 이후부터 Laytime이 기산됩니다. 일반적으로 NOR Tender 이후 12시간의 Turn Time을 적용하지만, Turn Time 종료 이전이라도 선적개시 준비가 완료되면 그 때부터 Laytime이 기산되는 조건이 수반될 수 있습니다. 선주 또는 선사에 보다 유리하도록 Any time any day, WIBON(whether in berth or not), WIFPON(whether in free pratique or not), WICCON(whether in customs clearance or not) 등의 조항을 Turn Time과 함께 명기하기도 합니다.

ⓔ 화물의 선적준비일

선적항내에 임시 보관중인 화물이나 선적항에 진입중인 화물을 본선이 접안할 부두 또는 이미 접안이 완료된 본선 옆으로 대기시키는 시점을 의미합니다.

ⓕ 선박의 선적준비일

Hold Cleaning, Ballast Control, 작업인력과 장비, 본선 크레인 가동 등의 모든 점검을 완료하고 화물만 제공되면 곧바로 선적이 가능하도록 선적개시 준비를 마친 시점을 의미합니다.

Vendor는 승인된 ITP(Inspection & Test Plan)상의 절차에 따라 검사가 필요한 각 단계별 작업이 완료되는 시점을 예상하여 검사신청서(Inspection Application)를 제출합니다. 포장 및 Shipping Mark 표시까지 검사가 마무리 된 후에 IRC가 발급됩니다. 검사에 있어서 Hydro-test(수압시험)를 통과하면 중요한 고비를 넘겼다고 볼 수 있습니다.

각 Nozzle들을 Blind Flange로 봉합한 후 물 주입에 1~3일, ITP상에 명기된 압력까지 가압하여

Holding Time 동안 누수가 발견되지 않으면 검사합격, 그리고 배수와 건조에 2~5일 정도가 필요합니다. 물공급 지연 등의 부득이한 상황이 발생하지 않는 한, Hydro-test 준비 착수에서부터 원상회복까지는 최대 10일 가량의 시간이 소요됩니다. 압력을 가하지 않고 단순히 누수 여부만을 시험하는 것을 Leak Test 라고 하며, Gas를 주입하여 기밀성시험(Sealing Test)을 실시하기도 하나, 제관류의 내압시험은 수압시험이 절대적 비중을 차지합니다.

Hydro-test를 통과하면 Surface Treatment(표면처리) 절차를 밟습니다. Stainless Steel 재질은 Acid Cleaning(산세정 酸洗淨, 도장을 하는 경우도 있음.)을 Carbon Steel 재질은 Shot Blasting을 통해 녹과 이물질(Scale)을 제거한 후 도장작업에 착수합니다. 도장(塗裝)은 Primer Coat(초벌 칠하기, 하도)만 적용하기도 하고 3Coat(하도, 중도, 상도)를 적용하기도 합니다. 건조시간을 고려할 때, 몇 도의 Coating을 적용하느냐에 따라 작업기간이 달라집니다. 화물 규모별로 차이가 있기는 하나, Shot Blasting 준비부터 도장검사, 내부에 질소가스 충진, 포장상태(Saddle, Wooden Hurdle, Nozzle 보호, Tarpaulin 포장 등)와 Shipping Mark 검사를 완료하기까지 최대 15일 정도가 소요됩니다.

검사결과 불합격 판정(NCR, Non Conformance Report)이 내려진다면 재검사 일정을 협의하고, 불합격 판정부분에 대한 후속조치 이후에 다시금 검사절차를 밟아야 하므로 IRC 발급시점은 최초 예상일보다 늦춰지게 될 것입니다. 단기간 내에 해결이 불가능하여 결과적으로 선박이 대기하거나, 아예 선적을 진행하지 못하는 경우, Vessel Detention 또는 부적운임(不積運賃, Dead Freight) 손실이 발생할 수 있습니다. 공사현장에서 시공을 완료한 후, 시공상태 점검과 검사과정에서 발견되는 미비 사항들을 정리한 목록을 Punch List라고 합니다.

중량물 이외의 Break Bulk 화물은 운송 Permit이 필요치 않거나, 필요하다 해도 단기간 내에 취득이 가능하며, 트레일러 섭외에도 큰 걸림돌이 없기 때문에, 본선 선적 전 Barge 동원 등의 특수한 경우를 제외하고 화물준비일과 내륙운송 출발일이 동일한 경우가 많습니다. 그리고 Vendor Shop 출발 당일에 선적항에 도착하여 선적준비까지도 마칠 수 있습니다. 길어야 하루이틀 정도의 차이가 있을 뿐 '화물준비일=선적준비일'의 공식에서 크게 벗어나지 않습니다.

반면에 중량물의 경우에는 IRC 발급시점 이외에도 운송 Permit의 적기취득과 중량물 전용 트레일러 동원, 내륙운송 Route상의 장애물과 이동거리 등 추가변수를 고려해야 합니다. 내륙운송에 일주일 이상 소요되기도 하고, 본선 선적 전에 Barge를 이용한 해송(海送) 또는 강송(江送)이 수반되기도 합니다. 그러므로 선적준비일까지는 보다 많은 시간이 필요합니다. 다시 말해서 중량물 운송은 부두 바로 앞에 Vendor Shop이 위치하지 않는 한, '화물준비일=선적준비일'의 공식이 성립되지 않는 경우가 다수입니다. 제작완료일로부터 고려하면 선적준비일까지는 상당한 시차가 발생합니다.

따라서 제관류 등의 중량물 선적에 관해서는 시점적 정보의 명료성이 중요합니다. 예상 제작완료일로부터 예상 선적준비일에 이르는 일정에 대해 좀 더 촘촘하게 모니터링을 실시하되 각각의 시점 관련 용어가 의미하는 바를 Vendor, 공정관리, 물류, 물류협력사 모두가 동일하게 인식하고 있어야 합니다. 그렇지 않으면 잘못된 인지로 인한 실제 발생시점과의 불일치, 궁극적으로는 화물의 선적준비시점과 선박의 선적준비시점의 불일치로 앞서 언급한 추가비용이 발생할 수 있습니다.

부연하면, 물류시스템을 비롯한 모든 시스템의 구축에 있어서 제일 먼저 수행해야 할 업무가 용어를 정의하고 통일된 용어를 사용하도록 하는 것입니다. 또한 전사적으로도 각 용어가 의미하는 바를 동일하게 인식하고 있어야 합니다. 다만, ATA(Actual Time of Arrival)를 공사시스템에서는 현장 도착시점으로, 조달시스템에서는 목적항 도착시점으로 서로 다르게 인식해서는 곤란하기 때문에, ATA와 같은 용어는 장소명과 함께 사용하도록 하는 용어 사용규칙을 마련해야 합니다. 혹자는 상식이라고 얘기할 수도 있으나, 면세리스트에 준해 통관서류를 작성해야 면세를 적용받을 수 있다는 상식에도 불구하고, 통관서류가 선박도착 이전에 현지 통관사에 전달되어야 한다는 상식에도 불구하고, 현실에서는 그렇지 않은 일이 발생합니다. 따라서 아무리 상식적인 사안이라 해도 명확한 기준을 정립하는 것이 바람직합니다.

제관류의 중량물 선적을 위해서는 예상 선적준비일로부터 최소한 45일 전에 공식적인 SR이 접수되도록 하고, 후보 선박들을 모니터링하고 있다가 대체적으로 향후 검사문제가 크게 부각되지 않을 Hydro-test 통과 직후 선복확약서(船腹確約書, Fixture Note or Fixture Memo)에 서명하는 것이 일정상 안전한 방법이 될 수 있습니다. 이를 위해서는 물류 담당자가 제작공정 및 검사 진행경과를 파악하고 있어야 합니다. 수리나 재제작의 사유가 발생하지 않는 한, Hydro-test 통과 시점부터 IRC발급 시점까지는 10~20일 정도의 시간이 소요됩니다. 다만 Stainless Steel 재질의 경우, 도장절차가 필요하지 않다면 좀 더 시점이 앞당겨질 수 있습니다. 내륙운송 거리와 장애물 존재여부에 따라 차이가 있지만, Barge 운송을 포함하여 IRC 발급 후 선적준비시점까지는 최대 15일 정도가 소요됩니다.

시황을 고려할 때 선박섭외가 원활하지 않거나, Big Column, EO Reactor, Evaporator, Big Boiler 또는 대형 Module과 같이 선적 가능한 선박이 제한적이거나, 공기에 지대한 영향을 미치는 화물의 경우, 검사를 통과한다는 전제하에 서둘러서 선복확약에 돌입해야 한다면 특수 컨테이너 선적사례와 마찬가지로 IRC 발급 지연과 내륙운송 지연 가능성을 염두에 두고 선적일정을 관리할 필요가 있습니다.

③ Barge 환적(換積)

[그림 3-3] Direct Ship to Barge Operation

본선 선적 전 Barge 이용시 Vendor로서는 부두 하역에 따른 추가비용을 피하기 위해 'Direct Barge to Ship'의 방법을 선호할 것입니다. 이때는 본선의 도착시점과 Barge의 도착시점을 일치시키는 것이 관건입니다. 일정이 어그러지면 어느 쪽이든 Detention에 대한 논란이 발생합니다. 마찬가지로 본선으로부터 Barge로 옮겨 싣는 경우에도 세밀한 일정관리가 필요합니다.

Hook-on Scope이 명확하지 않으면 물류부서가 해당 비용을 떠안거나, 비용부담 주체가 확정되지 않은 상태에서는 비록 짧은 시간일지라도 Detention을 유발할 수 있습니다. 따라서 Hook-on, Hook-off Scope에 대해 다음과 같이 사전 조치를 취하시기 바랍니다.

- Direct Barge to Ship : P/O(Purchase Order)에 Barge 선상에서의 Hook-on을 Vendor Scope으로 명기
- Direct Ship to Barge : Forwarder와의 일괄 운송계약서 또는 Fixture Note에 Barge 선상에서의 Hook-off를 Barge 운송사 Scope으로 명기

업무의 일관성과 작업의 용이성을 고려할 때, Barge를 섭외한 Vendor가 Hook-on 역무에 대한 책임을 감당하는 것이 합리적이라 여겨집니다. 따라서 Project 초기에 다음의 '계약' 부분에서 언급한 FCA, FAS 인도조건의 부가적인 조치사항과 함께 Hook-on 역무 및 관련비용이 P/O에 포함될 수 있도록 미리 구매부서와 협의해야 합니다. 미처 협의가 이뤄지지 않은 경우에는 이후에라도 P/O 조항을 읽어보고 그에 맞게 대응할 필요가 있습니다. 중요한 것은 P/O에 서명이 이뤄지기 전에 시의성에 입각하여 선제적으로 조치를 취하는 일입니다.

④ Shipping Request Status Report

SR 양식을 획일적으로 적용하여 예상 제작완료일 또는 예상 화물준비일만을 담고 있다면 중량물에 관해서는 그 밖에도 각각의 예상시점 즉, 운송 Permit 취득일, IRC 발급일, 내륙운송 출발일, 화물의 선적항 도착일 등 다수의 시점적 정보가 반영될 수 있도록 SR 양식을 개선할 필요가 있습니다. SR 접수 이후부터는 시점적 정보를 세분화여 모니터링을 실시하되, 정보파악의 주기를 좁혀서 적기 선적에 대비해야 합니다. 앞서 IRC가 발급되기까지의 과정을 상세히 기술하고 세밀한 일정 모니터링을 주문하는 이유는 궁극적으로 화물의 선적준비시점과 선박의 선적준비시점을 일치시키려는 목적을 달성하기 위함입니다. 거액의 선박 Detention 비용발생 문제와 결부된 사안인 만큼, 중량이 많이 나가는 화물일수록 Micro 관점에서 관리해야 합니다.

대표 화물명, POL, POD, Vendor Name, Shipping Mode, Shipping Volume 정보를 포함하여 SR 접수일, 제작완료일, 운송 Permit 신청일, 운송 Permit 승인일과 유효기한, 선복확약일, IRC 발급일, 화물준비일, 내륙운송 출발일, 화물의 선적항도착일, 선박도착일, 선적개시일, 출항일, 하역항 도착일 등 SR 접수에서부터 목적항 도착까지 각 Milestone별 계획일자와 실행일자를 관리하는 리포트가 SRS(Shipping

Request Status Report)입니다.

Main Forwarder로 하여금 변동사항을 업데이트하여 매일매일 송부하게 하고, 이때 수신처에 공정관리자들과 PRM(Procurement Management) 부서원 등 유관부문이 포함되도록 합니다. 이로써 선적일정에 대한 문의를 접수하고, Forwarder에 되묻고, 다시 유관부문에 통보하는 메신저 노릇은 하지 않아도 됩니다. 업무 교신에 소요되는 시간을 대폭 줄일 수 있어서 물류 담당자는 중량물 운송과 같이 중요한 사안에 역량을 집중할 수 있습니다. 물류시스템이 구축된 기업에서는 SRS를 시스템에 반영해야 합니다. 다만, 컨테이너 선적에 있어서는 추가적으로 서류마감일, CFS입고일 또는 CY입고일 등의 일정관리가 필요합니다. 따라서 Shipping Mode에 맞게 적절한 Milestone 항목들을 선정하여 SRS를 구성하면 됩니다. 이 같이 업무 프로세스를 개선하는 것 또한 중요한 일에 역량을 집중할 수 있도록 하는 밑거름이 됩니다.

⑤ 내륙운송 Permit

내륙운송 Permit 취득에 소요되는 시간은 국가마다 차이가 있습니다. 중량물의 경우 짧게는 일주일 이내, 길게는 1개월 이상의 시간이 소요됩니다. 전자의 경우는 Hydro-test 통과 직후에 신청해도 크게 무리가 없으나, 후자의 경우는 신청시점을 이 보다는 앞당겨야 합니다. 운송 Permit이 만료되어 재신청 과정에서 시간을 허비하는 사례가 있으므로 유효기한 내에 내륙운송이 완료될 수 있도록 독려하거나, Permit 유효기한 연장신청 시점을 실기하는 일이 없도록 해야 합니다. 이는 현지 내륙운송에도 동일하게 적용되는 사항입니다. 다만, 현지에서는 보다 장거리 운송이 수반될 수 있고 교량, 터널, Cable Line, 도로상태, 기타 장애물 여건에 따라 운송 Permit 취득에 6개월 이상 소요될 수도 있습니다. 결국 사전조사를 철저히 하여 현지사정에 맞게 대비해야 합니다.

FCA나 FAS 인도조건에서 바람직하지 않은 관행은 내륙운송이 선행부서 관할이라는 이유로 운송 Permit 취득과 그 유효성 여부에 대해 물류부서가 관심을 두지 않는 경우입니다. 하지만, 궁극적으로는 선적일정에 영향을 미치게 되고, 선박 Detention과도 무관하지 않기 때문에 물류 담당자의 적절한 개입이 필요하며, 물류협력사를 통해서라도 Permit 관련사항을 정확하게 파악하고 있어야 합니다.

이탈리아 Genoa Port와 같이 다수의 터미널로 구성된 Port는 터미널 이름을 명기해야 운송 Permit 신청이 가능한 경우가 있습니다. 화물규모와 운송거리, 장애물 극복 난이도에 따라 운송 Permit 취득에 1개월 이상 소요되기도 합니다. 이때는 본선이 접안할 터미널 이름을 Vendor에 통보하는 시점이 지연되지 않도록 관리해야 합니다. 미리 터미널을 지정하여 Vendor에 통보하고, 해당 터미널을 기준으로 해상운송 수행사를 선정해야 합니다.

운송 Permit의 중요성을 간과한 결과, 최선의 Shipping Mode가 채택되지 못하는 사례가 있습니다. 특히 운송 Permit 취득에 장시간이 소요되는 지역에서는 주의가 필요합니다. 예를 들어 FR 선적이 불가능한 1~2 Package 때문에 중량물선박을 섭외해야 한다면, 적은 물량으로 인해 그 자체로도 고가의 해상운임이 불가피하지만, 나머지 General Cargo 또한 고가의 해상운임을 적용하게 되어 물류비 낭비요인이 됩니다. 이때 잔여물량은 일반 컨테이너에 적입하고, 중량물에 대해서는 선적지와 하역지에서 별도의 크레인을 동원하는 방법으로 컨테이너 선박을 활용하는 것이 대안이 될 수 있습니다. 정확한 일정 예측이 가능할 뿐만 아니라, 물류비 측면에서도 유리할 때가 있습니다.

[그림 3-4] 컨테이너 선박, Break Bulk 선적

하지만 기존의 관행을 좇아 Vendor로 하여금 Break Bulk Terminal 기준으로 운송 Permit을 취득하도록 했다면, Container Terminal로 선적지 변경에 따른 장기간의 운송 Permit 취득 절차로 인해 일정상 Shipping Mode 변경이 불가능해지는 우(愚)를 범하게 됩니다. 따라서 이러한 상황하에서는 다른 대안까지 충분히 검토한 후 선적계획을 수립해야 합니다. 아울러 다수의 터미널로 구성된 Port는 차후 불필요한 논쟁을 방지하기 위해 터미널 이름을 Fixture Note에 명시하는 것이 바람직합니다. 단순히 Genoa Port라고만 협의하면 선사는 임의의 터미널에 접안한 후 선박도착에 관한 한 계약상의 책임을 다했다고 주장할 수 있습니다. 이 모두가 시점을 놓치지 않도록 관리하는 것이 중요합니다.

⑥ 선복확약시점의 결정

선적에 이르기까지의 과정을 다시 한번 옮겨보겠습니다.

운송 Permit 신청(취득에 장기간 소요시) → 제작완료 → VI & DI → Hydro-test → 운송 Permit 신청(취득에 단기간 소요시) → Surface Treatment 검사 → Packing & Shipping Mark 검사 → IRC 발급 → 화물준비 → 내륙운송 출발→ 선적항 도착 → 선적준비 → 선적개시 → 선적완료 및 출항

통상적으로 60톤을 초과하면 중량물로 간주하지만, 1,000톤을 상회하는 Column이나 Reactor가 존재하는 만큼, 사실 제작완료에서부터 화물준비시점까지 소요되는 시간 범위와, 그 이후 선적준비시점까지 소요되는 시간 범위를 일괄적으로 특정하기가 쉽지 않습니다. 육상 플랜트에 공급되는 중량물은 순조롭게 절차가 진행될 경우, 제작완료일(Mechanical Completion Date)로부터 화물준비일(Cargo Readiness Date)까지 최대 30일 정도가 소요됩니다. 화물마다 이 기간이 동일하지 않기 때문에 Hydro-test 통과

직후가 아니더라도 운송 Permit 승인 및 유효성 여부를 살피고 선적준비시점까지의 예상 진행경과를 면밀히 모니터링하여 선복확약시점을 결정해야 합니다.

혹자는 서둘러서 선복을 확보하는 편이 낫다고 판단할 수 있습니다. 하지만 지나치게 이른 선복확약은 화물이든 선박이든, 일정에 대한 불확실성이 크다는 문제점이 있습니다. 예상일정보다 화물준비가 지연되는 사례도 적지 않고, 부정기선(Tramper)의 특성상 항로가 정해져 있지 않으며, 제재 국가나 제재 선박에 해당되지 않는 한, 어디든 기항할 수 있기 때문에 항해노선이 지속적으로 변경될 수 있습니다. 조기 선복확보가 필요한 경우, 주기적으로 화물의 예상 선적준비일 변동상황을 파악하여 Lay/Can Window를 좁혀가는 방식으로 계약을 체결할 수 있으나, 기계적 제작이 완료되지 않은 상태에서는 여전히 불확실성에 대한 Risk가 존재합니다. 다만, 초대형 화물에 한해서는 선박의 희소성을 고려하여 선복확약시점을 앞당길 필요가 있습니다.

반면에 뒤늦게 선복확약을 시도하는 경우에는 운임이 상승하거나 선복이 충족되지 않을 수 있습니다. 결국 화물 규모에 따른 선박의 희소성 여부를 반영하고, 화물의 예상 선적준비일과 중량물선박들의 동향을 면밀히 모니터링하여 최적의 선복확약시점을 찾아내야 합니다. 이는 물류 담당자가 보다 많은 실무경험을 쌓아야 하는 이유이자, 경험과 역량을 갖춘 협력사를 수행사로 선정해야 하는 이유이기도 합니다.

⑦ SR 송부일 기준 설정

중량물 선적은 화물의 예상 선적준비일로부터 최소한 45일 이전에 SR이 접수되는 것을 전제로 합니다. MTR이 잠식된 채, SR 접수가 지연되면 선택의 범위가 대폭 축소됩니다. 만약 선행부서에서 화물준비시점에 이르러서야 SR을 송부하게 된다면, 부두 바로 앞에 Vendor Shop이 위치한 경우에는 하루면 선적준비가 완료될 수도 있습니다. 공사일정이 촉박한 경우, 이는 대형사고에 해당됩니다. 희한하게도 긴급한 화물일수록 협조가 잘 안 되고 물류부서를 곤혹스럽게 만드는 경향이 있습니다. 따라서 중량물 운송은 무엇보다도 선제적 대처가 관건입니다. 선행부서가 손을 놓고 있다고 해서 동조해서는 곤란합니다. 이에 대한 파급효과를 뒷부분에서 설명하겠습니다.

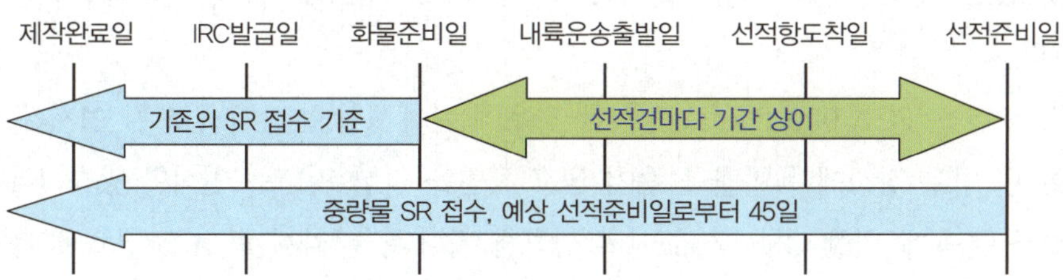

[그림 3-5] SR 접수시점 설정

예상 화물준비일(Estimated Cargo Readiness Date)을 바탕으로 선행부서의 SR 송부시점에 대한 기준을 정하는 것이 관행이지만, 이후 화물의 선적준비일까지 소요되는 시간이 제 각각이기 때문에, 필자는 예상 화물준비일 대신 화물의 예상 선적준비일(선적가능일)로부터 SR 접수시점에 대한 기준을 정할 것을 권장합니다. 매 선적건마다 예상 화물준비일로부터 예상 선적준비일에 이르기까지의 소요시간을 다시 따져볼 필요없이, General Cargo, ODC, 중량물의 각 범주별 모든 선적에 공통적으로 적용할 수 있어서 원활한 소통, 합리적인 의사결정, 업무의 일관성 유지 측면에서 바람직한 일입니다.

지금까지 물리적 특성에 관한 정보와 시점에 관한 정보에 대해 살펴보았습니다. 아무리 훌륭한 정보라 해도 이를 대하는 직원들의 태도에 따라 의미있는 정보가 되기도 하고 그 반대가 되기도 합니다. 이들을 더욱 가치있게 만드는 것은 우리들 각자의 몫입니다.

(2) 계약

화물의 이동을 유발하는 근원적인 출발점이 계약(契約)입니다. 우선적으로 구매부서의 기자재 구매계약을 통해 인도조건(引渡條件, Delivery Terms)이 결정되며, 그에 따른 물류부서의 후속 계약으로서 해상/항공운송계약, 내륙운송계약, 통관계약 등이 수반됩니다. 기자재의 Break Bulk 해상운송계약은 FLT(Full Liner Terms, 선적과 하역을 본선이 수행)가 보편적인 계약조건이지만, 볼가돈강(Volga–don River)에서의 River Vessel을 이용한 운송과 같이 FIO(Free–in, Free–out, 선적과 하역을 화주가 수행) 방식이 적용되는 경우도 있습니다. 대량의 철강화물 운송에서는 FI/LO(Free–in/Liner–out, 선적은 화주가, 하역은 본선이 수행) 방식이 적용되기도 합니다. 이는 제철소가 항만설비를 갖추고 있어서 자체적으로 선적작업이 가능하기 때문입니다.

무역조건의 해석에 관한 국제규칙(INCOTERMS, International Rules for the Interpretation of the Trade Terms)에서 FOB 조건(Free on Board, 본선인도조건)이 화물의 본선 안착까지 매도인의 Scope으로 정의됨에 따라 Break Bulk 선적의 매도인, 즉 Vendor는 FOB 인도조건의 계약을 꺼리게 되었고, 대신에 FCA 조건(Free Carrier, 운송인인도조건) 또는 FAS 조건(Free Alongside Ship, 선측인도조건)의 계약을 선호하게 되었습니다.

P/O상에 인도조건을 'FCA 000 Port'로 명시한 경우에는 해석상 논란을 일으킬 여지가 있습니다. 즉, Vendor는 선적항 내 아무 장소에나 화물을 옮겨 놓고 책임을 다한 것으로 인식할 있습니다. 이렇게 되면 이후 선측까지 2차 운송에 대한 Grey Zone이 발생하게 됩니다. 따라서 FCA 조건으로 계약할 때는 본선의 Lifting 개시 시점에 맞춰 선측으로의 화물운송이 Vendor Scope임을 부기하는 것이 바람직합니다. FCA 조건 계약시 통상적으로 Vendor가 인지하고 있는 사항이기는 하나, 이를 악용하려는 해외 Vendor가 FCA 조건의 해석을 들이밀면서 시비를 걸어오면 납기에 목마른 발주처로서는 꼼짝없이 당할 가능성이 있습니다. 결국 원만히 해결되지 않으면 한국에서 원격지의 해외 운송사를 섭외해야 하는데, 소통문

제나 시의성, 화물이든 트레일러든 하자 발생시 책임소재를 가리는 문제, 그리고 비용문제 등을 고려할 때 큰 부담을 떠안게 됩니다.

FCA, FAS 조건 공통적으로 선측에 화물을 이동시킨 후, 본선 크레인의 Hook를 화물에 걸어주는 역무를 Vendor Scope으로 명시함으로써 Hook-on 비용이 P/O 금액에 포함될 수 있도록 조치해야 합니다. 큰 비용이 아니기 때문에 Vendor가 수용하는 데에는 무리가 없으나, 그렇지 않으면 물류비 실행예산에서 지불해야 합니다. 소액이라 해도 수많은 Vendor의 사례가 쌓이면 가랑비에 옷 젖듯 이 또한 비용을 상승하게 만듭니다.

Grey Zone이 발생하고, Hook-on 비용을 누가 지불하든, 구매 담당자는 자신의 업무 밖의 일로 여기고 이를 간과할 수 있습니다. 하지만 Risk를 최소화하면서 원활한 선적업무 진행을 위해서는 구매부서의 협조를 이끌어내야 합니다. Project 초기에 유관부서와의 미팅시 FCA 및 FAS 조건 계약의 부가적인 사항과 'Direct Barge to Ship' 선적방식의 부가적인 사항에 대해 협의하시기 바랍니다.

(3) 시간

이 장에서 말하는 시간은 각 Milestone별 준수해야 할 시한(時限)을 정할 때, 그 기점(起點)과 종점(終點) 사이의 시간을 뜻하며, 과업을 완수하기 위해 반드시 보장되어야 하는 최소한의 시간을 MTR(Minimum Time Requirement)이라고 합니다.

1) Lead Time과 MTR의 관계

업계에서는 흔히 Lead Time이라는 용어를 사용합니다. 조달부문만을 고려했을 때, 이는 견적요청서(RFQ, Request for Quotation=Inquiry) 작성에서부터 현장도착까지 기자재 납품에 소요되는 시간으로 정의됩니다. Big Column, Compressor, Fired Heater와 같이 제작에 장시간이 소요되어 공기에 지대한 영향을 미치는 품목을 LLI(Long Lead Item)라고 칭합니다. Lead Time을 단축하는 것이 공기를 단축하는 길이라고 할 수 있습니다.

Lead Time은 설계역량, 자재수급, 작업인력, 일정관리(당사 발주분과 타사 발주분의 제작 우선순위 포함), 제작설비, 작업공간, 투입되는 비용 등에 따라 유동적입니다. 그러므로 동일한 Column을 제작한다 해도 기간을 특정하여 Lead Time을 정할 수는 없습니다. 반면에 MTR은 반드시 보장되어야 하는 최소한의 시간을 의미하기 때문에 Lead Time이 MTR보다 짧게 설정되어서는 곤란합니다. 이를 염두에 두지 않고 지나치게 단납기로 설정해버리면 제작일정을 실기할 수밖에 없습니다. 또한 무리하게 이를 강행하려다가 품질문제가 대두되어 오히려 강행하지 않은 것 보다 못한 결과를 초래할 수 있습니다.

예를 들어, 붕어빵공장이 정상적인 가동상태 하에서 시간당 1,000개를 생산할 수 있다고 가정해보겠습니다. 그런데 맛있다는 소문이 퍼지면서 주문이 쇄도하여 시간당 2,000개를 생산하려고 합니다. 생산부문으로만 한정했을 때, Lead Time을 절반으로 줄이려는 시도입니다. 이를 위해서는 재료투입 속도를 두 배로 늘려야 하고 붕어빵이 빨리 익도록 화력을 높여줘야 합니다. 설비를 증설하지 않는 이상, 이 부분들이 Lead Time에 영향을 미치는 Critical Path에 해당됩니다.

그러나 예상치 못했던 일, 즉 불량품이 속출합니다. 재료가 더 투입되거나 덜 투입된 빵, 불이 너무 세서 겉이 타버린 빵, 기계로부터 급하게 꺼내는 과정에서 망가지는 빵 등 상품가치가 없는 붕어빵들을 제외하고 나니 정상적인 제품은 오히려 시간당 800개 생산수준으로 줄었습니다. 부족한 수량은 다시 생산해야 하고, 이미 재료가 투입된 만큼 원가도 대폭 상승하게 되었습니다. 이에 속도를 늦추고 화력을 다시 조절하여 정상적인 제품을 최대로 생산해낼 수 있는 작업속도가 시간당 1,200개 수준이라는 것을 알아냅니다. 따라서 생산부문만을 고려했을 때, 앞서 1,000개당 Lead Time은 1시간, 조정에 따른 Lead Time은 50분이 되며, 이것이 최선에 해당되므로 붕어빵 1,000개를 생산하기 위한 MTR 역시 50분입니다.

그런데 이를 무시하고 자의든 타의든 일정계획을 MTR 미만으로 수립하여 이를 끝내 밀어붙인 결과는 품질문제를 야기함으로써 약속된 수량을 맞추기 위해 오히려 시간과 비용을 더 투입해야 하는 손실을 초래할 뿐입니다. 단기적인 성과에 급급한 Leader들이 범하게 되는 오류중의 하나가 바로 이러한 것입니다. 밀어붙이면 된다는 생각에 MTR을 무시한 결과, 회사를 더욱 곤경에 빠뜨립니다. 다른 장에서 저가수주의 파급효과에 관해 언급하였습니다. 이 또한 단기 성과주의의 폐해라고 할 수 있습니다.

따라서 아무리 작업환경을 개선한다 해도 변하지 않을 MTR을 산정하고 돌발상황(Contingency)의 변수를 고려하여 이보다는 다소간의 여유를 두고 일정계획을 수립하는 것이 바람직합니다.

2) 물류의 MTR

물류의 MTR은 화물의 궁극적인 현장도착 요구일(RAS: Required at Site or ROS: Required on Site Date)로부터 역산(逆算)하여 계산합니다. 무엇보다도 물류부서는 MTR의 시작점인 SR 접수시점이 계획 대비 늦어지지 않도록 관리해야 합니다. 그리고 지연이 발생한 경우에는 만회대책(Catch-up Plan)을 수립해야 합니다. SR 접수시점은 물류부서의 성과 및 평가를 좌우하는 매우 중대한 시발점에 해당되므로 최신의 RAS Date를 반영하여 지속적으로 SR 접수시한을 업데이트 하고, 만약 SR 접수가 지연되면 RAS Date를 준수하는 것이 물리적으로 불가능할 수 있다는 점을 유관부문에 명확히 알릴 필요가 있습니다.

다음 〈표 3-1〉에서 Aromatics Project의 핵심 기기인 Xylene Column은 RAS Date 11월 16일로부터 역산하여 SR 접수의 한계시점이 7월 28일임을 보여줍니다. 시스템이 제대로 작동하는 경우에는 7월 28일이 도래하기 전에 SR의 정상적인 준비여부를 물류 담당자가 확인할 수 있어야 하고, 공정관리자에게는 Pre-Alert 기능이 제공되어 SR송부 시점을 준수하도록 고취해야 할 것입니다. 물론 예상 화물준비일과 RAS Date 사이의 기간이 지나치게 단기간으로 설정된 경우에는 이에 대한 조정이 불가피합니다. 뒷부분에서 이 문제에 대해서도 살펴보겠습니다.

〈표 3-1〉 RAS Date로부터 SR 접수 시한 설정

Item Description	POL	SR 접수	선복 확약	화물 준비	운송 출발	화물 도착	선박 도착	선적 개시	선박 출항	하역항 도착	하역 완료	통관 완료	운송 출발	RAS Date	MTR
Xylene Column	Al Jubail	07/28	08/09	08/27	08/29	09/03	09/05	09/06	09/09	10/19	10/22	10/27	10/29	11/16	111
Duration(Days)		12	18	2	5	2	1	3	40	3	5	2	18		
Recycle Compressor	Antwerp	09/15	09/27	10/11	10/13	10/16	10/17	10/18	10/20	11/19	11/21	11/26	11/28	12/05	81
Duration(Days)		12	14	2	3	1	1	2	30	2	5	2	7		

중량물의 Delivery Plan에는 POL, POD, Vendor Name, Item No., Item Description, Weight, Size, Volume 정보를 포함하고, 위 표에서 보여지는 것보다 Milestone을 좀 더 세분화하여 계획을 수립할 수 있습니다. 실행에 있어서는 진행경과를 토대로 현장 도착일을 예측하여 이 또한 유관부문과 공유하면 됩니다.

3) Aromatics Project

Aromatics Plant는 Naphtha 및 NCC(Naphtha Cracking Center)로부터 BTX(Benzene, Toluene, Xylene)를 추출하여 궁극적으로는 para-Xylene을 생산하기 위한 공장입니다. Aromatics는 방향제나 향료(香料)를 의미하며, 벤젠고리를 가지고 있는 화합물들은 특유의 향기를 발산하는데, 향기를 낸다고 해서 붙여진 이름입니다.

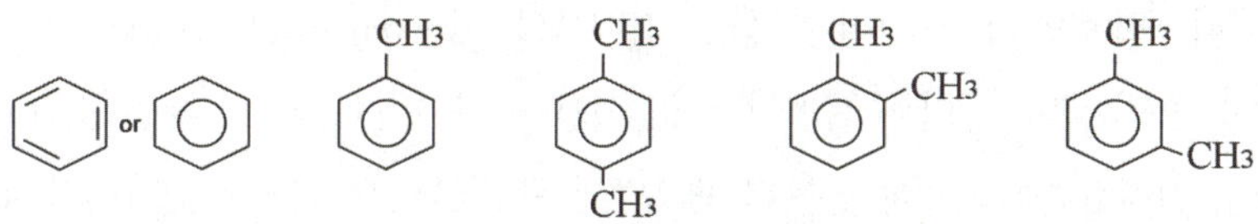

Benzene　Toluene　para-Xylene　ortho-Xylene　meta-Xylene

para-Xylene을 산화시킨 TPA(Terephthalic Acid) 또는 TPA를 Methanol로 에스테르화한 DMT(Dimethyl terephthalate)에 EG(Ethylene glycol)를 축합중합으로 합성하여 폴리에스터섬유, 전선 절연재, 포장재, 음료수병 소재 등으로 사용되는 PET(Polyethylene terephthalate)가 생산됩니다. Dacron과 Mylar는 PET를 소재로 하는 제품의 잘 알려진 상표명입니다.

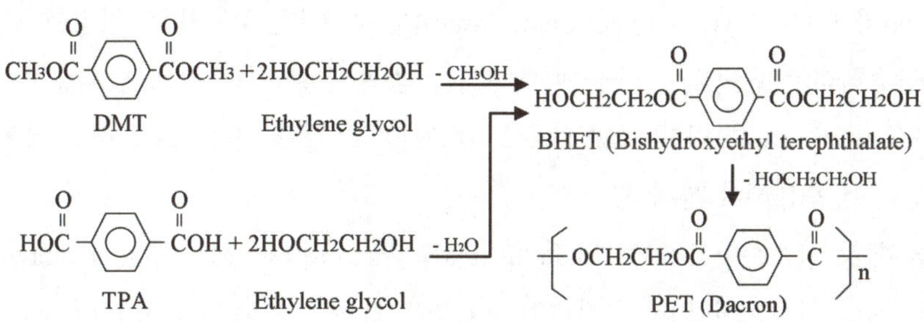

반면에 ortho-Xylene은 PA(Phthalic anhydride)의 원료가 됩니다. PA는 옥탄올(n-Octanol)과 합성하여 DOP(Dioctyl phthalate)를 생산하고 DOP는 가소제(可塑劑, Plasticizer)로 사용됩니다. 가소제는 합성수지의 가공성을 향상시키고 유연성을 높이기 위해 첨가하는 물질입니다. 지갑, 벨트, 가방, 소파 등에 PVC(Polyvinyl chloride) 등의 소재가 사용될 수 있는데, 그 상태로는 딱딱해서 상품성이 떨어지기 때문에 가소제를 첨가하여 유연하게 만들 수 있습니다.

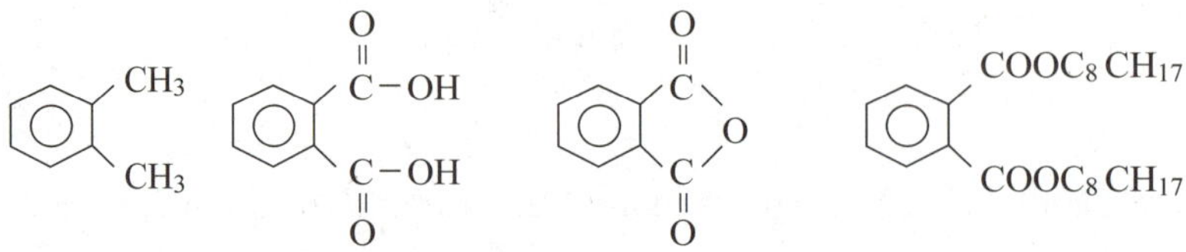

ortho-Xylene Phthalic Acid PA(Phthalic anhydride) DOP(Dioctyl phthalate)

이 부분을 설명하는 이유는 자신이 수행하고 있는 Project가 최소한 어떤 제품을 생산하기 위한 공장을 짓는 것인지를 알고 있어야 한다는 점을 강조하기 위함입니다. 누구를 만나든 생산제품이나 Process를 얘기할 수 있다면 대화의 깊이가 더해지고 본인에 대한 평가도 한층 업그레이드될 것입니다.

Aromatics Project가 시사하는 바는 어딘가에서 EG(또는 EO/EG, EO: Ethylene oxide) Project를 계획하고 있거나 진행중이라는 것입니다. PA Project가 가소제를 생산하기 위한 목적이라면 Octanol(=Oxo Alcohol) 공급이 충분하지 않을 경우, Octanol Project 역시 동반 진행되어야 할 것입니다.

[그림 3-6]에 석유화학공업의 기초가 되는 주요 단량체(Monomer)와 고분자화합물(Polymer)의 화학식을 나타냈습니다. 괄호안에 표시한 이름은 IUPAC(International Union of Pure and Applied Chemistry, 국제순수응용화학회, '아이유팩'이라 읽음)명을 의미합니다. 예를 들면, Ethylene이라고 부르는 것을 관용명(慣用名)이라 하고 오래 전부터 관습적으로 통용된 이름을 뜻합니다. Ethylene의 IUPAC명이 Ethene입니다. Ethylene을 Ethene 또는 Propylene을 Propene이라고 표현했다고 해서 오타가 아님을 기억하시기 바랍니다. 이해를 돕기 위해 'Valve 이야기' 34장에서 IUPAC의 기초적인 화합물 명명법에 대해 간략하게 소개하였습니다.

3) MTR 잡식에 따른 문제점

General Cargo와 ODC(Over-dimensional Cargo)의 경우에는 P/O별로 일정을 관리하면 됩니다. 다만 운송일정이 중요하다고 판단되는 화물에 대해서는 품목별 관리내역에 포함시킬 수 있습니다. General Cargo, ODC, Heavy Cargo 등의 중량과 Size에 따른 분류기준을 정하고, 유형별 조치사항을 담은 선적지침서를 유관부문과 공유해야 합니다.

예) 중량물, 예상 선적준비일 90일 전 Preliminary Packing List & Shipping Drawing 송부
중량물, 예상 선적준비일 60일 전 SR(Final P/L 포함), Final Shipping Drawing 송부

Monomer	Formula	Polymer	Formula
ethylene(ethene)	$CH_2=CH_2$	polyethylene	$-[CH_2CH_2]_n-$
propylene(propene)	$CH_2=CHCH_3$	polyethylene	$-[CH_2CH(CH_3)]_n-$
styrene	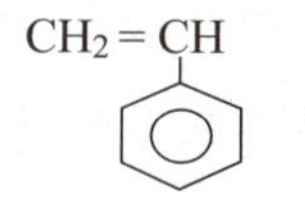	polystyrene	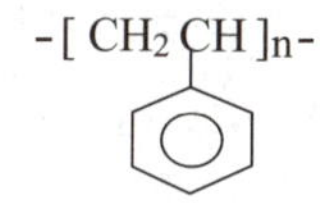
acrylonitrile (propenenitrile)	$CH_2=CHCN$	polyacrylonitrile Orlon, Acrilan	$-[CH_2CH(CN)]_n-$
vinyl acetate (ethenyl ethanoate)	$CH_2=CH-OC(=O)CH_3$	polyvinyl acetate	$-[CH_2CH(OCOCH_3)]_n-$
methyl methacrylate (methyl 2-methylpropenoate)	$CH_2=C(CH_3)COOCH_3$	PMMA Plexiglas, Lucite	$-[CH_2C(CH_3)(COOCH_3)]_n-$
vinyl chloride (chloroethene)	$CH_2=CHCl$	polyvinyl chloride	$-[CH_2CH(Cl)]_n-$
tetrafluoroethylene (tetrafluoroethene)	$CF_2=CF_2$	PTFE Teflon	$-[CF_2CF_2]_n-$
isobutylene	$CH_2=C(CH_3)_2$	polyisobutylene butyl rubber	$-[CH_2C(CH_3)_2]_n-$
isoprene	$CH_2=CH-C(CH_3)=CH_2$	trans-1, 4-polyisoprene	$-[CH_2-CH=C(CH_3)-CH_2]_n-$
butadiene	$CH_2=CH-CH=CH_2$	trans-1, 4-polybutadiene	$-[CH_2-CH=CH-CH_2]_n-$
chloroprene	$CH_2=CH-C(Cl)=CH_2$	trans-1, 4-polychloroprene neoprene rubber	$-[CH_2-CH=C(Cl)-CH_2]_n-$

[그림 3-6] 주요 화합물의 단량체와 고분자 화학식

통상적으로는 Project 초기에 Shipping Procedure(Instruction)라는 이름으로 물류부서가 이 같은 지침서를 작성하여 제공합니다. 하지만 두루뭉술하게 작성하거나, 유관부문에서 관심을 두지 않으면 무용지물이 되기 때문에 중요한 내용을 간추려서 반복적으로 상기시키는 노력이 필요합니다. 이를 통해 SR 송부지침을 준수하도록 독려할 필요가 있습니다.

앞에서도 SR 접수시점은 물류부서의 성과 및 평가를 좌우하는 매우 중대한 출발점이라고 언급했듯이 특히 중량물의 경우에 SR 접수시점에 따라 물류부서의 희비가 엇갈리는 경우가 많습니다. 왜냐하면, SR 접수지연은 물류업무에서 필요로 하는 절대적 시간을 허비하는 결과를 초래할 뿐, SR 접수시점이 지연되었다고 해서 화물준비 시점이나 RAS Date가 변경되는 것은 아니기 때문입니다.

나아가 더욱 안타까운 것은 SR이 접수되기 이전에 이미 MTR이 잠식(蠶食)되었음에도 불구하고, 물류부서가 이를 인식하지 못하는 경우입니다. 결과적으로 SR을 접수하자 마자 Project 책임자나 조달 책임자 및 그 수하 직원들로부터 후속일정에 대한 강한 압박을 받으면서 업무를 수행하게 될 것입니다. 또한 현장에서는 현지 물류 담당자에게 일정을 앞당길 것을 강력하게 요구할 것입니다. 이는 우리가 스트레스를 받고, 영양가 없는 각종 미팅에 빈번하게 불려다니는 등 매일같이 바쁠 수밖에 없는 이유중의 하나입니다. 더불어 물류부서의 든든한 우군이 되어준 협력사마저 곤혹스럽게 만드는 일이 될 것입니다.

SR에만 의존하여 그 때 그 때 실무에 돌입하다 보면 바쁘고 골치 아픈 악순환의 늪에서 헤어나기가 쉽지 않습니다. SR 접수에서부터 선적업무가 개시된다고 믿고 있거나 또는 SR 접수시점이 늦어지더라도 책임을 전가할 부서가 있다고 믿고 있다면 지금부터는 생각을 바꿔야 합니다. RAS Date가 현실적인 공사일정을 반영한, 신뢰할 수 있는 정보라고 가정했을 때, 이로부터 운송계획을 수립하는 것이 정상적인 절차입니다. 그리고 MTR이 보장될 수 있도록 SR 접수시점에 대해서 선행관리를 강화해야 합니다. 결국 일정 압박에 내몰리는 건 뒤늦게 SR을 송부한 선행부서가 아니라 물류부서이기 때문입니다.

중량물의 경우, 앞서 예상 선적준비일로부터 최소한 45일 이전에 SR이 접수되도록 해야 한다고 언급한 바 있습니다. 이미 MTR이 잠식된 상태에서 SR 접수와 동시에 신속한 선적진행을 독촉받았다고 가정해보겠습니다. 그러면 다음과 같은 난관에 직면할 수 있습니다. 기항(寄港, Calling)은 선박이 최종 목적지에 도달하기 전 다른 항구에 들르는 것을 의미합니다.

첫째, 우리의 요구시점에 입항할 수 있는 선박은 Space가 부족하거나, 이미 Booking이 완료되었을 가능성이 높습니다. 반면에 Space에 여유가 있는 선박은 화물의 예상 선적준비일보다 도착일자가 늦어질 가능성이 다분합니다. SR이 정상적인 시점에 접수된 경우, 대상 선박들의 Booking 상황과 항해일정(Itinerary)을 살펴서 최적의 선박을 결정할 수 있기 때문에 화물의 예상 선적준비일로부터 크게 벗어나는 일을 방지할 수 있습니다.

둘째, 선사 또는 이를 중개하는 브로커(Broker)가 특정 선박 이외에는 우리 화물의 선적 및 도착일정에 대한 다른 대안이 없다는 사실을 인지하게 된다면 운임이 상승할 가능성이 있습니다.

셋째, 다음과 같은 상황하에서는 운송일정을 앞당기기 위해 Acceleration Charge를 지불하기도 합니다.

- 현장에서 긴급을 요하거나,
- 가교통과 시점에 제한이 있거나,
- 볼가돈운하의 운영중단 시점이 임박했거나,
- 향후 현지에 장기간 국가 휴무일이 있거나,
- 우기를 앞두고 그 이전에 설치를 완료해야 하는 경우

이미 시기를 놓쳐 시간이 촉박한 상태에서 이 같은 비용이 추가로 발생한다면 이중으로 손실입니다. 그러나 선박이 경제속도 이상으로 항해속도를 높인다는 건 결코 쉬운 일이 아닙니다. 일반적으로 경제속도를 넘어서 속도를 두 배 높이면 2^3(2의 3제곱) 즉, 연료는 8배가 소모됩니다. 연료 소모율을 감안할 때, 사실상 불가능한 일입니다. 결국 쾌속항해 대신 기항순서 조정형식을 취하게 될 것입니다.

넷째, 건강에 해롭습니다. SR 접수지연에 따라 화물의 선적준비 가능일보다 10일 늦게 선적이 진행되고, 항해기간 30일, 내륙운송 기간 15일을 가정해보겠습니다. 그러면 해당 Project의 Offshore 물류 담당자는 최소한 40일 동안, Onshore 물류 담당자는 통관기간을 포함하여 대략 20일 동안, 그리고 물류부서장은 이를 모두 합한 기간만큼 일정에 대한 스트레스를 받으면서 세월을 보내게 될 것입니다. 짧다면 짧지만 고통을 받는 사람들에게는 한없이 긴 시간입니다.

필자가 수행한 Project에서 우루과이 Nueva Palmira Port까지 최장 항해기간은 78일이었습니다. 만약 해상운송만으로도 78일 동안 스트레스를 받는다고 하면 악몽도 이런 악몽이 없을 것입니다. 다른 항차의 지연 건까지 더해지면 실제로 병에 걸리기 딱 좋은 환경이 조성됩니다. 그런데 더욱 안타까운 것은 기항순서를 조정하지 않는 한, 선박은 일정이 당겨질 가능성보다 지연될 가능성이 더 높다는 사실입니다. 항해기간중에 하루하루 지연소식을 접할 때마다 담당자와 부서장은 속이 바짝바짝 타 들어갈 것입니다. 그러므로 본인 건강을 위해서도 반드시 선제적으로 대처하시기 바랍니다.

다섯째, 화물 보관료가 발생할 수 있습니다. 발주처(EPC사)와 우호적인 관계를 유지하기 위해 Grace Period(유예기간)를 허용할 수 있으나, Vendor는 내심 신속한 화물출고를 바랄 것입니다. 이것이 기자재비 청구일자를 앞당기는 길이기도 합니다. 제작주문이 밀려있는 상황에서는 해당 장소에서 다른 작업을 진행하지 못한 데 따른 손실발생이 불가피하기 때문에 발주처는 정당한 대가를 보상해야 합니다.

마지막으로 선박을 섭외하는 일과 택시를 호출하는 일에 차이가 없고, 택시의 경로를 바꾸거나, 대가 없이 대기시키거나, 주행속도를 높이는 일이 마치 선박에서도 가능한 동격의 일인 것처럼 생각하는 사람들 눈에는 물류부서가 업무를 제대로 못하는 형편없는 조직으로 비쳐질 수 있습니다. 이때 등장하는 전형적인 멘트가 "기껏 돈을 들여서 돌관작업을 시키고 납기를 당겨놓았더니 물류가 시간을 다 까먹고 있다."입니다.

이런 상황이 반복되면 물류는 Project에 도움이 안 되는 조직이라는 평가절하의 오명에서 벗어나기 어렵게 됩니다. 불과 10일 차이로 원성의 대상이 되어, 그 보다 훨씬 많은 시간을 힘들게 보내야 합니다. 결국 건강을 해치고, 평가는 평가대로 못 받고, 시간을 양보하든지 비용을 더 투입하든지, 어떠한 경우든 유무형의 손실이 불가피합니다. 따라서 MTR과 그에 따른 SR 접수시점의 중요성을 깊이 인식해야 합니다.

엄밀히 말해서 SR을 뒤늦게 송부한 선행부서의 책임이 더 막중하고 선행부서의 늑장대처로 인해 물류부서가 덤터기를 쓰는 일이기도 합니다. 설계, 구매, 제작의 이전 공정에서 허비한 시간에 비하면 사실 물류에서 지체되는 시간은 조족지혈(鳥足之血)에 불과합니다. 그럼에도 불구하고 현실은 물류부서에 해결사 역할을 원하고 있습니다. 이 것이 조달의 최말단 공정에 위치한 물류부서의 숙명입니다. 한 편으로는 그 만큼 물류인 각자가 중요한 역할을 담당하고 있다는 반증이기도 하며, 자부심을 갖기에 충분한 일이기도 합니다.

4) 선행관리의 중요성

일정을 준수하고, 보람도 느끼고, 보다 즐겁게 일할 수 있는 방법은 선행관리밖에 없습니다. 유일한 해결책이기도 하지만, 물류부서의 성과를 극대화할 수 있는 방법이기도 합니다. 중량물리스트를 지속적으로 업데이트하고 제작과 검사진행 경과를 모니터링하여 선제적으로 대처하면 됩니다. 그 출발점이 RAS Date로부터 MTR을 확보하는 것입니다.

그러나 예상 화물준비 시점에 비해 RAS Date가 촉박하게 설정되는 경우가 있습니다. P/O상의 납기는 당겨지는 사례보다 늦춰지는 사례가 더 많기 때문에 납기지연 가능성까지 고려하면 화물준비 시점으로부터 RAS Date까지의 기간은 더욱 짧아지게 됩니다. MTR이 제대로 반영되지 않은 상황에서 넋을 놓고 있다가는 다시금 일정압박에 시달릴 것이 자명합니다. 그러므로 제작현황을 관리하는 ESR(Expediting Status Report)과 RAS Date 정보를 포함하는 CSR(Construction Status Report) 또는 Construction Schedule을 수시로 확인하고 물류가 개입하여 조정할 수 있는 부분은 조정해야 합니다.

실현 불가능한 화물도착 시점을 기준으로 공사계획이 수립된다면 언젠가는 이를 바로잡을 수밖에 없습니다. 계획을 바로잡는 시점이 늦어지면 늦어질수록 공사일정에 대한 여파가 더욱 커지게 됩니다. 그리고 이를 방조한 물류부서에도 간접적인 책임이 있습니다. 하지만 물류부서에서 미리 이 부분에 개입하여 현실적인 일정으로 조정이 가능하다면, 공사순서, 인력 및 장비투입계획을 변경하는 등 현장에서도 대비할 시간을 벌 수 있기 때문에 뒤늦게 일정을 수정하는 것보다는 공기에 미치는 충격을 한결 완화시킬 수 있습니다. 다만, 일정을 조율하되 조정이 불가능한 것은 SR이 접수되기 이전이라도 운송시점을 앞당길 방안을 미리 강구하고 있어야 합니다.

Module 제작이 막바지 단계에 이르렀을 무렵, 납기단축 지시가 하달된 Project가 있었습니다. 이 때문에 Expediter를 해외 Vendor Shop에 급파, 잔여 납기를 관리하였습니다. Vendor도 이에 호응하여 P/O상의 납기보다 일정을 앞당기는 것으로 협의하였습니다. 필자는 SR이 접수되지 않은 상태에서 Proforma Packing List를 바탕으로 수행협력사 선정을 위한 Bidding을 실시하였고, 변경된 납기에 선적일정을 맞추었습니다. 정식 SR이 접수될 때까지 기다리다가는 향후 물류부서가 곤경에 처하는 상황이 예상되었기 때문입니다. 당시 선박 Detention Charge는 1일 USD18,000.-이었습니다.

그런데 어느 순간부터 내심 우려했던 일이 현실로 다가왔습니다. 하루하루 제작지연 소식이 들려오더니, 종국에 가서는 당초 P/O상의 납기대로 진행되어 거액의 Detention Charge를 고민해야 하는 처지가 되었습니다. 바짝바짝 속이 타들어가는 시간이 지속되었으나 선박 도착일정이 필자를 도왔습니다.

정말 기적처럼 화물의 선적준비일과 선박의 선적준비일이 정확하게 일치하였습니다. 다른 장에서 기술한 GRP Pipe 선적사례 이후로 선박의 도착지연으로 인해 이토록 감격스러운 적은 없었습니다.

이 부분에서 필자가 적시하고자 하는 바는 뜻밖의 행운이라는 것도 위기의 상황을 예측하여 대비하고 있을 때 찾아올 가능성이 높아진다는 점입니다. 앞서 조정이 불가능한 것은 SR이 접수되기 이전이라도 운송시점을 앞당길 방안을 미리 강구하고 있어야 한다고 언급했듯이, RAS Date를 인지하고 선제적으로 대처할 때 그나마 그에 근접한 결과를 이끌어낼 수 있다는 것입니다. SR이 접수되지 않았다는 이유로 이를 방기해버리면 결국 현장 도착지연에 대한 책임에서 자유로울 수 없게 됩니다.

물류업무를 수행하는 동안 어떤 Project에서든 한 두 번은 위기의 순간에 봉착할 수 있습니다. 사태를 원만히 수습하고 손실을 최소화하는 방향으로 국면을 전환시키기 위해서는 통찰력이 필요합니다. 하지만 이미 MTR이 잠식된 상태에서는 최선의 의사결정조차 그 가치가 퇴색되기 마련입니다. 같은 의사결정이라 해도 시의성이 중요합니다. 이는 곧 시간관리, 선행관리의 문제로 귀결됩니다.

하계휴가, 크리스마스휴가, 춘절, Eid, Haj, Nowruz 등으로 장기간 휴무에 돌입하는 국가들이 있습니다. IRC 발급 여부와 관계없이 이 기간에는 화물반출은 물론 내륙운송에 협조할 인력이 부족하거나 아예 없는 경우가 다반사입니다. 물류의 MTR이 잠식당할 수 있기 때문에 유관부서들과 일정을 조율하여 선적계획을 수립해야 합니다. 현지 국가가 장기간의 휴무에 돌입하는 경우에도 반드시 내륙운송 일정계획에 반영해야 하는 사항입니다.

실제로 특정기간 동안 대부분의 유럽국가들이 장기간 휴무를 실시한다는 사실을 간과하고 있다가 한 달 가까이 중량물 선적을 진행하지 못해 유관부서로부터 원성을 샀던 경험이 있습니다. 그러므로 물류담당자는 국가별, 지역별 특이사항을 파악하고 있어야 합니다. 선적을 못했다는 사실도 문제가 될 수 있으나, 이를 사전에 인지하여 공사계획 변경 등, 대비할 수 있는 시간을 벌어주지 못한 것이 더 큰 문제라고 할 수 있습니다. 지금은 널리 알려진 사실이지만, 과거 중동진출 초창기에 라마단(Ramadan, 더운 달을 의미)기간 또는 Eid(축제의 의미, Eid al-Fitr & Eid al-Adha) 휴무기간의 영향을 예측하지 못해 통관과 내륙운송 지연으로 공사계획에 차질을 빚은 사례들이 있습니다. 신규 진출국가에 대해서는 다음의 조직 부분에서 기술한 물류환경 조사를 더욱 철저히 실시해야 합니다.

(4) 조직

협의(狹義)의 조직은 물류환경조사, 운송계획 수립과 실행, 예산 및 실적관리, 비용발생의 억제와 정산, 사고예방과 발생된 사고의 처리(Back-charge 또는 보험처리), 보고서 작성 및 배포, 데이터 관리 등의 업무를 수행하는 기업 자체적인 물류조직을 의미합니다. 광의(廣義)의 물류조직은 Forwarder와 선사, 현지 통관사, 내륙운송사 등 직접적인 계약관계가 있는 협력사를 포함합니다. 단, 보험업무는 기업에 따라 다른 조직에서 수행하기도 합니다.

1) 물류환경 조사와 인력보강

Project 현장은 오지(奧地) 또는 저개발 지역의 국가로 확대되고 있습니다. 동일한 Process의 플랜트를 신규 국가에 건설하는 경우, 조달부문의 구매, 공정관리, 검사 조직은 기존 Project 대비 절대적 업무량과 소요 M/H(Manhour)에 대한 지표가 크게 달라질 게 없습니다. 신규 국가라 해도 업무방식과 절차가 대동소이하기 때문입니다. 그러나 물류는 이전과는 다르게 진행되는 부분들이 있습니다. 예를 들면, 안전상의 이유로 중량물의 야간운송을 불허하는 지역이 있는가 하면, 교통체증을 이유로 야간운송만을 허용하는 지역이 있습니다.

(a) 주간운송만 허용하는 지역

(b) 야간운송만 허용하는 지역

[그림 3-7]

이렇게 되면 현지 물류 담당자의 근무시간에도 일정부분 조정이 불가피합니다. 운송이라는 큰 틀에서는 동일하다고 할 수 있으나 그 세부 관리사항은 전혀 다른 것이 됩니다. 이로 인해 장애물을 제거하기 위한 활동들 또한 영향을 받게 됩니다. 더욱이 저개발국가의 경우에는 열악한 인프라 사정 때문에 물류관리에 보다 많은 에너지 투입이 요구됩니다. 신규 국가 진출시 물류에서는 다음의 두 가지 사안이 과제로 대두될 수 있습니다.

- 규정과 절차 등 물류환경을 조사하고 업무에 반영하는 일
- 업무량 증가에 따른 인력을 보강하는 일

다음의 사항들에 대해 강도 높은 조사를 실시하고 수행방안을 꼼꼼하게 수립하여 실무 적용시 빈틈이 없도록 관리해야 합니다. 입찰업무 수행시에 조사한 사항도 있겠지만, 실행 Project에서는 그 범위와 깊이를 달리 가져가야 합니다. 다만, 일부 사항은 인프라 여건상 해당되지 않을 수 있습니다.

- 통관규정 조사(통관서류, 통관절차, 통관기간, 검사형태[서류/전수], 위임장, 통관비용 등)

– 위임장 : POA(Power of Attorney), Delegation Letter or Authorization Letter
– 검사형태가 중요함. 전수검사시 물류의 관리사항이 늘어남.

- 도로/운송규정 조사(운송 Permit, 중량제한[GBP, A/L당 하중], 통행제한, 트레일러 적재규정 등)
- 관세/면세/환급규정 및 영세율 적용 품목 조사
- 세법규정 확인(현지 발생 비용에 대한 부가세, 거래세[매출세], 부가세 환급 등)
  – 부가세가 적용되는 국가에서는 현지발생 비용에 대해 현지법인 명의로 계약해야 함.
- 방사능물질, 폭발성물질, 화학제품 등 위험물관리규정 조사(대상품목, 관할관청, Import Permit, 통관절차, 위험물 운송규정 등)
- 항구/공항 조사(중량/Size 제한, 체선/체화여부, 파업빈도, 항만장비, Ro–Ro선석, 작업시간, 항만 비용 등) : 중량물 환적항 포함
- 운송 Route 조사, 각 Route별 통과허용 화물기준 확인
- 철도운송 규정 조사
- 장애물 극복계획 수립
  – 토목공사(우회로공사, Jetty공사, 교량/도로보강 등) 비용 및 인허가 사항 조사
  – 전력차단(관할관청, 전력수요처, Permit 취득 절차 및 소요기간, 동원장비 등)
- 강송(江送)환경 조사(환적항, Port Due, 운송사, River Vessel, 수심, Jetty 현황, 하역크레인 등)
- 현장조사(진입로, 하역규정[날씨 등 하역불허 조건, 마감시간], 하역능력, Lay–down Area, Gate Pass 규정 등)
- 일반화물 통관/운송사 및 중량물 운송사 조사, 보유장비현황/수행역량 등 실사
- 협력사 선정 및 그에 따른 업무교신, Reporting, 대금지급 등 Coordination Procedure 정립
- 사업주 물류 Spec. 검토, 타사의 기존 Project 벤치마킹
- 장거리 운송지역에서 작업자, 화물, 트레일러의 안전대책 마련
- 기타 물류환경 조사(휴무일, 기후조건, 세관/경찰 협력도, 지역텃세 같은 운송방해 요인 등)
- 이들을 종합한 물류 수행방안 수립 및 실무 적용

짧은 문구로 언급했지만, 실상을 들여다보면 항목 하나 하나가 중요한 의미를 담고 있습니다. 물론 기존 Project에서도 조사하는 사항일 수 있으나, 순전히 처음부터 다시 조사하여 해당지역의 규정과 절차에 맞게 지침을 새로 만들어 배포하는 등 이전과는 세부내용이 다른 업무를 수행해야 한다는 점에서 타 부서의 업무와는 차이가 있습니다. 아울러 트레일러 수급이 원활하지 않거나, 다수의 교량과 터널 그리고 그 외의 까다로운 장애물들이 존재한다든지 또는 도로사정이 열악하여 곳곳에서 도로보강이 불가피한 경우에는 관리의 수준을 한층 높여야 합니다. 결론적으로 더 많은 인력을 투입해야 한다는 의미입니다.

각각의 내륙운송 Route별 통과기준을 조사하고 최대 화물 Size와 중량을 조기에 확정하여 설계 및

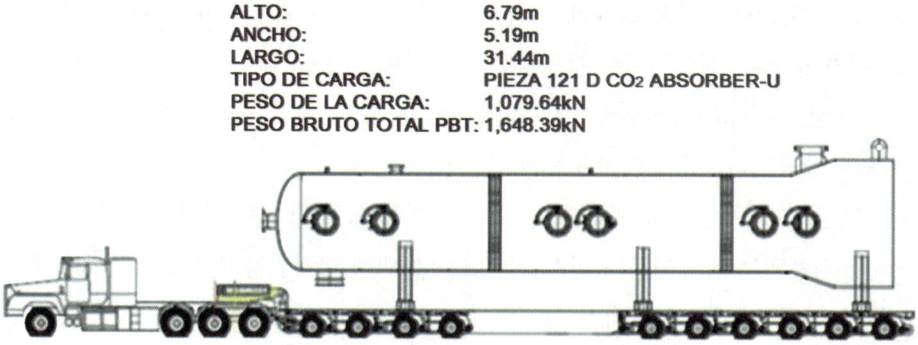

[그림 3-8] 분할 화물의 트레일러 구성 예시

제작에 반영될 수 있도록 해야 합니다. [그림 3-8]은 2분할한 CO_2 Absorber Upper Part의 트레일러 구성을 나타낸 것입니다. 운송 Route상의 여건을 고려했을 때 장척의 기기를 2분할해야 하는 상황이 발생할 수 있습니다. 내륙운송을 가능하게 하는 최대 Size와 중량에 대한 정보는 물류부서에서 제공해야 하며, 그에 따라 설계와 구매는 물론, 현지조립 및 설치계획, 궁극적으로는 Project 공기에 영향을 미치게 됩니다. 인력이 부족하다는 이유로 이토록 Critical Issue에 해당하는 사안을 대충 조사한다면 자칫 Project 전체를 나락(那落)으로 빠뜨릴 수 있습니다. 그 만큼 물류부서의 역할이 중요하고 한 치의 오차도 없이 조사업무를 수행할 충분한 인력지원이 필요합니다.

볼리비아 Project에서는 강을 통한 Barge 운송거리 약 3,000km, 이후 육상운송 825km, 그리고 육상운송 구간에는 전체 55개 교량중 교량데이터의 부재로 다수의 교량이 트레일러 통과의 안전성을 담보할 수 없는 상황이었습니다. 이 Route 외에도 2개의 운송 Route를 더 조사였으나 다른 한 Route는 육상운송 거리가 무려 3,500km에 달합니다. 사안의 중대성을 감안할 때, 이들을 다 조사하여 검토하고 최선의 결론에 도달하기까지 과연 어느 정도의 인력과 시간이 필요할지를 생각해 보시기 바랍니다. 서울, 부산 간 거리와 비교해 봐도 엄청난 물류 Project임을 알 수 있습니다.

[그림 3-9] 가교건설 사례

가교건설 여부를 조사해야 하는 경우가 있습니다. 가교건설이 불가피하다면 인허가사항 확인과 승인

기간, 최적의 공법선정, 공사기간, 인력 및 공사장비 동원, 자재조달, 우기에 대비한 조치 등 해결해야 할 과제들이 산적(山積)하게 됩니다. 더불어 이에 준하여 선적계획을 수립해야 합니다. 단시일 내에 결과를 도출해낼 수 있는 사안이 아니기 때문에 가교건설만으로도 완공에 이르기까지 전담인력을 배치하는 것이 바람직합니다. 가교건설 역시 Project 공기와 무관하지 않습니다.

운송 Size와 중량 확정문제, 그리고 가교건설의 두 가지 사례만을 언급했지만 그 외에도 인프라가 열악한 신규 진출지역에는 수많은 해결과제들이 존재합니다.

지역적 특성상 현지인을 채용해야 하는 경우가 있습니다. 현지 물류업무를 수행할 인력파견은 물론, 물류거점을 마련해야 합니다. 파견자의 휴가중에는 본사 직원의 출장을 통해 대체근무가 필요합니다. 따라서 파견이 필요치 않는 부서에 비해 인력이 더 투입될 수밖에 없습니다.

결론적으로 타 조직과 동일한 잣대로 M/H 산정기준을 적용해서는 곤란합니다. 인사부서에 물류업무의 특성을 설명하여 인력보강을 요청할 필요가 있습니다. 인력이 부족하면 급한 일에만 치중하게 되어 중요한 일을 소홀히함으로써 화물이 세관에 계류되거나 Damage를 입고, 추가비용이 발생하고, 운송이 지체되는 등 혹독한 대가를 치를 수 있습니다.

2) 물류부서장의 역할

물류부서장은 역량있는 인적자원을 확보하려는 노력을 경주하되, 조직이 매너리즘에 빠지지 않도록 동기부여 활동을 장려해야 합니다. 특히 해외 파견자에 대해서는 수시로 건의사항과 애로사항을 청취하여 근무환경을 개선해줄 필요가 있습니다. 또한 격려 메시지를 통해 관심과 배려를 받고 있다는 느낌을 가질 수 있도록 해야 합니다. 어차피 본사에서 현지 업무를 대신할 수는 없고, 파견자 스스로가 모든 난관을 헤쳐 나가야 하지만, 교감이 지속되는 한, 초심의 불씨를 유지하는 데 큰 힘이 됩니다. 지원과 보급이라는 로지스틱스의 어원에도 부합하는 일입니다.

특정 직원에게만 업무 과부하(過負荷)가 발생하지 않도록 수시로 부서원들의 업무현황을 파악하고 과중한 업무에 시달리는 직원이 있다면 늦기 전에 이를 해소해 줘야 합니다. 이를 위해서도 부서원들 각자의 R&R(Role & Responsibility)을 명확히 정립할 필요가 있습니다. 과적을 일삼는 차량은 수명이 단축될 수밖에 없듯이, R&R에서 벗어난 과도한 업무량은 의욕상실을 초래하고 건강을 해치게 됩니다. 그런 상태로는 성과를 내기도 어렵습니다. 특히 일을 잘 한다고 해서 직급과 형평성에 맞지 않게 고난이도의 업무 또는 아무도 맡고 싶어하지 않는 업무를 집중적으로 부여하는 우를 범해서도 안 됩니다. 이 때문에 역량이 출중한 직원이 경쟁사로 이적해버린다면 이중으로 손실이라는 사실을 기억하시기 바랍니다.

작은 목소리에도 귀를 기울이고, 편견 없이 열린 마음으로 부서원들을 대하도록 노력하며, 업무 외적인 사생활에도 인생 선배로서 고충 상담자 역할을 병행해야 합니다. 고지식하다거나, 직원들의 의견을 무시한 채 일방적으로 지시만 내리고 고압적인 태도를 취해왔다면 사실 어떤 부서원도 먼저 다가가기가 쉽지 않을 것입니다. 문제가 발생하면 자꾸 드러내서 머리를 맞대도 부족한 판국에 부서장의 가부장적인 성향은 직원들로 하여금 오히려 문제를 은닉하도록 유도하여 조기 해결의 시점을 놓치게 됨으로써 사태를 악화시킬 우려가 있습니다.

3mm 정도에 불과한 벼룩은 수평방향으로 33cm, 수직방향으로 18cm까지 도약할 수 있다고 합니다. 몸길이의 100배가 넘는 거리를 단숨에 이동할 수 있습니다. 하지만 비커(Beaker)에 벼룩을 넣어두고 유리판을 엎으면 유리판에 부딪치는 경험을 한 벼룩은 유리판을 치운 후에도 원래의 유리판 아래 높이까지만 도약하여 비커에 스스로를 가두게 됩니다.

전등을 새 제품으로 교체했을 때, 그 동안 어떠한 환경에서 생활해왔는지 자못 놀라울 때가 있습니다. 점진적인 변화를 인지하지 못하는 것을 '체계적 둔감(體系的 鈍感)'이라고 표현합니다. 서서히 진행되는 변화에 우리 신체가 그 차이를 감지하지 못하고 있다가 강한 자극이 주어질 때 비로소 상황을 인지하게 되는 것입니다.

반복된 좌절은 부정적인 학습효과를 유발하여 의욕을 상실하게 만들고 상황이 개선되어도 충분한 역량이 있음에도 불구하고 부서원들이 더 높은 도약을 시도하지 않게 만듭니다. 애석하게도 한번 망가진 시력은 회복되기 어렵습니다. 뒤늦게 악화된 상황을 인지했을 때, 사태를 수습하려면 더 많은 자원을 투입할 수밖에 없습니다.

그러므로 경험적 자포자기와 체계적 둔감의 늪에 빠지지 않도록 조직에 생기를 불어넣고 매 순간 올바른 방향을 제시하는 리더의 역할이 중요합니다.

상자 안에 상한 과일이 한 두 개만 있어도 멀쩡하던 과일들이 영향을 받게 되는 것처럼, 한 두 사람에게만 문제가 생겨도 부서 분위기가 침체되고 팀워크가 망가질 수 있습니다. 기자재 특성, 면세규정, 통관규정, 선박과 트레일러, 도면 등에 관해 정기적으로 교육을 실시하고, 타사 사례 포함, 실패사례와 우수사례를 발굴하여 실무에 접목시키는 등 변화와 새로움에 대한 갈망의 끈을 놓지 않도록 해야 합니다.

부서장이 선호하는 방향으로만 의사결정이 이뤄지는 경향이 있습니다. 최선의 결정일 수도 있으나 항상 같은 결과로 귀결되는 것은 바람직하지 않습니다. 보다 창의적이고 생산적인 아이디어가 부서장의 생각과 다르다는 이유로 배제되기 시작하면 다음부터는 부서원들이 의견을 제시하는 빈도가 현저히 줄어들 것입니다. 조직의 발전적 방향성을 고려하기 보다 부서장의 선호도를 우선 살피게 되고, 오직 부서장의 입맛에 맞는 의견만을 제시하게 될 것입니다. 이러한 분위기에서는 조직의 성장이 정체될 수 밖에 없으며, 혁신적인 변화를 기대할 수 없게 됩니다. 여러분이 몸담고 있는 기업의 조직문화는 어떠한지 되짚어보시기 바랍니다.

물류부서장은 타 부서 직원들이 물류부서에서 일하고 싶어할 정도의 수준으로 조직을 이끌어야 합니다. 쉬운 일은 아니지만, 그러한 목표의식을 가질 필요가 있습니다. 그러나 피하고 싶은 부서중의 하나로 거론된다면 부서장의 책임이 결코 작지 않다고 할 것입니다. 그리고 그러한 평가의 배경에는 부서장 개인의 성향도 일조하고 있음을 인식해야 합니다.

(5) 운송수단

다양한 유형의 선박, 항공기, 트레일러 및 운송 부대장비 등이 이에 해당됩니다. 물류 담당자는 제시된 선박이나 트레일러 구성이 해당 화물의 수용과 운송일정에 적합한지를 판단할 수 있을 정도의 역량을 갖추어야 합니다. 이를 위해서는 Vessel Particular, GA DWG, Shipping DWG, Stowage Plan, Lifting DWG, Trailer Configuration DWG, Plot Plan, Foundation Access Simulation DWG, Rigging Plan 등을 바르게 해석하고 제때에 실무에 반영할 수 있는 능력을 배양해야 할 것입니다.

(6) 수행역량

지금까지 기술한 물류의 동인들, 정보, 계약, 절대시간, 조직, 그리고 운송수단이 갖춰졌다면 물류가 제대로 기능을 발휘할 것으로 오해하기 쉬운데 '구슬이 서말이라도 꿰어야 보배'라는 속담이 있듯이, 또 하나의 중요한 동인이 수행역량(遂行力量)입니다.

- 정보의 선제적 입수, 올바른 해석, 적기 공유
- MTR 및 RAS Date를 토대로 실현 가능한 일정계획 수립
- 최적의 운송수단 적기 확보
- 선행관리를 통한 정보와 운송수단의 물리적, 시점적 조화
- 안전운송 관리와 Damage 방지
- 실행예산과 일정계획 준수
- 일정지연 예상시 Plan B, Plan C 가동
- 결과에 대한 Feedback, Lessons Learned 사례 공유
- 각종 비용과 M/H 절감방안 마련, 우수사례 벤치마킹
- 실적관리, 이를 반영한 최적의 예산수립
- 소통능력 함양, 지속적인 자기개발
- 팀워크(Teamwork) 강화
- 협력사의 비용과 시간을 줄여줄 방안 모색, 협력사의 충성도 제고
- 위 사항을 종합하여 개선된 수행안과 조직 관리방안 적용

이상과 같은 행위들이 물류업무에 있어서 결코 간과되어서는 안 될 수행역량의 예시입니다. 그 중에 두 가지만 살펴보겠습니다.

1) 팀워크(Teamwork)

[그림 3-10] 세상을 밝히는 연탄 봉사단

물건을 혼자서 나르는 것보다 여럿이 함께 하면, 힘도 적게 들고 시간도 단축할 수 있습니다. 필자는 수행역량 지표의 하나인 팀워크를 동료애의 다른 표현이라고 얘기합니다. 동료애가 결핍된 부서는 팀워크가 제대로 작동될 수 없기 때문입니다. 다음 내용은 팀워크의 예시입니다. 여러분의 부서는 어떠한지 대비해 보시기 바랍니다.

- 유경험자의 경험 전수 및 조언
- 중요한 정보 또는 자발적으로 자료를 만들어 공유
- 일이 많은 부서원의 업무 분담
- 기피성향이 강한 전략과제, 수명업무를 자청하여 수행
- 시간을 내기 어려운 직원을 대신하여 출장업무 수행
- 건전한 경쟁환경 조성
- 시너지(Synergy) 효과의 극대화
- 사내행사와 부서원들의 경조사에 적극 참여
- 업무는 물론 업무 외적으로도 부서원들의 고민상담
- 다양성에 대한 존중
- 배려(配慮)에 기초한 소통

이러한 분위기가 조성되면 팀워크가 살아나고 물류부서의 성과에도 변화가 나타나게 될 것입니다. 부서의 전통으로 이어져 부서문화, 나아가서 기업문화로 정착될 수 있도록 해야 합니다. 아울러 타 Project를 수행하는 직원들에게도 관심을 기울일 필요가 있습니다. 특히, 인바운드(In-bound) 업무는 직원 한 사람이 담당하는 경우가 있는데, 모든 현안을 혼자서 해결해야 하는 만큼 어려움에 직면할 수 있습니다.

이러한 직원을 결코 외면하지 마시기 바랍니다.

어떤 조직이든 직원들간의 선의의 경쟁은 불가피한 일입니다. 다만, 조직의 목표달성을 위한 바람직한 방향성에 입각한 것인지, 개인의 목표 달성에만 초점을 맞춘 것인지 살펴볼 필요가 있습니다. 건전한 경쟁환경 조성은 서로에게 동기부여가 되고 조직의 성과를 끌어올리는 데에 도움이 됩니다. 반면에 경쟁심리가 지나치면 대결의식으로 변질되어 갈등을 유발하고 개인주의로 고착화될 수 있습니다. 이는 팀워크를 해치는 요인이 됩니다. 따라서 업무량의 효율적 배분, 적재적소에 인력배치, 정보의 효율적 공유, 합리적인 소통을 통한 갈등해소, 균등한 기회 부여, 공정한 평가 등 건전한 경쟁환경 조성을 위한 조정자로서의 리더의 역할이 중요합니다.

400m 트랙을 달리는 계주경기에서는 정지상태에서 출발속도가 빠른 선수를 첫 주자로 배치하고, 직선주로나 곡선주로에서 잘 달리는 선수를 각각 해당 위치에 배치해야 합니다. 이것이 시너지효과를 극대화하는 길입니다. 마찬가지로 인적자원의 효율적 배치 또한 조직의 성과를 극대화하는 방법중의 하나입니다. 예를 들어, 업무습득 능력이 우수하고 협력사와의 관계나 직장 내 의사소통에도 강점은 있지만, 영어소통에 어려움을 겪고 있는 직원을 현지 Coordination 업무에 배치한다면 이는 자원손실이 분명합니다. 제대로 성과를 낼 리도 만무합니다. 따라서 시너지효과가 발휘되기 위해서는 직원들의 직무역량을 분석하여 그에 적합한 직무에 배치해야 합니다.

팀워크의 기본 바탕은 다름에 대한 인정, 다른 성향 및 다른 처지의 직원에 대한 존중과 배려입니다. 음주, 생고기를 싫어하는 직원에게 술과 회를 강권하는 것은 배려심이 결여된 행동이라고 할 수 있습니다. 신입사원 환영회에서 신입사원의 의사와는 무관하게 자신들이 선호하는 메뉴를 선정하는 것 또한 당일 회식의 취지를 망각한 의사결정입니다. 회의 주관자가 본인이 하고 싶은 말만 잔뜩 늘어놓고 발언기회를 허용하지 않은 채, 회의를 마치는 것 역시 존중도 배려도 아닌 행동이 됩니다. 배려심이 결여된 행동의 결과는 갈등으로 이어질 수 있습니다.

상대방이 무례하다고 느낄 수 있다는 사실을 인식하지 못하고 무심코 행동하는 저변에는 자신이 좋아하거나 싫어하는 것은 남들도 똑같이 좋아하거나 싫어할 거라는 고정관념이 자리잡고 있습니다. 또한 자신과 같은 입장일 거라는 유연하지 못한 사고의 영향이 작용하고 있습니다. 그러므로 선의에 의한 행동이 배려로 이어지기 위해서는 먼저 상대방의 성향, 기호, 처지를 이해하려는 노력이 필요합니다. 단지 나이가 많다는 이유로 기혼자의 틀을 씌워 미혼자에게 자녀의 근황을 묻는 것은 결례가 될 수 있듯이, 상대방에 대한 앎, 이것이 배려의 출발점입니다. 겨우 조그마한 눈뭉치 하나를 굴렸을 뿐인데 산 아래에서는 커다란 눈덩이로 다가올 수 있습니다. 사소하게 생각하고 무심코 행한 일들이 상대방에게는 감당하기 힘든 눈덩이가 될 수 있음을 기억해야 합니다.

2) 협력사의 충성도 제고

Offshore 물류든 Onshore 물류든, 협력사가 선정되면 한 배를 탄 공동의 운명체라는 의식을 가져야 합니다. 물류부서가 직접 선박을 운영하고 트레일러를 운영하는 것이 아니기 때문에 협력사의 성과가 곧 물류부서의 성과일 수밖에 없고, 협력사의 과오(過誤)가 곧 물류부서의 과오일 수밖에 없습니다. 따라서 어떻게 하면 협력사가 쉽고 빠르게 대처할 수 있을지를 고민하여 가능한 부분에 대해서는 절차와 방법을 개선해줘야 합니다.

예를 들면, B국가의 통관에 필요한 C/I와 P/L은 B양식이 필요한데 기존에 해오던 방식 그대로 A양식 제공을 고수한다면, 협력사는 일일이 B양식으로 수정하여 통관서류를 작성하게 될 것입니다. 처음부터 B양식에 맞게 제공하면 수정할 게 거의 없으므로 협력사의 업무가 경감됩니다. 또한 서류상에 오류가 발생할 가능성도 낮아집니다.

단가 기입과 같이 내용만 채워 넣으면 되는 경우, PDF 파일로 전환하여 송부하는 대신, 워드 또는 엑셀 원본파일을 제공하시기 바랍니다. 서식을 다시 그릴 필요없이 대응속도가 빨라집니다. 자료조사를 요청할 때는 제출서식(Template)까지도 미리 작성하여 제공하시기 바랍니다. 제공된 서식으로 인해 문서작업 시간이 단축됩니다. 아울러 해외 관련 사항은 영문서식을 제공하는 것이 바람직합니다. 더욱이 첫 요청시부터 필요한 정보의 내용과 범위를 명확하게 기술함으로써 또 다시 조사에 나서게 만드는 일을 방지해야 합니다.

이처럼 물류 담당자가 조금만 신경쓰면 협력사가 신속하고도 수월하게 대응이 가능한 사안들이 있습니다. 정답을 원한다면, 질문이 명확해야 하고, 정해진 시간 내에 현답(賢答)을 얻기 위해서는 요청자가 좀 더 현명하게 대처해야 합니다. 협력사의 시간을 최대한 아껴주고 보다 중요한 일에 역량을 집중할 수 있도록 돕는 것이 결국 물류부서의 성과를 끌어올리는 방법중의 하나입니다.

애로사항을 청취하여 이 역시 개선이 가능한 부분은 개선할 수 있도록 해야 합니다. 개선이 가능한 사안임에도 불구하고 한국인의 정서상 고객사를 불편하게 만들 것을 우려하여 얘기하지 않는 경향이 있습니다. 따라서 먼저 나서서 의견을 제시하도록 요청해야 합니다. 그리하여 실제로 개선되는 모습을 보이게 되면 협력사는 회사와 물류부서를 더욱 신뢰하게 될 것입니다. 양사 모두에 도움이 되는 제안 또한 적극 유도할 필요가 있습니다. 이러한 활동을 통해 협력사의 충성도를 높임으로써 그 어떤 거래처보다도 최우선적으로 우리 회사 Project에 협조하도록 만드는 것이 중요합니다. 아울러 협력사가 다수의 고객사와 거래관계를 맺고 있다는 점도 벤치마킹의 활로가 될 수 있습니다.

살펴본 바와 같이, 물류부서의 역할이 매우 중요하며, 어느 기능 못지 않게 지식과 경험, 열정, 판단력을 요하는 분야가 물류입니다. 또한 안전과도 직결된 기능이 물류입니다. 그럼에도 불구하고 물류에 대한 식견이 부족한 분들이 머리수만 채워지면 물류업무가 이상없이 굴러갈 것처럼 착각하는 경향이 있습니다. 그래서 Project 수행과는 전혀 관련이 없는 부서의 직원을 어느 날 갑자기 물류부서에 배치하기도 합니다. 그러나 수행역량이 갖춰지지 않는다면 물류업무에 별 도움이 되지 못합니다. 물류의 다양한 업무를 경험하는 데에도 많은 시간이 필요하므로 단시일 내에 역량이 향상되기를 바라는 것 또한 무리입니다.

SR 접수 후, 실제 선적이 이뤄지기까지 일반 컨테이너 선적이라 해도 최소한 일주일의 시간이 필요합니다. 그런데 앞에서도 언급한 바와 같이 선박 섭외를 택시를 호출하는 정도의 가벼운 일쯤으로 여기고 오늘 접수한 SR에 대해 당장 물건을 실어 보내라고 독촉하는 분들이 계십니다. 이러한 어처구니 없는 요구가 접수되지 않도록 타 부서에 물류업무의 전문성을 알리려는 노력과 함께, 물류부서 스스로의 위상을 높이려는 노력을 경주할 필요가 있습니다. 다그치는 사람들이 물류업무에 대해서 식견이 부족한 탓도 있지만, 평소에 전문가답지 않은 언행을 보이고 아무나 할 수 있는, 그래서 물류업무를 쉽게 생각하도록 원인을 제공한 물류부서 스스로에게도 책임이 있습니다.

지금까지 물류의 동인에 대해 살펴보았습니다. 물류의 동인이 정상적으로 작동되기 위해서는 중요한 일을 먼저 처리하는 습관이 필요합니다. 다음 장에서 이 부분을 짚어보겠습니다.

4. 급한 일보다 중요한 일부터

선적을 의뢰하고, 상업송장(C/I, Commercial Invoice)과 포장명세서(P/L, Packing List)를 준비하고, 선하증권(B/L, Bill of Lading)을 수취하고, 필요한 인증절차를 밟아 통관서류를 송부하고, 대금을 정산하는 등의 업무를 차질없이 수행하는 것도 의미있는 일이지만, 이에 선행하거나 최소한 병행되어야 하는 것이 물류용어를 이해하고, 통관규정을 이해하고, 기자재의 특성을 이해하고, 면세리스트를 이해하고, 도면을 이해하고, 선박과 트레일러, 운송 부대장비들의 특성을 이해하는 일입니다. 전자를 급한 일이라고 한다면, 후자는 중요한 일이라고 표현할 수 있습니다.

중요한 일을 간과한 채, 급한 일을 우선시 하다 보면, 체선료(滯船料, Vessel Detention/Demurrage)가 발생하거나, 화물에 Damage가 발생하거나, 통관에 문제가 생기거나, 체화료(滯貨料, Port Demurrage)가 발생하거나, 벌금이 부과되는 사태를 초래할 수 있습니다. 물류업계에 종사하는 동안 많이 겪어본 일들입니다. 체화료 등으로 지불된 비용이 지금도 너무나 아깝다는 생각이 듭니다. 통관서류와 실제 선적품의 불일치로 인해 벌금이 부과되었을 때, 벌금 부과의 부당함을 호소하기 위해 소명자료를 정리하여 사업주 및 세관과 여러 차례 회합을 가졌던 사례도 있습니다.

문제를 일으키기는 쉬우나 이를 수습하는 데는 시간과 비용이 투입되어야 하고 험난한 과정이 수반된다는 사실을 깊이 인식해야 합니다. 그러므로 당장은 조금 천천히 가더라도 중요한 일부터 처리하는 습관을 들이는 것이 장기적인 차원에서 물류부서의 성과를 높이는 열쇠라고 할 수 있습니다. 이를 위해서는 시간이든, 금전이든, 적극적인 자기 투자가 필요합니다. 역량을 최대한 끌어올려서 본인의 가치를 높이기 위한 활동들을 적극적으로 모색할 필요가 있습니다. 간단해 보이지만, 실제로는 결코 간단하지 않은 사례를 들어보겠습니다.

'Lay/Can Nov.10/20, AAAA, IAGW, WP, WOG'

선사 또는 Forwarder의 견적서에서 이와 유사한 문구를 종종 접할 수 있습니다. 또한 선복확약서(船腹確約書, Fixture Note or Fixture Memo)에도 언급되는 문구입니다. 이는 다음과 같이 풀이할 수 있습니다.

> 선사는 11월 10일부터 20일 사이에 선박을 도착시킬 계획이다. 이 기간 내의 언제든 선박의 준비 완료 시 선적을 진행할 수 있도록 화물이 대기하고 있어야 한다. 화주(貨主=하주[荷主])는 11월 20일이 도래하기 전에는 계약을 취소할 수 없다. 선석(船席)은 선박이 언제나 부양(浮揚)상태를 유지할 수 있어야 하며, 언제든 선박의 접근이 가능해야 한다. 모든 것이 순조롭게 진행되고 기상상태에 문제가 없다면 Lay/Can이 유효하다. 그러나 반드시 이를 보장하는 것은 아니다.

약어들을 풀어서 쓰면 다음과 같습니다.

> Laydays Nov.10~20, Cancelling Date Nov.20, Always Afloat Always Accessible, If All Going Well, Weather Permitting, Without Guarantee

선적업무를 수행함에 있어서 매우 의미심장한 내용을 담고 있습니다.

첫째, 11월 10일에는 화물이 준비되어 있어야 합니다. 선박이 이 날 선적준비가 완료된다면 화물준비가 지연되는 경우, 화주는 선박 대기료(待機料)를 부담해야 합니다. Lay/Can을 잘못 해석하여 이 기간 중 아무 때나 화물을 준비하면 되는 것으로 잘못 이해해서는 곤란합니다.

둘째, 조수간만(潮水干滿, Low Tide and High Tide)의 차가 커서 접안(接岸)을 못하고 바닷물이 차오를 때까지 대기시간이 발생한다면, 화주는 선박 대기료를 부담해야 합니다.

셋째, 선석을 다른 선박이 이미 점유하고 있어서 대기시간이 발생한다면, 이 또한 선박 대기료 청구사유가 됩니다.

넷째, 악천후(惡天候)로 인해 Lay/Can을 맞출 수 없다면, 이는 선사의 면책(免責) 사유가 됩니다. 그리고 모든 것이 순조롭게 진행될 때 Lay/Can을 보장하므로 이전 항구에서의 작업지연, 선박고장도 면책사유가 될 수 있습니다.

다섯째, WOG는 모든 책임에서 벗어나게 해주는 용어나 다름없습니다. 정당한 사유없이 Lay/Can을 지키지 못한다 해도 선사로서는 면책이 될 가능성이 있습니다.

살펴본 바와 같이 화주에게 불리하게 작용할 수도 있는 조항들입니다. 선복확약을 서둘러야 한다는 조급함을 앞세워 그 행위 자체에 몰두하다 보면, 실제 선적이 진행될 때, 불리한 계약조항으로 인해 곤란한 상황에 처할 수 있습니다. 그러므로 확약서에 서명하기 전, 내용을 충분히 검토하여 협의 및 조정절차를 밟을 필요가 있습니다. 그러려면 Fixture Note나 Charter Party(C/P, 용선계약서 傭船契約書)에 등장하는 용어들에 대한 이해가 선행되어야 합니다. 이것이 우리가 중요한 일을 먼저 수행하거나 최소한 병행해야 하는 이유중의 하나입니다.

Laydays는 선주 또는 선사가 선박을 도착시켜야 하는 기간을 의미합니다. Laytime(정박기간)은 Free-in, Free-out, FIOST(Free-in, Free-out, Stowed, Trimmed) 등의 조건에서 선적 또는 하역을 위해 화주에게 허용되는 시간을 말합니다. 이때 Laytime을 초과하여 작업이 이뤄지면 화주는 선사에 체선료(Demurrage)를 지불해야 하고, 이와는 반대로 약정된 Laytime 보다 조기에 작업을 완료한 경우에는 선사가 화주에게 조출료(早出料, Despatch Money)를 지급합니다. 일반적으로 조출료는 체선료의 반액을 적용합니다. 이들 조건의 선적 또는 하역에서는 Laytime을 산정하기 위한 부가조건이 수반됩니다. 그 중에 적용 빈도가 높은 조건들을 예시하였습니다.

- SHEX(Sunday and Holiday Excluded) : 일요일과 공휴일은 정박기간에서 제외
- SHEXUU(Sunday and Holiday Excepted Unless Used) : 일요일과 공휴일에 작업하지 않으면 정박기간에서 제외
- SHEXEIU(Sunday and Holiday Excepted Even If Used) : 일요일과 공휴일 작업시에도 정박기간에서 제외
- WWD(Weather Working Days) : 호천하역일 – 악천후로 작업 불가시는 정박기간에서 제외
- SHINC(Sunday and Holiday Included) : 일요일과 공휴일을 정박기간에 산입
- CQD(Customary Quick Despatch) : 해당 Port의 관습에 따라 가능한 한 신속히 하역하는 관습적 조속하역

볼가돈강을 경유하여 카스피해의 연안으로 운송하는 경우, FIO(Free-in, Free-out) 조건이 불가피하기 때문에 필연적으로 Laytime을 산정하는 추가조건이 Fixture Note에 명기됩니다. Liner Terms(Berth Terms)를 적용하는 운송에 있어서는 정박기간에 관해 본선의 작업 연속성이 관건이라고 할 수 있습니다. 이때는 다음의 부대조건 적용이 일반적입니다.

> "Cargo to be delivered/received FSSHINC as fast as vessel can load/discharge otherwise detention to apply."

FSSHINC는 Friday, Saturday, Sunday and Holiday Included를 의미합니다. 이를 풀이하면 다음과 같습니다.

"금요일, 토요일, 일요일, 공휴일을 포함하여 선박이 선적 또는 하역을 실시할 수 있을 만큼 신속하게 화물이 제공되거나 수령해가야 하며, 그렇지 않으면 Detention이 적용된다." 즉, Laytime 기산시점부터 작업이 종료될 때까지 화물제공 또는 수령지연으로 본선이 작업을 진행하지 못한 시간을 합산하여 Detention이 적용됩니다.

전화보다 앞선 통신수단이 전신(電信, Telegraphy)입니다. 문자나 숫자를 전기신호로 변환하여 전파나 전류로 내보내는 것을 의미합니다. 전신을 이용한 통신 또는 통보를 전보(電報)라고 합니다. 전보는 한 글자 한 글자가 모두 돈입니다. 그래서 최대한 줄임말들의 조합으로 전보를 발송하곤 했습니다. 그 중에서도 국제적으로 통용된 방식이 텔렉스(Telex, Teletypewriter Exchange or Teleprinter Exchange)입니다. 텔렉스는 국제해사(國際海事) 교신의 주요한 통신수단이었습니다. 텔렉스 교신 역시 문자 수에 따라 요금이 부과됩니다. 긴 문장보다는 약어들을 사용하는 것이 금전적으로 이득입니다. 이러한 이유로 약어를 정하여 전보에 활용하게 되었고 이렇게 태어난 약어들이 인터넷 시대에도 그대로 사용되고 있습니다. 참고로 Tween Deck의 Tween은 Twin(쌍둥이)의 오기(誤記)가 아니라 Between을 줄여서 쓴 것입니다.

[그림 4-1] Teletypewriter

그런데 과연 인터넷 사용이 보편화된 시대에도 이러한 약어들이 꼭 필요한지에 대해서는 의문을 갖지 않을 수 없습니다. 업계 종사자들의 전문성, 자존감(自尊感)의 표현이라는 견해도 있으나, 정확한 의사소통을 위해 약어들의 의미를 부기하고, 고객사의 이해를 도우려는 노력이 필요해 보입니다. 다만 현재적인 관행을 완전히 배제할 수는 없기 때문에 우리들 각자가 물류용어를 이해하는 노력을 기울이는 등 중요한 일을 먼저 수행하는 습관을 들일 필요가 있습니다.

아래는 사우디아라비아 IPO(International Procurement Office) 재직시절, 후배 직원들을 위해 쓴 글 중에서 발췌한 것입니다. 중요한 일과 관련된 글귀들이 있어 옮겨봅니다.

벌목장의 일꾼들이 나무를 벤다. 대부분의 사람들이 하루에 스무 그루 이상을 베는 반면, 기껏

해야 열 그루 밖에 베지 못하는 사람이 있었다. 자신도 많은 성과를 내고 싶었지만 뜻대로 되지 않았다. 하루는 감독관이 다가와 말을 건넸다.

"아무래도 선생님은 다른 일을 알아보시는 게 좋겠습니다."

"아닙니다. 남들 쉴 때도 일하고, 점심 시간도 아껴가면서 나무를 베고 있는 걸요. 언젠가는 나아질 겁니다."

사실이 그러했다. 그는 처자식을 생각하며 누구보다도 열심히 일했다. 자신도 남들처럼 꼭 목표량을 채우겠노라고 다짐하며 사정하는 그에게 감독관은 좀 더 기회를 주기로 했다. 그러나 시간이 지나도 좀처럼 나아질 기미가 보이지 않자, 그 벌목공에게 무슨 문제가 있는 건 아닌지 궁금해졌다. 한 동안 나무를 베고 있는 모습을 지켜보다가 감독관이 말했다.

"잠시만요, 톱 좀 볼 수 있을까요?"

벌목공은 톱질을 멈추고 자신의 톱을 감독관에게 건넸다. 감독관은 이리저리 톱을 살펴보다가 말했다.

"그럼 그렇지. 이렇게 톱날이 무디어져 있으니 잘 베일 턱이 있나."

감독관은 먼저 톱날을 세우고 이후에 나무를 벨 것을 조언했다. 그러나 벌목공의 대답은 이러했다.

"너무너무 바빠서 톱날을 갈 시간이 없는 걸요."

이 글이 시사하는 바는 급한 일보다는 중요한 일을 먼저 하라는 것입니다. 톱날을 가는 동안에는 나무를 벨 수 없으므로, 단기적인 성과는 저하되겠지만, 중요한 일(톱날을 가는 일)을 먼저 행하면, 그 이후부터는 더 많은 성과를 낼 수 있다는 것입니다. 바쁘다는 이유로 중요한 일을 등한시 하면 성과는 성과대로 부진해지고 바쁜 일상에서 벗어나기도 어려워지게 됩니다.

당연한 얘기입니다만, 면세 Project는 면세리스트에 준하여 통관서류를 작성해야 수입 통관시에 관세를 면제받을 수 있습니다. 그런데 애석하게도 그렇지 못한 경우가 발생합니다. 실제 선적된 제품과는 다르게, 면세리스트에서 엉뚱한 품목을 선택하여 통관서류가 작성된 사례가 있습니다. 추후 본부세관이 고의성이 없는 것으로 결론을 내리면서 부과되었던 벌금이 환급되기는 했으나, 그 때까지 담당자의 마음고생은 이루 다 말로 표현할 수 없을 것입니다.

통관서류 작성 마감시한에 쫓기다 보면, 베테랑 직원이라도 때로는 실수를 범할 수 있습니다. 그러나 위 벌목공의 사례처럼, 중요한 일(면세리스트를 제대로 인지하는 일)보다는 급한 일(통관서류를 현지에 송부하는 일)에 치중해온 기존의 업무관행에서 문제발생의 근본적인 원인을 찾아볼 수 있습니다. 물류업무를 담당하는 직원들이 설계나 구매부서 담당자들에 비해 상대적으로 기자재에 대한 식견이 높지 않다는 것은 사실이지만, 그렇다고 계속해서 현 수준에 머물러 있는다면, 향후에도 유사한 사례가 재현될 가능성이 있습니다.

이후 담당 직원의 사우디 파견기간 동안, 숙소에서 밤이 늦도록 면세리스트상의 기자재들에 대해 함께 공부했던 기억이 있습니다. 급한 일도 당연히 처리해야 하나, 이처럼 별도의 시간을 투입하는 한이 있더라도, 중요한 일에 대해서는 우선적으로 가닥을 잡고 가는 것이 궁극적으로는 안전하면서도 더 빠르게 달려갈 수 있는 길이라 하겠습니다.

이미 검증이 완료된 방식과 절차를 따른다면, 앞서가지는 못할지언정 중간 정도는 갈 수 있을 것입니다. 그러나, 2등도 위태로운 치열한 경쟁무대에서 중간정도 수준에 머무른다는 건 결코 바람직하지가 않습니다. 그러므로 우리들만의 차별화된 그 무엇을 모색할 필요가 있습니다. 위 벌목공의 사례에서는 당연히 톱날을 먼저 세워야겠지만, 그 밖에도 어떠한 차별화 전략을 구사할 수 있을까요?

제가 위 이야기의 주인공이라면, 저는 전기톱을 장만하겠습니다. 우선은 회사에 전기톱을 구입하자고 제안할 것입니다. 만약 회사에서 재정적인 이유로 거절한다면, 사비를 들여서라도 장만하겠습니다. 비록 투자가 필요하다고는 하나, 결과적으로는 제 성과를 몇 배 이상 끌어올릴 수 있는 길이기 때문입니다. (후첨 : 사진과 같이 벌목 전용장비를 들여오면 어떨까요?)

(a) 전기톱 이용

(b) 벌목장비 이용

[그림 4–2]

남들과 똑 같은 방식을 고수하면서, 인정받는 직장인이 되겠다는 생각, 아마도 그 자체가 어불성설(語不成說)일 것입니다. 우리 회사에 경력사원으로 입사할 당시, 최소한 물류부서만큼은 컬러프린터가 있어야 한다고 생각했습니다. 컬러프린터를 구입하자고 제안했다가 예산문제로 당장은 실현이 어렵게 되자, 곧 바로 사비를 들여 컬러프린터를 구입하였습니다. 이후, 제 자리에서 멀리 떨어져 있는 프린터 위치까지 왕래할 필요가 없게 되었고, 이따금 프린터 에러로 인해 헛되이 시간을 허비하는 일도 사라졌습니다. Route Survey 자료를 좀 더 명확하게 이해할 수 있게 되었으며, 컬러 인쇄가 필요한 타 부서 동료들에게까지 도움을 줄 수 있게 되어서 뿌듯했습니다. 이는 분명 성공한 투자였습니다.

IPO에 몸담고 있는 동안, 사우디 거점을 경유하는 OJT(On the Job Training) 사원들을 접할 기회가 있었습니다. 아래는 당시 OJT사원들에게 들려줬던 얘기입니다.

상황은 제가 직장생활에 첫 발을 내디뎠던 때로 거슬러 올라갑니다. 근 1년 가까이 신입사원들이 복사업무를 전담하던 시절이었습니다. 서류들은 모두 복사물로 전달해야 했습니다. 견적요청서 한 건만 해도 해당 업체들 수만큼 RFQ, 사양서, 도면 등 복사해야 할 문서량이 무척 많았습니다. 때로는 복사기를 놓고 쟁탈전이라도 벌여야 할 지경이었습니다. 이런 상황하에서 다음과 같은 두 사원이 있습니다.

A사원은 좀처럼 상사가 지시한 시한을 어겨본 적이 없습니다. 반면 B사원은 매번 지시한 시간을 넘겨 복사물을 전달합니다. "제때에 좀 못 하나. 이래가지고 큰 일 하겠어?" 이렇게 가끔은 핀잔을 듣기도 합니다. 그런데도 B사원의 태도에는 달라진 게 없었습니다. 그리고 꿋꿋하게 1년을 버텼습니다. 신입사원이 입사하자 드디어 상사가 두 사원에게 얘기합니다.

"이제부터는 RFQ를 직접 작성해서 업체에 발송하고, TBE가 완료되면 최종 견적서를 접수하여 Nego.도 하고, 결과에 대해 CBE까지 해보세요."

이에 A사원이 반문합니다.

"저희들은 여태까지 단 한번도 그런 일을 해본 적이 없는데요?"

상사가 껄껄걸 웃으면서,

"지금까지 복사해오던 서류들은 우리 업무의 산출물들입니다. 여러분이 해야 할 일들을 이미 다 알려드린 것입니다."

이제 본격적으로 두 사람이 현업에 투입됩니다. 그간 B사원은 가능한 한, 내용을 읽어가면서 복사를 해왔던 것입니다. 그래서 매번 늦을 수 밖에 없었습니다. 반면 A사원은 말 그대로 복사 임무에만 충실했습니다. 이후 두 사람의 성과에는 어떠한 차이가 생기게 될까요?

이 사례에 비추어 볼 때, 과연 나의 업무태도는 전자에 가까운지, 후자에 가까운지 되짚어 볼 필요가 있습니다. 1년 동안 급한 일에만 충실했던 A사원은 정작 본연의 중요한 업무가 주어졌을 때, 제대로 임무를 완수해낼지 의문입니다. 반면에 B사원은 중요한 일을 병행한 결과, 앞서갈 수 있는 기초를 다졌다고 할 수 있습니다.

복사업무를 부서업무로 확대해 보겠습니다.

'나는 물류 담당이기 때문에 기자재 구매는 관심이 없습니다.'

'공정관리? 그런 건 몰라도 됩니다. 그냥 물류만 열심히....'

혹, 이런 생각을 가진 분이 있지는 않은지요? 만약 그러하다면, 복사 임무에만 충실했던 A사원과 다를 게 있을까요? 물론 현재적으로 주어진 업무에 최선을 다하는 것은 직장인으로서 갖추어야 할 기본 덕목이라 하겠습니다. 하지만, 직급이 높아질수록 숲을 보면서 전체적인 그림을 조율하는 능력을 겸비해야 합니다. 선행부서 또는 후행부서의 톱니바퀴와 본인이 속한 부서의 톱니바퀴가 물려가는 과정을 제대로 이해해야 전체적인 구도를 그려나갈 수 있습니다. 이로 인해 본인의 업무 또한 보다 효과적인 대처가 가능해집니다. 그러므로 현재적으로 주어진 업무는 물론, 타 부서의 업무에도 관심을 기울여야 합니다.

저는 애초에 물류업무 담당으로 사우디에 파견을 나왔습니다. 그런데, 어느 날 갑자기, 저더러 IPO를 맡으라는 것입니다. 본사의 수많은 Project를 현지에서 밀착 지원하는 것은 물론, 거점 독자적으로 Proposal 업무를 수행하고 또 수주에 성공하면 이를 제대로 관리하기 위해서도 IPO장은 조달 전반의 업무에 대해서 상당한 지식과 경험을 두루 갖추고 있어야 하는데, 과연 자격이 있는 것인지 의문이었습니다. 그러나 돌이켜보면, 이 같이 막중한 임무를 부여한 데에는 회사로서도 그 만한 믿음이 있었다는 생각을 해봅니다. 물류업무를 수행하는 동안, 평소에 보여준 모습들이 좋은 인상을 남기지 않았나 하는 추측을 해봅니다.

많은 분들이 IPO장이 된 것을 축하해 주셨습니다. 물류부서에 몸 담고 있던 몇몇 후배들은 장차 저와 같은 길을 가고 싶다고 얘기했습니다. 본의 아니게 일종의 롤모델이 된 것입니다.

업무추진의 기본은 우선순위를 고려하는 것입니다. 걸레질을 먼저하고 비질을 나중에 해버리면 절대적인 일의 양은 같아도 결과는 전혀 다른 것이 됩니다. 자신의 업무범위와 업무특성을 정확히 인지하지 못한 상태에서는 이 같은 오류를 범할 수 있습니다.

따라서 부여된 업무를 정의하고, 업무범위와 업무량을 파악하고, 각각의 업무를 수행하기 위한 선행요건과 수행 후의 효과를 제대로 인식할 필요가 있습니다. 이후 각 업무의 우선순위, 중요한 일과 급한 일에 대한 올바른 분석이 필요합니다. 우선순위가 정해졌다면 후속업무에 지장이 발생하지 않도록 시간관리를 병행해야 합니다. 아울러 매일같이 바쁜 이유가 과도한 업무량 탓인지, 현재의 업무방식에 문제가 있어서인지 원인을 진단하여 이에 상응하는 처방을 내려야 합니다.

이러한 분석과 진단과정을 생략한 채, 기계적으로 업무에 임하기 때문에 벌목공의 사례와 같이 다량의 에너지를 투입하고도 만족할 만한 성과에 도달하지 못하게 되는 것입니다.

중요한 일에 대해서는 단기적인 목표와 중장기적인 목표를 구분하여 설정하고, 구체적인 실천방안과 일정계획을 수립해야 합니다. 실행에 옮길 때는 강한 의지와 인내심, 그리고 지속성을 유지해야 합니다. 그 과정이 결코 순탄치만은 않기 때문에 초심을 잃지 않도록 수시로 마음가짐을 다잡는 자세가 필요합니다.

이러한 노력이 자신의 역량으로 누적되어서 언젠가는 성과로 연결될 날이 반드시 도래할 거라고 확신합니다. 그리고 그 성과는 인정과 보상이라는 일차적인 선물과 더 넓은 세상을 품을 수 있는 안목을 선사할 것입니다. 어느 날 갑자기 전혀 예상치 못했던 IPO Leader라는 자리가 필자에게 다가왔듯이, 중요한 일을 병행하다 보면, 보다 많은 기회가 여러분 앞에 주어질 것입니다.

디피로지스틱스에 입사하기 전 필자에게는 4개월이라는 시간이 있었습니다. 어떻게 하면 이 시간을 보다 알차게 보낼 수 있을지 고민했습니다. 그래서 생각한 것이 공인중개사 시험에 도전하는 일이었습니다. 시간이 촉박했기 때문에 주변에서는 쉽지 않을 거라고 얘기했지만, 구체적인 일정계획을 수립하여 과감히 도전했습니다. 학원을 왕래할 시간조차 녹록치 않아서 오직 교재에만 의지하였습니다. 그 기간 동안 목표달성에 방해가 되는 요소들과는 철저하게 결별을 시도했습니다. 또한 최초에 수립한 일정보다 Schedule Ahead를 유지하기 위해 노력했습니다. 결과적으로 합격과 함께 자신과의 싸움에서 이겨냈다는 성취감을 맛볼 수 있었습니다.

중요한 일을 수행함에 있어서 보다 양질의 성과를 도출해내기 위해서는 다음의 요건들이 충족되어야 합니다.

- 정량적으로 명확한 목표를 설정할 것
- 실현 가능한 목표일 것
- 조직의 목표와도 부합할 것
- 실천방안과 일정계획이 구체적일 것
- 목표달성에 걸림돌이 되는 방해요소들과는 거리를 유지할 것

목표를 설정하고 실천방안과 일정계획을 수립했다면 중도에 포기하는 일없이 꿋꿋하게 실행에 옮기시기 바랍니다.

5. 서번트 리더십(Servant Leadership)

서번트 리더십은 섬기는 사람이 리더가 될 수 있다는 이론입니다. 직역하면 '하인의 리더십'이지만, 우리나라에서는 '섬김의 리더십'으로 통용되고 있습니다.

서번트 리더십 이론을 창안한 Robert K. Greenleaf(1904–1990)는 인디애나주(Indiana)의 Terre Haute 출신으로 미네소타주(Minnesota) Carleton College를 졸업하고 AT&T(American Telephone and Telegraph)사에 입사합니다. 관리와 개발, 교육분야의 연구업무를 담당하는 동안 권위주의적인 리더십에 의문을 갖게 되었으며, 1964년 퇴사한 후 그린리프센터(Greenleaf Center for Servant Leadership)를 설립합니다.(최초의 이름은 Center for Applied Ethics) 그가 서번트 리더십을 주창하게 된 배경에는 헤르만 헤세(Hermann Hesse)의 소설, '동방으로의 여행(Journey to the East)'의 영향이 있었습니다.

소설속 주인공 레오(Leo)는 순례자들의 허드렛일을 도맡아 하는 하인이었습니다. 순례자들의 불평이나 하소연을 경청하고, 그들을 위로하며, 순례길이 편안하도록 헌신적으로 봉사한 맑은 영혼의 소유자였습니다. 그러던 어느 날 레오가 일행에서 사라지는 일이 벌어집니다. 순례자들은 큰 혼란에 빠져 레오없이는 아무 일도 할 수 없게 됩니다. 하인이라는 신분 때문에 레오의 존재감을 미처 깨닫지 못했지만, 실제로는 순례자들의 욕구를 채워주고, 지친 영혼의 쉼터가 되어주고, 나아갈 방향을 안내한 순례단의 정신적인 지도자였던 것입니다. 레오가 사라진 후 동방으로의 여행은 중단됩니다.

서번트 리더십의 핵심은 다른 사람을 섬기며 이들의 요구에 귀를 기울이는 사람이 결국 리더가 된다는 것입니다. 존중과 배려를 바탕으로 구성원들의 잠재력을 이끌어내는 리더십이라고 할 수 있습니다.

IPO Leader에 임명된 것은 축하받을 일이었지만, 실은 이때부터 과거에는 경험해보지 못했던 고난의 행군이 시작되었습니다. 같은 시기에 진행중이던 사우디 지역 16개 실행 Project의 현지 물류업무가 차질없이 진행되도록 관리하는 것은 물론, 이들 Project의 현지 구매와 공정관리 업무를 지원하면서 사우디

법인 독자적인 Project 수주업무를 병행해야 하는 막중한 임무가 주어졌습니다. 여기에는 이미 수많은 난관이 도사리고 있었습니다.

가장 먼저 피부로 와 닿은 것이 시간과의 싸움이었습니다. 하루에 이메일을 500통씩 받는다면, 이에 대응하는 데만 어느 정도의 시간이 필요할까요? 거점내 행사와 각종 회의에 참석하고, 제때에 송부해야 하는 많은 보고서들, 업체를 방문해서 해결을 봐야 하는 사안들까지 숙제가 산더미처럼 쌓였습니다. 야근은 당연하고, 필자에겐 좀처럼 휴일이 허락되지 않았습니다.

IPO의 30명 글로벌 인력들이 각자의 역량을 최대한 발휘할 수 있도록 뒷받침하는 일과, 생활에 불편함이 없도록 돌보는 일, 성과에 대한 공정한 평가 또한 필자의 몫이었습니다. 퇴직에 대한 고민으로 갈피를 잡지 못하는 글로벌 인력들의 마음관리 때문에도 가슴앓이를 해야 했던 기억이 있습니다.

결원이 발생하는 순간, 직원들의 사기에도 영향을 미치지만, 사우디라는 지역적 특수성으로 인해 해외 Sourcing을 거쳐 신규 직원을 채용하기까지는 3개월 이상의 시간이 소요됩니다. 나아가 현업에 익숙해지려면 이후 대략 3개월 가량의 적응과정이 필요합니다. 이러한 상황하에서 필자에게는 선택의 여지가 없었는지도 모릅니다. 직원들의 퇴직을 최소화하기 위해 철저히 솔선수범하고 필자가 할 수 있는 모든 정성을 쏟아 붓는 것 말고는 달리 도리가 없었습니다. 필자가 선택한 방법은 바로 서번트가 되자는 것이었습니다.

다음은 당시 블로그에 게재하고, IPO의 퇴직율이 낮은 비결을 문의해와서 본사 인사팀에도 송부했던 글입니다.

> 저는 여태까지 단 한번도 지각을 해본 적이 없습니다. 과거 6시 출근 시절에는 항상 5시반 이전에 제일 먼저 사무실에 출근하여 사무실 등을 밝혔습니다. 7시로 변경된 지금도 대부분 6시 근처에서 출근합니다. 제 사무실은 유리창의 블라인드가 내려진 적이 없습니다. 점심시간에도 잠을 청한 적이 없어서 직원들은 제가 무얼 하고 있는지, 언제든 환히 들여다볼 수 있습니다. 자리에 앉아있을 때는 회의나 접견시간을 제외하고는 제 사무실 출입문이 직원들을 향해 항상 열려 있습니다.
>
> 꾸짖을 때는 메신저로 얘기하고, 칭찬할 때는 자리에 찾아가서 다른 사람이 들을 수 있도록 큰 소리로 얘기합니다. 다만, 정말 구제불능인 상황일 때만 별도로 제 방에 불러 지적을 합니다. 그런 경우가 많지 않기 때문에 나머지 직원들은 '저 친구가 정말 큰 잘못을 했나 보다.'라고 생각했을 것입니다.
>
> 홍삼차를 장만하여 휴가 복귀 시에 직원들에게 나눠줬더니, 한국 인삼이 최고라면서 굉장히 좋아합니다. 업체를 방문할 일이 있을 때면, 돌아오는 길에 마트에 들러 초코파이를 사오곤 하는데, 이 또한 반응이 좋습니다. 휴가를 떠나는 직원들에게는 개인적으로 선물을 전했습니다.
>
> 근 1년 가까이 아침마다 빵과 특별식을 가져다가 식사를 못하고 오는 직원들에게 제공했습니

[그림 5-1] 아침 식사 제공

다. (지금은 식당에서 음식물 반출을 금지하고 있어 못하고 있음.) 매월 숙소에 제공되는 두 박스의 생수를 직원들에게 전하고 있습니다. 그 동안 제가 추가로 받은 동복과 유니폼도 모두 직원들에게 나눠줬습니다.

AYTB 캠프에 방문하여 직원들의 주거환경과 식당의 위생상태를 점검하고 있습니다. 그 곳 매니저에게 형광등을 교환해달라든지, 낡아서 사고의 위험이 있는 운동기구들을 교체해달라고 주문한 적이 있습니다. 나중에 방문했을 때, 다시금 운동기구가 정상적으로 작동되지 않는 것을 확인하고 안전사고 예방을 위해 모두 치워줄 것을 요청했습니다. 그 이후로 낡아서 못쓰는 운동기구는 교체되었거나, 폐기된 것을 확인했습니다.

출근하는 직원들과 얼굴을 마주하고 일일이 인사를 건넵니다. 퇴근할 때는 전 직원과 악수를 하면서 보냅니다. 목요일에는 주말 잘 보내라고 한 사람, 한 사람 포옹을 해줍니다. (후첨 : 이후 사우디의 휴일이 금·토요일로 변경됨.) 이따금 업체가 방문할 때, 기념품을 선물로 가져옵니다. 그 또한 직원들에게 다 나눠주고, IPO가 부상으로 받았거나 개인적으로 받은 상품들도 모두 직원들에게 분배했습니다.

얼마 전, 우리 직원의 여식이 뎅기열에 걸려 병원에 입원해야 했습니다. 아이가 사경을 헤매는 터라, 촌음의 지체도 없이 필리핀으로 돈을 송금해야 하는 상황이었습니다. 직원이 가진 돈이 없어서 월급 가불을 신청했더니, 품의절차를 밟아야 한다고 합니다. 그 때까지 기다릴 것 없이, 일부 빌린 돈과 제가 가진 돈을 바로 건네주고 여유될 때 갚으라고 했습니다. 그러자 우리 직원은 눈물을 훔치는 모습을 보였습니다. 그리고는 아래와 같은 이메일을 보내왔습니다.

Dear Sir,

Good day to you!

I just want to say Thank You Very Much from the bottom of my heart. For my past 6 years working here in Saudi Arabia, it is my first time to meet and work with the manager with a heart of willing to help even in personal matter or in work relation. In behalf of my wife and my family, thank you very much sir. And my God Bless You and your family always.

그렇다고 제가 항상 주기만 한 건 아니었습니다. 휴가에서 복귀하는 직원들이 선물을 건넸습니다. 그 중에서 제일 기억에 남는 선물을 꼽으라면, 파키스탄산 가죽점퍼입니다. 제 몸에도 딱 들어맞는 사이즈입니다. 그리고 가족동반으로 사우디에 발을 들여놓은 직원들이 이따금 자택으로 초대하여 자국의 전통음식을 대접하곤 했습니다.

IPO가 거점의 여러 부서들 중에서 퇴직율이 낮은 부서 순위에 올랐다고 들었습니다. 급여나 복지수준도 물론 중요하지만, 매니저가 얼마나 모범을 보이고, 직원들을 얼마나 애정으로 대해주냐에 따라 상황은 달라지는 것 같습니다. 좋은 회사다, 급여도 많이 줄 거다, 이러한 백 마디의 말보다 한국인 매니저들의 헌신적인 노력이 무엇보다도 중요한 열쇠라는 생각이 듭니다. 특히 이곳 사우디에서는 더욱 그러합니다.

제 자랑을 하려는 의도가 아님을 잘 알고 계시리라 믿습니다. 직원들의 사기를 진작시키고 그들에게 동기부여가 되는 것은 자신의 상사가 진정으로 자신을 아끼고 있다는 마음을 품도록 만드는 것이라고 생각합니다. 급여나 복지 뿐만 아니라, 글로벌인력을 대하는 한국인 매니저들의 태도도 퇴직율을 최소화하는 요인중의 하나임을 공감하고자 이 글을 썼음을 알려드립니다.

팀워크 유지와 성공적인 Project 수행 및 지원을 위해서는 사우디 여건상 무엇보다도 안정적인 인력 운영 기반이 바탕이 되어야 합니다. 한 달에 한두 번씩은 족구, 농구, 볼링, 제기차기 등 Team Building 행사를 개최하고 이후 다 함께 저녁식사 자리를 마련했던 것도 팀워크 유지에 긍정적으로 작용했을 것입니다.

돌이켜보면 업무는 업무대로, 부서 운영은 운영대로, 여러 측면에서 단 하루도 마음 편안할 날이 없었던 것 같습니다. 여기에 조달 전 공정을 책임져야 하는 입찰업무에 대한 부담감도 한 몫 했습니다.

본사에는 각 공정별로 경험 많은 직원들이 포진하고 있지만, 본사에 비하면 IPO는 인적 역량이 턱없이 부족합니다. 그럼에도 필자와 한국인 후배직원 1명, 그리고 이전에는 입찰다운 입찰업무를 수행한 경험이 없는 글로벌인력들과 함께, 거점의 Stand-Alone이라는 목표 달성을 위해 한정된 시간 내에서 우리에게 주어진 과업을 완수해 내야 했습니다.

참고할 만한 과거실적이 전혀 없음에도 불구하고 본사가 추진하는 것과 유사한 수준의 분석 및 대책을 요구하는 영업팀, 사업팀 관계자들을 대할 때면 진정 미쳐버릴 지경이었습니다. 마침내 하루는 쓰러져서 일찍 업무를 접어야 했습니다. 매일같이 지친 몸을 이끌고 검토와 조정 그리고 또 반복되는 검토와 조정의 연속, 그렇게 최종적으로 제출한 조달부문 Proposal Package는 Revision No.7이었습니다.

후배직원 또한 힘들기는 마찬가지였습니다. 조달 전 공정의 Proposal 금액을 집계하고, 사업주측에 제출해야 할 문서들을 작성하고, 야근을 전전하면서, 불평이나 지친 내색 없이 정말 고생이 많았습니다. 이 자리를 빌어, 당시 정원석 후배님에게 다시 한번 진심으로 고맙게 생각하고 수고 많았다는 얘기를 전하고 싶습니다.

어려운 여건 속에서도 최선을 다해 사우디의 첫 디딤돌을 쌓아 나갔습니다. 그리고 드디어 창사이래 사업, 설계, 조달, 공사, 전 부문에 걸쳐 독자적으로 Proposal을 수행한 사우디 거점 최초의 실행 Project가 탄생하기에 이르렀습니다. 경쟁사의 입찰금액과는 근소한 차이로 수주하였기에 기쁨은 두 배가 되었습니다.

6. 저가수주(低價受注)의 늪

계약공기보다 2~3개월을 앞당겨 Project를 완수함으로써 국위선양에 기여하던 시절이 있었습니다. 그런데 오히려 계약공기보다 2~3개월을 초과하여 완공하는 사례가 발생하기 시작합니다. 잘 나가던 해외사업이 어느 순간부터 고전을 면치 못하게 된 것입니다. 이토록 전에는 상상할 수 없었던 일이 벌어지게 된 원인은 무엇일까요?

Project 수행 원가는 대략적으로 직접비가 90%를 차지하며 직접비 항목중에서는 기자재비가 45% 내외, 공사비가 30% 내외, 각종 경비(설계외주비, 조달경비, 임차료, 파견비 등)가 약 15%를 차지합니다. 따라서 비중이 높은 조달부문과 공사부문의 원가를 낮추는 것이 손익달성의 핵심이라고 할 수 있습니다. 손익에 영향을 미치는 인자는 가격, 품질, 공기(工期)입니다. 이는 Project의 3요소이기도 합니다.

좋은 가격으로 수주하게 되면 품질이나 공기지연 문제가 발생할 가능성이 낮아집니다. 왜냐하면 기자재 제작사와 공사 협력사들에게 적정의 이윤을 보장함으로써 자재수급이 원활하게 진행될 수 있고, 상대적으로 고경력자를 투입할 여력이 생기게 되어 작업 생산성도 일정 수준 이상을 유지할 수 있기 때문입니다. 반면에 저가수주는 그 반대의 현상을 초래하여 품질저하와 납기 및 공기지연으로 이어질 수 있습니다. 더불어 비용이 증가하는 악순환을 유발합니다. Project가 고전하는 결정적인 원인은 바로 저가수주에 있습니다.

EPC(Engineering Procurement Construction) 실행을 위해 사업주가 30억불의 예산을 책정했다면 여기에는 그럴만한 이유가 있습니다. 타당성 조사과정을 거치면서 어느 정도는 검증된 금액 규모라는 것입니다. 그런데 과당경쟁을 부추긴 결과, 20억불 미만으로 계약서에 서명하게 된다면 이는 예견된 참사에서 요행을 바라는 것과 다름이 없습니다. 물론 설계기준 조정, PCC(Price Competitive Country) Vendor 발굴, 공법변경 등의 가치공학적(Value Engineering) 개선활동과 C/O(Change Order) 안건 발굴을 통해 일부 만회할 수는 있습니다. 그러나 사업주 예산과의 격차를 감안할 때, 이를 극복하기에는 엄연히 한계가 있습니다.(업계에서는 주로 LCC[Low Cost Country]라는 용어를 사용함. 이는 다분히 우월의식이 반영된 용어이므로 필자는 PCC로 순화하고자 함.)

저가수주시, 조달(구매, 공정관리, 검사, 물류)부문과 공사부문에서는 각각 어떠한 현상이 벌어지는지 살펴보겠습니다. 먼저 구매부서의 Vendor 낙점(落點)에 이르기까지의 과정입니다.

- 기존에는 하나의 MR(Material Requisition)에 5~6개 Vendor면 족하지만 20개 이상의 Vendor에게 RFQ를 발송하기도 합니다.
- Vendor 수가 늘어난 만큼 관리 포인트가 많아집니다. 업무교신이나 견적서를 접수하고 Bid Summary Sheet를 작성하는 데에도 기존보다는 많은 시간이 소요됩니다. 워낙 예산이 박하게 수립되어 늘어난 Vendor 수에 관계없이 견적가가 예산 범위내에 들어올 확률이 높지 않습니다.
- 보다 많은 가능성을 열어두기 위해 TBE(Technical Bid Evaluation)에 초대되는 Vendor 수 역시 기존보다는 많아집니다. 그 만큼 TBE 시간도 길어집니다.
- 예산과 괴리가 큰 견적가로 인해 구매부서는 설계변경 검토를 요청합니다.
- 설계부서는 기자재 가격을 낮출 수 있는 방안을 연구합니다. 이것도 시간이 소요되는 일입니다.
- 변경된 설계기준을 적용하여 재견적을 접수하고 강력한 가격협상을 시도합니다. 여러 차례 밀당 끝에 계약사를 낙점합니다. Vendor는 제작원가 이하로 합의서(Commercial Negotiation Memorandum)에 서명할 가능성이 높습니다.
- 구매, 설계, Vendor 모두를 피곤하게 하고 시간을 좀먹는 애사(哀事)가 그렇게 마무리 됩니다.

정상적인 Project에서는 최초 견적서 접수시부터 예산을 충족시킬 가능성이 있습니다. TBE 이후 재견적과 한번의 가격협상(Negotiation→대기업과 해외 Vendor에 국한함.) 과정을 거쳐 결격사유가 없는 한, 바로 Vendor를 낙점하여 발주함으로써 구매업무가 신속하게 마무리될 수 있습니다. 반면에 저가수주 Project에서는 업무절차가 난잡해지고 가격협상 과정에서 난항(難航)을 겪는 등, 계약사 선정에 훨씬 더 많은 시간을 소비하게 됩니다. 시간은 시간대로 지체되고, 인건비는 인건비대로 상승하는 구조입니다. 그렇다고 예산 내에서 실행한다는 보장이 있는 것은 아닙니다.

신용장(L/C, Letter of Credit) 거래에 있어서 매입은행이 환어음과 선적서류를 매입하는 행위를 Negotiation이라고 합니다. 하자가 없는 서류라면 은행은 기한 내에 약정된 금액을 지불할 것입니다. 그러나 지금처럼 정보통신 기술이 발달하지 않은 과거에는 Buyer와 Seller 그리고 은행간에 소통이 원활하지가 못했습니다. 이로 인해 제출서류에 하자가 발견되는 경우가 많았고, 은행은 하자의 경중(輕重)을 가려서 할인된 금액을 지불하였습니다. 이때 조금이라도 유리한 조건을 이끌어내려고 수익자와 은행간에 치열한 밀당을 했습니다. 그래서 협상이라는 용어가 신용장 거래의 환어음 및 선적서류 매입의 의미로 통용되게 되었습니다.

계획보다 일정이 빠르게 진행되는 경우, Schedule Ahead의 표현을 사용하고, 반대의 경우에는 Schedule Behind라는 표현을 사용합니다. 안타깝게도 이미 구매단계에서부터 Schedule Behind로 출발하는 것입니다. 결국 후속공정에서 이를 만회하기 위한 특단의 조치가 필요하지만, 이것이 통할 가능성은 높지 않습니다. 마라톤 선수가 아무리 혼신의 힘을 쏟아 붓는다 해도 체력의 한계를 넘어서 달릴 수는 없는 것처럼, 모든 업무와 절차에는 MTR이 존재하기 때문입니다. 한계치를 무시하고 무리하게 강행하다 보면 붕어빵 공장의 예시에서 살펴본 바와 같이 반드시 탈이 나게 되어 있습니다. 도중에 선수가 쓰러지거나 품질이 부실해지는 문제를 야기하게 됩니다. 선수는 선수생명을 잃을 수 있고, 기업은 부실해진 품질을 만회하기 위해 더 많은 시간과 자금을 투입해야 하는 악순환의 굴레에서 벗어날 수 없게 됩니다. Vendor 역시 발주처(EPC사)의 상황과 다를 게 없습니다. 사실상 더 이상 늦춰지지 않는 것만으로도 다행입니다.

이제 공은 공정관리부서로 넘어갑니다. Vendor는 이미 저가수주의 늪에 빠져든 상태입니다. 공정관리자가 열정을 다 해 제작일정을 관리한다 해도, 목구멍이 포도청인 Vendor로서는 L/D(Liquidated Damage, 지체상금) 문제는 훗날 그 때 가서 고민할 문제로 치부하고 당장은 일정을 준수하는 것보다 원가를 낮추는 데 주력할 수밖에 없습니다.

- 어떻게 해서든 업계 최저가의 자재 공급사와 최저가의 제작 Sub-contractor를 찾아내려고 동분서주하다가 쉽사리 계약에 이르지 못하고 시간을 지체하게 됩니다.
- 인건비 부담을 줄이기 위해 설계, 용접 및 기타 작업에 저경력자를 투입합니다. 납기는 지연되고 품질은 저하됩니다. 이 때문에 발주처에서는 상주공정관리자를 파견하여 관리함으로써 비용이 증가됩니다.
- 손실을 그대로 떠안게 되면 회사가 망할 수도 있기 때문에 C/O 성사 여부를 놓고 발주처와 잦은 실랑이를 벌입니다. 집중력을 발휘해도 납기준수 가능성이 희박한데, 제작에 사용해야 할 에너지가 분산되는 형국입니다.
- C/O를 인정하지 않으면 작업을 멈추겠다고 으름장을 놓기도 하고, 자재 구입비가 없다거나 직원들 급여 줄 돈이 없다는 이유로 당초 계약에 없던 추가 선지급을 요구하기도 합니다. 경우에 따라서는 발주처가 자재와 장비를 사급(賜給)하기도 하고, 작업인력을 직접 동원하여 투입하기도 합니다.
- 돌관작업(突貫作業)을 실시한다 해도 저임금자로 머리수만 채우거나 또는 임금체불이 있는 경우에는 성과가 부진할 수 밖에 없습니다.
- 결국 적자를 감당하지 못해 문을 닫는 사례가 발생합니다. 그 여파는 발주처에도 미칩니다.

이름만 대면 알 수 있을 중견 기업들이 저가수주의 벽을 넘지 못하고 역사의 뒤안길로 사라졌습니다. 그들만의 문제로 치부하기에는 안타까운 면이 있습니다. 협력사 없이는 건설, 플랜트 대기업도 존재할 수 없고, 그들의 경쟁력이 대한민국 건설, 플랜트 대기업들의 경쟁력이기도 합니다. 한때는 우량기업으로 불렸던 Vendor를 잃게 된 것은 대한민국 건설, 플랜트 업계에 크나 큰 손실이 아닐 수 없습니다.

조달부문과 함께 손익을 책임져야 할 공사부문은 어떠한지 살펴보겠습니다. (CM 실무가이드, 최시봉 著)

대개의 경우 자기 회사의 이득을 우선시하는 것이 당연하지만, 이 이득의 기준을 단순히 저렴한 계약단가를 근간으로 하는 우를 범해서는 안 된다. 계약금액으로 수행이 불가능하게 되는 협력사로서는 어떤 방법을 써서라도 이를 만회하려는 노력을 할 수밖에 없는 것이다. 예를 들면 다음과 같은 문제들을 야기해 결국 시간적으로 손해를 보거나 불필요한 추가비용을 투입하여 어렵게 마무리를 하는 등, 결과적으로 비용이 더 들어가 싼 게 비지떡인 결과를 초래하는 경우가 발생하는 것이다.

- 무리한 감축을 시도하여 공사진행이 잘 안 되든가
- 싼 임금에 질 낮은 인력을 동원하여 사람 숫자만 채워서 생산성을 형편없이 끌고가 나중에는 손해가 나니 이를 보상해달라고 억지를 부리든지
- 어떻게든 꼬투리를 잡아 Claim을 요구하든지
- 한창 돈 되는 일만 하여 기성을 올려 빼먹고 마무리를 하지 않은 채 배짱으로 버틴다.
- 따라서 이러한 모든 사항을 고려하여 견적 때부터 적정원가를 찾아내고 발주할 때도 적정한 공사비를 적용할 수 있도록 하되 상기의 여러 경우가 발생하지 않도록 세심한 주의를 기울여야 한다.

공사부문의 상황도 별반 다를 게 없어 보입니다. 해외에서 근무하는 동안 도중에 철수하는 공사 협력사들을 목도(目睹)하였습니다. 물론 모두가 저가수주 때문이라고는 할 수 없지만, 그 영향이 전혀 없다고도 말할 수 없을 것 같습니다.

조달부문의 검사부서도 예외는 아닙니다. 웬만한 검사는 Waiver(서류검사로 대체) 처리하고 최대한 배려를 해보지만 이로써는 역부족입니다. Waiver가 가능한 사안과 그렇지 않은 사안이 있기 때문입니다. 앞서 저가수주는 품질문제와 납기 및 공기에도 영향을 미친다고 언급한 바 있습니다. 품질문제가 대두되면 검사부서도 덩달아 바빠집니다. 어떤 Project 책임자는 살살 다룰 것을 주문하기도 합니다. 그러나 품질문제만큼은 절대로 양보란 있을 수 없습니다.

원자력발전소에 부실한 자재가 납품된 사실이 확인되어 사회적으로 논란을 일으킨 적이 있습니다. 만약 이로 인해 문제가 발생한다면 제품에 대한 책임 뿐만 아니라, 인명사고와 전력공급 중단사태에 대한 사회적 책임까지 감당해야 합니다. 시간과 돈은 양보할 수 있어도 품질만큼은 Project 요구 Spec. 이상으로 철저히 지켜져야 하는 것입니다.

특히 품질문제가 대두될 개연성이 있는 저가계약의 경우에는 더욱 더 철저한 검사절차가 요구됩니다. 검사에 불합격하여 수리 또는 다시 제작하느라 시간을 허비하는 일이 벌어져서는 곤란하나, 이러한 일이

발생하게 되면 3rd Party Inspector의 잦은 출장으로 검사비용이 상승하게 됩니다. 또한 품질문제가 제작일정에 영향을 미치는 건 피할 수 없습니다.

제작일정을 만회하기 위해 Sub-vendor의 사업주 승인 절차를 거치지 않고 제작에 착수했다가 거절 처리되면서 그 때까지 제작한 반제품을 못쓰게 된 사례가 있습니다. 저가수주하에서는 후속공정에서 더욱 시간에 쫓기게 되고, 이러한 무리수를 감행(敢行)하여 오히려 더 큰 화를 자초하는 경우가 발생하기도 합니다.

발주와 제작, 그리고 검사 단계에서 이미 많은 시간이 경과된 상태로 Schedule Behind를 만회할 기능은 이제 물류밖에 남지 않았습니다. 조달 최후의 보루로서 물류에 마지막 희망을 걸어보지만, 물류라고 해서 예산이 넉넉할 리 만무하고 Forwarder 역시 저가계약이 불가피합니다. 애석하게도 그 결과는 다음 [그림 6-1]과 같은 사례로 나타납니다.

홍해(Red Sea)에서 수에즈운하(Suez Canal)를 지나 흑해(Black Sea)에 도달하는 경로의 선박을 섭외하는 것이 정상적인 행보일 것입니다. 애석하게도 Forwarder 또한 저가의 운임을 추구하다 보니 붉은색 경로의 선박을 섭외하게 됩니다. 엄밀히 말하면 처음부터 이 경로는 아니었으나, 이 선박은 저가계약을 선택한 대신, 최대한 많은 짐을 부릴 요량으로 화물이 있는 곳이면 일명 역주행도 마다하지 않습니다. '싼 게 비지떡'이라는 속담이 말해주듯이 저가는 곧 저품질(=지연도착)이라는 통념에 딱 들어맞는 사례입니다. 이 같은 일이 발생한다면, 당초 계획한 공사일정이 어그러질 수밖에 없습니다.

특히 중앙아시아 Project 수행을 위해 River Vessel로 환적하여 볼가돈(Volga-don) 운하를 통과해야 하는 경우에는 여러 사람들의 속을 바짝바짝 타들어 가게 만들 것입니다. 동절기 운하운영 중단시점이

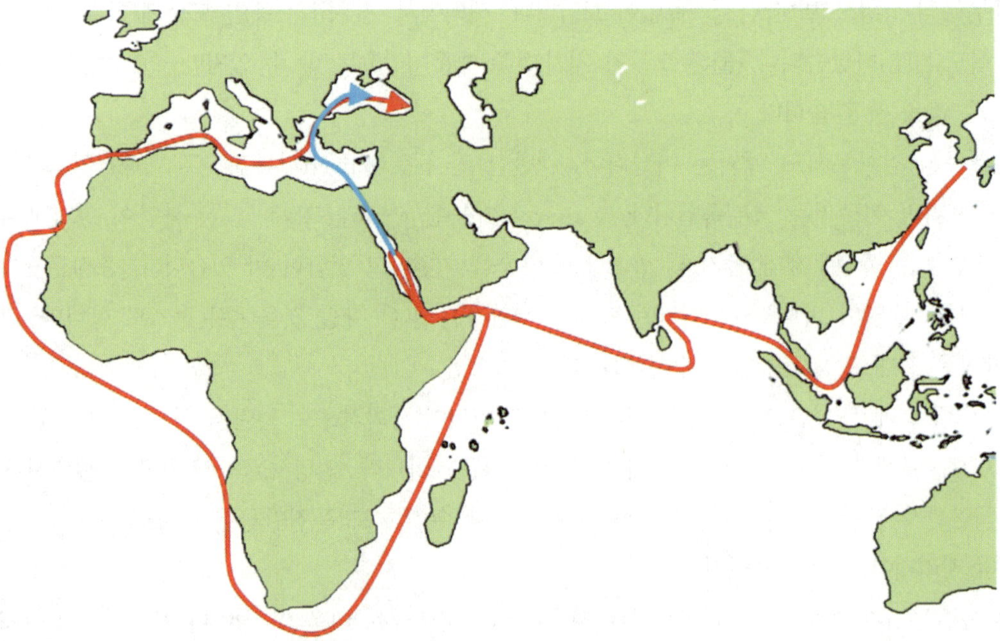

[그림 6-1] 선박 항해노선

코앞에 다가온 상태에서 본선이 제때에 환적항에 도착하지 않고 운하 통과시점을 놓치게 된다면 Project 공기에 커다란 영향을 미칠 것이 자명합니다.

그 밖에도 계약상의 허점과 발주처의 귀책사유를 찾으려고 노력하는 것은 당연한 귀결입니다. 그로부터 저가계약에 대한 보상을 기대할 것입니다. 화물준비가 늦어져 선박 Detention이 발생한다면 이를 부풀리거나, 소형 장비로도 충분한데, 굳이 대형장비(Forwarder 입장에서는 보다 큰 차익 실현이 용이한)를 투입하여 하역료를 과다 청구할 수 있습니다. 컨테이너 선적 또한 어떻게 해서든 저가의 운임으로도 선적이 가능한 선사를 물색하느라 선적시점이 연기되는 사례가 발생합니다. 아울러 같은 항로의 다른 컨테이너 화물들을 최대한 모아서 규모를 이루면 보다 싼값에 실을 수 있기 때문에 이로 인해서도 선적이 지연될 수밖에 없습니다.

살펴본 바와 같이 Forwarder에게 적정 이윤을 보장하지 않는 한, 현실적으로 양질의 서비스를 기대하기가 어렵게 됩니다. 이는 결국 물류부서의 성과를 저해하고 물류부서가 비난을 받는 원인이 됩니다. 궁극적으로는 운송지연을 초래하여 조달부문 전체에 평가절하의 오명을 씌우는 우(愚)를 범하게 됩니다. 중동향 Break Bulk 운송 서비스를 제공하던 국내 중견 선사들의 상당수가 문을 닫았고 이들을 사라지게 만든 배경에도 저가계약 문제가 있었습니다.

요컨대, 저가수주에는 견뎌낼 장사가 없습니다. 품질은 저하되고 납기는 자꾸만 늘어지게 됩니다. 납기가 지연되면 공사현장은 자연스럽게 Consequential Damage(결과적 손해 또는 간접적 손해)를 떠안을 수밖에 없습니다. 여기에 운송까지 지연되면서 공사진척을 더욱 어렵게 만듭니다. 다른 한편으로는 저급의 품질, 지연된 납기와 공기를 만회하기 위해 지속적으로 인력과 자금을 투입해야 하기 때문에 비용은 눈덩이처럼 불어납니다. 많은 부서의 성과가 지지부진하므로, 공기를 맞춘다는 것 자체가 기적이라고 봐야 할 것입니다.

하지만 아무리 탁월한 능력을 보유한 기업이라도 기적은 결코 일어나지 않습니다. 그런 기업은 애초부터 저가수주 경쟁의 사지(死地)에서 멀찌감치 물러나 있을 것이기 때문입니다. "견적 때부터 적정원가를 찾아내고 발주할 때도 적정한 공사비를 적용해야 한다."는 최시봉 선생의 말씀에 100% 공감합니다. 계약식을 거행할 때는 웃었을지 모르지만, 종국에 가서는 적자가 불가피하고, 사원복지를 축소하게 만들고, 구조조정을 단행해야 하고, 협력사를 궁지에 내모는 등 저가수주의 말로(末路)는 모두에게 비참한 결과를 안겨줄 뿐입니다.

품질은 Project Spec.에만 부합하면 되고 사실상 그 이상으로 높일 필요는 없습니다. 공기는 당기면 당길수록 이득입니다. 반면에 이 둘과 밀접한 관련이 있는 것이 수주금액입니다. 적정 가액의 수주가 쇳덩이라면 저가수주는 얼음과도 같습니다. 저가수주 하에서는 자꾸만 시간과 돈이 세어나가듯, 얼음도 녹아서 언젠가는 사라질 것입니다. 그 Risk를 임직원과 협력사가 떠안도록 해서는 곤란합니다. 협력사는 말 그대로 힘을 보태주는 우군이지 이익을 도모해야 할 대상이 아니라는 사실을 명심하시기

[그림 6-2] 저가수주의 위험성

바랍니다.

이 자리를 빌어 대한민국 건설, 플랜트 기업들에 고언(苦言)을 하자면,

- 그 누구에게도 이롭지 않은 저가수주 정책은 단호히 배격하시기 바랍니다.
- IT시스템을 적극 활용하고,
- 기본으로 돌아가서 기초를 튼튼히 다지는 일부터 다시 시작하고,
- 인재 양성 및 영입을 통해 내부역량을 끌어올리시기 바라며,
- 서구의 경쟁사들은 상대적으로 고액임금과 적은 노동시간에도 불구하고 왜 경쟁력이 우위에 있는지 깊이 고민해 보시기 바랍니다.

7. 볼가돈 운하(Volga-Don Canal)

돈강(Don River)의 칼라치나도누(Kalach-na-Donu)와 볼가강(Volga River)의 볼고그라드(Vogograd)를 잇는 총길이 101km의 운하로 13개의 갑문(閘門)이 있으며, 댐과 인공호수 그리고 Pumping System을 통해 수위를 조절합니다. 볼가돈강을 경유하여 운송을 진행해야 하는 Project는 동절기 운하 운영 중단에 대비한 운송계획을 수립해야 합니다.

[그림 7-1] 볼가돈 운하

해마다 기후조건에 따라 일자가 달라지기는 하지만, 이 운하는 강물이 얼기 시작하는 11~12월부터 이듬해 4~5월까지 운영을 중단합니다. 철갑상어 보호를 위해 8월에도 운영이 중단되거나 운송이 지연될 수 있으니 이 부분도 감안해야 합니다. 볼가돈 운하 운영체제를 'Don-Volga Canal System'이라고 부릅니다.

아조프해(Azov Sea)의 로스토프온돈(Rostov-on-Don)으로부터 볼가돈운하를 지나 카스피해(Caspian Sea)의 아스트라한(Astrakhan)에 이르는 거리는 대략 900km입니다. 운하 통과용 선박은 5,000DWT 규모 이하로 제한됩니다. Transit Time은 10~14일입니다. 터키의 하이다르파사항(Haydarpasa Port), 루마니아의 콘스탄차항(Constanta Port) 등에서 River Vessel(=Rivership)로 환적하여 돈강에 진입합니다. 아제르바이잔(Azerbaijan) 비료 Project에서는 40기의 화물을 볼가돈강을 통해 카스피해 서안의 바쿠항(Baku Port)으로 운송한 바 있습니다. 아스트라한으로부터 카스피해 남쪽으로 대략

400해리 항해거리에 바쿠항이 위치하고 있습니다.

[그림 7-2] 볼가돈 운하 위치

러시아 및 CIS(Commonwealth of Independent States) 국적의 선박만이 운하통과가 허용되고, 선박의 희소성으로 인해 운하운영 중단 시점에 가까워질수록 운임이 상승하는 경향이 있습니다. 화주로서는 선택의 여지없이, 부르는 게 값인 상황이 연출될 수 있습니다. 따라서 가능한 한 8월 이전에 운송을 완료하는 것이 바람직합니다.

River Vessel은 운하에 설치된 Arch형 구조물과 각종 교량을 통과해야 하기 때문에 선박 높이에 제한이 따르며, 대부분 본선크레인 없는 형태입니다. 따라서 환적과 도착항 하역을 위해서는 크레인을 별도로 섭외해야 합니다. (FIO Terms)

[그림 7-3] 사례의 두 선박은 선교(Bridge)의 위치에 차이가 있습니다. 대부분의 선박이 방향타(Rudder)와 가까운 선미쪽에 선교가 위치하고 있어서, 선수쪽에 선교가 위치한 선박을 섭외하기가 상당히 어렵습니다. 그러나 부득이하게 후자의 선박을 섭외해야 하는 경우가 있습니다. Boiler 선적시 하부선창에 적재하고 Hatch Cover를 닫지 않은 상태에서 운송하게 됩니다. 이때 Boiler의 고도가 높으면 선미쪽에 위치한 선교의 시야를 가리게 됩니다. 선교가 선수쪽에 위치한 선박이 제한적이기 때문에 이때

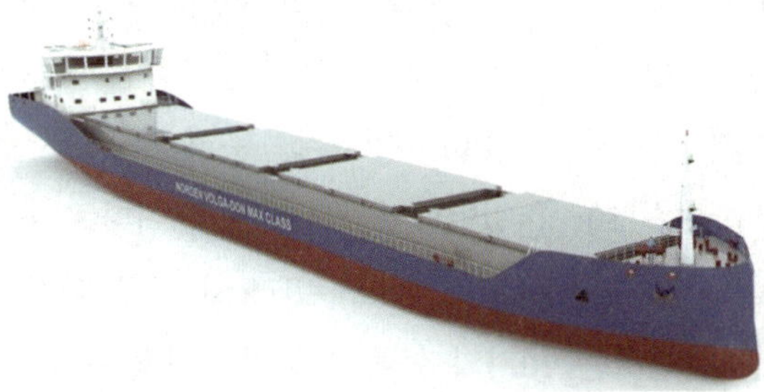

(a) Volga-don Max호, 3,800DWT, Draft 3.5m, Depth 6m

(b) Kudma 4호, 2,784DWT

[그림 7-3]

는 선복확약을 서두르는 것이 안전합니다. Kudma 4호는 아제르바이잔 비료 Project의 Boiler를 운송했던 선박입니다.

일반화물은 조지아(Georgia)의 포티항(Poti Port)에서 하역한 후 내륙운송을 수행했습니다. 이때 내륙운송 가능 화물 Size와 중량을 조기에 확인하여 운하 통과화물 리스트를 확정하고 반드시 운하 Closing 이전에 River Vessel 운송이 완료될 수 있도록 관리해야 합니다. 이 Project 수행 당시 별도의 보강공사 없이 포티항으로부터 숨가이트(Sumgayit) 현장까지 운송할 수 있는 최대 화물기준은 25m × 5.0m × 5.0 m(LWH) 80톤이었습니다.

포티항을 경유한 운송 Route 외에도 특별한 제재가 없는 한, 이란 Vandar Abbas Port를 경유하여 General Cargo 운송 Route를 이용할 수 있습니다. UAE에서 제작한 철골자재를 선박으로 운송한 후, Vandar Abbas Port에서 내륙운송을 진행한 바 있습니다.

바쿠항에서는 크레인 1대로 하역을 진행함에 따라 충분한 길이의 Multi-eyed Spreader가 필요했으나, 이를 사용하지 않는 대신 [그림 7-4] (a)의 사례와 같이 Sling Wire를 최대한 길게 늘어뜨려 Lifting Point에서 Wire간 간격이 좁혀지는 현상을 방지하였습니다. [그림 7-4] (b)의 위쪽 사례처럼 Lifting Point가 COG 위치로부터 등거리에 위치하지 않는 화물이 많지 않았던 관계로 다행히 큰 문제는 발생하지 않았습니다. 하지만 Lifting Point에서 편심 정도가 심한 화물이 존재하는 경우에는 Multi-eyed Spreader 사용이 불가피합니다. Multi-eyed Spreader에 대해서는 PART 2 '6. Shipping Drawing과 선적시 유의사항'에서 자세히 살펴보겠습니다.

아제르바이잔 비료 Project를 수행하는 동안 본사와 현지를 오가며, 볼가돈운하 통과를 차질없이 관리하고 물류업무에 열정적으로 임해준 오진환, 이창주 두 후배님들에게 이 자리를 빌어 진심으로 감사의 말씀을 전합니다.

(a) 일반 Spreader 사용 (b) Multi-eyed Spreader 사용

[그림 7-4]

8. 예산수립과 실적관리

물류업계에 몸을 담고 있으면서 항상 아쉽게 생각해왔던 부분이 수행실적에 대한 통계자료의 부재입니다. 물류시스템이 구축된 기업에서는 시스템을 통해 집계가 가능하겠지만, 그렇지 않은 기업의 물류부서는 매 선적시마다 엑셀파일 등을 활용하여 별도로 관리해야 하고, 이로부터 의미있는 데이터를 만들어내야 하는 고충이 따릅니다. M/H 절감효과는 차치하더라도, 성공적인 Project 수행에 기여하면서, 축적된 데이터 분석을 통해 최적의 예산을 수립할 수 있도록 통계자료를 제공하는 물류시스템의 도입이야말로 현실적으로 시급히 해결해야 할 과제라고 할 수 있습니다.

특히 입찰업무(Proposal Job)를 수행할 때, 통계자료가 뒷받침되지 않으면 불확실한 추정치에 의지하여 예산을 수립하게 됩니다. 각 Shipping Mode별 운임은 예가견적(豫價見積)을 접수하여 반영하면 되지만, 문제는 Shipping Mode별로 선적물량 비중을 설정하기에 따라 물류비가 요동친다는 점입니다. 기초데이터가 부실한 상태에서는 이토록 작지 않은 위험을 감수하면서 입찰업무에 임하게 됩니다. 더욱이 컨테이너 선적비중이나 적입량 등의 시뮬레이션(Simulation) 오류로 인해 입찰시에 제출했던 가격을 맞출 수 없게 된다면 실행 Project에서 힘든 시간을 보내게 될 것이 명약관화(明若觀火)합니다.

Project 수주 이후에도 변수가 있습니다. 조달 공정중 가장 뒤늦게 실무가 진행되는 관계로 입찰시점과 실행시점에 시차가 발생합니다. 입찰 당시의 물류시황이 그대로 지속된다는 보장이 없다는 것입니다. 더불어 같은 운항노선이라 해도 Break Bulk 선적이 경쟁력이 있는가 하면, 오히려 컨테이너 선적이 물류비 측면에서 더 경쟁력이 있는 시기가 있습니다. 이렇게 상황은 계속해서 변화합니다. 그리고 해상운임은 유가(油價)와 물동량에 의해 영향을 받습니다.

만약 데이터를 누적 관리하고 있다면, 기자재 구매든, 물류든, 당시의 환율 및 국제유가와 연동하여 관리할 필요가 있습니다. 원자재 가격은 기자재 가격에 영향을 미치고 국제유가 수준과도 밀접한 관련이 있습니다. 물류도 마찬가지입니다. 해상운임을 결정하는 가장 큰 Factor가 국제유가이기 때문입니다.

2년 전 사업주에게 입찰서를 제출한 것이 시황 부진으로 보류되었다가 오늘에 와서야 수주로 이어지는 사례가 있습니다. 입찰금액과 수주금액에 변동이 없다면, 당시에 적용했던 환율과 국제유가 수준을 현재의 수준과 비교하여 어느 정도는 Project의 수익성을 예측해 볼 수 있을 것입니다.

국제유가가 상승추세에 돌입한 경우에는 구매든, 물류든, 계약을 서두르는 것이 현명한 대처 방법입니다. 반대로 국제유가가 하락추세라고 한다면, Project 공기에 영향을 미치지 않는 범위 내에서 계약을 서두를 이유가 없습니다. 다만, 업계가 Seller Market인지, Buyer Market인지에 대한 시황이 일정부분은 반영되어야 할 것입니다. 그러나 미래에는 어떤 변수가 작용할지 사실상 아무도 알 수 없기 때문에 우선적으로는 기본에 충실할 필요가 있습니다. 필자가 말하는 기본이란, 충분한 근거 자료를 토대로 입찰업무를 수행해야 한다는 것입니다. 근거 자료는 다수의 경우 기존의 실행 Project로부터 도출됩니다.

시스템 지원이 불가한 상태에서는 Project 수행시 매 선적건마다 엑셀파일을 활용해서라도 입찰업무 수행에 필요한 데이터를 지속적으로 축적해 나가야 합니다. 아울러 국제유가와 연동하여 관리할 수 있다면 협력사의 과당경쟁에 의한 외부변수를 감안해도 현재의 물류비 수준에 대해 어느 정도는 합리적인 결론에 도달할 수 있습니다. 하지만 앞서 살펴본 바와 같이 협력사의 적정 이윤을 보장하지 않는다면 결국은 이것이 부메랑이 되어 물류부서에 치명타가 될 수 있다는 사실을 기억해야 합니다.

입찰업무 수행시 항상 고민스러운 것이 다음의 사항들입니다.

- Break Bulk vs 컨테이너 vs 항공선적 비중
- 각 컨테이너 유형별 비중과 Void Charge
- 각 컨테이너 유형별 적입량
- 각 기자재별 부피 vs 중량 비율
- Vessel Detention, Port Demurrage, Trailer Detention, Container Detention 반영 비율

위 사항을 염두에 두고 지금부터는 실적분석 측면에서 A Project(가칭)의 수행결과를 살펴보겠습니다.

다음의 〈표 8-1〉은 철골 메인자재에 대한 컨테이너 유형별 분석자료입니다. 40ft DC(Dry Container)에 0.014대가 실렸다고 표기된 부분은 타 화물과 합적시 해당 철골자재가 차지하는 비중에 따른 수치입니다. 전체적으로는 132대의 40ft 컨테이너에 평균적으로 40.1CBM이 실렸고, 선적 빈도가 가장 높은 40ft HC(High Cubic)에는 평균 37.8CBM이 실렸다는 것을 나타냅니다.

〈표 8-1〉의 자료는 〈표 8-2〉의 자료와 연동되어 있습니다.

부피와 중량 비율(CBM/Mton) 즉, VF(Volume Factor)는 3.699입니다. 입찰업무 수행시에 제공된 물량자료에는 중량만 명기될 것입니다. 이 실적자료들을 토대로 향후 입찰업무 수행시 적정의 컨테이너 소요수량을 산출할 수 있습니다. 물론 PEB(Pre-engineered Metal Building System)용 철골의 존재여부와

Project별 설계방침(경량화 또는 중량화 설계)에 따라 차이가 발생할 수 있습니다. 따라서 다양한 Project 데이터가 축적될 때, 이러한 상황을 종합적으로 분석하여 좀 더 현실에 가깝도록 예산수립에 반영할 수

〈표 8-1〉 철골 메인자재 컨테이너 유형별 선적물량 집계

	20ft		40ft								Total	
	DC		DC		HC		FR		OT			
	Qty	CBM	Qty	CBM	Qty	CBM	Qty	CBM	Qty	CBM	Qty	CBM
					15	706.55					15	706.55
					16	650.68					16	650.68
					10	433.44			1	57.77	11	491.21
					9	367.70					9	367.70
					24	890.09					24	890.09
					4	81.17					4	81.17
					8	174.17					8	174.17
					22	815.29	13	811.62			35	1,626.91
	1	7.56			3	85.52					4	93.08
			0.014	042							0.014	0.42
			5	152.67	2	70.69					7	223.35
	1	7.56	5.014	153.09	113	4,275.29	13	811.62	1	57.77	133	5,305.33
F.Ton/CNTR	7.6		30.5		37.8		62.4		57.8			
Qty & Vol. Sum			118 CNTR		4,428.4 F.Ton		14 CNTR		869.4 F.Ton		39.9 F.Ton/CNTR	
F.Ton/CNTR			37.5				62.1					
Qty & F.Ton/CNTR	1 CNTR		132 CNTR				40.1					

〈표 8-2〉 철골 메인자재 항차별 선적물량 집계

Description	Actual(FT)	P-A(FT)	W.T(kg)	CBM/Ton	Vendor Name	Shipment No.	Ship Month
Str/Steel	706.547	0.000	244,118	2.894			
Str/Steel	650.675	0.000	208,682	3.118			
Str/Steel	491.212	0.000	119,568	4.108			
Str/Steel	367.703	0.000	129,736	2.834			
Str/Steel	890.088	0.000	246,651	3.609			
Str/Steel	81.169	0.000	45,739	1.775			
Str/Steel	174.172	0.000	42,065	4.141			
Str/Steel	1,626.914	(343.945)	342,979	4.743			
Str/Steel	93.083	(93.083)	5,818	16.001			
Str/Steel	0.420	(0.420)	192	2.188			
Str/Steel	223.352	(223.352)	48,791	4.578			
Main Member Total	5,305.3	(660.8)	1,434,337	3.699			

있을 것입니다. PEB에 대해서는 PART 2 '19. PEB, Rafter, Purlin'장에서 자세히 설명하였습니다.

입찰업무 수행시 철골 메인자재의 VF는 3.5를 적용하였습니다. 실행에서도 동일한 중량이 선적된다면 VF를 실제(3.699)보다 작은 값으로 설정함에 따라 선적물량이 증가하게 됩니다. 따라서 이러한 실행실적에 근거하여 차후 입찰업무 수행시에는 VF를 조정할 필요가 있습니다. 660.8FT만큼 물량이 증가한 것은 일차적으로 VF가 실제보다 작게 설정된 것이 원인이며, 여기에 입찰시보다 중량이 늘어나게 된다면 물량 상승폭이 더욱 심화될 것입니다.

[Bolt/Nut, Grating VF 비교]

No.	Description	Weight(kg)	Volume(CBM)	CBM/Ton	F. Ton
1	Bolt/Nut	4,026	3.31	0.823	4.03
2	Bolt/Nut	3,862	3.31	0.858	3.86
3	Bolt/Nut	18,918	19.86	1.050	19.86
4	Bolt/Nut	4,657	5.42	1.163	5.42
5	Grating	80,038	69.57	0.869	80.04
6	Grating	4,805	6.87	1.430	6.87
7	Grating	15,653	22.62	1.445	22.62
8	Grating	54,106	79.29	1.465	79.29

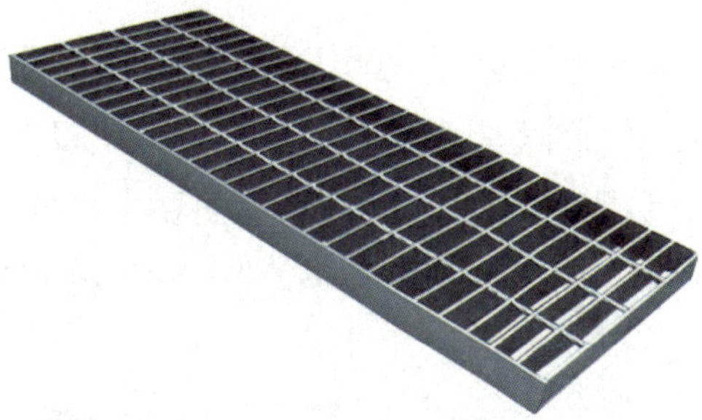

Grating

[그림 8-1]

Beam 등의 철골 메인자재는 물량결정 기준이 Volume이기 때문에 1CBM=1FT(Freight Ton or RT, Revenue Ton)가 됩니다. 다만 철골자재 중에 Bolt/Nut와 Grating 자재는 위 표에서 보시는 바와 같이 Volume이 FT로 적용되는 경우와 중량이 FT로 적용되는 경우가 있습니다. 그러므로 전체 선적물량을 산정할 때는 FT 단위로 집계될 수 있도록 계산식에 반영해야 합니다. Grating은 하수도 상판이나 Platform, 계단 등의 발판으로 사용되는 자재입니다.

〈표 8-3〉 Piping Spool 항차별 선적물량 집계

Description	Actual(FT)	P-A(FT)	W.T(kg)	CBM/Ton	Vendor Name	Shipment No.	Ship Month
Piping Spool	432.809	(432.809)	118,279	3.659			
Piping Spool	305.794	(305.794)	86,289	3.544			
Piping Spool	234.931	(234.931)	72,543	3.239			
Piping Spool	283.468	(283.468)	96,918	2.925			
Piping Spool	1.000	(1.000)	352	2.841			
Piping Spool	168.902	(168.902)	47,518	3.554			
Piping Spool	0.125	(0.125)	32	3.906			
Piping Spool	333.293	(333.293)	90,248	3.693			
Piping Spool	82.344	(82.344)	27,072	3.042			
Piping Spool	202.368	(202.368)	47,109	4.296			

Description	Actual(FT)	P-A(FT)	W.T(kg)	CBM/Ton	Vendor Name	Shipment No.	Ship Month
Piping Spool	280.548	(280.548)	54.938	5.107			
Piping Spool	183.789	(183.789)	45.208	4.065			
Piping Spool	90.040	(90.040)	34.443	2.614			
Piping Spool	204.532	(204.532)	55.974	3.654			
Piping Spool	1.000	(1.000)	226	4.425			
Piping Spool	169.840	(169.840)	50.032	3.395			
Total	2,974.8	(2,974.8)	827,182	3.596			

Piping Spool은 40ft DC/HC 통합 기준 컨테이너당 평균 40.7CBM을 적입하였으며, VF는 3.596입니다. 통상적으로 Piping Spool은 공사가 진행중인 현지에서 제작합니다. Spool Shop과 FOT Jobsite 조건으로 계약하기 때문에 사실상 물류가 관여할 부분이 거의 없습니다. 다만, 현지 제작 수행시 경쟁력이 떨어지거나 저개발국가에서 기술적 역량이 미치지 못하는 경우, 주변국 또는 국내에서 제작하기도 합니다.

[그림 8-2] Piping Spool

문제는 실행 Project에 가서 현지 이외의 지역으로 제작지역이 변경되는 경우입니다. 이렇게 되면 예기치 않은 물류비가 발생하게 됩니다. 철골 제작도 마찬가지입니다. 바로 이 Project가 당초에 현지에서 Spool을 제작하는 것으로 계획했다가 국내 제작으로 Scope이 변경된 사례입니다. 따라서 실행예산에는 반영되지 않은 물량입니다.

실적관리에 만전을 기해야 하는 것은 입찰시의 물량과 비교하여 실행에서 증가된 물량을 정확히 파악하고, 근거를 토대로 이를 소명함으로써 물류의 성과가 퇴색되거나 정당한 평가를 받지 못하는 사례를 방지하기 위한 목적도 있습니다. 위 Piping Spool 사례는 실적관리를 통해 물류비 상승을 유발한 원인중의 하나임을 수치적으로 소명해야 합니다.

철골과 Piping Spool 테이블에서는 선적시점을 관리하고 있습니다. 이는 월별 선적물량을 집계하기 위함입니다. 이를 통해 어느 시기에 물류 M/H를 가장 많이 필요로 하는지를 알 수 있습니다. 이러한 데이터가 축적되면 입찰 또는 실행 Project에서 월별 M/H 소요계획을 수립할 때 유용하게 활용할 수 있습니다.

〈표 8-4〉 월별 선적물량 집계표

공종	Item Category	Propo–sal(a)	선적물량 (F.Ton) (b)																잔량
			xx년	1월	2월	3월	4월	5월	6월	7월	8월	9월	10월	11월	12월	xx년	Total (b)	실행 (b/a)	
Stationary	Air Cooler	362	0	0	0	0	623	0	0	0	0	0	0	0	0		623	172.1%	(261)
	By–pass Stack, Damper	3,529	2	0	0	6,679	22	11	0	0	0	0	0	0	1		6,716	190.3%	(3,187)
	Heat Exchanger	959	0	26	0	21	0	1,142	0	0	0	0	0	0	0	0	1,189	124.0%	(230)
	Tank Silo	614	0	0	0	0	856	0	43	0	0	0	0	0	0		899	146.5%	(285)
	Filter Separator	73	0	0	0	22	0	0	0	0	0	944	0	0	220	209	1,395	1921.4%	(1,322)
	Vessel / Drum	58	0	0	0	0	137	58	0	0	0	0	0	0	0		195	335.6%	(137)
	S Total	5,594	2	26	0	6,722	1,638	1,211	43	0	0	944	0	0	221	209	11,017	196.9%	(5,423)
Rotating	GTG	9,685	86	11	10	7,382	1,263	1	0	0	1,491	0	1,499	0	0	1	11,745	121.3%	(2,060)
	STG	1,982	0	0	0	0	0	0	31	2,085	0	0	0	0	0	511	2,627	132.6%	(646)
	HRSG	16,838	356	0	0	3,741	11,159	6,976	1,536	0	0	0	995	2	0		24,766	147.1%	(7,928)
	Pump	499	0	0	0	55	0	377	222	327	0	0	3	0	0	4	988	198.2%	(489)
	Cooling Tower	3,078	0	0	0	216	1,584	551	70	0	0	0	0	27	0	11	2,459	79.9%	619
	Comp.,Fan, Blower	25	0	0	0	0	0	0	69	0	0	0	0	0	0		69	274.8%	(44)
	Gas Generation Unit	4	0	0	0	0	0	0	0	0	0	0	1	0	0		1	21.7%	3
	Desalination (현지전환)	367																0.0%	367
	Demineralization (현지전환)	133																0.0%	133
	Potable Water (현지전환)	38																0.0%	38
	WWT(현지전환)	534																0.0%	534
	Sea Water Intake Facility	399	0	0	0	0	188	0	0	0	0	0	0	0	0		189	47.3%	210
	Crane Hoist	273	0	0	0	0	0	445	0	0	0	0	0	0	0		445	162.7%	(171)
	Package	867	0	0	0	56	49	344	0	0	0	0	0	0	0	0	448	51.7%	419
	S Total	34,722	442	11	10	11,450	14,244	8,694	1,929	2,412	1,491	0	2,498	29	0	527	43,738	126.0%	(9,015)
Others	HVAC	562	0	0	0	0	0	0	0	0	0	59	92	6	0	4	161	28.7%	401
	Chemical & Catalyst	500	0	0	0	0	0	0	0	0	0	0	0	0	0		0	0.0%	500
	Steel Strcture	5,195	0	0	0	0	1,391	888	979	201	1,742	0	235	0	0	1	5,437	104.6%	(241)
	Laboratory Package	21	0	0	0	0	0	0	0	0	0	0	0	0	0		0	0.0%	21
	S Total	6,279	0	0	0	0	1,391	888	979	201	1,742	60	327	6	0	5	5,598	89.2%	681
Piping	Pipe	9,744	343	1,989	100	4	16	0	0	4	2	0	423	0	0	0	2,882	29.6%	6,862
	Others	3,411	82	0	27	12	25	45	459	319	322	819	1,052	1,665	253	491	5,571	163.3%	(2,160)
	S Total	13,155	425	1,989	127	16	41	45	459	324	324	819	1,475	1,665	253	491	8,453	64.3%	4,702
Electrical	SWGR, MCC(현지)	766																0.0%	766
	Bus Duct	403	0	0	0	0	0	0	0	648	0	7	0	0	0		656	162.7%	(253)
	Generator	273	0	0	0	0	0	984	0	0	0	0	0	0	0	0	984	361.0%	(712)
	TR	1,141	0	0	0	0	0	1,947	0	0	71	0	0	0	0	0	2,019	176.9%	(877)
	UPS Charger & Battery	24	0	0	0	0	0	0	0	0	0	0	0	0	0	29	29	124.6%	(6)
	Cable & Wire	2,090	0	0	0	195	195	0	0	53	0	175	0	27	0	4	649	31.0%	1,442
	Lighting Fixture	205	0	0	0	0	0	0	0	0	0	7	35	20	0	27	88	43.2%	116
	CCTV,Paging	86	0	46	4	35	16	11	0	0	9	0	1	29	0	24	174	202.5%	(88)
	Cable Tray	1,840	0	0	0	0	0	0	568	0	0	42	24	0	0	0	635	34.5%	1,205
	Conduit & Fitting	65	0	0	0	0	0	0	54	30	0	41	0	0	0		124	191.8%	(60)
	Fire Alarm System	8	0	0	0	0	0	0	0	0	4	0	6	1	0		11	137.9%	(3)
	AIS(현지전환)	3,000																0.0%	3,000

공종	Item Category	Proposal(a)	선적물량 (F.Ton) (b)																잔량
			xx년	1월	2월	3월	4월	5월	6월	7월	8월	9월	10월	11월	12월	xx년	Total (b)	실행 (b/a)	
Electrical	GCB	72	0	0	0	73	0	0	0	0	0	0	0	0	0		73	101.4%	(1)
	Others	0	0	0	0	0	0	0	0	0	3	0	2	0	0		6		(6)
	S Total	9,973	0	46	4	302	211	2,943	622	731	88	274	68	77	0	84	5,449	54.6%	4,524
Instrument	DCS/ESD/FGS	110	0	0	0	0	0	49	0	0	81	0	0	0	0	0	131	118.9%	(21)
	MMS	11	0	0	0	0	11	0	0	0	0	0	0	0	0		11	104.2%	(0.5)
	Detector,Anlyze	35	0	0	0	0	0	0	8	0	0	0	13	0	0		21	61.0%	14
	Instrument Cable	336	0	4	0	0	0	0	88	0	0	24	0	0	0		117	34.8%	219
	Conduit, J/B, Tube	71	0	0	0	0	0	0	54	0	0	2	2	0	1	1	60	84.3%	11
	Cable Tray & Fitting	680	0	0	0	0	0	135	0	0	0	0	54	0	0		189	27.8%	491
	Metering (회전기 이관)	151																0.0%	151
	Turbine Bypass Valve	35	0	0	0	0	0	0	0	0	55	0	0	0	0	1	56	161.1%	(21)
	SWAS	153	0	0	0	0	0	0	0	0	0	211	0	0	0		211	137.6%	(58)
	CEMS	41	0	0	0	0	0	0	105	0	2	0	0	0	0		107	260.9%	(66)
	Control Valve	188	0	0	0	0	0	3	19	7	153	1	2	2	0	1	187	99.5%	1
	S Total	1,811	0	4	0	0	11	187	275	7	291	238	71	2	1	3	1,091	60.2%	720
	G Total	71,533	869	2,076	141	18,490	17,536	13,967	4,308	3,675	3,936	2,335	4,440	1,779	475	1,318	75,345	105.3%	-3,811

위 집계표에 의하면 3~6월에 선적이 집중된 것을 알 수 있습니다. 선적에 대비한 사전 준비업무를 고려할 때, 선적업무에 관한 한, 1월부터 6월까지의 기간을 Peak Time으로 간주할 수 있습니다.

〈표 8-5〉 **공종별 선적물량 분석**

공 종	Proposal Total	Act.F.Ton	Proposal 진행 F.Ton	P-A (F.Ton)	W.T(Kg)	F.Ton/Ton	Vol. Ratio
장치/제관	5,594	11,016.792	5,594.024	(5,422.768)	1,640,252	6 .717	14.6%
회전기/Package	34,722	43,737.554	34,715.990	(9,021.564)	10,835,682	4.036	58.1%
배관	13,155	8,452.657	11,002.138	2,549.481	2,362,526	3.578	11.2%
전기	9,973	5,448.992	9,313.704	3,864.712	1,980,840	2.751	7.2%
제어	1,810	1,090.555	1,080.900	(9.655)	252,717	4.315	1.4%
철골	5,195	5,436.579	4,775.779	(660.800)	1,550,898	3.498	7.2%
HVAC/Lab Equip. /Chemical	1,083	161.410	161.410	0.000	15,888	10.159	0.2%
Total	71,533	75,344.539	66,643.945	(8,700.594)	18,638,802	4.042	100%

〈표 8-5〉는 공종별 분석자료입니다. 회전기/Package 품목에 대한 Volume 비중이 58.1%로 가장 높고, 배관자재는 11.2%에 해당됩니다. 평균 VF(CBM/Mton)는 4.042입니다. Volume은 알지 못하더라도 각 설계 공종별 중량정보를 제공받을 수 있다면, 이러한 기존 실적자료를 통해 Project 초기라도 대략적인 선적 Volume을 유추해볼 수 있습니다. 이 테이블은 개별 선적건들의 자료를 합산한 결과입니다.

따라서 물류 담당자는 어떤 품목이 어느 공종에 속하는지 확인해야 하는데, 이를 위해서도 SR(Shipping Request)에 공종에 관한 정보가 명시되도록 하는 것이 바람직합니다.

Project 진행중, 입찰 당시의 잔여물량에 변동사항이 없다는 전제하에 최종 실행물량을 예측할 수 있습니다. 여기에 해상/항공운송의 선적지별 운송비 단가, 내륙운송비 단가, 그리고 기타 현지비용 단가를 적용하여 물류비에 대한 최종 실적도 예측할 수 있습니다.

〈표 8-5〉에서 'Act.F.Ton'은 실제 선적물량을 뜻하고, 'Proposal 진행 F.Ton'은 입찰품목 대비 실행에서 물량증감과 관계없이 해당 품목의 선적완료 여부에 따른 물량을 의미합니다. 이렇게 얘기하면 쉽게 와닿지 않겠지만, 〈표 8-6〉의 예시를 통해 그 의미를 이해할 수 있습니다.

〈표 8-6〉 **입찰물량과 실행물량의 비교 예시**

품목	Proposal	Actual	Proposal 진행
A 자재	20FT	10FT	20FT(선적완료)
B 자재	20FT	60FT	20FT(선적완료)
C 자재	20FT	미선적	미선적
합계	60FT	70 FT	40FT

• 입찰물량 대비 현재까지 선적물량 비율 : 117% (70÷60) → 17% 초과
• 입찰물량 대비 잔여포함 실행물량 비율 : 150% (70+미선적분 20)÷60 → 50% 초과 예상
• 입찰품목별 선적 진행율 : 67% (40÷60)

ABC자재 관련, 위 예시에서는 입찰물량 대비 현재까지 선적물량 비율이 117%이므로 이 결과치만 놓고 보면, 마치 대부분의 선적을 완료한 것으로 오해하기 쉽습니다. 반면에 품목별 선적진행율은 67%에 지나지 않으므로, 〈표 8-5〉의 'Proposal 진행 F.Ton'으로 표현된 데이터가 이를 보완해주는 중요한 의미를 갖게 됩니다

입찰 당시의 품목이 실행중에 제외된 게 없다면, Project 종결시 'Proposal Total'과 'Proposal 진행 F.Ton'의 수치가 같아져야 합니다. '월별선적물량 집계표'에서도 알 수 있듯이 당초에는 FOB 기준이었으나 현지로 발주되면서 선적이 발생하지 않는 품목들과 삭제된 품목들이 존재하기 때문에 결과치에 차이가 발생합니다. 그러나 입찰 당시보다 물량이 증가된 품목들로 인해 이를 상쇄하고도 Actual의 수치가 Proposal의 수치보다 더 큰 값이 되었습니다. 결국 입찰 대비 실행물량은 약 5.3% 증가된 것으로 나타났습니다.

'P–A' 항목은 'Proposal 진행 F.Ton'과 'Act.F.Ton'의 차이를 나타냅니다. 각 품목별 1:1로 비교했을 때 미선적품을 제외하고 8,700FT 만큼 물량이 증가되었음을 의미합니다. 실행물량의 증감여부는 입찰시의 개별 물량과 실행시의 개별 물량을 정확히 연계하여 관리할 때, 비로소 정상적인 수치로 표현될 수 있습니다.

〈표 8-7〉 Thermal Block Package 선적물량

Description	Qty	Unit W.T (Ton)	TL to TL (mm)	W (m)	H (m)	Vol. (CBM)	C/I Item Description	Actual (FT)	P-A (FT)	W.T (kg)	CBM/ Ton	L (cm)	W (cm)	H (cm)
GT-Thermal Block							Actual							
Blow Off Valve Cover Stage	2	5.7	3,400	2.8	1.6	30.5	Blow Off Valve Cover Stage 1&2	14.975	0.5	6,400	2.34	338	284	156
							Blow Off Valve Cover Stage 1&2	14.975		6,400	2.34	338	284	156
Casing to Turning Gear	2	0.5	1,200	1.2	1.1	3.0	Casing to Turning Gear Assembly	1.498	0.1	590	2.54	120	120	104
							Casing to Turning Gear Assembly	1.420		590	2.41	118	118	102
Central Support for Accessories	2	1.6	2,900	1.3	1.2	9.0	Central Support for Accessories	3.032	3.0	1,700	1.78	188	168	96
							Central Support for Accessories	3.032		1,700	1.78	188	168	96
Insulation & Mounting	2	5.3	4,800	3.5	3.2	107.5	Insulation & Mounting Material	3.719	100.1	695	5.35	242	121	127
							Insulation & Mounting Material	3.719		700	5.31	242	121	127
Sealing component	2	0.0	400	0.3	0.4	0.1	Sealing Materials	0.294	(0.5)	120	2.45	78	58	65
							Sealing Materials	0.294		120	2.45	78	58	65
Support for Assembly	2	1.3	1,900	1.7	1.0	6.5	Support for As-sembly	1.968	2.5	1,280	1.54	181	125	87
							Support for As-sembly	1.968		1,280	1.54	181	125	87
TB Loose parts	2	0.1	1,100	0.7	0.8	1.2	Thermal block loose parts	0.565	0.7	115	4.92	108	68	77
	2	1.0	1,300	1.1	1.3	3.7	Thermal block loose parts	0.827	2.9	230	3.60	158	68	77
Thermal Block	2	343.0	11,180	5.4	5.2	686.0	Thermal Block	343.000	0.0	343,000	1.00	1,120	540	520
							Thermal Block	343.000		343,000	1.00	1,120	540	520
							Bolt Stretching Tool M72/100	0.317	(0.3)	184	1.72	87	57	64
Total						847.6	Total	738.604	109.0	708,104	1.04			

위 표에서 푸른색 표제 아래의 정보는 입찰시의 품목별 물량을 의미하고 노란색 표제 아래의 정보는 실제 선적품명과 해당 물량정보를 나타낸 것입니다. 품명이 일치하지 않는 물량에 대해 입찰시의 어떤 품목과 연계시킬지가 관건입니다. 새로이 추가된 품목은 입찰 품목 범주 내에서 입찰시의 물량을 0으로 하여 관리합니다. 모든 선적 기자재에 대해 이와 같이 관리해야 다양한 유형의 데이터를 집계할 수 있습니다.

Thermal Block의 경우, 각 Package별 선적 Volume이 314.5CBM인 반면, 중량은 343톤에 달해 선적 물량을 343FT로 반영한 것입니다. 입찰시의 물량정보와 실행에서의 물량정보가 정확히 일치하여 아주 바람직한 사례라고 할 수 있습니다. 모든 기자재 선적이 이렇게만 진행된다면 무척 행복한 일이 되겠지만, 현실은 그렇지 못하기 때문에 골치가 아프더라도 실적관리 업무를 수행할 수밖에 없습니다. 이 표를 고려하면 GT–Thermal Block Package에 대해서 실행물량이 109FT만큼 감소했음을 알 수 있습니다.

〈표 8–8〉 Carbon Steel SMLS Pipe 선적물량

NPS	VF	W.T (Mton)	Vol. (FT)	Specification	Actual (FT)	P–A (FT)	W.T (Kg)	VF	Vendor Name	Shipment No.	Shipping Month
1 1/2	0.51	12.3	12.3	A106 GR.B SMLS PE SCH80 EXT. PE COATED	1.5	8.8	815	1.81			
				A106 GR.B SMLS PE SCH80 EXT. PE COATED	2.0		1,527	1.33			
2	0.59	26.4	26.4	A53 GR.B SMLS NPT SCH80 HOT DIP GALV.	1.9	16.7	1,008	1.88			
				A106 GR.B SMLS PE SCH80 EXT. PE COATED	4.1		1,971	2.06			
				A106 GR.B SMLS BE SCH80 EXT. PE COATED	3.8		2,479	1.52			
2 1/2	0.50	6.2	6.2	A106 GR.B SMLS BE STD EXT. PE COATED	0.8	5.1	424	1.92			
				A106 GR.B SMLS BE SCH40 EXT. PE COATED	0.3		118	2.19			
3	0.62	17.3	17.3	A106 GR.B SMLS BE SCH40 EXT. PE COATED	0.4	16.4	150	2.46			
				A106 GR.B SMLS BE SCH40 EXT. PE COATED	0.5		169	3.10			
4	0.72	20.3	20.3	A106 GR.B SMLS BE STD EXT. PE COATED	18.9	(1.9)	7,524	2.52			
				A106 GR.B SMLS BE SCH40 EXT. PE COATED	1.1		400	2.86			
				A106 GR.B SMLS BE SCH40 EXT. PE COATED	2.1		998	2.13			
6	0.89	33.4	33.4	A106 GR.B SMLS BE STD EXT. PE COATED	55.7	(25.9)	19,382	2.87			
				A106 GR.B SMLS BE SCH40 EXT. PE COATED	3.6		1,032	3.53			
8	1.00	34.2	34.2	A106 GR.B SMLS BE SCH40 EXT. PE COATED	2.1	(52.2)	525	3.98			
				A106 GR.B SMLS BE SCH40 EXT. PE COATED	1.8		1,055	1.68			
				A106 GR.B SMLS BE SCH40 EXT. PE COATED	76.9		19,824	3.88			
				A106 GR.B SMLS BE SCH40	5.7		4,980	1.14			
10	1.10	31.4	34.5	A106 GR.B SMLS BE STD EXT. PE COATED	15.4	19.1	6,712	2.30			

〈표 8-8〉은 Carbon Steel SMLS Pipe의 입찰물량 대비 실행물량(노란색)의 관계를 나타낸 것입니다. 입찰시에 적용한 VF와 실행시의 VF에 상당한 차이가 발견됩니다. 실적자료를 통해 살펴볼 때, 입찰시에 VF를 더 큰 값으로 적용해야 한다는 사실을 알 수 있습니다. 입찰시와 동일한 중량으로 실행에서 선적이 진행된다면 Volume 증가로 인해 물류비 상승을 초래하게 됩니다. 이 표에 의하면 입찰시 NPS(Nominal Pipe Size) 6인치 Pipe까지는 VF가 1 보다 작게 설정되어 Mton=FT가 됩니다. 10인치부터 비로소 CBM=FT로 적용하였으나, 실행결과는 VF의 개선이 필요하다는 사실을 말해주고 있습니다. 이 같은 결과가 초래된 원인에 대해서는 'Steel Pipe Schedule Chart'를 설명하는 부분에서 자세히 살펴보겠습니다.

〈표 8-9〉 **제관류 선적물량**

Description	F	F Aft	Basic			W.T (Mton)	Vol. (CBM) LWH × F	Actual (CBM)	P-A (CBM)	W.T (kg)	VF
			L(m)	W(m)	H(m)						
Ammonia Letdown Drum	2.0	2.6	4.80	1.50	1.50	6.0	21.6	27.7	(6.1)	7,465	3.71
HP Flash CO_2 Scrubber	2.0	3.3	17.60	0.80	0.80	6.4	22.5	36.8	(14.3)	9,700	3.79
FORTH STAGE SUCTION SEPARATOR	2.0	7.7	2.45	1.10	1.10	6.6	5.9	22.8	(16.8)	8,900	2.56
Refrigerant Receiver	2.0	2.7	4.90	1.80	1.80	7.2	31.8	42.8	(11.1)	13,665	3.13
Methanator Effluent Separator	2.0	5.5	2.40	1.80	1.80	7.5	15.6	42.4	(26.8)	12,500	3.39
LP DECOMPOSER	2.0	1.7	14.50	2.15	2.15	7.7	134.1	117.2	16.8	15,000	7.81
LIQUID AMMONIA HEATING TANK	2.0	1.0	1.20	4.95	4.95	11.0	58.8	30.9	27.9	12,500	2.47
STEAM SATURATION DRUM	2.0	2.7	4.80	2.35	2.35	11.8	53.0	70.8	(17.8)	12,500	5.66
WASHING COLUMN	2.0	2.3	12.50	2.00	2.00	11.8	100.0	117.5	(17.5)	25,300	4.64
Raw Gas Separator	2.0	10.1	3.05	2.25	2.25	14.0	30.9	156.4	(125.5)	27,900	5.61
HP DECOMPOSER	2.0	2.6	12.00	1.95	1.95	14.8	91.3	117.0	(25.8)	39,500	2.96
Process Condensate Stripper	2.0	3.7	18.10	1.30	1.30	32.6	61.2	112.1	(50.9)	39,500	2.84
FINAL SEPARATOR	2.0	0.3	9.40	7.40	7.40	65.0	1,029.5	161.7	867.8	112,580	1.44
Ammonia Separator (Primary Separator)	2.0	3.5	7.00	2.05	2.05	72.0	58.8	103.7	(44.8)	62,860	1.65
Steam Drum	2.0	4.3	11.00	1.95	1.95	82.5	83.7	181.0	(97.3)	98,850	1.83

〈표 8-9〉는 다른 Project의 제관류 사례입니다.(입찰 노란색) 거의 대부분의 품목에서 Volume이 증가한 것으로 나타났습니다. Pipe와 마찬가지로 여기에서도 Factor가 작게 설정된 것이 원인입니다. 'Basic LWH'로부터 계산한 Volume에 Factor를 곱해서 입찰시의 Volume이 정해지는데, 실제로는 'F Aft'열의

Factor를 적용해야 선적시의 상황과 같아집니다. 반면에 Final Separator의 경우에는 실행시의 Volume이 대폭 감소된 것을 알 수 있습니다. 이는 명백한 물량산출의 오류라고 할 수 있습니다. 입찰업무 수행단계에서 물량을 과소하게 산출하는 것도 문제지만, 적정수준을 벗어난 과도한 Volume 책정 또한 물류비 예산이 부풀려지게 되므로, 바람직하지 않은 일입니다.

이 부분에서 조치해야 할 중요한 사항이 있습니다. 물량이 현격히 증가하거나 감소된 품목에 대해 유관부문에 원인분석을 의뢰해야 한다는 것입니다. 그리고 차후 입찰업무 수행시 이를 반영하여 VF를 현실에 맞게 조정해야 합니다. 결국 현실에 부합하는 Factor는 기존 Project들의 데이터를 분석하여 도출할 수밖에 없습니다. 적용 Factor에 따라 실행물량에 증감이 발생하고 물류부서의 성과에 직접적인 영향을 미치기 때문에 물류 담당자는 반드시 실적관리를 통해 근거 데이터를 확보함으로써 차후 입찰업무 수행시에 이를 제대로 반영할 수 있도록 해야 합니다.

살펴본 바와 같이 철골자재, Pipe, 제관류 모두 입찰시의 적용 Factor에 따라 실행물량에 차이가 발생하고, 대체적으로 선적물량이 증가하여 물류비가 상승할 수밖에 없는 상황입니다. 이러한 검증과 Feedback 과정이 생략되기 때문에 동일지역에서 Copy Project를 수행한다 해도 같은 문제가 반복적으로 나타나게 됩니다.

〈표 8-9〉에서는 한 가지 짚고 넘어갈 사항이 있습니다. Item Description이 알파벳 대문자로만 기재된 것과 대소문자를 혼용한 것들이 있습니다. 타 부서 또는 사외로 발송되는 문서에는 이를 통일하여 일관성을 유지하는 것이 바람직합니다. 사소한 것 같지만 소소한 것들도 모이고 모이면 개인 및 해당부서에 대한 역량평가의 한 부분이 될 수 있습니다. 협력사에도 제공해야 하는 문서는 협력사의 다른 거래처와 비교되어 기업의 이미지에 부정적인 영향을 미칠 수 있습니다.

필자는 대소문자 혼용 방법을 적극 권장합니다. 대문자로만 나열하면 엑셀의 셀 공간을 많이 차지하여 품명을 다 보여줄 수 없는 경우, 문자행이 잘릴 확률이 높습니다. 그리고 대문자 전용의 방법은 읽기에도 불편합니다. 더불어 이메일 제목에 대문자로만 나열하는 것도 바람직하지 않은 형태이니 지양하시기 바랍니다.

〈표 8-10〉은 컨테이너 선적의 일부를 나타낸 것입니다. 이를 통해 〈표 8-11〉과 같은 종합적인 컨테이너 선적 정보를 도출해낼 수 있습니다. 또한 공종별로도 Shipping Mode별 선적물량을 집계할 수 있습니다.

총 24,056FT 물량에 대해 컨테이너 선적을 진행했으며, 40ft DC/HC에 평균 35FT를 적입했습니다. 40ft 특수 컨테이너는 Out-gauge에 해당하는 D/S(Dead Slot)가 평균 4.58개 발생했다는 것을 알 수 있습니다.

이상과 같은 자료를 종합해 보면 선적모드별 전체 물량을 집계할 수 있습니다(〈표 8-12〉). Break Bulk vs CNTR 선적 물량의 Volume 비중은 67.9% vs 31.9%로 확인됩니다. 이중에서 중량물을 제외하면 대략 6 : 4 정도의 비율이 됩니다. 이 Project에서는 General Cargo의 Break Bulk 선적 비중이 컨테이너 선적

〈표 8-10〉 컨테이너 선적물량 집계

SHIPMENT VOLUME SUMMARY SHEET

Function	Description	Act. (F.Ton)	PPL (F.Ton)	P-A (F.Ton)	W.T (Mton)	VF	M	20DC		40DC		40HC		40FR			40OT			Total	
								Qty	F.Ton	Qty	F.Ton	Qty	F.Ton	Qty	F.Ton	DS	Qty	F.Ton	DS	Qty	F.Ton
Rotating	Embedment Part for GTG	84.8	51.9	(32.8)	28.6	2.96	C			3	84.8									3	84.8
Rotating	Embedment Part for GTG	11.3	0.0	(11.3)	5.8	1.93	C	1	11.25											1	11.3
Rotating	Pipe Support, Spool and Various Loose Parts	335.6	260.0	(75.6)	26.0	12.92	C										7	335.59	0	7	335.6
Rotating	BLOW OFF SILENCER	238.4	208.1	(30.3)	22.3	10.70	C							3	238.4	24				3	238.4
Stationary	Closed Cooling Water Cooler (Plate Type H/Ex)	25.6	63.0	37.4	8.7	2.94	C					1	25.6							1	25.6
Piping	BOLT & NUT	0.1	0.1	0.0	0.1	2.00	C					1	7.2							1	7.2
Piping	A106 GR.B SMLS PE SCH80 EXT. PE COATED	2.4	2.4	0.0	1.8	1.35	C			2	17.1									2	17.1
Electrical	Grounding Material	31.3	15.1	(16.2)	4.7	6.69	C					1	45.6							1	45.6
Instrument	Fiber Optic Cable	4.3	4.3	0.0	1.7	2.61	C					1	33.3							1	33.3
Piping	A106 GR.B SMLS BE STD EXT. PE COATED	96.7	96.7	0.0	38.0	2.54	C					6	102.1							6	102.1
Piping	HDPE Fitting	71.0	71.0	0.0	14.7	4.81	C					3	72.4							3	72.4
Piping	Post Indicating Valve & Indicator Post	6.3	6.3	0.0	3.4	1.84	C	1	6.27											1	6.3
Electrical	Cathodic Protection	34.5	0.0	(34.5)	11.4	3.04	C					2	37.8							2	37.8
Electrical	MV, LV Cable	194.6	194.6	0.0	170.5	1.14	C					7	194.6							7	194.6
Piping	HDPE Pipe & Fitting	5.8	5.8	0.0	1.5	3.93	C			1	5.8									1	5.8
Stationary	Syphone Pipe Priming System	20.8	56.7	35.9	4.5	4.66	C					4	104.8							4	104.8
Rotating	Condenser Tube Cleaning System	55.7	21.1	(34.6)	12.9	4.30	C	1	9.62								1	46.09	0	2	55.7
Electrical	Generator Circuit Breaker	73.0	72.0	(1.0)	11.6	6.31	C	1	1.47					1	71.6	10				2	73.0
Str/Steel	Str/Steel	706.5	706.5	0.0	244.1	2.89	C					15	706.5							15	706.5

보다 높은 것으로 나타났으나, 만약 같은 국가, 같은 프로세스의 Project에 대한 입찰업무 수행시 엉뚱하게도 컨테이너 선적 비중을 높게 설정해버리면 물류예산은 현실과는 다르게 수립될 것입니다. 또한 Main Forwarder 선정시에도 이 비율에 따라 희비가 엇갈릴 수 있습니다. 실제상황에 부합하도록 가격을 제출한 Forwarder가 오히려 탈락함으로써 선의의 피해자가 생기고, 부정확한 물류비 예측으로 인해 대내외적으로 물류부서에 대한 신뢰도를 저하시키는 원인이 됩니다. 그러므로 이같은 상황을 방지하기 위해서도 정확한 실적관리가 필요합니다.

시스템의 부재 하에서 데이터를 추출해내기 위해 선적이 진행될 때마다 엑셀파일에 별도로 관리한다는 것이 사실 쉬운 일은 아닙니다. 살펴본 바와 같이 입찰업무 수행 당시의 각 공종별 해당 기자재의 물량과 일일이 대조해 가면서 입찰과 실행에 있어서의 차이가 발생하는 부분까지도 분석이 이뤄져야 비로소 데이터로서 가치가 있기 때문입니다. 그리고 개별 정보들이 하나의 테이블로 자동 취합되도록 관리해야 하므로 엑셀을 다루는 능력이 뒷받침되어야 합니다.

〈표 8-11〉 컨테이너 유형별 선적물량 집계

CNTR Type	20DC		20FR			20OT			40DC		40HC		40FR			40OT			Total	
	Qty	F.Ton	Qty	F.Ton	DS	Qty	F.Ton	DS	Qty	F.Ton	Qty	F.Ton	Qty	F.Ton	DS	Qty	F.Ton	DS	Qty	F.Ton
Total	50	488.7	2	31.7	4	1	25.1	1	290	9,211.9	263	10,139.5	50	3,269.3	308	19	889.6	8	675	24,055.7
CNTR수량기준 / 물량기준	7.4%	2.0%	0.3%	0.1%	2.0/ FR	0.1%	0.1%	1.0/ OT	43.0%	38.3%	39.0%	42.2%	7.4%	13.6%	6.2/ FR	2.8%	3.7%	0.4/ OT	100%	100%
	7.4%	2.0%	0.4%			0.2%			81.9%		80.4%		10.2%			17.3%			100%	100%
F.Ton/CNTR	9.8		15.8			25.1			31.8		38.6		65.4			46.8			35.6 F.Ton/ CNTR	
Qty & Vol. Sum			3 CNTR			56.7 F.Ton			553 CNTR		19,351.4 F.Ton		69 CNTR			4,158.8 F.Ton				
F.Ton/CNTR			18.9 F.Ton/CNTR						35.0 F.Ton/CNTR				60.3 F.Ton/CNTR							
Qty & F.Ton/CNTR	53 CNTR		10.3 F.Ton/CNTR						622 CNTR				37.8 F.Ton/CNTR							
			D/S			1.67/FR.OT							D/S			4.58/FR.OT				

〈표 8-12〉 선적모드별 선적물량 집계

Mode	Vol.(F.Ton)	W.T (Kg)	Vol. Ratio	W.T Ratio
Air	94.46	25,141	0.1%	0.1%
Break Bulk	51,194.41	11,981,147	67.9%	64.3%
Container	24,055.67	6,632,514	31.9%	35.6%
Total	75,344.54	18,638,802	100.0%	100.0%

더불어 기자재에 대한 지식이 필요합니다. 입찰시의 품목과 실행시의 품목이 잘못 연계되면 무의미한 결과가 도출될 수밖에 없습니다. 그렇지 않아도 시간이 많이 소요되는, 그래서 인내심을 필요로 하는

업무인데, 기자재를 제대로 구분할 줄 모른다면 더디게 진행될 수밖에 없고 스트레스를 받으면서 회피 심리가 작용할 것입니다. 그러다가 어느 순간 포기하고 중단해버릴 수도 있습니다. 앞서 중요한 일을 먼저 해야 한다고 강조한 바와 같이 기자재에 대한 지식을 쌓는 것 또한 중요한 일의 한 부분입니다.

모든 기자재가 해상운송비와 내륙운송비, 그 외의 각종 현지비용과 연계될 때, 실적자료로서 또한 가치가 있고, 이는 실행예산 대비 실적전망 및 집행현황을 보여주는 〈표 8-13〉과 같은 형태로 집계될 수 있습니다. 실적전망에 관한 자료는 매월 실시하는 Project 전체적인 손익전망의 물류비 근거자료로 사용됩니다.

〈표 8-13〉 Offshore 물류 실적전망

Category		Offshore 현황										
		품의			전망			집행(품의 대비)				
		Volume	Unit Rate	Sum (USD)	Volume	Sum (USD)	증감	집행물량	집행단가	집행금액	잔여예산	집행률
Break Bulk	General	34,190	96.6	3,302,009	33,344	3,665,740	(363,731)	29,289	109.9	3,219,992	82,017	97.5%
	Heavy	16,256	222.7	3,620,000	16,256	3,736,174	(116,174)	15,564	229.5	3,572,531	47,469	98.7%
Container		861EA	3,828.7	3,296,546	808EA	4,015,694	(719,148)	320EA	4,968.6	1,589,938	1,706,608	48.2%
Air		89,700kg	6.21	557,463	50,000kg	487,133	70,330	2,061kg	9.74	20,080	537,383	3.6%
Sum		–		10,776,018	–	11,884,740	(1,128,722)	56,730	–	8,402,540	2,373,478	78.0%
파견비		–		46,100	–	46,100	0	–		18,440	27,660	40.0%
Vessel Detention		–		884,783	–	20,000	864,783	–		0	864,783	0.0%
Total		–		11,706,901	–	11,950,840	(263,939)	USD148.12/FT		8,420,980	3,265,921	71.9%
예산 대비		–		12,095,883	–		145,043	–		8,420,980	3,674,903	69.6%

집행현황을 관리하는 이유는 이미 협력사에 의해 서비스가 제공되었으나 미지급 상태의 금액에 대해 실행현황과 비교하여 자금소요계획에 반영하기 위함입니다. 물론 집행금액에 대해서는 재무시스템에서도 확인이 가능합니다. 다만 재무시스템을 통해서는 상세 정보를 알 수 없다는 단점이 있습니다. 특히 지급대상 항목이 상당히 많은 현지비용에 대해서는 집행현황을 별도로 관리해야 할 필요성이 더욱 부각됩니다.

위 Offshore 물류 실행현황에서 품의(稟議) 부분은 Project 초기에 예산 대비 약 39만불을 절감하겠다는 의지를 반영하여 승인을 득한 것입니다. 실적 전망치는 현 시점 품의 대비 USD263,939.-의 손실이 예상되나 실행예산과 비교하면 USD145,043.-의 이익이 발생하는 것으로 전망하고 있습니다. 입찰업무 수행 당시 General Cargo로 반영되었던 몇 Package가 수행 중에 중량물로 전환되면서 손익 전망에 악영향을 끼친 측면이 있습니다. 전체적으로는 물량이 약 5.3% 증가한 반면, 손익 전망은 품의 기준으로 살펴봐도 2.3% 상승에 그쳤으므로 나름 선방한 사례라고 할 수 있습니다.

컨테이너당 평균 USD4,968.6-의 해상운임이 발생하였습니다. 그리고 앞선 〈표 8-11〉에서 평균 35.6FT를 적입한 것을 알 수 있습니다. 따라서 컨테이너 선적의 해상운송 평균단가는 USD139.6/FT로 General Cargo(ODC 포함)의 Break Bulk 평균 운송단가 USD109.9/FT 보다는 높다는 사실을 알 수 있습니다. 그러므로 이 Project에서는 컨테이너 선적보다는 Break Bulk 선적을 추진하는 것이 물류비 측면에서 유리합니다. 물론 별도의 상세자료에 의해 물동량이 가장 많은 40ft 컨테이너들의 FT당 운송단가를 알 수 있으나, 40ft 컨테이너의 경우, 평균적으로 35FT/CNTR을 적입하였으므로 컨테이너 선적의 해상운송 평균단가에 큰 차이가 없습니다.

만약 실적관리를 하지 않고 해상운송비에 대한 인식도 부족하다면, 손쉽게 접근할 수 있는 컨테이너 선적 비중이 확연히 높아질 것입니다. 그러면 부지불식간 물류비가 상승합니다. 물론 선적지별로 차이가 있긴 하지만, RAS Date에 문제가 되지 않는 한, 전반적으로 물량을 최대한 모아서 Break Bulk 선적을 진행해야 한다는 사실을 말해주고 있습니다.

앞선 〈표 8-12〉의 실행결과(항공운송 약 25.1톤)와 비교했을 때, 〈표 8-13〉에 나타낸 89.7톤의 항공운송과 Vessel Detention 비용이 다소 과도하게 실행예산에 편성되어 있습니다. 이러한 부분이 기존 유사 Project의 사례를 통해 적정 수준으로 반영되어야 할 것입니다. 지나친 수치의 괴리는 결국 물류부서의 전문성 훼손에 대한 여지를 남깁니다.(긴급화물이 무더기로 발생하는 저가수주의 경우는 항공운송 비율 예외 적용)

이때까지 집행된 물량의 항공운송 단가가 USD9.74/kg입니다. 선적물량은 25,141kg에 94FT입니다. USD2,605/FT의 운송비에 해당하며 이는 General Cargo의 Break Bulk 해상운송 집행단가 USD109.9/FT에 비해 무려 23.7배 수준입니다. 항공운송비가 고가라는 사실은 누구나 다 알고 있습니다. 하지만 그저 항공운송을 자제해달라고만 요청하는 것은 관성적으로 일하는 사람들에게는 쉽게 피부로 와닿지 않습니다. 따라서 이러한 부분도 왜 항공운송이 손익에 악영향을 미치는지 경각심을 일깨우는 차원에서 데이터에 근거하여 유관부문(특히 PM)에 수치적으로 공지할 필요가 있습니다.

더불어 항공운송을 최소화하기 위한 실질적인 대책이 필요합니다. 물류부서의 의지와는 상관없이 타의에 의해 발생하는 사안임에도 불구하고 물류부서가 손익부담을 떠안는 것은 부당한 처사입니다. 그러므로 항공운송 주문이 남발하지 않도록 항공운송 요청에 관한 한, SR을 송부하는 부서에서 PM(Project Manager)의 승인을 득한 후 SR을 송부하도록 절차를 개선할 필요가 있습니다.

내륙운송비, 관세, Port Demurrage(표의 Storage Charge), Trailer Detention, Container Detention, 기타 3rd Party Charge 등 각종 현지비용도 세부 항목들이 누락되지 않도록 관리해야 합니다. Onshore 실행현황은 손익전망이 매우 긍정적으로 집계되었으며 관세를 제외하고 물류 전체적으로는 실행예산 대비 약 278만불의 손익 기여도가 있는 것으로 예측하고 있습니다.

그러나 여기에서도 문제점으로 지적할 수 있는 것이 Offshore와 Onshore 예산배분의 실패입니다. 예산을 각각 책정하여 별도로 관리해야 하는 경우, 만약 Offshore 예산이 부족하다면, Onshore 예산에서 여유분의 이관절차를 밟아야 할 것입니다. 이러한 현상이 나타나는 것 또한 기존 데이터의 부재를 원인으로 꼽을 수 있습니다. 전체적으로는 이익을 내서 비난 받을 일은 없겠지만, 이 역시도 물류부서의 전문성에 의문부호가 붙을 일이며, 좀 더 정확한 예산 배분에 심혈을 기울여야 합니다. 다만 신규 지역이라는

〈표 8-14〉 Onshore 물류 실적전망 및 전체 손익전망

Category			Onshore										
			품의			전망			집행(품의 대비)				
			Volume	U/Rate	Sum(USD)	Volume	Sum(USD)	증감	집행물량	집행단가	집행금액	잔여예산	집행률
Broker Fee	Bulk		49,852	1.80	89,734	49,600	15,800	73,934	18,920	0.32	6,027	83,707	6.7%
	Container		861EA	80.5	69,311	808	61,270	8,040	136	75.8	10,310	59,001	14.9%
	Air		250Trip	180.0	45,000	150Trip	15,000	30,000	2	100.0	200	44,800	0.4%
	Sum				204,044	78,043	92,070	111,974	24,060	30.8%	16,537	187,507	8.1%
3rd Party 비용	공통	D/O + Manifest	600회	160.0	96,000	–	19,200	76,800	–	–	810	95,190	0.8%
		Import Permit		–	30,000	–	0	30,000	–	–	0	30,000	0.0%
	BB	Wharfage	49,852	1.83	91,395	49,600	49,879	41,516	18,920	1.01	19,026	72,369	20.8%
		Crane Charge	70PKG	1,800.0	126,000	–	25,200	100,800	–	–	0	126,000	0.0%
		Forklift Charge	21,599	3.3	71,997	–	35,998	35,998	–	–	0	71,997	0.0%
		Shuttle Service	15,119	2.0	30,239	–	15,119	15,119	–	–	0	30,239	0.0%
		Storage Charge	15,119	11.0	165,556	–	82,778	82,778	–	–	4,403	161,153	2.7%
	CNTR Air	THC	861EA	100.0	86,100	808	45,223	40,877	136	55.95	7,610	78,490	8.8%
		Gate In–Out	861EA	120.0	103,320	808	88,917	14,403	136	110.02	14,962	88,358	14.5%
		CNTR Insurane	861EA	160.0	137,760	808	72,521	65,239	136	89.73	12,203	125,557	8.9%
		Detention/Repair	861EA	20.0	17,220	–	8,610	8,610	–	–	0	17,220	0.0%
		Shuttle Service	603EA	70.0	42,189	–	21,095	21,095	–	–	0	42,189	0.0%
		Loading Charge	603EA	72.0	43,394	–	21,697	21,697	–	–	0	43,394	0.0%
		Storage Charge	603EA	453.2	273,168	–	54,634	218,534	–	–	418	272,750	0.2%
	Sum				1,314,338	–	540,871	773,467		–	59,432	1,254,906	4.5%
	Broker Fee + 3rd Party Charge				1,518,382		632,941	885,441			75,968	1,442,413	5.0%
	예비비				197,151	–	98,575	98,575		–	0	197,151	0.0%
내륙 운송	Bulk		49,852	48.8	2,431,888	49,600	1,358,758	1,073,130	18,920	27.4	518,300	1,913,588	21.3%
	Container		861EA	609.8	525,003	808	444,403	80,600	136	549.9	74,780	450,223	14.2%
	Air		250Trip	1,400.0	350,000	150Trip	187,500	162,500	2	1,250.0	2,500	347,500	0.7%
	Trailer Detention				219,227	–	109,613	109,613		–	0	219,227	0.0%
	Sum				3,526,118	–	2,100,274	1,425,843		–	595,580	2,930,538	16.9%
	예비비				306,918	–	153,459	153,459		–	0	306,918	0.0%
기타	Bypass 공사비				110,000	–	77,000	33,000		–	69,300	40,700	63.0%
Total					5,658,568	–	3,062,249	2,596,319		USD30.79/FT	740,848	4,917,720	13.1%
예산					5,701,147	–	3,062,249	2,638,897	–		740,848	4,960,298	13.0%
Off+On 전체 운송비 손익 전망								2,783,940					
관세								300,000	–		134,344	165,656	44.8%

사실을 감안할 때, 차후 동일지역 Project에서는 유사한 사례가 재발되지 않도록 관리해야 할 것입니다.

〈표 8-13〉과 〈표 8-14〉 또한 개별 정보로부터 자동 취합되도록 구성한 것입니다. 집행현황은 Invoice Status가 모태(母胎)입니다. Invoice Status에 각 지급항목들이 누락되는 일이 없도록 관리해야 정확도가 높은 자료로 구현될 수 있습니다. 그리고 향후 입찰업무 수행시에 빠진 비용없이 예산수립에 반영할 수 있습니다.

Invoice Status의 항목들을 세분화하지 않고 Other Charge로 뭉뚱그리는 경향이 있습니다. 당장은 편할 수 있으나 이는 재무시스템에서 확인할 수 있는 내역 그 이상도 이하도 아니며, 차기 입찰업무에 전혀 도움이 되지 않습니다. 즉, 동일지역 차기 Project 담당자는 입찰에서든 실행에서든, 근거에 의해서가 아니라, 기존 Project의 Offshore와 Onshore 물류비 비율을 살펴서 Offshore와 Onshore 예산을 각각 일괄 책정하고 통상적으로 발생할 것으로 여겨지는 항목들로만 대충 비용을 배분해버리는 우를 범할 수 있습니다. 결국 편의만을 추구하게 되면 차기 Project를 수행하는 동료들에게 부담을 안겨주는 일이 됩니다. 동료애 차원에서도 실적관리가 중요한 업무라는 사실을 기억하시기 바랍니다.

Offshore, Onshore 각각의 Invoice Status 양식을 Project 초기에 정확히 Setting하고 이를 협력사에 제공하여 각 항차별 Invoice를 제출할 때마다 청구내역이 누적 반영된 Invoice Status Report를 함께 제출하도록 하는 것이 바람직합니다.

이상과 같이 살펴본 실적자료는 향후 동일지역 유사 Project의 입찰업무에 활용할 수 있는 수준으로 관리하는 것이 중요합니다. 데이터가 축적되면 보다 현실에 근접한 물류비 예산을 수립할 수 있습니다.

정리하면, 시간이 많이 소요되고, 귀찮고, 까다로운 업무라 해도 누군가는 반드시 실적을 관리해야 합니다. 향후 타당성 있는 근거를 토대로 입찰업무에 임할 수 있고, 그로 인해 저가수주를 예방할 수 있으며, 수주 후 실행에 가서는 세부 지급항목별로 적정의 실행예산을 배분할 수 있습니다. M/H 산출과 월별 M/H 소요량 예측도 한결 수월해집니다. 더욱이 선적모드별 왜곡된 물류비 산출이나 협력사중에 선의의 피해자가 나오는 것을 방지할 수 있습니다. 따라서 실적관리는 선택의 여지가 없는 필수업무라고 할 수 있습니다. 다만, 전문성을 요할 뿐만 아니라, 비용문제가 결부된 만큼 한 치의 오차도 없이 실적자료로서 진정한 가치가 부여될 수 있도록 간부급 직원이 이 업무를 담당하는 것이 바람직합니다.

예산수립과 실적관리에 있어서 지금까지는 물량 측면의 관리방안을 살펴보았습니다. 추가적으로 Target Vendor 교체로 인한 선적지변경 또한 물류비 증감의 원인이 되기 때문에 실행 Project에서의 선적지변경이 물류비에 미치는 영향을 반영하여 실적전망을 관리해야 합니다. 물량변동 여부는 P/L를 접수하는 시점에서 인지가 가능하여 시간이 필요합니다. 반면에 선적지변경 여부는 발주업무가 진행되는 동안 좀 더 이른 시점에 확인할 수 있습니다. 이를 간과하고 입찰 당시의 예상 선적지를 기준으로 물류비 실적전망을 작성하게 되면 예상보다 큰 편차가 발생할 수 있습니다. 저가수주 Project에서는 더욱 더 주의가 요망됩니다.

실적전망의 오류를 최소화하기 위해서는 PSR(P/O Status Report or Procurement Status Report)을 살펴봐야 합니다. 물론 적정 가액으로 수주한 다른 Project에서도 동일한 과정을 거쳐야겠지만, 특히 저가수주 Project에서는 입찰업무 수행시의 예상 선적지가 아니라, 실제 선정된 Vendor와 선적지를 PSR을 통해 확인하고, 확정된 선적지를 기준으로 예상되는 해상운송비를 실적전망에 반영해야 합니다.

Project 업무의 흐름은 물길의 흐름과도 같습니다. 수량(水量)이 풍부할 때는 하류까지 물이 잘 흘러갑니다. 윗동네와 아랫동네가 사이 좋게 지낼 수 있습니다. 하지만 수량이 부족할 때는 윗동네 주민들이 수문을 닫고 자신들의 전답에 먼저 물을 대고자 할 것입니다. 그러면 아랫동네에서는 물이 부족하게 되고 제때에 물을 대지 못해 농사를 망칠 수 있습니다.

Project 업무수행도 마찬가지입니다. 저가수주 Project에서는 6장 '저가수주의 늪'에서 언급한 폐해 외에도 후속공정의 부서들에게 이중으로 손실이 가중되는 또 다른 문제점이 발생합니다.

예를 들어, 플라스틱 배관자재의 경우, 자재가격만 놓고 보면 국내 Vendor를 이용하는 것이 유리할 수 있습니다. 반면에 과도한 물류비 발생 문제와 향후 긴급자재의 신속한 공급 측면을 고려할 때 즉, 총비용과 Lead Time을 고려할 때 현지 발주가 훨씬 이득일 수 있습니다. 그리고 입찰업무 수행시에는 이 점을 감안하여 현지 발주를 계획할 것입니다. 그런데 반전이 일어납니다. 현지로 발주했다가는 구매 실행예산에 차질이 발생합니다. 구매예산에 구멍이 숭숭 뚫리는데도 담당직원에게 TCO(Total Cost of Ownership)에 입각하여 현지에 발주하도록 지시할 수 있을 만큼 강단 있는 구매부서 책임자가 몇이나 될지 의문입니다.

구매부서가 회피한 비용을 결국은 물류부서가 떠안게 됩니다. 현장에 도착하기까지 지연되는 시간 또한 물류부서가 만회해야 합니다. 물류시황이나 Forwarder의 역량 등 외적인 요인은 차치하더라도 저가수주 Project에서는 기업 내부의 구조적인 문제 때문에도 당초 계획보다 물류비가 상승하게 됩니다. 저가수주 Project에서는 TCO의 외침이 공허한 메아리일 뿐, 각 부서장들을 부서이기주의에 매몰되게 만들고, 조직이 곪으면서 회사를 병들게 만듭니다.

이와 같은 사유로 물류비 실적전망은 엉망이 될 수 있습니다. 따라서 입찰시의 물량과 동일하다는 전제하에 발주가 어느 정도 완료된 시점에 가서야 비로소 물류비 실적전망이 비교적 신빙성 있는 자료로서 의미를 갖게 됩니다. 다시 말해, 실제 선적지를 기준으로 실적전망을 재구성해야 한다는 것입니다. 만약 대다수의 P/O가 생성되기 이전에 물류비 실적전망을 제출해야 한다면, 실적전망에 편차가 발생할 수 있음을 PM 및 PRM(Procurement Manager)에게 설명할 필요가 있습니다. 전망을 낙관적으로 보고했다가 나중에 엉뚱한 결과가 도출되는 경우, 낭패를 보기 십상입니다. 이에 처음부터 못을 박고 가야 합니다.

간혹 입찰업무 수행중 실행예산 부족시 Project 예비비에서 충당하는 조건으로 PPM(Proposal Project Manager)이 관세 등의 비용을 낮게 써내도록 요구하기도 합니다. 이런 경우에는 그나마 다행이지만, 유사 Project와 비교했을 때, 물량증가가 우려되는 상황하에서도 이를 반영하지 못하게 되거나, 일괄적으로 물류비 삭감을 요구하여 이를 수용하는 사례가 종종 발생합니다. Project 수주에는 유리할 수 있으나, 결과적으로는 이 모두가 물류비 손익차질은 물론 물류부서에 대한 평가에 악영향을 끼치는 원인이 됩니다. 더욱이 불합리한 요구라고 판단되는 사항에 대해서는 근거를 남기지 않으려는 것이 인지상정(人之常情)입니다. 그리고 근거를 남기지 않았다는 것 자체가 스스로 불합리성을 인정하는 것입니다. 열거한 요구사항은 대부분 구두로 전달되는 특징이 있습니다.

Project 수주 후 PPM이 PM으로 임명되는 것이 관례이지만, 그간의 상황을 잘 모르는 다른 사람이 PM을 맡게 되면 약속 자체가 무의미해질 수 있습니다. 또한 성과가 저조한 Project에서는 Project 수행 도중에도 PM이 여러 차례 교체될 수 있습니다. 새로 임명된 PM 역시 그 때 가서 모르는 일로 치부해버리면 근거를 남기지 않은 상태에서는 물류부서가 궁지에 내몰리게 됩니다. 따라서 입찰업무 담당자는 최종 물류비 입찰서에 물류비 산출의 배경과 해당 History를 반드시 기재해야 합니다.

이러한 모든 상황을 반영하여 입찰업무와 실행업무에서 최적의 예산을 수립하시기 바랍니다.

9. 노트(Knot)의 유래

선박의 속도 단위인 노트의 유래는 대항해시대(大航海時代, 15~17세기)로 거슬러 올라갑니다. 대항해시대를 촉발하게 된 배경부터 살펴보겠습니다.

향신료(香辛料, Spice)는 생선의 비린내와 같은 잡내를 없애주고 맛과 향을 돋우어 식욕을 촉진시키는 일종의 조미료입니다. 대항해시대 이전, 유럽에서는 음식을 장기간 보관하기 위한 살균제와 방부제로도 쓰였고, 청결하지 못한 개인 위생상태를 보완하는 용도의 방향제나 향수, 화장품으로도 사용되었습니다. 더욱이 분뇨나 하수처리 시설이 미비했기 때문에 극심한 악취에 시달리던 사람들에게는 이로부터 해방시켜줄 더 없이 귀한 물건이었습니다. 자양강장제 및 정력제로도 인기가 있었고, 자극적인 향기로 인해 마을 곳곳에 뿌려두면 천연두, 흑사병 같은 질병 예방에도 효과가 있다고 믿었습니다.

성경에도 등장하는 유향(乳香)과 몰약(沒藥) 그리고 후추, 계피, 정향(丁香), 육두구(肉荳蔻) 등이 이 당시의 대표적인 향신료였으며, 고추, 마늘, 생강 등도 이에 포함됩니다. 당시의 유럽에서는 향신료가 귀족들에게는 필수품이자, 부와 권력의 상징이었습니다.

1096년 촉발된 십자군전쟁은 크리스트교도들의 성지 예루살렘을 이슬람교도들로부터 탈환하기 위한 종교적 신념에서 출발하였습니다. 그러나 1270년까지 8회에 걸쳐 원정에 나서는 동안, 점차 본질은 퇴색되고 새로운 영토지배권을 누리거나, 상거래를 통해 경제적인 이득을 취하거나, 봉건제도 하의 억압에서 벗어나기 위한 서로 다른 속내를 안고 원정대에 참여하기에 이릅니다. 급기야 원정대가 진출하는 곳마다 종교적 양심과는 거리가 먼 파괴와 약탈이 자행되었습니다. 결국 성지탈환은 1차를 제외하고 모두 실패로 막을 내렸습니다.

반면에 십자군이 진출하는 지역에는 새로운 도시가 형성되었으며, 상업의 발달을 촉진하였습니다. 또한 인도의 향신료가 오스만투르크 제국을 거쳐 지중해 유럽국가들로 유입되는 계기가 되었습니다. 지리적인 이점을 안고 향신료 무역을 독점한 이탈리아반도의 베네치아(Venice), 제노바(Genoa)와 같은 도시국가들은 막대한 부를 누리게 됩니다. 더불어 지중해는 유럽의 무역 중심지가 됩니다.

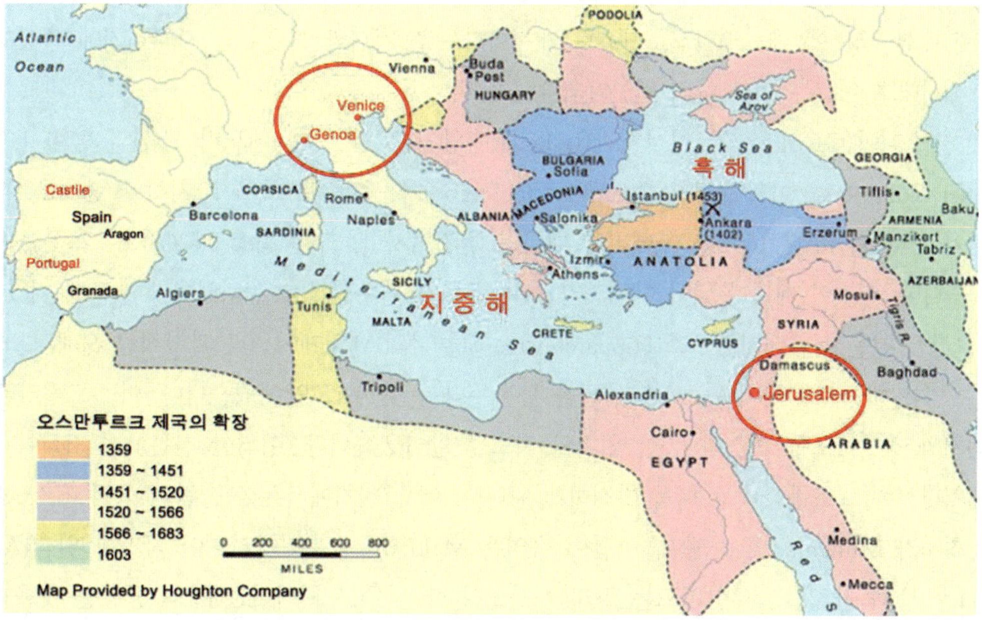

[그림 9–1] 오스만투르크 제국의 영토확장

지중해의 서쪽 끝자락 이베리아반도(Iberian Peninsula)에 위치한 포르투갈과 스페인은 향신료 무역의 혜택에서 소외되었습니다. 이들에게도 향신료는 절실한 물품이었으나, 지리적으로 불리했고, 경제적으로도 부유하지 못해 어떤 것은 금보다도 더 비싼 값에 거래되는 향신료를 충당하기가 어려웠습니다. 왕실에서는 향신료와 왕실의 권위 유지에 필요한 사치품 구입에 빚을 져야 하는 형편이었습니다.

지중해를 둘러싼 강력한 오스만투르크 제국이 버티고 있었고, 이미 이탈리아반도의 도시국가들이 향신료 무역을 독점하고 있는 터라, 이들에게는 인도로 가는 새로운 바닷길의 개척이 절실했습니다. 대항해시대는 그렇게 시작됩니다. 아울러 유럽 중심부의 귀족 가문에 비해 정치, 경제적으로 영향력이 약했던 이베리아반도의 명문가들은 그들과 견줄만한 그 무엇이 필요했습니다. 그리하여 식민지 건설과 함께 그곳에 살고 있을 이교도들의 교화라는 종교적 명분이 더해졌습니다. 이슬람 상인들을 통해 황금이 지천에 널린 지역이 있다는 소문도 모험심을 부추겼습니다.

베네치아 출신 마르코 폴로(Marco Polo)는 1271년 상인이었던 아버지와 숙부를 따라 동방으로 여행을 떠납니다. 17년간 원나라에 머물면서 중국의 여러 지역을 경험하였으며, 1295년에서야 비로소 고향 베네치아로 돌아옵니다. 4년 뒤 동방무역의 패권을 놓고 벌어진 베네치아와 제노바의 전쟁에 참전했다가 포로로 잡혀 제노바 감옥에 투옥됩니다. 약 3년의 수감기간 동안, 1271년부터 1295년까지의 여행담을 구술(口述)한 것을 감방 동료였던 루스티첼로(Rustichello)가 책으로 출간한 것이 동방견문록(東方見聞錄)입니다.

주로 무용담(武勇談)과 로맨스를 소재로 다루었던 작가 루스티첼로의 상상력과 윤색(潤色)이 발휘된 이 책이 유럽사회에 전해지기 시작합니다. 책 내용의 진실성 여부를 떠나, 이를 접한 유럽인들은 동방의 풍요로움에 대한 묘사에 매료되었고, 신항로 개척이라는 호기심과 모험심을 자극하기에 충분했습니다. 이는 대항해시대로 이끄는 또 하나의 원인이 되었습니다.

스페인 카스티야(Castile)왕국 이사벨라(Isabella)여왕의 후원 속에 제노바 출신의 탐험가 콜럼버스(Christopher Columbus, 이탈리아어 Cristoforo Colombo)가 동방견문록을 소지하고 항해를 떠난 것은 결코 우연이 아니었습니다. 1492년 아메리카 대륙을 발견하지만, 그는 죽을 때까지도 그 곳을 인도라고 믿고 있었습니다. 이것이 계기가 되어 아메리카 대륙의 토착 원주민들을 인디언이라 부르게 되었습니다.

고대 그리스 천문학자 히파르쿠스(Hipparchus)는 오늘날의 네비게이션과 과학적인 시계의 모태(母胎)라고 할 수 있는 아스트롤라베(Astrolabe, '별을 붙잡는다'는 뜻)를 고안해냈습니다. 아스트롤라베를 통해 별들의 위치와 경사각도를 측정하여 현 위치의 위도를 알아냈습니다. 이러한 천문학적 지식이 이슬람세계로 전해지면서 아스트롤라베는 더욱 발전하게 됩니다. 어느 위치에서든 이슬람의 성지 메카(Mecca, 이슬람교의 창시자 Muhamad의 출생지. 아랍어 음역은 Makkah. 사우디아라비아 국기에 '알라[Allāh=The God] 외에는 신(神)이 없고, 무함마드는 알라의 사도다.'라는 문구가 적혀있음.)의 방향을 찾을 수 있고, 매일 다섯 차례 반복되는 예배시간을 계산하는 기능이 추가되었습니다.

13세기, 아스트롤라베와 중국의 나침반이 이슬람 상인들에 의해 유럽으로 전파됩니다. 아스트롤라베는 당시에 가장 정확한 위치 측정기구로서 나침반과 함께 유럽의 항해술을 발전시키는데 기여합니다.

15세기에 이르자 유럽의 변방국 포르투갈과 스페인은 향신료가 가져다 줄 번영을 꿈꾸며 신항로 개척에 본격적으로 나서기 시작합니다. 여기에 식민지배 및 일확천금에 대한 탐욕, 크리스트교의 전파라는 종교적 명분, 마르코 폴로로부터 전해진 동방세계에 대한 호기심, 항해술의 발전 등 이러한 배경이 복합적으로 작용하여 대항해시대의 개막을 알립니다.

그 선봉에 바로 포르투갈이 있었습니다. 1434년 엔리케(Henrique) 왕자의 서아프리카 보자도르(Bojador)곶 발견을 시작으로, 1488년 아프리카 희망곶을 발견한 바르톨로뮤 디아스(Bartolomeu Dias), 1498년 인도항로를 개척한 바스코 다 가마(Vasco da Gama), 이들 모두가 포르투갈 출신이었습니다. 임진왜란이 발발하기 49년 전, 일본에 조총(鳥銃)을 전수한 것도 포르투갈인들입니다. 조총은 날아가는 새도 떨어뜨린다 하여 붙여진 이름입니다. 포르투갈은 인도양 무역을 장악함으로써, 이후 네덜란드와 영국이 해상으로 진출하기 전까지 전에 없던 번영을 누리게 됩니다.

스페인으로 귀화한 포르투갈 출신 페르디난드 마젤란(Ferdinand Magellan)은 스페인 국왕 카를로스 1세(Carlos I, 훗날 신성로마제국의 황제가 됨.)의 후원을 받아 270명의 선원과 5척의 선단을 꾸려 1519년 몰루카제도(Moluccas)를 향해 출항합니다. 마젤란은 최초로 세계일주에 성공한 인물로 알려져 있습니다. 향신료 등의 거래를 통해 얻게 될 수익을 나누는 조건으로 장차 정복하게 될 영토에 대한 총독직위를 보장받고 항해비용을 지원받을 수 있었습니다. 그러나 항해 도중 선장들의 반란, 굶주림과 질병, 선대 이탈과

난파 등의 사고를 겪게 되고, 1521년 필리핀 막탄(Mactan)섬에서 원주민들과 전투를 벌이던 중 41세의 일기로 사망하게 됩니다.

이후 남은 선원들은 몰루카제도로 항해하여 정향을 구매합니다. 그런데 정향을 너무 많이 실은 탓에 트리니다드호가 침수되어 항해가 불가능해지자, 항해도중 승선한 현지인 3명을 포함, 21명만이 빅토리아호와 함께 귀환하게 됩니다. 빅토리아호 한 척에 실어온 정향의 판매수익은 항해에 소요된 비용을 모두 충당하고도 남을 만큼 그 가치는 실로 대단한 것이었습니다.(물론 목숨값을 돈으로 환산할 수는 없겠지만.) 그러나 마젤란과 선원들의 사망소식을 접한 스페인 왕실은 비통함에 휩싸입니다. 이는 훗날 대규모 원정대를 파견하여 원주민들을 무참히 학살하는 등 필리핀을 정복하게 된 발단이 되었습니다.

16세기에는 향신료를 비롯하여 도자기, 비단과 면직물, 농산물과 광물 등의 무역과 동서양의 문물교류가 더욱 활발해집니다. 장거리 항해와 풍랑에도 잘 견딜 수 있도록 건조된 대범선(大帆船)들이 활약합니다. 이 과정에서 선박의 항해속도를 인지하는 것이 중요한 이슈로 떠올랐습니다. 이에 따라 선박의 속도를 표시하는 기준이 필요하게 되었으며, Rope에 매듭(Knot)을 짓고 부표를 띄워 몇 매듭이 풀렸는지를 살펴 선박의 속도를 정의하기 시작했습니다.

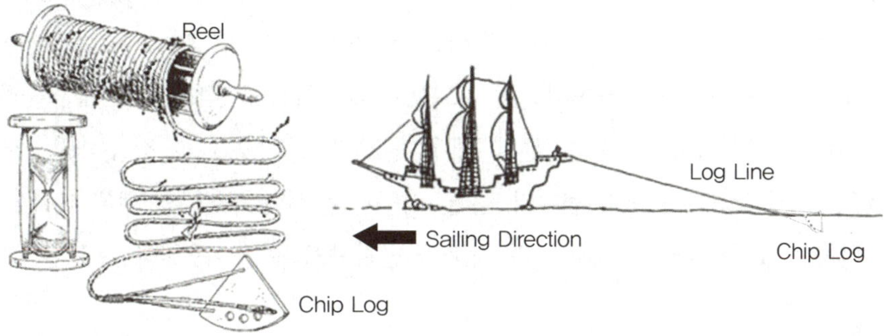

[그림 9-2] 과거 선박의 속도 측정

과학적인 속도 측정장치가 고안되기 전 19세기 중반까지 활용된 방식은 [그림 9-2]와 같습니다. 선미 쪽에서 Log Line에 부채꼴 모양의 목편(木片, Chip Log)을 달아 수면에 던졌는데, 목편이 바로 설 수 있도록 목편에 구멍을 뚫고 납을 채워 넣었습니다. 1953년 W.A. McEwen과 A.H. Lewis가 편찬한 Encyclopedia of Nautical Knowledge에는 다음과 같은 설명이 있습니다.

> "Knot는 Chip Log Line에 47ft 3in(14.402m)마다 구분한 매듭에서 유래하였다. 28초 동안 이 매듭이 풀려나간 수가 선박의 항해속도를 나타낸다."

28초는 28초짜리 모래시계가 사용되었음을 의미합니다. 28초 동안 1매듭이 풀렸다면 14.402m를 이동한 셈이 되기 때문에 이를 환산하면 1knot는 1,851.686m/h의 속도가 됩니다. 현재의 1knot는 1시간에

1해상마일(Nautical Mile, 1,852m)을 이동하는 속도로 정의됩니다. 과거방식과 비교했을 때 큰 차이가 없습니다. 선박의 속도 단위 노트는 바로 이 매듭에서 유래하였습니다.

(a) Reel 사례　　　　(b) 속도 측정

[그림 9-3]

Nautical Mile을 뜻하는 우리말의 단위는 해리(海里)입니다. 1,852m는 적도상의 경선 1분(각도)의 거리를 의미합니다. 그러므로 1해리에 해당하는 거리를 기억하고 있다면 어렵지 않게 적도상의 지구 둘레와 반지름을 계산할 수 있습니다. 즉, 1도는 60분에 해당하므로 적도상의 지구둘레는 60분×360도×1.852km＝약 4만km가 됩니다. 학창시절에 배운 원둘레 공식(2πr)을 적용하면, 지구의 반지름은 40,000km＝2×3.14×r, 대략 6,370km가 됩니다. 물론 지구가 온전한 구(球)의 형태가 아니기 때문에 지역에 따라 약간의 편차는 있습니다. 물류를 알면 지구의 반지름을 구할 수 있다는 사실, 기억하시기 바랍니다.

항해일지를 영어로는 로그북(Log Book)이라고 합니다. 예전의 선박들이 대부분 통나무(Log)로 건조되었기 때문에 생겨난 용어라는 것이 통설(通說)입니다. 로그북에 기상상태와 항해중에 발생하는 사항들을 기록하는 행위를 Log-In이라고 합니다. ID와 암호를 등록하여 웹사이트나 특정 시스템에 접속하는 것을 뜻하는 로그인은 이 해사용어에서 유래하였습니다. 선박속도를 나타내는 노트 때문에 참고로 부연하였습니다.

10. 도량형(度量衡) 이야기

물류업계에 종사하는 동안, 길이, 중량, 부피와 관련된 다양한 도량형을 접하게 됩니다. 평범하게는 길이의 단위인 킬로미터, 미터, 센티미터, 밀리미터, 중량의 단위인 톤, 킬로그램, 그램, 부피의 단위인 CBM(Cubic Meter = m^3), 리터 등을 꼽을 수 있습니다. 그 외에도 yard, feet, inch, pound, barrel, gallon 등과 같은 단위도 심심치 않게 접하게 됩니다. 특히 영미권에서는 야드파운드법에 의한 fps 단위계(feet, pound, second)를 주로 사용하는 관계로 feet나 pound로 표시된 P/L(Packing List)를 제공받는 경우가 있습니다. 그러면 물류 담당자가 이를 mks 단위계(meter, kg, second) 또는 cgs 단위계(cm, gram, second)로 변환하여 선적서류를 작성하곤 합니다. 이 장에서는 이러한 도량형에 관한 얘기를 해보고자 합니다.

도량형에 대한 인식이 나라마다 다르다면 국제무역에 상당한 혼선이 야기될 것입니다. 아주 오래 전에는 도량형이 통일되지 않은 상태에서 그러한 일이 빈번하게 발생했을 것으로 여겨집니다. 영국인들이 미국에 1톤의 곡물을 주문하면 2,000lb, 즉 907.184kg(=Short Ton)을 실어 보내고, 반대로 미국인들이 영국에 1톤의 광물을 주문하면 영국인들은 2,240lb, 즉 1,016.046kg(=Long Ton)을 실어 보냈을 것입니다. 왜냐하면 두 나라의 ton에 대한 개념이 달랐기 때문입니다. 손해를 보는 쪽과 이익을 보는 쪽이 생기므로 분쟁의 소지가 있습니다.

이에 프랑스가 나서서 1ton의 개념을 1,000kg으로 정의하고 단위는 Mton, tonne과 같이 표기하는 것으로 정함에 따라 Metric Ton의 개념이 도입되었습니다. 이러한 연유로 Metric Ton(미터톤)을 French Ton이라고 부르기도 합니다. 이처럼 도량형에 대한 상호 동일한 인식이야말로 무역거래의 기본 출발점이라고 할 수 있습니다.

플랜트 설비의 생산능력을 지칭할 때도 Metric Ton의 개념을 사용하고 있습니다. 이를테면, 100만 MTPY, 100만MTPA, 100만MTA와 같이 표기합니다. 약자만 다를 뿐, Metric Ton per Year, Metric

Ton per Annum, Metric Ton Annually로 모두 같은 의미를 담고 있습니다.

이제부터 본격적으로 도량형 이야기를 해보겠습니다.

››› 길이 관련 도량형

- nm : nautical mile = 해리(海里)
- yd : yard
- ft : feet
- in : inch
- 1nm = 1,852m
- 1mile = 1,760yd = 5,280ft = 1.609344km
- 1yd = 3ft = 36in = 91.438cm
- 1ft = 12in = 30.48cm
- 1in = 2.54cm

길이는 야드를 기본 단위로 사용하고, 질량은 파운드를 기본 단위로 사용하는 것을 야드파운드법(Yard–Pound System)이라고 합니다. 현재도 미국, 영국 및 그 연방국가에서 광범위하게 사용되고 있습니다. 이런 나라들에서는 우리에게는 익숙치 않지만, 생활 전반은 물론 야구, 골프, 축구 등의 스포츠 중계를 시청하는 동안, 거리를 표시하거나, 운동선수들의 체중을 표시할 때 yard, feet, pound 단위를 사용하고 있음을 알 수 있습니다. 축구에서 프리킥을 찰 때 수비수가 공격지점으로부터 9m 15cm만큼 떨어지라고 하는 것도 10yd 규정을 적용한 것입니다.

야드는 중세 영국에서 토지의 면적을 측정하는 도구인 야드스틱(Yard Stick)에서 유래되었다는 설(說)과 12세기 영국 헨리 1세(Henry I)가 팔을 뻗었을 때, 코 끝에서 엄지손가락 끝까지의 길이를 기준으로 정했다는 설이 있습니다. 피트는 발 길이, 인치는 12분의 1을 뜻하는 라틴어 운시아(Uncia)에 어원을 두고 있으며, 관절이 구부러지는 엄지손가락 한 마디의 길이에서 유래하였습니다.

여기에서 유의할 점은 1피트가 12인치에 해당한다는 사실입니다. 즉, 12진법에 기초한 것입니다. 과거에는 12진법이 실생활에 좀 더 유용한 셈법이었습니다. 12진법을 적용한 토지나 자산을 분할하고자 한다면 12개의 수량을 한 단위로 삼을 경우 2명, 3명, 4명, 6명에게 공평하게 배분할 수 있었습니다. 반면에 10진법을 적용하게 되면 소수점 단위까지 정확하게 나누지 않는 이상 2명, 5명일 때만 공평한 배분이 가능했을 것입니다. 오늘날에도 여전히 12개의 수량을 뜻하는 다스(Dozen) 단위가 사용되고 있습니다. 따라서 보다 많은 수와 배수관계가 성립하는 12진법을 사용하는 것이 실생활에 좀 더 편리했던 것입니다. 12와 24로 표현되는 시간 또한 12진법에 기초한 것입니다. 영국의 화폐단위 펜스(Pence)는 12진법을 적용하여 1960년대까지도 1실링(Shilling)이 12펜스였습니다. 1971년 2월 15일부터 실링 단위를 폐지하고 10진법을 도입, 1파운드(£)가 기존에 240펜스였던 것을 100펜스로 변경하였습니다. 이토록 12진법은 오랫동안 인류의 역사와 함께 해왔습니다.

육상마일(Statute Mile or Land Mile)은 고대 로마시대 군인들의 행군 단위인 밀레 파수스(Mille Passus)에서 유래했다는 설(說)이 유력합니다. 파수스를 Pace 또는 Step과 같이 번역할 수 있으나 실제로는 두 걸음(步)을 의미합니다. 밀레는 숫자 1,000으로 천 년을 뜻하는 영어의 Millennium(Mille+Annus[年])의 어원이기도 합니다. 밀레 파수스는 '1,000 Double Paces', 두 걸음은 1.48m, 따라서 밀레 파수스의 거리는 1.48km가 되며, 이것이 육상마일의 기원이라는 설입니다. 파수스는 로마피트(Roman Feet = Pedes)의 5배 길이와 동일시 했기 때문에 밀레 파수스를 피트로 환산하면 5,000로마피트가 됩니다.

로마피트를 뜻하는 라틴어 Pedes는 Pes(발)의 복수형입니다. 일반적으로 로마인들이 영국인들보다는 발이 작았을까요? 1pes는 현재의 29.6cm에 해당됩니다. Pedes는 보행자를 뜻하는 Pedestrian의 어원이기도 합니다.

1500년경 런던마일은 5,000피트의 거리로, 5,000로마피트의 밀레 파수스와 수치상으로는 같았습니다. 영국에서는 밀레 파수스를 Mile이라고 짧게 표현했습니다. 다만, 로마피트보다 큰 길이의 Northern Feet를 적용했습니다. 런던마일은 밭고랑의 단위인 펄롱(furlong)의 8배 길이와 같았습니다. 1펄롱은 Northern Feet 기준으로 625피트에 해당하여 육상마일이 5,000피트가 된 것입니다. 당시 영국에서는 pole(=rod or perch), chain 등의 단위가 함께 사용되었습니다. 도량형을 표준화하기 위해 엘리자베스 1세(Elizabeth I) 제위 시기에 영국의회가 도량형에 관한 법률을 제정합니다.(Weights and Measures Act of Parliament in 1593) 그때까지 사용해오던 피트의 길이를 줄이기로 하고 1펄롱을 기존의 625피트에서 660피트로 변경합니다. 따라서 육상마일은 280피트가 더해져 5,280피트가 되었습니다. 이를 기초로 하여 다른 단위들은 다음과 같은 상관관계를 가지게 됩니다.

- 1pole = 16.5feet
- 1chain = 4pole
- 1furlong = 10chain = 660feet
- 1mile = 8furlong

육상마일은 1959년 국제협약에 의해 현재와 같은 1.609344km로 확정되었습니다.

⋙ 중량 관련 도량형

- lb : pound
- oz : ounce
- ct or car : carat or karat(다이아몬드 등의 보석류)
  (K or Kt : carat or karat, 금의 순도표시 단위)
- 1lb = 16oz = 453.592g
- 1oz = 28.34952g
- 1oz.t = 31.1034768g(트로이온스)
- 1ct = 0.2g(다이아몬드 등의 보석류)

온스(ounce) 또한 야드파운드법에 기초한 것입니다. 온스와 관련해서는 다소 복잡한 면이 있습니다. 일반적인 중량의 단위로 쓰일 경우 oz(Avoirdupois ounce, 상용온스)로 표시하고, 귀금속용의 트로이온스(oz.t, Troy ounce)와 약품 계량용의 약용온스(oz.ap, Apothecary ounce)가 별도로 사용되고 있습니다. 온스가 부피의 단위로 사용될 때는 fl.oz(Fluid ounce)로 표시하며, 영국에서는 1fl.oz=1/160영국갤런=28.413062㎖, 미국에서는 1fl.oz=1/128미국갤런=29.57353㎖입니다.

온스는 인치와 마찬가지로 12분의 1을 뜻하는 라틴어 운시아(Uncia)에 그 어원을 두고 있습니다. 그런데 1lb가 16oz에 해당하여 앞뒤가 맞지 않는 듯 하나, 16세기부터 영국에서 귀금속과 약품 전용으로 사용하기 시작한 트로이온스가 트로이파운드(lbt, 373.24177g)의 12분의 1에 해당됩니다. 트로이파운드 단위는 1878년에 폐지되었지만, 트로이온스는 현재까지도 존속하고 있습니다.

권투장갑의 무게는 상용온스 단위를 적용합니다. 각 체급별 권투장갑의 무게기준을 두고 있습니다. 또한 야구공의 무게도 상용온스 단위로 표시합니다.

우리나라에서는 거의 사용하지 않지만, 국제적인 금시세는 트로이온스 단위를 사용하고 있습니다. 전세계에서 가장 영향력이 있는 금 거래시장이 LBMA(London Bullion Market Association, 런던금시장연합회)입니다. 금괴의 형태로 거래가 이뤄지며, 1일 두 차례 거래가격을 고시합니다. 이때 금 1트로이온스당 미 달러화(USD)로 가격을 표시합니다.

금의 순도를 나타내는 단위는 캐럿(carat or karat)입니다. 캐럿이라는 용어는 그리스어의 Keration(구주콩나무콩)에서 유래하였습니다. 순수한 금을 24캐럿(K or Kt)으로 하고 24분의 18, 즉 순금 함량이 75%에 해당하는 합금을 18캐럿으로 표시합니다(순도를 의미하고 중량과는 무관). 다이아몬드와 같은 귀금속의 중량을 표시할 때는 ct 단위를 사용합니다. 다이아몬드 1캐럿은 200mg에 해당됩니다.

파운드(pound)의 단위 lb는 고대 로마에서 통용되던 무게의 단위인 리브라(Libra=천칭좌)에서 유래하였습니다. pound는 라틴어의 무게를 뜻하는 폰두스(Pondus)가 그 어원입니다. 스웨덴어의 푼드(Pund),

네덜란드어의 폰트(Pond), 독일어의 푼트(Pfund) 등도 같은 뿌리에서 파생되었습니다. 영국 화폐 파운드의 표기 '£'는 알파벳 'L'자 모양을 형상화하고 있는데, 이 또한 리브라에서 유래하였습니다.

››› 부피, 온도 관련 도량형

- gal : gallon
- bbl : barrel
- CBM : cubic meter = m^3
- l : liter
- cc : cubic centimeter = ml = milliliter = cm^3
- 1l = 1,000cc
- 1CBM = 1,000리터 = 219.9692 UK gal = 264.172 US gal
- 1 imperial gallon(영국갤런) = 4.546리터 = 8 imperial pint = 16 UK cup(영국과 캐나다)
- 1 US gallon(미국갤런) = 3.785리터 = 8 US liquid pint = 16 US customary cup(미국과 남미국가)
- 1bbl = 41.976939 US gal = 158.9리터

야드파운드법에서는 부피의 단위를 갤런(gallon)으로, 온도의 단위로는 화씨를 사용하고 있습니다. 먼저 온도와 관련된 이야기를 해보겠습니다.

화씨온도는 1기압 하에서 물이 어는점을 32℉, 끓는점을 212℉로 정하고 그 사이를 180 등분한 것입니다. 1720년경, 독일의 물리학자 다니엘 가브리엘 파렌하이트(Daniel Gabriel Fahrenheit)가 처음 고안하였습니다. 영어로는 Fahrenheit Temperature라 부르고 ℉라는 단위를 사용합니다. 중국어 음역 가차(假借, 외래어처럼 한자가 없을 때, 그 발음과 유사한 한자를 뜻과는 관계없이 빌어 쓰는 것)로 중국인들은 파렌하이트를 화륜해(華倫海)라고 칭했는데, 이후 華라는 성을 가진 사람 즉, 화씨(華氏)로 부르게 된 것입니다. 조금은 의외이긴 하지만, 최초의 화씨온도는 파렌하이트가 양(Sheep)의 체온을 100℉로 하여 정했습니다.

섭씨(攝氏)온도는 1742년, 스웨덴의 천문학자 안데르 셀시우스(Anders Celcius)가 처음 제안한 것으로, 1기압 하에서 0℃부터 100℃까지 물이 액체로 존재하는 구간에 대해 어는점을 0℃, 끓는점을 100℃로 하여 정한 것입니다. 섭씨 20도이면 영어로는 Twenty Celcius Degree라고 표현합니다. 화씨나 섭씨(셀시우스의 중국어 음역 섭이사 攝爾思)는 모두 사람 이름에서 유래하였습니다. 화씨온도와 섭씨온도는 다음과 같은 상관관계가 있습니다.

℉=1.8×℃+32(예, 1.8×[20]+32=68℉=20℃)

부피와 관련된 도량형을 살펴보겠습니다.

배럴(barrel)은 19세기에 미국 펜실베이니아주(Pennsylvania)에서 생산한 원유를 수송할 때 사용한 배불뚝이 나무통(=barrel)에서 유래하였습니다. 보통 한 통당 50갤런을 담았으나, 운송 과정에서 누유 및 증발로 인해 목적지에 도착하면 대략 42갤런 정도만 남게 되었습니다. 이러한 연유로 1배럴이 42갤런으로 굳어졌다는 설이 있습니다. 배럴의 기호로는 bbl을 사용합니다. bl을 사용하지 않는 것은 bale의 기호가 이미 bl로 사용되고 있었기 때문입니다. bale이 아니라는 것을 확실히 하기 위해 b를 하나 더 쓰게 되었습니다. bale은 선박의 적재용적을 표시할 때 등장하는 용어로 Bale Capacity는 포장재화의 선적용적을 의미합니다.

영국갤런과 미국갤런의 Volume이 서로 다르므로 P/L상에 갤런으로 표시된 경우에는 각별한 주의가 요망됩니다. 담수 Project에서는 담수능력을 표시할 때 주로 MIGD라는 단위를 사용합니다. 이는 Million Imperial Gallon per Day를 의미합니다. 10MIGD Capa.라고 하면 하루에 1천만 영국갤런의 담수를 생산하는 설비를 나타냅니다.

- 1MIGD = 4,546 CBM/day = 4,546Mton/day
- 물 1Mton = 1,000리터 = 1CBM

정유공장의 정유능력은 일반적으로 BPSD(Barrel per Stream Day) 단위를 사용합니다. 30만 BPSD의 Capa.는 가동일 기준 1일 평균 정유능력이 30만 bbl이라는 의미입니다. 일상생활에서 드럼(Drum)이라는 표현을 자주 접하게 됩니다. 그러나 드럼은 도량형이 아니라, 용기의 일종입니다. Size도 다양하게 존재하기 때문에 1드럼이 정확히 "몇 리터다."라고 특정할 수는 없습니다. 일상에서는 200리터 크기의 드럼이 주로 사용되고 있습니다.

물류 측면에서 가장 많이 접하게 되는 단위가 CBM입니다. 그러다 보니 선적 물량을 정리한 리스트를 'CBM List'라고 부르는 경향이 있습니다. 하지만 이는 올바른 표현이 아닙니다. kg 리스트, ton 리스트, liter 리스트와 같이 부르는 격이 되므로, '물량 리스트' 또는 'Shipping Volume List'라는 용어가 적합한 표현입니다.

공사 현장에서는 "콘크리트를 몇 루베 타설했다."라는 식으로 소통하는 경향이 있습니다. 이때 루베 역시 CBM을 뜻합니다. 일본에서는 입방미터(CBM)를 입방미(立方米)라고 하는데, 이를 줄여 立米, 그리고 일본어로 발음하면 류우베이가 됩니다. 이것이 우리나라에서는 루베로 불려지고 있습니다. 헤베라고 하는 평방미터(m^2) 또한 평방미(平方米)를 줄인 평미의 일본어 발음 헤베이에서 나온 것입니다. 공구리(Concrete)와 함께 일본문화의 잔재들입니다.

레미콘(Ready-Mix Concrete Truck)의 공차(空車) 중량이 약 15톤 정도 됩니다. 레미콘에는 보통 6CBM 정도를 적재합니다. 1CBM은 통상적으로 2.3톤에 달하므로, 가득 실었을 경우, 전체 중량은 28.8

톤이 됩니다. 만약 사고가 발생한다면, 중량을 감안할 때, 큰 사고로 이어질 가능성이 있습니다. 운전 또는 보행시, 레미콘과는 거리를 두는 것이 바람직합니다.

cc는 물류에서 그다지 많이 언급되는 단위는 아니지만, 항공운송의 운임부과 기준에 적용됩니다. 6,000cc를 1kg에 견주어 중량 1kg, 화물 부피가 9,000cc에 해당한다면 이는 6,000cc 보다 큰 값이 되어 Chargeable Weight 즉, 운임에 적용될 중량은 1kg이 아니라 9,000/6,000 = 1.5kg이 됩니다. 반대로 1kg의 중량에 해당하는 부피가 6,000cc 보다 작다면 Chargeable Weight는 실중량 1kg을 적용합니다.

≫≫ 미터법(Metric System)

지금까지 야드파운드법을 중심으로 도량형에 대해서 살펴보았습니다. 갤런과 같이 동일한 용어를 사용한다 해도 여전히 정량적으로 일치하지 않는 문제점이 있습니다. 이에 m, kg, liter를 기본으로 하는 십진법의 국제적인 도량형 단위계의 도입이 추진되었습니다. 이것이 바로 미터법(Metric System)입니다. 미터법은 1790년대에 프랑스에서 사용하기 시작하여 1889년 세계 공통의 단위로 결정되었습니다. 우리나라에서는 1963년부터 토지와 건물을 제외하고 미터법을 적용해 오다가 1983년에 이르러 토지와 건물에 대해서도 미터법을 적용하게 되었으며, 2007년부터는 부동산의 넓이를 평 대신 m^2로 표시하도록 의무화하였습니다.

길이의 단위 미터(meter)는 '척도 또는 재다'라는 뜻의 그리스어 메트론(metron), 라틴어 메트룸(metrum)이 기원이며, 미터법은 1790년 프랑스의 정치가이자 성직자였던 탈레랑(Charles Maurice de Talleyrand)의 제안에 의해 채택되었습니다.

미터법이 탄생하기 이전 프랑스는 지방마다 각기 다른 도량형을 사용하고 있었는데, 그 수만도 약 800종에 달했다고 합니다. 영주들은 본인들에게 유리한 척도를 적용하여 노동자, 농민들에 대한 수탈의 수단으로 삼았습니다. 호사스러운 생활과 지속된 전쟁으로 루이 16세(Louis XVI) 집권기에는 국가 재정이 파탄 지경에 이르렀으며, 무거운 세금을 부담하면서도 참정권이 없는 시민들은 왕과 귀족들에 맞서 국민의회(國民議會)를 결성합니다. 이후 인권선언을 공표하는 등 국민의회 세력이 날로 확대되자 일부 성직자와 귀족들이 국민의회에 가담하게 되고 위기의식을 느낀 루이 16세는 국민의회의 존재를 인정하는 듯 했지만, 한 편으로는 이들을 탄압하려고 군대를 동원합니다. 1789년 7월 14일 이에 격분한 파리 시민들의 바스티유(Bastille) 감옥 습격사건을 시작으로 자유와 평등, 시민의 권리를 쟁취하기 위한 프랑스 혁명이 일어납니다.

혁명의 결과 루이 16세는 프랑스를 탈출하려다 붙잡혀 재판을 받고 처형됩니다. 프랑스과학아카데미는 극심한 혼란을 초래하고 있는 도량형을 뜯어고쳐야 한다고 의견을 모으고 1789년 8월, 통일된 도량형 표준의 제정을 국민의회에 청원할 대변자로 탈레랑 주교를 선정합니다.

"도량형의 난맥상은 정신을 혼란시켜 상거래를 저해한다. 미래에도 영원히 바뀌지 않을 것을 기초로 하여 새로운 단위를 만들자."

이는 탈레랑이 새로운 도량형 도입의 당위성을 주창(主唱)하면서 한 말입니다.

1791년 3월 19일 프랑스과학아카데미는 파리를 지나는 지구 전체 자오선(子午線, 남극과 북극을 잇는 선) 길이의 4천만 분의 1을 1미터의 개념으로 확정했습니다. 메트론에서 유래한 미터를 길이의 단위로 채택함으로써, 자국의 이익만을 추구한다는 우려를 불식시키려는 의도가 작용했습니다. 노트의 유래에서 살펴본 바와 같이 적도상의 지구 둘레가 약 4만km입니다. 이는 4천만 미터가 되므로 4천만 분의 1이 1미터라고 정의한 데에는 어느 정도 타당성이 있습니다. 다만 당시의 기술로서는 지구 자오선 전체를 측정한다는 것이 불가능한 일이었기 때문에 북극에서 적도까지의 거리를 1천만미터로 정하고 이를 지구 자오선 전체로 확대하여 정의한 것입니다.

1875년 5월 20일 17개국 대표자들이 파리에 모여 국제적인 미터협약을 체결합니다. 그러나 지구 자오선의 4천만 분의 1을 1미터로 정한다는 것이 이론적으로는 가능하지만 각국의 표준을 일치시키기가 쉽지 않다는 현실적인 문제점이 있었습니다. 이에 이 협약에 따라 신설된 국제도량형국이 국제표준미터원기(原器, Prototype Meter)를 보존하고 회원국들은 부원기를 제공받아 정기적으로 표준원기와의 비교과정을 거치는 대안이 마련되었습니다. 하지만 이 당시만 해도 제작기술에 한계가 있어서 백금(Platinum)원기의 변형과 오차발생을 피할 수는 없었습니다.(최초에는 황동으로 제작함)

1889년 제1회 국제 도량형총회에서는 온도변화에도 변형이 잘 일어나지 않고 오차 또한 최소화할 수 있는 백금 90%, 이리듐(Iridium) 10% 합금의 국제표준미터원기를 토대로 한 새로운 미터법이 발효됩니다. 미터원기는 프랑스의 기계공학자 트레스카(Henri Édouard Tresca)가 디자인 하고 제작은 영국은행의 금속 전문가 존슨매티(Johnson Matthey)가 담당했습니다. 그가 제작한 30개의 원기와 부원기가 회원국들

(a) 미터 부원기

(b) Le Grand K

(c) 한국표준과학원 킬로그램 부원기

[그림 10-1]

에게 제공되었습니다. 미터원기가 0℃일 때 두 중앙선 간의 거리를 1미터로 정의하였습니다. [그림 10-1] (a)는 1889년 27번째로 제작된 부원기(Bar No. 27)의 모습입니다. 국제도량형국(BIPM, The International Bureau of Weights and Measures, BIPM은 불어의 약자임.)이 미국에 제공한 것으로, 1893년부터 1960년까지 미국의 미터 표준으로 사용되었습니다. 원기의 변형을 최소화하고자 X자 모양의 Cross Section 형태로 제작하였는데, 고안자의 이름을 따서 이를 Tresca Section으로 명명했습니다.

이후에도 보관상의 문제와 온도에 따른 변형의 문제는 계속해서 제기되었습니다. 특수재질로 정교하게 제작한다 해도 완벽하게 일치할 수는 없었기 때문입니다. 아울러 지구 자오선의 길이가 4천만미터보다 약간 더 길다는 사실이 밝혀졌습니다. 그러자 최초의 정의에 입각하여 미터의 길이를 재정립하느냐, 아니면 기존의 길이를 고수하면서 새로운 적용방법을 모색하느냐의 갈림길에 놓이게 됩니다. 미터의 길이를 변경하게 되면 국제적으로 상당한 혼란이 불가피하기 때문에 기존의 길이를 유지하되 어떠한 요인에도 변하지 않을 새로운 미터법을 고안해내고자 했습니다. 마침내 1960년 제11차 국제도량형총회에서 크립톤(krypton)이 진공속에서 발산하는 주황색 전자 스펙트럼 파장(605.78021 nanometer)의 1,650,763.73배와 같은 길이로 미터의 정의를 개정하게 됩니다.

그런데 이 또한 오래 가지 못할 운명이었습니다. 크립톤 방전램프는 당시에는 최첨단 광원이었지만, 크립톤 원자가 열운동을 하면서 파장이 미세하게 분산되어 파장을 측정할 때 오차가 발생한다는 사실을 알게 되었습니다. 이후 광학기술의 발전과 레이저광의 활용은 이 문제를 해결하는 열쇠가 되었습니다. 결국 1983년 제17차 국제 도량형총회에서 '빛이 진공속에서 2억9979만2458분의 1초 동안 진행한 거리'로 정의함으로써 오늘날에 이르고 있습니다.

단순히 3억 분의 1초 동안 빛이 이동한 거리를 표준으로 정하면 될 일이지만, 일련의 과정을 보면 국제적인 혼란을 방지하고자 보다 과학적인 방법과 복잡한 수치들이 동원되었음을 알 수 있습니다. 과거 1800년대에는 0.1mm 정도의 차이를 대수롭지 않게 여길 수 있으나, 현재와 같이 최첨단 산업화시대에는 아주 미세한 오차라도 큰 문제를 야기할 수 있습니다. 이를 테면 우주선을 발사할 때, 지구에서의 0.1 mm의 오차가 우주에서는 수킬로미터의 오차로 확대될 수 있다는 것입니다. 따라서 국제적으로 정확한 기준에 의거 도량형을 적용하기 위해 이러한 역사가 쓰여지게 된 것입니다.

[그림 10-1] (b)는 국제킬로그램표준원기(International Prototype Kilogram)인 'Le Grand K'의 보관시 모습입니다. 이 역시 존슨매티에 의해 제작된 원기둥(39.17×39.17×39.17mm LWH) 형태의 백금 90%와 이리듐 10%의 합금 원기입니다. 100년 넘게 세월이 흐르는 동안 수십마이크로그램이 가벼워짐에 따라 좀 더 안정된 물리량을 사용하여 킬로그램을 정의하는 문제가 논의되었습니다. 마침내 2018년 11월 16일 파리에서 열린 제26차 국제도량형총회에서 플랑크상수(Planck Constant)로 질량을 정의하는 방안을 도입하기로 결의하였고, 2019년 5월 20일 '세계 측정의 날'부터 새로운 기준에 의한 킬로그램의 정의가 적용되었습니다.

기원에서도 알 수 있듯이 미터에는 측정한다는 의미가 담겨있습니다. 각종 계기류의 이름에서 meter

라는 접미사를 쉽게 찾아볼 수 있습니다. 택시를 탈 때 속칭 '메타기'라고 부르는 것이 Speedometer(속도계, 주행기록계)입니다. '이것이 혁신인사의 바로미터가 될 것이다.'라고 할 때 척도나 기준의 뜻으로 쓰이는 바로미터(Barometer)는 기압계를 의미합니다. 그리고 Manometer(압력계, 협압계), Rotameter(유량계의 일종), Tachometer(회전수를 측정하는 계기), Ammeter 또는 Amperemeter(전류계), Thermometer(온도계), Anemometer(풍속계)와 같이 무엇인가를 측정하는 기능을 갖는 계기류에는 공통적으로 meter라는 접미사가 뒤따릅니다.

미터법에서는 십진법을 적용하고 10의 승수(乘數)를 나타내는 용어를 고안하여 사용하고 있습니다. 컴퓨터의 Hard Disk 용량에 있어서 giga-byte의 시대가 도래한지 얼마 되지 않아 tera-byte의 시대로 접어들었는데, 기술의 비약적인 발전으로 머지않아 peta-byte의 시대가 열릴 것으로 사료됩니다.

Text	Symbol	Factor	Power	Text	Symbol	Factor	Power
yotta	Y	1 000 000 000 000 000 000 000 000	10^{24}	deci	d	0.1	10^{-1}
zetta	Z	1 000 000 000 000 000 000 000	10^{21}	centi	c	0.01	10^{-2}
exa	E	1 000 000 000 000 000 000	10^{18}	milli	m	0.001	10^{-3}
peta	P	1 000 000 000 000 000	10^{15}	micro	μ	0.000 001	10^{-6}
tera	T	1 000 000 000 000	10^{12}	nano	n	0.000 000 001	10^{-9}
giga	G	1 000 000 000	10^{9}	pico	p	0.000 000 000 001	10^{-12}
mega	M	1 000 000	10^{6}	femto	f	0.000 000 000 000 001	10^{-15}
kilo	k	1 000	10^{3}	atto	a	0.000 000 000 000 000 001	10^{-18}
hecto	h	100	10^{2}	zepto	z	0.000 000 000 000 000 000 001	10^{-21}
deca	da	10	10^{1}	yocto	y	0.000 000 000 000 000 000 000 001	10^{-24}

[그림 10-2] 십진법 10의 승수 용어 정리

10의 승수를 나타내는 기호들은 1,000을 뜻하는 kilo(k)까지 소문자로 표기하고, 1백만을 뜻하는 mega(M)부터 대문자를 사용합니다.

11. 항만장비의 이해

›››› 컨테이너크레인(Container Crane), 트랜스퍼크레인(Container Transfer Crane)

컨테이너크레인은 선박과 부두 사이에서 컨테이너의 선적과 하역을 담당하는 컨테이너 터미널의 가장 핵심적인 장비입니다. 컨테이너의 선적과 하역 속도는 물론, 부두 전체의 화물 처리능력을 가늠하게 하는 장비라고 할 수 있습니다. 대부분의 컨테이너크레인이 레일을 따라 움직이기 때문에 RMQC(Rail Mounted Quay Crane)로 부르기도 합니다.

트랜스퍼크레인은 컨테이너 야드에서 컨테이너를 야드에 적치하거나, 적치된 컨테이너를 섀시에 상차하는 장비입니다. 1960년 미국의 PACECO사가 처음 개발하여 'Transtainer'라는 고유명칭을 사용하였으나, 현재는 이 명칭을 잘 사용하지 않고 있습니다. Rubber Tired Transfer Crane(RTTC)과 Rail Mounted Transfer Crane(RMTC)의 2종이 있으며, RTTC가 가장 많이 사용되고 있습니다. Gantry Crane의 형상이기 때문에 각각 RTGC(Rubber Tiered Gantry Crane), RMGC(Rail Mounted Gantry Crane)로도 부릅니다. 자동화 터미널에서는 정확한 위치 선정을 위해 RMTC를 운영하고 있습니다.

(a) 컨테이너크레인 (b) RTTC (c) RMTC

[그림 11-1]

>>> 리치스택커(Reach Stacker)

리치스택커는 주로 컨테이너의 적치 및 상하차 작업과 운반에 사용됩니다. 톱핸들러와는 달리 Spreader가 항상 컨테이너의 상부에서 Lifting을 실시합니다.(Top Lift 방식)

[그림 11-2] 리치스택커 Lifting 능력

[그림 11-2]는 모델별 Outreach별 Lifting 성능을 보여주는 스웨덴 Konecranes사 제공 개념도입니다. Konecranes사는 리치스택커, 포크리프트, 톱핸들러 등의 항만장비를 제작하는 기업입니다. Lifting 능력이 45톤에 달해 여러 형태의 Spreader와 Sling Belt 및 Chain 등을 연결하면 Mobile Crane 대용으로도 사용할 수 있습니다.

Head에는 2개의 Motor가 장착되어 있으며, 하나는 Spreader의 회전을 가능하게 하고, 다른 하나는 Gripping(컨테이너를 악력으로 붙잡는 것)을 하는 Jaw의 위치를 변경하여 Spreader의 Span을 조절합니다. 따라서 컨테이너의 폭 방향과 길이 방향 모두 Lifting 작업이 가능합니다. 다음 사례를 통해서 리치스택커의 다양한 용도를 확인할 수 있습니다.

[그림 11-3] 리치스택커 활용 사례

>>> 스트레들캐리어(Straddle Carrier), 톱핸들러(Top Handler)

스트레들캐리어는 컨테이너의 적치 및 상하차 작업과 운반에 사용됩니다. 1열로 쌓은 컨테이너 적치장 위를 이동하면서 작업이 가능하기 때문에 리치스택커가 접근할 수 없는 좁은 공간에서도 Lifting 작업 및 운송이 가능하다는 장점이 있습니다. 반면에 리치스택커는 다양한 용도의 Lifting 기능을 수행할 수 있으나, 스트레들캐리어는 컨테이너에 특화된 장비라는 점에서 차이가 있습니다. Straddle은 다리를 벌리고 선다는 뜻입니다.

톱핸들러는 주로 빈 컨테이너의 상하차 및 적치작업에 이용되는 장비입니다. Spreader의 방향에 따라 Top Lift 형태와 Side Lift 형태의 두 모델이 있습니다.

(a) 스트레들캐리어　　　　(b) 톱핸들러

[그림 11-4]

››› 야드트랙터(Yard Tractor), 야드섀시(Yard Chassis), 무인 이송장비(AGV)

야드트랙터는 섀시와 연결하여 터미널내의 컨테이너 운반용으로 사용됩니다. 섀시는 트레일러와 유사하지만 트레일러에 뼈대만 남아있는 것처럼 Deck Plate가 없다는 것이 특징입니다(차대의 의미로도 사용됨. 예, Chassis No.). 터미널 내에서는 저속으로 운행하기 때문에 컨테이너를 고정하는 Twist Lock 대신, 주행중 컨테이너의 이탈을 방지하기 위한 Safeguard가 양 측면에 돌출되어 있습니다. 고박이 필요치 않으므로 신속한 상하차 작업을 수행할 수 있습니다.

자동화 시스템이 갖춰진 터미널에서는 유인으로 운반하는 야드트랙터를 대신하여 무인이송장비인 AGV(Automated Guided Vehicle)가 사용되기도 합니다.

(a) 야드트랙터　　　　(b) 섀시　　　　(c) AGV

[그림 11-5]

>>> 포크리프트(Forklift Truck)

선반 등에 화물 적치, 컨테이너 화물의 적입과 적출, 화물의 상하차 그리고 근거리 운반용으로 광범위하게 사용되는 장비입니다. 대형 포크리프는 60톤 이상의 화물도 작업이 가능합니다. 우리말로 지게차라고 부르듯이 정식 명칭은 Forklift Truck입니다.

Fork가 안정적으로 Lifting 할 수 있도록 Pallet 또는 유사한 형태의 밑받침이 필요합니다. Pallet은 다방향에서 작업이 가능한 형태로 제작하는 것이 바람직합니다.

컨테이너 상차상태에서는 Extender를 장착하지 않는 한, 적입과 적출에 한계가 있고 Extender 이용시 Lifting 능력이 저하되기 때문에 컨테이너 내부 진입과 진출을 자유롭게 하는 Ramp를 활용할 필요가 있습니다. CFS의 경우에는 작업장의 Platform 높이가 컨테이너 차량 높이에 맞게 설비되어 있어서 컨테이너 상차상태에서도 포크리프트의 내부 통행에 제약이 없습니다.

(a) 컨테이너 적입

(b) Extender 활용

(c) Ramp 활용

[그림 11-6]

(a) 적합한 Pallet과 Skid

(b) 개선이 필요한 Skid

[그림 11-7]

Box 또는 Crate 포장 화물의 Wooden Skid 또한 다방향에서 Forklift 작업이 가능하도록 조치해야 합니다. [그림 11-7] (b)의 사례들은 좌우 측면서만 Forklift 작업이 가능한 형태여서 컨테이너 적입과 적출시에 애로사항이 발생합니다. 더불어 현장에 야적하거나 이를 옮기는 과정에서도 불편함이 따릅니다.

❯❯❯ 텔레스코픽핸들러(Telescopic Handler)

Telescopic Boom Forklift, Telehandler Forklift, Telehandler로도 불리는 Telescopic Handler는 리치스택커와 마찬가지로 크레인 대용으로 사용할 수 있고, 컨테이너 적출과 적입시에 유용하게 사용되는 장비입니다. 크레인처럼 Boom 길이가 확장되기 때문에 높은 위치에 화물을 올려 보내거나, 상차상태에서도 컨테이너 깊숙이 Boom을 뻗을 수 있습니다. 또한 Fork 대신 Bucket을 장착하여 Wheel Loader의 용도로도 사용할 수 있습니다.

[그림 11-8] 텔레스코픽핸들러 활용 사례

각 장비들의 형상을 비교해 보면, 포크리프트와 톱핸들러는 Sub-mast 길이의 신장을 통해 Lifting 높이를 조절할 수 있는 반면, 리치스택커와 텔레스코픽핸들러는 Hydraulic Cylinder와 Boom 길이의 신장기능을 통해 Lifting 높이를 조절합니다. 리치스택커와 텔레스코픽핸들러는 차량의 형상이 흡사하나 Hydraulic Cylinder의 위치가 다릅니다. 리치스택커는 차체의 앞쪽에, 텔레스코픽핸들러는 차체의 뒤쪽에 Hydraulic Cylinder가 장착되어 있습니다.

(a) 포크리프트　(b) 톱핸들러　(c) 리치스택커　(d) 텔레스코픽핸들러

[그림 11-9]

VNA(Very Narrow Aisle) Truck

VNA Truck은 창고의 협소한 통로에서 짐을 부릴 때 유용한 장비입니다. 차량의 방향을 전환하지 않고도 Fork가 3방향으로 방향을 전환할 수 있기 때문에 국내에서는 삼방향지게차로 불리고 있습니다.

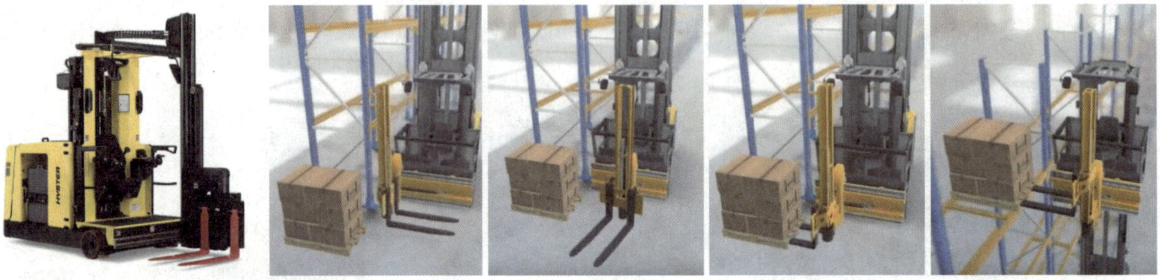

[그림 11-10] VNA Truck

12. 컨테이너 터미널(Container Terminal)

[그림 12-1] 컨테이너 터미널

컨테이너 터미널은 컨테이너 화물을 전문적으로 취급하는 장소로서 해상운송과 내륙운송의 접점에 위치하여 선적 및 하역, 화물보관, 컨테이너와 컨테이너화물의 접수에 관련된 일련의 시설과 장비를 갖춘 지역을 말합니다.

>>> CFS(Container Freight Station, 컨테이너화물 조작장)

컨테이너에 화물을 적입하거나 적출하는 작업장입니다. FCL(Full Container Load) 화물은 주로 CFS로 화물을 이송하여 적입과 Shoring 작업을 진행하지만, 철골이나 Piping Spool, 기타 적입에 주의가 요망되는 화물은 빈 컨테이너를 Vendor Shop으로 이송하여 Vendor Shop에서 적입작업을 수행하기도 합니다. CFS는 화물을 보관하는 창고로도 이용됩니다.

[그림 12-2] CFS 내외부 모습

컨테이너 한 대를 다 채울 수 없는 소량의 LCL(Less Than Container Load) 화물은 LCL 화물을 전문적으로 취급하는 기업(Consolidator)에 의해 목적지가 같은 타 화주의 화물들과 함께 컨테이너에 적입하고, 적출시에는 별도의 분리과정을 거쳐 화주에게 인도되므로, CFS에서 작업이 이루어집니다. 화물 혼적을 콘솔(Consolidation)이라고 짧게 부르기도 합니다.

컨테이너 1대에 적입된 화물의 Shipper가 10개 회사라고 한다면, 신용장이나 수입국 통관상의 규정 등에 의해 특별한 사유가 없는 한, 선사는 10개의 Master B/L을 발행하는 대신, 컨테이너 한 대 분량의 선적을 의뢰한 LCL Consolidator에게 Groupage B/L(집단선하증권)에 해당하는 Master B/L을 발행하고 이를 근거로 LCL Consolidator가 각각의 Shipper에게 Forwarder B/L을 발행합니다.

LCL Mode로 선적하는 가장 큰 이유는 FCL 선적보다 운임이 저렴하기 때문입니다. 그러나 소량의 화물이라고 해서 LCL 선적이 반드시 유리한 것은 아닙니다. 물량에 비해 LCL Handling Charge가 과다하게 발생하는 국가가 있습니다. 아울러 컨테이너로부터 화물 적출 후 수입자(Consignee)별로 별도의 분리절차를 거쳐 세관검사가 이뤄지는 관계로 통관기간이 상대적으로 길어지는 경향이 있습니다. 따라서 전체 운송비용과 현장까지 운송기간을 비교 검토해 보고 긴급성 여부를 현장에 타진한 후에 Shipping Mode를 결정하는 것이 바람직합니다. 비록 소량이라 하더라도 FCL 선적이 더 유리한 것으로 판단하여 그렇게 진행한 사례가 있습니다.

영어로는 컨테이너 적입 또는 장입을 Vanning, Stuffing 등으로 표현하고 적출은 Devanning, Unstuffing, Stripping 등으로 표현합니다.

>>> CY(Container Yard, 컨테이너 야적장), MY(Marshalling Yard, 컨테이너 집하장)

CY는 하역된 컨테이너를 임시 보관하거나, 본선에 선적하기 위해 화물이 적입된 컨테이너를 집하, 적치, 보관하는 장소로 사용되고 광의적으로는 Marshalling Yard를 포함합니다. FCL 화물은 CY에서 인수합니다. 보세장치장의 역할도 겸하는 장소입니다. 주로 RTTC(RTGC)로 컨테이너를 적치하고 상하차 작업을 진행합니다.

(a) 컨테이너 야적장 (b) 컨테이너 집하장

[그림 12-3]

Marshalling Yard는 RMQC 설비가 있는 Apron과 근접한 위치에 목적지별로 컨테이너를 집결해 놓은 구역을 의미합니다. 〈그림 12-3〉의 (b)와 같이 노면에는 구획을 구분할 수 있도록 Slot Mark가 표시되어 있습니다. 컨테이너 운반은 스트레들캐리어나 야드트랙터, AGV가 담당합니다.

Project Forwarder는 선사별로 Booking을 위한 주요 업무행위의 마감시점에 대해서 미리 고객사에 통지하는 것이 바람직합니다. 그러면 고객사가 이에 준해 운송계획을 수립하고 해당 일정에 맞게 업무를 수행할 수 있습니다. 이를테면, Booking 마감요일, 선적서류 제출 마감요일, CFS작업이 필요한 경우 CFS 화물입고 마감요일, Vendor가 직접 Stuffing을 실시하는 경우 CY 입고 마감요일, 출항예정 요일 등의 정보를 사전에 제공하면 됩니다.

TV에서 다음과 같은 소식을 전합니다.

> "해넘이, 해맞이를 위해 이동하는 차량들로 인해 서울-양양고속도로는 현재 양양방향 서종IC에서 강촌IC까지 정체가 늘어나고 있으며, 영동고속도로 만종JC에서 원주IC까지 정체를 보이고 있습니다."

〈그림 12-4〉에서 IC는 Interchange의 약자로 우리말로는 나들목이라고 하며, 고속도로와 일반도로가 접하는 지점을 뜻합니다. JC(or JCT)는 Junction의 약자로 교차점, 합류점을 뜻하고 도로표지판에는

(a) IC 안내 표지판 (b) JCT 안내 표지판

[그림 12-4]

'분기점'이라고 표시되어 있으나, 방송에서는 갈림목이라는 순우리말을 사용하기도 합니다. 이는 고속도로와 또 다른 고속도로가 만나는 지점을 의미합니다.(남북간 도로는 홀수, 동서간 도로는 짝수번호 사용)

건설, 플랜트 업계에서도 Junction이라는 용어가 사용됩니다. 전기/제어용 자재 중 Junction Box(J/B)가 이에 해당됩니다. [그림 12-5]에서 보시는 바와 같이 다수의 인입 전선을 한 방향으로 모아지게 하거나, 하나의 전선을 다방향으로 분기(分岐)시키는 자재입니다. 송전 목적의 전기용이 있고 제어용이 있습니다. 현장의 각 제어계측 기기들(Field Instruments)로부터 발생되는 신호가 제어용 Cable을 타고 DCS(Distributed Control System, 분산제어시스템) Control Room으로 전송됩니다. 또는 Control Room의 제어신호가 현장에 설치된 제어계측 기기들에 전송됩니다. 이때 제어용 Junction Box는 제어용 Cable을 조신하게 모아주는 역할을 합니다.

[그림 12-5] Junction Box

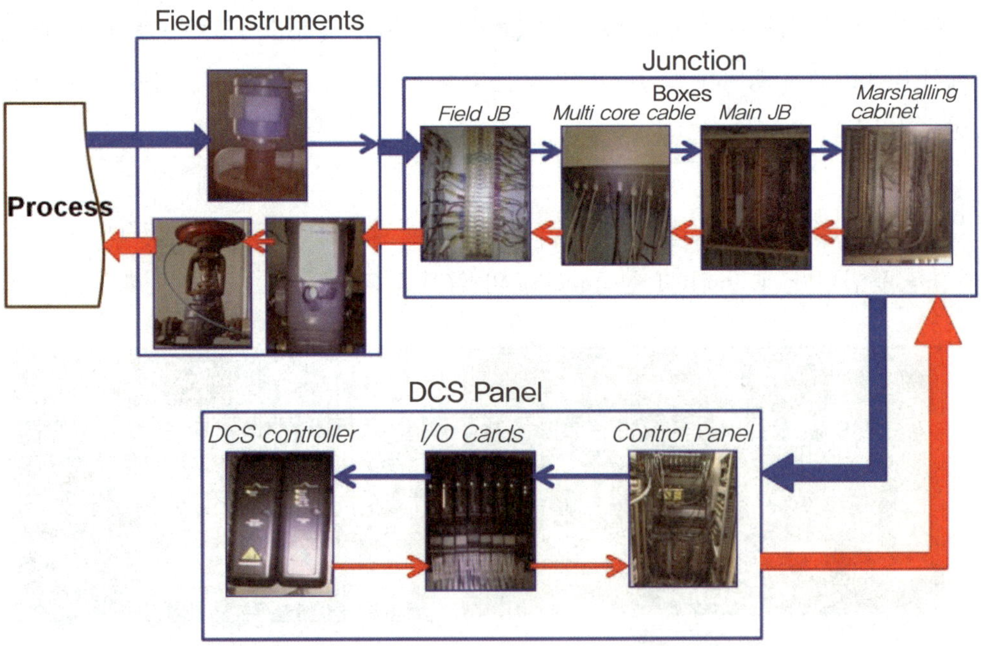

[그림 12-6] 현장내 제어기기와 DCS 연결 체계

Junction Box에서 모아진 Cable들이 다시금 좀 더 큰 Junction Box에 모아지고 종국에 가서는 [그림 12-7]의 사진과 유사한 형태의 Marshalling Panel(or Cabinet)로 집결됩니다. 그러면 수많은 Cable들이 깔끔하게 정리됩니다. 이때도 Marshalling이라는 용어가 사용됩니다. 건설, 플랜트 물류업무를 수행하게 되면 Junction Box나 Marshalling Panel이라는 제품을 접할 기회가 있을 것입니다.

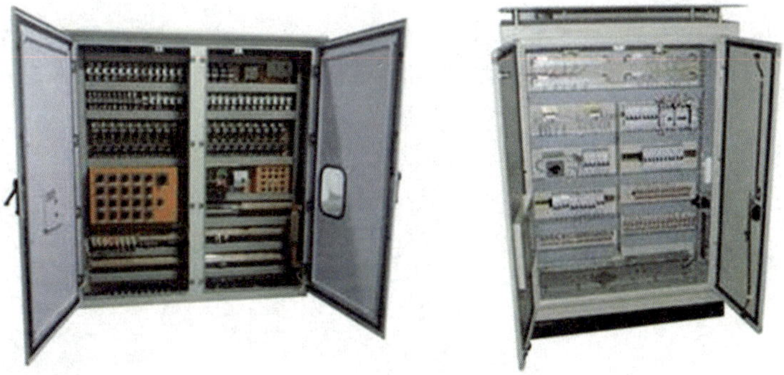

[그림 12-7] Marshalling Panel

Apron(적양장)

안벽(岸壁, Quay Wall)으로부터 Marshalling Yard 앞의 일정공간을 Apron이라고 합니다. RMQC를 통해 본선에 컨테이너를 선적하거나, 본선으로부터 컨테이너의 하역이 이루어지는 공간입니다. RMQC는 Hoist Trolley가 크레인의 Boom을 따라 움직이면서 컨테이너의 선적과 하역을 진행합니다.

모든 선적건은 적하보험(積荷保險) 가입여부를 확인해야 합니다. 풍랑에도 잘 견디는 컨테이너 선박조차도 해난사고의 사례가 있습니다.

(a) Apron과 Marshalling Yard (b) 해난사고 사례

[그림 12-8]

13. 적하보험(積荷保險)

먼저 보험 관련 용어부터 살펴보겠습니다.

〈표 13-1〉 적하보험 용어 설명

용 어	내 용
보험자	보험회사
피보험자	보험금 수혜자(피보험이익이 있는 자)
보험계약자	보험료 납입자
보험금	보험사고 발생시 보험회사로부터 지급받게 되는 보상액
보험료	보험 계약시 보험계약자가 납부해야 하는 금액 보험료 = 송장금액 x 희망이익률 x 보험요율(Premium)
희망이익	손해가 발생할 경우 송장금액 대비 보상하는 금액 통상적으로 송장금액의 110% 적용
전손	피보험이익의 전부 멸실 또는 수리비가 화물가액 초과로 판명될 시 인정
분손	피보험이익의 일부에 생긴 손해로 전손을 제외한 모든 손해 (공동해손+단독해손)
공동해손	선장이 공동의 위험을 면하기 위해 선체나 보험목적물을 희생시켜 필요한 경비를 충당함으로써 이로 인해 발생한 손해와 비용
단독해손	보험목적물의 일부가 멸실되거나 손상된 손해로 분손 중 공동해손 이외의 손해
보험자 대위 (Subrogation)	보험자가 보험금을 지급한 경우, 피보험자가 보험의 목적물에 대해 가지는 권리 및 제3자에 대하여 가지는 권리를 보험자가 승계하는 것
일반약관	공통적으로 사용되는 약관으로 보험자에 의해서 기 작성된 정형화된 약관
특별약관	보험 가입자의 특수한 사정을 반영하여 일반약관의 내용을 보완하는 약관

해상/항공운송 및 내륙운송 도중 외부의 우연한 사고에 의해 화물이 손상되는 경우, 피보험자의 손해에 대해 계약 당시의 합의내용과 절차에 따라 보험자가 피보험자에게 보상하는 보험을 적하보험(Cargo Insurance or Insurance on Goods)이라고 합니다. 적하보험은 구간보험(區間保險)으로서 화물의 Vendor Shop 출발부터 목적지의 현장창고 도착구간에 대해 위험을 담보하고 있습니다. 해상운송 구간은 물론, 선적지와 하역지의 내륙운송 구간까지 위험을 담보하고 있다는 사실을 기억하시기 바랍니다.

Project 화물과 같이 빈번하게 운송이 발생하는 경우 매 선적건마다 부보하게 되면 업무적 불편함은 물론 보험가입 누락의 우려가 있습니다. 이 때문에 Project 전체 물량에 대해서 기간을 정하여 일괄적으로 보험계약을 체결하고, 선적과 하역작업시 보험자의 Surveyor 입회가 필요하다고 판단되는 고가의 제품에 한해 사전에 보험자에게 통보하도록 할 수 있습니다. 이 경우의 적하보험은 기간보험으로서의 성격을 동시에 가지게 됩니다.

››› 신협회적하약관(協會積荷約款 Institute Cargo Clause)

런던보험업자협회(ILU, Institute of London Underwriters)가 제정한 적하약관으로서, 1982년 1월 1일부터 적용하여 대부분의 국가에서 적하보험약관으로 채택하고 있습니다. 1982년을 기점으로 그 이후의 약관을 신약관, 그 이전의 약관을 구약관이라고 합니다. 신약관의 조건별 담보내용을 요약하면 아래와 같습니다.

◐ICC(A)

다음의 보험사 면책사항을 제외하고 모든 외부적 우발요인에 의한 손해보상

- 피보험자의 고의적 행위에 기인한 멸실, 손상
- 통상의 누손, 중량 및 용적상 통상의 손실과 통상의 자연소모
- 포장 또는 준비의 불완전 및 부적합
- 고유의 하자, 자연적 성질로 인하여 발생하는 멸실
- 지연을 원인으로 하여 발생하는 멸실, 손상
- 본선 소유자, 관리자, 용선자 또는 운항자의 지불불능 및 재정상의 채무불이행에 기인한 멸실, 손상
- 원자력 또는 방사능물질(폐기물 포함)로 인한 손해
- 제3자의 불법행위에 의한 고의적 손상, 파괴
- 전쟁, 폭동, 파업 등에 인한 손해(특약으로 담보 가능)
- 기타 보험관련 법규정 및 판례에 의해 면책되는 사항

◐ICC(B)

다음의 손해에 대해 보상

- (C)화재 또는 폭발
- (C)본선 또는 부선의 좌초, 교사, 침몰, 전복
- (C)육상운송용구의 전복 또는 탈선
- (C)본선, 부선 또는 운송용구와 물 이외의 다른 물체와의 충돌 또는 접촉
- (C)피난항에서의 화물의 하역
- (C)공동해손 희생손해
- (C)쌍방과실 충돌약관에 의한 손해
- (C)담보위험으로 인한 항해 종료 시 양하, 입고, 계반비용
- (C)공동해손, 구조비. 단, 면책 위험으로 인해 발생되는 것은 제외
- 지진, 화산의 분화, 낙뢰
- 투하 또는 갑판유실
- 본선, 부선, 선창, 운송용구, 컨테이너, 지게 자동차 또는 보관장소에 해수, 호수, 강물 침입
- 본선 또는 부선으로의 선적/하역작업 중 바다에 떨어지거나 갑판에 추락한 화물의 포장당 전손

◐ICC(C)

상기 (C)표시 담보와 투하에 의한 손해 보상

Project 화물은 ICC(A) 또는 All Risk 담보 조건으로 부보하기 때문에 우리는 ICC(A)의 보험사 면책 사항에만 유념하면 됩니다.

››› 적하보험 적용시 유의사항

적하보험은 다음의 경우 중 어느 것이라도 먼저 발생하면 종료됩니다.

- 화주 또는 기타의 최종창고, 보관장소에 인도될 때
- 통상의 운송과정에서가 아닌 보관 또는 할당, 분배를 위해 피보험자가 선택한 기타의 창고나 보관 장소에 인도될 때
- 최종 하역항에서 하역 완료 후 60일이 경과될 때(항공화물 및 수입화물은 30일)

현지에서 수입통관을 완료하고 양하지 Port로부터 화물을 반출하여 운송사의 야적장에 한 동안 보관

해두었다가 나중에 현장으로 운송하는 경우가 있습니다. 이로 인해 본선 하역 후, 현장에 도착하기까지 60일을 초과하는 경우가 발생할 수 있습니다. 이때는 사전에 보험사에 통보하여 보험계약을 갱신해야 합니다.

손해보험계약은 실손보상의 원칙에 따라 손해를 입은 피보험자를 손해를 입기 전과 같은 상태로 복귀시키는 것을 목적으로 하는 계약입니다. 다만 희망이익은 일종의 위자료가 포함된 보험금입니다. 피보험자는 보험계약에 의해 위자료를 제외한 원 상태 그 이상의 부당한 이득을 취해서는 아니 되며 이를 '부당이득금지의 원칙'이라고 합니다. 그런데 피보험자가 보험사로부터 보험금을 지급받고도 보험의 목적물에 잔존하고 있는 권리나 제3자에 대한 손해배상 청구권을 그대로 유지하게 된다면 피보험자는 부당한 이득을 취하게 되어 이러한 원칙에 위배됩니다.

예를 들어, 신발공장에 화재가 발생하여 전손에 해당하는 보험금을 지급한 경우, 화재의 원인 제공자에게 손해배상을 청구할 권리는 보험사에 이관됩니다. 또한 화재로 손상된 기계나 신발 등에 대해서도 고철, 고물로 매각하는 절차에 따르는 해당 잔존가치의 소유권을 보험사가 갖게 됩니다. 이를 대위권(代位權)이라고 합니다. 대위권을 행사함으로써 보험사는 보험금 지급에 대한 손실을 만회하려 할 것입니다. 또는 재보험(타 보험사에 재가입하는 보험)을 통해 손실을 만회할 수 있습니다.

하지만, 운송사고가 발생할 때마다 매번 대위권이 행사된다면 영세한 협력사로서는 큰 부담을 떠안게 됩니다. 이 때문에 협력사는 Waiver of Subrogation(대위권 포기)을 주장할 것입니다. 즉, 운송사고 발생 시 보험사로부터 대위권이 행사되지 않도록 요구할 것입니다. 그러므로 적하보험 계약에는 운송사에 대한 보험사의 대위권 포기 조항을 명기하는 것이 바람직합니다.

자동차의 경우 자기차량 손해담보 조건에 부보하고 자기차량 사고가 발생하면 자기부담금을 공제한 보험금을 지급받게 됩니다. 적하보험 또한 통상적으로 자기부담금 성격의 미화 5천 불의 공제금액(Deductible Amount)을 설정하나 1만 불을 적용하는 경우도 있습니다. 공제금액이 높으면 보험요율은 낮아집니다. 하지만 후자의 경우는 한 사고당 1만 불을 초과하는 손해가 발생하지 않는 한, 보험금을 청구할 수 없게 됩니다.

예를 들어, 공제금액 1만 불을 설정하고 정확히 1만 불 손해의 사고가 발생했다면 이는 보험금 청구 대상이 아닙니다. 1만 2천 불의 손해가 발생했다면 2천 불의 보험금을 청구할 수 있습니다. 현장분들이 소소한 것까지 보험금 청구를 요청해오는 경우가 있습니다. 이 부분 사전에 설명이 필요합니다.

보험사고 처리절차를 [그림 13-1]에 나타냈습니다.

고가의 차량들이 도로 위를 달리고 있습니다. 우리는 불의의 사고로부터 재산을 지켜야 합니다. 대물배상은 최대 한도로 가입하시기 바랍니다. 그렇다 해도 보험료는 크게 차이가 나지 않습니다. 통상적으로 대물배상 한도, 2천만 원/3천만 원/5천만 원/7천만 원/1억 원/2억 원/3억 원/5억 원/10억 원 중에서 선택하여 가입할 수 있습니다.

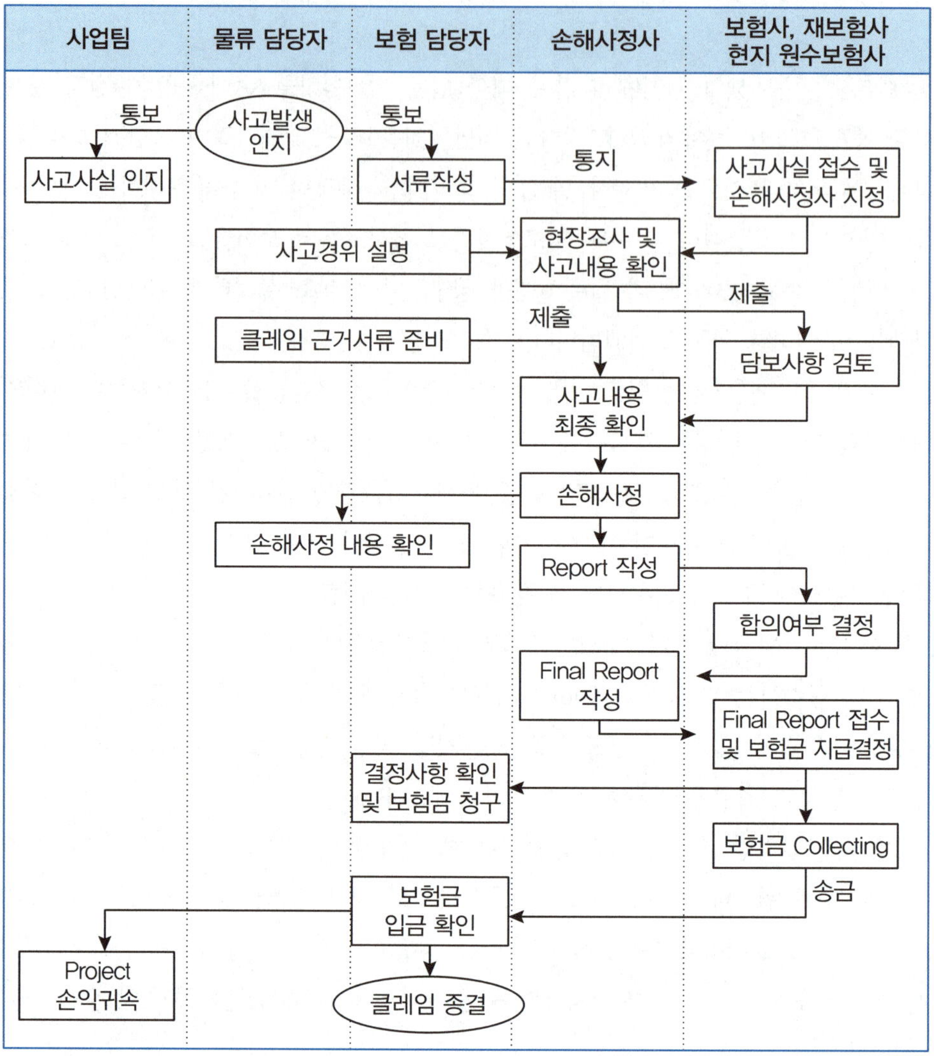

[그림 13-1] 보험사고 처리절차

14. 범선, 증기선, 내연기관선

Motor의 근원적 의미는 원동력 또는 원동기(原動機)입니다. 이로부터 확장되어 열에너지, 전기에너지, 위치에너지 등을 기계적 에너지로 변환시키는 장치를 의미합니다. 전기분야에서는 MOV(Motor Operated Valve)나 MCC(Motor Control Center)에 등장하는 Motor와 같이 전동기(Electric Motor)를 의미하며, 기계분야에서는 내연기관(內燃機關, 기관=엔진)을 지칭합니다. 내연기관을 장착한 대표적인 기계장치가 자동차입니다. 그리고 내연기관에서 발전한 개념의 Motor가 또한 자동차입니다.(Motor Show, KIA Motors 등)

선박명 앞에 관용적으로 MV를 붙이고 있습니다. MV는 Motor Vessel의 약자로 우리말로는 내연기관선(內燃機關船)이라고 합니다. 내연기관선이 등장하기 전까지는 증기선(Steamship or Steamer)이 대표적인 선박이었습니다. 증기선은 PS(외륜선 外輪船, Paddle Steamer or Paddle-wheeler) 또는 SS(Screw Steamer)로 표현했습니다. 선체 밖에 장착된 물레방아 형태의 추진기가 외륜입니다. 외륜이 점차 선박 후미의 Screw(Propeller) 형태로 전환되었고, 이후 SS는 모든 Steamship을 지칭하는 약어로 통용되었습니다. 현재도 증기선은 추진기 형태와 관계없이 SS로 표현하고 있습니다.

내연기관의 발명으로 내연기관이 증기기관을 대체하기 시작합니다. 선박에서도 내연기관을 채용한 Motor Vessel이 등장합니다. MV는 Steamship과 구별하기 위한 용어로 사용하기 시작했는데, 그 관습이 이어져 선박명 앞에 MV를 붙이고 있습니다. RV라는 약자를 사용하는 선박은 연구 목적으로 건조된 연구선(Research Vessel)을 의미합니다.

전통적인 범선(帆船)은 선미갑판(船尾甲板, Quarterdeck) 위에서 선장의 명령이 하달되었습니다. 선미갑판은 선장의 시야가 확보되도록 보다 높게 단(Platform)을 구성하였습니다. 조타실(Wheel House)이 선미갑판의 바로 앞에 위치하여, 선장의 명령을 받은 조타수(操舵手, Helmsman)가 키(타륜 舵輪, Ship's Wheel or Steering Wheel)를 조작함으로써 선박의 방향을 조종하였습니다. 이는 선미 아래에 장착된 방향타(方向舵, Rudder)의 방향을 바꿔주는 것입니다.

(a) 선미갑판과 조타실 (b) 선미 타판

[그림 14-1]

돛대를 Mast라고 하는데, 타워크레인이나 Tower Gantry의 주기둥 또한 Mast라고 부릅니다. 방향타가 고안되기 이전 서양의 배들은 오른손잡이가 많았던 탓에 선미 오른쪽에 조향장치(操向裝置)인 타판(舵板 Steering Board or Steering Oar)을 장착했습니다. 그래서 타판이 방해받지 않도록 그 반대편을 부두 쪽에 정박했습니다. 타판으로 인해 타판이 있는 쪽이 우현(右舷)이라는 공감대가 형성되었습니다.

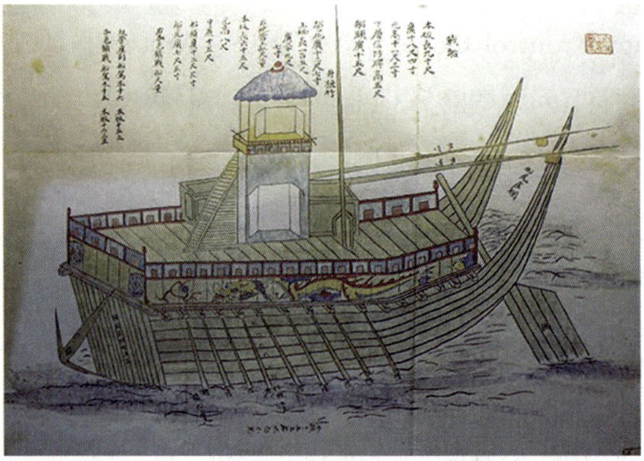

[그림 14-2] 판옥선, 현충사 소장

임진왜란 당시 함선으로 사용된 판옥선에도 상당히 육중해 보이는 타판이 장착되어 있습니다. 다만 어느 한 쪽에 치우치지 않은 형태입니다. 현재의 우현을 뜻하는 Starboard의 유래에 대해서는 세가지 설(說)이 있습니다.

- Steering Board가 보다 발음이 쉬운 Starboard로 변형
- Steering Board를 뜻하는 구식 영어의 Steorbord(Steor=Steer, Bord=Board)가 Starboard로 정착
- 별자리에 의존하여 항해하던 시절, 주로 우현에서 관측했다 하여 Star+Board의 합성어

Board라는 단어는 다양한 뜻을 내포하고 있습니다. 판, 널빤지, 게시판, 식탁, 식사비, 무대, 갑판을

의미하기도 하고, 임원, 협회, 이사회, 위원회의 의미로도 사용됩니다.

- Board of Directors 임원회의
- Management Board 경영회의
- Board of Education 교육위원회

건설, 플랜트에 있어서의 Steering Board(or Committee)는 Project 수행과 관리에 관한 '최고위의사결정위원회'를 의미합니다. Project 수행조직의 책임자와 사업주의 책임자 그리고 투자자 등 이해관계자를 포함하여 위원회를 구성합니다. Project의 목표와 우선순위를 설정하고 자원을 할당하며, 현안을 협의합니다. 위원회에서는 Project 수행 책임자 권한 외의 의사결정을 내릴 수 있습니다.

선박의 좌현을 Port Side라고 부릅니다. 부두에 인접하여 정박하는 쪽이 좌현이 되므로 자연스러운 표현인 듯 하나 여기에도 사연이 있습니다. 규모가 큰 선박은 타판을 두 손으로 강하게 붙들지 않으면 조종하기가 쉽지 않았습니다. 이때 조타수의 등이 좌현쪽을 향하게 되어 구식영어에서는 좌현을 Bæcbord(=Backboard)로 불렀습니다. 이후 짐을 싣는 현이라는 뜻에서 Laddebord 혹은 Ladebord로 통용되기 시작했는데(B/L=Bill of Lading 참조), 16세기에 이르러 Starboard와 리듬을 맞추기 위해 이들 명칭이 Larbord로 변형되었다는 설이 있습니다.

좌현을 뜻하는 신식 영어 표현은 a가 하나 더 추가된 Larboard입니다. 그러나 Larboard가 Starboard와 발음상 혼선을 줄 수 있다는 이유로 1844년 영국해군은 Larboard라는 용어의 사용을 금지하고, 대신에 Port를 사용하도록 명령합니다. 미국 해군 또한 1846년 좌현의 명칭을 Port로 통일합니다. 이후 오늘날까지 Port와 Starboard가 좌우현의 용어로 사용되고 있습니다.

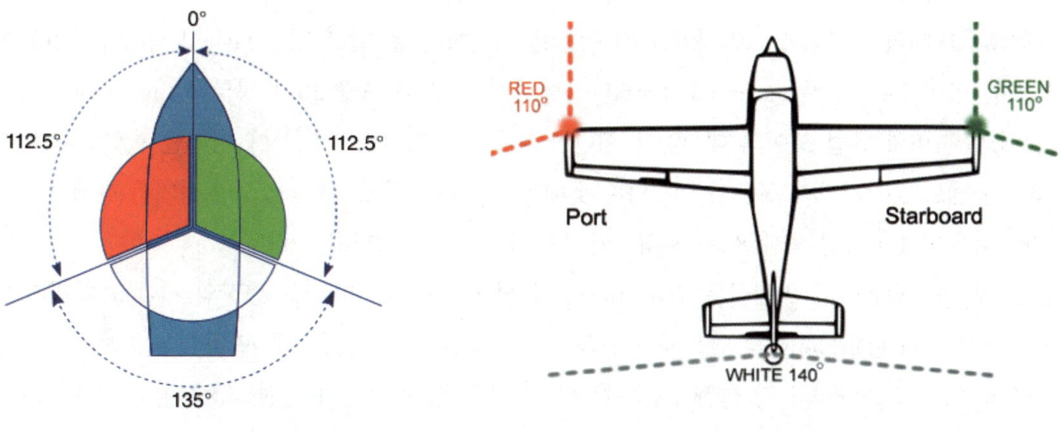

(a) 선박의 항해등 규정

(b) 항공기의 항행등 규정

[그림 14-3]

항공기에도 같은 용어를 적용하고 있고, 항해등과 항행등의 규정도 유사합니다. 좌우현 및 선미의 등불 색깔은 동일하고, 선박의 Mast에는 백색등을, 항공기의 동체 위 아래에 각각 적색 점멸등(點滅燈, 깜빡이등)을 밝힌다는 점에서 차이가 있습니다. 선박의 경우 국제해상충돌예방규칙(COLREG, International Regulations for Preventing Collisions at Sea)에 의해 항해등에 대한 규정을 명시하고 이를 준수하도록 하고 있습니다.

고층건물에는 항공장애표시등(Aircraft Warning Light)을 설치합니다. Obstruction Light로도 불리는 이 등기구의 신속한 통관을 위해 부단히 애를 썼던 기억이 있습니다. 사업주의 협조를 받아 처음이자 마지막으로 공항에서 야간통관에 성공했습니다. 트럭도 대기시켜뒀기 때문에 곧바로 현장까지 무사히 잘 도착했습니다. 항공장애표시등 없이 타워를 방치해두면 충돌사고의 위험이 있는 만큼 야간통관을 강행해서라도 현장에서는 당장 설치가 필요한 긴급 화물이었습니다. 그런데 트럭기사가 현장에 도착했을 때는 하역을 못한 채 차고지로 돌아가야 했습니다. 원인은 열쇠에 있었습니다. 포크리프트 기사들이 열쇠를 가지고 퇴근한 것입니다. 어렵사리 드럼을 장만했는데, 스틱이 없어서 연주를 못하는 격이 되었습니다.

(a) 항행등　(b) 항공장애표시등

[그림 14-3]

외륜(外輪) 형태의 증기선이 고안되었을 때 이들은 여전히 돛을 달고 있는 Hybrid 형태였습니다. 1819년 5월 22일 미국 Georgia주 Savannah Port를 출발하여 같은 해 6월 20일 영국의 Liverpool에 도착한 Savannah호는 북미와 유럽 사이의 대서양을 횡단한 최초의 증기선으로 역사에 이름을 올렸습니다. 그러나 이 당시만 해도 증기기관의 성능이 뛰어나지 못해서 풍향의 도움을 받지 않으면 장거리 항해가 불가능했습니다. 이 운항기간 동안 최대 80시간 정도만 스팀엔진을 가동했다고 합니다.

외륜의 상태를 점검하기 위해서는 단(Platform)이 필요했습니다. 따라서 선장의 시야를 가리지 않도록 좌현과 우현의 Paddle House를 연결하는 높은 통로(Bridge)를 만들었는데, 만들어놓고 보니 수석항해사가 이 선교 위에서 조타실과 각 항해사들에게 선장의 명령을 전달하기에 편리했습니다. 처음에는 개방된 공간이었으나 날씨의 영향으로부터 보호받도록 점차 밀폐된 공간으로 발전하였습니다. 훗날 Screw 형태의 추진기가 도입되면서 웅장한 크기의 Paddle Wheel과 통로는 더 이상 필요없게 되었지만 Bridge라는 용어는 계속 살아남아 오늘날 선장의 지휘소와 조타실이 통합된 선교(船橋)의 의미로 정착되었습니다.

(a) Savannah호

(b) Bridge 사례

[그림 14-4]

15. 선박 제원(Vessel Particular)

Vessel Particular를 구성하는 항목들을 살펴보겠습니다.

① Call Sign(무선호출 부호)

Call Letter라고도 하며, 선박이 항해도중 다른 선박과 교신하거나, Port와 교신하기 위한 무선통신 선박식별 부호입니다.

② IMO No.

국제해사기구(International Maritime Organization)에 등록된 선박 고유번호입니다.

③ Port of Registry(선적항 船籍港)

선박이 등록된 항구명입니다. 여기서 '적(籍)'자는 선적(船積)할 때의 적이 아니고 호적(戶籍)을 말할 때의 적입니다.

④ Flag(선박의 국적)

선박에 부과되는 조세의 회피 목적으로 파나마, 키프러스, 마샬군도와 같은 세금이 저렴한 국가에 선박을 등록하는 경우가 있는데, 이를 편의치적(便宜置籍, Flag of Convenience)이라고 합니다. 따라서 실제 선박 소유주는 이들 국적이 아닐 가능성이 있습니다.

⑤ Classification(선급 船級)

선박의 등급으로, 일정 기준에 합격한 선박에 대해 선급기관이 선급증서를 발행합니다. 자동차가 정기검사를 받아야 하듯이, 선박 또한 선급기관이 정기적으로 검사를 실시하여 이상이 없는 경우, 선급의 유효성을 유지하게 됩니다. 다음은 국제적으로 공신력이 있는 대표적인 선급기관명입니다.

- 한국선급 KR(Korea Register of Shipping)
- 노르웨이선급 DNV(Det Norske Veritas)
- 미국선급 ABS(American Bureau of Shipping)
- 영국선급 LR(Lloyd Register of Shipping)
- 프랑스선급 BV(Bureau of Veritas)
- 독일선급 GL(Germanischer Lloyd)
- 일본해사협회 NK(Nippon Kaiji Kyokai)

⑥ Built(선박 건조 연도)

⑦ Owner(선박 소유주)

⑧ Charterer/Agent(용선주/그의 대리점)

⑨ Owners P&I Club(선주공제조합, Protection & Indemnity Club)

선주의 제3자에 대한 배상책임을 담보하는 선주 상호간 공제조합을 의미합니다.

⑩ Deadweight Tonnage(DWT, 재화중량톤수 載貨重量ton數)

선박에 적재할 수 있는 최대 중량입니다. DWT에는 화물 뿐만 아니라, 담수와 연료유, 식자재 등의 중량이 포함되므로, 실제 선적 가능한 화물의 중량은 DWT에 미치지 못합니다. 선적 가능한 순수 화물

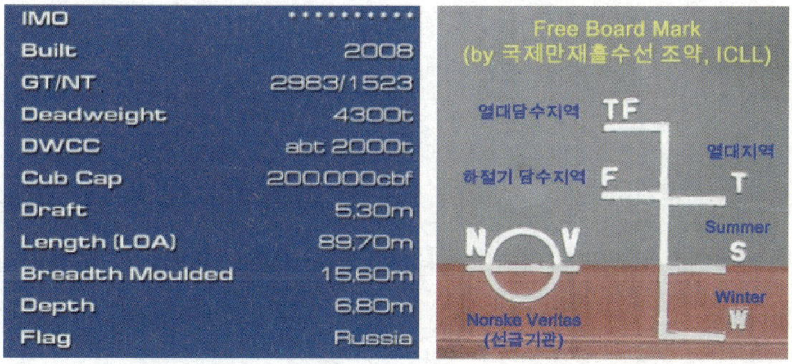

(a) Vessel Particular (b) 건현표

[그림 15-1]

중량을 DWCC(Deadweight Cargo Capacity)라고 합니다.

[그림 15-1] (a)는 Vessel Particular의 일부를 인용한 것입니다. 4,300DWT 선박이지만, DWCC는 2,000톤 정도입니다.

"파나마 국적의 배수량(排水量) 20만 톤 유조선이 아덴만 근처에서 엔진고장으로 표류하고 있습니다." 이때의 배수량톤은 DISPT(Displacement Tonnage)로 유조선이나 군함 등에서 선박의 만재시에 수면 밑으로 가라앉는 용적에 해당하는 해수의 중량톤수를 의미합니다.

⑪ Draft(흘수 吃水)

선박이 수면 아래로 가라앉는 깊이입니다. [그림 15-1] (b)와 같이 선박 측면 건현표(Free Board Mark, 만재흘수선표)에 각 계절과 지역(열대담수, 담수, 열대지역 등)별 만재상태의 Draft를 표시합니다. 선급기관명은 알파벳 두 글자로 표기합니다.

선박은 상부로 갈수록 일정 위치까지는 면적이 넓어지는 경향이 있고, 흘수가 상승할수록 부력이 더 크게 작용하기 때문에, 선적중량에 비례하여 흘수가 계산되지는 않습니다. 다시 말해, 100톤 선적에 3cm가 가라앉았다면, 200톤을 선적했다고 해서 6cm가 가라앉는 것은 아니라는 얘기입니다. 선적중량과 흘수의 관계를 보여주는 Chart를 Deadweight Scale Chart라 하며, [그림 15-3]과 같은 형태로 표시됩니다.

Deadweight Scale Chart에서 Freeboard(건현)는 수면 밖으로 나와 있는 선박 측면의 상갑판까지의 높이입니다. MTC는 Moment to Change Trim One cm로 선수/선미간 1cm의 높이 차이를 만드는데 드는 모멘트입니다. TPC는 Ton per cm, 1cm의 흘수 변화를 일으키는데 필요한 중량, Displacement는 앞서 설명한 바와 같습니다. [그림 15-2]에 Trim의 의미를 표현하였습니다.

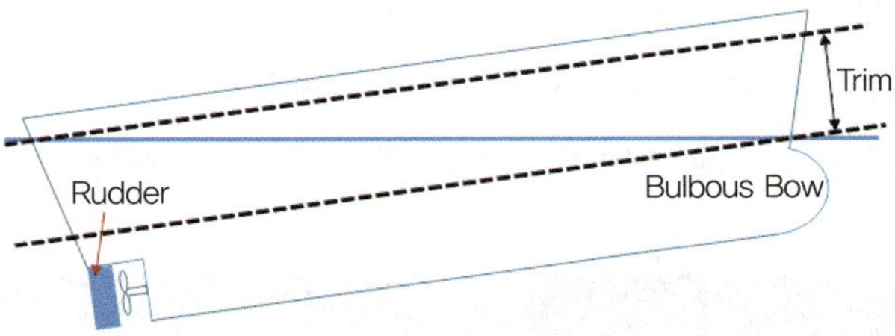

[그림 15-2] 선박 Trim의 개념

Valve에서도 Trim이라는 용어가 자주 등장합니다. Valve에서는 Seat, Disc, Stem과 같이 Valve 내부를 흐르는 유체와 접촉되는 내부품을 의미하고 이들을 Trim Materials라고 부릅니다.

예시의 Deadweight Scale Chart에 의하면 30,332DWT(at SW=Seawater), Summer Draft 11m, 이때 건현의 높이는 4.54m, 이 지점에서 TPC가 48.5톤임을 알 수 있습니다. 5m의 흘수에서는 TPC가 39.77톤에 해당하므로 흘수가 증가할수록 TPC값도 커지는 형태입니다. 즉, 같은 중량을 선적할 때

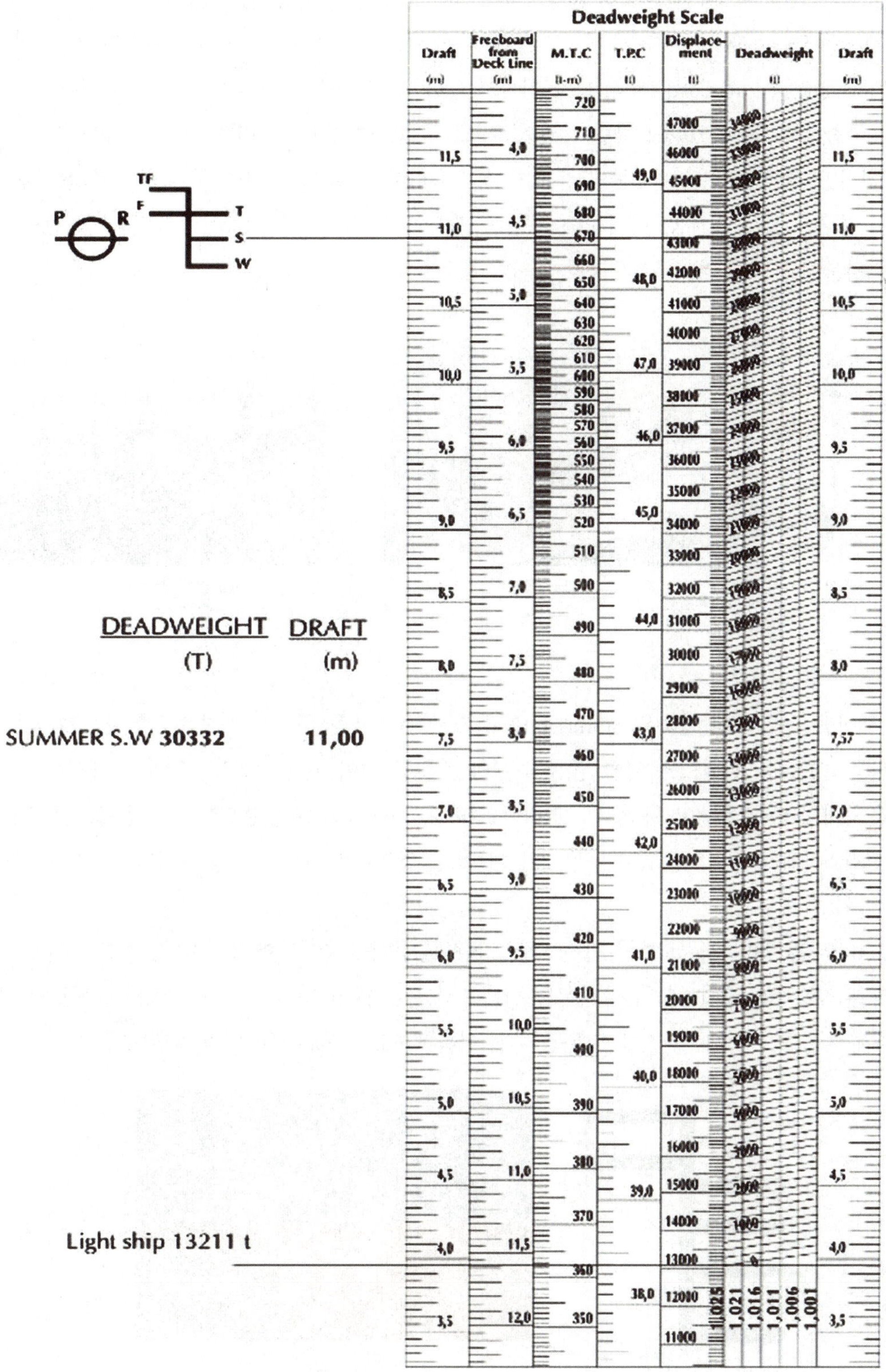

[그림 15-3] Deadweight Scale Chart

만재흘수에 근접할수록 흘수 차이가 적게 발생한다는 의미입니다. PR은 폴란드선급입니다.

건현은 만재시의 Summer Draft를 기준으로 상하 다른 색으로 칠해져 있습니다. 이 구분선을 만재흘수선(Load Water Line or Full Load Draft Line)이라고 합니다. 부두에 정박중인 선박을 주시했 때, 이 라인이 수면보다 한참 위에 놓여 있다고 하면 중량기준으로 볼 때 만재가 아니라는 뜻이 됩니다.

당연한 얘기지만, 여름철에는 바닷물의 온도가 상승합니다. 고온으로 인해 하절기 도로면이 팽창하여 솟아오르는 경우가 있는 것처럼, 바닷물의 부피도 팽창하게 되어 절대부피가 증가된 만큼 염도는 감소하고 선박은 겨울철에 비해 더 많이 가라앉게 됩니다.

(a) 수돗물 (b) 소금물 (c) 만재상태 아님 (d) 만재상태에 근접

[그림 15-4]

그러므로 해상을 운항하는 선박은 Summer Draft가 안전운항을 위한 만재흘수선의 기준이 됩니다. [그림 15-4] (a)와 (b)는 물의 염도에 따른 달걀의 부양 정도를 보여줍니다. [그림 15-4] (c)에서는 선박의 푸른색과 붉은색의 선측 경계선이 확연히 드러나 보입니다. On-deck에 많은 화물이 실려있어서 만재로 판단할 수 있으나, 적재한 중량기준으로는 만재가 아니라는 의미입니다. [그림 15-4] (d)의 선박은 중량기준, 만재에 가까워 보입니다.

[그림 15-5] (b)의 건현표는 앞서 보신 건현표에 WNA 흘수선이 추가되어 있습니다. 이는 겨울철 북대서양을 운항하는 전장 100m 이하의 선박에 적용되는 만재흘수선입니다. [그림 15-5] (a)의 건현표에 'L'로 시작하는 만재흘수선들은 목재운반선에 적용됩니다. 이를 Timber Load Line이라고 합니다.

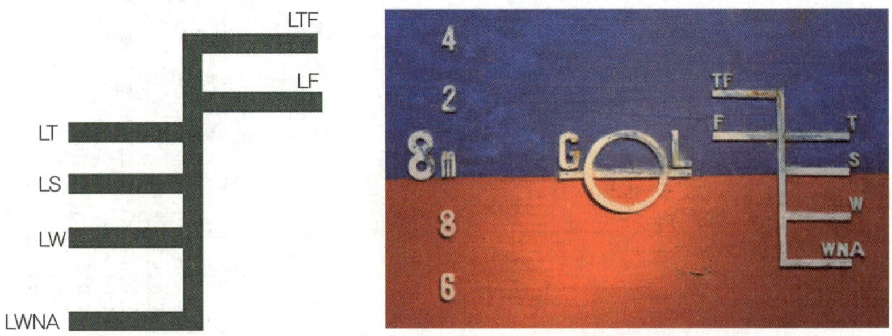

(a) Timber Load Line (b) 건현표

[그림 15-5]

- LTF : Lumber, Tropical Fresh
- LF : Lumber, Fresh
- LT : Lumber, Tropical
- LS : Lumber, Summer
- LW : Lumber, Winter
- LWNA : Lumber, Winter, North Atlantic
- TF : Tropical Fresh Water
- F : Fresh Water
- T : Tropical
- S : Summer
- W : Winter
- WNA : Winter, North Atlantic

영국의 하원의원이었던 사무엘 플림솔(Samuel Plimsoll, 1824–1898)은 선박의 잦은 침몰사고를 조사하던 중, 과적이 침몰의 주원인이라는 사실을 알게 됩니다. 1876년 과적을 방지하고 선박의 양현에 만재흘수선을 표시하게 하는 법안을 발의하여 의회를 통과하게 됩니다. 이에 그의 이름을 따서 건현표를 Plimsoll Mark, 만재흘수선을 Plimsoll Line이라고도 부르고 있습니다. 현재와 같은 건현표는 1966년 IMO의 국제만재흘수선협약(ILLC or ICLL, International Convention on Load Lines)에 의해 정착되었습니다.

임진왜란에 참전했던 전함들의 장단점을 살펴보겠습니다.([그림 15–6]은 doopedia 제공)

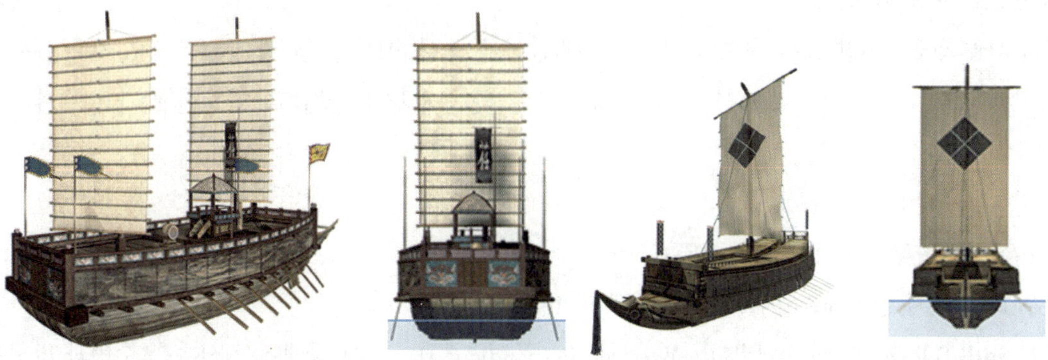

(a) 판옥선 재현 (b) 세키부네 재현

[그림 15–6]

당시 조선수군은 평저선(平底船)인 판옥선(板屋船)을, 왜군은 첨저선(尖底船)인 세키부네(관선 關船)를 주력함으로 사용하였습니다.

첨저선은 유선형으로 속도가 빠르고 흘수가 높아 복원력이 우수하여 높은 파도에도 견딜 수 있습니다. 대규모 병력으로 조선을 침략할 수 있었던 것도 첨저선의 영향이 있었습니다. 세키부네는 주로 소나무보다 무른 삼나무로 건조했는데, 강도가 약한데다 쇠못을 사용함으로써 충격을 받으면 판재연결부가 벌어지는 단점이 있었습니다. 이로 인해 함포적재는 거의 불가능했습니다. 방향전환이 느린 대신 신속하게 접근하여 상대편 전함에 승선, 백병전(白兵戰)을 펼치는 것이 주요한 전술이었습니다.

〈표 15-1〉 판옥선과 세키부네 비교

제원	판옥선	세키부네
길이	32m 내외	10~14m
너비	12m 내외	2.6~4.9m
승선인원	125~130명	최대 100명

판옥선은 파도에 대한 선박의 안정감은 다소 떨어지나 흘수가 낮아 방향전환이 용이했습니다. 단단한 소나무와 나무못을 사용하여 충파(衝破)의 방법으로도 적함에 타격을 줄 수 있을 만큼, 내구성이 강했습니다. 선체(2층 구조)가 높아 왜군이 기어오르기가 쉽지 않았고, 그 사이 적을 내려다 보면서 활을 쏠 수 있었습니다. 적함과 거리가 가까워지면 신속하게 방향을 전환하여 천자(天字), 지자(地字), 현자(玄字), 황자총통(黃字銃筒)의 함포사격으로 적함을 섬멸하는 것이 주요한 전술이었습니다.

조수간만의 차가 큰 지역에서 썰물 때가 되어도 판옥선은 개펄 위에 안정적인 자태를 유지할 수 있는 반면, 첨저선인 세키부네는 회복불능 상태가 되거나 기운 상태로 머물게 됩니다. 흘수가 큰 세키부네는 수심이 얕은 연안지역에서 암초에 부딪치기 십상이고 방향전환이 더욱 곤란했습니다. 판옥선은 이중 돛을 달아 역풍에도 전진이 가능했습니다. 조선수군이 해전에 강했던 이유는 이순신장군의 뛰어난 지략과 함께 판옥선과 함포의 장점을 최대한 활용했기 때문입니다. 임진왜란 이후에는 판옥선이라는 이름이 전선(戰船)으로 개명됩니다.

세키부네 외에 300명 승선 규모의 아타케부네(안택선 安宅船)도 임진왜란에 동원되었으나, 이는 기함(旗艦, 지휘관이 타는 배)으로 조선수군과 직접적으로 맞닥뜨리지는 않았고, 참전한 수가 소수에 불과했습니다.

⑫ Length O.A(Overall) (전장, 全長)

선수(Bow)에서 선미(Stern)까지 길이를 의미합니다.

- Length B.P(수선간장 垂線間長, Between Perpendicular) : 만재 상태에서 선수측 수면과 맞닿은 지점부터 선미측 수면과 맞닿은 지점까지의 길이.

⑬ Beam O.A(선박의 최대 폭)

Moulded Breadth(형폭) : 선박의 외벽 내측선에서 반대편 외벽의 내측선까지의 최대 폭

⑭ Air Draft

수면으로부터 가장 높은 지점까지의 높이입니다. 항해중에 해상교량을 통과해야 하는 경우, 통과 가능여부에 대한 지표가 됩니다.

⑮ G.T(Gross Tonnage, 총톤수)

선박의 세금부과 기준으로 사용되며, 선체 총용적에서 추진, 안전, 위생에 관련된 공간을 제외한 나머지 공간 즉, 용적량을 의미합니다. 과거에는 1G.T를 100ft^3(=2.83CBM)로 계산하였으나, 현재는 계측방법을 세계적으로 통일한 국제톤수협약에 의해 신조선(新造船)의 경우 국제총톤수를 적용하고 있습니다. 국제총톤수는 전체 용적의 크기에 특정 계수를 곱해서 정해집니다.

⑯ N.T(Net Tonnage, 순톤수)

직접적인 영업행위에 사용되는 용적량으로 화물과 여객의 수송에 제공되는 공간입니다. 항세, 운하통과료, 등대 사용료, 항만시설 사용료 등의 부과기준이 됩니다.

⑰ No. of Hold(짐칸의 수)

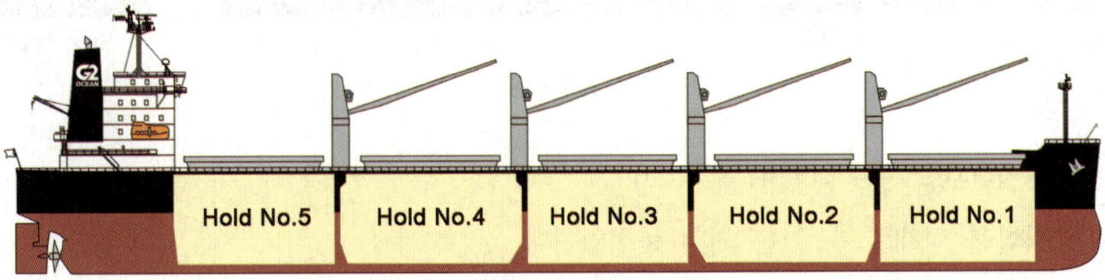

(a) 5 Hold 구성 Conventional Vessel

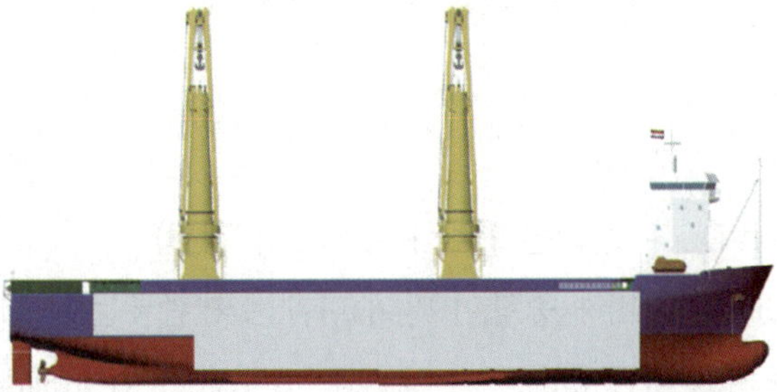

(b) 1 Hold 구성 Heavylift Vessel

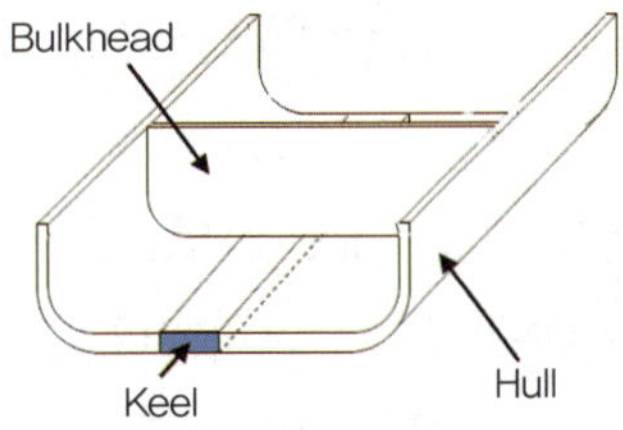

(c) 선체 구성

[그림 15-7]

중량물선박에 있어서는 장척물의 Under Deck 선적이 가능하도록 하나의 Hold로 구성하기도 합니다.

- Keel(용골) : 선체의 밑바닥에서 선체를 지지하여 척추뼈 역할을 하는 부재
- Hull(선체) : 선박에 부력 부여, 선박의 중량을 버틸 수 있도록 제작된 선체 겉모양
- Bulkhead(격벽) : 짐칸을 구분하는 벽

⑱ No. of Hatch(짐칸의 입구 수)

Hatch Cover : Hold를 덮는 뚜껑

Break Bulk 화물을 취급하는 선박의 Hatch Cover는 본선 크레인으로 개폐작업을 실시하는 Pontoon Type(Lift-away Type)과 자체시스템에 의해 접이식 개폐가 가능한 MacGregor Type(Folding Type)이 주종을 이룹니다. MacGregor Type은 보다 신속하게 개폐가 가능하다는 장점이 있는 반면, Pontoon Type에 비해 Deck 강도가 상대적으로 약한 편입니다. 1920년대 석탄수송 과정에서 석탄의 손실을 방지하기 위해 접이식 Steel Hatch Cover를 최초로 고안한 영국의 엔지니어 Robert MacGregor의 이름에서 유래하였습니다.

(a) Pontoon Type (b) Folding Type (c) Single Pull Type (d) Side Rolling Type

[그림 15-8]

⑲ Bale Capacity(포장재화 包裝財貨 용적)

Hold내 포장재화를 적재할 수 있는 최대 용적입니다.

- Grain Capacity(산재재화 散在財貨 용적) : 석탄, 곡물, 광석 등의 Bulk 화물 최대 적재 용적

⑳ Hold Dimension(짐칸의 크기)

㉑ Strength of(Tanktop 하부선창, Tween Deck 중갑판, Hatch Cover 상갑판)

각 갑판의 바닥 강도를 나타냅니다. Saddle 수에 비해 중량이 많이 나가는 제관류는 Saddle 아래에 미치는 집중하중을 분산시키기 위한 목적으로 다수의 Timber 또는 Loader Spreader 위에 Saddle이 위치하도록 하거나, Bulkhead 위에 Saddle이 위치하도록 합니다. Ro-Ro 선박은 Bulkhead 위에 Pedestal 또는

(a) Lo-Lo Vessel Load Spreading (b) Pedestal, Grillage Arrangement on Ro-Ro Vessel

[그림 15-9]

Grillage가 위치하도록 하여 갑판에 미치는 집중하중을 완화시킬 수 있습니다.

㉒ Cargo Gear(Derrick) Capacity(본선 크레인 성능)

- Hoist : 중량물선박의 본선 크레인 내에 장착된 소형 크레인으로 General Cargo 선적시 작동시킴. Hook Block이 상하로 이동하는 장치
- Trolley : Boom을 따라 Hoist 등을 이동시키는 장치. Hoist를 이동시키면 Hoist Trolley라고 함.

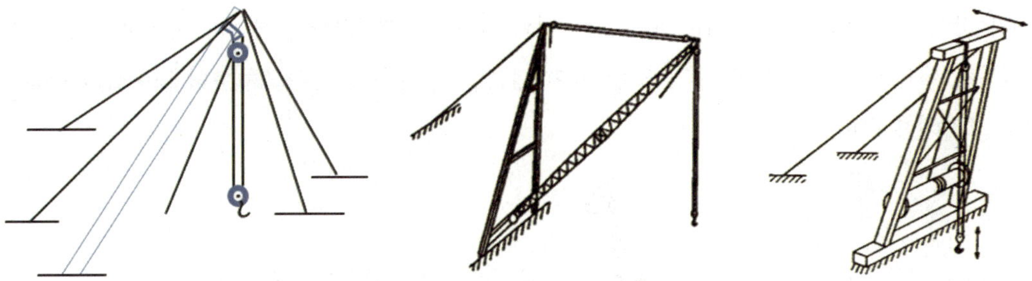

(a) Gin Pole Derrick (b) A-Frame Derrick (c) Breast Derrick

[그림 15-10]

Gin Pole Derrick은 가장 원시적 형태의 Derrick으로 Guy Rope에 의지한 외기둥 크레인입니다. Mast를 수직으로 세워 Guy Rope로 고정시키고 하부에 Boom을 장착한 Guyed Derrick이 좀 더 발전된 형태라고 할 수 있습니다.

(a) Guyed Derrick (b) Stiff-Leg Derrick

[그림 15-11]

Stiff-Leg Derrick은 Guy Rope를 없애고 주로 삼각뿔 구조물의 Mast 하부에 Boom을 연결한 크레인입니다. 선박 건조기술이 발전하고 선박 규모가 확대됨에 따라 오늘날 전통적인 형태의 Derrick을 장착한 화물선은 그리 많지 않습니다.

1600년경, 유럽의 사형집행관은 사형수의 지인들로부터 위협을 받을 수 있기 때문에 누구나 꺼려하는 직업이었습니다. 그래서 강요에 의해 사형집행관이 되기도 했습니다. Thomas Derrick은 강간죄로 유죄판결을 받았으나, 영국여왕 엘리자베스 1세의 최측근 귀족이었던 Robert Devereux(2nd Earl of Essex, 에식스 백작 2세)로부터 사형집행관이 되는 조건으로 사면을 받았습니다. 이후 3,000명 넘게 사형을 집행

하는 동안, 아이러니 하게도 1601년 Robert Devereux 가 반역죄로 처형될 때의 사형집행관 또한 Derrick 이었습니다. 그는 구식 Rope 형태 대신 도르래를 이용한 Top Lifting 방식의 교수대(絞首臺)를 고안해냈습니다. 크레인의 일종인 Derrick은 Thomas Derrick의 이름에서 유래하였다는 설이 유력합니다.

[그림 15-12]는 Jumbo Shipping 중량물선박의 사례로, 본선 크레인의 Outreach별 Lifting 성능을 도해한 것입니다. 본선 크레인과 관련하여 유의해야 할 사항은 Outreach에 따라 Lifting 성능에 현격한 차이를 보인다는 점입니다. 7m 거리 차이에서 Lifting 성능이 800톤에서 560톤으로 감소폭이 큰 편입니다. 1,000톤을 상회하는 초대형 화물이 제작되는 만큼, 안벽에 가까워질수록 GBP(지내력, Ground Bearing Pressure)가 작아지는 부두의 경우에는 본선 크레인의 Outreach별 Lifting 성능과 비교하여 선적시 장애요인이 없는지 살펴볼 필요가 있습니다. 또한 폭이 넓은 화물일수록 본선으로부터 Lifting Point가 멀어지는 점도 고려해야 합니다.

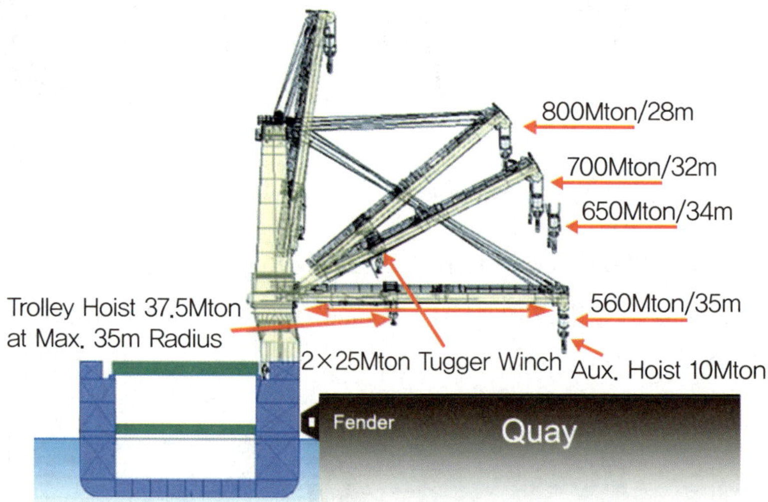

[그림 15-12] 본선 크레인의 Outreach에 따른 Lifting 성능 비교

[그림 15-13] PS 도면의 C_3 Splitter는 중량이 무려 1,391톤에 달합니다. 따라서 선박의 Outreach별 Lifting Capacity와 부두의 GBP는 물론 내륙운송 Route 상의 GBP 또한 면밀히 검토하여 안전운송에 대비해야 합니다.

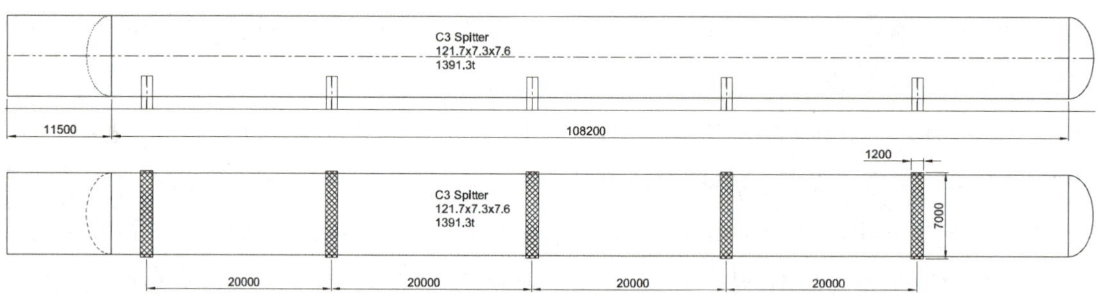

[그림 15-13] C_3 Splitter 도면 사례

Ro-Ro 운송을 설명하는 부분에서 Fender의 제거 여부에 대해 살펴볼 것입니다. Fender는 선박과 안벽 사이의 완충장치입니다. 자동차에도 Fender가 부착되어 있습니다. 자동차의 Fender는 바퀴에서 튀어 오르는 흙탕물을 막아주기 위하여 그 윗부분에 철판을 둥글게 씌운 흙막이를 말합니다.

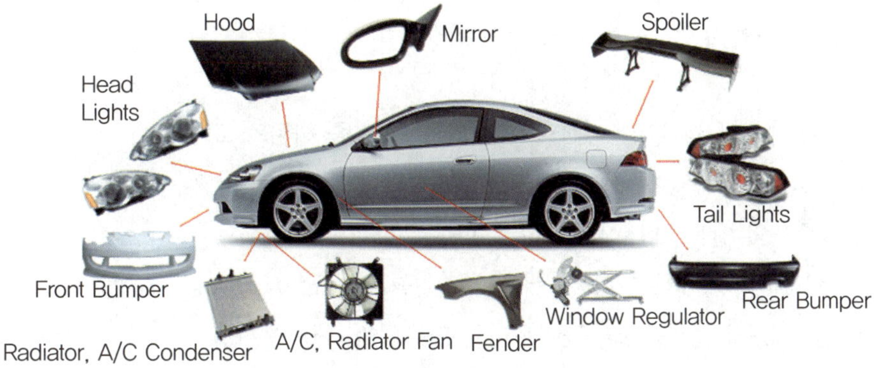

(a) 자동차 각 부위 명칭

(b) Wind Spoiler

[그림 15-14]

간혹 Spoiler를 장착한 자동차를 볼 수 있습니다. 트렁크나 지붕 끝에서 공기의 와류현상을 없애려는 의도입니다. 주행속도를 높이면 양력(揚力)이 발생하여 타이어와 노면 사이의 접지력이 약해집니다. 이때 공기의 흐름을 깨뜨려서 차체가 떠오르는 현상을 막아준다고 하여 Spoiler(Spoil : 망가뜨리다)라고 부릅니다. 건설, 플랜트 현장에서도 HRSG Stack이나 Flue Gas Stack에 Spoiler를 설치하는 경우가 있습니다.

[그림 15-14] (b)의 윗쪽 사례는 Stack의 한 Part가 현장에 도착한 모습입니다. Stack의 몸통을 휘감은 Wind Spoiler가 장착되어 있습니다. 이 Wind Spoiler 또한 바람의 영향(Vortex Shedding)으로부터 진동을 방지하여 Stack을 보호하기 위한 장치입니다.

항공기는 양력을 활용합니다. 날개 앞 부분에서 나뉘어진 공기가 날개 끝에서 다시 만나게 되는데, 날개 윗부분을 따라 이동하는 거리가 더 길기 때문에 상부의 압력이 낮아지고 압력차에 의해 양력이

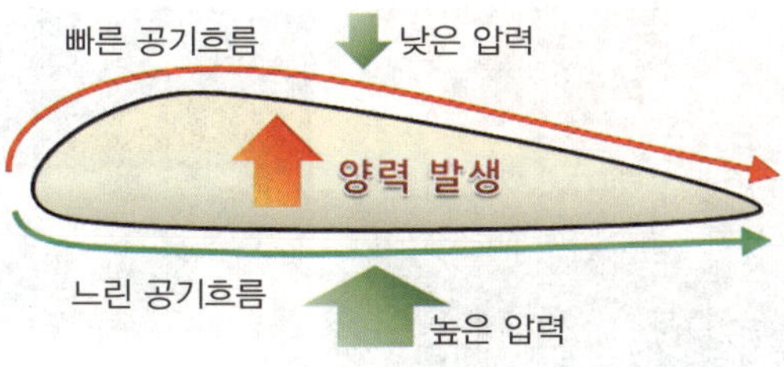

(a) 항공기 날개 양력발생

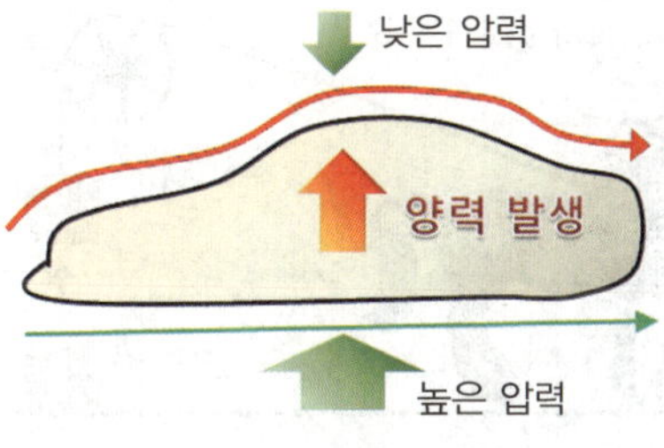

(b) 자동차의 양력 발생

[그림 15-15]

발생합니다. 자동차 또한 항공기 날개처럼 윗부분에 보다 낮은 공기압력이 형성되는 구조입니다. 항공기에 있어서는 양력이 발생하는 것이 바람직한 현상이지만, 자동차의 고속 주행시에는 접지력이 저하되어 사고의 원인이 될 수 있습니다.

㉓ Main Engine(선박의 추진엔진)

제작사명과 엔진 수, 모델명, Power(동력=일률) 등이 표시됩니다.

- Power 단위 : 1kW(킬로와트) = 1.341HP = 1.3596PS(3가지 단위 중 하나로 표시)
- HP(영국마력) = Horse Power → 독일어 마력은 Pferde Stärke = PS(미터마력)
- Watt(와트) : 1초 동안 1주울의 일을 하는 일률(1W = 1J/s = 1volt x 1ampere)
- 영국마력 1HP : 1초 동안 1lb의 물체를 550ft 들어올리는 일률(550 ft.lb/s = 76kg·m/s)
- 미터마력 1PS : 1초 동안 75kg의 물체를 1m 들어올리는 일률(75kg.m/s)

엔진출력을 BHP(Brake Horse Power, 제동마력) 단위로 표시하는 경우가 있습니다. 엔진이 100이라는 출력을 낼 때, 추진체에 동력이 전달되기까지는 마찰 등으로 기계적 에너지 손실이 발생하여 실제 추진체에 전달되는 에너지는 100보다는 작은 값이 됩니다. BHP는 순수하게 추진체에 전달될 것으로 예상되는 출력을 의미합니다. 엔진의 자체 출력이 같다고 하면 HP로 표시된 다른 선박의 Power보다는 작은 수치로 표현됩니다. 그러나 어느 정도의 기계적 에너지손실이 발생하는지는 선박마다 차이가 있기 때문에 BHP를 HP의 객관적인 수치로 환산할 수는 없습니다.

"Main Propulsion : AKASAKA, A×33 type Diesel Engine 1,618kW×2sets(2,000BHP×2sets)"

이와 같이 표시된 엔진정보가 있습니다. 1,618kW는 2,170HP에 해당됩니다. 여기서는 2,000BHP로 표시되어있어, 추진체에 동력을 전달하는 과정에서 170HP만큼 에너지 손실이 있음을 의미합니다.

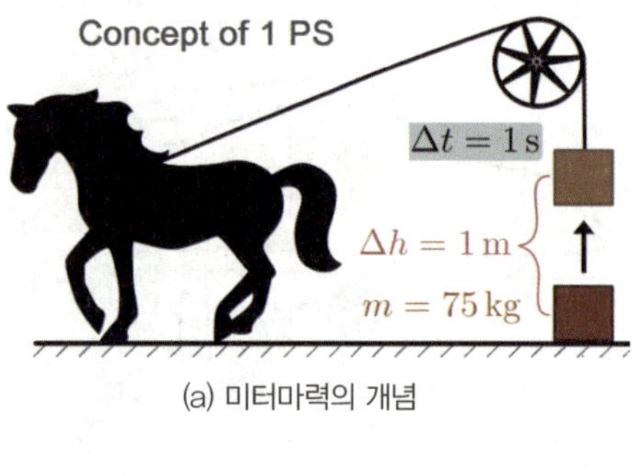

(a) 미터마력의 개념

(b) Bow Thruster

[그림 15-16]

㉔ Bow Thruster(선수, 船首 추진기)

Maneuvering을 위한 소형 추진기입니다. 좌우 미세 이동이 가능하도록 Bulbous Bow 가까이 선박의 양 측면에 장착됩니다.

㉕ Speed(속도)

선박의 속도표시는 knot 단위를 사용합니다.

- 1knot : 1시간에 1해리(1,852m)를 이동하는 속도(knot의 약자는 kn 또는 kt)
- 1nm : 적도상에서 경선 1분의 각도에 해당하는 거리 = 해리(海里, Nautical Mile)

㉖ Bunker Capacity

선박유의 Bunker 등급은 IFO180 또는 IFO380 형태로 표시합니다. 숫자가 클수록 점성이 높은 저가의 연료유입니다. 180, 380은 50℃에서 최대 허용 동점도(動粘度, Kinematic Viscosity, 단위는 cSt, centistoke, mm^2/s)를 의미하며 동점도를 발견한 영국의 유체학자 Stoke의 이름에서 단위가 유래하였습니다.

- IFO(Intermediate Fuel Oil) : 중질유
- MDO(Marine Diesel Oil) : Bunker–C유와 MGO의 혼합유
- MGO(Marine Gas Oil) : 선박용 경유, 황함량이 높아 육상에서는 사용을 불허함.

40℃에서 MDO는 3.1cSt, MGO는 2.5cSt 수준으로 Bunker와는 비교가 안 될 만큼 점성이 낮은 편입니다. Bunker는 가격이 저렴한 대신 연료로 사용하려면 예열 등 전처리 과정이 필요하고 엔진설비가 비대해지는 단점이 있습니다. 이 때문에 Tug Boat와 같은 소형선박들은 MDO나 MGO를 사용합니다.

IMO의 선박연료 규제정책에 따라 2020년부터 선박에 황 배출 저감장치를 설치하거나, 황함량 0.5% 이하의 연료유를 사용해야 합니다. 중질유(重質油, 잔사유 殘渣油)는 원유를 정제할 때 경질유(LPG, 납사, 등유, 경유)외에 증류탑의 최하부에서 나오는 값싼 기름을 의미합니다. 일종의 찌꺼기로 영어에서도 Residual Oil이라는 표현을 사용합니다. 경질유에 비해 상대적으로 무겁고 전체 원유의 40% 비중에 달하여 이를 재처리하게 되면 고부가가치의 경질유를 생산할 수 있습니다. 일반적으로 중유는 다음과 같이 구분합니다. (제조사에 따라 비율이 약간 상이할 수 있음.)

- Bunker–A유(A중유) : 경유(90%)+잔사유(10%)
- Bunker–B유(B중유) : 경유(50%)+잔사유(50%)
- Bunker–C유(C중유) : 잔사유 90% 포함

원유는 상압 조건하에서 분별증류(Distillation)의 방법으로 정제하는 반면, 중질유의 재처리는 촉매를 이용하여 탄소사슬이 적은 화합물로 분해하는 과정을 거칩니다. RFCC(Residue Fluid Catalytic Cracking)는 중질유로부터 경질유를 생산하기 위한 정유공정을 의미합니다.

유조선(Tanker)이 원유를 수송한 후, 선적지로 이동하기 위해서는 선박의 요동을 방지하기 위해 일정 수준의 Ballast를 채우게 됩니다. 선적지에 도달하기 전 Ballast를 배출하고 다시 원유를 선적합니다. 이 과정을 반복하기 때문에 원유에 염분이 유입됩니다. 이러한 이유로 CDU(Crude Distillation Unit)에 투입되기 전에 염분을 제거하기 위한 Desalination 공정을 거치게 됩니다.

이상과 같이 Vessel Particular의 내용을 살펴보았습니다. 다양한 선박들의 Particular를 통해 선박에 대한 지식과 안목을 넓히시기 바랍니다.

16. 규모에 따른 선박의 구분

먼저 용어의 개념부터 살펴보겠습니다.

Bulk란 운송상의 형체를 규정할 수 없는 화물을 의미합니다. 이를테면, 석탄, 철광석, 곡물, 시멘트, 모래 등이 해당됩니다. 우리말로 하면 산재재화(散在財貨)입니다. 반면에 Break Bulk는 형체를 갖추고 있는 화물로서 포장재화(包裝財貨)를 의미합니다. 다만, Bulk 화물이라 하더라도 포장용기에 담기면 포장재화가 됩니다.

개념적으로 접근했을 때, "Pump를 Bulk Vessel에 선적한다."라는 표현 대신 "Break Bulk Vessel에 선적한다."라는 표현이 적절합니다. 이를 구분하지 않고 Bulk Vessel이라는 용어로 획일화하여 사용하는 경향이 있으나, 용어의 의미를 정확히 인지하고 있어야겠습니다.

Bulk Vessel의 대표적인 하역장비가 CSU(Continuous Ship Unloader, 연속하역기)입니다. [그림 16-1] (a)는 석탄화력발전소의 CSU 모습입니다. Bulk Vessel에 선적하는 장비를 Shiploader라고 합니다. 맨 오른쪽 사진의 장비는 Grab이 장착된 Grab Shiploader입니다. Grab Shiploader는 선적과 하역을 모두 수행할 수 있습니다.

(a) Continuous Ship Unloader (b) Shiploader

[그림 16-1]

Bulk Vessel의 경우는 Vessel Particular에 Bale Capacity와 Grain Capacity를 명기하지만, Break Bulk Vessel은 Bulk 화물을 선적할 개연성이 거의 없으므로 통상적으로는 Bale Capacity만 명기합니다.

기자재(機資材)의 영어 표현은 Equipment & Materials입니다. Equipment는 기기(機器), Materials는 자재, 이 둘을 합해서 기자재라고 부릅니다. 기기는 Pump, Column, Drum, Heat Exchanger, Compressor, Transformer 등과 같이 반드시 도면에 따라 정해진 위치에 설치해야 하는 제품으로서, Tag No. (=Item No.)로 구분하고 이 Tag No.가 고유의 식별자가 됩니다. 따라서 Equipment와 Tagged Item이 동일한 의미로 사용되기도 합니다. Project마다 다른 Symbol을 적용하기도 하나, Tag No.는 통상적으로 아래와 같은 형식으로 표시합니다.

xxxx−C−xxxx : Column, Tower('x'는 숫자 또는 알파벳)

- A : Air Cooler(E군에 포함되기도 함.)
- D : Drum, Tank(Tank는 T를 사용하기도 함.)
- E : Heat Exchanger
- F : Furnace, Fired Heater, Boiler, Flare Stack
- G : Pump(P를 사용하기도 함.)
- K : Compressor
- R : Reactor
- V : Pressure Vessel

주요 기기들에 대해서는 알파벳 한 문자의 Symbol을 사용하고, 그 외에는 알파벳 두 문자 이상의 Symbol로 기기를 나타내며 이들과 숫자 또는 다른 알파벳의 조합으로 Tag No.를 구성합니다.

자재는 배관, 피팅, 플랜지, 볼트/너트, 밸브, 가스켓, 철골, 전선과 같이 사양만 일치하면 어느 곳에든 설치, 사용할 수 있는 제품을 의미합니다. 따라서 원천적으로 Tag No.가 존재할 수 없고 사양을 정의하는 Material Code로 구분합니다. 자재에 해당하기 때문에 배관기자재, 철골기자재가 아니라, 배관자재, 철골자재로 호칭하는 것이 바른 표현입니다. Equipment와 구분하는 개념으로 자재들을 Bulk 또는 Bulk Materials라고 부릅니다.

선박 규모에 따른 구분 형태를 〈표 16–1〉에 나타냈습니다.

BDI(Baltic Dry Index, 발틱건화물운임지수)는 런던의 발틱해운거래소가 1985년 1월 4일, 1,000 Point를 기준으로 현재의 지수를 산정하며, Baltic Handysize Index(BHSI), Baltic Panamax Index(BPI), Baltic Suezmax Index(BSI), Baltic Capesize Index(BCI) 등을 종합하여 발표합니다.

건설, 플랜트 기자재를 다루는 선박은 주로 Handysize에 해당됩니다. 따라서 건설, 플랜트 업종의 운임

〈표 16-1〉 규모에 따른 선박 구분

Type	Naming	DWT Range		L(m) max.	W(m) max.	Draft max.	비 고
		min.	max.				
Common	Handysize	10,000	39,999	–	–	–	주장하는 자에 따라 DWT 범위에 약간의 차이가 있음.
Common	Handymax	40,000	49,999	200	–	–	
Common	Supramax	50,000	59,999	–	–	–	
Common	Panamax	60,000	80,000	294.13	32.31	12.04	파나마운하 통과 가능한 최대 Size
Common	Neo Panamax	–	120,000	366.00	51.25	15.20	2016년 6월 '3rd Set of Locks' 개통에 따른 정의
Common	Suezmax	120,000	160,000	–	50.0	20.1	수에즈운하 통과 가능 최대 Size. Tanker 20만DWT까지 Suezmax라 하기도 함.
					77.5	12.2	
Common	Capesize	150,000	–	–	–	–	인도양과 대서양간 Cape of Good Hope경유, 대서양과 태평양간 Cape Horn 경유 선박. 개념상, 어떠한 운하도 통과할 수 없는 Size
Common	Seawaymax	–	–	225.6	23.8	7.9	캐나다 St. Lawrence Seaway 갑문을 통과할 수 있는 최대 Size
Common	Kamsarmax	–	–	229.0	–	–	보크사이트(bauxite)광산이 있는 기니 Kamsar Port에 정박할 수 있는 최대 Size
Common	Dunkirkmax	–	175,000	289.0	45.0	–	프랑스 Dunkirk Port 갑문통과 가능 최대 Size
Common	Newcastlemax	–	185,000	300.0	50.0	–	호주 Newcastle Port에 입항 가능 최대 Size
Common	Malaccamax	–	300,000	400.0	59.0	20.5	말레이시아 Malacca 해협을 통과할 수 있는 최대 Size
LNG Tanker	Q-Max	–	–	345.0	53.8	12.0	카타르 LNG터미널에 정박할 수 있는 최대 Size
Oil Tanker	Aframax	80,000	120,000	–	–	–	AFRA: Average Freight Rate Assessment. 중간 정도 크기의 원유 운반선
Oil Tanker	VLCC	180,000	320,000	–	–	–	Very Large Crude Carrier
Bulk Carrier	VLBC, VLOC	200,000	~	–	–	–	Very Large Bulk Carrier, Very Large Ore Carrier
Oil Tanker	ULCC	320,000	~	–	–	–	Ultra Large Crude Carrier, Super Tanker
VLBC	Chinamax	380,000	400,000	360.0	65.0	24.0	중국-브라질간 철광석 운반선 및 운송 Route에서 유래

지수 동향을 알아보려면 BDI 보다는 BHSI가 더 신빙성이 있습니다. BDI를 구성하는 그 외의 지수들은 원자재 수송과 밀접한 관련이 있으며, 이 지수들이 상승하는 경우, 원자재의 활발한 교역이 이뤄지고 있음을 의미합니다. 이는 곧 국제적인 경기전망에 대한 선행지표라고 할 수 있습니다. 일반적으로 BHSI는 다른 지수의 후행적인 특성이 있습니다. 왜냐하면 원자재 시장이 먼저 움직이기 시작하고 이러한 원자재들이 기자재들로 재탄생되어 선적에 이르기까지는 시간이 더 필요하기 때문입니다.

전형적인 Handysize급 Break Bulk 선박(Conventional Vessel)은 30톤 본선 크레인 4대와 5개의 Hold, 그리고 주로 Tween Deck을 구성합니다. 중량물선박(Heavylift Vessel) 또한 Handysize에 속합니다. 2~3개의 본선 크레인과 1~3개의 Hold에 Tween Deck을 구성하고, 중량물의 경우에는 고도가 높은 화물이

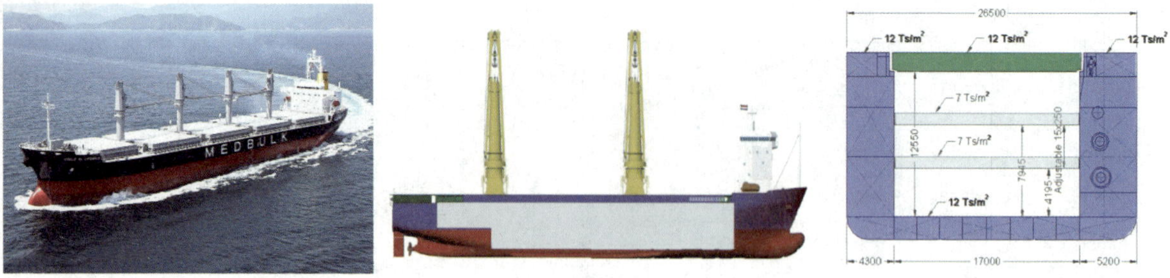

(a) Conventional Vessel　(b) Heavylift Vessel/1 Hold 구성　(c) Adjustable Tween Deck

[그림 16-2]

(a) Jumbo Shipping Heavyift Vessels　(b) MV HYUNDAI MASAN

[그림 16-3]

존재하기 때문에 Tween Deck의 위치를 조정할 수 있는 선박이 있습니다. [그림 16-2] (a)의 Conventional Vessel과 [그림 16-3] (a) Jumbo Shipping의 Heavylift Vessel에는 선교의 위치가 다르다는 차이점이 있습니다. 앞서 볼가돈운하 부분에서 언급했듯이, On-deck 화물의 고도가 높으면 선미에 위치한 선교의 시야를 가릴 수 있습니다. 따라서 중량물선박에 있어서는 선교가 선수쪽에 위치하는 것이 고고도 화물 운송에 보다 유리한 면이 있습니다.

다수의 크레인과 다수의 Hold로 구성된 중량물선박이 존재하기 때문에 사실상 중량물선박의 형상을 정형화시킬 수는 없습니다. MV HYUNDAI MASAN은 4개의 본선 크레인과 5개의 Hold를 구성하고

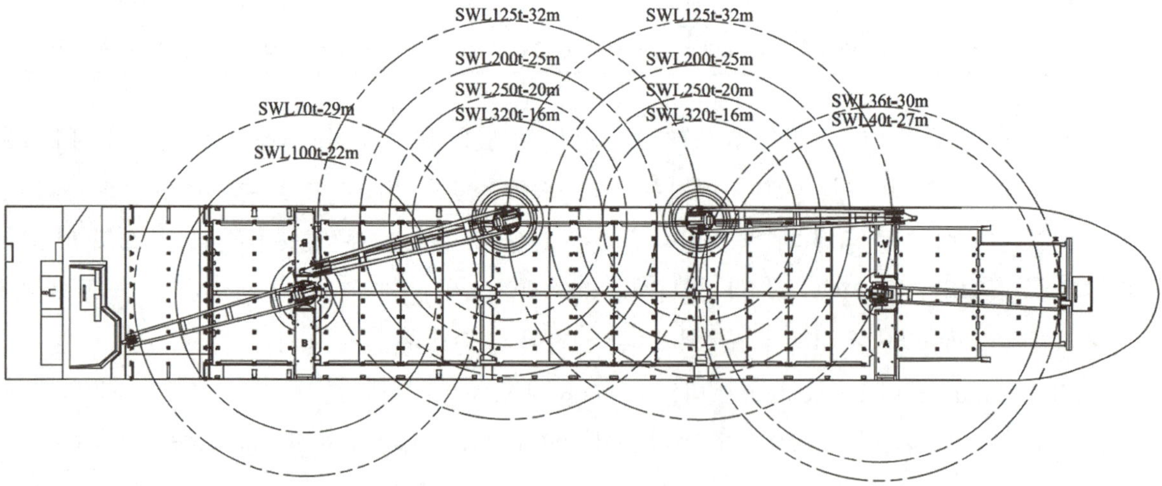

[그림 16-4] MV HYUNDAI MASN, 본선 크레인 성능

있습니다. Tandem Lift(본선 크레인 2대 동시사용) 방식으로 최대 640톤 중량까지 Lifting이 가능합니다. 특이한 것은 선박의 중앙에도 격벽이 놓여있다는 점입니다. 때문에 엄밀히 말하면 Hold 수가 5개 보다는 많습니다. Jumbo Shipping의 선박들과는 달리 선교가 선미쪽에 위치하고 있습니다.

SWL은 Seawater Level의 약자이기도 하지만 Lifting 성능을 나타낼 때는 Safe Working Load를 의미합니다. 해당 Outreach 반경에서 최대 Lifting 가능 중량을 나타냅니다.

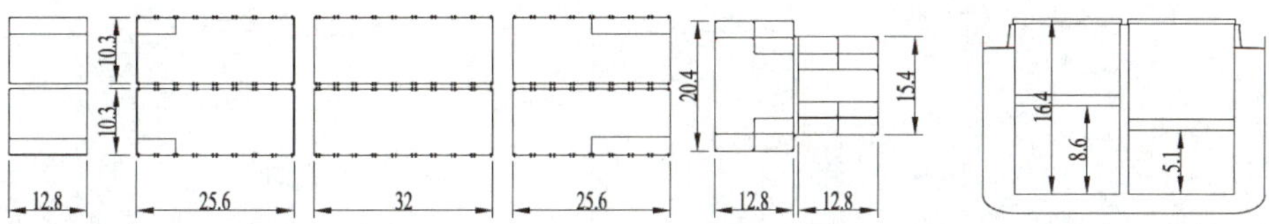

[그림 16-5] MV HYUNDAI MASN, 5 Hold 구성

500톤 중량까지 Lifting할 수 있는 MV BBC Congo는 3개의 본선 크레인과 2개의 Hold로 구성되어 있고 선미쪽에 선교가 위치하고 있습니다.

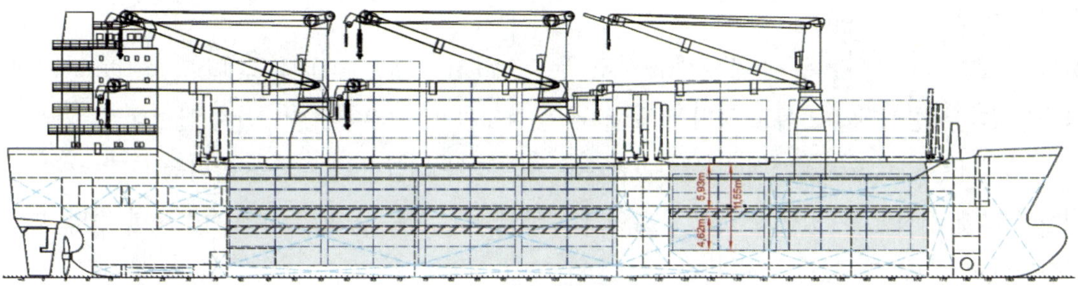

[그림 16-6] MV BBC Congo

살펴본 바와 같이 중량물선박에는 다양한 형상이 존재합니다.

2016년 6월 26일 파나마 운하의 확장에 따라 'Neo Panamax'의 개념이 도입되었습니다. 기존에는 약 8만DWT 선박까지 통행이 가능하던 것이 12만DWT급으로 확대되었습니다.

Capesize의 'Cape'는 대서양과 인도양을 교차할 때의 남아프리카공화국 희망곶(Cape of Good Hope), 대서양과 태평양을 교차할 때의 칠레 혼곶(Cape Horn)에서 그 명칭이 유래하였습니다. Cape는 곶(=갑岬)을 의미하며, 바다를 향해 뾰족하게 뻗은 형태의 육지를 말합니다. 삼면이 바다로 둘러싸인 지형을 곶 또는 반도(半島, Peninsula)라 하고, 삼면이 육지로 둘러싸인 바다를 만(灣 Bay, Gulf)이라고 합니다.

바르톨로뮤 디아스(Bartolomeu Dias)가 케이프타운의 남쪽 끝 희망곶을 발견했을 때는 그 이전에 엄청난 폭풍우에 시달렸던 탓에 이 곶을 폭풍의 곶(Cape of Storms)이라고 불렀습니다. 희망곶(喜望곶)

(a) 케이프타운 인근 지도　　　　(b) 혼곶 지도

[그림 16-7]

관련 역사를 살펴보겠습니다.

1486년 10월 포르투갈 왕 주앙 2세(포르투갈어 João II = John II)는 프레스터 존(Prester John)이 다스리고 있다는 전설적인 기독교 국가를 찾을 것과 아프리카 최남단이 어디인지 알아내라는 명령을 내리고 그 책임자로 바르톨로뮤 디아스를 임명합니다. 아프리카 최남단의 위치를 알면 인도로 향하는 뱃길을 어렵지 않게 개척할 수 있을 거라고 생각했기 때문입니다. 이는 동방의 향신료에 대한 갈망 때문이기도 했습니다.

그로부터 10개월 후 탐험선 두 척과 보급선 한 척으로 꾸려진 선단이 리스본(Lisbon)을 출항합니다. 보급선이 탐험대에 지원을 나선 것은 이때가 처음이라고 합니다. 오스만투르크 제국의 지중해 장악과 이탈리아반도 도시국가들의 향신료 무역 독점으로 인해 유럽의 변방국에 지나지 않았던 포르투갈은 그 만큼 신항로 개척에 목말라 있던 때였습니다.

몇 개월을 남하하여 처음에는 순조로운 항해가 지속되는 듯 했으나, 폭풍우를 만나 13일을 표류하는 동안 암초에 부딪칠 것을 우려하여 해안선으로부터 멀리 떨어져서 항해하게 됩니다. 폭풍우가 잦아들고 다시금 해안선을 찾아 뱃머리를 동쪽으로 돌렸을 때는 육지가 보이지 않았습니다. 이후 그들이 북상하여 닿은 곳은 모셀베이(Mossel Bay), 세인트프란시스베이(Saint Francis Bay) 그리고 포트엘리자베스(Port Elizabeth)의 알고아베이(Algoa Bay)라는 주장이 있습니다. 어느 지역이 됐건 디아스와 선원들은 아프리카 남해안 지역을 방문한 최초의 유럽인으로 역사에 이름을 올리게 되었습니다.

이미 아굴라스곶(Cape of Agulhas, 대서양과 인도양의 분기점)을 지나 인도양에 들어섰고, 계속 북상하여 인도를 향해 가고 싶었지만, 폭풍우에 지친 선원들이 폭동을 일으킬 조짐이 보이자 회항을 결정하게 됩니다. 1488년, 돌아오는 도중에 케이프타운 남쪽 끝을 발견하고 폭풍의 곶(Cape of Storms)이라고 명명합니다. 처음 그 곶을 지나칠 때는 폭풍우에 가려졌거나, 너무 멀리 돌아서 선회했기 때문에 미처 발견하지 못했던 것입니다.

[그림 16-8] 아프리카 남단 지도

아프리카 최남단 발견에(실제 최남단은 아굴라스곶임.) 고무된 주앙 2세는 새로운 희망을 보았다는 의미로 이를 희망의 곶(Cape of Good Hope, 포르투갈어 Cabo da Boa Esperansa)으로 개칭합니다. 디아스의 희망곶 발견은 그로부터 10년 후 바스코 다 가마(Vasco da Gama)가 인도항로 개척에 성공하는 발판이 되었고, 궁극적으로는 포르투갈이 향신료를 비롯한 인도양 무역을 장악함으로써 막대한 부를 누리는 계기가 되었습니다.

엔리케왕자의 보자도르곶 발견, 디아스의 희망곶 발견, 콜럼버스의 아메리카 대륙 발견 등, 필자 역시도 발견이라는 단어에 익숙해 있지만, 엄밀히 말하면 이는 적절하지 않은 표현입니다. 왜냐하면 이미 원주민들이 살고 있었거나 원주민들에게 익히 알려진 곶들이기 때문입니다. 어디까지나 유럽인들의 입장에서 발견이라는 표현을 쓴 것입니다. 앞서 디아스와 선원들이 아프리카 남해안을 방문한 최초의 유럽인이었다고 소개했듯이, 유럽인 '최초의 방문' 정도가 좀 더 객관적인 표현이라고 할 수 있습니다.

그런데 어쩌다가 희망곶을 희망봉(喜望峯)이라고 부르게 되었는지 의문입니다. 중국으로부터 전해진 한자의 영향이라는 분도 있으나, 중국에서는 호망각(好望角)으로 표현하고 있으므로 중국 전래설은 사실이 아닌 듯 합니다. 분명 타당하지 않은 것이 확실하기 때문에 이를 바로 잡을 필요가 있습니다.

17. SPMT(Self Propelled Modular Transporter)와 중량물 운송의 부대장비들

TII Group(Transporter Industry International GmbH)의 창업자 Otto Rettenmaier는 독일출신 기업가로 상원의원을 역임하였습니다.

(a) Mr. Otto Rettenmaier (b) TII 그룹 계열사 Logo

[그림 17-1]

그는 수많은 기업과 부동산에 투자하여 성공을 거두었고, 1988년 SCHEUERLE(독일)를 시작으로 1995년 NICOLAS(프랑스), 2004년에는 KAMAG(독일)을 각각 인수함으로써 세계 3대 SPMT Maker의 수장이 됩니다. 이어 2015년에는 인도의 TRATEC까지 인수함으로써, 명실공히 운송장비 제작업계의 최고봉에 올랐습니다. 이들 기업들은 TII Group의 일원으로서 전세계 운송장비 시장을 주도하고 있습니다. 이들과 경쟁하는 기업으로는 독일의 GOLDHOFER, 이탈리아의 COMETTO가 있습니다.

2000년도 이전만 해도 3억불 규모의 Project는 대형 Project에 속했습니다. 인터넷 속도나 IT기술의 활용도 면에서 현재의 수준과는 차이가 있었기 때문에 거의 모든 업무를 종이문서로 처리하던 시절이었습니다. 정말 많은 인원이 Task Force에 참여했던 기억이 있습니다. 5억불 규모 이상의 Project를 수주하면 전사가 잔치라도 벌여야 할 만큼 경사중의 경사였습니다. 그러나 지금은 단일 Project로 20억불을 상회하는 사례를 쉽게 접할 수 있습니다.

(a) 103m C_3 Splitter　　(b) 1,300톤 EO Reactor

[그림 17-2]

투자규모가 확대되었다는 것은 생산능력의 증대를 의미하고 설비의 대형화와도 일맥 상통합니다. 이를 위해서는 과거에는 상상하지 못했던 100m를 초과하는 Column, 1천톤을 상회하는 Reactor 등 각종 기자재의 설계와 제작기술이 뒷받침되어야 합니다.

[그림 17-3] Mammoet PTC Crane

더불어 운송장비와 설치장비의 성능이 향상되어야 합니다. 제작이 가능하다 해도 운송이 불가하고, 운송이 가능하다 해도 설치가 불가능하다면 실현될 수 없는 일입니다. 이러한 여건들이 맞아 떨어져서 Project 규모의 확대를 촉진시키고 있습니다.

3,000톤 화물을 Lifting할 수 있는 Heavylift Vessel, 대형설비 운송에 특화된 SPB, Semi Submersible Vessel, 괴력을 자랑하는 내륙운송 장비, 이들을 운영하고 관리할 수 있는 엔지니어, Operator, 그리고

(a) 13,300톤 Offshore Platform　　(b) 뛰어난 중량물 운송 엔지니어

[그림 17-4]

중량물 운송에 해박한 물류 전문가 등 Project 규모의 대형화에 물류업계의 기여도 또한 매우 높다고 할 것입니다. 일찍이 Otto Rettenmaier는 초대형화물 운송수요의 증가와 그 사업성을 예측하고 장비 제작사들을 인수한 것은 아닌지 생각하게 하는 대목입니다.

지금부터는 중량물 내륙운송의 핵심 장비인 SPMT(Self Propelled Modular Transporter)에 대해서 살펴 보겠습니다. 우리말로 하면 자주식 트레일러에 해당됩니다. 먼저 장비 관련 용어부터 알아보겠습니다.

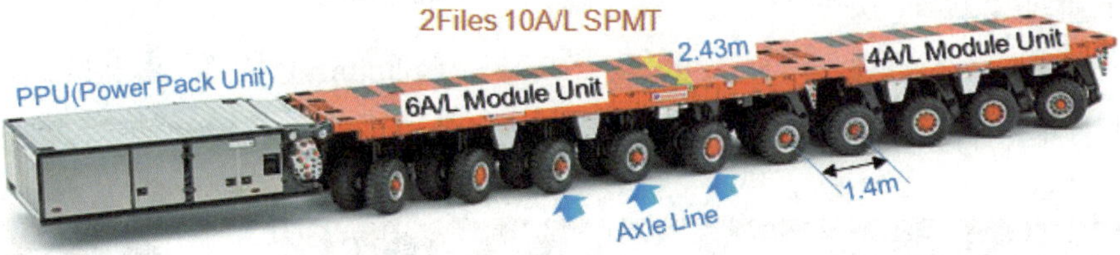

[그림 17-5] SPMT 구성

SPMT는 PPU(Power Pack Unit)에 의해 구동되는 장비입니다. Platform(Deck) 아래 각각의 Axle(축)은 2개의 바퀴로 지지를 받습니다. Module Unit의 폭은 2.43m, Axle 간격은 1.4m입니다. 특수장비를 제외하고 모든 Brand에서 동일합니다. 각 Module Unit은 2개의 축으로 Axle Line을 형성합니다. 측면에서 바라보면 4A/L 또는 6A/L Unit의 조합으로 구성되며, 3, 5, 8A/L Unit도 존재하나 이들의 현업 적용 빈도는 높지 않습니다.

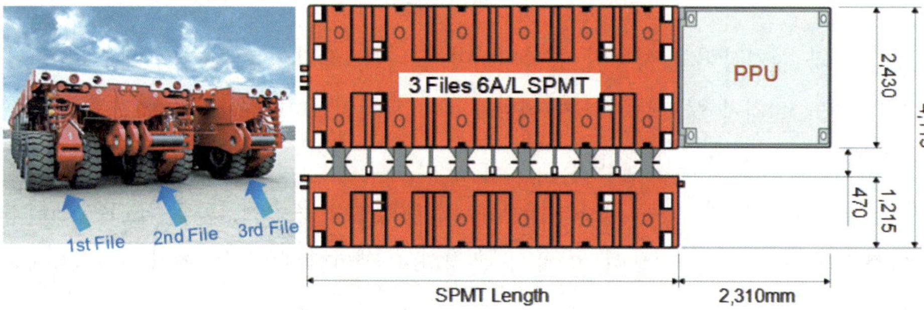

[그림 17-6] 3Flie 구성 SPMT

트레일러를 후방에서 주시할 때, 각 Axle Line을 File이라고 부릅니다. [그림 17-6]은 2 File 트레일러에 1 File 트레일러를 연결하여 3 File 트레일러를 구성한 모습입니다. 일반적인 방법은 2, 4, 6 File로 SPMT를 구성하는 것입니다.

다음 일련의 그림은 SPMT의 기능을 보여주는 Mammoet 제공 에니메이션입니다. Deck의 높이를 1,500mm ± 300mm의 형식으로 표현합니다. 1,500mm는 주행중의 높이(Running Height)를 의미하며, 1,500mm를 기준으로 상하 300mm씩 높낮이 조절이 가능함을 나타낸 것입니다.(Axle Compensation) 이 경우, 이론적으로는 1.2m 초과, 1.8m 미만의 높이를 만족하는 Stool을 준비하면 되나, 통상적으로

(a) SPMT Jack-up (b) SPMT Leveling

[그림 17-7]

SPMT용 Stool은 1.5m 높이를 가장 많이 사용하고 있습니다. Running Height와 Axle Compensation 범위는 SPMT 제작사마다 모델별로 약간씩 차이가 있습니다. (예, 1,515mm ± 315mm) SPMT Deck의 전후좌우 기울기를 조절할 수 있습니다. 이는 경사로에서 Deck의 수평을 유지해주는 기능입니다.

(a) Axle Compensation (b) PPU 각도 조절

[그림 17-8]

일부 Axle Line이 경사면과 만날 때에도 SPMT Deck를 수평으로 유지할 수 있습니다. 노면의 높이가 일정하지 않은 곳에서는 각 Axle이 독립적으로 높이를 조절합니다. PPU의 장착 각도를 조절할 수 있습니다. 경우에 따라서는 PPU 위에 Saddle이 놓이게 하여 Trailer Deck로도 활용할 수 있습니다.

(a) SPMT 조립 (b) 호스 및 전선 연결

[그림 17-9]

하나의 Module Unit에 PPU를 장착한 이후에는 작업자가 리모컨을 조작하여 후진하면서 후속 Module Unit과 연결을 시도합니다. 두 Unit간 하부의 홈을 일치시키고 Hydraulic Pin을 삽입, 고정시킵니다. 이후 상부 Deck는 작업자가 볼트/너트를 직접 조여줌으로써 두 Unit을 합체할 수 있습니다. 다수의 Hose와 Communication Cable을 연결하면 SPMT 조립이 완료됩니다. 같은 방식으로 후속 Module Unit과의 합체를 통해 트레일러 길이를 연장해나갈 수 있습니다.

(a) SPMT 측면 확장　　　(b) Axle Steering 원리

[그림 17-10]

폭 방향 확장시에는 트레일러 사이를 Side Spacer로 고정시킵니다. 마찬가지로 Hose와 Cable을 연결하여 One Body처럼 구동하게 합니다. Axle Steering 원리는 [그림 17-10] (b)에 표현한 것과 같습니다. 피니언 기어(Pinion Gear)가 두 개의 랙(Rack)과 맞물려 있고, 이들의 상호작용에 의해 Steering 기능을 제어합니다.

다음의 [그림 17-11]은 KAMAG, SPMT의 Steering Program을 나타낸 것입니다. 바퀴의 방향을 다양하게 조작할 수 있습니다.

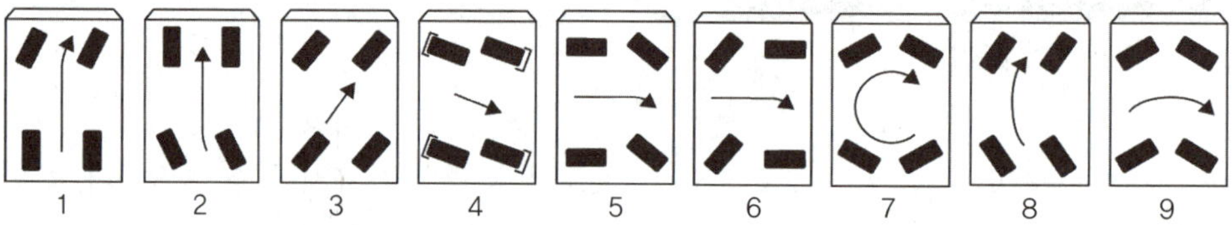

1. Front-wheel steering lengthwise
2. Rear-wheel steering lengthwise
3. Diagonal steering lengthwise
4. Diagonal steering crosswise
5. Front-wheel steering crosswise
6. Rear-wheel steering crosswise
7. Circle steering
8. All-wheel steering lengthwise
9. All-wheel steering crosswise

[그림 17-11] 다양한 Steering 기능

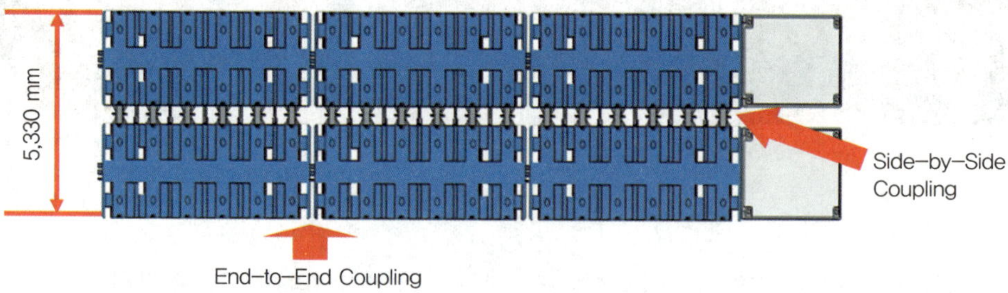

[그림 17-12] SPMT Coupling

Module Unit을 전후로 연결하는 것을 End-to-End Coupling(Connection)이라 하고 측면으로 연결하는 것을 Side-by-Side Coupling이라고 합니다. [그림 17-12]와 같은 구성의 전형적인 용어 표현은 'Side-by-Side Type 트레일러'입니다.

이론적으로는 얼마든지 트레일러를 확장할 수 있기 때문에 GBP(Ground Bearing Pressure, 지내력)를 만족하면서 장애물만 없다면 초대형 화물 운송에도 거의 제약이 없습니다. 또한 어떤 형태로든 분리된 트레일러의 조합과 동기화(Synchronization)를 통해 기이한 형상의 화물도 운송이 가능하다는 장점이 있습니다. [그림 17-13]과 같이 분리된 트레일러의 조합으로 운송하는 형태를 Open Compound 방식이라고 합니다. 이 용어를 기억하시기 바랍니다. 경우에 따라서는 트레일러가 부족한 상황을 극복할 수 있도록 해주는 트레일러 구성방식입니다.

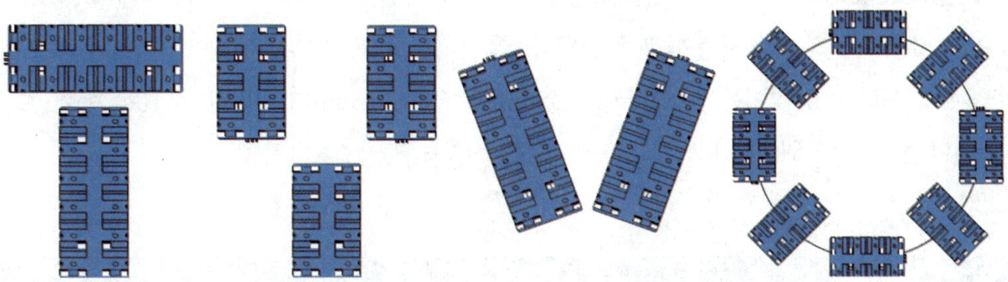

[그림 17-13] Open Compound 방식 SPMT 구성

[그림 17-14]는 Goldhofer의 PPU 모델들을 나타냈습니다. PPU는 대략 120~390kW 범위 내에서 SPMT 제작사마다 다양한 모델을 선보이고 있습니다. 각각의 출력성능에 따라 최대 운송능력이 달라집니다. KAMAG K24 모델 36A/L에 390kW PPU 1기 장착시, 차량중량 포함, 이론적으로는 1,728톤의 하중을 감당할 수 있습니다.

(a) 155kW Deutz PPU (b) 207kW Cummins PPU (c) 360kW Deutz PPU (d) 390kW Deutz PPU

[그림 17-14]

PPU 중량은 4~8톤 범위입니다. 작은 출력의 PPU는 포크리프트로도 장착작업이 가능하나, 고출력의 PPU는 크레인을 이용하여 장착하기도 합니다. 4A/L과 6A/L Unit이 혼재된 경우에는 일반적으로 6A/L Unit에 PPU를 장착합니다. 다음의 PPU 장착 사례를 포함하여 지금까지 예시한 사례들에서는 모두 6A/L Unit에 PPU가 장착된 모습입니다. 4A/L Unit에 장착하면 PPU의 자체 중량으로 인해 Module Unit 뒷부분이 들뜨게 됩니다. 동력이 없는 상태에서 최저 높이로 주저앉아 있는 다른 Unit과의 합체가 어려워질 수 있습니다. 이때는 [그림 17-15] (a)의 오른쪽 사례와 같이 크레인으로 후속 Unit을 살짝 들어올려 높이를 맞춘 상태에서 조립을 진행합니다.

(a) NICOLAS PPU + SPMT

(b) SCHEUERLE PPU + SPMT

[그림 17-15]

〈표 17-1〉은 Cometto의 SPMT 모델 제원을 나타낸 것입니다. Cometto는 MSPE(Self Propelled Electronic Module)라는 명칭을 사용하고 있습니다. 특이하게도 폭 2.43m 이외에 3m의 광폭 SPMT를 제작하고 있습니다. Platform 높이는 1,500mm ± 350mm로 TII Group의 SPMT 모델에 비해 높이 조절범위가 좀 더 넓다는 특징이 있습니다.

〈표 17-1〉 Cometto MSPE 모델 제원

TECHNICAL FEATURES					
MSPE-Self Propelled Electronic Module Technical features at 0.5km/h		MSPE 40T		MSPE 48T	
		2430	3000	2430	3000
		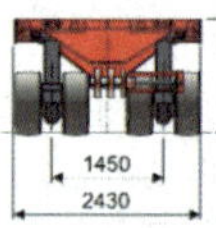	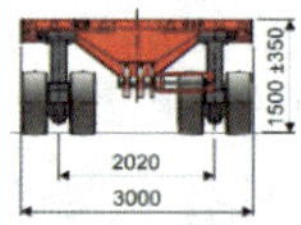	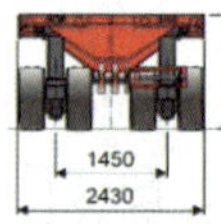	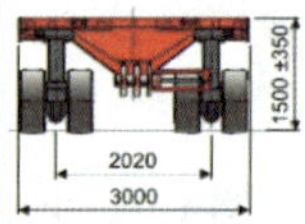
PLATFORM HEIGHT		1500±350mm		1500±350mm	
TYRES		355/65-15 24Pr		355/65-15 32Pr AIR INFLATED	
AXLE LINE LOAD		40t		48t	
3 AXLE LINES					
MODEL	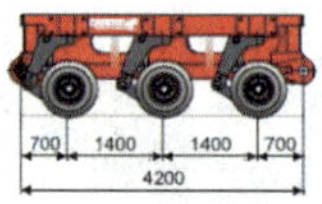	3/2/2.43(40T)	3/2/3.00(40T)	3/2/2.43(48T)	3/2/3.00(48T)
PLATFORM DIMENSIONS		4200×2430mm	4200×3000mm	4200×2430mm	4200×3000mm
SUSPENSIONS		6		6	
GROSS WEIGHT		120t		144t	
DEAD WEIGHT		12.7t	14.5t	12.7t	14.5t
PAYLOAD		107.3t	105.5t	131.3t	129.5t
4 AXLE LINES					
MODEL	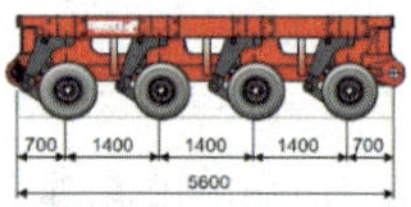	4/4/2.43(40T)	4/4/3.00(40T)	4/4/2.43(48T)	4/4/3.00(48T)
PLATFORM DIMENSIONS		5600×2430mm	5600×3000mm	5600×2430mm	5600×3000mm
SUSPENSIONS		8		8	
GROSS WEIGHT		160t		192t	
DEAD WEIGHT		16.5t	18t	16.5t	18t
PAYLOAD		143.5t	142t	175.5t	174t
5 AXLE LINES					
MODEL	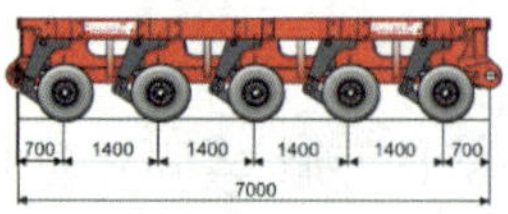	5/4/2.43(40T)	5/4/3.00(40T)	5/4/2.43(48T)	5/4/3.00(48T)
PLATFORM DIMENSIONS		7000×2430mm	7000×3000mm	7000×2430mm	7000×3000mm
SUSPENSIONS		10		10	
GROSS WEIGHT		200t		240t	
DEAD WEIGHT		20t	21.5t	20t	21.5t
PAYLOAD		180t	178.5t	220t	218.5t

6 AXLE LINES					
MODEL	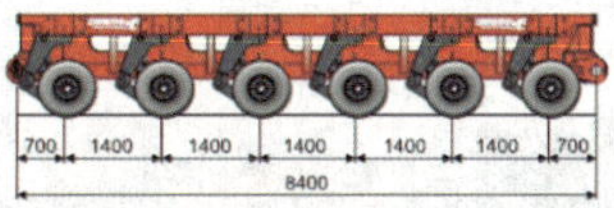	6/4/2.43(40T)	6/4/3.00(40T)	6/4/2.43(48T)	6/4/3.00(48T)
PLATFORM DIMENSIONS		8400×2430mm	8400×3000mm	8400×2430mm	8400×3000mm
SUSPENSIONS		12		12	
GROSS WEIGHT		240t		288	
DEAD WEIGHT		24t	25.5t	24t	25.5t
PAYLOAD		216t	214.5t	264t	262.5t

차량중량 포함, SPMT의 A/L당 최대 적재하중은 36~60톤입니다. 이는 적용 타이어, 연식, 모델에 따라 달라집니다. A/L당 SPMT가 감당할 수 있는 하중이 60톤이라 해도 Project를 수행하면서 이를 그대로 적용하기에는 현실적으로 무리가 따릅니다. 바퀴 한 개당 15톤의 하중이 가해지는 실로 가공(可恐)할 만한 수치입니다. 도로나 교량 등이 이 하중을 견딜 수 있을지 의문이며, 교통당국이 운송 Permit 발급을 불허할 가능성이 높습니다. 따라서 도로, 교량통과 허용기준 GBP를 확인해야 합니다.

PPU와 Module Unit에는 Name Plate가 부착되어 있습니다. [그림 17-16] (a)의 사례는 7.5톤 중량의 PPU로 출력성능은 350kW임을 보여줍니다. [그림 17-16] (b)의 사례는 6A/L Unit, A/L당 Load 36톤, A/L당 차량중량 4톤의 SPMT를 보여줍니다. 전체적으로는 192톤 화물(A/L당 32톤) 적재시 0.5km/h의 속도로 이동하기 때문에 운송속도가 상당히 느린 편입니다. 중량물 운송계획 수립시 장애물 극복에 소요되는 시간은 물론, 트레일러의 이동속도를 고려해야 합니다. 트레일러와 접촉할 기회가 있다면 Name Plate를 확인해 보시기 바랍니다.

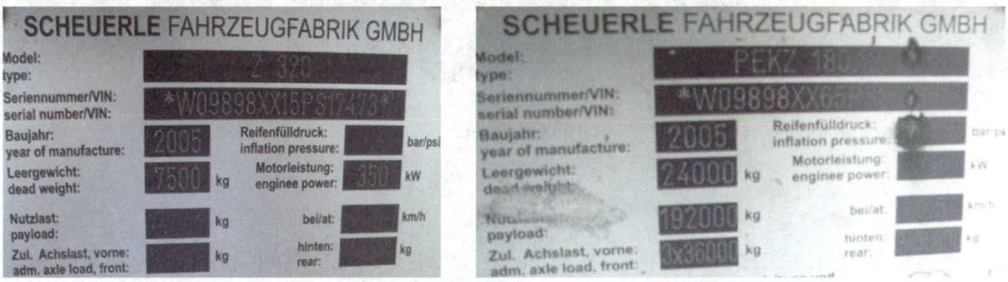

(a) PPU Name Plate 사례

(b) SPMT Name Plate 사례

[그림 17-16]

PPU가 모든 A/L에 구동력을 전달하지는 않습니다. 이를 쉽게 인지할 수 있도록 다른 모양의 Rim을 채용합니다. [그림 17-17]에서 금속 Rim의 형상이 다르다는 것을 확인할 있습니다. 나머지 Axle은

(a) Driven Wheels

(b) Non Driven Wheels

(c) 4A/L+4A/L, End-to-End Coupling

[그림 17-17]

Steering 및 높낮이 조절 기능만을 제어합니다. SPMT가 일시적으로 노면이 단단하지 않은 장소에 멈춰 선 경우, 어느 바퀴 아래를 집중적으로 보강해야 하는지 알 수 있습니다.

(a) 5A/L+5A/L, End-to-End Coupling

(b) 6A/L+6A/L, Side-by-Side Coupling

[그림 17-18]

Axle Compensation 기능과 제한적인 Driven A/L 구성, 그리고 자체하중 때문에 진흙땅이나 모래땅에서는 SPMT가 그 곳을 벗어나기가 상당히 어렵습니다. 주행을 고집할수록 구동 바퀴 아래의 땅이 더욱 깊이 파이게 됩니다. 이때는 화물을 Stool 위에 내려놓고, [그림 17-19] (a)의 사례와 같이 Payloader 등의 중장비를 동원하여 끌어당기면서 트레일러를 구동시키는 것이 탈출에 효과적입니다.

(a) Payloader 지원, SPMT Release

(b) 예비 타이어

(c) Axles 고장 또는 예비 타이어 부재시

[그림 17-19]

장거리 운송에 있어서는 망가지는 타이어 교체를 위해 여분의 타이어를 대동해야 합니다. 고장난 Axle은 Deck 높이를 낮추고 쐐기를 꼽아 위치를 고정시킨 후 다시 Running Height 높이로 조정하면 타이어가 지면으로부터 이격된 형태가 됩니다. 이와 같이 조치를 취한 후에 운행을 재개합니다.

저출력과 고출력의 PPU를 Side-by-Side Type으로 구성할 수 있고, 보다 큰 출력을 내기 위해 PPU를

(a) 출력성능이 다른 PPU 조합

(b) 양방향 PPU 장착

[그림 17-20]

트레일러 양단에 장착할 수 있습니다.

(a) 필터 오염 사례 (b) 오일필터 교환 (c) 기름통 (d) 급유

[그림 17-21]

장거리 운송시 PPU의 오일필터를 교체해야 합니다. Column 표면에 검게 그을린 듯한 흔적은 오일필터를 장기간 교환하지 않았을 때 나타나는 현상입니다. Oil Tank를 대동하여 운송도중 정차상태에서 급유를 실시할 수 있습니다.

[그림 17-22] 사례의 Column을 Conventional Trailer로 운송하고 Head 방향에서 견인해야 한다면, 상당히 많은 추가 트레일러를 동원해야 할 것입니다. SPMT가 고성능의 운송장비라는 점 외에도, 화물 길이와 관계없이 간섭을 받지 않으면서 운송이 가능하다는 장점이 있습니다. 다만, Column에 Deflection(휘는 현상)이 발생하지 않는다는 전제하에 사례와 같은 Trailer Configuration이 유효합니다. Deflection의 우려가 있다면 Head 방향으로 Saddle을 추가하고 트레일러를 증차해야 합니다.

[그림 17-22] SPMT를 이용한 Column 운송

[그림 17-23] (a)의 사례에서는 Primemover와 트레일러를 연결하는 Draw Bar(=Pulling Bar)가 조금은 불안한 모습입니다. Ramp Panel의 정점에 있는 Axle이 이미 최대한 고도를 낮춘 상태여서 더 이상은 트레일러 Deck의 높이를 낮추는 것이 불가능합니다. 이로 인해 Draw Bar의 트레일러 연결 부위가 치솟아 있습니다. 어느 정도는 위험을 감수하고 Primemover와 Conventional Trailer로 Roll-off 작업을 실시할 수 있겠지만, Roll-on시에는 Primemover가 후진 또는 밀면서 승선해야 하기 때문에 Ramp Panel의 경사도를 고려할 때 작업 자체가 불가능할 것으로 보입니다. 반면에 SPMT를 사용하면, Roll-on, Roll-off 모두 큰 어려움 없이 작업이 가능합니다. 다만, Ramp Panel을 단단히 고정시키는 것이 관건입니다.

[그림 17-23] (b)의 오른쪽 사례와 같이 Ramp Panel은 수평을 유지하는 것이 바람직합니다. 경사면을 형성하는 경우, 수직방향의 하중뿐만 아니라, 수평방향으로도 하중이 작용하여 Ramp 또는 Barge가 움직일 가능성이 있습니다. PART 2, 'Ro-Ro선 선적시 유의사항'에서 이 부분을 짚어보겠습니다.

(a) Conventional Trailer Roll-off　　(b) SPMT Ro-Ro 작업

[그림 17-23]

SPMT는 공차 상태에서도 매우 느린 속도로 주행하기 때문에 장거리 운송 후에는 통상적으로 이를 해체하여 다른 트레일러로 복귀합니다. 이때 현장 크레인과 지게차를 지원받을 수 있도록 현장 관계자와 협의하시기 바랍니다. 트레일러 규모가 작으면 해체하지 않고 트레일러 전체를 상차하여 운송하기도 합니다. [그림 17-24] (b)는 상차상태의 SPMT Deck 각도와 PPU의 각도를 조절함으로써 이 역시 SPMT의 장점을 보여주고 있습니다.

(a) SPMT Unit 상하차　　(b) Gooseneck Trailer를 이용한 SPMT 운송

[그림 17-24]

부대장비를 활용한 다양한 트레일러 조합이 가능합니다. Deck Spacer는 적은 A/L 구성으로도 장척물의 운송을 가능하게 해줍니다. 화물에 Deflection 발생 우려가 있고, A/L 부족시 이를 타개할 수 있는

(a) Deck Spacer 연결　　(b) Deck Spacer를 활용한 운송

[그림 17-25]

방법기도 합니다.

(a) Drop Deck Spacer

(b) Excavator Deck Spacer

(c) Wind Tower Adapter

(d) Bolster

(e) Wind Tower Adapter 장착

[그림 17-26]

Drop Deck Spacer는 터널이나 Overbridge, 톨게이트 등의 제거 불가능한 고도상의 장애요인이 있을 때 유용합니다. 다만 높이를 낮추는 데는 한계가 있기 때문에 경우에 따라서는 우회로(Bypass, Detour)를 개설하기도 합니다. Wind Tower Adapter도 운송상의 높이를 낮춰야 할 필요성이 있을 때 유용하게 사용할 수 있는 장비입니다. Tower Adapter를 장착한 운송방식은 일종의 Schnabel System을 적용한 것입니다.

(a) Schnabel System

(b) ALE Bolster와 1,513톤 Wash Tower

[그림 17-27]

Schnabel System은 Lifting Arm과 화물의 Pin Hole에 Pin을 삽입하여 연결하고 화물이 허공에 뜬 상태로 운송하는 방식입니다. 굽이길 통과는 물론, 노면에 미치는 하중을 분산시키면서 운송상의 고도를 낮출 수 있습니다. Bolster는 장척물(長尺物, Lengthy Cargo) 운송시 굽이길 통과를 가능하도록 해주는 장비입니다. 트레일러의 정중앙 위치에서 Saddle을 지지하고 Load Spreader와 함께 사용합니다. 어느 Saddle을 지지하여 운송할 것인지도 중요한 관리포인트가 됩니다. 화물에 Deflection 즉, 휘는 현상이 발생할 수 있어서 지지할 Saddle에 대해서는 반드시 설계부서와 사전 협의가 필요합니다. [그림 17-27] 오른쪽 Wash Tower 사례는 Saddle 밑면이 지상으로부터 약 3m 높이에 위치하고 있습니다. Operator의 작은 리모컨 조작 실수로도 화물의 좌우 균형이 무너질 수 있기 때문에 운송시에 상당한 주의가 요구됩니다.

(a) Wash Tower 운송

(b) Bolster를 장착한 운송 사례

[그림 17-28]

[그림 17-28] (a)는 Wash Tower의 전체적인 모습입니다. 사진상으로는 Bolster의 필요성이 직접적으로 와닿지 않습니다. 반면에 오른쪽 (b) 사진의 사례를 통해 Bolster를 사용해야 하는 이유를 명확히 알 수 있습니다.

장척물 운송시, 트레일러가 도로를 이탈하지 않으면서 굽이길을 통과하기 위해서는 사실 Bolster 외에는 다른 대안이 없습니다. Route Survey를 실시하여 도로나 교량 보강필요 여부와 각종 장애물들을 파악하고, 화물의 이동궤적에 따른 Simulation을 실시함으로써 장애물들을 적기에 제거해야 합니다.

[그림 17-29] 시뮬레이션 도면상에 초록색으로 표시된 영역은 화물의 이동궤적을 의미하고, 붉은색으로 표시된 영역은 트레일러의 이동궤적을 의미합니다. 따라서 초록색 영역 내의 모든 장애물들을 제거해야 합니다. 왼쪽 도면의 초록색 영역 최대 Span은 37.6m입니다. 아울러 지반이 약한 경우, 트레일러 이동로의 보강작업이 필요할 수 있습니다.

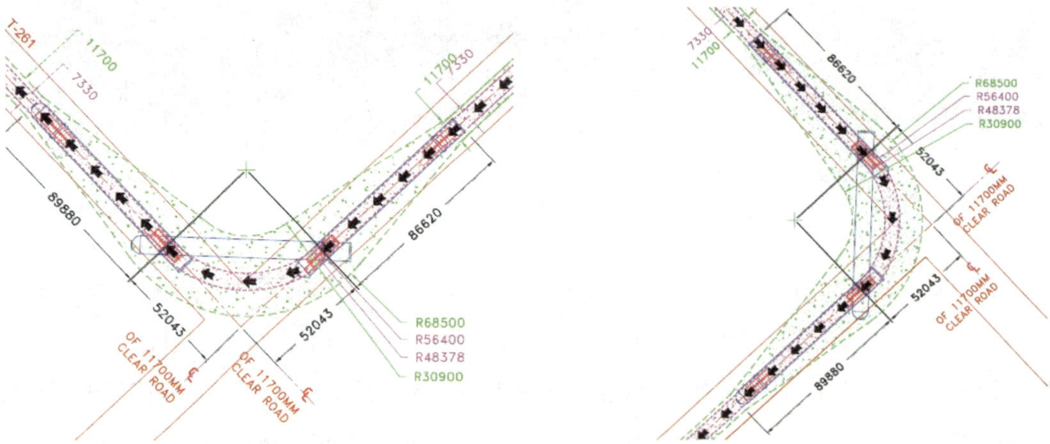

[그림 17-29] Turning Simulation Drawing

Bolster를 이용한 장척물 운송시, Saddle 지지 위치를 조정함으로써 화물이 휘는 문제를 예방할 수 있습니다. 반면에 트레일러가 휘는 현상은 노후화 정도에 따라서도 영향을 받습니다. [그림 17-30] (a)의 TC(Trailer Configuration) 도면에서 알 수 있는 바는 트레일러의 Deflection 방지를 위해 운송사 스스로가 중간에 Support로 지지해야 한다고 표현한 점입니다. [그림 17-30] (b)의 사례는 이 같은 조치를 취하

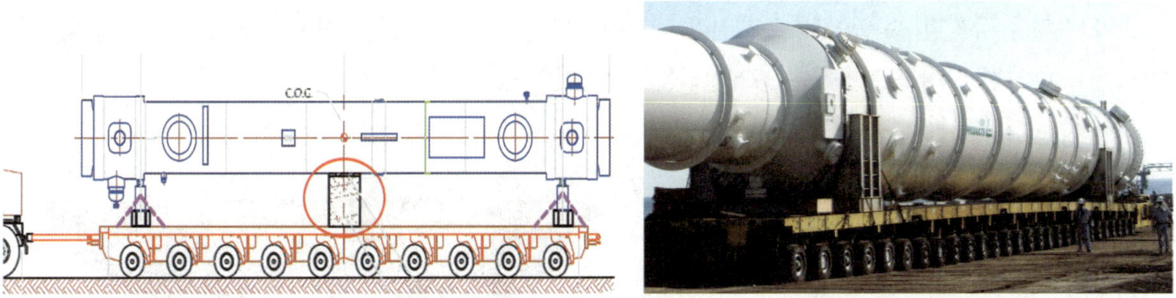

(a) Deflection 방지용 Support (b) 보조 Support가 없는 사례

[그림 17-30] Turning Simulation Drawing

지 않았습니다. 원거리의 Saddle 2개에 의지하여 Loading을 실시한 결과, 트레일러 중간 부분이 화물에 닿을 듯한 모습입니다. 트레일러 양단의 집중하중이 전체적인 트레일러 Load Balance에 영향을 미치기 때문입니다. 특히 Bolster를 사용하는 경우에는 하중분산 문제가 중요한 이슈로 부각될 수 있습니다. 초중량물은 Wash Tower 운송 사례와 같이 특수 제작한 Load Spreader를 트레일러 위에 장착해야 합니다.

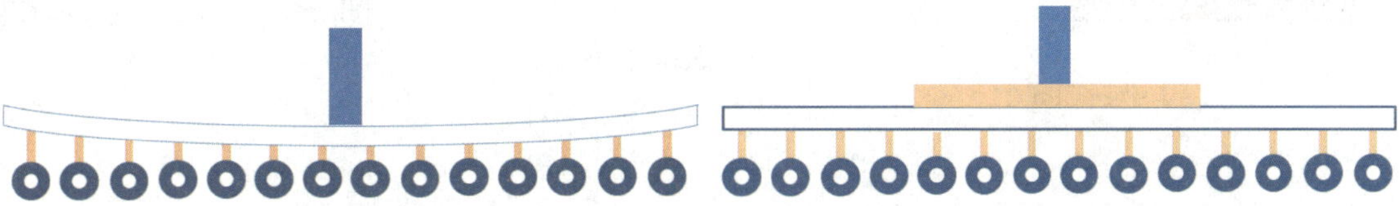

(a) Loader Spreader 미적용 (b) Load Spreader를 이용한 하중분산

[그림 17-31]

Load Spreader를 사용한다 해도 트레일러 시스템이 이상반응을 보이는 경우가 있습니다. 주로 노후화된 트레일러에서 나타나는 현상입니다. 이때는 다음과 같은 방법이 해결책이 될 수 있습니다.

(a) SPMT 연결부위에 Plate를 삽입한 모습 (b) Plate 형상

[그림 17-32]

[그림 17-32]의 SPMT는 Bolster를 장착한 위치에서 Deck가 솟아있습니다. Module Unit간 연결부위에 [그림 17-32] (b)와 같은 형태의 Plate를 삽입했기 때문입니다. 더 많은 하중이 가해져도 이를 통해

Deck가 수평을 유지할 수 있어서, 트레일러 센서는 정상적으로 하중이 분산된 것으로 인식하게 됩니다. 이 밖에도 다양한 장비를 활용하여 트레일러를 구성할 수 있습니다.

(a) Telescopic Widening System

(b) Scissor Widening System

[그림 17-33]

18. SPT(Self Propelled Transporter)

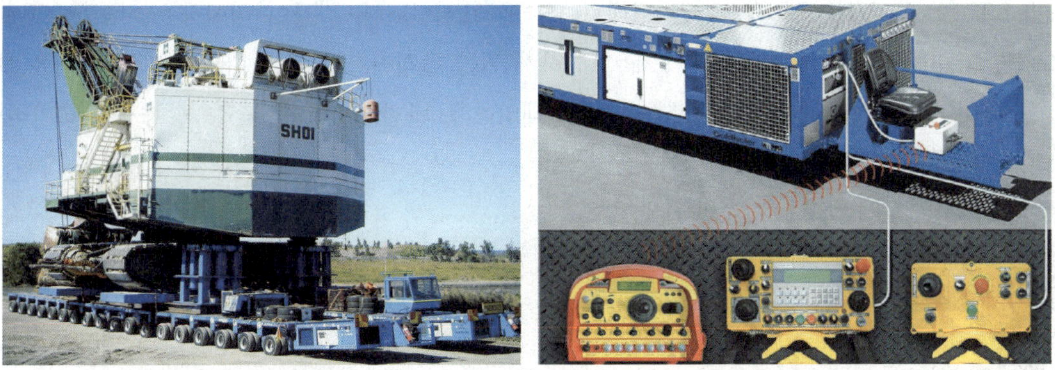

(a) SPT 운송 사례　　　　(b) SPT 리모컨

[그림 18-1]

SPT, 4File 구성으로 화물을 운송하는 모습입니다. SPT 또한 PPU에 의해 구동됩니다. 운전석처럼 보이는 장비는 Cabin입니다. 크레인 등의 Lifting 장비에서도 운전실을 Cabin이라고 부릅니다. [그림 18-1] (b)에서처럼 PPU 앞에 앉아서 운전할 수 있는 거치대를 설치하기도 하나, PPU의 소음이 워낙 심해 Cabin을 장착하는 경우가 있습니다. SPT도 리모컨으로 조작합니다. 사진은 Goldhofer의 PPU와 리모컨 모델들입니다.

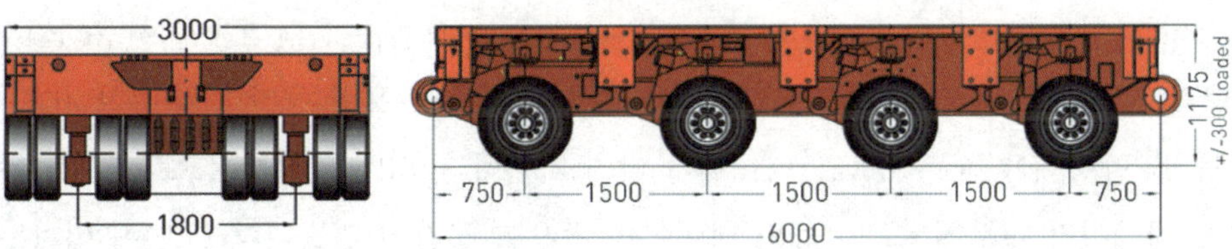

[그림 18-2] Cometto Model MGSL-4, Axle Load 45Ton per A/L

중량물의 내륙운송에 있어서 범용적으로 사용되는 SPT 규격입니다. SPMT(폭 2.43m, Axle 간격 1.4m) 보다 Deck 폭과 Axle 간격이 넓습니다. Running Height는 브랜드마다 차이가 있으나 1.2m 안팎으로 SPMT보다 낮습니다. 상대적으로 차량 폭이 넓고, Running Height가 낮기 때문에 중량물 운송에 있어서 보다 안정감이 있다고 할 수 있습니다. 반면에 동일한 A/L 수의 Module Unit을 비교했을 때, 이들 장비를 해상으로 운송하는 경우, SPMT보다 해상운송비가 더 많이 발생한다는 단점이 있습니다. (FR Out-gauge)

SPT도 통상적으로 4축열과 6축열 Unit을 연결하여 트레일러를 구성합니다. 현업에서는 사용 빈도가 높지 않지만 2, 3, 5A/L Unit이 존재합니다.

[그림 18-3]은 Goldhofer의 PST/H 모델의 SPT 제원입니다. Goldhofer는 SPT 대신 PST라는 명칭을 사용합니다. 이 모델도 차량중량 포함, A/L당 45톤의 Axle Load 능력을 갖추고 있습니다. Cometto의 MGSL-4 모델보다 차량 폭과 Axle 간격이 넓다는 것을 알 수 있습니다. Axle Compensation 범위에도 차이가 있습니다. 이는 범용적인 사양과 대비하기 위해 Goldhofer의 다양한 모델중의 하나를 옮긴 것입니다.

Radial Tire는 '235/75 R17.5'와 같은 형태로 규격을 표시합니다. 각각이 의미하는 바를 사진에 표시하였습니다. Radial Tire는 타이어의 강도를 보강하기 위한 폴리에스터 또는 나일론 재질의 섬유 보강재(Cord)를 타이어의 진행방향에 직각으로 배열한 형태입니다. 반면에 Cord를 45도 방향으로 교차하여 덧댄 형태의 타이어를 Bias Tire라고 합니다.

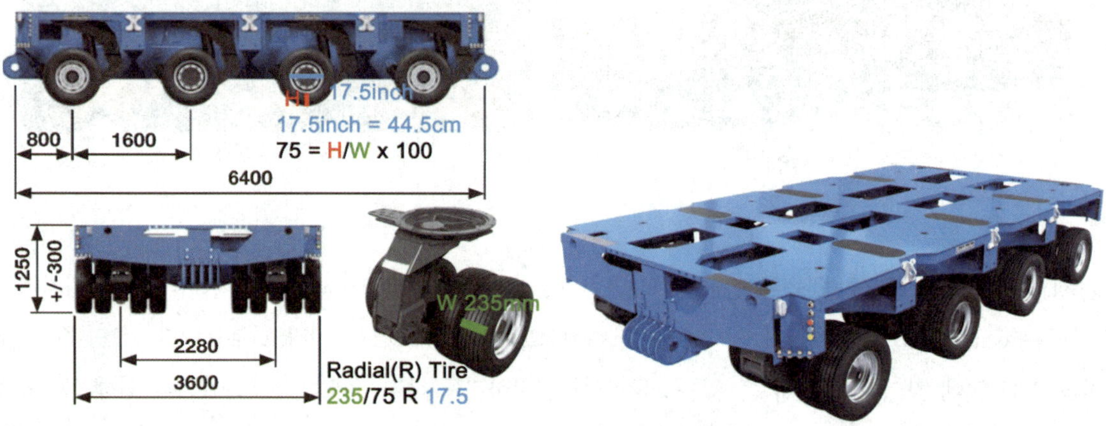

[그림 18-3] SPT 모델 사례와 타이어 규격 표시법

축당 4개의 타이어를 장착한 트레일러는 SPT입니다.(일부 모델은 축당 2개를 사용하기도 함.) 반면에 SPMT는 축간 간격과 Deck의 폭이 좁아 축당 4개의 타이어를 수용할 공간이 부족합니다. 타이어 1개당 더 많은 하중을 감당해야 하는 SPMT 타이어가 더 고가입니다. SPT는 상대적으로 Deck 폭이 넓고 Axle 간격이 1.5m 이상이기 때문에 축당 4개의 타이어를 수용할 공간이 있습니다. 노면에 미치는 하중분산에 좀 더 유리한 형태라고 할 수 있습니다.

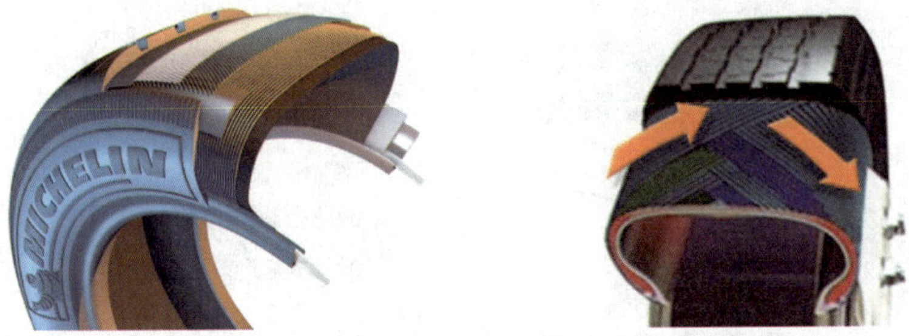

(a) Radial Tire (b) Bias Tire

[그림 18-4]

[그림 18-5]는 Cometto의 PPU 모델을 나타낸 것입니다. 202kW에서 368kW로 성능이 1.82배 증가할 때, PPU 중량은 6.8톤에서 7.5톤으로 1.1배 상승합니다. 성능의 증가와 PPU 중량의 상승은 정비례 관계가 아님을 알 수 있습니다.

POWER 335–368kW		POWER 175–202kW		POWER 129kW	
DIMENSIONS	4600×2310×1090mm	DIMENSIONS	4300×2400×1090mm	DIMENSIONS	2850×2310×1090mm
DEAD WEIGHT	7.5t	DEAD WEIGHT	6.8t	DEAD WEIGHT	4.5t

[그림 18-5] Cometto의 PPU 모델

[그림 18-6]은 Goldhofer PST의 Steering 기능을 나타낸 것입니다. SPT 또한 Steering 방식을 다양하게 적용할 수 있습니다. 차이가 있다면 SPMT는 360도 Steering이 가능한 반면, SPT는 보통 ±60도 각도의 Axle Steering 기능이 있습니다. 물론 ±140도 회전이 가능한 모델도 존재하나, ±60도 Steering 기능의 Trailer가 범용적인 사양입니다. 60도라고 하면 직각 방향의 게걸음이 불가능하다는 것을 의미합니다. 한편 그림상에는 90도 Crab Steering(게걸음)이 가능한 Goldhofer 모델이 있음을 알 수 있습니다.

[표 18-1]은 TII Group의 모델별 SPT 사양을 비교한 Table입니다. 일반적으로는 Axle Load라는 표현을 사용하나, 혼선을 피하기 위해 필자는 A/L Load라는 용어를 사용했습니다. 이는 트레일러 중량을 포함한 2File 트레일러의 A/L당 적재하중을 의미합니다. A/L당 차량 중량은 3.33~4.13톤, 순수 화물의 최대 적재중량은 A/L당 32.3~41.6톤 범위입니다. 차량 중량을 Dead Weight 또는 Tare Weight로 표현합니다.

TII Group의 SPT 모델을 적용할 경우, Deck 높이가 1.175~1.270m±(300~325mm)의 범위에 속하므로 트레일러가 정상적으로 성능을 발휘하는 경우 1.3~1.4m 높이의 Stool은 SPMT와 SPT에 공통적

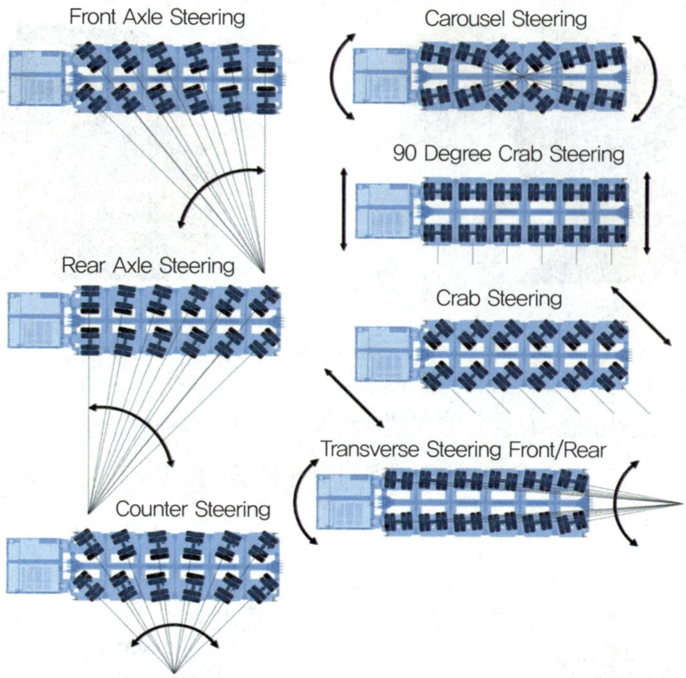

[그림 18-6] Axle Steering 기능

〈표 18-1〉 4A/L SPT 모델별 사양비교

Model Name	Unit	S1	S0 / S10	ES(S17)	SP(S0/S10)	SPE(S0/S10)	PB(S0/S10)
Axle Line Load	kg	36,000	36,000/45,000	45,000	36,000/45,000	40,000/45,000	36,000/45,000
Dead Weight(4A/L)	kg	13,400	13,300/13,450	13,400	13,700/13,800	16,300/16,500	14,700/14,800
Dead Weight per A/L	kg	3,350	3,325/3,363	3,350	3,425/3,450	4,075/4,125	3,675/3,700
Payload	kg	130,600	144,000/166,550	166,550	130,300/166,200	143,700/163,500	129,300/165,200
Total Weight	kg	144,000	157,300/180,000	179,950	144,000/180,000	160,000/180,000	144,000/180,000
Platform Height(Min)	mm	945	865	865	865	920	865
Platform Height(Max)	mm	1,595	1,515	1,515	1,515	1,520	1,515
Running Height	mm	1,270	1,190	1,190	1,190	1,220	1,190
Axle Compensation	mm	± 325					
Total Lifting	mm	650					
Length	mm	6000					
Width	mm	3,100	3,000				
Axial Distance	mm	1,500					
Tire Size	235/75 R17.5		215/75 R17.5				
No. of Tires per A/L		8					
Steering Angle	°	± 60	± 60	± 60	± 60	± 60	± 60

으로 사용할 수 있습니다. Stool은 1.5m × 1.0m × 1.0m(LWH)의 직육면체 Concrete Block이 범용적으로 사용됩니다. 이 Size는 세우거나 눕혀서 SPMT, SPT 모두를 충족시킬 수 있습니다. 다만, 1m 높이라 해도 Stool 상부에 Timber 등으로 보강하면 SPMT에도 사용할 수 있습니다.

〈표 18-2〉 6A/L SPT 모델별 사양비교

Model Name	Unit	3.2	SL 3.2	Standard	ES	SL	PB	SP	SPE
Axle Line Load	kg	36,000		45,000					
Dead Weight(6A/L)	kg	20,600	21,600	20,000	20,000	21,000	21,000	21,000	24,300
Dead Weight per A/L	kg	3,433	3,600	3,333	3,333	3,500	3,500	3,500	4,050
Payload	kg	195,400	194,400	250,000	250,000	249,000	249,000	249,000	245,700
Total Weight	kg	216,000		270,000					
Platform Height(Min)	mm	950	950	875	875	875	875	875	920
Platform Height(Max)	mm	1,550	1,550	1,475	1,475	1,475	1,475	1,475	1,520
Running Height	mm	1,250	1,250	1,175	1,175	1,175	1,175	1,175	1,220
Axle Compensation	mm	± 300							
Total Lifting	mm	600							
Length	mm	9,000							
Width	mm	3,200		3,000					
Axial Distance	mm	1,500							
Tire Size		245/70 R17.5		215/75 R17.5					
Nos. of Tires per A/L		8							
Oil Volume in the Vehicle	l	220	75	220	220	75	–	–	–
Steering		Hydraulic / Mechanic Forced Steering							Electronic
Steering Angle	°	± 60	± 60	± 60	± 60	± 60	± 60	± 60	± 140

[그림 18-7] 범용적인 콘크리트 블록

SPMT와 SPT의 장점중의 하나는 도로 굴곡에 관계없이 트레일러 Deck의 높이를 일정하게 유지할 수 있어서(Axle Compensation) 중량물을 보다 안전하게 운송할 수 있다는 점입니다. [그림 18-8] 왼쪽의 미니 사진에 나타낸 것처럼 축 또한 유연하게 움직이기 때문에(Swinging Axle or Pendulum Axle) 각 바퀴가 접하는 도로 상태에 쉽게 대처하게 해줍니다.

[그림 18-8] SPT Axle Compensation

[그림 18-9] (a) 사례의 Column을 Conventional Trailer로 운송한다고 하면 Primemover와의 간섭으로 인해 보다 많은 A/L이 동원되어야 할 것입니다. [그림 18-9] (b) 사례의 전방 트레일러는 SPMT, 후방 트레일러는 SPT 구성입니다. 두 트레일러간에는 동기화가 불가능하여 안전운송에는 바람직하지 않은 방식입니다. 아주 드문 예이긴 하나, 트레일러 부족시 고육지책(苦肉之策)으로 모색할 수는 있습니다.

(a) SPT 이용 운송 사례

(b) SPMT, SPT 조합 Bolster 활용 운송

[그림 18-9]

운송 완료 후, 트레일러를 해체하여 복귀해야 하는 경우에는 현장의 크레인과 지게차를 지원받을 수 있도록 협의하시기 바랍니다.

19. Conventional Trailer와 운송 부대장비들

(a) Primemover+Conventional Trailer 구성

(b) 소형 PPU

[그림 19-1]

Conventional Trailer는 각각의 Module Unit을 조립한 트레일러를 Primemover가 이끄는 형태의 Modular Trailer를 의미합니다. Pulling Device를 장착하고 Draw Bar(Pulling Bar or Tow Bar)로 Primemover와 연결합니다. Steering과 높낮이 조절을 위한 소형 PPU(10~36kW)가 장착됩니다. 범용적인 트레일러 사양은 범용적인 SPT 사양과 같습니다. 2~6A/L Unit을 조합할 수 있으나, 4A/L과 6A/L의 조합이 보편적인 트레일러 구성방식입니다.

[그림 19-2] Conventional Trailer 구성

[그림 19-2]는 Goldhofer의 Conventional Trailer와 부속장비를 나타냈습니다. 트레일러의 길이 또는 폭의 확장에는 거의 제약이 없으며, 폭을 확장할 때는 해당 Pulling Device가 구비되어야 합니다. 화물과 Primemover의 간섭을 배제하기 위해 다양한 길이의 Draw Bar가 사용될 수 있습니다. 물론 운송사의 장비 보유여부를 확인해야 합니다. 다만 긴 Draw Bar를 사용하면 후진 조작에 불편함이 따릅니다. Draw Bar와 Primemover가 일직선상에 놓일 때 트레일러에 제대로 힘이 전달될 수 있기 때문입니다.

[그림 19-3] (a) 사례에서는 대단히 위험한 장면이 포착됩니다. 보시는 바와 같이 비탈길입니다. 경사로에서는 절대로 Trailer 뒤를 쫓아가는 일이 있어서는 안 됩니다. 제동장치와 Pulling Device에 이상이 생기거나, Primemover 및 Trailer가 경사도를 견디지 못하는 경우 미끄러져 내릴 수 있습니다. 특히 노면이 젖은 상태 또는 비포장 도로에서는 마찰력이 저하되어 위험성이 더욱 높아집니다. [그림 19-3] (b)의 사례는 실제로 Pulling Device가 부러진 모습입니다. 경사길에서 이러한 일이 벌어진다면 트레일러 후방에 위치한 작업자는 불행한 일을 겪을 수 있습니다.

(a) 작업자 안전성 저해 사례

(b) Pulling Device 파손

[그림 19-3]

Conventional Trailer 또한 3File로 구성할 수 있습니다. 2File 구성으로는 화물 중량과 지내력을 충족시킬 수 없고, 4File 구성시 협소한 도로와 기타 장애물로 인해 운송에 제약이 있는 경우, 3File 구성을 적용할 수 있습니다.

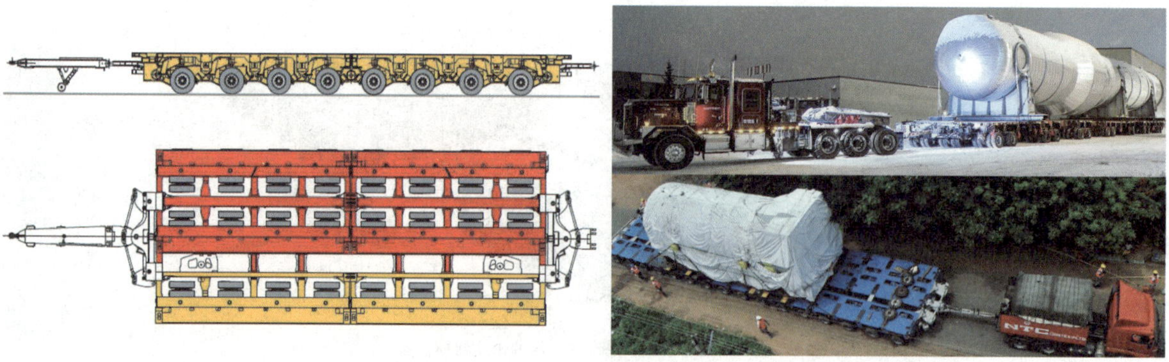

[그림 19-4] 3File 트레일러 구성

Conventional Trailer의 단점중의 하나는 상대적으로 긴 조립시간입니다. PPU에 의해서 구동되는 트레일러들은 미세조작이 가능하고, 전후좌우 움직임이 자유로우며, 운전자가 직접 트레일러를 육안으로 확인하면서 조립할 수 있습니다. 반면에 Conventional Trailer는 Pulling Device를 별도로 장착해야 하고, Primemover를 통한 트레일러의 미세조작이 원활치 않으며, Primemover 운전자와 Operator들간에 무전기 또는 수신호에 의해 트레일러를 움직이면서 조립해야 하므로, 상대적으로 조립진행 속도가 더딜 수밖에 없습니다.

이러한 단점을 보완하기 위해 Primemover 전방에 Draw Bar와 트레일러를 연결하여 조립작업을 실시할 수 있습니다. 트레일러를 화물 밑으로 진입시킬 때도 [그림 19-5]와 같이 트레일러를 밀면서 작업을 진행하면 작업시간을 단축할 수 있습니다. 트레일러를 정위치시킨 후 Primemover는 본래의 위치로 복귀합니다. Stool 아래에 철판으로 노면을 보강한 모습이 보입니다. 하중분산을 위한 매우 바람직한 조치입니다.

[그림 19-5] 상차 작업

운송이 완료된 후에는 4File 트레일러를 2File 트레일러로 분리하여 각각의 Primemover에 의해 복귀합니다. 트레일러 길이가 길지 않은 경우에는 2File로 연결하여 복귀할 수 있습니다. 화물 운송시와는 달리 빈 트레일러를 분리하는 이유는 Side-by-Side Type을 유지하는 경우, 트레일러 폭이 넓어서 2차선 도로를 점유하기 때문입니다. 이 또한 교통당국으로부터 사전 승인을 받아야 하는 사항입니다.

트레일러 분리시에는 포크리프트의 조력이 필요합니다. 운송사가 포크리프트를 대동할 수 없는 원거리 운송의 경우, 현장지원을 받을 수 있도록 현장 관계자의 협조를 구해야 합니다. Bolster를 이용한 운송은 용접 제거작업이 필연적으로 수반됩니다. 이 부분도 미리 현장에 통보하여 지원을 받을 수 있도록 조치해야 합니다.

4File 트레일러는 트레일러 각각에 Draw Bar를 장착하여 Primemover를 병렬로도 연결할 수 있습니다. 그리고 또 다른 Primemover를 직렬연결로 연장할 수 있습니다. 같은 방식으로 후방에서도 Push용 Primemover를 연결할 수 있습니다. 출력성능에 따라 차이가 있기는 하나, 평지에서 1대의 Primemover가 300~600톤 화물을 견인할 수 있습니다. [그림 19-6] (b)는 8File 트레일러 구성사례입니다. 트레일러 폭 3m, Spacer 30cm를 고려했을 때, 12.9m의 폭이 됩니다. 이처럼 도로 여건만 허락된다면 전후좌우

트레일러 확장이 가능합니다. 비탈길에서는 Primemover 수를 늘려서 운송하고 평지에 도달하면 다시 필요분만 남김으로써 Primemover 구성을 조정할 수 있습니다.

(a) 병렬 및 직렬 연결 (b) 8File Trailer 구성 (c) Primemover 직렬 연결

[그림 19-6]

[그림 19-7]의 사례는 후방 트레일러에 연결된 Primemover가 후진으로 이동하는 형태입니다. 운송 Route상에 교차로가 있고, 장애물이나 도로 여건상 우회전이 불가능한 경우, 교차로를 벗어난 지점까지 반대편 도로로 직진합니다(푸른색 화살표). 이후 후방의 Primemover가 앞장서서 좌회전하여 교차로를 벗어날 수 있습니다(흰색 화살표). 이때는 교통의 흐름을 방해하기 때문에 교통경찰의 지원을 받아야 합니다. [그림 19-7] (b) 사례의 붉은색으로 표시한 경로는 급격한 방향전환이 필요하여 장척물을 운송하는 트레일러는 곧 바로 우회전하기가 쉽지 않습니다. Conventional Trailer의 단점으로 후진조작의 불편함을 언급했듯이, 대형화물 운송에는 다수의 Primemover가 동원되는 만큼, 더욱더 후진조작이 어렵게 됩니다. 이처럼 운송중 트레일러의 진행방향을 변경해야 할 사유가 있을 때 적용할 수 있는 방법입니다.

(a) 전후방 Primemover의 상이한 진행방향 (b) 트레일러의 우회전 불가 교차로

[그림 19-7]

PPU와 Primemover간 호환이 가능한 트레일러 모델이 있습니다. Primemover와 PPU를 동시에 연결할 수 있고, PPU를 트레일러 위에 올려놓을 수도 있습니다. Conventional Trailer의 최대 장점은 Speed입니다. 직선 도로에서는 시속 20km 이상으로도 달릴 수 있습니다. 그러나 Primemover가 복수로 붙게 되면 이동속도가 현저히 저하됩니다. 대신에 PPU를 장착함으로써 출력성능을 보완하고, 복수의 Primemover를 사용할 때보다 이동속도를 높일 수 있습니다. 특히 경사길 통과시 Primemover를 붙였다 떼었다 하는 번거로움을 덜 수 있어 운송시간이 단축됩니다. 출력을 높이기 위해 장착하는 PPU를 TII Group에서는

PB(Power Booster)라고 부릅니다.

(a) PPU 장착 연결　　(b) PPU 상차 연결

[그림 19-8]

Bolster는 트레일러의 정중앙에 위치하는 것이 정석입니다. 화물 상차시 Stool과의 간섭을 피하기 위해 Bolster는 트레일러 폭에서 크게 벗어나지 않는 것이어야 합니다. [그림 19-9] (a)에서는 Load Spreader의 폭이 좁아 트레일러에 미치는 하중분산이 관건이 될 수 있습니다.

(a) 4File Trailer Bolster 장착　　(b) 2File Trailer Bolster 장착

[그림 19-9]

Bolster 장착시 일반적으로는 Saddle 1개를 지지하여 트레일러를 구성합니다. 중량이 많이 나가는 화물은 하중분산을 위해 [그림 19-10] (a)와 같이 매우 육중한 Load Spreader를 사용하기도 합니다. [그림 19-10] (b)는 2개의 Saddle을 Beam으로 떠받친 상태에서 이를 다시 Bolster가 지지하는 형태입니다.

(a) 트레일러당 Saddle 1개 지지　　(b) Saddle 2개 지지

[그림 19-10]

하나의 Saddle 지지시 화물에 Deflection이 발생할 가능성이 있는 경우, 대안으로 적용할 수 있는 방법입니다. Saddle 길이가 짧아 본 트레일러 구성으로는 Stool 위에 Jack-down이 불가능하기 때문에 Trailer Detention이 발생하지 않도록 현장의 크레인 준비상황을 면밀히 모니터링하여 운송을 진행해야 할 것입니다.

[그림 19-11]의 도면은 ALE가 보유한 Bolster와 Load Spreader의 구성 사례입니다. 각각의 Bolster가 1,500톤 중량을 감당할 수 있고 최대 3,000톤 화물을 운송할 수 있는 모델입니다.

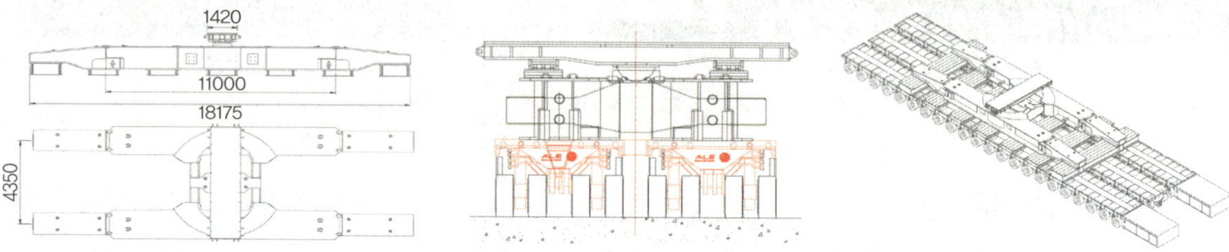

(a) Load Spreader with Bolster (b) 4File, Front View (c) 6File Overall Configuration

[그림 19-11]

[그림 19-12]의 사례는 이 책 첫머리에 등장하는 De-methanizer의 Bolster를 이용한 운송 모습입니다. 최대 4대의 Primemover가 사용되었으며, 전체 약 1,000 km 운송구간 중 400 km에 이어지는 왕복 2차선 도로를 모두 점유하고 이동하기 때문에 교통통제 계획을 수립하고, 제때에 교통흐름이 차단될 수 있도록 관리해야 합니다. 사진에서는 꼬리를 문 차량들의 행렬이 확인됩니다. 이러한 운송 Route에서는 보다 간격을 좁혀서 임시 정차장소를 마련하고 교통체증을 해소할 수 있도록 해야 합니다.

[그림 19-12] De-methanizer 운송

[그림 19-13] 사례의 Storage Tank 운송에서는 상당히 고심한 흔적을 찾아볼 수 있습니다. Bolster는 항상 트레일러의 중앙에 위치해야 하고, 정상적인 방법은 Permanent Saddle을 지지하는 것입니다. 그런데 Permanent Saddle 사이의 간격이 좁아 이들 위치를 Loading 하려면 트레일러간 간섭으로 인해 A/L 수를 줄여야 합니다. 결과적으로 노면에 미치는 하중 집중도가 증가하게 됩니다. 따라서 Permanent Saddle을 활용하지 않는 대신, 화물의 두 Head 부분에 최대한 가깝게 Temporary Saddle을 장착하여 해당 위치를

[그림 19-13] Storage Tank 회전 후 상차한 사례

Bolster로 지지하고 있습니다.

Permanent Saddle이 측면으로 바닥을 보이고 있어 진귀한 광경입니다. 화물을 90도 회전하여 운송하고 있는 중입니다. 이 사례에서는 Bolster와 Temporary Saddle을 다 합쳐도 높이 상승분이 그다지 크지 않습니다. 회전시키지 않은 정상적인 상태에서는 Permanent Saddle과 트레일러의 접촉을 피하기 위해 보다 높은 Temporary Saddle을 적용해야 할 것입니다. 이로 인해 운송의 안전성이 저하되고 극복해야 할 장애물이 늘어나게 됩니다.

Bolster를 사용한 운송에 있어서는 전방의 Primemover와 후방의 Primemover가 주행속도를 일치시키는 것이 관건입니다. 자칫 Temporary Saddle이 밀려나거나 젖혀질 우려가 있습니다. Temporary Saddle이 높게 제작될수록 위험도가 상승합니다. 열거한 사유들로 인해 불가피하게 화물을 회전시켜 운송하는 결론에 도달한 것으로 여겨집니다. 트리니다드토바고 Project에서 실제로 Saddle이 젖혀지는 사고가 있었습니다. Bolster를 사용할 경우에는 Temporary Saddle의 높이를 최대한 낮추는 것이 안전운송에 유리합니다.

도로나 교량 여건에 따라 Wide Trailer를 사용하기도 합니다. 다양한 Wide Trailer 모델이 있으며, [그림 19-14]에 Goldhofer의 대표적인 두 모델을 옮겨보았습니다. Axle 아래의 바퀴로 연결되는 수평 방향의 Shaft 길이를 조정하여 트레일러의 최대 폭을 20ft, 즉 대략 6.1m까지 확장이 가능합니다. 좌우로도 하중분산이 필요할 때 유용한 트레일러입니다.

Wide Trailer를 이용하는 경우, 범용 트레일러 적용시보다는 Saddle을 좀 더 길게 제작해야 Stool 위에 Jack-down이 가능합니다. 반면에 Jack-down을 고려하지 않는 경우에는 선박의 Deck Strength에 문제가 되지 않는 한, 화물 폭을 초과하여 Saddle을 제작하지 않도록 해야 합니다. 크레인 사용료가 발생하는 것은 피할 수 없지만, Volume이 증가함으로써 운송비마저 상승하는 요인이 됩니다. 아울러

Transportation Beam을 사용하는 경우에도 선박의 Deck Strength를 고려하되, Temporary Saddle이 과도한 길이로 제작되지 않도록 선행관리를 해야 합니다.

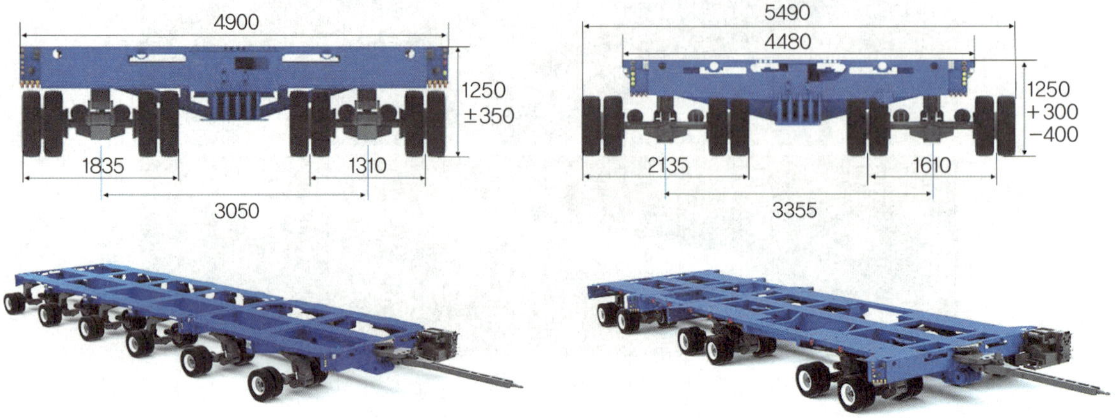

[그림 19-14] Wide Trailer 모델

[그림 19-15] Wide Trailer를 이용한 운송 사례

Girder Bridge 또는 Girder Frame으로 불리는 장비를 이용하여 트레일러간 거리를 충분히 이격시킴으로써 노면에 미치는 하중을 분산시킬 수 있습니다. Girder Frame은 Transformer, Generator, Turbine, Reactor 등과 같이 부피에 비해 중량이 상대적으로 많이 나가는 화물 운송시 교량 위에서의 하중분산과 굽이길 통과에 유용한 장비입니다. Girder Frame에 대해서는 별도의 장에서 구체적으로 살펴보겠습니다.

[그림 19-16] Girder Frame을 활용한 운송

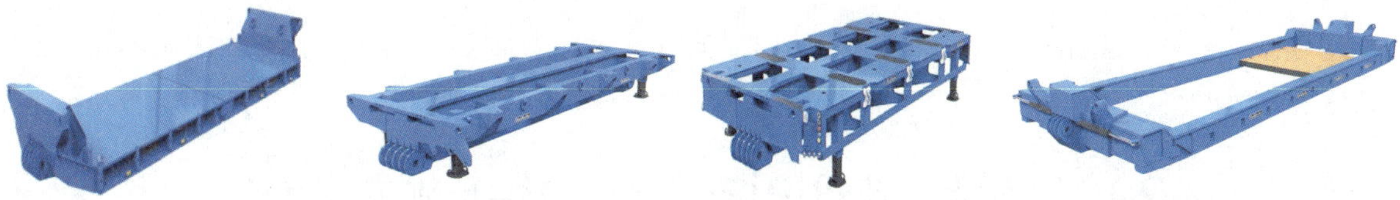

(a) Drop Deck Spacer (b) Flat Deck Spacer (c) Vessel Bridge or Deck

[그림 19-17]

Goldhofer의 운송 부대장비들을 나타낸 것입니다. Deck Spacer를 Intermediate Platform이라고도 부릅니다.

Flat Deck Spacer 또는 Drop Deck Spacer를 장착함으로써 트레일러가 부족한 상황을 극복할 수 있습니다. [그림 19-18] (c)는 Vessel Bridge를 장착한 모습입니다. 도로 여건과 운송사의 보유장비 현황을 파악하고 최적의 트레일러 구성을 통해 안전운송을 도모하시기 바랍니다.

(a) Flat Deck Spacer 활용 (b) Drop Deck Spacer 활용 (c) Vessel Bridge 활용

[그림 19-18]

Conventional Trailer에도 Name Plate가 부착되어 있습니다. [그림 19-19]는 차량중량 포함, A/L당 34톤의 하중을 견딜 수 있는 6A/L 트레일러를 나타낸 것입니다. 트레일러와 접촉할 기회가 있을 때 확인해 보시기 바랍니다.

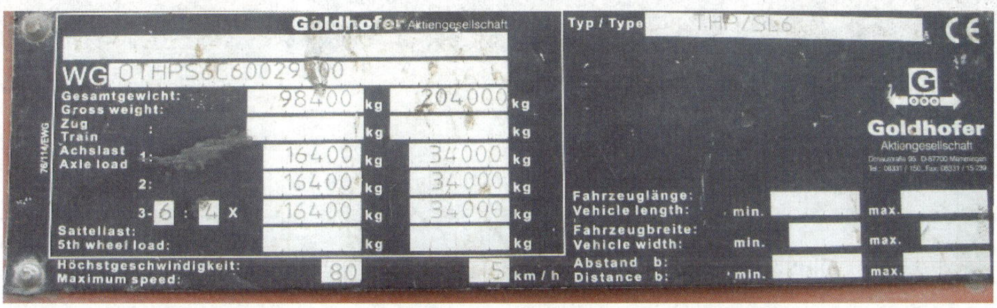

[그림 19-19] Name Plate

20. 고성능 트레일러와 뛰어난 기획력이 빚어낸 놀라운 성과들

고성능 트레일러의 제작기술과 운영능력의 비약적인 발전은 산업계 전반에 커다란 변화를 가져왔습니다. 이들 트레일러는 매우 Compact 하면서도 엄청난 운송능력을 보여주고 있습니다.

불과 몇 A/L만으로 구성된 간단한 구조의 트레일러들이 100톤이 넘는 화물들을 가뿐히 소화해냅니다. 운송장비 제작기술의 발전은 기자재의 모듈화, 대형화를 촉진시키고 있으며, Project의 공기를 앞당기는 데에도 크게 기여하고 있습니다. [그림 20-1] (b) Mega Block 사례는 6,000톤, [그림 20-1] (c) 사례의 Offshore Platform 중량은 11,000톤에 달합니다. 과거에는 상상할 수 없었던 초대형 구조물들을 거뜬히 처리할 수 있을 만큼 트레일러의 성능과 운영능력이 향상되었습니다.

(a) 5A/L SPT　(b) 선체 블록 운송　(c) Offshore Platform 운송

[그림 20-1]

[그림 20-2]는 330톤 중량의 Transformer를 상차한 모습입니다. 성능이 우수한 장비를 보유하고 있다 해도 운영능력이 부실하면 효용성이 저하됩니다. 위 사례가 운영능력의 중요성을 일깨워줍니다. 현업에서 접하기 쉽지 않은 다층형 트레일러 구성입니다. 이와 같이 트레일러를 구성해야 했던 사정을 살펴볼 필요가 있습니다.

[그림 20-2] 2층 구조의 SPMT 구성

Transformer 1기당 72A/L을 적용하였습니다. 8File SPMT 위에 이동로 겸용 Load Spreader, 그 위에 4File SPMT, 다시 그 위에 Transformer가 위치하고 있습니다. Transformer 하단의 Transportation Beam은 길이가 짧아서 Stool 위에 Jack-down이 불가능한 형태입니다. 크레인을 이용한 하역이 불가피합니다.

현장 진입로가 중량물 운송에 적합하지 않고, 도로변에 둑이 있으며, 그 안쪽으로 철도가 놓여 있습니다. 그래서 고안해 낸 것이 철로를 보호하면서 둑과 현장 사이를 가교로 연결하는 것입니다. 트레일러가 둑 옆 도로에 도착하면 이 가교를 타고 상부의 트레일러가 Transformer를 이동시키는 방식입니다.

[그림 20-3] 가교 통과 운송 진행

이 절차가 가능하려면 트레일러 적기 동원, 신속한 가교설치와 철거, 도로상의 교통통제, 열차운행의 장애요인들을 극복해야 합니다. 그리고 정해진 시간 내에 일사불란하게 작업이 진행되어야 할 것입니다. 더욱이 가교 통과가 필요한 화물들을 일거에 이동시켜야 하기 때문에 다수의 트레일러 가용여부가 관건이 될 수 있습니다.(총 216A/L) Mammoet에 따르면 이 방식을 기획하여 실행에 옮기기까지 2년이 소요되었다고 합니다. 반면에 가교를 통과하여 현장에 도착하기까지 소요된 시간은 15분이었습니다.

여름철 사우디아라비아의 기온은 섭씨 50도가 훌쩍 넘어갑니다. 사우디의 광활한 사막 한 가운데에도 달러를 캐러가는 도로가 놓여 있습니다. 이 길을 통해 물류의 새로운 역사가 쓰여지고 있었습니다.

[그림 20-4] (b)는 1,200톤, Amine Contactor의 운송장면입니다. 다수의 Primemover가 트레일러를 밀고 당기면서 화물을 운송하고 있습니다. 10대의 Primemover 구성은 세계 최초의 시도였을 것입니다.

이들이 정확하게 같은 속도를 유지해야 하는 결코 쉽지 않은 운송형태입니다. 적기 교통통제 또한 관건입니다. 왕복 2차선 도로를 모두 점유한 상태로 이동하기 때문에 중간중간 정차할 수 있는 지점까지는 고장으로 멈춰서도 안 됩니다. 그렇게 되면 현장으로 통하는 유일한 길이 막혀서 교통대란을 불러옵니다. Vendor Shop에서 현장까지 전체 운송거리는 약 1,000km입니다. 400km 범위는 사람이 살지 않고 휴대폰도 연결되지 않는 불통지대입니다. 따라서 이 구간 운송중에는 충분한 연료를 대동하고, 식료품 보관과 Operator들의 휴식, 긴급상황에 대비하기 위한 보급차량이 함께 이동할 필요가 있습니다.

(a) 사우디 사막의 언덕길

(b) Amine Contactor 운송

[그림 20-4]

다수의 Primemover를 동원해야 했던 이유는 경사로 때문입니다. 심하게는 10%의 경사길이 있습니다. 100m 거리를 이동했을 때 고도가 10m 높아지는 각도입니다. 퍼센트 각도(Grade)와 일반각도(Angle)의 상관관계를 참고하시기 바랍니다.

〈표 20-1〉 **퍼센트 각도와 일반각도의 상관관계**

Grade	Angle	Grade	Angle	Grade	Angle	Grade	Angle	Grade	Angle
1%	0.57	21%	11.86	41%	22.29	61%	31.38	81%	39.01
2%	1.15	22%	12.41	42%	22.78	62%	31.80	82%	39.35
3%	1.72	23%	12.95	43%	23.27	63%	32.21	83%	39.69
4%	2.29	24%	13.50	44%	23.75	64%	32.62	84%	40.03
5%	2.86	25%	14.04	45%	24.23	65%	33.02	85%	40.36
6%	3.43	26%	14.57	46%	24.70	66%	33.42	86%	40.70
7%	4.00	27%	15.11	47%	25.17	67%	33.82	87%	41.02
8%	4.57	28%	15.64	48%	25.64	68%	34.22	88%	41.35
9%	5.14	29%	16.17	49%	26.10	69%	34.61	89%	41.67
10%	5.71	30%	16.70	50%	26.57	70%	34.99	90%	41.99
11%	6.28	31%	17.22	51%	27.02	71%	35.37	91%	42.30

Grade	Angle	Grade	Angle	Grade	Angle	Grade	Angle	Grade	Angle
12%	6.84	32%	17.74	52%	27.47	72%	35.75	92%	42.61
13%	7.41	33%	18.26	53%	27.92	73%	36.13	93%	42.92
14%	7.97	34%	18.78	54%	28.37	74%	36.50	94%	43.23
15%	8.53	35%	19.29	55%	28.81	75%	36.87	95%	43.53
16%	9.09	36%	19.80	56%	29.25	76%	37.23	96%	43.83
17%	9.65	37%	20.30	57%	29.68	77%	37.60	97%	44.13
18%	10.20	38%	20.81	58%	30.11	78%	37.95	98%	44.42
19%	10.76	39%	21.31	59%	30.54	79%	38.31	99%	44.71
20%	11.30	40%	21.80	60%	30.96	80%	38.66	100%	45.00

[그림 20-5] SPMT, Trailer Deflection 예시

트레일러를 길게 연결할수록 언덕의 정점에 위치한 A/L과 저지대의 A/L간에 상당한 고도 차이가 발생합니다. 붉은색으로 표시한 바퀴는 허공에 뜬 채로 이동하기 때문에 차체에 휘는 현상이 발생할 수 있습니다. 이렇게 되면 트레일러가 망가지고 화물이 트레일러로부터 추락할 위험이 있습니다. [그림 20-5]와 같은 언덕길이 있다면, 오히려 Axle Line 수를 줄여야 합니다. Amine Contactor 운송이 그러한 사례입니다. 최초에 교통당국은 운송허가를 내주지 않았습니다. 총 64A/L 구성에서 A/L 수를 더 늘리라는 것입니다. 트레일러를 길게 구성하면 운송이 불가능할 수도 있기 때문에 이때는 교통당국을 설득시켜야 합니다. 그리고 최적의 A/L 수를 유지하는 것이 중요합니다.

[그림 20-6] Vendor Shop에서 Amine Contactor 운송준비 작업

Saddle과 Body 사이에 별도의 Bracing 작업을 실시하였으며, 위 사진을 촬영한 이후 트레일러의 전후 방향 각 Saddle사이를 Base Beam으로 연결 용접함으로써 운송의 안전성을 확보하려는 노력을 기울였습니다.

39일간의 긴 여정 끝에 현장에 도착하였습니다. 결과적으로는 성공적인 운송사례가 되었지만, 그 과정은 결코 순탄치가 않았습니다. 39일이라는 운송기간이 말해주듯이 극복해야 할 장애물이 헤아릴 수 없이 많았습니다. 다수의 Primemover와 트레일러가 장기간 묶이게 됨에 따라 이 화물을 운송하는 동안, 나중에 트레일러를 추가로 섭외하기 전까지는 Gooseneck Trailer로 운송할 수 있는 화물을 제외하고 대부분이 대기상태에 있어야 했습니다.

[그림 20-7] Amine Contactor 설치

설치시에는 Main Crane과 Tailing Crane 각각 Lattice Boom Crawler Crane을 사용했습니다. 크레인 Mast Foot하부에는 하중 분산용 Mat가 깔려있습니다. Main Crane의 후방으로 Ballast가 보입니다. 마찬가지로 Ballast의 이동 경로를 따라 하중 분산용 Mat가 설치되어 있습니다. 이는 Ballast가 Wagon 위에 적재되어 있음을 의미합니다. Ballast는 Suspended Ballast와 Wagon형 Ballast로 구분됩니다. PART 2의 13장에서 다룬 크레인 관련 내용을 참고하시기 바랍니다.

도로사정이 여의치 않은 지역에서 1,200톤 중량의 Column을 최대 10대의 Primemover를 동원하여 39일 동안 1,000km를 달려 운송했다는 사실도 대단한 일이지만, Shell 두께 150t, Cladding(Shell 안쪽에 스테인리스강판을 입히는 것) 3t, ID(Internal Diameter) 6,500mm의 결코 제작공정이 쉽지 않은

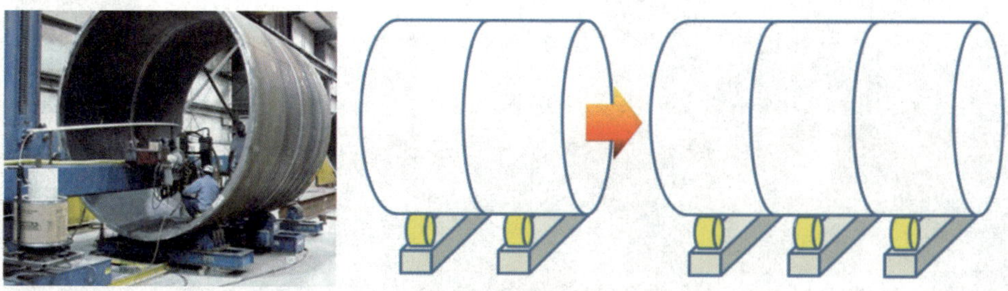

[그림 20-8] Turning Roller를 이용한 Shell 용접작업

Column을 동일 Vendor에 먼저 발주된 타사 Project의 제품보다 앞서 제작을 완료했다는 것 또한 주목할 만한 일입니다. 여기에는 당시 공정관리자로 Vendor Shop에 상주했던 오호승 감독관님의 오랜 경험과 관리능력이 기여한 측면이 있습니다.(사진은 다른 화물 예시)

원통형의 Shell과 Shell을 용접하려면 Turning Roller 또는 Rotator로 불리는 장비가 필요합니다. 용접 장비는 고정위치에 있고 Rotator가 Shell을 회전시키면서 용접작업이 진행됩니다. 이때 두 개의 Shell을 용접하는 방식과 세 개의 Shell을 동시에 용접하는 방식은 제작 진척률에 확연한 차이가 있습니다. 이 정도 규모의 Column은 단일작업으로 Shell 두 동을 잇대 용접하는 것이 관행이었습니다. 오호승 감독관이 Vendor를 설득하고 이를 개선함으로써 결과적으로 납기만큼은 타사보다 유리한 고지를 점하게 되었습니다. 당시에 상주공정관리자로서 Amine Contactor와 De-methanizer 그리고 그 밖에도 수많은 제관류의 성공적인 납기관리에 애써주신 오호승 감독관님께 깊이 감사드립니다.

백방으로 뛰어다니며 부족한 트레일러를 섭외하고, 열악한 환경 속에서도 혼신의 열정을 다해 247 Package에 달하는 중량물들의 장거리 운송을 안전하게 완료한 직원들이 있었습니다. 황준철, 이대영, 장성민, 오진환, 이승환, 당시에는 미처 하지 못했던 말, 후배들이 자랑스럽고 고맙다는 말, 이제서야 전합니다.

[그림 20-9] Concrete Bunker 이동 및 설치

1,200톤 벙커(Bunker)를 통째로 들어내서 운송과 설치를 수행하는 모습입니다. 이 콘크리트 벙커는 2차 세계대전 이전 적군의 침입에 대비하여 만들어졌습니다. 군사적 효용성이 이미 사라진 상태이기 때문에 수로 측면 물막이 용도로 이용하려고 합니다. 역사적인 유물로도 보존가치가 있는 만큼, 이를 훼손시키지 않고 그대로 재활용하려는 의도입니다.

특이한 것은 운송과 설치에 동일한 장비를 사용했다는 점입니다. 트레일러 위에 Strand Jack 방식의 Gantry Crane을 얹고 벙커를 Lifting한 상태에서 원래의 위치로부터 약 150m를 이동하여 설치하는 공사입니다. 건설, 플랜트 현장에서는 보기 드문 광경이 되겠지만, 만약 기존에 뿌리를 내리고 있던 시설물들을 옮겨야 하는 경우가 생긴다면 위 방식을 고려할 수 있습니다.

[그림 20-10]은 캐나다에서 413톤 Coke Drum을 운송하는 모습입니다. 이름은 Drum이지만 수직방향으로 설치합니다. 영하 33℃의 강추위를 견뎌내며 780km를 이동했습니다. 운송 Route상에는 교량들이

있었고, 하중분산을 위해 전후방 트레일러 사이를 최대한 넓게 배치하였습니다. 전방 트레일러는 특수 제작한 Bolster Support로 Coke Drum의 Bottom부위를 지지했습니다. Shell Body 부분을 지지하게 되면 트레일러간 간격이 좁아 하중분산에 불리하기 때문에 이 같이 트레일러를 구성한 것입니다. 교량을 통과할 때는 후방의 Primemover를 떼어내고 이동함으로써, 교량에 미치는 하중을 최대한 낮추려 한 의도가 감지됩니다.

[그림 20-10] 특수제작 장비를 활용한 Coke Drum 운송

지금까지 사례로 살펴본 Transformer, Amine Contactor, Bunker, Coke Drum 운송은 모두 Mammoet이 수행하였습니다. 필자는 역량을 갖춘 중량물 운송사라는 후한 점수를 주고 싶습니다.

사우디 Project에서도 유사한 크기의 Coke Drum을 운송한 바 있습니다. 이 Project에서는 Bolster 방식 대신 Solid Type(단일 트레일러 구성)으로 진행했습니다. 운송장비 구성은 이처럼 운송환경에 따라 달라집니다. 다음 [그림 20-11]의 오른쪽 사진은 설치 후 모습입니다.

[그림 20-11] Coke Drum 운송과 설치

정유공장(Refinery Plant)은 CDU(Crude Distillation Unit)에서 원유를 정제하여 LPG와 Naphtha, Kerosene, Diesel 등의 경질유를 생산하고, 잔사유(Residue)는 VDU(Vacuum Distillation Unit)를 통해 다시 한번 LPG와 경질유로 전환시킬 수 있습니다. VDU에서 남는 찌꺼기로부터 Petroleum Coke를 생산하고, 그 외의 유분에 대해서는 열분해 방법으로 탄소사슬을 Cracking하여 보다 고부가가치의 유제품을

생산하는 공정이 Delayed Coker입니다. Delayed Coker의 핵심기능을 담당하는 기기가 바로 Coke Drum입니다.

Coke Drum은 기능상 Coking Drum과 Decoking Drum으로 구분됩니다. 플랜트 가동중 Coke가 Drum 내벽에 착상됩니다. 착상이 완료된 Drum은 고압의 물을 분사하여 Coke를 떼어내 배출시키는 Decoking 절차를 거칩니다. 이때는 Decoking Drum의 운전을 멈춰야 하기 때문에 최소한 다른 1기의 드럼이 계속해서 Coking을 진행해야 합니다. 각 Drum마다 Coking과 Decoking 과정을 번갈아 수행하게 됩니다. 건조시킨 Coke는 연료나 탄소전극용으로 사용됩니다.

[그림 20-12]는 Delayed Coker 공정을 나타낸 PFD(Process Flow Diagram)입니다. 이 PFD는 다음과 같이 해석할 수 있습니다. VDU로부터 공급된 Residual Oil을 Main Fractionator에 주입시킵니다. Coke Drum으로부터 유입되는 Coking Vapor와 접촉하면서 온도가 상승합니다. 이렇게 예열된 Residue를 배출하여 Steam 주입과 함께 Furnace 내부로 Pumping, 480~482℃까지 가열함으로써 열분해 과정이 개시되고 Coke Drum에서 최종적으로 분해과정이 마무리 됩니다. 분해된 Coking Vapor를 Fractionator에 주입하여 LPG, Naphtha, Gas Oil의 경질유로 분리합니다.

Coke 착상이 완료되면 Decoking을 실시하기 전, Furnace로부터 Residue와 Vapor Mixture의 유입을

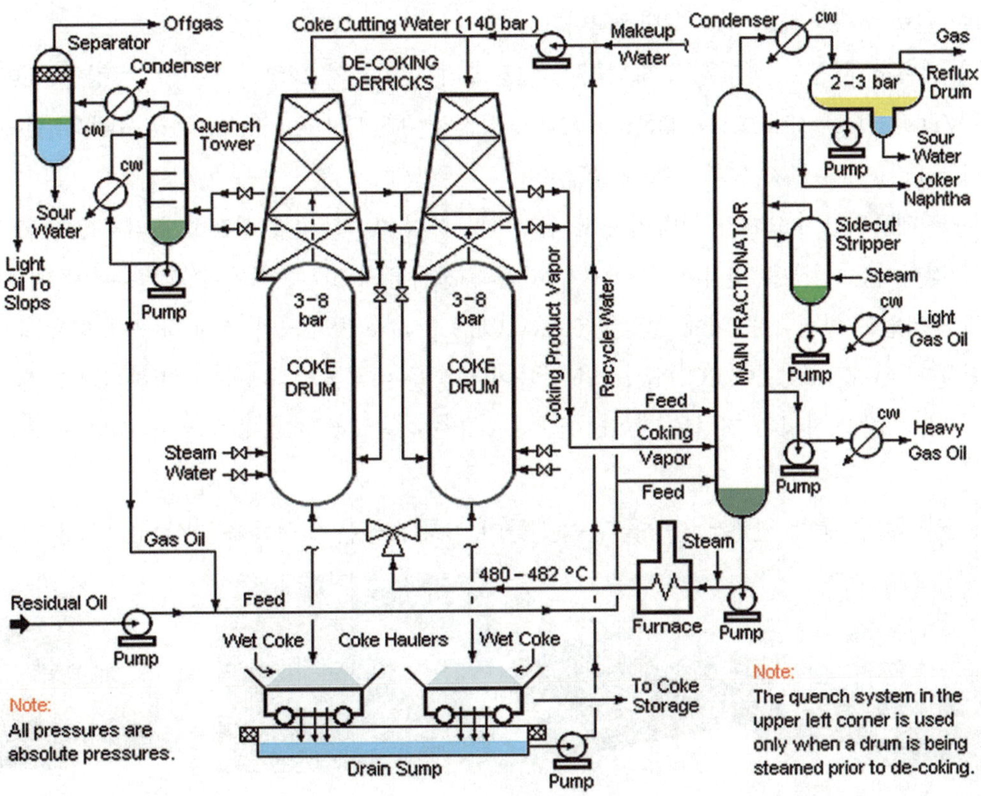

[그림 20-12] Delayed Coker PFD

차단하고 Steam을 통해 Coke Drum 잔류물들을 Quench Tower로 내보냅니다. 잔류물들이 제거되어야 Decoking 작업을 진행할 수 있습니다. Quench Tower에서 냉각과 분리과정을 거치고, 일부는 Feed 공급 라인에 다시 합류시킵니다. 일반적으로 Quench Tower의 주된 기능은 냉각을 통한 반응물의 원상복구 방지입니다. 이를 테면, Ethylene Plant에서 에탄을 에틸렌으로 변환시킨 후 고온상태를 그대로 유지하면 일부는 에탄으로 회귀하게 됩니다. 온도를 낮춰줘야 에틸렌의 수율을 높일 수 있습니다. 이때 중요한 역할을 담당하는 Column이 바로 Quench Tower입니다. Quench Tower는 C_3 Splitter와 함께 Ethylene Project의 초중량물에 해당됩니다.

Delayed Coker는 촉매를 사용하는 공정이 아니기 때문에 FCCU(Fluid Catalytic Cracking Unit, or Fluidized Bed Catalytic Cracking Unit, 유동층 촉매분해 유닛)나 HCU(Hydrocracker Unit, 수소첨가 촉매분해 유닛)에 비해 상대적으로 생산성이 낮다는 단점이 있습니다. 그럼에도 이 같은 Heavy Oil Upgrade가 부가가치 창출 측면에서는 훨씬 이득입니다.

CDU에서 분별증류 과정을 거친 Gas Oil을 분해하기 위한 FCCU, 그리고 CDU의 잔사유를 분해하는 RFCCU(Residue Fluid Catalytic Cracking Unit)는 촉매가 자체적으로 재생 순환되는 구조입니다. 반면에 HCU는 Fixed Bed에 촉매가 고정되어 있어서 일정 기간이 지나면 촉매를 재생시키는 작업이 필요합니다. 촉매 오염문제 때문에 잔사유를 Feed로 사용할 수 없고, VDU로부터 생산되는 VGO(Vacuum Gas Oil)를 원료로 사용하는 것이 일반적입니다.

유한한 에너지 자원을 최대한 고도화하여 이용하려는 인류의 노력의 산물로 등장한 것이 FCCU, RFCCU, VDU, HCU, Visbreaker, Delayed Coker 공정입니다. Delayed Coker Project에서는 Fractionator와 Coke Drum이 가장 무거운 화물에 해당됩니다.

Bunker의 대표적인 수요처가 선박입니다. 국가마다 환경오염 문제를 심각하게 다루고 있고, IMO 또한 규제를 강화하는 정책을 펼치고 있습니다. 따라서 잔사유의 고부가가치화 실현은 인류가 당면한 과제라고 해도 과언이 아닙니다. 이에 발맞춰 Heavy Oil Upgrade Project의 추진 욕구가 더욱 증대될 것으로 예상됩니다. Aromatics, EO/EG Project와 더불어 시장을 이끌어갈 후보군중의 하나가 Delayed Coker Project입니다. 필자가 상당한 지면을 할애하여 Delayed Coker 공정을 소개하는 이유이기도 합니다.

다양한 사례들을 통해 전세계 중량물 운송사들이 이룩해 놓은 업적들을 감상해 보시겠습니다.

(a) 혹한기 운송 (b) 잠수함 운송

[그림 20-13]

장비의 노후화 정도에 따라 차이가 있긴 하나, 고성능 운송장비들은 섭씨 50도가 넘는 혹서기나, 영하 30도 이하의 혹한기에도 견딜 수 있도록 제작되고 있습니다. 노면 상태만 허락된다면, 기후의 영향을 거의 받지 않으면서 중량물 운송이 가능합니다. 잠수함 운송 사례에서는 특수 제작한 Transportation Beam(Loading Beam)을 사용한 공통점이 있습니다. 왼쪽 사례의 잠수함은 Open Compound Type의 분리된 형태의 SPMT를 이용했고, 오른쪽 잠수함은 Side-by-Side Type의 SPT를 이용했습니다. 이러한 화물을 운송하기 위해서는 우선적으로 사용될 운송장비의 사양을 확인하고, 최적의 Transportation Beam 설계를 확정하여 Beam 제작에 착수해야 합니다.

[그림 20-14] 다양한 모듈 운송 사례

위 사례들에서 눈여겨 봐야 할 부분은 COG의 위치에 따른 상차상태입니다. [그림 20-14]의 왼쪽 사례는 사진 우측으로 트레일러 Deck에 여유공간이 있습니다. 그러므로 트레일러의 여유공간이 있는 방향으로 치우쳐서 화물의 COG가 형성되어 있음을 의미합니다. Transportation Beam은 PPU에 걸쳐있는 모습입니다. 그리고 두 Loading Point에서 Transportation Beam의 형상에 차이가 있습니다. 절대적 하중이 주기둥 아래에 쏠려 있기 때문에 초록색 원 안의 지점에서 하중분산이 용이하도록 보다 넓은 Transportation Beam을 사용하여 Load Spreading Mat의 기능을 동시에 갖도록 한 것입니다. 푸른색 Line으로 표시한 부분이 트레일러의 전후 기준 중앙부에 해당하는 COG 위치입니다. PPU를 Deck로 활용하고 있다는 점이 특징입니다.

[그림 20-14] 가운데 사진의 Offshore Platform에서는 사진 왼쪽 트레일러 Deck에 여유공간이 있으므로 무게 중심이 사진상의 왼쪽에, 오른쪽 Offshore Platform 사진에서는 PPU가 장착된 부분에 여유공간이 있으므로, PPU 방향 화물 쪽으로 무게중심이 쏠려있다는 것을 알 수 있습니다. 가운데 사진의 구조물은 초록색 원으로 표시한 부분에 Beam 돌출부가 있습니다. 운송이 완료되면 임시 보관을 위해 Stool을 받치고 Jack-down을 실시할 것입니다. 반면에 오른쪽 사진의 Transportation Beam 역할을 하고 있는 Beam은 그 자체로 구조물과 일체형으로 추정됩니다. Support가 지면으로부터 이격되어 구조물에 부착된 형태입니다.

[그림 20-15] (a)의 Module은 Transportation Beam 역할을 하는 하부의 Beam이 Module과 일체형으로 제작되었습니다. Supporting Leg 높이가 낮아 일정 높이의 Stool이나 Support 위에서 제작이 이뤄졌음을 알 수 있고, 설치장소에도 Foundation Support가 형성되어 있을 것입니다.

[그림 20-15] (b)의 사례는 폭 방향으로 트레일러를 배치하여 일명 게걸음으로 Module을 운송하고 있습니다. SPMT의 장점중의 하나를 유감없이 보여주는 운송형태라고 할 수 있습니다. 운송 진행방향으로 트레일러를 배치하고 그림과 같이 3면이 폐쇄된 설치장소에 도달하게 되면, Module을 내려놓은 후 트레일러를 Release할 방법이 없습니다. 게걸음으로 설치장소를 떠나려 해도 Support가 가로막아서 해당 위치를 벗어나는 것이 불가능합니다. 크레인으로 하역하지 않는 한, 트레일러의 퇴로가 없는 지형에서는 사례와 같이 트레일러를 구성하는 것이 유일한 운송해법이라고 할 수 있습니다.

(a) 화물 일체형 Loading Beam

(b) 게걸음 방식의 Module 운송

[그림 20-15]

[그림 20-16] (a)의 사례에서 Loading Point는 트레일러 양단에 위치하고 있습니다. 이 때문에 트레일러와 같은 방향으로 장척의 Load Spreader를 사용하여 하중을 분산시킨 모습입니다. 구조물 자체의 Supporting Leg 길이가 충분하여 Jack-down을 위한 별도의 Stool은 필요하지 않습니다. [그림 20-16] (b)의 Reactor는 다수의 Saddle을 장착하고 있습니다. 따라서 Load Spreader를 사용하지 않아도 하중분산 문제는 발생하지 않습니다. COG만 염두에 두고 상차하면 되므로 비교적 단순한 상차 사례라고 할 수 있습니다. 그러나 선박의 Deck에 미치는 하중분산 목적이 아니라면, Body 폭을 초과하는 긴 Saddle

(a) 트레일러 진행방향 Loading Beam

(b) Reactor 운송

(c) 지지위치 트레일러 중앙 이격

[그림 20-16]

은 지양해야 합니다. 오히려 Volume이 증가하여 물류비 상승의 원인이 됩니다. Jack-down에 문제가 발생하지 않을 정도로 처음부터 Saddle 길이를 조정할 필요가 있습니다.

[그림 20-16] (c)의 화물 지지포인트가 트레일러의 정중앙 위치에서 벗어나 있습니다. Ro-Ro 작업중이기 때문에 이러한 현상이 나타납니다. 정석대로 트레일러 중앙에 지지포인트를 설정하여 승선하면, 트레일러가 Barge 밖으로 벗어나게 됩니다. 장시간 선상 대기시 Barge와 부두의 높이 차이 즉, Rolling(좌우 다른 높낮이 요동), Pitching(전후 다른 높낮이 요동), Heaving(전체적으로 뜨고 가라앉는 것) 작용으로 인해 자칫 트레일러가 망가지는 일이 벌어질 수 있습니다. 언급한 용어는 항공기나 자동차에서도 공통적으로 사용됩니다.

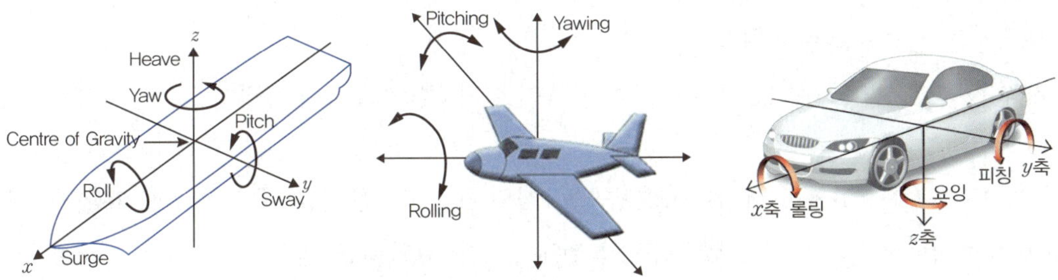

[그림 20-17] 요동관련 용어의 개념

따라서 부득이하게 트레일러의 중앙에서 벗어난 위치에 지지 포인트를 설정한 모습입니다. 물론 보다 전장이 긴 Barge를 동원하면 이런 문제가 해소될 수 있습니다. 대신에 물류비가 상승하는 부분을 따져봐야 합니다. Ramp Panel의 높이를 높였다는 것은 수심이 낮은 지역이라는 추측이 가능합니다. 때문에 일정규모 이상의 Barge는 접안이 어려워 보입니다. 이와 같이 화물의 중량과 형상은 물론, 부두의 특성을 고려한 Barge 선정이 필요합니다.

세계적인 담수플랜트 EPC 기업인 두산중공업이 제작한 서로 다른 Evaporator의 모습입니다. 사례의 Evaporator들은 MSF(Multi-Stage Flash, 다단증발법) 방식 담수플랜트의 핵심 설비입니다. 규모가 웅장

(a) Evaporator Roll-off (b) Evaporator Roll-on

[그림 20-18]

하여 Lo-Lo(Lift-on Lift-off) 선박에는 선적이 불가능합니다. [그림 20-18] (a)의 Evaporator 하역에서는 4File SPMT를 [그림 20-18] (b)의 Evaporator 선적에는 6File SPMT를 사용하였습니다. (a)의 Evaporator는 SPMT 좌우 측면 공간에 설치된 Brace들로 인해 SPMT의 추가 진입 자체가 불가능한 형상입니다. (b) 사례의 초록색 원으로 표시한 부분에 Water Box가 장착되어 있으나, 붉은색 원으로 표시한 왼쪽 측면에는 장착되어 있지 않습니다. 즉, Water Box를 분리하여 선적하는 사례입니다. 여기에는 몇 가지 원인이 있을 수 있습니다. 어떠한 경우든 조기에 상황을 인지하고 그에 맞게 조치를 취해야 합니다.

- Wall이 있는 자항 Barge를 선정하면서 화물 폭보다 선폭이 작은 경우
- Bulkhead에 Support 위치 선정시 선폭 초과
- 내륙운송로 상의 측면 장애물 극복
- 제작완료 전 선박도착 시점이 임박하여 부득이 현지조립으로 계획 변경

[그림 20-18] (a)는 Tug Boat+Barge운송으로 하역지에 도착한 모습입니다. 임시 Jetty를 건설하여 Foundation 위치까지 새로이 길을 냈습니다. 노면에 합판을 깔아놓은 모습이 보입니다. 비포장 도로인 관계로 노면의 강도를 보강하기 위한 조치입니다. 합판이나 철판이 유효하며, 합판만 깔아도 지내력이 향상됩니다. 이때 Box 포장을 해체하고 남은 합판 쪼가리는 절대로 사용해서는 안 됩니다. PART 2의 다른 장에서 이 문제를 짚어보도록 하겠습니다.

(a) 분리된 Water Box (b) Brine Heater (c) SPMT 운송

[그림 20-19]

포장한 Water Box 위로 Bare상태의 Water Box를 적재함으로써 포장비를 줄이고, 공간 활용도를 높였습니다. [그림 20-19] (b)의 중앙에 자리잡은 것은 Brine Heater입니다. Steam을 이용하여 해수를 가열하는 기기입니다. 본 Evaporator 선적에 총 160A/L SPMT가 동원되었습니다.

[그림 20-20] (a)는 Tug Boat, Barge 사진에 등장하는 Evaporator의 Foundation 안착 후 트레일러 Release모습입니다. Foundation 후방으로는 도로가 없기 때문에 Foundation 옆에서 게걸음으로 이동하여 설치하였습니다. 이 또한 SPMT의 장점을 활용한 설치방식입니다. [그림 20-20] (b)의 왼쪽 사진은 Evaporator의 Roll-off 개시 전 작업자들이 소형 Loading Beam들을 설치하는 모습입니다. 대형

의 Loading Beam은 트레일러 위에서 미리 위치를 잡은 상태입니다. [그림 20-20] (b)의 오른쪽 사진은 Loading Beam 장착을 완료한 상태의 모습입니다.

(a) 운송 완료 후 SPMT Release

(b) Loading Beam 설치

[그림 20-20]

두산중공업 제공 담수화 공정 흐름도를 살펴보겠습니다. 먼저 MSF 방식입니다. Steam을 Brine Heater의 Shell에 인입시켜 Brine Heater 내부의 Tube를 통과하는 해수(海水)를 열교환 방식으로 가열합니다. 이렇게 가열된 해수를 Evaporator에 주입합니다. Evaporator에 주입된 해수의 수증기가 차가운 Tube와 접촉, 증류수로 응축되어 담수를 생산하는 원리입니다.

순간적으로 수증기를 방출하는 현상을 Flashing이라고 합니다. Evaporator 내부를 저압상태로 유지하면, 각 단(Stage)에서 추가 열원의 공급 없이도 Flashing이 연속적으로 발생함으로써 해수의 수증기 변환 수율을 높일 수 있습니다. MSF 방식은 주로 대용량의 담수화 공정에 적용합니다. 반드시 Steam이 공급되어야 하기 때문에 담수설비가 필요한 지역에서는 복합화력발전소와 함께 건설을 추진하는 경향이 있습니다. 발전소에서 생산되는 잉여 Steam을 활용할 수 있기 때문입니다.

당수화 공정에는 이 외에도 MED(Multi-Effect Distillation 다중효용증발법), VTE(Vertical Tube

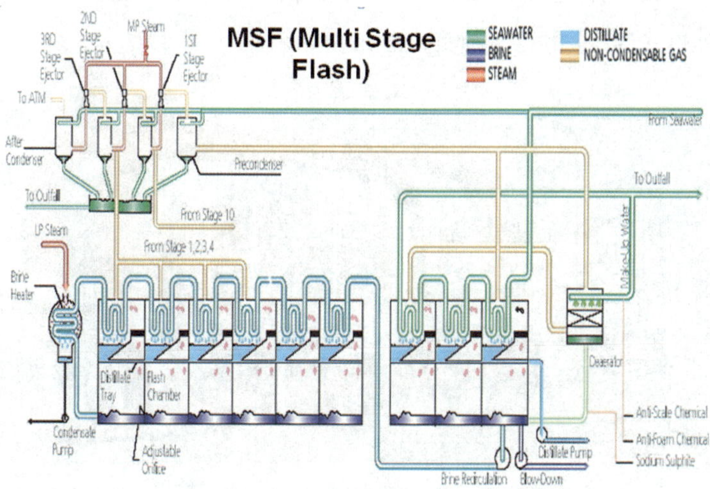

[그림 20-21] MSF 방식 담수화 공정 흐름도

Effect, 입관형증발법), RO(Reverse Osmosis, 역삼투압법) 방식이 있습니다. MED 및 VTE 방식도 Steam을 이용한 증발식 담수화 공정입니다.

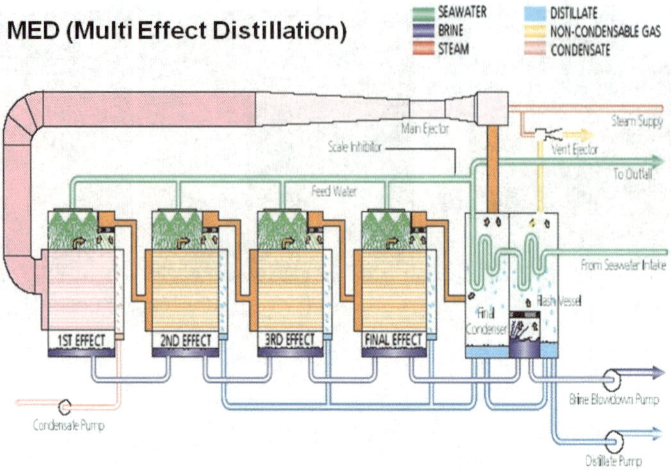

[그림 20-22] MED 방식 담수화 공정 흐름도

MED 방식은 MSF 방식의 Stage와 유사한 개념의 Effect 내부 Tube 안으로 Steam을 주입시키고 그 위에 해수를 분사하여 수증기를 생산합니다. 이 수증기가 두번째 Effect의 Tube내로 유입됩니다. 마찬가지로 해수를 분사하면 수증기가 생산됩니다. 이 같은 과정을 반복하고 Tube 내부로 유입된 수증기를 응축시키는 방식입니다. Effect 안을 거의 진공상태로 유지하기 때문에 분사된 해수는 쉽게 기화되어 수증기의 수율을 높일 수 있습니다. MSF방식과는 달리, 해수의 순환시스템이 필요하지 않아 전력 소모량이 적고, 운전비용 대비 생산성이 높다는 장점이 있습니다.

MED 방식의 Evaporator 또한 트레일러 위에서 화물을 받쳐 줄 수많은 Loading Beam 또는 Support가 필요합니다. Loading Beam은 Evaporator 제작사가 공급합니다. [그림 20-23] 사례의 SPMT는 출력성능을 높이기 위해 SPMT 양단에 PPU를 장착하고 있습니다.

[그림 20-23] MED 방식 Evaporator 운송

VTE 방식은 Steam을 Effect 내부로 주입하고 Tube를 따라 해수가 통과하면서 수증기가 생산됩니다. 이 수증기가 두번째 Effect에 유입됩니다. 마찬가지로 Tube에 해수를 주입하면 수증기가 생산되고 이를 반복적으로 진행하여 증류수로 응축되는 방식입니다. 각 Effect에 해수를 순환시키는 시스템이 별도로 필요하기 때문에 전력 소모량이 많은 편입니다.

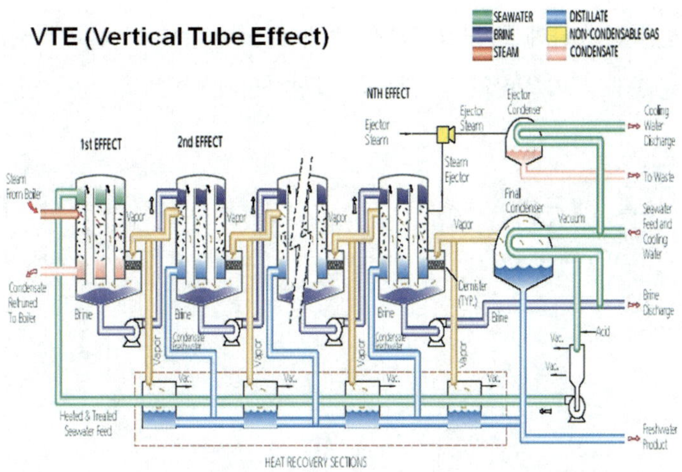

[그림 20-24] VTE 방식 담수화 공정 흐름도

반투과성막(Semi-Permeable Membrane) 양편에 농도가 다른 두 액체를 놓아두면 농도가 낮은 쪽에서 농도가 높은 쪽으로 용매가 이동하면서 농도차이를 좁히려는 현상이 발생합니다. 이를 삼투압현상(滲透壓現象)이라고 합니다. 그림과 같이 맹물과 설탕물을 반투과성막으로 분리해두면 시간이 경과함에 따라 맹물이 설탕물 쪽으로 이동하여 설탕물의 수위가 높아집니다.([그림 20-25]는 doopedia 제공) 반면에 설탕물 쪽에 압력을 가하면 설탕분자는 반투과성막에 의해 걸러지고 맹물만 이동하게 됨으로써, 담수를 얻을 수 있습니다. 이를 역삼투압 방식이라고 합니다. 바닷물이 여러 단계의 반투과성막을 통과하도록 하여 염분과 중금속 성분 등을 걸러내고 추가적인 수처리 과정을 거쳐 담수를 생산하는 것이

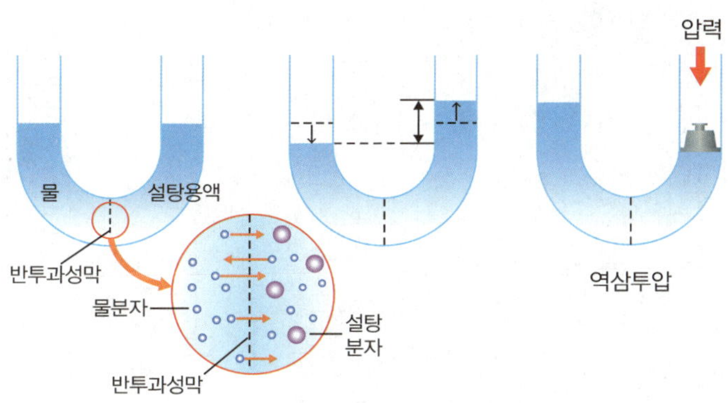

[그림 20-25] 삼투압과 역삼투압 현상

RO 방식의 담수화 공정입니다. Steam없이도 담수 생산이 가능하다는 특징이 있습니다.

담수 Project에서는 담수화 능력을 표시할 때 주로 MIGD라는 단위를 사용합니다. 이는 Million Imperial Gallon per Day를 의미하며, 10MIGD Capa.라고 하면 하루에 1천만 영국갤런의 담수를 생산하는 설비를 나타냅니다. (1MIGD=4,546CBM/day=4,546Mton/day)

살펴본 바와 같이 다양한 운송사례들이 실현되기 위해서는 무엇보다도 물류부서의 역량이 중요합니다. 철저히 대비하여 안전운송과 적기운송의 성과를 꼭 달성하시기 바랍니다.

21. Semi Trailer

중량물 운송을 위한 SPMT, SPT, Conventional Trailer들은 Platform의 높이가 동일한 Flat Deck Trailer이면서 각각의 Module Unit을 조립하여 트레일러를 구성하는 Modular Trailer입니다. 그 외의 트레일러들은 형상에 따라 다음과 같이 구분할 수 있습니다.

(a) Flat Bed Trailer

(b) Extendible Flat Bed Trailer

(c) Drop Deck Trailer

(d) Extendible Drop Deck Trailer

(e) Double Drop Deck Trailer

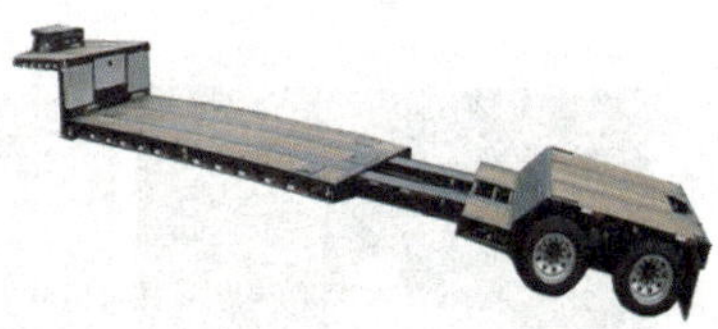

(f) Extendible Double Drop Deck Trailer

[그림 21-1]

[그림 21-1]의 트레일러들은 전방에 Axle이 없으며, Primemover와 연결하지 않을 때는 Landing Gear에 의해 정차 및 수평상태를 유지하는 공통점이 있습니다. 이와 같은 형태의 모든 트레일러를 아우르는 용어가 Semi Trailer입니다. Drop Deck Trailer가 계단형태를 이루기 때문에 Step Deck Trailer라는 표현을 사용하기도 합니다. Double Drop Deck Trailer는 Lowboy Trailer라는 명칭으로도 통용되고 있습니다.

Primemover의 Fifth Wheel과 Gooseneck의 Kingpin간의 Coupling으로 Primemover와 트레일러를

연결합니다. Gooseneck은 거위목을 닮았다 하여 붙여진 이름입니다. 광의적인 개념에 있어서 거위목 형태의 모든 트레일러가 Gooseneck Trailer에 해당됩니다.

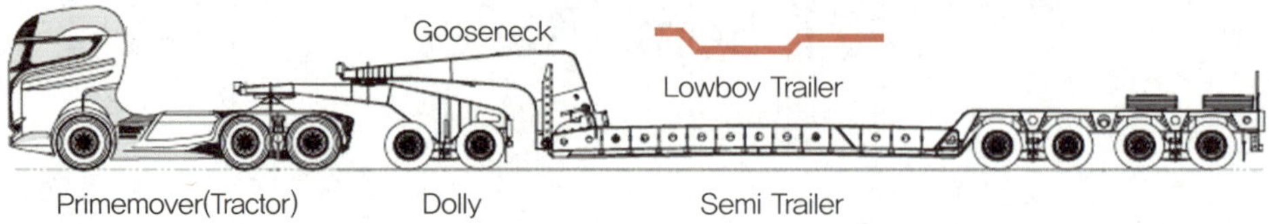

[그림 21-2] Primemover+Dolly+Semi Trailer 구성

[그림 21-4]와 같이 Fifth Wheel에는 이중의 잠금장치가 내장되어 있습니다. Primemover가 후진하면서 트레일러의 Kingpin이 맞물리도록 하는 연결방식입니다.

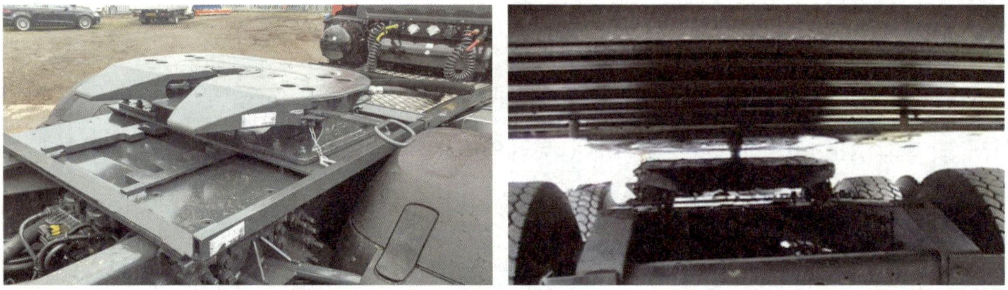

(a) Fifth Wheel (b) Fifth Wheel+Kingpin

[그림 21-3]

1914년 Otto Neumann과 August Fruehauf가 Semi Trailer를 발명했을 때, 대량의 화물운송을 가능하게 하고, 장비의 수명을 연장시켜주는 훌륭한 운송수단이 되었습니다. 하지만 트레일러와 Primemover를 편리하면서도 안정적으로 연결할 수 있는 Fifth Wheel 문제로 고심해야 했습니다.

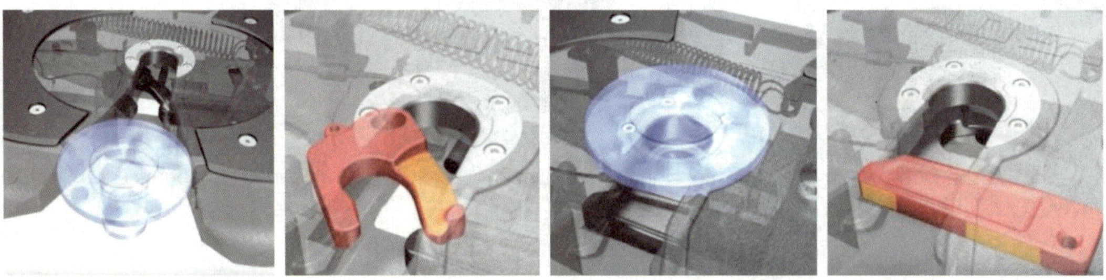

[그림 21-4] Fifth Wheel과 Kingpin의 연결 방식

발명가 Hermann Farr는 1915년 새로운 형태의 Fifth Wheel의 특허를 출원하여 그 이듬해 1월 특허가 등록됩니다. 이 특허를 활용하기 위해 Charles Martin이 Farr와 파트너십을 체결하고 Massachusetts에서 'Martin Rocking Fifth Wheel Company'를 공동으로 창업하게 됩니다. 이들이 제작한 Fifth Wheel은 비포장도로나 요철이 많은 도로에서도 쉽게 운전이 가능하도록 하는 획기적인 제품이었습니다. 이에

Neumann과 Fruehauf가 이 회사의 제품을 자신들의 Semi Trailer에 장착함으로써 Semi Trailer 판매에 큰 성과를 거두게 됩니다.

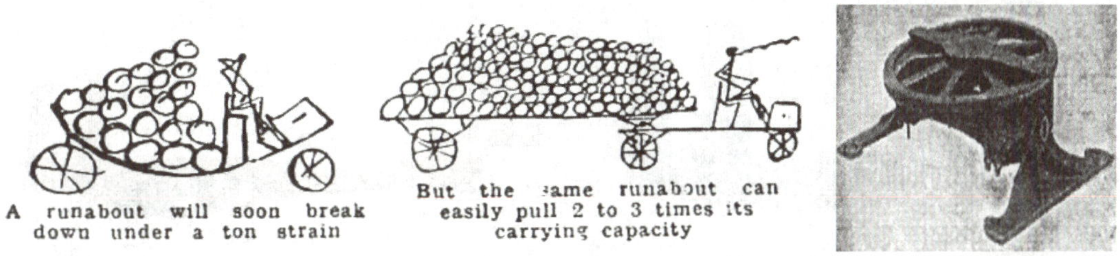

[그림 21-5] Semi Trailer 광고

[그림 21-5]는 1920년 '당신은 Semi Trailer를 꼭 사용해야 합니다.'라는 제목으로 Martin Rocking Fifth Wheel社가 광고했던 내용중 함께 실린 그림의 일부입니다. 당시의 Semi Trailer와 Primemover는 [그림 21-6] (a)와 같은 모습이었습니다. 트레일러 Platform 아래로 4개의 바퀴가 위치하고 있습니다. 위 광고의 그림처럼 당시의 Fifth Wheel은 바퀴의 형상으로 제작되었습니다. 이러한 사유로 Primemover와 Semi Trailer를 연결하는 장치를 다섯번째 바퀴라는 뜻의 Fifth Wheel이라고 부르게 되었습니다.

(a) 과거 Primemover와 Semi Trailer (b) Dolly

[그림 21-6]

Kingpin이 Primemover의 Fifth Wheel보다 높게 위치하여 곧바로 Coupling이 불가능하거나, Primemover에 미치는 하중을 분산시킬 필요가 있을 때는 Primemover와 Semi Trailer 사이에 Dolly를 연결할 수 있습니다. Dolly 또한 Semi Trailer 형태입니다.

범용적인 Flat Bed Trailer는 길이 12m, 폭 2.5m, Deck 높이 1.5m, 적재중량 25톤 내외의 트레일러를 말하며, 이보다 더 무거운 중량을 적재할 수 있는 Low Bed Trailer는 짐을 실을 수 있는 Deck의 높이가 1.2m 이하, 폭 2.5m 이상의 저상트레일러를 의미합니다. Flat Bed Trailer와는 달리 Ramp를 장착할 수 있는 모델이 있습니다.

Low Bed Trailer는 문자 그대로 Platform 높이가 낮은 트레일러이므로 Flat Bed Trailer보다는 바퀴의 Size가 작고, 낮은 Platform 상태를 유지하기 위해 Platform 위로 바퀴가 돌출된 형태가 있습니다. 60톤 이상의 중량물을 운송할 수 있는 Low Bed Trailer도 존재하지만, Platform의 높낮이 조절기능은 없습니다. Platform의 높낮이 조절기능을 채용한 Low Bed Trailer를 특별히 Semi Hydraulic Trailer로 부르고 있습니다. [그림 21-7]의 오른쪽 위 붉은색 트레일러는 Double Drop Deck Trailer(Lowboy), 나머지는 Drop Deck Trailer 형상입니다.

[그림 21-7] 다양한 형태의 Low Bed Trailer

[그림 21-8]은 Low Bed Trailer(폭 3.6m)를 이용한 Air Cooler 운송사례입니다. 폭 4m 이상의 Air Cooler는 Deck 폭이 넓은 Low Bed Trailer를 이용하여 운송하는 것이 바람직합니다. Air Cooler 기기 관련 사항과 운송시 유의사항에 대해서는 PART 2에서 상세히 다루었습니다.

[그림 21-8] Air Cooler 운송

(a) Yard Chassis

(b) 20' Road Chassis

(c) 40' Road Chassis

[그림 21-9]

그 밖에 사용빈도가 높은 Semi Trailer로 컨테이너 운송용 Chassis가 있습니다. 다른 장의 '컨테이너 이야기' 부분에서 Chassis에 대해 살펴보겠습니다.

22. Gooseneck Hydraulic Trailer

Gooseneck Hydraulic Trailer는 Deck의 높낮이를 조절할 수 있으나, 추가 트레일러를 자유롭게 이어 붙이지는 못합니다. 다만, 모델에 따라 Flat Deck, Drop Deck 및 전용 Bogie만으로 길이를 늘릴 수 있습니다. 측면으로의 확장은 불가능합니다.

왼쪽 그림은 Drop Deck의 길이와 A/L 수에 따른 각각의 Gooseneck Trailer 형상을 보여줍니다. 사진은 Goldhofer의 여러 Gooseneck Trailer 모델을 나타낸 것입니다. Semi Trailer와 Hydraulic Trailer의 기능이 복합된 것이 일반적이지만, 반드시 Semi Trailer를 사용하는 것은 아니기 때문에 Modular Trailer보다는 확장성이 덜한 Hydraulic Trailer가 Gooseneck Hydraulic Trailer라고 할 수 있습니다. 현업에서는 이들을 Gooseneck이라고 짧게 부르기도 합니다.

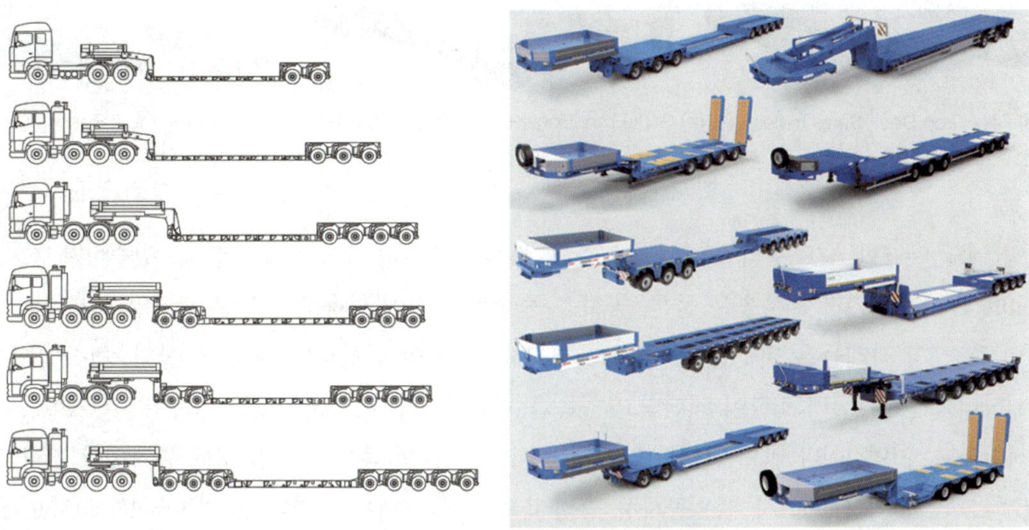

[그림 22-1] 다양한 Gooseneck Trailer 모델

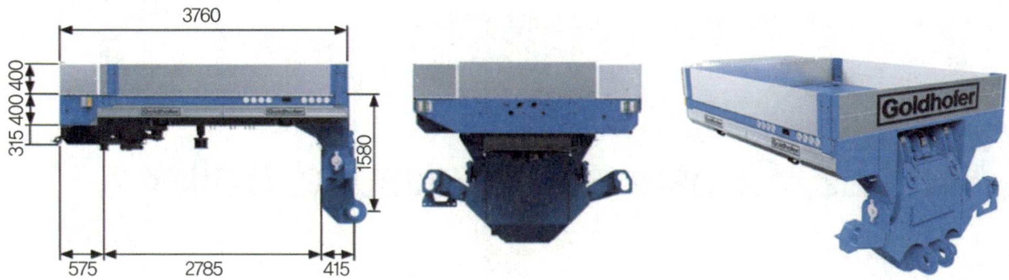

[그림 22-2] 트레일러와 분리가 가능한 Gooseneck

[그림 22-2]는 Goldhofer의 Combination Type Gooseneck을 나타낸 것입니다. 트레일러와 일체형의 Gooseneck Trailer와는 달리 Gooseneck에 Bogie를 연결하여 Front Bogie+Drop Deck or Rear Bogie 조합의 트레일러를 구성할 수 있으며, 또는 Front Bogie없이 Gooseneck에 Semi Trailer를 직접 연결하여 트레일러를 구성할 수도 있습니다.

(a) Cometto Gooseneck+Front Bogie (b) Goldhofer GN+Front Bogie+Rear Bogie

[그림 22-3]

다음은 각각 다른 조합의 Goldhofer 트레일러 형상입니다.

(a) GN+Drop Deck Semi Trailer (b) GN+Front Bogie+Drop Deck Semi Trailer (c) GN+Wheel Recess Deck

[그림 22-4]

그 밖에도 다양한 A/L 수의 트레일러 조합을 통해 트레일러 길이를 조정할 수 있습니다. Gooseneck Hydraulic Trailer는 기자재 운송은 물론, 공사용 중장비 운송에 활용도가 높은 트레일러입니다.

[그림 22-5]의 사례들은 비슷한 듯 하나, Axle Line 구성이 다릅니다. 이는 화물의 중량과 형상을 고려하여 합리적인 트레일러 조합이 채택되고 있음을 의미합니다. 이 같은 Lowboy 형태의 Trailer는 평지운송에 적합하고, 언덕길이나 철도 건널목 앞에서는 미리 Deck의 높이를 높인 후에 통과해야 합니다.

[그림 22-6] (a)의 Trailer 사례는 공사용 중장비 운송에 특화된 것입니다. 변형된 Deck(Wheel Recess Deck)의 형상과 타이어의 위치가 일치하여 안전운송을 도모할 수 있습니다. Transformer를 운송하는

[그림 22-5] Gooseneck Trailer를 이용한 장비 운송

[그림 22-6] 두 사례의 차이점은 Drop Deck과 Flat Deck을 사용한 점입니다. 아울러 [그림 22-6] (b)의 사례는 Cable Line 아래를 자연스럽게 통과하기 위해 Transformer 상부에 Protector를 설치하였습니다. 반면에 오른쪽 사진은 화물 높이와 Primemover의 높이에 큰 차이가 없고, Flat Deck을 사용해도 문제가 없을 만큼 고도상의 장애물이 많지 않다는 것을 의미합니다.

(a) Wheel Recess Deck Trailer

(b) Drop Deck 적용 운송

(c) Flat Deck 적용 운송

[그림 22-6]

Flat Deck Spacer를 연결하여 트레일러 전체 길이를 연장할 수 있습니다. [그림 22-7] (b)의 Gooseneck Hydraulic Trailer는 자체적으로 길이를 연장할 수 있는 Extendible Drop Deck Trailer입니다. 이러한 유형의 트레일러들은 적재중량 범위 내에서 보다 많은 화물의 운송을 가능하게 합니다. Gooseneck Hydraulic Trailer는 Low Bed Trailer와 마찬가지로 Ramp가 장착된 형태가 있습니다. 물론 분리도 가능합니다. [그림 22-7] (C)의 사례는 관절처럼 접을 수 있어서 Double Ramp라고 하며, [그림 22-7] (d)의 사례는 Single Ramp 형태입니다.

(a) Flat Deck Spacer 연결

(b) Extendible Trailer

(c) Double Ramp 형태

(d) Single Ramp 형태

[그림 22-7]

Bogie(대차, 台車)의 본래 의미는 화차나 객차의 차륜(車輪, Wheel Set)이 장착된 Framework을 말합니다. 이 개념에서 확장하여 Module Unit, Dolly 등을 포함한 이어 붙이는 트레일러를 Bogie라고 표현합니다. 북미지역에서는 Truck의 의미로도 사용합니다.

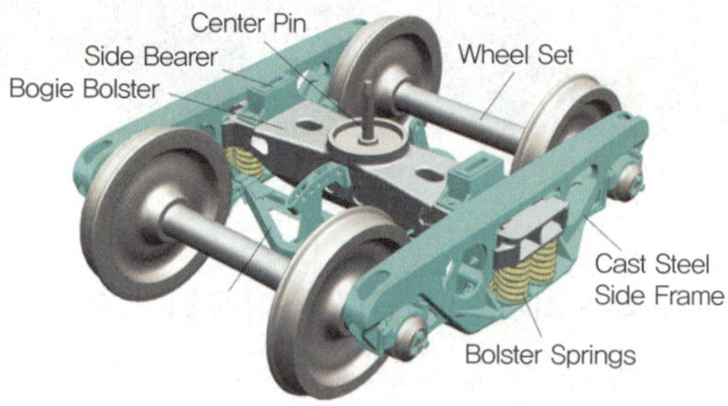

[그림 22-8] Bogie

[그림 22-9]는 Primemover + Dolly + Gooseneck + Drop Deck Semi Trailer 조합의 Wheel Loader 운송 모습입니다. A/L수에 따라 가변적이기는 하나, Gooseneck Hydraulic Trailer는 대략 100톤 이하의 화물 운송에 적용할 수 있습니다. SPMT, SPT, Conventional Trailer와 더불어 Gooseneck Hydraulic Trailer의 운송사 보유현황을 파악하여 운송계획 수립에 반영하시기 바랍니다.

[그림 22-9] Wheel Loader 운송

23. Girder Frame

Faymonville Group의 창업자 Berthold Faymonville은 1960년대 초 벨기에 Rocherath에서 농기구 및 농업용 트랙터의 Cabin을 제작, 판매하는 회사를 설립합니다.

[그림 23-1] Faymonville Group Logo

1970년대 들어 Semi Trailer 생산을 발판으로 사세가 확장되었고, 1980년대에는 Semi Hydraulic Trailer 전문 제작기업으로 성장합니다. 1990년부터 Alain Faymonville에 의해 2세 경영이 시작되었으며, 2012년 새로운 브랜드 'MAX'를 출범시킵니다. 2017년에는 이탈리아의 COMETTO를 인수합니다.

Project가 점점 오지로 진출함에 따라 중량물 운송 문제가 더욱 크게 부각되고 있습니다. 물류의 역할이 중요하고 그 만큼 물류의 위상이 높아지는 추세입니다. 굽이진 도로여건과 오래된 교량 등 Project

(a) 하중분산을 위한 트레일러 구성　　(b) Girder Frame 활용 운송

[그림 23-2]

수행지역 인프라의 열악성 때문에 이를 타개하기 위한 Girder Frame(=Girder Bridge)의 수요 또한 확대될 전망입니다. Transformer, Turbine, Generator, Reactor 등이 Girder Frame을 활용하는 대표적인 화물들입니다. 부피에 비해 상대적으로 중량이 많이 나간다는 공통점이 있습니다. 이들을 Solid Type(단일 트레일러 구성) Trailer에 Loading 하게 되면 집중하중으로 인해 도로나 교량의 지내력을 초과할 수 있습니다.

이를 방지하기 위해서는 [그림 23-2] (a)의 사례와 같이 트레일러를 길게 연결하여 하중을 분산시켜야 하지만, 굽이길 방향전환시에 트레일러가 도로 밖으로 벗어나는 문제가 발생할 수 있습니다. 이러한 운송의 난맥상을 해결할 수 있도록 해주는 장비가 바로 Girder Frame입니다. Girder Frame의 장점 중의 하나는 모델에 따라 Stool 없이 하역이 가능하다는 점입니다. 이 때문에 설치를 위한 Jacking & Skidding System과도 궁합이 잘 맞습니다.

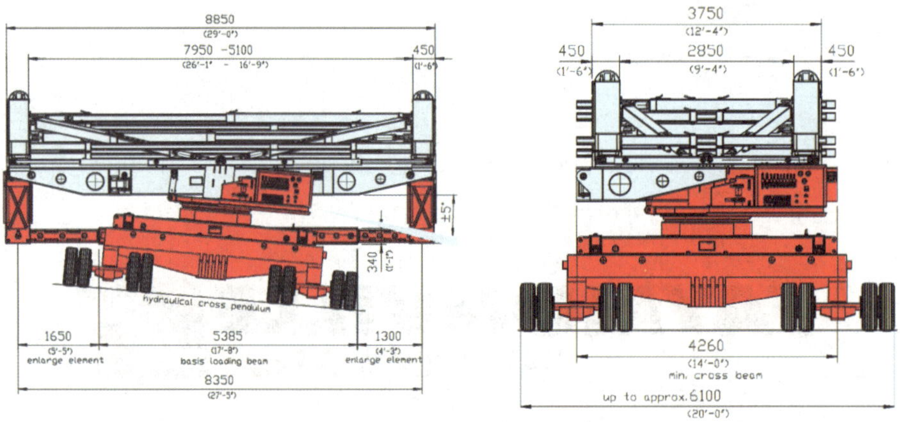

[그림 23-3] Girder Frame 모델

Girder Frame의 폭은 화물 Size에 맞게 조절이 가능하고 Faymonville Group 제품은 위 도면과 같이 최대 7.9m 폭의 화물을 수용할 수 있습니다. 각 제작사별로 다양한 형태의 Girder Frame을 선보이고 있으며 그 중에서도 GirderMax는 'Max' 브랜드의 일원으로 Faymonville Group의 Girder Frame 장비를 말합니다.

Girder Frame을 이용한 화물 상차는 Suspension Loading, Base Beam Loading 그리고 On-deck Loading의 방식이 있습니다. Suspension Loading은 화물의 돌출부위가 Girder 위에 얹히는 형태입니다. [그림 23-4] 사례들은 High Girder Frame이 화물의 측면 돌출부를 지지하는 형상입니다.

[그림 23-4] High Girder Frame, Suspension Loading Using Projecting Parts of Cargo

Suspension Loading 방식은 현장 하역시 고도를 높여야 할 특별한 사유가 없는 한, Stool 없이도 화물을 내려놓는 데에 제약이 없습니다. 이후 Girder Frame을 해체하여 장비를 Release할 수 있습니다. 이를 위해서는 사전에 Girder Frame 장비의 사양을 확인하고 화물에 적합한 돌출부위가 형성되도록 제품 설계에 반영해야 합니다. [그림 23-5]의 사례와 같이 Low Girder Frame에도 Suspension Loading 방식을 적용할 수 있습니다.

[그림 23-5] Low Girder Frame, Suspension Loading Using Projecting Parts

[그림 23-6]의 사례들처럼 Base Loading Beam을 이용하는 방식은 Saddle 또는 화물의 하부가 Base Beam 위에 올려지는 형상입니다. Base Beam 이외의 위치에서 Base Beam보다 높게 Timber나 Stool을 받치고 하역을 실시할 수 있습니다. 또는 Base Beam을 지면에 내려놓고 Girder Frame을 해체한 후 크레인을 이용하거나, [그림 23-7] (b)의 사례와 같이 하부의 측면 함몰부위 또는 돌출부위에 Climbing Jack을 활용함으로써 Base Beam을 마저 제거할 수 있습니다. 마찬가지로 상차시에는 크레인이나 Climbing Jack을 활용하여 Base Beam 위에 화물을 올려놓아야 합니다.

(a) Low Girder with Base Beam (b) High Girder with Base Beam (c) Base Beam

[그림 23-6]

[그림 23-7] (a)는 보조 바퀴를 장착한 후 Girder Frame을 해체하는 모습입니다. Pin을 제거하여 중앙의 Girder Part를 먼저 분리하고 Girder Frame을 전후 방향으로 각각 이동시킵니다. 이때 Primemover가 진출할 수 있는 충분한 공간이 전방에 확보되어야 합니다.

Low Girder Frame 위에 Support를 장착함으로써 화물 돌출부위와의 높이를 맞출 수 있습니다([그림 23-8] (a)). 현장 하역시 지면으로부터 화물을 이격시킬 필요성이 있는 경우에는 Stool을 이용하거나

(a) Girder Frame 제거 (b) Climbing Jack 활용

[그림 23-7]

(a) Low Girder Frame (b) 틈새가 있는 Low Girder Deck, On-deck Loading

[그림 23-8]

Climbing Jack을 활용할 수 있습니다. 화물의 돌출부를 활용할 수 없다면 Base Beam 또는 Girder Frame의 Deck 위에 상차해야 합니다. 틈새가 있는 Deck는 Timber 등을 받치고 하역할 수도 있으나, 대부분 크레인을 이용하여 하역을 실시합니다.

틈새가 없는 Lowboy 형태의 On-Deck 상하차시 Deck 측면으로 화물에 돌출 부위가 형성되어 있지 않는 한, 크레인 사용이 불가피합니다. 또는 Transportation Beam을 사용해야 크레인 조력없이 Stool 위에 하역할 수 있습니다. 흔히 접할 수 있는 구성은 아니지만, Rope를 이용하여 Girder Frame에 화물을 고정시킬 수 있습니다. 이는 원통형의 Vessel이나 Storage Tank 운송 등에 적용할 수 있습니다. [그림 23-9] (b)의 사례에서는 이전 글에서 설명한 이중의 Dolly를 채택하고 있습니다.

(a) 틈새가 없는 Low Girder Deck (b) Rope를 활용한 Girder Frame

[그림 23-9]

[그림 23-10]은 앞선 사진에서도 등장하는 Goldhofer 모델 'Faktor5' High Girder Frame의 모습입니다. 다수의 부품들을 조립하여 Girder Frame이 완성됩니다. 이 장비는 최대 500톤 화물 운송이 가능하고,

폭 6.75m까지 화물을 수용할 수 있습니다. 화물 길이는 기본적으로 17m, 추가 Girder 부품이 구비된 경우에는 17m 이상도 수용이 가능합니다.

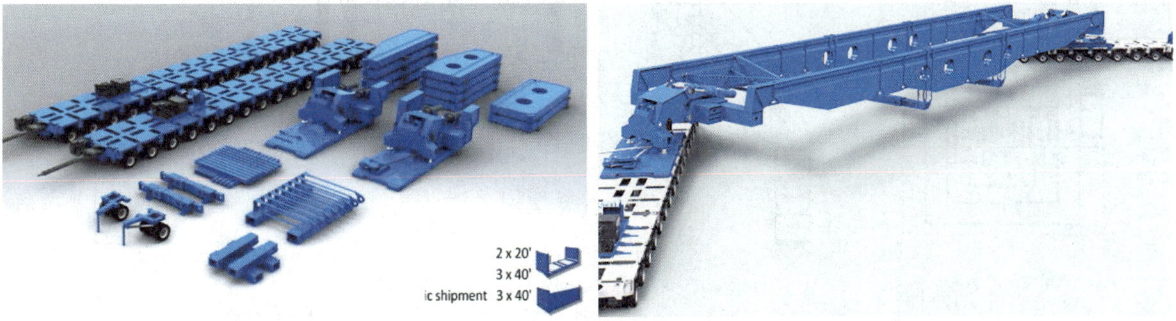

(a) Girder Frame 구성 부품

(b) 조립이 완료된 모습

[그림 23-10]

[그림 23-11]은 Walney Extension Project의 325톤 Transformer 운송을 위한 Trailer Configuration 도면입니다. Girder Frame의 필요성 여부는 Route Survey 과정을 통해서 확인해야 합니다. Girder Frame을 동원해야 한다는 사실을 확인한 후에는 도로 상태에 따른 Simulation 절차가 필요합니다.

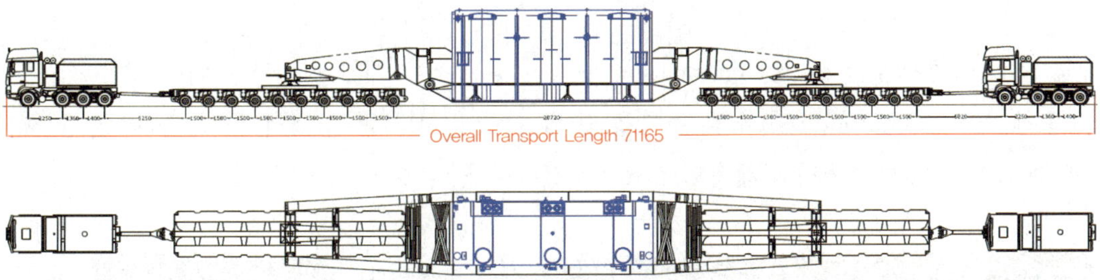

[그림 23-11] Trailer Configuration DWG

지나치게 많은 A/L을 동원할 경우, 트레일러가 도로 밖으로 벗어나거나 제거해야 할 장애물 수가 증가하게 됩니다. 때로는 도로보강이 필요할 수 있습니다. 반면에 A/L 수가 부족하면 하중분산에 문제가 발생할 수 있습니다. 따라서 이를 최적화하는 A/L 수를 모색해야 합니다. 보통은 Simulation 절차를 통해 최적의 A/L 수를 확정지을 수 있습니다. [그림 23-12] (a)의 Rear View에서는 Girder Frame 위에 추가 Support를 장착함으로써 Transformer의 돌출부위를 지지하는 형태라는 것을 알 수 있습니다.

[그림 23-13]은 노르웨이에서 ALE가 수행한 Transformer의 운송과 설치 모습입니다. 설치시에는 Turntable, Jacking & Skidding System을 적용하였습니다. 먼저 Turntable 위에 Jack-down 후 Girder Frame을 제거하고 Turntable을 통해 방향을 전환합니다. 유압 실린더를 이용하여 Transformer를 밀면서 Skid Track 위를 지나 설치 위치까지 이동함으로써, Foundation에 안착시키는 방식입니다.

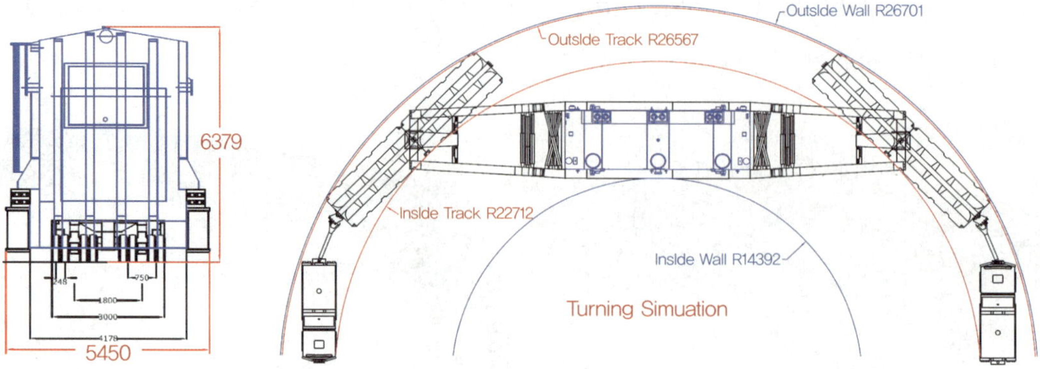

(a) Rear View (b) 운송 Simulation

[그림 23-12]

[그림 23-13] Transformer 운송 및 설치

크레인 사용이 불가능한 위치에 Foundation이 놓여 있거나, 크레인 지원이 여의치 않은 경우, Girder Frame과 Jacking & Skidding System의 조합을 통해 화물을 설치할 수 있습니다. Jacking & Skidding System에 대해서는 PART 2에서 구체적으로 살펴보겠습니다.

[그림 23-14] Jacking & Skidding System을 이용한 설치

[그림 23-15] 도면은 ALE의 Low Girder Frame 모델 AL100을 나타낸 것입니다. 이 모델은 화물중량 320톤까지 운송이 가능합니다. 화물길이는 대략 10m까지 수용할 수 있습니다. 두번째 도면에서 일반적으로는 A/L 간격과 트레일러 전체 길이를 표시합니다. 그러나 이 도면에는 트레일러 Deck의 길이 대신

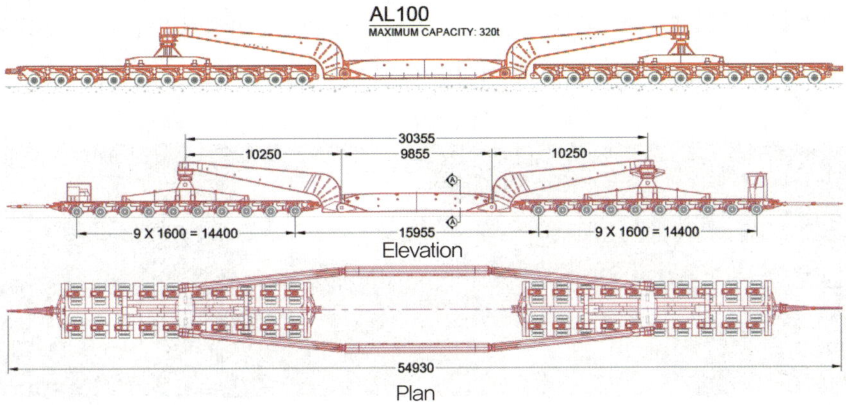

[그림 23-15] Girder Frame을 활용한 트레일러 구성

각각 10A/L 간격에 해당하는 A/L의 길이 범위를 표시하고 있습니다. 이는 교량통과 등의 하중분산 목적을 고려한 도면 표시방법을 적용한 것입니다. ALE는 최대 600톤까지 운송이 가능한 Girder Frame을 보유하고 있습니다.

[그림 23-16] Girder Frame AL600 모델

Bolster와 마찬가지로 Girder Frame의 지지 위치는 트레일러의 정중앙입니다. 굽이길 통과 및 교량 통과시 Girder Frame의 유용성에 대해서 살펴보겠습니다.

[그림 23-17] (a)의 사례는 호수의 둘레길을 주행하는 트레일러 모습입니다. 트레일러를 Solid Type

(a) 호수 둘레길 통과

(b) 산중 굽이길 통과

[그림 23-17]

으로 구성하는 경우 도로폭을 확장하지 않는 한, 이 둘레길을 극복할 방법이 없습니다. 산길을 주행하는 오른쪽 사진의 트레일러 역시 Girder Frame으로 인해 트레일러가 도로 밖으로 벗어나는 것을 방지해줍니다.

[그림 23-18] 교량 통과

[그림 23-18]은 Low Girder Frame을 장착하고 교량을 통과하는 모습입니다. 교량 양 측면 육상과 연결되는 지점에서 교량을 지지하는 구조물을 Abutment(교대, 橋臺)라고 부릅니다. 교각은 Support 또는 Substructure라고 표현합니다. 사진의 교량은 교대와 하나의 교각으로 구성된 2Span 교량입니다. 이러한 형태의 교량통과가 필요할 때, 다음의 예시를 통해 트레일러 구성 기준을 살펴보겠습니다.

A/L당 운송능력 30톤을 고려하면 16A/L은 480톤의 중량을 감당할 수 있기 때문에 정상적인 여건하에서는 250톤 화물을 적재하고 운송하는 데에 전혀 지장이 없습니다. 그러나 교량을 통과할 때는 얘기가 달라집니다. 교대와 교각 사이의 거리가 27.5m, 한 Span에서 최대 234톤, A/L당 최대 15톤까지 통과하중을 허용한다고 하면 Axle 간격 1.6m의 트레일러를 사용할 경우, 총 18A/L이 한 Span 내에 위치하게 됩니다. 따라서 한 Span을 초과하여 트레일러를 구성할 경우, A/L당 허용하중은 최대 13톤(=234÷18)이 됩니다. [그림 23-19]의 사례에서는 한 Span 내에 A/L이 모두 위치하고 전체중량이 314톤에 해당하므로 허용하중 234톤을 초과한 상태입니다.

이에 20A/L으로 트레일러를 증차해보겠습니다. 트레일러 중량 80톤과 화물중량 250톤을 더하면 전체 중량은 330톤이 됩니다. A/L당 하중은 16.5톤으로 계산됩니다. 여전히 A/L당 허용하중 13톤을 초

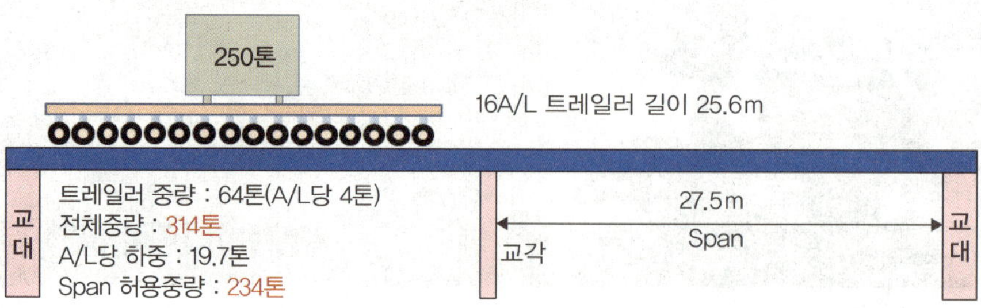

[그림 23-19] 트레일러 구성과 교량의 상관관계 1

과하고 있습니다. 트레일러의 하중분산이 완벽하게 이뤄진다는 전제하에 결국 이 교량을 통과하기 위해서는 최소한 28A/L(A/L당 12.9톤 하중)이 필요하고, 보다 안전한 운송을 위해서는 [그림 23-20]과 같이 30A/L의 트레일러를 동원해야 합니다.

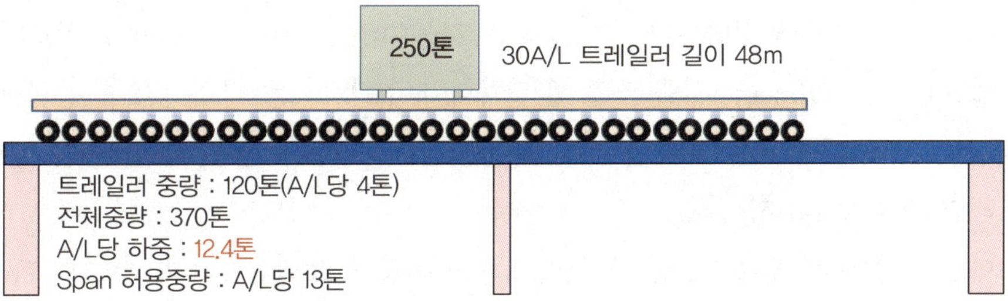

[그림 23-20] 트레일러 구성과 교량의 상관관계 2

이와 같은 사유로 길게 늘어뜨려서 트레일러를 구성해야 하는 문제가 발생합니다. 전체 길이는 48m에 달해 이 상태로는 앞서 살펴본 사례의 호수 둘레길이나 산중 굽이길 통과가 불가능할 수 있습니다.

[그림 23-21] 왼쪽 사진의 Transformer 운송사례는 총 56A/L을 사용하여 이론상으로는 2,000톤 이상의 화물도 감당해낼 수 있습니다. 동원된 트레일러가 과도하다는 느낌이 들 수 있으나, 하중분산의 요구사항에 부합하는 정상적인 트레일러 구성입니다. 그러므로 [그림 23-22]에 결론을 도시한 바와 같이 Girder Frame을 사용함으로써 용이하게 하중을 분산시킬 수 있습니다.

[그림 23-21] Side-by-Side Type Trailer 구성

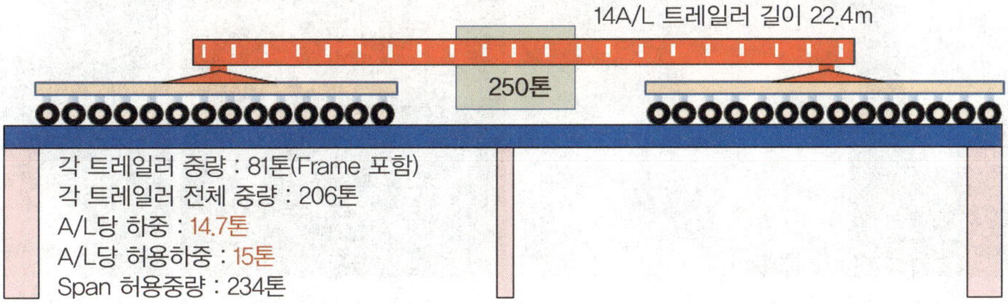

[그림 23-22] Girder Frame을 활용한 트레일러 구성의 최적화

방향전환시에는 물론, 고도상의 장애물 극복에도 유리합니다. 다만 Girder Frame 중량에 따라 동원해야 할 A/L 수에는 다소의 증감이 생길 수 있습니다.

교량통과가 불가피한 경우, 철저한 검증절차가 필요합니다. 특히 교량 데이터의 부재시에는 교량 전문가가 참여하여 안전성 여부를 진단해야 합니다. 볼리비아 Project를 수행할 당시, 중량물 운송 Route 상에 통과해야 할 교량이 55개가 있었습니다. 1개 교량은 지붕이 있는 Truss 구조여서 교량을 우회할 수 있도록 가교를 건설했습니다. Primemover를 직접 운전하다가 추락사고를 일으키거나, 강물에 빠져 허우적대는 악몽에 시달리는 등 과연 모든 교량을 무사히 통과할 수 있을지 많은 날들, 잠을 청할 수 없을 정도로 중압감에 시달렸던 기억이 있습니다.

교량 데이터의 부재로 인해 운송 Permit 취득에 6개월 이상 소요되었습니다. 통상의 Project에서는 상상할 수 없는 일입니다. 이는 운송지연을 초래하여 자칫 Project 공기에 치명상을 안겨줄 수 있습니다. 따라서 교량 Survey를 철저히 실시하고, 검증되지 않은 교량에 대해서는 신속하게 대책을 마련해야 합니다. 볼리비아 Project에서는 콘크리트 강도를 측정하는 등, 현지기업과 국내기업을 통해 모두 세 차례에 걸쳐 전체 교량을 점검한 바 있습니다. 교량 붕괴에 대비한 손해배상책임보험에 가입했으며, 운송중에는 교량을 통과할 때마다 교량의 이상유무를 모니터링하고 결과 보고서를 교통당국에 제출하였습니다.

[그림 23-23] (a)는 Gas Turbine 운송중 해외에서 발생한 교량붕괴 사고사례입니다. Girder Frame을 사용하지 않은 것으로 보입니다.

[그림 23-23] (b)의 사례는 Girder Frame이 지면에 닿을 정도인데도 여전히 어려움을 겪고 있는 모습입니다. 이 화물의 운명이 과연 어떻게 되었을까요? Overbridge 아래를 무사히 통과했다면 철저한 Route Survey의 승리이자, Girder Frame의 장점이 유감없이 발휘된 사례라고 할 수 있을 것입니다. 그러나 반대의 경우에는 씻기 힘든 불명예를 떠안게 될 것입니다. 그제서야 우회로를 알아봐야 하기 때문입니다. PM이나 PRM은 Overbridge 통과를 당연시 하고 관심 밖의 사안으로 여길 수 있습니다. 하지만 이를 통과하지 못했을 때는 물류부서가 엄청난 고초를 겪게 될 것이 자명합니다. 제대로 된 Route Survey 수행이 강조될 수밖에 없는 이유입니다. 따라서 Route Survey는 비용의 관점이 아니라 투자의 관점으로 접근해야 합니다.

(a) 교량붕괴 사고 사례 (b) Overbridge 접촉 (c) Arch형 Overbridge

[그림 23-23]

아치형 교량이나 터널은 반드시 화물의 형상을 고려하여 통과 가능여부를 확인해야 합니다. 화물의 상부가 둥근 형태인지, 평면 형태인지에 따라 통과할 수 있는 높이가 달라지기 때문에 Trailer Configuration 도면을 작도하여 판단해야 하고, 그 이전에 PS 도면이 적기에 출도될 수 있도록 관리해야 합니다. Overbridge와 충돌하게 된다는 사실을 운송도중 뒤늦게 알게 되어 부득이 Drop Deck Spacer, Girder Frame, Schnabel System 중에 하나를 적용해야 한다면, 해당 장비를 장착하여 운송을 재개할 때까지는 상당히 많은 시간이 소요될 것입니다. 더욱이 운송사가 해당 장비를 보유하고 있지 않다면 낭패가 아닐 수 없습니다.

(a) 운송중 접촉사고 (b) Overbridge 통과 (c) Overbridge 접촉사고

[그림 23-24]

[그림 23-24] (a)는 가로수가 넘어지고 가로등이 망가진 모습입니다. 이로 인해 교통당국이 원상복구 이전에는 중량물 운송을 불허할 수도 있습니다. Overbridge는 불과 3~4cm 차이로 문제가 될 수 있습니다. 이러한 경우에는 타이어의 공기를 일정량 배출 시킨 후에 통과하면 됩니다. 타이어의 공기를 배출시킨 후에도 극복이 불가능한 경우에는 부대장비를 활용하는 수밖에 없습니다. [그림 23-24] (b)의 오른쪽 사례는 Drop Deck Spacer의 유용성을 보여줍니다. 반면에 부실한 Route Survey나 적합한 장비 선정의 실패는 안타까운 결과를 초래할 수 있습니다. 운송사고가 발생하지 않도록 일차적으로는 Route Survey의 결과가 실제 운송에서도 그대로 유효한 것이어야 하고, 부대장비 활용여부에 대한 올바른 의사결정이 내려져야 합니다. 앞서 물류의 동인 부분에서 다음과 같이 언급한 바 있습니다.

> "이미 MTR이 잠식된 상태에서는 최선의 의사결정조차 그 가치가 퇴색되기 마련입니다. 같은 의사결정이라 해도 시의성이 중요합니다. 이는 곧 시간관리, 선행관리의 문제로 귀결됩니다."

물류는 하루하루가 시간과의 싸움이라고 해도 과언이 아닙니다. 좀 더 격한 표현을 빌자면 물류가 진행되는 곳은 로지스틱스의 어원처럼 전장(戰場)과도 같습니다. 부대가 궤멸되고 나서 뒤늦게 물자를 지원하는 것은 아무런 의미가 없습니다. 마찬가지로 MTR이 잠식된 후 또는 사고가 발생한 이후에는 최선의 결정이라 해도 사태의 악화를 방지하는 현상유지 차원에 머물 뿐, 드라마와 같은 반전을 기대하기가 어렵습니다. 중량물 운송에 있어서는 예상되는 문제점들을 철저히 분석하고 비용이 좀 들지언정 더 큰 손실을 예방하기 위해 선제적으로 대처하는 것이 무엇보다도 중요합니다.

Transformer와 같이 부피에 비해 중량이 많이 나가는 화물 운송시, 운송 Route상에 교량 등의 하중 분산이 필요한 장애요인이 있고, 트레일러를 길게 구성할 경우 방향전환에 문제가 된다는 사실을 인지했다면, Girder Frame 또는 [그림 23-25] (a)와 같이 Schnabel System을 적용하는 것 이외에는 다른 대안이 없습니다. 따라서 이 때는 이것저것 따질 필요없이 Girder Frame과 Schnabel System 중에 선정하여 신속하게 장비 도입을 추진해야 합니다. 의사결정 시점이 빠르면 빠를수록 물류부서에 이득이 됩니다. 다만, Schnabel System의 경우에는 화물에 Pin Hole이 장착되어 있어야 하기 때문에 이미 제작이 완료된 상태에서는 적용이 불가할 수 있다는 점에 유의하시기 바랍니다.

(a) Schnabel System 적용 (b) 보조 Axle 장착

[그림 23-25]

Wide Trailer 및 Girder Frame을 동원할 수 없고, 트레일러도 부족한 상태에서 하중분산이 필요한 경우, 자주 사용되는 구성은 아니지만, 양 측면에 보조 Axle을 장착하는 방법을 모색할 수 있습니다. 트레일러를 추가로 동원한 것과 같은 효과가 있습니다. 이때는 검은색 타이어가 눈에 잘 띄지 않기 때문에 반대편에서 다가오는 차량과의 접촉이 발생하지 않도록 교통통제에 만전을 기해야 합니다. 그림 [23-25] (b) 사례의 보조 Axle은 도로 중앙선을 훌쩍 넘어선 상태입니다. 다른 사람들이 이 사실을 쉽게 인지할 수 있도록 Beam 말단부에 Warning Tape을 두르는 것이 바람직합니다.

중량물 운송용 트레일러와 운송 부대장비는 붉은색 계통의 색상을 가장 많이 채택하고 있습니다. 이는 트레일러 주변의 보행자나 운전자의 가시성을 높여서 불의의 사고 발생을 최소화하려는 의도가 반영된 것입니다.

[그림 23-27]은 [그림 23-26]의 사진 속 화물, Carbamate Condenser의 내륙운송을 위한 트레일러 Configuration DWG의 Rear View를 옮긴 것입니다. Mammoet이 중량물 내륙운송을 수행한 이 Project는 화물이나 시설물에 Damage 없이 수많은 교량을 무사히 통과할 수 있었습니다.

트레일러 폭이 4.877m로 Wide Trailer입니다. 지내력이 의심스러운 교량을 통과하기 위해서는 이와 같이 Girder Frame과 Wide Trailer를 운송수단으로 선정하는 것이 바람직합니다.

[그림 23-28] (a)의 Wide Trailer는 매우 특이한 형상입니다. Deck Plate를 다 걷어내고 뼈다귀만 남은 듯한 모습입니다. 앞서 설명한 Bogie의 원론적 개념에 부합하는 트레일러입니다. 하중을 최대한 줄이기

[그림 23-26] Carbamate Condenser 운송

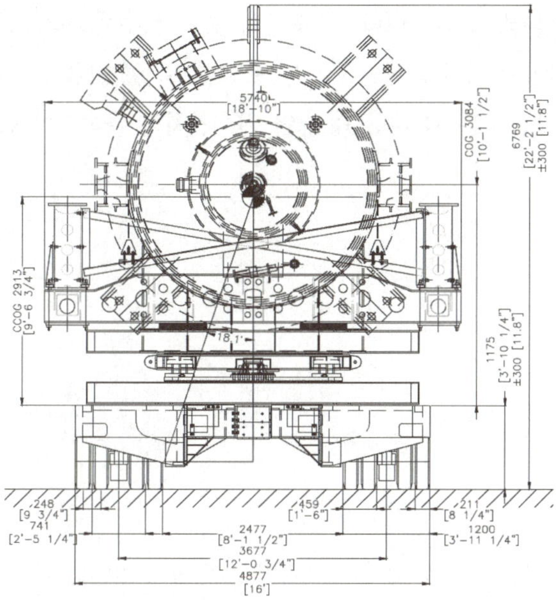

[그림 23-27] Rear View 도면

(a) 섀시형태의 Wide Trailer (b) 노면 접촉 (c) 전봇대 우회

[그림 23-28]

위해 채택한 방식입니다. Primemover도 Long Draw Bar로 연결하여 트레일러로부터 멀찌감치 떨어져 있습니다. 전후좌우 철저하게 하중을 분산시킨 사례입니다. 더불어 2차선 도로를 모두 점유하면서 이동하는 만큼 교통통제에 차질이 없도록 관리해야 합니다.

선로가 놓인 곳은 통상적으로 주변보다 지대가 높기 때문에 Girder Frame 등의 부대장비를 사용하는 경우에는 미리 화물의 고도를 조정한 후에 진입해야 합니다. [그림 23-28] (b)는 철도 건널목에서 Girder Frame이 지면에 접촉된 사례입니다. 실제로 Deck 높이를 뒤늦게 조정하느라 트레일러가 철도를 가로지른 상태에서 장시간 머물렀습니다. 철도 건널목은 미리 대비하여 최대한 신속하게 그 곳을 벗어나는 것이 상책입니다. [그림 23-28] (c)에서는 Girder Frame 옆의 전봇대가 위태로워 보입니다. 이러한 장애물 통과계획도 중요한 사항이므로, 운송계획 수립시 결코 소홀함이 있어서는 안 됩니다.

살펴본 바와 같이 다양한 형태의 트레일러와 부대장비들 중에서 어떤 것을 선택해야 하는지는 장비보유 여부와 현지 운송여건에 따라 달라집니다. 운송사의 경험과 수행능력, 보유장비 그리고 물류 담당자의 수행역량 등이 잘 융화되어야 적기에 안전운송을 도모할 수 있습니다. 특히 해당 국가에 존재하지 않는 트레일러 유형과 장비에 대해서는 Mobilization 일정을 철저히 관리해야 합니다.

24. Schnabel System

Schnabel Car로 불리는 Railroad Freight Car는 최초 중량물의 철도운송을 위해 고안되었습니다. 운송상의 고도를 낮추고 집중하중을 분산시킴으로써 안전운송을 가능하게 해주는 장비입니다. 현재는 철도운송 뿐만 아니라 트레일러를 이용한 도로운송에도 다양하게 적용하고 있습니다. Schnabel이라는 용어는 독일어로 새의 부리(Beak)를 의미합니다. Lifting Arm이 Wagon 방향으로 갈수록 점점 가늘어지기 때문에 그 형상이 새의 부리를 닮았다고 해서 붙여진 이름입니다.

(a) Schnabel Car 철도 운송

(b) Lifting Arm 합체

[그림 24-1]

전형적인 Schnabel Car는 Lifting Arm을 화물과 연결하여 화물이 허공에 뜬 상태로 운송합니다. 화물이 없는 경우에는 양편의 Lifting Arm을 결합, 정상적인 열차 주행속도로 운행할 수 있습니다.

Car 양단에 Drop Deck(=Tension Beam)으로 연결한 운송장비 또한 Schnabel Car로 불립니다. Schnabel System을 적용한 대표적인 사례가 Wind Turbine Tower 운송시의 트레일러 구성입니다. 화물의 하부가 지면에 가깝게 유지되는 특징이 있습니다. Saddle을 장착하고 트레일러 Deck 위에 적재한다면, 그 만큼 운송상의 고도가 상승할 것입니다. 도로운송에 있어서 Schnabel System은 터널이나 Overbridge 등의 고도상의 장애물을 극복하게 해주고 하중분산에도 유용한 방식입니다. Girder Frame 또는 Bolster와 마찬가지로 굽이길 통과시 트레일러가 도로 밖으로 벗어나는 것을 방지해줍니다.

(a) Tension Beam 적용 (b) Tower Adapter 적용 (c) Lifting Arm 적용

[그림 24-2]

Schnabel System을 적용하는 것이 유용한 운송방식이긴 하나, 화물과 Lifting Arm을 어떻게 연결할지가 관건입니다. 일반적인 방법은 Pin Hole과 Pin을 통해 연결하는 것입니다. 즉, 해당 Lifting Arm에 적합한 Pin Hole이 화물에도 장착되어 있어야 한다는 의미입니다. Girder Frame을 이용하기 위한 화물 돌출부 장착처럼, 장비사양을 고려하여 제품의 설계 및 제작에 반영해야 합니다.

[그림 24-3] Pin과 Pin Hole을 활용한 Lifting Arm 연결

운송을 완료한 후에는 Lifting Arm, Tower Adaptor를 연결하여 복귀할 수 있습니다. Schnabel System 또한 화물의 COG를 고려해야 합니다. Schnabel System이라고 해서 예외일 수는 없습니다. 어떤 장비를 활용하든 COG는 항상 우선 점검대상입니다.

(a) Tower Adaptor 합체 (b) 철도운송 사고 사례

[그림 24-4]

Bolster, Drop Deck Spacer, Girder Frame, Schnabel System중 화물형상, 장애물, 도로여건을 종합적으로 검토하고 최적의 장비를 선정함으로써 중량물 운송에 만전을 기하시기 바랍니다.

(a) Drop Deck Spacer 적용　　(b) Girder Frame 적용　　(c) Schnabel System 적용

[그림 24-5]

25. 풍력발전설비 운송

(a) 풍력발전

(b) 호수에 설치한 태양광발전 설비

[그림 25-1]

석탄화력발전은 미세먼지 발생과 환경오염이라는 근원적인 해결과제를 안고 있습니다. 선진국일수록 규제를 강화하고 이를 대체하는 신재생에너지 산업이 각광을 받고 있습니다. 국토가 광활한 미국이나 중국 등은 풍력발전소 건설에 유리한 입지조건을 가지고 있습니다. 반면에 마땅한 부지 찾기가 쉽지 않고, 기존 풍력발전소 주변 주민들로부터 소음에 대한 민원이 제기되기도 하는 우리나라는 인적이 드문 깊은 산중이나 육지에서 좀 떨어진 해상에 풍력발전소를 설치하는 수밖에 없을 것 같습니다. 그렇게 되면 건설비용은 물론 유지보수 비용이 상승할 것입니다. 태양광발전은 소음이 없는 대신, 집열판의 위치가 고정됨으로써 에너지 수율이 낮다는 단점이 있습니다. 에너지 수율을 높이기 위해 태양의 위치에 따라 방향전환이 용이한 저수지나 호수에 부유식으로 건설하기도 합니다.

풍력발전설비 운송에 대해 구체적으로 살펴보겠습니다.

[그림 25-2] (a)의 두 사례는 전후방 트레일러를 Long Extender로 연결하여 Wind Turbine Blade(Rotor Blade)를 운송하는 모습입니다. Bolster 방식이 아니기 때문에 굽이길에서 어려움을 겪을 가능성이 있습니다. 굽이길 극복이 불가한 것으로 확인되면 [그림 25-2] (b)의 사례와 같이 전후방 트레일러를 분리하여

Bolster 기능이 있는 장비를 채용해야 합니다.

(a) Extendible Trailer 적용　　(b) Bolster 방식 적용

[그림 25-2]

Rotor Blade는 통상 12톤 내외의 중량에 해당하고 최대 20톤 정도에 불과하므로, [그림 25-3] (a)의 모습은 비효율적인 트레일러 운용형태라고 할 수 있습니다. 운송속도 또한 경쟁력이 떨어집니다. 만약 SPMT 이외에는 대안이 없다고 한다면, Deck Spacer를 활용하거나 Open Compound Type으로 트레일러를 구성하는 것이 현명한 의사결정이 될 것입니다.

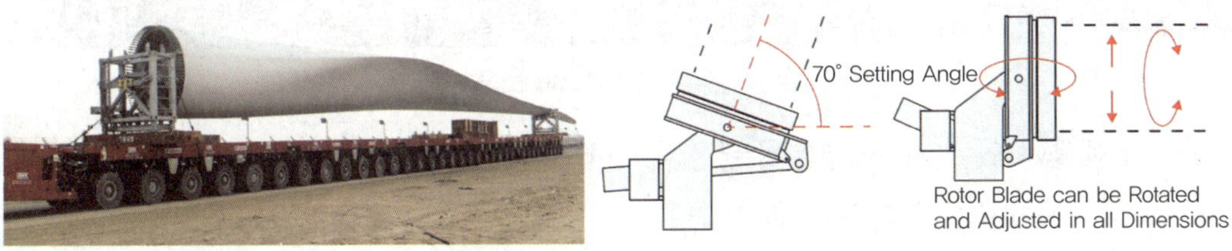

(a) SPMT Solid Type 트레일러 구성　　(b) Wind Blade Adapter 기능

[그림 25-3]

살펴본 문제점들을 해결하기 위해 Wind Blade Adapter가 고안되었습니다. [그림 25-3] (b)는 TII Group 제품을 설명한 것으로 70°까지 상하각도를 조절하는 기능이 있습니다. 이 장비는 좌우 방향전환과 Rotor Blade의 회전이 가능합니다.

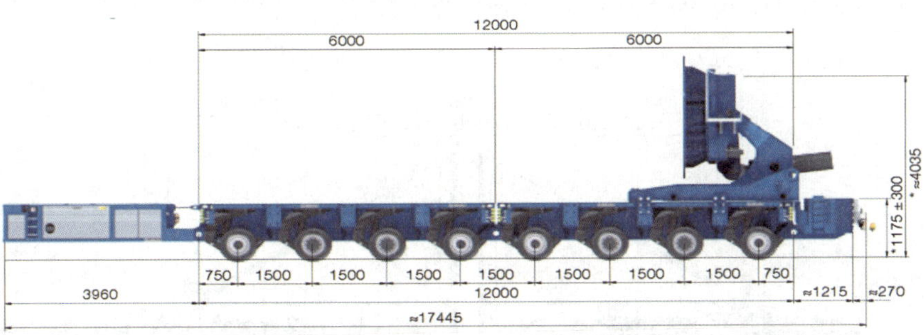

[그림 25-4] Wind Blade Adapter 장착 트레일러 구성

[그림 25-4]는 Goldhofer의 Wind Blade Adapter가 장착된 SPT 제원입니다. 60°까지 Rotor Blade의 상하 각도를 조절할 수 있습니다.

[그림 25-5] Rotor Blade 연결

[그림 25-5]는 Rotor Blade를 Adapter에 장착하는 모습입니다. Connector와 Rotor Blade간에 볼트를 체결한 후에 이를 다시 Adapter와 연결합니다.

[그림 25-6] Rotor Blade 운송 사례

고도상의 장애물이 있는 지역에서는 수평을 유지한 상태로 운송을 진행하고 교차로나 굽이길에서는 상향각도를 조절하여 장애물을 피해갈 수 있습니다.

[그림 25-6] 사례들은 트레일러 위 Adapter 위치에서 COG가 고려되었음을 알 수 있습니다. 맨 오른쪽 사례는 Hub에 Rotor Blade를 일체형으로 조립한 Wind Turbine의 상차 모습입니다. 본 사례의 Blade 하나의 길이가 80m입니다. 개활지가 아니면 불가능한 운송방법입니다. 트레일러 후미에 상차하고 대신 Counter Weight를 반대쪽에 적재하여 Load Balance를 맞추었습니다. 또는 크레인용 Counter Weight를 함께 운반하기 위해 이 같이 구성한 것입니다.

Gooseneck Hydraulic Trailer에 Schnabel System을 적용할 수 있습니다. [그림 25-7]은 Goldhofer의

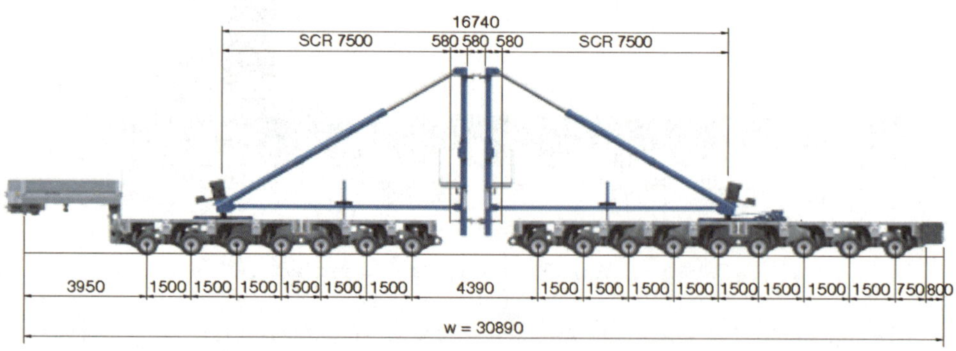

[그림 25-7] Tower Adapter 장착 트레일러 구성

Tower Adapter 모델중 하나를 옮긴 것입니다. Wind Turbine Tower는 통상 3분할하여 각각을 운송합니다. 설치시에는 각 단을 차례로 크레인으로 들어올려 조립합니다.

Tower나 Column 형태는 아무리 소형이라 해도 항상 Main Crane과 Tailing Crane을 이용하여 설치합니다. 수직으로 세울 때까지 Tailing Crane의 보조가 필요하며, 수직으로 세운 상태에서는 Main Crane 단독으로 설치작업을 마무리합니다. 먼저 Tower를 조립하고 Nacelle을 설치합니다. Rotor Blade는 일체형 Turbine 상태로 Nacelle에 조립하거나, 각각의 Blade를 들어올린 후에 공중에서 조립하기도 합니다.

[그림 25-8] Wind Turbine Tower 설치

[그림 25-9] (a)는 Nacelle 내부의 구조를 개략적으로 표현한 것입니다. [그림 25-9] (b)는 Wind Turbine Tower의 운송 모습입니다. 재미있는 것은 농업용이나, 공사용으로 사용될 것 같은 Wheel Loader 형태의 트랙터가 최전방에 배치되었다는 점입니다. 앞서 우리나라는 풍력발전소를 깊은 산중에 건설할 수밖에 없을 것이라고 언급한 바 있는데, 그와 유사한 사례로 여겨집니다. 산길을 오를 때 경사로를 극복해야 하는 관계로 긴급하게 트랙터의 도움을 받게 된 것으로 추정할 수 있습니다. 또는 원거리에서 Primemover를 동원하는 대신 현장 근처의 장비를 활용한 것일 수도 있습니다.

(a) Nacelle 구조

(b) Wheel Loader 추가 동원

[그림 25-9]

Wind Turbine Tower의 보편적인 운송 방법은 Tower Adapter를 이용하여 운송하는 것입니다. Tower Adapter를 적용하면 운송높이를 낮출 수 있어 고도상의 장애물 극복에 효과적입니다. 아울러 별도의 운송용 Saddle은 필요하지 않습니다. [그림 25-10] 사례에서 보시는 바와 같이 Wind Turbine Tower가 거의 지면에 닿을 수준까지 고도를 낮춰서 운송할 수 있습니다. 그 밖에도 도로여건과 장비현황에 따라

다양한 방법으로 트레일러를 구성할 수 있습니다.

[그림 25-10] Tower Adapter를 활용한 운송

[그림 25-11] (f)는 다른 방식의 상차 모습입니다. 이처럼 Wind Turbine Tower를 수직으로 세워 운송해야 하는 경우가 있습니다. Tower 내부에 이미 발전시스템 부품들이 장착되어 있어서 Horizontal 상차 방법을 적용하면 Damage의 우려가 있기 때문입니다. 이러한 사유로 Switchgear, Inverter, Power Distibution 등의 기능을 수행하는 각종 Panel(Cabinet) 제품들은 Vertical 운송만을 허용하기도 합니다.

(a) Tower Adapter+Round Deck Trailer

(b) Bolster 방식 Trailer

(c) Solid Type Flat Deck Trailer

(d) Deck Spacer 활용 Solid Type Trailer

(e) Extendible Trailer

(f) SPMT, Vertical Loading

[그림 25-11]

(a) Part of Switchgear Panel

(b) LV Switchgear Panel

(c) MV SWGR Panel

[그림 25-12]

이들 전기, 제어용 기기들은 적재높이가 초과되어 일반 컨테이너 및 항공운송이 불가할 수 있다는 점, 유의하시기 바랍니다. [그림 25-11] (f)의 사례는 덴마크에서 내장품의 조립을 마친 29m 높이의 Wind Turbine Tower를 Side-by Side Type SPMT로 운송하는 모습입니다.

(a) 운송 금기사항 (b) 운송사고 (c) 추가 Primemover 대기 (d) 추가 Primemover 연결 (e) 공사장비 활용

[그림 25-13]

[그림 25-13] (a)에서는 두 사람이 그네를 타듯 화물에 매달려 있습니다. 사고는 언제든지 발생할 수 있으므로 절대로 있어서는 안 될 일입니다. 푸른색 원 내의 Wind Turbine Tower 주변에 새로운 Tower를 설치해야 한다면, Tower Unit의 운송을 위해서는 비탈길로 인해 복수의 Primemover가 동원되어야 할 것입니다. [그림 25-13] (c)의 전방에 위치한 Primemover는 운송중인 Primemover와 연결되지 않았습니다. 이 예비 Primemover는 [그림 25-13] (d)의 사례와 같이 본격적으로 경사길을 오르기 전에 연결하여 운송을 이어갈 것입니다.

[그림 25-13] (e)에서는 운송로의 경사도가 급격함을 알 수 있습니다. Primemover 앞에 연결된 장비는 운송전용 장비가 아닙니다. 현장에 Primemover의 출력을 보완할 수 있는 장비가 갖춰져 있고 현장 주변에만 경사로가 존재한다면, 현장에 지원을 요청하는 것이 보다 효율적일 수 있습니다. 현장 근처에서 잠시 동안만 필요한 Primemover를 멀리서부터 동원하는 것은 비용 측면에서 낭비이기 때문입니다. 더군다나 산중에 현장이 위치한 경우에는 Port 또는 제작사의 공장이 원격지에 위치할 가능성이 높습니다.

[그림 25-14] 다양한 모델의 Tower Adapter

다양한 모델의 Tower Adapter가 존재합니다. 일차적으로는 운송사의 장비 보유현황을 파악하고 어느 장비를 채택하든 Safety First에 입각하여 운송을 관리하시기 바랍니다.

(a) 리치스택커를 이용한 하역

(b) 크레인을 이용한 하역

[그림 22-15]

Wind Turbine Tower가 장척물에 가깝기 때문에 가장 안전한 하역 방법은 크레인 두 대를 이용하는 것입니다.

26. SPMT는 왜 폭 2.43m, Axle 간격 1.4m일까?

광폭의 특수장비를 제외하고 SPMT는 Deck 폭과 Axle 간격이 동일합니다. 중량물 운송을 경험해 본 분이라면 의문을 가질 만도 합니다. 반면에 SPT는 다양한 사양이 존재합니다. SPMT의 Deck 폭과 Axle 간격이 동일한 이유는 무엇일까요?

고가의 운송장비인 SPMT는 투자금을 회수하는 데에 상당한 시간이 소요됩니다. 장비를 놀린다면 큰 손실이기 때문에 SPMT를 보유한 운송사, 특히 다국적 기업들은 Project가 있는 곳이면 규제국가가 아닌 이상, 어디든 SPMT를 실어 보내려고 합니다. 이때 물류비 부담을 최소화해야 할 필요가 있습니다.

(a) 4A/L SPMT Unit

(b) Deck 폭이 넓을수록 안전운송에 유리

[그림 26-1]

트레일러는 폭이 넓을수록 안정감이 있습니다. 반면에 SPMT를 FR에 적재하여 해상운송을 진행하는 경우, Void Charge가 발생해서는 곤란합니다. 따라서 최대한 폭을 넓게 제작하되 Void Charge가 발생하지 않도록 하는 것이 관건입니다. SPMT가 처음 등장했을 때, 이 점을 고려하여 장비를 제작하게 되었고, 이것이 현재까지 이어져 Deck 폭 2.43m, Axle 간격 1.4m의 사양으로 정착되었습니다. 4A/L Unit은 길이 5.6m로서 폭과 길이 모두 20ft FR의 In-gauge 선적에 최적화되어 있습니다.

FR In-gauge 기준으로 폭 2.43m를 적용하고 있는 선사도 있으나 현재는 선사마다 각기 다른 기준을 채택하고 있습니다.

〈표 26-1〉 **선사별 FR In-gauge 기준 및 허용중량**

Shipping Line	Maximum In-gauge Criteria						Max. Allowable Cargo Weight(Mton)		Max. G.W(Mton) (Inc. Tare W.T)	
	20ft FR			40ft FR			20ft FR	40ft FR	20ft FR	40ft FR
	L(cm)	W(cm)	H(cm)	L(cm)	W(cm)	H(cm)				
A사	561.8	243.8	221.0	1,165.2	243.8	195.5	31	40	34	45
B사	565.2	243.8	221.3	1,208.2	243.8	195.5	31	39	34	45
C사	593.5	239.8	232.7	1,208.0	243.8	210.3	21	25	24	30
D사	563.8	220.8	223.3	1,165.2	238.0	195.5	31	40	34	45
E사	561.2	222.7	221.3	1,177.0	238.0	195.5	31	40	34	45
F사	563.4	220.8	195.0	1,162.5	237.4	195.0	31	40	34	45
G사	563.4	220.8	221.3	1,165.2	237.4	195.9	31	40	31	45
H사	561.2	219.4	221.3	1,165.2	237.4	195.5	31	40	31	45
I사	555.3	219.4	221.3	1,168.6	237.4	195.5	31	40	34	45
J사	596.0	240.0	229.0	1,165.0	237.0	196.0	37	44	40	50
K사	563.8	222.6	223.1	1,206.4	236.9	194.3	31	40	34	45
L사	594.8	226.0	226.6	1,206.5	225.6	197.0	31	47	34	53
M사	563.8	220.8	221.3	1,160.0	224.0	195.5	28	39	30	45
N사	595.8	201.8	207.7	1,198.6	223.6	196.8	28	39	30	45
O사	565.2	220.8	223.4	1,178.6	223.6	196.8	31	28	34	34
P사	563.8	222.8	223.3	1,177.6	223.0	195.5	31	40	34	45
Q사	565.2	220.8	225.1	1,208.2	220.0	200.1	28	34	31	39
R사	598.8	239.8	223.1	1,166.2	217.9	194.3	22	39	25	45
S사	554.2	201.8	207.7	1,167.6	201.8	196.6	28	38	30	43

FR에 선적할 수 있는 최대 중량과 Size에도 선사마다 차이가 있습니다. 선사별 선적기준을 미리 확인하고 대처하시기 바랍니다. Over-length 화물은 Post를 접거나 제거한 상태에서 FR에 적재하게 됩니다. 이 경우, 선적 및 하역시 육상과 선상에서 누군가가 Chain을 걸거나 해제해야 하는 부가 작업이 수반됩니다.

이러한 사유로 선사는 Over-length 화물에 대해 폭과 높이에 관계없이 Full Void를 적용하려는 경향이 있습니다. Over-width까지 겹친다면 선적을 불허할 수 있습니다. 만약 선적을 허용한다면, Lifting 시 Chain과 화물의 접촉이 불가피하기 때문에 압착으로 인해 화물이 손상될 수 있으므로, 사전에 Damage 가능성 여부를 확인해야 합니다.

(a) Chain 연결 (b) 접이식 Post (c) Over-length 화물 적재

[그림 26-2]

앞서 Cometto의 SPMT 사양을 살펴보았습니다. Axle 간격은 1.4m로 동일한 반면, Deck 폭이 3m인 모델이 존재한다는 사실을 확인하였습니다. [그림 26-3]에 나타낸 바와 같이, Goldhofer SPMT의 경우, Deck 폭은 동일하지만 Axle 간격이 1.6m인 모델이 있습니다. 따라서 SPMT 폭 2.43m, Axle 간격 1.4m는 유효하되, 일부 모델에 한해 사양이 다를 수 있다는 점을 기억하시기 바랍니다. 또한 모델별로 Axle Compensation 범위가 다르다는 점도 실무에 반영하시기 바랍니다.

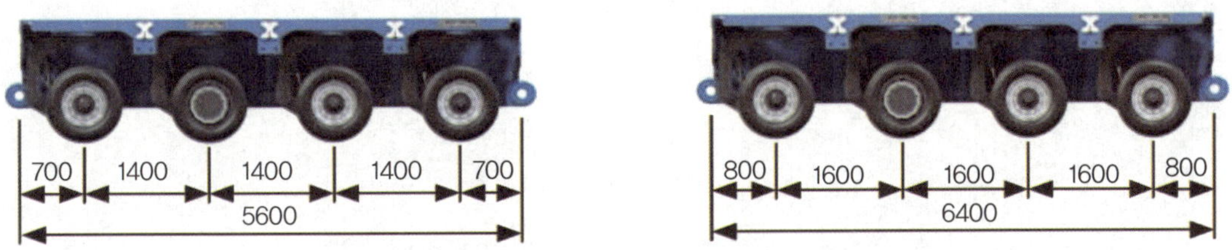

(a) Model No. ESE-E(285), ESE-E(315) (b) ESE-E(385)

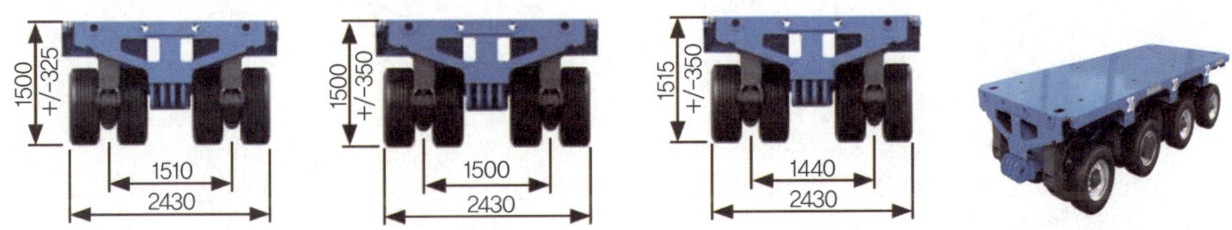

(c) ESE-E(285) (d) ESE-E(315) (e) ESE-E(385) (f) 4A/L SPMT

[그림 26-3]

[그림 26-4]는 이전 글에서 살펴본 330톤 Transformer 운송 사례입니다. 상하부 트레일러에 SPMT를 적용하였으며 Transformer 1기당 72A/L이 동원되었습니다. 트레일러 측면 사진을 살펴보면 상하부 트레일러 모두 12A/L 구성인데 반해 트레일러 길이가 다르다는 것을 알 수 있습니다. 바로 이 하부의 SPMT가 Axle 간격 1.4m를 초과하는 모델입니다.

[그림 26-4] 다층형 트레일러 구성

27. 컨테이너 이야기

사용빈도가 높은 Semi Trailer의 한 종류가 Chassis입니다. 섀시는 컨테이너 운송에 특화된 장비입니다. 섀시의 사전적 의미는 차대, 틀, 골격으로서 영어의 다른 표현은 Framework입니다. 자동차의 뼈대를 이루는 틀 또한 Chassis라고 표현합니다.

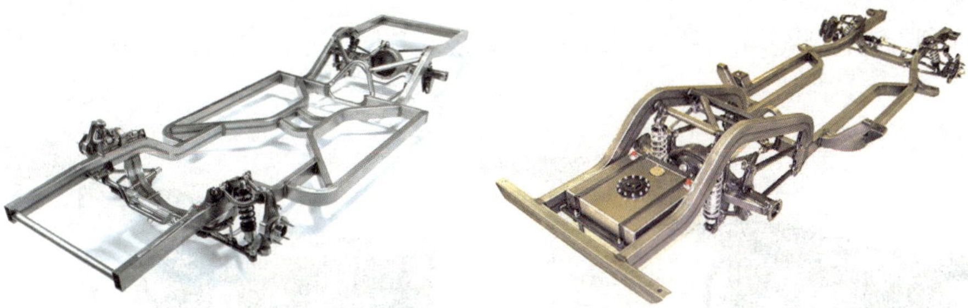

[그림 27-1] 자동차 Chassis

컨테이너 운송용 Chassis는 다음 사진에 보여지는 바와 같이 Deck Plate가 없고 뼈대만 갖춘 형태의 Semi Trailer입니다. Port 내에서 사용하는 Yard Chassis와 일반도로 운송용 Road Chassis로 구분됩니다.

(a) Yard Chassis (b) 20' Road Chassis (c) Twist Lock

[그림 27-2]

Port 내에서는 저속으로 운행하기 때문에 양 측면에 돌출된 Safeguard만으로도 안전운송에 지장이 없습니다. 반면에 도로 주행용 섀시는 Twist Lock을 사용하여 컨테이너와 Chassis를 결속해야 합니다.

Twist Lock과 컨테이너의 결속부위를 Corner Casting 또는 Corner Fitting이라고 부릅니다. Twist Lock으로 결속하지 않은 상태에서 도로를 달리는 트레일러가 있습니다. 자기 차량에 대한 재산피해를 경감시키려는 심정은 이해가 가나, 불의의 사고 발생시, 결속을 하지 않은 상태에서는 컨테이너가 주변의 차량과 시설물 또는 보행자에게 더욱 강한 힘으로 충돌을 일으키게 됩니다.

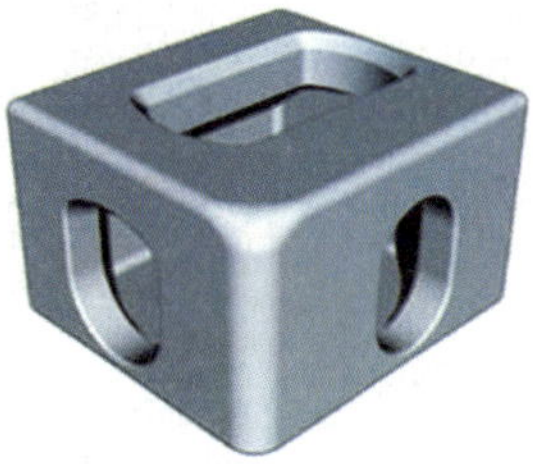

(a) Container Corner Casting

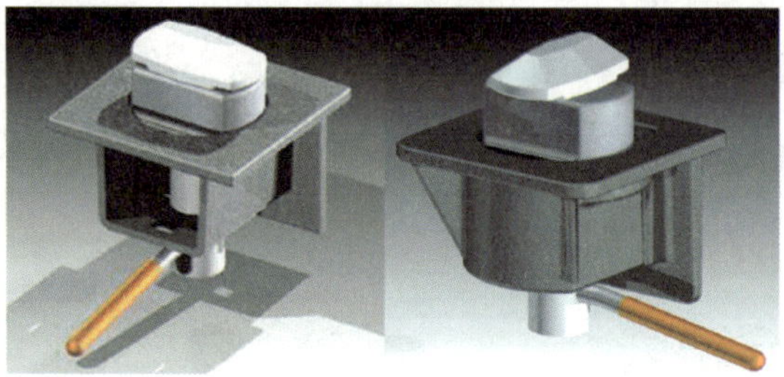

(b) Twist Lock

[그림 27-3]

따라서 운전자의 성숙한 시민의식이 필요합니다. 중량물을 운송하면서 Lashing 조치없이 도로 위를 주행하는 일을 상상할 수 없듯이, 컨테이너 차량의 운전자 또한 안전의식을 제고해야 합니다. 세상에서 제일 소중하게 생각하는 본인의 가족이 사고 피해의 당사자가 될 수도 있다는 사실을 명심해야 합니다.

(a) 40′ Road Chassis

(b) Extendible Road Chassis

[그림 27-4]

Chassis는 Deck의 길이가 고정된 형태와 Deck의 길이를 확장할 수 있는 형태로 구분할 수 있습니다.

Tare Weight 포함 운송중량이 최대 50톤에 달하는 Flat Rack은 A/L당 도로규정 하중을 충족하지 않는 한, 섀시로는 운송이 불가합니다. 이때는 [그림 27-5] (b)의 사례와 같이 Low Bed Trailer로 운송해야 합니다.

[그림 27-6] (a)에 컨테이너 각 부위의 명칭을 나타냈습니다. 컨테이너의 Identification No.와 Size & Type Code는 오른쪽에 표시한 바와 같이 정의됩니다.

(a) Flat Rack 화물 적재

(b) Low Bed Trailer를 이용한 운송

[그림 27-5]

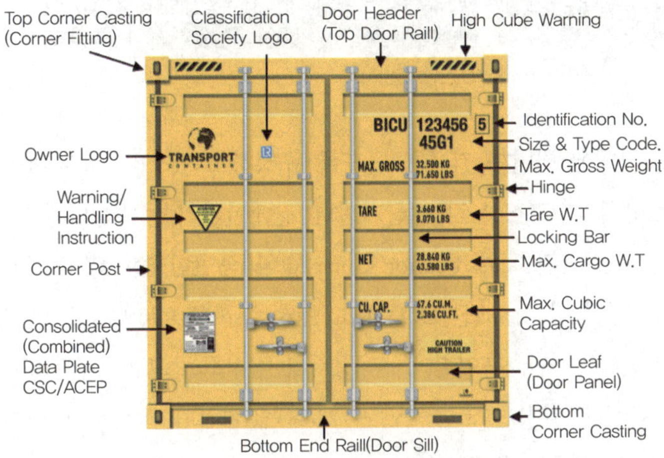

(a) 컨테이너 부위별 명칭

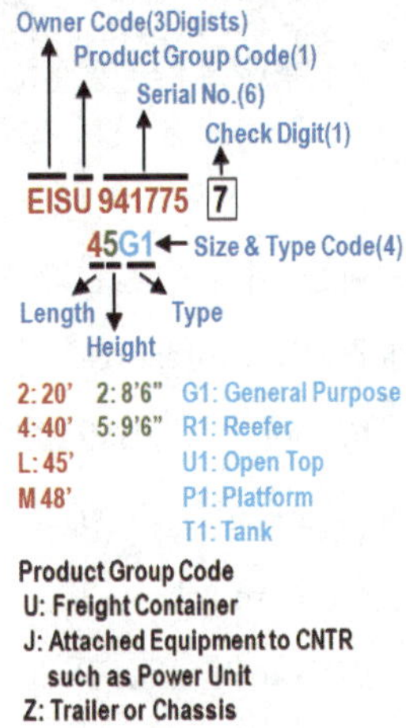

(b) ID No.와 Size & Type Code

[그림 27-6]

컨테이너에는 Combined Data Plate를 부착합니다. 컨테이너에 있어서 여권과도 같은 개념입니다. 이중에서 중요한 부분이 안전승인판(Safety Approval Plate)입니다. 컨테이너 관련 종사들의 안전을 보호하기

[그림 27-7] Combined Data Plate

위한 조치로 CSC(International Convention for Safe Container, 국제컨테이너안전협약)에 의해 항공운송용 컨테이너를 제외한 국제운송에 사용되는 모든 컨테이너에 안전승인판을 부착하도록 규율하고 있습니다. 이는 적입과 적출, 다단적 및 운송에 있어서 CSC의 안전조건을 충족해야 함을 의미합니다.

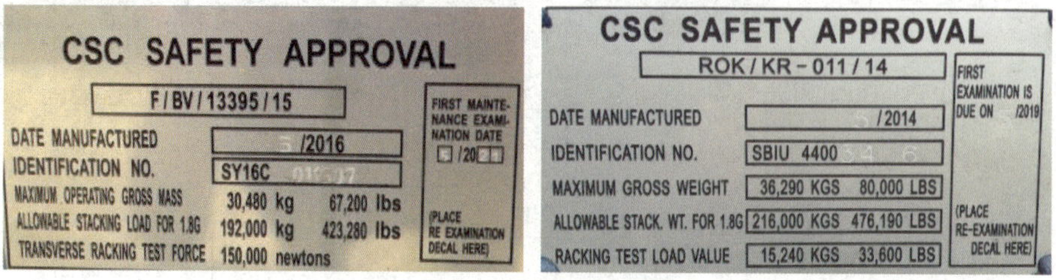

[그림 27-8] 안전승인판

컨테이너는 제작 승인일로부터 5년 이내에 첫번째 검사를 받도록 규정하고 있으며, 그 다음부터는 30개월 이내의 검사 Interval을 유지해야 합니다. CSC는 각 선급기관에 컨테이너의 등록승인과 안전검사를 위탁하고 있습니다. 'F/BV/13395/15'는 선급기관(Classification Society)의 승인번호를 의미합니다. BV는 프랑스선급(Bureau Veritas), KR은 한국선급, 앞서 보신 Data Plate에서 'E-KL-4092/GL 9278'은 독일선급(GL, Germanischer Lloyd)의 승인번호입니다. 특이한 것은 정기적 검사프로그램인 ACEP(Approved Continuous Examination Program)을 다른 선급기관에 등록할 수 있다는 점입니다. 앞선 Data Plate에서도 컨테이너 인증은 GL에 등록되어 있으나, ACEP은 BV에 등록되어 있습니다.

컨테이너 Door Panel에는 컨테이너를 인증한 선급기관의 Logo가 부착되어 있습니다. 7개의 공신력 있는 선급기관과 Deadweight Scale Chart 예시에 등장하는 폴란드선급을 포함하여 이들의 Logo를 [그림 27-9]에 표시하였습니다.

[그림 27-9] 선급기관별 Logo

'Allowable Stacking Load for 1.8G'는 중력가속도(9.8m/sec^2)의 1.8배 상황하에서 Tare Weight 포함 최대 Stacking 가능 중량을 의미합니다. ISO에서는 Full Load 상태로 6단적이 가능해야 한다고 규정하고 있습니다. 'Transverse Racking Test Force'는 측면에서 150kN의 힘을 가했을 때, 이상없이 테스트를 통과

했다는 것을 의미합니다. Newton(N)과 kg.f의 관계는 GA 도면을 설명하는 부분에서 별도로 언급하였습니다.

(a) 컨테이너 디자인 규격표시

(b) 측면 압박 테스트

[그림 27-10]

모든 컨테이너가 Full Load 상태는 아니므로 Stacking은 10단적 이상도 가능합니다. 빈 컨테이너의 경우에는 더 많이 쌓을 수 있습니다. 다만, 지나친 Stacking은 COG를 상승시키고 선박의 복원력에 영향을 미치기 때문에 선박규모에 따라 다단적 수준이 달라집니다.

[그림 27-11] 컨테이너 운반선

28. Pipe 이야기

Pipe를 칭할 때, CS(Carbon Steel), SS(Stainless Steel), Low Alloy Steel과 같은 재질 구분을 기초로 하고 Seamless(이음매가 없는=용접부위가 없는) Pipe와 Welded(=Seam) Pipe를 구분합니다. 이 부분들이 교감이 이뤄진 후에는 Schedule 포함, 6인치 Pipe, 12인치 Pipe, 이런 식의 표현을 사용하여 소통합니다. 여기서 말하는 xx인치를 NPS(Nominal[=명목상의] Pipe Size, 공칭 Size)라고 부릅니다.

NPS와 외경(=O.D, Outside Diameter)이 모두 일치하는 것은 아니기 때문에 '명목상'이라고 표현하였으며, 14인치부터 비로소 NPS와 외경이 일치합니다. 14인치 정도의 Size는 PE, PP, Epoxy 등의 External Coated Pipe와 무관하고 SS 재질이 아닌 이상, Bare 상태로 컨테이너에 적입 또는 Break Bulk 선박을 이용하여 선적할 수 있습니다. 따라서 Shipping Volume을 바로 계산할 수 있습니다. 총 길이 120m를 가정하면, 전체 선적 Volume은 120m × 0.3556 m ×0.3556m(LWH) = 15.174CBM이 됩니다.

12인치 이하의 Pipe는 NPS와 실제 외경이 일치하지 않기 때문에 〈표 28-2〉의 Steel Pipe Schedule Chart를 통해 외경을 확인할 수 있습니다.

Schedule은 Pipe의 두께(Thickness)를 의미합니다. 이렇게 12인치까지 NPS와 외경에 차이가 나는 이유는 1927년 ASA(American Standard Association)에서 최초로 배관규격 표준을 정할 때 12인치까지만 그 두께를 STD(Standard), XS(Extra-Strong), XXS(Double Extra-Strong)의 3종류로 정하고, 내경을 기준으로 Pipe Size를 명명했기 때문입니다. 이후 다양한 두께에 대한 욕구가 증대되자 혼선을 피하기 위해 기존에 사용해오던 두께기준을 유지하되, 14인치 이상의 Pipe 포함, 추가적인 두께기준을 마련하여 NPS의 표준외경을 현재와 같이 확정했습니다. Stainless Steel이 광범위하게 산업계에 적용되면서 Carbon Steel 등 기타의 재질과 구분하기 위해 SS 재질에 대해서는 5S, 10S, 40S, 80S와 같이 'S'를 붙여 두께 표준을 채택하였습니다.

NPS와 Schedule을 알면 Steel Pipe Schedule Chart를 통해 미터당 중량과 중량(Mton) 대비 부피

(CBM)의 비율을 알 수 있습니다. Size 및 두께에 따라 그 비율이 달라지는데, Bare 상태를 기준으로 했을 때, 중량이 FT(Freight Ton) 산정의 기준이 되어야 하는지, 부피가 FT 산정의 기준이 되어야 하는지 쉽게 인지할 수 있습니다. Chart 상의 수치(kg/m, CBM/Mton)는 CS Pipe와는 동일하고 SS Pipe와는 약간의 차이가 있습니다. Chart의 우측 하단에 명기한 바와 같이 Ferritic SS와 Austenitic SS에 따라 Factor를 달리 적용하여 산출할 수 있으나, 차이가 미미하므로 크게 신경쓸 수준은 아닙니다.

HS(Harmonized Commodity Description and Coding System) Code는 수출입 물품을 대상으로 HS 협약에 의해 부여되는 상품분류 코드로서 6자리까지는 국제 공통입니다. 7자리부터 각국에서 세분화하여 12자리까지 사용하고 있습니다.

〈표 28-1〉 Pipe의 HS Code

세번	한 글	영 문
7304	철강(주철은 제외한다)으로 만든 관(管)과 중공(中空)프로파일(profile)[무계목(無繼目)으로 한정한다]	Tubes, pipes and hollow profiles, seamless, of iron(other than cast iron)or steel.
7305	철강으로 만든 그 밖의 관(管)[예 : 용접·리벳(rivet)이나 이와 유사한 방법으로 봉합한 것]으로서 횡단면이 원형이고, 바깥지름이 406.4밀리미터를 초과하는 것	Other tubes and pipes(for example, welded, riveted or similarly closed), having circular cross-section, the external diameter of which exceeds 406.4mm, of iron or steel.
7306	철강으로 만든 그 밖의 관(管)과 중공(中空)프로파일(profile)[예 : 오픈심(open seam)·용접·리벳(rivet)이나 이와 유사한 방법으로 봉합한 것]	Other tubes, pipes and hollow profiles(for example, open seam or welded, riveted or similarly closed), of iron or steel.

Cast Iron(주철) 재질의 제품은 7303 세번(稅番)을 적용합니다. Seamless Pipe는 7304, Seam Pipe는 7305 또는 7306 세번을 적용합니다. 7304 세번의 Seamless Pipe에 대해 대한민국, 일본, 사우디아라비아는 Size에 따른 세번 구분이 없는 반면, 미국은 Size와 Schedule별, 중국, 러시아 등은 Size별 세부 세번을 구분하고 관세율도 다르게 적용하는 국가가 있습니다.

Seam Pipe(Welded Pipe)는 16인치(=406.4mm)초과 여부에 따라 7305세번과 7306세번으로 나뉘고 우리나라는 7305세번에서 560인치(1,422.4mm) 기준으로 세번을 세분화하고 있으며, 미국은 24인치(609.6mm)를 기준으로 세번을 세분화하고 있습니다. 이에 반해 중국, 사우디, 러시아, 일본 등은 16인치 이외의 다른 구분은 적용하지 않고 있습니다. 16인치 이하의 7306세번에서는 우리나라는 4인치(114.3mm), 미국은 4인치와 Schedule별, 러시아는 6인치(168.3mm), 중국은 10mm를 기준으로 세번을 세분화하고 있고, 사우디와 일본은 별도의 구분을 적용하지 않고 있습니다.

FTA 등의 면세 또는 감면 조항이 없는 한, 우리나라는 수입물품에 대해 Pipe의 재질과 Size 구분없이 동일한 관세율을 적용하고 있습니다. 국가에 따라서는 SS 재질과 그 외의 재질 및 Size 구분에 따라 관세율이 상이한 경우가 있습니다. 관세율이 동일하다 해도 면세 Project에서는 재질별로 면세 여부가 갈릴 수 있기 때문에 면세리스트 작성시 세번 적용에 신중을 기해야 합니다.

〈표 28-2〉 Steel Pipe Schedule Chart

NPS	Unit	O.D	Sch.5, 5S	Sch. 10	10S	Sch. 20	Sch. 30	STD	Sch. 40	40S	Sch. 60	XS	Sch. 80	80S	Sch. 100	Sch. 120	Sch. 140	Sch. 160	XXS
1/8	mm	10.3	–		1.24	–	1.45			1.73	–			2.41	–	–	–	–	–
	kg/m		–	0.28		–	0.32		0.37		–		0.47		–	–	–	–	–
	CBM/Mton		–	0.38		–	0.33		0.29		–		0.23		–	–	–	–	–
1/4	mm	13.7	–		1.65	–	1.85			2.24	–			3.02	–	–	–	–	–
	kg/m		–	0.49		–	0.54		0.63		–		0.80		–	–	–	–	–
	CBM/Mton		–	0.38		–	0.35		0.30		–		0.24		–	–	–	–	–
3/8	mm	17.1	–		1.65	–	1.85			2.31	–			3.20	–	–	–	–	–
	kg/m		–	0.63		–	0.70		0.84		–		1.10		–	–	–	–	–
	CBM/Mton		–	0.47		–	0.42		0.35		–		0.27		–	–	–	–	–
1/2	mm	21.3	1.65		2.11	–	2.41			2.77	–			3.73	–	–	–	4.78	7.47
	kg/m		0.80	1.00		–	1.12		1.27		–		1.62		–	–	–	1.95	2.55
	CBM/Mton		0.57	0.46		–	0.41		0.36		–		0.28		–	–	–	0.23	0.18
3/4	mm	26.7	1.65		2.11	–	2.41			2.87	–			3.91	–	–	–	5.56	7.82
	kg/m		1.03	1.28		–	1.44		1.69		–		2.20		–	–	–	2.90	3.64
	CBM/Mton		0.69	0.56		–	0.49		0.42		–		0.32		–	–	–	0.25	0.20
1	mm	33.4	1.65		2.77	–	2.90			3.38	–			4.55	–	–	–	6.35	9.09
	kg/m		1.29	2.09		–	2.18		2.50		–		3.24		–	–	–	4.24	5.45
	CBM/Mton		0.86	0.53		–	0.51		0.45		–		0.34		–	–	–	0.26	0.20
1 1/4	mm	42.2	1.65		2.77	–	2.97			3.56	–			4.85	–	–	–	6.35	9.70
	kg/m		1.65	2.69		–	2.87		3.39		–		4.47		–	–	–	5.61	7.77
	CBM/Mton		1.08	0.66		–	0.62		0.52		–		0.40		–	–	–	0.32	0.23
1 1/2	mm	48.3	1.65		2.77	–	3.18			3.68	–			5.08	–	–	–	7.14	10.15
	kg/m		1.90	3.11		–	3.53		4.05		–		5.41		–	–	–	7.25	9.55
	CBM/Mton		1.23	0.75		–	0.66		0.58		–		0.43		–	–	–	0.32	0.24
2	mm	60.3	1.65		2.77	–	3.18			3.91	–			5.54	–	–	–	8.74	11.07
	kg/m		2.39	3.93		–	4.48		5.44		–		7.48		–	–	–	11.11	13.44
	CBM/Mton		1.52	0.93		–	0.81		0.67		–		0.49		–	–	–	0.33	0.27
2 1/2	mm	73.0	2.11		3.05	–	4.78			5.16	–			7.01	–	–	–	9.53	14.02
	kg/m		3.69	5.26		–	8.04		8.63		–		11.41		–	–	–	14.92	20.39
	CBM/Mton		1.45	1.01		–	0.66		0.62		–		0.47		–	–	–	0.36	0.26
3	mm	88.9	2.11		3.05	–	4.78			5.49	–			7.62	–	–	–	11.13	15.24
	kg/m		4.52	6.46		–	9.92		11.29		–		15.27		–	–	–	21.35	27.68
	CBM/Mton		1.75	1.22		–	0.80		0.70		–		0.52		–	–	–	0.37	0.29
3 1/2	mm	101.6	2.11		3.05	–	4.78			5.74	–			8.08	–	–	–	–	–
	kg/m		5.18	7.41		–	11.41		13.57		–		18.64		–	–	–	–	–
	CBM/Mton		1.99	1.39		–	0.90		0.76		–		0.55		–	–	–	–	–
4	mm	114.3	2.11		3.05	–	4.78			6.02	–			8.56	–	11.13	–	13.49	17.12
	kg/m		5.84	8.37		–	12.91		16.08		–		22.32		–	28.32	–	33.54	41.03
	CBM/Mton		2.24	1.56		–	1.01		0.81		–		0.59		–	0.46	–	0.39	0.32
5	mm	141.3	2.77		3.40	–	–			6.55	–			9.53	–	12.70	–	15.88	19.05
	kg/m		9.46	11.56		–	–		21.77		–		30.97		–	40.28	–	49.12	57.43
	CBM/Mton		2.11	1.73		–	–		0.92		–		0.64		–	0.50	–	0.41	0.35
6	mm	168.3	2.77		3.40	–	–			7.11	–			10.97	–	14.27	–	18.26	21.95
	kg/m		11.31	13.83		–	–		28.26		–		42.56		–	54.21	–	67.57	79.22
	CBM/Mton		2.50	2.05		–	–		1.00		–		0.67		–	0.52	–	0.42	0.36
8	mm	219.1	2.77		3.76	6.35	7.04			8.18	10.31			12.70	15.09	18.26	20.62	23.01	22.23
	kg/m		14.78	19.97		33.32	36.82		42.55		53.09		64.64		75.92	90.44	100.93	111.27	107.93
	CBM/Mton		3.25	2.40		1.44	1.30		1.13		0.90		0.74		0.63	0.53	0.48	0.43	0.44
10	mm	273.1	3.40		4.19	6.35	7.80			9.27		12.70	15.09	12.70	18.26	21.44	25.40	28.58	25.40
	kg/m		22.61	27.78		41.76	51.01		60.29			81.53	95.98		114.71	133.01	155.10	172.27	155.10
	CBM/Mton		3.30	2.68		1.79	1.46		1.24			0.91	0.78		0.65	0.56	0.48	0.43	0.48
12	mm	323.9	3.96		4.57	6.35	8.38	9.53	10.31	9.53	14.27	12.70	17.48	12.70	21.44	25.40	28.58	33.32	25.40
	kg/m		31.24	35.98		49.71	65.19	73.86	79.71		108.93	97.44	132.05		159.87	186.92	208.08	238.69	186.92
	CBM/Mton		3.36	2.91		2.11	1.61	1.42	1.32		0.96	1.08	0.79		0.66	0.56	0.50	0.44	0.56

NPS	Unit	O.D	Sch.5, 5S	Sch. 10	10S	Sch. 20	Sch. 30	STD	Sch. 40	40S	Sch. 60	XS	Sch. 80	80S	Sch. 100	Sch. 120	Sch. 140	Sch. 160	XXS
14	mm	355.6	3.96	6.35	4.78	7.92		9.53	11.13	9.53	15.09	12.70	19.05	12.70	23.83	27.79	31.75	35.71	–
	kg/m		34.34	54.69		67.91		81.33	94.55		126.72	107.40	158.11		194.98	224.66	253.58	281.72	–
	CBM/Mton		3.68	2.31		1.86		1.55	1.34		1.00	1.18	0.80		0.65	0.56	0.50	0.45	–
16	mm	406.4	4.19	6.35	4.78	7.92		9.53	12.70	9.53	16.66	12.70	21.44	12.70	26.19	30.96	36.53	40.49	–
	kg/m		41.56	62.65		77.83		93.27	123.31		160.13	123.31	203.54		245.57	286.66	333.21	365.38	–
	CBM/Mton		3.97	2.64		2.12		1.77	1.34		1.03	1.34	0.81		0.67	0.58	0.50	0.45	–
18	mm	457.2	4.19	6.35	4.78	7.92	11.13	9.53	14.27	9.53	19.05	12.70	23.83	12.70	29.36	34.93	39.67	45.24	–
	kg/m		46.79	70.57		87.71	122.38	105.17	155.81		205.75	139.16	254.57		309.64	363.58	408.28	459.39	–
	CBM/Mton		4.47	2.96		2.38	1.71	1.99	1.34		1.02	1.50	0.82		0.68	0.57	0.51	0.46	–
20	mm	508.0	4.78	6.35	5.54	9.53	12.70	9.53	15.09	9.53	20.62	12.70	26.19	12.70	32.54	38.10	44.45	50.01	–
	kg/m		59.32	78.56		117.15	155.13	117.15	183.43		247.84	155.13	311.19		381.55	441.52	508.15	564.85	–
	CBM/Mton		4.35	3.28		2.20	1.66	2.20	1.41		1.04	1.66	0.83		0.68	0.58	0.51	0.46	–
22	mm	558.8	4.78	6.35	5.54	9.53	12.70	9.53	–	–	22.23	12.70	28.58	–	34.93	41.28	47.63	53.98	–
	kg/m		65.33	86.55		129.14	171.10	129.14	–	–	294.27	171.10	373.85	–	451.45	527.05	600.67	672.30	–
	CBM/Mton		4.78	3.61		2.42	1.82	2.42	–	–	1.06	1.82	0.84	–	0.69	0.59	0.52	0.46	–
24	mm	609.6	5.54		6.35	9.53	14.27	9.53	17.48	9.53	24.61	12.70	30.96	12.70	38.89	46.02	52.37	59.54	–
	kg/m		82.58	94.53		141.12	209.65	141.12	255.43		355.28	187.07	442.11		547.74	640.07	720.19	808.27	–
	CBM/Mton		4.50	3.93		2.63	1.77	2.63	1.45		1.05	1.99	0.84		0.68	0.58	0.52	0.46	–
26	mm	660.4	–	7.92	–	12.70	–	9.53	–	–	–	12.70							
	kg/m		–	127.36	–	202.74	–	152.88	–	–	–	202.74							
	CBM/Mton		–	3.42	–	2.15	–	2.85	–	–	–	2.15							
28	mm	711.2	–	7.92	–	12.70	15.88	9.53	–	–	–	12.70							
	kg/m		–	137.32	–	218.71	272.23	164.86	–	–	–	218.71							
	CBM/Mton		–	3.68	–	2.31	1.86	3.07	–	–	–	2.31							
30	mm	762.0	6.35		7.92	12.70	15.88	9.53	–	–	–	12.70							
	kg/m		118.34	147.29		234.68	292.20	176.85	–	–	–	234.68							
	CBM/Mton		4.91	3.94		2.47	1.99	3.28	–	–	–	2.47							
32	mm	812.8	–	7.92	–	12.70	15.88	9.53	17.48	–	–	12.70							
	kg/m		–	157.25	–	250.65	312.17	188.83	342.94	–	–	250.65							
	CBM/Mton		–	4.20	–	2.64	2.12	3.50	1.93	–	–	2.64							
34	mm	863.6	–	7.92	–	12.70	15.88	9.53	17.48	–	–	12.70							
	kg/m		–	167.21	–	266.63	332.14	200.82	364.92	–	–	266.63							
	CBM/Mton		–	4.46	–	2.80	2.25	3.71	2.04	–	–	2.80							
36	mm	914.4	–	7.92	–	12.70	15.88	9.53	19.05	–	–	12.70							
	kg/m		–	176.97	–	282.29	351.73	212.57	420.45	–	–	282.29							
	CBM/Mton		–	4.72	–	2.96	2.38	3.93	1.99	–	–	2.96							
38	mm	965.2	–	–	–	–	–	9.53	–	–	–	12.70							
	kg/m		–	–	–	–	–	224.56	–	–	–	298.26							
	CBM/Mton		–	–	–	–	–	4.15	–	–	–	3.12							
40	mm	1,016.0	–	–	–	–	–	9.53	–	–	–	12.70							
	kg/m		–	–	–	–	–	236.54	–	–	–	314.23							
	CBM/Mton		–	–	–	–	–	4.36	–	–	–	3.29							
42	mm	1,066.8	–	–	–	–	–	9.53	–	–	–	12.70							
	kg/m		–	–	–	–	–	248.53	–	–	–	330.21							
	CBM/Mton		–	–	–	–	–	4.58	–	–	–	3.45							
44	mm	1,117.6	–	–	–	–	–	9.53	–	–	–	12.70							
	kg/m		–	–	–	–	–	260.52	–	–	–	346.18							
	CBM/Mton		–	–	–	–	–	4.79	–	–	–	3.61							
46	mm	1,168.4	–	–	–	–	–	9.53	–	–	–	12.70							
	kg/m		–	–	–	–	–	272.27	–	–	–	361.84							
	CBM/Mton		–	–	–	–	–	5.01	–	–	–	3.77							
48	mm	1,219.2	–	–	–	–	–	9.53	–	–	–	12.70							
	kg/m		–	–	–	–	–	284.25	–	–	–	377.81							
	CBM/Mton		–	–	–	–	–	5.23	–	–	–	3.93							

1. Based on ASME B36.10M/2004 & B36.19M/2004
   - + NPS: Nominal Pipe Size
   - + STD: Standard
     XS: Extra Strong XXS: Double Extra Strong
   - + 5S, 10S, 40S, 80S : Schedule No. for SS Pipe

2. Weight(Kg/m) Calculation Formula for CS Pipe
   W = 0.0246615×(D−T)×T
   [D: O.D T: Wall Thickness]

3. Weight(Kg/m) for SS Pipe
   - + Ferritic SS Pipe: W×0.95
   - + Austenitic SS Pipe: W×1.02

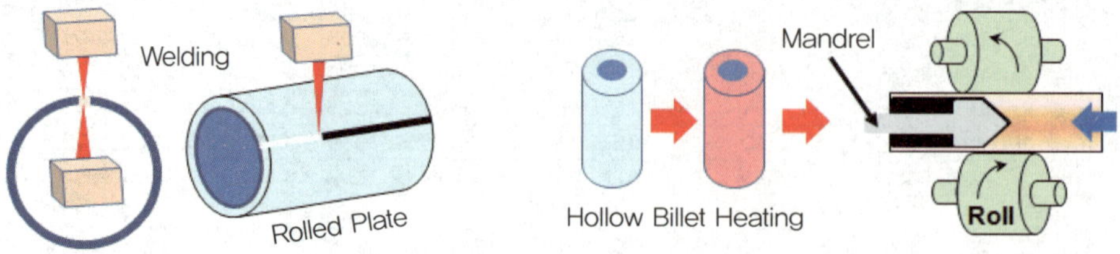

(a) Concept of Welded Pipe (b) Concept of Seamless Pipe

[그림 28-1]

Welded Pipe는 강판을 말아서 얼마든지 대구경 제품을 제작할 수 있어 16인치(=406.4mm)를 기준으로 7305와 7306 세번으로 구분하고 있는 반면, 7304 세번의 Seamless Pipe는 제작 Size의 한계로 인해 국제공통 6자리의 HS Code에는 Size를 기준으로 분류할 필요가 없었던 것으로 해석됩니다. 다만 각국의 사정에 따라 Size별로 이를 세분화하여 적용할 수 있습니다. Seamless Pipe는 대략 26인치까지 제작이 가능합니다. 용접부위가 없으므로 안전성은 우세하고 제작성은 상대적으로 열세하여 Welded Pipe 보다는 고가의 제품입니다.

Pipe의 표준길이는 6m와 12m입니다. 길이 6m는 20′DC(단위 feet는 위 삐침 1개. inch는 위 삐침 2개로 표현)에 적입이 불가하고, 길이 12m는 40′DC에 적입이 불가합니다. 물론 컨테이너 내부 대각선 방향으로 적입을 시도할 수는 있으나 적입가능 물량이 지극히 제한됩니다. 따라서 입찰업무 수행시, 컨테이너 선적이 불가피한 경우, Pipe의 본당 길이를 확인해야 합니다. 12m Pipe는 45′HC 또는 FR을 반영해야 하므로 운임이 대폭 상승하게 됩니다.

Mill에 발주할 때는 최소 주문물량 기준이 있습니다. 물량이 적으면 Line 교체비용이 상대적으로 과다하게 발생하기 때문입니다. 따라서 소물량 구매시에는 일반적으로 자재상(Stockist)을 이용하게 됩니다. Mill 발주시 장점은 구매자의 요구사항에 맞게 5.5m 또는 11.5m 길이로 제작이 가능하다는 점입니다. 그러나 자재상으로부터 공급받는 Pipe는 6m와 12m 길이일 수도 있다는 점, 유의하시기 바랍니다. 전기/제어 자재인 Conduit Pipe(강재[鐵材] 전선관, Cable 보호용 Pipe)의 표준 길이는 6m입니다. 통상적으로 Conduit Pipe는 40′ 컨테이너를 이용하여 선적합니다.

Mill의 근원적인 의미는 방앗간, 제분소입니다. 분쇄, 파쇄, 착즙 등에 사용되는 분쇄기(Roller Mill or Roll Mill)나 박판, 봉, 관 등을 뽑아내는 압연기(壓延機, Rolling Mill) 또한 Mill이라는 용어를 포함하고 있습니다. 건설, 플랜트 업계에서의 Mill은 철강자재를 생산하는 공장을 의미합니다. 대부분의 경우 철강자재 납품 시에 Mill에서 발급한 Mill Certificate(시험성적서, 검사증명서)을 제출하도록 하고 있습니다. Mill Test Report, Mill Test Certificate, Mill Sheet 등으로도 불리는 Mill Certificate은 규격, 성분, 시험성적, 제조일자 등의 정보를 담은 문서입니다.

스테인리스강은 금속의 조직구조(계열)에 따라 다음과 같이 구분합니다.

〈표 28-3〉 스테인리스강의 계열 구분

계열	주요원소	성 분
Martensite	Cr12~17%	• 크롬, 철, 니켈 및 미량의 몰리브덴과 탄소가 포함된 스테인리스강 • 12~14%의 크롬이 함유된 '13Cr 스테인리스강'이 플랜트에서 범용적으로 사용됨. • 16Cr-2Ni 스테인리스강은 크롬 15~17%, 니켈 1.25~2.50% 함유 • 독일의 야금학자 Adolf Martens의 이름에서 유래
Ferrite	Cr15~30%	• 크롬, 철과 소량의 니켈, 탄소, 몰리브덴, 알루미늄이 포함된 스테인리스강
Austenite	Cr18~25% Ni8~20%	• 크롬, 철, 니켈과 소량의 망간, 몰리브덴, 니오븀, 타이타늄, 탄소 등이 포함된 강 • 18Cr-10Ni과 18Cr-8Ni의 스테인리스강이 식기에 주로 사용됨. • 영국의 야금학자 William Chandler Roberts-Austen의 이름에서 유래
Duplex	-	• Austenite의 구조와 Ferrite의 구조를 50대 50 또는 40대 60 비율로 구성

[그림 28-2]는 크롬 함량과 가공온도에 따른 스테인리스강의 계열관계를 나타낸 것입니다. 스테인리스강의 핵심 성분은 크롬이며, 일차적으로 크롬함량이 스테인리스강의 계열구분에 영향을 미칩니다. 아울러 가공온도 및 처리방법과 부수적인 성분의 함량에 따라 계열이 달라집니다. 이를테면 고온에서 안정화된 Austenite 스테인리스강을 급속도로 냉각하여 담금질을 실시하면 변태(상변화, 구조변화)가 일어나고 Martensite 계열의 스테인리스강을 제작할 수 있습니다. 이는 검(劍)을 제조하는 방법이기도 합니다.

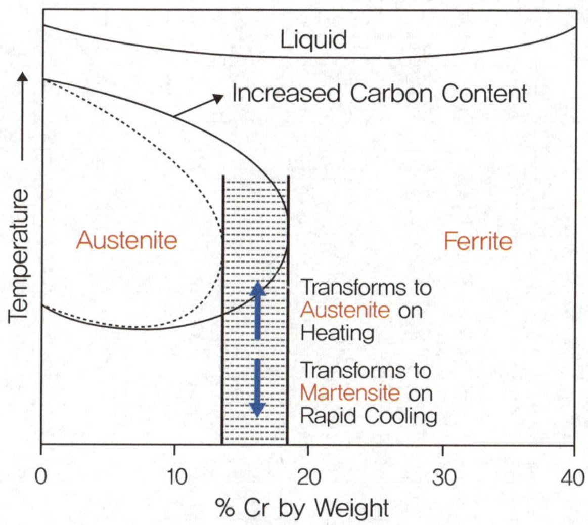

[그림 28-2] 크롬 함유량과 가공온도에 따른 계열 분류

범용 재질별 정의는 아래의 표와 같습니다.

〈표 28-4〉 범용 재질별 정의

재질	성분
Carbon Steel(탄소강)	황(S), 인(P), 규소(Si), 망간(Mn), 탄소(C), 철(Fe) 외의 다른 원소 미포함의 강
Low Alloy Steel(저합금강)	크롬(Cr), 니켈(Ni), 바나듐(V), 텅스텐(W), 니오븀(Nb)등의 함량이 5% 미만인 강
Intermediate Alloy Steel	크롬, 니켈, 바나듐, 텅스텐, 니오븀 등의 함량이 5% 이상 12% 미만인 강
Stainless Steel(스테인리스강)	크롬을 12% 이상 함유하고 크롬, 니켈, 알루미늄(Al), 몰리브덴(Mo), 니오븀, 탄소, 타이타늄(Ti) 등이 12%~50%인 강(크롬함량이 12%에 미치지 못하는 경우도 있음.)
Alloy(합금)	상기 합금원소 50% 초과 함유.(Monel, Inconel, Incoloy, Hastelloy, Bronze, Brass 등) 50%를 초과하면 철보다 함량이 많아지기 때문에 합금이라 명명함.

Low Alloy Steel과 Intermediate Alloy Steel을 합해서 Low Alloy Steel이라 칭하기도 합니다. Low Alloy Steel과 Alloy는 전혀 다른 제품입니다. 그런데 실무자들이 Low Alloy Steel을 Alloy라고 부르는 경향이 있습니다.(예, Alloy Pipe) 혼선이 없도록 이를 제대로 구분할 필요가 있습니다.

〈표 28-5〉에 Steel Pipe Schedule Chart 일부를 옮겨보았습니다.

〈표 28-5〉 Steel Pipe Schedule Chart

NPS	Unit	O.D	Sch.5, 5S	Sch. 10	10S	Sch. 20	Sch. 30	STD	Sch. 40	40S	Sch. 60	XS	Sch. 80	80S	Sch. 100	Sch. 120	Sch. 140	Sch. 160	XXS
1 1/2	mm	48.3	1.65	2.77		–	3.18		3.68		–		5.08		–	–	–	7.14	10.15
	kg/m		1.90	3.11		–	3.53	4.05			–	5.41			–	–	–	7.25	9.55
	CBM/Mton		1.23	0.75		–	0.66	0.58			–	0.43			–	–	–	0.32	0.24
2	mm	60.3	1.65	2.77		–	3.18			3.91	–			5.54	–	–	–	8.74	11.07
	kg/m		2.39	3.93		–	4.48	5.44			–	7.48			–	–	–	11.11	13.44
	CBM/Mton		1.52	0.93		–	0.81	0.67			–	0.49			–	–	–	0.33	0.27
2 1/2	mm	73.0	2.11	3.05		–	4.78			5.16	–			7.01	–	–	–	9.53	14.02
	kg/m		3.69	5.26		–	8.04		8.63		–	11.41			–	–	–	14.92	20.39
	CBM/Mton		1.45	1.01		–	0.66		0.62		–	0.47			–	–	–	0.36	0.26
3	mm	88.9	2.11	3.05		–	4.78			5.49	–			7.62	–	–	–	11.13	15.24
	kg/m		4.52	6.46		–	9.92	11.29			–	15.27			–	–	–	21.35	27.68
	CBM/Mton		1.75	1.22		–	0.80	0.70			–	0.52			–	–	–	0.37	0.29
3 1/2	mm	101.6	2.11	3.05		–	4.78			5.74	–			8.08	–	–	–	–	–
	kg/m		5.18	7.41		–	11.41	13.57			–	18.64			–	–	–	–	–
	CBM/Mton		1.99	1.39		–	0.90	0.76			–	0.55			–	–	–	–	–
4	mm	114.3	2.11	3.05		–	4.78			6.02	–			8.56	–	11.13	–	13.49	17.12
	kg/m		5.84	8.37		–	12.91	16.08			–	22.32			–	28.32	–	33.54	41.03
	CBM/Mton		2.24	1.56		–	1.01	0.81			–	0.59			–	0.46	–	0.39	0.32
5	mm	141.3	2.77	3.40		–	–			6.55	–			9.53	–	12.70	–	15.88	19.05
	kg/m		9.46	11.56		–	–	21.77			–	30.97			–	40.28	–	49.12	57.43
	CBM/Mton		2.11	1.73		–	–	0.92			–	0.64			–	0.50	–	0.41	0.35
6	mm	168.3	2.77	3.40		–	–			7.11	–			10.97	–	14.27	–	18.26	21.95
	kg/m		11.31	13.83		–	–	28.26			–	42.56			–	54.21	–	67.57	79.22
	CBM/Mton		2.50	2.05		–	–	1.00			–	0.67			–	0.52	–	0.42	0.36

NPS	Unit	O.D	Sch.5, 5S	Sch. 10	10S	Sch. 20	Sch. 30	STD	Sch. 40	40S	Sch. 60	XS	Sch. 80	80S	Sch. 100	Sch. 120	Sch. 140	Sch. 160	XXS
8	mm	219.1	2.77	3.76		6.35	7.04	8.18			10.31	12.70			15.09	18.26	20.62	23.01	22.23
	kg/m		14.78	19.97		33.32	36.82	42.55			53.09	64.64			75.92	90.44	100.93	111.27	107.93
	CBM/Mton		3.25	2.40		1.44	1.30	1.13			0.90	0.74			0.63	0.53	0.48	0.43	0.44
10	mm	273.1	3.40	4.19		6.35	7.80	9.27			12.70		15.09	12.70	18.26	21.44	25.40	28.58	25.40
	kg/m		22.61	27.78		41.76	51.01	60.29			81.53		95.98		114.71	133.01	155.10	172.27	155.10
	CBM/Mton		3.30	2.68		1.79	1.46	1.24			0.91		0.78		0.65	0.56	0.48	0.43	0.48
12	mm	323.9	3.96	4.57		6.35	8.38	9.53	10.31	9.53	14.27	12.70	17.48	12.70	21.44	25.40	28.58	33.32	25.40
	kg/m		31.24	35.98		49.71	65.19	73.86	79.71		108.93	97.44	132.05		159.87	186.92	208.08	238.69	186.92
	CBM/Mton		3.36	2.91		2.11	1.61	1.42	1.32		0.96	1.08	0.79		0.66	0.56	0.50	0.44	0.56

Standard Schedule만을 고려했을 때, 6″에 이르러서야 VF(Volume Factor)가 1이 됩니다. 그리고 같은 NPS라 하더라도 Pipe의 두께에 따라 VF가 확연히 달라진다는 것을 알 수 있습니다. 일례로 12″의 경우 Sch.10~160의 VF가 2.91~0.44로 그 편차가 상당히 심한 편입니다. Pipe의 입찰업무 수행시 일반적으로 물류부서에 제공되는 물량은 각 NPS별 중량만 표시되고 여기에 VF를 적용하여 FT를 산출합니다. 그런데 어떤 두께 기준의 VF를 적용할지가 관건입니다. 입찰업무 수행시에 설계부서에 문의할 필요가 있습니다. 두께가 얇은 Pipe들이 다수를 이룬다면 VF는 보다 큰 값을 적용해야 합니다.

〈표 28-6〉 CS Pipe 선적 실적 사례

NPS	VF	W.T (Mton)	Vol. (FT)	Specification	Actual (FT)	P-A (FT)	W.T (Kg)	VF	Vendor Name	Shipment No.	Shipping Month
1 1/2	0.51	12.3	12.3	A106 GR.B SMLS PE SCH80 EXT. PE COATED	1.5	8.8	815	1.81			
				A106 GR.B SMLS PE SCH80 EXT. PE COATED	2.0		1,527	1.33			
2	0.59	26.4	26.4	A53 GR.B SMLS NPT SCH80 HOT DIP GALV.	1.9	16.7	1,008	1.88			
				A106 GR.B SMLS PE SCH80 EXT. PE COATED	4.1		1,971	2.06			
				A106 GR.B SMLS BE SCH80 EXT. PE COATED	3.8		2,479	1.52			
2 1/2	0.50	6.2	6.2	A106 GR.B SMLS BE STD EXT. PE COATED	0.8	5.1	424	1.92			
				A106 GR.B SMLS BE SCH40 EXT. PE COATED	0.3		118	2.19			
3	0.62	17.3	17.3	A106 GR.B SMLS BE SCH40 EXT. PE COATED	0.4	16.4	150	2.46			
				A106 GR.B SMLS BE SCH40 EXT. PE COATED	0.5		169	3.10			
4	0.72	20.3	20.3	A106 GR.B SMLS BE STD EXT. PE COATED	18.9	(1.9)	7,524	2.52			
				A106 GR.B SMLS BE SCH40 EXT. PE COATED	1.1		400	2.86			
				A106 GR.B SMLS BE SCH40 EXT. PE COATED	2.1		998	2.13			
6	0.89	33.4	33.4	A106 GR.B SMLS BE STD EXT. PE COATED	55.7	(25.9)	19,382	2.87			
				A106 GR.B SMLS BE SCH40 EXT. PE COATED	3.6		1,032	3.53			
8	1.00	34.2	34.2	A106 GR.B SMLS BE SCH40 EXT. PE COATED	2.1	(52.2)	525	3.98			
				A106 GR.B SMLS BE SCH40 EXT. PE COATED	1.8		1,055	1.68			
				A106 GR.B SMLS BE SCH40 EXT. PE COATED	76.9		19,824	3.88			
				A106 GR.B SMLS BE SCH40	5.7		4,980	1.14			
10	1.10	31.4	34.5	A106 GR.B SMLS BE STD EXT. PE COATED	15.4	19.1	6,712	2.30			

〈표 28-6〉은 '예산수립과 실적관리'에서 살펴본 A Project의 Pipe 선적 실적을 옮긴 것입니다. 8″ Pipe를 살펴보면 입찰시 VF 1.00을 적용했습니다. 이는 Schedule 40과 Schedule 60의 중간 정도를 선택한 것입니다. 하지만 실행 Project에서는 전부 VF 1.13의 Schedule 40 Pipe가 실렸기 때문에 VF가 잘못 적용되어 이 자체만으로도 선적 Volume이 상승하게 됩니다.

다음으로 지적할 수 있는 것은 포장에 따른 Volume 증가분을 반영해야 한다는 점입니다. 더욱이 Coated Pipe는 Size와 관계없이 포장을 실시해야 하기 때문에 Steel Pipe Schedule Chart에 표시된 VF 보다는 무조건 Volume이 증가하게 됩니다.

[그림 28-3] Coated Pipe 포장 및 선적 사례

A Project는 대부분 External PE Coated Pipe를 선적하였고, 실행에서 VF가 입찰시보다 훨씬 더 큰 값으로 나타난 것은 바로 포장에 대한 Volume 증가분을 간과했기 때문입니다. 각 NPS별 입찰시와 실행시의 중량이 동일한 경우, 이는 물류비 상승요인으로 작용하게 됩니다.

8″의 Coating을 실시하지 않은 Pipe는 실행에서 VF가 1.14로 나타났으며, Schedule Chart상의 수치 1.13과 거의 동일하지만, 기타의 External Coated Pipe는 목재포장이 불가피하기 때문에 VF가 대폭 상승했음을 알 수 있습니다. 결론적으로 Coated Pipe는 입찰업무에 있어서 VF를 상향 조정해야 합니다.

〈표 28-6〉에 명기된 PE, BE, NPT는 Pipe나 Fitting의 연결부 처리 방법을 나타낸 것입니다. Beveled End는 맞대기 용접시 Groove Welding의 형태가 되어 용접재료의 용입성이 우수하고 용접성과가 향상됩니다. PART 2의 GA 도면 부분에서 설명한 용접기호 및 용접방법을 참조하시기 바랍니다.

(a) Plain End (b) Beveled End (c) Male NPT Threaded End

[그림 28-4]

Thread는 Tapered Thread와 Parallel(Straight) Thread로 구분됩니다. Pipe와 Fitting 각각의 Thread 표준을 규정한 것이 미국의 NPT(National Pipe Thread) Standard입니다. NPT는 또한 National Pipe Taper(American National Standard Taper Pipe) Thread를 의미합니다. ANSI/ASME에서도 NPT Thread에 대한 기준을 정하고 있으며, 대부분의 플랜트에서 이 규정을 따르고 있습니다. 구경이 큰 자재를 나사식으로 연결하는 것은 Sealing에 한계가 있는 만큼, 최대 2인치 Size까지 NPT Thread를 적용하고 있습니다. A Project의 실적테이블에서도 2인치 Pipe에 NPT Thread가 적용된 사례가 있음을 알 수 있습니다. 이 같이 Tapered Thread 형태를 채용하는 것은 Sealing에 보다 유리하기 때문입니다.

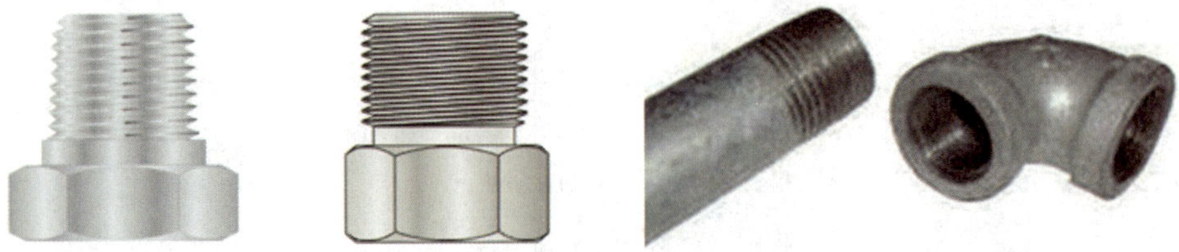

(a) Tapered Thread (b) Parallel Thread (c) NPT Thread, Male Pipe & Female Elbow

[그림 28-5]

반면에 약어 NPS는 National Pipe Straight(Parallel Thread)의 의미로도 사용됩니다. 공칭 Size의 NPS와 혼선이 없어야겠습니다.

'HOT DIP GALV.'라고 표현된 부분은 Hot Dip Galvanized(HDG)를 의미합니다. 이는 아연용융도금으로, 대략 450℃ 근처에서 Pipe 표면에 아연(Zinc)을 도금한 것입니다. HDG가 적용된 CS Pipe는 Bare 상태로 선적해도 부식이 발생하지 않습니다. 부식이 발견되었다면 아연도금에 Damage가 발생한 것입니다.

각 부문별 Project 규모를 산정하기 위한 대표물량이 있습니다. 이를테면, 설계는 도면수, 구매는 P/O 건수, 토목공사는 콘크리트 타설량, 배관공사는 WDI(Welding Dia-Inch), 물류는 Shipping Volume, 이런 지표들이 대표물량에 해당됩니다. 이를 통해서도 대략적인 작업량(Work Volume)을 예측할 수 있습니다.

그렇다면 WDI와 선적물량과는 어떠한 상관관계가 있을까요?

배관공사 물량이 5만 Dia-inch가 감소되면 Shipping Volume이 얼마나 감소되는지, 문의해 오는 경우가 있습니다. 이때 우리는 "정확한 B/M(Bill of Material or BOM)이 제공되지 않는 한, 알 수 없습니다."라고 답변하는 것이 정답입니다.

B/M은 구매물량을 정할 때 사용되는 용어로 자재명세서에 해당됩니다. 현장에서 Pipe 11m가 필요할 때 B/M상의 공급물량은 11m가 아니라 11.5m 내지는 12m가 될 것입니다. 12m Pipe를 공급한다면 1m는 못 쓰는 자재(Scrap Materials)가 되고 다른 용도로 활용하거나, 고철로 매각하게 됩니다. 이러한 손실분과 공사중 손상, 분실 등의 물량을 고려하여 잉여물량을 반영함으로써, 실제 공사에 필요한 B/Q(Bill of Quantity or BOQ, 수량명세서)상의 물량보다는 B/M상의 물량이 더 큰 값이 됩니다.

Dia-inch는 배관자재의 용접 원둘레를 의미합니다. 1″ Pipe 용접시의 작업량을 1WDI라고 표현합니다. 1″ Pipe 16개를 각각 Flange에 한번씩 용접한다고 하면, 16WDI가 되고, 16″ Pipe를 한번만 용접한다고 해도 16WDI가 되어 용접량이 같습니다. 다만, Pipe의 두께에 따라 절대적인 용접량에는 약간의 차이가 있습니다. 그러나 Bare 상태 기준 Shipping Volume은 [그림 28-6]에서 보시는 바와 같이 대략적으로 16배 차이가 납니다. 물론 NPS 1″의 외경이 정확히 2.54cm가 아니기 때문에 이 보다는 좀 더 작은 배수가 될 것입니다. 결론적으로 WDI와 Shipping Volume은 전혀 상관관계가 없습니다.

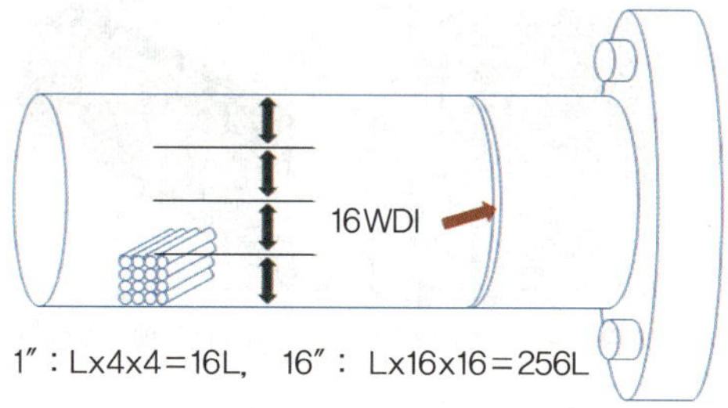

[그림 28-6] WDI와 Shipping Volume 비교

Pipe, Fitting, Flange, Valve 등의 배관자재나 철골자재는 매번 구매행위가 반복되는 절차를 간소화하기 위해 일정기간 동안 각 사양별 단가계약을 체결하기도 합니다. 이를 BOA(Blanket Order Agreement)라고 합니다.

Compressor, Turbine, Reactor, Big Column 등의 기기는 BOA가 불가능한 대신, Project 수주에 유리한 조건을 점하기 위해 POC(Pre-Order Commitment)를 체결하는 경우가 있습니다. 이는 입찰업무 수행시, 가격과 납기에 경쟁력이 있는 Vendor를 미리 선정해놓고 Project 수주가 확정되면 입찰업무 수행 당시의 조건을 기초로 하여 기 선정된 Vendor에 발주하는 방식을 말합니다. 실행 Project로 전환했을 때, 가격 경쟁력 뿐만 아니라, 공기에 지대한 영향을 미치는 LLI(Long Lead Item)의 제작시점을 앞당기는 장점이 있습니다. BOA와 POC는 원가와 납기 또는 M/H 절감에 유리한 계약방식이라고 할 수 있습니다.

물류계약에 있어서 각 선적지와 선적모드별 운임을 미리 정하여 Project 수행중에는 동일한 운임을 적용하는 방식으로 Main Forwarder를 선정하는 것 또한 BOA의 일환입니다. 다만, Project가 2년 이상 장기간에 걸쳐 진행되는 만큼, 시황변동에 따른 가격조정의 근거를 계약서에 반영하는 것이 공정한 계약이라고 할 수 있습니다.

29. Pipe 운송시 유의사항

≫ Break Bulk 선적과 내륙운송

(a) Color Mark와 End Cap　　　(b) Coated Pipe 포장 사례

[그림 29-1]

Packing Instruction에 의하면 Low Alloy Steel Pipe와 CS Pipe의 Bare 상태 선적 허용 기준을 6″(외경 16.83 cm) 또는 8″(외경 21.91 cm) 이상으로 표시하는 경우가 있습니다. 상하부 Skid 형태나 Wooden Crate 형태로 포장하는 Coated Pipe를 제외하고, 해당 Size 미만은 [그림 29-1] (a)의 사례와 같이 다수의 Pipe를 묶음(Bundle) 포장하도록 하고 있습니다. 그러나 선박이 6″ Pipe 한 본씩 Lifting을 실시한다고 하면, 선적 및 하역 작업에 상당히 많은 시간이 소요됩니다. 그러므로 선사는 여러 본을 한꺼번에 Sling Belt로 들어올리려고 할 것입니다. 선사 입장에서는 시간이 곧 돈과 같기 때문에 어떻게든 이 시간을 단축해야 합니다.

이때 자칫 균형이 어그러지고 Belt로부터 흘러내리면서 Pipe들이 손상을 입을 가능성이 있습니다. 따라서 기준을 좀 더 강화하여 10″ 이상을 선적시의 Bare Pipe 기준으로 삼는 것이 바람직합니다. 이 부분 Packing Instruction에 반영할 필요가 있습니다. 컨테이너 선적도 마찬가지입니다. 현장에서 6″

(a) 헐거운 Belt 작업 사례 (b) 보다 안전한 작업 사례

[그림 29-2]

Pipe 한 본씩을 적출하려면 이 역시 많은 시간이 소요됩니다. Pipe의 적절한 Lifting 방식은 [그림 29-2] (b)의 두 사례들과 같습니다. Pipe와 Belt의 접촉면을 최대한 높여야 한다는 것입니다. Break Bulk 선적시 우연한 사고를 예방하고 Damage를 최소화할 수 있는 방법입니다.

(a) 헐거운 작업 사례 (b) 보다 안전한 작업 사례 (c) 사전 Belt 장착 사례

[그림 29-3]

소구경 Pipe Bundle도 같은 방식을 적용할 필요가 있습니다. 사진의 사례들에서 Belt나 Wire를 비교해 보면 Pipe와의 접촉면에 차이가 있고 어느 쪽이 보다 안전한 Lifting 방식인지 알 수 있습니다. [그림 29-3] (c)의 사례는 부두로 반입할 때 Pipe에 미리 Belt를 감아둔 것입니다. 이렇게 하면 작업자들이 Belt를 두르고 적재 후에는 해제하는 시간을 단축할 수 있습니다. 이때 Belt나 Rope는 [그림 29-4] (b)의 사례처럼 두 바퀴 이상 휘감을 경우 작업 안전성이 더욱 높아집니다.

Vendor Shop에서부터 Belt 또는 Rope를 감아오되, 현장에 도착할 때까지 이를 그대로 유지하는 것이

(a) Belt를 남겨둔 사례 (b) 안전성을 높인 Rope 감기

[그림 29-4]

바람직합니다. [그림 29-4]의 사례들은 선적 후 Rope를 그대로 남겨둔 것입니다. 물론 Pipe와 접촉하여 Damage가 발생하는 일이 없도록 Belt는 Buckle이 없는 것을 사용해야 합니다. 현장 도착 후 하역에 이르기까지 운송의 전 과정에서 작업속도를 높일 수 있습니다. 궁극적으로는 현장 도착시점을 앞당기는데 기여하고 공기에도 유리합니다.

대구경 Pipe의 Break Bulk 선적을 위한 보편적인 방식은 Pipe 양단에 Grip을 물리고 Shackle을 걸거나, Hook를 직접 걸어서 선적과 하역작업을 실시하는 것입니다. [그림 29-5] (a)의 Lifting 사례들의 Pipe는 End Cover가 없다는 공통점이 있습니다. 이렇게 되면 지역에 따라서는 부식환경 또는 이물질 유입에 그대로 노출됩니다. 따라서 End Cover를 씌울 수 있도록 조치해야 합니다. 대구경 Pipe들은 주로 충격에 약한 Tarpaulin 유사 재질로 막음처리를 실시하기 때문에 선적과 하역시 End Cover가 망가지지 않도록 감독해야 합니다. End Cover는 Hook를 걸 수 있는 여유공간을 두고 Pipe의 안쪽에 설치해야 합니다.

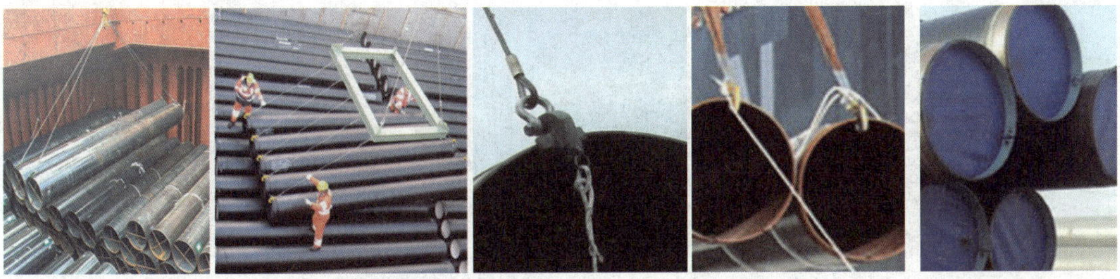

(a) Hook 또는 Grip을 활용한 Lifting (b) End Cover 적용

[그림 29-5]

이 장 첫 사진 [그림 29-1] (a)에서는 보라색 End Cap이 씌워져 있는 모습을 확인할 수 있습니다. 현장 도착에 이르기까지의 과정에서 End Cap이 이탈되는 사례가 발생합니다. 내륙운송 및 현장 보관중에 빗물과 이물질이 유입될 수 있으므로, 물류 담당자는 이탈된 End Cap들을 수거하여 재장착하거나, 추후라도 현장에 전달될 수 있도록 도착항 하역시에 현지 파트너사와 긴밀한 Coordination이 필요합니다. 아울러 Port내 Storage Yard 이동과 상차 작업시에도 End Cap이 탈착되지 않도록 사전에 주지시킬 필요가 있습니다. 특히 비가 많이 내리는 지역과 모래바람이 부는 지역에서는 이 문제가 중요한 이슈로 부각될 수 있습니다. 필자가 수행했던 Project에서 End Cap을 추가로 발주하여 현장에 공급한 사례가 있습니다.

[그림 29-6] (a)는 플라스틱 End Cap 대신 비닐을 씌웠습니다.(비닐이라는 용어는 일본어의 영향이 큼. 국제적으로는 Plastic이 표준적 표현에 해당함.) 장기간 보관을 위한 방안으로는 적절해 보이지 않으나, 부득이한 경우 이렇게라도 조치를 취해야 합니다. [그림 29-6] (b)의 Pipe는 U-Frame에 고무 패드가 잘 부착되어 있습니다. 해상운송 절차를 거치지 않기 때문에 Color Marking은 생략하였습니다. Pipe간 충돌로 Scratch가 발생하지 않도록 Pipe 곳곳에 완충 Rope를 둘렀습니다. [그림 29-6] (c)는 Color Marking은 조치되어 있으나, End Cap이 이탈된 상태입니다. 트레일러 앞부분 U-Frame 안쪽 Rubber Pad가 떨어져나갔습니다. 운송시 진동과 마찰에 의해 Pipe 표면에 Damage가 발생할 가능성이 있습니다.

(a) 비닐 활용 임시조치 (b) End Cover 조치 (c) End Cap 부재

[그림 29-6]

Rubber Protection을 하지 않은 결과, [그림 29-7]과 같은 현상을 초래합니다. 운송장비의 상태를 확인하여 협력사에 필요한 조치를 해두는 것이 바람직합니다.

[그림 29-7] Rubber Protector 미부착 사례와 Damage

이 장의 첫 사진 [그림 29-1] (a)에서는 Pipe 겉면에 하얀색으로 칠한 흔적을 발견할 수 있습니다. Break Bulk 선적시, 문제가 발생하면 큰 골칫거리로 부각되는 것이 동일 선박에 선적된 Pipe가 다수의 현장으로 운송되거나, 여러 Project PKG가 동시 다발적으로 진행될 때, 타사 또는 타 현장 발주분과 뒤섞이는 경우입니다.

중동 Project를 수행하면서 3사가 공히 중국의 TPCO로 발주했고 공교롭게도 같은 선박에 선적된 적이 있습니다. 이후 현장에 운송이 완료되었을 때, VOC(Voice of Customer or Voice of Complaint)가 접수되었습니다. 3사의 Pipe가 뒤죽박죽이 된 것입니다. FMC(Field Material Controller)가 불만을 토로하는 것은 당연한 일입니다. 이후 각사 FMC간 협의 하에 제 자리를 찾아가기는 했으나, 그 과정에서의 불편함과 추가 비용을 초래한 부분에 대해서는 물류부서의 귀책사유로 질책받을 수밖에 없습니다. 그러므로 이러한 혼선의 가능성이 있는 경우에는 Pipe에 Color Marking을 실시하는 것이 바람직합니다. 이 부분 물류부서에서 적극적으로 대처하지 않는다면 또 다시 같은 문제가 발생할 개연성이 있습니다. 물류담당자는 Color Marking 시행여부를 확인하고 누락된 경우, 표시방안을 제시하기 바랍니다.

3개 Project가 동시에 진행될 때에도 같은 문제가 발생하였습니다. 앞서 언급한 사례에서는 3사의 Lay-down Area가 인접해 있어서 잡음이 확산되지는 않았지만, 이 당시에는 각 현장이 원거리에 위치하여 현지 파트너사의 트레일러를 동원해야 했습니다. 이때도 물류가 역량이 부족하다는 원성을 샀습니다.

이후 잔여 물량에 대해서는 Project별 각기 다른 Color Marking을 실시하기로 했고, 미처 Marking을 하지 못한 Pipe에 대해서는 필자가 Loading Port에 가서 직접 락커칠을 했던 경험이 있습니다. 이후에는 오배송의 문제가 발생하지 않았습니다.

(a) 보강조치 필요 (b) 운송사고 (c) Stopper 적용 (d) U-Frame, Dunnage 부재

[그림 29-8]

[그림 29-8] (a)의 운송사례에서는 안타까운 부분들이 발견됩니다. Chain과 Belt를 병용하여 Lashing을 실시했습니다. 상단 대구경 Pipe의 변색 부위는 Chain에 의한 영향으로 추정됩니다. Lashing 재료는 Belt를 사용하고 Chain 사용이 불가피하다면, Rubber Pad 등의 완충제로 보완함으로써, Pipe와 Chain이 직접적으로 접촉하지 않도록 조치해야 합니다. U-Frame 없이 Pipe를 쌓아 올렸습니다. 만약 운송 도중 속도를 줄이지 못하고 급박하게 방향을 전환해야 하는 상황이 발생한다면, Pipe가 쏟아져 내릴 수 있습니다. 대구경 Pipe 사이의 Dunnage가 부러져있습니다. 이 때문에 Forklift의 Fork를 삽입할 수 있는 공간이 없어 하역시에는 크레인만이 유효합니다. 물론 지게차의 Fork에 Extension Rod를 삽입하여 하역할 수는 있으나, 이 사례에서는 Pipe 입구의 Cross Bar가 작업에 장애가 될 수 있습니다. 상부의 Pipe는 End Cover가 보이지 않으며, 내부에 녹이 슬어 있습니다.

Dunnage는 상태가 양호한 것을 사용하되 U-Frame을 사용하지 않는 경우에는 [그림 29-8] (c)와 같이 Dunnage 양끝에 Stopper를 부착해야 합니다. U-Frame을 활용하면 운송사고 발생시 피해를 경감시킬 수 있고, 보다 많은 양의 Pipe를 적재할 수 있습니다. 그러나 U-Frame을 사용하지 않은 [그림 29-8] (d)의 상차사례에서는 운송가능 물량이 감소하게 됩니다. 더욱이 Dunnage로 적재단을 구분하지 않았기 때문에 Pipe 양단에 Hook를 걸어 크레인으로 하역할 수밖에 없습니다. 소구경 Pipe는 하역작업에 많은 시간이 소요될 것입니다. 고가의 사용료가 발생하는 중장비 대신 적재방식을 개선하여 Forklift를 이용할 수 있도록 조치해야 합니다. Pipe 적재단 사이에 조금이라도 틈새가 있다면 Forklift에 Extender를 장착하고 Pipe에 Belt를 걸어서 하역을 시도해볼 수 있으나, [그림 29-8] (d)의 사례에서는 이마저도 불가능합니다. Chain을 사용한 점과 End Cap이 일부에만 적용된 점 또한 개선해야 할 사항입니다.

[그림 29-9] (a)의 사례와 같이 선적시의 Belt를 그대로 남겨두면 Dunnage로 각 단을 구분하지 않아도 상하차작업을 진행할 수 있고 작업시간이 단축됩니다. Dunnage 높이 감소분만큼 Pipe 적재량도 늘릴 수 있습니다. Pipe 운송시에는 길이가 적합한 트레일러를 선정해야 합니다. 특히 장척의 비표준 규격 Pipe는 Extendible Trailer를 사용하도록 조치하시기 바랍니다.

(a) Extender 활용 하역 (b) 긴 트레일러 사용 필요

[그림 29-9]

U-Frame을 장착하지 않은 경우에는 가장 큰 하중이 미치는 트레일러 Deck 위의 Dunnage에 좀 더 강한 Stopper 조치가 필요합니다. 아울러 [그림 29-10] (b)의 사례처럼 Lashing을 강화해야 합니다. [그림 29-10] (c)는 주로 Port 내에서 컨테이너 운송용으로 사용되는 Yard Chassis에 대구경 Pipe를 상차한 모습입니다. Chassis 양 측면에 돌출된 Safeguard로 인해 운송 안전성이 향상됩니다. 아이러니 하게도 대구경 Pipe와 Yard Chassis의 조합이 내륙운송에 유용한 측면이 있습니다.

(a) Stopper 조치 (b) Lashing 강화 (c) Yard Chassis를 이용한 운송

[그림 29-10]

각 단의 Dunnage에 Stopper를 부착해야 합니다. 앞서 보신 [그림 29-8] (c)의 사례에서는 Dunnage 윗부분에만 Stopper를 부착했으나, 위 아래 모두에 부착하는 것이 안전운송에 보다 유리합니다. [그림 29-11] (b)는 Telescopic Handler를 이용하여 Pipe를 상차하는 모습입니다. 이 사례가 U-Frame을 사용하지 않는 Pipe 운송에 있어서 모범적인 Dunnage의 모습을 보여주고 있습니다. Pipe의 원주에 맞게 굴곡

(a) Dunnage 상하 Stopper 적용 (b) 모범적인 Dunnage 사용 사례

[그림 29-11]

부를 형성함으로써 하중분산에 유리한 형태입니다. 따라서 Pipe에 변형이 발생할 가능성이 낮아집니다. 아울러 Stopper도 Dunnage의 위 아래에 각각 부착하였습니다.

[그림 29-12] Pipe 인입 운송

물류비 절감을 위해 Pipe 속에 소구경 Pipe를 삽입하여 운송할 수 있습니다 다만, 삽입과 분리시에 Damage가 발생할 수 있고, 운송 도중 이물질이 유입되는 경우, 진동과 흔들림이 흠집을 키우는 요인이 될 수 있습니다. 표면이나 내부에 흠집이 발생해도 큰 문제가 되지 않는 경우라면 고려해 볼 만한 운송방법입니다. [그림 29-12]의 사례와 같이 시행하는 경우, 평소에 없던 분리작업을 수행해야 하므로, 사전에 현장분들의 양해를 구할 필요가 있습니다. 그리고 내부의 Pipe가 흘러나오지 않도록 임시 막음처리를 해야 합니다.

(a) 1본 적재 (b) 보조장비 활용 (c) Dunnage 미적용/적용 사례 (d) 다중 Lifting

[그림 29-13]

Pipe Size가 트레일러 Deck 폭을 초과함으로써 두 본을 한 단에 적재하기가 곤란한 경우, Supporting Device를 활용하여 한 본을 더 적재할 수 있습니다. 트레일러 Trip 수에 따른 내륙운송 계약 체결 시 운송비 절감효과를 기대할 수 있습니다. [그림 29-13] (c)의 왼쪽 사례는 현장의 하역 작업성을 고려하지 않은 적재 방식입니다. 대구경 Pipe는 양단에 Hook를 걸어서 하역할 수 있으나, 소구경 Pipe는 하역에 많은 시간이 소요됩니다. 기본적으로 U-Frame을 활용하도록 하고, 각 적재단을 Timber로 구분하여 여러 본을 한꺼번에 Belt를 걸거나 포크리프트 작업이 가능하도록 여유 공간을 확보해줘야 합니다. Dunnage로 단을 구분하지 않는 경우에는 상차시 2개 지점에 몇 본의 Pipe를 감싼 Belt를 그대로 남겨둬서 하역 작업의 용이성을 향상시킬 필요가 있습니다. [그림 29-13] (d) 사례의 Lifting 장비가 현장에 준비된다면 하역시간을 단축할 수 있을 것입니다. 물론 Pipe에 국한된 장비이기 때문에 실효성이 낮을 수 있으나, 필요시 임대사용이 가능한 경우, 하역시간 단축효과를 기대할 수 있습니다.

>>> 컨테이너 선적

컨테이너 운송에 있어서는 현장의 적출작업 용이성을 고려해야 합니다. 특히 [그림 29-14] (a)의 사례와 같이 소구경 Pipe 선적시 문제가 될 수 있습니다.

(a) 하단 Bundle의 Belt가 제거된 모습　(b) Pipe 사이에 틈새가 없음　(c) 적출 난이도 증가

[그림 29-14]

[그림 29-14] (a) 미니 사진상의 소구경 제품들은 적입과 적출작업에 많은 시간이 소요될 것으로 보입니다. 다만, 낱개로 되어 있어서 현장 작업자가 잡아 당기면 적출은 가능합니다. Bundle 포장한 Pipe들을 자세히 보면 적입과정에서 붉은색 Belt를 사용한 흔적이 있습니다. 그러나 하단의 Bundle에는 Belt가 남아 있지 않습니다. 이렇게 되면 현장에서 적출할 방법이 궁색해집니다. 실제로 이런 경우가 종종 발생합니다. 결과적으로 적출 작업시간이 무한정 길어지고 Damage가 발생할 수 있습니다. 작업지연으로 인해 Trailer Detention, Container Detention 비용이 발생할 가능성이 높아집니다.

[그림 29-14] (b)의 사례도 현장의 작업성을 고려하지 않은 적입형태라고 볼 수 있습니다. Pipe의 구경이 작아서 지게차의 Extension Fork를 Pipe 내부로 밀어넣을 수 없는 경우, 일단 잡아당겨 적출을 시도합니다. 그러면 Pipe들 사이에 틈새가 생깁니다. Timber로 단을 구분하였기 때문에 Belt를 걸어줄 만한 공간을 마련할 수 있습니다. 이후에 Extender를 장착한 Forklift로 두 세 본 정도를 한꺼번에 들어올릴 수 있습니다. 하지만 각 단의 첫 한 본은 잡아당기는 방식으로 적출할 수밖에 없기 때문에 Damage의 우려가 있습니다. 아울러 컨테이너를 가득 채운 경우, 작업공간이 확보될 때 까지 상단의 Pipe들은 모두 잡아당기는 방식으로 적출할 수밖에 없습니다.

[그림 29-14] (c)의 사례는 빈 공간이 거의 없을 만큼 빼곡하게 적입하였습니다. 현장에서도 동일한 방식으로 적출이 가능할지 의문입니다. Port에서 Devanning을 실시하고 세관검사 완료 후 재적입 작업을 시행하는 국가에서는 고초를 겪게 될 것입니다. 다음과 같은 문제점들이 발생할 수 있습니다.

- 세관검사시 적출이 곤란한 경우, Unpalletized Charge 부과.(Penalty 성격의 부과금)
- 적출과 재적입과정에서 Damage 발생 가능성이 있음.
- 통관이 지연되어 Demurrage, Container Detention이 발생할 수 있음.

• 현장의 자재 적출에 많은 시간이 소요됨. Damage의 우려와 함께 컨테이너 반환시점이 지연됨. 크레인을 동원하여 컨테이너 채 하역하기 전에는 Trailer Detention의 우려도 상존함.

따라서 바람직한 적입방법은 [그림 29-15] (a)의 사례와 같습니다.

(a) 사용한 Belt를 그대로 남겨둠　　(b) 일괄 적입　　(c) Sliding 장비 활용

[그림 29-15]

해결책이 의외로 간단합니다. 적입시에 사용했던 Belt를 그대로 남겨두면 됩니다. 이렇게 적입한 경우, 현장에서도 어렵지 않게 적출할 수 있습니다. 다만 지게차의 Extension Fork에 벨트를 걸 수 있을 정도의 작업공간이 필요합니다.

[그림 29-15] (b)의 사례는 컨테이너 바닥 높이와 동일하게 Grillage를 깔고 Skid를 밀어서 한꺼번에 적입하는 방식입니다. 적입은 용이하나, Wooden Skid가 약해서 이를 잡아당기는 방식의 일괄적출은 쉽지 않아 보입니다. 제법 구경이 큰 만큼 현장에서는 End Cap을 벗겨내고 Pipe 속으로 Extension Fork를 삽입하여 한 본씩 적출하는 방법을 적용해야 할 것입니다. 어느 정도 적출이 진행된 후에는 Belt를 사용하는 방식으로 한번에 2~3본의 적출이 가능합니다. [그림 29-15] (c)의 사례는 Sliding 장비를 활용하여 일괄 적입하는 모습입니다. 현장에서도 일괄적출이 가능할지는 미지수입니다.

Steel Skid 제작비용이 크지 않고, Wooden Skid를 Steel Skid로 대체할 수 있다면, Steel Skid에 적재하여 한꺼번에 적입과 적출이 가능할 수 있습니다. 다만, Skid 제작비용이 고가이거나, 재활용을 위한 Skid의 Return에 과도한 비용이 발생한다면 득실관계를 따져봐야 합니다. Steel Skid를 활용할 때의 장점은 적재중량을 초과하지 않는 범위 내에서 컨테이너 적입량을 극대화 할 수 있고, 적입과 적출시간을 대폭 단축할 수 있다는 점입니다.

(a) Steel Skid 활용　　(b) HDPE Pipe Flat Rack 적재

[그림 29-16]

HDPE(High Density Polyethyene) 등 플라스틱 재질의 Pipe는 적입과 적출시 Damage가 발생하기 쉬운 제품입니다. 이로 인해 Flat Rack 사용이 불가피할 수 있습니다. 사안에 따라서는 물류비가 제품가격만큼 발생하기도 합니다. 자칫 배보다 배꼽이 더 커질 수 있습니다. 실제로 HDPE Pipe를 FR에 선적한 경험이 다수 있습니다. 더욱이 FR은 고가의 해상운임을 요하는 컨테이너이면서, 장비 확보에도 어려움이 있습니다. [그림 29-16] (b)의 사례는 Over-length에 해당하여 Full Void의 운임을 적용할 가능성이 높습니다.

제품의 성격이 조금 다르긴 하나, 태국 Project를 수행할 때 PE(Polyethylene) 주름관(Corrugated Pipe)의 경우, 국산이 현지 가격보다 비교할 수 없을 정도로 저렴하였습니다. 하지만 물류비를 따져본 결과, 이야말로 배보다 배꼽이 더 큰 사례였습니다. 결국 물류비를 고려하여 현지에 발주한 바 있습니다. 이것이 TCO의 취지에 부합하는 올바른 의사결정입니다. 반면에 실행예산을 초과한 경우, 또는 보다 고성과의 실적 수치를 적어내기 위해 구매부서가 그릇된 판단을 내릴 수도 있습니다. Vendor 선정 과정에서는 물류부서가 제품 출하지를 알 수 없기 때문에 선행부서가 실기하지 않도록 선제적으로 대처하는 것이 중요합니다.

포장방법에 대해서는 EPC사 Packing Procedure(Instruction)가 작성되어 있으나, 컨테이너 적입방법에 대해서는 이렇다 할 지침이 없는 경우가 많습니다. 각 제품별 사례들을 모아서 지침을 만들고 이를 Vendor들에게 제공할 필요가 있습니다.

(a) 적출작업 (b) Ramp 활용 (c) 컨테이너 수평유지 필요

[그림 29-17]

[그림 29-17] (a)의 장비는 Telescopic Handler입니다. Boom의 신장기능을 통해 컨테이너 안쪽의 화물도 적출이 가능합니다. 비료 Project를 수행할 당시, 현장에 이 장비의 확보가 지연되면서 크레인으로 화물을 끌어당기는 형태의 하역이 한 동안 지속되었습니다. 그럴 때마다 아쉬웠던 것이 Ramp 구조물의 부재입니다. 자투리 Beam과 철판 등 스크랩자재들을 활용하면 현장 자체적으로도 저렴하게 제작할 수 있습니다. 하역시간을 단축시킬 수 있고, 고가의 장비를 임대하지 않아도 됩니다. 아울러 장비가 없다는 이유로 트레일러로부터 컨테이너 채 하역할 필요도 없을 것입니다.

크레인을 이용한 컨테이너 하역시 크레인 사용료는 논외로 하더라도 [그림 29-17] (c)의 사례에서 보시는 바와 같이 수평이 어그러지면서 자칫 화물과 컨테이너에 Damage가 발생할 우려가 있습니다. 그리고 나중에 빈 컨테이너를 반환하기 위한 트레일러 동원 비용이 발생합니다.

하지만 반드시 크레인의 지원을 받아야 하는 경우가 있습니다. 대물량을 선적한 경우가 그러합니다. 물류 입장에서는 Port Demurrage를 방지하기 위해 하루 속히 Port 반출을 완료해야 해야 합니다. 이때는 현장의 하역능력이 관건이며 크레인 이용이 불가피합니다.

물류 담당자는 Container Free Time 내에 빈 컨테이너가 반환될 수 있도록, 그리고 반환비용을 최소화할 수 있는 방안까지 염두에 두고 현장에 잔류하고 있는 컨테이너 정보를 관리해야 합니다. 필자는 이를 'Empty Container Control Status'라는 이름으로 각 현장에 양식을 배포하여 매일매일 업데이트하도록 함으로써 현장 잔류 컨테이너 현황을 관리한 바 있습니다. 물류 담당자가 관심을 두지 않으면 컨테이너의 현장 체류시간이 마냥 길어질 수 있습니다. 결국 물류비가 상승하는 요인이 됩니다. 이 부분에 대해서는 PART 2, '17. M/H 손실과 조달비용을 최소화하기 위한 방안'에서 구체적으로 살펴보겠습니다.

30. Piping Spool

통상적으로 Piping Spool(or Pipe Spool)은 공사가 진행중인 현지에서 제작합니다. 공사부서 주관으로 Spool Shop을 선정하고 제작이 완료된 Spool의 운송은 제작사의 Scope이 됩니다. 그러므로 물류부서의 역무는 배관자재를 Spool Shop에 운송하면 족합니다. 문제는 입찰업무 수행 당시 물류부서의 역할이 제외되었다가 실행에 가서 Spool 제작이 현지 이외의 지역으로 변경되는 경우입니다. 철골 제작도 마찬가지입니다. 수익을 내는 Project라면 다행이지만, 예산 내에 실행이 불가능한 Project에서는 자칫 물류비를 보전받지 못하는 상황이 발생할 수 있습니다.

처음부터 국내제작으로 실행계획을 수립했다면, 어느 부서든 Spool 제작분에 대한 물류비를 반영해야 하나, 양측 모두 이를 간과하는 사례가 있습니다. 통상의 Spool 제작과 운송 Scope이 공사부문이라는 이유로 손을 놓고 있어서는 아니 되며, 아울러 Spool Shop에서 적입작업을 진행하기 때문에 빈 컨테이너를 Spool Shop으로 이송하는 비용이 제작사와의 계약에 누락되는 일이 없도록 관리해야 합니다. 그리고 물류비 산출 내역서 최종본에 Piping Spool의 물류비 Scope을 명확히 기재하는 것이 바람직합니다.

입찰업무 수행시, Piping Spool에 대해서는 대략적인 중량에 대한 정보만 제시될 것입니다. 그 동안 현지에서 제작이 진행되었다면, 물량산출 정보가 부재할 수밖에 없습니다. 그리고 근거없는 Volume과

(a) Piping Spool (b) 고주파 벤딩

[그림 30-15]

컨테이너 적입량을 기준으로 입찰업무에 임하게 될 것입니다. 따라서 Piping Spool의 선적업무를 수행하는 Project에서는 실적자료를 관리해야 합니다.

물류비 절감의 중요한 포인트는 컨테이너 적입량의 극대화입니다. 형상이 특이하여 다단적이 거의 불가능하기 때문에 해상운송은 컨테이너 선적이 지배적입니다. 적입과 적출의 용이성과 Damage 방지를 염두에 두고 최대한 많이 쌓을 수 있는 방안을 고민해야 합니다.

[그림 30-15] (a)와 같이 포장한 사례는 컨테이너 적입량이 크지 않을 것으로 사료됩니다. 그러므로 포장 계획을 얼마나 정교하게 수립할 것인가, 이 부분을 Spool Shop 책임자와 협의하시기 바랍니다. 이것이 물류비를 절감할 수 있는 숨어있는 돈이 될 것입니다.

피팅, 플랜지 등을 용접의 방법으로 Pipe와 결합시키는 Spool과는 달리, Pipe를 인위적으로 구부리는 고주파 벤딩(High Frequency Induction Bending) 방법이 있습니다. 이는 고주파로 유도열을 가해 마치 Elbow를 용접한 것과 같은 효과를 내는 것입니다. 현지의 Spool Shop 용접 단가가 고가이거나, 생산성이 낮아 경쟁력이 떨어지는 경우에는 충분히 고려해볼 만한 방법입니다. 물론 Bending에 의해 펴지는 쪽은 두께가 얇아지고(인장응력 작용) 구부려지는 쪽은 두께가 두꺼워지기 때문에(압축응력 작용) 설계 차원의 검토와 함께 사업주의 사전 승인이 필요합니다.

고주파 벤딩 서비스를 제공하는 국내업체가 의외로 많습니다. 사업이나 구매부서에 충분히 제안 가치가 있는 사안입니다.

〈표 30-1〉 Piping Spool과 고주파 벤딩 선적실적 비교

항 목	VF(CBM/Mton)	40ft DC/HC 평균 적입량
Piping Spool(A Project)	3.596	40.7CBM
고주파 벤딩(B Project)	3.638	45.5CBM

'예산수립과 실적관리'에서 살펴본 A Project의 Piping Spool과 B Project의 고주파 벤딩 실적을 비교해보았습니다. 비교적 구경이 큰 Pipe에 적용함으로써, Spool을 제작하는 경우보다는 Volume Factor가 상승하였으나, Piping Spool처럼 복잡한 형상이 아니기 때문에 포장성과 컨테이너 적입율은 양호한 편입니다.

31. GRP Pipe 운송 후기

멕시코 Project가 한창 진행중일 때의 일입니다. 본사 구매팀에서는 사우디 Vendor를 통해 GRP(Glass Reinforced Plastic) Pipe의 구매를 추진하였습니다. GRP Pipe의 특성상 충격에 민감하여 포장과 운송에 각별한 주의가 요망되며, 다음과 같은 위험요소가 있었습니다.

- 장기간 운송에 따른 견고한 포장 필요.
- 일반 컨테이너에는 1본만 적입이 가능하여 운송비가 과도하게 발생함.
- Break Bulk 선적시, 멕시코향 선편이 전무함. 선적과 하역, 환적 과정에서 Damage 발생의 우려가 있음.
- 2개월 이상 장기간의 해상운송으로 인한 공기지연 우려가 있음.
- 긴급물량 발생시, 거래선을 변경하거나, 고가의 항공운송 추진 가능성이 있음.

발주 당시에 이 모두가 고려된 의사결정이었는지 의구심이 들었던 게 사실입니다. 그러나 본 건으로 인한 공과는 물류부서로 넘어온 상태였습니다.

Vendor Shop에 방문했을 때, 제작은 이미 완료되었습니다. Vendor는 포장에 대한 Risk를 떠안지 않겠다는 입장이었습니다. [그림 31-1] (a)에 보여지는 것 이상의 포장은 제공할 수 없고, 필요하면 당사 책임하에 보완하라는 것이었습니다. 필자는 이 상태로는 운송이 불가능할 것으로 판단하였습니다. 이 사실을 본사에 통보하자, [그림 31-1] (b)와 같이 포장할 것을 요청해 왔습니다. 사실, 74개의 Pipe에 소요되는 목재도 엄청난 양이지만(전체적으로 약 900m의 Wooden Hurdle 필요), 문제는 라마단 기간의 제한된 작업시간으로 인해 단시일 내에 작업을 마무리 지을 수 없다는 점이었습니다.

견적을 받아본 결과, 포장을 모두 완료하기까지 2주 정도의 시간을 예상하고 있었습니다. 선박 도착이

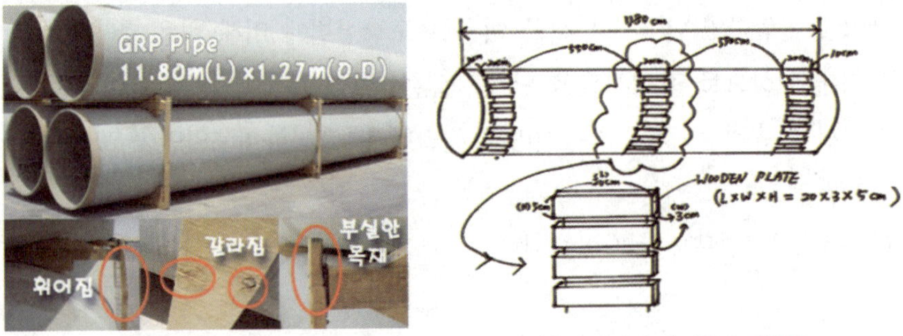

(a) 당시 포장 사례 (b) 본사에서 제시한 포장방식

[그림 31-1]

일주일밖에 남지 않은 상황에서, Port로의 내륙운송과 통관 등에 소요되는 절대시간을 감안했을 때, 이같이 포장을 진행할 경우, 장기간의 선박 Detention 발생을 피할 수 없게 되었습니다. 이를 어떻게 타개해야 할지 난감했습니다. 뾰족한 대책없이 고심하던 중, 문득 중량물 운송 트레일러의 상차장면이 생각났습니다. 트레일러 Deck와 Saddle 밑면 사이에 튜브 조각을 대던 모습이 떠오른 것입니다. 해답은 고무에 있었습니다.

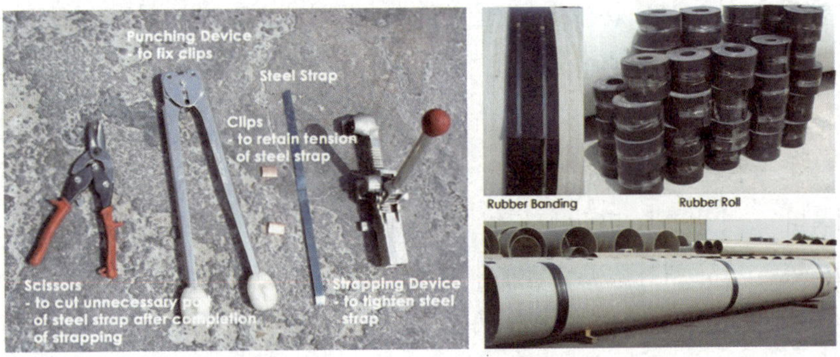

(a) 포장 장비 (b) Rubber Roll과 포장 완료 모습

[그림 31-2]

필자와 후배 직원은 즉시 적정 사이즈와 수량을 계산하여 고무 판매상을 수소문했습니다. 그리고 우리가 필요한 만큼 약 1.5톤의 고무를 보유하고 있는 판매상을 찾아냈습니다. 다만, 직접 잘라서 사용해야 한다는 문제점이 있었으나, Cutting과 Vendor Shop으로의 운송 그리고 포장작업까지 완료해 줄 업체를

(a) 포장작업 (b) 트레일러 상차

[그림 31-3]

물색하여 즉시 작업에 돌입하였습니다. 목재를 이용한 포장방법에 비해 비용 측면에서도 경쟁력이 있었지만, 무엇보다도 기대 이상으로 작업시간을 단축시킬 수 있었던 점이 큰 수확이었습니다. Vendor 관계자들도 고무를 감아서 운송하는 것은 처음이라고 했습니다. 그리하여 3일만에 모든 포장작업을 완료할 수 있었습니다.

선박의 입항이 지연되는 행운도 뒤따랐습니다. 결국 체선료 발생없이 극적으로 선적을 마무리하게 되었습니다.

(a) 환적항 대기 (b) 환적 진행 (c) 모서리 부분 손상

[그림 31-4]

한국에서 환적 과정을 거쳤으나, 문제가 될 만한 Damage 없이 현장에 도착된 것을 확인할 수 있었습니다. 다만 모서리 부분의 충돌과 파손을 방지하기 위해 Pipe 양단에 Rubber를 감으면 보다 안전한 포장방법이 될 것입니다.

평소에도 사우디의 폭염은 강렬하지만, 해가 떠 있는 동안 물 한 모금의 취식도 허용되지 않는 라마단 기간에는 더욱더 고역입니다. 그럼에도 위 수출과정에서 직접 발로 뛰어다니면서 협력사들과의 Coordination을 담당했던 당시 채성규 후배님에게 진심으로 사의를 표하는 바입니다.

Rubber Banding 작업과 Pipe의 상차과정을 담은 동영상을 현장에 전송하였습니다. Fitting류는 컨테이너로 운송하였습니다. 컨테이너 상차 장면 역시 동영상에 담았습니다. 해당 영상들을 통해 현장 직원들이 보다 용이하게 하역작업을 수행할 수 있도록 하였습니다.

[그림 31-5] Fitting류 컨테이너 적입작업

경험이야말로 진정 소중한 자산입니다. 이러한 경험들이 사장되지 않도록 기록으로 남길 필요가 있습니다. 후배 직원들에게 잘 전파되고, 후배 직원들은 열린 마음으로 선배들의 경험을 수용하여 본인의 역량으로 내재화해야 합니다. 그것이 대한민국의 국가 경쟁력 향상에도 이바지하는 길이 될 것입니다.

32. Fitting 이야기

Fitting은 각종 기자재와 Pipe 또는 Tube의 연결구로 사용됩니다. 제작방식에 따라 3종류로 나뉩니다.

- Forged Fitting(단조)
- Cast Fitting(주조)
- Wrought Fitting(성형가공)

(a) Welding Type Fittings (b) Threaded Type Fittings/나사식

[그림 32-1]

Forging을 순우리말로 하면 방짜에 해당하며, 열을 가한 상태에서 두들기거나 압력을 가해 모양을 만들어가는 과정을 의미하고, 이후 불필요한 부분을 절삭 제거하여 원하는 제품으로 탄생하는 것이 Forged Fitting, Forged Valve입니다. 주로 ASTM Code 상의 A105(CS), A182(SS) 재질이 사용되고 절삭에는 한계가 있기 때문에 통상 4인치까지의 제품이 범용적으로 사용됩니다.(특수한 경우, 대형 Size도 제작함.)

Cast Fitting은 거푸집(Mold)에 쇳물을 부어 제작하는 형태이므로, 거푸집 Size에 따라 대형제품도 제작이 가능합니다. A216(CS), A217(SS) 등의 재질이 적용될 수 있습니다. Wrought Fitting은 Pipe나 철판을 원재료로 하여 절단, 절곡, 용접 등의 성형 과정을 거쳐 제작하는 Fitting류로 배관공사 Fitting의 절대물량을 차지합니다.

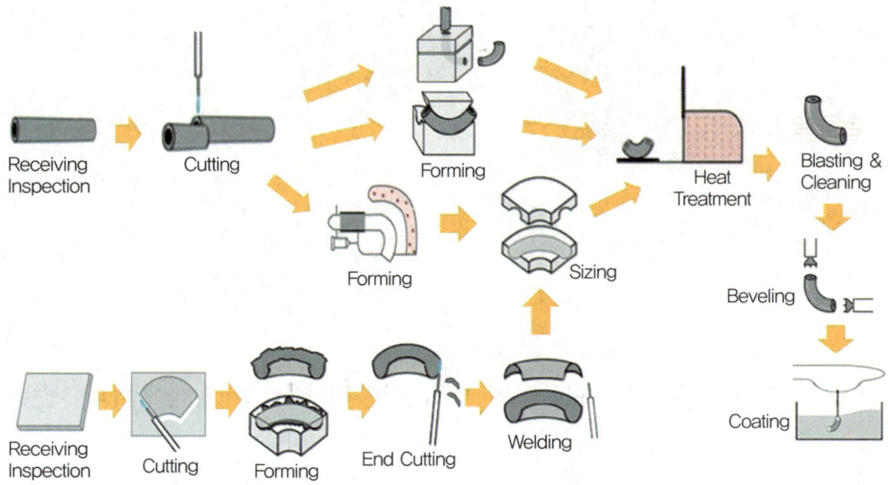

[그림 32-2] Wrought Fitting 제작 공정 / TK Corporation 제공

MEGALET은 Forged Fitting 전문기업인 MEGA S.P.A사의 상표명입니다. Outlet을 의미하고 Weldolet, Threadolet, Sockolet 등이 이에 해당됩니다. 어떤 기업들은 Packing List 상에 자사 상표명을

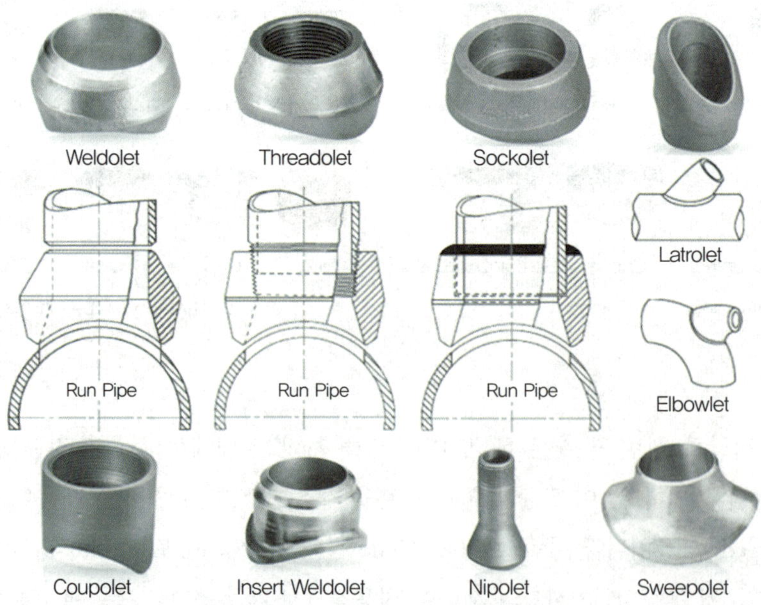

[그림 32-3] Outlet Fittings

그대로 사용하여 제품명으로 표시하는 경향이 있습니다. 따라서 이때는 Outlet Fitting으로 제품명을 변경하여 선적서류를 작성함으로써, 현지 세관의 이의제기에 대한 빌미를 제공하는 일을 방지해야 합니다.

Outlet은 Run Pipe 위에 용접합니다. 반대방향에서 맞대기 용접(Butt Welding) 형태이면 Weldolet, Nipple이나 나사산이 있는 Pipe를 연결하는 방식이면 Threadolet, Socket 형식으로 Pipe를 삽입한 후 용접하는 형태이면 Sockolet이라고 부릅니다.

유의할 점은 전기 자재에도 Outlet이 있고, 일상생활에서 흔히 접하게 되는 콘센트(일본식 명칭)의 전세계 표준 용어가 Outlet(일반적으로 사무용 또는 가정용)입니다. Plant에서는 주로 Receptacle이라는 용어를 사용합니다. 따라서 Outlet이 Fitting인 경우에는 혼선이 없도록 Outlet 대신 Outlet Fitting이라고 정확히 명기하는 것이 바람직합니다.

선적서류 작성시, Weldolet, Sockolet 등을 구분하여 기재하게 되면, Item Line수가 대폭 늘어나게 될 것입니다. 현지 통관사가 세관시스템에 입력할 때 많은 시간이 소요되어 수입지에 따라서는 통관이 지연되는 원인이 될 수 있습니다. 그러므로 Packing List는 Vendor가 제공한 내용을 그대로 유지하되, Commercial Invoice에는 재질이 같고 단가가 비슷한 품목들을 Oulet Fitting 하나의 항목으로 수량을 합해 기재하시기 바랍니다. (예, Carbon Steel Outlet Fitting)

Vendor들이 약어를 사용하여 Packing List를 작성해오는 경우가 있습니다. 이를테면, 'Con. Red'가 그러합니다. 이럴 때도 현지 통관상에 혼선이 없도록 Concentric Reducer라고 Full Name으로 변경하여 기재하는 것이 바람직합니다.

[그림 32-1] (b)에 Bushing이라는 자재가 있습니다. 전기에도 Bushing(절연목적으로 전선과 기기가 연결되는 부위에 설치) 자재가 있으니, 이 또한 명확히 구분할 필요가 있습니다.

[그림 32-4] Bushing

Condenser라는 기기가 기계장치에서는 열교환 방식에 의한 응축기를 의미하지만, 전기분야에서는 Capacitor의 다른 이름입니다. 국내 기업중에 '00콘덴서'와 같이 콘덴서를 회사명으로 사용하는 경우가 있습니다. 대부분 Capacitor를 제작하는 기업입니다. 이는 다분히 일본 기업의 영향을 받은 것입니다. 전세계 공통용어는 Capacitor이나 일본 기업들이 Condenser라는 용어를 사용하고 있습니다. Power

Capacitor는 건설, 플랜트 공사에도 자주 등장하는 품목으로 역률(力率, Power Factor)을 개선함으로써 전력을 효율적으로 사용할 수 있도록 하는 기기입니다.

명칭은 같지만 용도가 다른 경우, HS Code에 따라 관세율이 상이할 수 있습니다. 그러한 품목들에 대해서는 혼선의 여지가 없도록 좀 더 구체적인 품명을 기재하는 것이 바람직합니다.

33. Flange 이야기

Flange는 Pipe와 Pipe 사이에 밸브나 유량계 등을 설치할 때, 또는 기기가 Pipe 및 Tube로 연결되는 Nozzle 부위에 사용하는 자재입니다. Pipe와 Pipe를 연결할 때도 사용될 수 있습니다. 만약 Flange를 사용하지 않고 용접 등의 방법으로 밸브를 직접 연결해버리면, 고장이나 유지보수의 사유로 이를 교체해야 할 경우, Pipe를 Cutting 해야 하는 문제가 발생합니다. 하지만 배관라인과 Flange로 연결한 경우에는 볼트를 풀면 어렵지 않게 교체할 수 있습니다.

건설, 플랜트 현장에서는 Raised Face의 Slip-on(SO) 및 Welding Neck(WN) Flange의 사용 빈도가 높은 편입니다. Lap Joint Flange는 Cleaning 및 유지보수가 빈번하게 요구되는 곳에 주로 사용합니다.

(a) Blind Flange 막음처리 (b) Flange 연결 (c) Stanchion

[그림 33-1]

중앙부가 막혀있는 Flange가 Blind Flange입니다. 운송중의 Column, Vessel과 같은 기기의 Nozzle을 막음 처리할 때도 사용됩니다. Guard Rail 등에서 기둥을 용접하거나 삽입하여 바닥에 Bolting으로 고정시킬 때, 또는 벽면에 고정시킬 때도 사용할 수 있습니다. [그림 33-1] (a)에서 특이한 것은 Hand Wheel로 수동 개폐하는 밸브 연결부에 Flange를 사용하지 않았다는 점입니다. 이렇게 되면 밸브의 유지보수에 난관이 예상됩니다. 반면에 [그림 33-1] (b)의 왼쪽 사례에서는 밸브와 배관라인을 플랜지로 연결함으로써 어렵지 않게 유지보수 작업을 수행할 수 있습니다.

〈표 33-1〉 Flange 종류

Flange Type	형상	사용 방법
SO(Slip-on)	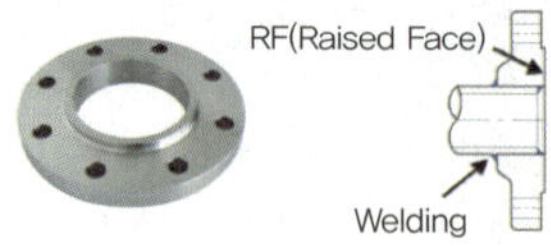	Pipe를 삽입한 후에 안팎을 Filet 용접
WN(Welding Neck) LWN (Long Welding Neck)	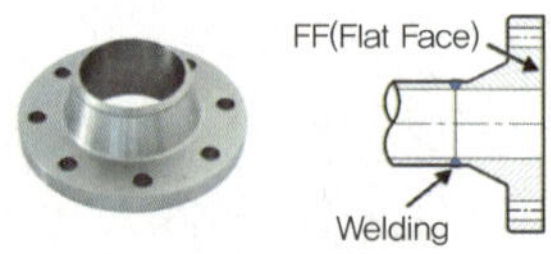	길게 튀어나온 Neck과 Pipe를 맞대기 용접(BW, Butt Welding)
LJ(Lap Joint)		구멍 뚫린 모자 모양의 Stub-End를 끼운 후 Stub-End와 Pipe 맞대기 용접. Stub-End와 함께 공급
THR (Threaded, Screwed)		나사산으로 연결
SW(Socket Welding)		Pipe를 Flange Socket에 삽입하여 외부에만 Filet 용접
BL(Blind)		Pipe Line 또는 Nozzle의 막음 처리에 적용
RTJ(Ring Type Joint)		기밀성을 요하는 고압 Line에 적용

[그림 33-2] Nozzle 막음처리

Vessel, Drum, Column류에는 다양한 Nozzle이 부착되어 있습니다. 이 Nozzle을 통해 운송중 또는 보관 도중 이물질이 유입되면 곤란합니다. 특별히 이러한 기기들에 사용하는 비규격 Flange를

Girth Flange라고 부릅니다. 임시용이므로 고가의 제품을 사용할 필요는 없고 내부에 충진된 질소가스가 누출되지 않을 정도면 됩니다.

한 쌍의 Flange 사이에는 밀착력을 높여주기 위해 일반적으로 평판 형태의 원형 Gasket을 삽입합니다. 앞선 〈표 33-1〉의 Ring Type Joint Flange에는 Ring 형태의 가스켓이 사용됩니다. Ring Type Joint Flange에는 Gasket을 수용할 수 있는 홈(Groove)이 형성되어 있습니다. 예전에는 가스켓 재질로 Asbestos(석면)가 많이 사용되었습니다. 발암물질로 알려지면서부터 Metal이나 Rubber 재질로 대체되었습니다.

Flange와 관련된 용어 중에 Class Rating이 있습니다. Flange로 연결하는 밸브 Spec.에도 Flange의 Rating을 표시합니다. ANSI(American National Standards Institute) 규정에 따라 Rating은 150#, 300#, 600#, 900#, 1500#, 2500#(#은 Pound라고 읽음)로 구분되며, 서비스 온도와 허용 압력의 상관관계를 따져서 Rating이 결정됩니다. Rating 값이 클수록 보다 고가의 Flange입니다. 이는 가스켓, 볼트/너트 선정에도 영향을 미칩니다.

특별히 유량을 측정하기 위한 Flange Package를 'Orifice Plate and Flange'라고 부릅니다. 작은 구멍이 있는 Orifice Plate를 Flange 사이에 장착합니다. [그림 33-3] (b)를 자세히 보면 Flange 위쪽에 Hole이 형성되어 있는 것을 확인할 수 있습니다. 이 Hole은 Flange 내부와 닿아 있습니다. 그 상태로 가만히 놔두면 이 Hole을 통해 배관 내에 흐르는 유체가 뿜어져 나올 것입니다. 그곳에 Nipple(나사식 피팅)을 꼽고 다시 Tube와 연결하여 Differential Pressure Transmitter(=DP XMTR, 차압 트랜스미터)에 압력이 미치도록 장치합니다. 배관 내경보다 Orifice의 구멍이 작기 때문에 Orifice 전후로 압력 차이가 발생하고 DP XMTR에서 이 압력차를 측정하여 유량(유속)을 알아낼 수 있습니다. Orifice Plate and Flange는 일종의 유량계입니다.

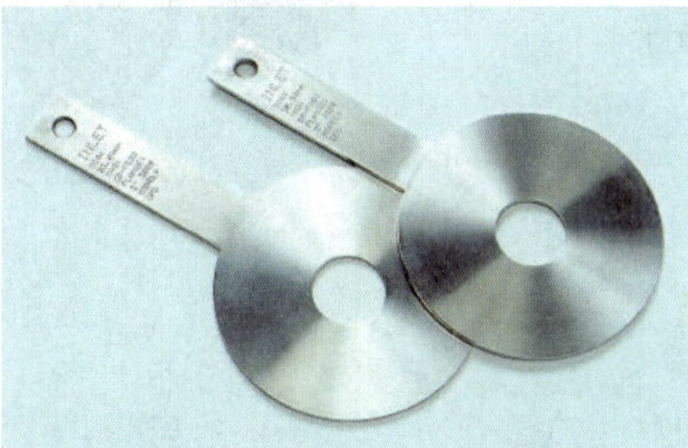

(a) Orifice Plate

(b) Orifice Flange

[그림 33-3]

Venturi Tube 역시 Orifice Plate and Flange와 동일한 기능을 가집니다. Venturi Tube는 Tube의 특정 위치에서 급격하게 관 지름이 축소된 형태입니다. 이 위치에서 Flange 사이에 Orifice를 삽입한 것과 동일한 효과가 있습니다. Orifice Plate and Flange나 Venturi Tube는 유량을 측정할 수 있다는 장점이 있는 반면, 일종의 병목구간처럼 관경이 좁아지는 지점이 있기 때문에 Pressure Drop 즉, 에너지

손실이 발생하는 단점이 있습니다. 이는 유량을 측정하는 시스템의 극히 일부에 해당하며, Rotameter, Magnetic Flowmeter, Turbine Flowmeter, Positive Displacement Flowmeter, Mass Flowmeter, Vortex Flowmeter, Pitot Tube(튜브 아님), Ultrasonic Flowmeter 등 다양한 유량계가 건설, 플랜트 현장에 설치되고 있습니다.

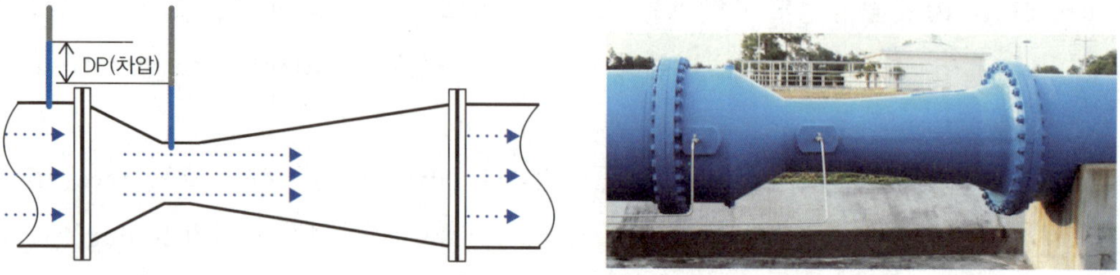

[그림 33-4] Venturi Tube

Transmitter는 제어계측 기기의 하나로, 압력, 유량, 온도, 수위 등에 따른 신호를 전송하는 기기를 말합니다. 경우에 따라서는 육안으로 현 상태를 확인할 수 있도록 트랜스미터에 계기판이 부착되기도 합니다.

Flange는 Forging 또는 Casting 방법으로 제작합니다. 아울러 H-Beam과 Cable Drum에도 사용되는 용어입니다. Barrel은 Yard-Pound System에서 부피의 단위이자, Jack 장비에서 각각의 '단'의 의미로도 사용됩니다. 선적서류 작성시 국가에 따라서는 CS재질과 SS재질의 수입관세율이 다를 수 있으므로, 그런

(a) H Beam (b) Cable Drum

[그림 33-5]

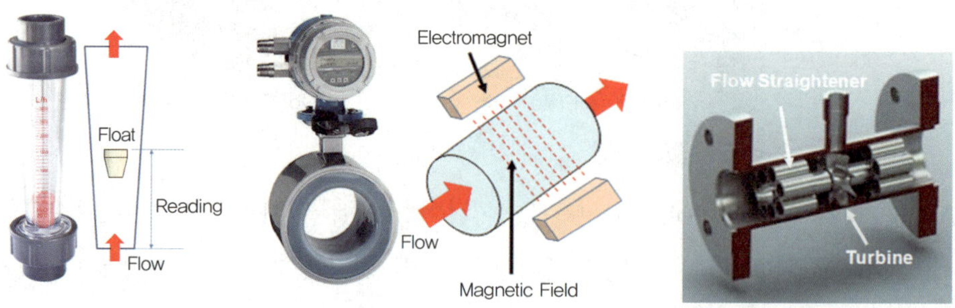

(a) Rotameter (b) Magnetic Flowmeter (c) Turbine Flowmeter

[그림 33-6]

경우에는 Commercial Invoice 상에 재질을 함께 명기하는 것이 바람직합니다.

[그림 33-6~33-9]에 주요 Flowmeter의 개념을 개략적으로 나타냈습니다. Flowmeter와 Flow Transmitter에 대해 수입시 영세율을 적용하는 국가가 있습니다. 이 점 유의하여 통관업무를 진행하시기 바랍니다.

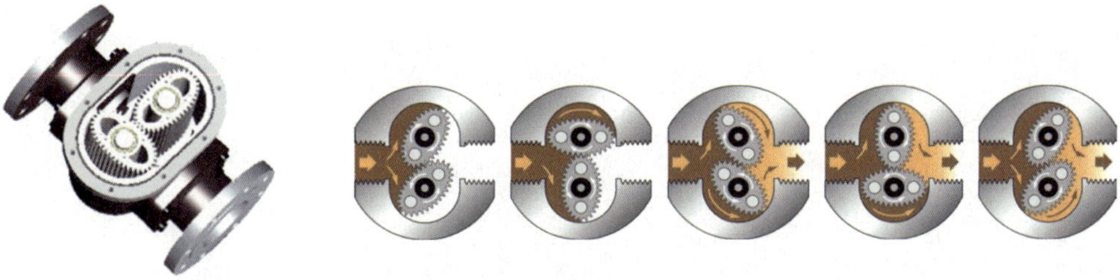

[그림 33-7] Positive Displacement Flowmeter

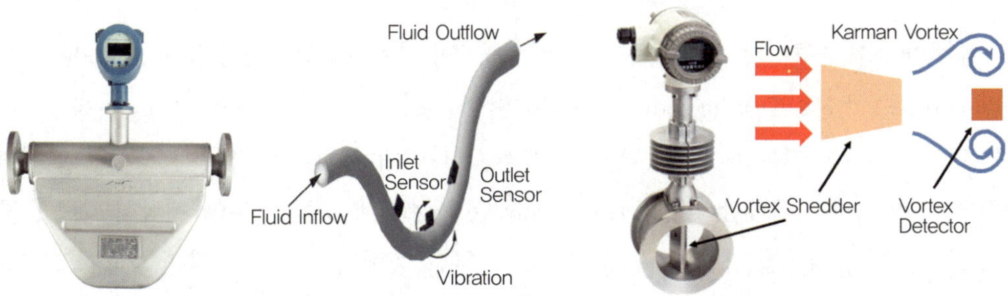

(a) Mass Flowmeter (b) Vortex Flowmeter

[그림 33-8]

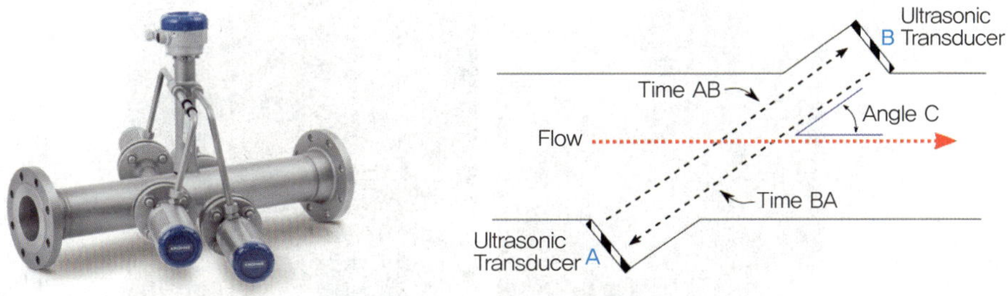

[그림 33-9] Ultrasonic Flowmeter

34. Valve 이야기

Valve는 유체의 흐름을 차단하거나 유량, 압력 등을 조절하는 용도로 사용됩니다. Body를 제작하는 방식에 따라 Forged Valve와 Casting Valve로 구분되며 Forged Valve는 Forged Fitting, Forged Flange와 마찬가지로 열을 가해 두들겨서 형태를 만들고 내부를 절삭하여 제작하기 때문에 가공상의 어려움으로 인해 통상적으로 4인치까지 제작합니다. Casting Valve는 거푸집에 쇳물을 부어 제작하므로, [그림 34-1]의 초대형 Valve와 같이 거푸집 제작 능력과 쇳물을 다루는 능력에 문제가 없다면, 제작 Size에는 거의 한계가 없습니다.

[그림 34-1] 초대형 Gate Valve

조작방법에 따라 Manual Valve와 Control Valve로 나뉩니다. Manual Valve는 Hand Wheel 또는 Lever로 개폐조작을 실시합니다. Control Valve는 Pneumatic(공압식) Actuator, Electric(전기식) Actuator 그리고 Hydraulic(유압식) Actuator에 의해 구동됩니다. 공압식의 구동장치는 다시 Piston Cylinder형 Actuator와 Diaphragm형 Actuator로 구분되고, 전기식은 Motor에 의해 구동되는 MOV(Motor Operated

Valve)가 이에 해당됩니다. 유압식은 건설, 플랜트에서는 사용 빈도가 낮은 방식입니다.

Valve는 주로 Flange에 의해 배관라인에 연결되고, 소형은 나사식으로도 연결합니다. 용도에 따라 압력조절용, 유량조절용, 온도조절용, 수위조절용, 공기인입 및 배출용, Steam Trap(Steam은 배출되지 않고 응축수만 배출) 등으로 구분합니다. Trim이라는 용어가 자주 사용되는데, Seat, Disc, Stem과 같이 Valve 내부를 흐르는 유체와 접촉되는 내부품을 의미하고 이들을 Trim Materials라고 부릅니다.

(1) Manual Valve

Valve의 구조에 따라 다음과 같이 분류합니다.

1) Stem의 회전운동으로 개폐하는 방식

① Ball Valve

Valve 내에 구멍 뚫린 Ball이 들어 있습니다. 신속한 개폐가 가능하고 압력손실이 적으며, 기밀성이 높습니다. 각 가정에서 LNG나 LPG 가스관을 차단하는 Valve가 대부분 Ball Valve 입니다. 고온에 사용하기 어렵고, 상대적으로 Ball과 Seat의 마모 속도가 빠르며. 내부품의 보수가 어렵다는 단점이 있습니다.

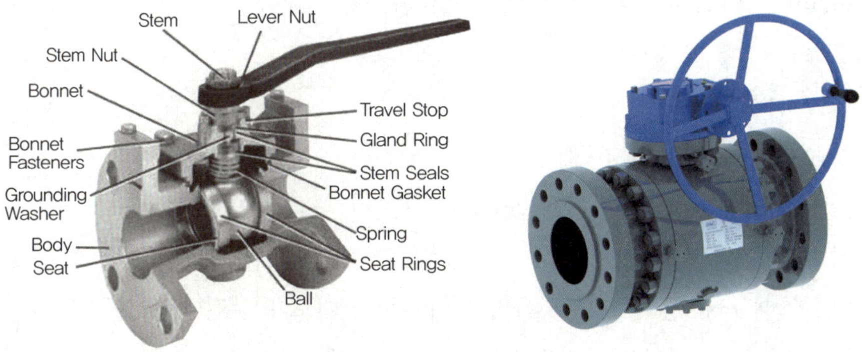

[그림 34-2] Ball Valve

잠시 LNG와 LPG 관련 이야기를 해보겠습니다. 석유화학공장에서 생산되는 제품은 탄소, 수소, 질소, 산소가 주요 구성원소가 되며, 학창시절에 배운 원소주기율표상의 1~20번까지의 원소들에서 크게 벗어나지 않습니다. 이들을 나열하면 다음과 같습니다.

〈표 34-1〉 원소 주기율표

1족	2족	13족	14족	15족	16족	17족	18족
1 H Hydrogen 1.008	원자번호 기호 원소명 원자량						2 He Helium 4.003
3 Li Lithium 6.940	4 Be Berylium 9.012	5 B Boron 10.810	6 C Carbon 12.011	7 N Nitrogen 14.007	8 O Oxygen 15.999	9 F Fluorine 18.998	10 Ne Neon 20.180
11 Na Sodium 22.990	12 Mg Magnesium 24.305	13 Al Aluminum 26.982	14 Si Silicon 28.085	15 P Phosphorus 30.974	16 S Sulfur 32.060	17 Cl Chlorine 35.450	18 Ar Argon 39.948
19 K Potassium 39.098	20 Ca Calcium 40.078	금속원소					

주기율표상의 원소들은 원자번호 6번 C(탄소)를 기준으로 원자량의 크기순 및 각각의 보유 전자수에 따라 분류됩니다. 여기서 원자번호는 그 원소가 보유하고 있는 전자의 수를 의미합니다. 주기율표를 살펴보면 각각의 원자량(질량)이 수치적으로 원자번호의 대략 2배수임을 알 수 있습니다.

도시가스(LNG, Liquified Natural Gas)또는 액화석유가스(LPG, Liquified Petroleum Gas)를 사용하는 가정에서 가스 경보기를 각각 어느 위치에 설치해야 하는지 살펴보겠습니다. LNG의 주성분은 Methane(CH_4), LPG의 주성분은 Propane(C_3H_8)과 Butane(C_4H_{10})입니다. 이들과 공기의 분자량을 비교하면 다음과 같습니다. (LPG는 부탄보다 가벼운 프로판으로 비교함.)

- CH_4 : $12+1\times4=16$
- C_3H_8 : $12\times3+1\times8=44$
- O_2+N_2 : $(16\times2)\times20\%+(14\times2)\times80\%=28.8$

분자량을 살펴볼 때 LNG는 공기보다 가볍고 LPG는 공기보다 무겁다는 것을 알 수 있습니다. 결론적으로 LNG를 사용하는 가정에서는 가스레인지보다 위쪽에, LPG를 사용하는 가정에서는 가스레인지보다 아래쪽에 가스 경보기를 설치해야 합니다. 가스경보기가 설치되어 있다면 위치를 확인해보시기 바랍니다.

Methane, Propane, Butane은 접미사가 'ane'라는 공통점이 있습니다. 이는 탄소와 탄소간에 단일결합 화합물인 Alkane임을 의미합니다. 이중결합이 있으면 Alkene, 삼중결합이 있으면 Alkyne이라고 부릅니다. 이중결합 화합물은 'ane' 대신 'ene'를, 삼중결합 화합물은 'yne'를 붙입니다. Methane은 탄소가 하나인 화합물이기 때문에 탄소간 이중결합이 존재할 수 없고, Ethane에 탄소간 이중결합이 형성되면 Ethene, 삼중결합이 형성되면 Ethyne으로 각각 접미사가 변형되어 명명하게 됩니다. 이를 IUPAC명이라고 합니다. 이전 글에서도 Aromatics Project 설명시 IUPAC명을 언급한 바 있습니다. 다시 한번 상기하면 Ethene은 Ethylene의 오타가 아니라 IUPAC명으로 표현한 것입니다. Ethylene과 Acetylene이 관용명에 해당됩니다.

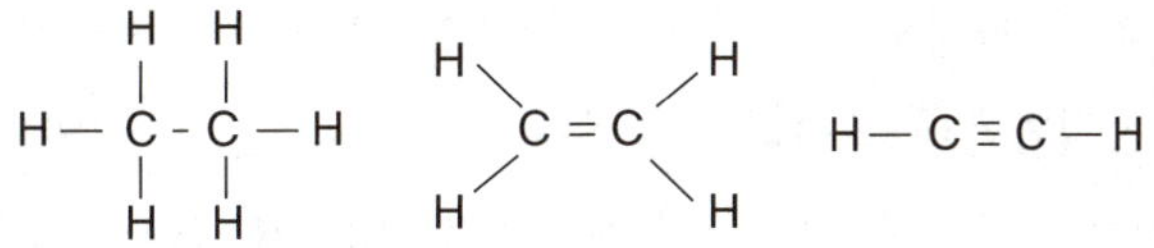

Ethane
Ethane
에탄

Ethylene
Ethene
에틸렌

Acetylene
Ethyne
아세틸렌

〈표 34-2〉에 탄소수에 따른 Alkane의 명칭과 분자식을 나타냈습니다.

〈표 34-2〉 Alkane 화합물의 명명법과 분자식

Name	No. of Carbon	Molecular Formula	Structural Formula	No.of Isomer
Methane	1	CH_4	CH_4	1
Ethane	2	C_2H_6	CH_3CH_3	1
Propane	3	C_3H_8	$CH_3CH_2CH_3$	1
Butane	4	C_4H_{10}	$CH_3CH_2CH_2CH_3$	2
Pentane	5	C_5H_{12}	$CH_3(CH_2)_3CH_3$	3
Hexane	6	C_6H_{14}	$CH_3(CH_2)_4CH_3$	5
Heptane	7	C_7H_{16}	$CH_3(CH_2)_5CH_3$	9
Octane	8	C_8H_{18}	$CH_3(CH_2)_6CH_3$	18
Nonane	9	C_9H_{20}	$CH_3(CH_2)_7CH_3$	35
Decane	10	$C_{10}H_{22}$	$CH_3(CH_2)_8CH_3$	75

우리에게 친숙한 부탄가스는 Butane 즉, 접미사가 'ane'이므로 탄소 4개와 수소 10개로 구성된 단일결합 화합물입니다. 탄소원자는 항상 결합선 4개, 수소원자는 결합선 1개만을 갖습니다. 따라서 부탄은 다음과 같은 두 가지의 형태의 이성질체(Isomer)가 존재합니다.

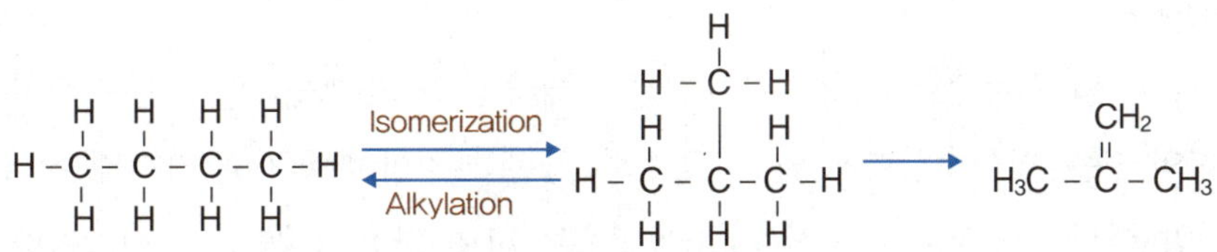

n–butane

iso–butane

iso–butene

〈표 34-2〉에 Alkane 화합물들의 이성질체 수를 나타냈습니다. Normal Butane은 연료용으로 많이 사용되고 i-butane은 i-butene 전환 후, Methanol과 합성하여 Knocking을 방지하고 옥탄가 개선을 위해 자동차 연료에 첨가하는 MTBE(Methyltertiarybutylether)의 원료가 됩니다. 과거에는 납성분이 함유된 제품을 첨가제로 사용함에 따라 환경오염의 원인이 되었으나, MTBE의 등장으로 환경오염문제가 완화된 측면이 있습니다. 무연(無鉛) 휘발유라고 써붙인 주유소가 있습니다. 이는 연기가 나지 않는다는 뜻이 아니라 납성분이 포함되지 않았다는 것을 의미합니다. 하지만 MTBE 역시 지하수에 유입되어 수질오염의 사례가 보고되고 있어서 전혀 무해한 것은 아닙니다.

Butadiene Project를 접할 기회가 있습니다. 접두사가 'but'로 시작하므로 탄소가 4개인 화합물이며, 'ene'는 이중결합이 있음을 의미합니다 그런데 'di'가 붙어서 이중결합이 2개인 화합물을 의미합니다. 부타디엔 또한 2개의 이성질체가 존재합니다. 1,2-butadiene은 1번 탄소와 2번 탄소에 이중결합이 있고, 1,3-butadiene은 1번 탄소와 3번 탄소에 이중결합이 있음을 의미합니다. 우리가 흔히 부타디엔이라고 말하는 화합물은 1,3-부타디엔을 지칭합니다.

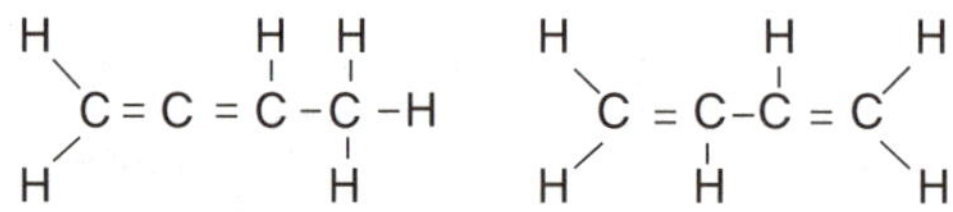

1,2-butadiene　　1,3-butadiene

1,3-부타디엔은 SBR(Styrene butadiene Rubber), NBR(Acrylonitrile butadiene Rubber), ABS(Acrylonitrile butadiene styrene) 등 범용적인 합성고무의 원료가 되며 나일론의 원료로도 사용될 수 있어 수요가 높은 화합물이라고 할 수 있습니다. 다음의 Butterfly Valve의 O-ring에 소개된 NBR은 Acrylonitrile butadiene Rubber 재질을 의미하고, EPDM은 Ethylene propylene diene Monomer로 Rubber의 일종입니다. Ductile Iron은 구상흑연주철, 그리고 PTFE(Polytetrafluoroethylene)의 대표적인 상표명이 Teflon입니다. Teflon에 대해서는 PART 2에서 구체적으로 살펴볼 것입니다.

이와 같이 화합물에 대해 언급하는 이유는 Project를 수행하는 동안 우리 업무가 각종 화합물들과 불가분의 관계에 있기 때문입니다. 물류인으로서 보다 더 높은 고지로 나아가기 위해서는 각종 화합물들의 이름과도 친숙해져야 합니다.

② Butterfly Valve

나비가 펄럭이듯이 날개 형태로 Disc가 움직인다고 해서 Butterfly Valve입니다. 신속한 개폐가 가능하고 압력손실은 거의 없습니다. 형상에서 알 수 있듯이 차단해야 할 부위가 넓기 때문에 밀폐력에 문제가 발생할 수 있고, 압력차가 큰 경우에는 진동, 소음이 발생하여 사용이 곤란합니다. 현재는 Sealing 기술의 발전으로 상대적으로 덩치가 큰 Gate Valve를 점진적으로 대체해 나가고 있습니다. 농업용, 공업용물이 흐르는 배관이나 오폐수 처리시설에 많이 사용됩니다.

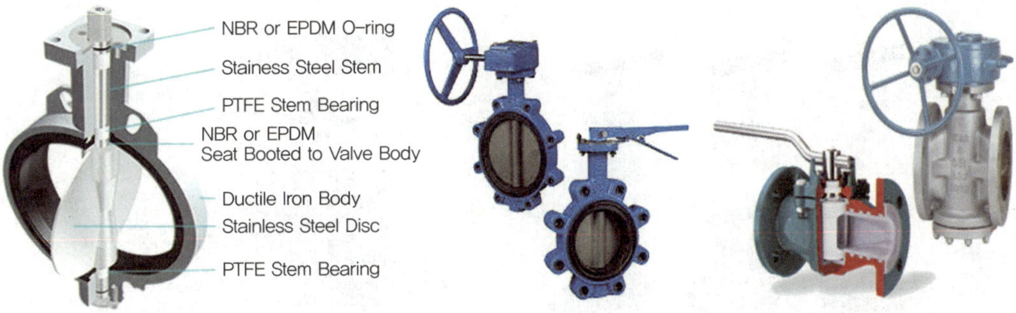

(a) Butterfly Valve (b) Plug Valve

[그림 34-3]

③ Plug Valve

원기둥 형태의 디스크가 회전하면서 개폐하는 Valve입니다. 장단점은 Ball Valve와 같습니다.

2) Stem의 상하 운동으로 개폐하는 방식

① Globe Valve

실제로는 온전한 구(球)의 모양이 아니지만, Disc가 구를 닮았다고 해서 붙여진 이름입니다.(Glove 아님.) 범용적으로 가장 많이 사용되는 Valve입니다. 유량조절이 쉽고 밀폐력이 우수합니다. 고온, 고압에서도 적용할 수 있습니다. 수도꼭지로 많이 사용되는 것이 Globe Valve입니다. Valve 내부에서는 관 Size가 작아지기 때문에 압력손실이 발생합니다. 즉, Valve 앞단에서 유체를 이송하기 위한 Pump가 보다 많은 에너지를 소모하게 됩니다.

(a) Globe Valve (b) Angle Valve

[그림 34-4]

Globe Valve의 변형된 형태로 Angle Valve와 Needle Valve가 있습니다. [그림 34-4] (b)와 같이 Angle Valve는 유체의 흐름이 직각으로 꺾이는 형태입니다. 이 역시 수도꼭지에 많이 사용됩니다. Needle Valve는 Disc가 바늘처럼 가늘다 하여 붙여진 이름입니다. 보통 Tube에 연결해 사용하는 소형의 Valve로서 소량의 정밀한 조작이 필요할 때 적용합니다.

[그림 34-5] Needle Valve

② Gate Valve

문짝이 상하로 이동하면서 개폐가 이뤄진다 하여 Gate Valve 또는 Sluice(수문) Valve라고 부릅니다. 압력손실이 적고 고온에서도 사용할 수 있습니다. 중간쯤 열면 진동이 발생해 유량 조절용으로는 적합하지 않습니다. 주로 On–Off용(완전개폐용)으로 사용합니다. Open 상태에서는 Valve내에 장애물이 없기 때문에 배관 내부 청소시 Valve를 제거하지 않고도 Pipe Cleaning Pig를 사용할 수 있습니다. Stem의 이동거리가 긴 만큼 Valve의 개폐시간이 상대적으로 길다는 단점이 있습니다.

(a) Gate Valve

(b) Gate Valve Lifting 도중 추락사고

[그림 34–6]

[그림 34–6] (a)의 Gate Valve 형상에서 보시는 바와 같이 Gate Valve는 Body 아래 쪽에 무게 중심이 위치합니다. Box에 포장했을 때, COG가 극단적으로 치우치게 됩니다. 이런 화물을 Lifting 할 때는 특별한 주의가 요망됩니다. 그렇지 않으면 추락사고로 이어질 가능성이 있습니다. [그림 34–6] (b)는 중량 1,238kg, 2.73m×1.10m×1.11m(LWH)의 Gate Valve Box를 선박으로부터 하역하는 과정에서 추락하여 포장이 망가지고 Valve에도 Damage가 발생한 사례입니다.

(a) 바람직한 Lifting 사례

(b) Lifting Point 조정 필요

[그림 34-7]

따라서 COG 위치로부터 정확히 등거리에서 Sling Wire가 Box 하단의 Skid에 걸칠 수 있도록 포장 규정에 반영해야 합니다. Gate Valve는 5톤이 넘는 중량의 제품이 존재하기 때문에 이 경우에는 편심 정도가 더욱 심화됩니다. [그림 34-7] (b)는 바람직하지 않은 사례의 예시입니다. Skid의 바깥쪽에 Lifting Point를 표시해야 합니다.

Lifting 과정 뿐만 아니라, 대형의 Gate Valve에 대해서는 선박 내부 다단 적재시에도 주의가 필요합니다. 일정한 방향으로만 적재하면 집중하중으로 다단적이 무너질 수 있습니다. 실제로 Break Bulk 선적 후 항해중에 Gate Valve Box 적재단이 무너지는 사고가 있었습니다. 따라서 Gate Valve Box는 번갈아 가면서 방향을 달리하여 쌓고 원천적으로 포장을 좀 더 강화할 필요가 있습니다. 포장 Scope이 검사 소관이라면 검사부서와 협의하시기 바랍니다.

Gate Valve 중에서 칼날처럼 얇은 문짝을 가지는 Valve를 Knife Gate Valve라고 합니다. 주로 꿀이나 Grease, Bunker유 같은 점성이 높은 유체의 흐름 차단용으로 사용됩니다.

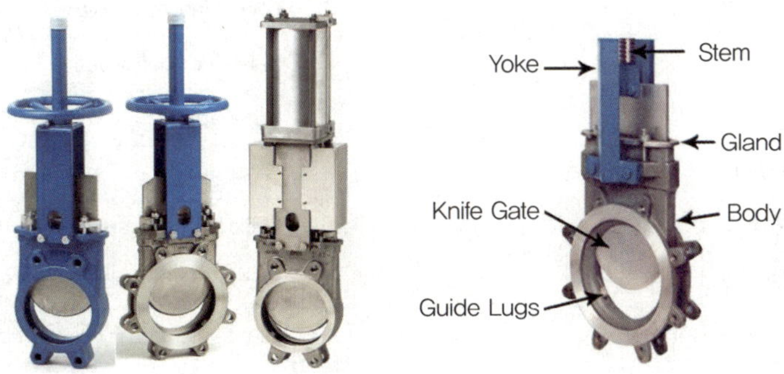

[그림 34-8] Knife Gate Valve

③ Diaphragm Valve

Diaphragm Valve는 특수 합성고무판을 Stem과 결합하여 유로 면적을 변화시키는 Valve로서 유체 저항이 작고, 유체와의 접촉은 합성 고무판면에서만 이루어지기 때문에 주로 부식성 액체가 흐르는 곳에 사용합니다. 밀폐력도 우수하나 고압 및 고온의 유체에는 적합하지 않습니다. 또한 Diaphragm을 주기적으로 교체해야 하는 단점이 있습니다.

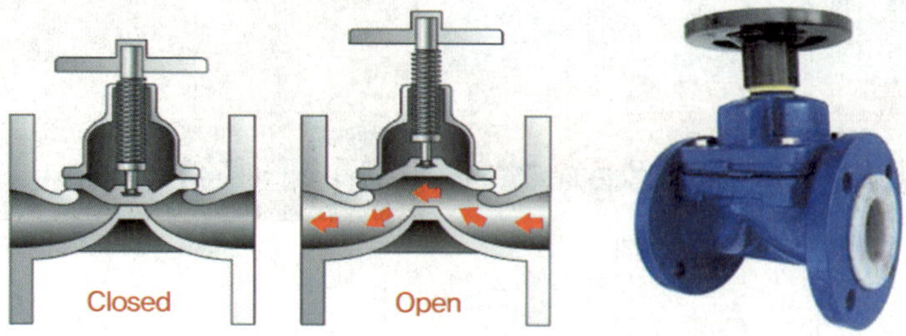

[그림 34-9] Diaphragm Valve

지금까지 언급한 Valve들은 독자적인 HS Code가 없고 용도에 따라서 HS Code가 부여됩니다. 반면에 Check Valve, Safety or Relief Valve, MOV, Float Valve, Pneumatic Control Valve에 대해서는 별도의 HS Code가 부여되어 있습니다.

〈표 34-3〉 Valve류의 HS Code 구분

HS Code	국　문	영　문
8481 10	감압밸브	Pressure-reducing valves
8481 20	유압이나 공기압 전송용 밸브	Valves for oleohydraulic or pneumatic transmissions
8481 20	유압 전송용 밸브	Valves for oleohydraulic transmissions
8481 20	공기압 전송용 밸브	Valves for pneumatic transmissions
8481 30	체크(넌리턴)밸브	Check (nonreturn) valves
8482 40	안전밸브	Safety or relief valves
8483 80	그 밖의 기기	Other appliances
8484 80	그 밖의 밸브	Other valves
8485 80	전기 작동식의 것	Electrically operated
8486 80	액압 작동식의 것	Hydraulic pressure operated
8487 80	그 밖의 자동제어식의 것	Other automatically controlled
8488 80	기타	Other
8489 80	탭·코크와 트랩	Taps, cocks and traps
8490 80	기타	Other
8491 90	부분품	Parts

3) 기타 Valve

① Check Valve (Non-return Valve)

역류 방지용 Valve입니다. 플랜트에서는 가운데 Pin을 중심으로 Plate가 독립적으로 작동하는 Dual

Plate Type Check Valve의 사용빈도가 높은 편입니다.

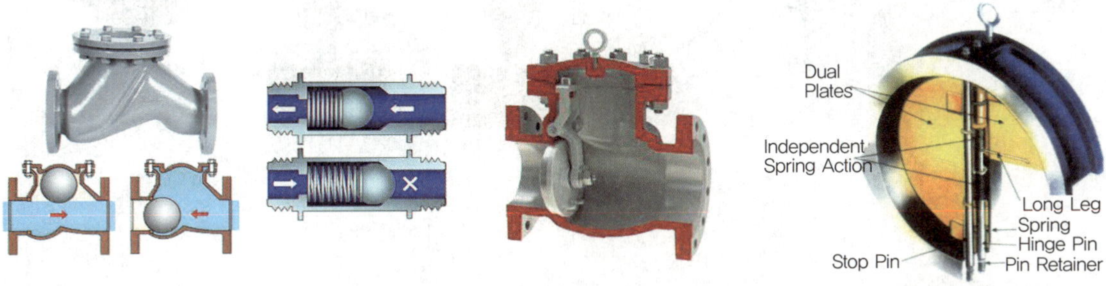

(a) Ball Check Valve (b) Swing Check Valve (c) Dual Plate Type Check Valve

[그림 34-10]

② Safety, Relief Valve(안전밸브)

PSV(Pressure Safety Valve)는 Gas, Steam과 같이 기체에 사용되는 안전밸브를 의미하고, PRV(Pressure Relief Valve)는 Oil이나 유독성의 액체에 적용되는 안전밸브를 말합니다. Tank, Reactor 등에 장착하여 기준 압력 이상이 되면 자동으로 Valve가 열리면서 설비를 보호하도록 유체가 배출되는 구조를 가집니다. 보다 안전한 배출을 위해 유입부 보다 배출부의 Size가 더 크게 제작됩니다. 경우에 따라서는 Rupture Disc와 함께 설치하기도 합니다. Rupture Disc는 기준 압력 이상이 되면 자동으로 파열되도록 한 장치입니다.

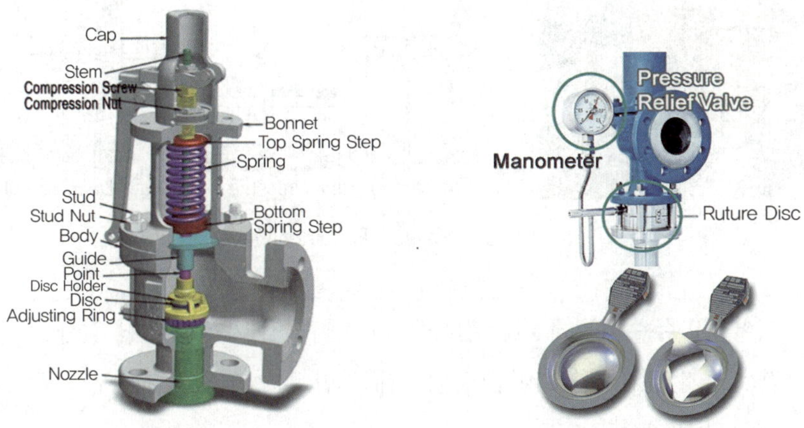

(a) Safety Valve (b) Rupture Disc

[그림 34-11]

③ Float Valve

Float Valve는 적정의 Level(액위)를 유지하기 위해 수조 등에 설치합니다.

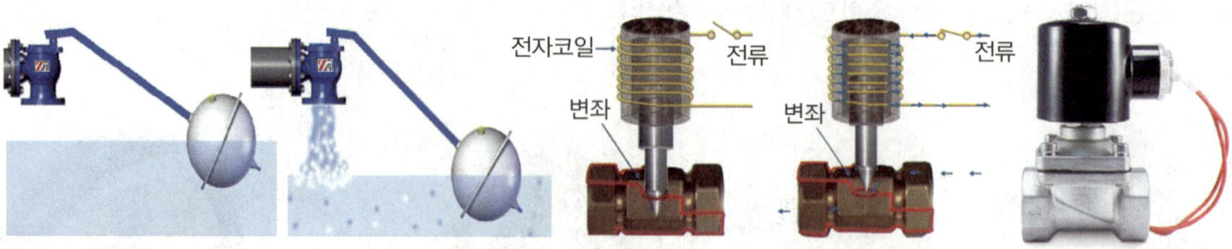

(a) Float Valve (b) Solenoid Valve

[그림 34-12]

④ Solenoid Valve

Solenoid는 Coil을 의미합니다. 도체에 Coil을 감고 전류를 흐르게 하면 전자석이 됩니다. 전자석의 힘으로 Stem을 들어올렸다가 전류를 차단하면 다시 Close 위치로 Stem이 복귀하는 방식입니다. 이 때문에 전자밸브라고도 부릅니다. Pneumatic Control Valve의 공기조절용 밸브로 많이 사용됩니다.

⑤ Breather Valve

Tank 상부에 설치하여 공기의 유입과 배출을 담당하는 Valve입니다. Tank 내부압력 상승시 상부의 Valve가 열리면서 공기가 배출됩니다. 반면에 내부압력이 하강하면 하부 Valve가 열리면서 외부로부터 공기가 유입됩니다. 만약 이 Valve 없이 액체가 Tank내로 유입되면 Tank는 팽창압력을 받게 되고, 액체가 배출될 때는 최악의 경우 찌그러지는 일이 발생할 수 있습니다.

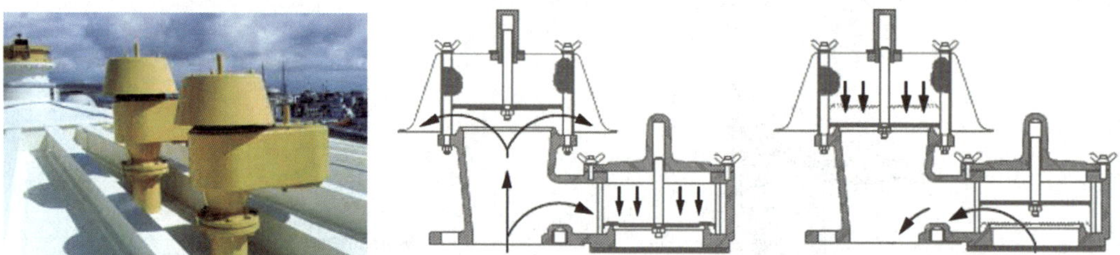

Increase of Tank Pressure Decrease of Tank Pressure

[그림 34-13] Breather Valve

Tank를 잘 지어놓고 누수여부에 대한 검사를 하려고 물을 채웠습니다. 검사를 성공적으로 마친 후에 배수를 진행하면서 공기 유입구를 열어둬야 하는데 그만 실수가 있었습니다. 그러자 Tank가 찌그러지는 사고가 발생한 사례가 있습니다.

Tank내의 액체가 인화성, 폭발성 물질이라면 외부로부터 화염이 인입되지 않도록 Flame Arrestor와 Breather Valve를 함께 설치합니다. Flame Arrester는 Mesh를 여러 겹으로 구성하여 화기의 통과를 차단하는 구조로 제작됩니다.

(a) Breather Valve와 Flame Arrester 결합　　(b) Flame Arrester

[그림 34-15]

(2) Control Valve

작업자의 손길이 닿기 힘든 곳이나 정밀한 제어가 필요한 경우, 공압식 Control Valve가 사용되며, 대형 Valve의 조작을 위해서는 MOV(Motor Operated Valve)가 사용됩니다. Actuator의 유지보수 동안에는 Valve 개폐기능이 중단되기 때문에 Hand Wheel을 장착하여 수동으로도 개폐가 가능하도록 Dual Type을 적용하기도 합니다.

1) Pneumatic Control Valve

① Diaphragm Actuator Valve

[그림 34-16] (a)와 같이 공기가 주입되면 판막이 휘면서 Stem이 움직이는 형태입니다. 판막의 휨 정도에는 한계가 있기 때문에 상대적으로 소형급 Valve에 적용합니다. 공압식은 Air Tank, Limit Switch, Air Filter Regulator, Solenoid Valve, I/P Positioner(전기적 신호를 공압식으로 변환) 등과 함께 설치됩니다.

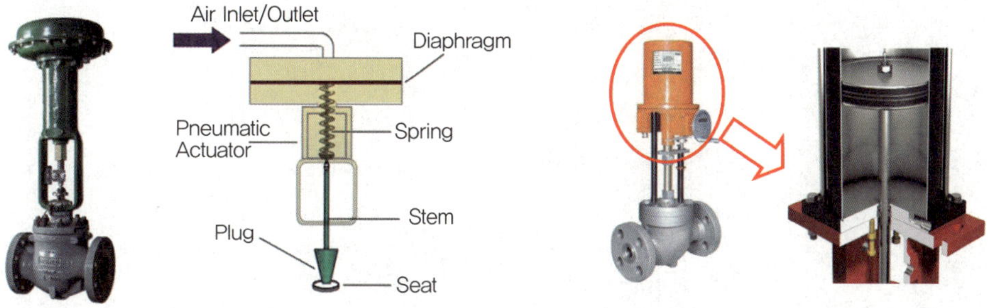

(a) Diaphragm Type　　(b) Piston Cylinder Type

[그림 34-16]

② Piston Cylinder Actuator Valve

[그림 34-16] (b)와 같이 공기가 주입되면 Cylinder 내의 Piston이 이동하면서 Stem이 움직이는 형태

입니다. Piston의 이동범위가 보다 넓기 때문에 상대적으로 Size가 큰 Valve에도 적용할 수 있습니다.

2) MOV(Motor Operated Valve)

대형 Valve는 공압식 Actuator로는 개폐에 한계가 있습니다. 때문에 Motor의 힘을 빌어서 개폐하는 Valve가 MOV입니다. 수동으로도 개폐가 가능하도록 Hand Wheel이 함께 장착됩니다. Manual Valve는 배관설계팀(공간설계팀)에서, Control Valve는 제어설계팀에서 설계합니다. 구매 역시 배관자재구매팀, 제어기자재구매팀에서 각각 구매업무를 수행합니다.

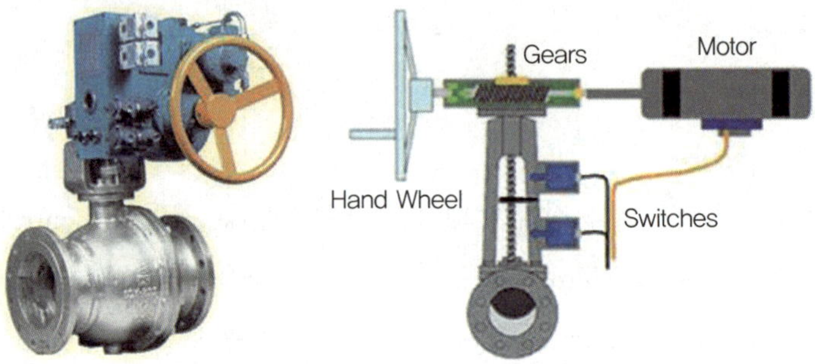

[그림 34-17] Motor Operated Valve

이상으로 물류인이 알아둬야 할 수준에서 Valve에 대해 살펴보았습니다.

35. 배관자재 ESDR과 물류의 대응

운송중의 Damage 발생을 최소화하기 위해 노력하는 것은 물류 담당자로서 마땅히 경주해야 할 매우 중요한 책무중의 하나입니다. 사건이 발생하면 물류 담당자가 곤란한 처지에 놓이게 되는 것은 당연한 일이고, 사안에 따라서는 부서장을 비롯한 여러 사람을 피곤하게 만듭니다. 자초지종을 조사하고, 귀책사유를 따져서 비용귀속 문제를 협의하고, 재발방지 대책을 수립하고, 이를 종합하여 보고서 작성과 공지의 절차를 밟는 동안, M/H(Manhour) 손실은 물론, 부서원들의 사기에도 영향을 미치게 됩니다. 이것이 또한 중요한 일에 쏟을 시간을 앗아감으로써, 악순환의 단초가 되기도 합니다. 더욱 안타까운 것은 Damage가 발생하면 해당 화물의 Damage 그 사안 자체로서 마무리되는 것이 아니라, 필연적으로 여러 후속 Damage를 동반하게 된다는 사실입니다. 다음의 사례를 통해서 이것이 얼마나 심각한 문제인지를 살펴보겠습니다.

(a) Jacketed Pipe (b) Electrical Heat Tracing

[그림 35-1]

Double Walled Pipe는 유독성 물질, 오폐수 및 분뇨와 같은 혐오성 물질 등의 유체가 Pipe 손상으로 누출되는 사태를 방지하기 위해 이중관으로 구성한 것입니다. 즉, 외관이 손상되더라도 내관에만 손상이 없다면, 내부 유체가 누출되는 사고를 방지할 수 있습니다. Double Walled Pipe의 일종인 Jacketed Pipe는 내관과 외관 사이에 보온용 유체를 주입하여 내관 내에 흐르는 유체의 보온상태를 유지해줍니다. 이러한 이중관 시스템을 Pipe-in-Pipe System이라고 부릅니다. [그림 35-1] (b)의 Electrical Heat Tracing 또한 Pipe 내부 유체의 보온상태를 유지해주는 방법 중의 하나입니다. Pipe에 전기 열선을 감아서 설치합니다. Electrical Heat Tracing 자재는 전기자재입니다.

Jacketed Pipe 중에는 외부 충격으로 인해 쉽게 Damage를 입을 정도로 외관이 약한 재질로 제작되는 제품이 있습니다. 운송중에 Damage가 발생하지 않도록 사진과 같이 Wooden Frame을 컨테이너에 짜맞춰 가면서 정교한 적입작업이 필요합니다. 이것이 SOC(Shipper's Own Container)로 운송하는 이유이기도 합니다. 마찬가지로 적출시에도 세심한 주의가 요망됩니다. 현지 Port에 도착하여 Devanning 실시 후 세관검사가 이뤄지는 국가에서는 이 같은 화물에 대해 Devanning 없이 검사가 진행될 수 있도록 사전에 협조를 구해야 합니다. 통상의 화물처럼 Devanning을 실시하게 되면 Damage를 입을 가능성이 매우 높습니다. 이러한 사유로 공문을 발송하여 세관 검사시 Devanning 절차 생략을 요청했고, 세관에서도 Devanning 없이 검사를 진행하는 것으로 승인해주었습니다. 그런데 Stevedoring Company의 작업자들에게 이 사실이 통보되지 않았거나, 또는 통보되었음에도 불구하고 습관적으로 해오던 업무행태에 기인하여 Devanning을 실시하는 바람에 적출과 재적입 과정에서 Damage가 발생했습니다.

첫 선적 후, Damage가 발생한 Pipe에 대해 2차 선적을 진행했습니다. 그러나 안타깝게도 다시 한번 같은 상황이 재현되었습니다. 세번째로 도착한 화물에 대해서는 현지 협력사 직원이 Port에 상주하면서 Devanning 자체를 차단했습니다. 이렇게 3차에 걸쳐 선적이 진행될 때까지의 과정을 반추해 보겠습니다.

Devanning을 해서는 안 되는 자재임을 인식하고 세관에 협조를 구했습니다. 이유는 차치하더라도 Damage가 발생했습니다. 현장에서는 ESDR을 배포합니다. 다른 한편으로는 Repair Procedure 또는 Catch-up Plan을 작성하여 사업주에게 보고합니다. 공사에 긴급한 자재라면 일정에 차질이 발생합니다.

이어서 재발주가 필요합니다. 설계 담당자는 Requisition을 작성하고 내부 승인절차를 밟습니다. Requisition은 사업주 승인이 필요할 수 있습니다. 검사부서는 IAP(Inspection Assignment Package)를 수정하여 승인을 받거나 Waiver 처분을 받습니다. 어쨌든 검사도 일거리가 생깁니다. 구매팀에 MR(Material Requisition)이 송부되고 재발주를 추진합니다. 공정관리자는 후속 제작관리에 착수합니다. 제작이 완료될 즈음, 검사신청서를 접수합니다. 3rd Party Inspector를 파견하여 검사를 실시하고 Inspection Report를 작성합니다. 이미 제작해본 경험이 있기 때문에 검사는 Waiver 처리될 수 있으나, 검사를 Waiver 하더라도 IRC 서류작업은 진행해야 합니다.

공정관리자가 물류에 Shipping Request를 송부하고 재선적이 이뤄집니다. 이 과정에서 각 부문의 M/H 손실은 물론, 자재비, 검사비, 물류비가 추가로 발생합니다. 그리고 결정적으로 Project 공기에 영향을 미칩니다. 3차에 걸쳐 선적을 진행함으로써, 이러한 과정이 다시 한번 되풀이 됩니다. 그리고 앞서 언급한 원인과 대책, 비용귀속 문제를 놓고 논쟁이 불가피합니다. 이렇게 나열하고 보니, Damage가 그 자체의 문제로 끝나는 사안이 아니라, 각 유관부문에도 악영향을 끼친다는 사실이 명약관화합니다. 시간적 손실 또한 만만치 않습니다. Damage 방지노력이 얼마나 중요한 물류업무 중의 하나인지를 깊이 인식할 필요가 있습니다.

사전에 세관의 협조를 구해야 한다고 언급했으나, 승인을 얻는다 해도 이를 맹신할 수는 없기 때문에, 절차는 밟되, 만약의 사태에 대비하여 Port 내 해당 컨테이너를 직접 사수하는 것이 상책입니다. 물류의 동인중 '조직'부분에서 언급한 바와 같이, 세관이 전수검사를 실시하는 지역에서는 물류의 관리포인트가 많아진다는 것이 바로 이와 같은 사례에 해당됩니다.

물론 재발방지 노력도 중요하지만, 각 기자재별 운송상의 관리 포인트를 이해하고, 협력사들과 긴밀한 협조체제를 유지하면서 선행관리를 통해 이 같은 사고를 예방할 수 있도록 해야 합니다. 사실, Damage 발생 사례는 관리소홀, 무관심, 나태함 등의 인재(人災)에서 비롯된 것들이 적지 않습니다.

현장에서는 ESDR(Excess, Shortage, Damage Report)을 작성하여 각 유관부문에 송부합니다. OSDR(Overage~)이라는 용어를 사용하기도 하며, 문자 그대로 초과물량, 부족물량 그리고 화물에 Damage가 발견된 경우에 작성하는 Report입니다. 그러나, 원인제공 부서가 물류가 아닌데도 덤터기를 쓰는 경우가 있습니다.

(a) End Cap 부재

(b) End Cover 이탈

(c) 온전한 상태의 End Cover

[그림 35-2]

[그림 35-2] (a)는 선적 바로 직전, Pipe의 Storage 상태를 보여줍니다. 보시는 바와 같이 End Cap이 씌워지지 않은 Pipe가 다수 존재합니다. 물론 이 사실을 인지했다면, 응분의 조치를 취해야 마땅하나, 선박이 도착한 상태에서는 미처 조치를 취하지 못할 수도 있습니다. 이유야 어찌 되었든, 선적 전부터 End Cap이 부족했던 건 확실합니다. 그런데, 물류 담당자가 이 사실을 모르고 있는 상태에서 ESDR을 접수하게 된다면, 일단은 "죄송합니다."라는 말부터 꺼낼 수밖에 없습니다.

[그림 35-2] (b)에서는 End Cover가 떨어져나갔습니다. 왼쪽의 Pipe는 아랫부분에 찢긴 흔적이 있습니다. 이 사진은 ESDR에 첨부되어 온 것입니다. 본 건은 세관검사 과정에서 발생한 일입니다. 물류부서에 잘못이 있다면, 세관검사 후에 원상회복 조치없이 운송했다는 점입니다. 물류 담당자는 원인을 파악하고 대처해야 하는데 단순히 End Cover가 없다는 이유로 원인 제공자가 아닌 운송사를 책망할 수 있습니다.

문제는 앞으로도 이 같은 일이 재현될 거라는 사실입니다. 밀수품을 감시하는 목적이기 때문에 세관을 탓할 일도 아닙니다. 그러므로 근본적인 대책이 필요합니다. 튼튼하면서도 내부가 훤히 들여다보이는 투명한 재질의 Cover를 씌우는 것이 유일한 해결책입니다. 상차상태 Pipe의 검정색 End Cover는 [그림 35-2] (c)의 사례에 비해 보다 바깥쪽으로 설치되어 있습니다. 이 경우 자칫 선적과 하역 과정에서도 End Cover가 손상될 우려가 있습니다. End Cover는 좀 더 안쪽으로 설치하는 것이 바람직합니다.

(a) Cross Bar 안쪽 End Cover 설치 (b) 투명재질의 End Cover

[그림 35-3]

더욱이 Cross Bar 안쪽으로 End Cover를 설치해야 외부의 장애요인으로부터 보호받을 가능성이 높아집니다. [그림 35-3] (b)의 사례에서는 투명한 재질의 End Cover를 사용하였습니다. 따라서 수입지 국가의 세관검사 방식에 따라 포장방식도 다르게 대응할 필요가 있습니다.

세관이 Box 화물을 절개한 경우, 환경에 민감한 제품에 대해서는 운송출발 전에 이를 원상회복 시키는 별도의 조치가 필요합니다. 일명 빠루로 통용되고 있는 표준어 '배척 또는 노루발못뽑이'(Pincers) 등으로 마구 찍어댄 듯한 [그림 35-4] (a)의 박스 3개 모두에 구멍이 뚫려 있습니다. 실제로 배척을 들고 다니면서 Box 화물의 덮개를 뜯고 내부 제품을 들여다보는 모습을 목격한 바 있습니다. [그림 35-4] (b)는 세관 검사시에 진공포장이 손상되었으나 보강조치 없이 운송함으로써 문제가 된 사례입니다. 이후 Vendor 측에서는 제품의 성능을 보장할 수 없다는 입장을 표명하였습니다. 결국 이 같은 일을 방치한 물류부서에 비난의 화살이 쏟아질 게 자명합니다.

(a) 세관 검사시 Box 포장 손상 (b) 진공포장 손상 (c) 진공포장 작업

[그림 35-4]

중동지역에서 모래바람이 부는 시기에는 보행자는 물론 차량의 통행을 불가능하게 만들 정도입니다. 또한 비포장도로에서는 먼지가 날리기 마련입니다. 그러므로 환경에 민감한 제품, 그 중에서도 특히 진공포장을 실시한 제품은 진공포장을 손상시키지 않는 검사가 이루어질 수 있도록 사전에 세관의 협조를 구해야 합니다. 그리고 가능하다면, 우리 쪽 사람을 입회시켜 진공포장의 해체를 방지하는 실질적인 노력이 필요합니다.

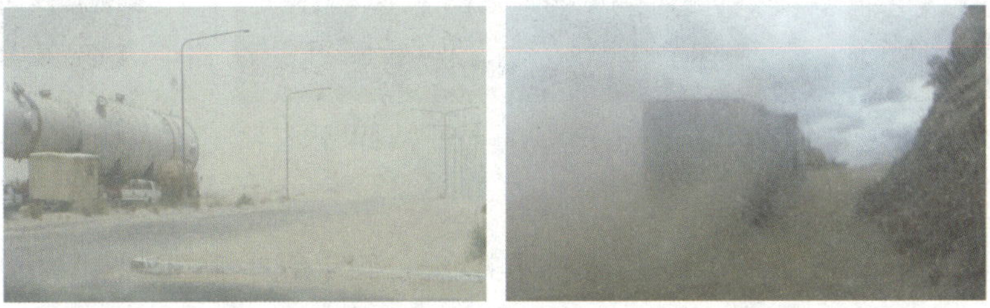

(a) 모래바람으로 인한 운송 중단 (b) 비포장 도로 운송

[그림 35-5]

이전 사례를 통해 살펴보았듯이 공문은 공문일 뿐, 지켜지지 않을 경우, 회사 차원에서 기기 손상과 공기지연에 대한 손실이 발생할 수 있다는 사실을 명심해야 합니다. 현지 물류 담당자가 진공포장 제품이 포함되어 있는지 매번 물을 수는 없는 노릇이므로, 진공포장 화물이 포함된 경우에는 현지에서도 사전에 인지가 가능하도록 절차상의 업무개선이 필요합니다.

[그림 35-6] Elbow 운송 건도 End Cover에 문제가 발생한 사례입니다. 마찬가지로 후속조치 없이 현장으로 운송되었습니다. 사진들은 포장형상에 차이가 있습니다. 중앙과 오른쪽 사진은 Elbow 입구가 하늘을 향하고 있습니다. 내부에 이물질이 쌓이게 되고, 혹 강우라도 만나게 된다면 빗물이 고일 수밖에 없는 포장 형태입니다. 그러면 2차 Damage 즉, 녹이 발생할 수 있습니다. 또 하나의 문제점은 선박 Hold 내 적재시 Stacking이 불가하여 Top Tier에 적재하지 않는 한 운송비 상승요인이 됩니다.

[그림 35-6] Elbow End Cover 손상

따라서 입구도 틀어막고 랩을 씌워 전체를 보호하고, 눕힌 상태로 포장하는 방식이 바람직합니다. 다만 세관 검사에서 찢겨지는 일이 벌어진다면, 이 또한 지속적으로 문제가 될 수 있기 때문에 포장손상이

불가피한 방식의 세관검사가 진행되는 국가의 수입품에 대해서는 투명재질 사용을 권장합니다.

[그림 35-7] Elbow를 눕힌 형태의 랩 포장

[그림 35-8]의 사례들도 ESDR에 실려온 것입니다. Pipe 끝이 뭔가에 깨물린 듯한 모습과 깨진 Cap, 표면이 녹슨 Pipe, 끝이 찌그러진 Pipe, End Cap 부재, 그리고 혼자서만 하늘을 날고 싶어 하는 Pipe, 이것이 과연 물류의 잘못으로 빚어진 일들일까요?

[그림 35-8] Pipe Damage 사례

결론부터 얘기하면 운송중에 벌어진 일이 아닙니다. Break Bulk 선박에 선적하고 하역지에서 통관 및 운송 완료시점까지의 대기시간과 잦은 포크리프트 Handling 과정을 감안할 때 표면에 약간의 녹이 발생하는 것은 어느 정도 설득이 가능한 부분입니다. 그러나 그 외의 사례들을 물류부서의 귀책사유로 몰아가는 것은 문제가 있습니다. 그나마 다행인 것은 위 두 번째 사진에서 투명 테이프로 End Cover의 이탈을 방지하기 위한 노력이 감지된다는 점입니다.

이 상황을 담은 Report가 배포되자 물류의 업무수행과 관리능력이 도마 위에 올랐고, 이 사건을 계기로 사업팀에서는 Packing List를 설계팀에서 미리 검토하라, Packing List 양식을 변경하라, 각 운송 단계마다 물류 관리자를 배치하라는 등의 주문이 이어졌습니다. 조달 책임자는 사라진 End Cap의 수거와 강도 높은 대책 수립을 요구했습니다. 현지와도 몇 번에 걸쳐 컨퍼런스콜을 진행하였습니다. 이로 인해 물류의 위상은 한없이 추락하는 듯 했습니다. 그런데 반전이 일어납니다.

이들 사진과 앞서 보여지는 사진들과의 차이점은 현장 도착시 상차상태의 사진이 없다는 점입니다. 그러므로 Damage가 발생한 다른 원인이 있을 수 있습니다. End Cap에 대해서는 원천적으로 선적지에서부터 조치되지 않았음을 언급한 바 있습니다. 비상하려는 듯한 Pipe의 자태는 운송 과정에서는 절대로 벌어질 수 없는 일입니다. 왜냐하면 설령 선적과 하역 과정에서 그 같은 Damage가 발생했다 하더라도, 100km가 넘는 거리를 이동하는 동안 진동에 의해 옆으로 눕혀질 수밖에 없기 때문입니다.

자세히 살펴보면 End Cap들이 모래를 머금고 있다는 사실을 확인할 수 있습니다. 이 또한 물류에서 문제를 일으킨 것이라면 운송 도중 진동에 의해 모래가 모두 떨려져 나갔을 것입니다. 그런데도, 여전히 모래를 머금고 있다는 건 현장 하역과정에 사고의 원인이 있음을 의미합니다.

이 같은 해명 자료를 배포하자 Packing List 변경에 대한 요구도, 각 단계별 물류 관리자 배치 요구도, End Cap에 대한 수거 조치 요구도 모두 없던 일이 되었습니다. 물류부서를 구박하던 사람들은 한결같이 조용해졌고, 사건은 그렇게 유야무야 마무리 되었습니다. 그리고 이후로는 현장에서 배포되는 ESDR이 현저히 감소하였습니다.

위 사례를 종합해 볼 때, 물류 담당자가 억울한 누명을 쓰는 일이 벌어져서는 안 됩니다. 진정 물류부서의 관리미숙으로 발생한 사안에 대해서만 책임을 지고, 선행관리를 통해 재발하지 않도록 조치하면 됩니다. 그러므로 물류 및 조달 책임자(PRM, Procurement Manager or PPM, Project Procurement Manager－PPM이라는 용어가 Proposal Project Manager와 겹치는 관계로 몇몇 기업에서는 PPM 대신 PRM이라는 호칭을 사용함.)는 ESDR과 관련하여 다음과 같은 사항에 대해서 FMC(Field Material Controller, 현장 자재 담당)와 사전에 협의할 필요가 있습니다.

- 현장 도착 후 상차 상태의 사진 첨부
- Box 화물의 경우, 포장 개봉 전후 사진 첨부
- ESDR은 사안 발생 즉시 공지

추가적으로 현장의 적기 하역장비 준비 및 최적의 장비 운용, 그리고 검수시 오류를 방지하기 위해 물류 담당자는 다음의 조치를 취하는 것이 바람직합니다.

[Break Bulk 선적]

대량의 Bare Pipe를 선적한 경우, 동일 사양이라도 별도의 Shipping List를 작성하여 한 줄에 하나의 Package No. 만을 명기하고 양식에 Trailer Plate No.(번호판)와 Delivery Date란을 추가함.

→ 통관절차가 마무리 된 후, Port에서 Pipe를 상차할 때 Supervisor가 보다 용이하게 관리할 수 있고, 남아 있는 수량을 정확히 인지할 수 있음. P/L상에 200본의 동일 사양의 Pipe가 한 줄로만 표시된다면, 별도의 List를 작성하여 Loading 관리를 해야 하나, Port Supervisor가 생각이 미치지 못하고 감에 의존하여 일하는 경우가 있음.

→ 현장에서도 수량 Counting에 고충이 따름. 검수(수량파악)는 일반적으로 글로벌인력들의 몫

인데, 그 말만 믿고 수량이 부족하다는 통지를 해오는 경우가 있음. 원천적으로 물류에서 양식을 제공함으로써, 관리를 수월하게 할 수 있도록 해줄 필요가 있음. 실제로 P/L과는 별도로 Shipping List를 위와 같이 제공하기 전에는 현장으로부터 수량 과부족에 대한 문의가 빈번히 발생했으나, 이후로는 거의 발생하지 않음.

[컨테이너 선적]

Shipping List에 Tare Weight를 포함한 컨테이너 전체 중량을 컨테이별로 명기해야 함.

→ 대물량이 입고될 시, 빠른 하역작업을 위해 현장에서는 크레인으로 컨테이너 채 하역할 수 있음. 이때 컨테이너 중량을 감안한 최적의 크레인을 동원하면 됨. 20톤 크레인이면 될 것을 50톤 크레인을 동원하여 고가의 크레인 임대료를 지불해야 할 이유가 없다는 것임. 또한 20톤 크레인으로 하역하다가 중량 초과로 다른 상위 크레인을 동원하려면 하역시간이 지체됨. 반드시 Tare Weight를 포함한 컨테이너별 중량 정보를 현장에 제공해야 함.

[Pre-Shipping Notice]

선적이 완료되면 최대한 신속히 PSN(Pre-Shipping Notice)을 배포해야 함.

→ 혹자는 모든 선적서류가 구비될 때까지 기다렸다가 화물의 현지 도착일에 임박하여 S/N(Shipping Notice)을 배포하는 경향이 있음. 이렇게 되면 현장에서는 갑작스럽게 장비와 인력, 야적 공간을 마련해야 하므로, 당황해 하는 경우가 발생함. 그러므로, P/L만 준비되었다 하더라도 PSN을 최대한 서둘러 배포하여 현장에서 하역에 필요한 제반 준비를 할 수 있는 시간을 벌어줘야 함. 그런 후에 서류가 모두 갖춰지면 정식 Shipping Notice를 배포하면 됨.

이상으로 ESDR관련 사항을 살펴보았습니다. 반복되는 얘기지만, 물류의 성패는 선행관리에 달려 있다고 해도 과언이 아닙니다. 후속 부서가 어떻게 하면 좀 더 용이하고, 신속하고, 정확하게 업무를 수행할 수 있을지를 고민하고, 그에 맞게 선행관리를 강화해야 합니다. 아울러 기존의 ESDR 사례들에 대해서 정확한 원인을 파악하고, 재발방지 노력을 경주해야 합니다. 부당한 처사에 대해서는 근거로써 대응하고, 사고를 분석할 수 있는 능력을 향상시켜야 하며, 불필요한 오해가 발생하지 않도록 항상 근거자료를 남겨두는 것이 바람직합니다.

36. 철골자재 운송시 점검사항

철골자재는 다양한 형상으로 인해 포장의 견조함 및 운송상의 완결성 확보에 원천적으로 적절하지 않은 부분들이 있습니다. 선적 전 내륙운송에서조차 포장이 망가지는 일이 발생하고, 선적과 하역작업 그리고 다단적에 의해 Damage의 가능성이 높습니다. 해외 Project로 만약 국내 Vendor에 발주된다면 필자는 컨테이너 선적을 적극 권장합니다. 아래의 선적항에서 촬영한 사진들을 살펴보면 Break Bulk 선적의 난맥상과 그 심각성을 이해할 수 있을 것입니다. 물류비를 아끼자고 Break Bulk 선적을 진행했다가 후속 비용이 크게 상승하는 경우가 발생합니다. 어떠한 문제점들이 있는지를 잘 살펴서 향후 철골관련 운송업무에 반영하시기 바랍니다.

(a) Channel 포장 손상 (b) Dunnage, Steel Bar 손상 (c) Plate 포장 손상

[그림 36-1]

[그림 36-1] (a)에서는 트레일러에서 하역하기도 전에 Channel 포장이 이미 망가져 있습니다. 선적항으로 운송하는 과정에서 망실되는 자재가 발생할 수도 있는 모습입니다. [그림 36-1] (b)의 사례에는 각종 Joint 돌출부가 형성되어 있습니다. 이 위에 다른 화물을 쌓지 않더라도 선적과 하역작업 과정에서 Damage가 발생할 우려가 있습니다. 측면의 Bracket들도 마찬가지입니다. 아울러 철골 덩치에 비해 포장자재가 빈약해 보입니다. 때문에 Steel Bar 하나가 이탈되었습니다. 보강작업 없이 그대로 선적이 이뤄진

다면, Damage가 가중될 수 있습니다. 선적시에는 각 돌출부들에 대한 보호조치가 관건입니다.

[그림 36-1] (c) 왼쪽 포장사례에서 초록색 원 내의 단순히 끼워넣은 듯한 Dunnage들이 과연 얼마나 버틸 수 있을지 의문입니다. 붉은색 네모 안의 Dunnage는 거의 쓸모가 없는 폐자재를 활용한 것처럼 보입니다. 가장자리에 치우쳐서 Steel Strap을 조이다 보니, 노란 색 원내의 Plate가 휘어지고 있습니다. 화물의 특성상 모서리 부분이 날카롭기 때문에 운송의 전 과정에서 부상자가 생기지 않도록 각별한 주의가 필요합니다. 그러나 푸른색 네모 안의 Steel Strap은 마감상태가 적절하지 않습니다. 맨 오른쪽 사진은 현장에 닿기 전에 언젠가는 발생할 수 밖에 없는 상태의 모습입니다. Plate 형태의 Steel Strap 대신 이 보다 강도가 약한 Wire를 사용한 관계로 압력을 견디지 못하고 부러졌습니다. 노란색 원 내의 Dunnage들은 Port로 운송하는 과정에서 이미 이탈하였습니다. 붉은색으로 표시한 부분의 Beam이 Plate와 맞닿아 있다는 사실도 그 곳을 받치고 있던 Dunnage가 이탈되었음을 의미합니다. Dunnage는 쪼가리를 활용할 게 아니라, 전체적으로 하중을 지탱할 수 있고, 제품의 휘는 현상도 방지할 수 있도록 긴 각목을 사용하는 것이 바람직합니다.

이와 같은 사례를 종합해볼 때, 무엇보다도 Dunnage가 이탈하지 않을 방안을 강구해야 합니다. Plate 자재들의 포장방식은 Dunnage 하나만 벗어나도 Steel Strap이 헐거워져서 연속적으로 포장이 어그러질 수밖에 없습니다. 필자가 생각하는 개선안은 목재 대신 Rubber Pad를 사용하는 것입니다. 쉽게 탈착되지 않을 만큼 Rubber Pad 고정이 가능하다면 포장 Size가 줄어들게 되어 운송 안전성은 높아지고 물류비는 감소하게 됩니다.

[그림 36-2] Belt 사용으로 포장 보강

또 다른 대안은 Nylon Belt 또는 탄력벨트를 적용하는 것입니다. 벨트만 사용하거나 Steel Strap을 그대로 유지한 채, Dunnage 이탈 방지용으로만 감아줘도 효과가 있습니다. Dunnage가 빠져나가지 않도록 빈 공간을 막아주면 됩니다. 포장비는 조금 상승하겠지만, 화물에 Damage가 발생하여 수리비용이 들거나, 아예 못쓰게 되어 재발주하는 것 보다는 낫습니다. 오른쪽 사진에서는 철골자재를 벨트로 묶은 모습을 확인할 수 있습니다. 다음 사진은 제관류가 본선에 적재된 모습입니다. 이때도 Lashing 용도로 Wire 대신 Belt를 사용하였습니다.

[그림 36-3] 제관류의 선내 Lashing 사례

그러나 근본적인 문제는 부적합한 Shipping Mode 선정에 있습니다. 철골자재에 있어서는 컨테이너 선적이 현명한 대처 방법입니다. 앞에서도 ESDR과 관련하여 언급했듯이 화물에 Damage가 발생하면 비용문제는 차치하더라도 정말 많은 부서에서 번거로운 절차를 밟아야 합니다. 실제로 Plate Package를 Lifting하여 선박의 Hold 위에 도달했을 즈음, 포장이 무너지면서 와르르 쏟아져 내린 사례가 있습니다. 그 아래에 작업자가 없었기에 망정이지 하마터면 인명사고로 이어질 뻔 했습니다.

[그림 36-4] (a) 사례와 같이 불합리한 포장형태도 종종 발견됩니다. 초록색 원 부분의 Steel Bar가 부러져 있습니다. 붉은색 부분은 허공입니다. 긴 철골자재를 짧은 철골자재 위에 쌓아 운송중에 긴 자재가 상하로 흔들리면서 포장용 Steel Bar가 견디지 못하고 부러졌습니다. [그림 36-4] (b)는 이를 정면에 가깝게 촬영한 것입니다. 짧은 Beam 위에 놓인 긴 Beam이 휘어진 모습이 확인됩니다. 특히 도로 사정이 열악한 지역에서는 요철부를 지날 때 트레일러의 진동에 의해 Damage가 가중될 수 있습니다.

(a) Steel Bar 손상 (b) 휘어진 Beam (c) Steel Bar 손상

[그림 36-4]

[그림 36-4] (c)의 왼쪽 사례는 Brace 자재들을 좁은 면적에 과도하게 쌓아 올렸습니다. Steel Bar가 망가졌습니다. 설령 선적항에서는 멀쩡했다 하더라도 하역항에 도착할 때쯤이면 포장이 무너져 있을 가능성이 있습니다. Brace 자재의 포장 덩치에 비해 포장재료가 빈약해 보입니다. 좀 더 강한 포장재료를 사용하거나, Steel Bar를 적용하는 위치를 늘릴 필요가 있습니다. 맨 오른쪽 사례에서도 포장을 강화해야 한다는 것을 알 수 있습니다. 이들 모두 선적 전 재포장이 불가피합니다.

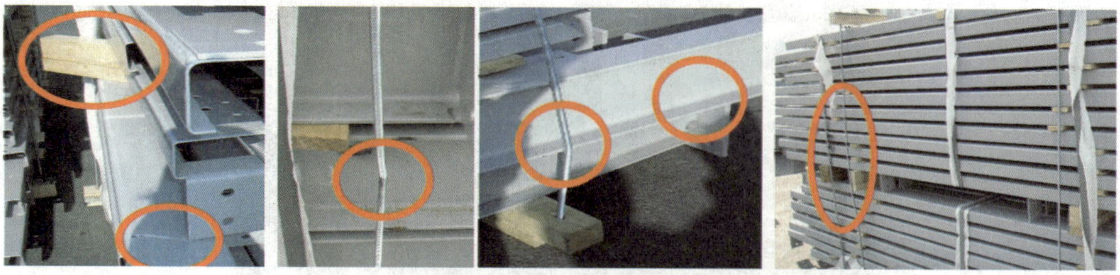

(a) Scratch 발생 (b) 휘어진 Steel Bar (c) Protector 이탈

[그림 36-5]

[그림 36-5] (a)의 사례에서는 트레일러 운송도중 Dunnage가 빠져 나오면서 포장이 망가지고 흠집이 발생했습니다. 흠집이 발생한 부위는 부식의 우려가 있습니다. [그림 36-5] (b)의 충격을 받아 구부러진 Steel Bar의 상태를 고려할 때 재포장이 필요합니다. 맨 오른쪽 사진은 Steel Bar가 헐거워졌습니다. 역시 포장 덩치에 비해 포장재료가 부실해 보입니다. Steel Strap과 자재 사이에 끼운 Protector가 이탈되거나 너덜너덜해졌습니다. Strap과 맞닿은 표면의 페인트칠이 벗겨질 수 있으므로 Cable Tie 등으로 Protector를 고정시켜야 합니다.

[그림 36-6] (a) 사례의 수직으로 세운 Beam을 감싸는 포장재가 이탈되었습니다. 더욱이 이런 자재는 다단 적재가 불가하여 On-deck에 실려야 합니다. [그림 36-6] (b)의 사례에서는 긴 Channel이 상부에 놓여있습니다. 구부러진 모습도 확인됩니다. 이 같은 포장상태로 현장까지 이상없이 운송되기를 바라는 것 자체가 넌센스입니다. 선적시에 다른 화물과의 접촉으로 인해 Damage가 가중될 개연성이 있습니다.

(a) 포장재 이탈 (b) Channel 손상 (c) 접촉에 의한 손상 (d) Beam간 Dunnage 없음

[그림 36-6]

길이가 긴 자재가 하나라도 섞여 있으면 Volume이 왜곡되어 물류비가 상승하게 됩니다. 따라서 길이가 비슷한 자재들을 한 Package로 포장하는 것이 바람직하며, 물류비 절감은 물론 화물 운송의 안전성을 높일 수 있습니다. [그림 36-6] (c)의 Damage 사례는 다른 화물과의 접촉에 의해 발생한 것입니다. 길이가 서로 다른 철골자재가 포장되는 경우, Handling 과정에서 조금만 방심하면 이 같은 Damage를 유발할 수 있습니다. [그림 36-6] (d)의 사례에서는 Beam 사이에 Dunnage를 사용한 것과 그렇지 않은 모습이 포착됩니다. 포장에 있어서 이처럼 철골자재들이 직접적으로 접촉하는 것은 금기사항입니다. 선적항

으로 운송하는 도중에 Dunnage가 이탈된 것입니다.

(a) 길이가 다른 자재 포장　　(b) Shipping Volume 상승 / Dunnage 손상

[그림 36-7]

[그림 36-7] (a)의 사례에는 길이가 긴 철골자재와 짧은 자재들이 뒤섞여 있습니다 선박 Hold 내부 사진에서도 같은 포장형식의 다수의 PKG들이 발견됩니다. 현장의 설치구역 단위로 자재를 구분하여 포장한 것으로 추측됩니다. 그렇다 하더라도 설치위치 식별이 가능한 Tag Plate 등을 단단히 고정시키고 길이가 비슷한 철골자재들을 모아서 포장하면 해상운송비와 내륙운송비를 대폭 절감할 수 있습니다. [그림 36-7] (b)의 사례에서는 자재 사이에 빈 공간이 많아 Volume이 상승했습니다. 오른쪽 붉은색 원 내의 Steel Bar는 원래의 위치에서 이동된 상태입니다. 결정적으로 Steel Bar 아래의 각목이 부러졌습니다. Dunnage가 오래 버틸 수 없는 형상입니다.

[그림 36-8]은 선박 Hold 내부 모습입니다. (a)에서 붉은색 원 부위에 철골 Package가 보입니다. 다단적을 실시하고 있습니다. Damage 방지를 위한 조치가 필요합니다. 철골자재 선적에서는 다른 Box 화물보다 다량의 목재가 소요됩니다. 또한 다양한 형상과 Bracket 등의 돌출부들로 인해 선적작업에 많은 시간이 소요됩니다. Stowage Plan을 수립하기가 어렵고 개개의 화물 상태를 보아가며 적재하는 경우가 많습니다. 시간이 돈인 선사 입장에서는 결코 달가운 화물이 아닙니다. 같은 Volume의 Box 화물보다는 운임을 더 받아야 할 것입니다.

(a) 다단 적재　　(b) 과도한 목재 소요　　(c) P/L 다단 적재　　(d) 포장 손상

[그림 36-8]

Platform, Ladder, Hand Rail 등은 Damage에 더욱 취약합니다. 작은 충격에도 휘어질 수 있습니다. 보다 정교한 적재작업이 필요하며 그 위에 화물을 쌓는다는 건 있어서는 안 될 일입니다. 모든 철골자재가

Break Bulk 선적과는 인연을 끊어야 하지만, 그 중에서도 특히 가공된 Steel Plate(돌출자재가 부착된)와 P/L(Platform & Ladder를 표현하는 약어임.), Grating 등은 반드시 컨테이너 선적을 진행해야 합니다. [그림 36-8] (c)의 사례에서는 하단에 적재된 붉은색 원내의 Cage 자재가 현장에 도착할 때까지 Damage가 발생하지 않는다는 보장이 없습니다. [그림 36-8] (d)에서는 On-deck 화물의 포장이 망가진 모습이 보입니다.

(a) Hold 내부 다단 적재 (b) 자재 손상 및 녹 발생 (c) Tarpaulin 포장

[그림 36-9]

[그림 36-9] (a)는 철골이 바닥짐으로 실렸고 그 위에 Box 화물을 적재하였습니다. 일단 갑판에 Box 화물을 내려놓은 후에 포크리프트로 다시 쌓은 것입니다. 두번째 사진에서는 철골 위로 공간이 많이 남아있으므로, 철골 또는 다른 화물을 적재할 것입니다. 원천적으로 Damage가 발생할 수밖에 없는 적재형태라고 할 수 있습니다. 이미 Scratch가 발생한 자재들은 Tarpaulin을 씌워도 발청(發錆, 녹스는 것)이 진행될 수 있습니다. 코팅이 벗겨진 부위를 찾아 선적항에서 방청제(防錆劑])를 바르는 것이 바람직합니다.

[그림 36-10]은 다른 항차 관련 현장 도착 후 발견된 Damage 사례들입니다. 심하게 구부러진 Bracket

[그림 36-10] 현장 도착 후, 철골자재 Damage 사례

들은 도려내고 새로운 부재로 용접해야 할 것입니다. 국내에서 부재 공수에 시간이 소요된다면, 부재 가공과 용접작업 수행업체를 별도로 섭외해야 할 것으로 보입니다. 페인트도 다시 칠해야 합니다.

결론적으로 Damage 발생이 불가피하고, 그로 인해 현장에서는 수리와 공기지연의 심각한 문제가 발생하며, 물류부서 또한 그 책임으로부터 자유로울 수 없는 Break Bulk 선적은 지양해야 합니다. 부득이하게 Break Bulk 선적을 진행해야 한다면, 다음의 사항을 철저히 관리해야 합니다.

① 포장 관리 감독을 강화할 것(포장 목재 상태도 확인)
② 최대한 길이가 유사한 자재끼리 포장할 것
③ 길거나, 육중한 자재는 포장의 아래쪽에 배치할 것
④ 사진상의 사례 대비 2배수의 포장재를 적용할 것. 벨트를 활용할 것
⑤ Strap으로부터 이탈되지 않도록 Cable Tie 등을 사용하여 Protector를 고정시킬 것
⑥ Stowage Plan을 조정하여 가능한 한 Top Tier에 선적할 것
⑦ 선적지 내륙운송 및 양하지 하역 후 포장을 보강할 것
⑧ 내륙운송시에는 Belt Lashing 진행
→ Chain 사용시는 Rubber Protection을 하고 Cable Tie 등으로 Rubber 고정

철골자재는 컨테이너 선적이 최선입니다. 다음은 해외 Project의 철골자재 컨테이너 선적 사례입니다. 언급한 수치들은 설계 기준에 따라 유동적이므로 지속적인 데이터 축적이 필요합니다. 데이터가 쌓이게 되면 보다 현실에 가깝게 예상 물류비를 산출할 수 있을 것입니다.

[Main Member]

- 비료 Project 평균 : 1 Mton → 4.03CBM(Special Case 제외)
- 복합화력발전 평균 : 1 Mton → 3.70CBM
- 40′ DC/HC 평균 적입량 : 40.1CBM

[기타 철골자재]

- Grating/Plate 평균 : 1 Mton → 1.41CBM
- Bolt/Nut 평균 : 1 Mton → 0.91CBM

철골자재는 빈 컨테이너를 Vendor Shop으로 이송하여 Vendor Shop에서 적입작업을 수행하는 것이 바람직합니다. 선적항 이동중에도 포장이 망가져서 재포장해야 하는 일이 발생하기 때문에 Vendor가 보다 정교하게 적입할 수 있도록 해야 합니다. 배관자재와 마찬가지로 철골자재 또한 Damage가 발생하지

않을 수준의 포장과 컨테이너 적입량을 최대한 끌어올리는 것이 관건입니다.

Steel Coil은 Extension Rod를 이용하여 적입할 수 있고, 좀 더 육중한 Coil은 Skidding 방식으로 적입할 수 있습니다. [그림 36-11] (b)의 사례와 같이 Wooden Skid 위에 철골자재를 포장하고 포장 전체를 밀어넣어 적입할 수 있습니다. 적출시에는 잡아당겨도 망가지지 않을 만큼 Wooden Skid가 튼튼하게 제작되어야 하고, 컨테이너 내부에서 컨테이너와의 고박작업이 불가능하기 때문에 견고한 포장이 필요합니다.

(a) Steel Coil 적입 (b) Wooden Skid, 일괄적입 (c) Steel Skid, 일괄적입

[그림 36-11]

[그림 36-11] (c)의 사례와 같이 Steel Skid를 제작하여 포장 전체를 밀어넣어 적입할 수 있습니다. 이 방식은 적입량을 최대로 끌어올릴 수 있다는 장점이 있으나, Steel Skid 제작 및 Skid 재활용을 위한 Return에 소요되는 비용을 고려해야 합니다. 또는 Skid를 되돌려 보내지 않고 매 항차 새로이 제작시 발생하는 비용과 비교하여 유리한 쪽을 선택할 수 있을 것입니다. 컨테이너 내부에서 고박작업이 불가하여 이 또한 포장을 강화해야 합니다. Vendor Shop 보다는 적출장비가 여의치 않은 만큼 현장에서는 자칫 화물과 컨테이너에 Damage가 발생할 우려가 있으므로, 세심한 적출작업이 요망됩니다.

[그림 36-12]는 적입율을 높일 수 있고 작업성도 우수한 OS(Open Side) 컨테이너 모습입니다. 장비의 희소성으로 인해 상대적으로 해상운임이 고가여서 현업에서는 활용도가 낮은 컨테이너입니다. 중고 컨테이너를 매입하여 SOC(Shipper's Own Container)로 선적하고, 현지 매각시 컨테이너에 부과되는 수입관세 포함, 가격에 큰 차이가 없다면 시도해볼 만한 방법입니다.

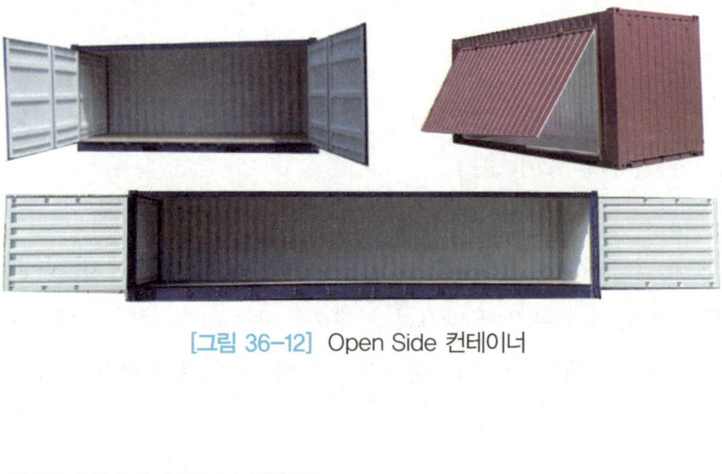

[그림 36-12] Open Side 컨테이너

이상과 같이 철골자재 운송시의 점검사항에 대해 살펴보았습니다. 각종 Damage 발생의 우려가 있는 Break Bulk 선적은 지양해야 합니다. 컨테이너 선적을 위해서는 현장의 적출 용이성을 고려하고, 컨테이너 적입량을 최대로 끌어올릴 수 있는 방법을 모색하시기 바랍니다.

37. Cable Drum 운송시 유의사항

[그림 37-1] Cable 내부 구성

Cable은 Cable Drum(or Reel)에 포장하여 운송합니다. 내부의 알루미늄 또는 구리의 금속도체가 차지하는 비중에 따라 Cable 자체의 VF(CBM/Mton)가 달라지지만 Cable Drum을 통해 운송하기 때문에 실제적으로 Cable 자체의 VF는 선적 Volume과 그다지 상관관계가 없습니다.

Wooden Cable Drum의 각부 명칭은 다음과 같습니다.

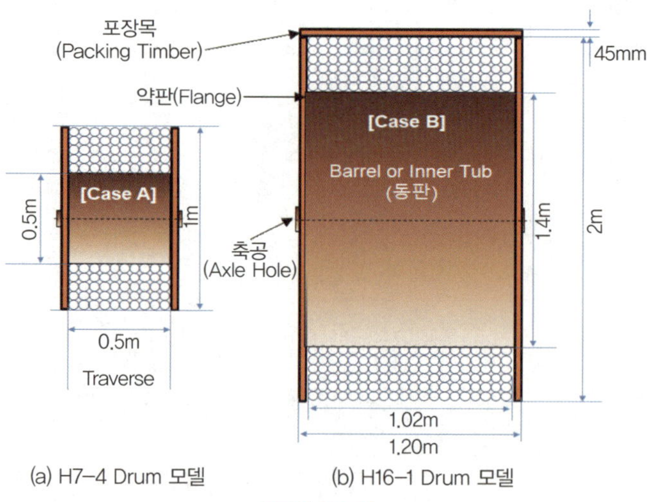

[그림 37-2]

Cable 선적에 있어서 Shipping Volume을 결정하는 요인을 살펴보겠습니다.

〈표 37-1〉 H7-4 Cable Drum, Cable 길이

Flange(D) 1m, Barrel(D) 0.5m, Traverse 0.5m, Cable(D) 50mm				
Layer	Dia(m)	π	Strand	L(m)
1	0.55	3.14	10	17.27
2	0.65	3.14	10	20.41
3	0.75	3.14	10	23.55
4	0.85	3.14	10	26.69
5	0.95	3.14	10	29.83
Total(A)	0.687CBM(Drum)			117.75

*편의상 각 전선이 아래 전선 수선 위에 감긴다고 가정

〈표 37-2〉 H16-1 Cable Drum, Cable 길이

Flange(D) 2m, Barrel(D) 1.4m, Traverse 1.02m, Cable(D) 50mm				
Layer	Dia(m)	π	Strand	L(m)
1	1.45	3.14	20	91.06
2	1.55	3.14	20	97.34
3	1.65	3.14	20	103.62
4	1.75	3.14	20	109.90
5	1.85	3.14	20	116.18
6	1.95	3.14	20	122.46
Total(B)	5.242CBM(Drum)			640.56

*Volume B/A = 7.63배, Cable(L) B/A = 5.44배

위 표는 Cable Drum 자체 Volume과 Cable의 길이를 나타냈습니다. 물론 Cable이 Cable과 Cable 사이에 감기기 때문에 표에 표시한 길이보다는 좀 더 많을 양을 감을 수 있습니다. 위 표는 상이한 Cable Drum 규격을 적용할 때, Drum의 Volume 배수와 Cable 길이 배수의 상관관계를 파악하기 위한 것입니다. [표 37-3]은 한전 목드럼 규격에서 일부를 발췌한 것입니다. 이중에서 H7-4 모델과 H16-1 모델을 위 그림과 두 표에 표현했습니다.

한전 목드럼 규격에서 알 수 있는 사실은 Flange의 Size가 커질수록 Barrel의 지름 비율이 상대적으로 더 크게 증가한다는 점입니다. 이와 같은 사유로 위 표에서 길이 배수는 5.44배에 해당하지만, Shipping Volume 배수는 7.63배가 됩니다. 결국 선적을 위한 Cable Volume은 Drum 내부를 가득 채워 Cable을 감는다고 가정했을 때, Cable Drum의 규격에 영향을 받게 됩니다. 즉, Flange 대비 Barrel의 지름이 작을수록 보다 많은 Cable을 감을 수 있어서 Cable 길이 대비 Shipping Volume이 감소하게 됩니다.

입찰업무 수행시, Voltage 세기(High, Medium, Low) 범주별로 Cable이 킬로미터당 몇 톤이 나가는지를 정하고, 여기에 Factor를 곱하여 Cable Drum으로 전환했을 때의 Shipping Volume을 산출하기도 합니다. 그러나 Cable Drum의 규격이 정해지지 않는 한, Shipping Volume을 산출하는 것은 사실상 무의미합니다. Drum 규격이 다르다면 실행 Project의 실적도 Proposal 예산수립에 적용할 수 없습니다. 반면에 Drum 규격이 확정적이고, Drum에 감기는 길이를 알 수 있는 경우에는 전체 Cable 길이에 대해서 Shipping Volume을 어렵지 않게 산출할 수 있습니다.

문제는 Project마다 필요로 하는 최소 단위 Cable 길이가 다르기 때문에 적용하는 Drum 규격도 일치하지 않는다는 점입니다. Cable에 대해서는 유관부문으로부터 대략적으로라도 Drum 규격에 대한 정보를 접수하여 이를 입찰업무 예산수립에 반영하는 것이 최선으로 여겨집니다.

〈표 37-3〉 한전 목드럼 규격

Drum Model	Volume (CBM)	Flange(D) (mm)	Height (mm)	Barrel(D) (mm)	Traverse (mm)	Barrel, Flange 비율	Width (mm)	포장목두께 (mm)
H7-1	0.576	910	980	500	500	0.55	600	35
H7-2	0.612	940	1,010			0.53		
H7-3	0.649	970	1,040			0.52		
H7-4	0.687	1,000	1,070			0.50		
H7-5	0.753	1,050	1,120			0.48		
H8-1	0.612	940	1,010	600	500	0.64	600	35
H8-2	0.649	970	1,040			0.62		
H8-3	0.687	1,000	1,070			0.60		
H8-4	0.753	1,050	1,120			0.57		
H8-5	0.821	1,100	1,170			0.55		
H8-6	0.893	1,150	1,220			0.52		
H14-1	3.364	1,700	1,790	1,200	870	0.71	1,050	45
H14-2	3.555	1,750	1,840			0.69		
H14-3	3.751	1,800	1,890			0.67		
H14-4	3.952	1,850	1,940			0.65		
H14-5	4.158	1,900	1,990			0.63		
H14-6	4.370	1,950	2,040			0.62		
H14-7	4.587	2,000	2,090			0.60		
H15-1	4.158	1,900	1,990	1,400	870	0.74	1,050	45
H15-2	4.370	1,950	2,040			0.72		
H15-3	4.587	2,000	2,090			0.70		
H15-4	5.036	2,100	2,190			0.67		
H16-1	5.242	2,000	2,090	1,400	1,020	0.70	1,200	45
H16-2	5.755	2,100	2,190			0.67		
H16-3	6.293	2,200	2,290			0.64		
H16-4	6.855	2,300	2,390			0.61		

Incorrect Drum Storage — This type of storage is not recommended

Correct Drum Storage — The drum should be stood upright, using wedges in the heels of the flanges

[그림 37-3]

Cable Drum은 컨테이너 선적이 원칙입니다. 항상 입식 상태를 유지해야 하나, 이 상태로는 다단적에 적합하지 않기 때문입니다. 부득이하게 Break Bulk 선박에 선적 해야 한다면, Stowage Plan을 면밀히 검토하고, Drum 위에 육중한 화물을 쌓지 않도록 감독할 필요가 있습니다.

(a) Break Bulk 선적 (b) Drum 포장목

[그림 37-4]

Tween Deck 선박의 Tanktop이라 해도 왼쪽 사진의 선박 Hold 내 상황은 적재된 화물 위로 남아있는 공간이 적지 않아 보입니다. Cable Drum 위에 다른 화물을 추가로 적재하지 않으면 Dead Space가 발생할 것입니다. 가운데 사진은 하단의 Cable Drum 아래에 하중을 분산시키는 조치없이 목드럼 곡면이 집중하중을 받는 적재형태입니다. Flange 둘레를 포장목으로 보호하고 있으나, 다른 화물을 그 위에 쌓을 수 있을 만큼 견고하지가 못합니다. 결론적으로 Cable Drum에 대해서는 다단적이 불가피한 Break Bulk 선적은 차선책이 되어야 합니다.

컨테이너 선적시 Cable Drum이 움직이지 않도록 Base Frame Skid, Stopper, Lashing Belt 등으로 고박을 실시합니다. [그림 37-5] (c)의 컨테이너 적입사례는 Cable Drum의 높이가 1m 이하의 소형 Size인 관계로 3단 적재를 실시하였습니다. 다만 포크리프트를 이용하여 적출할 수 있는 적입 상태가 아닙니다. 포크가 진입할 공간이 없습니다. 적입량을 늘리는 것도 권장할 만한 일이지만, 아울러 현장의 적출 작업성을 고려해야 합니다.

(a) Base Frame Skid (b) Belt Lashing, Stopper (c) 적출 난이도 증가

[그림 37-5]

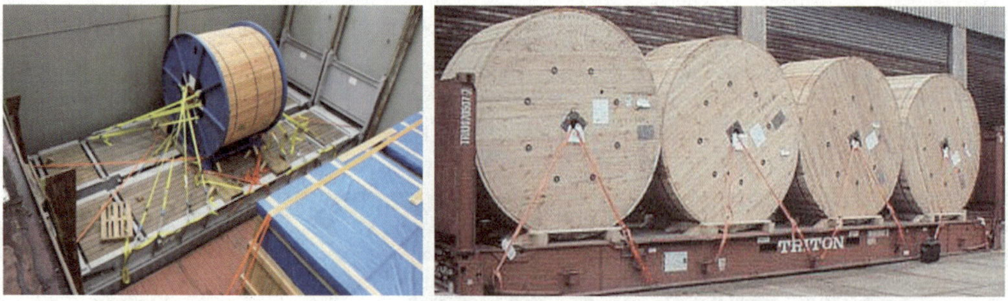

(a) 컨테이너 선박 Break Bulk 작업 (b) FR 적재

[그림 37-6]

일반 컨테이너에 적입할 수 없는 Size의 Cable Drum은 Flat Rack 컨테이너를 이용하여 선적합니다. [그림 37-6] (a)의 사례에서는 Lashing에 심혈을 기울인 모습을 볼 수 있습니다. 상당히 많은 Lashing Belt가 사용되었습니다. 반면에 오른쪽 사진의 Cable Drum은 상대적으로 Lashing이 빈약해 보입니다. [그림 37-6] (a)의 사례는 Break Bulk 작업을 진행한 것입니다. Break Bulk 작업은 컨테이너 선박에서 다수의 FR 위로 화물을 적재하는 것을 말합니다. 이는 부두의 컨테이너 크레인 대신 별도의 크레인을 동원하여 선적한 것입니다. 이때 크레인을 적기에 동원할 수 있도록 관리하는 것이 중요합니다.

[그림 37-7] (a)는 Cable Drum의 FR 적재 사례들입니다. Lashing에 공을 들인 모습입니다. Size 및 중량을 고려할 때, 고압 Cable Drum의 경우에는 Break Bulk로 선적을 진행할 수밖에 없습니다. [그림 37-7] (b)의 오른쪽 사례는 Sling Wire에 의해 Flange가 압박을 받고 있는 모습입니다. 그러므로 이러한 Cable Drum의 Lifting을 위해서는 두 대의 크레인을 이용하거나 또는 Special Spreader가 필요합니다.

(a) FR 적재 및 Lashing (b) 대형 Cable Drum

[그림 37-7]

[그림 37-8] (a)는 Special Spreader를 사용해야 하는 이유를 설명하고 있습니다. 중앙의 Axle Hole(축공)에 Steel Bar를 삽입하여 Lifting을 실시합니다. [그림 37-8] (c)의 사례와 같이 Lifting Lug를 Trunnion Lug의 형태로 제작한 경우에는 별도의 Steel Bar가 필요하지 않습니다.

[그림 37-9] (a)는 Spreader를 사용하지 않고 Lifting을 실시함으로써, 압착에 의해 Drum이 찌그러진 사례입니다. 내부 Cable의 손상 여부는 테스트 과정을 거쳐봐야 확인할 수 있습니다. 그러나 현장이

(a) Special Spreader 활용의 필요성 (b) 축공, Bar 활용 (c) 개선된 Lug 형태

[그림 37-8]

고압 Cable의 성능 이상 유무를 테스트할 수 있는 장비를 구비하기란 쉽지 않은 일입니다. 그렇게 되면 Cable 성능에 대해서 아무도 보증해 줄 수 없게 됩니다. 최악의 경우, 테스트를 실시하지 않은 상태에서 재발주로 선회할 수 있습니다. 재발주에 따른 비용과 복잡한 절차를 다시 한번 상기해 보시기 바랍니다.

(a) Cable Drum 손상 (b) 보다 긴 Sling Wire 사용 필요

[그림 37-9]

부득이 Spreader를 준비하지 못한 경우에는 [그림 37-9] (b)의 왼쪽 사례와 같이 Sling Wire 또는 Chain을 최대한 길게 늘어뜨려서 Flange에 미치는 압박을 최소화해야 합니다. 사진의 본선 크레인은 Gemini Type입니다. 한 축에 2대의 크레인이 장착된 형태입니다. Gemini는 12성좌중 쌍둥이자리를 의미합니다. 맨 오른쪽 사진의 사례는 Sling Wire의 길이가 상대적으로 짧기 때문에 Flange에 보다 강한 압박이 가해질 것입니다.

반면에 Sling Wire의 길이를 무한정으로 늘리게 되면 상하차시 크레인의 Lifting 능력이 저하되기 때문에 2대의 크레인 또는 Spreader를 사용하는 것이 바람직합니다. [그림 37-10] (b)는 Cable Drum 전용 트레일러의 모습입니다.

Cable Vendor로 하여금 Spreader를 공급하도록 해야 합니다. Spreader는 선박 하역용 1개, 트레일러 Direct Receiving 후 Storage Yard 하차용으로 1개, 도합 2개가 필요합니다. 통관이 완료된 후에는 Spreader 하나를 먼저 현장으로 운송하여 하역에 대비하도록 하고, 나머지 하나는 Port 상차용으로 사용합니다.

(a) 2대의 크레인 활용 (b) Cable Drum 전용 트레일러 (c) Spreader 사용

[그림 37-10]

그러면 과연 중량이 몇 톤 이상일 때, Spreader를 사용해야 할지 의문이 생길 수 있으나, 애석하게도 정량적으로 수치를 특정할 수는 없습니다. [그림 37-10] (c) 사례의 Cable Drum은 중량이 많이 나갈 것 같지 않은데도 Spreader를 사용하고 있습니다. Spreader의 필요 여부는 Cable Drum의 제작강도에 따라 달라지기 때문입니다. 따라서 제작사로부터 Sling Wire의 Lifting 각도에 따른 Cable Drum의 이상유무를 확인할 필요가 있습니다. 크레인 성능이 충분하고 Sling Wire의 각도를 조절함으로써 Damage 발생없이 Lifting이 가능함에도 불구하고, 추가 비용을 들여 Spreader를 제작할 이유는 없습니다.

[그림 37-11] Pulling 기능을 겸비한 Cable Drum 전용 트레일러

Cable을 설치하기 위해 Cable Drum으로부터 Cable을 해체하는 과정을 Cable Pulling이라고 표현합니다. [그림 37-11] 사례와 같이 Pulling 기능을 갖춘 Cable Drum 전용 트레일러가 있습니다. 그 밖에도 Hydraulic Jack이나 Turning Roller를 이용하여 Pulling 작업을 수행할 수 있습니다.

[그림 37-12] (a)의 두 사례는 Hydraulic Jack을 이용한 Pulling 모습입니다. 중앙의 홈에 Shaft를 삽입, Jack-up하고 Drum을 부양한 상태에서 Cable을 잡아 당겨 Pulling 작업을 진행합니다. 이때, Cable Grip으로 Cable 시작점과 연결하고, 인력 또는 Towing 장비의 힘으로 당기게 됩니다. [그림 37-12] (c)의 Turning Roller 방식은 Cable이 조신하게 풀리는 반면, Hydraulic Jack 방식은 감겨진 Cable들이 미리 풀어지게 되는 단점이 있습니다.

(a) Hydraulic Jack 활용 (b) Cable Grip (c) Turning Roller 활용

[그림 37-12]

이상과 같이 Cable Drum 운송시 유의사항에 대해서 살펴보았습니다. Drum에 Damage가 발생하면, 고압 Cable의 이상유무에 대한 테스트 절차를 밟기가 쉽지 않기 때문에, Damage가 발생한 Drum 전량에 대한 재발주 가능성이 있습니다. 제품의 Damage 수준을 육안으로 확인할 수 있는 타 화물에 비해 Cable Drum의 Damage로 인한 타격이 월등히 크다는 점을 인식하고 안전운송에 만전을 기하시기 바랍니다. 그 만큼 물류 담당자의 역할이 중요한 화물이라고 할 수 있습니다.

물류의 정석

PART 2

1. GA(General Assembly) Drawing

General Assembly Drawing(이하 GA 도면)은 기기의 제작방법을 표현한 도면입니다([그림 1-1]). Column의 GA 도면은 Head, 각 Shell Part 및 Skirt 구성, 용접방법, Nozzle Orientation, 재질, 설계기준 데이터, Foundation Load, 자재명세서, 연계도면 리스트, General Notes, 승인 및 변경현황 등의 정보를 담고 있습니다. 기자재 제작의 근거로서, 후에 Saddle, COG, Wooden Hurdle, 운송시의 Dimension, 중량 정보 등을 반영하여 Packing Sketch 또는 Shipping DWG으로 불리는 운송용 도면이 작도됩니다.

장척물이나 중량물의 경우, GA 도면을 확인하여 운송관리에 선제적으로 대비할 필요가 있습니다. 도면의 세부사항을 차근차근 살펴보겠습니다.

Elevation View는 현장에 설치되었을 때의 입면도입니다([그림 1-2]). 반면에 Packing Sketch(이하 PS 도면) 또는 트레일러 상차상태를 보여주는 Trailer Configuration DWG(이하 TC 도면)에서는 운송을 위해 기기를 눕혀야 하므로, 눕힌 상태의 도면이 Elevation View(Side View)가 됩니다.

왼쪽 윗부분에서 이 도면의 각도 표시 기준을 알 수 있습니다. 맨 윗부분이 0도에 해당하고, 시계방향을 따라 각도가 표시됩니다. 이어서 Top Davit 정보가 표시되어 있습니다. 도면에서는 Top Davit이 설치되었을 때의 모습을 도시하였고, 실제 운송은 별도로 진행됩니다. Top Davit은 자재를 Lifting하는 용도로 사용됩니다. Box 포장을 실시하기도 하지만 사진과 같이 주로 Pallet에 포장합니다([그림 1-3]).

다음으로 "01"(Gas Outlet), "V"(Vent)의 육각형 도형이 확인됩니다. 육각형 도형 안의 문자와 숫자는 해당 Nozzle이 어떤 Service와 연결되는지를 나타낸 것입니다.

본 도면에서는 Riser Pipe가 표시되어 있지 않습니다. Riser Pipe가 존재하는 경우, 이는 대부분 현장에서 설치합니다. Riser는 기능상의 이름입니다. 같은 형태라 해도 유체가 하방으로 흐르면 Downcomer(Drop) Pipe가 됩니다.

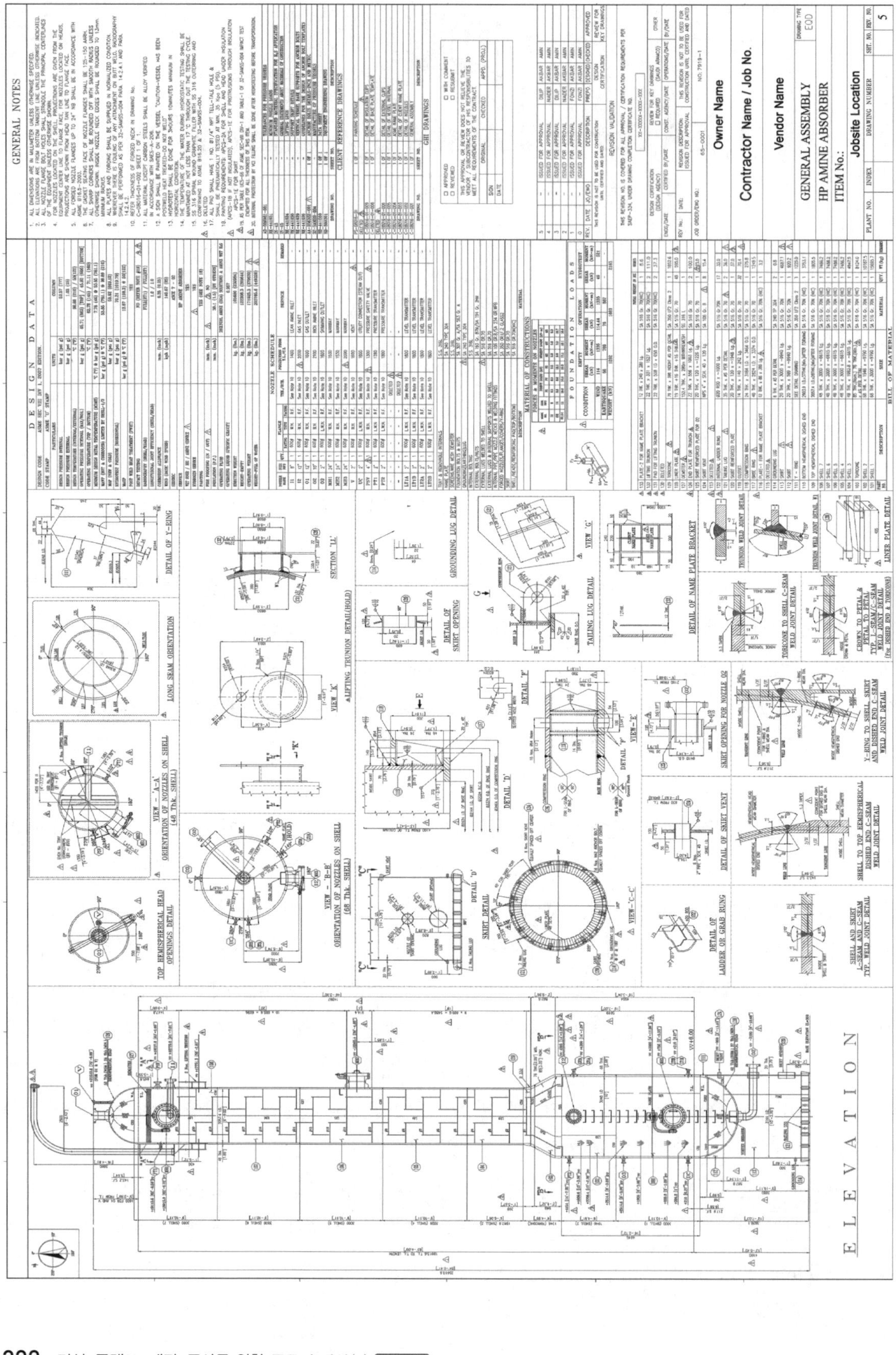

[그림 1-1] General Assembly DWG

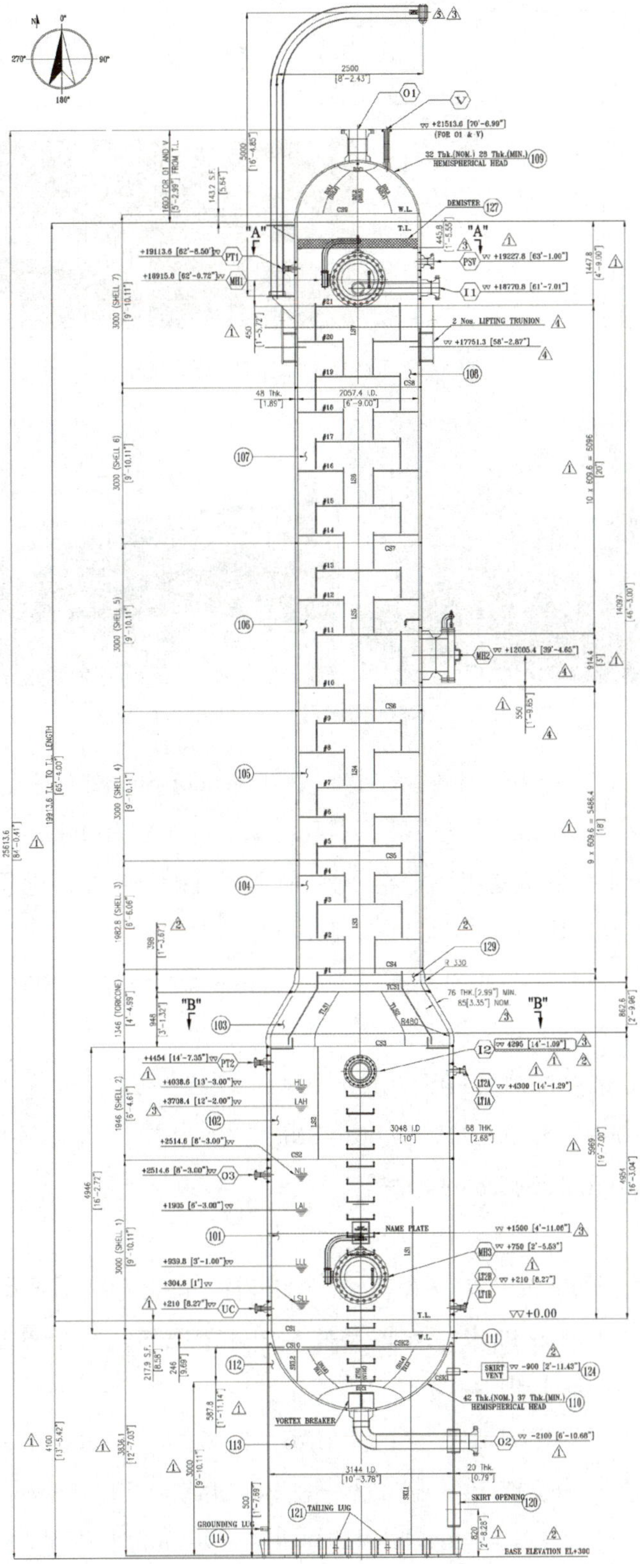

[그림 1-2] Elevation View

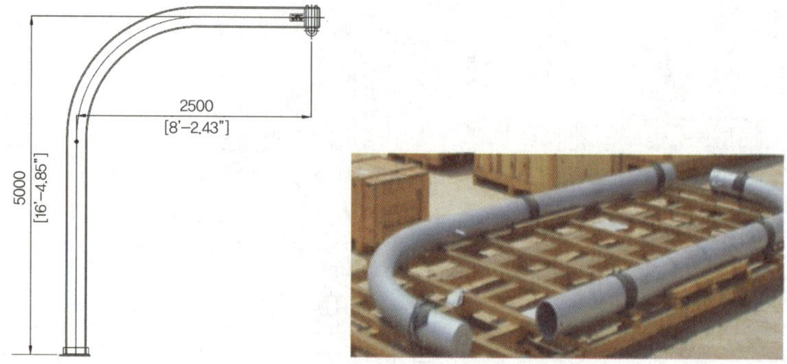

[그림 1-3] Top Davit 도면과 실물 사진

[그림 1-4] Riser Pipe가 장착된 Column 운송

[그림 1-4]는 Riser Pipe가 결합된 사례들입니다. 만약 Vendor Shop에서부터 합체 완료된 상태로 출고된다면, 운송상의 높이와 Volume이 상승하여 물류비가 증가하게 됩니다. 내륙운송중에 극복해야 할 장애물도 늘어나기 때문에 순수 운송비는 물론, 장애물 제거비용이 추가로 발생하고 운송기간도 장기화될 수 있습니다. 물류 입장에서는 피해야 하는 사례입니다.

Riser Pipe가 장착되지 않은 경우와 장착된 경우의 Volume 차이를 단순 비교해보겠습니다.

- 미장착 : 50.0m×6.0m×7.0m(LWH) = 2,100CBM
- 장착시 : 51.0m×6.0m×8.5m(LWH) = 2,601CBM

  → 501CBM(23.8%) Volume 증가

해상운송과 내륙운송 공히 고가의 운송단가가 적용되는 중량물에 있어서 501CBM은 결코 작은 Volume이 아닙니다. 따라서 Riser Pipe의 존재여부를 확인하고 PS 도면에 반영되어 있다면, 현장에서 장착작업을 수행하도록 협의하시기 바랍니다.

[그림 1-5] (a)에서 육각형 "V" 아래에 "▽▽+21513.6 [70′−6.99″]"의 표현이 보입니다. 역삼각형은 4개까지 표시되고, 이는 표면조도를 나타냅니다. "+숫자"는 Bottom부의 TL(Tangent Line)에서의 고도를 0으로 설정했을 때 해당 위치의 고도를 나타냅니다. [ ]안의 숫자는 mm의 수치를 feet와 inch로 변환한 것입니다. 각각의 표면조도가 의미하는 바는 다음과 같습니다. 역삼각형 숫자가 많을수록 보다 정밀한 가공처

리에 해당됩니다.

- ▽ : 선반이나 밀링에서 황삭가공(가능한 한 많은 양을 신속하게 처리하는 원시적 가공)
- ▽▽ : 선반이나 밀링에서 정삭가공(일정한 두께가 되도록 하는 가공)
- ▽▽▽ : 정삭가공+연삭가공(표면을 원하는 모양과 치수에 맞춰 다듬질하는 가공)
- ▽▽▽▽ : 정삭가공+연삭가공+특수가공

32Thk(NOM) 28Thk(MIN), 정상적(Normal)으로는 32mm, 최소(Minimum) 28mm 두께의 Hemispherical Head(반구형 Head)를 나타냅니다. 그 옆 동그라미 안의 숫자 109는 해당 숫자로 표시된 참조 도면이 있음을 뜻합니다. Head는 반구형, 접시형 등이 있습니다. 대형의 Head는 다음 사진과 같이 Petal(꽃잎) 조각을 L-Seam 용접하고, 맨 위 접시모양의 Crown과 C-Seam 용접하여 제작합니다. 소형의 Head는 원형의 경판(鏡板)을 프레스 기계로 두들기거나 Forming 설비를 이용해서 용접부위 없이 제작할 수 있습니다.

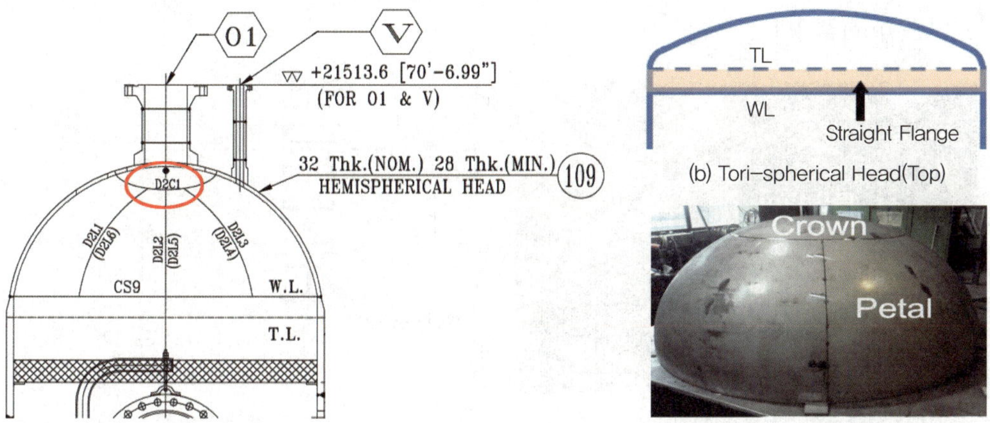

(a) Head 부분 도면 (b) Tori-spherical Head(Top) (c) Hemi-spherical Head

[그림 1-5]

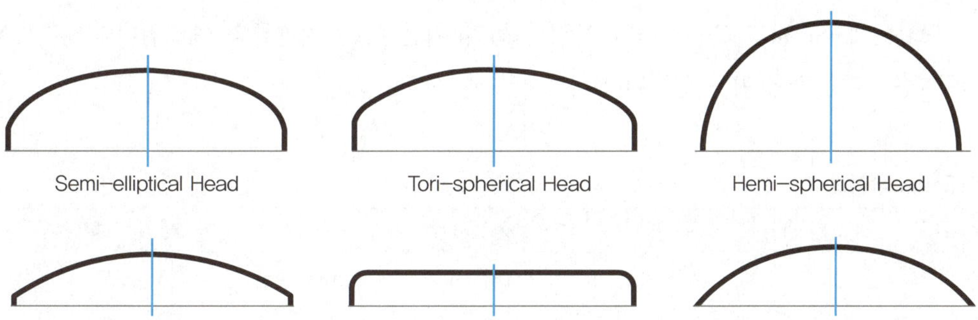

[그림 1-6] Head의 형태

01번 Nozzle 아래의 D2C1은 Dish Head 2번에서 Crown 1번과의 C-Seam을 의미하고, Bottom부 Crown C-Seam의 기호는 D1C1입니다. Petal의 L-Seam 용접을 나타내는 기호들이 있습니다. D2L1과

D2L6가 접해있어 총 6개의 Petal을 용접하여 완성되는 Head입니다. 실제적으로는 반구형 Head를 적용하였으나, 관행적으로 Dish Head의 알파벳 'D'를 기호에 사용한 것으로 여겨집니다. 'L'은 Longitudinal, 즉 직선방향의 용접을 의미합니다. CS9은 C–Seam(Circumferential Seam) 9번째, C–Seam은 원주를 따라 Shell과 Shell, Head와 Shell, Crown과 Petal간 용접 이음매 부분을 의미합니다.

TL은 Head의 굴곡(Curvature)이 시작되는 라인입니다. 본 도면의 상부 Head에서는 WL 아래에 TL이 위치하고 있습니다. Head 아래에서부터 굴곡이 시작된다는 의미입니다. 이와는 반대로 Top Side의 Semi–elliptical Head나 Tori–spherical Head 등은 TL이 WL보다 위쪽에 위치하게 됩니다.

Equipment List는 Process(공정) 설계팀에서 작성합니다. 이때 Size와 관련해서는 ID(Inner Diameter)와 TL to TL 길이만을 명기합니다. 입찰업무 수행시나 수주 후 예산수립 단계에서는 Head, Skirt, Saddle 정보가 부재하기 때문에 이를 추가적으로 고려하여 물류비 산출에 반영하게 됩니다. 이 단계에서는 정확한 Shipping Volume 정보를 알 수 없고, 통상적으로는 Factor를 곱해서 Volume을 산출합니다. Factor 적용 배수에 따라 입찰시와 실행시의 Volume에 차이가 발생할 수 있습니다. 본 도면상의 TL to TL 길이는 19,914mm입니다.

(a) 용접선

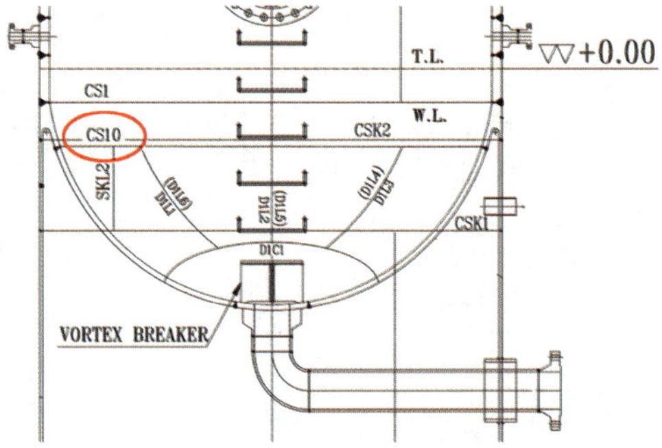

(b) Bottom 부분 도면

[그림 1–7]

[그림 1–7] (a)는 L–Seam과 C–Seam의 이해를 돕기 위한 다른 제관류의 예시입니다. 본 GA 도면의 C–Seam 용접선은 다음과 같이 구성됩니다.

〈표 1–1〉 C–Seam 용접선

위　　치	용접선 수	기　　호
Body, Shell to Shell	7	CS2~8
Weld Line	2	CS1, CS9
Toricone	1	TCS1
Skirt	2	CSK1, CSK2
Bottom부 Head	1	CS10
Head, Petal to Crown	2	D1C1, D2C1

CS10은 [그림 1-7] (b) 도면과 같이 Column 하부의 Head 내에 위치합니다. WL(Weld Line)은 Head와 Shell의 용접선입니다. Shell과 Shell의 C-Seam 용접은 Turning Roller 혹은 Rotator로 불리는 장비 위에서 수행합니다. 두 Shell을 마주하게 하여 용접을 진행할 때, Rotator가 Shell을 회전시키는 역할을 합니다.

(a) Rotator

(b) Fit-up

[그림 1-8]

Bending Machine으로 강철판을 말아서 각각의 원통형 Shell을 제작할 때는 직선방향으로 용접을 하기 때문에 L-Seam이 됩니다. [그림 1-8] (b)의 사례는 다른 제관류 Shell Part의 L-Seam 용접 대기중의 모습입니다. 강철판 측면으로 돌출부위가 있습니다. 본격적인 용접에 앞서 틀어지거나 휘는 것을 방지하기 위해 임시로 실시하는 용접을 Tack Welding(가용접, 假熔接)이라고 합니다. 이 돌출부는 Tack Welding 용도입니다. 용접 전 모재(母材)의 자세를 바로 잡는 행위를 Fit-up이라고 표현합니다. 그래서 Tack Welding을 Fit-up 용접으로 부르기도 합니다.

[그림 1-9] (a)는 상부 Head 아래의 도면입니다. 21번까지 번호가 부여된 것은 Internal Tray입니다. 초록색으로 표시한 7번째 Shell을 의미하는 Shell7이 왼쪽에 명기되어 있고, Column 중앙부에 LS7으로

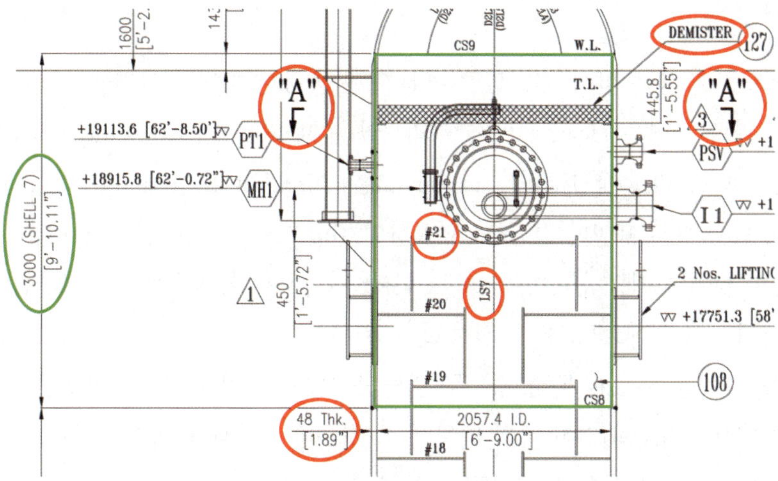

(a) Head 아래 도면

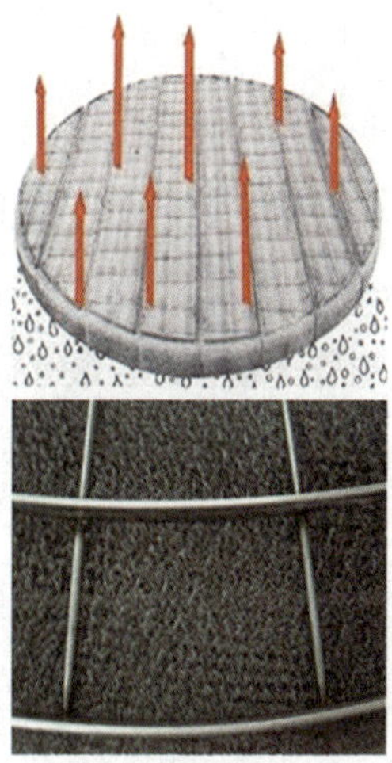

(b) Demister

[그림 1-9]

표시된 것은 해당 상하 직선라인이 L-Seam 용접 7번째라는 의미입니다. Shell 두께는 48mm입니다. 세모 안의 숫자는 변경번호입니다. 이전 Version과 달라진 부분에 변경번호를 부여하여 도면을 출도하게 됩니다. Vendor의 도면제출이 늦어지는 것도 설계지연 사유가 되지만, 발주처의 도면 검토와 Comment가 늦어지는 것 또한 설계지연 사유가 됩니다.

Demister(=Mist Eliminator)는 Gas만 드나들게 하고 Mist가 빠져나가지 못하게 하는 일종의 필터입니다. 플랜트에서의 Demister는 사진과 같이 주로 Wire Mesh Type이 사용됩니다. 이와 유사한 기능을 수행하는 기기가 KO(Knock-Out) Drum입니다. KO Drum 내부에 가연성 물질이 있고, Gas가 Flare Stack으로 배출되면서 불태워집니다. 액분이 함께 빠져나게 되면 Fire Rain이 비산하여 화재가 발생할 수 있기 때문에 Gas의 선별 배출용도로 KO Drum을 설치합니다.

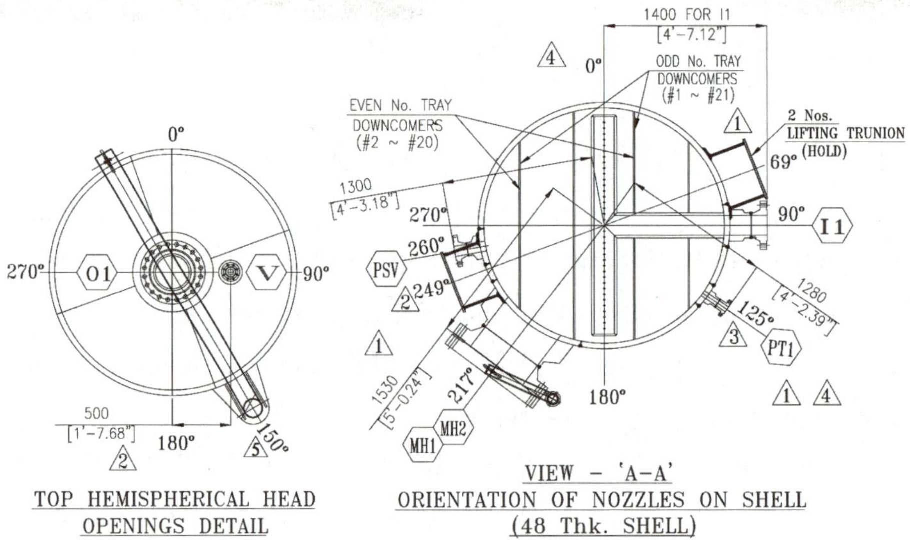

[그림 1-10]

Column 좌우에 "A"와 아래쪽을 향하는 화살표가 있습니다. 이는 해당 위치에서 아래를 내려볼 때의 평면도를 작도하기 위함입니다. 왼쪽 도면은 Head 위에서 바라보았을 때 Top Davit의 Orientation과 두 Nozzle의 위치를, 오른쪽 도면은 A-A View에 따른 Trunnion Lug와 Nozzle Orientation을 나타낸 것입니다. 이를 Top View 또는 Plan View라고 표현합니다. A-A 방향의 Top View에 의하면 Trunnion Lug의 위치가 90도와 270도의 위치에서 벗어나 있습니다. 만약 A-A View의 위치가 최장폭에 해당된다면 이 도면을 회전시켜서 Trunnion Lug가 정위치에 오도록 조정하고, 이때 MH1, MH2의 Nozzle이 Trunnion Lug보다 더 돌출된 형태가 되므로 이들 Nozzle 돌출 정도를 반영하여 화물폭을 산출할 수 있습니다. 다만 Head 부분이 Toricone 아래쪽보다 Shell 외경이 작기 때문에 이 도면은 고려대상이 아닙니다.

Toricone 위치에서의 Plan View 도면이 있음을 나타내는 "B"와 화살표가 있습니다([그림 1-11]). 뒷부분에서 관련된 Pan View 도면을 살펴보겠습니다. Cone은 원뿔, Toricone은 반원뿔을 의미합니다. 도면에 의하면 Toricone이 두 Part로 제작된 후 용접을 실시한다는 것을 알 수 있습니다. TCS1이 두 Shell을 연결하는 C-Seam 용접선입니다. Toricone의 두께는 85mm(최소 76mm), Toricone과 연결되는 하부의 Shell2와 Shell1의 두께는 68mm입니다. 상부 Head 아래의 Shell3~7의 두께는 48mm입니다. 이들보다 Toricone이 두껍게 제작된다는 것을 보여줍니다. TLS는 Toricone L-Seam 을 뜻합니다. 곡면 부위에서는 R330, R480과 같이 해당 반지름의 원주를 따라서 Bending을 실시합니다.

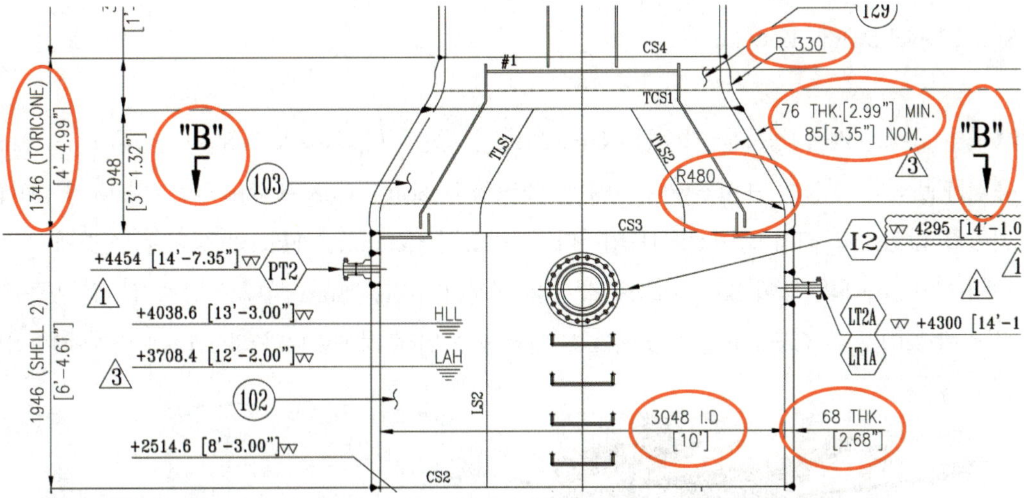

[그림 1-11] Toricone 부분 도면

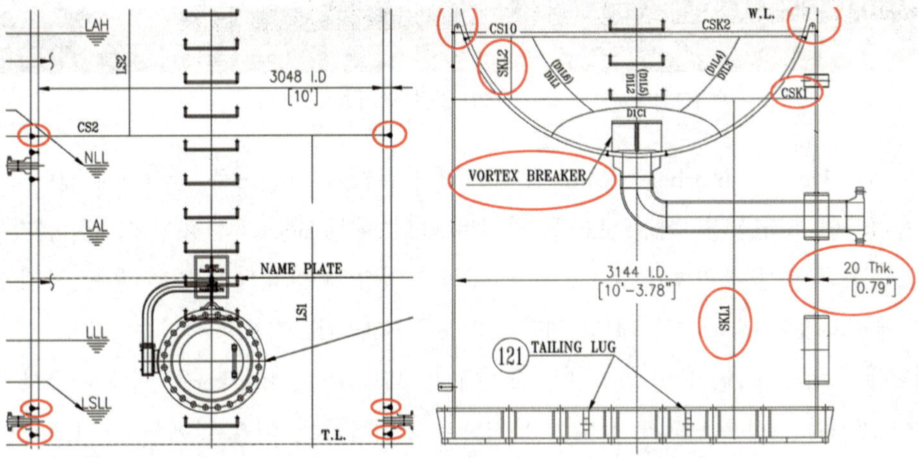

(a) Toricone 아래 도면

(b) Skirt 부분 도면

[그림 1-12]

[그림 1-12] (a) 도면 왼쪽의 약어들은 액위를 나타내는 용어들입니다. 따라서 Column 내부의 유체는 액체라는 것을 의미합니다.

- LSHH : Level Switch High High
- HLL : High Liquid Level
- LAH : Level Alarm High
- NLL : Normal Liquid Level
- LAL : Level Alarm Low
- LLL : Low Liquid Level
- LSLL : Level Switch Low Low

[그림 1-12] (a)에는 제품 정보를 기재한 Name Plate가 있습니다. Nozzle과 Shell 연결부, C-Seam Line 양단에 용접을 뜻하는 점들이 표시됩니다. SKL은 Skirt의 L-Seam, CSK는 Skirt의 C-Seam 용접선입니다. Skirt는 치마를 닮았다고 해서 붙여진 이름입니다. 도면상의 Column은 Skirt의 상하부 직경에 차이가 없지만, [그림 1-13]의 사례와 같이 Bottom으로 갈수록 직경이 커지는 Skirt 형태도 종종 볼 수 있습니다. 주로 구경에 비해 길이가 긴 Column들의 Operation 안전성을 위해 적용합니다.(Skirt라는 명칭에 부합함)

[그림 1-13] Skirt 외경이 일정하지 않은 Column

본 도면의 HP Amine Absorber는 Skirt에 이르러서 두께가 20mm로 급격하게 얇아집니다. 만약 Bolster로 운송한다면 이러한 경우에는 Skirt를 받치는 Saddle에는 Bolster 사용이 절대적 금기사항입니다. Body Shell과 Skirt의 용접 부위(Y-Ring)가 휠 가능성이 있습니다. [그림 1-13]의 운송 사례에서도 Skirt 앞 부분 Body에 Saddle이 위치하도록 하고 해당 Saddle을 Bolster로 지지하고 있습니다.

Drain 과정에서 와류(渦流)가 발생합니다. 도면에 표시된 Vortex Breaker는 액체 배출시 소용돌이현상을 억제하여 기기의 손상을 방지하기 위한 목적으로 설치합니다. 이전 글에서 Spoiler에 대해 설명한 바 있습니다. HRSG Stack이나 Flue Gas Stack에 Spoiler를 설치하는 경우가 있는데, 이는 공기의 영향(Vortex Shedding)으로부터 진동을 방지하여 Stack을 보호하기 위한 장치입니다. Vortex Flowmeter라는 유량계가 있습니다. Vortex Flowmeter는 와류의 성질을 이용하여 유량을 측정하는 제어계측 기기입니다. 이처럼 다양한 기기들에 사용되는 용어의 공통적인 의미를 이해할 필요가 있습니다.

Column의 Foundation을 양생하기 위해서는 Anchor Bolt가 필요합니다. Anchor Bolt는 보다 견고한

정착을 위해 L Type, J Type 또는 물음표 모양의 Eye Bolt가 사용됩니다. 경우에 따라서는 Sleeve(토시)를 씌워서 Anchor Bolt를 설치하기도 합니다. 중요한 것은 Skirt Ring을 본 떠 제작한 Template이 Anchor Bolt와 함께 Project 초기에 현장으로 운송되어야 한다는 점입니다. 이후 Foundation 콘크리트 타설이 가능합니다.

(a) J Type Anchor Bolt

(b) Template

[그림 1-14]

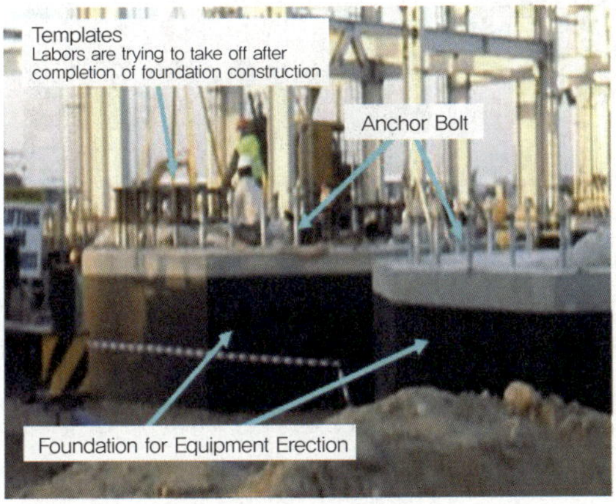

(a) Template Take-off

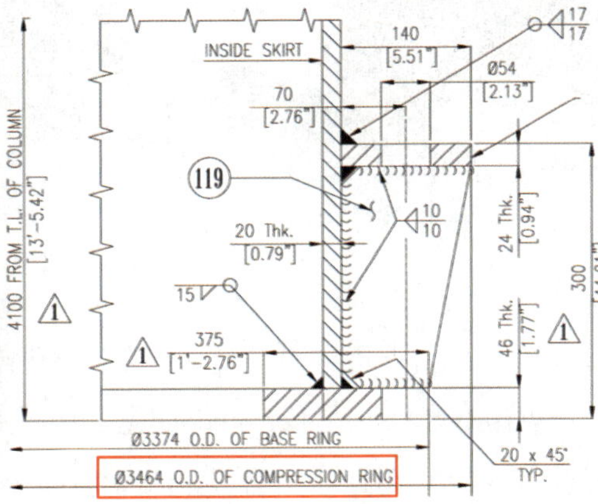

(b) Skirt Ring Detail

[그림 1-15]

도면상의 Skirt Ring 외경은 3,464mm입니다. 이에 맞게 제작되는 Template은 Dry Container에 적입이 불가능한 Size입니다. Project 초기에는 운송물량이 많지 않기 때문에 컨테이너로 운송할 수밖에 없습니다. 그러므로 물류비 절감을 위해서는 2분할 또는 3분할로 제작하여 일반 컨테이너에 선적할 수 있도록 사전에 설계팀에 분할을 요청하고 제작에 반영해야 합니다. 그렇지 않으면 OOG(Out of Gauge) 화물이 되어 Flat Rack에 선적해야 할 것입니다.

마찬가지로 Vessel류도 Anchor Bolt가 조기에 운송되어야 Foundation 공사를 마무리할 수 있습니다. 그리고 Sliding Plate가 Vessel(선박 아님)보다 먼저 현장에 도착해야 합니다. 만약 동일한 선박에 선적했다면, 우선적으로 Sliding Plate의 현장운송이 요구됩니다. Sliding Plate를 Vessel과 분리하여 컨테이너에 선적한 사례가 있습니다. 그런데 Vessel 보다 뒤늦게 현장에 도착된 탓에 현장의 원성을 산 경험이 있습니다. 오직 중량물만 하역을 허용하는 Port가 있습니다. 그 사실을 미처 인지하지 못하고 동반 선적했다가 Sliding Plate를 포장한 Box 화물을 다른 Port에서 하역한 사례가 있습니다. 이때도 Sliding Plate의 운송이 지연되어 같은 결과를 초래하였습니다. 따라서 Anchor Bolt와 Sliding Plate의 운송이 지연되지 않도록 각별한 주의가 필요합니다.

Horizontal로 설치하는 Vessel이나 Heat Exchanger는 온도에 따라 팽창과 수축을 반복하기 때문에, Saddle 한 쪽만 고정하고 다른 쪽은 Sliding Plate 위에서 움직이도록 설계합니다. 보다 안전성을 높이기 위해 Shell Body에 Expansion Joint를 연결하여 Shell 자체가 신축성을 갖도록 설계하기도 합니다.

[그림 1-16] (a)는 Sliding Plate가 설치되어 있는 Sliding Saddle의 모습입니다. Saddle의 Anchor Hole이 길쭉한 Slot 형태입니다. 이 홈을 따라 Saddle이 Sliding Plate 위에서 움직일 수 있습니다. 반면에 가운데 사진은 고정된 Saddle의 모습입니다.

(a) Sliding Saddle (b) 고정 Saddle (c) Expansion Joint

[그림 1-16]

Elevation View 이외 도면의 세부사항을 살펴보겠습니다. [그림 1-17] (a)는 L-Seam의 위치 각도를 표시한 Plan View 도면입니다. Long은 Longitudinal을 줄여서 쓴 것입니다. 오른쪽은 Skirt와 Shell 연결 부위를 나타내는 도면입니다. 앞서 언급한 바와 같이 Shell Body와 Skirt를 연결하는 Y-Ring 부분에서 Skirt의 두께가

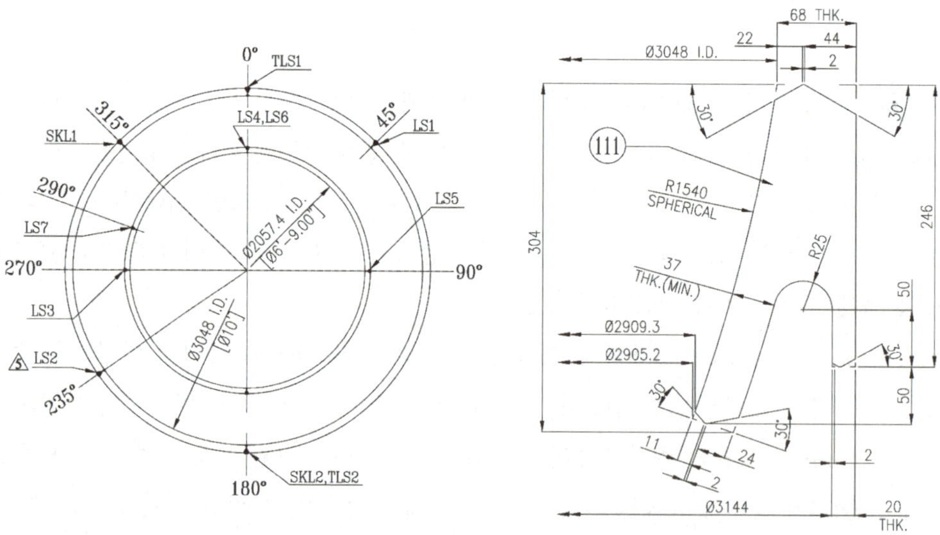

(a) Long Seam Orientation (b) Detail of Y-Ring

[그림 1-17]

급격하게 얇아지기 때문에 Bolster를 이용한 운송에 있어서는 Saddle 지지 위치 선정에 주의가 필요합니다.

원통형의 Trunnion Lug에 Wire를 감아서 Lifting을 실시합니다. Lifting Wire는 Trunnion Lug Size에 적합한 것을 사용해야 합니다. 또는 사용될 Wire의 Size에 맞게 Trunnion Lug가 제작되어야 합니다. 그런데 Trunnion Lug 폭을 좁게 제작했거나, 크레인의 Sling Wire가 너무 굵은 탓에 현장 운송을 완료한 이후 Trunnion Lug를 수정한 사례가 있습니다. 본선이 Trunnion Lug와 Tailing Lug를 Lifting하는 것으로 계획된 경우, PS 도면에 Trunnion Lug와 Tailing Lug 정보가 생략되어 있다면, 최종 GA 도면의 해당 정보를 선사에 제공하거나 추가적으로 PS 도면에 반영하도록 요청하여 제공할 필요가 있습니다. 유의해야 할 사항은 Wire 측면으로 여유공간이 필요하다는 점입니다. Lifting시 Wire 폭이 확장되면서 Trunnion End Plate가 압박을 받기 때문입니다.

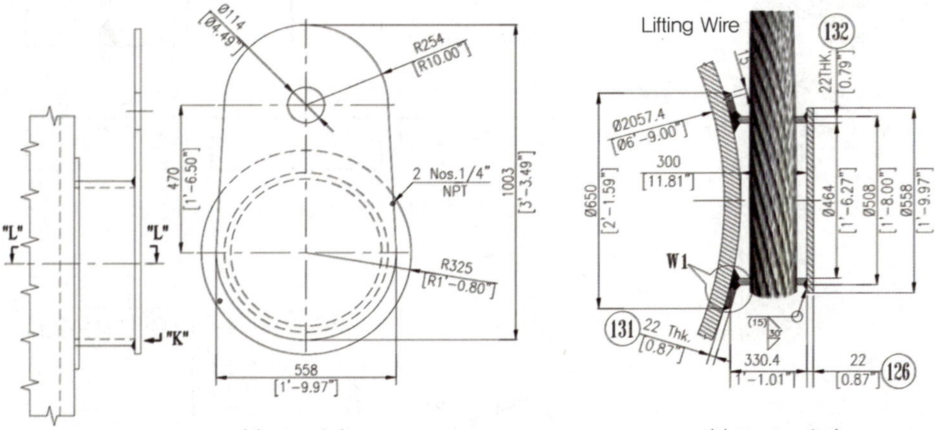

(a) View 'K'　　(b) Section 'LL'

[그림 1-18] Trunnion Lug 도면

Trunnion Lug Lifting을 위한 Sling Wire, Tailing Lug Lifting을 위한 Shackle이 부적합하다면, 결국 Body에 Wire 또는 Belt를 감아서 Lifting을 실시하는 수밖에 없습니다. Body에 Wire를 감는 Lifting 방식의 문제점을 6장 'Shipping Drawing과 선적 시 유의사항'에서 상세히 살펴보겠습니다.

이제 도면에서는 용접에 관한 사항을 언급합니다. 용접기호는 [그림 1-19]를 통해 이해할 수 있습니다. 모재가 'T'자 형태로 직교하는 용접을 Fillet Welding(모살용접)이라고 합니다. [그림 1-19] (a)의 첫 번째 예시와 같이 8이라는 숫자가 기재되어 있다면, 용접비드(Bead)의 높이와 수평방향의 길이가 각각 8mm임을 의미합니다. Butt Welding(맞대기 용접)은 모재가 반대 방향에서 마주하여 용접이 이뤄지는 것을 말합니다. 그 중에서도 용접 부위에 홈을 내고 용착금속의 용입성을 향상시킨 형태의 용접을 Groove Welding(홈용접)이라고 합니다. 배관자재의 다수가 Beveled End(BE) 형태로 제작됩니다. 이는 용접성을 높이기 위한 조치입니다.

화살표가 아래를 향할 때 Reference Line 아래쪽에 용접기호가 표기되면 해당 위치의 용접방법을 의미하고 화살표가 아래를 향하면서 Reference Line 위쪽에 용접기호가 표기되면 맞은 편의 용접방법을 나타낸 것입니다. Ladder or Rung 도면에 "TYP〉" 이렇게 용접 표기가 시작되는데 '〉'는 앞에 기재한 Spec.이나 Reference를 따르라는 의미이며, 그 중에서 TYP는 Typical 즉, 전형적인 방식을 의미합니다.

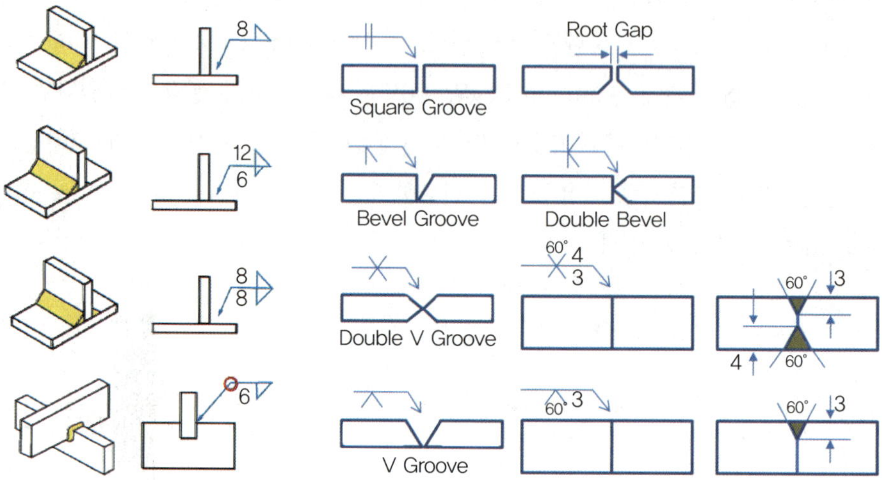

(a) Fillet Welding 기호 (b) Butt Welding/Groove Welding 기호

[그림 1-19]

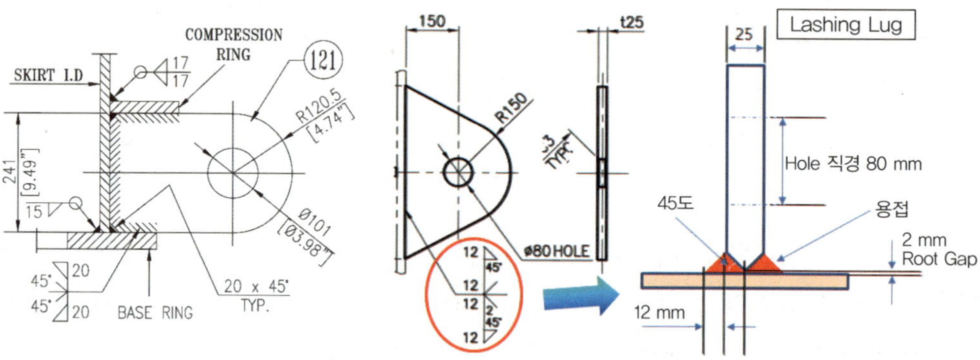

(a) Tailing lug 도면 (b) Lashing Lug 도면과 용접기호 이해

[그림 1-20]

[그림 1-20] (b)는 다른 Column의 Saddle에 장착되는 Lashing Lug 도면입니다. 앞서 용접기호 설명 부분의 Root Gap의 의미를 확인하시기 바랍니다. 이제 도면을 이해하는 데는 큰 어려움이 없을 것입니다.

본 Column의 제작사는 ASME U Stamp 인증기업이어야 합니다. ASME(American Society of Mechanical Engineers, 미국 기계학회)는 압력용기별 인증기준을 정하고 기준에 부합하는 기업에 인증 Stamp를 발급하고 있습니다. ASME U Stamp는 Column을 포함하는 압력용기(Pressure Vessel)에 대한 Stamp입니다. 다음 표에 ASME Section별 Stamp 명칭을 나타냈습니다.

〈표 1-2〉 ASME Stamp 명칭

Section	Stamp	Details
Power Boilers – Section I	S	Power Boilers
	A	Power Boiler Assemblies
	E	Electric Boilers
	M	Miniature Boilers
	PP	Pressure Piping
	V	Power Boiler Safety Valves
Heating Boilers – Section IV	H*	Cast Iron Heating Boilers
	H	Heating Boilers, other
	HLW	Lined Potable Water Heaters
	HV	Heating Boilers Safety Valves
Pressure Vessels – Section VIII Division 1	U	Pressure Vessels
	UM	Miniature Vessels
	UV	Pressure Vessels Safety Valves
	UD	Pressure Vessels Rupture Discs
Pressure Vessels – Section VIII Division 2	U2	Alternative Rules for Pressure Vessels
Pressure Vessels – Section VIII Division 3	U3	High Pressure Vessels
	UV3	Safety Valves for High Pressure Vessels
Reinforced Plastic Vessels – Section X	RP	Fiber-Reinforced Plastic Pressure Vessels
Transport Tanks – Section XII	T	Transport Tanks
	TV	Transport Tanks Safety Valves
	TD	Transport Tanks Pressure Relief Devices
Nuclear Stamps	N	Nuclear Components
	NPT	Nuclear Partials
	NA	Nuclear Installation and Shop Assembly
	NV	Nuclear Safety and Safety Relief Valves
	N3	Storage and Transport Containment of Nuclear Fuel
Nuclear Certificates of Accreditation	NS	Nuclear Supports
	QSC	Material Organization
National Board Inspection Code	R	Repair and Alteration
	VR	Repair of Safety Valves

다음은 적용된 설계 Data입니다. Shell Body가 Carbon Steel 재질인 만큼 도장을 적용하고 있습니다.

〈표 1-3〉 Design Data

DESIGN CODE	ASME SEC VIII DIV 1, 2007 EDITION.	
CODE STAMP	ASME 'U' STAMP	
Particulars	**Units**	**Column**
Design Pressure Internal	bar g (psi g)	53.57(777)
Design Pressure External	bar g (psi g)	1.03(15)
Design Temperature(Internal/External)	℃ (°F)	98.89(210)/50(122)
Operating Pressure Internal(Max/Nor)	bar g (psi g)	45.71(663) [TOP]/45.92(666) [Bottom]
Operating Temperature(TOP/Bottom)	℃ (°F)	62.78(145)/71.11(160)
Minimum Design Metal Temperature(MDMT)	℃ (°F) @ bar g (psi g)	7.78(46) @ 53.85(781.1)
MAWP (Hot & Corroded) Limited by Shell-1/2	bar g (psi g) @ ℃ (°F)	53.85(781.1) @ 98.89(210)
MAP(New & Cold)	bar g (psi g)	59.92(869.12)
Hydrotest Pressure(Horizontal)	bar g (psi g)	70.31(1019.79)
MAEP	bar g (psi g) @ ℃ (°F)	13.67(198.3) @ 50(122)
Post Weld Heat Treatment(PWHT)		Yes
Impact Testing		No(Refer Note #19) △3 △2
Radiography(Shell/Head)		Full(RT1)/Full(RT1)
Longitudinal Joint Efficiency(Shell/Head)		1.0/1.0
Corrosion Allowance	mm. (inch)	6.35(0.25)
Wind(Basic Wind Speed)	kph (mph)	149.67(93)
Seismic		ASCE 7-02
Service		HP Amine Absorber
Wet Sour/HIC/Amine Service △1		Yes
Hydrogen Service		△1 Yes
Painting		Yes(See Note 18)

Design Data에 의하면 PWHT 즉, 용접후 열처리 과정이 수반됨을 알 수 있습니다. 따라서 열처리 절차가 완료된 후에는 본체에 용접을 실시해서는 안 되는 기기입니다.

다음은 Nozzle에 관한 정보입니다. Service 부분에 각 Nozzle이 어느 Service에 연결되는지를 표시하고 있습니다. Nozzle Mark 또한 Service의 명칭과 연관성이 있습니다. 이를테면 Nozzle Mark PSV는 Pressure Safety Valve에 연결됩니다.

〈표 1-4〉 Nozzle Schedule

Nozzle Mark	Size NPS	QTY.	Flange			THK./SCH.	Projection from T.L./C.L	Service
			Rating	Type	Facing			
I1	8"	1	600#	W.N.	R.F.	See Note 10	1400	LEAN AMINE INLET
I2	12"	1	600#	W.N.	R.F.	See Note 10	△1 2000	GAS INLET
01	12"	1	600#	W.N.	R.F.	See Note 10	1600	GAS OUTLET
02	10"	1	600#	W.N.	R.F.	See Note 10	2100	RICH AMINE INLET
03	2"	1	600#	L.W.N.	R.F.	See Note 10	1800	SKIMMING OUTLET
MH1	24"	1	600#	W.N.	R.F.	See Note 10	1530	MANWAY
MH2	24"	1	600#	W.N.	R.F.	See Note 10	1530	MANWAY
MH3	24"	1	600#	W.N.	R.F.	See Note 10	△1 2090	MANWAY
V	2"	1	600#	W.N.	R.F.	See Note 10	1600	VENT
UC	2"	1	600#	L.W.N.	R.F.	See Note 10	1800	UTILITY CONNECTION
PSV	4" △1	1	600#	W.N.	R.F.	See Note 10 △1	1300	PRESSURE SAFETY VALVE
PT1	2"	1	600#	L.W.N.	R.F.	See Note 10	1280	PRESSRE TRANSMITTER
PT2	2"	1	600#	L.W.N.	R.F.	See Note 10	1800	PRESSRE TRANSMITTER
LT1A	2"	1	600#	L.W.N.	R.F.	See Note 10	1800	LEVEL TRANSMITTER
LT1B	2"	1	600#	L.W.N.	R.F.	See Note 10	1800	LEVEL TRANSMITTER
LT2A	2"	1	600#	L.W.N.	R.F.	See Note 10	1800	LEVEL TRANSMITTER
LT2B	2"	1	600#	L.W.N.	R.F.	See Note 10	1800	LEVEL TRANSMITTER

물류에서 눈여겨 볼 항목은 'Projection from CL(Center Line)'입니다. 이는 Column 내부 중심으로부터 각 Nozzle의 돌출 길이를 의미합니다. 붉은색 원으로 표시한 것은 상부 Head로부터 Toricone 앞 부분까지 부착되는 Nozzle들입니다. Projection에 TL이 함께 표시된 것은 Head 위쪽 수직방향으로 돌출된 V와 01번 두 Nozzle의 TL로부터의 길이를 표시하기 위함입니다.

(a) 대형 Nozzle (b) Overhead Crane

[그림 1-21]

인력으로도 운반이 가능한 소형 Nozzle도 있지만, 대형 Nozzle은 Overhead Crane으로 Lifting을 실시하고 위치를 이동시킵니다. Overhead Crane은 측면의 Runway Rail 위를 따라 Bridge Girder가 이동할 수 있고, Bridge Girder에는 Hoist Trolley가 장착되어 Bridge Girder 위를 좌우로 이동할 수 있는 구조입니다. 육중한 물건의 이동이 빈번하게 발생하는 작업장은 대부분 Overhead Crane을 설치하고 있습니다.

A-A View 도면을 살펴보면 붉은색 원으로 표시한 수치가 Nozzle Schedule Table의 수치와 일치한다는 것을 알 수 있습니다. B-B View 도면도 마찬가지입니다. 하지만 B-B View 도면에서는 일치하지 않는 점이 발견됩니다. 02번 Nozzle의 경우, 2,000mm로 표시되어 있는 반면, Nozzle Schedule Table에서는 2,100mm로 확인됩니다. 이는 Revision 1의 변경사항을 테이블에 미처 반영하지 못했기 때문입니다.

앞에서도 언급한 바와 같이 문제는 운송 기준에 맞게 21도만큼 도면을 회전시켜야 비로소 가장 많이

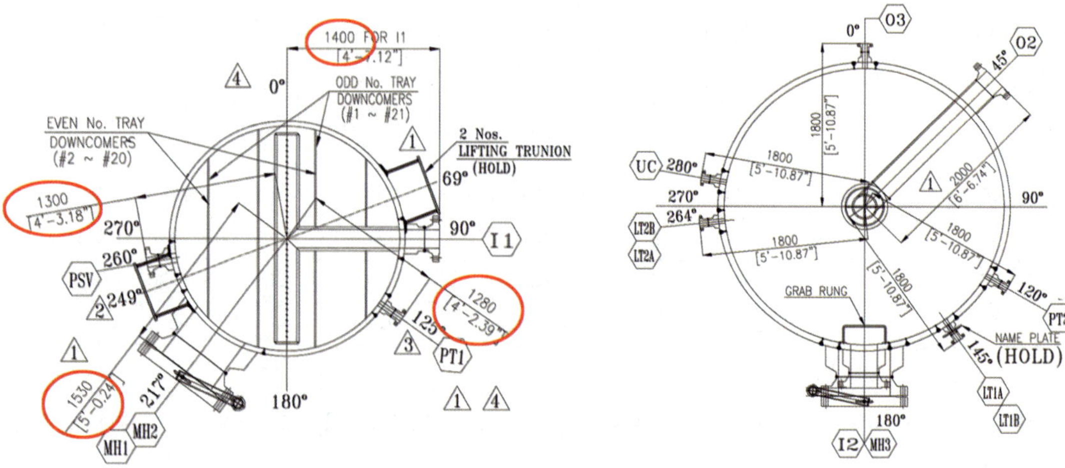

(a) View 'A-A'

(b) View 'B-B'

[그림 1-22]

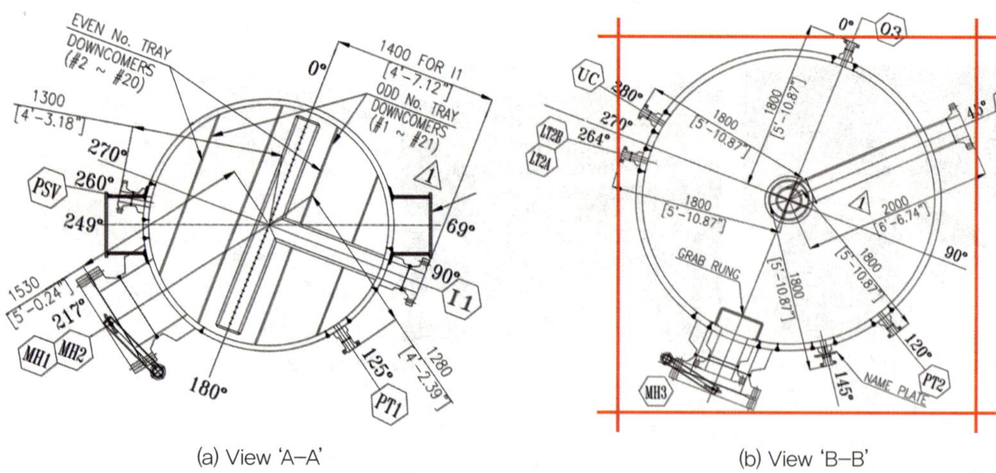

(a) View 'A-A'

(b) View 'B-B'

[그림 1-23] 21도 회전 도면

돌출된 Nozzle 정보를 알 수 있다는 점입니다. [그림 1-23]은 각도를 조정한 Plan View 도면입니다. 각각의 Plan View에 따른 Shell 외경은 다음과 같습니다.

- A–A View Shell 외경 : ID 2,057.4+두께 48×2 = 2,153.4mm
- B–B View Shell 외경 : ID 3,048+두께 68×2 = 3,184mm
- C–C View Skirt 외경 : ID 3,144+두께 20×2 = 3,184mm

[그림 1-23] (b) 도면에 의해 운송상의 Front View 기준 Column의 최장 돌출부는 하단부에서 MH3 Nozzle, 왼쪽으로는 LT2B, 오른쪽으로는 02번 Nozzle입니다. 화물 Size를 알아내기 위해 먼저 B–B View 도면에서 다음과 같은 절차를 밟습니다.

- 각도를 조정한 도면을 파워포인트에 붙여넣기
- 붉은색 Frame의 파워포인트에서의 길이 확인
- 도면에 수치가 표시된 길이 하나를 선택하여 파워포인트상의 길이 확인
- 비례식을 적용하여 최대 폭과 높이 산출

mm 단위까지 정확한 값을 구할 수는 없지만, 이 방법을 활용하면 비교적 근사치의 운송 Size를 도출해낼 수 있습니다. 이제 Skirt 부분의 Tailing Lug 높이를 확인하면 됩니다.

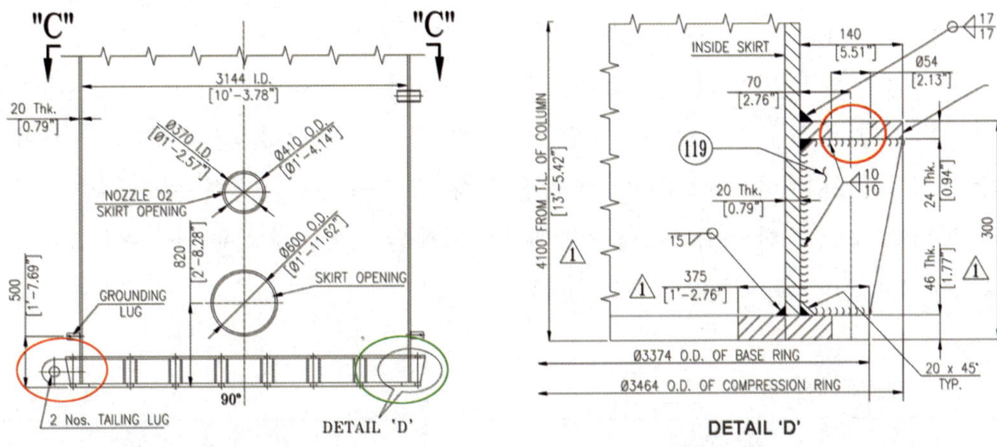

(a) Skirt 도면　　(b) DETAIL D 도면

[그림 1-24]

Skirt Ring의 세부사항을 Detail 'D'에 표시했습니다. 도면상의 Skirt Ring은 위쪽의 Compression Ring과 아래의 Base Ring으로 구성되어 있습니다. Compression Ring에 Anchor Hole이 표시됩니다.

Anchor Hole의 지름은 54mm입니다. Template은 이 Anchor Hole의 Size 및 간격과 동일하게 제작한 것입니다.

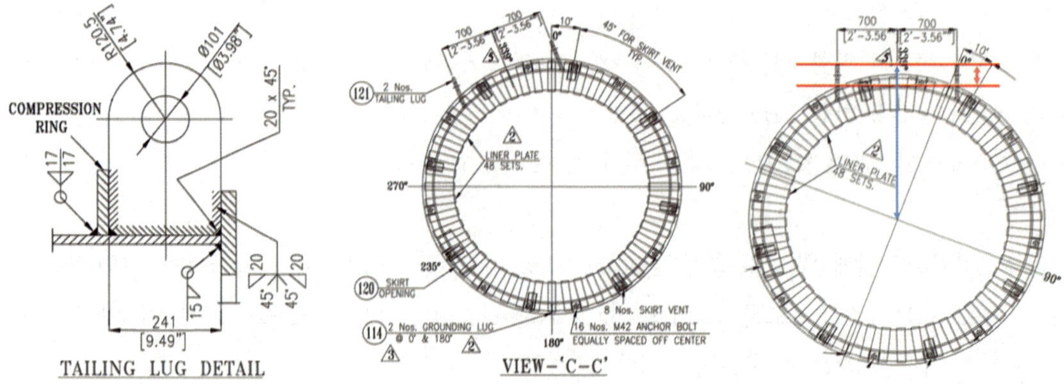

(a) Tailing Lug 도면 (b) Skirt 부분 Top View (c) 운송상황에 맞게 회전

[그림 1-25]

C-C View 도면에서는 Tailing Lug외에 Size 검토에 영향을 미칠 인자가 없습니다. 다만, Tailing Lug 두 개가 Skirt의 정점으로부터 양쪽에 배치되어 있으므로, [그림 1-25] (b) 도면상의 Tailing Lug 높이가 아니라 운송시의 Orientation으로 회전시킨 오른쪽 도면의 Tailing Lug 높이가 고려되어야 합니다. Tailing Lug의 높이와 03번 Service에 연결되는 Nozzle의 높이가 경합하지만, 이 또한 파워포인트상에서 비례식으로 산출하여 확인이 가능합니다. Simulation 결과, Tailing Lug가 더 높은 고도에 위치하고 있습니다.

이상과 같은 절차를 적용하여 폭과 높이를 알 수 있습니다. Saddle에 의한 추가 높이, 약 20~30cm(최하부 Body 또는 Nozzle 등이 지면으로부터 이격되는 높이)를 감안함으로써 운송상의 Size를 구할 수 있습니다. Elevation View 도면에 의하면 길이는 25,613.6mm입니다.

Nozzle의 위치가 확정 되기 전에는 Saddle 정보 또한 확정하기가 어렵습니다. 이로 인해 GA 도면은 대부분의 경우, 운송용 화물 Size 정보를 제공하지 않습니다. 이것이 물류 담당자들이 GA 도면에 관심을 두지 않는 배경이기도 합니다. 오히려 PRM에 중량물 리스트 Update를 요청하는 것이 편할 수 있습니다. 그렇다 해도 PRM 부서 또한 운송 Size를 알아내기가 쉽지 않기 때문에 물류 담당자가 GA 도면을 통해 Size를 확인하고 선제적으로 대처할 필요가 있습니다.

〈표 1-5〉 **소요 자재들의 재질 명세서**

Description	Material
Tray & Removable Internals	S.S.316L
Name Plate	SA240 TYPE 304
Screens, Wire Mesh Demister	S.S.316L
Foundation Bolts & Nuts	SA307 Gr. A/SA563 Gr. A
Grounding(Earthing)Lug	SA240 TYPE 304

Description	Material
Internal Bolting	S.S.316L
External Bolts/Nuts	SA193 Gr. B7M/SA194 Gr. 2HM
External Lugs Welded to Shell	SA516 GR. 70
External Lugs & Internal Supports Welded to Shell	SA516 GR. 70
Internal Pipe/Pipe Nozzle Necks & Welding Fittings	SA106 GR.B/SA 234 GR.WPB
Forged Nozzles/Flanges/Covers/Y-Ring	SA350 GR.LF.2 CLASS2
Skirt	SA516 GR. 70
Shell/Heads/Reinforcing Pad(Top/Bottom)	SA516 GR. 70N(HIC)

〈표 1-5〉에 의하면 이 제품에도 Wire Mesh 형태의 Demister가 장착된다는 것을 알 수 있습니다. 이 표에서 주목해야 할 사항은 Skirt, Shell, Head의 재질입니다. SA516 코드는 Carbon Steel 재질을 나타냅니다. 따라서 페인트를 칠해야 하는데, 앞선 Design Data에 페인트를 칠하는 것으로 명기되어 있습니다. 이 재질명세서를 통해서 외부 노출부위에 Stainless Steel 재질의 존재여부를 알 수 있습니다. Stainless Steel 재질이 존재한다면, 방청유를 바르고, 방습제(Desiccant)를 부착한 후, 해당 부위에 Tarpaulin을 씌워 선적해야 합니다.

전체적으로 SS 재질이라면 Under-deck 선적을 진행해야 할 것입니다. [그림 1-26]의 사례는 SS 재질이 존재한다는 사실이 뒤 늦게 파악됨에 따라 선상에서 Head 부분의 열교환기에 Tarpaulin을 씌운 모습입니다. 이럴 경우 이미 해수의 Mist가 표면에 내려앉았을 가능성이 있습니다. 그러므로 습기를 완전히 제거한 상태에서 포장작업을 진행해야 합니다. 실제로 현장에 도착했을 때, 이 Column의 SS 재질 부분은 부식발생이 확인되었습니다. 그러므로 Tarpaulin 포장작업은 Vendor Shop에서 실시하는 것이 바람직합니다. SS 재질에 대해서는 사전에 이와 같이 조치되도록 구매부서와 협의하여 Tarpaulin 및 포장비용이 기자재비에 포함되도록 해야 합니다.

(a) 부분적 SS 재질

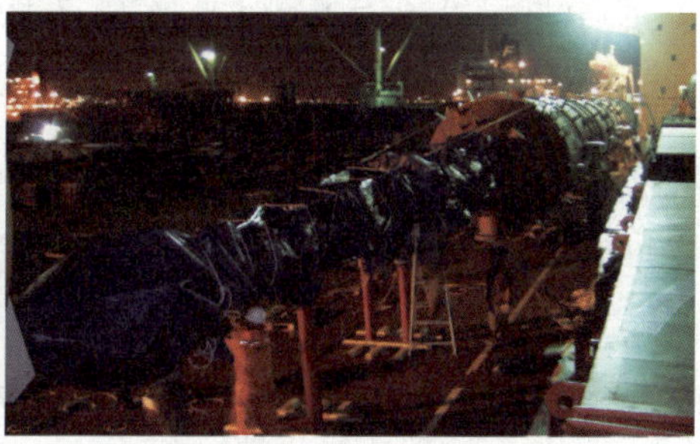

(b) Tarpaulin 포장

[그림 1-26]

본 도면의 Column은 CS 재질이라는 것을 확인했습니다. 그리고 도장작업을 진행해야 한다는 사실도 알았습니다. 물류의 동인에서 살펴본 선적까지의 절차를 상기해보겠습니다.

운송 Permit 신청(취득에 장기간 소요시) → 제작완료 → VI & DI → Hydro-test → 운송 Permit 신청(취득에 단기간 소요시) → Surface Treatment 검사 → Packing & Shipping Mark 검사 → IRC 발급 → 화물준비 → 내륙운송 출발→ 선적항 도착 → 선적준비 → 선적개시 → 선적완료 및 출항

각 Nozzle을 Blind Flange로 봉합하고 물 주입에 1~3일, ITP상에 명기된 압력까지 가압하여 Holding Time 동안 누수가 발견되지 않으면 검사합격, 그리고 배수와 건조에 2~5일 정도가 필요합니다. 물공급 지연 등의 부득이한 상황이 발생하지 않는 한, Hydro-test 준비 착수에서부터 원상회복까지는 최대 10일 가량의 시간이 소요됩니다.

Hydro-test를 통과하면 Surface Treatment(표면처리) 절차를 밟습니다. Stainless Steel 재질은 Acid Cleaning(산세정 酸洗淨, 도장을 하는 경우도 있음.)을 Carbon Steel 재질의 경우는 Shot Blasting을 통해 녹과 이물질(Scale)을 제거한 후 도장작업에 착수합니다. 도장은 Primer Coat(초벌 칠하기, 하도)만 적용하기도 하고 3Coat(하도, 중도, 상도)를 적용하기도 합니다. 건조시간을 고려할 때, 몇 도의 Coating을 적용하느냐에 따라 작업기간이 달라집니다. 화물 규모별로 차이가 있지만 Shot Blasting 준비부터 도장검사, 내부에 질소가스 충진, 포장상태(Saddle, Wooden Hurdle, Nozzle 보호, Tarpaulin 포장 등)와 Shipping Mark 검사를 완료하기까지는 최대 15일 정도가 소요됩니다.

본 도면의 HP Amine Absorber는 CS 재질에 준해 기계적 제작완료 후의 후속절차를 예상해 볼 수 있습니다. SR을 접수하여 현재 어느 단계를 거치고 있는지 확인할 때 GA 도면의 내용을 미리 살펴본 상태라면 향후 일정에 대한 이해가 한결 수월해집니다.

물류업무에 반영해야 할 사항이 언급될 수 있으므로 General Notes에 기술된 사항을 읽어볼 필요가 있습니다. 이 도면 General Notes에 기술된 도장관련 사항은 사업주의 Painting & Coating System Code를 적용하고 있습니다. 따라서 사업주의 Spec.을 공부하지 않는 한, 이 상태로는 몇 도의 도장을 적용하는지 인지하기가 쉽지 않습니다. 이럴 때는 설계부서에 문의하면 됩니다. Primer Coat만을 적용한다면, 3Coat를 적용하는 경우보다는 화물준비시점이 좀 더 앞당겨질 것입니다.

〈표 1-6〉은 Foundation Load를 나타내고 있습니다. 내부에 유체나 Catalyst를 채우지 않았을 때, 설치 후 가동중일 때 그리고 수압시험 중일 때, 각각의 하중을 표시한 것입니다. Empty Weight(Empty Dead Load)는 Column 내부의 자재들과 외부에 설치되는 Platform, Ladder, 보온자재(Insulation Materials) 등을 포함한 하중입니다.

Operation Weight(Operating Dead Load)는 Empty Weight에 내부유체, 충진제(Packing Materials), Catalyst 등을 포함하는 정상적인 가동상태의 하중을 의미합니다.

Platform, Ladder 등의 중량이 더해지기 때문에 Empty Weight가 Saddle 중량을 제외한 운송시의

〈표 1-6〉 Foundation Loads

Condition	Empty		Operation		Hydrotest	
	Shear(kN)	Moment(kN-m)	Shear(kN)	Moment(kN-m)	Shear(kN)	Moment(kN-m)
Wind	114	1335	114.44	1335	49	521
Earthquake	66	789	76	887	-	-
Weight(kN)	1202		1683		2163	

Net Weight 보다 큰 값이 됩니다. 다만 모델별 표준화된 제품에 대해서는 GA 도면상에 Transportation Weight(Shipping Weight)를 별도로 표시하기도 합니다.

킬로뉴튼(kN)은 1,000N을 의미합니다. 1뉴튼은 1kg의 물체에 1m/sec²의 가속도를 일으키게 하는 힘입니다. 우리가 알고 있는 1kg은 1kg의 물체가 9.80665m/sec²의 중력가속도를 받고 있을 때의 중량이므로, '1kg중(kg.f)'을 의미합니다. 1kg중은 9.80665N, 즉, 1N=0.1019716kg중이 됩니다. 일상생활에서는 중(force)을 생략하고 사용하기 때문에 1kN = 101.9716kg이라고 인식해도 큰 무리는 없습니다. kN은 트레일러의 A/L당 하중을 나타낼 때, 컨테이너의 측면 압력 테스트(Transverse Racking Test)에도 사용되는 단위입니다. 이를 적용하여 kg 단위로 환산할 수 있습니다.(Empty Weight 1,202kN = 122,569kg)

질량(質量, Mass)은 지구 뿐만 아니라 우주에서도 변하지 않는 절대적인 무게를 뜻합니다. 반면에 중량은 특정 가속도 조건하에서 정해지는 수치이기 때문에 같은 질량이라 해도 지구에서의 중량과 달에서의 중량은 다른 값이 됩니다.

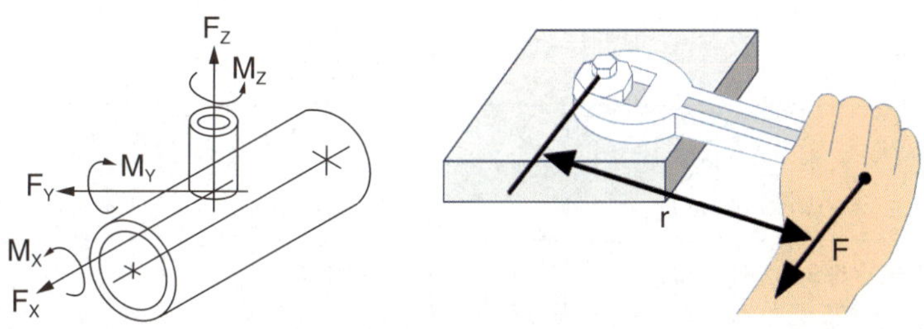

[그림 1-27] Moment of Force

물체를 회전시킬 때의 힘의 작용을 Moment of Force 또는 간단히 모멘트라고 표현합니다. 모멘트(M)는 힘이 가해지는 지점의 회전반경과 작용하는 힘을 곱한 값입니다.(M = F x r) 따라서 kN.m, kgf.m, kgf.cm 등의 단위로 표시됩니다. Vessel Particular 부분에서 MTC를 언급한 바 있습니다. 이는 지렛대의 원리와 유사한 개념으로 같은 크기의 모멘트는 회전축으로부터 힘의 작용점이 원거리에 위치할수록 적은 힘이 소요됩니다. GA 도면에는 왼쪽 그림과 같이 X, Y, Z축의 모멘트와 힘의 방향을 표시하나, 운송과는 크게 관련이 없기 때문에 물류에서는 모멘트의 개념만 이해해도 무리가 없습니다.

앞선 〈표 1-3〉 Design Data에서 추가되는 부분을 〈표 1-7〉에 표기하였다. Foundation Load와 비교하기 위해 별도로 옮긴 것입니다. 이 부분에도 Empty Weight가 표시되어 있습니다. 이전에 Empty Weight

1,202kN을 122,569kg으로 환산하였는데, 수치상으로는 미미한 차이가 있습니다. 일반적으로 GA 도면상에 표시하는 Erection Weight가 운송을 위한 Net Weight에 해당됩니다. 여기에 Saddle 중량을 추가하면 Transportation Weight가 됩니다.

〈표 1-7〉 Design Data

Particulars	Units	Column
Fire Proofing(In/Out)	mm. (inch)	△1 △3 No
Insulation(P.P)	mm. (inch)	38.1(1.5) [By Others]
Operating Fluid		Diglycol Amine(DGA) Solutions & Amine Wet H_2S
Erection Weight	kg. (lbs.)	105680(232984)
Weight-Empty	kg. (lbs.)	122308.3(269644)
Operating Weight	kg. (lbs.)	171925.3(379030) △1
Weight-Full of Water	kg. (lbs.)	203765.6(449226) △4

마지막으로 〈표 1-8〉은 자재명세서입니다. 그 중에 일부를 옮긴 것입니다. 자재 중량이 85.4톤으로 명기되어 있습니다. 하지만 전체 List에는 Nozzle, Girth Flange, Internal Tray가 포함되지 않은 관계로 Erection Weight와는 차이가 있습니다.

〈표 1-8〉 **자재 명세서**

Description	Size	Material	QTY.	WT.(kg)
Skirt	20 THK.×3000×~9940 Lg.	SA516 Gr. 70N	1	4687.1
Skirt	20 THK.×589×~9940 Lg.	SA516 Gr. 70N	1	920.2
Shell 7	48 THK.×3000×~6615 Lg.	SA516 Gr. 70N	1	7486.2
Shell 6	48 THK.×3000×~6615 Lg.	SA516 Gr. 70N	1	7486.2
Shell 5	48 THK.×3000×~6615 Lg.	SA516 Gr. 70N	1	7486.2
Shell 4	48 THK.×3000×~6615 Lg.	SA516 Gr. 70N	1	7486.2
Shell 3	48 THK.×1982.8×~6615 Lg.	SA516 Gr. 70N	1	4947.9
Toricone	85 THK.(Nom) 76 THK.(Min)×As Per Detail.	SA516 Gr. 70N	1	8124.0
Shell 2	68 THK.×1946×~9790 Lg.	SA516 Gr. 70N	1	10187.5
Shell 1	68 THK.×3000×~9790 Lg.	SA516 Gr. 70N	1	15695.7
Total Weight in kg.				85382.5

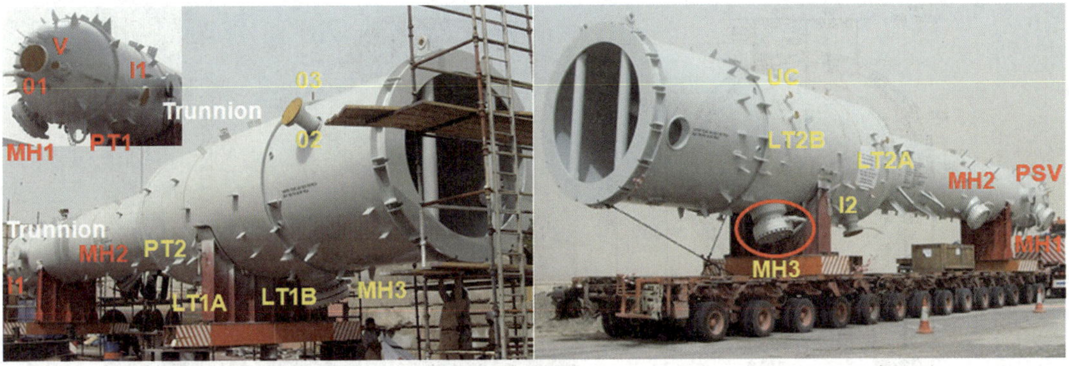

[그림 1-28] Amine Absorber 각 Nozzle별 위치

이렇게 해서 탄생한 HP Amine Absorber의 모습입니다. GA 도면의 Plan View에는 MH3 Nozzle이 Body의 최하부에 부착되는 것으로 작도되어 있습니다. 하지만 Trunnion Lug의 운송시의 각도와 일치하도록 21도만큼 A-A View와 B-B View 도면을 회전시킨 상태에서 실물사진과 비교해보면 각 Nozzle들의 위치가 도면과 유사하다는 것을 알 수 있습니다.

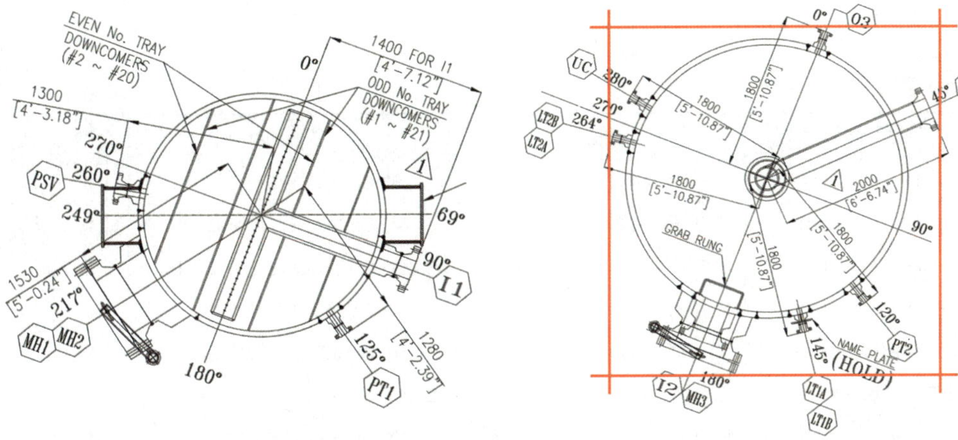

(a) View 'A-A'

(b) View 'B-B'

[그림 1-29]

독도법에 대한 기본지식이 필요하기는 하나, 중요한 것은 GA 도면이 운송에 필요한 다수의 정보를 담고 있다는 점입니다. 따라서 특별한 변경요인을 제외하고는 GA 도면을 통해 화물 Size와 중량을 예측할 수 있습니다.

[그림 1-30] (a) 도면은 Vendor가 제출한 PS 도면 B-B 위치에서의 Front View입니다. GA 도면의 Plan View를 21도 만큼 회전시킨 결과와 일치한다는 것을 확인할 수 있습니다. 앞서 Tailing Lug의 높이와 03번 Service에 연결되는 Nozzle의 높이가 경합하고 Tailing Lug가 좀 더 높은 고도에 위치한다고 설명한 바 있는데, PS 도면 또한 같은 결과를 나타내고 있습니다. 당연한 얘기이지만, 최대 폭을 결정하는 측면의

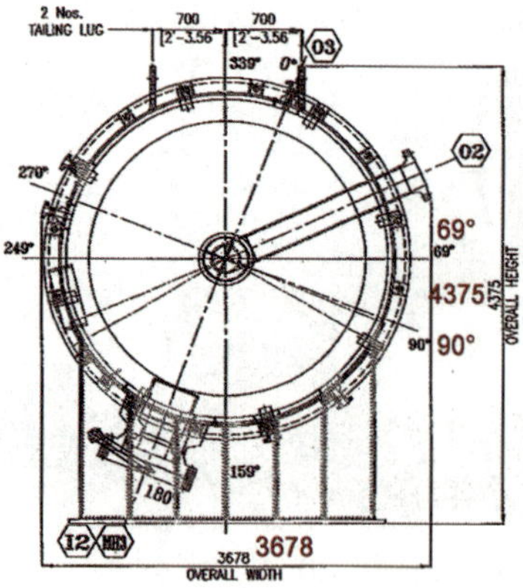

(a) PS 도면 Front View

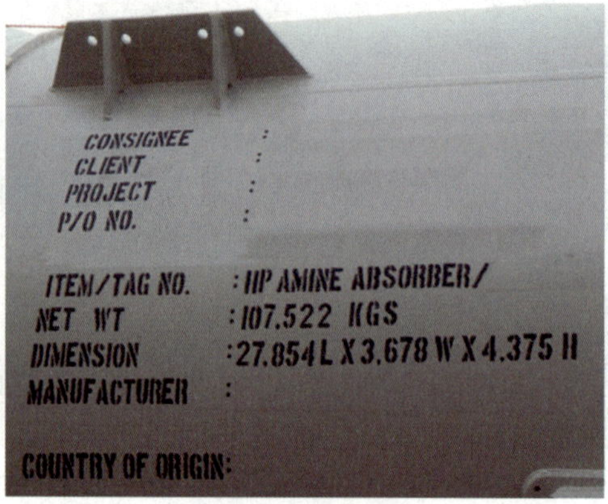

(b) Shipping Mark

[그림 1-30]

Nozzle들도 결과는 같습니다. PS 도면에는 MH3 Nozzle로부터 이격된 Saddle 하부높이가 기재되어 있지 않아 정확한 수치를 알 수 없으나, 파워포인트상에서 비례식으로 확인한 MH3 Nozzle의 지면으로부터 이격된 높이는 약 30cm 수준입니다. Shipping Mark에 의하면 Net Weight가 107,522kg으로 표시되어 있습니다. GA 도면의 Erection Weight 105,680kg과는 1,842kg의 오차가 있습니다.

〈표 1-9〉 Saddle 정보

Part No.	Description	Size	Material	QTY.	WT.(kg)
112	Wear Plate For Saddle 1	16 Thk.x×As Per Detail	SA283 Gr.C/SA36/SA516 Gr. 70	1	366
111	Wear Plate For Saddle 1	18 THK.×450×~2585 Lg.	SA283 Gr.C/SA36/SA516 Gr. 70	1	132
110	Rib Plate For Saddle 1	16 THK.×400×~1895 Lg.	SA283 Gr.C/SA36/SA516 Gr. 70	2	112
109	Rib Plate For Saddle 1	16 THK.×192×~1421 Lg.	SA283 Gr.C/SA36/SA516 Gr. 70	4	83
108	Base Plate For Saddle 1	30 THK.×450×~2000 Lg.	SA283 Gr.C/SA36/SA516 Gr. 70	1	102
107	Web Plate For Saddle 2	16 THK.×As Per Detail	SA283 Gr.C/SA36/SA516 Gr. 70	1	373
106	Wear Plate For Saddle 2	18 THK.×550×~3794 Lg.	SA283 Gr.C/SA36/SA516 Gr. 70	1	253
105	Rib Plate For Saddle 2	16 THK.×242×~886 Lg.	SA283 Gr.C/SA36/SA516 Gr. 70	4	105
104	Rib Plate For Saddle 2	16 THK.×242×~956 Lg.	SA283 Gr.C/SA36/SA516 Gr. 70	4	149
103	Rib Plate For Saddle 2	16 THK.×242×~1184 Lg.	SA283 Gr.C/SA36/SA516 Gr. 70	4	98
102	Rib Plate For Saddle 2	16 THK.×500×~1664 Lg.	SA283 Gr.C/SA36/SA516 Gr. 70	2	54
101	Base Plate For Saddle 2	38 THK.×550×~3000 Lg.	SA283 Gr.C/SA36/SA516 Gr. 70	1	15
Total Weight in kg.					1,842.0

위 〈표 1-9〉는 PS 도면에 Saddle 소요자재들의 사양과 중량을 표시한 것입니다. Saddle 중량이 1,842kg입니다. 따라서 Shipping Mark의 중량은 Net Weight가 아니라 Saddle 중량이 포함된 Gross Weight를 잘못 표시한 것입니다. 아울러 Shipping Mark에는 폭과 높이가 PS 도면의 수치와 동일하게 표시되어 있

으나, 화물 길이에는 오류가 발견됩니다.

PS 도면의 Elevation View상의 화물 길이는 GA 도면과 일치합니다. 반면에 Shipping Mark에는 Top Davit이 설치되었을 때의 길이가 표시되어 있습니다. Top Davit은 별도로 운송합니다. 따라서 PS 도면에 Top Davit이 표현된 점이나, Shipping Mark에 이를 포함한 길이를 표시한 것은 중대한 오류사항입니다.

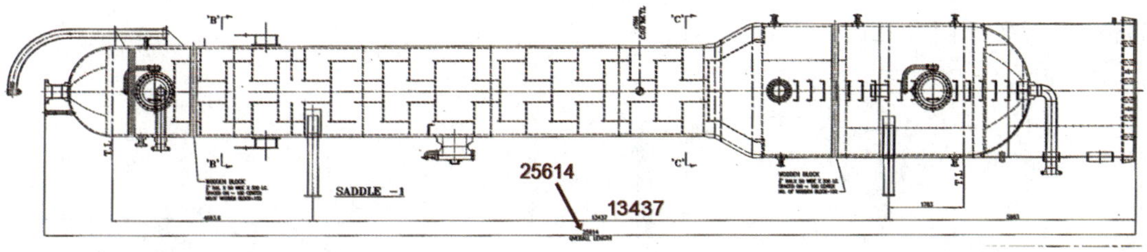

[그림 1-31] PS 도면 Elevation View

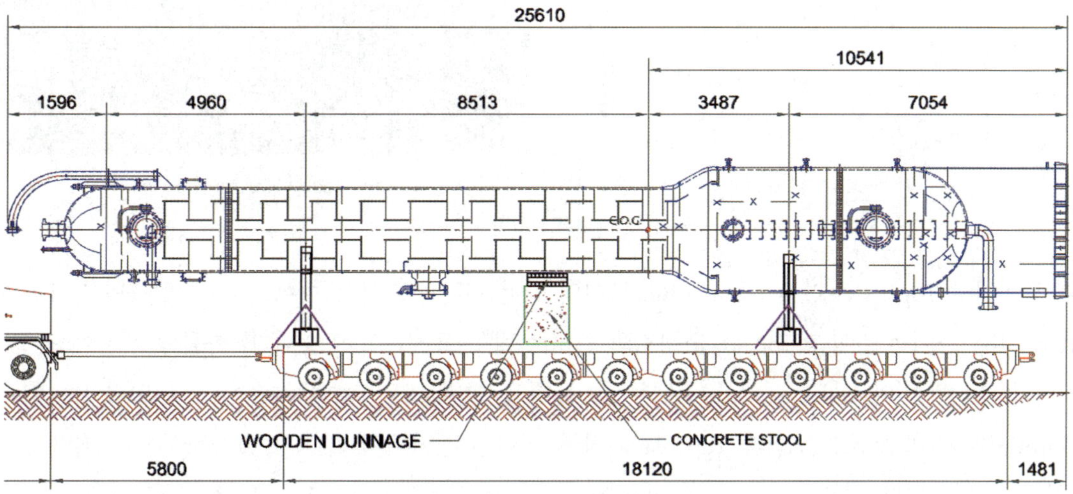

[그림 1-32] TC 도면 Elevation View

운송사가 제시한 TC 도면도 Top Davit을 포함하여 작도되어 있습니다. 아울러 TC 도면에는 Top Davit을 포함한 길이를 실제 화물 길이로 잘못 표현하고 있습니다. Vendor로부터 이미지 파일로 접수한 PS 도면을 운송사에 제공한 것이 오류발생의 일차적인 원인일 수 있습니다. 필자가 다시 한번 수치를 기재해야 할 만큼 PS 도면의 해상도가 낮은 것도 이 때문입니다. CAD 파일이 제공되었다면 프로그램상에서 수치를 정확히 인지할 수 있기 때문에 Human Error가 발생할 가능성이 낮아집니다. 따라서 모든 도면은 CAD 파일을 제공하는 것이 바람직합니다. 실제 이러한 사유로 TC 도면에 운송상의 높이가 잘못 기재되어 트레일러 Operator들이 이를 그대로 따르는 과정에서 Overbridge와 충돌할 뻔한 사례가 있습니다. 또한 실제와는 다른 화물 길이의 표시는 트레일러 동원에 심각한 착오를 일으킬 수 있습니다.

본 사례에서도 PS 도면의 Saddle 간격은 13,437mm인 반면, TC 도면에서는 12,000mm로 표현되어 있습니다. 중형 Column이기에 망정이지 대형 Column의 경우에는 위험한 상황이 초래될 수 있습니다.

물류 담당자는 이러한 일련의 오류들을 걸러낼 수 있을 만큼 역량을 키워야 합니다. 더욱이 시점을 놓치지 않도록 제때에 바로 잡아야 합니다. 도면에 대한 이해도를 높이고 중요한 일에 집중해야 한다고 강조하는 이유가 바로 여기에 있습니다. Riser Pipe가 함께 작도되어 있다면 이를 분리하도록 조치하고, Top Davit도 같은 조치가 필요합니다.

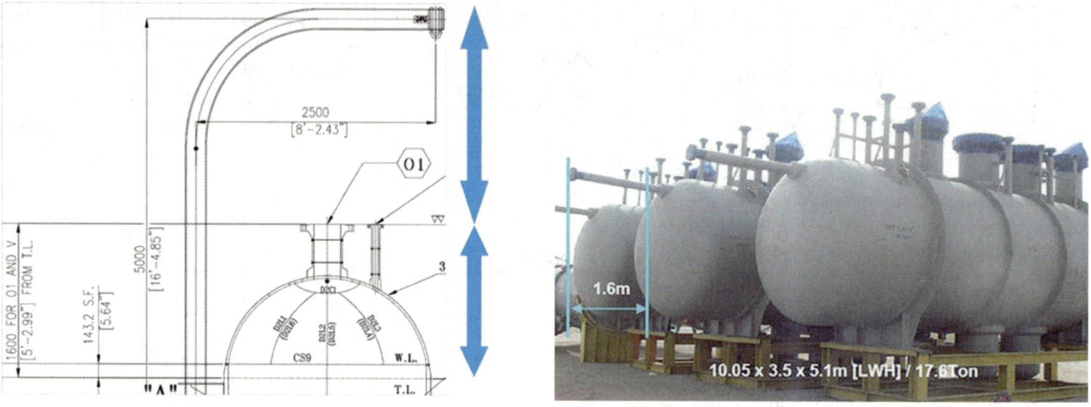

(a) Head 부분 도면

(b) Vessel의 Nozzle 돌출 사례

[그림 1-33]

TC 도면에서 Top Davit과 Tangent Line 사이의 길이 또한 기재된 수치에 오류가 있습니다. T.L과 01번 Nozzle Top 사이의 길이를 Top Davit까지의 길이로 잘못 표시하고 있습니다. 화물의 형상에도 오류가 발견됩니다. GA 도면의 Column Head 부분 상세사항을 살펴보면, T.L과 01번 Nozzle Top 사이의 길이(1,600mm)보다 01번 Nozzle Top과 Top Davit 상부 사이의 길이(실제 길이 2,240mm)가 더 길다는 사실을 확인할 수 있습니다. 그러나 Vendor가 제공한 PS 도면은 이를 반영하지 않은 채, Top Davit의 형상을 표현하였습니다. Top Davit을 PS 도면에 포함시킨 것도 문제지만, 결과적으로 TC 도면 또한 같은 오류를 범하고 있습니다. 만약 GA 도면을 살펴보지 않은 상태에서 PS 도면이나 TC 도면에 의지하여 중량물 운송계획을 수립한다면, 물류 담당자가 이 같은 오류를 잡아내기란 쉽지 않은 일이 될 것입니다.

또 하나의 개선해야 할 사항은 실제 Trailer Loading Orientation 각도에 부합하도록 Elevation View 도면을 작도해야 한다는 점입니다. [그림 1-31]의 PS 도면에서는 Trunnion Lug가 운송상의 Orientation과 일치하지 않습니다. 따라서 Nozzle들의 위치도 실제상황과 다를 수밖에 없습니다. 이는 GA 도면을 그대로 차용하여 PS 도면을 작도함으로써 Vendor의 편의를 추구한 결과입니다. GA 도면에 대한 이해가 선행되지 않으면 자칫 오해를 불러올 수도 있습니다. 그러므로 이런 경우에는 PS 도면의 Front View와 Rear View를 통해 측면 Nozzle 위치를 반드시 확인해야 합니다.

[그림 1-33] (b) 사례의 Vessel들은 Nozzle의 돌출수준이 HP Amine Absorber와는 상당한 차이가 있

습니다. Nozzle 위치에 대한 정확한 이해가 뒷받침되지 않으면 Stowage Plan에 착오를 일으킬 여지가 있습니다. 예를 들어, 전방으로 돌출된 Nozzle 아래에 높이가 낮은 화물을 선적할 수 있으나, 잘못 표현된 Elevation View 도면에 의지한 결과 Nozzle 위치에 대한 해석의 오류로 인해 그 아래를 빈 공간으로 남겨둔 채 Stowage Plan을 작도할 수 있습니다. 빈 공간 없이 보다 많은 화물을 적재함으로써 선사도 이익이 남아야 차후에 좀 더 경쟁력이 있는 운임을 제시할 수 있습니다. 따라서 Stowage Plan이 정교하게 짜여질수록 모두에게 이득이 됩니다. 더욱이 Front View나 Rear View 도면에서는 측면 돌출부가 쉽게 포착되지만 전후방 돌출부는 가시성이 높지 않다는 문제점이 있습니다. 결론적으로 실제 운송상황과 일치하는 PS 도면을 작도하도록 Vendor를 독려하는 것이 바람직합니다. 살펴본 바와 같이 내륙운송사, 선사 모두가 오류를 일으킬 수 있는 사안입니다.

다음은 '물류의 정의' 부분에서 언급한 내용입니다. GA 도면과 정확한 정보에 의한 교신의 중요성을 다시 한번 되새겨보시기 바랍니다.

> 12톤 Transformer가 160톤으로, 80톤 Converter가 127톤으로, 85톤 Air Cooler가 35톤으로, 161톤 Thermal Oxidizer가 18톤으로, 156kg Separator가 156톤으로, 15톤 Dust Scrubber가 350톤으로 각각 중량이 변경되었다고 하면 "이게 정말 실화입니까?"라고 되묻는 분이 계실 것 같습니다. 변경의 정도가 심한 편이긴 하지만, 안타깝게도 실화입니다. 엄밀히 말해서 변경이 아니라 애초부터 잘못된 정보에 의한 잘못된 교신의 결과입니다.
>
> 상호간에 이해의 깊이가 다른 언어로 대화하고, 정확하지 않거나 부족한 정보로 교신하고, 이마저도 제때에 소통이 이뤄지지 않기 때문에 이와 같은 문제가 불거지게 됩니다. 아울러 중량물리스트를 관리하는 PRE(Procurement Engineer) 또는 물류 담당자가 기자재에 대한 소양(素養)이 부족한 탓이기도 합니다. PS(Packing Sketch) 도면이 출도되기 전이라도 GA(General Assembly) 도면을 검토하면 중량물 리스트에 등재된 화물에 대해서 만큼은 그 진위 여부를 파악할 수 있으나, 이를 방기(放棄)한 측면도 있습니다.
>
> 잘못된 정보는 잘못된 교신을 낳고, 잘못된 교신은, 후행부서 또는 협력사의 후속업무에 오류를 유발하게 되며, 나아가서 엉뚱한 운송수단의 선정과 부실계약, 그리고 각종 준비시점의 불일치 문제를 야기시킵니다. 이로 인해 물류업무 수행의 절대적 필요시간을 헛되이 소모하게 되고, 궁극적으로는 물류비 상승 및 적기운송 실패로 인한 공기지연이라는 유형의 손실과 물류부서의 위상 실추라는 무형의 손실을 초래하게 됩니다.

물류업무를 수행함에 있어서 도면과 친숙해질 것을 주문하고, 급한 일보다는 중요한 일에 보다 심혈을 기울여 한다고 강조하는 이유를 이제는 이해할 수 있을 것입니다. GA 도면 활용의 이점을 다음과 같이 요약할 수 있습니다.

① 기기의 길이와 Shell 및 Skirt의 최대 외경을 알 수 있습니다. Trunnion Lug, Tailing Lug, Nozzle의 돌출 길이와 대략적인 Saddle 높이를 더해 전체적인 폭과 높이를 예측할 수 있습니다.

② Erection Weight와 Saddle의 중량을 감안하여 운송상의 중량을 예측할 수 있습니다. PS 도면이 접수되기 이전이라도, 중량물에 대해서 만큼은 GA 도면을 통해 운송 Volume과 중량을 확인함으로써, 협력사에까지 전파 감염되는 오류의 답습, 불필요한 시간낭비, 금전적 손실을 예방하고 선적 및 내륙운송에 대한 선행관리를 도모할 수 있습니다.

③ VF 적용 오류에서 기인한 물류비 실적전망의 오류를 최소화할 수 있습니다. 예산수립시의 자료와 GA 도면상의 정보를 비교함으로써 보다 현실에 가깝게 물류비 실적전망을 조정할 수 있습니다. 아울러 보다 이른 시점에 중량물리스트에서 제외시키거나, 추가함으로써 부실한 정보에 의한 실적전망 오류를 조기에 바로잡을 수 있습니다.

④ 재질을 미리 파악할 수 있고, 대기 노출 부위에 Stainless Steel 재질이 있는 경우, 이에 대비할 수 있습니다. 다만 Tarpaulin 포장은 Vendor Shop에서 작업이 이뤄질 수 있도록 기자재가격에 포함시켜야 합니다.

⑤ Bolster를 도입해야 하는 경우, Skirt의 Shell 두께를 파악하여 해당 위치에서 Bolster 사용 가능 여부를 가늠할 수 있습니다.

[그림 1-34]는 Boslter를 이용하여 Column을 운송하기 위한 TC 도면에서 Elevation View를 옮긴 것입니다. Head First 또는 Bottom First Loading Orientation 이외에 중요한 차이점이 있습니다. 아래쪽 도면에서는 Skirt 위치의 Saddle을 지지하여 운송하는 방식입니다. 만약 운송사에서 이와 같이 작도한 경우에는 반드시 Skirt 부분의 Shell 두께를 확인해야 합니다. 이 Column은 Skirt 위치를 지지하는 것이 부적합한 것으로 판명되어 나중에 지지 위치를 변경하였습니다. PS 도면만으로는 Shell 두께 정보를 알 수 없기 때문에 GA 도면을 참조해야 합니다.

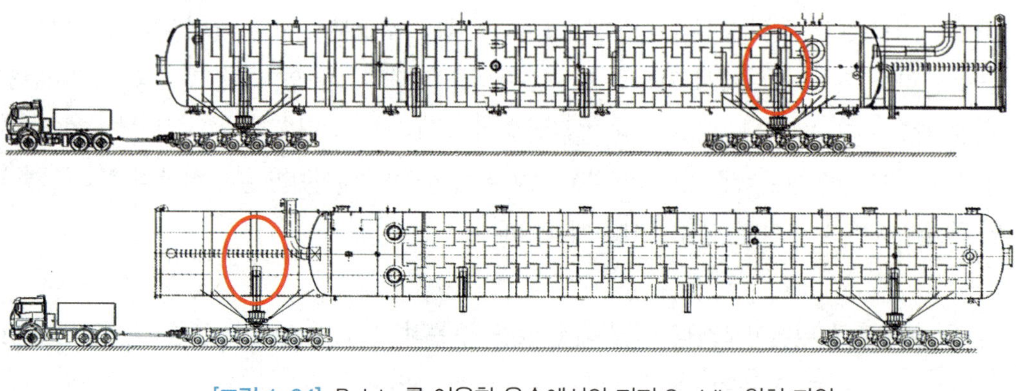

[그림 1-34] Bolster를 이용한 운송에서의 지지 Saddle 위치 파악

이상과 같이 GA 도면에 대해 살펴보았습니다. 중량물 운송과 도면은 불가분의 관계입니다. 독도법을 익히고 물류 관점에서 필요한 사항들을 살펴서 중량물 운송에 대비하시기 바랍니다. PS 도면에 대해서는 '6. Shipping Drawing과 선적시 유의사항'장에서 상세히 알아보겠습니다.

2. 제관류의 물류비 절감 방안

Column, Reactor, Vessel류의 화물은 상대적으로 큰 중량과 부피로 인해 일반화물 보다 물류비가 차지하는 비중이 높습니다. 뿐만 아니라, Project 공기를 좌지우지 할 수 있는 중요한 기기에 해당됩니다. 따라서 적기운송과 물류비 절감의 욕구를 동시에 충족시킬 수 있는 요인들을 살펴볼 필요가 있습니다.

먼저 운송비 산정기준입니다. Break Bulk 운송에 있어서는 Freight Ton(=Revenue Ton, 운임톤)을 산출하여 운임톤당 단가를 적용합니다.

예) 100톤, 120 CBM 화물 → 120 FT 적용
　　120톤, 100 CBM 화물 → 120 FT 적용

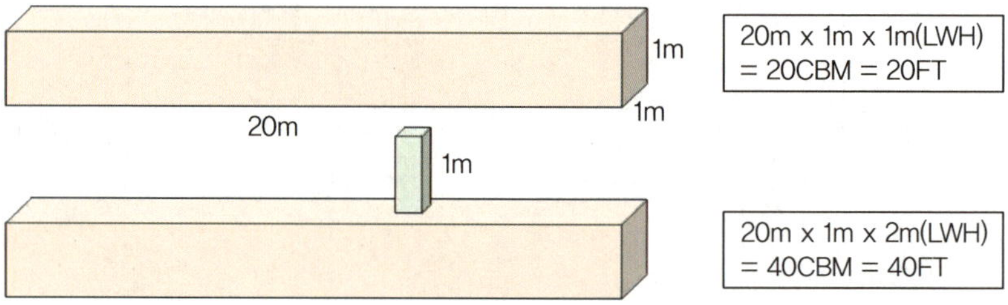

[그림 2-1] Freight Ton의 개념

Volume이 운임톤의 기준이 되는 경우, 운송비 산정을 위한 운임톤은 위와 같이 계산합니다. 그림에서 보시는 바와 같이, 비록 상부 돌출부가 미미한 부피를 차지한다 해도 운임톤이 2배가 되는 것을 알 수 있습니다. 이런 경우, 해상운송비는 최소한 2배 상승합니다. 따라서 Nozzle 등의 돌출부위를 Flange Joint 방식으로 대체하여 높이를 낮출 수 있다면 운송비를 대폭 절감할 수 있습니다. Break Bulk 선박

으로 운송하는 화물은 중량과 화물 Size에 따라 운임적용 범주를 다음과 같이 상정할 수 있습니다. 단, Break Bulk 선적의 ODC 기준과 컨테이너 운송시의 ODC 기준에 차이가 있고, 기업마다 적용기준이 상이할 수 있습니다.

〈표 2-1〉 화물 분류 기준

범　　주	중량 기준	Size 기준
General Cargo	25톤 이하	12.0m × 2.5m × 2.5m(LWH) 이하
Over-Dimensional Cargo(ODC)	25톤 초과 60톤 이하	LWH 중 하나라도 G.Cargo 기준초과
Heavy Cargo	60톤 초과	특정 Size 초과

*General Cargo : Flat Bed Trailer 운송기준
*Heavy Cargo : Conventional Vessel의 본선 크레인 Capa. 기준

선박은 G.Cargo와 ODC를 같은 범주로 취급할 수 있으나 선적과 하역작업, Seafastening 등에 좀 더 세심한 주의를 요한다는 측면에서 ODC 운임단가가 더 고가일 수 있습니다. 아울러 다단적재가 불가하여 선박 Hold 내에 Dead Space가 발생하는 경우, 이 역시 운임단가 상승에 영향을 미치게 됩니다. 내륙운송에 있어서는 화물 중량과 Size에 따라 동원해야 할 Axle Line 수가 달라지고, A/L 수가 증가할수록 운송 난이도 상승 및 장기간의 운송으로 인해 A/L당 운송단가가 높아지는 경향이 있습니다. Bolster나 Girder Frame의 부대장비를 동원해야 한다면 운송단가의 추가 상승이 불가피합니다.

Conventional Vessel은 일반적으로 30톤 본선 크레인 4기와 5개의 Hold로 구성됩니다. 물론 본선 크레인의 Outreach에 따라 Lifting 성능에 차이가 있으나, Tandem Lift 방식으로 최대 60톤 중량의 화물까지 선적이 가능하기 때문에 중량물의 기준을 60톤 초과 화물로 이해해도 무리가 없습니다.

해상운송과 내륙운송 공히 G.Cargo→ODC→중량물 순으로 운임단가 상승한다고 할 수 있습니다. 따라서 중량물은 ODC 수준으로, ODC는 G.Cargo 수준으로 설계 및 제작이 가능하다면, 운송비를 더욱 절감할 수 있습니다. 돌출부가 화물 하단에 위치한 경우에는 Steel Support 등으로 보강해야 할 것입니다. Steel Support는 화물중량 및 높이가 상승하는 직접적인 원인이 됩니다. 만약 돌출부로 인해 이처럼 별도의 보강조치가 필요하여 G.Cargo→ODC→중량물의 경계를 넘어서게 된다면, 운송비는 상승폭이 확대됩니다.

그 밖에도 화물의 돌출부는 적기운송을 저해하고 Project 공기를 지연시킬 우려가 있습니다. Overbridge, 표지판, 신호등, 전선, 육교, 가로등, 터널, 톨게이트, 기타 도로 시설물 등 많은 장애요소들을 극복해야 합니다. 장애물들을 제거하거나, 우회하거나, 우회로를 신설하거나, 이들을 원상태로 복구하는 데에 따른 부대비용이 증가하게 됩니다. 화물 고도로 인해 육교를 해체했다가 복구한 사례가 있습니다. 이 같은 장애물 제거작업이 제때에 진행되지 못한다면 낭패가 아닐 수 없습니다.

우회로가 없는 도로상에 별안간 예시의 사진처럼 표지판 부착용 Gantry가 들어섭니다. 그리고 Gantry 아래로는 중량물 트레일러의 통행이 불가능합니다. 하는 수 없이 기존 도로 옆에 우회로를 냈습니다.

그런데 Gantry 출현보다 더 당혹스러운 상황이 연출됩니다. 도로 표지판에 야간 점등을 위한 Cable 매설공사를 진행한다고 기껏 만들어 놓은 우회로를 파헤쳐 놓은 것입니다. 예견치 못한 우회로 개설비용과 복구비용을 추가로 지불해야 했습니다.

(a) 표지판 설치용 Gantry (b) 운송도중 노면 보강

[그림 2-2]

과도한 Support로 인해 화물중량이 상승한다면 이 또한 운송에 지장을 초래할 수 있습니다. 뒷부분에서 설명할 Vessel의 경우 Steel Support 중량이 9톤에 달합니다. 위 나머지 사진들의 사례는 Support와 직접적인 관련은 없지만, 중량이 늘어나게 되면 같은 상황이 재현될 가능성이 있습니다. 전방 트레일러가 지나간 뒤 비포장도로가 파인 사례입니다. 중장비를 동원하여 긴급히 노면을 복구한 후에 통과하였습니다.

이 같은 돌발사태에 대비하기 위해서도 할 수만 있다면 운송높이를 낮추고, 운송중량을 낮춰야 합니다.

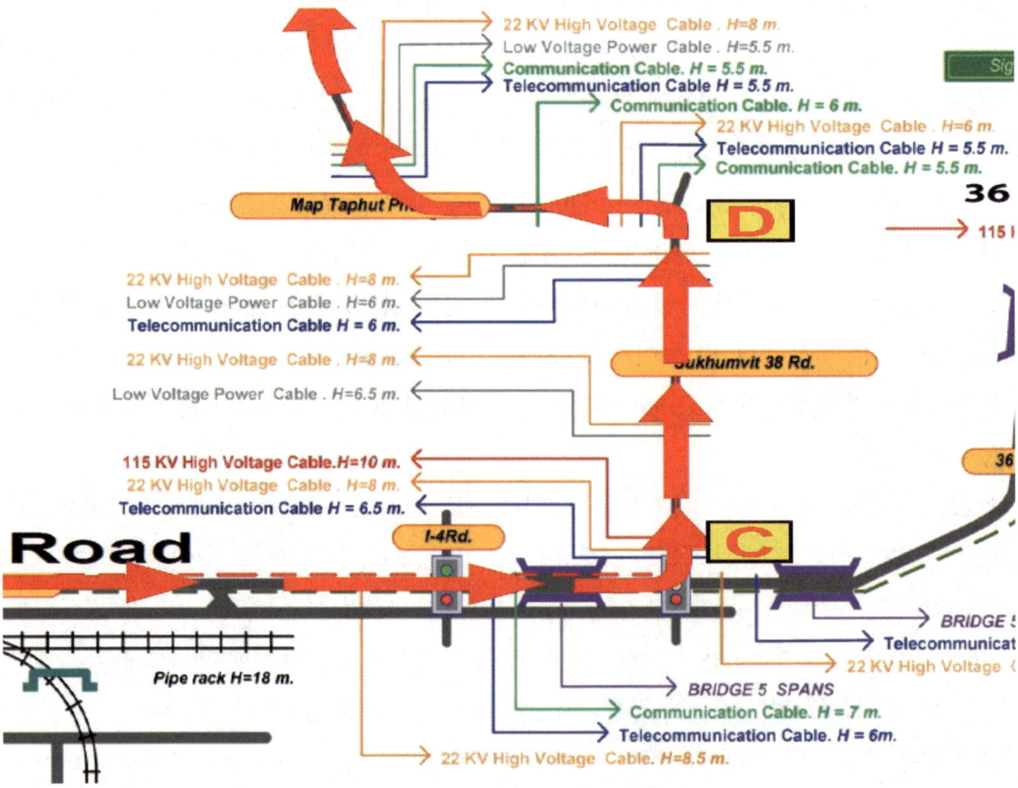

[그림 2-3] 운송 Route Map 예시

원천적으로 설계팀의 적극적인 의지가 필요합니다. 그리고 입찰업무 수행시 예비비를 편성할 필요가 있습니다. 위 사례들처럼 뜻밖의 상황이 벌어지는 경우가 적지 않기 때문입니다.

중량물 운송에 있어서 고도상의 문제를 야기하는 대표적인 사례가 Cable Line입니다. [그림 2-3]의 운송 Route 상에도 수많은 Cable Line들이 위치하고 있으며, 전력선의 경우 6~10m 높이를 형성하고 있습니다.

[그림 2-4] Boot로 인한 Steel Support 장착

[그림 2-4]의 Vessel은 높이가 7.3m입니다. Transportation Beam 40cm, 트레일러 높이 1.0m를 더하면 8.7m가 됩니다. Cable Clearance를 2m라고 가정했을 때, 이론상으로는 10.7m 아래의 Cable Line들은 승인을 받고 Shut-down 후에 통과해야 합니다. 앞선 운송 Route상의 모든 전력선이 Permit 취득 대상이 됩니다. 저압선의 경우에는 Shut-down없이 인력과 장비를 동원하여 Lifting을 실시한 후 통과할 수 있으나, 이 또한 사전에 Permit을 취득해야 하는 사안입니다.

Lifting을 실시한다 해도 화물 높이가 Clearance 이내인 경우에는 Shut-down이 불가피합니다. 운송 Route상에 시멘트 공장으로 연결되는 Cable Line이 있었습니다. 전력 수요처가 약속한 날짜를 계속 미루면서 한 달 동안 Cable Line 앞에서 발목이 잡힌 사례가 있습니다. 사업주가 나름대로 애를 써봤지만, 플랜트와 연결된 Cable Line인 만큼, 불가항력이었습니다. 이렇게 되면 현장에서는 장비와 인력운용에 차질이 발생합니다.

[그림 2-4]의 사례는 Boot 때문에 2.4m 높이의 노란색 Steel Support를 장착한 형상입니다. 만약 이 Boot를 Flange 접합형태로 연결할 수 있다면, 그리고 Steel Support를 지면으로부터 30~40cm 정도로만 유지할 수 있다면, 웬만한 장애물들은 어렵지 않게 극복할 수 있을 것입니다.

Boot나 Nozzle 돌출부의 Flange 접합방식 적용시 제관류의 운송비 절감율과 부대효과를 [그림 2-5]에 나타냈습니다. Flange 접합에 따른 Loose Part의 운송비는 상대적으로 극히 미미하여 논외로 하겠습니다. (당시의 사우디 해상+내륙운송비 기준)

[그림 2-6]은 350톤 Vessel의 GA 도면 Elevation View입니다. 바람직하게도 하단부의 Boot가 Flange 접합 형태입니다. 만약 일체형으로 제작되었다면 대단한 운송 Project가 되었을 것입니다. (내륙운송 거리 약 1,000km)

- 개선 전 : 129 CBM – ODC
- 개선 후 : 85 CBM – ODC
  → 운송비 절감율 : 35%
- 부대효과 : 고속도로 횡단 및 우회로 이용 등의 지연요인 없이 적기운송 가능

- 개선 후 : 29 CBM 감소,
  → 운송비 절감율 : 16%
- 부대효과 : 돌출부의 Damage 가능성 예방

- 개선 전 : 450 CBM – Heavy Cargo
- 개선 후 : 312 CBM – ODC
  → 운송비 절감율 : 58%
- 부대효과 : 고속도로 횡단 및 신호등, 표지판, 전선 등의 장애물 극복활동 개선.
  COG를 낮춤으로써 안전운송 도모.
  Steel Support(9톤) 제작비용을 원천적으로 없앰으로써 발주금액 절감에 기여.

[그림 2-5]

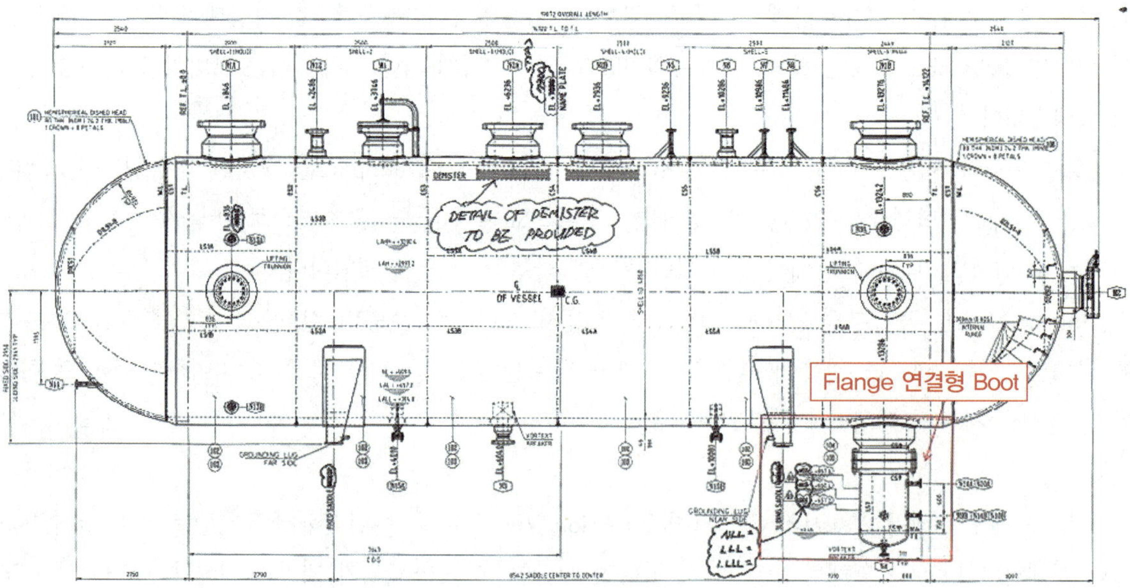

[그림 2-6] Vessel GA 도면 사례

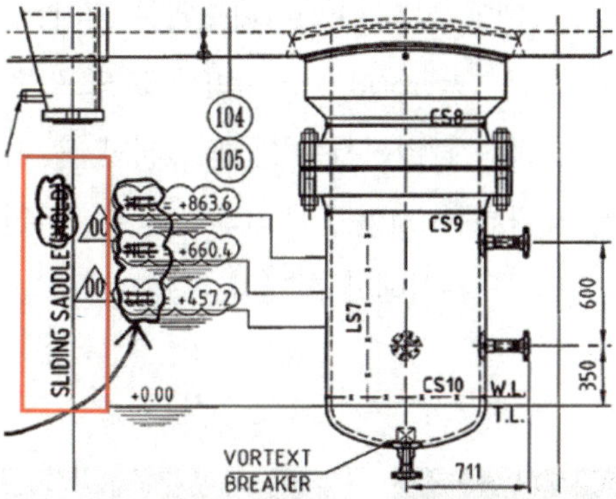

(a) Flange 연결형 Boot

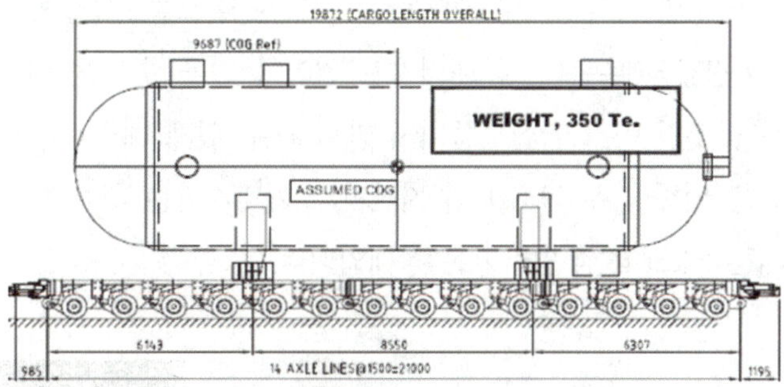

(b) TC 도면 Elevation View

[그림 2-7]

Boot 부분을 확대해보았습니다. Sliding Saddle과 Vortex Breaker는 이전 글에서 살펴본 바와 같습니다. Boot 제작에 있어서도 Weld Line과 Tangent Line이 고려 대상이라는 사실을 알 수 있습니다.

Flange 접합 방식을 적용함에 따라 운송상의 높이가 대략 1.6m 정도 낮아집니다. 1.6m 높이는 중량물 운송에 있어서 상당히 큰 차이입니다. 수많은 장애물들을 수월하게 극복할 수 있고, 우회로를 개설하지 않아도 됩니다. 교통경찰의 지원을 받아야 하는 회수도 현격히 감소합니다. 무엇보다도 COG 위치를 낮춤으로써 운송 안전성이 향상되고 운송기간이 단축됩니다. 본 화물 운송을 위한 TC 도면에서 하부의 Boot가 제거된 모습을 확인할 수 있습니다. 모든 가용한 수단을 동원하여 단 몇 cm라도 높이를 낮출 수 있다면 낮춰야 합니다. 불과 몇 cm 차이로 Overbridge를 통과할 수도 있고, 불과 몇 cm의 차이로 사고가 발생하기도 합니다.

[그림 2-8] (a)는 전자의 사례에 해당되며, (b)는 후자의 사례에 해당됩니다. 사우디 서부지역에서 동부의 현장으로 향하던 SS재질의 Vessel이 Overbridge에 치여 곧바로 Vendor Shop으로 복귀했고, 상부의 손상된 Nozzle 수리로 인해 상당기간 운송이 지연된 사례가 있습니다. 국내에서 선적항으로 향하던 화물도 Overbridge와 충돌한 사례가 있습니다. ([그림 2-8] (b))

(a) Overbridge 통과

(b) Overbridge 접촉사고

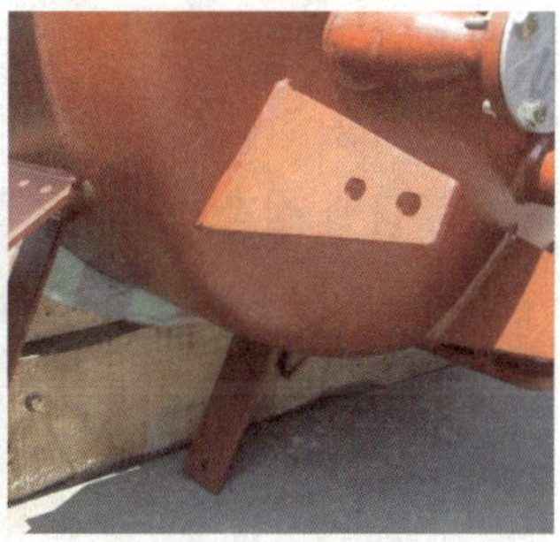

(c) Cleat 지면 접촉

[그림 2-8]

제일 안타까운 것은 같은 위치에서 동일한 사양의 화물이 두 차례에 걸쳐 Overbridge와 부딪치는 사고가 발생한 사례입니다. 여기에는 도면상의 오류, 화물높이 실측오류, Overbridge 표지판의 고도표시 오류, 운전자의 부주의 등 여러가지 원인이 있을 수 있습니다. 물론 실수가 있어서는 안 되겠지만, 높이를 대폭 낮추면 이러한 실수들마저 만회할 수 있게 해줍니다. 다만, 제관류를 지면에 내려놓았을 때, 안전한 작업을 위해 하부 Nozzle의 지면과의 이격거리는 최소한 20cm 정도를 유지해야 합니다. [그림 2-8] (c)의 사례는 Cleat이 지면에 닿은 상태입니다.

(a) Head 부분에 장착된 열교환기 (b) 고도가 다른 Overbridge (c) 운송사고

[그림 2-9]

Column 또한 예외는 아닙니다. [그림 2-9] (a)에서 Column(L56m) Head 부분에 장착된 열교환기 길이가 12m입니다. 해상운송비와 내륙운송비가 상승하는 것은 물론, 내륙운송시 장애물 제거와 Civil Work 등의 부대비용이 발생하고, 운송기간도 장기화될 우려가 있습니다. 특히 경찰의 교통통제를 받아야 하는 지점에서 마냥 대기하는 사태가 벌어진다면, 다수의 A/L이 본 Column 운송에 묶이는 만큼 후속 중량물의 운송일정에도 영향을 미치게 됩니다.

화물의 돌출부를 Flange 접합 방식으로 설계가 가능한 경우의 이점을 다음과 같이 요약할 수 있습니다.

- 운송비 절감, 운송기간 단축
- 운송 부대비용 절감 및 운송의 안전성 확보
- 현장비용 절감 → 크레인사용기간 연장 및 Project 공기지연 예방
- 발주금액 절감, 제작기간 단축 → Steel Support 제작비용 경감
- 운송상의 Consequential Damage 예방
  → 해당 트레일러가 복귀해야 후속 중량물의 운송이 가능한 경우

무엇보다도 중요한 것은 이를 통해서 안전운송을 도모할 수 있다는 점입니다. [그림 2-9] (c) 사례의 화물은 상부에 Drum이 장착되어 있어서 COG가 상당히 높게 형성되었을 것으로 추측됩니다. 앞선 사

례의 Steel Support 또한 COG 상승의 원인이 됩니다. 따라서 작은 방심에도 사고로 이어질 개연성이 있습니다. 할 수만 있다면 COG 또한 무조건 낮춰야 하는 이유입니다. Steel Support를 제거하여 운송상의 COG가 낮아지면 그 만큼 안전운송에 유리해집니다.

[그림 2-9] (b)의 사례와 같이 Overbridge가 도로 양 측면에서 높이가 다른 경우가 있습니다. 앞서 언급한 세번째 사고사례가 이러한 지형에서 발생한 것입니다. 실제로 동일한 사양의 화물들이 Overbridge의 높이가 높은 쪽 도로를 통해 해당 Overbridge 아래를 무사히 통과한 바 있습니다. 그러므로 Route Survey 수행시 실측을 통해 이러한 지형적 특성까지 파악하고, 운전자가 이 사실을 인지하도록 해야 합니다.

물론 현장의 작업 용이성을 고려해야 하고, Boot 부위가 지하로 매설되는 등 제품의 특성상 Flange로 연결할 수 없는 부득이한 사정도 있을 것입니다. 하지만 특수한 경우를 제외하고는 화물의 지나친 돌출 부위를 Flange 접합방식으로 제작하는 것이 여러모로 이득입니다.

3. Air Cooler 운송시 유의사항

AFC(Air Fin Cooler) 또는 ACHE(Air Cooled Heat Exchanger)로 불리는 Air Cooler는 Finned Tube 내부에 고온의 유체가 흐르도록 하고, Fan을 돌려서 대기 온도로 냉각하는 방식의 공랭식(空冷式) 열교환기입니다.

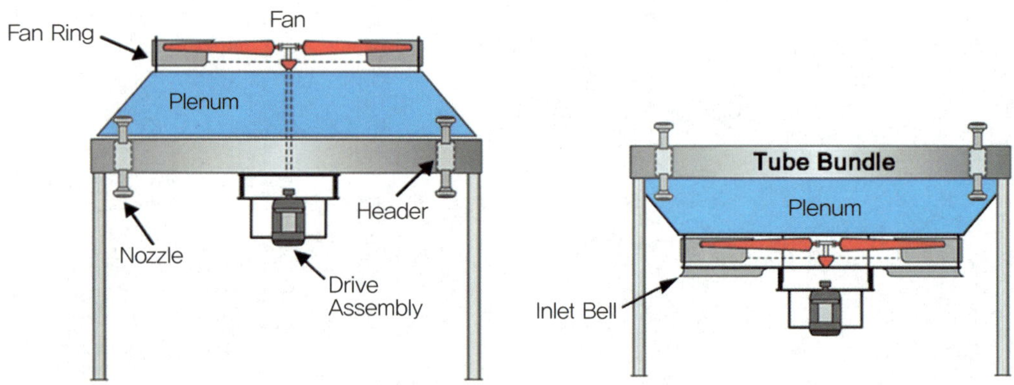

(a) Induced Draft Type (b) Forced Draft Type

[그림 3-1] Air Cooler 각 부위별 명칭

Fan이 위쪽에 장착되는 Induced Draft Type과 아래쪽에 장착되는 Forced Draft Type의 두 가지 형태로 구분됩니다.

⋙ Induced Draft Type

Induced Draft Type은 Tube Bundle 위에 Plenum Chamber가 위치하고 있습니다. 이 때문에 Module

전체적으로는 Shipping Volume이 상승하게 되어, 물류비 측면에서는 불리한 형태입니다. Fan이 회전할 때 흡입되는 공기로 Tube Bundle 내부에 흐르는 유체를 냉각시킵니다. Plenum Chamber가 그늘막 역할을 하여 직사광선을 피할 수 있고, 외부적 요인에 의한 냉각 방해요소가 적으며, 우천, 모래바람, 우박 등으로 인한 장치의 손상이 적게 발생하는 편입니다.

Plenum Chamber가 굴뚝 역할을 함으로써 고장이나 전력공급 중단시에도 자연적인 공기의 흐름이 유발됩니다. 이로 인해 적게나마 열교환이 이루어집니다. 또한 Tube Bundle을 통과하는 공기를 비교적 균등하게 배분하는 장점이 있습니다.

반면에 선풍기 뒤에 서 있으면 시원함이 덜 한 것처럼, 상대적으로 효율성이 떨어지고, 전력소모량이 많다는 단점이 있습니다. 아울러 유지보수에 불편함이 따릅니다. Tube Bundle의 상태를 점검하려면 Plenum Chamber를 해체하거나 또는 아래 쪽에서 고개를 빳빳이 치켜들고 살펴봐야 할 것입니다. Tube 안의 유체가 상당히 고온이라면, Fan의 수명을 단축시킬 수 있습니다.

›››Forced Draft Type

선풍기 앞에 Tube Bundle이 위치한 것과 같이 공기를 불어넣어 주는 형태입니다. Permanent Support의 높이가 동일하다고 할 때, Module 전체적으로는 Induced Draft Type에 비해 Shipping Volume이 작은 편이어서 물류비 측면에서는 다소 유리한 면이 있습니다. 장단점은 Induced Draft Type과 반대입니다.

›››Finned Tube

Finned Tube는 공기와 접촉하는 면적을 넓혀줌으로써 열교환의 효율성을 증대시키기 위한 목적으로 사용됩니다. 널리 적용되고 있는 Finning 방식은 Embedding 방식과 Extruding 방식입니다. 주로 열전도도가 높은 알루미늄이 Fin 재질로 사용됩니다.

(a) Embedded Type Finned Tube

(b) Aluminum Strip Coil

[그림 3-2]

Embedding 방식은 Tube에 Helical(나선형) 홈을 내고, 그 홈을 따라 알루미늄 Strip Coil로부터 알루미늄 Tape을 Tube에 심는 형태로 Finned Tube를 제작합니다.

(a) Aluminum Pipe를 덧씌운 이중관 (b) Extruded Finning (c) Extruded Type Finned Tube

[그림 3-3]

Extruding 방식은 Base Tube에 알루미늄 Pipe를 덧씌우고 알루미늄 Pipe를 쥐어짜듯 변형시켜 Fin을 형성합니다. 내구성이 강하여 외부 환경으로부터 Base Tube의 부식방지에 효과적입니다. 반면에 Fin의 열팽창률이 높기 때문에 Embedding 방식(Max 400℃)보다는 상대적으로 저온 운전에 적합합니다. (Max 300℃)

Bundle, Bay, Nock-down의 개념과 운송형태

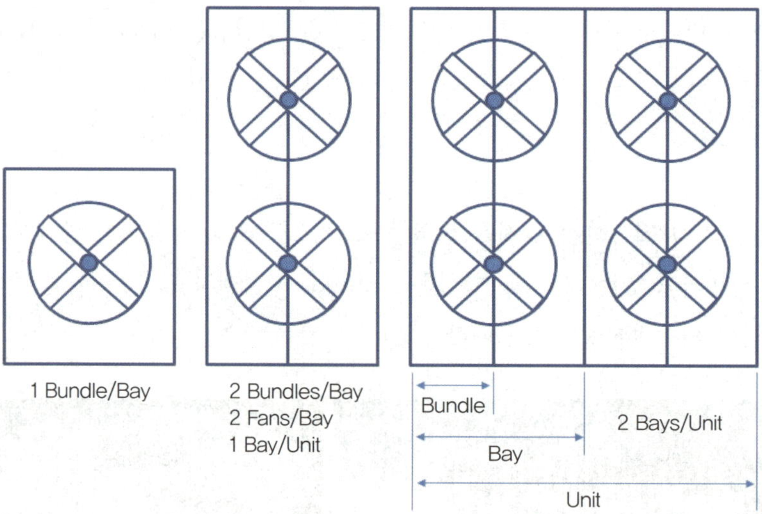

[그림 3-4] Bundle, Bay의 개념

[그림 3-4]를 통해 Bundle과 Bay의 개념을 이해하시기 바랍니다. AFC Module은 통상적으로 Bay 단위로 운송이 이뤄집니다. 2개 이상의 Bundle이 1Bay를 형성할 수 있고, 1Bundle 구성이 1Bay가 될 수도 있습니다.

EPC社에서 입찰업무 수행시, Bay들을 모두 합해 중량이 명기되기도 하는데, 1Bay의 Module 운송중량은 최대 30~40톤 정도에 해당하므로, 만약 이를 훨씬 초과하는 과도한 중량이 설정되어 있다면 유관 부문과 협의하여 운송 단위별로 조정해야 합니다. AFC Module을 중량물로 인식해버리면 물류비 산출에 왜곡이 발생합니다.

부품형태로 분해, 분리하는 것을 KD(Knock-down)라고 표현합니다. KD는 자동차 수출분야에서 자주 등장하는 용어입니다. 자동차의 KD는 3가지 형태로 구분됩니다.

- CKD(Complete Knock-down) : 완전분해. 자동차를 각 부품단위로 수출
- SKD(Semi Knock-down) : 차체는 조립된 상태로, 엔진과 전장품 등은 부품단위로 수출
- DKD(Disassembled Knock-down) : 완성차 생산 후 몇 개의 큰 Part로 다시 분해하여 수출

Crawler Crane이나 Tower Crane은 분해하여 운송하는 대표적인 장비입니다. 플랜트에서는 AFC가 Knock-down이라는 용어와 친숙한 품목중에 하나입니다.

AFC는 Permanent Support까지 모두 조립된 형태의 Module, Plenum Chamber와 Tube Bundle이 합체된 Semi Module, 그리고 Plenum Chamber, Tube Bundle, Drive Assembly 등을 분리하여 운송하는 Knock-down 형태로 구분할 수 있습니다.

물류비 예산수립시 운송물량이 어떤 형태로 납품되는지 확인해야 합니다. Semi Module 또는 Knock-down하여 선적할 경우, 화물의 특성상 다단적재에 제약이 따르기 때문에 이를 감안하여 물류비를 산출해야 합니다. 특히 Semi Module은 선박에 별도의 Stacking Frame을 마련하지 않는 한, 원천적으로 Stacking 자체가 불가능한 형상입니다.

(a) Semi Module 1 (b) Semi Module 2 (c) Tube Bundle 1 (d) Tube Bundle 2

[그림 3-5]

[그림 3-5] (a)는 성인 키 또는 그보다 조금 높은 수준입니다. 상당부분 선박의 Dead Space 발생이 불가피합니다. [그림 3-5] (b)의 Hold내 적재된 모습에서도 Semi Module 위로 여유공간(Dead Space)이 있음을 알 수 있습니다.

해상운송시 Tube Bundle은 2~3단 적재가 일반적입니다. [그림 3-5] (c)와 같이 부득이 2단 적재만 가능하다면 이 또한 선박에 Dead Space가 발생합니다. Tube Bundle은 중량과 Size에 따라 Flat Bed 또는 Low Bed 트레일러에 2단으로 상차하여 내륙운송을 진행할 수 있으나, 비포장 노면이 있는 지역이나

원거리 운송에 있어서는 운송중 Damage의 우려가 있습니다. 만약 Tube Bundle을 1PKG만 상차해야 한다면 이 또한 내륙운송비 상승요인이 됩니다.

따라서 Semi Module 형태와 Tube Bundle 형태의 해상운송과 내륙운송에 있어서 다단적 기준을 검토하여 적정의 물류비 예산수립에 반영해야 합니다.

>>> Tube Bundle 포장방법 개선

[그림 3-6] (a), (b)는 Lifting Lug가 Side Frame의 안쪽 또는 위쪽에 부착되어 있습니다. 앞선 Tube Bundle 사진의 사례들과 같이 Lifting Lug와의 간섭을 피해 Steel Beam 포장이 불가피합니다.

포장비를 절감하기 위해서는 [그림 3-6] (c)와 같이 Lifting Lug를 Side Frame 외벽에 부착하고 Side Frame 상하부에서 Dunnage를 사용하는 방법을 고려할 수 있습니다. Nozzle간 접촉이 발생하지 않는다면, Steel Beam 포장을 적용하지 않아도 3단 적재가 가능할 것입니다. 어차피 Steel Beam으로 포장한다 해도 적재단은 3단 정도가 최선이기 때문에 Shipping Volume을 줄이고 포장비를 아낄 수 있는 방법입니다.

(a) (b) (c)

[그림 3-6] Lifting Lug 사례

이때 Nozzle간 간섭이 발생하는 경우에는 엇나가게 적재하는 방식을 적용할 수 있습니다. 세번째 단은 다시 앞쪽으로 튀어나오게 쌓아야 할 것입니다. 자체하중과 Lifting Lug로 인해 선박의 Rolling시 좌우 요동을 완화시킬 수 있습니다.

다만, 이러한 방식은 현장에 도착할 때까지 운송의 전 과정에서 Damage 방지를 위한 각별한 주의가 요구됩니다. 그러나 이 같이 적용할 수 있는 Tube Bundle 사례가 많지 않기 때문에 모든 Tube Bundle에 적용할 수 있는 근본적인 포장방법의 개선이 필요합니다.

필자가 생각하는 이상적인 방식은 Belt를 감는 위치에 홈을 내거나, Belt 측면으로 합판을 덧대 Belt를 보호하고 Timber를 따라 Belt를 감는 것입니다. 그리고 가장자리의 Timber 사이를 다른 Timber와 연결합니다. 이렇게 위 아래로 Timber를 고정시키면, 1톤을 초과하기도 하는 육중한 포장용 Steel Frame을 제작하지 않아도 됩니다. 그리고 최소한 3단 적재는 가능할 것입니다. Steel Beam을 이용하여 포장할 때보다 자재비와 포장작업의 용이성 측면에서 경쟁력이 있습니다.

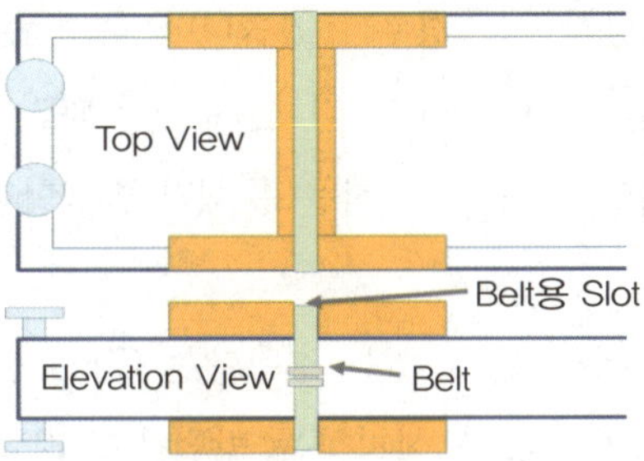

(a) Timber와 Belt를 활용한 포장

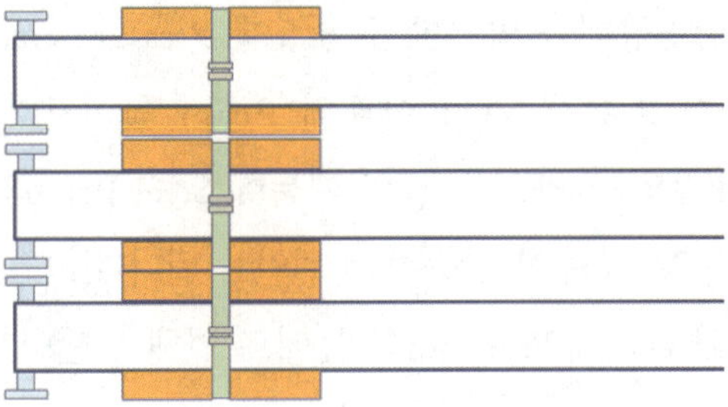

(b) Tube Bundle 다단적

[그림 3-7]

이 방식을 적용하여 다단적을 실시하는 경우, Tube Bundle의 Side Frame 위에서 Timber가 동일선상에 위치해야 하기 때문에 Side Frame에 미치는 하중의 적절한 분산이 필요합니다. 따라서 중량이 많이 나가는 Tube Bundle은 좀 더 길이가 긴 Timber를 사용하는 것이 안전합니다. 유의해야 할 점은 상하차, 선적과 하역, 그리고 Storage Yard 보관 과정에서 적재단을 구성하는 Tube Bundle의 위치가 변경될 수 있다는 점입니다.

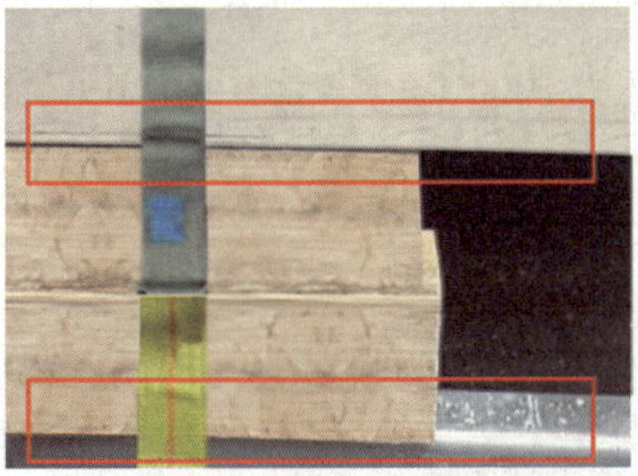

(a) Timber 위치 일치, 길이 확장

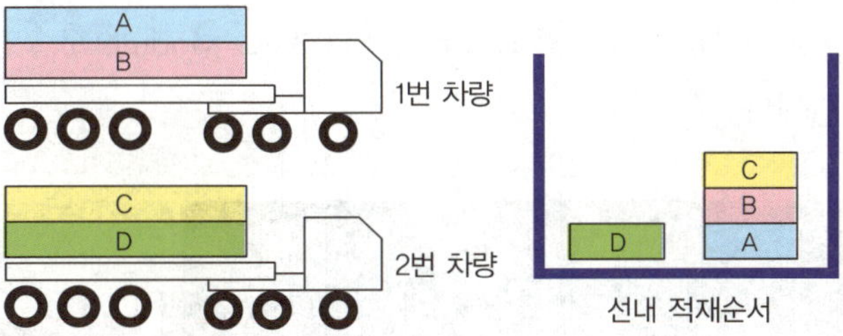

(b) 적재순서의 변동

[그림 3-8]

[그림 3-8] (b)는 트레일러로부터 곧바로 선적작업이 진행되는 사례를 나타낸 것입니다. Tube Bundle의 Size가 같다고 가정했을 때, 적재순서가 변경될 수 있다는 점을 고려하여 모든 화물이 다단적을 견딜 수 있을 만큼 포장의 견고성이 동일해야 합니다.

[그림 3-9]의 사례는 Tube Bundle의 양하지 하역 후 모습입니다. Finned Tube 내부에 질소가스를

(a) 포장 Beam 또는 Gauge Protector 높이 조정 필요

(b) 일반적인 Gauge 설치

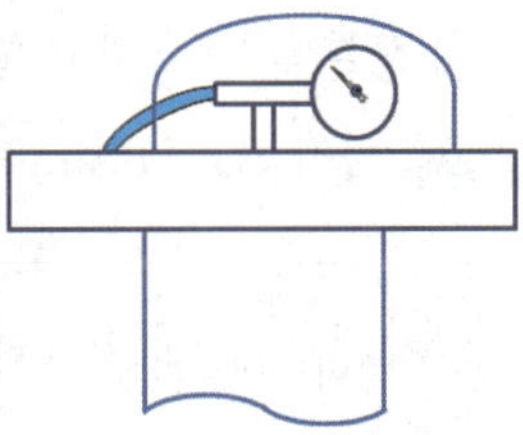

(c) Gauge 설치 방식 개선

[그림 3-9]

충진하고 압력상태를 확인할 수 있도록 Pressure Gauge를 장착하는 경우가 있습니다. [그림 3-9] (a)의 왼쪽 사례에서 초록색 라인 아래의 Beam 높이보다 Gauge Protector가 더 높게 설치되면 다단적재시 Damage의 우려가 있습니다. 이 때문에 Steel Beam의 높이를 더 높여야 하는 문제가 발생합니다. 포장비와 Shipping Volume이 상승하는 원인이 됩니다.

Gauge와 Gauge Protector의 높이로 인해 다단적재에 문제가 될 수 있는 경우에는 Gauge를 위로 향하도록 설치하는 일반적인 방법 대신, 그림과 같이 측면으로 Gauge를 설치하는 방법을 고려할 필요가 있습니다.

Module 운송시 유의사항

플랜트라는 큰 틀에서 보면 AFC 전체를 하나의 Module로 간주할 수 있습니다. AFC에 국한했을 때는 AFC를 구성하는 각각의 Bay 단위를 Module이라고 표현할 수 있습니다. Tube Bundle, Fan, Motor, Plenum Chamber, Supporting Beam 등을 일체형으로 조립하여 설치만 하면 기능 발휘가 가능한 수준의 기기가 AFC Module입니다. 물론 현장에서는 Pipe Line 연결 및 Walkway 등을 추가로 설치합니다.

[그림 3-10] (a)는 Forced Draft 형태의 AFC Module 모습입니다. Tube Bundle을 Tarpaulin으로 보호하고 있습니다.

(a) (b)

[그림 3-10] AFC 운송

[그림 3-10] (b)는 Induced Draft 형태의 AFC Module 모습입니다. 마찬가지로 Tarpaulin으로 Plenum Chamber의 상부를 보호하고 있습니다. AFC의 측면 Permanent Support 및 Base Beam에 Bracing 조치가 되어 있으며, 사각 Base Beam으로 운송의 안전성을 높였습니다.

[그림 3-11] (a)는 애초에 Brace를 장착하지 않았습니다. 또한 사각형태의 Base Beam이 생략되어 있습니다. 결국 Support가 젖혀지는 사고가 발생하여 최종 수정 후의 외관처럼 Base Beam을 보강한 것입니다. Tube Bundle과 직접적으로 맞닿은 Permanent Support가 없기 때문에 Semi Module 형태의 제품입니다.

(a) 사례 1 (b) Base Beam 보강 (c) 사례 2

[그림 3-11]

[그림 3-11] (c)에서는 측면에 Bracing이 잘 조치되어 있습니다. 하지만 트레일러 Deck 범위 내에 위치하여 화물을 지지할 Support가 누락되었습니다. 결국 하중을 견디지 못하고 Base Beam이 휘었습니다.

통상적으로 AFC는 Low Bed Trailer 또는 Semi Hydraulic Trailer로 운송합니다. 이들의 일반적인 트레일러 폭 3m에 비해 규모가 큰 것은 AFC 폭이 5m가 넘어갑니다. 운송중의 하중이 양 측면의 Permanent Support에 집중되기 때문에 중간에 Temporary Support가 없는 경우에는 Base Beam이 휠 정도의 압박이 가해집니다. 그러나 정작 트레일러 Deck 범위 내의 Base Beam에는 하중을 견딜 수 있도록 해줄 Vertical Support 또는 Brace가 간과되는 경우가 있습니다. 따라서 Permanent Support간 거리가 3m를 초과하는 경우에는 트레일러 Deck 범위 내에 위치하는 Temporary Support가 필요합니다.

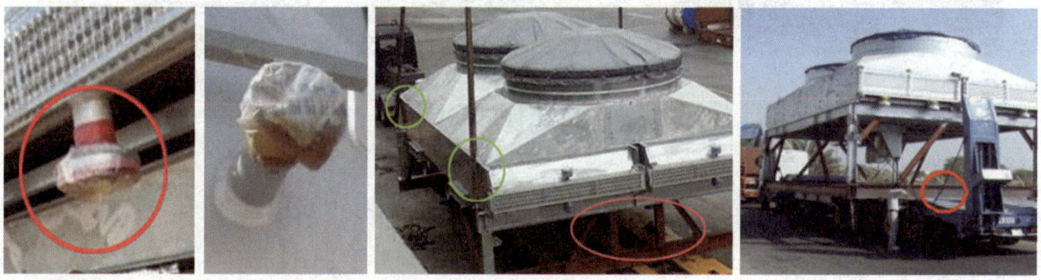

(a) Nozzle 확대 (b) 빗물유입 사례 (c) AFC 1 (d) AFC 2

[그림 3-12]

[그림 3-12] (a)는 [그림 3-11] (c)의 Nozzle 부분을 확대한 것입니다. 비닐을 두르고 테이프를 감았습니다. 빗물과 해수의 영향으로부터 Nozzle을 보호하려는 의도이나 비닐 틈새로 빗물이 유입되었고, 고인 물로 인해 Nozzle 아래가 불룩합니다. 부실한 Nozzle 보호는 아니 한 만 못합니다. 물이 고이면서 오히려 녹 발생과 Nozzle 내부로의 습기유입을 촉진시킬 수 있습니다.

[그림 3-12] (b)에서는 방습제까지 넣어두는 친절함에도 불구하고 Nozzle이 내부 고인 물에 잠겼습니다. 녹이 발생하여 물 색깔이 붉게 변했습니다. 이처럼 AFC 포함, 각종 제관류의 Nozzle 보호조치는 밀봉여부에 세심한 주의를 기울여야 합니다.

[그림 3-12] (c) AFC 1은 트레일러 Deck 내에 Vertical Support가 위치하고 있고 Brace까지 설치함으로써

안전운송에 충실히 대비한 모습입니다. 하지만 과도한 Support는 제작비 상승을 초래합니다. Brace가 설치된 만큼 Vertical Support는 하나면 족할 것입니다. 사진에서는 Special Spreader를 사용하지 않았거나, 길이가 짧은 Spreader를 사용한 것으로 여겨집니다. Sling Wire가 AFC Body와 접촉하고 있습니다. 접촉이 불가피하다면 Rubber Pad 등으로 보호조치가 필요하고, PART 1의 '37. Cable Drum 운송시 유의사항'에서 살펴본 바와 같이 Sling Wire를 최대한 길게 늘어뜨려서 압착의 강도를 완화시켜야 합니다.

[그림 3-12] (d) AFC 2는 Bracing이 조치되었지만, Base Beam과 만나는 Brace의 하단부가 트레일러의 Deck 범위 밖에 위치하고 있습니다. 장거리 내륙운송이 필요한 경우, 중간에 Vertical Support를 보강하거나 Base Beam과 만나는 Brace들 간의 간격이 3m 이내가 되도록 조치하는 것이 바람직합니다.

다음의 사례들은 Special Spreader를 사용하여 Lifting을 실시하고 있습니다. Special Spreader는 사각 Frame 또는 Bar 형태로 제작할 수 있습니다.

(a) (b) (c)

[그림 3-13] AFC Lifting

[그림 3-13] (a)는 Permanent Support가 트레일러 밖으로 상당히 벗어나 있습니다. 따라서 내륙운송을 고려하여 중앙부에 Vertical Support 보강이 필요하고, 이 상태로는 장거리 내륙운송에 적합하지 않습니다. 더욱이 Permanent Brace가 Tube Bundle 하부에서 서로 만나고 있어, 운송용 Temporary Support의 보강이 쉽지 않은 구조입니다. 현 Brace들의 위치를 변경해야만이 운송용 Temporary Support가 자리 잡을 공간이 생깁니다. 만약 하역항으로부터 원거리에 현장이 위치하고 있다면, 선적 전에 조치되어야 하나, 수정사항이 예사롭지 않은 관계로 비용과 일정 측면에서 곤란한 상황이 초래될 수 있습니다. 그러므로 PS 도면을 조기에 입수하여 이 같은 문제점들이 제작과정에서 해소될 수 있도록 해야 합니다

해외파견 근무시절, 현장에 도착한 대형 AFC Module의 Base Beam이 휘어지고 Permanent Support 또한 안쪽으로 굽혀지는 사고가 발행하여 곤란을 겪은 경험이 있습니다. 안전한 운송을 위해서는 원천적으로 Temporary Support를 장착하는 것이 바람직합니다.

[그림 3-13] (b)의 사례는 중형급의 AFC로 보이며, Permanent Support가 트레일러 Deck 범위 내에 위치하는 경우라면 내륙운송에는 지장이 없습니다. [그림 3-13] (c)의 사례는 강도는 약하지만 다수의

Vertical Support와 Brace로 지지함으로써 운송의 안전성을 높였습니다.

AFC Module은 Special Spreader 2개와 함께 공급되어야 합니다. Cable Drum의 Special Spreader 공급 사례와 동일합니다.

- 하역 시 : 선박 하역용 + Storage Yard 하역용
- 통관 후 : Port 내 트레일러 상차용 + 현장 하역용

(a) (b) (c)

[그림 3-14] AFC 사례

[그림 3-14] (a), (b)의 사례는 Spreader를 사용하지 않음으로써 Lifting 진행시 Tube Bundle의 Side Frame과 Sling Rope가 접촉하고 있습니다. 금속성분의 Wire가 직접적으로 접촉하지 않은 것이 다행이긴 하나, 어느 정도는 제품 표면에 압박이 가해질 것입니다. AFC는 Spreader를 통해 Lifting을 실시하는 것이 Damage 방지를 위한 안전한 방법입니다.

[그림 3-14] (c)의 사례는 트레일러 Deck 내의 Base Beam 위로 Vertical Support 및 Brace가 생략되어 있습니다. 대신에 Base Beam의 강도를 높인 것입니다. AFC 구조상 Vertical Support나 Brace를 댈 수 없는 경우에는 이와 같이 보다 육중한 Base Beam을 장착해야 합니다.

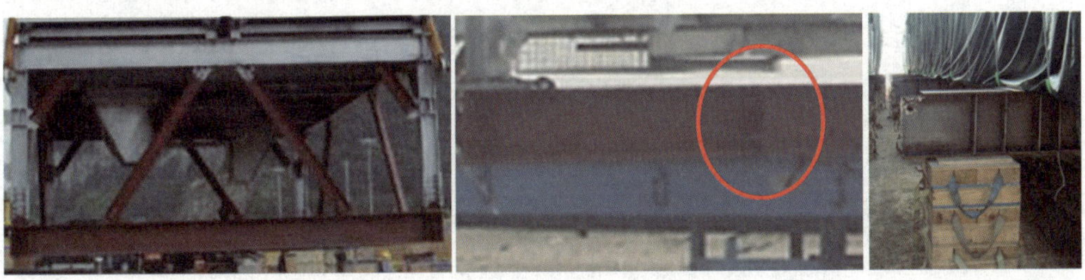

(a) Stiffener 미부착 (b) Stiffener 부착 (c) Stiffener 사례

[그림 3-15]

길이 3m를 초과하는 Base Beam은 다수의 Stiffener로 보강하는 것이 바람직합니다. [그림 3-15] (a), (b)는 [그림 3-14] (a), (c) 사례의 Base Beam 부분을 확대한 것입니다.

>>> Tarpaulin

[그림 3-16] Tarpaulin 열 변형

중동지역 Project를 수행하면서 Tarpaulin이 녹아 내리는 현상을 경험한 바 있습니다. Tarpaulin은 HDPE(High Density Polyethylene) 재질에 LDPE(Low Density Polyethylene)를 코팅한 PE 제품과 PET 재질에 PVC(Polyvinyl Chloride)를 코팅한 폴리에스터 제품을 많이 사용하고 있습니다. PE 재질의 Tarpaulin이 보다 저가의 제품입니다.

HDPE와 PET의 물성은 다음과 같습니다. 연화점(Softening Point or Vicat Temperature)은 열에 의해서 변형이 일어나기 시작하는 온도를 의미합니다.

〈표 3-1〉 물성치 비교

재질	연화점(0.445 MPa 기준)	녹는점
HDPE	65℃	120℃
PET	194℃	252℃
PP (참고)	105℃	120℃

하절기 기온이 30℃만 넘어가도 찜통더위라는 표현을 사용하지만, 중동지역의 기온은 50℃를 훌쩍 넘어갑니다. 자동차를 밀폐한 상태로 야외에 주차하게 되면 실내온도가 최대 90℃까지 상승한다는 국내 연구결과가 있습니다. 여름철 야외에 주차할 때는 어린이나 애완동물을 장시간 차 안에 남겨두는 일이 절대로 있어서는 안 됩니다.

물성 자료와 위 상황을 종합해 볼 때, 다음과 같은 가설이 설득력이 있습니다.

선박이 여름철 중동지역을 항해합니다. 선박 내부의 온도가 상승합니다. Finned Tube가 열을 흡수함으로써, Tarpaulin의 연화점을 지나 변형이 발생하기 시작합니다. 급기야 녹는점 이상으로 온도가 상승합니다. 그리고 Tarpaulin은 PE 재질이었을 것입니다. 따라서 여름철 중동과 같이 고온지역을 항해해야 하는 경우에는 PET 재질의 Tarpaulin을 사용하거나 합판을 사용할 것을 권장합니다.

다음은 합판을 사용하여 Tube를 보호한 사례들입니다. 외부적 요인에 의한 화물손상 문제를 완화시킬 수 있는 조치입니다.

(a) (b) (c)

[그림 3-17] Tube Bundle

[그림 3-17] (a)와 (b)는 동일 화물의 모습입니다. Lifting Lug를 Side Frame 외벽에 부착하고 양 측면에 Timber를 활용하였으며, Tube Bundle 하단부에만 Steel Skid 포장을 적용하였다는 점이 특징입니다. 본 Tube Bundle은 전체적인 Steel Beam 포장 없이도 선적시 3단 적재를 실시하였습니다. [그림 3-17] (c)의 Tube Bundle은 Steel Beam 포장을 실시했고, 선적시 2단 적재에 그쳤습니다.

요컨대, 포장방법 개선을 통해 자재비와 물류비를 절감할 수 있습니다. Tarpaulin 대신 합판을 사용하는 것이 운송 측면에서 보다 안전한 방법입니다. Special Spreader를 사용함으로써 Lifting시에 화물 몸체와의 접촉을 방지해야 하며, Spreader를 사용하지 않는 경우에는 접촉의 강도를 완화시킬 수 있도록 Sling Wire를 좀 더 길게 구성해야 합니다. 그리고 이 경우, Belt 또는 완충성의 Rope를 사용하는 것이 바람직합니다.

제작이 상당 부분 진행된 후에 Temporary Support를 추가하거나 위치를 수정한다는 것이 사실 쉬운 일은 아닙니다. 도면을 변경해야 하고, Change Order에 의한 기자재비의 상승이 불가피합니다. 그러나 그렇게 해서라도 안전운송을 도모할 수 있다면, 운송도중 AFC가 망가져서 수리 및 재제작 사태로 이어지는 것보다는 나은 처방입니다.

무엇보다도 선행관리를 통해 사고예방 및 불필요한 절차와 추가비용 발생을 예방하는 것이 중요합니다. Project 초기에 이러한 운송상의 문제점들을 공지하여 설계 및 구매에 반영될 수 있도록 물류 담당자의 적극적인 노력이 필요합니다. 물론 Support를 덜 대거나, 아예 대지 않았다고 해서 항상 사고가 발생하는 것은 아닙니다. 그래서 혹자는 이렇게 말할 수도 있을 것입니다.

"지금껏 사고가 없었는데, 당신은 왜 Support 변경을 고집하십니까?"

그러면 필자는 이렇게 답변할 것입니다

"지금껏 사고가 없었기 때문에 이제부터는 발생할 수 있습니다."

4. HRSG 운송시 유의사항

복합화력발전과 열병합발전

복합화력발전소(CCPP, Combined Cycle Power Plant)의 개략적인 프로세스는 다음과 같습니다.

- Gas를 연소시켜 GT(Gas Turbine), GTG(Gas Turbine Generator)를 통해 일차전력 생산
- HRSG(Heat Recovery Steam Generator, 폐열 또는 배열회수보일러)에서 Steam 생산
- ST(Steam Turbine), STG(Steam Turbine Generator)를 구동하여 이차전력 생산

2차에 걸쳐 전력을 생산하기 때문에 복합화력발전이라는 용어를 사용합니다. 복합화력발전에서는 HRSG가 핵심설비에 해당하며, 열교환 효율을 높이기 위해 HRSG 내부에는 Finned Tube를 적용하고 있습니다.

열병합발전소(CHPP : Combined Heat and Power Plant)는 GTG를 통해 생산한 전력을 자가 공장에 사용하거나 송전설비를 갖추어 전력을 판매하고, 폐열을 회수하여 Steam과 온수를 생산하는 방식입니다. Steam은 자체 이용 또는 인근 공장에 공급하고 온수는 주로 지역난방에 이용됩니다.

전력 및 Steam과 온수를 동시에 생산한다고 해서 이러한 형태의 발전소 건설 Project를 업계에서는 Cogen(Cogeneration) Project라고 표현합니다. 다수의 HRSG를 설치하는 경우, 그 중 일부는 STG를 통해 전력생산에 이용하고 나머지는 Steam과 온수 생산에 이용하기도 합니다.

>>> 복합화력발전 설비

[그림 4-1] (a)는 전형적인 HRSG 모델을 표현한 것입니다. Gas Turbine을 구동시킨 후, 폐가스는 Bypass Stack 아래의 Diverter Damper와 Duct 입구의 Guillotine Damper 위치를 지나 Duct를 거쳐 HRSG Tube Bundle과 접촉합니다. Tube Bundle Rack을 순서대로 Superheater(과열기), Evaporator(증발기), Economizer(경제적 열회수기)라고 부릅니다. 최종적으로 저압용 Economizer를 통과한 폐가스는 Main Stack을 통해 배출됩니다.

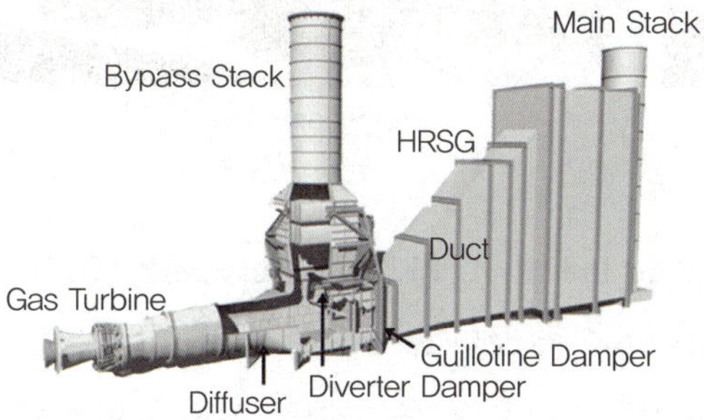

(a) HRSG 구성1

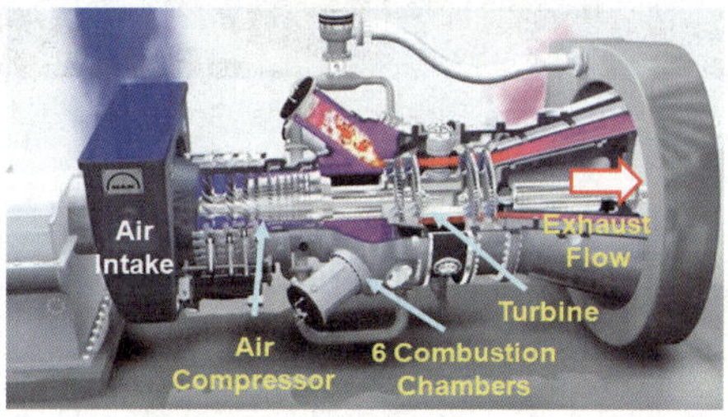

(b) Gas Turbine 구조

[그림 4-1]

Gas를 태울 때 압축공기를 이용하면 부피 팽창률을 높일 수 있기 때문에 더욱 강한 힘으로 Gas Turbine을 회전시킬 수 있어서 Air Compressor와 Gas Turbine이 같은 축에서 구동됩니다.

(a) Girder Frame을 이용한 GT 운송

(b) Gas Turbine

(c) Gas Turbine Generator

[그림 4-2]

Gas Turbine과 Generator는 Girder Frame의 이용빈도가 높은 화물중의 하나입니다. PART 1의 '8. 예산수립과 실적관리'에서 Thermal Block을 언급한 바 있습니다. Air Compressor와 Gas Turbine 복합기기의 다른 명칭이 Thermal Block입니다. 각 PKG별 선적 Volume이 314.5CBM인 반면, 중량은 343톤에 달해 선적물량을 343FT로 반영하였는데, Gas Turbine은 Volume Factor(CBM vs Mton)가 1보다 작은 사례가 많은 제품이기도 합니다.

도로와 교량의 지내력, 굽이길 등을 확인하여 Girder Frame의 필요성 여부를 신속하게 결정함으로써 장비도입 지연으로 MTR이 잠식되는 일이 발생하지 않도록 관리해야 합니다. Gas Turbine 설치시 크레인은 물론, 사진의 사례와 같이 Hydraulic Gantry와 Skidding 방식을 적용할 수 있습니다. 이와 쌍을 이루는 Generator도 동일합니다.

(a) Steam Turbine 구성 및 Generator 연결 (b) Steam Flow

[그림 4-3]

Steam Turbine은 HP(High Pressure), IP(Intermediate Pressure), LP(Low Pressure)의 Turbine이 같은 축으로 연결되어 있습니다. Steam의 온도와 압력이 낮아질수록 보다 Size가 큰 Blade를 적용하는 구조입니다. 고압의 Steam을 HP Steam Turbine에 주입하고 IP ST, LP ST를 차례로 거치게 함으로써 에너지 활용의 효율성을 높였습니다.

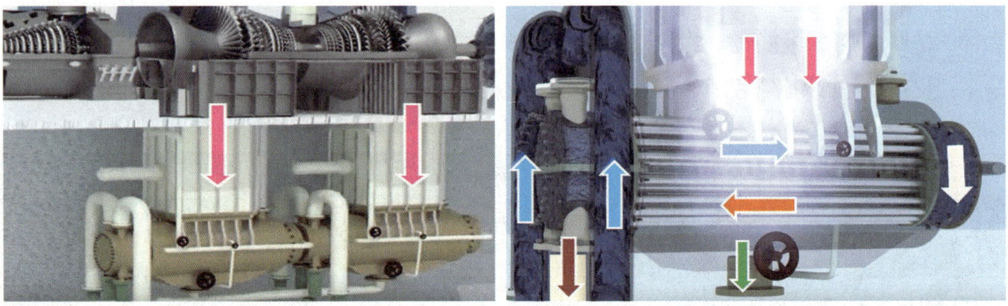

(a) Steam 회수 (b) Surface Condenser

[그림 4-4]

석탄화력발전소의 Boiler 또한 같은 개념을 적용하여 ST를 구동시킵니다. Surface Condenser(표면응축기)를 통해 역할을 다한 Steam을 응축시키고 이를 Economizer에 주입, 재순환(Recirculation) 과정을 거칩니다. 사진의 Surface Condenser는 Tube 표면에서 응축이 이뤄진다고 하여 붙여진 이름입니다. Tube 내에 냉각수가 흐르게 하고 Steam이 Tube 표면과 접촉, 온도가 하강하면서 응축되는 원리입니다. 열교환 이후 온도가 상승한 Tube 내의 온수는 Cooling Tower나 AFC를 통해 냉각과정을 거쳐 재순환 됩니다.

[그림 4-5]는 Feed Water의 Steam 전환과 HRSG로부터 배출되기까지의 흐름을 표현한 PFD(Process Flow Diagram)입니다. Economizer(ECO)에 주입된 Feed Water가 가열된 상태로 LP Steam Drum으로 주입됩니다. 이때 Economizer는 Pre-heater(예열기)의 기능을 수행합니다. LP Steam Drum 내부의 Water

는 Downcomer Pipe를 따라 내려와 Evaporator(EVAP) 하단부에 유입되어 Steam과 Water의 Mixture 상태로 다시금 LP Steam Drum에 복귀합니다. Evaporator는 Re-boiler(재비기, 再沸器) 기능에 해당됩니다.

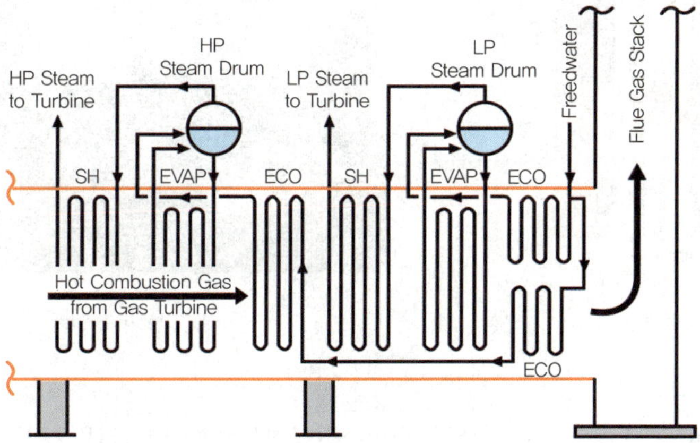

[그림 4-5] HRSG 내부 Water/Steam Flow

이후 LP Steam Drum 내부의 Steam은 Superheater(SH)에 주입됩니다. 재가열과정을 거쳐 온도와 압력이 한층 상승한 Steam이 Pipe Line을 타고 Steam Turbine에 공급됩니다. HP System도 과정은 동일합니다.

석탄화력발전과 그 외 플랜트의 Boiler 설비에서 Flue Gas Stack을 통해 폐가스가 배출되기 전, 연소 후 발생하는 폐열을 회수하는 장치 또한 Economizer라고 부릅니다. 석탄화력발전은 복수기(復水器, Steam Condenser)로부터 회수된 응축수를 Economizer에 투입, 예열과정을 거쳐 Steam Drum에 주입합니다. Downcomer Pipe를 타고 내려온 물은 석탄을 곱게 갈아 만든 미분탄(微粉炭, Powdered Coal or Pulverized Coal)을 연소시켜 발생하는 열기로 가열하여 Riser Tube를 따라 Steam Drum에 복귀하고 Steam은 Drop Pipe를 통해 Steam Turbine에 공급됩니다.

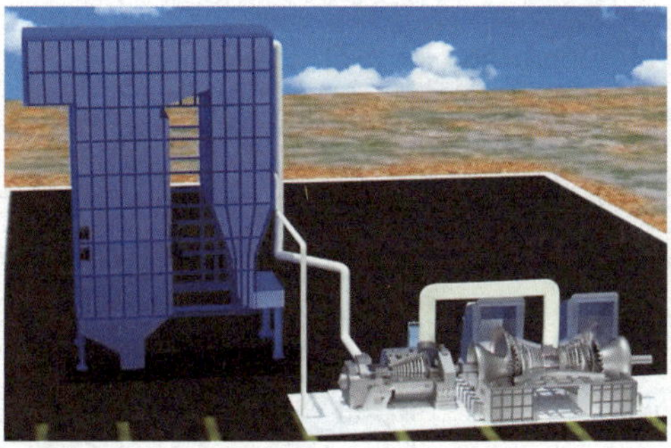

(a) 석탄화력발전 설비 구성

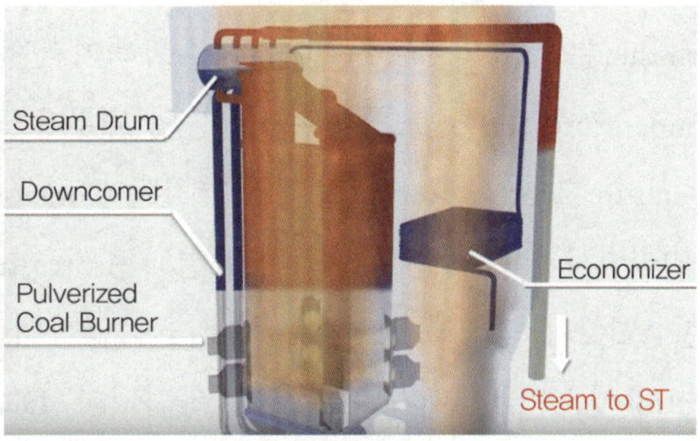

(b) 석탄화력발전 Boiler 구조

[그림 4-6]

Steam Drum에서 배출되는 Steam을 Boiler 내부의 Superheater Tube Bundle을 거치게 함으로써 보다 고온, 고압의 Steam을 Steam Turbine에 공급하기도 합니다.

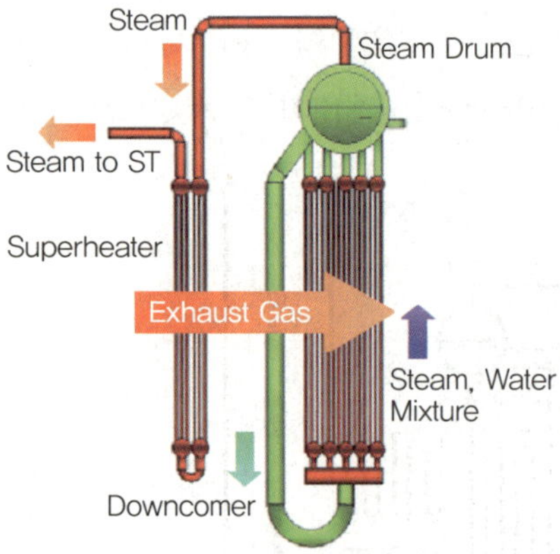

(a) Steam Drum과 Evaporator 구성

(b) Steam Drum

[그림 4-7]

HRSG의 Steam Drum은 Evaporator와 연결되고, 일반적으로는 LP, HP 2기의 Steam Drum을 운영하나, IP Steam Drum을 장치하는 경우가 있습니다. 이때는 HRSG 1기당 3기의 Steam Drum이 설치됩니다. PART 1에서 살펴본 담수화 공정의 증발기 또한 Evaporator로 부르는 점, 기억하시기 바랍니다.

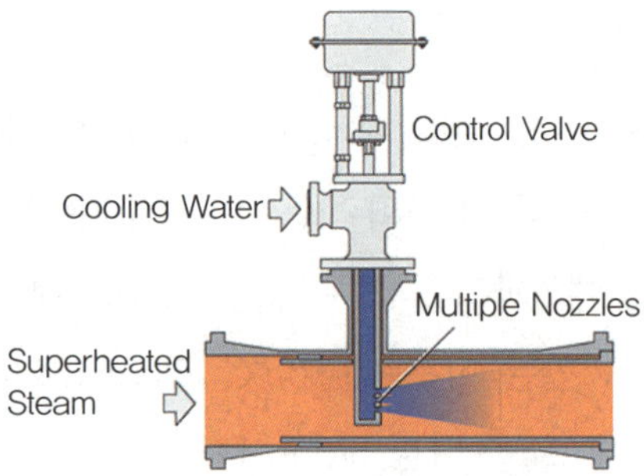

(a) Nozzle Spray Type Desuperheater

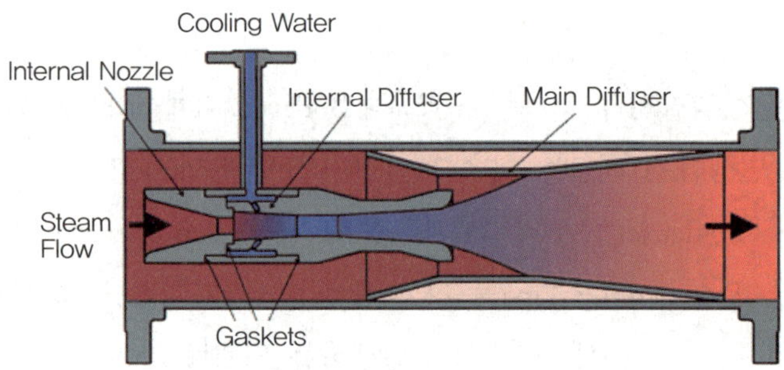

(b) Venturi Type Desuperheater

[그림 4-8]

Superheater는 고압의 Steam 생산이 주목적이지만, Desuperheater는 문자 그대로 과열 방지용 기기입니다. Temperature Sensor를 통해 Tank 등의 내부온도를 감지하고, 설정된 온도 이상으로 온도가 상승하면 Temperature Transmitter가 전단에 설치된 Control Valve에 Stem을 개방하도록 Signal을 전송합니다. Valve가 열리면서 냉각수를 분사하여 유입되는 Steam의 온도를 낮춥니다. 이후 적정온도 도달 시 Signal을 수신한 Valve가 닫히고 정상적인 Steam 공급상태로 전환됩니다. 또는 DCS Control Room의 신호를 받아 Control Valve의 개폐가 이뤄질 수 있습니다. Desuperheater는 Control Valve 등 다수의 기기를 포함하는 제어공종의 Package Item입니다.

Bypass Stack은 유지보수 등 HRSG 이후 설비의 가동을 중단시켜야 하는 사유 발생시, GT는 계속해서 정상적으로 운전하면서 폐가스를 배출하기 위한 용도로 설치합니다. 이때 Bypass Stack 입구를 차단하고 있는 Diverter Damper의 방향을 전환하여 폐가스가 HRSG로 유입되는 것을 막을 수 있습니다.

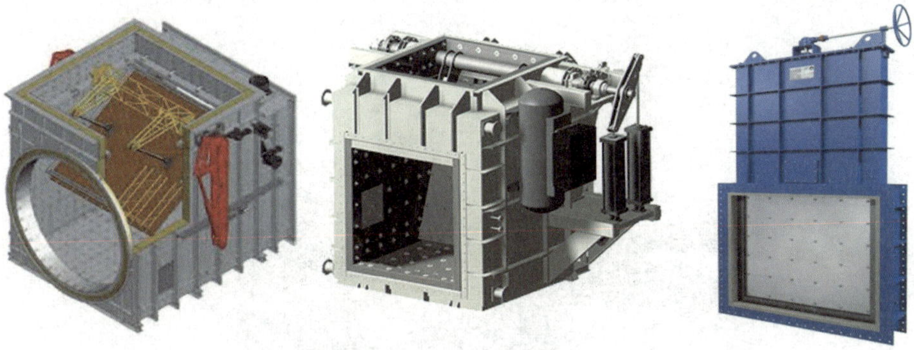

(a) Diverter Damper (b) Guillotine Damper

[그림 4-9]

Guillotine Damper 또한 폐가스의 흐름을 차단합니다. Guillotine Damper의 형상이 단두대(斷頭臺)와 비슷하다고 하여 붙여진 이름입니다. 이때 폐가스는 Main Stack 방향으로 이동하지 않고 Bypass Stack을 통해 배출됩니다.

잉여가스를 이용하면 보다 저렴하게 자가공장에 전력을 공급할 수 있기 때문에 화공플랜트에서도 GT, GTG를 조달하는 경우가 있습니다. GTG를 도입하는 경우, 2차 전력 생산 목적이 아니더라도 폐열을 활용하기 위해 HRSG를 채택할 것입니다.

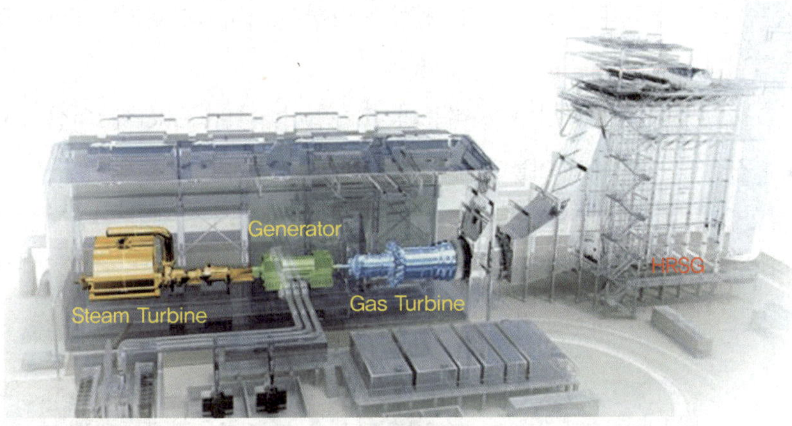

[그림 4-10] Single Shaft System

GT와 ST가 같은 축에서 구동하는 형태를 Single Shaft System이라 하고, GT와 ST가 독립적으로 구동하는 형태를 Multiple Shaft System이라 칭합니다. [그림 4-10]은 Single Shaft System을, [그림 4-11]은 Multiple Shaft System의 사례를 나타낸 것입니다.

HRSG는 수많은 Finned Tube가 사용되는 설비입니다. 운송을 위한 화물형태는 Tube Bundle 그 자체, Tube Bundle을 여러 단으로 조립한 Harp Assembly, Harp Assembly에 Casing을 조립한 Module,

각각의 Module을 통합하여 일체형으로 제작한 Super Module로 구분할 수 있습니다. Harp Assembly는 Tube Bundle을 수직으로 세웠을 때 생김새가 악기 '하프'와 닮았다고 해서 붙여진 이름입니다.

[그림 4-11] Multiple Shaft System

▶▶▶ Tube Bundle

Tube Bundle은 Finned Tube 양단을 Header(Manifold)와 연결하여 제작합니다. AFC의 Tube Bundle과 운송상의 차이점은 Finned Tube 전체가 대기중에 노출되는 Bare 상태라는 점입니다. Header와 Finned Tube를 조립했을 때의 길이는 대부분 20m가 넘어가는 반면, 높이는 30cm 안팎에 불과합니다. Tube Bundle 형태로 운송하는 경우에는 상하차 및 선적과 양하시, Tube가 휘거나 Fin이 망가지지 않도록 세심한 주의가 필요합니다.

[그림 4-12] (a)는 Vendor Shop에서 상차 준비중의 모습입니다. Spreader에 의한 Tube Bundle의 Lifting Point는 총 14개 지점입니다. 사실 이를 체결하고 해제하는 데에도 적지 않은 시간이 소요됩니다.

Manifold는 여러 방향으로 유체의 흐름을 분배하거나, 여러 방향에서 유체가 인입되는 형태의 다기관(多岐管)을 의미합니다. 가정에서 보일러로부터 거실과 침실로 온수를 공급하는 다기관이 Manifold입니다. 다수의 Tube와 연결되는 Header는 자연스럽게 Manifold의 형태가 됩니다. 다방향으로 유체의

(a)

(b)

[그림 4-12] Tube Bundle

흐름을 제어하는 Valve 또한 Manifold Valve라는 용어를 사용합니다.

(a) Manifold (b) 3-way Manifold Valves

[그림 4-13]

Tube Bundle은 선박 Hold 내 Seafastening을 위한 별도의 조치가 필요합니다. 적재작업에 많은 시간이 소요되고, Damage 방지에 주의가 필요하며, 10단적을 수용한다 해도 높이가 3m에 미치지 못하는 경우가 있기 때문에, 선사 입장에서는 시간손실과 Dead Space에 대한 부담을 감수해야 하는 등 그리 달가운 화물이 아닙니다.

(a) (b) (c)

[그림 4-14] Tube Bundle 선적

Module 선적시 Lifting은 한번이면 족하지만, [그림 4-14] (c)의 사례는 8번의 Lifting 절차를 밟아야 합니다. 따라서 선사는 Volume이 비슷한 타 화물에 비해 보다 높은 운임을 요구할 것입니다. 8단적을 실시했는데도 성인 키보다 조금 높은 수준입니다. 화물 자체가 Damage에 취약하여 계속해서 쌓기도 곤란합니다. Lifting시에는 Special Spreader를 사용함으로써, Tube Bundle이 수평을 유지할 수 있습니다.

Seafastening을 위한 별도의 조치가 필요하다는 것은 [그림 4-15]의 사례에서 보여지는 것과 같습니다. Lashing Wire 사용이 용이하지 않기 때문에 Steel Beam을 통해 Seafastening을 실시한 것입니다.

Ro-Ro 선박으로 운송하는 Super Module을 제외하고, Tube Bundle, Harp Assembly, Module 형태는 Special Spreader를 사용하여 Lifting을 실시합니다. 다만, Module의 경우에는 모델에 따라 Special Spreader의 조력없이 Lifting을 실시하기도 합니다.

Tube Bundle용 Special Spreader는 2개가 필요합니다. Cable Drum이나 AFC는 2대의 크레인을 동원하면, Special Spreader의 조력을 받지 않아도 Lifting이 가능합니다. 그러나 HRSG Tube Bundle 운송에

(a) Seafastening (b) Spreader 2개 공급

[그림 4-15]

있어서는 반드시 2개의 Spreader가 필요하다는 사실을 기억하시기 바랍니다.

[그림 4-15] 사례의 Tube Bundle에는 Tarpaulin이 씌워지지 않았습니다. 작업중에 각종 이물질들이 Fin 사이에 낄 수 있고, 현장에 도착하기까지 또 다른 이물질의 유입에 노출됩니다. 지역 여건 및 사업주의 성향에 따라 고려하지 않아도 될 수 있지만, 모래바람이 불거나 비포장 도로를 운행해야 한다면 사전에 Tarpaulin 포장작업을 실시해야 합니다.

[그림 4-16] (a)의 사례는 Tarpaulin 포장작업을 실시했으며, 별도의 Stacking Frame을 제작하여 적재단을 높이려는 의도입니다. Tube Bundle 선적이 일회성으로 그치는 경우에는 Stacking Frame 제작이 비용 측면에서 실효성이 낮을 수 있으나, 계속해서 후속 선적이 이어진다면, 해상운송비 절감에 기여하는 방법이 될 수 있습니다. 선박이 복귀할 때 Stacking Frame을 싣고 와서 재활용하면 됩니다.

[그림 4-16] (b) Tube Bundle 상차 사례는 Extendible Trailer로 현장에 도착한 모습입니다. 겨우 2단 적재에 그쳤습니다. 그럼에도 손상된 Fin이 상당수 발견되었습니다. 일부 Skid도 망가졌습니다. Skid 아래 Dunnage가 원래의 위치에서 벗어나 있습니다. 하부 Bundle의 위쪽 Skid와 상부 Bundle의 아래쪽 Skid가 일직선상에 놓여있지 않습니다. 또한 Fin 사이에 이물질이 많이 끼었다는 지적을 받았습니다. 가장 큰 문제는 트레일러가 구형인 관계가 Platform이 수평하지 않고, 그로 인해 Tube Bundle 중간부가 휘어 있다는 점입니다. 노면상태가 고르지 않은 지역에서는 진동에 의해 Damage가 가중될 우려가 있습니다. 결국 사업주로부터 Extendible Trailer 사용 금지 통보를 받은 사례입니다.

(a) Tube Bundle (b) Tube Bundle 상차 상태

[그림 4-16]

이렇게 되면 Conventional Trailer 등의 Modular Trailer 사용이 불가피합니다. 갑작스럽게 고가의 장비를 섭외하기가 쉽지 않을 뿐만 아니라, 내륙운송비 상승이 불가피합니다. 아울러 모래바람이 부는 지역이나 비포장 도로를 경유해야 하는 지역에서는 운송 전에 Tarpaulin을 씌워야 합니다. 현장 보관을 위해서도 필요한 조치입니다. 이처럼 Tube Bundle 형태는 선적과 하역, 내륙운송 전 과정에서 주의를 기울인 작업이 필요하며, 작업시간이 더 많이 소요된다는 단점이 있습니다.

(a) Conventional Trailer 운송

(b) 강한 모래바람이 부는 지역

[그림 4-17]

따라서 이러한 Tube Bundle 운송은 여러가지 Risk 요인이 있음을 유관부문에 공지하고, Harp Assembly 또는 Module 형태로 제작될 수 있도록 협의할 필요가 있습니다. 이것이 공사일정을 앞당기는 데도 유리합니다. 이 또한 입찰업무 수행시에 HRSG의 제작형태를 확인하여 최적의 물류비 예산수립에 반영해야 합니다.

사진의 트레일러는 Axle당 바퀴가 2개입니다. Conventional Trailer와 SPT에도 이 같이 Axle당 2개의 바퀴가 장착되는 모델이 존재합니다.

⋙ Module, Harp Assembly

[그림 4-18] (a)는 Casing까지 합체한 Module 형태, [그림 4-18] (b) Harp Assembly 사례는 Tube

(a) Module

(b) Harp Assembly

[그림 4-18]

Bundle을 층층이 쌓아 올린 형태의 모습입니다. Special Spreader는 Tube Bundle과 달리 1개면 족합니다. 현지에서는 Transportation Beam과 Hydraulic Trailer를 사용하기 때문에 선박 Lifting용으로만 공급받으면 됩니다. 아울러 Sling Wire 및 Shackle 공급 Scope을 확인하시기 바랍니다.

사진상의 Module과 Harp Assembly에는 중요한 차이점이 있습니다. [그림 4–18] (a)에서는 붉은색으로 표시한 부분 아래 방향으로 돌출부가 있습니다.(수직으로 세웠을 때 Bottom 설치부) 전체적인 Casing의 밑면과 수평이 맞지 않습니다. 따라서 Vendor로 하여금 Supporting Beam을 별도로 제작하도록 해야 합니다. 그리고 해당 Supporting Beam은 Transportation Beam으로도 사용할 수 있습니다. 반면에 [그림 4–18] (b)는 Base Beam을 장착하여 하단부가 수평을 유지하도록 조치되어 있습니다.

도면을 통해 400mm가 돌출되어 있는 사실을 확인할 수 있습니다. PART 1의 '3. 물류의 동인'에서 살펴본 사항입니다. 부연하면, 이 Project에서는 총 16기의 Module을 2항차로 운송했습니다. Module마다 5개 지점을 지지해야 하기 때문에 첫 항차 선적을 위해서는 40개의 Supporting Beam이 필요합니다. 그리고 하역지에서도 Transportation Beam을 상차한 상태로 트레일러가 대기해야 합니다.

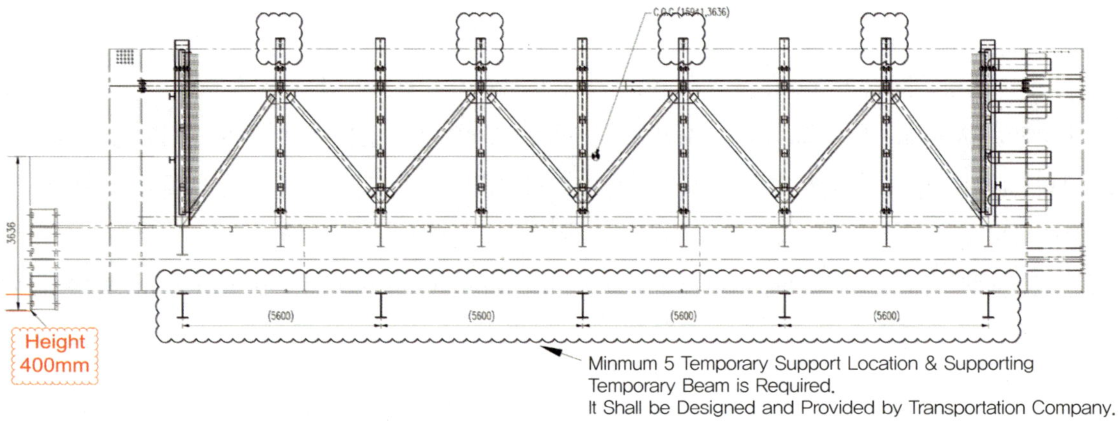

[그림 4–19] HRSG Module 도면

결과적으로 필요한 Supporting Beam 수량은 45개입니다. 2항차 선적시에는 1항차에 사용한 Beam을 미리 트레일러 위에 대기시킬 수 있습니다. 이때는 40개를 제작했습니다.

Beam 제작에 상당한 시간이 소요됩니다. 설령 이전 공정에서 놓친 부분이라 하더라도, 물류 담당자는 선행관리를 통해 Supporting Beam 제작 여부를 파악하여 선박 대기 사유가 발생하지 않도록 관리해야 합니다. 물론 선박 자체적으로 보유하고 있는 Timber를 활용할 수 있습니다. 다만, 수량이 부족하거나 높이가 맞지 않을 수 있기 때문에 선사와도 사전 확인이 필요합니다.

Supporting Beam Spec.은 물류부서에서 제공해야 합니다. Vendor측과 협의하여 최종적으로 [그림 4–20] 도면과 같이 사양을 확정하고 제작에 착수하였습니다. Beam 양단에 Hole을 뚫도록 하였는데, 이는 Shackle을 걸어서 하역작업이 용이하도록 조치한 것입니다. [그림 4–21]의 보관과 운송에 사용된 Beam

들이 이 과정을 거쳐 탄생하게 되었습니다.

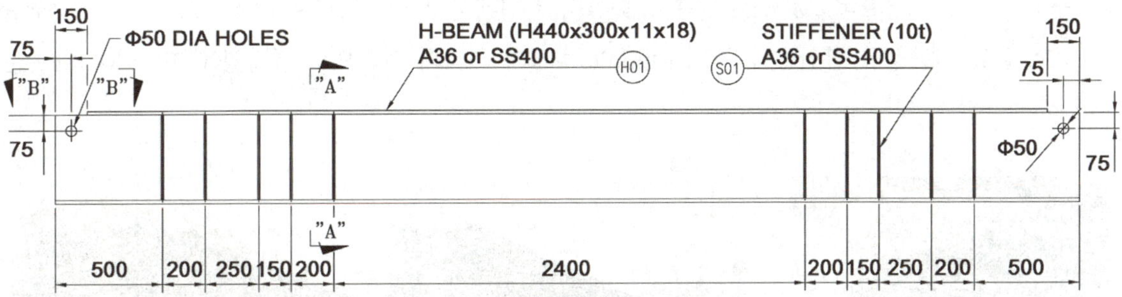

[그림 4-20] Supporting Beam 도면

[그림 4-20] Beam 도면에서는 Stiffener라는 용어가 확인됩니다. H Beam의 Flange와 Flange 사이에 용접하여 Beam의 강도를 보강하는 자재를 의미합니다. Saddle에서는 Wear Plate와 Base Plate간 용접을 통해 Saddle의 강도를 보강하는 Stiffener 역할을 하는 자재를 Rib Plate라고 부릅니다.

Drop Deck Spacer를 연결한 Conventional Trailer가 내륙운송에 사용되었습니다. 트레일러 성능과 지내력에 문제가 없다면, 트레일러 부족시 유용한 트레일러 구성입니다.

(a) Supporting Beam (b) Conventional Trailer 내륙운송 (c) 목재 Stool (d) H Beam

[그림 4-21]

H Beam Size는 다음과 같이 정의합니다. (단위 : mm)

- Web(H) × Flange(W) × Web(t) × Flange(t) × Length (440 × 300 × 11 × 18 × 5,000)
- H : Height, W : Width, t : Thickness

Cable Drum에서도 Flange라는 용어를 확인한 바 있습니다. 현지 운송사는 Concrete Block 대신 목재로 제작한 Stool을 사용했습니다. Stool은 콘크리트나, Steel 재질이어야 한다는 고정관념에서 벗어나게 해주는 사례입니다. Forklift 없이도 인력만으로 Handling이 가능한 좋은 방법입니다. 다만, 비가 많이 오는 지역과 우기에는 피해야 할 것입니다.

Module 형태로 운송을 진행한 이 Project는 Harp Assembly, Module, Super Module의 3가지 형태에 대해 물류비를 검토하였으며, Module 형태가 물류비 측면에서 가장 경쟁력이 있는 것으로 확인하였습니다. 그리고 현장 시공성을 감안했을 때도 Module 방식이 최적의 선택으로 결정됨에 따라 Module 운송을 적용하게 되었습니다.

(a) Stacking Frame　　(b) Module　　(c) Harp Assembly

[그림 4-22]

Tub Bundle이나 Harp Assembly의 운송이 빈번하게 발생하는 경우에는 Stacking Frame을 제작하여 반복적으로 사용함으로써 해상운송 단가를 낮출 수 있습니다. Tarpaulin을 씌우지 않았을 때의 Module과 Harp Assembly는 [그림 4-22] (b), (c)의 사례와 유사한 형태입니다.

Module은 Casing에 의해 둘러싸여 있어서 Casing 강도에 문제가 없다면 Special Spreader를 제작하지 않아도 됩니다. 제작비는 물론 Spreader의 관세와 운송비 등의 물류비를 절감할 수 있습니다. [그림 4-22] (b)의 사례와 같이 Special Spreader가 필요치 않은 형태로 Module이 제작될 수 있도록 유관부문과 협의하시기 바랍니다.

[그림 4-23] 다양한 형상의 Special Spreader

Special Spreader는 보조 Spreader Bar 없이 Sling Wire가 수직으로 화물의 Lifting Lug와 연결되는 형태가 작업의 안전성 및 작업 소요시간 측면에서 좀 더 유리하다고 할 수 있습니다.

[그림 4-24] 왼쪽에서부터 Lifting Point가 각각 12, 16, 18개 지점으로 확인됩니다. 안전에 문제가 되지 않는 한, Lifting Point를 최소화하여 제작하는 것이 선적과 하역 소요시간 단축을 위해 바람직합니다. 그 만큼 보다 신속한 운송에 기여하는 일이 될 것입니다.

[그림 4-24] 상이한 Lifting Point 수

[그림 4-25] HRSG Module 설치

Module 설치에는 2대의 크레인이 사용됩니다. Vertical로 설치되는 모든 기기는 이와 같이 반드시 2대의 크레인을 사용하며, 다만 Tailing 위치에는 Tailing Frame을 사용하기도 합니다. Tailing Frame에 대해서는 다음 장에서 살펴보겠습니다.

>>> Super Module

마지막으로 Super Module을 고려할 수 있습니다. 이는 화물의 규모 면에서 볼 때, Ro-Ro선 이용이 불가피합니다. 제거할 수 없는 장애물이 존재하거나 도로사정이 열악하다면, 현장 근처에 임시 Jetty를 마련해야 합니다. 그리고 Jetty로부터 현장으로 이어지는 도로의 노면강도 등을 점검해야 합니다. Super

[그림 4-26] Dockwise, Super Module 운송

Module 중량과 트레일러 자체 중량 등을 종합적으로 반영하여 GBP에 문제가 없도록 대비해야 합니다.

언급한 Project에서는 얕은 수심, Jetty 건설과 1km 이상의 도로개설 그리고 GBP 등의 문제로 Super Module은 일찌감치 고려대상에서 제외되었습니다. 수심이 문제가 되는 지역에서는 [그림 4-26]의 사례와 같이 Jetty와 본선 사이에 Flat Deck Barge를 연결하여 선적과 하역작업을 진행할 수 있습니다.

››› Steam Drum, Deaerator, Stack

Steam Drum은 HRSG Module의 설치조립과 Steel Structure까지 공사가 완료된 이후에 설치가 가능하기 때문에 HRSG Module에 비해 납기에 다소 여유가 있습니다. Vendor Shop 보관시 보관료가 발생하지 않고, 선박에 Space가 부족할 때는 억지로 Stowage를 변경하여 HRSG Module과 동반 선적하는 것을 고집하지 않아도 된다는 뜻입니다.

[그림 4-27] (a)의 사례는 Lifting Lug를 Lifting하고 있습니다. 따라서 Wooden Hurdle은 필요하지 않습니다. [그림 4-27] (b)의 사례는 Wooden Hurdle간 간격이 좁아서 이 또한 본선 크레인이 Wooden Hurdle 위치를 Lifting할 가능성이 낮아 보입니다. Wooden Hurdle을 두른 것은 두 사례 모두 비용손실을 초래하였습니다. 이 부분, 다른 장에서 구체적으로 살펴보겠습니다.

(a) (b)

[그림 4-27] Steam Drum

[그림 4-28]의 LP Steam Drum에는 Deaerator(탈기기 脫氣器)가 장착된 모습입니다. 용존산소를 제거함으로써 유체가 흐르는 설비 내부의 부식을 방지하기 위한 목적으로 설치하는 기기가 Deaerator입니다. Deaerator를 통해 산소를 제거해야 기기의 수명을 오래 유지할 수 있습니다.

Stack이 분할 제작되는 경우, Packing Frame 전체를 감싸는 Tarpaulin은 [그림 4-29] (a)의 사례와 같이 항해 도중 바람에 의해 찢겨나갈 가능성이 매우 높습니다. Packing Frame과 Tarpaulin 사이에 빈 공간이 있기 때문입니다. 따라서 [그림 4-29] (c)의 사례와 같이 Vendor Shop에서 제품 자체를 감싸는 포장작업을 실시해야 합니다. 이 부분 또한 사전에 구매부서와 협의하여 발주금액에 Tarpaulin 포장비용이 반영되도록 해야 합니다. 아울러 Stack Part 두 겹 이상을 한 PKG로 포장해야 물류비를 절감할 수 있습니다.

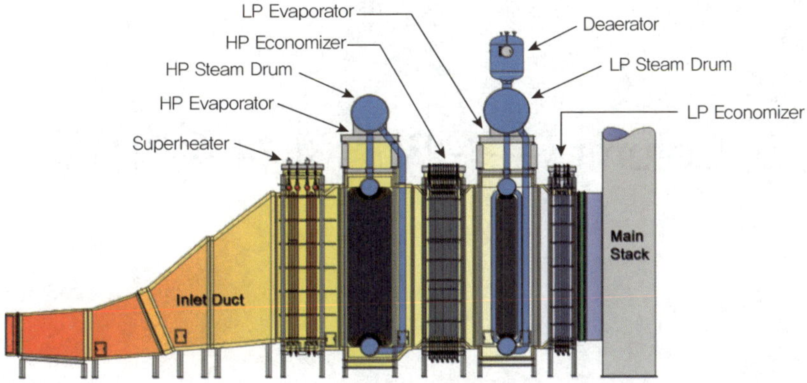

[그림 4-28] HRSG 구성2

(a) 2 Part Stack 포장

(b) 1 Part Stack 포장

(c) Duct 포장

[그림 4-29]

이상과 같이 HRSG 운송에 대해서 살펴보았습니다.

5. Column 운송 및 설치 시 유의사항

이 장에서는 육상 플랜트의 핵심기기인 Column류의 안전한 운송과 설치를 위한 물류부서의 사전 확인사항 및 유의사항에 대해 살펴보겠습니다.

››› Column 설치 장비

Main Crane이 서서히 Lifting을 실시하고, 후방의 Tailing Crane이 Lifting 및 Main Crane 쪽으로 이동하면서 점차 수직방향으로 자리를 잡아가는 것이 전형적인 Column 설치방식입니다. 수직으로 들어올리고 나면 Tailing Crane은 임무를 마치게 되며, Main Crane이 Swing을 하여 Foundation에 Column을 내려놓습니다.

[그림 5-1] 사례의 Main Crane과 Tailing Crane을 Lattice Boom Crawler Crane이라고 부릅니다. Lattice는 격자(格子) 모양을 뜻합니다. Vertical로 세우는 Column, Stack 등은 아무리 작은 것이라 해도 이와 같이 반드시 2대의 크레인이 필요합니다. 따라서 두 크레인의 위치에 부합하도록 Trailer Loading

[그림 5-1] HP/LP Flash Vessel 설치

Orientation을 적용해야 합니다.

(a) Mobile Tailing Crane (b) Mammoet Tailing Frame (c) ALE Tailing Frame (d) Vessel Lifting

[그림 5-2]

Tailing Crane은 Crawler Crane 또는 Mobile Crane이 될 수 있으며, 크레인 대신 Upending Device(Tailing Frame)를 장착한 트레일러일 수도 있습니다. [그림 5-2] (c) ALE Tailing Frame은 3,000톤 화물까지 Support가 가능합니다.

[그림 5-1]의 Flash Vessel 설치에 600톤 Tailing Crane이 사용되었습니다. 물론 다른 용도로도 해당 크레인을 사용할 수 있으나, 단지 본 화물의 설치만을 고려하면 크레인 동원 및 조립에 소요되는 시간과 사용료 측면에서 Tailing Frame + SPMT 조합이 경쟁력이 있습니다.

Horizontal로 설치되는 Vessel류들은 1대의 크레인으로 Lifting 한 후에 화물을 회전시켜서 설치할 수 있기 때문에 대형 Vessel이 아닌 이상 보통은 트레일러 상차 방향이 문제되지 않습니다.

>>> Rigging Plan, Foundation Access Simulation, Plot Plan

현장에서는 크레인의 배치와 기기들의 설치계획을 수립합니다. 이를 Rigging Plan이라고 합니다. [그림 5-3]은 Rigging Plan의 일부를 옮긴 것입니다. 2기의 Column에 대한 Foundation과 Main Crane, Tailing Crane의 배치상태, 설치를 위한 Column의 대기 위치를 나타냈습니다.

이 Rigging Plan에 의하면 후진 방식을 적용하지 않는 경우, 도면의 아래 방향으로부터 트레일러가 접근하면, Bottom First Loading, 위쪽으로부터 접근한다면 Head First Loading으로 트레일러 상차를 실시해야 한다는 것을 알 수 있습니다. 다만 도면 위쪽에 진입로가 있기 때문에 도면상으로는 Head First 진입만이 유효합니다.

그러므로 Column의 Trailer Loading Orientation은 일차적으로 Rigging Plan과 관련이 있습니다. Main Crane과 Tailing Crane의 위치를 조정하지 않는 한, 그리고 트레일러의 진행방향을 변경할 수 있는 도로 사정이 뒷받침 되지 않는 한, 이를 되돌리기가 쉽지 않기 때문에, 물류 담당자는 Rigging Plan을

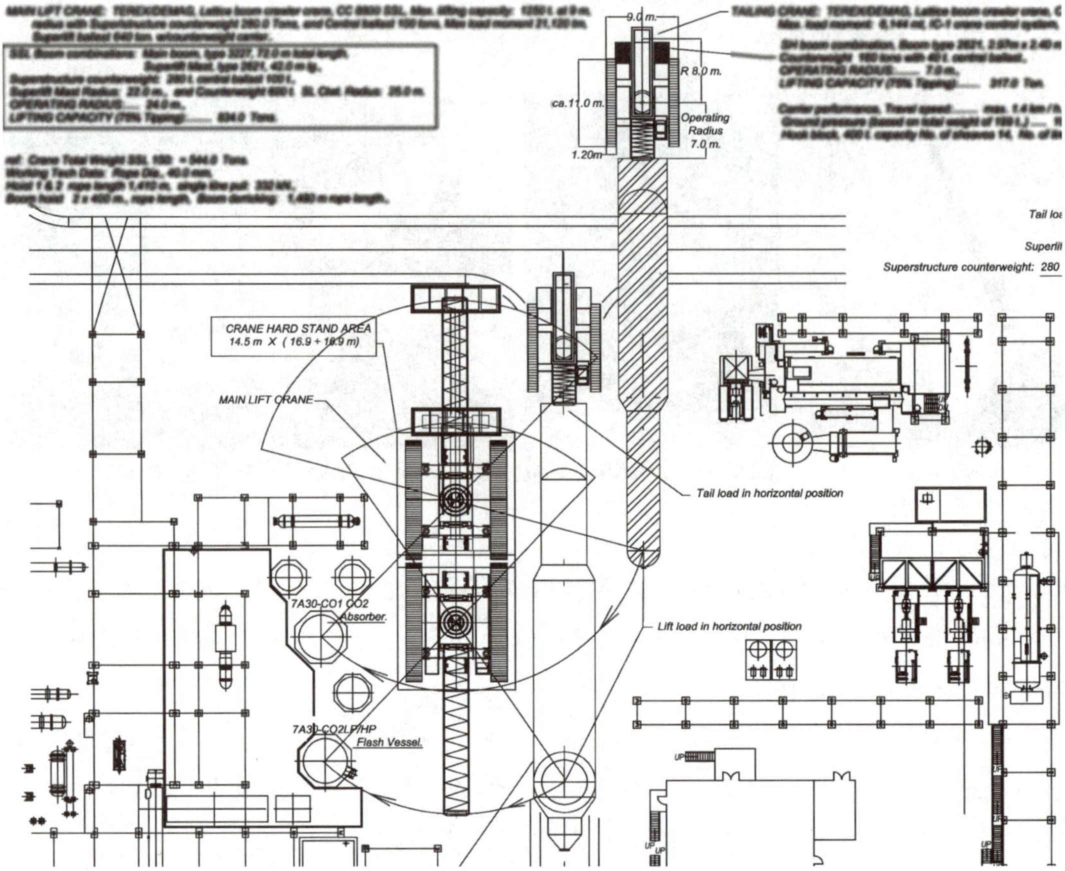

[그림 5-3] Rigging Plan

검토하고 현장 관계자와 긴밀한 소통을 경주해야 합니다.

현장에 따라서는 Foundation까지의 진입로가 복잡한 경우가 있습니다. 특히 기존 공장의 설비들을 교체하는 Revamping Project는 설비들과의 간섭으로 인해 크레인의 위치설정과 트레일러의 진입방향 설정에 애로사항이 발생할 수 있습니다. 따라서 Foundation Access Simulation 과정이 반드시 필요하고 이를 반영하여 Trailer Loading Orientation을 결정해야 합니다.

Revamping Project는 유지보수 비용이 과도하게 발생함에 따라 노후화된 설비의 교체를 목적으로 하거나, 또는 강화된 환경규제 정책에 맞게 설비의 Upgrade를 목적으로 하는 Project를 말합니다. 설비의 Upgrade는 탈황기능의 고도화가 다수를 차지합니다. HDS(Hydro Desulfurization), LSD(Low Sulfur Diesel) 등이 탈황기능과 관련된 Project들입니다. 반면에 Expansion Project는 Line 연결 등 기존 공장의 일부만을 수정하고 신규부지에 동일한 성격의 플랜트를 건설하여 생산능력을 확대하는 것을 말합니다.

기존 공장이 가동불능 상태에 놓여 있거나 일부만 가동중인 상태의 부지를 Brown Field라고 합니다. 건물과 인프라가 조성되지 않은 나지상태를 Green Field라고 부르는데, 대부분의 신규 Project는 Green Field에서 진행합니다.

[그림 5-4]의 Foundation Access Simulation DWG에서는 현장 Gate 통과 이후, 트레일러의 진행방향이 3차례 변경된다는 것을 보여줍니다.

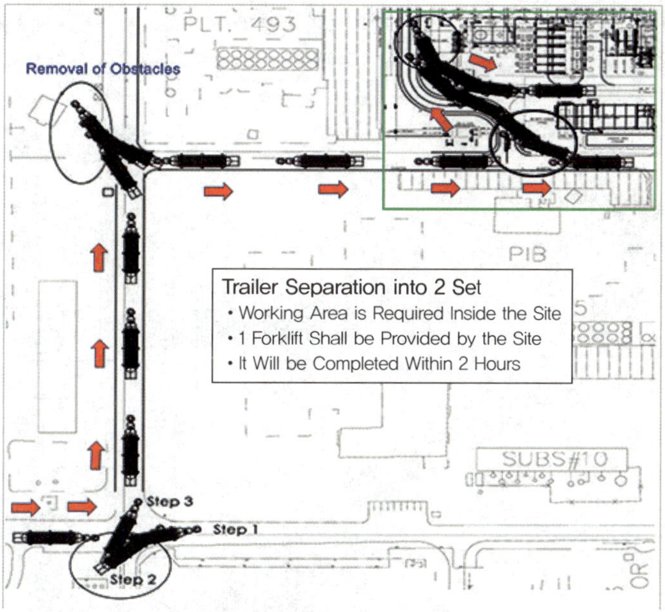

[그림 5-4] Foundation Access Simulation 도면

타원 안의 위치는 기존 설비와 간섭이 발생하는 지점입니다. 이 도면이 출도되기까지 몇 차례의 계획 수정 과정을 거친 만큼, 장애물 제거작업을 최소화하면서 두 크레인의 위치 및 트레일러 진행방향을 최적화하기 위한 숙고의 시간이 필요합니다. 이처럼 Revamping Project에서는 현장 내부사정이 Column 운송에 있어서 중요한 변수로 작용할 수 있습니다.

도면에는 2대의 트레일러로 분리할 때, Forklift를 현장에서 지원한다는 내용이 담겨 있습니다. 이는 현장 관계자가 기재한 것입니다. 중량물을 현장에 하역한 후, Side-by-Side Type의 Conventional Trailer는 2대의 2File 트레일러로 해체하여 각각 복귀하거나 또는 2File로 합체하여 복귀합니다. 트레일러 해체 및 합체에 Forklift의 조력이 필요합니다. 원거리의 현장까지 운송사가 Forklift를 보내는 것보다는 현장의 지원을 받는 것이 효율적입니다. 이 Project는 현장과 물류가 소통이 잘 이뤄지고 있음을 보여줍니다. 때로는 트레일러 Operator들의 식사지원도 필요할 수 있습니다.

[그림 5-5]는 [그림 5-4] 도면의 오른쪽 상단 부분을 나타낸 것입니다. 트레일러의 전후진 진행방향이 다르다는 것을 확인할 수 있습니다. 위는 현장 관계자가, 아래는 운송사가 작도한 것입니다. 이처럼 상황에 따라 계획이 변동될 수 있기 때문에 현장 관계자와 변동사항을 수시로 확인해야 합니다.

[그림 5-5]의 붉은색으로 빗금친 부분은 화물과 트레일러의 이동범위를 표시한 것입니다. 해당 위치는 도로 측면으로 경사면이 형성되어 있고 울타리가 쳐져 있습니다. 지장물을 다 걷어내고 도로확장을

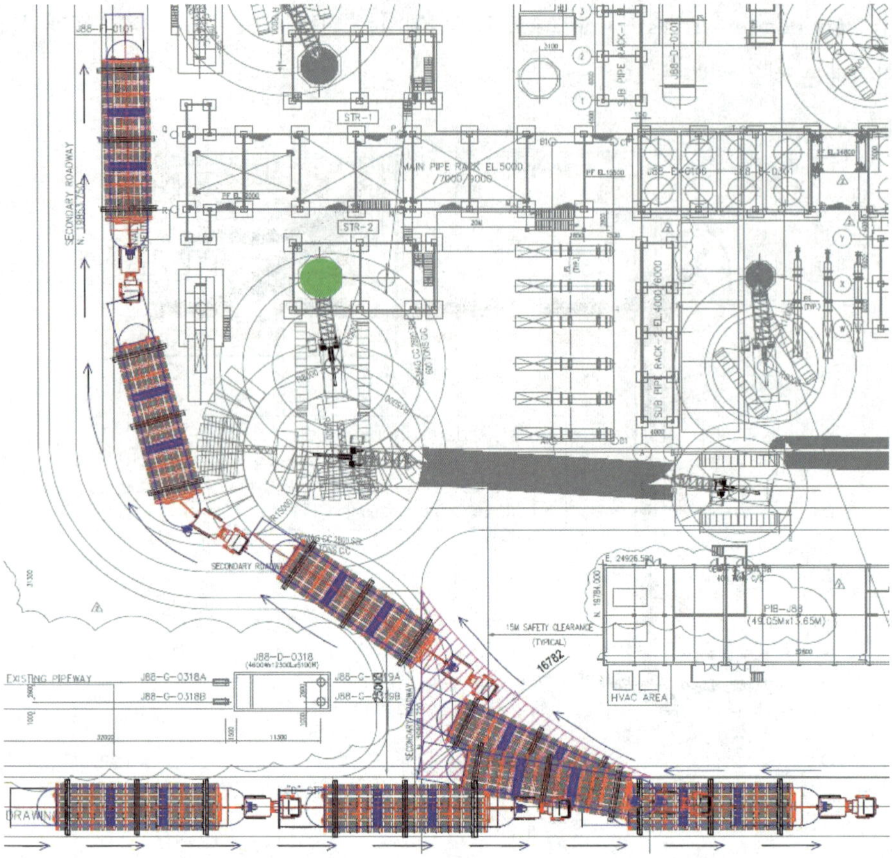

[그림 5-5] Foundation 주변 확대 도면

위한 Backfill 및 Compaction 작업을 진행해야 합니다. 운송사가 현장을 방문하여 진입로 상태를 점검하기 이전에는 판단하기가 쉽지 않은 사항입니다.

그러므로 운송사 선정을 서두르는 것이 바람직하고, 선정이 완료되면 조기에 현장내부 Survey를 실시하여 Foundation Access Simulation 도면을 작성, 유관부문과 공유해야 합니다. 그에 따라 현장은 현장내 장애물 제거나 도로 보강 등의 문제를 사업주와 협의하고 적절한 조치를 취하게 될 것입니다. Route Survey 결과와 현장내 여건을 종합적으로 판단하여 양하지 Port 또는 현지 Vendor Shop 출발시의 Trailer Loading Orientation을 최종적으로 확정하게 됩니다.

현장내 장애물 극복과제 외에 또 하나의 관리포인트는 Gate Pass입니다. Revamping Project와 같이 기존 플랜트가 가동중인 현장은 보안이 철저한 만큼, Gate Pass 발급에 상대적으로 많은 시간이 소요됩니다. Gate Pass의 유효기한 또한 넉넉하지 않은 경우가 있습니다. 이 때문에 계획보다 운송이 지연되면 Gate Pass 만료로 인해 현장진입을 못하는 사례가 발생할 수 있습니다. 본 도면의 Column 운송이 이 같은 사례에 해당됩니다. 현장을 목전에 두고 Gate Pass가 유효한 Operator들을 소집하는 과정에서 시간을 허비하였습니다.

이처럼 Revamping Project에서는 운송장비와 Operator들의 Gate Pass 유효성 또한 중요한 관리사항입니다.

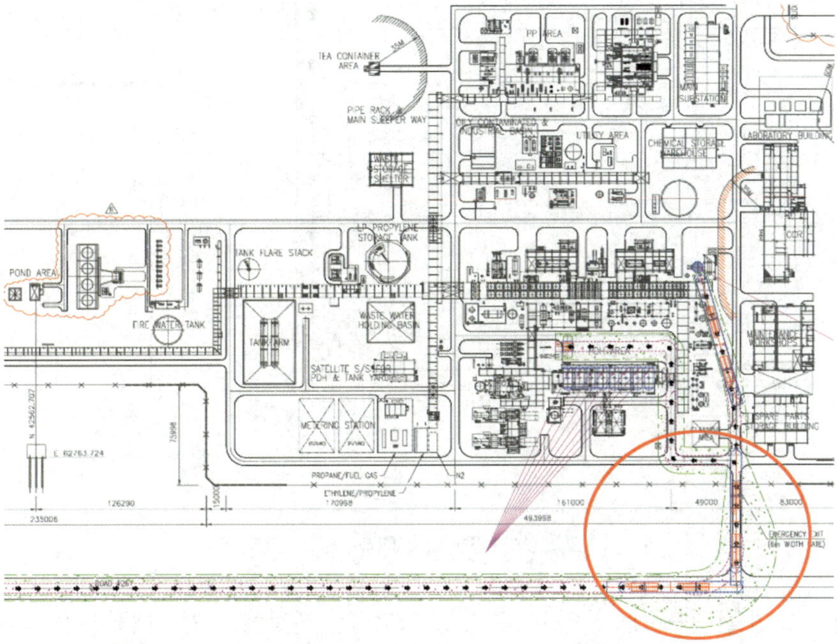

[그림 5-6] Plot Plan에 기초한 Foundation Access Simulation 도면

살펴본 도면들은 모두 Plot Plan에 기초하고 있습니다. 각 기기들의 배치와 도로의 위치를 나타내는 도면이 Plot Plan입니다. Plot Plan은 배관설계팀(=공간설계팀)에서 작성합니다. 특히 장척물의 경우에는 굽이길 회전시에 다수의 장애물과 간섭이 발생할 수 있기 때문에 중량물 운송사가 선정되는 대로 CAD 파일의 Plot Plan을 제공하여 Foundation Access Simulation 도면을 작성하도록 해야 합니다.

초록색으로 표시된 부분은 Column의 이동 궤적을 나타낸 것입니다. 해당 범위 안에는 장애물이 있어서는 안 된다는 것을 의미합니다. 따라서 현장에서는 Foundation Access Simulation 도면을 기초로 공사의 우선순위를 점검하게 됩니다.

[그림 5-7]은 붉은색 원으로 표시한 Trailer의 이동경로 부분을 확대한 것입니다. Column의 이동 궤적이 상당히 넓다는 것을 알 수 있습니다. 장애물이 있어서는 안 되는 최대 Span이 43.4m에 달합니다. Simulation 도면을 작도하기 전에는 사실상 이를 정확하게 판단하기가 어렵습니다. 자칫 오판으로 인해 해당 부지 내에서 공사를 진행해버린다면 추후 이를 해체해야 하는 사태가 벌어질 수 있습니다. 중량물 운송이 공기에 지대한 영향을 미치고, 만인의 관심사가 될 수밖에 없는 이유가 이러한 대형 기기의 설치 이전에는 수행할 수 없는 공사가 적지 않기 때문입니다.

우선은 이와 연결되는 배관공사를 진행할 수 없습니다. 그리고 이동 경로상에 방해가 되는 건축물을 세울 수 없습니다. 그러므로, Plot Plan과 Rigging Plan을 조기에 입수하여 운송사로 하여금 Foundation

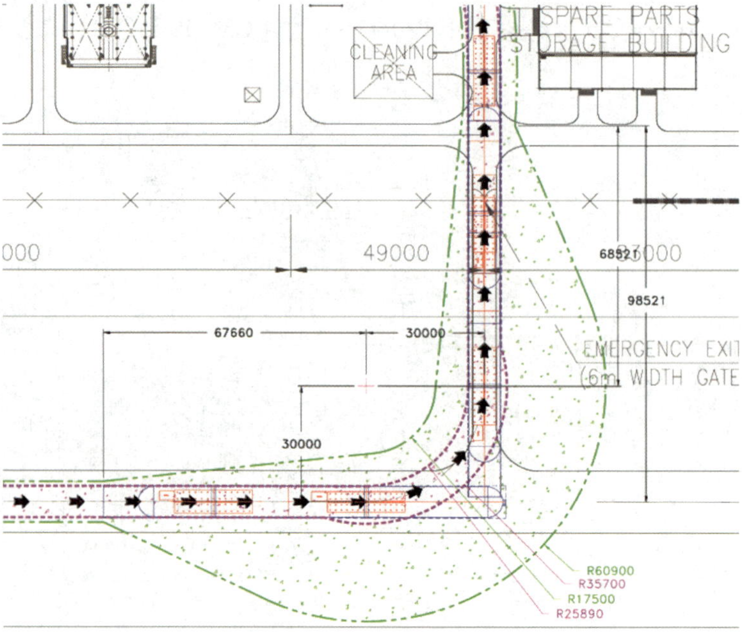

[그림 5-7] Turning Point 확대 도면

Access Simulation 도면을 작도하도록 하고, 중량물 입고 전, 현장에서 진행해서는 안 되는 공사를 사전에 명확히 인지하도록 해야 합니다.

››› Tower Gantry를 이용한 Column 설치

[그림 5-8]은 서로 다른 Project의 Column 모습이지만 몇 가지 공통점이 있습니다. 97m와 103m의 장척물이면서, 같은 운송사의 동일한 Bolster 장비를 이용하여 운송했습니다. 설치 또한 같은 Tower Gantry(Tower Mast Crane)로 진행했습니다. Gantry 설치와 해체에 상당한 시간이 소요되는 만큼, 첫번째 Column의 설치가 지연되면 다른 Column의 설치 일정에도 영향을 미치게 됩니다. 운송일정 관리가 중요할 수밖에 없고, 물류의 성과가 곧 Project 성과로 이어질 것이 자명합니다. 앞서 언급한 바와 같이, 이러한 대형 Column의 설치가 마무리되어야 주변의 다른 공사가 순조롭게 진행될 수 있습니다.

(a) 1,513톤, Wash Tower　　(b) 737톤, C_3 Splitter

[그림 5-8]

Tower Gantry는 Crawler Crane의 Boom 길이에 따른 Lifting의 한계를 극복할 수 있도록 해주는 장비로서 장척물 설치에 유용합니다. 다만 Crawler Crane은 작업반경 내의 다른 화물 설치에도 관여할 수 있는 반면, Tower Gantry는 장소를 이동하여 재설치가 이뤄지지 않는 한, 특정 Column의 설치에만 국한된다는 단점이 있습니다.

Tower Gantry를 설치하기 위해서는 다음 사진에서 같이 또 다른 크레인의 조력이 필요합니다. 물론 Crawler Crane 조립시에도 다른 크레인의 지원을 받아야 합니다.

(a) Tower Gantry

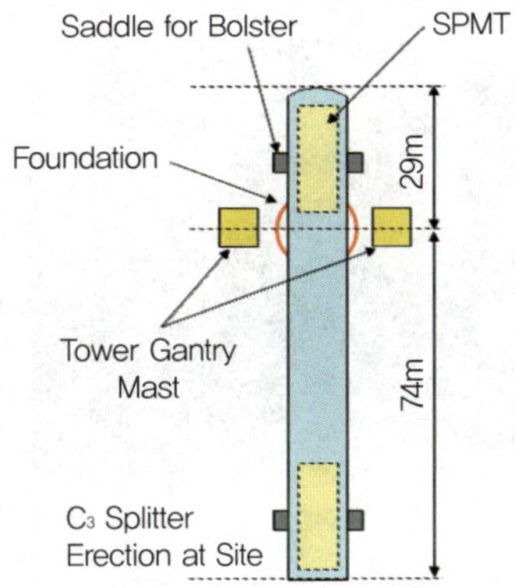

(b) 설치장소, 트레일러 정위치

[그림 5-9]

[그림 5-8]의 두 화물에는 결정적인 차이점이 있습니다. Trunnion Lug의 위치를 눈여겨 보시기 바랍니다. 사례의 Wash Tower는 Trunnion Lug가 전방 트레일러보다 앞쪽에 위치한 반면, C_3 Splitter는 전방 트레일러보다 한참 뒤쪽에 위치하고 있습니다. 그 결과 [그림 5-9] (b)와 같은 문제점이 발생합니다. 전방 트레일러가 Foundation 위를 지나가야만이 Trunnion Lug와 Strand Wire가 일직선상에 놓일 수 있습니다.

물론 전방 트레일러의 위치를 다른 Saddle 아래로 조정할 수 있으나, 이 Column은 그 다음 Saddle 역시 트레일러와 Foundation이 간섭되는 위치에 놓여있습니다.

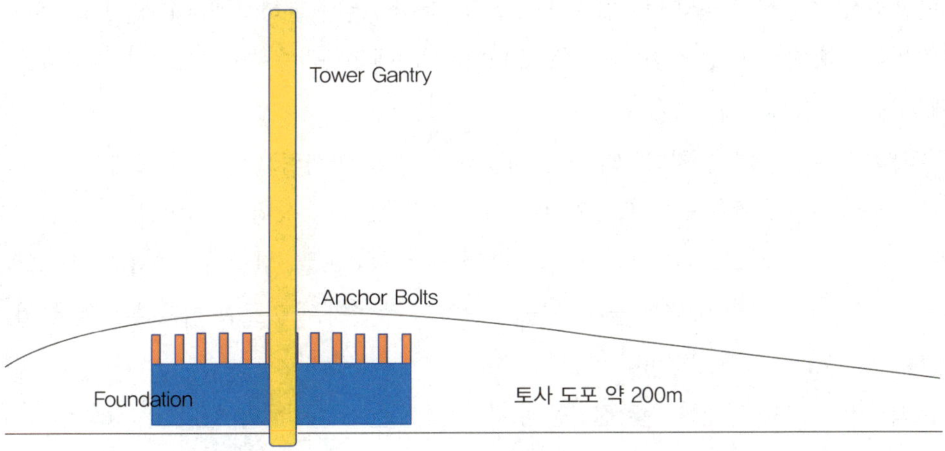

[그림 5-10] Foundation 전후 노면 도포

이 난국을 타개할 수 있는 유일한 해결책은 트레일러가 지나갈 수 있도록 [그림 5-10]과 같이 Foundation을 도포하는 것입니다.

결국 Foundation 전후에 전체적으로 약 200m의 거리를 경사도가 완만하게 도포했습니다. 어마어마한 양의 자갈, 토사를 퍼붓고, Compaction 작업을 진행했습니다. 그리고 설치가 완료되면 제거 작업 또한 만만치 않았을 것입니다. 이러한 결론으로 현장과 Coordination 하는데 애로사항이 많았습니다. 설치 지연도 문제지만, 현장에 추가비용이 발생하기 때문입니다.

(a) (b)

[그림 5-11] C_3 Splitter 설치

[그림 5-11] (a)는 이러한 절차를 거쳐 Dress-up 작업을 마친 후, 설치 위치까지 트레일러가 이동한 모습입니다. [그림 5-11] (b)는 설치작업 진행중에 촬영한 것입니다. Foundation 위의 토사를 걷어내 Foundation이 훤히 드러나 보입니다. 화물 후방에 Tailing Crane(Crawler Crane)이 위치하고 있는 모습이 포착됩니다.

여기에는 네 가지 유의사항이 있습니다.

첫째, 토사를 도포할 때, 얇게 펴서 물을 뿌려 다지고, 또 얇게 펴서 물을 뿌려 다지는 과정을 반복해야 지반이 단단해집니다. 트레일러 중량만 해도 A/L당 4~4.5톤에 달하고 Bolster와 Load Spreader 중량까지 합하면 전체 운송장비 중량은 200톤이 넘습니다. 여기에 화물 중량이 737톤입니다. 실로 엄청난 하중이 지면에 가해지는 것입니다.

더욱이 연약지반은 SPMT에 치명적입니다. 시간과 비용을 아끼려고 일거에 토사를 퍼부은 후 다지기 작업을 진행하다가는 결정적으로 트레일러가 옴짝달싹 못하는 상황이 벌어질 수 있습니다. Driven Wheel 아래의 땅이 집중적으로 파이면서 점점 수렁속으로 빠져드는 현상이 나타납니다. [그림 5-12] 오른쪽 사례에서 땅이 파인 곳의 바퀴는 금속 Rim의 모양이 주변의 바퀴들과 다르다는 것을 알 수 있습니다. 바로 이 바퀴가 Driven Wheel입니다.

아울러 트레일러의 보다 안전한 현장진입을 위해서는 철판을 준비해야 합니다. [그림 5-11] (b)의 사례에서도 노면에 철판이 깔려있는 모습을 보실 수 있습니다.

[그림 5-12] 연약지반에서 SPMT 정체

둘째, Stool 위에 대형화물을 Jack-down 할 때는 지반침하에 대비하여 Load Spreader를 구비해야 합니다. SPMT 상차상태에서는 보다 넓은 면적에 하중이 분산되지만, 화물이 Stool 위에 놓일 때는 집중하중이 작용하게 됩니다.

이 Column은 Dress-up을 마친 후에 설치작업을 진행했습니다. 실제 설치시점까지는 상당한 시차가 발생합니다. 지반이 단단하지 않은 경우, 보온자재 중량까지 더해져 지반침하의 우려가 있습니다. 따라서 Load Spreader 사용을 간과한 경우에는 보조 Stool로 이를 보강해야 합니다.

셋째, 트레일러 진입로가 경사면을 형성하고 있기 때문에 이 상태 그대로 Jack-down을 실시하게 되면

(a) Concrete Load Spreader (b) Steel Load Spreader (c) 보조 Stool 설치

[그림 5-13]

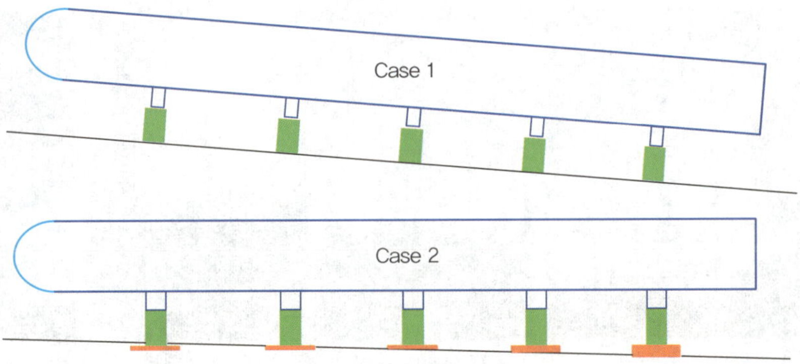

[그림 5-14] Jack-down 진행시 화물의 수평상태 유지 필요

Skirt 쪽으로 좀 더 하중이 쏠리는 현상이 발생합니다. Case 2와 같이 높이가 다른 Load Spreader를 사용하거나, 추가적으로 Stool 위에 Timber, Beam 등을 보강하여 균형을 맞춰야 합니다. 무엇보다도 Load Spreader가 수평을 유지하는 것이 중요합니다.

마지막으로 Stool, 철판, Load Spreader 준비 및 하역시 Column의 수평유지를 위한 조치, 작업인력과 장비의 대기 등, Jack-down이 순조롭게 진행될 수 있도록 물류 담당자가 미리 현장에 관련지침을 전달해야 합니다. 더불어 신속하게 트레일러를 Release하여 Dress-up 절차에 착수할 수 있도록 Bolster와 Saddle간 용접제거 장비 또한 미리 대기하고 있어야 합니다.

Project 초기부터 Tower Gantry 적용여부를 선제적으로 확인하시기 바랍니다. Tower Gantry를 사용하는 것으로 결정된 경우에는 필히 Trunnion Lug 위치를 조정해야 합니다. 도면 초안을 통해서라도 설계부서로 하여금 Saddle 위치를 표시하도록 하고, Trailer Configuration DWG을 작도해야 합니다. 이로써 Foundation과 간섭이 발생하지 않을 Trunnion Lug의 한계위치를 정할 수 있습니다. 하지만, 이것 저것 따질 필요없이 최대한 Head 부분에 가깝게 Trunnion Lug를 설계하는 것이 최선입니다.

운송장비로는 SPMT나 SPT를 적용해야 합니다. Conventional Trailer는 Primemover가 Foundation과 간섭을 일으키기 때문에 후방에서 밀어주는 형태로 트레일러를 구성해야 하지만, Column의 중량과 길이를 감안할 때, 실현 가능성이 희박합니다.

[그림 5-15] (a)에서와 같이 Tower Gantry는 Ballast(Counter Weight)가 없는 대신, Guy Wire를 단단히 붙들어 맬 조치가 필요합니다. Lifting은 Strand Jack 방식을 적용합니다. [그림 5-15] (b)에서 상부의 Gantry Beam 위로 Strand Jack이 보이지 않습니다. 이는 Tower Gantry의 해체중에 촬영한 것임을 의미합니다. 해체시에도 다른 크레인의 지원을 받아야 합니다. [그림 5-15] (c)에서는 PART 1에서 설명한 Riser Pipe가 장착된 것을 알 수 있습니다. 통상적으로는 Riser Pipe가 장착된 상태에서 설치작업에 착수합니다. 계획보다 Column의 설치시점이 지연되어 Riser Pipe를 나중에 장착하게 된 것입니다.

(a) Column 설치 대기 (b) Column 설치1 (c) Gantry 해체 후 (d) Column 설치2

[그림 5-15]

[그림 5-15] (d)는 107m 길이의 Xylene Column을 설치한 모습입니다. Project 규모의 대형화 추세에 따라 이처럼 100m가 넘어가는 Column의 사례가 증가하고 있습니다. Tower Gantry 또는 PTC Crane, AL.SK Crane 같은 Super Heavylift Crane의 활용도가 높아질 것으로 전망됩니다.

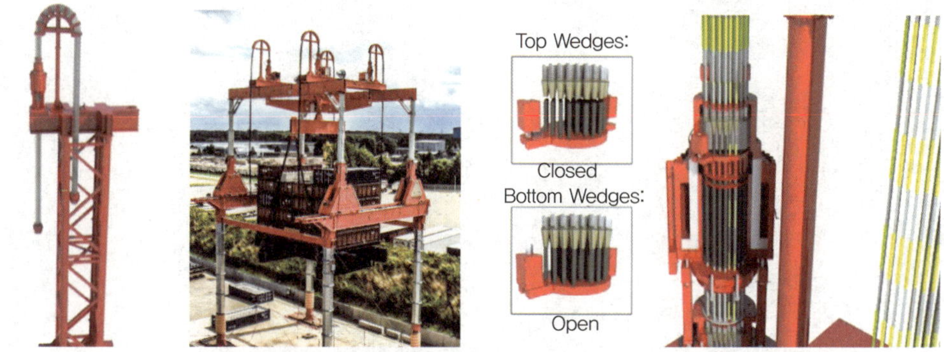

(a) Strand Jack (b) Multiple Strand Jacks (c) Strand Jack 내부

[그림 5-16]

Mammoet의 Strand Jack 방식을 나타낸 것입니다([그림 5-16]). Strand는 가닥이라는 뜻으로 Wire 개개의 줄을 의미합니다. Strand Jack 방식은 이 개개의 Wire를 잡아 당겨서 Lifting을 실시하는 시스템입니다.

Tower Gantry로 Column을 설치할 때에도 Trailing Crane이 필요합니다. 마찬가지로 Tailing Crane이 꼭 Crawler Crane일 필요는 없습니다. Tailing 장비로 Strand Jack을 장착한 Gantry Crane과 Skidding 방식을 적용할 수도 있습니다.

(a) Crawler Cane 적용 Tailing Crane (b) Tailing, Gantry Crane + Skidding 방식

[그림 5-17]

대형 Column의 운송과 설치는 공기와도 밀접한 관련이 있기 때문에 치밀한 운송계획을 수립하고 선박과 트레일러의 적기 활용은 물론, 운송상의 장애요인들을 면밀히 파악하여 이를 극복하기 위한 절차가 순조롭게 진행될 수 있도록 관리해야 합니다.

현장 내부 여건 또한 철저히 점검해야 합니다. 이 과정에서 각종 도면들에 대한 이해와 시의성에 입각한 의사소통이 중요합니다. 중량물의 안전운송, 적기운송을 통해 물류의 위상을 한껏 드높이는 계기로 삼으시기 바랍니다.

6. Shipping Drawing과 선적시 유의사항

이 장에서는 안전한 해상운송을 위한 사전 준비사항과 선적관리, 그리고 내륙운송시 유의사항에 대해서 살펴보겠습니다. 중요한 것은 현지 내륙운송상의 장애요인들을 파악하여 이를 반영한 선적계획을 수립해야 한다는 점입니다.

≫ PS 도면의 조기 확보

Shipping Drawing 또는 Packing Sketch로 불리는 해상운송 및 내륙운송용 도면(이하 PS 도면)은 물류 담당자가 반드시 확인해야 하는 도면중의 하나입니다. 이는 좀 더 적극적으로 대처하여 도면의 출도 시점을 앞당길 필요가 있습니다. 중량물의 경우, PS 도면을 조기에 접수해야 하는 이유는 다음과 같은 목적을 달성하기 위함입니다.

- Saddle에 미치는 하중과 선박의 Deck Strength 확인, 최적의 선박 선정
- Lifting Plan, Stowage Plan 작성, Lifting시의 유의사항 확인
- Trailer Configuration DWG 작성
- 트레일러, 운송 부대장비(Bolster, Girder Fame 등) 적기 확보
- 내륙운송 장애물 극복계획 수립
- Foundation Access Simulation DWG 작성
- 현장 내 노면보강, 각종 간섭이 발생할 수 있는 장애물 확인
- Trailer Loading Orientation 확정
- Transportation Permit 취득 적기 대응 등

특히 내륙운송 Permit 취득에 장시간이 소요되는 Project를 수행할 때는 반드시 PS 도면이 조기에 운송사에 제공될 수 있도록 조치해야 합니다.

중요한 사항이기 때문에 다시 한번 상기하면, 장척물(長尺物, Lengthy Cargo)이나 초중량물 운송을 위해서는 PS 도면 이외에 추가적으로 Plot Plan과 Rigging Plan을 운송사에 제공해야 합니다. 내륙운송상의 장애물 극복계획 수립은 물론, 현장내부 노면보강과 장애물 극복계획 수립이 지연되지 않도록 이를 근거로 Foundation Access Simulation DWG 작성을 서두를 필요가 있습니다.

Route Survey Report, Rigging Plan, Foundation Access Simulation DWG을 종합하여 최종적으로 Trailer Loading Orientation과 다수 기기의 운송순서를 확정하게 됩니다. 이를 소홀히 하면 각종 장애물 극복에 어려움을 겪을 수 있고, 당초 계획보다 트레일러를 더 동원해야 하는 상황이 발생할 수 있습니다.

(a) (b)

[그림 6-1] Column 사례

[그림 6-1] (a)의 화물을 Conventional Trailer를 이용하여 전방에서 견인하는 경우, Primemover와의 간섭으로 인해 후방에서 견인할 때 보다 더 많은 A/L을 투입해야 할 것입니다. 다수의 A/L이 한 화물운송에 묶이게 됨으로써 후속 중량물 운송일정에도 영향을 미치게 됩니다. 뒤늦게 Trailer Loading Orientation을 변경하는 일이 없도록, 즉 갑작스럽게 트레일러를 추가로 동원해야 하는 상황이 발생하지 않도록 조기에 관련 도면들을 입수하여 면밀한 검토와 함께 철저한 대비가 필요합니다.

2장의 '제관류의 물류비 절감방안'에서 살펴본 바와 같이 Head 부분에 장착된 열교환기를 현장 조립 형태로 제작하는 것이 바람직합니다. 운송기간 단축, 운송상의 안전성 확보는 물론, 물류비를 대폭 절감할 수 있습니다.

[그림 6-1] (b)의 사례와 같이 Flat Deck Spacer를 트레일러 중간에 연결하여 동원해야 할 A/L 수를 줄일 수 있습니다. 뿐만 아니라 사례에서는 Primemover와의 간섭을 피하기 위해 일반적인 장비보다 좀 더 긴 Draw Bar를 사용하였습니다. 트레일러 사정이 여의치 않을 때는 부대장비 활용이 대안이 될 수 있습니다. 다만, 내륙운송시에도 해당 Trailer Configuration이 불가피한다면, A/L을 최소화한 만큼, 운송 Route상의 GBP가 고려되어야 합니다. 이 또한 PS 도면의 조기 확보를 통해서 Trailer Configuration을 확정지어야 하는 사안입니다.

하역항의 Storage Yard가 협소한 경우에는 내륙운송시의 Trailer Loading Orientation과 운송 우선순위를 고려한 Storage 작업이 필요합니다. Storage Plan은 Port 내 Storage Yard 또는 Port 외부의 임시 야적장에서의 화물배치 및 보관계획을 말합니다. 선박에 적재하기 위한 Stowage Plan과 용어상의 혼선이 없어야겠습니다.

[그림 6-2] Reactor Storage

[그림 6-2]는 Ro-Ro 선박으로부터 하역 후, 이 항차에 허용된 Port 내 Storage Yard 부지가 상당히 협소한 사례입니다. 운송순서가 뒤바뀌면 곤란한 상황이 초래될 정도로 바짝 밀착하여 보관한 모습입니다. 통관 완료 후 현장 또는 Port 외부의 임시 야적장으로 첫 운송할 Reactor가 Storage Yard 출구방향 가장 자리에 위치해야 합니다. 아울러 현장 설치장소의 접근성을 고려하여 Trailer Loading Orientation을 반영한 Storage Plan을 수립해야 합니다.

이는 Ro-Ro 선박의 Stowage Plan 및 하역순서와도 관련이 있습니다. 결국 Ro-Ro 선적과 이 같은 상황하에서는 PS 도면과 Rigging Plan, Foundation Access Simulation 도면이 선박의 Stowage Plan에까지 영향을 미치게 됩니다.

(a) (b)

[그림 6-3] Reactor Handling

본 화물들은 [그림 6-3] (a)와 같이 일련의 철골 구조물 위에 설치되었습니다. 트레일러의 후진을 통해서만 설치장소 접근이 가능합니다. [그림 6-3] (b)는 현장 운송순서와 Trailer Loading Orientation에 맞게 Port 내 Storage Yard에서 화물을 재배치하는 모습입니다. 일정이 급박하여 야간작업을 진행하였습니다.

"저는 Offshore 담당이기 때문에 Onshore 업무는 현지에서 알아서 하겠지요."

만약 이러한 생각을 가지고 업무에 임하고 있다면 지금부터는 태도를 바꿔야 합니다. Offshore 업무를 온전하게 수행한다는 것이 결국은 현지사정을 제대로 이해하고 있을 때 가능한 일임을 깊이 인식해야 합니다.

만약 하역지의 Trailer Loading Orientation과 운송순서를 고려하지 않고 무작위로 Stowage Plan이 짜여졌다면 위 사례와 같이 공간이 협소한 Port 내 Storage Yard에서는 화물 재배치를 위한 Double Handling이 불가피합니다. 이에 따라 운송사는 Double Handling 비용을 청구할 수 있습니다. 더욱이 트레일러가 Port에 발이 묶여 내륙운송용 트레일러가 부족한 상황을 야기할 수 있습니다.

따라서 PS 도면, Plot Plan, Rigging Plan을 최대한 조기에 접수하여 내륙운송사로 하여금 후속 도면을 작도하도록 하고, 선사로 하여금 Stowage Plan을 작도하게 하여 선적시부터 Barge Loading Orientation 및 Loading Sequence를 현지사정에 맞게 조정해야 합니다.

살펴본 바와 같이 철저한 운송계획 수립과 성공적인 중량물 운송을 가능하게 하는 그 시발점이 바로 PS 도면입니다. PS 도면이 부재한 상태에서는 중량물 운송계획 수립이 부실해질 수밖에 없습니다. 물론 GA 도면을 활용할 수는 있으나, 정확한 COG 위치와 Saddle 정보가 제공되지 않는 한, 여기에는 엄연히 한계가 있습니다. 결론적으로 PS 도면의 조기 확보에 만전을 기해야 합니다.

≫≫ 효율적인 문서관리

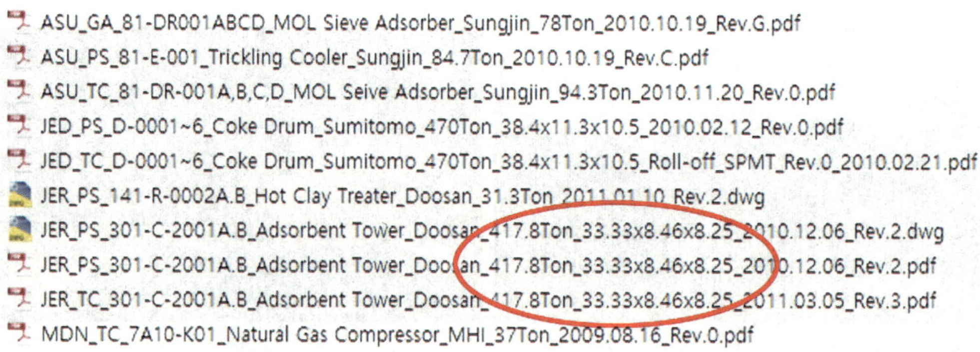

[그림 6-4] File Naming

[그림 6-4]는 필자가 각종 도면들의 파일명을 관리해온 방식입니다. 확장자 dwg는 CAD파일을 의미합니다. 내륙운송사와 선사에 CAD파일을 제공하면 보다 정확하고 신속하게 도면을 작도할 수 있습니다.

공정관리자나 Vendor로부터 접수하는 도면의 파일명에는 화물명 표시없이, 도면번호 또는 Item No.로만 표기되는 경우가 있습니다. 이를 그대로 저장하여 관리하다가 해당 도면을 찾으려면 제법 시간이 소요될 것입니다. 그러나 이런 식으로 파일명을 변경하여 관리하면, 설령 엉뚱한 폴더에 저장되더라도 쉽게 찾을 수 있습니다. 그 만큼 업무처리 속도가 향상됩니다.

추가적으로 주요 기기들에 대해서는 중량과 Dimension까지 파일명에 기재함으로써, 도면을 Open하지 않아도 바로 해당 기기의 정보를 알 수 있습니다. 이것이 얼마나 실효적인 방법인지는 직접 적용해 보시면 알게 될 것입니다.

비단 도면 파일 뿐만 아니라, 워드, 엑셀 파일, 이미지 파일들도 이와 같은 방식을 응용하여 파일명을 부여해 보시기 바랍니다. 더불어 이메일 첨부서류를 받아보는 분들이 한결 수월하게 후속업무를 진행할 수 있습니다.

특히 일련번호로 매겨진 사진 파일들의 이름을 꼭 변경하여 송부하시기 바랍니다. 작은 것 같지만, 우리의 업무역량에 대한 차별화를 가져다 줄 것입니다. 그리고 사진의 경우에는 파일 첨부와 함께 이메일 본문에도 실어서 바로 확인할 수 있도록 조치하면 첨부파일을 열어봐야 하는 수고스러움을 덜어줍니다. 여러분의 후배들에게도 이러한 습관을 들이도록 지도해 주시기 바랍니다.

PS 도면 점검사항

[그림 6-5]는 실제로 PS 도면이라는 이름하에 접수된 것입니다. 이 PS 도면은 Saddle과 COG 위치를 Head 또는 Bottom으로부터 수치적으로 정확히 알 수 없다는 문제점이 있습니다.

Lifting Lug가 COG로부터 등거리에 부착되어 있기 때문에 선박이 적합한 Shackle을 보유하고 있는 한, Wooden Hurdle은 불필요합니다. Hurdle을 감는 작업을 실시하지 않도록 Vendor 측에 통보해주는 것이 바람직합니다. Wooden Hurdle을 습관적으로 감는 경향이 있는데, PS 도면 접수시 물류 담당자의 Comment가 필요합니다. Vendor가 이윤이 발생하고, 시장에서 살아남아야 발주처(EPC사)도 경쟁력을 가질 수 있습니다. 할 수만 있다면 헛되이 쓰지 않아도 되는 비용을 아껴줄 필요가 있습니다. 물론 선박의

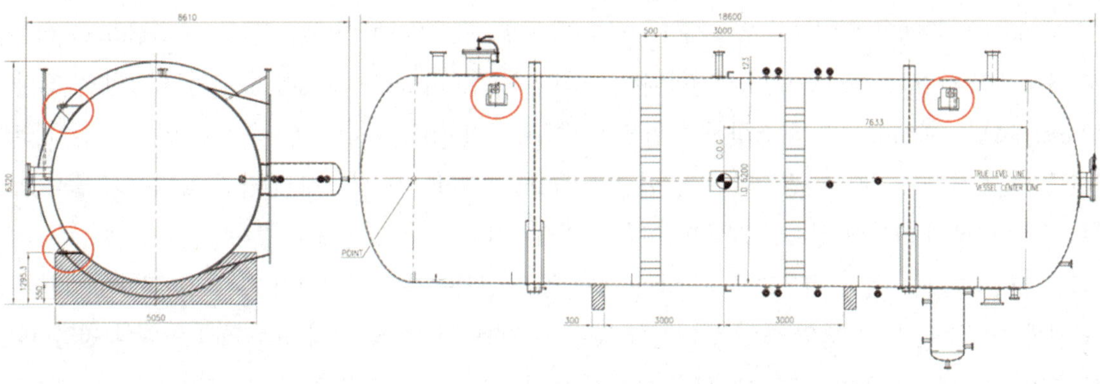

(a) Rear View (b) Elevation View

[그림 6-5] Vessel, PS 도면 사례

Lifting Plan에도 Lifting Lug를 Lifting하는 것으로 반영될 수 있도록 조치해야 합니다.

사실 선박은 거의 모든 경우를 Cover 할 수 있을 만큼 다양한 종류의 Shackle을 보유하고 있으나, 간혹 적합한 Shackle이 부재한 경우가 있습니다. 태국에서 선적을 진행하는 도중 Lug Hole 주변의 Plate 면적이 지나치게 넓게 제작된 화물이 발견되었습니다. 이 때문에 Lug Hole을 Grinding하고 Hole Size를 키운 후에야 선적이 가능했습니다. PS 도면에 Lifting Lug 정보가 누락된 경우, 이를 별도로 입수하여 선사에 함께 제공하는 것이 일말의 지체요인과 비용발생 가능성에 대비하는 안전한 방법이 될 것입니다.

Elevation View 도면은 Rear View의 모습과 차이가 있습니다. 혼선이 없도록 Orientation을 일치시킬 필요가 있습니다. 내륙운송로 상에 Overbridge 등의 극복 불가능한 장애요인이 존재하지 않는 한, Rear View 도면은 현실에서는 일어나기 힘든 상황을 도시한 것입니다.

Boot를 측면에 배치하여 운송하는 경우, 전체 폭은 8.61m, Boot의 돌출길이는 2.29 m입니다. 돌출부의 길이가 상당하기 때문에 조금만 방심해도 Boot나 Boot 하부의 Nozzle이 Damage를 입을 가능성이 있습니다. 실제 이라크 Project 진행중 화물 돌출부위가 다른 차량과 충돌하여 Damage가 발생한 사례가 있습니다.

집수정과 배수기능을 담당하는 Boot는 항상 지면을 향하도록 설치됩니다. Rear View 도면과 같이 운송이 진행된다면 현장 설치시 애로사항이 발생합니다.

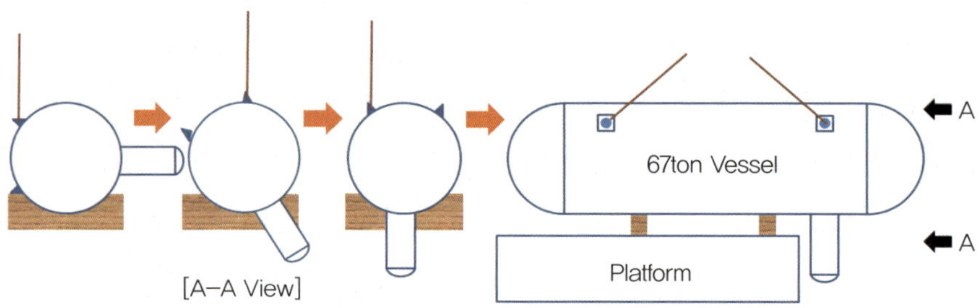

[그림 6–6] Vessel의 방향 전환

먼저 Boot와 간섭이 일어나지 않도록 Platform에 Vessel을 내려놓습니다. Wooden Saddle을 Platform에 단단히 고정시키고 Tie Wire를 제거합니다. 크레인으로 Lifting을 실시하여 서서히 방향을 전환합니다. Vessel 표면의 Damage를 최소화하기 위해서는 하부의 Lifting Lug를 활용할 수 있는 시점에 크레인 한 대를 더 동원하는 것이 바람직합니다. 현장에 Turning Roller가 갖춰져 있다면 작업이 수월하겠으나, 현실적으로 현장이 그러한 장비를 보유할 이유가 없습니다.

다른 방법이 가능하다 해도 Damage의 우려가 있고 번거롭기는 마찬가지입니다. 사전에 이러한 상황을 인지한 사업주는 PS 도면의 승인을 거절할 것이 분명합니다. 현장 관계자들 역시 반대할 것입니다. 따라서 측면에 Boot가 위치하는 운송방식은 실현 가능성이 거의 없다고 봐도 무방합니다.

정상적인 Orientation을 유지하되, Boot가 보호될 수 있도록 Support 를 보강하여 이에 따른 화물

높이가 PS 도면에 반영되어야 할 것입니다. 또는 Boot를 Flange 접합형태로 제작해야 합니다. Vendor가 이와 같은 방식을 제시한 것은 Steel Support 제작비용을 절감하려는 의도로 풀이됩니다.

다음으로 Column의 PS 도면을 살펴보겠습니다.

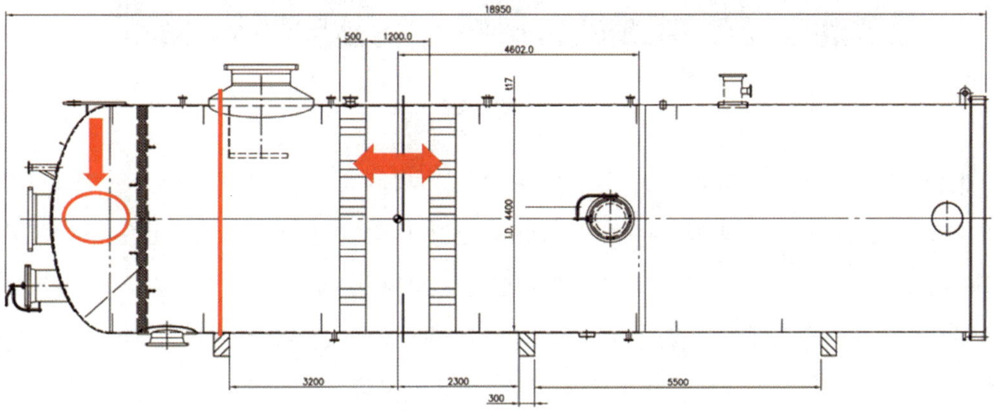

[그림 6-7] Column, PS 도면 사례

Head 부분의 Lifting Lug는 위치가 잘못 표기되어 있습니다. 정상적인 위치에 맞게 도면수정이 필요합니다. Wooden Hurdle간 간격이 지나치게 좁아서 현실적으로 해당 지점을 Lifting 할 수 없습니다. 그러므로 Shell Body Lifting을 위해서는 다른 위치 선정이 필요합니다.

선박은 2대의 Crane으로 Lifting이 가능하기 때문에 Lifting Plan상 Lifting Lug를 통해 Lifting을 진행한다면, Wooden Hurdle을 감을 이유가 없습니다.

이 PS 도면 또한 Saddle과 COG 위치를 Head 또는 Bottom으로부터 수치적으로 정확히 알 수 없다는 문제점이 있습니다.

[그림 6-8] (a)의 사례에서는 Box가 기울어진 채 Lifting을 실시하고 있습니다. COG(Center of Gravity) 위치를 간과했거나, 잘못 표시되어 있거나, 제대로 표시되어 있다 하더라도 Box 아래를 받치는 Wooden Skid의 Wire 걸림 위치가 COG와 Matching이 안 되기 때문에 이러한 현상이 발생합니다. 기울어진 쪽 바닥면의 Timber가 압박을 견디지 못하고 망가지게 되면 화물이 추락하는 사고가 발생할 수 있습니다.

[그림 6-8] (b)의 사례는 다음과 같은 문제점이 있습니다.

- Lifting Point가 COG로부터 등거리에 위치하지 않아 화물이 기울었음.
- Lifting Point의 간격보다 더 긴 Main Spreader가 사용되었음.
- Main Spreader에 Shackle을 장착하는 위치를 조정할 수 없음.

(a) (b)

[그림 6-8] Box 화물 Lifting

만약 애초부터 무게중심이 치우친 화물이 이와 같이 수평이 무너진 상태로 선적을 진행하다가 내품의 위치가 이동하게 된다면, 편심 정도는 더욱 심화될 것입니다. 그 결과 정상적인 Lifting 위치를 활용하여 양하지에서 하역을 진행하더라도 추락사고의 위험이 있습니다. PART 1, '34. Valve 이야기'에서 언급한 Gate Valve Box의 양하지에서 발생한 추락사고가 이와 관련이 있습니다. 따라서 Multi-eyed Spreader를 사용하거나 화살표 부분에 사진 오른편보다 좀 더 긴 Sling Wire를 사용하여 수평상태를 유지해야 합니다.

중량이 덜 나가는 Box 화물도 Skid 위치가 COG로부터 등거리에 위치하지 않으면 Lifting시 사고가 발생할 수 있는데, 중량물이야말로 COG의 중요성을 아무리 강조해도 지나침이 없습니다. 중량물 운송에 있어서 수치적으로 정확한 위치 정보없이 도면상에 COG를 그려 넣는 방식은 지양해야 합니다.

Head 방향의 Saddle을 고정해주는 Tie Wire가 Nozzle 측면 Body의 경사면에 놓여있어서 Wire가 미끄러져 내릴 수 있기 때문에 Saddle 위치선정이 부적절한 상태입니다. 물론 GA 도면을 그대로 차용하여 PS 도면을 작도한 것이라면, 해당 Nozzle의 위치가 Column 측면도상의 상부가 아닐 수는 있습니다. 그러나 Body 측면에 이 Nozzle이 부착되어 있다고 해도 결과는 마찬가지입니다.

Saddle 위치를 변경할 수 없다면, Tie Wire 대신 Body에 용접하여 고정하는 방법을 적용할 수 있습니다. Tie Wire로 고정한 Saddle도 Tie Wire의 단락 가능성에 주의를 기울여야 하지만, 용접방식에 있어서도 안전상 유의해야 할 점은 이 용접부위가 탈착될 수도 있다는 사실입니다. 실제로 이 같은 사고가 발생하여 양하지 Port에서 탈착된 부위를 다시 용접한 사례가 있습니다.

(a) 탈착된 용접부위 (b) 보수용접 진행 (c) 허공에 뜬 Saddle (d) 안전모 착용

[그림 6-9]

허공에 떠 있는 Saddle에 이 같은 현상이 발생하고 때 마침 그 아래에 서 있게 되면 봉변을 당할 수 있습니다. 따라서 안전거리를 유지하거나, 중장비 또는 화물 가까이 접근할 때는 항상 안전모를 착용해야 합니다. 트레일러 위에 올라섰다가 무심코 고개를 치켜들 때 화물 Cleat의 뾰족한 부위에 부상을 입는 경우가 발생하기도 합니다.

예시한 PS 도면의 Saddle은 용접방식을 적용하지 않는 한, 위치를 조정해야 합니다.

Wooden Hurdle

[그림 6-10] 본선 크레인 1대를 이용한 Lifting

사진은 Column의 PS 도면과 동일한 사례입니다. 사례와 같이 극히 좁은 간격으로 감긴 Wooden Hurdle은 그저 돈 낭비일 뿐입니다. Sling Wire를 직접 Shell Body에 감는 경우에는 표면 코팅이 벗겨질 수 있고, 항해중 해당 부위에 부식이 발생할 수 있습니다. 특히 On-deck에 실리는 화물이라면 더욱 더 주의가 요망됩니다. 선사가 제공하는 Lifting Plan을 검토하여 Sling Belt를 사용하도록 조치하거나, Lifting Lug를 활용하여 2대의 크레인으로 Lifting을 실시하는 것이 바람직합니다.

본 사례는 본선 크레인 하나로 Lifting을 시도하고 있습니다. 따라서 COG로부터 등거리의 위치를 찾아야 하는데, 그곳에 Cleat이나 Insulation Support가 부착되어 있다면 Damage가 발생할 것입니다.

Nozzle들을 푸른색 비닐로 감싼 것을 확인할 수 있습니다. AFC 운송사례에서 살펴본 바와 같이, 이는 좀 더 꼼꼼한 밀봉이 필요합니다.

Lifting Lug의 형태가 흡사하여 PS 도면의 Column과 같은 종류의 화물로 인식될 수 있으나, 자세히 보면 Head와 Skirt 모양이 다르다는 것을 알 수 있습니다. Tailing Lug와 그 앞쪽 Nozzle 사이의 Body를 Bolting으로 연결하였습니다. 푸른색 Tarpaulin을 두른 부위가 약간 돌출되어 있다는 것은 해당 위치가 Expansion Joint 자리임을 의미합니다. 다른 위치보다 돌출되어 있기 때문에 Expansion Joint만 별도의 보호조치를 취한 것으로 보입니다. 따라서 위 사진 속 기기는 Shell & Tube Type Heat Exchanger입니다.

Horizontal로 설치되는 Shell & Tube Type 열교환기는 상부에 동일한 형태의 Lifting Lug가 부착되는 것이 일반적입니다. 양단의 Lifting Lug 형상이 다르다는 것은 Vertical로 설치되는 열교환기임을 의미합니다. 즉, 예시한 사진의 오른쪽이 현장 설치시 Bottom부가 됩니다.

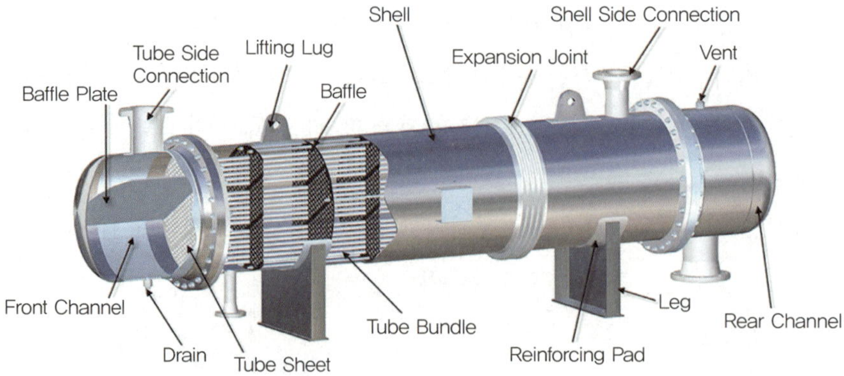

[그림 6-11] Shell & Tube Type Heat Exchanger

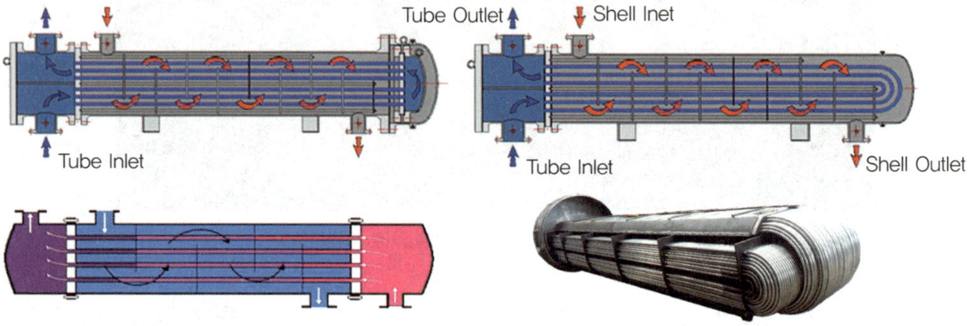

Fixed Tube Sheet　　U Tube Sheet

[그림 6-12] 열교환기 내부 구조

[그림 6-12]에 대표적인 Shell & Tube Type 열교환기의 단면도를 나타냈습니다. Shell 내부는 Baffle(격벽)이 위 아래로 가로막고 있어 유체가 파동의 형태로 Baffle 사이를 통과하면서 열교환의 효율을 높인 구조입니다. AFC나 HRSG의 Tube와의 차이점은 Finning을 하지 않은 Tube를 장착한다는 점입니다.

[그림 6-13] (a)의 사례는 본선 크레인 하나로 Lifting중입니다. Lifting Point가 Wooden Hurdle 위치에서 한 쪽이 벗어나 있습니다. Wooden Hurdle이 COG로부터 등거리에 위치하지 않는다는 의미입니다. 선박의 Lifting Plan을 확인하여 이러한 문제점을 사전에 걸러내야 합니다. 결과적으로 Wooden Hurdle 한 쪽은 돈 낭비를 초래하였습니다. 나머지 사례들 역시 비용손실을 초래하고 있습니다. 더욱이 4개 지점에

(a) Lifting 사진1　　(b) Lifting 사진2　　(c) 과도한 Wooden Hurdle 적용

[그림 6-13]

Wooden Hurdle을 두른 [그림 6-13] (c)의 사례는 납득이 가지 않는 부분입니다.

(a) (b) (c)

[그림 6-14]

[그림 6-14] (a)의 사례는 사용된 Spreader가 Wooden Hurdle 사이의 간격보다 길어 원천적으로 Lifting Point 한 쪽은 Wooden Hurdle 위치를 벗어날 수밖에 없는 형태입니다. 설령 Wooden Hurdle 간격과 동일한 길이의 Spreader를 사용한다 해도 COG가 두 Wooden Hurdle 사이의 중앙 위치에 놓여있지 않기 때문에 Lifting Point가 고정된 Spreader로는 Wooden Hurdle 위치를 Lifting할 수 없습니다. 더욱이 Sling Wire 한 쪽이 화물의 가장자리에 걸쳐있다는 점은 지적받아야 할 사항입니다. 조금만 균형이 무너져도 추락사고의 위험이 있습니다. [그림 6-14] (b)의 사례 역시 COG 문제로 Wooden Hurdle 위치 대신 Lifting Lug를 활용하고 있습니다.

[그림 6-14] (c)의 사례는 Wooden Hurdle간 간격이 좁아 Spreader를 사용할 수 없고, Lifting시 Sling Wire간 간격이 좁혀지지 않도록 이를 길게 늘어뜨려 Lifting을 시도하고 있습니다. 그나마 COG가 Wooden Hurdle 중앙에 자리하고 있기 때문에 Wooden Hurdle 위치의 Lifting이 가능합니다. Lifting시에 화물이 기울어진 점을 감안하면 그리 권장할 만한 방법이 아닙니다.

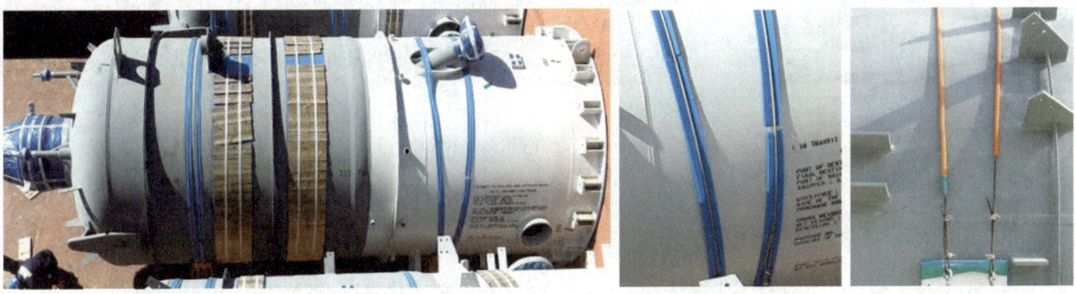

(a) 협소한 Wooden Hurdle 간격 (b) 완충제 적용 (c) 호스 적용

[그림 6-15]

[그림 6-15]의 사례에서는 바람직하지 않은 모습과 바람직한 모습이 확인됩니다. Saddle의 위치를 고정시키는 Tie Wire가 화물 표면과 접촉하지 않도록 완충제를 사용하였습니다. 이 같은 형태로 Tie Wire를 처리하거나 또는 Tie Wire를 Hose에 삽입하여 Wire가 Body 표면에 직접적으로 접촉하지 않도록

해야 합니다. 마찬가지로 Wooden Hurdle 아래에도 완충제를 사용하였습니다. Nozzle들은 완벽하게 밀봉하였습니다. 78일간의 항해에도 불구하고 전혀 이상이 발견되지 않았습니다. 다만 Column의 Wooden Hurdle 간격이 좁아서 Lifting Point로는 부적합합니다.

살펴본 사례들과 같이 부적절한 현상이 나타나지 않도록 PS 도면과 선사의 Lifting Plan을 확인하여 물류 담당자가 이를 바로 잡아야 합니다.

(a) (b) (c) (d)

[그림 6-16] Lifting 사례

[그림 6-16] (a)와 (b)의 사례는 정확하게 Wooden Hurdle 위치를 Lifting하고 있습니다. 나머지 (c)와 (d) 사진의 사례들에서는 현명하게 대처한 모습이 포착됩니다. Sling Wire의 접촉면에만 Wooden Hurdle을 감았고 상부에는 빈 상태로 두었습니다. 목재 구입비용을 절감할 수 있는 방법입니다.

(a) (b)

[그림 6-17] Lifting 사례

Wooden Hurdle과 관련하여 우리가 지향해야 하는 바는 [그림 6-17] (a)와 같은 사례입니다. Wooden Hurdle을 감지 않은 것은 현명한 의사결정입니다. Vendor 및 선사와 소통이 잘 이루어진 경우라고 할 수 있습니다. [그림 6-17] (b)의 사례는 Column의 Lifting Point에 Wooden Hurdle을 두르지 않았습니다. Scratch는 물론 Cleat과 간섭이 발생하여 Damage가 발생할 수 있는 모습입니다. 더욱이 사용된 Spreader는 길이가 짧아 Lifting Point의 간격을 넓힐 수도 없는 형태입니다. 결국 현 위치만을 Lifting 할 수밖에 없습니다. 다른 크레인들은 Capa.가 미약하여 Lifting에 참여하지 않은 것으로 여겨집니다. 본선 크레인의 상태를 고려했을 때, Wooden Hurdle을 적용했어야 하나, 반영되지 않은 것은 문제가 있다고 판단됩니다.

>>> COG, Multi-eyed Spreader

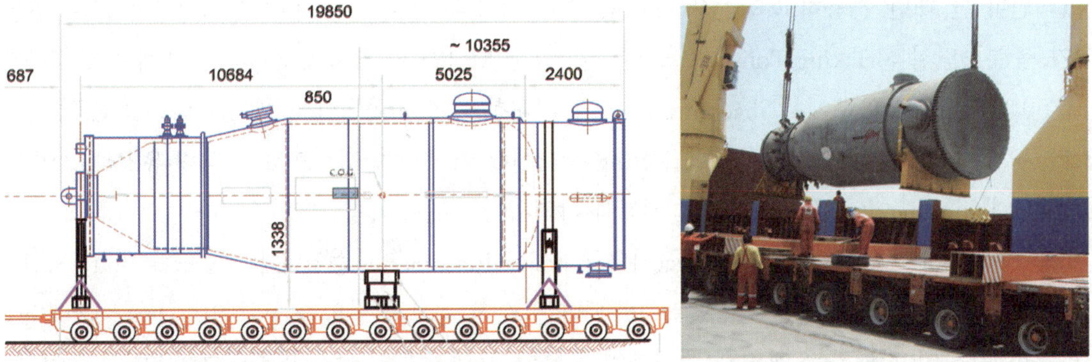

(a) Secondary Reformer TC 도면

(b) Secondary Reformer 본선 하역

[그림 6-18]

Ammonia Project의 핵심기기 중의 하나인 Secondary Reformer, TC 도면의 Elevation View와 실제 하역시의 사진을 옮긴 것입니다. 이 화물은 Lifting Lug가 COG로부터 등거리에 위치하지 않습니다. 더욱이 Shell 두께가 얇게 제작되어 반드시 Lifting Lug를 통해 Lifting을 실시해야 합니다. 이러한 사유로 Body에는 Wooden Hurdle을 감지 않았습니다. 크레인 2대로 Lifting을 실시하거나, 크레인 한 대만 가용하다면 Multi-eyed Spreader를 사용해야 합니다.

TC 도면에서는 COG의 위치가 트레일러의 중앙으로부터 약간 벗어나 있습니다. 원칙적으로는 트레일러를 증차하고 화물의 COG 위치에 부합하도록 상차해야 합니다. 당시에는 Project가 호황기였던 탓에 트레일러가 부족하여 궁여지책으로 이와 같이 트레일러를 구성했습니다.

Saddle 2개가 트레일러 양 측면에 위치하기 때문에 [그림 6-19] (a)와 같이 내륙운송 진행시 트레일러 중간부분에서 별도의 Support로 지지하고 있습니다. TC 도면에서도 이 사실이 확인됩니다. 이는 트레일러의 Deflection을 방지하기 위한 조치입니다. 문제는 Shell Body가 얇게 제작된 관계로 Damage 발생 가능성에 대비해야 한다는 점입니다. 목재를 층층이 쌓아 쿠션기능을 갖도록 하고, 화물 접촉면은 Rubber

(a) 보조 Support 지지

(b) Multi-eyed Spreader를 이용한 Lifting

(c) Multi-eyed Spreader

[그림 6-19]

Pad를 대서 화물 표면에 Damage가 발생하는 것을 방지해야 합니다. Saddle에 미치는 것과 동일한 크기의 하중이 가해지면 결국 Dent가 발생할 우려가 있습니다.

크레인이 한 대만 가용하고 화물의 Lifting Point가 COG로부터 등거리에 위치하지 않는 경우에는 길이가 충분하면서 Shacking Point를 조정할 수 있는 Multi-eyed Spreader를 사용해야 합니다. [그림 6-19] (b)의 Spreader 하부에서 Shackling Point가 비대칭인 것을 확인할 수 있습니다. COG를 고려하여 Shackling Point를 달리 하였기 때문에 Lifting 상태에서 화물이 안정적으로 수평을 유지하고 있습니다. 이런 형태의 Spreader가 준비되지 않으면 선적과 하역시에 곤란을 겪을 수 있습니다.

[그림 6-19] (b)의 화물은 비료 Project의 Secondary Reformer 모습입니다. 이 또한 Body Shell 두께가 얇아 Body에 Belt나 Wire를 감아서는 안 된다는 사전 통보를 받았습니다. 임시 Jetty에서 Terminal Crane을 이용하여 하역하는 장면으로 크레인을 추가 동원하기도 쉽지 않습니다. 다른 크레인의 동원이 가능하다 해도 임시로 Jetty를 건설한 만큼 크레인이 자리잡을 공간이 부족합니다. 결국 Multi-eyed Spreader가 반드시 구비되어야 합니다. 이처럼 Lifting Lug만을 이용하여 Lifting을 진행해야 하는 경우에는 Project 초기에 Lifting시의 유의사항이 PS 도면에 명기될 수 있도록 공지하고 대책을 강구해야 합니다.

한 가지 대안이 있다면 COG로부터 원거리에 위치한 Lifting Lug 방향으로 보다 긴 Sling Wire를 사용하는 것입니다. 물론 다수의 화물에 적용할 수 있는 다양한 길이의 Sling Wire를 구비해야 합니다. 또한 Wire 길이 비율에 대한 정확한 판단이 필요합니다. Ammonia Project 또는 비료 Project의 Secondary Reformer에 대해서는 Body의 Lifting 불허 여부를 반드시 확인하시기 바랍니다.

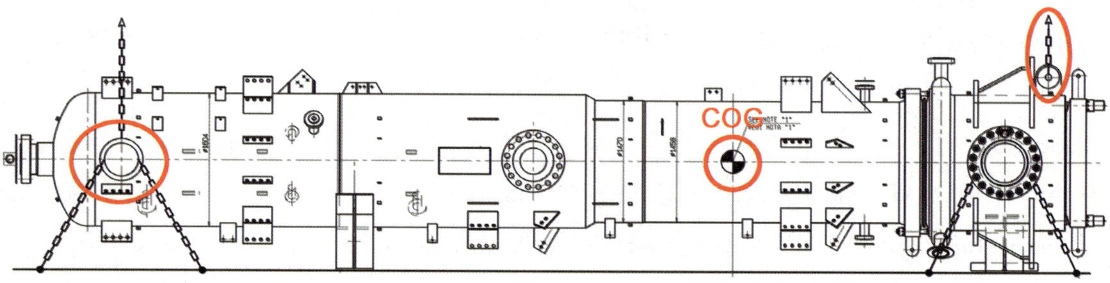

[그림 6-20] WHB, PS 도면 Elevation View

54톤 Waste Heat Boiler의 PS 도면 사례입니다. COG가 상당히 치우쳐 있습니다. 이 화물 역시 Trunnion Lug와 Tailing Lug만을 이용하여 Lifting하도록 되어 있습니다. 크레인 2대 활용 또는 Multi-eyed Spreader를 사용해야 합니다.

[그림 6-21]은 시속 20km의 속도에서 80톤 중량까지 운송이 가능한 사양의 Gooseneck Hydraulic Trailer를 적용한 TC 도면입니다. Saddle 길이가 짧아 Transportation Beam을 사용하였으며, 현장에 도착하면 Stool 위에 Jack-down하게 됩니다. Trunnion Lug가 장착된 점을 고려할 때, 이 화물 또한 Vertical로 설치되는 것을 의미합니다.

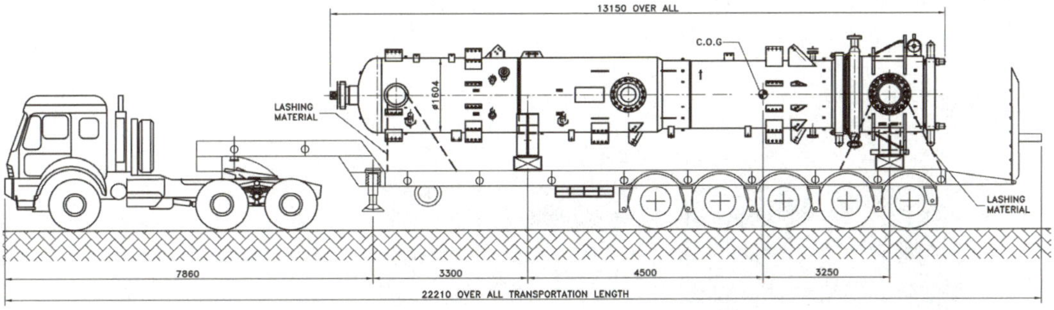

[그림 6-21] WHB, TC 도면 Elevation View

COG가 Gooseneck Trailer 3번째 A/L의 중앙에 위치하지 않은 것은 트레일러 뿐만 아니라 Primemover에도 화물의 하중이 작용하기 때문입니다.

>>> Steam Reformer

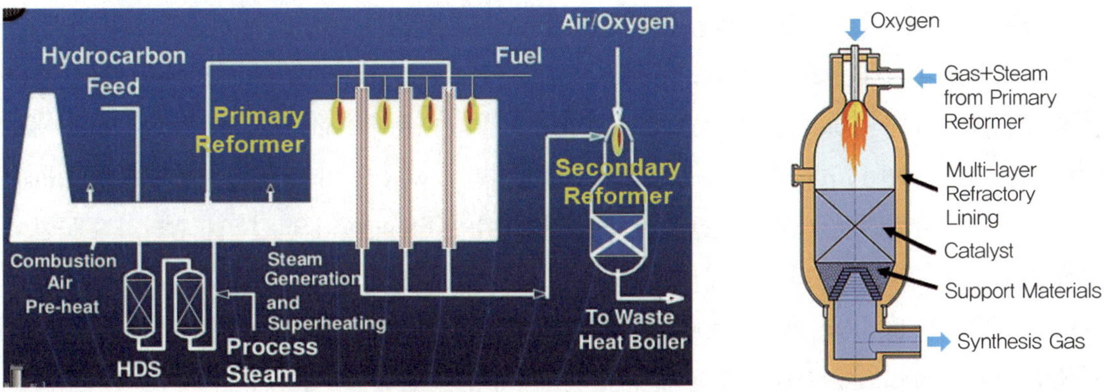

(a) Ammonia 공정 흐름도

(b) Secondary Reformer

[그림 6-22]

Ammonia(NH_3)는 궁극적으로 비료 생산의 원료로 사용됩니다. 탈황과정(Desulphurization, HDS : Hydro-desulphurization)을 거친 Methane(CH_4) Gas와 기타 소량의 탄화수소화합물이 섞인 혼합물을 촉매를 이용, Steam과 반응하여 CO, CO_2, H_2로 변환시키는 설비가 Reformer입니다.

Primary Reformer에서 1차 변환과정을 거치고 Primary Reformer 보다 더 높은 온도에서 2차 Steam Reforming을 진행하는 기기가 Secondary Reformer입니다. 이는 일종의 기상반응(氣相反應) Reactor입니다. 그리고 Secondary Reformer에서 연소된 폐가스의 열기를 회수함으로써 Water Tube Boiler(水管보일러)의 Economizer 역할을 담당하는 기기가 WHB(Waste Heat Boiler)입니다.

후속 공정에서 수소와 질소를 결합하여 Ammonia가 생산됩니다. 비료 Project는 이후 추가적인 공정을 거쳐 Urea를 생산하게 됩니다.

›››Lifting Plan

(a) Lifting 사례 1　　(b) Lifting 사례 2　　(c) Gas Turbine Lifting

[그림 6-23]

Sling Wire가 지나치게 길다는 느낌을 주지만 현실적으로 선택의 여지가 없는 사례들입니다.

[그림 6-23] (a)의 사례는 1대의 Shore Crane과 Lifting Point가 고정된 6m 길이의 Spreader를 적용한 것입니다. 화물의 Lifting Point 간격이 Spreader 길이보다 길기 때문에 Body를 감아 올리는 Sling Wire의 길이가 충분하지 않으면 Lifting시에 Lifting 각도가 좁혀지면서(Wire가 미끄러지면서) 화물에 Damage가 발생하거나 급기야 추락하는 사고가 발생할 수 있습니다. 만약, Sling Wire의 길이를 감당하지 못할 정도로 크레인 Capa.가 충분하지 않은 경우라면 Sling Wire를 길게 늘어뜨리는 것조차 불가능한 방법이 될 것입니다. 더욱이 Body에 Wire를 감는 것을 불허하고 COG조차 편심인 화물에 대해서는 2대의 크레인 또는 Multi-eyed Spreader 사용문제를 반드시 짚고 넘어가야 합니다.

[그림 6-23] (b)의 사례는 (c) 도면의 사례에서 이유를 찾을 수 있습니다. Lifting Lug가 화물의 하단부에 장착되어 있는 관계로 화물 Body와의 접촉을 피해 Lifting을 실시해야 합니다. 그러나 Spreader 길이가 충분하지 않으면 접촉이 불가피합니다. 이에 대한 Damage를 방지하기 위해 Sling Wire를 길게 늘어뜨린 것입니다.

이상과 같은 상황을 종합해볼 때, PS 도면을 선사에 제공하여 Lifting Plan을 조기에 확정할 필요가 있습니다. 그리고 Vendor가 비용을 절감할 수 있는 방향으로 선사와 협의해야 합니다. 외경 8m에 해당하는 Body 두 군데에 Wooden Hurdle을 두른다고 하면, 전체적으로 50m의 목재 울타리가 필요합니다. 작업에 동원되는 일손까지 감안하면 비용이 적지 않게 발생합니다. 선사로부터 [그림 6-24]와 같은 Lifting Plan을 신속하게 접수하여 현명한 의사결정을 내리시기 바랍니다.

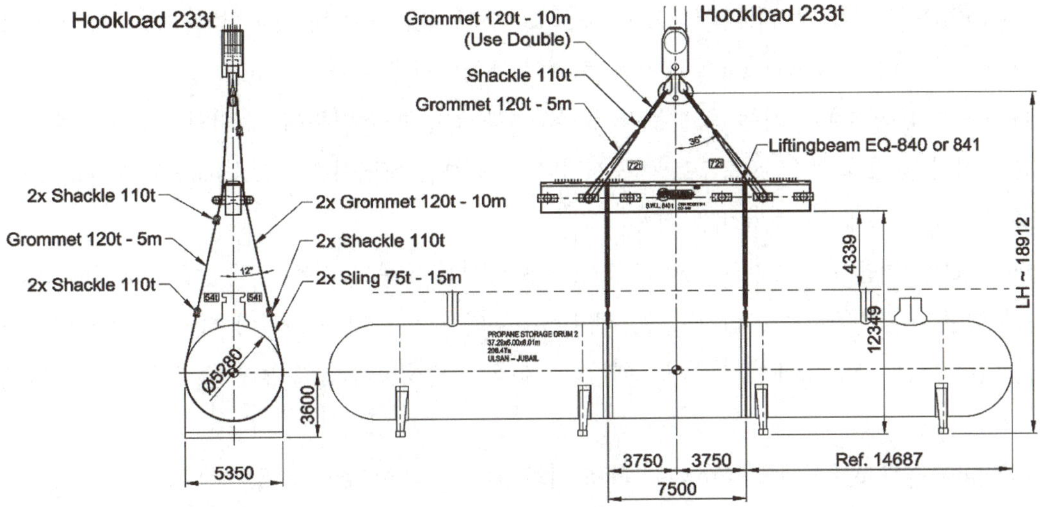

[그림 6-24] 선박의 Lifting Plan

[그림 6-25] (a)의 화물은 Lifting을 진행하는 동안 Sling Belt가 Body와 접촉하고 있습니다. Lifting Point가 화물의 하단부에 위치한다는 것은 수처리(Water Treatment) 제품과 같이 여러 기기들을 조립한 Package Item이거나, 단품성이라도 Body의 두께가 얇은 제품일 가능성이 있습니다. 이들은 측면부 압박에 취약합니다. 적합한 Spreader가 부재하다면 접촉으로 인한 Damage 발생 가능성 여부를 미리 확인하고 가급적 Sling Belt를 길게 유지하는 것이 바람직합니다. 이 또한 선사로부터 조기에 Lifting Plan을 접수하여 검토해야 하는 사항입니다.

(a) Belt의 Body 접촉 (b) 부식방지 조치

[그림 6-25]

Stowage Plan

Stowage Plan에서 주목해야 할 부분은 On-deck에 실리는 화물 리스트입니다. Stainless Steel 재질의 제품이 부분적으로라도 존재한다면 부식방지 대책을 세워야 합니다. 일반적으로는 Tarpaulin을 씌워 해수 및 Mist와의 접촉을 방지합니다. [그림 6-25] (b)의 사례와 같이 바람에 날리지 않도록 여러 부위를 Rope나 Belt로 묶어주고, Desiccant를 활용하는 것이 부식방지에 효과적입니다.

Under-deck에 적재해야 하는 화물부터 선적작업을 진행하기 때문에, 선사와 Loading Sequence를 협의하고 순서에 맞게 화물을 선측으로 이동시킵니다. 양하지 하역시에도 Discharging Sequence에 준해 Direct Receiving용 트레일러를 준비합니다.

Under-deck 선적을 요구하면서 First Calling을 주장하는 것은 이치에 맞지 않습니다. On-deck의 짐들이 다른 행선지의 화물들로 구성될 경우, 해당 Port부터 먼저 Calling할 수밖에 없습니다. 따라서 First Calling을 원한다면, On-deck에 선적해도 화물에 부식이 발생하지 않을 방안을 강구하는 것이 우선입니다.

다음은 Jumbo Shipping 제공 Stowage Plan 사례입니다. 화물 높이로 인해 Tween Deck의 Pontoon을 제거한 모습입니다. 물론 화물을 적재할 수도 있으나, 선미쪽의 공간은 Pontoon 보관에 사용되는 예비공간입니다.

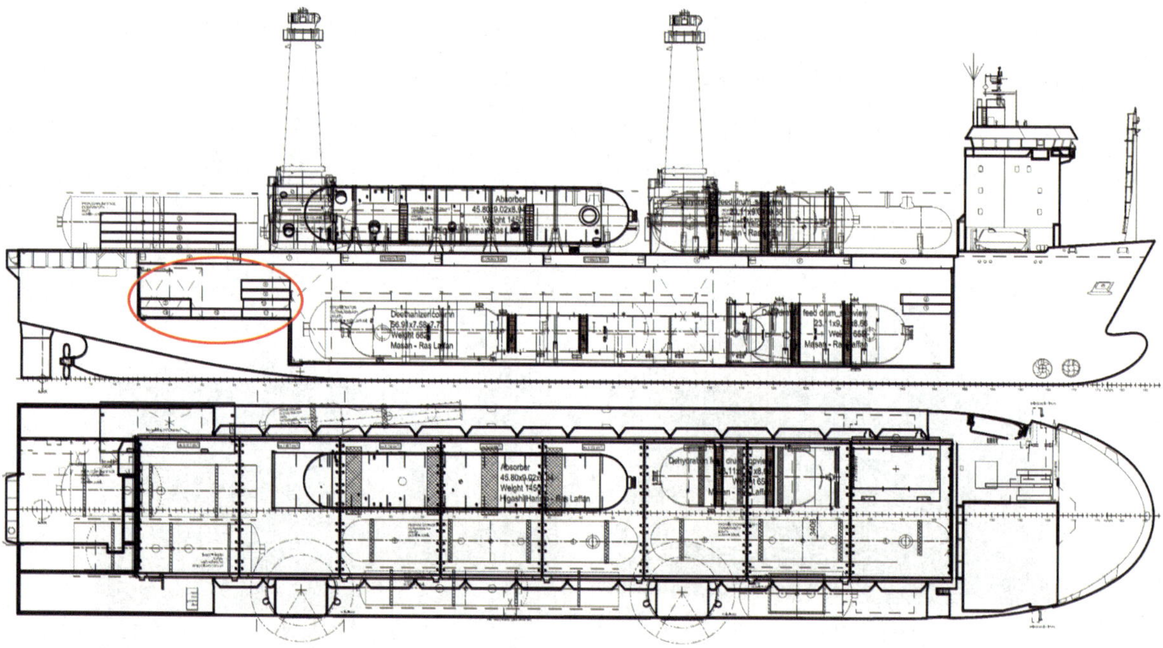

[그림 6-26] Stowage Plan 1

[그림 6-27]은 BBC Chartering 제공 Stowage Plan 사례입니다. 두 선박 모두 본선 크레인 2대와 Tween Deck을 구성하고 있는 반면, 단일 Hold와 3개의 Hold로 구성되어 있다는 차이점이 있습니다. Hold 길이가 충분하지 않으면 장척물은 On-deck 선적이 불가피합니다. 따라서 Stainless Steel 재질 제품의 존재 여부를 파악하여 각별히 신경을 써야 합니다.

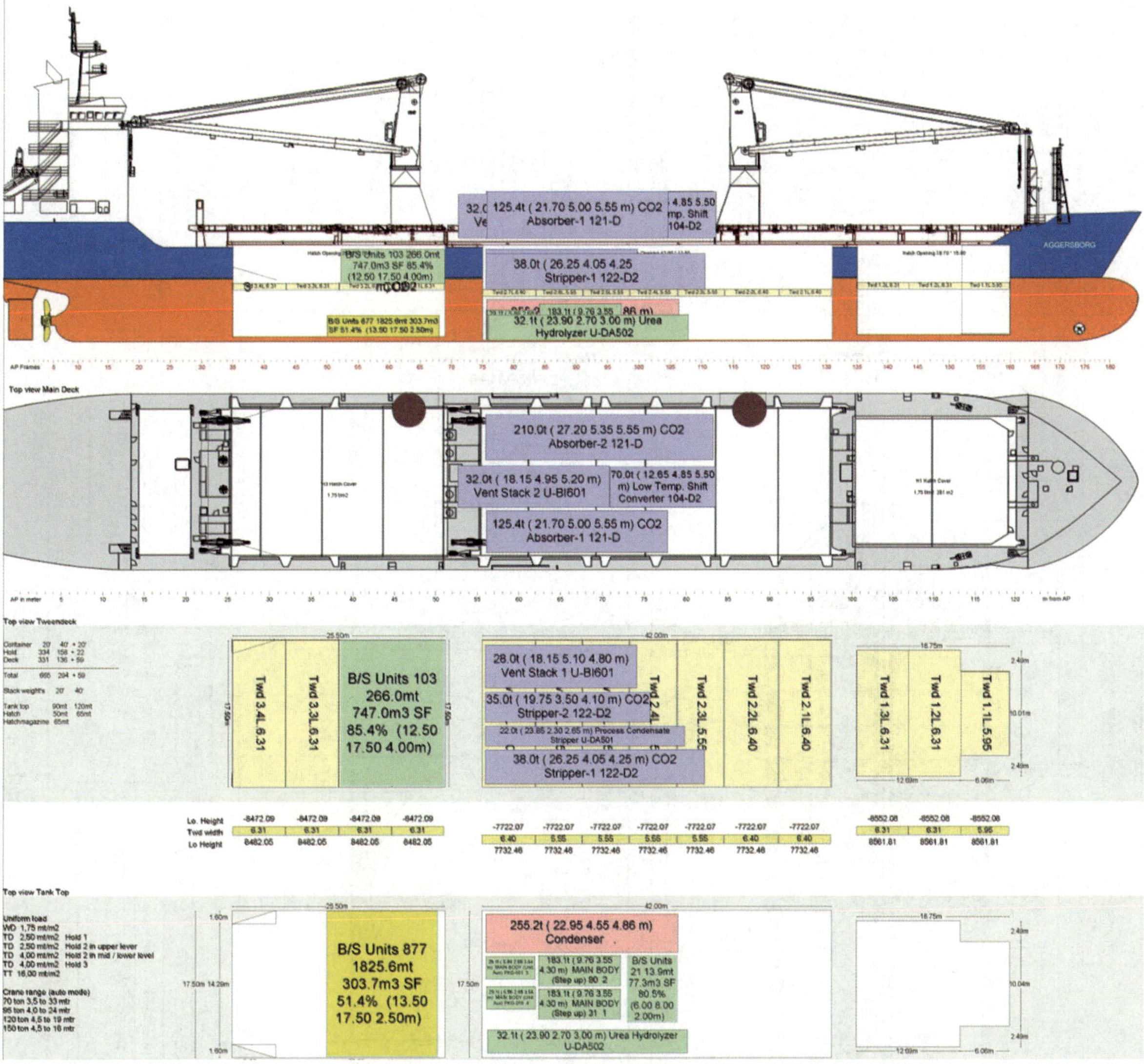

[그림 6-27] Stowage Plan 2

>>> Adsorbent Tower PS 도면

지금부터는 Adsorbent Tower 전체 PS 도면의 주요사항을 살펴보겠습니다. Trunnion Lug와 Tailing Lug 도면이 추가되면 좀 더 명확한 PS 도면이 됩니다. 각각의 세부 도면이 의미하는 바를 살펴보겠습니다.

[그림 6-29]는 "A-A" 방향에서 주시했을 때의 정면도입니다. 높이가 8.25m로 상당히 높습니다. Conventional Trailer의 Running Height 1.2m, Transportation Beam 높이 60cm를 합해 상차상태의 높이는 10m에 달합니다. Site가 원거리에 위치하고 있다면, 각종 장애물과 도로상태에 따라 내륙운송에 상당한 진통이 예상됩니다.

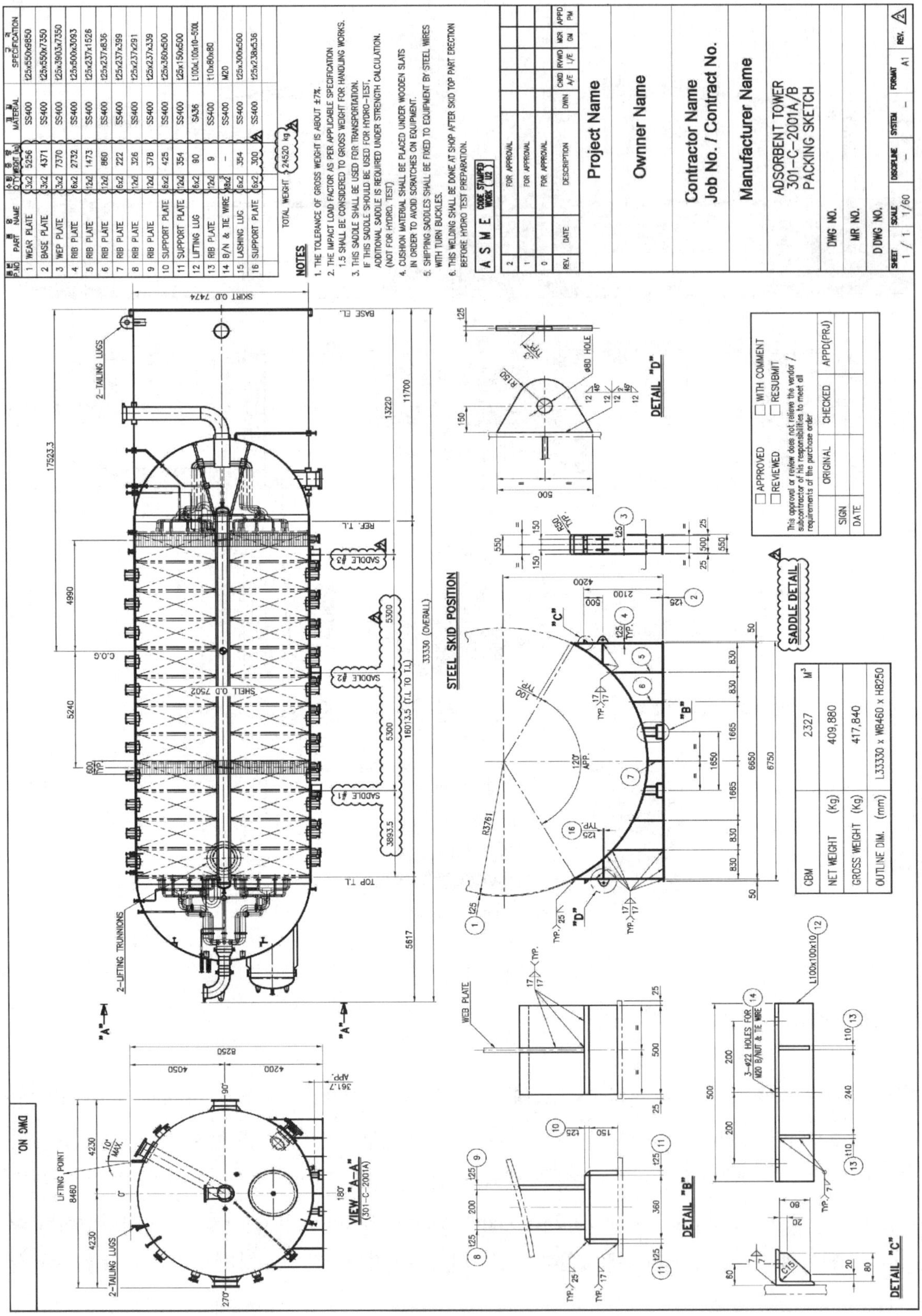

[그림 6-28] Adsorbent Tower PS 도면

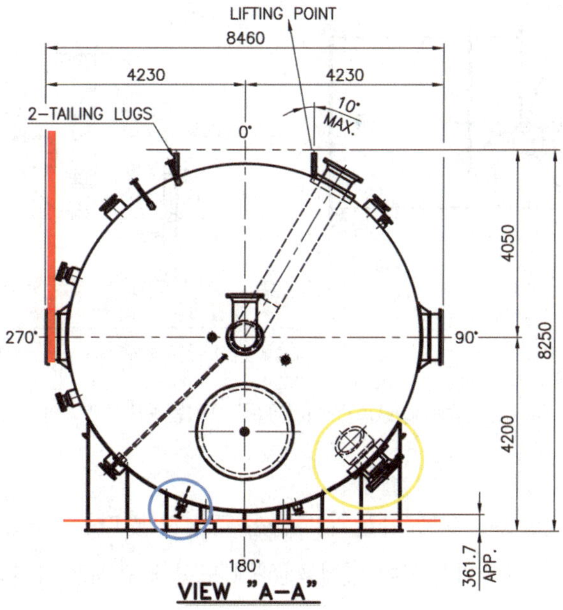

[그림 6-29] 정면도

길이, 폭, 높이는 Packing List상의 Dimension과의 일치 여부를 꼭 확인하시기 바랍니다. 도면을 작도하는 사람의 실수로 Lifting Lug의 높이가 반영되지 않은 채 전체 높이를 표시하는 사례가 간혹 발견됩니다. 또는 상부의 Nozzle 높이가 누락되기도 합니다.

다음과 같은 사례가 있습니다.

Under-deck에 선적한 Column 위로 Pontoon이 닫히지 않는 상황이 발생했습니다. 하부의 Cleat을 다 잘라내고 Wooden Saddle의 단을 최대로 낮춰 겨우 선적이 가능했습니다. 현지의 임시 Jetty에 도착한 후에 용접 및 Painting 작업을 진행했습니다. 운송지연은 물론, 인력파견과 수리비로 인해 Vendor는 상당한 비용을 부담했을 것입니다.

같은 Project로 선적 전 내륙운송 도중 Overbridge에 접촉되면서 Nozzle이 망가지는 사고가 있었습니다. 실측 결과 두 사례 모두 도면상의 높이가 잘못 표기되었다는 사실을 알게 되었습니다. 도면상의 수치를 믿고 갈 수밖에 없지만, 할 수만 있다면 물류 담당자 입장에서는 운송 개시 전에 직접 실측을 해보는 것이 안전한 방법입니다.

본 PS 도면에는 각도가 표시되어 있습니다.(표시 안 된 경우가 다수임.) Trunnion Lug가 90도와 270도 선상에 위치하고 있습니다. 그런데 Lifting Lug의 위치를 실제상황과 맞지 않게 표현하는 경우가 있습니다. 이는 GA 도면을 그대로 차용하는 과정에서 발생하는 일입니다. 앞서 예로 들었던 Column의 PS 도면이 그러합니다. 이런 경우 다시 제출할 것을 요청하시기 바랍니다.

[그림 6-30]에 예시한 Column의 도면 사례에서도 Tailing Lug가 하단부에 작도된 것을 알 수 있습니다. TC 도면 역시 오류를 그대로 답습하였습니다. 이는 GA 도면을 PS 도면으로, PS 도면을 TC 도면으로

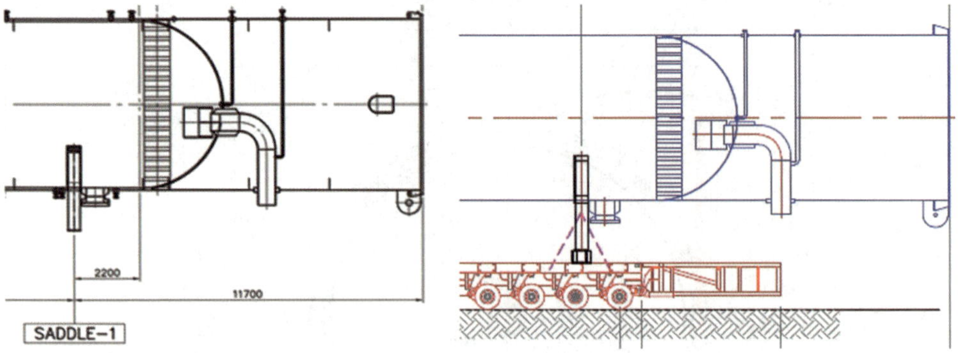

[그림 6-30] Tailing Lug 위치가 잘못 표기된 PS 도면과 TC 도면

옮겨오는 과정에서 비롯된 것일 뿐, 실제 화물의 모습은 그렇지 않다는 점을 인지하시기 바랍니다. 다만 Lifting Lug의 높이가 누락 반영될 가능성이 있기 때문에 도면에 표시된 수치의 정확성 여부를 확인해야 합니다.

정면도에서 붉은색으로 표시한 부분이 Lifting시 Trunnion Lug에 Wire가 감기는 부분입니다. GA 도면을 설명하는 부분에서 Trunnion Lug 제작 오류 문제를 지적한 바 있듯이, 물류 담당자가 Lifting Lug 도면을 입수하여 현장에 송부하고 설치시에 문제가 없는지 다시 한번 확인하는 절차를 밟는 것도 권장할 만한 일입니다. 물론 선사에는 해당 도면이 전달될 수 있도록 조치해야 합니다.

Column의 Tailing Lug는 1개 또는 2개가 부착됩니다. 2개가 부착된 본 사례에서는 Spreader를 사용하든지, Lifting에 사용되는 Wire를 좀 더 길게 유지하는 것이 바람직합니다. Wire가 짧으면 측면으로도 힘이 가해져서 Tailing Lug의 용접부위가 Stress를 받을 수 있습니다.

(a) 본선 크레인 Lifting (b) 현장 크레인 Lifting

[그림 6-31]

선적시의 사진과 설치시의 사진을 비교해보면 Lifting 방법은 동일하지만, Tailing Lug에 사용된 Wire의 길이가 다르다는 것을 알 수 있습니다. 이 Column의 중량이 418톤에 달하므로, 지나치게 짧은 Wire 사용은 지양해야 합니다.

이 Column 역시 불필요하게 Wooden Hurdle을 감은 결과를 초래하였습니다. 그렇게 승승장구하던 대한민국 제관류 Vendor들을 애석하게도 지금은 만나볼 수 없는 경우가 적지 않습니다. Vendor의 경쟁력이 곧 건설, 플랜트 기업들의 경쟁력입니다. 할 수만 있다면 불필요하게 발생하는 비용을 경감시켜줄 필요가 있습니다.

아래에 정면도를 다시 한번 옮겨보았습니다. 가장 낮은 위치로 추정되는 Nozzle이 지면으로부터 361.7mm 높이만큼 이격된 것으로 표시되어 있습니다. 반면에 정면도상에는 왼쪽에 위치한 Nozzle이 지면과 더 가깝게 작도되어 있습니다. GA 도면에서는 Nozzle Orientation에 따라 실제 운송상의 Nozzle 위치와 다를 수 있습니다. 하지만 PS 도면에서는 운송상황에 맞게 작도되어야 혼선의 여지가 없습니다. 실제로 어떤 Nozzle이 최하부에 위치한 것인지 이 부분도 확인하시기 바랍니다. Nozzle의 Damage를 방지하기 위해서는 최하단부의 Nozzle이 지면으로부터 20cm 정도는 이격거리를 유지해야 합니다.

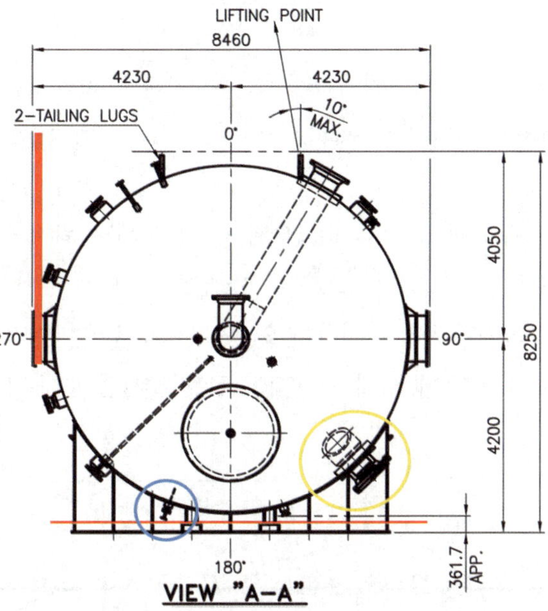

[그림 6-32] 정면도

이 항차와는 별개로 [그림 6-33] (a)는 선적항에서 촬영한 것입니다. Cleat이 지면에 닿아 있습니다. 적정의 이격거리를 유지하는 것이 바람직합니다.

아제르바이잔 Project 수행중에 선적항에서 하부 Nozzle이 망가진 사례가 있었습니다. 이를 수리하여 선적을 진행했는데, 이후 하역항에서 또 다시 망가지는 일이 벌어졌습니다. 따라서 지면으로부터 가장 근접한 Nozzle의 이격 거리를 확인하고 이격도가 크지 않은 경우에는 협력사에 Special Care를 요청해야 합니다.

[그림 6-33] (b)의 하부 Boot에도 손상이 가지 않도록 현장에 도착할 때까지 각별한 주의가 요망됩니다.

이 Vessel Lifting시 Sling Wire를 Protector로 감쌌습니다. 매우 바람직한 조치입니다. Sling Wire를 그대로 사용하면 Sling Wire 접촉부위에 Scratch가 발생하고 심각하게는 해당 부위가 부식되면서 Coating이 들뜰 수 있습니다.

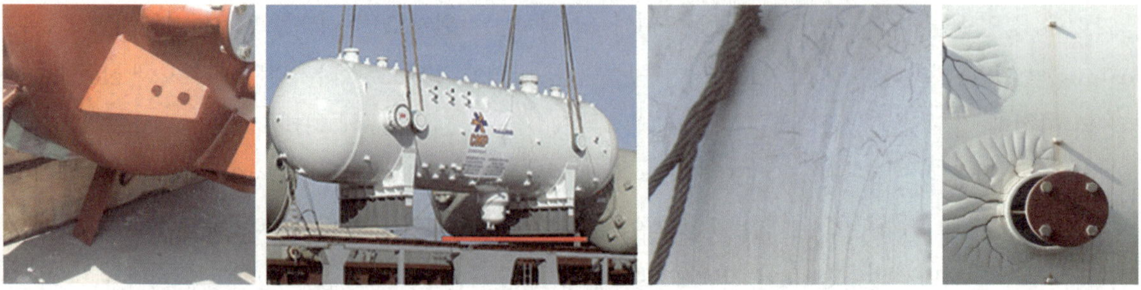

(a) Vessel 사례 1　(b) Vessel 사례 2　(c) Sling Wire에 의한 흠집　(d) 코팅 손상

[그림 6-33]

결과적으로는 선적 과정에서 무용지물이 되었지만, Wooden Hurdle은 COG로부터 등거리에 위치하지 않고 있습니다. 따라서 Multi-eyed Spreader를 사용하지 않는 한, 본선 크레인 한 대로 Lifting하는 방법은 피해야 합니다.

Nozzle들이 윗부분과 아랫부분에 표시되어 있습니다. 이는 해당 위치에 Nozzle이 부착되어 있는 게 아니라, 그 수직선상에 존재하는 Nozzle들을 위나 아래에 표시한 것입니다. 실제 운송 사진을 보면 Nozzle이 화물의 정상 또는 최하단부에 위치하지 않는다는 것을 알 수 있습니다. 마찬가지로 Skirt에 가깝게 위치한 Nozzle은 Saddle보다 더 낮게 제작되어 있는 것처럼 보이지만, 정면도의 노란색 원 안에

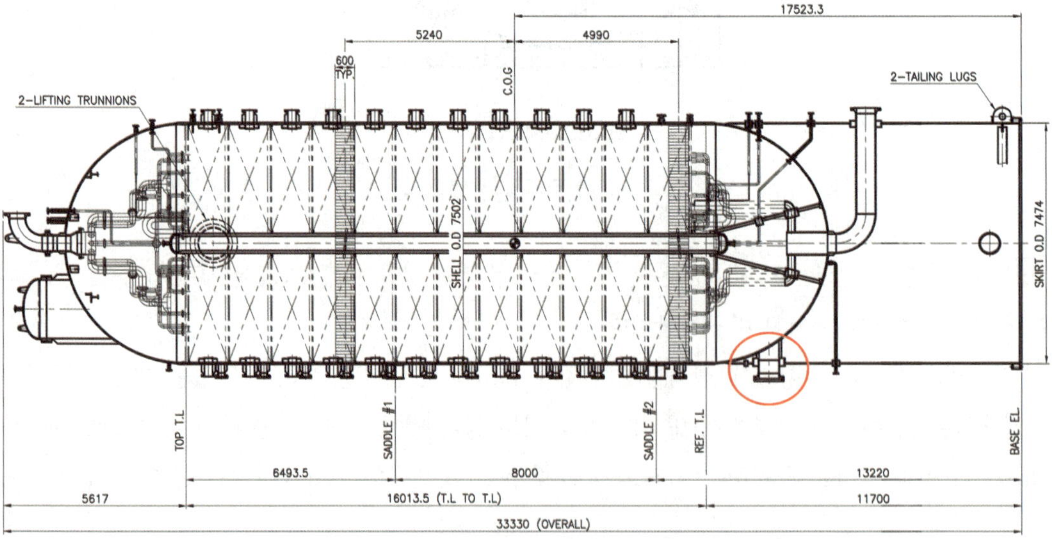

[그림 6-34] Revision No.0, PS 도면 Elevation View

표시되어 있는 것처럼 실제로는 하부의 측면에 위치하고 있습니다. 이 또한 GA 도면을 차용하는 과정에서 비롯된 일입니다.

고객사의 편의를 위해서는 운송상황에 맞게 표시하는 게 정상이라면 정상일 것입니다. 따라서 일차적으로 Vendor의 고객중심 사고가 필요하고, 다음으로는 설령 GA 도면 기준으로 표시했다 하더라도, 이를 파악하고 바르게 이해할 수 있는 물류 담당자의 역량이 중요하다고 하겠습니다. 사실, GA 도면의 Nozzle Orientation을 살펴본 경우에는 PS 도면에서 그다지 오해의 소지가 발생하지 않습니다.

이전 도면과 달리 Rev. No. 2 Version에서 Saddle 1개가 추가되었습니다([그림 6-35]). Saddle을 추가한 근본적인 원인은 선박의 Deck Strength 때문입니다. 그러나 Saddle 추가는 그리 단순한 문제가 아닙니다. 각종 돌출부위(Cleat, Nozzle, Insulation Support, Boot 등)와의 간섭을 피해야 합니다.

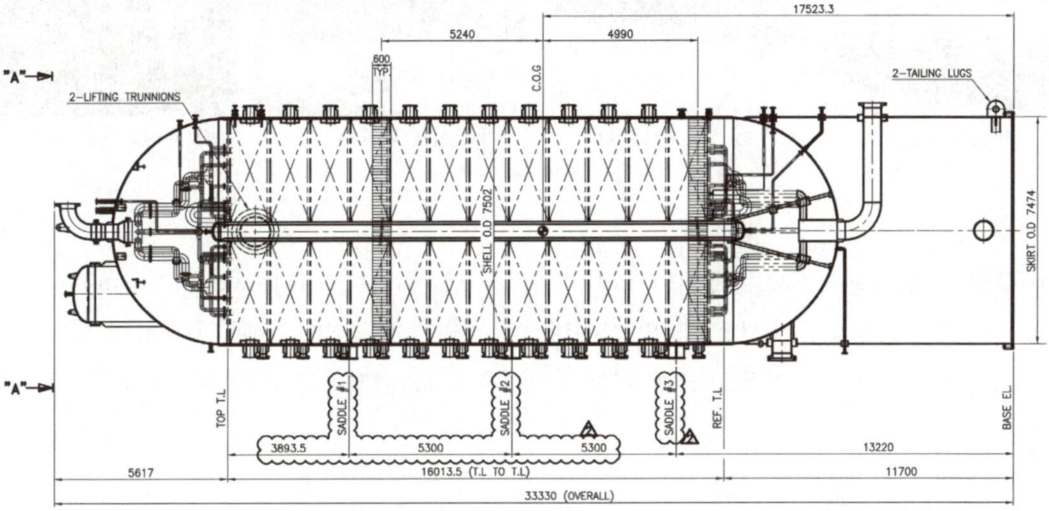

[그림 6-35] Revision No.2, Elevation View

Saddle을 추가할 수 없다면 길이를 대폭 신장시켜야 합니다. 그로 인해 전체적인 화물 Volume이 상승하여 물류비에 악영향을 미치게 됩니다.

[그림 6-36] (a)의 사례는 Temporary Saddle이 화물폭을 초과하여 상당히 돌출되어 있습니다. 물류비 측면에서는 바람직하지 않은 형상입니다. 하지만 화물 본체 부착물들과의 간섭으로 인해 Temporary Saddle 수량을 늘릴 수 없는 경우, 선박 Deck의 하중분산을 위해서는 선택지가 없습니다.

Saddle 추가가 가능한 경우에도 도면 변경과 승인, C/O(Change Order)발행, Saddle 추가제작의 절차로 인해 납기가 지연될 여지가 있습니다. 따라서 이러한 후속 여파가 발생하지 않도록 선제적으로 대처하는 것이 무엇보다도 중요합니다.

트레일러나 운송노면 뿐만 아니라, 선박 Deck 또한 집중하중에 민감합니다. 보통은 [그림 6-36] (b)의 사례와 같이 Saddle 아래에 Timber 등으로 보강하여 하중을 분산시킬 수 있습니다. 또는 Saddle의 일부가 Bulkhead에 위치하도록 함으로써 Deck에 미치는 하중을 분산시킬 수 있습니다. 그러나 Deck 강도와 Saddle에 미치는 하중을 잘못 계산하면 참사가 발생할 수 있습니다.

[그림 6-36] (c)의 사례는 Hatch Cover가 내려앉은 모습입니다. [그림 6-36] (d)의 사례는 Hatch Cover가 완전히 주저앉아 위태로운 모습입니다. Column의 Damage는 물론, 하부선창의 화물들에도 Damage가 우려되는 상황입니다. 따라서 선박의 Deck Strength와 Saddle 하부에 미치는 하중과의 관계를 살펴서 적절한 하중분산 작업이 필요했습니다. 또는 처음부터 Saddle 수량을 늘리는 선제적 조치가 필요했으나, 이러한 부분들이 간과된 사례로 여겨집니다.

(a) Saddle 돌출 (b) 하중분산 조치 (c) 선박 Deck 손상 1 (d) 선박 Deck 손상 2

[그림 6-36]

PS 도면상의 Saddle 1개 바닥 면적은 3.71m^2(=6.75×0.55)입니다. Gross Weight가 418톤이라고 명기되어 있으나, 'Notes'에 언급된 대로 7%의 오차범위를 감안할 때, 최대 447톤의 중량이 될 수 있으며, Saddle이 2개만 장착된다면, 선박 Deck에 미치는 하중은 Saddle 1개당 평균 60.3Mton/m^{2}이 됩니다.

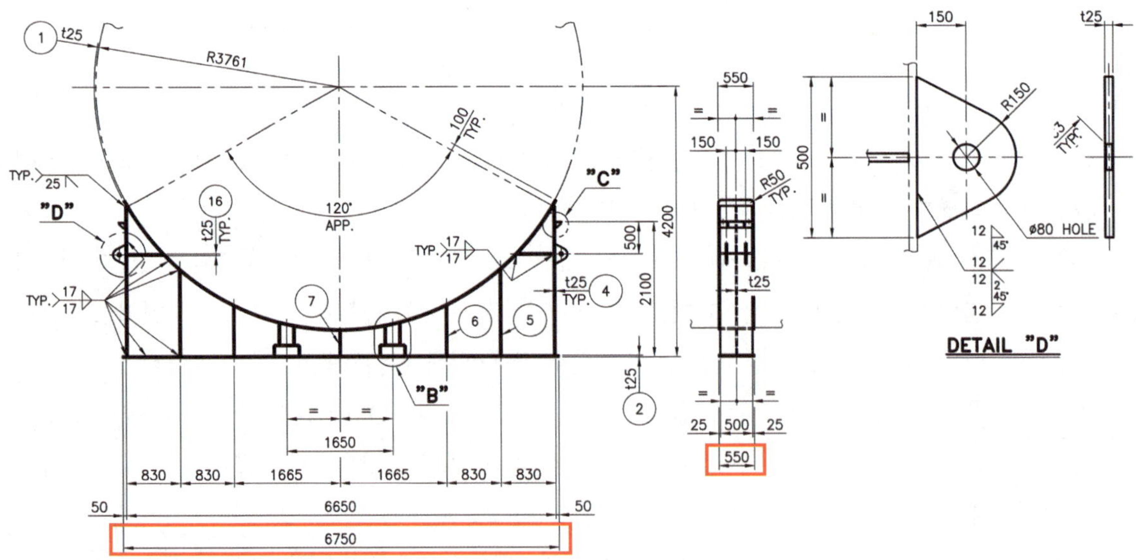

[그림 6-37] Saddle 상세 도면

NOTES

1. THE TOLERANCE OF GROSS WEIGHT IS ABOUT ±7%.
2. THE IMPACT LOAD FACTOR AS PER APPLICABLE SPECIFICATION 1.5 SHALL BE CONSIDERED TO GROSS WEIGHT FOR HANDLING WORKS.
3. THIS SADDLE SHALL BE USED FOR TRANSPORTATION. IF THIS SADDLE SHOULD BE USED FOR HYDRO-TEST, ADDITIONAL SADDLE IS REQUIRED UNDER STRENGTH CALCULATION. (NOT FOR HYDRO. TEST)
4. CUSHION MATERIAL SHALL BE PLACED UNDER WOODEN SLATS IN ORDER TO AVOID SCRATCHES ON EQUIPMENT.
5. SHIPPING SADDLES SHALL BE FIXED TO EQUIPMENT BY STEEL WIRES WITH TURN BUCKLES.

(a) PS 도면 Notes

(b) MV Jumbo Kinetic

[그림 6-38]

본 사례와 같이 COG로부터 등거리에 Saddle이 위치하지 않는 경우에는 한 쪽 Saddle에 미치는 하중은 이 보다 더 큰 값이 됩니다. Rev. No.0 PS 도면에서 단순 비례식으로 계산하면, COG와 좀 더 가까운 1번 Saddle에는 64.7 Mton/m^2, 2번 Saddle에는 55.9 Mton/m^2의 하중이 작용하게 됩니다.

[그림 6-38] (b)는 3,000톤 화물까지 Lifting 할 수 있는 본선 크레인을 보유한 MV Jumbo Kinetic의 항해모습입니다. 다음은 이 선박의 제원을 나타낸 테이블입니다.

〈표 6-1〉 Vessel Particular

K3000 Class		MV Jumbo Kinetic / Fairmaster, Details
Port of Registry		Rotterdam
Flag		Netherlands
Classification		Lloyd's Register +100 A1 Strengthened for Heavy Cargoes+LMC, UMS, CG, LI, IWS
General Agent		Kahn Scheepvaart B.V. Rotterdam
Ice Class		1A Finnish Swedish
Deadweight(Summer) Abt		14,000T
Draft(above Bottom of Keel)		8.1m
Length Overall		152.6m
Beam Moulded		27.4m
Free Deck Space		3,250m^2
No. of Holds		1
No. of Hatches		1
Bale Capacity		20,868CBM (with Tweendecks Fitted)
Dimensions	Lower Hold	83.2m × 17.0m × 5.6m (LWH)
	Upper Hold	108.8m × 17.0m × 7.0m (LWH)
	Hold Total Height	12.6m

K3000 Class		MV Jumbo Kinetic / Fairmaster, Details
Strength	Tanktop	12T/m^2
	Tweendecks	7T/m^2
	Hatchcovers	6×8.7T/m^2 and 3×12T/m^2
No. of Tweendecks		1, Adjustable in Height
Cargo Gear		2×1,500T Mast Crane, Combinable to 3,000T
Main Engines		2×CPP/ME with MAK 9M32C Engines, Total 9,000kW
Bow Thrusters		Berg 1,500kW
Speed		17.00knots

Strength of Hatchcover 즉, Upper Deck의 Pontoon 6개는 제곱미터당 8.7톤, 3개는 12톤의 하중을 견디는 것으로 명기되어 있습니다. 물론 하중분산 작업을 통해 견딜 수 있는 수치를 끌어올릴 수는 있으나 엄연히 한계가 있습니다. Saddle 2개 장착시 최대 64.7Mton/m^2의 하중이 미치는 본 Column Saddle의 경우, 그대로 선적을 진행한다면, 선박 Deck 강도에 문제가 발생할 수 있습니다. 때문에 제작이 완료되어 가는 시점에 Saddle을 추가한 것입니다.

Ro-Ro 선박의 경우에는 Bulkhead(격벽) 바로 위에 Pedestal이 위치하면 어느 정도는 집중하중 문제를 해소할 수 있습니다. 위 사례와 같이 1개의 통 Hold로 구성된 선박은 격벽이 존재하지 않기 때문에 On-deck 선적시 최대한 외벽에 가깝게 붙여 Hatch Cover가 하중을 덜 받도록 할 수 있으나, 원천적으로 중량물의 안전한 운송을 위해서는 Saddle 수량을 늘려서 하중분산 문제를 고려해야 합니다.

HDS Reactor 사례도 이러한 사유로 나중에 Saddle 2개를 추가한 것입니다. 암모니아 Project 2기의 Column 역시 Saddle 1개와 2개를 각각 추가하였습니다. 이 모두가 PS 도면을 최대한 조기에 입수하여 검토해야 하는 사항입니다.

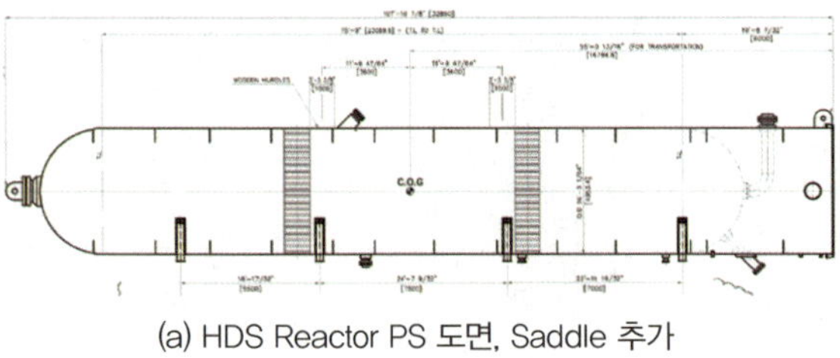
(a) HDS Reactor PS 도면, Saddle 추가

(b) HDS Reactor 하역

[그림 6-39]

납기지연과 C/O의 문제가 발생하는 이러한 사례를 원천적으로 방지하기 위해 발주 이전, 중량물 관련 Technical Meeting시에 물류 담당자가 참여할 수 있도록 업무절차를 개선할 필요가 있습니다. 선박의 Deck도 무너져 내릴 수 있다는 사실을 기억하고, 원활한 선적업무 진행을 위해 선제적으로 대처하시기 바랍니다.

(a) MacGregor Type Hatch Cover (b) MV BBC Sapphire

[그림 6-4

PART 1, '15. 선박제원(Vessel Particular)'장에서 살펴본 살펴본 MacGregor Type Hatch Cover는 Pontoon Type에 비해 상대적으로 Deck 강도가 약할 수 있습니다. 따라서 On-deck 선적이 불가피한 경우에는 대상 선박들의 Hatch Cover 강도를 확인하여 Saddle 바닥면에 미치는 하중의 충족여부를 검토해야 합니다. 물론 Under-deck 선적시에도 중량물에 대해서는 Deck 강도를 확인해야 합니다.

MV BBC Sapphire는 800톤 화물까지 Lifting이 가능한 본선 크레인을 구비하고 있습니다. 이 선박의 Deck Strength는 다음과 같습니다.

- Deck Strength per SQM(Square Meter)
  - [illegible] Mton, Tanktop
  - 2.50 Mton, Tweendeck Hold 1
  - 5.00 Mton, Tweendeck Hold 2 (Lower position)
  - 2.50 Mton, Tweendeck Hold 2 (Upper position)
  - 5.00 Mton, Hatch covers

다음은 Ro-Ro 선박의 선적 사례들입니다. [그림 6-41] (a)의 Pedestal은 밑면이 넓게 제작되어 있습니다. 이는 하중분산이 용이하도록 하기 위한 목적입니다.

[그림 6-41] (b)의 사례는 Pedestal이라기 보다 Load Spreader에 가깝습니다. 이 또한 하중 분산을 위한 조치입니다. Lo-Lo 선박으로 환적하지 않는 한, Wooden Hurdle은 불필요합니다.

이 같은 Ro-Ro 선박들은 Ballast Tank를 Bulkhead(격벽)로 구분하고 있습니다. 따라서 Bulkhead 부위에 Pedestal을 위치하도록 하여 하중분산을 용이하게 할 수 있습니다.

[그림 6-41] (c)의 Evaporator 선적시 수많은 Grillage를 미리 배치해 두고, 그 위로 Evaporator의 Support를 안착시킨 후에 Support와 Grillage, Grillage와 Deck 사이를 용접합니다. Grillage 사용 또한 하중분산 목적입니다.

[그림 6-41] Ro-Ro 선박 선적

이처럼 중량물 선적에 있어서는 선박에서의 하중분산이 매우 중요한 사항이므로, 물류 담당자가 선박의 제원을 확인하여 이에 상응하는 선제적인 대처가 필요합니다.

일반적으로 PS 도면에는 용접기호를 표시하지 않습니다. 본 도면은 GA 도면을 그대로 차용하여 작도한 관계로 용접에 관한 사항이 명기되어 있습니다. GA 도면에서 설명한 용접기호 관련 사항들을 참조하시기 바랍니다.

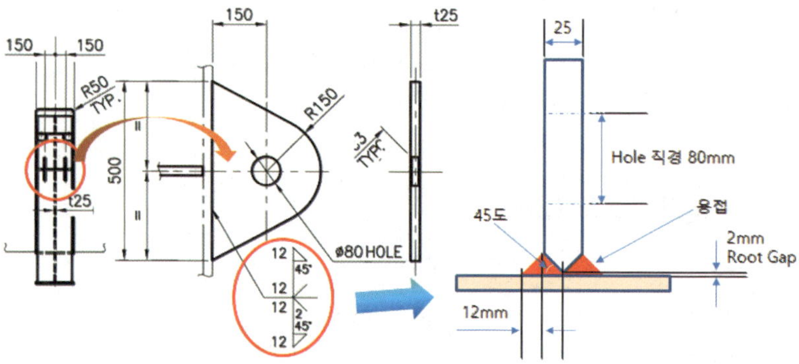

[그림 6-42] Lashing Lug 도면, 용접기호의 의미

Saddle 측면에 2개의 Lashing Lug가 부착되어 있습니다. 오른쪽 그림은 Lashing Lug의 용접기호에 따른 용접방법을 나타낸 것입니다. Lashing Lug는 안전한 해상운송과 육상운송을 위해 반드시 필요하나, 간과되는 사례가 있습니다.

특히 Bolster를 사용하는 경우, 트레일러 구성의 특성상 Lashing Point가 제한적이기 때문에 Saddle에 Lashing Lug가 생략된다면 안전운송에 저해요인이 될 수 있습니다.

[그림 6-43] (a)와 (b) 사례의 Saddle에는 Lashing Lug가 부착되지 않았습니다. [그림 6-43] (b) 사례는 원거리의 Anchor Hole과 Bolster간에 Lashing을 시도하는 모습입니다. 아울러 Saddle의 돌출면을 활용하는 임기응변적 조치를 취하고 있습니다. 이때 Protector 없이 Chain을 잡아당기는 방식의 Lashing은 지양해야 합니다.

(a) (b) (c)

[그림 6-43] Lashing 작업

[그림 6-44] (a)의 사례는 Saddle에 Lashing Lug가 부착되어 있습니다. 하지만 이것으로는 부족하다고 판단하여 Bolster와 연결하는 Brace를 추가로 Bolting 체결한 것입니다. [그림 6-44] (b)는 Lashing Lug가 Saddle에 부착되지 않아 양하지 Port에서 Saddle에 구멍을 뚫고 Lashing Lug를 대체한 것입니다. Lashing으로 인해 Chain이 직접적으로 화물과 접촉할 때는 [그림 6-44] (c)의 사례와 같이 Rubber Pad 등의 보호대를 사용할 수 있도록 조치해야 합니다. [그림 6-43] (c) 역시 보호조치를 취한 사례입니다.

(a) (b) (c)

[그림 6-44] Lashing 작업

Horizontal로 설치하는 Vessel의 Saddle은 대부분 Permanent Saddle로서 현장에 그대로 설치됩니다. Vessel은 Lashing을 실시할 만한 돌출부가 Column에 비해 상대적으로 적은 편입니다. 몸통 전체를 감아주거나, 상부의 Lifting Lug 위치를 이용하는 것 말고는 뾰족한 수가 없을 때가 많습니다. 따라서 설계팀에 Permanent Saddle에도 Lashing Lug를 부착하도록 요청할 필요가 있습니다.

[그림 6-45] (a)의 사례는 누군가의 애타는 심정을 표현한 것으로 읽혀집니다. Permanent Saddle에 용접을 실시했습니다. Pedestal 위에 Vessel이 놓여져 있으므로 Barge 작업중입니다. 이 역시 Wooden Hurdle은 불필요합니다.

제관류의 Shell Body에 PWHT(Post Weld Heat Treatment) 또는 사진과 같이 "No Welding Permitted"라고 Stencil된 것을 종종 확인할 수 있습니다. 열처리를 실시했기 때문에 이후에는 절대로 용접을 하지 말라는 뜻입니다. [그림 6-45] (a) 사례의 Saddle이 큰 문제가 될 것 같지는 않지만, Cleat을 잘라냈다가 재부착한 사례가 있듯이, 만약 그러한 제품이 열처리된 것이라면 신중한 접근이 필요합니다. 운송 목적상 부득이 Cutting이나 용접이 필요한 경우에는 열처리 여부를 확인하고 작업을 진행해야 합니다.

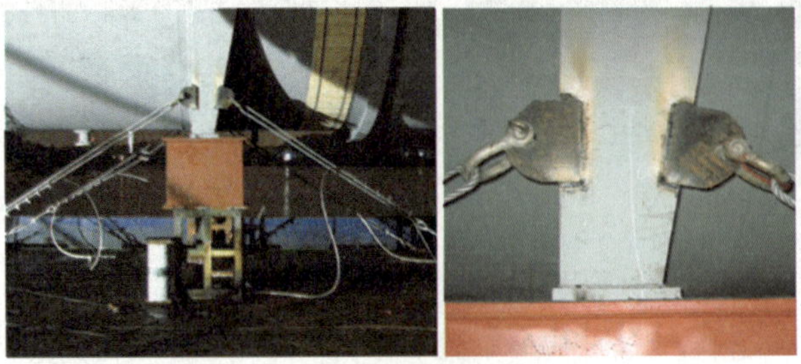
(a) 임의 용접

(b) 열처리 사실 표시

[그림 6-45]

이러한 사정 때문에 앞선 [그림 6-44] (a)의 상차작업 운송사례에서 화물의 Cleat에 Brace를 대고 Bolt로 체결한 것입니다. Lashing의 중요성에 대해서는 별도의 페이지를 할애하여 자세하게 살펴보겠습니다.

Volume 계산이 맞는지, N.W와 G.W가 바뀌지 않았는지, LWH가 바뀌어서 기재되지는 않았는지도 확인하시기 바랍니다. 사람이 하는 일이기 때문에 오기한 사례가 있습니다.

컨테이너 선적에서도 어처구니 없는 실수로 선적이 지연된 사례가 있습니다. Vendor가 P/L 상에 길이와 폭을 바꿔서 작성했고, 이후에 아무도 이를 발견하지 못해 폭 수치에만 집중하여 FR을 섭외하느라 많은 시간이 지체되었습니다. 나중에서야 오류라는 것을 알게 되어 일반 컨테이너 선적으로 진행한 바 있습니다.

PS 도면상에 동그라미 내의 숫자로 표시된 부분이 다음의 품번을 의미합니다. 이들의 중량을 모두

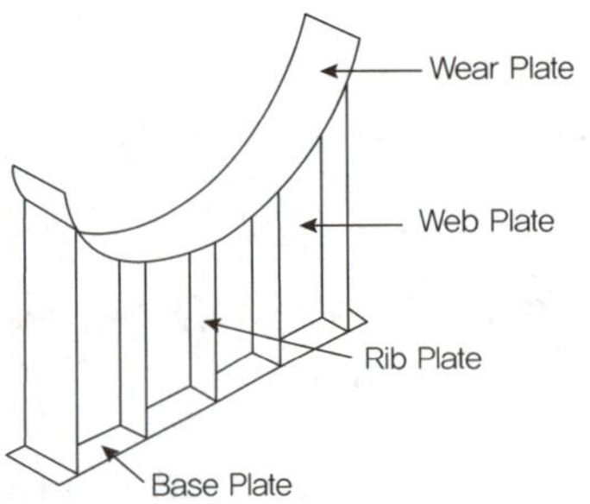

CBM	2327m³
Net Weight(kg)	409,880
Gross Weight(kg)	417,840
Outline Dim.(mm)	L33330 × W8460 × H8250

품번 P.NO	품명 Part Name	수량 Q'TY	중량 Weight(kg)	재질 Material	규격 Specification
1	Wear Plate	3×2	5256	SS400	t25×550×9850
2	Base Plate	3×2	4371	SS400	t25×550×7350
3	Web Plate	3×2	7370	SS400	t25×3903×7350
4	Rib Plate	6×2	2732	SS400	t25×500×3093
5	Rib Plate	12×2	1473	SS400	t25×237×1526
6	Rib Plate	12×2	860	SS400	t25×237×836
7	Rib Plate	6×2	222	SS400	t25×237×399
8	Rib Plate	12×2	326	SS400	t25×237×291
9	Rib Plate	12×2	378	SS400	t25×237×339

[그림 6-46] 운송 중량과 Size 표시 및 Saddle 자재 구성

합하면 Saddle 중량이 되고 Saddle 중량을 제외하면 Net W.T가 됩니다. 물류 담당자는 Saddle 중량에 대한 감각을 키워야 합니다. GA 도면으로부터 Saddle 중량을 감안하여 운송상의 Gross W.T를 예측할 수 있기 때문입니다.

재질 부분에 명시된 SS400은 ASTM Code와는 무관하고, 철구조물에 사용되는 재질로서, SS는 'Steel Structure' 즉, 구조용강을 의미합니다. 성분함량은 정해져 있지 않으나, 일정 함량 이상 함유될 경우, 취성파괴(脆性破壞)의 원인이 되는 인과 황 성분에 대해서만 상한선을 정해놓고 있습니다. 취성파괴는 금속에 가해진 힘에 의해 형상이 영구적으로 변형되는 것을 말합니다.

숫자 400은 인장강도가 400MPa(메가파스칼)이상임을 의미합니다.(SS400 규격의 항복강도는 245MPa) 이는 JS(Japanese Standard) 규격에서 비롯된 것으로 2018년부터 항복강도를 상향 조정한 KS 규격의 SS275(항복강도 275 MPa)로 변경된 명칭을 사용하고 있습니다. 16mm 이하의 두께에서 275MPa 이상의 항복강도를 갖는 것을 의미합니다.

항복강도(Yield Strength)는 힘을 가해도 변형되지 않고 원래대로 회복할 수 있는 최대강도를 뜻합니다. 파스칼은 제곱미터당 1N(뉴튼)의 힘이 가해질 때의 압력입니다. 1MPa는 9.87기압(10bar)에 해당됩니다. GA 도면에서 살펴본 바와 같이, 1kg중(kg.f)=9.8N, 1N=0.102kg중입니다. 일상생활에서는 '중'을 생략하고 kg이라고 표현하고 있습니다. 따라서 1MPa는 cm^2당 10.2kg의 힘이 가해지는 압력에 해당하고, 275MPa는 $1cm^2$의 면적에 2,804.22kg의 힘이 가해지는 것을 의미합니다. 환산해 놓고 보니 상당히 큰 압력 수치입니다.

[그림 6-47]은 TC 도면으로 전환된 모습입니다. COG가 정확히 트레일러의 정중앙에 위치하고 있습니다. 운송사는 2개의 Saddle만 지지해도 트레일러의 하중분산에 문제가 없다고 판단하여 Transportation

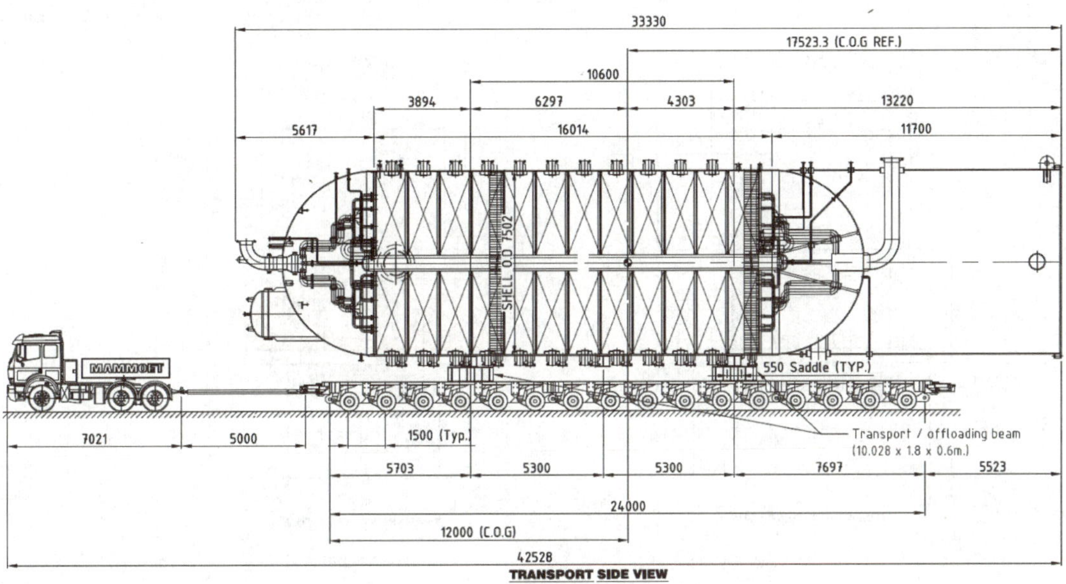

[그림 6-47] Trailer Configuration DWG, Side View

Beam을 2개만 사용하고 있습니다. Head First Loading Orientation을 적용하였으며, 동원된 트레일러는 총 32A/L입니다. 이는 현장의 Rigging Plan을 반영한 것입니다.

Transportation Beam은 10.028m × 1.8m × 0.6m(LWH)의 Size로 일반적인 Transportation Beam 보다는 길이가 길고 높이도 높은 편에 속합니다. Transportation Beam은 적정의 길이를 유지하는 것이 바람직합니다. 돌출 정도가 지나치면 안전운송에 저해요인이 됩니다.

(a) Transportation Beam (b) 적정 길이의 Beam 사용 필요

[그림 6-48]

도면과 같이 실제 Saddle에도 Lashing Lug가 부착되어 있습니다. 운송사 또한 이를 활용하여 Lashing을 실시한 모습입니다. 아울러 Nozzle 부위 Chain 접촉면은 Rubber Pad로 보호하고 있습니다.

[그림 6-49] (a) TC 도면에서는 폭 3m, Axle 간격 1.5m의 범용 트레일러를 Side-by-Side Type으로 구성하였습니다. 10m의 Beam 길이를 감안할 때, 안전 이격거리 포함 4차선 도로를 점유하면서 운송이 진행되는 만큼 안전사고에 유의해야 합니다.

만약 고도상의 장애물이 다수 존재한다면 물류 담당자는 이를 심도있게 검토하여 현명한 의사결정을 내려야 합니다. [그림 6-49] (b) 도면에서 Saddle 길이를 가상으로 확장해보았습니다. 본 사례와

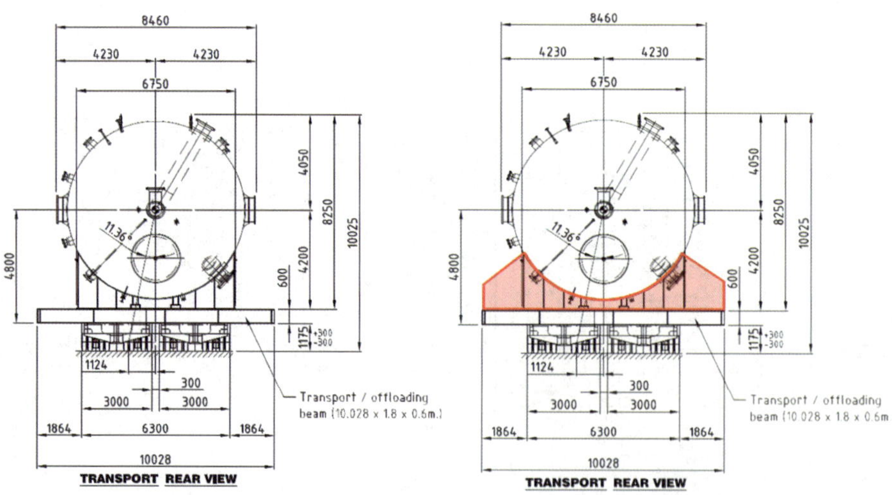

(a) TC 도면 Rear View (b) Saddle 길이 확장

[그림 6-49]

같이 60cm 높이의 Transportation Beam을 사용하여 운송할 것인지, 아니면 Saddle 길이를 확장하여 Transportation Beam 사용없이 내륙운송상의 고도를 낮출 것인지를 판단해야 합니다.

(a) 고도상의 장애물 (b) Overbridge 접촉사고 (c) Cable Line 극복 (d) 우회도로 이용

[그림 6-50]

Saddle 길이를 확장하면 Volume이 증가함으로써 운송비가 상승합니다. 반면에 Transportation Beam을 사용하면 내륙운송중 고도상의 장애물 수가 늘어나게 됩니다. 이는 내륙운송의 부대비용을 상승시키고 내륙운송 일정이 지연되는 원인이 될 수 있습니다. 따라서 Volume 증가에 따른 운송비 상승분과 장애물 극복에 소요되는 시간과 비용을 따져서 최선의 의사결정이 요구됩니다.

중량물 운송 Route에서는 불과 몇 cm가 아쉬울 때가 있습니다. [그림 6-50] (a), (b)의 사례가 이에 해당됩니다. Transportation Beam 높이로 인해 Overbridge 아래를 통과할 수 없는 경우, 그림 (d)와 같이 우회로를 모색해야 합니다. 이때는 교통경찰의 지원이 필요합니다. 제때에 교통경찰이 출동하지 않으면 마냥 대기해야 하는 상황이 벌어질 수 있습니다. 아울러 경사길 주행이 불가피하기 때문에 Primemover를 추가로 동원해야 할 가능성이 높습니다. 이 또한 일정지연은 물론 내륙운송비 상승 원인이 됩니다.

물류비 경감, 선박의 Deck Strength, 내륙운송상의 장애요인, 적기운송 등, 이러한 해결과제들을 종합적으로 검토하고, 조기에 Saddle 수량과 길이를 결정해야 합니다. 물류부서가 의견을 제시하지 않은 채, 설계부서 재량에만 맡겨두면, 실제 운송수행에 돌입했을 때는 매우 험난한 과정을 겪게 될 수 있다는 사실을 기억하시기 바랍니다.

본 Column은 고속도로 횡단지점을 제외하고 Cable Line 등의 장애물이 부재하여 큰 어려움 없이 운송을 완료하였습니다. [그림 6-51] (a)는 타사 화물을 운송하는 트레일러들과 함께 경찰의 교통통제 하에

(a) 고속도로 횡단 (b) 현장 근처 도착 (c) 설치 진행

[그림 6-51]

단체로 고속도로를 건너는 모습입니다. 결과적으로 현장 설치까지 성공적으로 마무리되었습니다.

이상과 같이 PS 도면과 TC 도면의 주요사항에 대해 살펴보았습니다. 그 밖의 유의사항에 대해 알아보겠습니다.

>>> 질소가스 충진

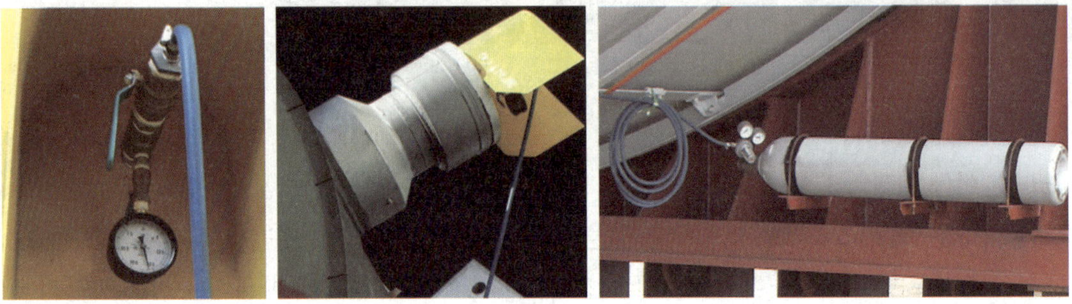

(a) Pressure Gauge (b) Gauge Protector (c) 질소가스 실린더

[그림 6-52]

도면상에 N_2 Gas Pressure Gauge가 표시될 수 있습니다. 대기압보다 높은 압력으로 질소가스를 채우고 압력상태를 확인할 수 있도록 Gauge를 부착합니다. (Gauge를 부착하지 않는 경우도 있음.)

현장 도착 전 장기간 보관시에는 Gauge 눈금을 정기적으로 확인하여 방진시 재충진이 필요합니다. 볼리비아 Project에서 이 같이 조치한 바 있습니다.

Column, Vessel에 부착된 이 Gauge 및 Gauge Protector가 지나치게 돌출되어 운송도중 망가진 사례가 있습니다. 이 또한 안전운송을 고려한 위치에 설치되어야 합니다. 경우에 따라서는 Gas Cylinder가 장착되기도 합니다. 이 때문에 통관이 지연된 사례가 있습니다. 이를테면 사우디나 볼리비아 수입시 질소가 충진된 실린더는 Import Permit 취득 대상입니다. 때문에 세관에서 문제 삼을 여지가 있습니다. 이런 국가로 수출할 때는 가능한 한 실린더가 없는 것이 통관에 유리합니다. (Shell 내부에 충진된 질소가스조차도 문제 삼은 적이 있음.)

>>> 운송 부대장비

Special Spreader와 Shackle, Sling Wire를 Vendor로부터 공급받아야 하는 기기들에 대해서는 공급범위와 수량을 확인해야 합니다. Finned Tube Bundle, HRSG, Air Cooler, Cable Drum, Boiler 등이 이에 해당됩니다.

통상적으로 [그림 6-53] AFC 도면 사례와 같이 PS 도면에 Vendor의 공급 Scope이 명시됩니다. 이 도면 또한 선사, 내륙운송사 그리고 현장에 각각 전달하여 유관부문이 적절하게 대응할 수 있도록 조치해야 합니다. 도면에 의하면 Hook로부터 Special Spreader에 연결되는 Sling Wire와 Shackle은 Vendor의 공급 Scope에서 제외됩니다. Air Cooler는 크레인으로 상하차를 진행하기 때문에 내륙운송사도 동일하게 인지해야 하는 사항입니다.

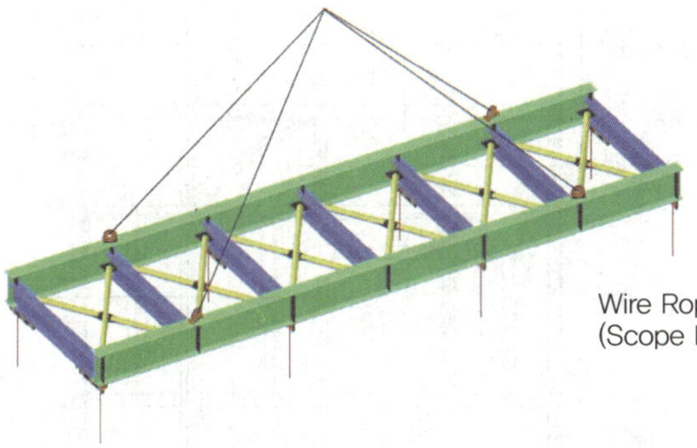

(a) HRSG용 Spreader

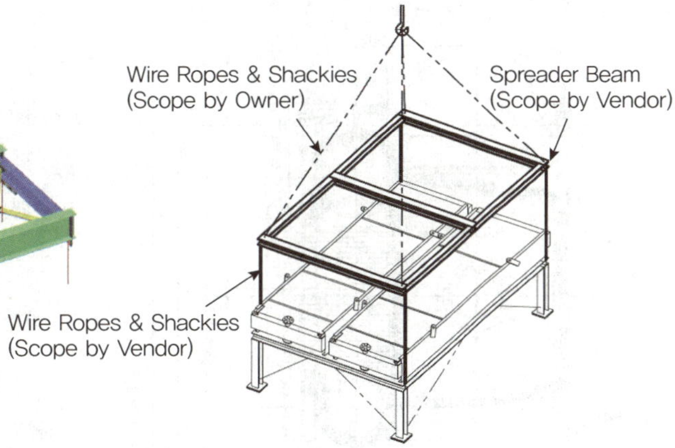

(b) Air Cooler용 Spreader

[그림 6-53]

실제 내륙운송을 앞두고 섭외한 크레인이 적합한 Sling Wire를 보유하고 있지 않아 되돌려 보낸 사례가 있습니다. 다른 크레인을 물색하여 Port Gate Pass를 새로이 취득하는 과정에서 운송지연이 발생하였습니다.

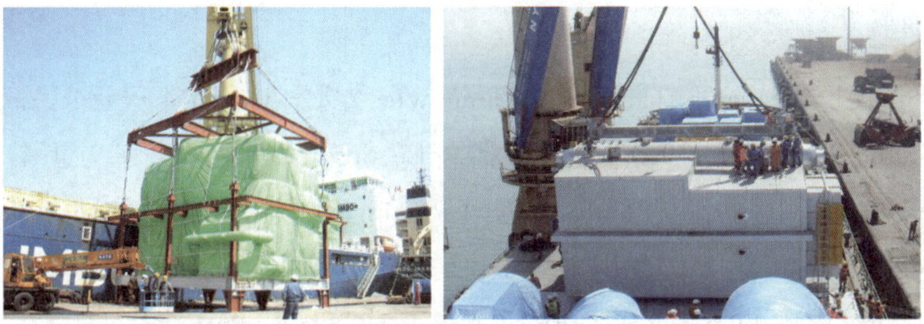

(a) (b)

[그림 6-54] Boiler 사례

[그림 6-54] (a)에서는 Lifting Lug가 Base Frame에 연결된 Support 상부에 위치하고 있습니다. Spreader도 사각 Frame 형태로 제작하였습니다. [그림 6-54] (b)의 사례는 Sling Wire 사용없이 Spreader를 Boiler에 곧바로 장착하는 형태입니다. 이처럼 보일러용 Spreader는 정형화되어 있지 않고, 보일러 사양에 따라 제작형태가 달라집니다. Vendor로부터 공급받아야 하는 부대장비들의 공급범위와 수량을 다음의 PS 도면 사례를 통해 살펴보겠습니다.

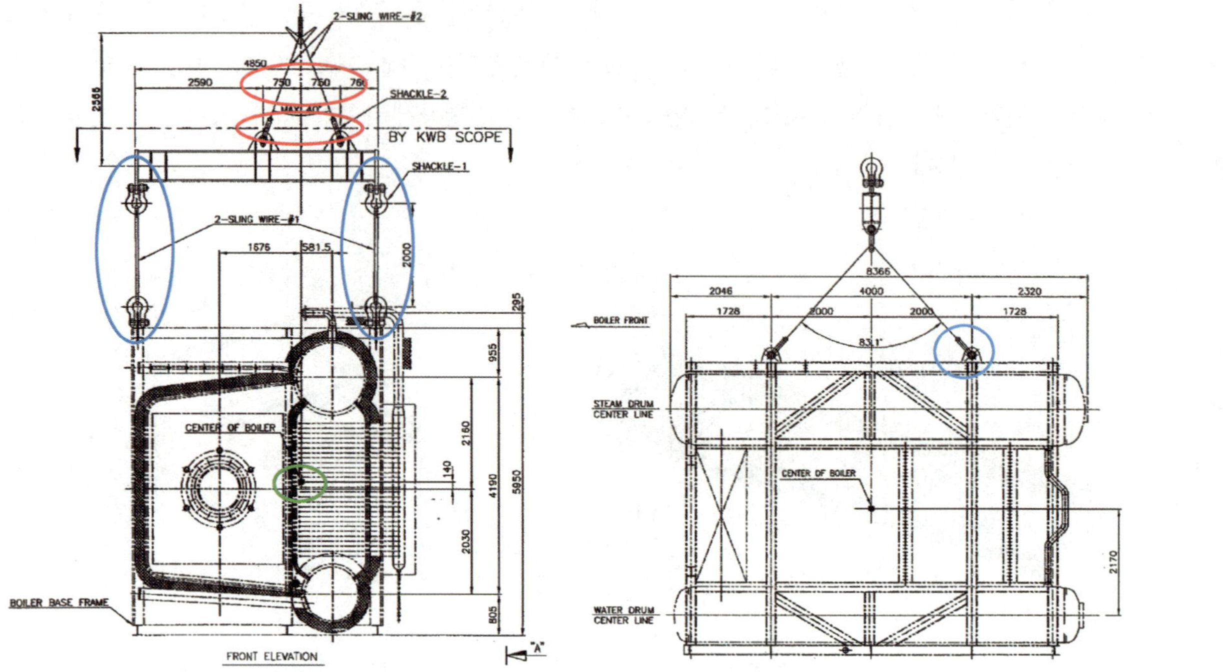

(a) 보일러 정면도 (b) 보일러 측면도

[그림 6-55]

[그림 6-55] (a) 정면도에서 붉은색으로 표시한 부분의 Sling Wire와 Shackle은 선박과 현장에서 준비하고 푸른색으로 표시한 부분의 Sling Wire와 Shackle은 Vendor 공급 Scope입니다. 정면도상으로는 Shackle을 4개만 공급하는 것으로 인식될 수 있으나, 측면도를 통해 정면도의 반대편에도 Shackle 2개가 더 공급된다는 사실을 알 수 있습니다.

결론적으로 Special Spreader와 Shackle 6개, Sling Wire 2개를 Vendor가 공급하는 조건입니다. 선사 또한 Shackle과 Sling Wire의 공급 Scope을 인지해야 하고 Spreader의 사양을 확인할 수 있도록 관련 도면을 선사에 제공해야 합니다. 아울러 Spreader 등의 Rigging 장비는 화물에 해당하므로 C/I와 P/L상에도 반영해야 합니다.

양하지에서 트레일러에 Direct Receiving 후 Stool 위에 Jack-down을 실시하기 때문에 Special Spreader는 1개만 필요합니다. Boiler 운송에 있어서 Special Spreader가 필요한 이유는 COG의 위치가 Steam Drum 및 Water Drum 방향으로 치우쳐져 있기 때문입니다.

도면상의 Boiler를 운송할 당시, 해외 양하지에서 통관 대기중에 Sling Wire를 도난 당했습니다. 마땅한 대체재를 구하기까지 현장 설치가 지연되었습니다. 관리소홀을 이유로 물류 담당자는 곤욕을 치러야 했습니다. 부피가 작은 이런 물품들은 현지 협력사에 각별히 주지하여 도난사고가 발생하지 않도록 관리해야 합니다.

(a) (b)

[그림 6-56] Boiler 운송

[그림 6-56] (a)의 사례는 도면상의 Boiler에 대한 실제 운송모습입니다. COG가 치우쳐 있어서 상차시 Steam Drum과 Water Drum 맞은 편으로 돌출된 형태가 됩니다. 평택항에서 마산항으로 항해한 후 마산항에서 본선에 선적했습니다. Primemover는 Barge에서 하선하고 트레일러 상차 상태로 항해했습니다. 이후 마산항에 도착했을 때, 대기하고 있던 Primemover가 승선하여 Roll-off 작업을 실시한 사례입니다.

[그림 6-56] (b)는 Special Spreader를 사용하지 않은 경우입니다. 원천적으로 COG를 고려하여 Lifting Point를 설정한 것입니다. 이를 공급하지 않아도 된다면, Spreader 제작비와 운송비를 절감할 수 있을 것입니다. 그 밖에 Module 형태로 제작하는 기기들에 대해서도 Special Spreader가 필요할 수 있습니다.

(a) 모듈용 Special Spreader (b) Flue Gas Stack 내륙운송

[그림 6-57]

Stack은 Wind Spoiler가 장착 되기도 합니다. 몸통을 감아서 Lifting을 실시하면 Damage가 발생할 수 있는 형상입니다. Lifting Lug를 통해 Lifting이 이뤄져야 하나, Stack 양단의 Lifting Lug 부착 높이가 다르기 때문에 본선 크레인 1대로는 수평을 유지하기가 쉽지 않습니다. 따라서 바람직한 형태는 사진 왼쪽의 최상부에도 선적과 하역용 Lifting Lug를 부착하는 것입니다.

››› Wooden Hurdle 위치

다음 사례는 Nozzle이 위치한 부분에 Wooden Hurdle을 두른 모습입니다. 더욱이 Insulation Support

위를 Hurdle이 누르고 있습니다. 필연적으로 Damage가 발생할 수밖에 없는 형상입니다 Lifting Point에 Insulation Support가 존재한다면 예시의 그림과 같이 조치를 취해야 합니다. 아울러 근본적으로 Nozzle 위치를 피해서 Wooden Hurdle을 감아야 합니다.

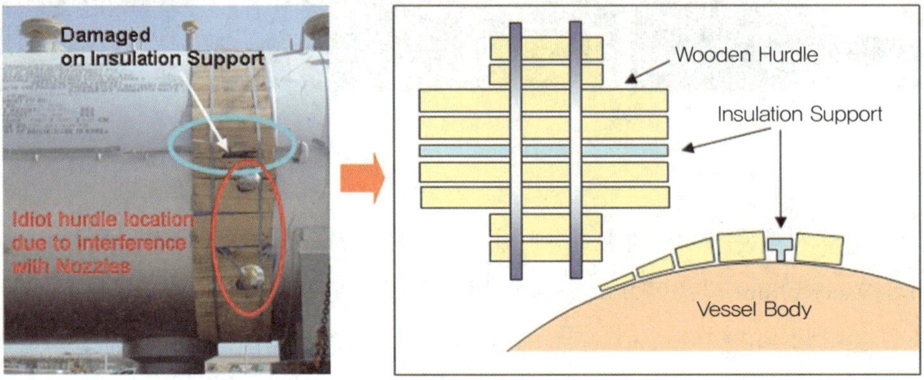

Need to Protect Insulation Support Using Ramp Style Wooden Hurdle!!
If Corverd by Wooden Hurdle, it Shall be Damaged During Loading/Unloading Operation.

[그림 6-58] Wooden Hurdle 위치 조정 및 설치방법 개선

Tarpaulin 포장

[그림 6-59] (a)는 외부로 노출된 Lashing Point 없이 화물 전체에 Tarpaulin을 씌웠습니다. 당장 내륙 운송부터 문제가 될 수 있고, 선박 적재 후 Lashing을 위해서는 부득이 Tarpaulin을 손상시킬 수밖에 없습니다. 이로 인해 Tarpaulin을 씌운 효과가 반감됩니다.

Tarpaulin은 [그림 6-59] (b)와 같이 Rope(필요시 그물망 포함)를 둘러서 Tarpaulin이 바람에 날리지 않도록 조치해야 합니다.

[그림 6-59] (c)는 Tarpaulin을 씌우고 그 위에 Hurdle을 감았습니다. Lifting Point가 외부로 노출되어 있기 때문에 선적과 양하작업을 수월하게 진행할 수 있습니다. 만약 Vendor Shop에서 Wooden Hurdle 위로 Tarpaulin을 씌웠다면 Tarpaulin 위에 COG와 Wooden Hurdle 위치를 표시해야 합니다. 크레인

(a) (b) (c)

[그림 6-59] 포장 사례

하나로 Lifting을 실시하는 경우, Wooden Hurdle이 COG로부터 등거리에 위치하지 않으면 Tarpaulin을 찢고 COG 위치를 확인해야 하기 때문입니다. 실제로 그러한 사례가 있습니다. 이 또한 선박 Detention의 논쟁거리가 됩니다. 아울러 COG 위치를 확인한 후에는 이를 보수해야 합니다.

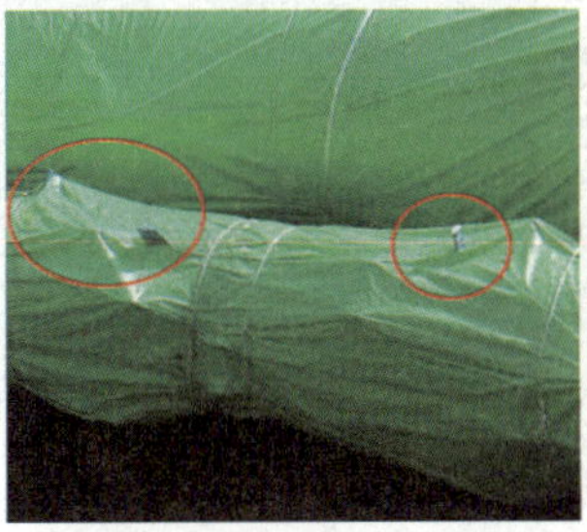

(a) 화물 돌출부 Tarpaulin 손상

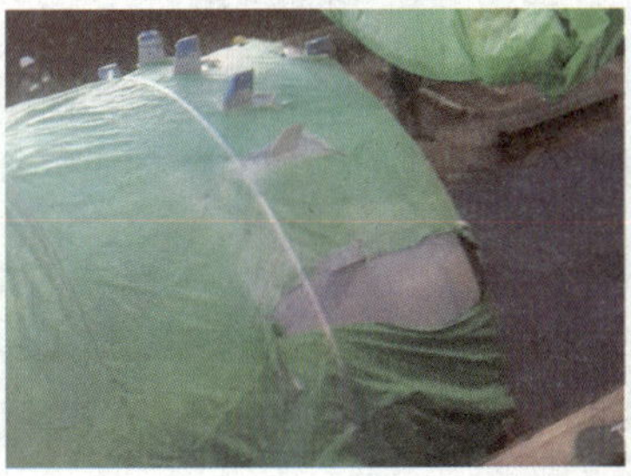

(b) Tarpaulin 손상 확대

[그림 6-60]

Tarpaulin 포장의 한가지 숙제는 각종 돌출부위에서의 온전한 마감처리입니다. 마감처리를 제대로 시행하지 않는 경우, 거의 100% Tarpaulin이 망가지게 됩니다. 그리고 한번 찢어진 부위는 쉽게 주변으로 확대되어 걷잡을 수 없게 됩니다. 이러한 사유로 Vendor Shop에서 정교하게 Tarpaulin 포장작업을 실시해야 합니다. 항해중 Tarpaulin이 손상되면 Tarpaulin 내부로 유입된 Mist의 배출을 오히려 Tarpaulin이 방해하여 체류시간이 길어지고 부식이 가중되는 원인이 될 수 있습니다.

[그림 6-61] 항해중 부식 발생

사진은 Fired Heater나 Reformer의 내장품인 Radiant Coil의 모습입니다. Under-deck에 선적했는데도 부식이 발생했습니다. 본 Radiant Coil은 페인트를 칠하지 않는 제품으로 습기에 취약할 수 밖에 없습니다. 이러한 화물은 Under-deck 선적이라 해도 방청유를 바르고 Tarpaulin을 씌우는 것이 안전합니다.

››› 기타 관리사항

Pipe의 선적과 하역을 위한 Forklift 작업시 Fork 뿐만 아니라 Pipe와 접촉되는 부분 모두에 보호대를 갖추는 것이 Damage 방지에 효과적입니다. 특히 Coated Pipe의 경우에는 보다 주의를 기울인 Forklift 작업이 요망됩니다. Coated Pipe가 실려올 때마다 현지 통관/운송 협력사에게 매번 신중한 작업을 주문한 경험이 있습니다.

(a) 보호대 장착 (b) 표면 손상

[그림 6-62]

중량물 내륙운송 계약시 해당 Project에 배정할 수 있는 A/L 수를 확인해야 합니다. 이때 간혹 Port Receiving용 트레일러를 간과하는 경우가 있습니다. 더욱이 Free Time을 짧게 부여하는 국가에서는 Port Receiving은 물론, Demurrage 방지를 위해 운송사 야적장으로의 반출작업에도 일정량의 트레일러를 우선적으로 배정해야 합니다. 이로 인해 실제 내륙운송에 투입할 수 있는 트레일러 규모에 제약이 따르기도 합니다. 무엇보다도 Port Receiving이 최우선이기 때문에 운송계획 수립시 현지 사정을 충분히 검토하여 내륙운송용 트레일러가 부족하지 않도록 관리해야 합니다.

(a) (b)

[그림 6-63] 하역작업

Receiving용 트레일러는 Column에 Deflection이 발생하지 않을 정도의 A/L 수량이면 됩니다. 다만, [그림 6-63] (a)와 같은 트레일러 구성은 Deflection의 우려가 있으므로, 유관부문에 사전 검토를 받는 것이 바람직합니다.

트레일러가 부족한 경우에는 [그림 6-63] (b)의 사례와 같이 Drop Deck Spacer나 Flat Deck Spacer를 활용할 수 있습니다. 운송사의 장비현황을 파악하고 Loading Capa.에 지장이 없는 한, Port Receiving용은 트레일러 길이를 연장해주는 Deck Spacer의 활용이 트레일러가 부족한 상황을 극복하게 해주는 해법이 될 수 있습니다.

Gate Pass를 사전에 취득해야 하는 국가에서는 작업인력과 트레일러, 크레인, 지게차, 용접 및 용접 제거 장비에 대한 Gate Pass를 제때에 신청하도록 해야 합니다. 트레일러가 준비되지 못하고 Gate Pass를 제때에 취득하지 못해 하역이 지연된 사례가 있습니다. 특히 Ro-Ro 작업은 조수간만의 차이에 따라 하역작업시간이 제한적이기 때문에 하루를 그냥 허비하는 일이 발생할 수 있습니다.

이상과 같이 Shipping Drawing과 선적시 유의사항에 대해서 살펴보았습니다.

7. Ro-Ro선 선적시 유의사항

- Ro–Ro : Roll–on, Roll–off
- Lo–Lo : Lift–on, Lift–off
- Fo–Fo : Float–on, Float–off

열거한 용어들은 각기 다른 선적 및 하역 방식을 나타내면서 선박을 구분하는 의미로도 사용됩니다.

Ro–Ro Operation은 문자 그대로 구르는 작용에 의한 수평적 선적과 하역작업을 뜻합니다. 화물을 트레일러로 선적/하역하거나 또는 차량이 직접 승선과 하선하는 것을 의미하며, 이때의 선박을 Ro–Ro Vessel(Ship)이라고 표현합니다. Tug Boat+Barge(예선과 부선), SPB(Self Propelled Barge, 자항 바지) 그리고 자동차 운반선 등이 이에 해당됩니다.

(a) 외벽이 있는 SPB (b) 외벽이 없는 SPB (c) Semi Submergible Vessel

[그림 7–1]

SPB는 자체 추진체가 장착된 Flat Deck 선박입니다. 외벽을 갖춘 형태와 그렇지 않은 형태가 있습니다. 선미 방향으로 접안해야 하기 때문에 모든 SPB는 선교(Bridge)가 선수 쪽에 위치합니다.

Fo–Fo는 반잠수 형태로 선적과 하역이 이뤄지고 주로 해양플랜트 설비나 다른 선박을 운송할 때 적용하는 방식입니다. Semi Submersible Vessel이 Fo–Fo 방식의 선박에 해당됩니다.

Lo-Lo는 크레인에 의해서 화물을 상하방향으로 이착륙시키는 가장 보편적인 선적과 하역방식입니다. 컨테이너 선박, Conventional Vessel, Heavylift Vessel이 이에 해당됩니다.

Barge는 자체 추진체가 없고, Towing Rope로 Tug Boat와 연결하여 예인되는 운반선입니다. Tug Boat가 기상상태에 민감한 소형 선박이기 때문에 피항지를 염두에 두고 주로 연안을 따라 항해합니다. 이 때문에 장거리 운송시 같은 목적지의 다른 선박에 비해 항해거리가 더 길 수밖에 없습니다. 항해속도는 5~7노트 수준으로 10~15노트로 항해하는 SPB에 비해 상당히 느린 편입니다.

[그림 7-2] Tug Boat+Barge, 대형 Column 운송

선사는 출발지와 도착지, 항해노선, 피항지, 급유지 등을 표시한 Sailing Route를 작성합니다. 예시의 Sailing Route에서는 파키스탄 카라치항을 긴급 대피장소로 정했습니다. 본 항로를 따라 항해했던 Tug Boat는 전장 53.2m, 폭 12.6m, 350DWT 선박입니다. 10일의 항해기간을 예상했지만, 실제로는 12일이 소요되었습니다.

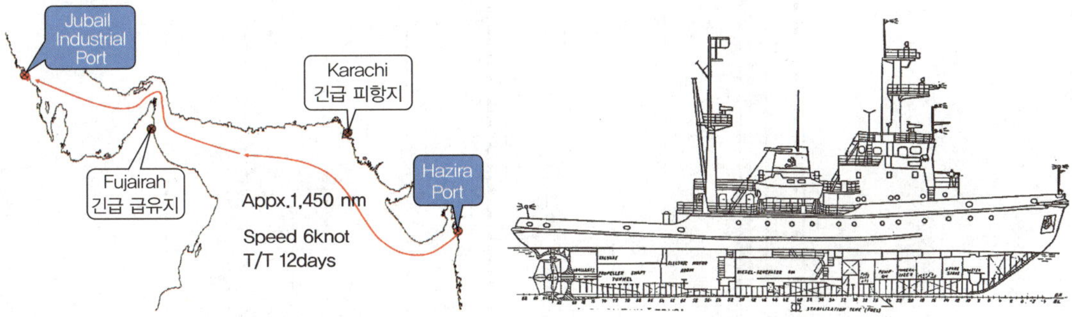

(a) Sailing Route

(b) Tug Boat

[그림 7-3]

Tug Boat+Barge 운송방식은 기상상태에 민감하다는 점을 감안하여 최초에는 이론상의 항해기간에 다소의 여유기간을 두고 하역과 내륙운송계획을 수립하되, 이후 항해 추이에 따라 점진적으로 현실에 근접한 예상 도착시점을 하역과 내륙운송계획에 반영할 필요가 있습니다.

선사에서 제공하는 도면으로는 Towing Arrangement, Mooring Plan, General Arrangement, Stowage Plan, Seafastening Plan 등이 있습니다.

>>> Towing Arrangement

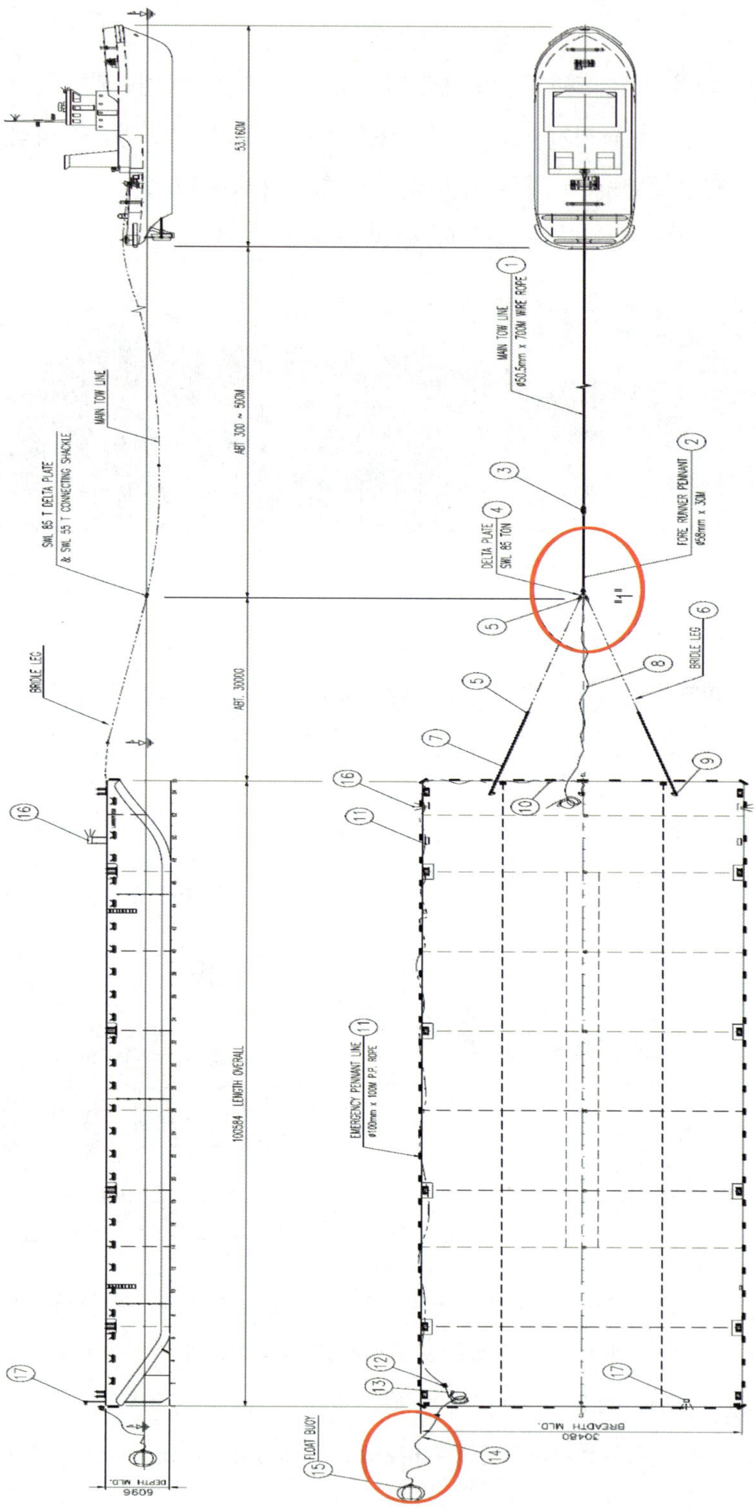

[그림 7-4] Towing Arrangement

Towing Arrangement 도면은 Tug Boat와 Barge의 연결상태를 도시한 것입니다. Tug Boat의 Towing Wire(=Main Tow Line), Barge의 Wire 또는 Chain(=Bridle) 사이를 삼각형 모양의 Delta Plate(=Towing Plate or Bridle Apex)와 Shackle을 사용하여 연결합니다.

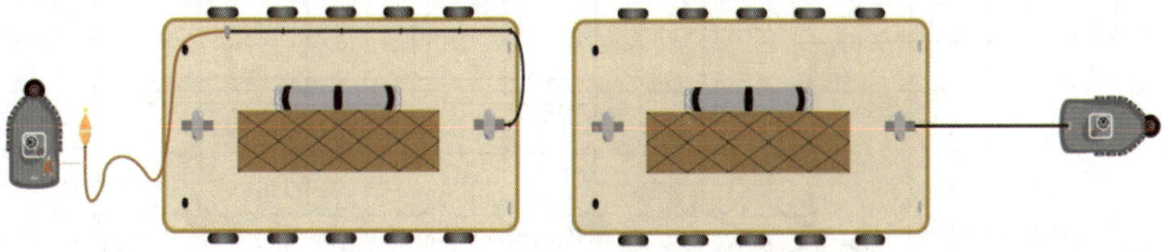

[그림 7-5] Float Line Emergency Maneuvering

Barge 중앙부의 Retrieving Line(=Recovery Line)은 Tow Line을 회수할 때 사용합니다. Float Line은 Barge 선수 중앙에 연결하고 Barge의 측면을 따라 두른 후에 부표(Float Buoy)를 매달아 선미 쪽 수면에 뜬 상태를 유지합니다. Tow Line의 단락이 발생했을 때 부표를 건져 Tug Boat와 Float Line을 연결함으로써 비상사태에 대비하기 위한 용도입니다.

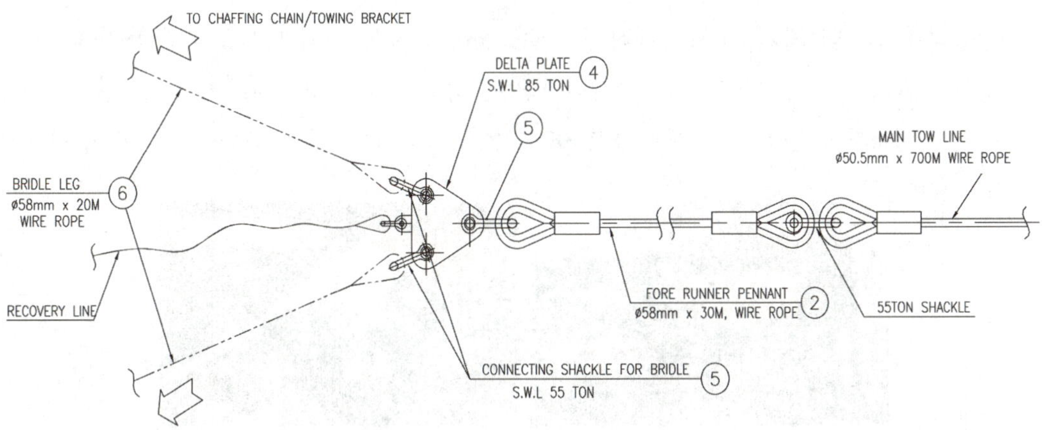

[그림 7-6] Tow Line Connection

Crew가 Barge의 컨테이너 숙소 내에서 거처하는 경우가 있습니다. 장거리 항해시 Tug Boat측에서는 화물상태를 파악하기가 어렵기 때문입니다. 화물 또는 Barge에 이상이 발견되면, Barge 승선자가 Tug Boat측과 교신하여 대책을 마련할 수 있을 것입니다.

Mooring Plan, Ballast Control, Access Way

Mooring Plan은 Barge의 정박 및 Mooring Rope의 연결상태를 보여주는 도면입니다. 이 도면에서는

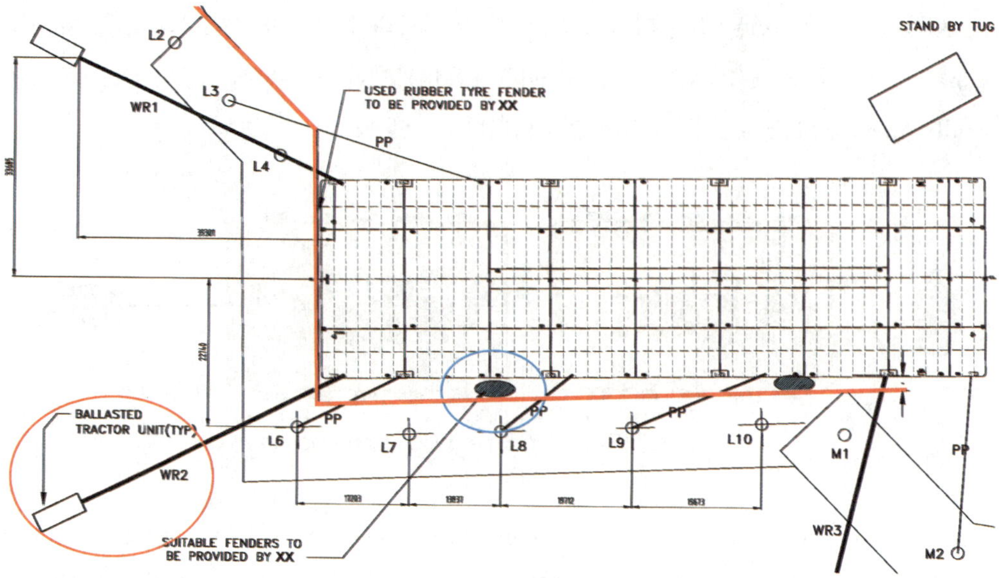

[그림 7-7] Mooring Plan

Barge에 Winch가 장착되어 있지 않아 Ro-Ro 작업시 Tractor가 Mooring Rope를 당기는 형식을 취하고 있습니다.

PE, PP, 폴리에스터 및 Fiber 소재로 제작되는 Mooring Rope는 인력으로도 쉽게 똬리를 틀 수 있을 만큼 유연성이 있습니다. 그래서 Winch가 장착되지 않은 경우에는 시간이 지나면서 접안된 Barge가 안벽으로부터 조금씩 멀어지게 됩니다. 이 때문에 Ro-Ro 작업이 진행되는 동안 Tractor의 조력이 필요합니다.

(a) Ballasted Tractor

(b) Winch

[그림 7-8]

반면에 Winch가 장착된 경우에는 별도의 Tractor가 필요치 않습니다. [그림 7-9]에 Ballast Control을 실시하지 않을 경우, Roll-off 진행시에 발생할 수 있는 상황을 도시하였습니다.

[그림 7-9] Barge Pitching

이처럼 Barge가 기울어지게 되면 Barge는 안벽으로부터 멀어지려는 속성이 있습니다. 이때 Winch가 Mooring Rope를 잡아당겨 Barge의 이탈을 막아줍니다.

(a) Barge 접안진행 (b) Bollard (c) Ballasting 사례 1 (d) Ballasting 사례 2

[그림 7-10]

Bollard에 Mooring Rope를 걸어두고 Winch를 가동하면 Barge의 접안을 용이하게 할 수 있습니다. [그림 7-10] (a)의 붉은색 원에 표시된 장치를 Chalk, Mooring Rope를 고정시키는 부두의 계선주를 Bollard라고 부릅니다.

Ballasting Capacity가 충분하다면, 전후 방향으로 Barge가 기우는 현상(Pitching)은 발생하지 않을 것입니다. 더불어 Ro-Ro 작업을 신속하게 진행할 수 있습니다. 중량물 운송에 있어서 Ballasting Capa.는 최소 3,000 Ton/hr 이상일 것을 권장합니다. Barge Booking시 제원을 확인하시기 바랍니다.

Ballasting 능력이 작은 Barge의 Roll-on은 밀물시에, Roll-off은 썰물시에 작업을 진행하는 것이 유리합니다. 그러나 이러한 상황을 따질 필요 없이 Ballasting 능력이 뛰어난 Barge를 선정하는 것이 상책입니다.

[그림 7-10] (c)의 사례는 인력으로 Pump를 옮겨가면서 Ballast를 조절하는 방식입니다. 반면에 [그림 7-10] (d)의 사례는 Barge의 자체 Pumping System으로 Ballast를 조절합니다. 어느 방식이 Ro-Ro 작업에 보다 유리한지 쉽게 판단할 수 있을 것입니다.

(a) Fender (b) Guard Block (c) Fender, Guard Block 제거

[그림 7-11]

Mooring Plan 상의 Ro-Ro Berth는 'ㄴ'자 구조입니다. Barge 측면의 안벽에 Fender가 부착되어야 함을 언급하고 있습니다. Fender는 완충장치입니다. Fender가 Barge 선미 쪽 부두 안벽에 위치하고 있고, Ramp Plate로 Barge와 부두를 연결할 계획이라면 안벽과 Barge 사이의 거리가 멀어서 Fender를

제거해야 합니다. 높이가 높은 Guard Block 또한 제거하는 것이 바람직합니다.

(a) Guard Block 유지 (b) Guard Block 제거 (c) Ramp Panel 설치

[그림 7-12]

Guard Block이 높지 않은 경우에는 이를 존치한 상태로 작업을 진행할 수 있습니다. Ro-Ro 전용 Berth는 Guard Block이 없거나 낮게 설치되어 있는 것이 일반적이지만, 컨테이너터미널, Break Bulk 전용부두는 트레일러의 진입에 장애가 될 만한 높이의 Guard Block이 설치되어 있습니다. Guard Block을 철거하기 위해서는 Port Authority의 사전 승인을 구해야 합니다.

Fender를 제거할 수 없거나 Barge가 안벽 가까이 접근할 수 없는 부두에서는 Ramp Panel을 준비해야 합니다. Ramp Plate, Ramp Panel을 Access Way라고 표현합니다. Access Way는 항상 수평을 유지하는 것이 정석입니다. 부두 또한 안벽으로부터 일정 거리의 노면이 수평상태를 유지하는 것이 안전합니다. 그렇지 않으면 Barge를 단단히 고정시킬 대책이 필요합니다. 다음의 사고사례는 전형적인 인재에 해당됩니다.

[그림 7-13] (a)의 사고사례에서는 Ramp Panel과 트레일러의 Barge 접근로가 모두 경사면을 이루고 있습니다. 이렇게 되면 트레일러가 Ramp Panel에 오르는 순간 트레일러의 하중이 Barge쪽으로 쏠리면서 Barge를 안벽으로부터 밀어내게 됩니다. 그러므로 Barge가 안벽으로부터 멀어지지 않도록 Rope를 연결하여 안전장치를 마련했어야 합니다.

보통은 Ro-Ro 선사가 Ramp Plate 또는 Ramp Panel을 보유하고 있으나 그렇지 않은 경우도 있습니다. 따라서 Access Way 제공 Scope을 확인해야 합니다. [그림 7-13] (b)의 사례는 하역지에서 내륙운송사가 공급하는 Scope으로 계약했지만, 준비가 늦어져 작업개시 시점이 지연된 바 있습니다. 공연장에 악기

(a) Barge 승선시 침몰 사고 (b) Ramp Plate

[그림 7-13]

들을 잘 운반하여 배치해 놓고 피크가 없어서 기타 연주를 못하고, 스틱이 없어서 드럼을 못치는 그런 상황을 미연에 방지해야 합니다.

››› 통관, 하역 및 운송계획 수립

선박도착 전 선적지와 양하지에서는 관계사들(발주처, Forwarder, 선사[대리점], 중량물 운송사, 현지 통관사 등)이 모여 각사의 업무 Scope을 재확인하고 책임과 역할을 명확히 할 필요가 있습니다. 이렇게 계획을 철저히 세워도 일정이 어그러지는 경우가 발생합니다. 추후 책임소재를 가리는 문제에 대비하기 위해서도 이러한 미팅을 실시하고 Meeting Memorandum을 근거로 남겨둘 것을 권장합니다.

다음의 사례는 Barge 도착 전, 양하지에서 작성한 것입니다. 이를 참조하여 하역작업에 대비하시기 바랍니다.

〈표 7-1〉 **각 주체별 업무 Scope을 기술한 Meeting Memorandum**

<table>
<tr><th colspan="6">MEETING MEMORANDUM</th></tr>
<tr><td colspan="6">Date : Nov.7, 2xxx   Place :   Page : 1 of 1</td></tr>
<tr><td colspan="6">Project Name :   Cargo :   Vessel Name :</td></tr>
<tr><td colspan="3">Participants
EPC Company   Contracted Forwarder
Carrier   Local Transporter(LT)
Local Forwarder(LF)</td><td colspan="3">Agreement
Regarding timely roll-off and transportation of xxx shipment, it is agreed that relevant parties shall execute the work complying with "Scope of Work" described as below;</td></tr>
<tr><th rowspan="2">No.</th><th rowspan="2">Description</th><th colspan="3">Scope of Work</th><th rowspan="2">Remarks</th></tr>
<tr><th>LF</th><th>Carrier</th><th>LT</th></tr>
<tr><td>1</td><td>Getting all kinds of permits required for inland transportation not later than Nov.10, 2xxx</td><td></td><td></td><td>O</td><td></td></tr>
<tr><td>2</td><td>Mooring and fixing the barge to approved berth</td><td></td><td>O</td><td></td><td>LT's ballasted tractors shall be used from xxxx</td></tr>
<tr><td>3</td><td>Preparation of ramp plates at the pier 8:00 AM on Nov.9</td><td></td><td></td><td>O</td><td></td></tr>
<tr><td>4</td><td>Preparation of ballast pumps and associated ballasting equipment</td><td></td><td>O</td><td></td><td></td></tr>
<tr><td>5</td><td>Getting hot work permit for unwelding of seafastening materials including welding on trailer</td><td></td><td>O</td><td></td><td></td></tr>
<tr><td>6</td><td>Arrangement of man power and equipment for removal of seafastening</td><td></td><td>O</td><td></td><td></td></tr>
<tr><td>7</td><td>Supply of all equipment & materials required to transport Splitter, Reactors & Cactus Assemblies from the barge to site in time except for cranes for loading and offloading</td><td></td><td></td><td>O</td><td></td></tr>
<tr><td>8</td><td>Supply of timber, plywood etc. required for transportation</td><td></td><td></td><td>O</td><td>Under the center of cactus, timber should be supported.</td></tr>
</table>

9	Arrangement of cranes for cactus 8Pkgs while loading on trailers from the barge, offloading in the storage yard and also reloading on trailers for the site delivery. Fort this purpose LF shall arrange cranes 150ton 1ea, 50ton 1ea on xxxx.	O			Cactus shall be delivered to the site 2PKGs a day. LF's crane shall be waiting in the port until completion of loading 8PKGs.
10	Arrangement of trailers with loading and offloading equip-ment for general cargoes	O			
11	Payment processing for port charge and stevedoring charge	O			
12	Completion of customs clearance immediately regardless of Roll-off progress	O			
13	Removal & restoration of all existing obstacles and inter-ferences during transportation			O	
14	Reactors shall be reloaded and moved to installation area from lay-down area after completion of splitter transpor-tation			O	Required to arrange jack-up ma-chine. To submit quotation by xxxx
Coordination with each party and comprehensive planning for smooth transportation shall be done by Contracted Forwarder.					

OTHERS

* In case that the barge arrives at the port on Nov.8, 2xxx, we agree to below schedule.
- Completion of discharging : within Nov.12
  Splitter : within Nov.12 Reactors : within Nov.10 Cactus & Sliding Plate : Nov.8
- Customs Clearance : within Nov.12
- Transportation shall start from the port on clearance date. Detailed Site Delivery Plan is as attached.

당시 하역지에서는 선상 통관이 허용되지 않는 것이 관례였습니다. 본 건은 화물의 중대성을 고려하여 세관에 예외 적용을 요청하였고 세관에서도 요청사항을 받아들여 선상통관을 허용하였습니다. 이를 통해 내륙운송 시점을 앞당길 수 있습니다.

[표 7-2]는 Delivery Plan을 작성한 사례입니다. 여기에 실제 운송 진행상황을 담으면 Delivery Status Report가 됩니다. 어떠한 Contents를 담고, 어떠한 양식으로 작성하여 Report에 반영하는 것이 보다 효과적일지를 고민해볼 필요가 있습니다.

양식 측면에서 Delivery Plan을 살펴볼 때, 다음의 기준을 적용하여 작성할 수 있습니다.

- Head는 가운데 맞춤. 일정한 Digit을 갖는 항목들도 가운데 맞춤
- 일련번호는 가운데 맞춤. 수량, Size 등은 오른쪽 맞춤
- 천 단위 이상의 숫자는 Comma(,) 사용
- 중량별, Volume별 소수점 이하 자릿수를 동일하게 유지
- Size(LWH) 표시 소수점 이하 자릿수 동일하게 유지
- 자릿수가 일정하지 않은 화물명, Remarks에 표시되는 사항은 왼쪽 맞춤

〈표 7-2〉 Delivery Plan 작성 사례1

DELIVERY STATUS REPORT

Vessel Name : xxx
ETA / ATA : Nov/08 Al Jubail
EDC / ADC : Nov/10
Last F. Date : Nov/20

Date :
Reported By :

ECC/ACC: Expected(Actual) Customs Clearance Date EDC/ADC: Expected(Actual) Discharging Completion Date D.S : Discharging Sequence T.S : Transportation Sequence

SHIPMENT NO.	DESCRIPTION	ECC	ACC	PKG NOs	WGT (ton)	VOL (M3)	DELIVERY DATE & TRAILER Nos.																EDC ADC	REMARKS
							Nov/13		Nov/14		Nov/15		Nov/16		Nov/18		Nov/19		Nov/20		TOTAL			Transportation Permit Expected Approval on Nov.10
							P	A	P	A	P	A	P	A	P	A	P	A	P	A	P	A		
S1	C3 Splitter	Nov/12		1	737.3	9,254.7			1														Nov/12	
S2	Dehydrogenation Catofin Reactor	Nov/12		8	1,472.0	12,373.1					2		2				2		2				Nov/10	
S3	Propane Dehydroge-nation Reactor Vessel	Nov/12		8	108.8	675.4			2		2		2		2								Nov/08	
S4	Gasket and Others	Nov/12		59	107.2	415.3																	Nov/08	
S5	Sliding/Liner Plate	Nov/12		2	6.3	3.8	1																Nov/08	No.1 Priority to deliver to the Site
TOTAL				78	2,431.6	22,722.3																		

HEAVY & OVERSIZED CARGO

Item No.	Item Description	PKG No.	WGT (Ton)	Dimension			D.S	T.S	Start From Port	Module Gate Pass	Cargo Arrival At Site			Trailer Spec.	Remarks
				L(m)	W(m)	H(m)					Plan Date	Required At Site	Act. Date At Site		
2-R-1001	Cactus Assembly	ALT-064	13.6	6.70	6.00	2.10	8	1	Nov/13	Nov/14	Nov/14	Nov/14		3 A/L Low Bed	
2-R-1002	Cactus Assembly	ALT-065	13.6	6.70	6.00	2.10	2	2	Nov/13	Nov/14	Nov/14	Nov/14		3 A/L Low Bed	
2-R-1003	Cactus Assembly	ALT-066	13.6	6.70	6.00	2.10	1	3	Nov/14	Nov/15	Nov/15	Nov/15		3 A/L Low Bed	
2-R-1004	Cactus Assembly	ALT-067	13.6	6.70	6.00	2.10	7	4	Nov/14	Nov/15	Nov/15	Nov/15		3 A/L Low Bed	
2-R-1005	Cactus Assembly	ALT-068	13.6	6.70	6.00	2.10	6	5	Nov/15	Nov/16	Nov/16	Nov/16		3 A/L Low Bed	
2-R-1006	Cactus Assembly	ALT-069	13.6	6.70	6.00	2.10	4	6	Nov/15	Nov/16	Nov/16	Nov/16		3 A/L Low Bed	
2-R-1007	Cactus Assembly	ALT-070	13.6	6.70	6.00	2.10	3	7	Nov/18	Nov/18	Nov/18	Nov/19		3 A/L Low Bed	
2-R-1008	Cactus Assembly	ALT-071	13.6	6.70	6.00	2.10	5	8	Nov/18	Nov/18	Nov/18	Nov/19		3 A/L Low Bed	
1-R-1008	Catofin Reactor	ALT-063	184.0	18.38	7.72	10.90	9	10	Nov/14	Nov/14	Nov/15	Nov/15		6 A/L x 4 Files Conventional	
1-R-1007	Catofin Reactor	ALT-062	184.0	18.38	7.72	10.90	11	11	Nov/14	Nov/14	Nov/15	Nov/15		6 A/L x 4 Files Conventional	
1-R-1006	Catofin Reactor	ALT-061	184.0	18.38	7.72	10.90	10	12	Nov/15	Nov/16	Nov/16	Nov/16		6 A/L x 4 Files Conventional	
1-R-1005	Catofin Reactor	ALT-060	184.0	18.38	7.72	10.90	12	13	Nov/15	Nov/16	Nov/16	Nov/16		6 A/L x 4 Files Conventional	
2-C-5001	C3 Splitter	ALT-072	737.3	103.05	9.73	9.23	17	9	Nov/12	Nov/13	Nov/14	Nov/14		54A/L SPMT / SPT 2,425(1,515+910) ±315mm	
1-R-1004	Catofin Reactor	ALT-059	184.0	18.38	7.72	10.90	14	14	Nov/18	Nov/18	Nov/19	Nov/18		6 A/L x 4 Files Conventional	
1-R-1003	Catofin Reactor	ALT-058	184.0	18.38	7.72	10.90	13	15	Nov/18	Nov/18	Nov/19	Nov/18		6 A/L x 4 Files Conventional	
1-R-1002	Catofin Reactor	ALT-057	184.0	18.38	7.72	10.90	16	16	Nov/19	Nov/20	Nov/20	Nov/19		6 A/L x 4 Files Conventional	
1-R-1001	Catofin Reactor	ALT-056	184.0	18.38	7.72	10.90	15	17	Nov/19	Nov/20	Nov/20	Nov/19		6 A/L x 4 Files Conventional	
OTHERS															

- 자릿수에 비해 지나치게 셀 공간이 좁거나 넓지 않게 조정
- 대소문자 적용의 일관성 유지
- 글자체, 글자 크기에 일관성 유지
- 엑셀파일 전송시 한 장에 출력될 수 있도록 페이지 조정
- 프린터기 출력을 고려한 상하좌우 여백 조정

본 Report 내의 일자는 편의상 연도를 삭제하였으나, 일자의 표시형식은 사업주나 PMC 등 외국인이 수신자에 포함되는 경우와 그렇지 않은 경우를 달리 표현할 필요가 있습니다. 엑셀파일은 해당 Version에 맞게 자동 조정되기 때문에 문제가 되지 않지만 PDF 파일로 Report를 전송하는 경우에는 일자표시 문제를 고려하시기 바랍니다. 배려의 측면에서 볼 때 바람직한 일입니다.

- YYYY-MM-DD : 한국인에게만 송부하는 경우(예, 2030-11-28)
- DD-MM-YYYY : 외국인을 포함하는 경우(예, 28-11-2030) 또는 DD-MMM-YYYY(예, 28-Nov-2030)

〈표 7-3〉은 다른 Project의 Ro-Ro 운송에 대한 통관과 하역, 내륙운송의 Master Plan을 나타낸 것입니다. 수립된 계획을 이와 같이 표현할 수도 있습니다. 어떤 형식으로 운송계획을 작성할 것인지는 상황에 맞게 대처하시기 바랍니다.

〈표 7-2〉 Delivery Plan 작성 사례1에서는 동일 Vendor가 제작한 1건의 선적이지만, B/L을 5개로 분리하였습니다. 세관검사 과정에서 문제가 발생하는 경우, 모든 화물의 운송이 발목 잡히는 것을 방지하기 위함입니다. 특히 Chemical을 선적하는 경우에는 다른 화물들과 분리하여 B/L을 발급받을 필요가 있습니다. 또한 현장운송이 신속하게 이뤄져야 하는 화물에 대해서도 통관을 앞당기기 위해 B/L을 분리하기도 합니다.

Ro-Ro 운송에 있어서 Pedestal을 Port로부터 반출해야 한다면, Pedestal을 상품으로 볼 것인지, 아니면 Invoice Value가 없는 비상품으로 간주할 것인지, 이에 대한 사전 확인이 필요합니다. 당시 하역지 세관은 이를 비상품으로 인정해 주었고, 관세와 Port Due를 면제받을 수 있었습니다.

SOC처럼 상품으로 간주되는 경우에는 Pedestal 관련 내역을 C/I 및 P/L상에 명기하여 관세와 Port Due를 납부해야 할 것입니다. 선적서류를 수정하여 다시 제출하는 문제로 통관지연이 발생하지 않도록 관리하고, 특히 통관서류의 인증이 필요한 국가에 대해서는 더욱 더 주의가 요망됩니다. 변경된 C/I 인증에도 시간이 소요되지만, 원산지증명서 재발급 과정에서 문제가 될 소지가 있습니다.

〈표 7-3〉 Delivery Plan 작성 사례2

Master Plan for Discharging & Transportation																		
Activity		March																Remarks
		3	4	5	6	7	8	9	10	11	12	13	14	15	16	17	18	
1	Vessel Arrival																	
2	Customs Clearance																	
3	Setting Ramp Plate & Equipment																	
4	Discharging General Cargo																	
5	2x12x4Files Positioning Under Quench Tower																	
6	Welding Bolster to Saddle, Unwelding Saddle from Pedestal																	
7	Quench Tower Roll–off																	
8	Discharging Quench Tower Pedstals & Positioning at Storage Yard																	
9	Quench Tower Jack–down on Pedestals & Unwelding																	
10	Reposition of Load Spreading Mat																	
11	2x12x4Files Positioning Under Splitter																	
12	Welding Bolster to Saddle, Unwelding Saddle from Pedestal																	
13	Splitter Roll–off																	
14	Discharging Splitter Pedestals & Positioning at Storage Yard																	
15	Splitter Jack–down on Pedestals																	
16	Transportation of General Cargo																	
17	16x6Files Positioning Under Reactor #1																	
18	Reactor #1 Roll–off																	
19	Positioning Stools at Storage Yard																	Transporter's Stools
20	Reactor #1 Jack–down on Stools																	
21	16x6Files Positioning Under Reactor #2																	
22	Reactor #2 Roll–off																	
23	Positioning Stools at Storage Yard																	
24	Reactor #2 Jack–down on Stools																	

Master Plan for Discharging & Transportation																		
Activity		March																Remarks
		3	4	5	6	7	8	9	10	11	12	13	14	15	16	17	18	
25	Transportation of Splitter Pedestals to Site and Positioning																	
26	Transportation of Splitter																	
27	Jack-down on Pedestals at Site																	
28	Trailer Return to Port																	
29	Reposition of Load Spreading Mat																	
30	Loading Quench Tower & Welding Bolster to Saddle																	
31	Transportation of Quench Tower Pedestals to Site and Positioning																	
32	Transportation of Quench Tower																	
33	Jack-down on Pedestals at Site																	
34	Transportation of Reactor #2																	Erection upon Arrival
35	Return to Port																	
36	Loading Reactor #1																	
37	Transportation of Reactor #1																	Erection upon Arrival

Method Statement

중량물의 내륙운송을 위해서는 여러가지 사전 준비 및 점검사항이 있습니다. 다음은 MS의 주요사항입니다.

- Direct Receiving 또는 Roll-off 계획
- Trailer Configuration(Loading Orientation 적합성 여부 확인 필요)
- Bolster, Trailer Load Spreader 등 부대장비 사항
- Route Survey Report 및 장애물 제거 계획
- Transportation Permit 취득 및 유지 계획
- Foundation Access Plan

• 현장 도착 후 Trailer Release 계획
• Risk & Safety Management
• Scope of Work, Role & Responsibility

그 밖에도 부가적인 내용이 추가될 수 있으나, 이러한 주제의 세부사항을 담아서 중량물 운송사가 작성하는 공식적인 문서가 MS(Method Statement)입니다. 간혹 두루뭉술하게 표현하거나 누락되는 경우가 있는데, 수행중에 발생할 수 있는 논쟁을 방지하기 위해 운송사의 역무범위, 역할과 책임을 명확히 기재하도록 하는 것이 바람직합니다.

MS에는 가능한 한 많은 내용을 담는 것이 권장할 만한 일이나, 운송사는 이를 최소화하려는 경향이 있습니다. 운송사의 귀책사유로 MS와는 다르게 운송이 진행되어 운송지연이 발생한다면, 스스로가 발목을 잡는 모양새가 되기 때문입니다. 그럼에도 MS를 충실히 작성하도록 해야 하고, 협의된 MS에 준해 운송이 진행될 수 있도록 독려해야 합니다.

당시에 현지 운송사가 제출한 MS 사례의 주요사항을 살펴보겠습니다.

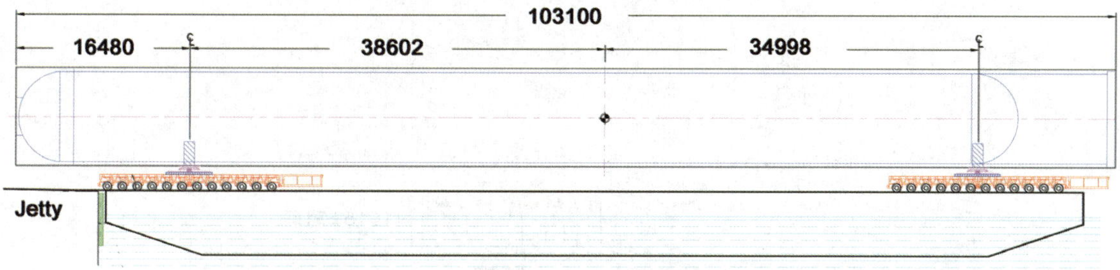

[그림 7-14] Column Roll-off을 위한 트레일러 구성

C_3 Splitter Column의 Roll-off 및 내륙운송을 위한 Trailer Configuration 도면입니다. Column의 길이가 103m에 달하므로 현장 설치지점까지 직선도로로 이어지지 않는 이상, Bolster 사용이 불가피합니다. 철저히 대비했음에도 불구하고 수행중에 많은 난제들에 봉착했다는 점을 감안하면, 중량물 내륙운송사를 조기에 선정하여 해결해야 할 과제들에 대한 협의를 서두르는 것이 바람직합니다. 물론 Shipping DWG의 빠른 출도 또한 중요한 사항입니다.

Head First Loading으로 운송을 진행해야 한다는 사실은 Route Survey와 Foundation Access Simulation, Rigging Plan을 종합적으로 살펴서 결정합니다. 그에 따라 Barge Roll-on시에 Column의 Head가 선미 방향에 위치하도록 사전에 Vendor 및 선사와 협의해야 할 것입니다.

Trailer는 12A/L 4File로 구성하고 전후방 각각 24A/L의 SPMT가 사용될 계획입니다. 선적지 Roll-on시에 SPT를 사용하기 때문에 Saddle은 SPT 폭 기준에 맞게 제작될 것입니다. 따라서 Roll-off 작업시의 Saddle 길이에는 여유가 있습니다.

[그림 7-15] 선적지 Roll-on, SPT 사용

Pedestal은 SPT보다 Running Height가 높은 SPMT Roll-off 높이에 부합하는 것을 사용해야 합니다. 다만, 본 건은 Bolster를 장착하여 내륙운송을 진행하기 때문에 Special Pedestal이 제공되어야 합니다.

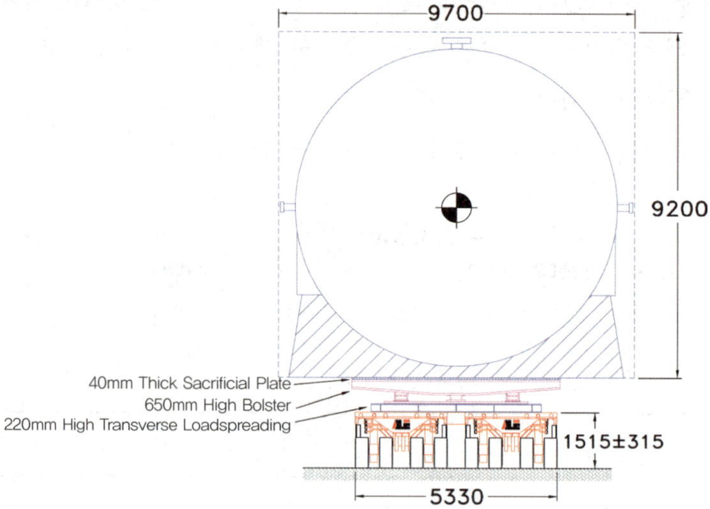

[그림 7-16] Column TC 도면, Rear View

트레일러 위에 놓이는 Load Spreader와 Bolster, Sacrificial Plate의 높이를 합하면 91cm입니다. Trailer를 최대한 낮추었을 때 Deck 높이가 1.2m, 따라서 Pedestal 높이는 최소한 2.2m 이상이어야 합니다.

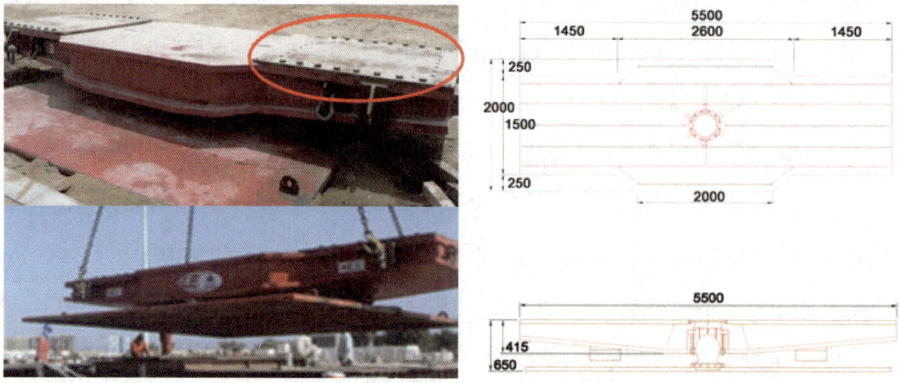

[그림 7-17] ALE, Capa. 2×650톤 Bolster, 중량 4톤

Sacrificial Plate는 Bolster Deck 위에서 Saddle의 밑면과 접촉하는 철판으로 Bolster와는 Bolting으로 고정시키고 Bolt를 풀면 Bolster로부터 따로 떼어낼 수 있습니다. Sacrificial Plate와 Saddle 간에 'ㄱ'자 형태의 Stopper를 용접하여 Saddle과 Bolster를 연결합니다. 운송사에 따라서는 Bolster Deck에 바로 용접을 실시하기도 합니다. 이런 경우는 추후 Bolster Deck의 Cleaning을 실시해야 하고 페인트도 다시 칠해야 하기 때문에 이름 그대로 Sacrificial Plate를 사용합니다.

[그림 7-18] Primemover 2대를 동원한 Roll-off 작업

Ro-Ro Jetty의 경사도가 3%에 가깝습니다. 3%는 1.72도, 수평방향으로 100m를 이동했을 때, 수직방향으로 3m가 높아지는 각도입니다. 노면이 3%의 경사도에 이르면 화물중량에 따라서는 Conventional Trailer의 Primemover를 추가해야 하는 경우가 발생합니다.

[그림 7-18]은 같은 부두에서 Boiler와 Coke Drum을 Roll-off 하는 모습입니다. 2대의 Primemover로 작업하고 있습니다. 따라서 Ro-Ro 작업을 위해서는 부두의 사정을 정확히 파악하고 이에 대비한 트레일러 구성이 필요합니다.

MS에 의하면 Reactor의 Roll-off시에도 SPMT를 사용할 계획입니다. [그림 7-19] 도면에는 중요한 확인사항이 있습니다. 선적지에서는 SPT를 사용하여 문제가 없으나, 붉은색 원으로 표시한 Supporting Leg의 높이가 1.2m 이하로 제작되고 Barge 위에 추가 Support 조치가 생략된다면 본 MS상의 SPMT 사용이 불가능해집니다. 실제 Roll-off에 있어서 SPMT가 사용되는 경우에는 반드시 해당 높이를 확인해야 합니다. 도면상으로는 SPMT가 감당할 수 없을 정도로 Leg의 길이가 짧아 보입니다.

MS상에는 SPMT가 Reactor 아래로 진입, 방향을 전환하여 Loading 후 다시 90도 방향 전환 및 Roll-off을 실시하는 것으로 계획되어 있습니다. 물론 이러한 방법도 가능하겠지만, 이렇게 복잡하게 작업하도록 Stowage Plan이 짜여지면 곤란합니다. 더욱이 Step 2에서 트레일러와 인접한 Reactor와의 간섭이 발생합니다.

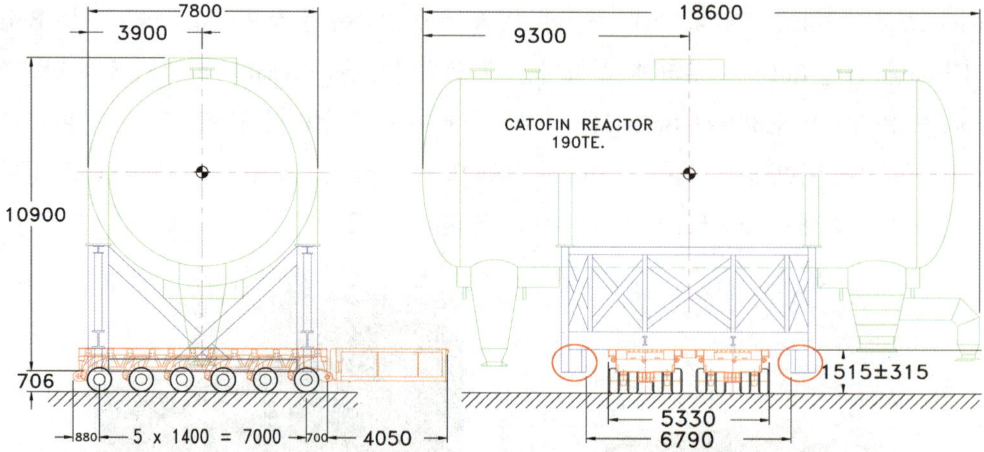

[그림 7-19] Reactor Roll-off을 위한 트레일러 구성

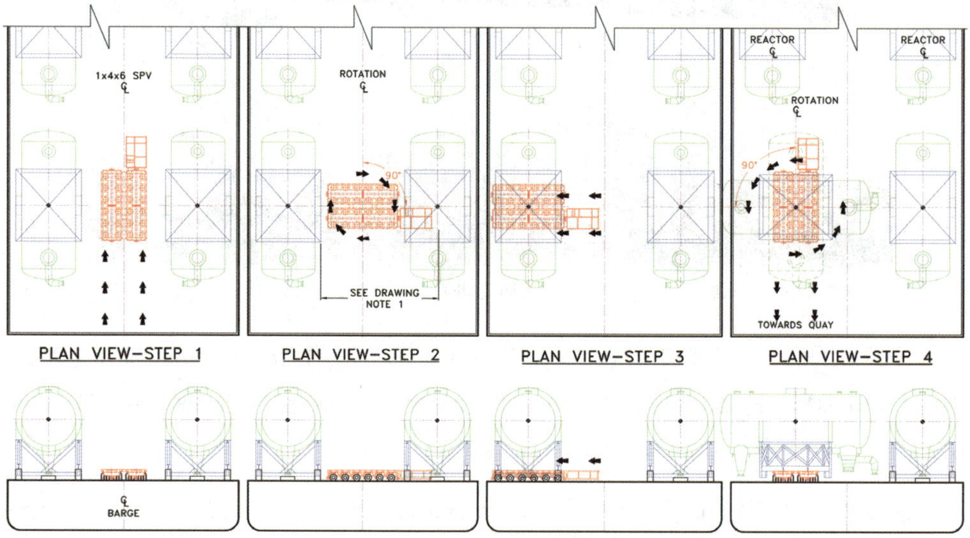

[그림 7-20] Reactor Roll-off Method

몇 차례 협의절차를 거쳐 Rev. No.5 Version에 이르러서 실행시의 Roll-off과 동일한 방법으로 표시되어 있습니다. SPMT 대신 Conventional Trailer를 사용하는 것으로 계획이 변경되었습니다. [그림 7-22]의 Roll-off Plan도 Rev. No.5의 MS에 담겨 있습니다.

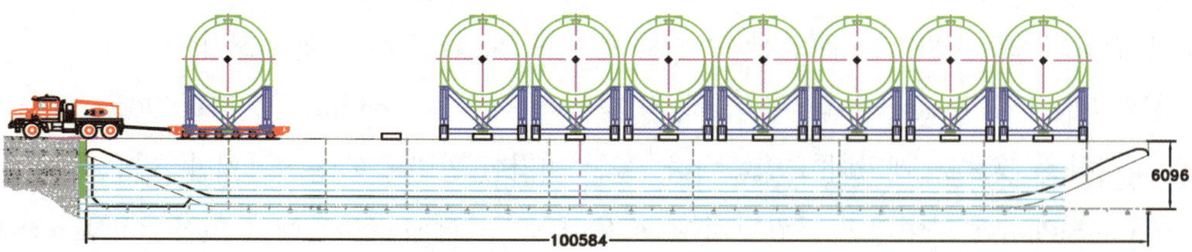

[그림 7-21] Rev. No.5 Reactor Roll-off Method

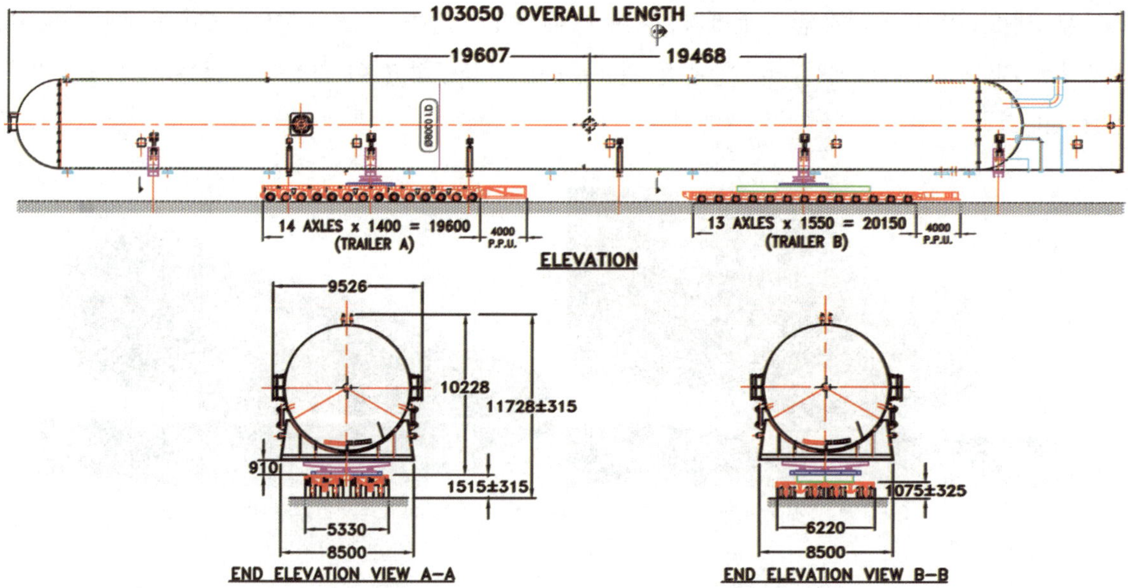

[그림 7-22] Rev. No.5 Column 트레일러 구성

C_3 Splitter는 Tower Gantry를 이용하여 설치할 계획이기 때문에 변경의 여지없이 Foundation 접근은 Head First Loading Orientation으로 진행합니다. 앞서 보신 최초의 도면과 비교할 때, 트레일러의 위치가 다르게 작도되어 있습니다. 이 역시도 변경사항이 발생한 것입니다.

설계자가 명명하기 나름이긴 하지만, Bottom 위치로부터 Saddle 번호를 부여할 때, 4개의 Main Saddle중 앞서 보신 도면에서는 Skirt 방향의 1번과 Head 방향의 4번 Saddle에, Rev. No.5 도면에서는 2번과 3번 Saddle에 트레일러가 위치하는 것으로 표시되어 있습니다. 또한 SPMT와 SPT의 조합으로 바뀌었고, Trailer A/L수도 변경되었습니다.

트레일러의 위치가 변경된 원인은 Tower Gantry를 이용한 설치 및 Trunnion Lug의 위치 때문이었습니다. COG를 고려했을 때, 내륙운송의 안전성을 위해서는 1, 4번 조합 또는 2, 3번 조합이 적합합니다. 다만 어떠한 경우든 화물의 Deflection 가능성을 검토해야 합니다.

실제로는 1번과 3번 Saddle을 지지하여 Roll-off을 실시하였습니다. 2번과 3번 Saddle을 Jack-up

[그림 7-23] Column Roll-off 진행

했을 때 1번 Saddle이 들리지 않는 문제가 발생했기 때문입니다. 즉, Skirt 방향으로 Column에 Deflection이 발생한 것입니다. 선상에서 이미 통관을 완료했음에도 불구하고 이 과정에서 많은 시간을 허비하게 되었습니다.

(a) SPT→SPMT로 교체 (b) 1번과 4번 Saddle 지지 운송

[그림 7-24]

이후 후방의 SPT를 SPMT로 교체하고 1번과 4번 Saddle 지지로 트레일러 구성을 다시금 변경하여 내륙운송을 진행하였습니다. 1, 3번 Saddle 조합 또한 트레일러 과부하와 Deflection에 대한 우려가 있어 트레일러의 Saddle 지지 포인트를 옮기게 되었고, 보다 안전한 운송을 위해 동일한 사양의 SPMT 장비를 동원하였습니다.

이 같이 복잡한 과정을 거치게 된 원인은 화물의 Deflection 문제, Tower Gantry를 이용한 설치라는 변수들이 작용했기 때문입니다. Tower Gantry를 이용한 설치에 부적합한 Trunnion Lug 위치, Bolster 사용, Ro-Ro 운송 등이 겹치게 되면 점검해야 할 사항이 더욱 많아집니다.

이전 글에서 Tower Gantry를 이용한 Column 설치시 토사를 퍼부어 Foundation을 도포했다고 설명한 바 있습니다. 1번과 4번 Saddle 지지로 트레일러 위치를 변경하기 전에는 [그림 7-25]와 같이 계획을 수립하였습니다.

하지만 이 방식을 적용하기에는 위험요소들이 있습니다. 옮겨진 Saddle이 트레일러 정중앙에서 크게 벗어나 있기 때문에 과부하로 인해 자칫 트레일러가 망가질 우려가 있습니다. 여기에 Column의 Deflection 가능성도 배제할 수 없습니다. 그리고 원천적으로 2, 3번 Saddle 지지시 화물에 Deflection이 발생했기 때문에 이 같은 트레일러 구성은 불가하다는 것이 확인되었습니다. 결국 1, 4번 Saddle을 지지하여 운송하고 Foundation을 도포하는 방법을 선택한 것입니다.

만약 Saddle 위치를 변경할 수 있고 화물이나 트레일러에 문제가 발생하지 않는다면 고려할 수 있는 방법이긴 하나, Bolster 사용과 용접작업 등 이 역시 시간이 필요하며, 복잡한 절차가 수반됩니다. 따라서 Tower Gantry로 Column을 설치하는 경우에는 근본적으로 Trunnion Lug가 최대한 Column의 Head 방향에 위치할 수 있도록 설계하는 것이 최선입니다.

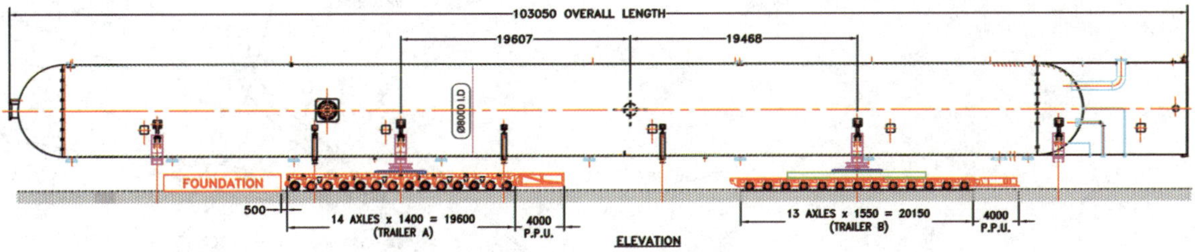

(a) Foundation 앞까지 트레일러 도달 후 Jack-down

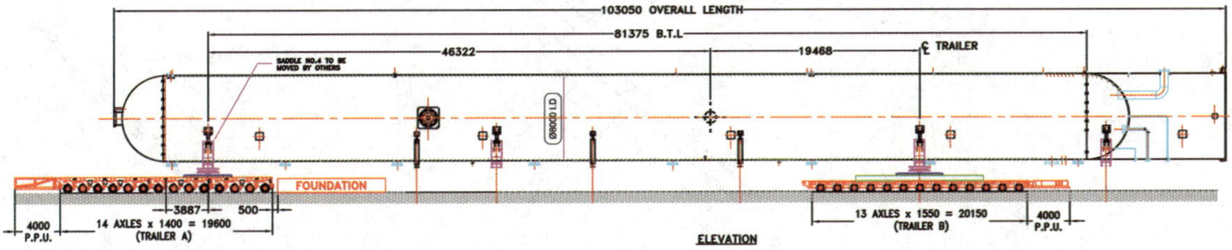

(b) Head 부분 4번 Saddle 위치변경. 전방 트레일러가 4번 Saddle 위치로 이동

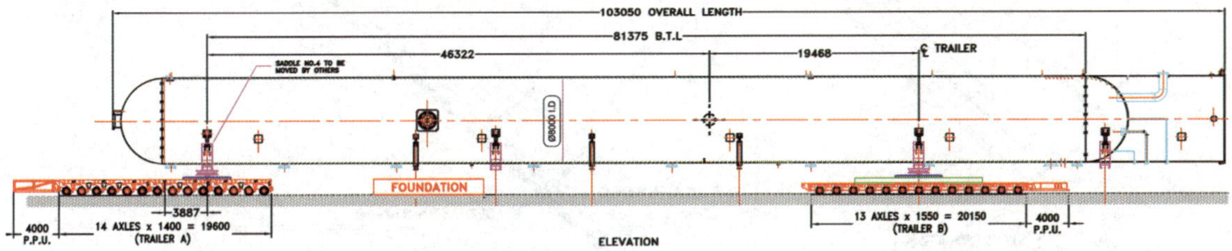

(c) Bolster 재 장착 및 상차 후 Column 설치 정위치까지 운송

[그림 7-25]

MS에는 Survey 결과에 기초하여 운송 Route와 장애물 극복방안을 명기합니다. 양하지로부터 약 18km 지점에 현장이 위치하고 있습니다. 그리 먼 거리는 아니지만, 103m Column을 운송함에 있어서 가로등, 신호등, 표지판 등의 제거 작업이 필요하고, 도로 및 Culvert 보강 등의 Civil Work이 수반됩니다. (Overbridge나 전선 관련 장애물은 없음.)

[그림 7-27]은 당시에 실제로 보강해야 하는 도로의 모습과 Underpinning을 실시해야 했던 Culvert의 모습입니다.

[그림 7-28] (a)는 Trailer와 화물의 Turning Radius를 보여줍니다. 동심원의 중심으로부터 작게는 회전반경이 14.3m, 넓게는 60.9m가 됩니다. 이에 기초하여 [그림 7-27]의 비포장도로와 같은 굽이길에서 방향을 전환할 때, 화물과 Trailer의 이동 궤적을 보여주는 Simulation DWG을 작도합니다. [그림 7-26]의 Route Map상에 Turning Point별로 도면번호가 부여되어 있습니다. 그 중에 하나가 [그림 7-28] (b)의 Simulation DWG입니다. 이에 준해 도로 상태를 점검합니다. 이러한 Simulation은 운송 Route 뿐만 아니라, 현장 내부 이동로에도 적용됩니다.

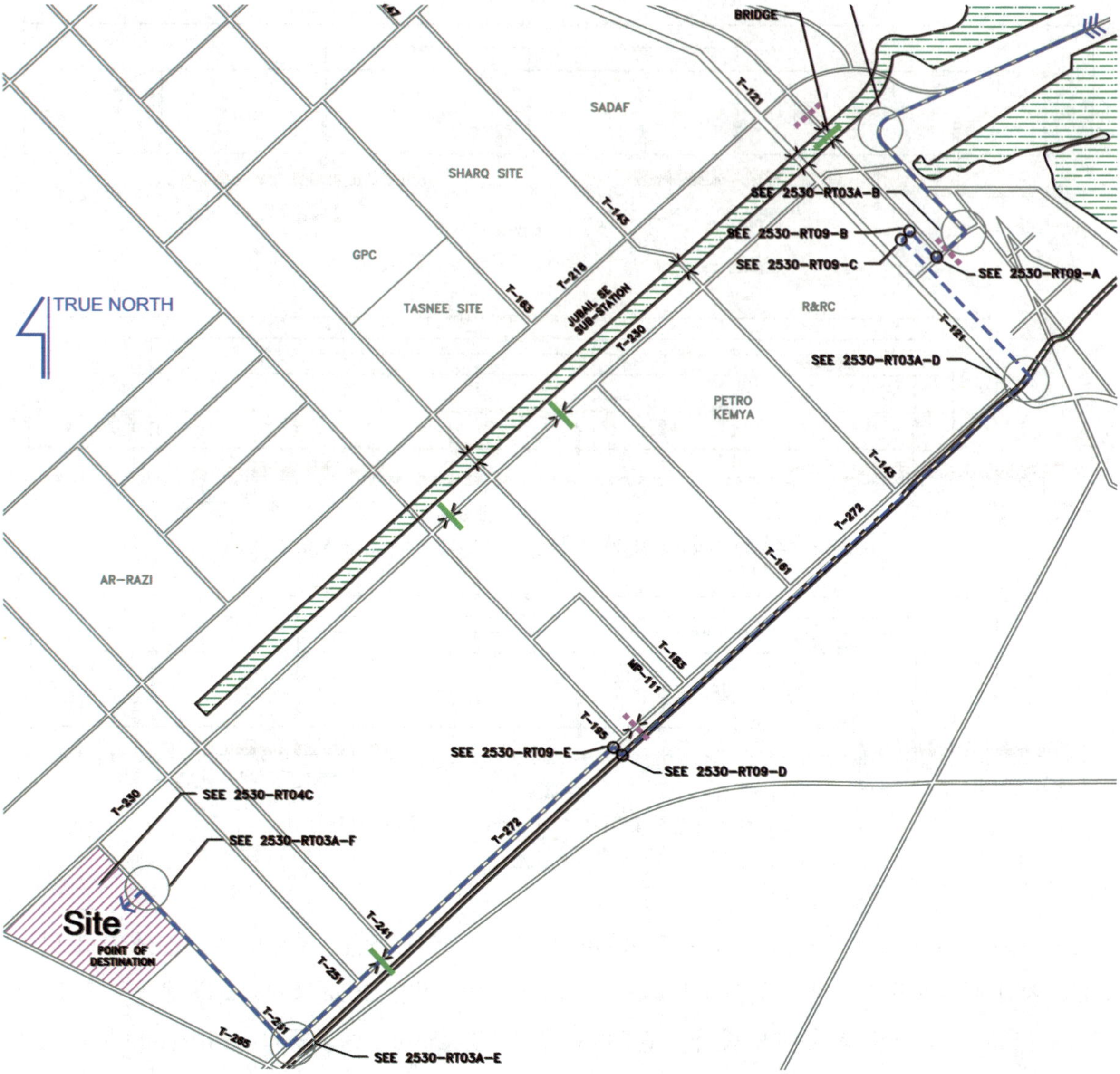

[그림 7-26] 운송 Route Map

(a) 운송로 상의 굽이길　　(b) Culvert

[그림 7-27]

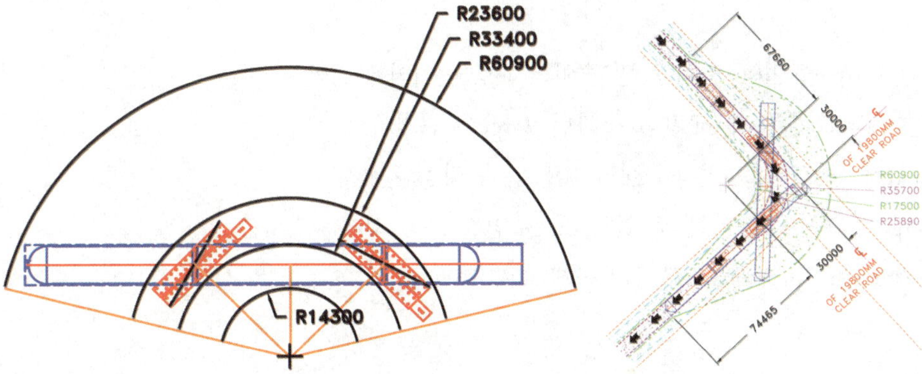

(a) Turning Radius 분석　　　(b) Turning Simulation

[그림 7-28]

Lo-Lo 방식에 비해 챙겨야 할 사항이 워낙 많기 때문에 내륙운송사가 제출하는 MS를 토대로 관계사들과의 사전 긴밀한 협의를 통해 Ro-Ro 운송의 과제들을 슬기롭게 헤쳐 나가시기 바랍니다.

›››River Barge

강송의 경우에는 Push Boat를 적용합니다. Turning 시에 Barge가 강안(江岸)이나 다른 선박과 충돌의 위험이 있기 때문에 강송에서는 Tug Boat가 적합하지 않습니다. 강송용 Barge를 River Barge라 부르며 River Barge는 지붕과 외벽을 갖춘 Hopper Barge가 가장 많이 사용됩니다. 다수의 Barge를 연결하여 운송하는 것이 강송의 특징입니다.

[그림 7-29] (b)는 운송 Route 상에 교량이 있고 한 척의 Barge만 통과할 수 있는 사례입니다. 이때는 신중한 검토과정을 거쳐 다음의 두 선택지중에 운송일정과 물류비 측면에서 유리한 쪽을 선정해야 합니다.

(a) Push Boat + Barge　　　(b) 교량 통과

[그림 7-29]

[Case 1]

- 여러 척의 Barge를 Push Boat로 밀고 와서 교량 근거리에 정박
- Barge 한 척씩 교량 통과. 교량을 통과한 Barge는 근거리에 정박
- Push Boat가 돌아와서 다른 Barge의 교량 통과 및 Barge 정박
- 모든 Barge가 교량을 통과한 후 전체 Barge 연결 운송 재개
- 또는 추가 Push Boat 동원으로 신속하게 교량 통과

[Case 2]

- 다수의 Push Boat, Barge를 동원하여 처음부터 Push Boat 한 척에 Barge 한 척만을 연결하여 운송

어떠한 경우든 RAS Date를 점검하고, 비용과 일정 측면에서 유리한 방향으로 의사결정을 내리시기 바랍니다.

›››선적지와 양하지의 장비 사양 및 Saddle 길이 확인

〈표 7-4〉 트레일러 사양에 따른 Pedestal 높이, Saddle 길이 적용 기준

Item Description (Unit : m)	2File Trailer		Side-by-Side Type	
	SPMT (General Spec.)	SPT or Conventional (General Spec.)	SPMT (General Spec.)	SPT or Conventional (General Spec.)
Width of Trailer	2.43	3.00	5.33	6.30
Space for Trailer Operation Between Trailer and Stool	0.20+0.20	0.20+0.20	0.20+0.20	0.20+0.20
Saddle Length on Pedestal	1.00+1.00	1.00+1.00	1.00+1.00	1.00+1.00
Minimum Saddle Length	4.83	5.40	7.73	8.70
Pedestal Height	1.3~1.7	1.0~1.4	1.3~1.7	1.0~1.4

- 화물 중량, Saddle 수에 따라 Pedestal 위에 얹히는 Saddle 길이가 달라질 수 있음.
- Saddle 길이에 따라 트레일러 진입을 위한 측면 여유공간을 20cm 미만으로 적용할 수 있음.

Bolster를 사용하지 않는 일반적인 Ro-Ro 운송의 적용 트레일러 사양별 점검사항입니다. 운송장비 사양에 따라 Pedestal 높이와 필요한 Saddle 길이가 달라집니다.

[그림 7-30]은 Xylene Column에 대한 선적지와 양하지의 작업 모습입니다. Pedestal 높이는 1.42m입니다. 양하지에서는 Saddle과 트레일러 Deck 사이에 Timber를 받쳐서 Jack-up을 실시했습니다. 사전에 양하지의 트레일러 사양을 확인하여 Saddle 길이를 SPT Side-by-Side Type에 맞게 제작하였습니다. 트레일러 성능이 정상적으로 발휘되는 경우, Pedestal 높이가 1.3~1.4m라면, SPMT, SPT 공통으

로 Timber없이 Jack–up 및 Jack–down이 가능합니다. 하지만, 트레일러 연식에 따라 상차시의 Jack–up 높이가 이론상의 높이에 미치지 못할 수 있으므로, 본 양하지의 사례와 같이 SPT에 Timber를 사용하는 것이 보다 안전한 방법이라고 할 수 있습니다.

(a) 선적지 SPMT 사용 (b) 양하지 SPT 사용

[그림 7–30]

이처럼 선적지와 양하지의 트레일러 사양이 다른 경우, Saddle 길이는 SPT 기준을 적용하고, Pedestal 높이는 SPMT 기준을 적용해야 합니다. 다만, Pedestal 높이가 1.5m 이상이라 하더라도 SPT Deck 위에 Timber나 Transportation Beam을 이용하면 Jack–up이 가능합니다.

그러나 선적지에서 SPT로 Roll–on을 실시하고 높이 1.2m 미만의 Pedestal을 준비했다면, 양하지의 SPMT Roll–off 작업은 원천적으로 불가능하다는 점, 업무에 반영하시기 바랍니다.

>>> Stowage Plan

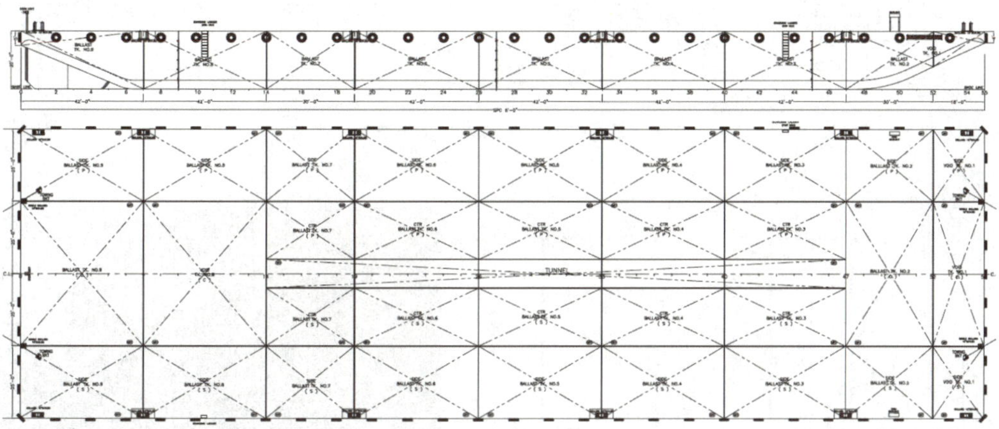

[그림 7–31] General Arrangement 도면

선적 전에 선사로부터 제공받는 자료 중의 하나인 General Arrangement 도면입니다. Ballast Tank를 구분하는 격벽(Bulkhead)의 위치를 확인할 수 있습니다. 도면의 Barge는 제곱미터당 15톤의 하중을 견딜 수 있으나, 격벽 위치에 Pedestal이 놓이는 경우에는 이보다 더 큰 하중을 지탱할 수 있습니다.

[그림 7–32]의 Stowage Plan에는 두 Saddle 아래에 Pedestal이 표시되지 않았습니다. 푸른색 원 부분의

Saddle에도 Pedestal을 사용해야 합니다. 적용된 Pedestal은 바닥 면적이 5.44m^2에 해당하므로 Barge Deck에 미치는 하중은 Saddle 2개 지지시 평균 (737톤+4.2톤×4개)/(5.44×4)m^2=34.7톤/m^2, Saddle 4개 지지시 평균 17.7톤/m^2이 됩니다. 4개의 Saddle을 지지한다 해도 Vessel Particular에 명시된 Deck Strength 15톤/m^2을 초과하게 됩니다.

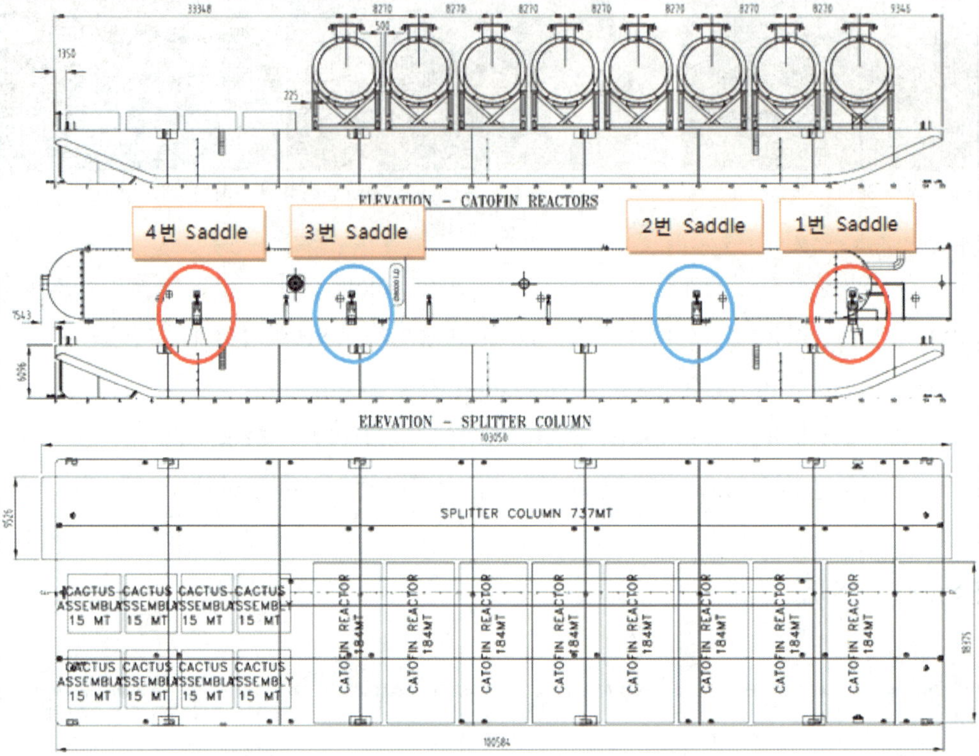

[그림 7-32] Stowage Plan

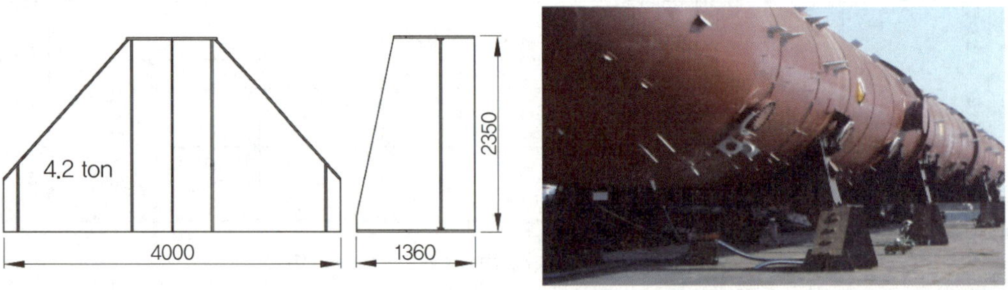

[그림 7-33] Special Pedestal

Stowage Plan에서는 2번 Saddle의 중심이 격벽 위에 위치할 수 있고, 3번 Saddle은 Pedestal 길이가 뒷받침 될 경우, 격벽 위에 놓일 수 있습니다. 이를 통해 하중을 분산시킬 수 있어 Deck Strength 문제를 해소할 수 있습니다. 이러한 이유 때문에도 Barge 운송을 계획하고 있다면, 최대한 신속하게 PS 도면을 접수하여 선사에 제공해야 합니다. 경우에 따라서는 Saddle의 위치를 변경해야 할 수도 있습니다. 물론 Pedestal의 밑면을 넓고 길게 제작할수록 격벽 위에 놓일 가능성이 높아집니다.

가장 안전한 방법은 격벽의 모서리 부분에 Pedestal이 위치하도록 하는 것입니다. 본 Pedestal은 Size가 거대하여 작업자가 쉽게 Pedestal에 오를 수 있도록 Bracket을 계단형태로 부착했습니다.

(a) Pedestal 배치 (b) Grillage 배치

[그림 7-34]

Stowage Plan에 따라 선상에 Pedestal을 미리 배치해둡니다. Evaporator 선적시에는 Grillage를 배치합니다. Saddle 또는 화물의 Support와 선박 Deck Strength의 관계를 검토하여 작성된 Stowage Plan에 따라 Pedestal 또는 Grillage를 배치한 후에 Roll-on 작업을 진행합니다.

Pedestal은 밑면이 넓게 제작되기 때문에 코끼리 발 모양과 유사하다 하여 Elephant Leg로도 불립니다. 육상에서 사용하는 Stool과는 달리 밑면이 넓은 이유는 보다 효과적으로 하중을 분산시키기 위함입니다.

[그림 7-35] 하중분산이 관건인 화물(EO Reactor)

EO Reactor와 같이 부피에 비해 중량이 많이 나가는 화물은 대형의 Saddle 제작이 불가피하지만 Barge Deck에서의 하중분산이 매우 중요한 이슈가 됩니다. 비정형의 Pedestal을 별도로 제작하게 됨으로써 이에 따른 비용이 상승하게 됩니다. 또한 육중한 Bracing Beam을 댈 수밖에 없습니다. 철저한 운송계획 수립은 물론, Barge 운송과 내륙운송의 모든 구간에서 각별한 주의가 요구되는 화물이라고 할 수 있습니다.

Seafastening, Unseafastening

Barge Deck에 Stopper를 용접하여 Pedestal을 고정시킵니다. Saddle과 Pedestal 사이에는 바로 용접을 실시하거나 마찬가지로 Stopper를 적용할 수 있습니다.

(a) Saddle, Pedestal간 Stopper 적용　(b) Pedestal 고정 Stopper　(c) Steel Beam 사용 안정성 강화

[그림 7-36]

[그림 7-37] 사례는 용접시에 흰색에 가까운 빛을 발산하고, 용접 제거시에는 붉은색 불꽃을 발산한다는 공통점이 있습니다. 따라서 [그림 7-36] (c)의 사례는 용접을 제거하는 장면입니다. Pedestal의 높이가 상당히 높고 화물도 거대하기 때문에 Lashing Wire 대신 Steel Beam Brace로 Seafastening을 강화하였습니다.

(a) Stopper 용접　(b) 용접제거 작업　(c) Saddle, Pedestal 용접　(d) 용접제거 작업

[그림 7-37]

화기를 취급하는 작업을 Hot Work이라고 표현하며, Hot Work에 대한 승인을 Hot Work Permit이라고 합니다. 이 또한 Port Authority로부터 사전에 승인을 득해야 합니다.

Pad-eye는 Pad에 눈이 있다고 해서 붙여진 이름입니다. 이 곳에 Turnbuckle을 장착하고 Turnbuckle을 회전시켜 Lashing Wire를 팽팽하게 당길 수 있습니다. 우리나라는 Flux Cored Welding Wire, 즉, 연속된 Wire 형태의 용접재료를 주로 사용합니다. 때문에 한 작업에 대해 지속적인 용접이 가능하여 작업 진척도가 양호한 편입니다. 반면에 용접봉은 계속해서 교체해야 하기 때문에 상대적으로 작업시간이 더 많이 소요됩니다.

(a) Pad-eye 용접　(b) Welding Wire　(c) Pad-eye　(d) Turnbuckle

[그림 7-38]

Ro-Ro 작업 대부분의 용접은 Filet 용접방식입니다. 용접장비와 Lashing Wire를 포함하여 Lashing 장비의 준비상황을 확인하고 수량이 부족하지 않도록 관리해야 합니다.

[그림 7-39] Sacrificial Plate와 Saddle간 Stopper 용접

양하지에서 'ㄱ'자 형상의 Stopper를 Bolster Deck의 Sacrificial Plate와 Saddle 사이에 용접하는 모습입니다. 용접사가 뒤늦게 도착하거나, Port에서 직접 철판을 잘라 Stopper를 제작하는 과정에서 용접작업이 지연된 사례가 있습니다. 해당 Stopper의 준비 여부를 확인하고, 작업인력, 용접장비 및 Seafastening 제거 장비에 대한 Port Gate Pass를 적기에 취득해야 합니다.

Stopper 1개 용접에 약 20분 정도가 소요되었습니다. 총 32개의 Stopper 용접이 필요하므로 휴식시간 포함, 절대적으로 필요한 시간은 최소 14시간입니다. Stopper 자재들이 준비되어 있고, 용접장비 사용이 자유롭다면, 두 사람이 작업을 개시하여 약 7시간 후에 작업을 완료할 수 있습니다.

물론 화물규모에 따라 Stopper Size와 적용수량이 달라집니다. 또한 작업자의 숙련도에 따라서도 용접시간에 차이가 있을 수 있기 때문에 이를 확인하여 최적의 용접인력 및 용접장비 동원계획이 반영된 Ro-Ro 작업일정을 수립해야 할 것입니다.

이것이 중요한 이유는 Jack-up Test를 거쳐 화물과 트레일러에 이상이 없음을 확인한 후에 Stopper 용접을 진행하는 경우가 있기 때문입니다. 즉, Lashing을 마무리한 상태에서 Bolster 부위에서의 용접이 병목구간이 되어서는 곤란합니다. 더욱이 물때를 놓치면 선상에서 하루를 허비하게 됩니다. 이는 일정지연은 물론, Vessel Detention 비용과도 관련이 있습니다.

현장에 운송이 완료된 후에는 이를 제거해야 Trailer Release가 가능합니다. 따라서 용접제거를 위한 현장지원을 사전에 요청해야 합니다. 이 부분 Trailer Release 계획에 반영하여 현장에서 인지하도록 해야 할 것입니다. 다만 Sacrificial Plate가 사용된 경우(사용되지 않는 경우도 있음.)에는 Sacrificial Plate와 Bolster Deck간의 Bolt 체결을 해제함으로써 Sacrificial Plate만 Saddle에 부착된 상태로 남겨두고 트레일러를 Release할 수는 있습니다. 하지만 이 또한 후속작업이 필요하므로, 현장의 준비사항을 미리 점검해 두는 것이 바람직합니다.

(a) Lashing (b) Turn Buckle 해제 (c) Wire 길이 측정 (d) Wire 절단

[그림 7-40]

Lashing Wire는 Turnbuckle의 Eye 부분에서 방향을 전환하여 마감 처리합니다. [그림 7-40] (a)의 사례는 6개의 Clip(Clamp)으로 Wire 말단을 고정시킨 모습입니다.

Turnbuckle 사이에 철봉을 꼽아 회전시켜 팽팽하게 당기고 같은 방법으로 Unlashing을 실시합니다. Lashing Wire 길이는 도면을 참조하기도 하지만, 보다 정확성을 높이기 위해 선적시 실측하여 정할 수 있습니다. 일반 Rope로 길이를 잰 후 해당 길이에 맞게 Wire를 절단하여 사용합니다.

(a) Protector 준비 (b) 화물 보호 조치

[그림 7-41]

동질성이 없는 금속과 금속이 직접 접촉하는 것은 공통적으로 배제하는 사항입니다. Lashing Wire가 화물과 접촉하지 않도록 보호조치를 취해야 합니다. Skirt 부분 역시 Protector를 사용하여 화물과 Lashing Wire가 직접적으로 접촉하지 않도록 조치한 모습입니다.

[그림 7-42] (b)의 하역지 모습을 보면 Xylene Column의 Body 표면에 Wire가 바람직하지 않은 작용을 한 흔적이 포착됩니다. 작업자가 화물 위로 올라가 Chain이나 Wire의 공간을 띄운 상태에서 당겨줘

야 Damage를 최소화할 수 있습니다. 위험한 작업이기는 하나, Chain 또는 Wire를 반대편으로 넘겨서 무작정 이를 잡아당기는 형태의 Lashing 방식은 피해야 할 사항입니다.

선적지의 작업자는 안전모를 착용하지 않고 있습니다. 안전장구(PPU, Personal Protection Unit)를 착용할 수 있도록 감독할 필요가 있습니다.

(a) 선적지, Barge Lashing 작업 (b) 하역지 SPT Lashing 작업

[그림 7-42]

일반적으로 Lashing에는 Rachet Load Binder와 Chain의 활용도가 높고, Chain Block은 무거워서 혼자 다루기가 쉽지 않기 때문에 선호하는 장비가 아닙니다.

(a) Chain Block을 이용한 Lashing (b) Rachet 이용 (c) Saddle에 Lashing Lug 누락

[그림 7-43]

Xylene Column의 Saddle에는 Lashing Lug가 부착되지 않았습니다. 내륙운송을 위해 Shell Body에 Wire를 감아 Lashing을 실시했습니다. 그러나 Body에 Wire를 감는 경우, 좌우 움직임(Rolling)에 대한 안전수단은 되지만, 화물의 전후 움직임(Surge)에 대한 안전수단은 되지 못합니다. 이를 보완하기 위해서는 Trunnion Lug, Skirt의 Anchor Hole, 대형 Nozzle 등에 추가 Lashing을 실시해야 합니다. 사진에서는 이 같은 추가 Lashing 정황이 발견되지 않습니다.

≫≫ 기타 관리 사항

Bolster를 사용하는 경우에는 Bolster 높이를 고려하여 Pedestal을 준비해야 합니다. 이는 Special Case에 해당하므로, Vendor로 하여금 Pedestal을 공급하도록 해야 합니다. 양하지의 중량물 운송사 선정을 조기에 마무리하고, 해당 운송사의 트레일러 및 Bolster 사양을 파악하여 Vendor 측에 Pedestal 사양 정보가 적기에 전달될 수 있도록 관리하시기 바랍니다.

(a) Bolster를 이용한 운송 (b) 주문제작 Pedestal

[그림 7-44]

Pedestal 사양은 Barge의 Deck Strength와도 밀접한 관련이 있기 때문에 Barge 운송사 또한 조기에 선정할 필요가 있습니다. 다만, 수량이 과도하거나 지나치게 덩치가 큰 Pedestal은 기자재비 상승요인이 됩니다. 따라서 Saddle 수량과 위치, 트레일러 구성, Barge의 Deck Strength, 이 모두를 종합적으로 판단하여 합리적인 의사결정을 내리시기 바랍니다. 보다 안전한 운송을 위해 Seafastening 방법은 설계부서에도 조언을 구하는 것이 바람직합니다.

Ro-Ro 작업 최대의 단점은 조수간만에 따른 작업시간의 제한입니다. Tide Table을 매일같이 확인하고 작업이 가능한 시간대에는 작업 집중도를 최대한 끌어올릴 필요가 있습니다.

Unseafastening이 완료된 상태에서 Ballasting Capacity가 충분하고, 작업인력이 준비되고, Roll-on 또는 Roll-off이 가능한 시간이 도래했을 때, 무엇보다도 중요한 열쇠는 트레일러의 준비상황입니다. 당연한 얘기지만, 트레일러와 Bolster 장비가 제때에 준비될 수 있도록 관리해야 합니다. 해외에서 근무하는 동안 트레일러 준비 미흡으로 마음고생이 심했던 기억이 아직도 생생하게 남아 있습니다.

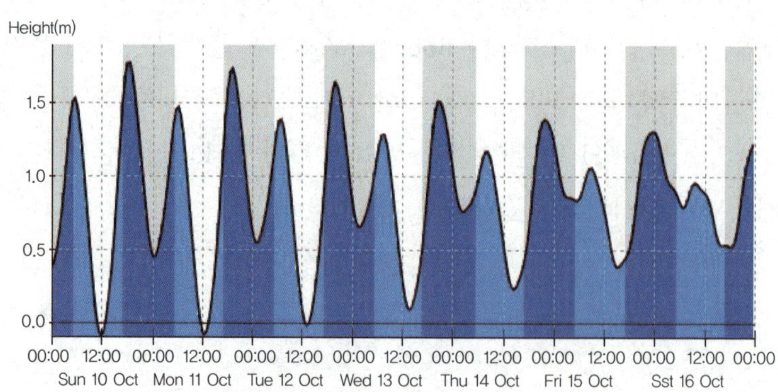

[그림 7-45] 조수간만 예상 추이 그래프

Sun 10 Oct

HW	LW	HW
05:27	11:48	18:13
1.5 m	-0.1 m	1.8 m

Mon 11 Oct

LW	HW	LW	HW
00:16	06:05	12:26	18:59
0.4 m	1.5 m	-0.1 m	1.7 m

Tue 12 Oct

LW	HW	LW	HW
00:55	06:41	13:04	19:46
0.5 m	1.4 m	0.0 m	1.6 m

Wed 13 Oct

LW	HW	LW	HW
01:36	07:17	13:41	20:36
0.7 m	1.3 m	0.1 m	1.5 m

Thu 14 Oct

LW	HW	LW	HW
02:20	07:54	14:18	21:37
0.8 m	1.2 m	0.2 m	1.4 m

Fri 15 Oct

LW	HW	LW	HW
05:19	08:35	15:00	23:29
0.8 m	1.1 m	0.4 m	1.3 m

Sat 16 Oct

LW	HW	LW
06:41	09:29	18:11
0.8 m	1.0 m	0.5 m

[그림 7-46] Tide Table

부두가 경사면으로 이뤄져 있다면, [그림 7-47] (b)와 같은 상황에 대비해야 합니다. Pedestal 위치를 변경하거나, 높이를 높여줘야 하는데, Pedestal 위치를 변경하기 위해서는 선적 전에 Deck Strength를 재검토해야 합니다. 만약 격벽 위치가 아니라서 Pedestal의 위치변경이 불가하다면, 원천적으로 좀 더 높은 Pedestal을 사용해야 합니다. 이마저도 여의치 않은 경우에는 Pedestal 위에 Steel Pad를 덧대든지, Pedestal 아래에 Load Spreader 등으로 보강해야 합니다. 선적지에서는 이상이 없다 하더라도, 하역지의 상황을 고려하여 이 같은 조치가 필요합니다.

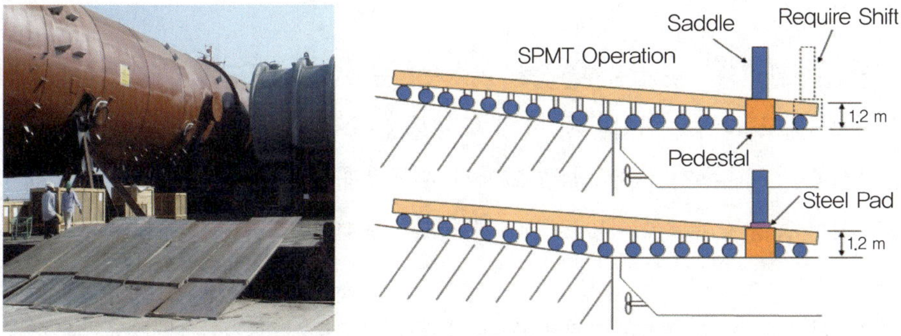

(a) 만조 상태

(b) 경사진 부두에 따른 보강조치

[그림 7-47]

자동차 전용 Ro-Ro선은 통상적으로 10톤 이상의 화물에 대해 Box 내품에 직접적으로 Lashing을 실시하도록 규정하고 있습니다. 선사마다 규정이 다를 수 있기 때문에 사전에 확인해야 할 사항입니다. 그러나 Box에 구멍을 뚫고 내품에 Lashing Point를 잡기가 쉽지 않을 뿐만 아니라, 이것이 가능하다고 해도 자칫 Damage의 우려가 있습니다. Vendor 또한 Damage 발생시 면책사유가 될 수 있습니다. 중량이 많이 나가는 Box 화물은 이러한 사정으로 인해 현실적으로 자동차 전용 Ro-Ro선에 선적하기가 쉽지 않습니다.

반면에 Lashing Point가 외부로 노출된 경우에는 별다른 제약이 없으나, Ramp Panel의 통과 허용중량이 변수가 될 수 있습니다. 자동차 전용 Ro-Ro선을 이용하고자 할 때에는 해당 선박의 내품 Lashing 규정과 Ramp Panel 통과 허용중량을 확인하시기 바랍니다.

자동차 전용 Ro-Ro선은 Mafi 트레일러에 상차한 상태로 선적을 실시합니다. Mafi 트레일러는

Ro-Ro선 선적을 위한 저상 트레일러를 말합니다. 또한 Port내 화물 운반용으로도 사용됩니다. Mafi는 Mafi 트레일러를 고안해낸 사람의 이름이자 기업명입니다.

> MAFI was founded in 1957 by 3 brothers. One of them was Martin Fiala whose initials formed company name MAFI. The object of the founded company was the production of trailers.

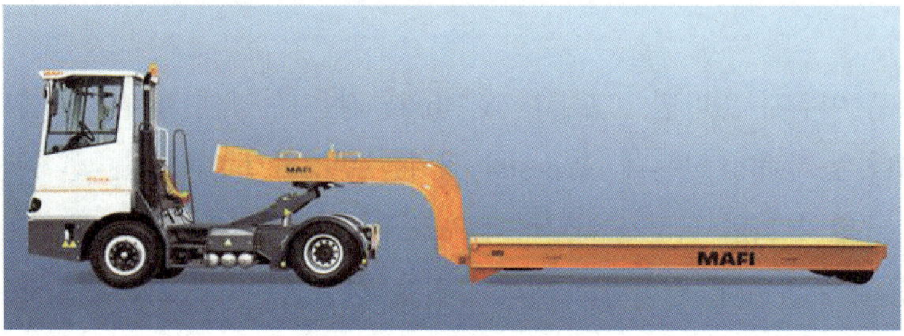

[그림 7-48] MAFI Trailer

이상과 같이 Ro-Ro선 선적시 유의사항에 대해서 살펴보았습니다.

'물류의 정석'은 선행관리의 중요성을 부단히 강조하고 있습니다. 서두에 언급한 바와 같이, 이 책의 주제가 '선행관리'라고 해도 과언이 아닙니다. 특히 중량물 운송에 있어서는 그 중요성이 더욱 크게 부각됩니다. Project의 성패를 좌지우지할 수 있는, 그래서 수행결과에 따라 개인과 물류부서에 대한 평가가 극명하게 갈릴 수 있는 중량물 운송이야말로 사전에 철저하게 대비할 필요가 있습니다.

수행역량을 향상시키고 적극적인 선행관리를 통해 물류인으로서의 자부심과 물류부서의 위상을 한껏 높일 수 있기를 바랍니다.

8. 보일러 운송시 유의사항

보일러 개요

Boiler는 플랜트의 핵심기기 중의 하나로 Steam 생산이 주목적입니다. [그림 8-1]은 Boiler의 PFD(Process Flow Diagram) 사례입니다.

공기 및 Gas를 주입하여 Burner로 연소시킬 때 발생하는 열기로 내부의 Tube를 지나는 물을 가열합니다. 상부의 Steam Drum을 통해 Steam을 배출하기도 하고, 사례의 PFD와 같이 보다 고온, 고압의

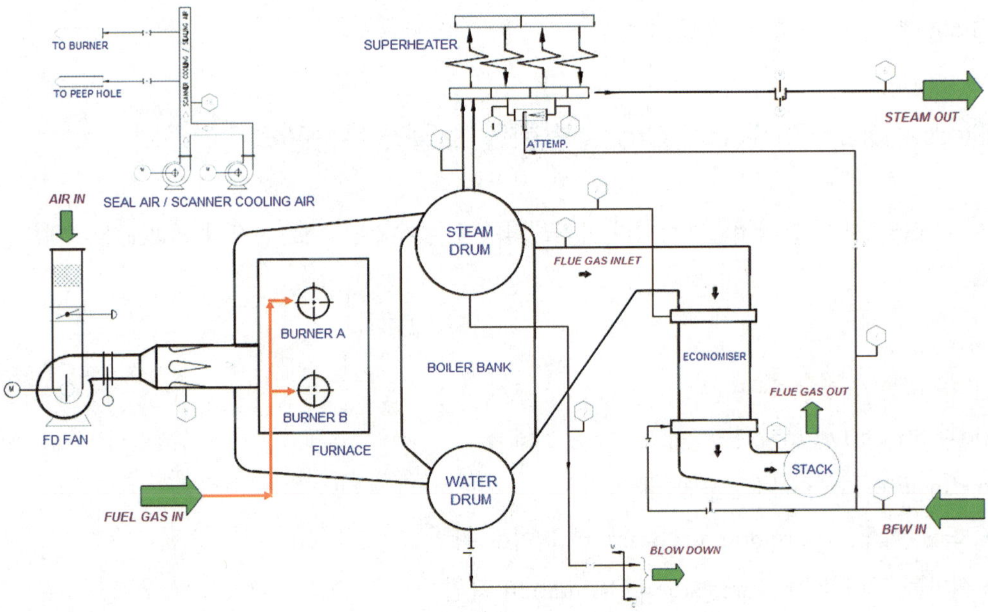

[그림 8-1] 보일러의 Steam 생산 PFD

Steam을 생산하기 위해 Steam Drum을 통과한 이후, Boiler 내부의 Superheater를 거쳐 Steam을 배출하기도 합니다.

Flue Gas Duct 사이에 Economizer를 설치하여 폐가스의 열기를 회수하고 이렇게 예열된 Feed Water를 Steam Drum에 유입시킴으로써 열손실을 최소화하는 구조입니다. Steam은 Process Line에 직접 투입하거나, Pre-heater, Re-boiler와 같은 열교환기를 통해 예열 및 재가열 용도로 사용됩니다.

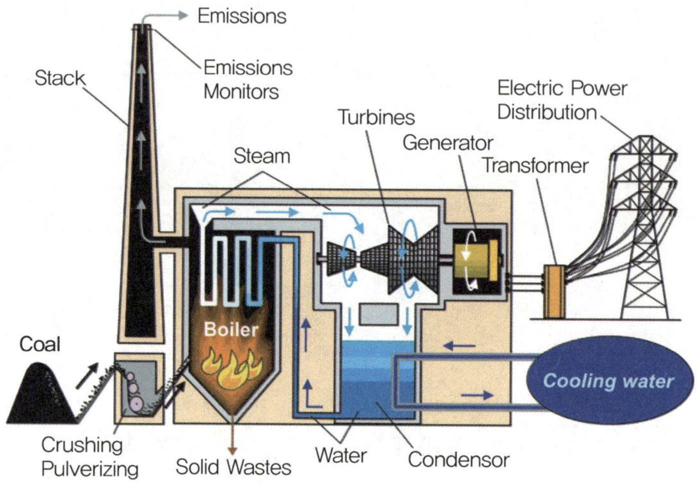

[그림 8-2] 석탄화력발전 Process

[그림 8-2]는 석탄화력발전 Process를 개략적으로 표현한 것입니다. 석탄화력발전소의 Boiler는 Steam Turbine 구동을 위한 Steam 생산이 주목적입니다. Feed Water는 Steam으로 변환되는 과정에서 그 부피가 최대 1,600배까지 팽창할 수 있습니다.

Steam Drum과 Skid가 Cross 방향인 보일러 운송관리

물류와 관련된 사항을 살펴보겠습니다. 물류 담당자는 우선적으로 현장의 Boiler 설치계획을 확인해야 합니다.

[크레인을 이용한 현장 설치]

- Skid와 Steam Drum의 방향 확인
- Ro-Ro 또는 Lo-Lo 해상운송 방식 결정
- TC 도면 작도, Transportation Beam 필요 여부 확인
  → 설치를 고려한 Trailer Loading Orientation 확인

[트레일러 상차 상태로 현장 설치]

- Skid와 Steam Drum의 방향 확인
- Ro–Ro 또는 Lo–Lo 해상운송 방식 결정
  → Ro–Ro 선적시 Spreader를 제작하지 않도록 하여 기자재비 절감
- Foundation DWG 접수 및 내륙운송사에 제공
- 운송사로부터 TC 도면, 설치방법을 포함하는 Method Statement 접수
  → 운송시의 Trailer Configuration과 설치시의 Trailer Configuration 확인
  → 설치를 고려한 트레일러 Loading Orientation 확인

(a) Drum이 보일러 측면에 위치

(b) Drum이 보일러 중앙에 위치

[그림 8–3] 내륙운송 사례

[그림 8–3] (a)의 사례는 편심 정도가 상대적으로 심한 편이고 사진 왼쪽으로 예견치 못한 장애물과 봉착할 수 있는 Loading 형상입니다. 따라서 충분한 호송차량과 Operator를 투입하여 돌발사태가 발생하지 않도록 대비할 필요가 있습니다. 정유, 석유화학 플랜트 등에 적용되는 Boiler는 Steam Drum과 Water Drum이 측면에 위치하는 형태가 많습니다. 반면에 중앙부에 Steam Drum과 Water Drum이 위치하는 Boiler도 존재합니다.

Steam Drum과 Water Drum이 측면에 위치하면 COG가 편심이 되는 이유는 Boiler 내부 구조를

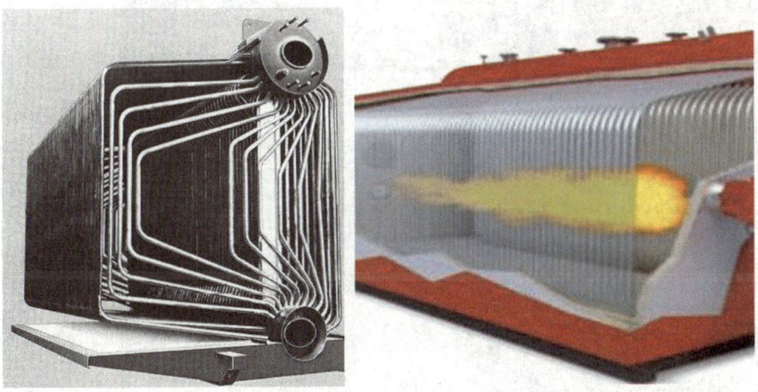

(a) Boiler 내부 Tube 구성

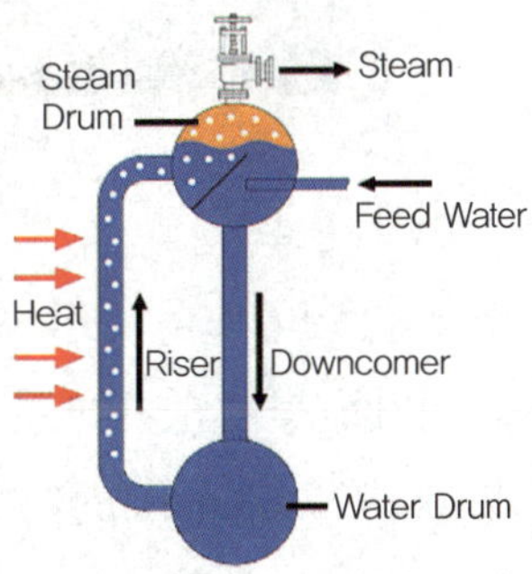

(b) Water/Steam Flow

[그림 8–4]

살펴보면 이해할 수 있습니다. Riser Tube와 Downcomer Tube 외에는 내부가 휑한 상태입니다. 따라서 절대적인 중량 비중을 차지하는 두 Drum 방향으로 COG가 치우칠 수밖에 없는 구조입니다.

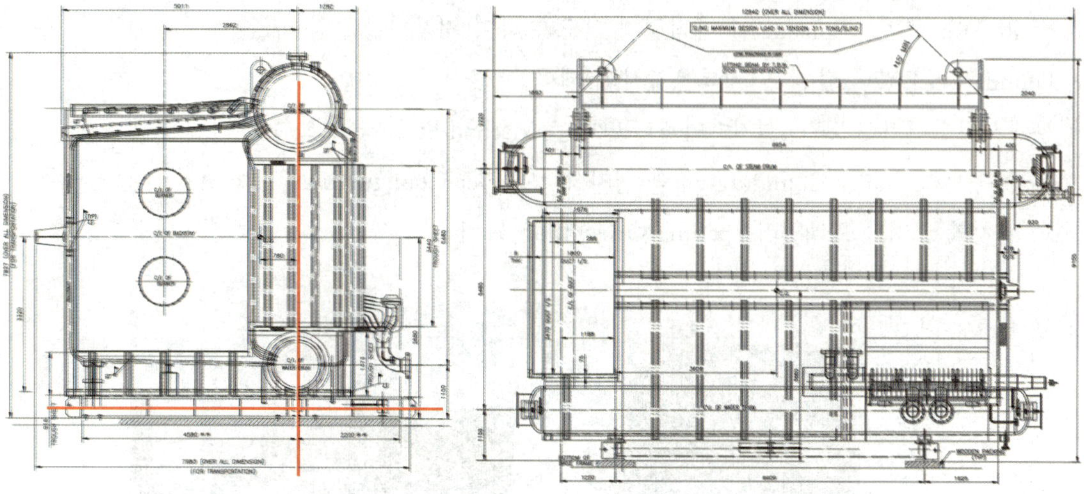

(a) Boiler PS 도면 정면도　　(b) Boiler PS 도면 측면도

[그림 8-5]

Lo-Lo Operation으로 선적을 진행하여 현장에서 크레인으로 설치한 Boiler 운송사례입니다. Sling Wire 없이 Bolt를 체결하여 Spreader와 Boiler를 직접 연결하고 있습니다. 두 Drum과 하부 Skid가 Cross 위치에 놓여 있습니다. Cross의 의미는 Boiler의 Plan View에서 두 Drum의 배치가 Skid와 교차하는 것을 말합니다. 정면도에서 보면 도면과 같이 십자선을 그을 수 있습니다.

(a)　　(b)

[그림 8-6] Boiler Lifting 준비

도면에 해당하는 Boiler의 선적 준비 모습입니다. [그림 8-7]은 이 Boiler의 TC 도면입니다. Drum과 Skid가 Cross 위치에 놓여 있기 때문에 TC 도면을 작도하지 않은 상태에서도 이와 같이 Rear View의 측면 돌출형 Trailer Configuration을 예상할 수 있습니다. 앞서 보신 [그림 8-3] (a) 내륙운송시 한 쪽으로 크게 치우친 형태로 트레일러에 상차된 사례도 같은 경우에 해당됩니다.

소형의 Boiler를 한 대의 크레인으로 설치할 때는 문제가 없으나, 만약 두 대의 크레인으로 설치할 계획이라면, Rear View 도면의 Steam Drum, Water Drum이 어느 방향에 위치하도록 Loading을 실시해야 하는지 Rigging Plan 및 현장과의 소통을 통해 확인해야 합니다. 현 도면상으로는 1,243mm가 트레일러 왼쪽으로 돌출하는 것으로 표현되어 있고, 보다 대형의 Boiler는 돌출 정도가 심화됩니다. 그러므로, 고도상의 장애물은 물론, Loading Orientation과 돌출 정도에 따른 운송 Route 상의 장애물 존재 여부를 파악해야 합니다.

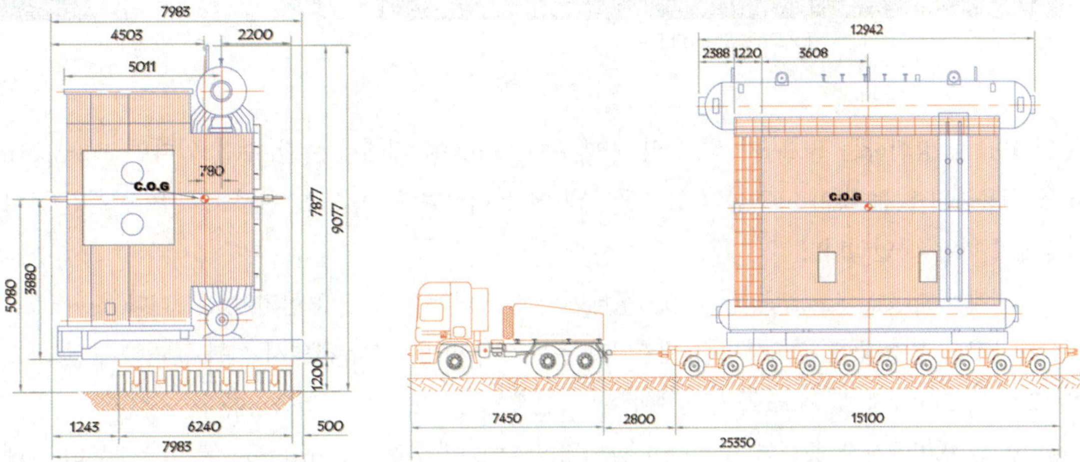

(a) TC 도면 Rear View

(b) TC 도면 Side View

[그림 8-7]

상하차시 통상적으로 트레일러와 Stool간 20cm 이상 간격을 유지해야 Operation이 용이합니다. 이를 적용하면 오른쪽 Skid의 약 30cm가 Stool 위에 놓이게 됩니다. 최대한 Stool과 밀착하여 Jack-down을 실시해도 40cm 정도입니다. 중량이 많이 나가는 Boiler는 조금은 불안할 수도 있는 Skid Size입니다. 따라서 조기에 GA 도면 또는 PS 도면을 접수하여 TC 도면을 작도함으로써, 사용될 트레일러 구성을 확인하고 Skid Size를 조정할 필요가 있습니다. 20cm 정도만 더 길었다면 좀 더 안전하게 운송과 보관이 가능할 것입니다.

Project 수행 당시 현장에서도 짧은 Skid 문제를 언급한 바 있습니다. 현장 또는 제3의 장소에서 장기간 보관이 불가피하다면 짧은 Skid는 위험요인이 될 수 있습니다. Stool 위 좁은 면적에 하중이 집중되어 Stool에 변형이 발생하거나, Skid가 Stress를 받을 수 있습니다. 고도상의 장애물이 없는 한, 이 경우에는 Transportation Beam을 활용하는 것이 안전합니다.

한 대의 크레인으로 설치하는 경우에는 장애물과의 간섭여부를 살펴보고 문제가 없다면, 가능한 한 현장의 설치 용이성을 고려하여 Loading 하면 됩니다.

조기 대처로 Skid 길이를 조정할 수 있는 경우, Drum과 Skid가 Cross 방향에 위치하는 사례에서는 Water Drum과 가까운 쪽의 Skid 길이만 늘려주면 됩니다. Drum과 Skid가 평행하게 위치한다면 양방향 모두 동일한 길이로 Skid를 확장해야 합니다.

(a) One Crane Lift (b) Two Crane Lift

[그림 8-8]

높이 10m를 상회하는 Boiler가 적지 않기 때문에 Boiler에 대해서는 할 수만 있다면 Transportation Beam을 적용하지 않는 것이 고도상의 장애물 극복에 유리합니다. 이 또한 현지 내륙운송 여건을 고려하여 결정해야 하는 사안입니다.

TC 도면에는 Special Spreader를 제거한 상태에서 운송하는 것으로 표현되어 있습니다. Spreader를 장착한 상태에서도 운송중에 고도상의 장애요인이 없는 경우라면, 선박 하역시 이를 분리하지 않고 그대로 운송함으로써, Boiler에 Spreader를 연결해야 하는 현장의 수고를 덜 수 있습니다.

Rear View 도면에서는 중대한 문제점이 확인됩니다. 도면 위쪽 Steam Drum 중심으로부터 트레일러 Deck까지의 길이가 2,200mm로 표시되어 있습니다. 이를 그대로 왼쪽 하단부로 옮겨 1,243mm의 길이와 비교했을 때 길이상에 큰 차이가 없습니다. 따라서 둘 중에 하나는 수치표기 오류라는 사실을 알 수 있습니다.

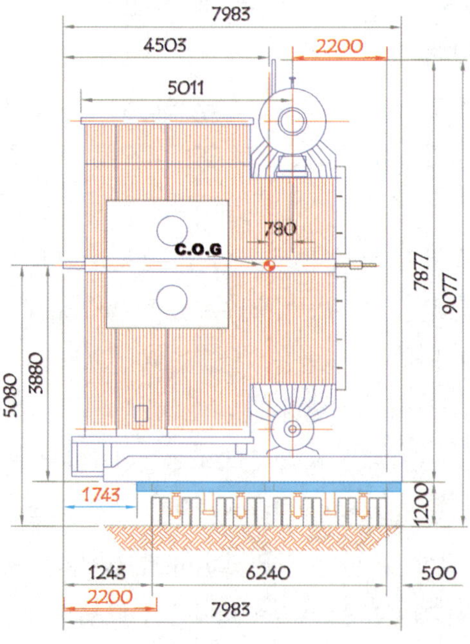

[그림 8-9] TC 도면 Rear View

화물 폭 7,983mm를 적용하면 6,240mm 트레일러는 푸른색으로 표시한 길이의 Deck 폭을 가지게 됩니다. COG를 고려한 정상적인 Loading 상태에서는 1,243mm가 아니라 1,743mm가 트레일러 왼쪽으로 돌출하게 되고, 오른쪽 측면에서는 Skid의 여유 길이가 전혀 허용되지 않습니다. 결국 트레일러 하중분산의 안전성을 고려하면 선택의 여지없이 Transportation Beam을 사용해야 하는 사례입니다.

꼼꼼하게 살펴보지 않는 한 도면상의 오류를 포착하기가 쉽지 않은 건 사실이나, 그럼에도 물류 담당자는 이러한 오류를 적시에 바로잡아야 합니다. 무엇보다도 중요한 안전과 직결된 문제이기 때문입니다. COG가 무시된 채 운송이 진행된다면 트레일러 일방에 과부하가 걸리면서 사고로 이어질 가능성이 있습니다. 나중에 도면상의 오류 사실이 인지되어 선박 Receiving에서부터 Transportation Beam을 사용한 경우입니다.

[그림 8-10] (a)의 사례는 Skid 길이가 충분하지 않습니다. 트레일러와 Stool 사이의 공간이 거의 없는데도 Stool 위에 놓인 Skid 길이가 짧아서 상당히 불안한 모습입니다. 이때는 Transportation Beam을 사용하는 것이 적절한 대응법입니다. 고도상의 장애물 때문에 문제가 된다면 애초에 트레일러 사양을 고려하여 Skid를 좀 더 길게 제작하도록 조치를 취했어야 합니다. 그나마 다행인 것은 Stool 아래에 Timber를 받쳐 하중분산에 대비한 점입니다. 보관장소의 노면강도가 의심스러운 경우, Load Spreader 사용은 필수사항입니다. 트레일러 상차 상태에서는 하중이 넓은 면적에 분산되지만, Boiler가 Stool 위에 놓일 때는 좁은 면적에 하중이 집중됩니다.

(a) 상차 사진　(b) Stool+철판　(c) Stool+Panel

[그림 8-10]

아스팔트 도로에도 Sink Hole 현상이 발생하는 만큼, 포장도로라고 해서 안심할 수 없습니다. 비포장 노면은 더욱 더 주의가 필요합니다. [그림 8-10] (b)는 아스팔트 도로에서도 철판을 사용하여 하중분산에 대비한 바람직한 모습입니다.

[그림 8-11] (a)의 사례는 원천적으로 짧게 제작된 Skid 길이 때문에 Transportation Beam을 사용했습니다. 그런데도 Beam 길이가 넉넉하지 않은 모습입니다.

[그림 8-11] (b)의 Transportation Beam은 10m × 1.8m × 0.6m(LWH)의 사양입니다. 안전한 운송을 위해서는 운송사의 Transportation Beam 사양 또한 사전에 확인해야 하는 사항입니다. 아울러 Transportation Beam을 사용함으로써 운송상의 고도가 상승하는 만큼, 고도상의 장애물 존재 여부를

(a) 내륙운송 사례 1　(b) Column 운송　(c) 내륙운송 사례 2

[그림 8-11]

철저히 파악해야 합니다.

[그림 8-11] (a)는 전력을 차단하고 전선을 들어올린 후에 통과하는 모습입니다. [그림 8-11] (c)의 사례 역시 Side-by-Side Type 트레일러의 Boiler 상차모습입니다. COG가 트레일러 중앙 위치에서 상당히 벗어나 있습니다. Transportation Beam을 사용하지 않았고, Skid 길이가 짧아 크레인으로 하역하지 않는 한, Stool 위 Jack-down을 위해서는 선택의 여지가 없는 형상이긴 하나, 중량물 운송에 있어서는 금기사항입니다. 트레일러 한쪽에 과부하가 발생할 우려가 있습니다. 원천적으로 Skid 길이를 조정하거나, Transportation Beam을 사용했어야 합니다.

살펴본 바와 같이 두 Drum이 Skid와 Cross 방향에 위치하는 경우에는 Water Drum과 가까운 쪽의 Skid를 좀 더 길게 제작하거나, 길이가 충분한 Transportation Beam을 사용해야 합니다. PS 도면과 TC 도면을 통해 이 부분을 조기에 확인하여 안전운송에 대비하시기 바랍니다.

›››Steam Drum과 Skid가 평행인 보일러 운송관리

사례의 Boiler들은 Skid가 Drum 방향과 평행하게 제작되었습니다. 따라서 Boiler 상차시 트레일러 좌우로 치우치지 않는 대신, 트레일러의 전후 한 방향으로 치우치게 됩니다.

(a) 내륙운송　(b) Roll-off 작업

[그림 8-12]

[그림 8-12] (a)의 Boiler 상차모습에서 COG가 트레일러 정중앙에 위치하고 있음을 알 수 있습니다. 다만 A/L 수가 부족해 보입니다. 트레일러 후방으로 Skid가 살짝 걸쳐 있습니다. 이 또한 바람직한 트레일러 구성이라고 할 수 없습니다. Skid의 폭 만큼 하중이 분산되어야 하는데, 트레일러 Deck 후미 부분의 좁은 공간에 하중이 집중되는 모습입니다.

[그림 8-12] (b)의 사례는 Boiler 규모가 거대하여 Lashing Wire 대신 Brace를 대는 방법으로 Seafastening을 실시했습니다.

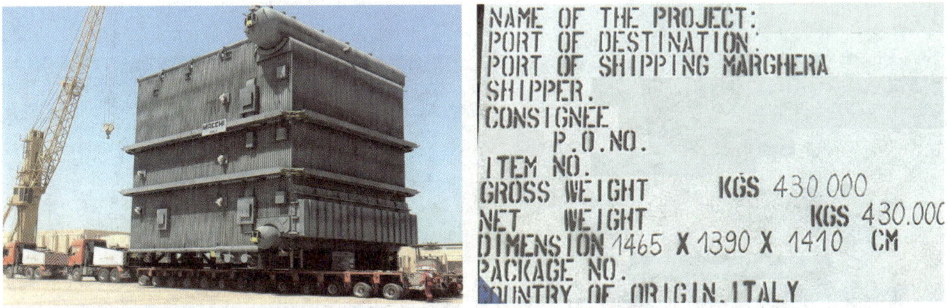

(a) Roll-off 작업 (b) Shipping Mark

[그림 8-13]

Primemover 2대를 이용하여 Roll-off을 실시하는 모습입니다. 필자가 경험한 Boiler 중에서는 가장 거대한 규모입니다. Drum과 Skid가 동일한 방향입니다. Cross 상태였다면, 트레일러 Loading시 좌우 한쪽 방향으로 상당히 돌출되었을 것입니다. 따라서 중량이 많이 나가는 Boiler는 이 같이 설계하는 것이 보다 안전한 운송을 도모할 수 있습니다.

이처럼 규모가 큰 Boiler(주로 Drum과 Skid가 평행하게 위치하는 Boiler) 운송에 있어서는 반드시 검토해야 할 사항이 GBP입니다. 도로나 교량의 최대 통과 허용하중을 확인해야 합니다. Boiler는 Column에 비해 Compact한 형상이기 때문에 같은 중량이라면 도로여건이 허용하는 한, Column 보다는 적은 A/L 수로도 운송이 가능합니다.

[그림 8-14] 사례의 Reactor는 상대적으로 중량이 적게 나가지만 Boiler 운송 트레일러보다 많은 전체 36A/L을 적용하고 있습니다. 이 Boiler 운송 건의 노면에 미치는 하중이 어느 정도인지 살펴보겠습니다.

[그림 8-14] 400톤 HDS Reactor, 36A/L 운송

- 13A/L, Side-by-Side Type 구성, 총 26A/L 사용
- Boiler 중량 430톤, 트레일러 중량 94톤, 합계 524톤
- 20.15ton per A/L, 2.52ton per Tire

물론 주행중의 Dynamic Force는 더 강하게 작용할 것입니다. 국내 도로교통법은 A/L당 10톤의 하중을 초과하지 않도록 규정하고 있습니다. 반면에 이 Boiler 운송 건은 A/L당 20톤의 하중이 가해집니다. 도로나 교량에 따라서는 허용된 GBP를 초과할 수 있습니다.

[그림 8-15] Transformer 운송

[그림 8-15]는 GBP 문제를 극복하기 위해 보다 많은 A/L을 동원하여 트레일러를 길게 구성한 사례들입니다. Boiler 운송에 있어서도 GBP에 문제가 된다면 이와 같은 형태로 트레일러를 구성하거나 Girder Frame 장비를 활용해야 합니다.

[그림 8-16] (a) 사례의 보일러는 148톤 중량으로 Girder Frame 사용이 가능한 비교적 소형급입니다. 예시의 430톤 Boiler는 폭이 넓어서 Girder Frame을 사용할 수 없습니다. GBP 문제 발생시 추가로 동원할 수 있는 트레일러가 부재하다면 낭패가 아닐 수 없습니다. 따라서 부피에 비해 중량이 많이 나가는 화

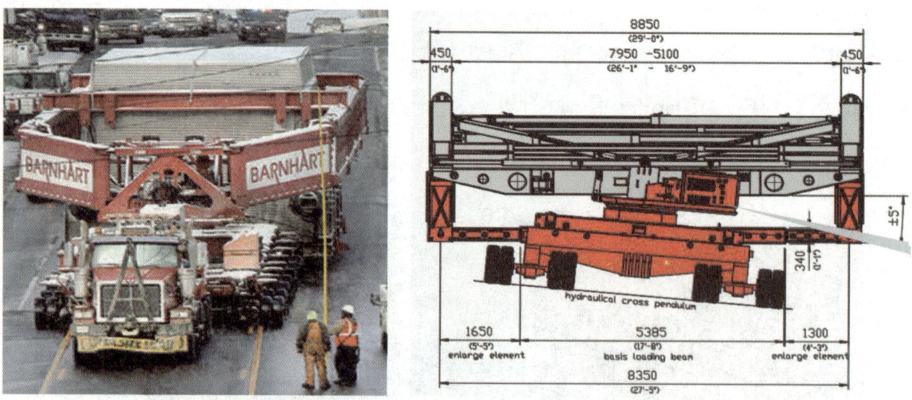

(a) Girder Frame 적용 보일러 운송

(b) Girder Frame 규격 예시

[그림 8-16]

물들은 반드시 운송 Route상의 GBP를 확인하고 Girder Frame을 도입하거나 추가 트레일러를 동원하는 방법으로 미리 대책을 강구하고 있어야 합니다.

(a) 교량 지지 보강

(b) Spreader 적용

(c) Spreader 미적용

[그림 8-17]

교량이나 Culvert에 Support를 받쳐야 하는 경우가 발생하기도 합니다. 트레일러 증차시의 비용과 시간, 트레일러 구성을 변경하지 않고 교량을 보강할 때의 비용과 시간을 비교하여 유리한 쪽을 택해야 할 것입니다. 사례에서는 물이 흐르지 않아 다행이지만 그렇지 않은 경우에는 대형 공사가 될 수 있습니다.

[그림 8-17] (b), (c)는 Macchi사가 제작한 서로 다른 Boiler 사례들입니다. Special Spreader를 이용하는 방식과 Spreader 없이 Lifting을 실시하는 방식으로 구분됩니다. Boiler의 Rigging 장비에 대해서는 'Shipping Drawing과 선적시 유의사항'장에서 기술한 내용을 참조하시기 바랍니다.

▶▶▶ 장애물 극복

앞선 [그림 8-13] (a)의 Roll-off 작업 사례의 Boiler 높이가 14.1m입니다. 운송 Route 상에서 중요한 현안으로 자주 등장하는 것이 각종 Cable Line의 적기 전력차단과 Lifting 문제입니다. 전력차단 문제야말로 Boiler 운송을 지연시키는 가장 큰 원인중의 하나입니다. Cable Line별 전력청이나 민간기업 등 관할 주체가 다양하고 차단해야 할 다수의 Cable Line이 존재하는 경우, 각 주체들의 이해관계 때문에 전력차단 시점을 조율하기가 쉽지 않다는 난점이 있습니다.

따라서 Cable Line들의 관할 주체를 정확히 파악하고, 조기에 Permit을 취득하여 전력차단 협의를 좀 더 일찍 시작하는 것이 바람직합니다. 차단을 약속했다가도 지켜지지 않는 경우가 적지 않기 때문에 지속적으로 차단일정을 확인하는 수밖에 없습니다.

해외 Project를 수행할 당시, 타사 Project 화물 운송 도중 Cable Line과 접촉하는 사고가 발생했습니다. 이 때문에 전력 수요처가 전력차단을 허용하지 않았습니다. 하는 수없이 양하지에 하역한 Boiler를 다시금 Barge로 운송한 전례가 있습니다. 또 다른 Project에서는 시멘트 공장으로 연결되는 Cable Line의

[그림 8-18] Boiler 운송, 전력선 극복

[그림 8-19] Boiler Module 운송

전력차단 약속을 수요처가 지속적으로 어겨 트레일러가 Cable Line 앞에서 한 달 동안 대기한 사례가 있습니다. Boiler와 같이 고고도 화물 운송시에는 전력차단이 적기에 이뤄질 수 있도록 주도 면밀한 관리가 필요합니다.

Cable Line이 장애가 되는 화물에 대해서는 전력차단 횟수를 최소화하는 방향으로 운송계획을 수립해야 합니다. 즉, 다수의 고고도 화물 트레일러들을 일거에 통과시키는 것이 최선입니다. 이를 위해서는 운송사의 트레일러 동원능력이 관건입니다.

예를 들어, 현장에 Jack-down을 실시하고 설치시점까지 대기하더라도, 트레일러가 충분하다면 교통당국이 허용하는 한, 5기의 고고도 화물을 일거에 운송할 수 있을 것입니다. 반면에 트레일러가 부족하여 1기씩만 운송이 가능한 상황에서, 2주마다 한번씩 운송 Route상의 전체 Cable Line에 대한 전력차단이 허용된다고 하면, 총 5기 운송에 약 2개월의 운송기간이 필요합니다. 이는 결코 짧은 기간이 아닙니다.

따라서 고도상의 장애물이 운송변수로 작용할 수 있는 Project에서는 가격보다는 트레일러 동원 능력을 첫번째 중량물 운송사 선정요인으로 꼽아야 합니다. 저렴한 가격을 제시한 운송사를 선정함으로써 절감한 물류비는 트레일러 부족과 운송지연에서 기인한 공기지연 손실에 비하면 푼돈에 불과합니다. 이때는 물류비 손실을 감수하더라도 Total Cost 차원의 의사결정이 필요합니다.

[그림 8-19]는 Macchi사가 제작한 Boiler Module 운송 사례입니다. Boiler를 Module 형태로 제작하는 경우에는 현장의 작업량 감축에는 도움이 되겠으나, 물류 담당자로서는 운송 Route상의 각종 장애물, 도로 및 교량의 강도 등 사전에 확인하고 대비해야 할 사항들이 상당히 많아질 것입니다. 이 또한 선행관리를 통해 슬기롭게 대처해야 할 것입니다.

>>> Tarpaulin 포장

Boiler는 편심 정도가 심한 화물인 만큼, Tarpaulin으로 감싼 경우, Base Frame에 추가적으로 COG 바로 아래임을 표시해야 합니다. 전체를 Tarpaulin으로 감싼 경우에는 Tarpaulin 위에도 선명하게 COG

위치를 표시하여 양하지에서 Direct Receiving을 진행하는 동안 COG 위치가 Trailer Loading에 정상적으로 반영될 수 있도록 해야 합니다. 아울러 Tarpaulin은 바람에 날리지 않게 조치하는 것이 바람직합니다.

[그림 8-20] Tarpaulin 포장

Tarpaulin을 씌우는 이유는 선박의 항해중 해수의 영향으로부터 부식을 방지하기 위함입니다. 따라서 양하지 하역 후 내륙운송을 실시하는 시점에서는 Tarpaulin을 제거하고 적절한 Lashing을 실시해야 합니다. 현장까지 Tarpaulin을 씌운 채 운송할 필요가 없다는 것입니다. 중요한 것은 Lashing을 강화하여 내륙운송의 안전성을 확보하는 일입니다.

≫≫ 트레일러를 이용한 보일러 설치

Boiler의 Foundation은 Support가 높게 형성되는 반면, Support 사이로 트레일러가 진입할 만한 공간이 있습니다. 이로 인해 트레일러 상차 상태에서 크레인의 도움 없이도 설치가 가능한 경우가 있습니다. 사진의 Support도 상당히 높게 형성되어 있습니다. 이는 필연적으로 상차상태의 Boiler 고도를 높여야 설치가 가능하다는 것을 의미합니다.

(a) 3D Simulation (b) Boiler Foundation

[그림 8-21]

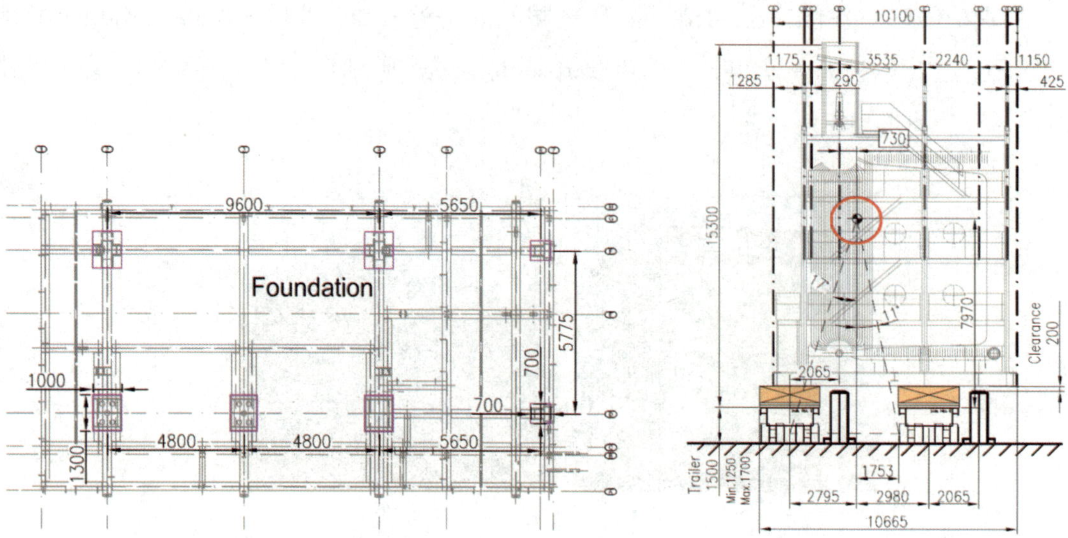

(a) Foundation 도면　　　　(b) 보일러 설치 Method 도면

[그림 8-22]

Side-by-Side Type 트레일러의 Foundation 진입이 불가한 경우에는 [그림 8-22] (b)의 예시와 같이 현장 도착 후 Open Compound Type으로 Trailer Configuration을 변경해야 합니다.

다음은 앞서 언급한 내용입니다.

[트레일러 상차 상태로 현장 설치]

- Skid와 Steam Drum의 방향 확인
- Ro-Ro 또는 Lo-Lo 해상운송 방식 결정
  → Ro-Ro 선적시 Spreader를 제작하지 않도록 하여 기자재비 절감
- Foundation DWG 접수 및 내륙운송사에 제공
- 운송사로부터 TC 도면 및 설치방법을 포함하는 Method Statement 접수
  → 운송시의 Trailer Configuration과 설치시의 Trailer Configuration 확인
  → 설치를 고려한 트레일러 Loading Orientation 확인

트레일러 상차상태의 설치로 의사결정이 이루어지면 Foundation DWG을 접수하고 이를 운송사에 제공하여 운송사로부터 설치절차에 대한 Method Statement를 접수해야 합니다.

[그림 8-22] (b)의 보일러 설치 Method 도면상의 트레일러 구성은 운송시와는 차이가 있습니다. Side-by-Side Type으로 진입하기에는 Support 간 거리가 충분하지 않아 트레일러를 Support 측면으로 이격시킨 형태입니다. 물론 COG 문제도 고려해야 합니다. 또한 Concrete Block 등을 트레일러 위에 얹어서

Boiler의 바닥 높이를 Support 높이까지 상승시킨 후에 설치가 가능합니다. 그리고 도면상 왼쪽 Support Line 외측면의 노면을 보강해야 합니다. 이 지역이 다른 위치보다 노면상태가 약할 수 있기 때문에 트레일러에 미치는 하중을 정확히 산출하여 현장 관계자가 충분한 노면강도 확보에 대비할 수 있도록 해야 합니다.

(a) (b) (c)

[그림 8-23] Roll-off 작업

위 사진부터는 다른 Boiler의 설치까지의 과정을 보여줍니다. 먼저 Roll-off 장면입니다. Access Way는 Ramp Panel을 사용하였습니다. Steam Drum과 Skid가 평행한 위치에 놓여있습니다. 따라서 트레일러 Deck 전후 한 쪽에 치우쳐서 Loading이 이뤄집니다. [그림 8-23] (c)에서 Jack-down을 위한 Steel Skid의 길이가 충분하다는 것을 알 수 있습니다. 운송 Route상에 SPMT의 방향을 전환할 수 있는 공간이 뒷받침 된다면 문제가 되지 않으나, 그렇지 않은 경우에는 Port 반출시 설치를 고려하여 상차를 실시해야 합니다.

[그림 8-24] 설치준비

이 Boiler Foundation은 SPMT Side-by-Side Type이 진입할 수 있을 만큼, Support가 넉넉히 이격되어 있어서 트레일러 재구성 절차는 필요하지 않습니다. [그림 8-22] (b) 보일러 설치 Method 도면상의 Boiler는 Skid와 Drum이 Cross 방향이고, 이 사례의 Boiler는 평행이기 때문에 설치시에 사례의 Boiler가 COG 문제로부터 좀 더 자유롭다고 할 수 있습니다. 마찬가지로 Foundation Support와 높이를 맞추기 위해 Concrete Block을 트레일러 위에 얹는 과정을 거쳤습니다.

Jack-up을 실시하여 상승한 높이만큼 Stool 위에 Timber 등을 올려놓습니다. 그런 다음 Jack-down을 실시합니다. 트레일러 위, Skid 아래에 Timber 등을 올려놓고 Jack-up을 실시합니다. 다시금 Stool

위에 다른 Timber 등을 받쳐 Jack-down을 실시합니다. 이 과정을 반복하면 필요한 높이만큼 Boiler의 고도를 상승시킬 수 있습니다. 최종적으로 Concrete Block을 트레일러 위에 얹어 Jack-up 후 Foundation으로 이동, Support 위에 안착시키면 설치가 마무리 됩니다.

[그림 8-25] 보일러 설치

트레일러 이동공간에 철판을 배치하여 하중을 잘 견딜 수 있도록 조치하였습니다. 트레일러를 이용한 Boiler 설치시 다음의 사항에 유의해야 합니다.

첫째, 두 Drum이 [그림 8-25]에 보여지는 것과 반대방향의 위치에 놓이게 된다면, COG로 인해 트레일러가 Boiler 뒤쪽으로 돌출되는 형태가 됩니다. 이때는 트레일러가 진입할 수 있는 공간이 충분한지 점검해야 합니다.

둘째, Transportation Beam은 Foundation과 간섭이 발생하기 때문에 사용할 수 없습니다. Jack-up 및 Jack-down이 가능하도록 Skid 자체의 길이가 충분해야 합니다.

셋째, Foundation 진입로는 최대한 평지의 형태가 유지될 수 있도록 노면의 경사각도를 최소화하고, 노면은 철판으로 보강해야 합니다. COG 위치가 상승한 만큼, 경사면의 진입로는 위험한 상황을 초래할 수 있습니다.

[그림 8-26] 중량물 운송 사고사례

넷째, 사고는 언제든지 발생할 수 있습니다. 가능한 한 신형장비를 동원하시기 바랍니다. 앞서 COG 위치에 관계없이 Boiler Loading을 실시한 [그림 8-11] (c)의 사례는 집중하중과 트레일러의 결함문제가 더해지면 사고로 이어질 개연성이 있습니다.

마지막으로 SPMT에 비해 Deck 폭이 넓은 SPT를 사용하는 경우에는 Support 간격에 유의해야 합니다. 그만큼 미세조작이 필요하고 Running Height가 상대적으로 낮기 때문에 Deck 위에 쌓아야 하는 Concrete Block이 더 높아지게 됩니다. 따라서 작업이 좀 더 수월한 SPMT를 사용하는 것이 바람직하며, 운송사의 SPMT 보유여부 및 Mobilization 일정을 점검해야 합니다. 그리고 양하지 Port 출발시 설치를 고려한 트레일러 Loading은 기본 확인사항입니다.

이상과 같이 Boiler 운송시 유의사항에 대해서 살펴보았습니다.

9. 물류 담당자를 곤혹스럽게 하는 PP Project의 Reactor들

▶▶▶ Loop Reactor

(a) Loop Reactor 내륙운송

(b) Dress-up 작업

[그림 9-1]

PP(Polypropylene) Project로 Licenser가 Basell인 경우에 적용되는 Loop Reactor 모습입니다. 이 Loop Reactor는 66m × 7.5m × 5.4m(LWH, 283톤) 규모입니다. 양하지 Port로부터 반출하여 운송사의 야적장으로 이동한 후, 그 곳에서 Dress-up 작업을 진행하였습니다. Dress-up은 문자 그대로 화물에 옷을 입히는 일 즉, 보온자재로 감싸는 작업을 의미합니다.

먼저 이 Loop Reactor의 Dress-up 과정을 살펴보겠습니다.

기기 주변에 비계(Scaffolding)와 Platform, 계단을 설치합니다. 기기의 각 부위별 형상에 맞게 다양한 유형의 Steel Plate와 Steel Strap을 준비합니다([그림 9-2]). 보온자재로는 Perlite와 암면(岩綿 Rock Wool)을 사용하였습니다.

Perlite는 진주암을 분쇄, 고온에서 발포시킨 것으로 원석의 10배 이상 부피가 팽창하여 상당히 가벼우며, 예리하지 않은 칼로도 쉽게 잘라서 기기의 형상에 맞게 사용할 수 있습니다. 이를 Steel Strap으로 고정시킵니다. 화분에 사용되는 하얀 돌들도 Perlite입니다.

(a) Steel Plate (b) Steel Strap

[그림 9-2]

(a) Perlite 포장상자 (b) Perlite 시공 (c) 원예용 Perlite

[그림 9-3]

(a) 암면 (b) 암면 시공 (c) 암면 위 Plate 시공

[그림 9-4]

암면은 현무암이나 안산암을 고온에서 녹여 압축공기로 불어 날려보내고 급랭시켜서 섬유 형태로 가공한 것입니다.

(a) 기본 보온시공 완료 (b) Sealing 작업

[그림 9-5]

설치된 보온자재들을 Steel Plate로 감싸고 Steel Strap을 두른 후에 잔여 길이를 깔끔하게 정리합니다. 각 틈새를 Sealing해주면 Dress-up이 완료됩니다. 품목에 따라서는 Platform, Ladder 등을 장착하기도 합니다. Foundation에 기기를 설치하고 나서 이들을 장착하려면 자재를 올려 보내기 위한 크레인 동원과

고소작업이 불가피하여 작업의 난이도가 상승하게 됩니다.

(a) Wash Tower (b) C3 Splitter

[그림 9-6]

[그림 9-6] (a)의 사례는 Platform, Ladder 등을 설치하는 모습입니다. [그림 9-6] (b)의 사례는 Dress-up 작업 개시 전에 비계를 설치하는 모습입니다.

현장 사정에 따라 Riser Pipe의 장착시점에는 차이가 있을 수 있으나, Column의 일반적인 Dress-up 순서는 [그림 9-7]과 같습니다.

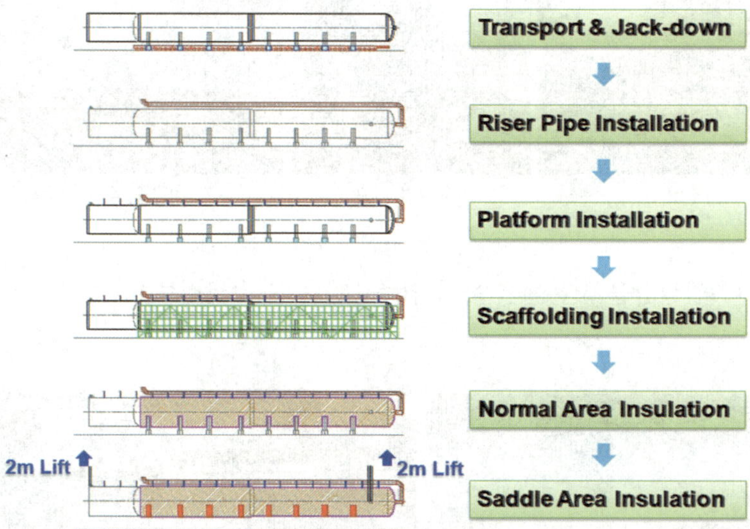

[그림 9-7] Dress-up 순서

[그림 9-8]은 다른 Project의 Loop Reactor(55m × 2.4m × 5.2m[LWH], 101톤) 사례입니다. 차이점은 운송 Unit이 2개의 Tubular Reactor로 구성되어 있다는 점입니다. 따라서 Size와 중량에 차이가 있습니다.

2개의 Reactor Tube를 1Unit으로 운송하는 경우, 다음과 같은 문제점이 있습니다.

① 선적 및 하역작업에 장시간이 소요됨.

② 높이에 비해 화물 폭이 작은 장척물은 선박의 Rolling에 취약하여 Seafastening 난이도가 상승함.

③ 1Unit 운송시, 내륙운송에 보다 많은 Axle Line이 동원되어야 함.

- 첫번째 사례 : 24A/L([그림 9-1] (a))
- 두번째 사례 : 32A/L([그림 9-8] (b))

→ 두번째 사례는 1회 운송에 더 많은 A/L을 필요로 하면서 운송회수는 2배수가 됨.

④ 물류비 상승 및 내륙운송 기간 장기화.

⑤ 트레일러 회전율이 저하되어 후속 기기 운송의 지연요인이 됨.

⑥ Dress-up 및 현장의 설치작업에 더 많은 시간과 자원이 투입되어야 함.

(a) Loop Reactor 선적　　(b) 내륙운송과 현장 하역

[그림 9-8]

결론적으로 PP Project의 Licenser가 Basell인 경우, Loop Reactor의 제작방식을 [그림 9-1]의 사례와 같이 적용하는 것이 바람직합니다.

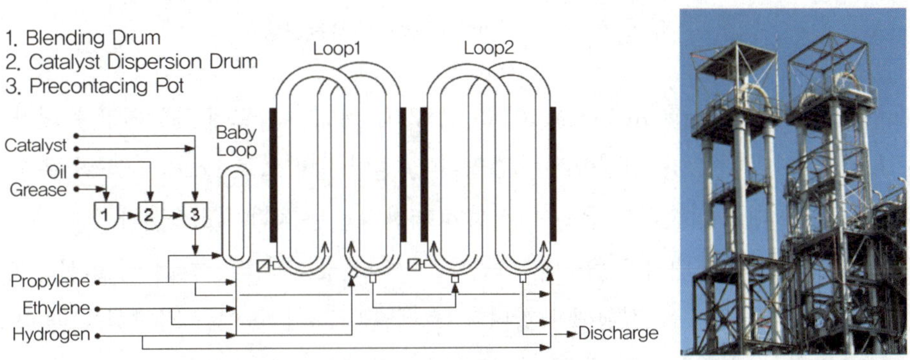

(a) Loop Reactor Process Flow　　(b) Loop Reactor 설치

[그림 9-9]

Loop Reactor는 Tubular Reactor의 Loop를 따라 돌면서 단량체들의 중합반응이 일어나기 때문에 붙여진 이름입니다.

>>> Catofin Reactor

[그림 9-10]은 PDH/PP Project의 Catofin Reactor 운송 장면입니다. CATOFIN은 Lummus 고유의 PDH Process명입니다. PDH는 Propane Dehydrogenation의 약자로 Propane에서 수소 2개를 떼어내고 하나의 이중결합을 갖는 Propene으로 변환하는 공정을 의미합니다. 이후 중합반응을 거쳐 PP가 생산됩니다.

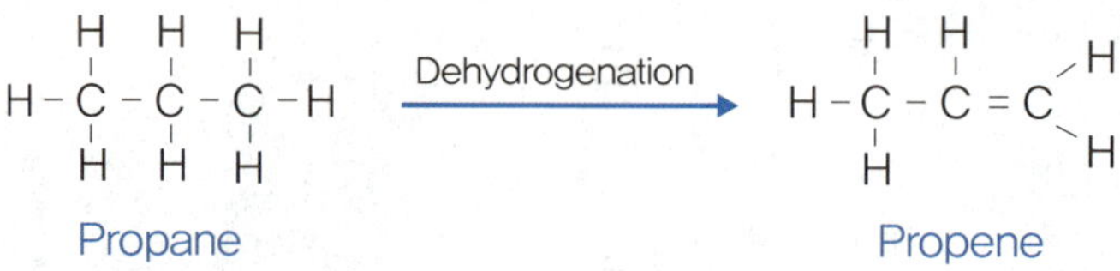

[그림 9-10] (a)는 경사면을 오르는 모습입니다. 사례와 같이 작업자가 트레일러 뒤를 바짝 쫓아가면 상당히 위험합니다. 트레일러가 미끄러지거나 Draw Bar가 망가지거나, 제동장치에 이상이 생기는 상황이 벌어질 때 작업자가 불행한 일을 겪을 수 있습니다.

(a) 경사로 주행 (b) 가로등 제거

[그림 9-10] Catofin Reactor 내륙운송

본 Catofin Reactor는 7.72m × 18.38m × 10.90m(LWH, 184톤) 규모에 해당하고 특이한 것은 화물의 폭 방향으로 Loading하여 운송을 진행했다는 점입니다. 길이 방향으로 Loading 하면 운송 높이가 지나치게 높아지고 COG가 대폭 상승하여 운송 안전성이 저하되는 문제점이 있습니다.

통상적으로 차선 폭은 3m 내외가 됩니다. 그러므로 폭 18.38m에 해당하는 이 화물은 안전 이격거리 포함, 7차선을 점유하면서 운송을 진행해야 합니다. 트레일러 Deck 높이를 감안했을 때, 도로 운행중의 높이는 11m가 넘습니다. 제거해야 할 장애물을 무더기로 양산하는 화물입니다.

(a) 중앙분리대 통행　(b) 가로등 우회　(c) 트레일러 고장　(d) 각목 활용

[그림 9-11]

[그림 9-11] (a)는 트레일러 바퀴와 화물 Support 사이에 공간이 거의 없는 모습입니다. 굽이길 회전시에 바퀴가 Support에 부딪치게 됩니다. 이 과정에서 Axle들이 부분적으로 고장나는 일이 발생했습니다. 가로등을 피해 지그재그 운행이 불가피하고, 그 과정에서도 바퀴와 Support가 접촉하는 일이 빈번하게 발생했습니다. 워낙 화물 폭이 넓어서, 측면의 장애물을 피해 중앙분리대 위로 올라서야 하는 경우가 생깁니다. 이를 무리하게 시도하다가 Axle 자체가 완전히 망가지는 사고가 발생했습니다.

[그림 9-11] (c)는 Axle과 Wheel이 제거된 모습입니다. 따라서 중앙분리대 위로 트레일러가 올라서야 하는 경우에는 여러 개의 각목을 준비하여 비스듬히 쌓고 점진적으로 오를 수 있도록 해야 합니다. 근본적으로 트레일러 사양을 고려하여 Support 사이의 공간을 좀 더 넓게 제작할 필요가 있습니다.

현장이 오지에 위치하고 있다면 폭 방향의 Loading 형태로는 운송이 불가능할 것입니다. 폭 18m가 넘는 화물이 통과할 수 있는 도로여건이 갖춰져 있을 가능성이 낮기 때문입니다. 따라서 Catofin Reactor 사양을 우선적으로 접수하여 운송 타당성 여부를 검토하고, 가능한 한 양 옆으로 튀어나온 Boot를 Flange 접합형태로 제작하여 현장에서 조립하도록 해야 합니다. 그러면 높이를 낮추면서 길이 방향으로도 Loading이 가능할 것입니다.

10. CO_2 Absorber, Flash Vessel 내륙운송 후기

전세계 EPC사들이 대거 중동으로 진출하여 달러를 캐던 시절이 있었습니다. 당시의 중동은 공사인력과 장비, 기자재의 블랙홀이었습니다. 그에 반해 트레일러는 항상 부족했습니다. 당시에 현지 물류업무를 경험해 본 분들이라면 누구나 같은 심정이었을 것입니다. 어떻게 하면 보다 많은 트레일러를 확보하여 각 현장의 Needs에 부응할 수 있을지, 그것이 매일매일 반복되는 고민이자 당면과제였을 것입니다.

현장마다 운송을 재촉해보지만, 한정적인 트레일러로 모두를 만족시킨다는 건 사실상 불가능한 일이었습니다. 트레일러 확보를 위해 타사와의 경쟁은 물론, 같은 회사 내부에서조차 기자재 운송 문제로 날카로운 신경전이 펼쳐졌습니다. 그만큼 트레일러 사정이 열악했고, 흡사 전쟁과도 같은 일상에서 물류 담당자들의 고충은 이루 말할 수 없었을 것입니다.

어려운 여건 속에서도 묵묵히 임무완수를 위해 최선을 다 해준 이규상, 정주현, 노상채, 오수현, 이보람, 박영재, 후배님들에게 이 자리를 빌어 감사의 말씀을 전합니다.

끊임없이 실려오는 중량물들 때문에 양하지 Port에서는 Receiving용 트레일러와 통관 후 임시 야적장 운송용 트레일러가 상시 대기해야 하는 상황이 한 동안 지속되었습니다. 연일 계속되는 강행군으로 Primemover나 트레일러가 고장나는 악순환이 이어졌습니다. 단 몇 Axle이라도 보유하고 있는 운송사가 있다면, 물류 담당자가 찾아가서 트레일러를 섭외하곤 했습니다. 심지어 해외에 있는 트레일러를 수소문하여 일정만 맞으면 섭외하여 들여왔습니다.

사실 트레일러가 부족하다면 성공적인 물류업무 수행은 이미 물 건너 간 것입니다. 따라서 트레일러가 부족한 현실을 극복하기 위한 노력과 더불어 어떻게 하면 부족한 트레일러로도 운송이 가능할지를 고민해볼 필요가 있습니다.

암모니아 Project는 이러한 험난한 물류의 서막을 알리는 그 출발선상에 있었습니다. [그림 10-1]의 두 화물은 암모니아 Project 공기에 지대한 영향을 미치는 Critical Equipment입니다.

[그림 10-1] 암모니아 Project의 최중량물 Column 2기

Flash Vessel 운송

먼저 Flash Vessel입니다. 이름은 Vessel이지만, Vertical로 설치합니다.

다음은 Revision No.0의 PS 도면과 TC 도면의 Elevation View입니다. Tailing Lug가 하단에 작도된 것은 GA 도면을 그대로 차용하면서 미처 위치를 변경하지 못한 것입니다. 운송사 또한 Vendor가 제공한 PS 도면을 TC 도면에 옮기면서 Tailing Lug의 위치를 조정하지 못했습니다.

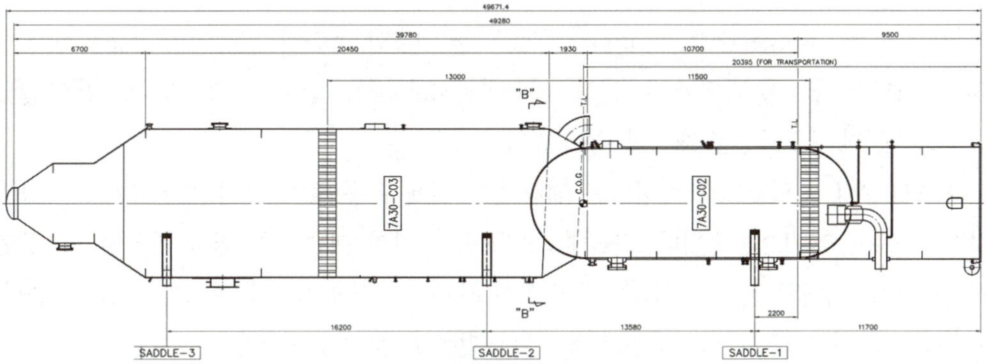

[그림 10-2] Flash Vessel, PS 도면

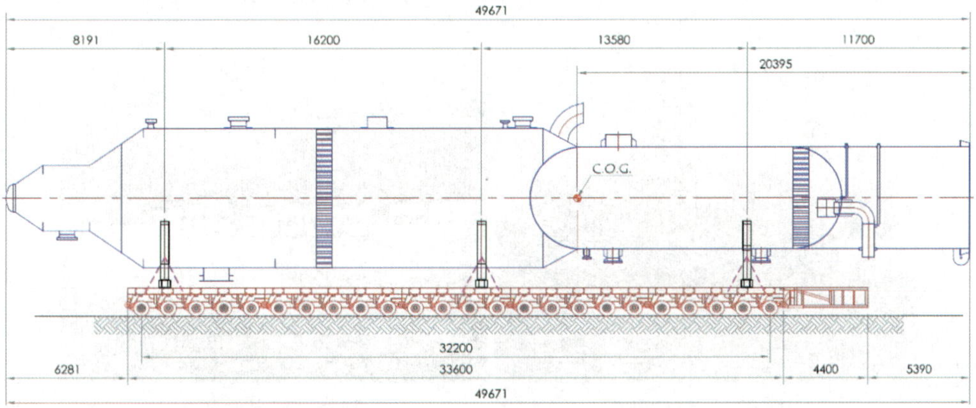

[그림 10-3] Flash Vessel, TC 도면

화물의 COG가 트레일러의 중앙에서 벗어나 있습니다. 이 역시 트레일러가 부족한 탓입니다. 반면에 A/L 수를 늘려 상차하게 되면 굽이길 방향전환시에 문제가 발생할 수 있습니다. 이런 경우에는 원천적으로 Bolster를 사용해야 합니다.

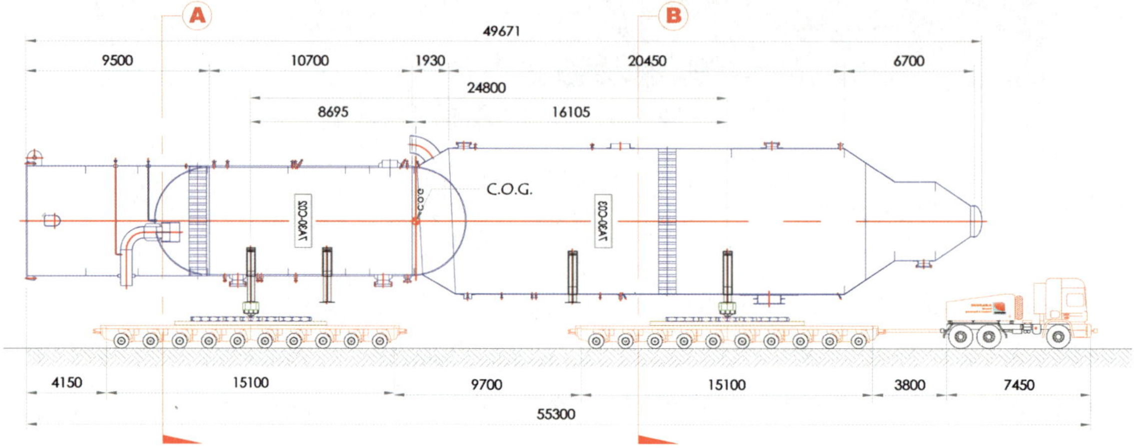

[그림 10-4] Conventional Trailer를 적용한 TC 도면

그래서 제안된 것이 Bolster와 Conventional Trailer를 이용한 운송입니다. 그러나 운송사가 현지에 보유한 Bolster는 413톤 중량을 감당할 수 없고, 해외에서 Bolster를 들여오는 건 일정상 맞지 않았습니다. 그러므로 이 트레일러 구성방법은 채택할 수 없습니다.

문제는 SPMT A/L이 턱없이 부족하다는 점입니다. 실제 운송에 사용 가능한 SPMT는 당초 계획에 한참 미치지 못하는 28A/L이었습니다. 그럼에도 방법을 찾아야 했습니다. 결국 최초에 계획했던 SPMT로 운송하기로 하고 최대한 절차를 신속하게 밟아서 부족한 트레일러를 들여오기로 결정했습니다. 그리고 SPMT 동원은 그대로 진행하되, 한 편으로는 다른 방법을 모색했습니다.

[그림 10-5] (a)는 Port Receiving 장면입니다. 최초의 TC 도면과 실제 트레일러 구성에는 차이가 없습니다. 단지 화물의 Saddle 수량이 달라졌습니다. Saddle을 추가한 것은 선박의 Deck Strength 문제를 해

(a) Flash Vessel 하역

(b) Saddle 위치 변경

[그림 10-5]

결하기 위함이었습니다.

[그림 10-5] (b)는 Port에서 Saddle 위치를 옮기는 모습입니다. 하역지에서 Saddle 위치를 변경하는 것은 흔치 않은 일입니다. Port에 트레일러가 있음에도 불구하고 이 같은 작업이 필요했던 이유는 운송용 트레일러가 부족했기 때문입니다. 앞서 언급한 바와 같이 중량물이 계속해서 입항하는 상황이라 Receiving용 트레일러가 Port에 상시 대기해야 했습니다.

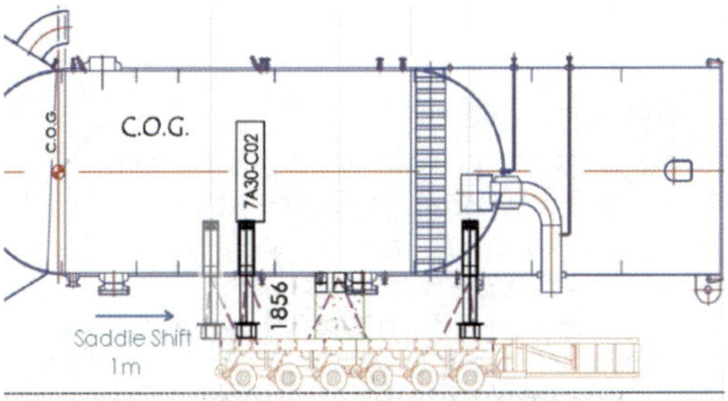

(a) Saddle 위치이동의 필요성

(b) Saddle 위치이동 실시 후 상차

[그림 10-6]

A/L당 화물중량 32톤을 감당할 수 있는 성능의 SPMT는 약 850톤(28A/L)의 운송 Capa.에 해당하므로, Saddle을 트레일러 Deck 내에만 위치시킬 수 있다면 운송에는 지장이 없습니다. 이 점에 착안하여 Saddle 위치 변경작업을 진행했던 것입니다. 이것이 우리가 찾은 단기적 해결책이었습니다. 물론 Saddle을 옮기기 위해서는 이전되는 위치에서 간섭이 발생하지 않아야 하고, 설계부서와도 사전에 협의해야 할 사항입니다.

이러한 결론에 도달하기까지의 시간과 실제 Saddle Shift 작업에 소요된 시간을 고려하면 어느 정도는 일정 손실이 불가피합니다. 그러나 새로운 SPMT가 도착하기를 기다리는 것보다는 유리했습니다.

Saddle Shift 작업을 포함하여 운송계획을 수립하였습니다([그림 10-7]). 통상적으로는 엑셀파일 등에 각 기기별 운송계획을 작성하지만, 중요한 기기들에 대해서는 Report의 가시성을 높여줄 필요가 있습니다. 이 운송계획에는 현장 도착 후 현장에서 크레인과 지게차를 지원한다는 내용을 포함하고 있습니다. SPMT 해체와 다른 트레일러에 상차를 위해 현장과 협의한 사항을 반영한 것입니다.

분리된 트레일러 구성을 Open Compound Type이라고 합니다. 트레일러를 직선으로 연결하여 하나의 트레일러로 운영하는 구성을 Solid Type이라고 합니다. [그림 10-8]은 앞서 살펴본 PP Project의 Licenser가 Basell일 때 적용되는 Loop Reactor의 모습입니다. 이 역시 Open Compound Type으로 트레일러를 구성한 것입니다.

당초에는 CO_2 Absorber를 먼저 운송하는 계획이었습니다. 설치순서가 변경됨에 따라 운송계획 또한 이에 맞게 조정하였습니다. 현장과의 긴밀한 소통이 요구되는 대목입니다. 운송이 진행되면 화물의 정차 위치 표시와 화물 사진을 담고 이동한 Route는 색깔을 달리하여 다른 운송 Report와 함께 전송했습니다.

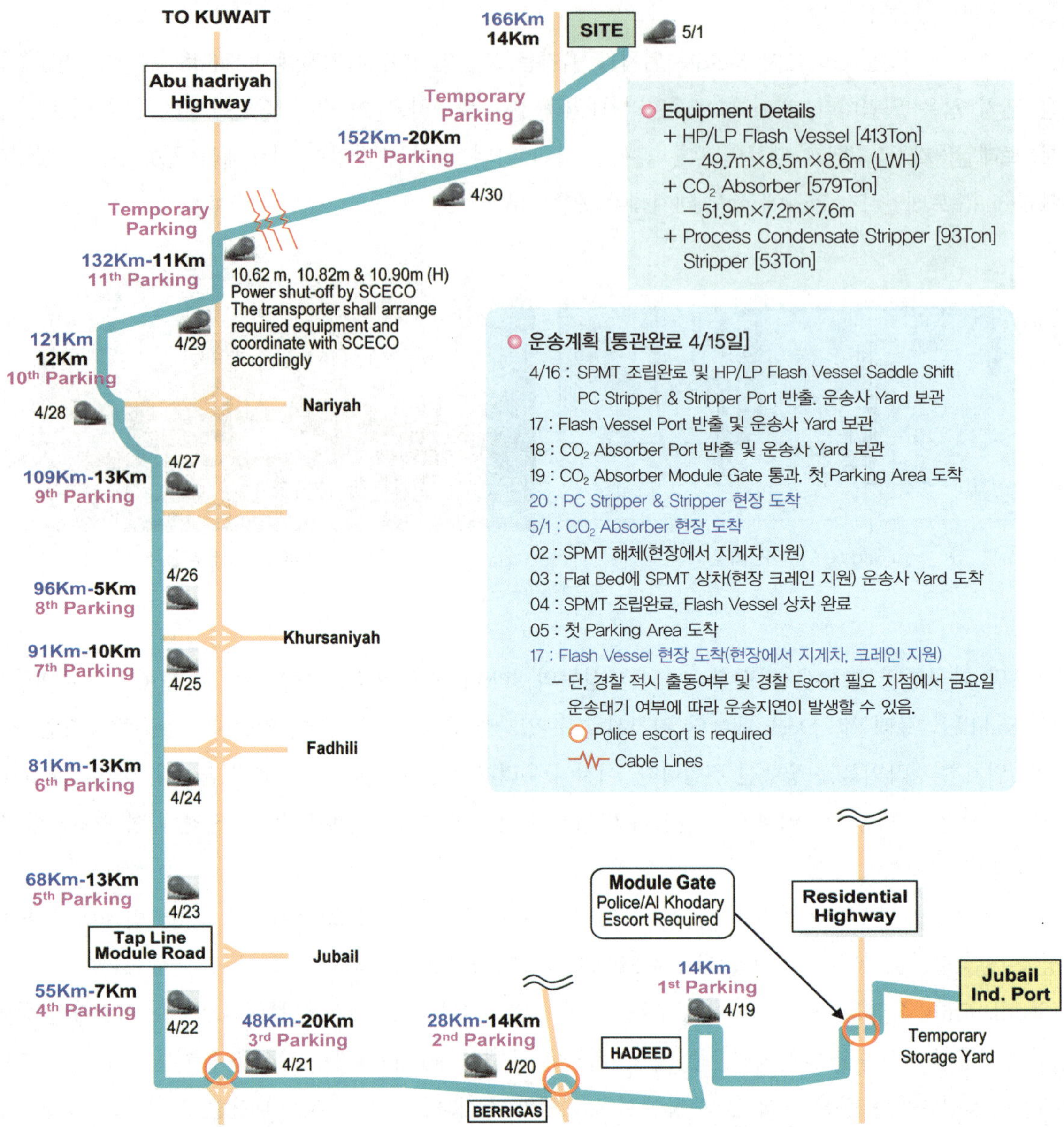

[그림 10-7] 운송계획 수립

[그림 10-8] Loop Reactor 내륙운송

[그림 10-9]와 같은 방식의 보고서는 수신자가 상황을 이해하기가 한결 수월해집니다.

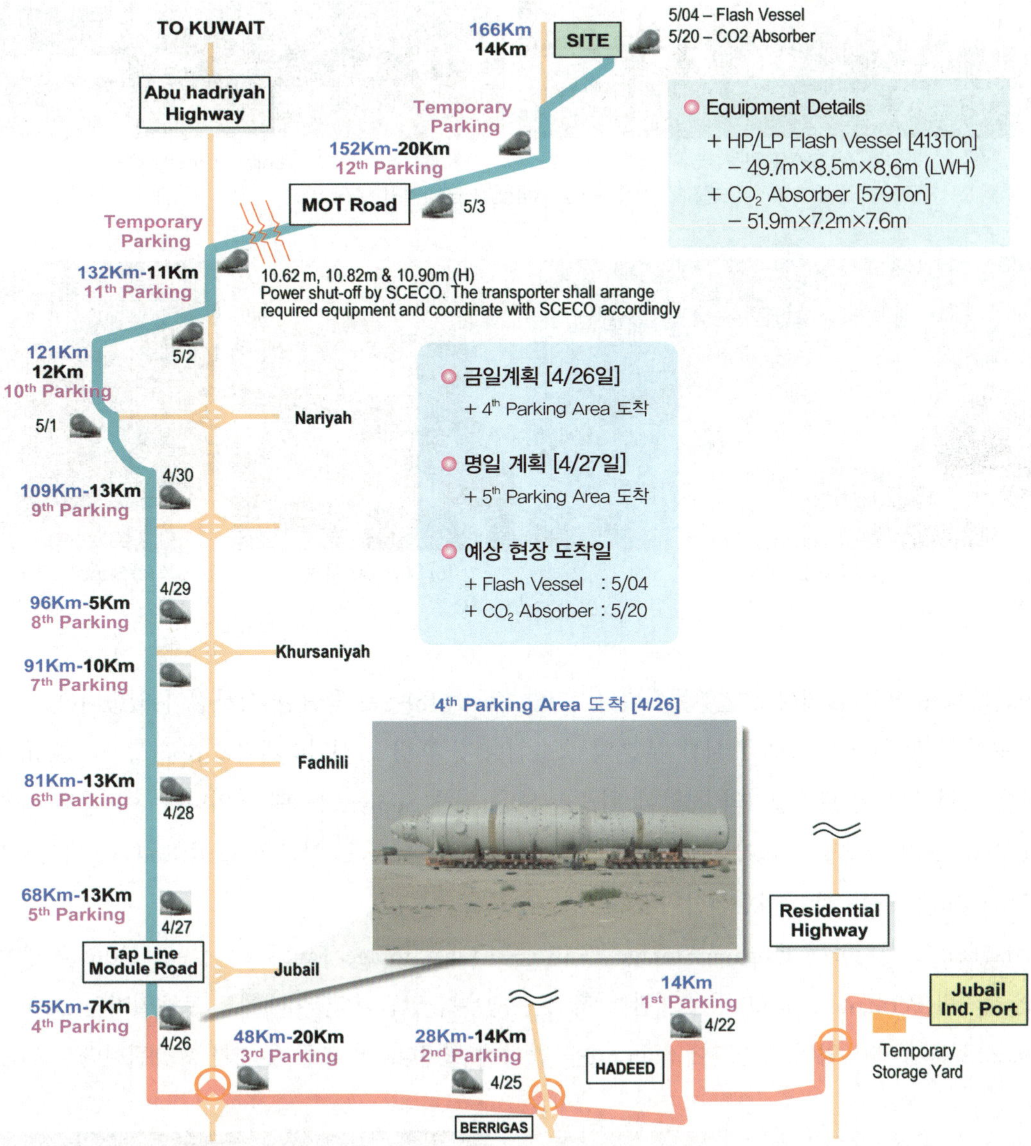

[그림 10-9] Daily Transportation Report

[그림 10-10] (a)의 SPMT 두 트레일러에는 각각 PPU를 장착했습니다. Synchronizing Cable로 연결하여 동기화시킴으로써 한 몸처럼 구동하게 됩니다.

[그림 10-10] (b)는 타 Project의 Flash Vessel 운송장면입니다. 차이점은 운송수단으로 SPMT 대신 Conventional 트레일러를 채택했다는 점과 Saddle 수량입니다. 또한 Bottom First Loading을 실시하여 트레일러의 진행방향에도 차이가 있습니다. 현장의 설치여건, 도로상태, 운송장비 사정에 따라 트레일러 구성이 달라집니다.

(a) SPMT 적용　　(b) Conventional Trailer 적용

[그림 10-10] Flash Vessel 트레일러 구성 비교

(a) 장애물 제거　　(b) Support 사례 1　　(c) Support 사례 2

[그림 10-11]

장애물 제거 작업을 제때에 진행했습니다. [그림 10-11] (b)에는 중요한 시사점이 있습니다. 앞선 [그림 10-10] (a)에서 붉은색 원으로 표시한 부분의 모습입니다. 후방 트레일러에 Transportation Beam이 아슬아슬하게 걸쳐 있어서 트레일러의 원활한 하중분산을 위해 Support를 댄 것입니다. 이 경우 자칫 Body 표면에 Damage가 발생할 우려가 있습니다. 이때는 [그림 10-11] (c)의 사례와 같이 Body와 접촉하는 부위에 Rubber Pad를 대는 것이 바람직합니다.

Horizontal로 설치하는 Propane Storage Tank 등의 Gas Storage Tank류는 길이가 30m를 넘어가기도 합니다. 하지만 Permanent Saddle은 2개만 장착되는 경우가 있습니다. 이때에도 트레일러의 Deflection 방지 목적으로 운송사가 임의로 중간에 Support를 받치게 됩니다. 이 또한 주의가 요망됩니다.

(a) 노면에 철판 배치　　(b) 최종 목적지 도착 완료

[그림 10-12] Flash Vessel 현장 도착

이후 Flash Vessel은 계획했던 일정대로 현장에 도착했습니다. 현장 진입로에 철판이 깔려 있는 모습이 바람직해 보입니다. 이것이 얼마나 중요한 사안인지 뒷부분에서 살펴보겠습니다.

≫≫ CO_2 Absorber 운송

[그림 10-9] Report의 Flash Vessel 트레일러는 여전히 Open Compound Type을 취하고 있으나, 최초의 모습과는 다르다는 것을 알 수 있습니다. 운송도중에 트레일러가 증차되어 총 40A/L으로 재구성한 것입니다. CO_2 Absorber 운송시에는 이들 40A/L 트레일러를 Solid Type으로 구성하였습니다. CO_2 Absorber의 Saddle이 좀 더 밀착된 형태로 배치되어 있기 때문에 Solid Type 구성이 가능했습니다. 여기에도 도면에 대한 점검사항이 있습니다.

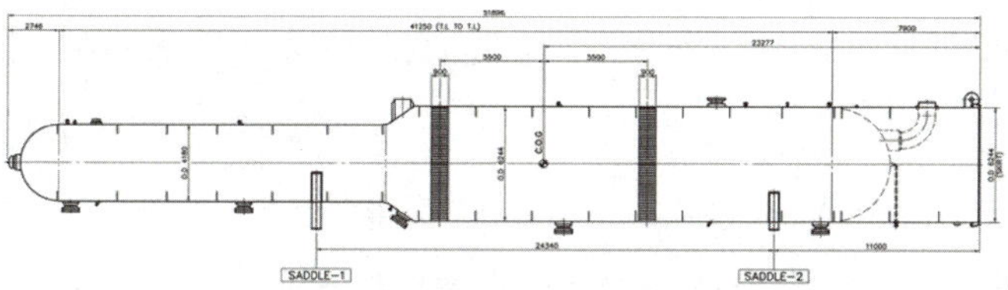

(a) PS 도면 Elevation View

NET WEIGHT	⚠1 564903	kg
GROSS WEIGHT	571961	kg
DIMENSIONS	(L)51.896 x (W)7.185 x (H)7.530	M
MEASUREMENT	2807.73	M^3

(b) 중량과 Dimension

[그림 10-13]

[그림 10-13]은 Rev. No.1 PS 도면에서 옮긴 것입니다. 보시는 바와 같이 두 개의 Saddle이 장착되는 형태입니다. 이 경우 전체 중량은 572톤입니다.

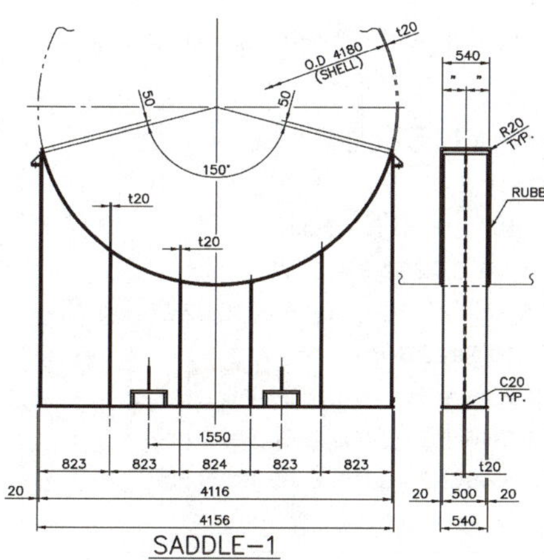

(a) 전방 Saddle-1

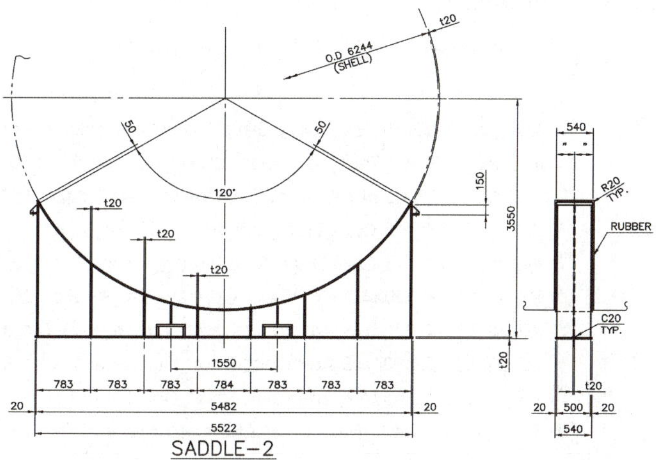

(b) 후방 Saddle-2

[그림 10-14]

Saddle은 서로 다른 형상입니다. 이들 두 Saddle이 지면에 미치는 하중을 계산해보겠습니다.

- Saddle−1 바닥면적 4.156×0.54 = 2.244m^2
- Saddle−2 바닥면적 5.522×0.54 = 2.982m^2 합계 5.226m^2
- 평균하중 571.961톤÷5.226m^2 = 109.445톤/m^2

3,000톤 화물을 Lifting할 수 있는 선박도 Hatch Cover의 최대 Deck 강도는 12톤/m^2입니다. 따라서 평균하중이 109.445톤/m^2에 해당하는 현 상태로는 선적이 불가능합니다.

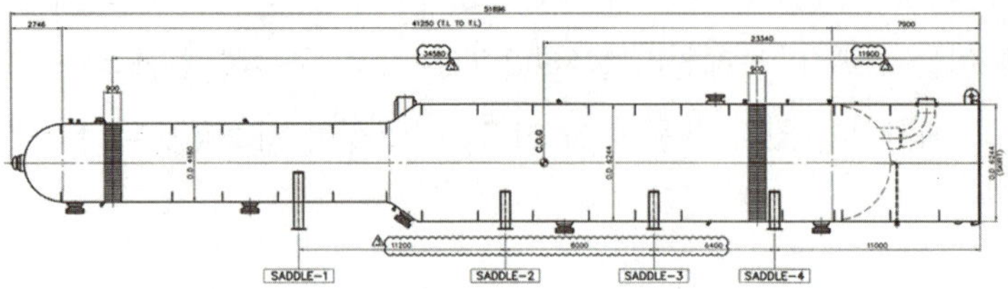

(a) Saddle 수량 변경 2개→4개

NET WEIGHT	564903	kg
GROSS WEIGHT	578337	kg
DIMENSIONS	(L)51.896 x (W)7.150 x (H)7.550	M
MEASUREMENT	2801.48	M³

(b) Saddle 추가에 의한 중량 증가

[그림 10−15]

[그림 10−15] (a)는 Rev. No.3, PS 도면의 Elevation View입니다. Saddle 수량을 늘려야 한다는 사실을 뒤 늦게 알아차린다면 도면변경과 승인, 그리고 Saddle의 추가 제작 및 장착으로 인해 납기가 지연될 여지가 있습니다. 물류 담당자는 PS 도면의 조기 출도를 독려하여 이러한 문제점을 확인하고 신속하게 대처해야 합니다. Saddle을 추가함에 따라 화물중량은 6.4톤 가량이 증가되었습니다.

물류부서에서 확인해야 하는 도면들을 나열해보겠습니다.

GA, PS, Lifting Lug, TC, Plot Plan, Rigging Plan, Foundation Access Simulation, 운송 Route상의 Turning Simulation, 선박의 Lifting Plan, Stowage Plan, Mooring Plan 등 확인해야 할 도면이 적지 않습니다. 여기에 변경도면까지 더해지면 어느 파일이 최신의 도면에 해당하는지 헷갈릴 수 있습니다.

ASU_GA_81-DR001ABCD_MOL Sieve Adsorber_Sungjin_78Ton_2010.10.19_Rev.G.pdf
ASU_PS_81-E-001_Trickling Cooler_Sungjin_84.7Ton_2010.10.19_Rev.C.pdf
ASU_TC_81-DR-001A,B,C,D_MOL Seive Adsorber_Sungjin_94.3Ton_2010.11.20_Rev.0.pdf
JED_PS_D-0001~6_Coke Drum_Sumitomo_470Ton_38.4x11.3x10.5_2010.02.12_Rev.0.pdf
JED_TC_D-0001~6_Coke Drum_Sumitomo_470Ton_38.4x11.3x10.5_Roll-off_SPMT_Rev.0_2010.02.21.pdf
JER_PS_141-R-0002A.B_Hot Clay Treater_Doosan_31.3Ton_2011.01.10_Rev.2.dwg
JER_PS_301-C-2001A.B_Adsorbent Tower_Doosan_417.8Ton_33.33x8.46x8.25_2010.12.06_Rev.2.dwg
JER_PS_301-C-2001A.B_Adsorbent Tower_Doosan_417.8Ton_33.33x8.46x8.25_2010.12.06_Rev.2.pdf
JER_TC_301-C-2001A.B_Adsorbent Tower_Doosan_417.8Ton_33.33x8.46x8.25_2011.03.05_Rev.3.pdf
MDN_TC_7A10-K01_Natural Gas Compressor_MHI_37Ton_2009.08.16_Rev.0.pdf

[그림 10−16] File Naming

다른 글에서 소개한 바와 같이, 파일명을 변경하여 관리하는 습관을 들이고 Revision No.를 파일명에 함께 명기해야 일일이 열어보지 않아도 바로 해당 파일을 찾아 업무를 수월하게 진행할 수 있습니다.

Revision No.는 영어 알파벳순으로 표기하기도 합니다. 파일명에는 많은 정보를 담을수록 여러모로 유용하다는 사실을 기억하시기 바랍니다.

Flash Vessel 운송 개시 전 몇 차례에 걸쳐 현장내 Foundation 진입로를 포함하여 운송 Route 조사를 실시하였습니다.

(a) 트레일러 진행방향 변경 Head First→Bottom First (b) Bottom First로 현장진입

[그림 10-17]

트레일러의 현장 진입로는 나대지와 연결되어 있습니다. SPMT는 이러한 공터에서는 쉽게 방향을 전환할 수 있어서 이 Project는 SPMT Loading Orientation이 그다지 문제되지 않습니다. 실제로 CO_2 Absorber 운송시 현장 앞에 펼쳐진 나대지에서 트레일러의 진행방향을 변경하여 현장에 진입하였습니다.

[그림 10-18] Rigging Plan에 의하면 Main 1,250톤, Tailing 600톤 크레인이 설치작업에 이용될 계획입니다. Dress-up을 실시한 후에 설치작업이 진행되기 때문에 설치시의 CO_2 Absorber 중량은 618톤입니다.

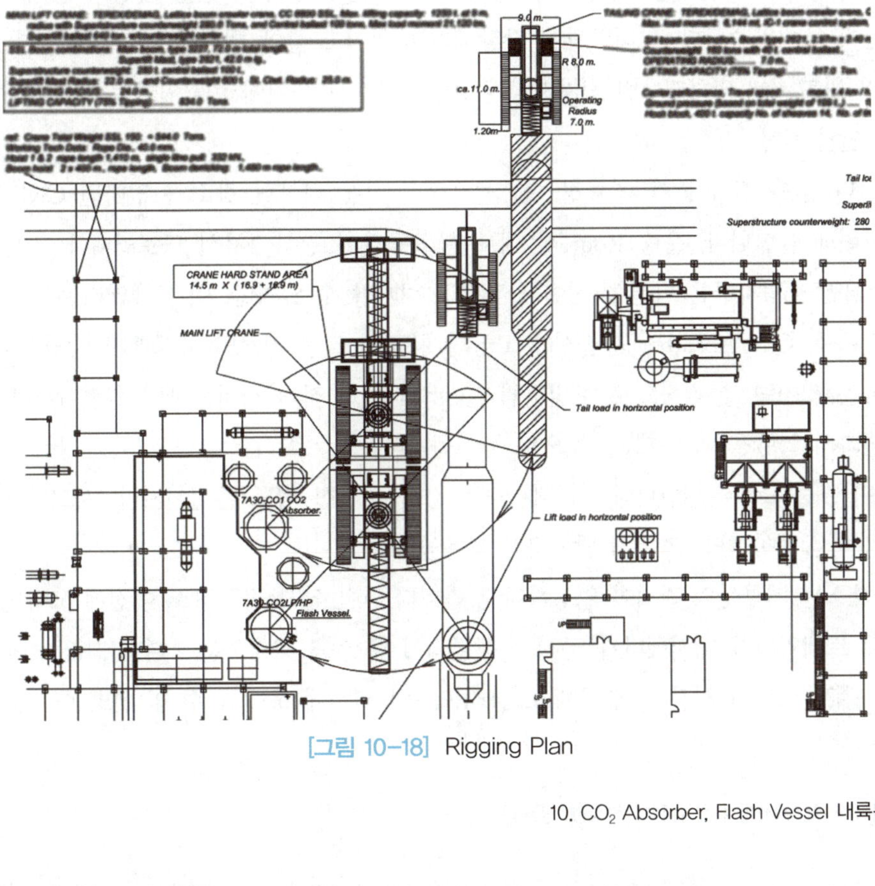

[그림 10-18] Rigging Plan

Saddle 중량을 제외한 Net W.T가 565톤, 결국 Dress-up을 통해 53톤의 중량이 증가되었습니다.

[그림 10-19] (b)와 같이 타 Project에서는 CO_2 Absorber 역시 Bottom First Loading의 Conventional Trailer로 운송했습니다. 타 Project와 화물상의 차이는 Saddle 수량입니다. 이 Project에서는 4개씩인데 반해, 타 Project에서는 5개를 장착하였습니다. 이는 선박의 Deck Strength와 관련이 있거나, 중량이 더 많이 나가는 데에 원인이 있을 수 있습니다. 혹은 해당 기업 물류부서의 운송기준이 상대적으로 좀 더 강화된 것일 수도 있습니다.

(a) SPMT 적용

(b) Conventional Trailer 적용

[그림 10-19] CO_2 Absorber 트레일러 구성 비교

CO_2 Absorber는 암모니아 Project에서 가장 중량이 많이 나가는 Column입니다. 이 정도의 중량물을 운송하는 SPMT는 사람이 걷는 정도의 속도로 이동합니다. 그렇다 해도 돌발상황만 발생하지 않는다면 이론상 10~12일이면 현장에 도달할 수 있습니다. 하지만 Flash Vessel과는 달리 CO_2 Absorber 운송에 22일이 소요되었습니다.

운송 초반 모래바람이 발목을 잡았습니다([그림 10-21]). 보행자는 물론 차량의 통행이 불가할 만큼 강한 모래바람이 불어왔습니다. 모래바람이 잠잠해질 때까지 도중에 대기함으로써, 시간이 지체되었습니다. 5월 24일자 보고서에 의하면 4번 정차지점과 5번 정차지점 사이에 10일이라는 시차가 있습니다. 바로 모래바람이 원인입니다.

요소요소마다 임시 정차가 가능한 장소를 물색해두거나, 적합한 장소가 없다면 Civil Work을 통해 정차장소를 마련해야 합니다. 운송 Route상 대부분의 구간이 왕복 2차선 도로입니다. 전방에 고장난 차량이 서 있게 되면 소형차량은 다른 차선이나 갓길로 비켜갈 수 있지만, 이 트레일러는 더 이상의 이동이 불가능합니다. 유독 CO_2 Absorber 운송시에 고장난 차량이 길을 가로막는 사례가 많았습니다. 환절기에 환자가 급증하는 것처럼, 본격적으로 불볕더위가 시작되는 시점에 정비불량이 원인이거나, 노후화된 차량들이 기온변화의 영향을 더 받게 된 것으로 풀이됩니다.

이렇게 되면 이중으로 손실입니다. 그 때까지 시간을 허비한 점도 손실이지만, 사고가 수습되어도 일찌감치 운송을 마감해야 하는 경우가 발생하기 때문입니다.

임시 정차장소는 거리상의 간격이 일정하지 않습니다. 4번 임시 정차장소 이전에 고장난 차량이나 교통사고로 인해 트레일러가 대기했다가 문제가 해결되어 운송을 재개하는 경우, [그림 10-22] (b)에 나타낸 바와 같이 당일 허용된 시간 안에 최대로 달려도 5번 위치에 도달할 수 없다면, 이 날의 운송은 4번

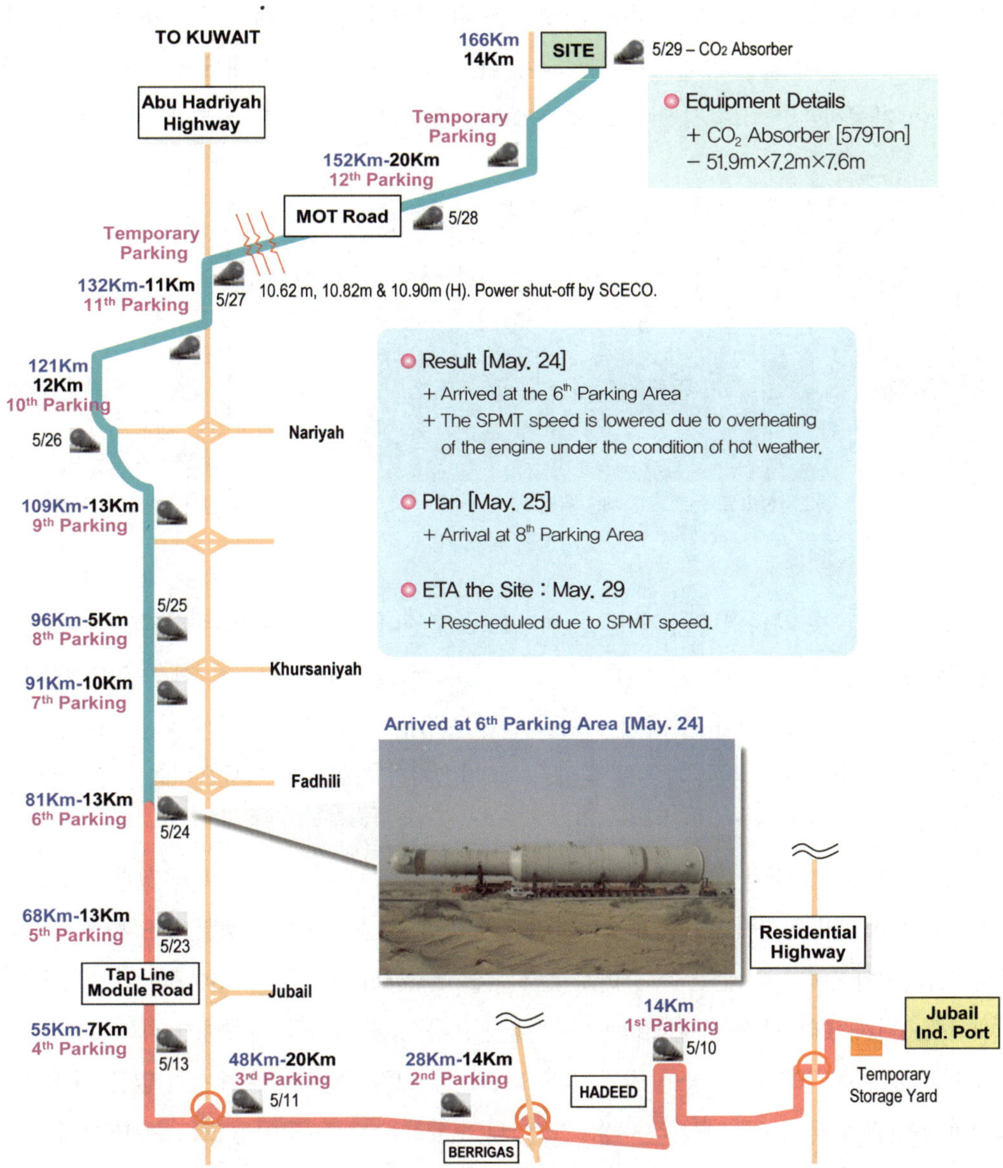

[그림 10-20] CO_2 Absorber 운송 Report

[그림 10-21] 모래바람으로 인한 운송 대기

임시 정차장소에서 종료하게 됩니다. 차선이 많고 포장된 갓길이 있는 도로, 공터 또는 휴게소나 주유소 등의 정차할 수 있는 곳이 짧은 간격으로 형성되어 있는 지역에서는 거의 대부분 당일의 운송이 허락된 시간까지 운행이 가능하지만, 그렇지 않은 도로는 이와같은 사유로 1일 이동거리에 제약이 있습니다.

(a) 2차선 도로 운행, 교통체증 유발

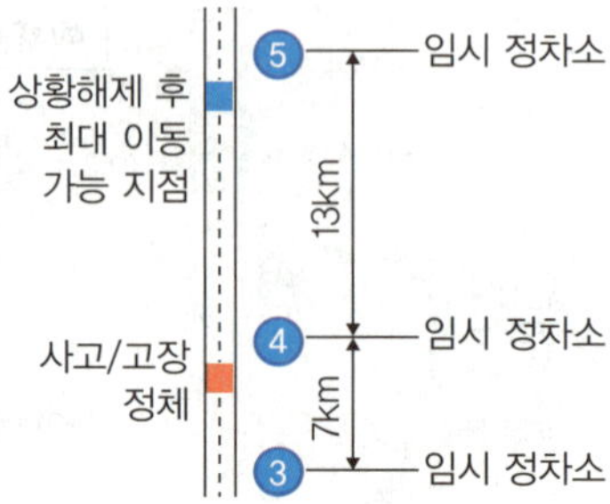

(b) 임시 정차장소 구성

[그림 10-22]

여기에 중동이라는 또 하나의 변수가 있습니다. PPU 엔진이 과열될 수 있는 환경입니다. 열기를 가라앉히는 방법은 한동안 엔진을 꺼두는 것입니다. [그림 10-20] 5월 24일자 보고서에 의하면 PPU의 과열로 감속운행 중이라고 적고 있습니다. 차량이 비켜갈 만한 여유공간이 있는 곳에서는 운행을 멈추기를 반복했던 것입니다. 물론 최신형 장비는 기온의 영향을 덜 받겠지만, 5월인데도 사우디의 높은 기온은 PPU의 성능을 저하시키는 원인이 됩니다.

연식(年式)이 오래된 장비를 사용하는 경우에는 운송계획 수립시 기온에 대한 영향 부분도 고려해야 합니다. 따라서 트레일러 연식에 관한 기준을 마련하여 중량물 운송사를 선정할 필요가 있습니다.

지연된 시간을 만회하기 위해 운송 중반부부터는 Operator들을 현장숙소에 묵게 하고 새벽 4시부터 운송을 개시했습니다. PPU가 과열되지 않을 시간대에 보다 많은 거리를 이동하기 위함이었습니다.

일정을 만회하는 듯 했으나, 현장이 멀지 않은 MOT Road를 운행할 때 예기치 않은 사건이 발생했습니다. 엔진이 과열되어 갈 즈음, 임시 정차장소도 아니고 검증된 장소도 아닌 도로 측면 공터로 움직였다가 트레일러 바퀴가 모래땅에 박히는 일이 벌어진 것입니다.

이 곳에서 이틀을 허비했습니다. 물론 현장의 볼멘소리를 피할 수는 없었지만, 필자에게는 좋은 경험

(a) MOT Road, 모래땅에 박힌 트레일러

(b) 모래땅 탈출 시도

[그림 10-23]

이었습니다. 이때는 무리하게 벗어나려고 애쓰지 말고 순리대로 절차를 밟으면 된다는 것입니다. PART 1에서 SPMT 소개시에 전술한 바와 같이, 모든 바퀴가 고른 힘으로 지면을 박차고 나오는 게 아니기 때문에 Driven Wheel 아래가 지속적으로 파이면서 더 깊은 수렁에 빠지게 됩니다. 사진에서도 Driven Wheel 아래에 널빤지를 댄 모습이 포착됩니다. Primemover 4대를 동원하여 밤 늦은 시간까지 사투를 벌였으나 다 헛수고였습니다.

트레일러 자체 중량 160톤, 화물중량이 579톤에 달합니다. 타이어에 마찰력이 제대로 가해지지 않는 이상, 그 무엇으로 끌어도 도움이 안 됩니다. 이럴 때는 Stool 위에 Jack-down을 하고, 트레일러를 2분할하여 Payloader 등으로 끌어서 전후방으로 각각 트레일러를 이동시키는 게 바른 순서입니다. 그런 다음, 상부의 약한 지반을 걷어내고 철판으로 보강한 후에 트레일러를 진입시켜 다시 조립합니다. 철판이 깔려 있기 때문에 Driven Wheel에 힘이 전달될 수 있고, 트레일러가 정상적으로 움직이는데 문제가 없습니다.

(a) 트레일러 분리 및 노면 정리 (b) 모래땅 탈출

[그림 10-24]

[그림 10-24] (b)는 트레일러가 모래땅으로부터 벗어난 직후 밤 늦은 시간에 촬영한 것입니다. 설치일정 때문에 야간작업을 강행했습니다.

시기적으로 모래바람과 같은 기상상태에 민감하고, 도로 여건이 열악하고, 기온이 높은 지역인 경우, 지나치게 공격적인 일정을 수립해서는 곤란합니다. 기온이 높으면 장비 뿐만 아니라 Operator들도 지치기 마련입니다.

이 운송 건은 이론상 가능한 시간보다 2배 가량이 소요되었습니다. 하루하루 일정이 지연될 때마다 물류 담당자가 가시방석에 안게 될 거라는 사실을 기억하시고, 돌발상황을 감안한 일정으로 현장과 협의하시기 바랍니다. 그러기 위해서는 보다 많은 현지 경험이 필요합니다. 1년 정도 현지 중량물 운송관리를 담당해보면 본인이 성장하는데 큰 도움이 될 것입니다.

장거리 운송을 위해서는 Oil Tank와 Spare Tire를 싣고 이동합니다. 도중에 급유가 필요하고, 망가지는 타이어를 교체해야 합니다. 예비 타이어가 없다면, 해당 축을 들어올린 상태에서 운행합니다. 경우에 따라서는 트레일러 축이 망가지기도 합니다. 그래서 여러 상황을 고려하여 최대 적재 가능 중량보다 여유를 두고 트레일러를 구성하는 것이 바람직합니다.

(a) 기름통　(b) 예비 타이어　(c) 예비 타이어 부재　(d) 고장난 축

[그림 10-25]

현장 내부의 도로는 노면강도가 충분하지 않은 경우가 있습니다. 이때는 트레일러 진입에 앞서 철판이나 넓은 합판으로 노면의 강도를 보강해야 합니다.

(a) 노면보강　(b) 목적지 도착　(c) Load Spreader 부재　(d) 보조 Stool 보강

[그림 10-26]

[그림 10-26] (b)에서는 CO_2 Absorber 트레일러 Jack-down시 Stool 아래에 철판을 받친 모습이 확인됩니다. Dress-up 작업 후에 설치하는 화물은 장기간의 대기상태가 불가피하기 때문에 좁은 면적에 하중이 집중되는 것을 방지해야 합니다.

Flash Vessel과 CO_2 Absorber는 운송사의 Transportation Beam을 그대로 유지한 채 Dress-up을 실시할 계획입니다. 따라서 Transportation Beam Charge가 발생합니다. 통상적으로는 Free Time 이후부터 1일당 Transportation Beam 사용료를 책정하지만, 이처럼 장기간 사용이 예상되는 경우에는 사용기간에 따른 할인율을 적용하여 계약서를 작성하는 것이 바람직합니다. 현장의 Stool 부재로 운송사의 Stool을 사용하는 경우에도 이 같이 계약서에 반영하시기 바랍니다.

[그림 10-26] (c), (d)는 다른 Project의 사례입니다. Main Stool 아래의 보강재는 철판이 아니라 각목과 합판 쪼가리입니다. 이 화물 역시 Dress-up을 실시해야 하는데, 이 때문에 지반 침하가 우려되는 상황이었습니다. 현장에서는 부랴부랴 보조 Stool로 이를 보강하였습니다.

이미 모래땅에 묶여서 힘든 시간을 보낸 경험이 있습니다. 현장 노면상태도 마찬가지입니다. 철판을 깔지 않은 곳에서는 [그림 10-27]과 같은 일이 벌어집니다. 본 CO_2 Absorber 운송시 발생된 상황입니다. 철판이 부족하여 전체 이동로를 다 Cover하지 못한 결과입니다.

(a) 지반이 약한 노면 (b) 합판 쪼가리 노면보강 (c) 합판 쪼가리 사용 결과

[그림 10-27]

[그림 10-27] (c)는 합판 쪼가리 위를 지날 때 합판이 벌떡 일어서면서 유압호스를 망가뜨린 사례입니다. 중량물 트레일러 이동로에 합판 쪼가리는 절대로 사용하면 안 됩니다. 다시 한번 강조하면 합판 쪼가리는 절대로 사용하면 안 됩니다. 반드시 철판이나 넓은 합판을 사용해야 합니다.

[그림 10-28] 합판 쪼가리 사용에 따른 트레일러 유압호스 파열

[그림 10-28]은 철판 준비를 요청했으나, 이를 무시한 채 쪼가리를 깔아놓고 그대로 지나갈 것을 강권하여 동일한 현상이 발생한 다른 Project의 사례입니다.

[그림 10-29] 사례의 두 Column 모두 Side-by-Side Type SPMT에 의해 목적지로 접근하는 모습입니다. 현장은 미리 Stool을 대기시킨 상태에서 화물을 맞이하고 있습니다. 차이점이 있다면 Wash Tower

(a) CO_2 Absorber 목적지 접근 (b) Wash Tower 목적지 접근

[그림 10-29]

운송로에는 지면에 하얀색으로 Center Line을 표시한 점입니다. Tower Gantry로 설치하는 Column은 이같은 사전조치가 필요합니다. Trunnion Lug 위치가 어느 한 방향으로 치우치지 않고 Strand Wire의 Lifting 위치에 정확하게 도달해야 하기 때문입니다.

반면에 CO_2 Absorber는 Crawler Crane으로 설치할 계획입니다. SWL(Safe Working Load)을 충족하는 크레인의 Outreach 내에만 위치하면 되므로 미세조정은 필요치 않고 Center Line을 표시하지 않아도 됩니다.

(a) 6A/L Unit, Flat Bed 상차 운송 (b) Low Bed에 상차 운송 (c) Gooseneck Trailer에 일괄 상차 운송

[그림 10-30]

단거리 운송에 있어서는 화물하역 후, 공차상태로 원점에 복귀할 수 있습니다. 이동속도가 느려 교통흐름에 방해가 되기 때문에 장거리 운송을 마친 SPMT는 각 Unit으로 해체하여 복귀합니다. 이때 Forklift의 조력이 필요합니다. Forklift는 현장에서 지원하는 것이 바람직합니다. PPU와 연결된 Unit 분리시 잠시만 지원해 주면 됩니다.

해체된 SPMT는 Flat Bed 또는 Low Bed Trailer에 상차하여 운송합니다. 현장이 오지에 위치한 경우에는 운송사 자체적으로 크레인을 동원하기보다 현장에 사용료를 지불하고(또는 무상으로) 크레인을 지원받는 것이 비용과 시간 측면에서 유리할 수 있습니다. 이 부분도 현장과 협의하시기 바랍니다.

소규모 트레일러는 다른 트레일러에 PPU를 포함한 SPMT 전체를 상차하여 운송하기도 하나, 이때는 트레일러 중량과 도로통행 규정에 해당하는 운송 Permit을 신청해야 할 수 있습니다.

운송이 종료되면 운송사 Operator들에게 식사를 제공하는 것이 바람직합니다. 필자는 현장의 호의를 구해 무료로 점심식사를 제공할 수 있었습니다.

장거리 운송에 있어서, Operator들 본연의 숙소 이동거리보다 현장숙소 이동거리가 더 짧은 시점이 도래할 때부터 숙소를 제공하여 이동시간을 절약할 수 있습니다. 저렴한 가격에 숙식할 수 있도록 물류 담당자가 현장에 다리를 놓아주면 됩니다.

중량물 운송에는 거의 매번 구구절절한 사연들이 녹아들어 있습니다. 그래서 더욱 그러한 것인지, 중량물이 현장에 도착할 때마다 주체 못할 감동을 느끼곤 했습니다. 현장에 트레일러가 진입하는 순간, 가슴속에서 무엇인가가 북받쳐 오릅니다. 어쩌면 물류인들만이 느낄 수 있는 특권이라면 특권일 것입니다.

운송이 끝나고 암모니아 탱크 위에서 현장 전경을 촬영했습니다. 먼저 운송되어 Dress-up을 실시하고 있는 Flash Vessel 옆으로 이제 막 도착한 CO_2 Absorber의 모습이 보입니다.

[그림 10-31] CO_2 Absorber 운송 완료 후, 암모니아 탱크 위에서

현장 전경을 사진과 동영상에 담아 본사에 전송했습니다. [그림 10-32]는 몇 장의 사진을 Graphic Tool로 합성한 것입니다. Graphic Tool을 잘 활용하는 것도 우리의 성과를 돋보이게 하는 요인이 됩니다. 내륙운송과 설치장면을 동영상으로 제작하여 본사에 전송했을 때의 반응은 가히 폭발적이었습니다. 우리는 다른 사람들이 하지 않는 차별화된 방법을 모색할 필요가 있습니다. 이러한 모습들이 동일한 업무를 수행하더라도 본인의 존재가치를 각인시키는 긍정적인 효과로 이어질 것입니다.

[그림 10-32] 암모니아 Project 건설 현장

[그림 10-33] CO_2 Absorber 설치

Dress-up을 마친 두 Column은 성공적으로 설치를 완료하였습니다.

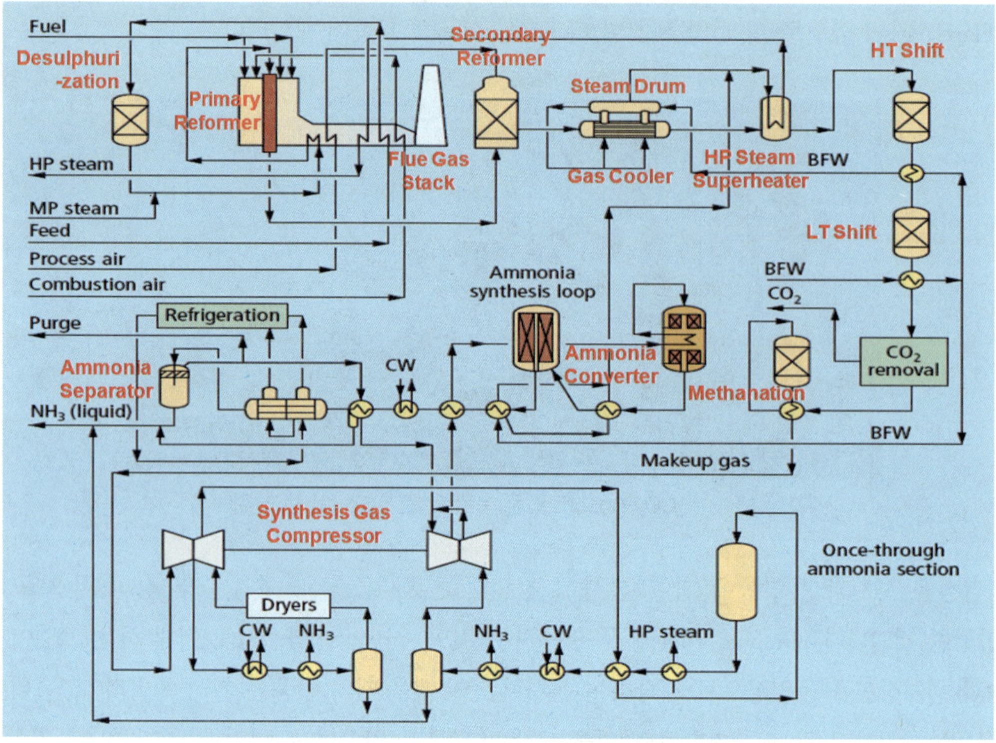

[그림 10-34] Uhde License, 암모니아 생산 PFD

본 Project에 적용된 암모니아 생산 Process를 [그림 10-34]에 표현하였습니다. 암모니아 관련 Licensor로는 Uhde, Haldor Topsoe, KBR 등이 있으며, 이 Project는 Uhde License를 채택하였습니다.

중량물의 적기 운송 여부가 Project 공기에 지대한 영향을 미친다는 사실을 기억하시고, 그 만큼 책임감과 열정 그리고 또 한편으로는 자부심을 가지고 중량물 운송에 임해야 할 것입니다. 현장에 중량물이 안전하게 도착되면 모든 사람들이 기뻐할 일이지만, 특히 물류 담당자로서의 감격스러움은 그 이상입니다. 아마도 평생 잊지 못할 추억으로 남게 될 것입니다. 그 감동의 여운이 오래 가기에 물류에 몸을 담고 있는지도 모르겠습니다.

끝으로 Ammonia Project의 중량물 내륙운송에 헌신적으로 임해주신 K Ships 김성원 사장님, Al Majdouie 한국지사 유정현 사장님과 당시 Al Majdouie 관계자 여러분께 진심으로 감사드립니다.

11. Module 운송

Knock-down의 반대 개념이 모듈화입니다. 먼저 Module의 개념부터 살펴보겠습니다.

Module의 개념

Module이 특정제품을 지칭하는 용어는 아닙니다. 오디오 시스템을 예로 들면, CD Player, Radio, Speaker 등의 기능이 있습니다. Radio가 망가지더라도 CD Player 기능은 유지되듯이 각 Part가 독립적인 기능을 수행하면서 전체적인 조화를 추구합니다. 이때, CD Player Module, Radio Module이라고 표현할 수 있습니다. 오디오 시스템을 구축한다고 할 때, CD Player 부품들을 조립하여 CD Player를 만들거나, Radio의 부품들을 조립하여 Radio를 만들지는 않습니다. 설치만 하면 기능을 발휘할 수 있는 각각의 Module들을 들여와서 하나의 시스템으로 구축하는 것입니다.

플랜트에서의 Module 제작도 같은 개념입니다. 플랜트 전체를 하나의 오디오 시스템이라고 한다면, 보일러 설비는 CD Player에 비유할 수 있습니다. CD Player는 Turntable, Motor, Case 등의 부품으로 구성됩니다. 보일러 설비는 Boiler, Economizer, Air Blower, Duct, Flue Gas Stack, Steel Structure 등으로 구성됩니다. 일반적으로는 이들을 각각 현장에 운송하고 현장에서 조립하여 보일러 설비가 완성됩니다. 운송상의 장애요인들 때문에 어느 범위까지 확대하여 제작할 수 있을지는 현지 운송여건에 따라 달라지겠지만, 이들을 조립한 상태에서 본연의 기능을 수행할 수 있을 정도의 보일러 설비를 제작하여 운송하는 형태가 Boiler Module입니다.

연속적으로 이어지는 장비나 건축물의 한 구간을 또한 Module이라고 표현합니다. 철구조물을 완성하기 위해서는 Column(수직방향), Beam(수평방향), Brace(대각선 방향), 각종 Joint Plate, Bolt/Nut 등의 자재들이 필요합니다. 자재들이 개별적으로는 기능을 발휘할 수 없고, Bolting 또는 용접의 방법으로

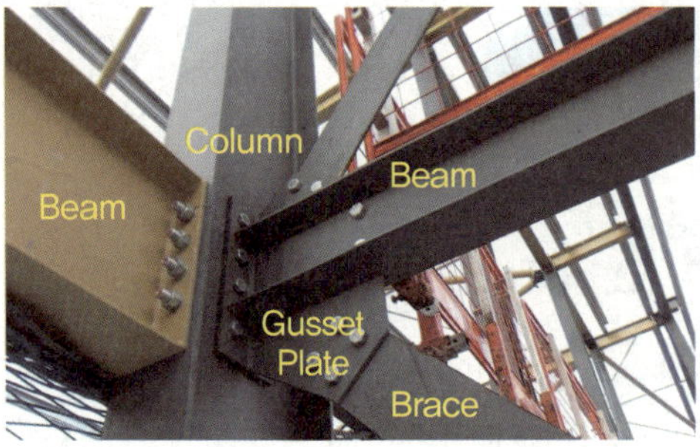

(a) 철구조물 자재 구성

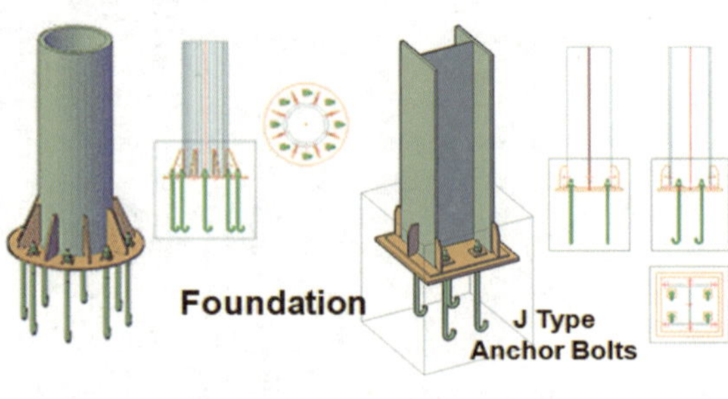

(b) Anchor Bolts와 Foundation

[그림 11-1]

틀을 갖춰 나갈 때 비로소 목적에 부합하는 기능을 발휘하게 됩니다. 바닥에서부터 일일이 조립하여 세워나가기 보다는 육상에서 1~2개 층 정도의 Module을 제작한 다음, 크레인으로 들어올려 Module 단위로 조립하면 공사의 생산성이 높아질 것입니다.

SPMT 또한 4~6A/L의 여러 Module Unit의 조합에 의해 하나의 트레일러로 완성됩니다.

회사의 조직에 비유하면, 사업, 설계, 조달, 공사 등 각 부문이 Module에 해당됩니다. 각 부문은 독립적인 기능을 수행하지만, 이러한 Module들이 유기적인 관계를 형성할 때, 성과를 극대화할 수 있습니다. 따라서 Module은 크기에 의한 구분이기 보다는 기능상의 개념에 가깝습니다.

▶▶▶ Module 운송의 성공요인

삼성엔지니어링이 수행하고 롯데케미칼이 발주한 미국 Louisiana주 Lake Charles, MEG(Mono Ethylene Glycol) Project는 기자재의 Module화를 실현함으로써 Project 공기단축에 기여한 성공적인 사례라는 평가를 받고 있습니다. 결코 쉽지 않은 Module 운송에 Suranjoy Das 수석과 함께 훌륭한 성과를 달성한 박영재, 이재현 후배님들에게 이 자리를 빌어 감사의 말씀을 전합니다.

Module 운송은 설계→구매→제작→해상운송→내륙운송(강송 포함)→설치에 이르기까지의 Risk 요인들을 철저히 분석하고 각 유관부문(선사/내륙운송사 포함)이 One Body처럼 신속하고도 정확한 소통을 경주하는 것이 관건입니다. 설계 단계에서부터 물류부서의 Module 운송 전문가가 구성원의 일원으로 참여하여 해상운송과 내륙운송상의 Risk 요인들을 공유함으로써 이에 대비한 Module 설계 및 이를 극복하기 위한 방안이 최적의 설계에 반영되어야 합니다.

Das 수석은 한 인터뷰 기사에서 각 계약사 선정에 소요되는 시간을 최소화하고, 계약사에 보다 많은 정보를 조기에 제공하며, Communication Layer를 줄이고, Carrier의 Lifting Capacity를 최적화하라고 조언하고 있습니다.

Module의 해상운송을 위해서는 선박 자체적으로 보유하고 있는 Spreader를 사용할 수도 있으나, 다수의 경우 그 형상과 Lifting Point, COG 위치 등을 반영한 Special Spreader를 제작하게 됩니다. 이러한

(a) Lake Charles, Louisiana

(b) MEG Project Module 사례

[그림 11-2]

Special Spreader를 다른 용어로는 Bespoke Lifting Frame(Bespoke = Custom-made)이라고 표현합니다. 사진상의 Module은 Lifting을 위해 Bespoke Lifting Frame이 사용되었습니다.

Lifting Point는 상부에 위치할 수 있고, 다음의 ESP Module 운송 사례와 같이 측면 하부에 위치할 수도 있습니다. 이에 따라 Spreader의 형태가 달라집니다.

Module마다 각각 별도의 Spreader를 제작한다면, 이는 낭비 요인이 됩니다. 따라서 Spreader 수량을 최소화하여 재사용할 수 있는 방안을 검토할 필요가 있습니다. 아울러 다양한 Size의 Sling Wire와 적정의 Shackle 수량을 반영해야 합니다. 이는 선박과 현장 크레인의 상황을 종합하여 안전하면서도 재사용 빈도를 높이는 방향으로 추진되어야 합니다.

일회성 과제에 머물지 않고 후속 Project에서도 Module화 개념을 도입하는 경우, 기 사용된 장비들을 활용할 수 있다면, 제작비용을 절감할 수 있습니다. 물론 보관비용과 신규 제작비용을 따져서 현명한 의사결정을 해야 할 것입니다.

이를 위해서는 우선적으로 운송 가능한 최대 중량과 Size를 확정해야 합니다. 도로보강, Bypass 건설 등으로 Module의 중량과 Size를 확대할 수 있는 경우와 그렇지 않은 경우의 비용 및 소요시간 등의 장단점을 비교하여 Module 제작을 위한 최대 중량과 Size를 결정합니다. 물류부서의 Module 운송 전문가가 설계단계에서부터 Task Force에 참여해야 하는 이유이기도 합니다.

선박에 대해서는 Crane Capa., Stowage Plan, Deck에 미치는 하중의 유효한 분산, Seafastening 방법 등을 검토해야 하고, Upper Deck 선적 비중이 확대됨에 따라 해수 및 Mist에 의한 부식방지 대책이 수립되어야 합니다. 다양한 재질의 기기와 자재들을 조립하여 대형의 화물을 제작하는 만큼, 해수의 영향에 민감한 부품들에 대해서는 별도의 보호조치가 필요합니다.

Module 고도가 높고 선교가 선미 방향에 위치하면 선교에서의 시야를 가릴 수 있기 때문에, 선박 선정시 이 부분 또한 고려사항입니다. 아울러 Das 수석이 언급한 바와 같이 Module 중량과 본선 크레인 성능의 최적의 조합을 통해 해상운송비를 경감시킬 필요가 있습니다. 필자가 생각하는 가장 좋은 방법은 전체 Module 수량에 대해 단일 선사와 일괄계약을 추진하는 것입니다. 이를 통해 Special Spreader와 Rigging 장비의 Return이 용이해지고 재사용 빈도를 높일 수 있습니다.

MEG Project와 같이 Barge에 옮겨 싣는 강송이 수반되는 Project에서는 수심을 검토하여 Dredging 여부를 결정해야 합니다. 수심이 충분하지 않은 지역은 그 만큼 River Barge에 적재할 수 있는 중량에 제한이 불가피하기 때문에 동원해야 할 Barge 수량이 증가하게 될 것입니다. 이는 직접적인 물류비 상승요인이 됩니다. 또한 수심은 우기와 건기의 계절적 영향을 받기 마련입니다. 그러므로 운송시기별 수심 변화를 파악하여 그에 따른 운송일정과 강송 물류비가 반영되어야 합니다.

운송 Route상의 장애요인들을 철저히 조사, 분석하고 각 장애요인별 극복방안과 운송기준을 조기에 마련해야 합니다. 이러한 조사와 분석 절차가 일사불란하게 진행되어 의사결정에 이르는 시간을 단축하는 것이 Module 제작의 궁극적인 목적인 Project 공기를 앞당기는 길이 될 것입니다.

ESP Module 운송사례

[그림 11-3] ESP Module 운송

일련의 사진은 호주 남부의 Port Pirie로의 ESP(Electrostatic Precipitator) Module 해상운송, 내륙운송 및 설치과정을 보여줍니다. ESP Module은 Upper Deck에 선적되었고 선박의 선교가 선미쪽에 위치하고 있습니다. Module 높이를 감안할 때, 선박의 제원을 면밀히 검토한 후에 선박을 선정해야 합니다.

MEG Project의 Module 사례와는 Lifting Point도 다르고 Spreader의 형상과 수량, 적용방식에 차이가 있습니다. 선박에서는 6개, 설치시에는 별도의 설치용 Spreader 7개가 사용되었습니다. Sling Wire도 선박 하역용과 설치용이 별개입니다. 따라서 선박의 Lifting에 사용될 부대장비 Scope과 현장의 설치 부대장비 Scope을 명확히 할 필요가 있습니다. 본 사례의 현장에서는 하나의 크레인으로 설치하기 때문에 COG 위치와 Lifting Point의 정확한 조화가 관건입니다.

내륙운송에는 24A/L × 6File, 총 72A/L의 SPT가 사용되었습니다. 모듈화는 필연적으로 기기의 대형화를 수반합니다. 내륙운송에 있어서는 후속 Module 운송에 지장이 초래되지 않도록 충분한 수량의 운송장비를 확보해야 할 것입니다.

ESP는 미세입자의 분진을 포집하는 전기식 집진설비입니다. 물류비 측면에서 한가지 주목해야 할 점은 본 Module에는 돌출부가 많다는 사실입니다.

[그림 11-4]의 전방에 튀어나온 난간을 1m 길이라 가정하고 노란색 원으로 표시한 계단, 푸른색으로

(a) ESP Module 내륙운송　　(b) ESP Module 설치

[그림 11-4]

표시한 Base Beam, 붉은색 원으로 표시한 사각틀 등 Module 측면의 돌출부가 2m 정도의 길이라고 가정했을 때, 그리고 이 Part들을 모두 분리 운송하여 현장에서 어렵지 않게 조립 또는 용접이 가능하다고 하면, 다음과 같이 화물의 Volume이 감소하게 됩니다.

ESP Module 530Mton

- 실제 운송 : 41m × 11m × 21m [LWH] = 9,471CBM
  → Width는 추정치임
- 변경 운송 : 40m × 9m × 21m [LWH] = 7,560CBM
  → 차이 1,911CBM

1,911CBM은 중량물 운송에 있어서 결코 적지 않은 물류비 상승을 초래합니다. 해상운송과 내륙운송 각각 CBM당 USD100의 운송비를 적용한다고 하면 USD382,200의 운송비에 해당하는 Volume입니다. 물론 현장의 조립비용을 감안해야 하나, 물류비 감소 금액이 더 고액일 거라는 추측이 가능합니다. 분명 모듈화가 현장의 시공성에 기여하는 유리한 측면이 있습니다. 하지만 Project 전체비용을 따져볼 때, 반드시 이익이 된다고는 말할 수 없습니다.

요컨대, 운송 계약사를 조기에 선정하여 Study를 끝내는 시점을 최대한 앞당겨야 합니다. Cost Savings, Safe Operation, Rapid Progress, Easy Constructability 측면에서 모든 유관부문이 머리를 맞대고 어떤 방법이 보다 효과적일지를 종합적으로 검토해야 합니다. 어느 한 측면에서는 불리할지라도 다른 측면에서 얻는 효과가 훨씬 크게 나타난다면, 그에 준하는 의사결정이 이뤄져야 할 것입니다.

12. Jacking & Skidding System

⋙ Jack 장비

(a) Hydraulic Bottle Jack (b) Hydraulic Floor Trolley Jack (c) Scissor Manual Jack

[그림 12-1]

Jack은 자동차 타이어를 교체할 때처럼 인력으로는 Lifting이 곤란한 물체를 들어올릴 때 사용하는 기구를 말합니다. '자키'라는 일본식 외래어가 통용되고 있으나, '잭'이 바람직한 표현입니다. 사진은 일상 생활에서도 쉽게 접할 수 있는 Jack의 모습입니다.

Jack의 기능을 채용한 각종 Lifting 장비가 업계에서도 유용하게 사용됩니다. Climbing Jack은 Jack 아래에 부재를 쌓아 올릴 수 있도록 고안되었습니다([그림 12-2]). 따라서 크레인 지원 없이도 트레일러로부터 화물의 하차를 가능하게 하고 화물의 고도를 조절할 수 있습니다.

[그림 12-3]은 500톤 중량까지 Jack-up이 가능한 Mammoet의 'JS 500' 모델 사양입니다. 층층이 쌓아 올려지는 장비를 Barrel이라 하고 맨 위의 Barrel을 Top Barrel이라고 표현합니다. [그림 12-4]는 이 모델의 작동 모습과 실제 Jack-up을 수행했던 사례입니다.

[그림 12-2] Climbing Jack 사례

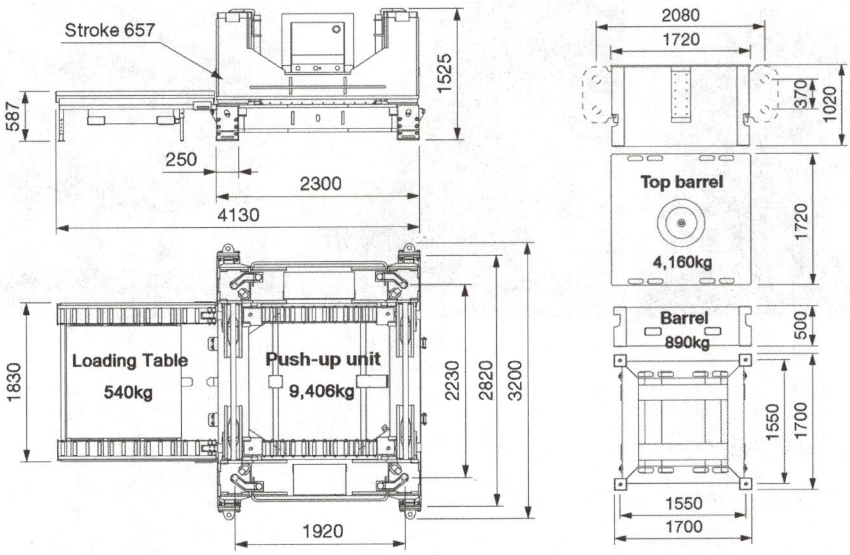

[그림 12-3] Mammoet의 JS 500 모델

(a) Mammoet의 JS 500 모델 작동원리

(b) 건축물 Push-up

[그림 12-4]

500톤 중량물을 들어올릴 수 있는 ALE의 Climbing Jack 구동 원리는 [그림 12-5]와 같습니다.(1,000×1,000×660mm[LWH], 1,908kg)

이와 같이 Jack을 이용한 Lifting 방식을 Jack-up System 또는 Push-up System이라고 표현합니다. 이들 장비들과 Skidding 방식을 조합하면 중량이 많이 나가는 건축물도 설치가 가능합니다.

Step 1 :
Extend Jack and Raise Load

Step 2 :
Insert Timbers on the Sides

Step 3 :
Retract Piston and Insert Timbers

Step 4 :
Extend Jack and Raise Load

[그림 12-5]

[그림 12-6] ALE의 Mega Jack System

ALE의 Mega Jack System은 최대 5,000톤 중량까지 Push-up이 가능합니다. 두 사진은 ALE의 Push-up System의 성과를 보여주는 사례입니다.

Jacking & Skidding System의 적용

Jack과 Skidding System을 조합하여 하역 및 설치까지 가능하게 하는 일련의 방식을 Jacking & Skidding System이라고 합니다. 일반적으로 Skid Track(Skid Beam or Skidrun)과 Track을 따라 이동하는 Hydraulic Cylinder, 그리고 Climbing Jack으로 구성됩니다. 화물의 방향을 전환해야 하는 경우에는

[그림 12-7] Jacking & Skidding System을 이용한 Transformer 하역 및 설치

추가적으로 Turntable이 사용됩니다.

Jacking & Skidding System을 활용할 수 있는 주요 대상화물은 Transformer, Generator, Compressor, Turbine 등입니다. 상차 높이만큼 Track을 설치할 수 있다면 상차 상태에서도 Jacking & Skidding System을 적용할 수 있습니다.

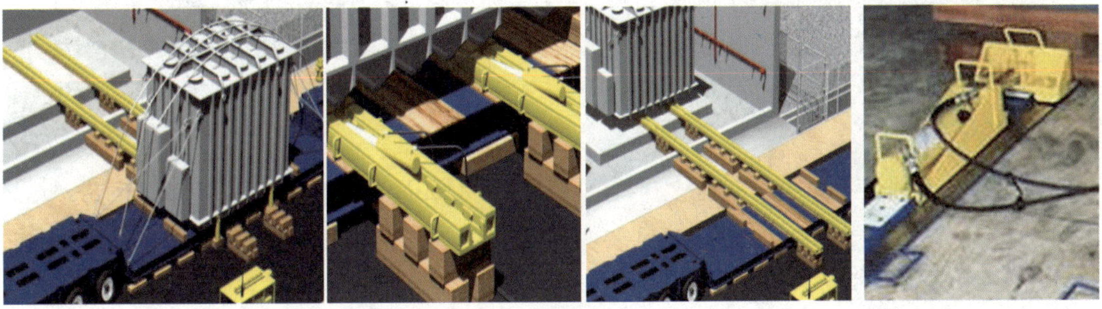

(a) Jacking & Skidding System 적용사례 1 (b) Hydraulic Cylinder

[그림 12-8]

[그림 12-8] (a)는 Hydra-slide라는 브랜드의 Hydraulic Cylinder가 상차상태에서 Skid Track을 따라 Transformer를 이동시키고 Foundation에 안착시키는 에니메이션입니다.

Climbing Jack으로 Jack-up을 실시한 후 트레일러 위에 Track을 연결합니다. 이어서 Track 위에 Jack-down, Hydraulic Cylinder가 Transformer를 밀면서 Foundation 위치에 도달합니다. Climbing Jack으로 Jack-up 후 Track을 제거하고 Jack-down을 실시하면 Foundation에 안착하게 됩니다.

[그림 12-9] Jacking & Skidding System 적용사례 2

ALE의 Jacking & Skidding System을 보여주는 에니메이션입니다.

- Turntable과 그 위에 Timber 준비
- Timber 위에 Transformer 하역 후 Girder Frame 제거
- Turntable 방향전환
- Climbing Jack 이용 Jack-up 후 Transformer 아래에 Skid Track 설치 및 Jack-down
- 이후 과정은 동일함

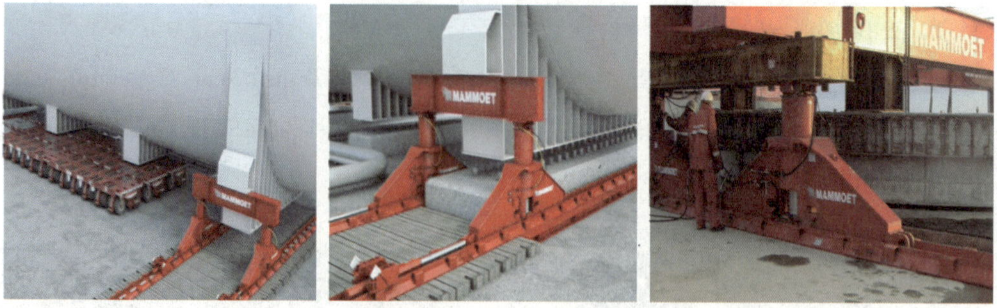

[그림 12-10] Jacking & Skidding System 적용사례 3

850톤 중량의 화물을 Foundation에 안착시킬 수 있는 Mammoet의 Jacking & Skidding System 사례입니다. Vessel과 같은 중량물을 Jack-up하여 트레일러를 Release하고 Track을 따라 이동시켜 Foundation에 안착시키는 방식입니다.

Hydraulic Gantry의 Skidding 방식 적용

Hydraulic Gantry는 건설현장에서 크레인 대용으로 활용할 수 있는 장비입니다. 일차적으로는 트레일러로부터 하역 목적을 달성할 수 있고, Skid Track 위에 설치하면 화물의 이동 및 설치가 가능합니다. [그림 12-11] (b)와 같이 Vendor Shop에서는 Overhead Crane의 대용장비로 활용할 수 있습니다.

(a) [Hydraulic Gantry 적용사례 1　　(b) Hydraulic Gantry 적용사례 2

[그림 12-11]

[그림 12-12] Hydraulic Gantry 적용사례 3

[그림 12-12]는 Skid Track 위에 Hydraulic Gantry를 설치하고 Track을 따라 이동 후 기기를 설치하는 Mammoet 제공 에니메이션입니다.

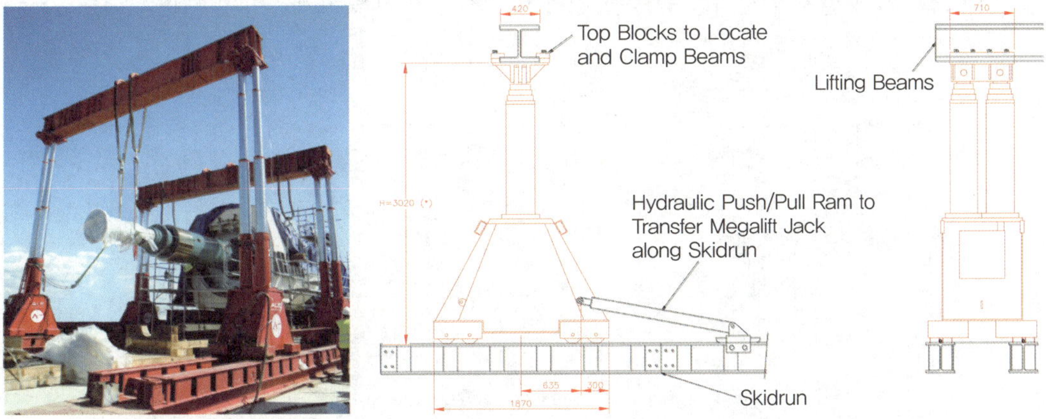

[그림 12-13] 4 Points Lifting System

ALE의 Hydraulic Gantry 사례입니다. ALE는 이를 4 Points Lifting System이라 부르고 있습니다.

(a) Support+Skidrun+Hydraulic Gantry　　(b) Support+Skidrun+Strand Jack

[그림 12-14]

별도의 Support 위에 Skid Track과 Hydraulic Gantry를 설치하면 보다 높은 곳에 위치한 Foundation에도 기기를 설치할 수 있습니다. 오른쪽 사진의 사례는 Hydraulic Gantry와 Strand Jack을 조합한 구성입니다. Hydraulic Gantry는 높낮이 조절에 한계가 있기 때문에 Strand Jack을 장착하여 이를 보완할 수 있습니다.

살펴본 바와 같이, Jacking & Skidding System은 크레인을 동원할 수 없거나, 크레인이 자리 잡을 공간이 부족한 경우 또는 이미 들어선 건축물로 인해 크레인으로 설치가 불가능한 경우에 유용한 설치방식입니다.

ALE, Mammoet, Sarens와 같은 기업들은 기기의 내륙운송과 설치 모두를 수행하고 있습니다. 이 때문에 Jacking & Skidding System 적용시, 업무의 일관성 유지차원에서 설치까지 물류부서에서 담당하는 경우가 있습니다. Jacking & Skidding System 또한 물류에서 관심을 가져야 하는 분야입니다.

Jacking & Skidding System은 구조가 간단하고 Crawler Crane처럼 대형장비가 동원되는 것이 아니며, 공간도 많이 차지하지 않는 장점이 있으나, 해당 기기만 설치하고 해체해야 하는 단점이 있습니다. 장비 사용료, 현장여건, 기기 설치의 시의성 등을 고려하여 최적의 방식을 채택해야 할 것입니다.

13. 다양한 크레인과 활용사례들

Crawler Crane

Crawler Cane은 무한궤도식 기중기입니다. 비탈길이나 노면이 고르지 못한 지형에서도 이동이 가능하고 Lifting 성능이 우수한 반면, 이동, 부품 동원 및 크레인 조립에 많은 시간이 소요되는 단점이 있습니다. 조립을 위해서는 보조 크레인의 지원과 더불어 넓은 공터가 필요합니다.

Boom은 격자 모양의 Lattice Boom을 채용하고 있습니다. Boom의 자체 중량을 낮추고 바람의 영향을 최소화하는 형태라고 할 수 있습니다.

(a) Lattice Boom (b) Main Boom+Jib (c) Suspended Ballast (d) Winch, Ballast Wagon

[그림 13-1]

Crawler Crane은 Counter Weight를 적재하여 균형을 유지합니다. Main Boom에 Jib을 연결함으로써 크레인의 Outreach와 Lifting 높이를 신장시킬 수 있습니다. 대형 크레인의 경우에는 추가적으로 Ballast Tray를 설치하고 그 위에 Ballast를 적재합니다. 이를 Suspended Ballast라고 합니다. Suspended Ballast는 크레인이 회전할 때 공중에 뜬 상태로 방향을 전환합니다. 이는 바퀴가 달린 형태의 Ballast Wagon으로 대체될 수 있습니다.

[그림 13-1] (d)에서 붉은색 원으로 표시한 부분에 Winch가 장착되어 있습니다. 실타래처럼 Rope를 감아주는 장치인 Winch에 의해서 Rope 길이를 조절하여 Lifting을 실시합니다.

(a) 철제 Load Spreader (b) 목재 Load Spreader (c) Rubber Track

[그림 13-2]

크레인의 자체 중량도 상당하지만, 중량물을 Lifting하는 만큼 Crawler Carrier 아래에 하중분산을 위한 철제 Load Spreader나 침목을 받칩니다. Crawler Carrier는 Chain Track을 채용하며, 소형의 궤도식 장비에는 Rubber Track을 적용할 수 있습니다.

화물 길이에 따라 달라질 수 있으나 대략 1,200톤 이하의 Column은 2대의 Crawler Crane을 이용하여 설치합니다. 중량이 더 많이 나가거나 장척의 Column은 Main Crane으로 Tower Gantry 또는 Ring Crane을 적용할 수 있습니다. 그 밖에 Ultra Heavy Cargo 설치에는 Ring Crane의 일종으로 PTC Crane, AL.SK Crane과 같은 초대형 크레인이 이용될 수 있습니다.

Mobile Crane

Mobile Crane은 이동식 기중입니다. 대부분의 Mobile Crane은 Counter Weight를 장착하지 않고, Lifting시 Outrigger에 의해서 중심을 유지하기 때문에 Crawler Crane에 비해 Lifting Capa.가 상대적으로 작은 편입니다. 보통 100톤 이하의 Mobile Crane이 주종을 이룹니다.

[그림 13-3] (c)와 같이 Counter Weight를 적재하여 보다 큰 성능을 발휘하는 모델도 존재합니다. 배

(a) Crane Outrigger (b) Boat Outrigger (c) Mobile Crane

[그림 13-3]

의 측면에 부착하여 전복을 방지하기 위한 장치 또한 Outrigger라고 부릅니다. Mobile Crane의 Boom은 사각 또는 원통형의 겹겹이 둘러싸인 Telescopic Boom으로 이뤄져 있으며, 이 크레인 최대의 장점은 기동성입니다.

(a) (b) (c)

[그림 13-4] Mobile Crane 사례

[그림 13-4]는 Counter Weight를 장착한 Mobile Crane 사례들입니다. 크레인작업은 육상에서 진행해야 하고, [그림 13-4] (c)와 같이 선상작업은 선박의 Ballasting이 완벽하게 뒷받침되지 않는 한, Rolling으로 인해 위험성이 높기 때문에 고려하지 않는 것이 바람직합니다.

(a) (b)

[그림 13-5] Mobile Crane 사례

[그림 13-5] (b)의 사례와 같이 부두에서 트레일러를 조립하던 중 Mobile Crane의 유압실린더가 파열되는 사고를 경험하였습니다. 사례의 지역은 당일 Port Gate Pass를 신청하면 다음날 승인이 이뤄졌습니다. 다른 크레인을 섭외하느라 하루를 허비하게 되었습니다. 중량물 운송용 트레일러와 마찬가지로 크레인을 동원할 때도 장비의 연식을 확인하시기 바랍니다.

[그림 13-5] (a)에는 위험지역을 표시하기 위해 안전띠를 두른 모습이 보입니다. 반면에 작업자 가까이에 안전모를 착용하지 않은 사람의 모습도 보입니다. 중동지역 Port에서 Lifting 작업 중이던 Mobile Crane이 넘어지면서 생명을 앗아가는 불행한 일이 있었습니다. 사고는 언제든 발생할 수 있으므로 안전모를 착용하되 Observer는 작업장으로부터 안전거리를 유지하는 것이 바람직합니다.

(a) Reach Stacker (b) Telescopic Handler

[그림 13-6]

Boom의 신장기능을 이용하여 Lifting을 실시하는 모바일 장비로는 Mobile Crane 이외에도 Reach Stacker와 Telescopic Handler가 있습니다. Reach Stacker는 주로 컨테이너의 운반과 적치에 활용되나, 크레인 대용으로도 사용할 수 있습니다.

Telescopic Handler는 Forklift가 접근할 수 없는 컨테이너 내부까지 화물의 적입과 적출을 가능하게 해주는 장비입니다. 마찬가지로 크레인 용도로도 사용할 수 있으며, Shovel(=Bucket)을 장착하면 Wheel Loader의 기능을 수행할 수 있습니다.

(a) Wheel Loader (b) Skid Loader (c) Bulldozer

(d) Excavator (e) Backhoe Loader (f) Compactor or Roller

[그림 13-7]

[그림 13-7]은 공사현장에서 토목공사에 동원되는 장비들을 나타낸 것입니다. Wheel Loader는 Payloader, Shovel Loader, Bucket Loader 등의 다양한 이름으로 불리는 장비입니다. 토사나 석재, 석탄 등을 트럭에 적재할 때 유용합니다. Bucket Cylinder의 구조적 위치로 인해 Bulldozer의 Blade 보다 Bucket의 Lifting 범위가 넓습니다.

Skid Loader는 Wheel Loader와 기능이 유사한 소형의 장비입니다. Bulldozer는 주로 토사를 밀어붙여 지면을 평평하게 만들 때 사용하는 장비입니다. 그 외에도 Excavator, Wheel Loader와 Excavator 두 장비의 기능을 결합한 Backhoe Loader, 땅을 다지는 용도의 Roller(Compactor) 등이 토목공사용 장비로 사용됩니다.

굴삭기(掘削機) 또는 삽차로 표현되는 Excavator를 포크레인(Poclain)이라고 부르는 경향이 있습니다. 포클랭(불어식 발음)은 프랑스의 Excavator 제작사 이름에서 유래하였습니다.

(a) 빌딩 건설　　(b) 사고사례

[그림 13-8]

[그림 13-8] (a)는 도심의 공사현장 모습입니다. 주변 건물과의 간섭이 발생하기 때문에 Tower Crane 대신 Luffing Jib Crane을 설치했습니다. 도로에는 두 대의 Mobile Cane이 작업중입니다. 크레인 Boom이 트레일러 측면으로 길게 뻗어 있습니다. 따라서 Outrigger가 상당한 압박을 받게 됩니다. 안전사고에 유의하여 작업을 진행해야 할 것입니다. Mobile Crane 사고는 다수의 경우, Outrigger의 능력을 초과하여 Boom을 트레일러 측면으로 확장한 상태에서 발생합니다.

Liebherr, LTM 11200 모델은 1,200톤 Mobile Crane입니다. 다음의 두 사례는 이 모델의 크레인으로 풍력발전 설비를 설치하는 모습입니다. 이 같이 Mobile Crane 모델도 성능 범위가 다양하게 존재합니다.

[그림 13-9] Liebherr, LTM 11200 모델

Project가 도중에 Termination 되는 경우가 있습니다. 해외에서 근무할 때 실제로 그런 사례가 있었습니다. 이렇게 되면, 그 때까지 제작이 완료된 제품들은 사업주가 인수합니다. 그런데 문제가 있습니다. 웬만한 Heavy Crane들은 다 철수하고 자잘한 성능의 Mobile Crane들만 현장에 남아서 뒷정리를 합니다.

그리고 언제 공사가 재개될지 모르기 때문에 운송사의 Stool과 Transportation Beam 위에 거치해 둘 수도 없습니다. 이런 경우에는 어떻게 해서든 Mobile Crane으로 하역하여 지면에 내려놓아야 합니다.

[그림 13-10] 복수의 크레인을 동원한 중량물 하역

이때는 4대의 Mobile Crane으로 동시에 들어올려 하역을 진행할 수 있습니다. 다만 크레인 기사들 간에 호흡이 중요하고, 맞은편의 기사가 시야에 들어오지 않기 때문에 보조인력이 충분히 배치되어야 합니다.

Ring Crane

Ring Crane은 Mast Foot과 Ballast Wagon이 Platform 위에 설치한 내외곽 두 개의 Ring을 따라 이동하면서 화물을 Lifting할 수 있는 크레인입니다. 또는 Mast Foot만 Ring을 따라 이동하고 Ballast는 동심원의 중앙에 고정될 수 있습니다.

사진은 Boom 길이 95.5m, Lifting 반경 32m에서 1,757톤까지 Lifting이 가능한 Mammoet의 MSG-80 Ring Crane의 모습입니다. 필자가 수행했던 Aromatics Project에서 Xylene Column(L95m, Empty

[그림 13-11] MSG-80 Ring Crane, SASOL PJT Wash Tower 설치 및 크레인 도면

Weight 1,403톤) 설치에 MSG-80 Ring Crane과 Demag CC 8800-1 모델의 1,600톤 Crawler Crane(Tailing)이 사용된 바 있습니다.

〈표 13-1〉 크레인 조립 일정 사례

Activities	Working Days
Receive Containers and Unpack	14
Build Rings including Base Frames, Mast Foot, Cross Mast	9
Build Ballast Towers	3
Build Backmast and Connect to Mast Foot	3
Octopus, Pendants BM & Strand Jacks	3
Build Main Boom +Jib	10
Pull Strands for Main Boom and Backmast	5
Lift Backmast and Skid Ballast Tower	1
Pre-Stress Main Boom, Connect Hoses and Data Cables	3
Install Strand Jacks and Strands	4
Compete Jib	3
Assemble Load Test Frame	2
Boom-up	2
Prepare Hook Block and Rigging	1
Load Test, Function Test	1
Total Lead Time	64

MSG-80 Ring Crane의 조립계획 사례입니다. 크레인 부품의 수령일로부터 조립이 완료되는 시점까지 총 64일이 소요되는 일정입니다. 일정표에 의하면 Main Boom에 Jib을 연결할 계획이며, Lifting에는 Strand Jack 방식이 적용된다는 것을 알 수 있습니다.

>>> Tower Crane, Luffing Jib Crane

공사현장에서 가장 많이 눈에 띄는 크레인이 Tower Crane과 Luffing Jib Crane입니다. Tower Crane은 수평으로 설치된 Boom을 따라 Hoist Trolley가 이동하면서 Lifting 작업을 수행합니다. Boom을 접을 수 없기 때문에 주변의 Tower Crane이나 건물과의 간섭을 피해 차지하는 공간이 넓다는 단점이 있습니다. 이 때문에 건물과 건물 사이의 좁은 공간에서는 Luffing Jib Crane이 유용합니다. Tower Crane은 최대 32톤까지 Lifting 할 수 있는 모델이 있고, 통상적으로는 20톤 이하의 자재를 Lifting할 때 주로 이용됩니다.

(a) Tower Crane (b) Luffing Jib Crane (c) Mast 추가 설치

[그림 13-12]

Luffing Jib Crane은 Boom을 따라 Hoist Block이 이동하는 Trolley 기능은 없고 Boom 끝을 통해서만 Lifting이 가능합니다. 이런 형태의 Boom을 Jib이라고 표현합니다. Jib의 각도를 조절할 수 있는 반면, Tower Crane에 비해 작업속도가 느린 편입니다. Luffing Jib Crane은 60톤 이상을 Lifting 할 수 있는 모델이 있으나, 32톤 이하 Lifting 성능의 장비를 주로 이용하고 있습니다.

두 크레인의 공통점은 Cabin(운전실) 아래에 Cage가 장착되어 있다는 점입니다. 이는 Mast의 고도를 높이거나 낮추기 위한 장비입니다. Cage 내의 Mast를 분리한 후에 Hydraulic Cylinder로 상부의 Mast를 끌어올립니다. 자체적으로 새로운 Mast Unit을 Lifting하여 Cage 사이의 빈 공간에 밀어넣어 작업자가 조립합니다. 이 과정을 반복하면 Mast의 고도를 높일 수 있습니다.

>>> Terminal Crane

Project 물류업무에 있어서 Terminal Crane은 임시로 건설한 Jetty에 설치하여 Barge 하역용으로 활용할 수 있는 크레인입니다.

(a) (b) (c)

[그림 13-13] Terminal Crane 사례

[그림 13-13] (a)와 (b)는 볼리비아 Project 사례로 강을 타고 온 Barge로부터 화물을 하역하는 모습입니다. Terminal Crane은 자체적으로는 Swing 기능이 없고 상하 방향으로만 Boom을 움직일 수 있습니다.

크레인은 상당히 많은 부속자재들을 조립하여 설치합니다. 해외에서 들여오는 경우, 통관에 문제가 발생하지 않도록 관리하고, 고장과 도난사고에도 대비해야 합니다.

볼리비아 Project는 물류부서가 임시 Jetty를 건설하고, 가교를 건설하고, Storage Yard를 건설하고, 교량을 보강하고, 운송로를 만들고, Terminal Crane 사용계약을 맺는 등 본업 외에도 토목공사를 병행한 Project였습니다. Barge 강송을 포함하여 워낙 다양한 이슈가 있었으나, 실력있는 운송사를 통해 현지 물류업무를 진행함으로써 많은 Risk 요인들이 감소된 측면이 있습니다.

오전 9시부터 밤 10시까지 계약서 조항 하나하나를 놓고 밀당을 했던 기억이 있습니다. 불리한 계약조항은 없는지 꼼꼼히 살펴보고 계약에 임하시기 바랍니다. 토목공사나 크레인 사용계약을 체결해야 하는 경우에는 공사부서의 조언을 구하고 기존 사례들을 참고할 필요가 있습니다.

14. Super Heavylift Crane

Mammoet과 ALE의 Super Heavylift Crane에 대해서 알아보겠습니다.

▶▶▶ Mammoet PTC Crane

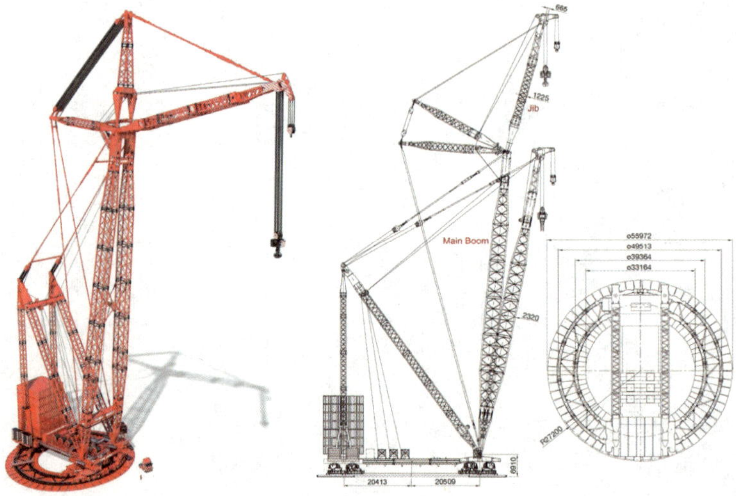

[그림 14-1] PTC Crane

EG Project의 최중량물은 Wash Tower입니다. 다음은 삼성엔지니어링이 수행한 미국 MEG(Mono Ethylene glycol) Project의 Wash Tower 설치 모습입니다.

EG는 para-Xylene과 함께 PET의 원료로 사용됩니다. 연간 70만톤의 EG를 생산하는 플랜트로 이 Project의 Wash Tower는 Dress-up 작업을 마친 상태에서 길이 100m, 중량 1,600톤 규모입니다. Wash

Tower를 포함하여 총 62기의 중량물이 PTC(Platform Twin Ring Containerized) Crane으로 설치되었으며, 'PTC 200 DS'는 Mammoet이 자랑하는 Super Heavylift Crane의 모델명입니다.

[그림 14-2] PTC Crane, Tailing Frame을 이용한 Wash Tower 설치

PTC Crane은 앞서 살펴본 Ring Crane의 일종으로, Platform 위에서 두 개의 내외곽 Ring을 따라 크레인의 Mast Foot과 Ballast Wagon이 회전하면서 작업 반경내의 거의 모든 기자재를 설치할 수 있습니다.

〈표 14-1〉 Mammoet PTC Crane 제원

모델명 PTC 200 DS	
Lifting Capacity	최대 3,200톤
Main Boom 길이	최대 Main Boom 140m+Jib 106m
설치 작업 반경	최대 192m(192m에서 최대 145톤까지 Lifting)
Ballast 중량	3,000톤 또는 3,500톤
Ring Diameter	내측 39.364m, 외측 49.513m
Platform Diameter	내측 33.164m, 외측 55.972m

최대 3,200톤을 Lifting 할 수 있는 실로 웅장한 크레인입니다. [그림 14-3]은 1,600톤 Wash Tower의 설치 장면을 확대한 사진입니다. Riser Pipe를 장착한 상태에서 설치를 진행했으며, Tailing 장비로는

[그림 14-3] Wash Tower 설치

SPMT+ Tailing Frame을 사용하였습니다.

〈표 14-2〉는 Mast Foot에 Main Boom만 연결했을 때, Boom 길이와 반경에 따른 Lifting 성능을 보여주는 표입니다.

〈표 14-2〉 Lifting Capacity 1

Ballast (t)	Boom length (m)	Radius(m)																									
		32	34	38	42	46	50	54	58	62	66	70	74	78	82	86	90	94	98	102	106	110	114	118	122	132	141
	83	3200	3200	3200	3200	3200	3200	3200	2901	2610	2368	2136	1910	1712													
	88		3200	3200	3200	3200	3200	3200	2894	2603	2361	2155	1979	1807	1628	1467											
	94		3200	3200	3200	3200	3200	3200	2880	2590	2348	2142	1966	1813	1679	1543	1396	1262									
	100			3200	3200	3200	3200	3200	2872	2581	2339	2134	1958	1805	1671	1553	1448	1333	1209								
	105			3200	3200	3200	3200	3200	2865	2574	2332	2127	1952	1798	1664	1547	1441	1345	1255	1160	1052						
3000	111			3200	3200	3200	3200	3068	2855	2565	2323	2118	1942	1790	1656	1538	1433	1334	1245	1165	1092	1004	908				
	117			3200	3200	3200	3050	2865	2699	2556	2314	2109	1933	1781	1648	1529	1424	1325	1236	1155	1083	1017	956	869	783		
	123			3200	3200	3076	2878	2700	2539	2391	2304	2099	1924	1771	1638	1520	1415	1317	1227	1146	1074	1007	947	892	800		
	128			3200	3101	2891	2704	2536	2382	2243	2175	2077	1916	1764	1630	1513	1408	1309	1219	1139	1066	999	939	859	777		
	134				2921	2712	2527	2361	2211	2075	1949	1922	1808	1702	1602	1503	1398	1299	1210	1129	1056	983	901	821	743	563	
	140				2725	2524	2333	2189	2045	1915	1795	1737	1657	1556	1461	1372	1288	1209	1134	1062	992	927	857	783	711	544	405
	83	3200	3200	3200	3200	3200	3200	3200	3077	2707	2398	2136	1910	1712													
	88		3200	3200	3200	3200	3200	3200	3200	2839	2517	2245	2011	1807	1628	1467											
	94		3200	3200	3200	3200	3200	3200	3200	2962	2627	2344	2102	1892	1707	1543	1396	1262									
	100			3200	3200	3200	3200	3200	3200	2969	2698	2445	2194	1977	1787	1619	1469	1333	1209								
	105			3200	3200	3200	3200	3200	3130	2965	2691	2458	2258	2048	1862	1692	1537	1400	1275	1160	1052						
3500	111			3200	3200	3200	3200	3068	2896	2855	2680	2449	2249	2076	1893	1731	1574	1442	1321	1209	1104	1004	908				
	117			3200	3200	3200	3050	2865	2699	2582	2512	2372	2240	2067	1914	1755	1612	1472	1354	1245	1143	1047	957	869	783		
	123			3200	3200	3076	2878	2700	2539	2391	2355	2227	2102	1985	1875	1769	1629	1491	1377	1271	1172	1080	986	892	800		
	128			3200	3101	2891	2704	2536	2382	2243	2176	2077	1959	1848	1744	1646	1552	1437	1329	1226	1128	1035	945	859	777		
	134				2921	2712	2527	2361	2211	2075	1949	1922	1808	1702	1602	1508	1420	1336	1256	1162	1071	983	901	821	743	563	
	140				2725	2524	2333	2189	2045	1915	1795	1738	1657	1556	1461	1372	1288	1209	1134	1062	992	927	857	783	711	544	405

〈표 14-2〉를 통해서 Lifting 성능을 인지할 수 있습니다. 이를 테면, 3,500톤 Ballast 적재, 83m의 Main Boom 적용, Ring 동심원의 중심으로부터 작업반경 58m의 경우, 3,077톤까지 Lifting 할 수 있다는 의미입니다.

Main Boom에 Jib을 연결했을 때, Jib의 높이(오른쪽 수치)와 Ring 동심원의 중심으로부터 반경(아래 수치), Boom 각도를 확인할 수 있습니다([그림 14-4]).

〈표 14-3〉은 Main Boom+Jib의 반경 및 전체 Boom 길이에 따른 Lifting 성능을 보여주는 테이블입니다.

PTC Crane의 장점은 설치범위가 확장된 만큼, 공사에 투입되는 크레인 수를 대폭 줄일 수 있고, 대형 Crawler Crane의 단점인 기동성 제한에 영향을 받지 않기 때문에 일단 조립이 완료되면 보다 신속하게 중량물 설치를 진행할 수 있다는 점입니다. 반면에 Crawler Crane보다는 사용료가 고가입니다. 따라서 설치기간이 연장되면 사용료 부담이 상대적으로 크게 상승합니다. 그 만큼 적기운송을 수행해야 할 물류부서의 역할이 부각될 수밖에 없습니다.

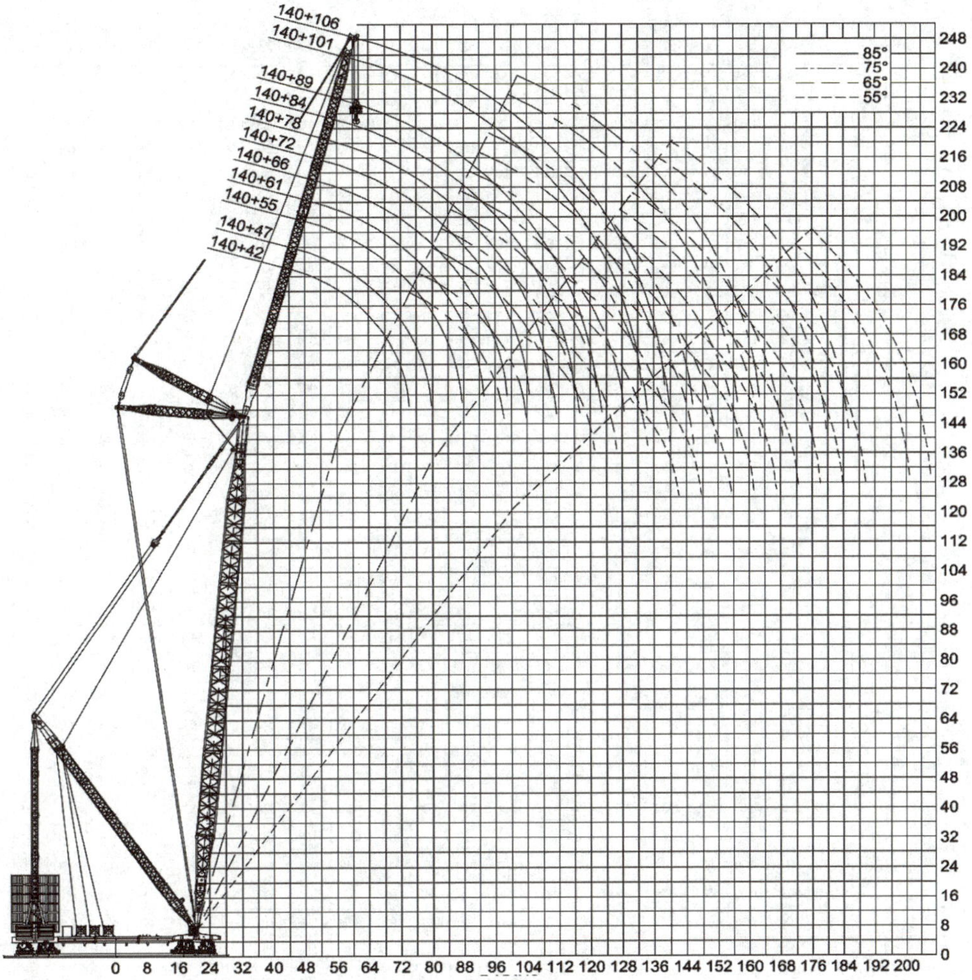

[그림 14-4] Lifting 반경과 크레인 고도의 관계

〈표 14-3〉 Lifting Capacity 2

Boom length (m)	Jib length (m)	Radius(m)																										
		35	38	42	46	50	54	58	62	66	70	74	78	82	86	90	94	98	106	114	122	132	142	152	162	172	182	192
111	25		3200	3087	2887	2703	2534	2381	2240	2111	1990	1960	1856	1752	1580	1440	1313	1198	994	818	661	485						
	30			3030	2828	2645	2479	2327	2188	2059	1940	1830	1813	1711	1615	1462	1337	1223	1022	849	697	527	370					
	36			2972	2780	2597	2432	2282	2143	2016	1900	1790	1713	1674	1581	1474	1354	1244	1048	878	729	564	413					
	42			2784	2704	2542	2378	2240	2102	1977	1859	1754	1654	1630	1549	1463	1374	1262	1067	900	753	593	449	314				
	47				2485	2431	2315	2185	2061	1944	1829	1722	1625	1534	1523	1439	1364	1278	1088	925	783	623	482	352				
	55				2227	2189	2150	2075	1964	1859	1761	1668	1579	1492	1408	1394	1323	1251	1096	937	797	646	507	386	269			
	61					2014	1980	1945	1885	1789	1699	1613	1531	1454	1381	1345	1300	1233	1101	951	814	663	528	411	302			
	66					1829	1798	1767	1735	1704	1633	1554	1479	1407	1338	1272	1241	1204	1086	954	818	676	549	430	325	223		
	72					1668	1640	1612	1490	1466	1441	1417	1393	1359	1294	1233	1175	1170	1061	960	831	685	557	452	345	249	156	
	78						1493	1446	1400	1356	1313	1272	1232	1194	1158	1122	1089	1057	996	937	848	702	575	463	363	270	181	
	84						1291	1245	1200	1158	1117	1078	1041	1006	973	941	910	881	828	778	733	682	589	479	379	288	204	120
117	25		3106	2903	2717	2544	2387	2240	2105	1977	1862	1780	1739	1638	1545	1448	1324	1211	1011	838	686	516	357					
	30			2839	2650	2482	2325	2188	2055	1932	1816	1710	1660	1599	1507	1421	1339	1232	1035	865	717	552	401					
	36			2773	2591	2427	2269	2137	2010	1892	1779	1675	1578	1565	1477	1393	1313	1239	1056	891	744	585	438	305				
	42				2536	2373	2225	2089	1964	1849	1742	1640	1545	1500	1445	1365	1288	1216	1077	914	771	614	473	340				
	47				2442	2319	2175	2042	1921	1808	1704	1607	1517	1433	1389	1337	1264	1195	1065	932	792	639	499	377	258			
	55				2203	2163	2088	1969	1856	1749	1648	1554	1467	1386	1309	1273	1224	1157	1035	924	803	653	523	402	292			

Boom length (m)	Jib length (m)	Radius(m)																									
		35	38	42	46	50	54	58	62	66	70	74	78	82	86	90	94	98	106	114	122	132	142	152	162	172	182	192
117	61					1994	1959	1893	1792	1696	1606	1520	1438	1359	1285	1215	1202	1138	1018	911	814	670	542	426	319	217		
	66					1811	1780	1749	1717	1634	1550	1471	1396	1324	1256	1190	1127	1117	1001	897	802	682	555	443	339	241	146	
	72					1687	1650	1613	1572	1539	1493	1420	1350	1283	1220	1159	1101	1072	985	883	791	686	575	462	362	265	175	
	78						1487	1448	1404	1361	1320	1279	1241	1204	1168	1123	1069	1017	958	863	775	675	578	475	376	283	196	112
	84						1293	1248	1205	1163	1124	1086	1050	1015	982	951	921	893	840	791	746	663	576	482	385	302	216	136
123	25			2750	2558	2386	2229	2087	1956	1833	1721	1617	1592	1504	1414	1330	1250	1174	1020	850	702	538	387					
	30			2698	2512	2340	2184	2042	1912	1792	1682	1580	1484	1469	1382	1299	1222	1149	1014	875	730	569	426	290				
	36			2638	2460	2298	2145	2004	1888	1758	1650	1549	1456	1412	1356	1275	1199	1128	997	879	762	602	462	332				
	42				2403	2245	2101	1968	1842	1725	1618	1519	1427	1342	1330	1251	1178	1109	981	866	762	626	488	364	245			
	47				2348	2194	2054	1922	1808	1698	1592	1494	1404	1320	1241	1231	1159	1091	967	856	755	641	513	392	278			
	55					2097	1971	1854	1745	1642	1541	1443	1353	1273	1205	1136	1128	1062	941	834	737	626	525	410	304	202		
	61					1976	1895	1787	1686	1591	1502	1419	1340	1266	1191	1121	1087	1046	930	824	730	623	528	430	328	229	137	
	66					1821	1780	1716	1623	1536	1453	1374	1300	1230	1164	1102	1040	1009	918	814	721	617	524	439	348	252	163	
	72						1633	1588	1558	1478	1402	1329	1260	1195	1132	1072	1016	962	905	805	714	612	521	440	362	273	188	101
	78						1477	1450	1407	1365	1326	1280	1216	1155	1097	1041	987	937	885	794	706	605	517	436	364	289	205	123
	84						1295	1251	1209	1169	1130	1093	1058	1024	991	961	931	903	842	777	697	601	514	436	365	297	223	145
128	25			2582	2397	2231	2080	1943	1816	1701	1593	1493	1423	1381	1295	1216	1140	1068	934	814	704	555	411	276				
	30			2542	2357	2191	2041	1902	1778	1663	1558	1460	1369	1325	1267	1189	1116	1046	918	802	696	574	445	316				
	36			2508	2322	2156	2007	1871	1748	1634	1530	1434	1343	1259	1244	1167	1095	1029	904	792	690	574	468	350	233			
	42				2281	2123	1975	1840	1717	1605	1502	1408	1319	1237	1198	1148	1078	1012	889	780	682	570	469	376	264			
	47				2225	2079	1943	1814	1695	1581	1479	1385	1299	1218	1143	1107	1062	997	878	772	676	568	470	380	294	190		
	55					1954	1818	1706	1608	1516	1430	1349	1264	1185	1112	1043	1011	970	858	753	659	556	463	378	300	220	124	
	61					1907	1792	1682	1575	1475	1381	1294	1212	1142	1080	1022	966	957	846	745	655	553	463	381	306	234	155	
	66					1789	1721	1624	1531	1444	1362	1283	1206	1133	1064	1000	939	881	819	732	647	547	460	380	307	239	174	87
	72						1607	1556	1473	1393	1318	1246	1178	1113	1052	994	937	882	819	724	636	543	458	380	308	244	182	117
	78						1462	1436	1402	1336	1267	1201	1138	1078	1020	966	913	864	812	721	635	539	454	378	309	245	187	129
	84						1297	1254	1213	1174	1136	1100	1065	1032	988	937	888	841	753	709	630	536	451	377	310	249	192	138
134	25			2433	2253	2092	1945	1813	1691	1579	1476	1380	1290	1268	1191	1115	1043	973	847	732	627	507	397	293				
	30			2382	2213	2054	1907	1775	1656	1545	1443	1350	1262	1221	1166	1091	1021	955	832	722	622	507	402	304	211			
	36				2166	2016	1876	1745	1627	1520	1418	1324	1239	1159	1120	1072	1003	939	820	714	617	506	406	313	228			
	42				2120	1973	1839	1715	1598	1492	1392	1301	1217	1139	1066	1054	987	925	807	704	610	504	408	319	239	161		
	47				2078	1934	1805	1683	1574	1468	1370	1281	1198	1121	1049	982	973	911	798	697	605	502	410	325	249	173		
	55					1872	1745	1630	1524	1426	1335	1247	1165	1090	1020	955	894	886	776	679	591	491	404	323	250	180	115	
	61					1813	1698	1591	1493	1399	1311	1226	1145	1075	1007	943	883	854	768	673	587	490	404	327	254	189	123	
	66						1638	1538	1445	1359	1277	1202	1130	1061	993	929	870	814	758	664	580	486	402	327	258	192	134	76
	72						1572	1482	1397	1316	1240	1168	1100	1036	976	919	860	805	750	658	575	483	401	327	259	198	139	87
	78						1449	1416	1343	1269	1198	1131	1068	1007	950	896	844	795	720	650	568	477	397	325	260	199	145	91
	84							1254	1214	1176	1139	1092	1033	977	924	872	824	777	689	644	564	475	396	325	262	202	150	98
140	25			2256	2094	1947	1814	1692	1577	1469	1369	1276	1191	1151	1096	1023	953	889	767	658	560	446	342	246	153			
	30			2211	2051	1904	1773	1653	1542	1438	1340	1249	1165	1087	1074	1002	935	871	756	650	555	446	348	257	169			
	36				2011	1868	1739	1621	1513	1413	1315	1226	1144	1067	997	985	919	858	745	644	551	447	352	266	184	108		
	42				1972	1831	1704	1588	1482	1384	1292	1206	1125	1050	980	947	904	844	734	635	545	445	355	270	195	121		
	47				1937	1798	1673	1559	1454	1358	1270	1186	1107	1034	965	901	872	834	726	629	541	444	357	278	204	134		
	55					1747	1624	1513	1411	1318	1231	1151	1076	1007	938	876	817	789	706	612	528	434	350	275	204	140	76	
	61					1714	1595	1486	1386	1295	1210	1132	1059	992	926	864	807	753	698	608	526	434	352	277	210	146	82	
	66						1552	1453	1360	1271	1188	1111	1040	974	912	852	795	743	689	599	519	429	352	276	217	152	93	
	72						1499	1408	1321	1240	1164	1093	1023	959	898	841	785	733	661	594	515	427	349	278	215	156	100	
	78						1435	1355	1276	1201	1130	1062	999	939	882	827	775	723	630	586	509	423	346	276	215	159	103	
	84							1254	1215	1158	1093	1030	971	915	861	810	762	716	624	581	505	419	344	278	217	161	111	

Mammoet에 의하면, MEG Project의 Wash Tower 설치시 총 길이(Main Boom+Jib) 217m는 그때까지 PTC Crane Lifting 역사상 가장 긴 Boom 길이라고 합니다. SPMT+Tailing Frame 장비 준비의 신속성과 조립의 용이성을 감안할 때, 초대형 크레인과 Tailing 장비로서 SPMT+Tailing Frame은 최강의

조합이라고 할 수 있습니다. Fluor가 사우디 Yanbu에서 수행한 Project에서도 Propylene Fractionator 설치에 PTC Crane 및 SPMT+Tailing Frame이 사용되었습니다. 다만, 고가의 해상운임을 부담하면서 중량물 선박에 General Cargo를 선적하는 것은 합리적인 의사결정이 아니듯이, 초대형 크레인을 활용하기 위해서는 크레인 사용료와 운전기간, 중량에 따른 대상화물들을 면밀히 따져봐야 할 것입니다.

(a) 1,600톤 Wash Tower

(b) 1,356톤 Propylene Fractionator

[그림 14-5]

ALE, AL.SK 190/AL.SK 350 Crane

(a) AL.SK 190 모델

(b) AL.SK 350 모델

[그림 14-6]

ALE의 'AL.SK 190', 'AL.SK 350' Crane 또한 초대형 Crane에 해당됩니다. ALE가 자랑하는 이 장비들의 대략적인 제원을 〈표 14-4〉에 나타냈습니다.

190모델은 최대 4,300톤, 350모델은 최대 5,000톤까지 Lifting이 가능합니다. Mammoet PTC Crane과의 차이는 Mast Foot만 Ring을 따라 움직이고 Ballast는 동심원의 중앙 위치에 고정된다는 점입니다. Mammoet PTC Crane은 Ring이 360도 전체에 설치되나, AL.SK Crane의 Ring은 필요한 만큼만 연장하여 설치합니다. 360도 전체를 Cover하는 Ring을 설치할 수도 있습니다.

〈표 14-4〉 AL.SK Crane 제원

AL.SK190	
Lifting Capacity	4,300ton Strand Lift System
	600ton Quick Winch System
Ballast to Mast Foot	22.8m, 32.1m
Main Mast	61.2m, 72.7m, 84.2m, 95.6m, 107.0m, 118.5m, 129.9m, 141.3m
AL.SK350	
Lifting Capacity	5,000ton Strand Lift System
	600ton Quick Winch System
Ballast to Mast Foot	30.7m, 40.0m, 49.2m
Man Mast	60.8m, 72.4m, 84.0m, 95.4m, 106.9m, 118.3m, 129.8m, 141.2m
AL.SK350 with Fixed Jib	
Lifting Capacity	5,000ton Strand Lift System
	600ton Quick Winch System
Ballast to Mast Foot	30.7m, 40.0m, 49.2m
Man Mast	52.1m, 63.7m, 75.3m, 86.7m, 98.2m, 109.6m, 121.1m, 132.5m
Fixed Jib	41m Long at 10° or 15° to Main Mast

다음은 AL.SK350 모델을 표현한 것입니다.

[그림 14-7] AL.SK350 모델

Mast(Main Boom)길이, Outreach, Ballast 중량, Ballast로부터 Mast Foot까지의 거리, 이들의 다양한 조합을 통해 Lifting 성능을 보여주는 Table이 다수 존재합니다. 그 중에 두 가지 사례만 인용하였습니다.

〈표 14-5〉 Lifting Capacity 3

AL. SK350	60.8m Main Mast 40.0m Ballast to Mast Foot					AL. SK350	141.2m Main Mast 49.2m Ballast to Mast Foot				
Outreach (m)	2000t Ballast	2500t Ballast	3000t Ballast	3500t Ballast	4000t Ballast	Outreach (m)	2000t Ballast	2500t Ballast	3000t Ballast	3500t Ballast	4000t Ballast
12	5000	5000	5000	5000	5000	26	2800	2800	2800	2800	2800
14	4602	5000	5000	5000	5000	28	2584	2709	2709	2709	2709
16	3995	4995	5000	5000	5000	30	2382	2621	2621	2621	2621
18	3523	4412	5000	5000	5000	32	2206	2537	2537	2537	2537
20	3170	3946	4746	4940	4940	34	2050	2455	2455	2455	2455
22	2861	3564	4291	4856	4856	36	1911	2377	2377	2377	2377
24	2604	3246	3913	4579	4773	38	1787	2300	2300	2300	2300
26	2386	3001	3592	4208	4505	40	1676	2168	2227	2227	2227
28	2199	2770	3318	3889	4103	42	1601	2043	2155	2155	2155
30	2037	2571	3104	3613	3752	44	1528	1930	2086	2086	2086
32	1896	2396	2896	3371	3442	46	1444	1827	2019	2019	2019
34	1771	2241	2712	3182	3194	48	1367	1733	1953	1953	1953
36	1660	2104	2548	2946	2946	50	1297	1646	1890	1890	1890
38	1584	1981	2402	2722	2722	52	1231	1601	1828	1828	1828
40	1495	1871	2271	2516	2516	54	1171	1535	1768	1768	1768
42	1414	1771	2152	2327	2327	56	1115	1466	1709	1709	1709
44	1341	1680	2044	2151	2151	58	1063	1402	1652	1652	1652
46	1273	1601	1945	1987	1987	60	1014	1342	1601	1601	1601
48	1212	1545	1831	1831	1831	64	926	1233	1538	1538	1538
50	1155	1475	1682	1682	1682	68	848	1137	1426	1435	1435
52	–	–	–	–	–	72	778	1052	1325	1337	1337
54	–	–	–	–	–	76	716	975	1234	1243	1243
56	–	–	–	–	–	80	660	906	1152	1153	1153
58	–	–	–	–	–	84	610	844	1067	1067	1067
60	–	–	–	–	–	88	564	787	983	983	983
64	–	–	–	–	–	92	522	736	903	903	903
68	–	–	–	–	–	96	483	688	826	826	826
72	–	–	–	–	–	100	448	645	751	751	751
76	–	–	–	–	–	104	415	605	678	678	678
80	–	–	–	–	–	108	385	567	608	608	608

Mast에 Jib을 연결하면 다음과 같은 형상이 됩니다.

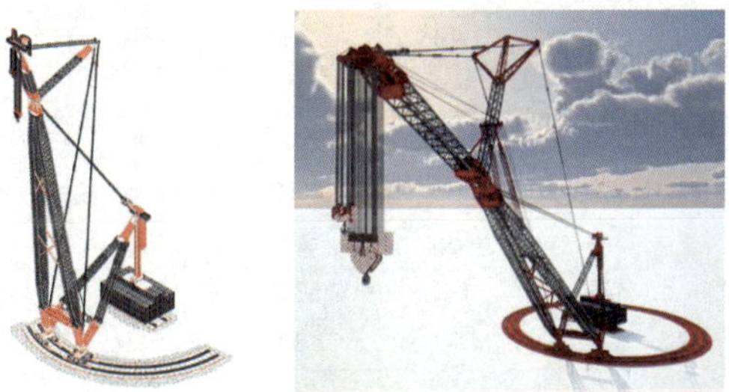

[그림 14-8] AL.SK350 모델, Jib 연결

Mast에 Jib을 연결했을 때 Lifting 성능을 보여주는 여러 테이블 중 하나를 옮겨보았습니다.

〈표 14-6〉 Lifting Capacity 4

AL.SK350 With Fixed Jib	121.1m Main Mast+41.2m Fixed Jib									
	49.2m Ballast to Mast Foot									
Outreach(m)	2000t Ballast		2500t Ballast		3000t Ballast		3500t Ballast		4000t Ballast	
	Jib 15˚	Jib 10˚	Jib 15˚	Jib 10˚	Jib 15˚	Jib 10˚	Jib 15˚	Jib 10˚	Jib 15˚	Jib 10˚
22	–	2982	–	2982	–	2982	–	2982	–	2982
24	–	2953	–	2953	–	2953	–	2953	–	2953
26	2793	2925	2793	2925	2793	2925	2793	2925	2793	2925
28	2770	2754	2770	2898	2770	2898	2770	2898	2770	2898
30	2571	2538	2747	2872	2747	2872	2747	2872	2747	2872
32	2379	2348	2726	2847	2726	2847	2726	2847	2726	2847
34	2210	2181	2705	2760	2705	2822	2705	2822	2705	2822
36	2059	2032	2606	2579	2673	2793	2673	2793	2673	2793
38	1925	1899	2442	2417	2615	2732	2615	2732	2615	2732
40	1803	1780	2295	2271	2560	2672	2560	2672	2560	2672
42	1694	1671	2162	2139	2506	2608	2506	2615	2506	2615
44	1601	1593	2041	2020	2454	2467	2454	2560	2454	2560
46	1523	1503	1930	1910	2358	2338	2404	2507	2404	2507
48	1439	1420	1829	1810	2239	2220	2356	2455	2356	2455
50	1362	1344	1736	1717	2129	2111	2309	2405	2309	2405
52	1291	1274	1649	1632	2028	2010	2263	2356	2263	2356
54	1225	1209	1590	1573	1934	1917	2219	2281	2219	2309
56	1164	1148	1516	1500	1847	1831	2177	2182	2177	2264
58	1107	1092	1447	1431	1766	1750	2105	2089	2135	2220
60	1054	1039	1382	1367	1690	1675	2018	2003	2095	2176
64	958	944	1265	1251	1572	1559	1860	1846	2017	2094
68	872	860	1162	1149	1451	1439	1720	1708	1944	1997
72	800	800	1070	1058	1343	1331	1601	1601	1869	1858
76	747	737	987	977	1246	1235	1505	1494	1744	1727
80	686	676	913	903	1159	1149	1405	1395	1619	1601
84	631	621	846	837	1080	1071	1314	1305	1520	1499
88	580	571	800	795	1008	1000	1232	1223	1409	1388
92	534	526	747	740	942	934	1156	1148	1306	1286
96	491	484	696	689	882	875	1087	1079	1210	1191
100	452	445	648	642	826	819	1023	1016	1121	1102
104	415	409	604	598	794	788	964	958	1037	1019
108	381	376	564	558	746	740	909	903	958	940
112	350	345	526	521	701	696	858	853	883	866
116	321	316	490	486	660	655	810	800	811	800
120	293	289	457	453	621	617	753	742	753	742
124	267	263	426	422	584	581	666	653	666	653
128	242	239	396	393	550	547	579	566	579	566
132	219	216	368	366	494	479	494	479	494	479

AL.SK700 모델은 크레인 2대를 결합한 형태로 최대 8,000톤까지 Lifting이 가능합니다. 다만 Terminal Crane처럼 Boom의 Swing은 불가능한 형태입니다.

[그림 14-9] AL.SK700 모델

이상과 같이 Mammoet과 ALE의 초대형 크레인에 대해서 살펴보았습니다.

물류 담당자로서는 크레인 종류나 성능문제를 공사팀 소관으로 여기고 관심 밖의 일로 생각할 수 있습니다. 하지만, 언제까지나 물류부서에 소속되어 업무를 수행한다는 보장이 없습니다. 그리고 보다 원대한 꿈을 이루기 위해서는 직급이 상승할수록 다방면의 업무에 관심을 기울일 필요가 있습니다. 크레인 장비에 대한 이해 또한 같은 맥락에서 접근해야 합니다.

필자는 물류 부서원들이 조달은 물론 사업, 설계, 공사업무에도 안목을 넓힐 것을 권하는 바입니다.

15. Lashing의 중요성 및 안전사고 예방

Lashing의 중요성은 아무리 강조해도 지나침이 없습니다. Lashing만 잘 해도 불의의 사고로부터 인명과 재산피해를 경감시킬 수 있습니다. 간간이 Lashing에 대해서 언급한 바 있으나, 사례와 함께 구체적으로 살펴보겠습니다.

(a) (b) (c) (d)

[그림 15-1] 사고 사례

[그림 15-1] (a)에서는 Saddle이 위쪽을 향하고 있습니다. 화물이 트레일러로부터 추락했다는 것을 의미합니다. Lashing을 제대로 실시했다면, 사고 발생시 [그림 15-1] (b)의 사진처럼 화물이 트레일러와 함께 넘어지거나 또는 트레일러 위에 머무르게 됩니다. 만약 사고발생 지점에 경사면이 형성되어 있다면 Lashing이 부실한 경우, 추락한 화물이 보다 강한 힘으로 주변의 차량과 보행자를 덮칠 수 있습니다. 2차 사고예방 측면에서도 Lashing의 중요성을 깊이 인식할 필요가 있습니다.

[그림 15-1] (a)와 (b)의 트레일러는 신형은 아닌 듯 합니다. 화물 Size를 고려할 때, Wide Trailer나 Side-by-Side Type 트레일러를 사용하지 않은 것도 사고의 원인이 될 수 있습니다.

[그림 15-1] (c)에서는 Saddle 위치를 통해 화물이 트레일러로부터 이탈한 후 구르는 과정이 수반되었음을 짐작할 수 있습니다. 당시 주변에 다른 차량이나 Operator가 있었다면 위태로워질 수 있었던 상황입니다. Lashing Rope가 추락의 충격을 완화해 주면서 화물이 트레일러 위 또는 트레일러 곁에 머무르는

것이 정상입니다. 애초에 Lashing이 없었거나 Lashing 자체가 부실했다는 의구심을 갖게 합니다.

[그림 15-1] (d)는 Lashing으로 인해 트레일러 위에서 화물이 이탈하지 않고 Damage를 최소화하고 있는 모습입니다.

트레일러가 균형을 잃거나 제어불능 상태가 되는 데에는 운전자의 부주의, COG를 고려하지 않은 상차, 과적, 노후화된 트레일러의 성능저하, 유지보수 미흡, 경사로를 고려하지 않은 Primemover 수량 적용, 그리고 화물 Size나 중량에 비해 상대적으로 폭이 좁은 트레일러 사용 등의 원인이 있습니다. 여기에 부실한 Lashing은 사고를 더욱 확대시키게 됩니다.

일차적으로는 운전자의 안전의식이 중요합니다. Project를 수행하면서 컨테이너 적재 차량이 측면으로 넘어지는 사례를 다수 경험한 바 있습니다. 대부분이 굽이길에서 속도를 줄이지 않아 발생한 사고였습니다. Overbridge와 충돌한 사고 역시 사전에 점검을 철저히 했다면 예방할 수 있었을 것입니다. 따라서 운송을 담당하는 직원들이 정기적으로 안전교육을 이수하도록 협력사를 독려할 필요가 있습니다.

(a) (b)

[그림 15-2] 사고 사례

[그림 15-2] (a)는 사고 발생 이전의 모습과 급정거로 인해 Saddle이 넘어진 모습입니다. 물류부서에서는 사례와 같은 유형의 사고예방에 특히 주의를 기울여야 합니다. Tarpaulin은 해수의 영향으로부터 부식을 방지하기 위한 조치이므로, 목적항 하역 후에는 사실상 용도를 다 한 것이나 다름이 없습니다. 그러므로 내륙운송개시 전에 Tarpaulin을 제거하여 다수의 Lashing Point를 적용하는 것이 바람직합니다.

Saddle에는 Lashing Lug가 부착되어 있습니다. 하지만 Tarpaulin을 고정하는 용도로만 사용되었고 Lashing은 Body를 감싸는 수준에 머물렀습니다. 이러한 상태로는 전후 요동에 취약할 수밖에 없습니다. Saddle에 Lashing을 실시하고, 운송출발 전 Tarpaulin을 제거하여 Nozzle 등에 추가 Lashing을 실시했다면 예방할 수 있었던 사고입니다.

[그림 15-2] (b)는 철골자재가 Primemover를 덮친 경우입니다. 철골자재나 Pipe 등에 실시하는 일반적인 Lashing 방법은 전후 요동에 취약합니다.

[그림 15-3] (b)의 사례와 같이 Lashing Point를 늘리고 다단적재시 각 적재단에 Belt를 감아서 각각의 적재단이 최대한 트레일러와 일체상태를 유지하도록 해야 합니다. 과속과 급정거가 일차적인 원인이지만 [그림 15-3] (a) 또한 이 같은 조치를 취했다면 Pipe가 운전석을 덮치는 정도의 사고를 어느 정도는

완화시킬 수 있었을 것입니다.

(a) 부실한 Lashing (b) Lashing 강화

[그림 15-3]

Crate 포장은 Box 포장에 비해 강도가 약해서 포장 위로 Lashing을 실시하면 운송중에 파손의 우려가 있습니다. [그림 15-4] (b)의 사례와 같이 내품에 Lashing Point를 마련하거나 틈새가 없는 보다 튼튼한 Box 포장이 바람직합니다.

(a) Crate 포장 화물 (b) Crate 제거

[그림 15-4]

Vessel류는 Lashing Point를 잡기가 난해한 경우가 있습니다. [그림 15-5] (a)의 Deaerator 사례도 Body에는 Lashing을 실시하지 않았습니다. Permanent Saddle 최하부의 Base Plate에 약간의 돌출부가 있는데, 그 부분을 Chain으로 누르는 형태의 Lashing을 실시하였습니다. 지렛대 원리에 의해서 이러한 방식이 얼마나 강한 결박을 유지할지는 미지수입니다.

[그림 15-5] (c)와 (d)의 두 사례는 Permanent Saddle에 Lashing Lug나 Lashing Hole이 구비되어 있어

(a) Lashing 사례 1 (b) 사례 1 확대 (c) Lashing 사례 2 (d) Lashing 사례 3

[그림 15-5]

서 안전운송을 도모할 수 있습니다. Vessel류의 모범적인 Lashing 사례라고 할 수 있습니다. Permanent Saddle에도 Lashing Lug가 부착될 수 있도록 설계부서와 협의하시기 바랍니다. 대부분의 Vessel이 본체와 Saddle이 일체형이기 때문에 더욱 강력한 Lashing 효과를 발휘할 수 있습니다.

[그림 15-6] (a)와 (b)의 두 사례 모두 Body에 Lashing을 실시했습니다. [그림 15-6] (a)의 사례는 Lashing 자재가 Chain입니다. Chain은 Vessel 표면에 Scratch를 유발시킵니다. 따라서 Body에 Lashing을 실시하는 경우에는 Belt를 사용하되 Chain 사용이 불가피하다면 [그림 15-6] (c)와 같이 Rubber Pad를 대는 것이 바람직합니다.

[그림 15-6] (a)의 사례는 Temporary Saddle인데도 Lashing Lug가 부착되지 않았습니다. [그림 15-6] (b)의 사례에서는 Body에 Belt를 한 바퀴 휘감아 돌려서 Lashing을 실시하는 것이 보다 안전합니다.

[그림 15-6] (d)는 Rachet Load Binder를 사용하여 Chain을 팽팽하게 당기거나 해제하는 모습입니다.

(a) Lashing 사례 4 (b) Lashing 사례 5 (c) Lashing 사례 6 (d) Lashing 사례 7 (e) Rachet Load Binder

[그림 15-6]

[그림 15-7] (a)의 FRP(Fiber Reinforced Plastic) Tank는 Lashing Point가 전혀 없다고 해도 과언이 아닙니다. 이런 경우, Body에라도 Belt를 감아야 합니다. [그림 15-7] (b)의 사례는 Body에 Lashing을 실시했고, Lashing Lug를 별도로 부착하여 추가적인 Lashing을 실시하였습니다.

(a) (b)

[그림 15-7] FRP Tank 운송

이라크 Project에서 국내 Vendor에 FRP Tank가 발주된 사례가 있었습니다. 현지 내륙운송 도중 트레일러로부터 화물이 추락하는 사고가 발생하였습니다. 그리고 해당 Tank는 재발주가 불가피했습니다. 운송사고 재발방지를 위해 재발주품에 대해서는 Wooden Crate 포장을 실시하였습니다. 안타깝게도 포장비용이 제품가격 수준이었습니다. 따라서 [그림 15-7] (b)의 사례와 같이 FRP Tank에도 Lashing Lug를 부착해야 합니다. FRP Tank에 목재포장을 실시하면 Volume 또한 상승하게 되어 운송비 측면에서도 불리합니다.

(a) (b) (c)

[그림 15-8] Chain을 이용한 Lashing

[그림 15-8] (a)의 사례는 Saddle에 Lashing Lug가 부착되어 있지 않아 도착항에서 Saddle에 구멍을 뚫고 Lashing을 실시한 모습입니다. [그림 15-8] (b)의 Saddle에도 Lashing Lug가 생략되어 Trunnion Lug와 Bolster를 Chain으로 연결하였습니다.

[그림 15-8] (c)의 사례는 Nozzle에 Chain을 감은 형태입니다. [그림 15-8] (b)와의 차이는 Nozzle 표면에 대한 보호조치 없이 직접 Chain을 둘렀다는 점입니다. 이 같은 방식의 Lashing은 Damage의 우려가 있기 때문에 지양해야 합니다.

(a) (b)

[그림 15-9] Bolster 사용

안전한 운송을 위해 Saddle에 Lashing Lug가 부착될 수 있도록 조치해야 합니다. Bolster 사용시에는 Bolster Deck에만 Lashing을 실시하게 됩니다. 즉, 트레일러와는 직접적으로 Lashing Chain을 연결할 수 없기 때문에 Bolster 근처 화물의 보다 많은 지점을 활용하여 Lashing을 실시해야 합니다. 두 사례를 비교해보면 Lashing 수준에 차이가 감지됩니다. 어느 쪽이 안전운송에 유리한지 쉽게 가늠해볼 수 있을 것입니다.

Wind Spoiler가 장착된 Stack의 몸통에 Lashing을 실시하면 Spoiler 손상이 우려됩니다. Spoiler와 Body 사이의 틈새를 이용할 수 있으나, 그렇다 해도 전후 요동에는 취약한 형태입니다. 따라서 Saddle에 부착된 Lashing Lug가 반드시 필요합니다. [그림 15-10] (b)와 같이 Wooden Saddle의 경우, 안 한 것보다는 낫겠지만, 사진과 같은 Lashing 방법은 안전성이 담보되지 않습니다. Saddle 앞에 위치한 Nozzle에도 Lashing을 실시해야 합니다.

(a) Stack 운송 (b) Wooden Saddle

[그림 15-10]

Convection Module(or Bank)은 Fired Heater나 Reformer의 구성 기기로 Radiant Coil에는 Burner의 열기가 직접적으로 미치는 반면, Convection Module은 문자 그대로 대류현상에 의해 Tube 내부의 유체를 가열하는 기기입니다.

(a) Convection Module 1 (b) Module 1 확대 (c) Module 2 (d) Module 2 확대 (e) Module 3

[그림 15-11]

[그림 15-11] (a)는 Lashing Ring이 부착되어 있습니다. [그림 15-11] (b)에서 Lashing Ring에 Lashing을 실시한 모습을 확인할 수 있습니다.

[그림 15-11] (c)의 Convection Module은 Lashing Lug가 부착되어 있지 않아 노란색 Base Beam에 Lashing을 실시하였습니다. 이처럼 Lashing Point가 낮게 형성되면 지렛대 원리에 의해서 화물 요동시 Chain에 더욱 강한 압박이 가해집니다. 따라서 [그림 15-11] (a)의 사례와 같이 좀 더 높은 위치에 Lashing Lug가 부착되도록 하여 Lashing을 실시하는 것이 바람직합니다.

[그림 15-11] (e)의 사례는 Lashing Lug가 Tarpaulin에 가려져 있습니다. 이를 찢고 Lashing을 실시한 모습입니다.

[그림 15-12] (a)의 Vessel은 Lifting Lug가 Tarpaulin 밖으로 노출되어 있어 Lashing이 가능합니다. Lifting Lug에 Rope를 한 바퀴 감아돌린 후 트레일러에 고정시키는 것이 더욱 안전한 Lashing 방법입니다.

(a) (b) (c)

[그림 15-12] Tarpaulin 포장

[그림 15-12] (b)의 사례는 Tarpaulin을 들추고 Lashing Point를 잡았습니다. 선적항으로 이동하는 경우에는 선적 전에 Tarpaulin을 재정비해야 합니다. 양하지 운송시에는 Tarpaulin을 제거한 후에 Lashing을 실시하는 것이 바람직합니다.

[그림 15-12] (c)는 화물 전체에 Tarpaulin을 씌운 모습입니다. Lashing Point가 Tarpaulin에 가려져 있습니다. 당장 선적항으로 운송하는 과정에서부터 어려움이 예상됩니다. COG 위치표시 또한 가려져 있어서 어느 지점을 Lifting 해야 하는지도 숙제입니다. 따라서 Tarpaulin 겉면에 COG 및 Lifting 위치 표시가 필요합니다.

[그림 15-13]의 사례들은 하역항 도착시의 모습입니다.

(a) (b) (c) (d)

[그림 15-13] Tarpaulin 포장

[그림 15-13] (a)는 화물의 Body에 Belt를 한 바퀴 감아돌린 상태로, 이 자체만을 고려했을 때, 적절한 Lashing 사례라고 할 수 있습니다. [그림 15-13] (b)는 Lashing Point가 Tarpaulin에 가려져 있어서 이를 찢고 Anchor Hole에 Lashing을 실시한 모습입니다. 그러나 항해중에 다른 부위에도 Tarpaulin 손상이 발생했습니다.

[그림 15-13] (c)와 (d)는 Tailing Lug와 Trunnion Lug가 애초부터 외부에 드러나도록 Tarpaulin 포장작업을 실시했습니다.

화물에 Tarpaulin을 씌울 때는 Lashing Point를 노출시키는 포장이 필수입니다. 더불어 노출부위 주변에 대한 온전한 마감처리가 필요합니다. 이 같은 조치없이 화물 전체를 감싸는 포장은 선적작업 진행시 Lashing 목적상 어느 부위에선가는 포장을 손상시켜야 하는 문제가 발생할 수 있습니다. 결국 Tarpaulin을 씌운 효과가 반감됩니다.

(a) Tarpaulin 포장　　(b) Ro-Ro 작업 사례

[그림 15-14]

[그림 15-14] (a)의 화물 또한 Lashing Point까지 모두 감싸버린 형태입니다. Saddle에도 Lashing Lug가 부착되지 않았습니다. [그림 15-14] (b)에서는 Lashing용 Rope가 보이지 않습니다. 만약의 경우에 대비하여 Lashing을 실시한 후에 이동작업을 진행해야 합니다.

[그림 15-15] Lashing 사례

[그림 15-15]는 Column 운송의 Lashing에 관한 한, 모범적인 사례라고 할 수 있습니다. Saddle 측면 적정의 높이에 Lashing Lug가 부착되어 있습니다. Anchor Hole이나 Lifting Lug에도 Lashing을 실시했습니다. 화물 접촉부위는 Rubber Pad로 보호하였습니다.

[그림 15-16] (a)는 Cleat 손상을 방지하기 위해 목재를 덧댔습니다. 목재들은 철사로 동여매서 이탈되지 않도록 조치하였습니다. Chain 대신 나일론 Rope를 사용했습니다. 화물보호와 Lashing의 취지에 부합합니다. Lashing Chain의 폭이 최대 50mm 정도입니다. 따라서 Saddle에 부착되는 Lashing Lug의

(a) Lashing 사례　　(b) Lashing Chain 1　　(c) Lashing Chain 2

[그림 15-16]

Hole 지름은 60~70mm면 됩니다.

(a) (b) (c)

[그림 15-17] FR 적재

컨테이너 선적이라고 해서 예외일 수는 없습니다. [그림 15-17] (c)의 사례는 Lashing이 다소 빈약해 보입니다.

Cold Box는 기체를 압축, 액화시킨 후 끓는점의 차이를 이용하여 산소나 질소를 분리 채집하는 용도의 기기입니다. [그림 15-18] (a)에서는 트레일러가 보이지 않으므로 선적시의 모습입니다.

(a) Cold Box Lifting (b) Cold Box 내륙운송

[그림 15-18]

[그림 15-18] (b)는 Transportation Beam 아래에 흰색과 붉은색으로 구분되는 Tape을 달았습니다. 이를 통해 도로를 주행하는 차량들에게 주의 신호를 보낼 수 있습니다. 또한 야간 운행시에는 점멸등(깜빡이등)을 설치하여 다른 차량들과의 충돌을 예방해야 합니다.

이 화물의 Lashing Point는 [그림 15-19]와 같이 하단부에 위치하고 있습니다.

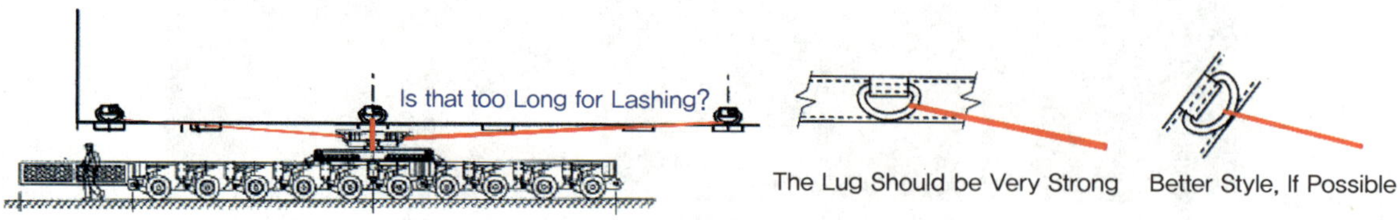

[그림 15-19] Cold Box Lashing

이때, 고리의 방향이 바뀔 수 있도록 사전 조치가 필요합니다. 또한 Lashing Ring이 Bolster와 좀 더 인접해 있는 것이 바람직합니다.

(a) (b) (c)

[그림 15-20] Lashing Lug

[그림 15-20] (a), (b)의 Lashing Lug는 Saddle 측면과 직교방향으로 부착되어 있습니다. 필자가 생각하는 이상적인 Lashing Lug는 [그림 15-20] (c)와 같이 구성하는 것입니다. 화물 중량에 따라 Saddle 양 측면에 각각 2개 또는 4개의 Lashing Lug를 트레일러와 동일한 방향으로 부착하는 것입니다. Vessel류의 Permanent Saddle에도 이 같이 조치될 수 있기를 바랍니다.

(a) 사례 1 (b) 사례 2 (c) Tower 운송

[그림 15-21]

[그림 15-21] (a)는 비포장 비탈길을 내려오던 중에 트레일러가 미끄러지면서 발생한 사고입니다. 비포장 노면은 포장도로에 비해 마찰력이 저하되기 때문에 포장도로보다는 좀 더 강화된 운송기준을 적용해야 합니다. 안타까운 것은 트레일러 후방에도 Primemover를 연결했음에도 불구하고 언덕길을 내려오다가 화물이 트레일러로부터 추락하고 말았습니다.

Primemover를 더 동원했다면 예방할 수 있었던 사고입니다. 비포장 비탈길 또는 노면이 젖은 포장도로에서는 다수의 Primemover를 적용해야 합니다.

풍력발전 설비가 산중에 설치되는 경우, 필연적으로 비탈길을 경유하게 됩니다. 충분한 Primemover를 동원하지 않으면 마찬가지로 미끄러지는 사고가 발생할 수 있습니다. [그림 15-21] (c)는 화물이 트레일러 중앙으로부터 벗어난 모습입니다. Lashing이 헐거운 것으로 여겨집니다.

(a) (b)

[그림 15-22] Rotor Blade 운송

Long Extender로 전후방 트레일러 연결시, Route Survey의 정확성이 요구됩니다. 굽이길 장애요소를 극복할 수 있는 보다 안전한 방법은 Rotor Blade Adapter 또는 Bolster 방식을 적용하는 것입니다.

(a) Rotor Blade Adapter 적용 (b) Bolster 방식 적용

[그림 15-23]

도면상의 화물 상차상태 높이와 표지판의 Overbridge 높이에 큰 차이가 없다면 각각의 고도를 실측할 것을 권장합니다. 특히 중량물 운송에 있어서는 돌다리도 두들겨보고 건넌다는 심정으로 운송업무에 임해야 합니다. 아울러 장애물을 극복할 수 있도록 해주는 장비들, Drop Deck Spacer, Girder Frame, Tower Adapter, Rotor Blade Adapter, Bolster 등의 운송사 보유여부를 확인하고 트레일러 구성시 이에 준한 올바른 의사결정이 필요합니다.

[그림 15-24]는 트레일러가 노후화되어 Deck 강도가 저하되었거나, 적재중량을 초과하여 화물을 상차함으로써 빚어진 사고사례들입니다. 트레일러의 정기적 성능점검, 유지보수 또한 안전사고 예방에 필수사항이며, 적재중량을 준수하도록 해야 합니다.

(a) (b) (c) (d)

[그림 15-24]

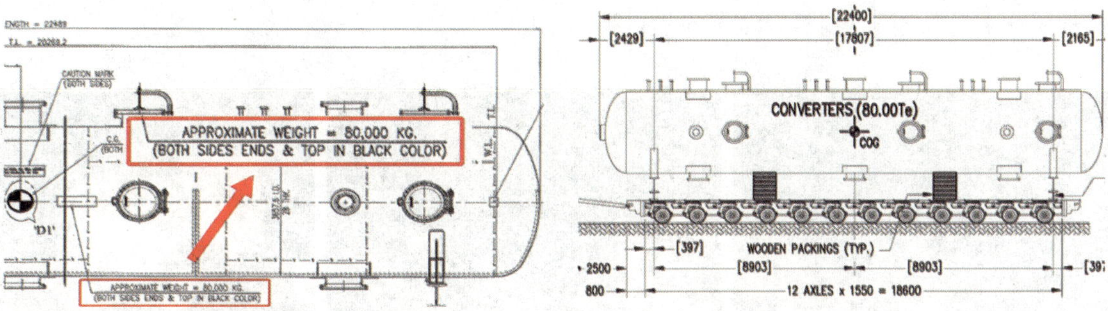

(a) Converter PS 도면 Elevation View　　(b) TC 도면 Elevation View

[그림 15-25]

Converter 운송을 위한 PS 도면과 TC 도면입니다. PART 1의 '2. 물류의 정의' 부분에서 언급한 바로 그 Converter 사례입니다. 트레일러의 Deflection 방지를 위해 트레일러 위 2개 지점에 Timber를 이용하여 하중을 분산시키려는 계획이 반영되어 있습니다.

[그림 15-26] Converter 운송

[그림 15-26]은 Converter 운송 당시의 모습입니다. 이 Converter는 현지 Vendor가 제작하였습니다. 사진상의 트레일러 구성이 TC 도면과는 다르다는 것을 알 수 있습니다. 여기에는 대형사고로 이어질 뻔한 사연이 있습니다.

내륙운송은 Vendor Scope으로 계약되었습니다. 현장 내 교량을 안전하게 통과하기 위해서는 12A/L 이상의 트레일러가 동원되어야 합니다. 그리고 운송사와는 그렇게 진행하기로 협의하였습니다.

내륙운송 도중 비가 내렸습니다. 운송이 지연되어 임시 정차중인 트레일러에 접근해보았더니, Shipping Mark에는 127톤으로 중량이 대폭 상승한 것으로 표시되어 있었습니다. Internal 자재들의 중량이 뒤늦게 반영된 것입니다. 그대로 진행했다가는 현장내 교량이 붕괴될 수 있는 상황이었습니다. 결국 마지막 Temporary Parking Area에 Jack-down 실시 후, Trailer Configuration을 사진과 같이 변경하도록 조치한 것입니다.

이 운송사례가 시사하는 바는 내륙운송이 설령 Vendor Scope이라 할지라도 중량물에 대해서 만큼은 물류 담당자가 실제 진행상황을 점검해야 한다는 것입니다.

[그림 15-27] Reactor 현장 진입 1

운송 Route 상의 장애물 제거 만큼이나 현장내 진입로 사정을 살펴서 선제적으로 대처하는 일 또한 소홀함이 없도록 관리해야 합니다. 현장 관계자는 현장의 노면상태를 맹신하는 경향이 있습니다. 그 결과 [그림 15-27]과 같은 상황이 초래되기도 합니다. 사진은 Catofin Reactor의 현장 진입 후 모습입니다. 철판이나 합판이 깔리지 않아 Primemover와 트레일러 바퀴가 현장 진입로 노면에 박히는 일이 벌어졌습니다. 연약지반에서 벗어나기 위해 밤 늦은 시간까지 사투를 벌였던 기억이 생생합니다.

[그림 15-28] Reactor 현장 진입 2

화물의 Support 아래에도 Load Spreader를 받치지 않았습니다. 지반이 더 내려앉기 전에 신속히 화물을 옮겨야 합니다.

물론 물류 담당자의 많은 경험과 올바른 판단력이 필요하지만, 이 지점에서 중요한 포인트는 안전과 직결된 문제인 만큼, 물류 담당자가 절대로 소신을 굽혀서는 안 된다는 것입니다. 현장의 노면상태가 의심스러운 경우에는 반드시 필요한 조치를 취한 후에 트레일러가 진입하도록 해야 합니다. 이후 비로소 철판과 합판을 깔고 현장내 이동작업을 진행했습니다.

Vessel의 Permanent Saddle 하단부에 목재를 받쳐서 포장을 실시하는 경우가 있습니다. [그림 15-29]와 같이 일단 목재에 균열이 발생하기 시작하면 망가지는 속도가 빨라지기 때문에 장거리 내륙운송시에는 양하지 Port에서 보강작업을 실시하여 운송하고, 단거리 운송용이라면 최우선적으로 현장에 운송해야 합니다.

[그림 15-29] 운송용 목재 Support 균열 발생

이상과 같이 Lashing의 중요성 및 안전사고 예방에 대해서 살펴보았습니다. 한 순간의 방심이 돌이킬 수 없는 사고로 이어질 수 있습니다. 운송사고는 생명을 위태롭게 할 수 있고, Project 공기에 치명적인 결과를 초래할 수 있기 때문에 보다 철저한 대비가 필요합니다. Lashing의 중요성을 인식하고 안전을 최우선으로 하는 물류정책의 일관성 유지는 아무리 강조해도 지나침이 없습니다.

16. 다양한 도강(渡江) 방안

내륙운송 Route상의 교량통과가 불가능한 경우, 다음의 사례들을 살펴서 도강을 위한 최적의 의사결정에 도달할 수 있도록 관리하시기 바랍니다.

››› 치누크(CH–47) 헬기와 조립식 부교

CH–47 헬기는 군용 수송기로 최대 13톤까지 수송이 가능합니다. 단, 공중부양에 제한을 받지 않기 위해서는 화물이 헬기보다는 부피가 작아야 합니다. 대한민국 공병대가 보유하고 있는 부교 장비는 최대 통과하중이 60톤 정도입니다. 그러므로 트레일러 중량과 화물 중량을 감안하면 중량물의 도강장비로는 적합하지 않습니다.

(a) 치누크 헬기 운송

(b) 부교 가설

[그림 16–1]

>>> Hover Barge

Hover Barge는 1970년대 영국의 Air Cushion Equipment社가 최초로 개발하여 늪지, 수심이 얕은 강, 개펄과 같이 일반 선박이 접근할 수 없는 지역에서 화물운송에 사용되는 선박입니다. 프로펠러를 통한 수중 추진이 불가능하기 때문에 추진장치가 없는 형태이거나, Air Propeller를 장착한 Self Propelled Hover Barge의 두 종류가 있습니다.

(a) Hover Barge 1　(b) Hover Barge 2　(c) Hover Barge 조립

[그림 16-2]

싱가포르의 Hover Barge 제작사인 Hovertrans Solutions사의 Hover Barge 모델들입니다. [그림 16-2] (a)는 50톤까지 적재가 가능한 Self Propelled Hover Barge, [그림 16-2] (b)는 최대 90톤까지 적재할 수 있는 일반 Hover Barge의 모습입니다. 약 2,500톤까지 적재할 수 있는 Hover Barge도 존재합니다.

Hover Barge는 Barge 중앙부의 Platform과 이를 둘러싼 가장자리 Skirt 각각의 Module Unit을 조립하여 하나의 Barge로 완성됩니다. 이러한 이유로 Modular Hover Barge라고도 부릅니다. 중앙의 Platform Module들에는 Air Cushion이 없고 Skirt Module들에만 Air Cushion 기능이 있습니다. Barge 양 측면의 Fan이 이곳에 공기를 주입하여 Platform의 높이를 조절하는 형태입니다.

볼리비아 Project에서 도강 목적으로 Hover Barge 이용을 검토한 바 있으나, Hover Barge가 3개월 이상 대기하면서 도강작업을 실시해야 하기 때문에 비용을 고려했을 때, 가교를 건설하는 것보다 불리했습니다.

일반 Hover Barge는 Winch로 끌어당겨 도강할 수 있습니다. 하천을 따라 도강장소에 도달하지 않아도 되고, Push Boat도 필요하지 않습니다. 다만 강 양쪽에 임시 Jetty 건설이 필요하고, 장비의 희소성으로 인해 해외에서 들여와야 할 가능성이 높기 때문에 Hover Barge 이용계획 수립시 동원일정을 철저히 관리해야 합니다.

>>> 항공운송

가장 규모가 큰 화물기로 알려진 Antonov AN-225기의 제원입니다.

〈표 16-1〉 Antonov AN-225기 제원

Specification	Details
Max. Load	250톤(단일 화물은 200톤)
Cargo Hold Size	43.35m × 6.4 m(밑면), 4.0m(윗면) × 4.4m (LWH)
Door Size	6.4m × 4.4m (WH)
Runway Requirement	3.5km 이상
Flying Range(Full Load)	2,500km
Flying Speed	850km/h

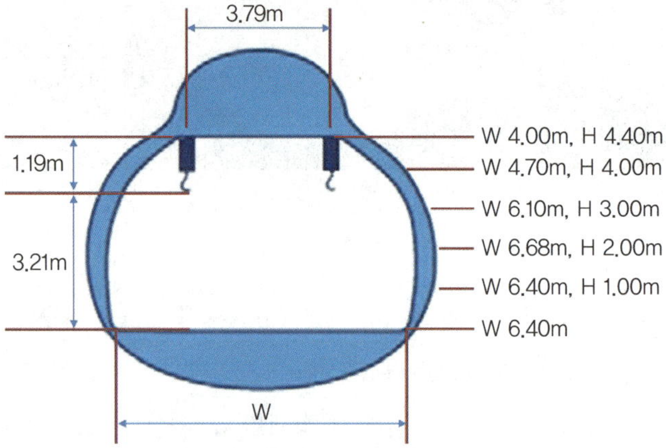

[그림 16-3] Antonov AN-225기 단면도

화물 중량이나 Size도 문제가 될 수 있지만, 활주로 길이가 짧아서 Antonov 화물기 활용이 불가한 경우가 있으므로 활주로 상태를 확인해야 합니다. 250톤을 모두 채워 비행하면, 항속거리는 2,500km입니다. 이동거리가 이를 초과하는 경우, 중간 급유지에 들러야 합니다.

[그림 16-4]는 AN-225기 보다 한 단계 아래의 규모인 AN-124기의 47톤 Turbine 하역작업 모습입니다. 원천적으로 운임이 고가인 중량물 운송은 항공운송 안건이 발생하지 않도록 제작일정을 관리하는 것이 중요하며, 부득이하게 항공운송을 추진해야 한다면, Loading 및 Discharging의 각 주체별 업무

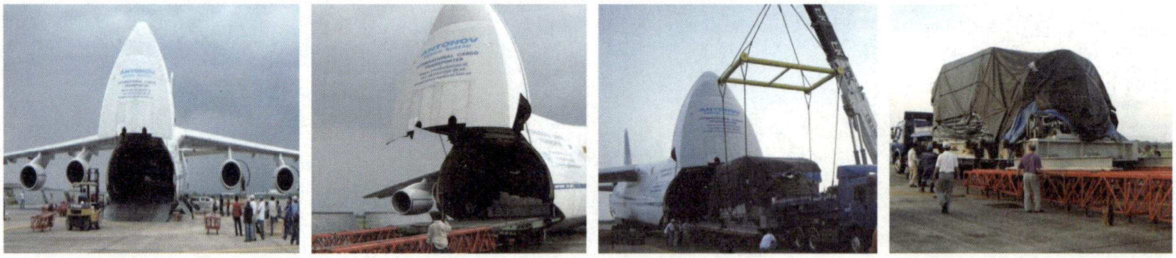

[그림 16-4] AN-124기 Turbine 하역작업

Scope을 명확히 할 필요가 있습니다.

››› 가교 건설

가교는 공법과 비용, 공사기간 등을 면밀히 비교 검토하여 건설을 추진해야 합니다. 가교건설에 사용되는 주요 자재로는 Hume Pipe, Concrete Box Culvert, Corrugated Steel Pipe, Pile & Ramp Panel 등이 있습니다. 두산백과사전에 흄관(Hume Pipe)을 다음과 같이 설명하고 있습니다.

> 거푸집이 되는 강제(鋼製)의 관에 미리 철근을 짜넣고 관을 고속으로 회전시키면서 내부에 적당한 양의 콘크리트를 투입한 후 회전에 의한 원심력에 의해 콘크리트를 균일한 두께로 관의 내벽에 살포시킨다. 조직이 치밀하고 강도가 뛰어나며 외부나 내부의 압력에도 강하여 전신주나 상하수도관 등에 사용된다.

호주 출신 Walter Reginald Hume(1873~1943)이 최초로 발명하여 특허를 등록했으며, 그의 이름을 따서 Hume Pipe로 부르고 있습니다. 우리말로 하면 '원심력 철근 콘크리트관'입니다. Concrete Box Culvert와 더불어 가교건설의 자재로도 사용됩니다.

(a) 흄관 (b) Concrete Box Culvert

[그림 16-5]

공기 측면에서 볼 때, 기성품을 사용하는 것이 유리하나, 제작, 운송, 공사에 소요되는 기간이 다소 길고, 비용이 많이 소요되는 단점이 있습니다. 큰 비가 내려도 유실의 위험도는 낮은 편입니다. 사후 재활용 여부를 확인하여 재활용 불가시 매각 또는 폐기처분 문제를 고려해야 합니다.

Concrete Box Culvert는 형상에서 알 수 있듯이, 상대적으로 공사가 수월하다는 장점이 있습니다. 그 외의 사항은 Hume Pipe와 동일합니다.

주름관(Corrugated Steel Pipe)을 활용한 방식은 자재 조달이 용이하고, 폭우로 인한 범람 문제가 발생하지 않는 한, 수심이 깊지 않은 곳에서는 자재비, 공사비 및 공사기간 측면에서 가장 경쟁력이 있습니다. 또한 철거작업도 상대적으로 용이한 편입니다. 상류에서 내려오는 토사와 쓰레기들이 Pipe의 입구를 막게 되어 주기적으로 준설과 Cleaning 작업이 필요합니다.

(a) 주름관 (b) 주름관을 활용한 가교 (c) 준설 및 이물질 제거작업

[그림 16-6]

[그림 16-7]은 볼리비아 Project 사례입니다. 철망과 돌멩이들을 이용하여 강바닥에 Stone Mat를 만들고 그 위에 Sand Bag, 주름관, Sand Bag, 토사 순으로 Layer를 구성한 후, 토사를 다져 노면을 마무리했습니다. 양 측면에는 돌망태(Gabion)로 쌓았습니다. 토석 채취에 대한 허가를 취득해야 하며, 마찬가지로 운송 종료 후에는 토석과 Pipe의 재활용 또는 폐기 문제를 고려해야 합니다.

(a) 철망 설치 (b) Stone Mat (c) 완성된 가교

[그림 16-7]

우기 시작 시점까지 모든 운송이 완료되지 못할 것으로 예상되는 경우, 일정구간을 우기 이전의 수위보다 약간만 높은 수준으로 공사를 진행하는 것이 바람직합니다. 수위가 높아지는 시기에 상류에서 흘러내려오는 물이 이 구간에서 자연스럽게 넘쳐 흐르도록 해야 합니다. 온갖 잡동사니들이 Pipe를 틀어막고 둑의 형태로 변형된다면 결국 수압을 견디지 못하고 가교는 유실될 것입니다.

Ramp Panel을 이용한 방식은 물이 흐르지 않는 곳에 가교를 설치할 때 유용합니다. 강물이 흐르는 곳에는 Pile을 박고, 그 위를 콘크리트 구조물로 양생한 후, Ramp Panel을 얹어서 트레일러가 통과하게 됩니다. 큰 비에도 유실의 우려가 없으나, 장비의 희소성과 항타기를 동원해야 하는 등, 공사비가 고가라는 단점이 있습니다.

교량이 붕괴되는 사고가 발생한다면, 이는 지역사회에 교통대란을 일으키는 일이며, 인명사고의 우려가 있고, 주기기가 망가지는 경우, 금전적인 손실은 물론 Project 공기에도 지대한 영향을 미치게 될 것입니다. 따라서 교량 통과 가능여부를 철저히 점검하고 만약 문제가 있는 것으로 판명된다면, 앞서 기술한 방안들 중에서 해결책을 모색해야 할 것입니다. 이 또한 MTR이 잠식되지 않도록 선행관리가 중요합니다.

[그림 16-8] Pile과 Ramp Panel 적용

살펴본 바와 같이 자재 및 장비의 조달 용이성, 비용, 공사기간, 우기 대비, 유실에 대한 위험도 등을 종합적으로 검토하여 가교건설 방식을 결정해야 합니다. 이후에는 각각의 자재들에 대한 조달비용, 공사기간에 따른 작업인력 및 공사장비 사용에 대한 비용, Work Volume 등을 세분화 하여 계약을 체결하고 변동사항 발생시 세분화된 항목별로 비용증감 여부를 확인하여 즉각적으로 대처할 수 있도록 해야 합니다.

가교 건설 Permit 취득 과정에서 여러 차례 수정 보완된 자료를 제출하기도 합니다. Permit 취득에 적지 않은 시간이 소요된다는 점 또한 고려해야 할 사항입니다. 관계기관의 결정에 따라 공사규모도 달라질 수 있습니다.

17. M/H 손실과 조달 비용을 최소화하기 위한 방안

앞선 글에서 제관류의 물류비 절감방안에 대해 살펴보았습니다. 또한 불필요하게 Wooden Hurdle을 감는 일도 지양해야 합니다. 다음에 기술한 사항들 외에도 다양한 개선분야가 있을 것입니다. 기업의 경쟁력과 직결된 사안인 만큼 지속적인 개선노력을 경주해야 할 것입니다.

(1) 기자재 발주시 Shipping Mode별 선적항 지정

원천적으로 컨테이너 서비스를 제공하지 않거나 또는 우리에게 필요한 항로의 컨테이너 서비스를 제공하지 않는 Port들이 있습니다. 이를테면 이탈리아 Porto Marghera, 독일 Bremen, 네덜란드 Vlissingen, 인도 Dahej Port 등이 그러합니다. 주로 Break Bulk 화물을 취급하거나, Private Port들이 이에 해당됩니다.

구매부서에서는 FAS Dahej Port와 같이 한 Port만을 지목하여 인도조건을 정하기도 합니다. 해당 Port에서 모든 기자재의 선적을 완료할 수 있다면 다행이지만, 필자가 경험한 Project들에서는 Break Bulk 선적만으로 해당 P/O의 선적이 마무리된 사례는 그리 많지 않습니다. Break Bulk 선적과 더불어 컨테이너 또는 항공운송이 수반되는 경우에는 선적지에서의 내륙운송비와 Port Charge에 대한 논쟁의 사유가 될 수 있습니다.

국내 계약에 있어서도 FAS Pyeongtaek Port와 같이 인도조건을 명기한 사례가 있습니다. 컨테이너 선적이 발생하면, 보통은 Vendor의 추가비용 요구를 수용하는 방향으로 협의에 이르게 될 것입니다. Vendor의 귀책사유가 아닌 이상, 이를 거부할 명분이 없기 때문입니다. 물론 평택항에서도 컨테이너 서비스를 제공하기는 하나, 항로가 제한적입니다. 결국 컨테이너 화물은 부산항까지 내륙운송을 진행할 것입니다. 변경품의 결재를 득해야 하고, C/O(Change Order) 발행의 부가업무가 뒤따르게 됩니다. 추가비용이 발생했다는 이유로 Project 책임자로부터 질책을 당할 수도 있는 사안입니다. 특히 해외 Vendor는 추가비용을 승인하지 않으면 화물반출에 협조하지 않는 사례가 있기 때문에 운송이 지연될 소지가 있습니다. 아울러 긴급자재에 대해서는 항공편 이용이 불가피합니다.

결론적으로 컨테이너 및 항공운송이 발생할 수 있음을 인식해야 하며, P/O상에 Shipping Mode별 인도조건을 각각 명기하는 것이 바람직합니다. 이를테면 다음과 같은 예시를 적용하시기 바랍니다.

- Delivery Terms for each Shipping Mode;
  - Break Bulk Shipment : FAS Dahej Port(Including Hook-on Service)
  - Container Shipment : FOB Nhava Sheva Port
  - Air Shipment : FCA Mumbai(Chhatrapati Shivaji) Airport

(2) 통관서류

현지에 통관서류가 뒤늦게 전달되거나, 서류상 물품누락, 수량/품명/금액/Consignee 등의 불일치, COO(or C/O, Certificate of Origin) 수취 지연 등의 사유로 통관에 영향을 미치는 사례가 종종 발생합니다. 이에 따른 개선사항을 정리하였습니다.

1) 통관서류 제출 지연

Package Item과 같이 다품종의 분할된 제품이 선적되는 경우와 발주처(EPC사)에서 제공하는 엑셀파일 양식 또는 발주처의 시스템에 입력하는 절차를 외면하고 Vendor가 이미지 파일로만 서류를 제공하는 경우에는 통관서류 준비작업에 착수하는 시점을 좀 더 앞당겨야 합니다. 면세리스트와 대조하여 통관서류를 작성하는 Project나 상공회의소, 대사관 등의 인증절차가 필요한 국가의 Project에 대해서도 마찬가지입니다. 아울러 Licensor 또는 사업주가 지정한 Vendor 그리고 지정을 하지 않았더라도 시장에서 독과점적인 제품을 공급하는 Vendor들 중에는 통관서류 협조에 미온적으로 대처하는 경우가 있기 때문에 이들로부터는 보다 적극적인 서류 수취노력이 필요합니다.

다른 서류가 구비되었다 하더라도 COO 접수가 지연되어 통관서류 일체를 제때에 제출하지 못한다면 이 또한 시간과 금전적인 손실을 초래하게 됩니다. Package Item의 원산지가 무려 12개국에 달하고, 이력이 관리되지 않아 COO를 제출할 수 없는 기성품들이 포함된 사례가 있었습니다. 이런 경우 현지 물류 담당자는 어떻게 대처해야 할지 정말 난감해집니다. 선박이 목적항에 도착했을 때까지도 통관에 필요한 서류를 제출하지 않은 Vendor 때문에 이를 수취하기 위해 본사의 물류 담당자가 긴급히 유럽으로 날아간 사례도 있습니다.

서류문제로 매번 비행기를 탈 수도 없는 노릇이므로 통관서류 제공에 비협조적인 Vendor에 대해서는 서류접수 지연을 방지하기 위한 근본적인 대책이 필요합니다. 일차적으로는 P/O의 대금지급 요건으로서 Vendor의 제출서류 항목에 통관서류를 명시하고 양식, 내용, 제출시점, 제출방법 등 발주처의 지침에 부합하지 않는 경우 대금지급이 보류될 수 있음을 표명해야 합니다. 아울러 서류제출 지연으로 인해 발주처(EPC사)가 입은 손해 또한 대금공제 조항에 반영해야 합니다.

2) 선적 물품과 서류의 불일치

Vendor의 실수로 엉뚱한 제품이 추가로 선적되거나, 수량 또는 제품 자체가 누락된 사례가 있습니다. Vendor가 여러 발주처로부터 비슷한 시점에 P/O를 접수함으로써, 유사한 사양의 제품이 타 발주처의 제품과 뒤바뀌어 포장된 사례도 있습니다. 신속하게 대응하지 않으면 전자는 밀수로 간주되어 Penalty가 부과될 가능성이 있습니다. 이들 모두 변경된 통관서류를 제출하여 수습해야 합니다.

문제는 현지 세관시스템에 해당 항차정보를 등재하고 수입신고를 마친 후에는 이를 번복하기까지 수입지에 따라서는 많은 시간이 소요될 수 있다는 점입니다. 이로 인해 통관지연과 Port Demurrage를 유발할 수 있습니다. 그 이전에 불일치 문제를 인지하여 변경된 서류를 서둘러서 통관사에 제공하는 것이 최선입니다.

CIF 인도조건에서는 Vendor가 자체적으로 선적을 진행하기 때문에 현지 통관시점에 이르러서야 해당 항차정보가 물류부서에 통보되는 경우가 있습니다. 그 시점에 가서 선적서류와의 불일치가 확인된다면 이 또한 고충이 뒤따릅니다. 따라서 물류부서에도 사전에 선적정보를 제공하거나, 원천적으로 'F Terms'의 계약을 추진하는 것이 바람직합니다.

언급한 오류 사례들에 대한 대책은 검수(檢數)와 Packing 검사를 수행하는 과정에서 Vendor가 제출한 서류와의 일치 여부에 대한 확인절차를 강화하는 것입니다. 마찬가지로 선적물품과 서류상의 불일치로 인해 발생하는 손해는 Vendor가 보상해야 함을 P/O상에 명기할 필요가 있습니다.

우월적 지위에 있는 제3자의 요청에 의해 기자재와는 관계없는 수입 금지품목을 암암리에 선적하는 사례가 있습니다. 이는 엄연히 위법행위에 해당하며 자칫 회사를 나락으로 빠뜨릴 수 있습니다. 그러한 요청에는 단호히 거절하는 것이 바람직합니다. Forwarder 또한 위법적인 부당한 요청에 대해서는 만약의 경우, 발주처가 입게 될 피해 사항을 설명함으로써 정중하게 거절해야 합니다.

3) ASTM Code

알루미늄 제품을 Stainless Steel 제품으로, Stainless Steel 제품을 Carbon Steel 제품으로, 플라스틱 제품을 Carbon Steel 제품으로 각각 오기한 사례가 있습니다. 과세율이 같거나 높아진다면 그나마 세관이 문제삼을 가능성이 낮아지지만, 세율이 높은 제품을 세율이 낮은 제품으로 명기하게 되면 이때는 문제가 심각해질 수 있습니다.

Vendor가 제출한 C/I 및 P/L상에 이 같은 범주의 재질 구분 대신, ASTM Code로만 표현됨으로써 이를 잘못 해석하는 경우가 이에 해당됩니다. 또는 면세리스트에서 엉뚱한 재질의 품목을 선택하여 통관서류를 작성하는 과정에서도 이 같은 오류를 범하곤 합니다.

Pipe, Fitting, Flange, 그 밖에도 재질에 따라 해당 국가의 세부 HS Code와 관세율이 달라지는 자재에 대해서는 ASTM Code가 의미하는 바, 즉 Stainless Steel, Low Alloy Steel, Carbon Steel, Cast Iron 그리고 Alloy(Bronze/Brass/Monel/Inconel/Hastelloy/Incoloy 등)의 재질 범주 및 HS Code별로 취합하여 통관서류를 작성해야 합니다. 물론 Vendor가 제출한 서류에 기재된 ASTM Code를 그대로 옮겨서 통관서류에 적용할 수 있으나, 이렇게 되면 C/I상의 Item Line 수가 대폭 증가하게 됩니다.

아울러 현지 통관사 또한 해당 ASTM Code가 의미하는 재질을 파악하는 과정에서 실수를 범하거나, 세관시스템 등록에 많은 시간이 소요될 수 있습니다. 이 역시 통관지연의 원인이 됩니다.

ASTM은 'American Society for Testing and Materials'의 약자로 미국재료시험학회를 의미합니다. ASTM Code는 카테고리를 구분하고 있고, 통관서류 작성에 필요한 사항은 주로 A Code(철성분 함유 금속)와 B Code(비철금속) 부분입니다.

A : Ferrous Metals(단 Casting의 Nonferrous Metals중 일부는 'A'로 분류됨)
B : Nonferrous Metals
C : Cementitious, Ceramic, Concrete and Masonry Materials
D : Miscellaneous Materials
E : Miscellaneous Subjects
F : Materials for Specific Applications
G : Corrosion, Deterioration, and Degradation of Materials
ES : Emergency Standards
P : Proposals

지적재산권 문제로 이 책에 ASTM Code집을 싣지 못하는 것이 아쉬움으로 남습니다. ASTM Code집을 입수하여 실무에 반영하시기 바랍니다.

4) 금액 오류

부주의에 의해 발생하는 오류중의 하나가 원화로 표기된 Vendor의 C/I 금액을 환율 변환과정 없이 원화의 수치 그대로를 외화금액에 적용하는 경우입니다. 이를 테면 100만원 가격의 제품이 100만불로 둔갑하는 것입니다. 단순 실수인 것은 확실하나, 그 여파는 현지 물류 담당자를 무척 곤혹스럽게 만듭니다. 당장은 납부해야 할 관세금액이 달라집니다. 어떻게 이런 실수가 발생할 수 있는지 반문하는 분도 계실 것 같습니다. 하지만 실제로 이러한 사례가 있습니다.

이와는 반대로 실제 제품가격과는 다르게 금액이 과소하게 기재되거나 또는 정상적으로 기재했음에도 불구하고 세관의 판단에 따라 관세포탈의 의도가 있는 것으로 오해를 사기도 합니다. 전자는 영업상의 기밀이라는 이유로 Vendor가 총금액만 제시하고 세부 가격을 제공해주지 않는 경우에 발생할 수 있습니다.

Vendor가 협조해주지 않으면, 누군가는 각 품목별로 금액을 할당하여 물류부서에 통보해줘야 합니다. 이때 고가의 제품을 지나치게 낮게 책정하는 오류를 범할 수 있습니다. 예를 들면 30톤에 달하는 Pressure Vessel에 중량으로 따져봐도 이해가 안 되는 가격인 300불을 배정하는 것입니다.

필자가 지속 강조하는 부분이 중요한 일을 먼저 수행하거나 최소한 병행하라는 것입니다. 공정관리자의 실수가 있었다 해도, 톤당 10불의 단가를 적용하여 SR(Shipping Request)을 접수하게 된다면, 물류부서에서 문제를 제기해야 마땅합니다. 현실에서는 있을 수 없는 일이기 때문에 물류 담당자 역시 기자재 가격에 대한 감각을 익히고 업무에 임하는 것이 중요합니다.

Vendor의 입장도 어느 정도는 이해되는 측면이 있습니다. 각 구성요소별 가격이 노출되는 것을 꺼리는 게 당연합니다. 그렇다 해도 통관을 위해서는 개별 품목별 거래가격 정보가 필요합니다. 그러므로 이러한 사례를 방지하기 위해 앞서 기술한 바와 같이 Vendor가 발주처의 지침에 따르도록 P/O 조항으로 구속력을 갖출 필요가 있습니다.

개별 품목의 가격정보를 파악함으로써 누릴 수 있는 또 하나의 이점은 차기 Proposal이나 실행 Project에서 적정의 원가를 분석하고 기자재 구매 예산수립에 활용할 수 있다는 점입니다.

가격 관련은 세관으로서도 매우 민감하게 받아들이는 사안이기 때문에 문제가 발생하면 보통은 본부세관으로 사건이 이첩됩니다. 그러면서 결론에 도달하기까지 무척 많은 시간이 소요됩니다. 이러한 사례들을 해결하기 위해 세관 및 사업주와 수 차례 회의를 실시했고, 소명자료를 제출하여 세관의 빠른 결론을 촉구한 경험이 있습니다. Penalty가 부과되었다가 본부세관에서 최종적으로 무혐의 결정을 내린 사례도 있습니다.

통관서류 작성자의 단순 실수 내지 부주의한 업무태도는 운송지연과 추가 비용 발생, 공기지연, 회사 이미지 실추라는 손실을 초래하고 이를 제때에 수습해야 할 현지 물류 담당자에게도 많은 고충을 안겨준다는 사실을 깊이 인식해야 합니다. Consignee가 사업주라면 사업주 또한 세관의 곱지 않은 시선과 대관 업무에 있어서 불명예를 떠안을 수 있습니다. 당사가 해당 사업주의 차기 Project를 수주하는 데에도 악영향을 미치게 됩니다. 무엇보다 중요한 것은 원천적으로 이러한 문제가 발생하지 않도록 통관서류를 제대로 작성하는 일입니다.

세관에서 문제를 제기한 경우, 단순 기재 실수가 아니라 실제로 그 금액에 해당하는 제품이 맞다면, 수출 통관시의 영문 ED(Export Declaration, 수출신고필증)를 신속하게 발급받아 세관에 제출하시기 바랍니다. 그리고 유사한 모델의 기존 제품 통관사례 또한 소명자료로 사용할 수 있습니다.

5) HS Code 오류

제품명은 실제 제품과 유사하나, 현지 수입통관시에 HS Code를 잘못 입력하여 통관상의 불이익을 받은 사례가 있습니다. Forged Hardened Steel Roll은 Rolling Mill에서 알루미늄 등의 박판을 뽑아내는 원통형 밀대를 의미합니다. 쌀이나 말린 고추를 분쇄할 때, 그리고 밀가루 반죽을 얇게 뽑아낼 때도 Roll이 사용됩니다.

Vendor의 서류상에는 Forged Hardened Steel Roll이라고 명확하게 표현되어 있음에도 불구하고, 통관 서류상에 Steel Roll이라고만 명기한 사례가 있었습니다.

(a) Strip Coil (b) Wire Mesh Roll (c) Wire Roll (d) Tube Roll (e) Hardened Roll

[그림 17-1]

[그림 17-1] 사례와 같이 다양한 형태의 Steel Roll이 존재합니다. Vendor가 제시한 대로 품명을 명확히 기재했다면, 통관사가 Strip Coil로 착각하여 엉뚱한 HS Code를 적용하지는 않았을 것입니다. (Forging 제품이 Coil 형태가 될 수는 없음.)

[그림 17-2]는 PDP로 불리는 제품들 사례입니다. Portable Data Processor는 자재에 부착된 Bar Code를 스캔하여 해당정보를 중앙정보처리시스템으로 전송할 수 있고, 자재의 입고 및 설치관리를 용이하게 해줍니다. 플랜트 가동중에는 보수나 교체가 필요한 자재 정보를 취합할 수 있습니다.

(a) Plasma Display Panel (b) Portable Data Processor (c) Power Distribution Panel

[그림 17-2]

Power Distribution Panel은 수전반을 거쳐 배전반을 통해 들어온 전력을 Distribution하는 분전반입니다. 전력 과부하, 합선 등의 사유가 발생했을 때, 자동으로 전력을 차단할 수 있으며, 각 Line의 전력

공급을 수동으로도 개폐할 수 있습니다. 그중에서 Lighting과 관련된 Panel을 Lighting Panel, Lighting Control Panel이라고 부릅니다. Power Distribution Panel 제품을 PDP Panel로 기재하는 것은 Power Distribution Panel Panel, 즉 역전앞, 소로길과 같은 중복의 오류에 해당하므로, 약어를 사용할 때는 PDP라고 표현하는 것이 적절합니다.

하지만 통관서류상에는 정확한 의사소통을 위해 Full Name을 기재하는 것이 바람직합니다. Power Distribution Panel을 통관서류상에 PDP라고만 기재하여 통관사가 Plasma Display Panel의 HS Code로 통관을 시도하다가 문제가 발생한 사례가 있습니다. 이 외에도 약어를 잘못 해석하여 엉뚱한 HS Code로 통관을 진행한 사례가 다수 있습니다. 그러므로 누구나 다 알 수 있는 범용적인 약어 외에 혼선의 우려가 있는 약어에 대해서는 항상 Full Name을 기재하는 것이 바람직합니다.

PDP가 얼마나 많은 의미를 담고 있는지 잠시 살펴보겠습니다. 만약 통관서류에 HS Code를 명기하지 않고, 제품명을 PDP라고만 기재하였다면, 통관사는 어떤 PDP를 선택해야 할지 생각해 보시기 바랍니다.

〈표 17-1〉 PDP의 다양한 의미

PDP Program Decision Package	PDP Program Development Plan	PDP Program Definition Phase
PDP Policy Decision Point	PDP Pakistan Democratic Party	PDP Parallel Data Processor
PDP Plasma Display Panel	PDP Product Delivery Process	PDP Programmable Display Pushbutton
PDP Prescription Drug Plan	PDP Phalang Dharma Party	PDP Potato Development Program
PDP Professional Development Program	PDP Pokemon Diamond and Pearl	PDP Preemptive Drop Policy
PDP Packet Data Protocol	PDP Participatory Development Program	PDP Palestine Democratic Party
PDP Personal Development Plan	PDP Personal Data Processing	PDP Project Delivery Partner
PDP People's Democratic Party	PDP Power-Delay Product	PDP Peripheral Data Processor
PDP Professional Development Plan	PDP Pachydermoperiostosis	PDP Process Development Proposal
PDP Parallel Distributed Processing	PDP Panel de Pon	PDP Power Definition Phase
PDP Progressive Democratic Party	PDP Pre-Delivery Deposit Payments	PDP Project Defined Processes
PDP Parallel Distributed and Network-Based Processing	PDP Public Discourse Project	PDP Photo-Direct Plate
	PDP Project Definition Phase	PDP Primary Distribution Panel
PDP Popular Democratic Party	PDP Planned Development Project	PDP Preconceptual Design Phase
PDP Portable Data Processor	PDP Programas de Desarrollo y Paz	PDP Point Defence Phaser
PDP Programmed Data Processor	PDP Programmable Digital Processor	PDP Prepared Defensive Position
PDP Product Development Process	PDP Predetermined Position	PDP Pierre Dammous & Partners
PDP Parti Démocratique Progressiste	PDP Procurement Data Package	PDP Phenol Disubstituted Porphyrin
PDP Party for Democracy and Progress	PDP Possession of Drug Paraphernalia	PDP Principal Development Plan
PDP Party of Democratic Progress	PDP Partner Development Program	PDP Process Deployment Process
PDP Power Distribution Panel	PDP Pilots Defending the Profession	PDP Program Development Paper
PDP Proved Developed Producing	PDP Pretty Darn Precious	PDP Parcel Deferral Proposal
PDP Product Development Protocol	PDP Peraturan Dana Pensiun	PDP Postural Drainage and Percussion
PDP Product Development Partnership	PDP Profit Distribution Plan	PDP powder driven pin
PDP Procedural Due Process	PDP Piecewise Deterministic Process	PDP Performance Data Provider
PDP Power Delay Profile	PDP Pacific Drum and Percussion	PDP Plan Directeur de Projet
PDP Pressure Dew Point	PDP Product Development Proposal	PDP Portable DVD(Digital Versatile Disc) Player
PDP Programmable Data Processor	PDP Polar Data Processing	
PDP Pervasive Developmental Disorder	PDP Power Dispersion Profile	PDP Passion Driven Prosperity
PDP Plan de Prévention	PDP Power Distribution Panel	

이 같은 문제의 해결책은 의외로 간단합니다. Vendor로부터 각 품목별 전세계 공통인 6자리의 HS Code가 기재된 C/I, P/L를 접수하는 것입니다. 그리고 해당 HS Code 정보를 현지 통관사에 제공하면 됩니다. 세부 HS Code는 달라질 수 있으나, 최소한 Power Distribution Panel이 Plasma Display Panel로 잘못 인식되는 일은 발생하지 않을 것입니다.

6) Consignee 기재 오류

면세 Project는 해당 사업주에게 관세에 대한 면세특혜를 부여합니다. 다시 말해 EPC 수행사의 현지 법인명의로 수입하는 경우에는 면세혜택이 주어지지 않는다는 의미입니다. 그리고 Proposal 업무 수행시 물류부서는 면세조건을 반영하여 물류비를 산출했을 것입니다. Consignee 기재 실수 때문에 관세를 납부해야 한다면 이는 참으로 안타까운 일이 될 것입니다.

물류부서가 선적에 관여하지 않는 CIF 인도조건 하에서 간혹 Consignee를 엉뚱하게 명기함으로써 과세통관이 불가피한 경우가 있습니다. 특히 항공운송 건은 오류를 발견했다 하더라도 AWB(Air Waybill)를 수정할 수 있는 시간적 여유가 부족합니다. AWB의 Consignee란에 사업주명이 아닌 EPC사의 현지 법인명이나 현지 통관사명이 기재됨으로써 거액이 과세될 뻔한 위기의 순간을 가까스로 모면한 사례들이 있습니다.

물류부서가 인지하지 못하는 사이에 진행되는 CIF 조건의 선적에 대해서는 지속적인 공지를 통해 이러한 실수를 미연에 방지하는 것이 중요합니다. 필자는 원천적으로 CIF 조건의 계약을 금지할 것을 권합니다. 문제가 발생하면 결국 현지 물류 담당자가 해결사 역할을 담당할 수밖에 없고 이에 대한 부담 또한 물류부서의 몫입니다.

7) C/I상의 Item Line 수 최소화

자재의 재질과 Size에 따라 관세율을 차등 적용하는 국가가 있습니다. 이때는 재질은 물론 Size별로도 HS Code를 구분해야 합니다. 문제는 국제 공통의 6자리 HS Code로는 확인할 수 없기 때문에 통관사가 수입국 HS Code에서 적합한 것을 찾아 반영해야 한다는 점입니다. 따라서 수입국 HS Code를 기재하여 현지 통관사에 서류를 제공하면 세관시스템에 등록하는 시간을 단축할 수 있습니다.

통관을 앞당기기 위한 1차 관문은 신속한 세관시스템 입력입니다. 안타깝게도 무수히 많은 Item Line으로 구성된 C/I 작성 사례들이 있습니다. 당연히 대여섯 줄이면 신고가 완료되는 항차가 먼저 통관절차를 밟게 될 가능성이 높습니다. 그러므로 가능한 한 C/I상의 Item Line 수를 줄여야 합니다. 이를 위해서는 각 자재들의 재질에 대한 구분을 포함하여 수입국 HS Code를 이해하고 있어야 합니다.

Pipe나 Flange 등의 자재류는 현지 사정에 맞게 동일한 HS Code를 갖는 자재들의 수량을 합산하여 C/I를 작성하면 통관에 장시간이 소요되는 국가에서는 분명 통관을 앞당길 수 있는 방법이 될 것입니다.

8) 과세가격 표시의 득과 실

관세는 CIF 금액 기준으로 부과됩니다. 즉, 제품가격과 운송비, 적하보험료를 포함한 금액이 관세부과의 기준이 됩니다. 대다수의 국가에서 종가세(從價稅)를 적용하고 있어서 동일한 제품이라 하더라도 가격이 달라지면 납부해야 할 관세금액 또한 달라지게 됩니다.

수입국 세관은 과세가격 즉, C/I상에 명기된 금액이 정당한가에 대한 의문을 가질 수 있습니다. 과세가격을 결정하기 위해서는 다음과 같은 우선순위를 적용합니다.

〈표 17-2〉 **과세가격 결정 우선순위**

우선순위	과세가격 결정 방법(선순위 방법 적용 불가시 후순위 적용)
1	수입물품의 거래가격을 기초로 과세가격 결정
2	과세가격으로 인정된 동종, 동질물품의 거래가격을 기초로 과세가격 결정
3	과세가격으로 인정된 유사물품의 거래가격을 기초로 과세가격 결정
4	국내 판매가격에서 일정비용 등을 공제한 가격을 과세가격으로 결정
5	제작사가 제시한 제품의 원가계산서를 바탕으로 생산에 소요된 비용을 산정하여 산출한 가격을 기초로 과세가격 결정
6	1~5 순위 방법의 원칙과 부합되는 합리적인 기준에 따라 과세가격 결정

중요한 사실은 대부분의 국가에서 거래가격을 기준으로 관세를 부과한다는 점입니다. 이때의 거래가격은 수입자와 수출자 사이의 거래가격을 의미합니다. 그러나 Project라는 특수성 때문에 사업주와 EPC 사간에 품목별 거래가격을 정하는 경우는 흔치 않습니다. 따라서 Vendor가 제출하는 C/I 금액 그대로를 통관서류에 옮기고 이에 준해 현지 수입통관업무가 진행되는 경향이 있습니다. 엄밀히 말하면 과세 Project에서는 탈세에 해당됩니다. 좀 더 정확하게는 이윤이 남는 Project인지, 저가수주 Project인지 그 여부에 따라 판단이 달라집니다.

사업주가 Consignee일 때 이윤이 남는 Project임에도 불구하고 Vendor와의 계약금액을 기초로 통관서류를 작성하여 관세를 납부하는 것은 탈세가 분명합니다.

문제는 이토록 Risk가 있는 사안을 물류부서조차 관행으로 여기고 무감각하게 받아들인다는 사실입니다. 더욱이 Proposal 업무 수행시 누군가가 예상 관세 총액을 낮게 써내도록 종용한다면 이는 위법행위를 조장하는 무지의 소치입니다. 관세관련 예산을 적게 책정한다는 것은 결국 C/I상에 거래가격을 사실과 다르게 기재해야 하기 때문입니다.

세상은 점점 시스템적으로 고도화되고 있습니다. 각국의 세관도 똑똑해지고 있다는 얘기입니다. 그동안은 문제가 없었을지 몰라도 앞으로는 문제가 될 수 있다는 사실을 인식하시고 거래가격으로서의 정당성 여부를 살펴보시기 바랍니다.

한편, Vendor와의 계약금액을 C/I에 반영하는 경우, 저가수주 Project에서는 오히려 관세를 더 납부하는 결과를 초래하게 됩니다. 만약 사업주가 Consignee이고, 과세를 기초로 하며, 저가수주 Project가 확실하다면 최소한 고가의 기기들에 대해서 만큼은 사업주로부터 해당 기기들의 계약가를 확인받는 절차가 필요합니다. 해당 계약가가 Vendor와의 계약가를 하회한다면 사업주가 제시한 가격을 C/I에 적용하여 관세 납부액을 경감시킬 수 있습니다.

관세와 수입부가세는 CIF금액을 기준으로 부과되기 때문에 C/I상에 운송비와 적하보험료를 별도로 명기하는 것이 정상적인 절차입니다. 이를 엄격히 구분하지 않는 국가에서는 운송비와 보험료를 별도로 명기하지 않아도 이들이 기자재비에 포함된 것으로 간주하여, 즉 CIF 금액으로 간주하여 C/I 상의 총액에 대해 관세를 부과하기도 합니다. 그런데 이 부분에서도 실수를 범하는 사례가 있습니다. DDP 계약을 맺고 관세, 현지 통관비, Port 제비용, 내륙운송비를 제품가격에 포함하여 C/I를 작성하는 경우가 그러합니다. 이 같은 C/I 작성 오류로 인해 관세를 더 납부하는 불상사가 있었습니다. 물론 DDP 조건하에서는 Vendor가 관세를 부담하게 되겠지만, 발주처는 이러한 일이 발생하지 않도록 사전에 통관서류 작성지침을 전달함으로써 협력사를 도와줄 필요가 있습니다.

9) Air Courier Service

Project 수행중 DHL, Fedex, UPS, TNT 등의 Air Courier Service를 이용하는 경우가 있습니다. 해당 국가의 규정에 준해 C/I 금액이 일정규모 이상이면 이들 또한 일반 항공화물과 동일한 절차로 통관을 진행해야 합니다. 통관서류의 인증절차를 생략하거나 원산지증명서가 구비되지 않은 상태로 물건을 보냈다가 오히려 통관이 지연되는 사태를 초래하곤 합니다. 신속하게 배송해야 한다는 생각에 물류부서를 거치지 않고 선행부서가 임의로 Vendor에게 Air Courier Service를 이용하도록 조치하는 과정에서 비롯되는 경우가 다수입니다.

하지만 아무리 급하다 해도 바늘 허리에 실을 매서 바느질을 할 수는 없습니다. Air Courier Service 이용에 대해서는 사전에 통관서류 요건과 올바른 절차에 관한 지침이 각 유관부문에 공지되어 통관이 지연되는 일을 예방해야 합니다. 더욱이 면세를 적용받을 수 있는 품목을 과세절차로 통관하는 일 또한 방지해야 합니다.

이상과 같이 통관서류의 중요성과 개선이 필요한 사항들에 대해 살펴보았습니다. 세관이 문제를 제기한 이후에 대응하기에는 치러야 할 대가가 혹독할 수 밖에 없다는 사실을 깊이 인식해야 합니다. 특히 이 과정에서 사업주에게 불편을 끼치는 일이 발생해서는 곤란합니다. 정확한 통관서류를 준비하여 늦지 않게 현지에 송부할 수 있는 방안을 고민하고 불필요한 비용의 발생을 원천적으로 차단하기 위한 노력을 경주해야 할 것입니다.

(3) Container Detention

선사 및 컨테이너 유형별로 차이가 있으나, 선박 하역 후 대략 10~20일의 범위 내에서 수입지 Free Time을 적용합니다. Project 전체의 컨테이너 선적 수량을 예측하여 주요 선사와 추가 Free Time에 대한 협상의 여지는 있습니다. 그럼에도, 통관절차에 장시간이 소요되는 국가나, 현장이 원거리에 위치한 경우에는 Free Time을 초과하여 컨테이너를 반납할 가능성이 있습니다. 아울러 하역이 순조롭게 진행되지 않는 현장이라면 더욱 골치가 아파집니다. Trailer Detention과 Container Detention이 동시에 발생할 수 있기 때문입니다.

물류 담당자는 현장의 하역장비와 하역능력을 확인해야 합니다. 만약 Telescopic Handler가 준비되지 않아서 하역이 지체된다고 하면, 컨테이너 적출용 Ramp를 제작하도록 독려하시기 바랍니다. Scrap 자재들만 활용해도 큰 돈 들이지 않고 제작할 수 있습니다. 분명 하역속도를 배가시켜줄 것입니다.

(a) Telescopic Handler

(b) Ramp 장비

[그림 17-3]

현장에서 하역이 지연되면 결국 물류비가 상승하게 됩니다. 이런 비용이 발생하지 않을 최소한의 현장 하역능력에 대해 사전에 FMC(Field Material Controller)와 협의해 두는 것이 바람직합니다.

대물량이 입고될 때는 신속한 하역 작업을 위해 크레인으로 컨테이너 채 내리고 트레일러만 돌려보내기도 합니다. 다음 항차에 실려오는 컨테이너를 하역하고 그 트레일러에 이전에 운송되어 적출이 완료된 빈 컨테이너를 실어 보냅니다. 이를 Backloading이라고 합니다.

Backloading 방법은 컨테이너를 당일 적출하여 빈 컨테이너와 함께 트레일러를 돌려보내는 것과 트레일러만 돌려보내고 나중에 빈 컨테이너를 수거하기 위해 트레일러를 재차 부르는 방법 중에 중간 정도의 운송비를 적용할 수 있습니다. 컨테이너 운송에 있어서 이러한 Backloading 방법도 자주 활용됩니다.

물류에서 관심을 두지 않으면, 부지불식간 현장에 묶여있는 컨테이너가 상당히 늘어납니다. 따라서 현장에 얼마의 컨테이너가 남아 있는지, 각각의 Free Time 종료시점은 언제인지, 현지 물류 담당자는 현황을 파악하고 있어야 합니다. Backloading 컨테이너까지 더해지면 점점 현황파악이 어려워집니다.

이를 타개할 수 있는 방법이 'Empty Container Control Status Report'를 활용하는 것입니다. 엑셀파일로 양식을 만들어 현장에 제공하고 현장에서는 매일매일 Update하여 현지 물류 담당자에게 송부하도록 하면 됩니다. 현장에서도 컨테이너 조기 반납에 대해 좀 더 적극적으로 임하게 되고, 현황파악이 용이해지며, 나중에 운송사가 운송비를 청구할 때도 사례별로 제대로 청구한 것인지 쉽게 확인할 수 있습니다. 가장 바람직하게는 Detention으로 인해 발생하는 비용을 줄일 수 있습니다.

컨테이너 반납현황을 제대로 관리하지 않으면 이 또한 적지 않은 물류비 손실이 발생하게 된다는 점을 인식해야 합니다. 실제로 이와 같이 적용함으로써 기존에 발생하던 Detention 비용을 줄인 경험이 있습니다.

〈표 17-3〉 Empty Container Control Status Report 사례

EMPTY CONTAINER CONTROL STATUS

DC: Dry Container OT: Open Top FR: Flat Rack HC: High Cubic LOS: Loading on Specially Arranged Trailer BLD: Backloading

*LOS: In case that an empty trailer came inside the site and loaded an empty container.
*BLD: In case that a trailer with full container came inside the site and loaded other empty container after offloading the full container.

	Project Name:			Prepared by:					Date :			
Shipment No.	Container No.	Type	Bal-ance	Arrival			Departure					Remarks
				Date	Trailer No.	Loca-tion	De-par-ture Date	Trailer No.	LOS	BLD	Ship. No. of CNTR Offloaded	
KCC-025	HDMU4423933	40DC	0	01-14	912	L2	01-21	1509	●		NA	Cleared
	HDMU4581311	40DC	0	01-14	632	L1	01-20	1511		●	KCC-033	Cleared
	HDMU4726987	40DC	0	01-14	8207	L1	01-20	1512		●	KCC-033	Cleared
	HDMU4748796	40DC	0	01-14	3237	L2	01-20	8434	●		NA	Cleared
	HDMU4000580	40DC	0	01-14	4794	L2	01-20	1513		●	KCC-033	Cleared
	HDMU4380343	40DC	0	01-14	146	L2	01-20	395	●		NA	Cleared
	HDMU4457922	40DC	0	01-14	520	L2	01-20	8438	●		NA	Cleared
	HDMU4778912	40DC	0	01-15	2361	L2	01-21	833		●	ECC-013	Cleared
	HDMU4519402	40DC	0	01-15	1512	L2	01-21	4795	●		NA	Cleared
	HDMU4489735	40DC	0	01-15	1509	L2	01-20	2361		●	KCC-033	Cleared
KCC-028	CRXU4814512	40DC	0	01-15	244	L1	01-21	3975	●		NA	Cleared
	UACU8197001	40DC	0	01-15	875	L1	01-22	2996	●		NA	Cleared
	GSTU6981305	40DC	0	01-15	088	L1	01-22	1511	●		NA	Cleared
	UACU8047022	40DC	0	01-15	753	L1	01-22	2361	●		NA	Cleared
	UACU4956347	40DC	0	01-15	151	L1	01-25	8434		●	KCC-035	Cleared
	UACU8162685	40DC	0	01-15	746	L1	01-24	1510		●	KCC-035	Cleared

〈표 17-3〉 예시의 Status Report를 좀 더 업그레이드시켜서 양식을 제공하고 현장에 잔류하고 있는 컨테이너를 관리하시기 바랍니다.

(4) Tank Container

Chemical을 Tank Container로 운송하는 Project가 있습니다. 일정기간 동안 시운전 및 운전에 사용될 Chemical류는 100 컨테이너 이상 많은 물량을 필요로 하기도 합니다. 현장에 Chemical을 보관할 수 있는 Storage Tank 설비가 준비되지 않았거나, 시운전이 지연되어 장기간 현장에 컨테이너를 보관해야 할 때, 물류부서로서는 컨테이너 반납지연에 따른 비용 문제를 고려해야 합니다.

[그림 17-4] Tank Container

Tank Container는 일반 컨테이너에 비해 Free Time이 짧고 Detention Charge가 상대적으로 고가입니다. 대량의 Tank Container 선적이 필요한 경우, 이 부분 협상을 통해 보다 나은 조건을 이끌어내야 합니다.

필자가 경험했던 Project 중, Tank Container로 Chemical을 운송했던 다수의 Project에서 Detention이 발생했습니다. 시운전이 지연됨에 따라 항온기능이 있는 창고를 섭외하여 보관한 사례도 있습니다. 시운전 일정과 Chemical의 도착시점에 큰 괴리가 발생한다면, 비용 증가가 불가피하고, 물류비를 가중시키는 원인이 됩니다. 따라서 Chemical을 저장할 수 있는 현장의 Storage Tank 구비 여부를 확인하고, 미비하다면, 현실에 부합하는 시운전 일정을 파악하여 Tank Container 선적을 진행하는 것이 바람직합니다.

현장 관계자분들은 가능한 한 자재를 많이 쌓아둔 상태에서 공사를 진행하기를 원합니다. 당장 설치를 요하지 않는 화물이라 해도 보관할 수 있는 공간이 충분하고, 비용이 들지 않으면서 보관상의 문제가 발생하지 않는다면 선입고를 마다할 이유가 없습니다. 자재가 부족해 불출을 못하고, 공사가 지연되고, 누군가로부터 질타를 받는 것보다는 낫기 때문입니다. 이 과정에서 불필요하게 선적을 재촉할 수 있습니다. 하지만 Tank Container 만큼은 Storage Tank가 구비되지 않은 한, 현장의 소요시점을 확인하여 그에 맞게 선적업무를 진행하는 것이 최선입니다. 실제로 현장에 체류중인 Tank Container 전량을 인수할 수 있을 만큼의 Detention 비용이 발생한 사례가 있습니다.

〈표 17-4〉의 ISO 규격 Tank Container 제원을 업무에 반영하시기 바랍니다.

〈표 17-4〉 ISO Tank Container 규격

19′ 10″×8′ 0″×8′ 6″(LWH)		Type 0 Food Grade	Type 1 Hazardous	Type 2 Semi/Non Hazardous	Type 5 Gas & Explosive
Capacity(Liters)	Min.	17,000	13,000	17,000	13,000
	Max.	28,000	26,000	28,000	26,000
Tare Weight(kg)	Min.	2,200	3,500	2,500	6,000
	Max.	3,000	6,000	3,300	11,000
Tank Thickness	Min.	2.0mm	5.2mm	3.0mm	6.0mm
	Max.	3.0mm	8.0mm	4.0mm	20.0mm
Working Pressure	Min.	–	3.00bar	–	7.00bar
	Max.	1.75bar	6.90bar	1.75bar	22.00bar
Steam Heating Surface	Min.	1.5m^2	2.5m^2	2.5m^2	–
	Max.	2.0m^2	16.0m^2	5.0m^2	–
Electric Heating Power	Min.	9kW	9kW	7kW	–
	Max.	12kW	24kW	12kW	–
Operation Temperature (℃)	Min.	–20	–20	–20	–40
	Max.	120	120	120	55/60

운송과 관련하여 주의할 사항이 있습니다. ISO규격 Tank Container는 Chemical 비중이 1이라고 가정했을 때, 가득 채우면 Tare Weight 포함, 큰 Size는 모두 30톤이 넘어갑니다. Vendor와는 Ex-works 인도조건의 계약체결 가능성이 높은데, 만재상태에서는 중량규정으로 인해 Low Bed Trailer를 사용하여 운송을 실시해야 할 수 있으므로 경우에 따라서는 수출지와 수입지의 내륙운송비 단가가 상승하게 됩니다.

반면에 덜 채워서 중량을 낮추고 섀시(Chassis) 또는 Flat Bed를 통해 운송할 수는 있으나, 수출지에서는 이를 허용한다 해도 수입국 규정에 의해 만재상태가 아니면 현장까지의 내륙운송이 불허될 수 있습니다. 따라서 사전에 수출지와 수입지의 운송규정을 확인해야 합니다.

작은 용량의 Tank Container가 희소한 경우가 있고, 이를 섭외하느라 시간이 지체될 수 있습니다. 작은 용량을 적용하면 Container 수량 자체의 증가로 인한 물류비 상승문제를 고려해야 합니다. 필자가 강조하고자 하는 바는 규정을 정확히 인지하여 어떠한 경우든 해당 물류비가 예산수립 과정에서 과소하게 책정

되는 일이 없도록 관리해야 한다는 것입니다. 아울러 Chemical Import Permit을 적기에 취득하고 운송이 필요한 기간 내에는 Permit이 유효하도록 관리해야 합니다. 요약하면, 다음과 같이 정리할 수 있습니다.

- 현장의 Storage Tank 구비 여부 확인
- Storage Tank 사용이 불가하다면 현장의 필요시점을 정확히 파악하여 최적의 운송시점 결정
- 물량 규모에 따른 Detention Charge 인하 및 Free Time 연장 협의
- 수출지와 수입지의 운송규정을 확인하고 규정에 준하는 Tank Container 수량 확보
- Chemical Import Permit의 유효성 유지

(5) 영세율 적용

수입시 영세율을 적용하는 품목들이 있습니다. 사우디아라비아의 사례를 예로 들어보겠습니다. 다음의 HS Code에 해당하는 제품들은 면세 Project 여부와 관계없이 영세율이 적용됩니다.

- 8504.40.909999 Static Converters
- 9026.10.000001 Flowmeters and their Transmitters
- 9026.10.000002 Level Gauges and their Transmitters

Static Converter는 Rectifier(교류를 직류로 변환), Inverter(직류를 교류로 변환)와 같이 회전기를 사용하지 않으면서 전원의 종별을 변환하는 장치로 정지형 변환장치라고 부릅니다. 여기에는 주파수 변환장치도 포함됩니다.

사우디 근무시에 주파수 변환장치가 수입되어 통관사에서 12% 관세율에 해당하는 Power Transformer의 HS Code를 적용, 관세를 선 청구해온 사례가 있었습니다. 필자는 Static Converter의 HS Code를 제시하고 영세율로 통관하도록 통보했습니다. 그랬더니, 만약 세관에서 Penalty를 부과하게 되면 자신들은 면책임을 확약하라고 했습니다. 필자는 확신이 있었기 때문에 요청을 받아들이고 그렇게 진행함으로써 결국 7만불 정도의 관세가 헌납될 뻔한 불상사를 방지할 수 있었습니다.

잠시 Transformer에 대해서 개략적으로 살펴보겠습니다.

발전소에서는 고압으로 전력을 송출하기 때문에 승압용 변압기를 사용하고, 전력의 수요처는 전압을 낮춰서 사용해야 하기 때문에 강압용 변압기를 사용합니다. 변압기는 절연 및 냉각방식에 따라 Dry Type, Mold Type, Oil Immersed Type으로 분류됩니다.

① Dry Type Transformer

Fan을 돌리는 형태의 공랭식 변압기(건식 변압기)입니다. 냉각성능의 한계로 인해 주로 소형 변압기에 적용합니다. 필자가 살던 시골에 처음 전기가 들어왔을 때는 110V를 사용하였습니다. 전자제품이 220V 도시형으로 제작된 경우, 승압용 변압기가 필요했고, 나중에 220V로 바뀌면서 기존의 110V용 제품을 사용하려면 강압용 변압기가 필요했습니다. Fan 소음이 심한 편이고, 오래 사용하면 발열이 상당했던 기억이 납니다. 그 시절에는 도란스라는 명칭으로 소통했는데, Transformer의 Trans를 일본식으로 부른 것이었습니다.

② Mold Type Transformer

에폭시수지로 권선을 Molding하여 절연하고 이 또한 Fan에 의한 냉각에는 한계가 있어서 중형급까지 적용합니다.

③ Oil Immersed Type Transformer

절연유에 권선을 담근 형태의 유입식 변압기입니다. 기름에 의한 절연 및 냉각방식을 적용하여 소형부터 대형까지 사용범위가 다양합니다. 절연유와 부속 여과장치를 정기적으로 교체해야 하므로 유지비가 많이 들고 절연유에 의한 화재발생 위험의 단점이 있습니다.

가스로 절연하는 변압기도 존재하나 플랜트에서는 주로 몰드형과 유입식 변압기를 채택합니다. 만약 Insulation Oil이 변압기와 함께 선적된다면 이는 유입식 변압기임을 의미합니다. 변압기는 정격용량별로 HS Code가 구분되어 있고 사우디는 정격용량과 Transformer Type에 따라 5% 또는 12%의 관세율을 적용하고 있습니다. 따라서 C/I상에는 Transformer의 정격용량과 유입식인지 몰드형인지의 Transformer Type을 명기해야 합니다.

사우디의 2710 세번에 각종 Oil 종류의 관세율이 5%와 10%로 구분되어 있습니다. 변압기 절연유에 대해서는 2710.1996 세번에 'For transformer and circuit breakers'로 명확히 기재되어 있습니다.(관세율 5%) HS Code에 관심을 기울이면 혼선의 여지가 없기는 하나, 2710.1998 세번 Other Lubricating Oils(Greasing Oils)는 10%의 관세가 적용되기 때문에 HS Code와 품명을 통해 변압기용 절연유임을 명확히 기재할 필요가 있습니다. 변압기용은 Import Permit이 필요하지 않지만 기타 다른 용도의 Oil류에는 Import Permit이 필요한 제품이 존재합니다.

전기제품인 Cathodic Protection에는 Rectifier가 사용됩니다. 학창시절 금속의 이온화 경향에 대해서 배운 기억이 있을 것입니다.

K 〉 Ca 〉 Na 〉 Mg 〉 Al 〉 Zn 〉 Fe 〉 Ni 〉 Sn 〉 Pb 〉 (H) 〉 Cu 〉 Hg 〉 Ag 〉 Pt 〉 Au

자연계의 금속은 이온상태로 존재하거나 산화물 상태로 존재하기를 원합니다. 그것이 안정화된 상태이기 때문입니다. 그런데 이를 인위적으로 가공하여 철강제품을 제작합니다. 그래서 철은 틈만 있으면 산소와 결합, 산화물(녹) 상태로 돌아가거나, 전자 2개를 방출하고 이온상태로 회귀하려는 성질이 있습니다. 이온상태가 된다는 것은 본체로부터 이탈되는 것, 즉 부식발생을 의미합니다 이를 방지하기 위해 Cathodic Protection(음극화 방식)이라는 방법을 사용합니다. 방식(防蝕)이라는 용어가 사용된 회사명이 더러 있습니다. 이는 부식방지를 뜻합니다.

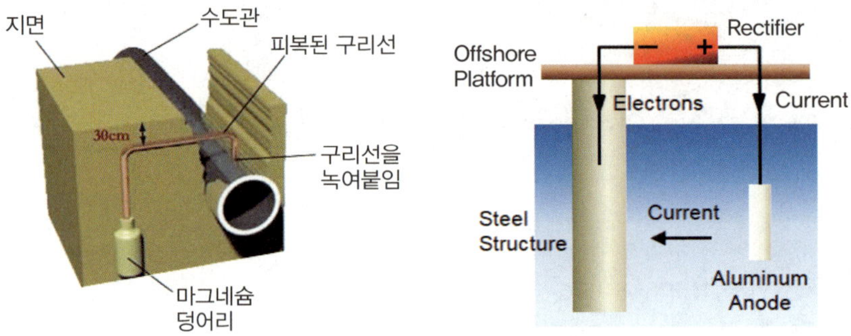

(a) 희생금속방식 (b) 전기방식

[그림 17-5] Cathodic Protection

[그림 17-5] (a) 사례처럼 철(Fe)보다 이온화 경향이 높은 금속을 부착하면, 이온화 경향이 높은 해당 금속이 먼저 음이온(전자)을 방출하기 때문에 상대적으로 이온화 경향이 낮은 철은 이온화할 기회를 잡지 못하고 현 상태에 머무르게 됩니다. 부식되지 않고 계속해서 원래의 모습을 유지할 수 있습니다. 배관, 철골, 탱크 등 철 성분이 절대적 비중을 차지하는 제품은 이런 식으로 부식을 방지할 수 있습니다. 마그네슘과 같은 희생금속을 Anti Corrosion Pad라는 명칭으로 수입했던 기억이 있습니다.

또 하나의 부식 방지법은 계속해서 음이온을 공급하도록 전류를 흘려 보내는 전기방식(防蝕) 방법입니다. 직류를 흘려주면 전자가 공급되어 철제류의 부식을 방지할 수 있습니다. 이때 사용되는 것이 교류를 직류로 변환해주는 기기인 Rectifier(정류기)입니다.

Cathodic Protection의 Rectifier는 Static Converter에 해당하여 사우디의 경우, 수입통관시 영세율을 적용받을 수 있습니다. 플랜트의 철구조물, 배관설비 그리고 해수와 접촉하여 부식이 우려되는 항만 철구조물 등에 이 방식(防蝕) 방법을 적용할 수 있습니다. 지하 매설용의 Conduit Pipe(강재전선관), Underground Pipe는 Cathodic Protection을 반드시 필요로 하므로 Cathodic Protection 기기는 Project 초기에 운송이 이뤄져야 합니다. 마찬가지로 Underground Pipe에 연결하는 PIV(Post Indicator Valve, 소방용 밸브) 또한 조기에 현장으로 보내야 합니다.

이 책에서는 영어 단어가 상당히 많이 등장합니다. 해외 Project를 수행하는 경우 기자재를 한글명칭으로 표현하는 경우는 거의 없습니다. 해외 Vendor와 교신할 때도 한글명칭을 사용할 일이 많지 않습니다. 정확하게 인지하고 보다 신속한 소통을 위해서는 물류 담당자들이 이러한 영어 표현에 익숙해져야 합니다. 국내 Vendor라 하더라도 RFQ, P/O, 도면 등 거의 대부분이 영문 서류를 주고받습니다. 결국 영어 표현은 건설, 플랜트 물류에서는 숙명이라고 할 수 있습니다.

UPS(Uninterruptable Power Supply System 무정전 전원공급장치)라는 전기 제품이 있습니다. 평상시에는 교류전원을 직류로 변환(Rectifier), Battery에 전기를 저장해두었다가 전원공급이 중단되면 Battery에 저장된 전기를 교류로 변환하여(Inverter) 건물이나 공장에 일시적으로 전력을 송출함으로써, 정전사태를 막아줍니다.

Battery는 전력공급에 한계가 있기 때문에 UPS가 가동중인 동안 DEG(Diesel Engine Generator or EDG, Emergency Diesel Generator)가 굉음을 일으키면서 전력생산을 시작, UPS를 대체하며, 정상적인 전력 공급상태로 회복될 때까지 해당 시설물에 전력을 공급합니다. Battery에 전기를 저장했다가 전력을 송출하는 태양광 설비의 ESS(Energy Storage System), 각종 전자제품과 자동차의 Battery 시스템도 USP와 같은 원리라고 할 수 있습니다.

UPS는 사우디에서 5%의 관세가 부과됩니다. 만약 UPS 수입시 Rectifier와 Inverter를 떼어내서 별도의 포장이 가능하다면, 영세율을 적용받을 수 있습니다. UPS가 고가의 장비이기 때문에, 비용을 절감할 수 있는 방법이 될 수 있습니다. 다만 Volume 증가에 따른 물류비 상승문제와 설치상의 유불리를 검토해야 합니다. 또 하나의 방안은 UPS라는 명칭 대신 'Rectifier and Inverter Assembly'라는 명칭을 사용하는 것입니다. 통관서류는 물론, 제품의 Tag Plate, 포장의 Shipping Mark에도 이처럼 표시하는 경우, 영세율을 적용받을 가능성이 있습니다.

- 9026.10.000001 Flowmeters and their Transmitters(영세율)
  - 해설 : Devices and instruments for measuring fluid flow(유체 흐름을 측정하기 위한 장치와 제어기기)

Flowmeter(유량계)의 HS Code를 다시 한번 옮겨보았습니다. 제어계측 기기에 해당하는 Annubar는 Flowmeter에 속합니다. 이는 Rosemount사의 상표명으로 Pitot Tube의 한 종류입니다.(피토는 최초 고안자인 프랑스인 Henri Pitot의 이름에서 유래) Annubar가 워낙 유명한 브랜드이다 보니, 그 자체를 제품명으로 기재하기도 합니다.

배를 타고 갈 때 구부러진 Pipe의 입구를 배의 진행 방향으로 하여 물속에 담그면, 속도에 따라 Pipe를 타고 올라오는 물의 높이가 달라질 것입니다. 속도에 따라 달라지는 액위 또는 압력의 차이를 이용하여 선박의 속도를 잴 수 있습니다. 반대로 강물이 쏟아져 내려올 때 이런 관을 물속에 넣어두면 Pipe 속에 물이 차오를 것입니다. 이러한 원리에 기초하여 유량(유속)을 측정하는 계측기기가 Pitot Tube입니다.

Pipe 속에 흐르는 액체는 관벽과 관내측에서 속도의 차이가 발생합니다. 관벽에서는 마찰에 의해 유체의 속도가 상대적으로 느려집니다. 이 같은 차이를 보정하기 위해 피토관에 다수의 구멍을 뚫어 유량을

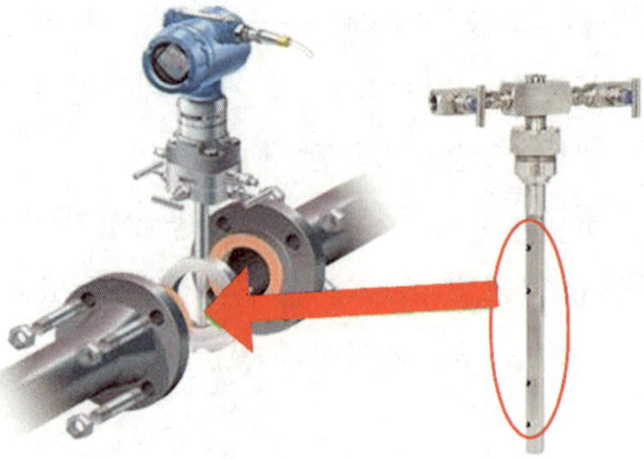

[그림 17-6] Annubar

측정하는 튜브식 유량계가 Annubar입니다([그림 17-6]).

만약 Vendor가 HS Code를 제공하지 않는다면 Pitot Tube라는 명칭 때문에 Tube의 HS Code를 적용하여 5%의 관세를 납부하는 경우가 발생할 수 있습니다. 실제로 그러한 사례가 있었습니다. 물류 담당자가 기자재에 대해 HS Code를 식별할 수 있을 정도의 지식을 쌓아야 한다고 강조하는 이유이기도 합니다.

면세 Project에서는 Annubar와 같은 영세율 적용 품목을 면세리스트에 등재하여 승인받을 이유가 없습니다. HS Code를 제대로 부여하여 통관이 이뤄진다면 그 자체로 영세율 품목이기 때문입니다.

통상적으로는 Vendor가 제시하는 HS Code에 준해 통관서류를 작성할 것입니다. 그러나 다툼의 여지가 있는 경우에는 다른 HS Code를 적용할 수 있습니다. 이때는 물류 담당자의 기자재에 대한 식견이 필요하고 HS Code와 제품을 바르게 Match시킬 수 있는 역량이 관건입니다.

- 8419.50.000000 : Heat exchange units(관세율 5%)
- 8419.8 : Other machinery–plant and equipment
- 8419.89.000000 : Other(영세율)

열교환기에 대한 8419.50.000000의 HS Code가 별도로 존재합니다. 보통은 이 세번을 적용하여 AFC를 통관하게 될 것입니다. 그런데 AFC Module이 Other machinery–plant and equipment에도 해당되어 영세율의 세번을 적용할 수도 있습니다. 사우디 근무시절 이 세번을 통해 거액의 관세납부를 면한 사례가 있습니다. 다만 해석상 논쟁의 소지가 있기 때문에 탈세의도라는 오해를 사지 않도록 사전에 세관에 문의해볼 필요는 있습니다.

기술한 내용은 영세율 품목중 일부의 사례입니다. 물류 담당자가 기자재와 해당 국가의 HS Code에 대해 판단역량을 갖춘다면, 보다 많은 품목들에서 관세로 새어나가는 돈을 차단할 수 있을 것입니다. 모든 사람이 전문가가 될 수는 없겠지만 그래도 누군가는 전문가가 되어서 이 같은 일을 해내야 합니다.

(6) Pipe Color Marking

[그림 17-7]은 Color Marking의 예시입니다. Break Bulk 선적시, 문제가 발생하면 큰 골칫거리로 부각되는 것이 동일 선박에 선적된 Pipe가 다수의 현장으로 운송되거나, 여러 Project PKG가 동시 다발적으로 진행될 때, 타사 또는 타 현장 발주분과 뒤섞이는 일입니다. 이러한 혼선의 가능성이 있는 경우에는 Pipe에 Color Marking을 실시하는 것이 바람직합니다.

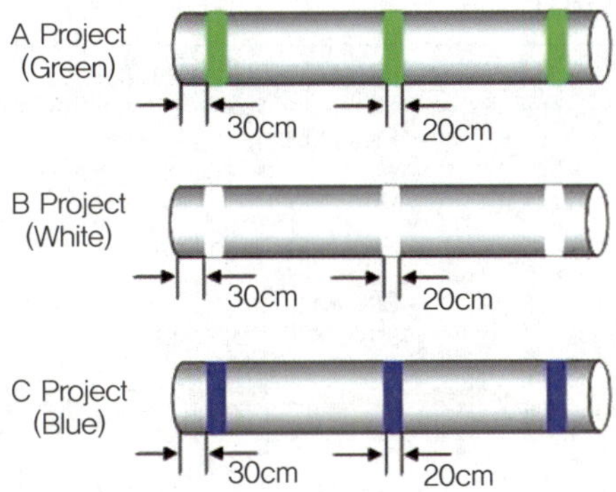

[그림 17-7] Bare Pipe의 Color Marking 사례

이 부분 물류부서에서 적극적으로 대처하지 않는다면 또 다시 같은 문제가 재현될 개연성이 있습니다. 물류 담당자는 Color Marking 시행 여부를 확인하고 누락된 경우, 표시방안을 제시하기 바랍니다.

(7) Chemical, Radioactive Materials

어떤 Project를 수행하든지 위험물 수입문제는 항상 Hot Issue에 해당됩니다. 필자 역시도 끔찍한 기억이 떠오를 만큼 물류에 있어서 피하고 싶은 업무중의 하나입니다.

Coordination이 까다로운 이른바 수퍼갑의 Vendor들이 있습니다. 이런 기업들은 발주처(EPC사)가 제공하는 Packing List 양식을 사용하지 않고 기업 자체적인 양식의 이미지 파일로 C/I, P/L를 보내오곤 합니다. 품목수가 많은 경우에는 선적서류를 꾸미는 담당자에게는 고역이나 다름 없습니다. 그러다가 간과되는 것이 위험물의 존재 여부입니다.

필자는 'DG Control Sheet'(Dangerous Goods~) 양식을 각 공정관리자에게 송부하고 이를 주기적으로 Update 하도록 하여 위험물을 관리한 바 있습니다. 이 자료를 MSDS(Material Safety Data Sheet)와 함께 현지에 보내 Import Permit 필요여부를 타진하곤 했습니다.

Shipping Request Guidance를 작성하고 위험물 존재시 Vendor P/L상에 위험물 여부를 표시하도록 지침을 배포했습니다. 물론 위험물의 존재 여부는 가능한 한 조기에 파악하고 승인기간을 고려하여 Import Permit을 신청해야 할 것입니다. 그나마 Shipping Request 접수 당시에라도 발견되면 다행입니다. 해당 품목은 Permit 신청절차를 밟고 선적에서 제외시키면 됩니다. 기존의 신청서가 이미 승인 대기중인 경우에는 다른 신청서를 제출할 수 없는 국가가 있습니다. 이때는 유관부문에 해당 사유를 알리고 선적 시기를 조정해야 합니다.

문제는 아무도 위험물 포함 여부를 확인하지 못한 채, 타 화물들과 같은 B/L로 선적이 진행되어 현지

〈표 17-5〉 위험물 존재여부 사전 통지서 예시

DANGEROUS MATERIAL NOTICE			
Project No.		Project Name	
P/O No.		P/O Description	
P/O Date		Expected Cargo Readiness Date	
Delivery Terms		Shipping Port	

MATERIAL INFORMATION

No.	Material Description	No. in Category	W.T(kg)	Vol.(Liter)	Remarks
1					
2					
3					
4					
5					
6					
7					
8					
9					
10					

CATEGORY

1. Explosive　2. Gases　3. Inflammable Liquid & Solid　4. Toxic Chemical
5. Radioactive　6. Corrosive　7. Other Dangerous Material

OTHERS

ATTACHMENTS

☐ Vendor's MSDS　Set
☐ Other Evidence (Catalog etc.)

CONTACT POINT OF VENDOR

– Person In Charge :
– Tel. No. :
– e-mail :

Note :

1. In case that dangerous material is included in vendor's product, vendor shall report that fact to the Purchaser and submit relevant information with evidence document like MSDS complying with above format within one (1) month from the date of Purchase Order.
2. Any cost, risk and damage caused by wrong, insufficient information and/or delay of submission shall be in the scope of vendor's responsibility.

통관시점에 이르러서야 Import Permit을 취득해야 할 위험물이 존재한다는 사실을 인지하게 되는 경우입니다. 이렇게 되면 전체 화물에 대한 심각한 통관지연이 초래될 수 있습니다. 국가에 따라서는 해당 위험물만 계류시키고 다른 화물들에 대해서는 통관을 허용하기도 합니다. 이때는 Consignee의 Confiscate Letter를 세관에 제출하면 되나, 이 절차가 허용되지 않는 국가에서는 낭패가 아닐 수 없습니다.

제관류나 AFC 선적시 Shell 또는 Tube 내부로의 공기유입을 차단하기 위해 질소가스 실린더를 부착하여 동반 선적되는 경우가 있습니다. 만약 세관에서 Import Permit 문제를 거론한다면, 일차적으로는 화물내부의 부식방지를 위한 불가피한 조치임을 조기에 소명해야 합니다. 아울러 관계기관의 입회하에 질소가스를 방진시키는 방법을 고려할 수 있습니다. 질소가스 충진문제를 철저하게 따지는 국가로 수출할 때에는 Shell Body에 질소가스 충진 문구를 표시하지 않는 것이 바람직합니다.

부지불식간 위험물이 선적되었다면, 모든 화물이 세관에 계류되지 않도록 B/L을 분리하고, 신속하게 Import Permit 취득절차를 밟아야 합니다. 이러한 문제를 예방하기 위해 공정관리자가 Vendor로부터 〈표 17-5〉와 같은 양식의 자료를 미리 접수하고 위험물 관련 Status Report를 정리하여 MSDS와 함께 물류부서에 전달할 필요가 있습니다. 특히 위험물의 Import Permit 취득에 장시간이 소요되는 국가에서 Project를 수행할 때 이 같은 절차가 요긴할 수 있습니다.

위험물 수입을 철저하게 관리하는 국가는 Import Permit 신청시 현장의 월별 소요량 계획을 함께 제출하도록 규정하기도 합니다. 이에 따라 사용 후 잔량을 관리해야 합니다. 마약 전용 등의 문제로 정부에서 엄정하게 모니터링하고 있기 때문입니다. Toluene 성분이 함유된 도료제품이 있는데, Toluene이 함유된 제품에 대해서는 원천적으로 수입을 금지하는 국가도 있습니다.

이처럼 국가마다 수입시 적용기준이 다르고 Import Permit 승인기간이나 절차도 상이하기 때문에 해당 국가의 규정을 제대로 파악하여 대비하는 것 또한 중요한 물류업무중의 하나라고 할 수 있습니다.

PART 1의 '3. 물류의 동인' 부분에서 "방사능물질, 폭발성물질, 화학제품 등 위험물관리규정 조사(대상수입품목, 관할관청, Import Permit, 통관절차, 위험물 운송규정 등)"를 언급한 바 있습니다. 신규 국가에 진출하게 되면 새로이 조사하여 업무를 수행해야 한다는 점에서 타 부서의 업무와 차이가 있습니다. 그러므로 물류부서에는 인력을 더 배정해야 합니다.

다른 사례를 살펴보겠습니다.

물유리(Water Glass or Liquid Glass)라고 칭하는 Sodium Silicate가 있습니다.(Na_2SiO_3, 규산나트륨=규산소다) Vendor는 Water Glass라고만 선적서류에 명기하였고, 연이은 두 항차로 100대 가량의 컨테이너에 Refractory(내화벽돌) 자재들이 실려왔습니다. 여기에 물유리가 포함되어 있었습니다. Refractory 자재는 날씨에 민감하기 때문에 통상적으로 SOC(Shipper's Own Container)로 선적하여 현장에 컨테이너 채 보관합니다. (SOC Container 아님. 역전앞처럼)

물유리가 공기속의 이산화탄소와 접촉하면 Gel 형태의 규산이 석출되면서 강한 접착성을 나타냅니다.

[그림 17-8] 물유리

[그림 17-9] 내화벽돌

강알칼리성인 물유리를 산으로 중화시켜 생성된 침전물을 건조시킨 것이 식품이나 의약품 등의 건조제로 쓰이는 실리카겔(Silica Gel)입니다. 건조상태의 물유리에 소량의 물을 가하면 합수(含水) 물유리가 되고, Refractory의 접착제 및 내화(耐火) 시멘트로 사용됩니다. 현장에서 Boiler나 Heater 내부의 내화벽돌을 쌓는 경우에 이 물유리가 필요합니다.

그런데, Import Permit을 신청해야 하는 제품이라는 사실이 간과되고 말았습니다. 매일매일 엄청난 금액의 Port Demurrage가 누적되어 갑니다. Import Permit을 취득하는 데에 최소 1개월이 소요되는 국가입니다. 이 난국을 어떻게 수습해야 할까요?

사우디에서 방사능물질이 함유된 제품은 RSO(Radiation Safety Officer) 교육 이수부터 Permit 승인에 이르기까지 길게는 1년 가까이 소요됩니다. 볼리비아는 사업주측 뿐만 아니라 수행사의 현장 관계자 중에서도 RSO 교육을 이수해야 합니다. 방사능물질 취급관리자가 RSO 교육을 이수하여 취득한 RSO Certificate이 Permit 신청서에 첨부됩니다. 주로 Level Instrument나 Density Analyzer에 방사능물질이 함유된 Spec.을 적용할 수 있고, Vendor로는 Berthold, Ohmart, Endress+Hauser 등이 있습니다.

방사능물질이 함유된 기기는 Project 종료 시점에 설치하기 때문에(방사능 물질을 곁에 두고 공사를 수행할 필요는 없음.) 자칫 잊혀지는 경우가 있습니다. 그러나 Project 말미에 가서야 Permit을 신청하게 되면 이미 늦어도 한참 늦은 것입니다.

Project가 종료되기 바로 직전까지도 방사능 물질의 Import Permit이 신청되지 않은 사례가 있습니다. 책임소재를 떠나 결국은 물류부서가 처리해야 하는 사안입니다. 이 또한 어떻게 해결해야 할까요?

각종 Chemical 제품들(각 설계부서 공통)과 Radioactive Material(계측제어설계부서 소관)의 존재여부를 사전에 파악하여 Import Permit을 제때에 취득할 수 있도록 관리하고 통관지연과 불필요한 부가비용의 발생을 예방해야 합니다. 더불어 Vendor P/L 상에 기재된 위험물이 바쁘다는 핑계로 간과되어서는 아니 됩니다. 물류 담당자는 Vendor가 어떤 제품을 취급하는지를 인지하고 그 제품의 특성에 대해서도 식견을 높여야 합니다.

정리하면, 위험물에 대한 해당국가의 수입규정을 철저히 조사하여, 위험물리스트와 MSDS를 조기에 취합, 각 품목별 Import Permit 필요여부를 선제적으로 확인하시기 바랍니다.

(8) Top Davit, Template

Top Davit은 자재를 Lifting하는 용도로 쓰입니다. Top Davit이 설치되지 않은 경우에는 Crane으로 올려 보내거나 사람이 직접 이고 져서 Column 상부로 자재를 운반해야 할 것입니다.

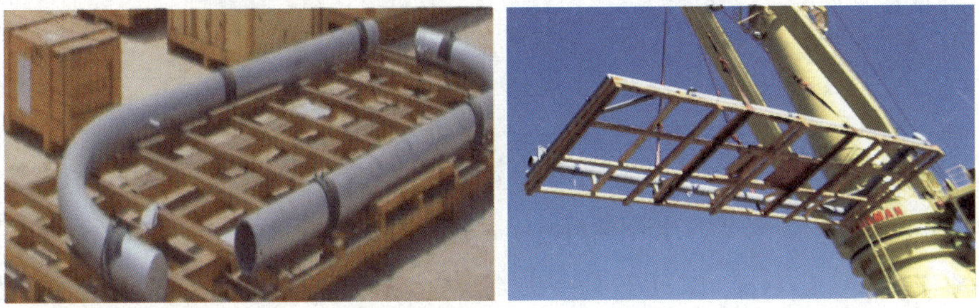

[그림 17-10] Top Davit

Box 포장을 하기도 하지만 위 사진과 같이 주로 Pallet Packing을 실시합니다. 컨테이너 선적을 진행하는 경우, 다음과 같은 사정이 생길 수 있습니다. 5.0m(L) × 2.7m(W) 크기의 Top Davit이 있다고 가정해보겠습니다. 평범하게 포장하면 DC(Dry Container)에는 적입이 불가능한 Size입니다.

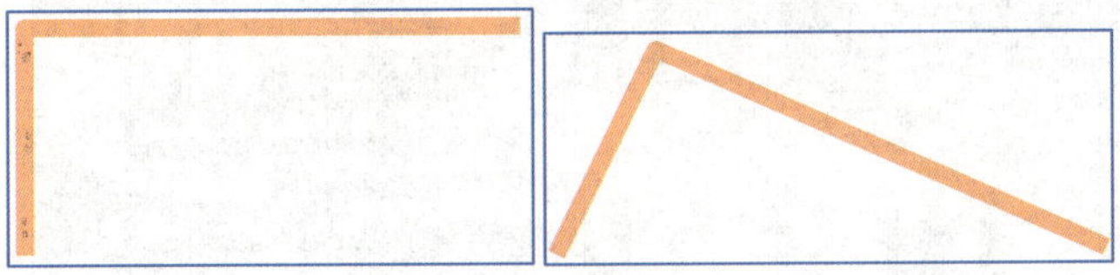

(a) Top Davit Pallet 포장

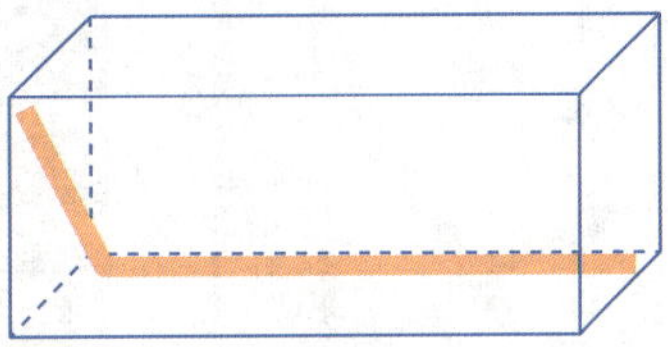

(b) Top Davit Box 포장

[그림 17-11]

그러면 방향을 틀어서 포장방법을 달리 할 수 있습니다. 그랬더니 포장 크기는 5.7m × 2.5m가 됩니다. 이런 식으로 해서 조금 작은 Top Davit은 적입이 가능할 수도 있을 것입니다. 하지만 여전히 적입이 불가한 Size입니다. 이때는 대각선 방향으로 세워서 포장하는 방법을 적용하면 됩니다. DC 적입 가능 Dimension을 2.2m(W) × 2.2m(H)로 고려했을 때, 대각선 길이는 3.1m입니다. 고가의 운임이 발생하는

Flat Rack 선적을 피할 수 있습니다. 이 같은 방식으로 운송비를 절감한 사례가 있습니다.

[그림 17-12]의 포장 사례는 폭이 3m를 초과하여 ODC(Over Dimensional Cargo)에 해당됩니다. 엄격한 운송규정을 적용하는 국가에서는 Transportation Permit 취득 대상이 되거나, Low Bed 트레일러로 내륙운송을 진행해야 할 수도 있기 때문에 Volume에 비해 운송비가 과도하게 발생합니다. 따라서 Case 1과 같이 포장을 변경하면 General Cargo의 범주에 포함되어 운송비가 절감됩니다. 다만, 정확한 COG 위치와 Lifting 지점을 표시하고 Pallet 하부의 Skid 또한 이에 맞게 제작되어야 합니다.

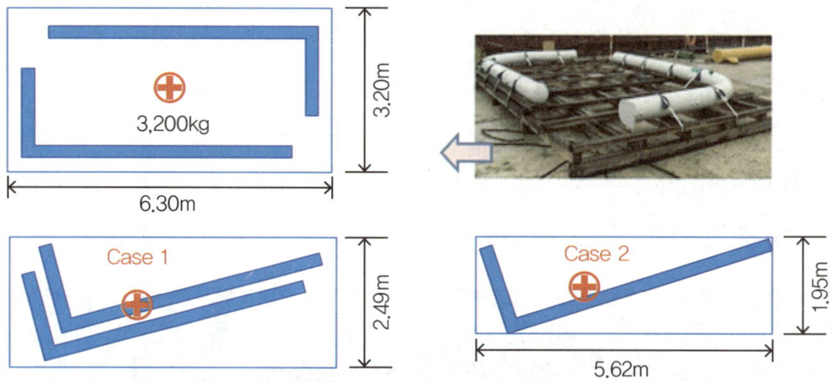

[그림 17-12] Top Davit 포장방식 개선

Column의 Foundation을 양생하기 위해서는 Anchor Bolt가 필요합니다. Anchor Bolt는 보다 견고한 고정을 위해 J Type, L Type, 그리고 물음표 모양의 Eye Bolt가 주로 사용됩니다. 경우에 따라서는 Sleeve(토시)를 씌워서 Anchor Bolt를 설치하기도 합니다. 중요한 것은 Skirt의 Anchor Hole 모양새와 정확히 일치하는 Template을 Anchor Bolt와 함께 Project 초기에 운송해야 한다는 점입니다. 이후에 Foundation 공사를 위한 콘크리트 타설이 가능합니다.

(a) Anchor Bolts (b) Template

[그림 17-13]

Project 초기에는 Break Bulk 선적물량이 거의 발생하지 않기 때문에 컨테이너로 운송할 수밖에 없습니다. 그러므로 물류비 절감을 위해서는 Template을 2분할 또는 그 이상의 분할상태로 제작하여 DC에 적입이 가능하도록 설계팀에 미리 분할을 요청하고 제작에 반영될 수 있도록 해야 합니다. 그렇지 않으면

OOG(Out of Gauge) 화물이 되어 운임이 훨씬 고가인 Flat Rack으로 선적해야 할 것입니다.

(9) Box 포장 화물 재건

세관검사가 철저한 국가에서는 Box 화물을 절개하여 내부를 들여다 봅니다.

[그림 17-14] 세관검사시 Box 손상

PART 1의 '35. 배관자재 ESDR과 물류의 대응'에서 살펴본 운송중 이물질 유입에 의한 민감한 기기의 손상 가능성과 포장재건의 당위성에 부연하여, 기기 손상 여부를 확인하기 위해서는 Vendor 측에 Supervisor 출장을 요청해야 합니다. 사안이 중하면 장기간 Supervisor가 체류해야 할 수 있고, Supervision Fee가 만만치 않게 발생합니다. 그에 비하면 포장 재건비용은 상대적으로 약소한 편입니다.

세관이 제품 포장을 망가뜨렸다 하더라도 내륙운송중 이물질의 유입이 차단될 수 있도록 포장을 복구하고 운송하는 것이 훨씬 이득일 수 있습니다.

(10) Stool, Transportation Beam

Stool은 Concrete Block 외에도 다양한 재료로 제작할 수 있습니다. HRSG 운송 부분에서 살펴본 바와 같이, 목재로 제작하여 층층이 쌓아올릴 수도 있습니다.

[그림 17-15] 다양한 형태의 Stool 사례

현장에서는 자투리 Pipe나 Beam, Plate 그리고 드럼통을 활용하면 저렴하게 제작할 수 있습니다. 이라크 현장과 아제르바이잔 현장에서 드럼통으로 Stool을 제작함으로써 Stool Charge를 절감한 사례가 있습니다.

중량물의 현장 하역은 주로 Stool 위 Jack-down 방식을 적용합니다. 이때 운송사의 Stool을 사용하게 되면 Free Time 이후부터는 Stool 사용료가 발생합니다. 아울러 Dress-up 과정을 거친 후에 설치하는 경우에도 운송사가 제공한 Transportation Beam 사용료가 동반하여 발생합니다.

[그림 17-16] (a)에서는 Transportation Beam 위에서 Dress-up을 진행하고 있고, [그림 17-16] (b)는 Saddle 길이가 충분하여 Transportation Beam 없이 Dress-up을 실시하고 있는 모습입니다. 따라서 운송사 소유의 Stool과 Transportation Beam의 장기간 현장 체류가 예상될 때에는 장기간 사용에 따른 할인율을 적용하여 기간별 사용료를 각각 계약서에 별도로 명기하는 것이 바람직합니다.

(a) CO_2 Absorber Dress-up 작업 (b) Wash Tower Dress-up 작업

[그림 17-16]

이 부분에서도 물류 담당자가 좀 더 시야를 넓혀야 한다는 점을 강조하고자 합니다. 운송비 부담이 상승하더라도 Saddle 길이를 늘려서 고도상의 장애물을 피해갈 것인가의 문제를 언급한 바 있습니다. 만약 Saddle 길이가 충분하다면 Dress-up 절차로 인한 장기간의 Transportation Beam 사용료를 부담하지 않아도 될 것입니다. 그러므로 현장의 Dress-up 실시여부를 포함하여 운송상의 모든 비용과 일정을 반영한 Saddle 수량과 길이를 제시하시기 바랍니다.

이 부분 또한 선제적으로 대처하는 것이 중요합니다. 설계부서의 재량에 맡겨둘 게 아니라, 물류부서가 Saddle 문제의 주도적인 의사결정권자가 되어야 합니다. 이를 통해 중량물의 Saddle에 관한 한, 물류부서의 확인절차가 필요하다는 사실을 각 부문에 각인시킬 필요가 있습니다.

설치 준비가 지연되어 현장에서 Jack-down 상태로 대기해야 하는 경우가 있습니다. 이렇게 되면 Stool & Beam Charge가 지속적으로 누적됩니다. 모 현장에 Stool을 제작하도록 요청한 바 있으나, Free Time내에 설치가 가능하다고 주장하면서 Stool을 제작하지 않았습니다. 모든 일이 마음먹은 대로만 된다면 Project 공기가 지연될 이유가 없을 것입니다. 그러나 현장에서 상당기간을 대기하는 사태가 발생함으로써, 결국 상상을 초월하는 Stool 사용료를 지불했던 경험이 있습니다.

물류의 귀책사유가 아닌 이유로 발생한 비용은 해당 부문에서 지불하도록 하는 것이 합리적인 일입니다. 대표적인 사례가 현장의 하역지연과 설치지연으로 발생하는 Trailer Detention, Container Detention 그리고 Stool & Beam Charge입니다. 경영자 입장에서는 왼쪽 주머니에서 나가든, 오른쪽 주머니에서 나가든 어차피 회삿돈이 지불되는 일이기 때문에 크게 개의할 바가 아닐 수 있습니다. 하지만, 물류의 R&R과는 무관한 일임도 불구하고 이러한 비용들이 물류비 예산에서 지불되는 것은 물류부서의 성과와 평가에 부정적으로 작용하게 될 것이 자명합니다.

현장 필요분의 Stool에 대해서 만큼은 반드시 현장에서 제작 또는 임대하여 구비하도록 협의하고, 운송사와의 계약서에는 Stool과 Beam 사용료 조항을 명기하되, Dress-up 등의 사유로 Transportation Beam 사용료가 추가로 발생한다면 이 또한 현장에 비용을 귀속시킬 수 있도록 사전에 협의하시기 바랍니다.

(11) Temporary Saddle

[그림 17-17] (a)의 화물은 트레일러 측면으로 Temporary Saddle이 과도하게 튀어나와 있습니다. 선박 Deck에 미치는 하중과 Stool 위 Jack-down에 문제가 없다면, 이처럼 Saddle을 길게 제작하는 방식은 지양해야 합니다.

(a) (b) (c) (d)

[그림 17-17] Saddle 돌출

예를 들어 50m × 8m × 8m(LWH)의 Column Size를 가정했을 때, Volume은 3,200CBM이 됩니다. 양 측면으로 1m씩을 줄이면 2,400CBM의 Volume이 되어 800CBM이 감소합니다. 해상 및 내륙운송비가 각각 CBM당 100불이라고 가정하면 이론상으로는 16만불의 물류비가 절감됩니다.

[그림 17-17] (b)의 사례는 화물의 외경보다 Saddle 길이가 짧기 때문에 이런 경우에는

[그림 17-17] (c)와 (d)의 사례와 같이 Stool로 지지하는 면이 아님에도 불구하고 Temporary Saddle 측면에 튀어나온 부위가 있습니다. Volume이 증가하여 물류비가 상승하는 요인이 됩니다. 더욱이 이러한 대형 화물들은 어느 부위에서든 조금만 길이가 증가해도 Volume이 크게 상승하는 맹점이 있습니다.

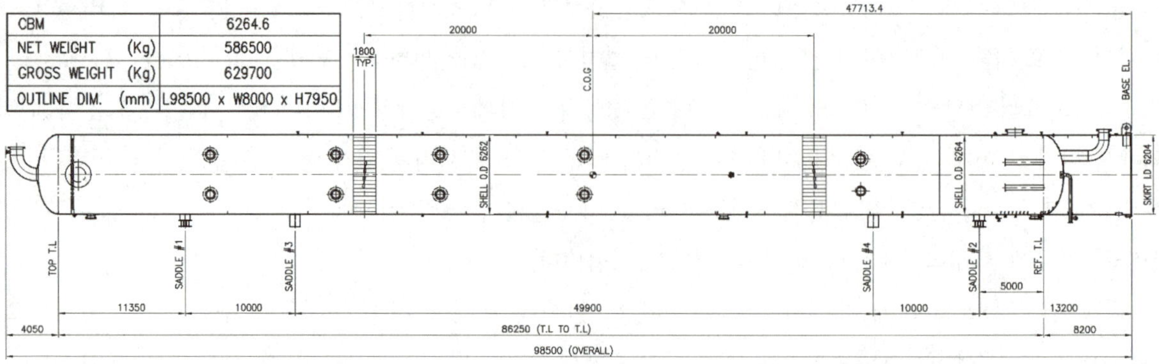

[그림 17-18] PS 도면 Elevation View

630톤 Splitter Column의 PS 도면입니다. Shipping Volume이 6,264.6CBM에 달합니다.

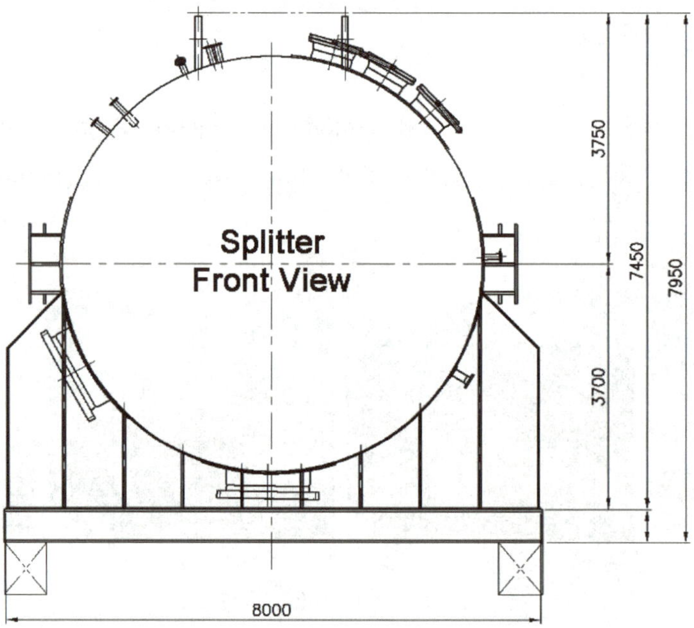

[그림 17-19] 정면도

정면도에 의하면 Saddle이 Trunnion Lug의 측면보다도 더 돌출된 것으로 작도되어 있습니다. 본 Splitter는 선적지와 하역지 모두 Side-by-Side Type SPMT(폭 5.33m)를 사용하여 운송했습니다.

Trunnion Lug 사이의 폭에 해당하는 7.4m로 Saddle 길이를 축소시키면, 98.5m(L) × 7.4m(W) ×7.95m = 5,794.8CBM이 됩니다. 결과적으로 선박 Deck Strength가 문제되지 않는 한 469.8CBM의 Shipping Volume을 감소시킬 수 있습니다.

(12) 환적(Transshipment)과 중량물 집하

컨테이너에는 적입이 불가능한 소량의 화물이 드물게 출회되는 지역이 있습니다. 이때 최종 목적지까지 운항하는 Break Bulk 선박을 섭외하게 되면 Minimum Inducement 조건을 충족시키지 못함에 따라 운송단가가 대폭 상승하게 됩니다. 이러한 사유로 볼리비아 Project 수행시 일본에서 제작한 화물을 마산항으로 해상운송을 진행한 후에 다른 화물들과 합적함으로써 해상운송비를 절감한 사례가 있습니다. 화물 출회지역의 선적물량이 많지 않을 경우 고려할 수 있는 방법입니다.

평택, 울산, 마산, 온산, 군산항 등에서 선적하는 것으로 계약된 화물을 다른 한 Port에 집결시켜 선적할 수 있습니다. 본선이 2~3 Port에 Calling하는 것보다는 해상운송비가 절감됩니다. 물론 육상운송비나 Barge 운송비 증가분보다 본선의 추가 Calling 비용 감소 효과가 클 경우에 적용할 수 있습니다.

(13) Wooden Hurdle

Wooden Hurdle을 보다 저렴한 Rubber Sheet로 대체하면 포장비를 절감할 수 있고 작업시간도 단축할 수 있습니다. 제관류 뿐만 아니라 GRP Pipe나 Coated Pipe에도 적용이 가능합니다.

[그림 17-20] Rubber Sheet 적용 포장

특히 선박 Lifting과 Forklift Handling 목적으로 Coated Pipe의 네 곳에 Wooden Hurdle을 두르는 것은 비용이나 작업시간 측면에서 바람직하지가 않습니다.

(a) 2개 지점 Wooden Hurdle　(b) 4개 지점 Wooden Hurdle　(c) Rubber Roll

[그림 17-21]

Wooden Hurdle 대신 Rubber Sheet을 사용할 수 있도록 설계부서와 협의하시기 바랍니다.

(14) 면세리스트(DEL, Duty Exemption List)

면세 Project에서는 기 납부한 관세의 환급업무를 관리해야 하기 때문에 Project 종료 후에도 관세 관련 업무가 계속 진행형인 경우가 적지 않습니다. 결국은 협상을 통해 마무리 짓기는 했지만, Project 종료 후 기납 관세의 책임귀속 문제를 놓고 사업주와 3년이 지나도록 평행선을 달린 사례가 있습니다.

정확한 면세리스트 작성과 실제 선적된 제품에 부합하도록 면세리스트를 적용하여 선적서류를 작성하는 것은 현지 통관업무 수행시 금전적, 시간적 불이익을 예방하고 납부관세를 줄이는데 기여하는 물류부서 핵심업무 중의 하나라고 할 수 있습니다.

관세부과의 근본 취지는 국가재정 확충과 자국산업의 보호에 있습니다. 과거 해당 국가에서 생산이 불가하던 품목을 현재는 생산이 가능한 경우에는 면세 혜택이 주어질 가능성이 낮아집니다. FTA 체결국이 아닌 이상, 산업이 성장할수록 면세 품목의 범위는 축소될 수밖에 없으며, 신규 Project에서는 상대적으로 관세 비중이 증가하게 되는 만큼 관세예산을 증액해야 할 것입니다.

통관시 관세를 납부하고 추후 환급을 받으려면 국가마다 복잡한 환급절차로 인해 이자손실과 M/H의 추가 투입이 불가피합니다. 따라서 면세리스트는 Project 초기에 누락된 품목없이 정교하고도 신속하게 준비작업을 완료하고 관계기관의 승인시점을 앞당김으로써 첫 수입화물의 통관시부터 관세납부(Deposit) 절차를 밟지 않도록 하는 것이 중요합니다.

면세리스트 작성에 있어서 흔히 발생하는 문제점들을 다음과 같이 요약해 보았습니다. Deposit은 통관시 관세를 납부한 후 환급승인 판정결과에 따라 면세여부가 달라질 수 있는 품목, 즉 면세여부 미확정 품목에 적용되는 관세납부 방식을 말합니다.

- 간단한 품명만으로는 HS Code 부여가 쉽지 않고 수입국 언어로의 번역 또한 다양한 해석이 가능한 데 반해, 기자재 비전문가인 통관사에 이를 위임함으로써 HS Code 부여 및 현지어로의 번역에 오류가 발생할 수 있음.
- 본체로부터 분리, 분할하여 운송하는 제품들이 면세리트에서 누락되는 경우가 있음.
  다음과 같은 사례가 이에 해당됨.
  - Fired Heater나 대형 Compressor의 부속자재들
  - Rotor, Impeller 같은 Capital Spare Part
  - Control Valve의 부속자재들(I/P Positioner, Solenoid Valve, Volume Tank 등)
  - Valve와 분리된 Actuator
  - Pump와 분리된 Motor 및 Mechanical Seal 추가물량
  - AFC Knock-down 운송시의 구성품들

- Post Indicator Valve와 분리된 Indicator Post

  이들은 일체형의 제품명이 아니라 각각의 Part 품명이 면세리스트에 반영되어야 함.

- Stack은 분할되는 Part의 수량을 면세리스트에 반영해야 함.
- 실제 수입수량보다 과소하게 수량을 책정하는 경우가 있음.
- 면세리스트 상의 단위(Unit, m, kg, liter)를 수입시 통관서류의 단위와 일치시켜야 함.
- 업무에 혼선이 없도록 범용성이 없는 약어는 Full Name 기재.
- 재질, Size, 정격용량 등에 따라 관세율이 달라지거나, 면세 여부가 갈릴 수 있는 경우에는 이들 정보를 포함하여 품명을 기재해야 함.
- Deposit 통관 후 최초의 면세리스트 또는 추가 면세리스트 등록 시한을 초과하는 사례가 있음.
- 영세율 품목은 원천적으로 면세리스트에서 제외시켜야 함.

이러한 문제점들을 해소하기 위해서는 Project 수주시 사업, 설계, PRM, 물류 담당자가 참여하는 Task Force를 구성하여 조기에 면세리스트를 확정하고, Task Force에서 HS Code를 부여하는 것이 바람직합니다. 이후 현지 통관사에 현지어 번역을 의뢰하면 기 부여된 HS Code로 인해 번역 오류의 가능성이 현저하게 감소됩니다. 물론 누락되는 품목없이 적정의 수량을 반영하여 면세리스트를 정교하게 작성하는 것 또한 중요한 부분입니다.

Electrical Heat Tracing은 Pipe Line 등의 보온상태를 유지하기 위한 자재입니다. 과거의 사례를 되짚어 보면, 8516 세번으로 바르게 적용하는 경우, 면세 승인을 받을 수 있는 품목이었습니다.

[그림 17-22] Electrical Heat Tracing

하지만 통관사에 HS Code 부여와 번역을 맡긴 결과, 8531.8090의 세번을 부여하였습니다. 이에 해당하는 설명은 다음과 같습니다.

> Electric sound or visual signaling apparatus for example, bells, sirens, indicator panels, burglar or fire alarms for use in civil aircraft.

안타깝게도 이 제품은 민간 항공기용 신호발생 기구로 승인되었습니다. 물류 담당자가 이 사실을 인지하지 못한 경우, 세관 검사과정에서 시정조치를 받을 것이 자명하며, 관세 선 납부 후 추가 면세리스트에 의해 환급절차를 밟거나 또는 애초부터 과세로 통관될 가능성이 있습니다.

이와 같은 사유로 반드시 Task Force에서 면세리스트상의 모든 품목에 대해 정확한 HS Code를 부여해야 합니다.

아울러 첫 통관이 발생하기 전에 면세리스트의 승인이 이뤄지도록 일정을 관리하는 것이 중요합니다. 그렇지 않으면 복잡한 관세환급절차에 많은 시간과 노력을 투입해야 합니다.

물론 국가에 따라서는 수량을 표시하지 않거나, 일부 과세품목을 별도로 명시하고, 그 외의 Project 전체 소요물량을 면세품으로 지정하는 경우가 있습니다. 그러나 향후에는 이러한 사례가 점점 축소될 것입니다. 정교한 면세리스트 작성과 꼼꼼한 실무적용을 통해서도 물류의 위상을 높이는 계기로 삼으시기 바랍니다.

직장생활에 몸담은 동안 변화와 혁신이라는 말을 듣곤 했습니다. 일회성 구호 수준에 머무를 게 아니라 지속적으로 변화와 혁신의 노력을 경주해야 합니다. 물류부서가 그 선봉에 서서 기업문화를 바꿔나갈 수 있기를 기원합니다.

18. HS Code

HS Code와 관련하여 다음은 대한민국 관세청의 설명입니다.

>>> 품목분류

전 세계에서 거래되는 각종 물품을 세계관세기구(WCO, World Customs Organization)가 정한 국제통일상품분류체계(HS)에 의거 하나의 품목번호에 분류하는 것으로서 국제통상상품분류체계에 관한 국제협약(The International Convention on the Harmonized Commodity Description and Coding System : HS 협약)에 의해 체약국은 HS체계에서 정한 원칙에 따라 품목분류업무를 수행합니다.

>>> 관세와 품목분류의 관계

수입물품에 대한 관세는 해당 품목번호마다 적용되는 관세율이 미리 정해져 있으므로, 정확한 품목분류가 선행되어야 납부할 관세액이 결정 됩니다. 특히, 품목번호는 기능은 유사하지만 형태가 다르거나, 형태는 유사하나 기능이 다른 경우 또는 범용성 부분품인지 아니면 전용부분품인지 여부에 따라 달라지게 됩니다. 따라서 정확한 관세를 납부하기 위해서는 수입신고시 올바른 품목분류가 중요합니다.

>>> 품목분류 기본 구조

품목분류의 기본 구조는 [그림 18-1]에 도시한 바와 같습니다.

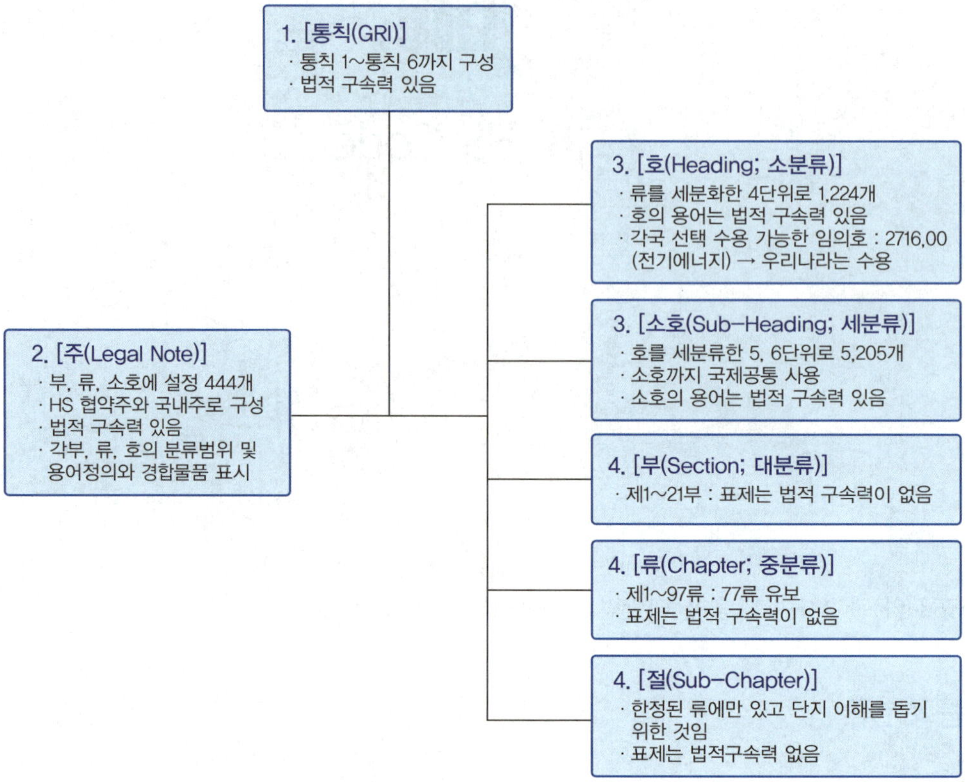

[그림 18-1] 품목분류의 기본 구조

HS코드의 구조

HS(Harmonized Commodity Description and Coding System) 부호란 수출입 물품에 대해 HS협약에 의해 부여되는 상품분류 코드로서 6자리까지는 국제 공통으로 사용하는 코드이며, 7자리부터는 각 나라에서 세분하여 사용할 수 있습니다. 우리나라에서는 10자리까지 사용하고 이를 HSK(HS of Korea)라고 합니다.

예) 0102.90-1000

01 : 류(Chapter) → 살아있는 동물이 분류되는 類로서 앞 2자리를 말함.

0102 : 호(Heading) → 소(牛)가 분류되는 호(號)로서 앞 4자리를 말함.

0102.90 : 소호(Subheading) → 기타의 소가 분류되는 소호(小號)로서 앞 5, 6자리를 말함.

0102.90-1000 : 젖소가 분류되는 10자리 코드입니다. 7단위 이후는 6단위에서 정하는 범위 내에서 각국이 이를 세분하여 사용할 수 있습니다.

▶▶▶ 류의 정의 (1~97류)

다음은 Chapter를 구분하는 속견표(速見表)입니다.

〈표 18-1〉 **속견표**

류	0	1	2	3	4	5	6	7	8	9
0		산동물	육과 식용설육	어패류	낙농품·조란·천연	기타 동물성 생산품	산수목·꽃	채소	과실·견과류	커피·향신료
10	곡물	밀가루·전분	채유용종자·인삼	식물성엑스	기타식물성 생산품	동식물 성유지	육·어류 조제품	당류 설탕과자	코코아 초코렛	곡물·곡분의 주제품 과빵류
20	채소·과실의 조제품	기타의 조제식료품	음료·주류·식초	조제사료	담배	토석류·소금	광·슬랙·회	광물성 연료 에너지	무기 화합물	유기화합물
30	의료용품	비료	염료·안료, 페인트·잉크	향료 화장품	비누, 계면활성제, 왁스	카세인 알부민 변성 전분 효소	화약류·성냥	필름인화지 사진용재료	각종 화학 공업 생산품	플라스틱과 그제품
40	고무와 그 제품	원피가죽	가죽제품	모피·모피 제품	목재·목탄	코르크와 그 제품	조물재료의 제품	펄프	지와 판지	서적·신문 인쇄물
50	견·견사 견직물	양모·수모	면·면사 면직물	마류의사와 직물	인조 필라멘트 섬유	인조 스테이플 섬유	워딩부직포	양탄자	특수·직물	침투 도포한 직물
60	편물	의류 (편물제)	의류(편물 제01외)	기타 섬유 제품, 넝마	신발류	모자류	우산·지팡이	조제 우모 인조제품	석·시멘트 석면제품	도자 제품 직물
70	유리	귀석·반귀석, 귀금속	철강	철강제품	동과 그 제품	니켈과 그 제품	알루미늄과 그 제품	(유보)	연과 그 제품	아연과 그 제품
80	주석과 그 제품	기타의 비금속	비금속 제공구·스푼·포크	각종 비금속 제품	보일러 기계류	전기기기 TV·VTR	철도차량	일반차량	항공기	선박
90	광학/의료 측정·검사 정밀기기	시계	악기	무기	가구류 조명기구	완구·운동 용품	잡품	예술품 골동품	예)니켈과 그 제품은 75류에 해당	

여기서부터는 필자의 얘기입니다.

관세청 설명에 통칙(GRI)이라는 표현이 있습니다. 흔히 GRI라고 하면 General Rate Increase, 즉 컨테이너 운임의 일괄인상을 의미합니다. 1983년 유엔무역개발회의(UNCTAD)가 제정한 유엔정기선동맹행동헌장조약(United Nations Convention on a Code of Conduct for Liner Conferences)에 운임의 일괄인상의 경우 하주기관에 150일 전 사전예고를 필요로 한다고 명시하고 있습니다. 실무에 있어서도 규약대로 지켜져야 할 것입니다.

관세청에서 말하는 GRI는 "The General Rules for the Interpretation of the Harmonized System"의 약자로 HS의 해석에 관한 일반적 규약 정도가 되겠습니다.

HS Code의 중요한 사실은 6자리까지가 전세계 공통이라는 점입니다. 그 이후의 자릿수는 각국에서 분류기준을 정합니다. 사우디아라비아는 2017년부터 12자리 체제로 운영하고 있습니다. 그러므로 사우디에 수출하면서 국내에 적용되는 10자리의 HS Code를 제공하는 건 큰 의미가 없습니다. 6자리만 제공하면 됩니다. 다만, 통관서류에 수입국의 Full HS Code를 기재하면 통관시점을 앞당길 가능성이 높아집니다.

수출입 통관은 HS Code를 기준으로 전략물자 여부, 관세율, 사전 수입허가 등의 사항을 정하기 때문에 통관을 위한 기본 중의 기본이라고 할 수 있습니다. 그리고 C/I상의 Item Description은 HS Code에 표현된 Description에만 충실하면 됩니다. 아래는 Flange를 살펴보기 위한 사우디의 HS Code 분류체계입니다.

- 7307 철강으로 만든 관 연결구류(예 : coupling, elbow, sleeve)
- 7307 2 기타(스테인리스강으로 만든 것으로 한정한다.)
- 7307 21 000000 플랜지
- 7307 9 기타
- 7307 91 000000 플랜지

위 분류체계에 따르면 Stainless Steel 재질의 Flange와 그 외의 Flange로 2종의 분류체계가 있습니다. Vendor Packing List상의 Flange는 아래와 같은 형태로 표현됩니다.

- Flange A182 F304 WN RF 3″ 300# Sch 40S : 5ea
- Flange A182 F304 WN FF 2″ 150# Sch 40S : 5ea
- Flange A105 WN RF 3″ 300# Sch 80 : 20ea
- Flange A105 WN RF 2″ 150# Sch 40 : 20ea

P/L 상에는 이들 상세정보를 표시하되, HS 분류체계에 따라 C/I 상에는 다음과 같이 기재하면 됩니다. 더 이상의 군더더기는 필요치 않습니다.

- 7307 21 000000 Stainless Steel Flange   10 Unit   USD200   USD2,000
- 7307 91 000000 Carbon Steel Flange   40 Unit   USD100   USD4,000

다음은 재질을 의미합니다.

- A182 F304 : Forged Stainless Steel
- A105 : Forged Carbon Steel

그 외의 약어들은 다음과 같은 의미입니다. HS Code 분류체계에 따라 C/I상에 언급하지 않아도 됩니다.

- WN : Welding Neck
- RF : Raised Face
- FF : Flat Face
- 300# : 압력 Rating
- Sch(Schedule) : 용접으로 연결되는 부위의 관 두께

C/I상에 굳이 많은 Line으로 품목을 표현할 필요가 없고, 수입국 규정에 맞게 같은 HS Code를 갖는 품목끼리 수량을 합산하여 명기하면 됩니다. C/I상에 다수의 Item Line 수가 기재되면 수입국 언어로의 번역과 세관시스템 입력에 장시간이 소요되기 때문에 통관지연의 원인이 될 수 있습니다. 따라서 Pipe나 Flange같은 자재 종류는 가능한 한, Item Line 수를 최적화하는 것이 바람직합니다. 다만, Size에 따라 가격이 현저하게 차이나는 경우에는 Size 범위별로 취합하여 기재하면 됩니다.

관세청의 관세법령정보포털 사이트는 주요 국가들의 HS Code와 관세율 정보를 제공하고 있습니다. 이를 반영한 해당 국가의 HS Code를 기재하여 현지 통관사에 C/I를 전달하는 경우, 통관사의 HS Code 부여 오류문제를 예방할 수 있고, 통관시점을 앞당기는 데에도 기여하는 일이 될 것입니다.

이 책의 여러 장에서 언급한 HS Code 관련사항을 숙지하여 실무에 적용할 수 있기를 바랍니다.

19. PEB, Rafter, Purlin

과거에는 스티로폴(Styropor)이라는 명칭을 주로 사용했습니다. 그런데 언제부터인가 스티로폼(Styrofoam)이라는 명칭이 더 자주 언급되는 변화를 감지하게 되었습니다. 둘 다 EPS(Expanded Polystyrene, 발포 폴리스타이렌)를 의미합니다.

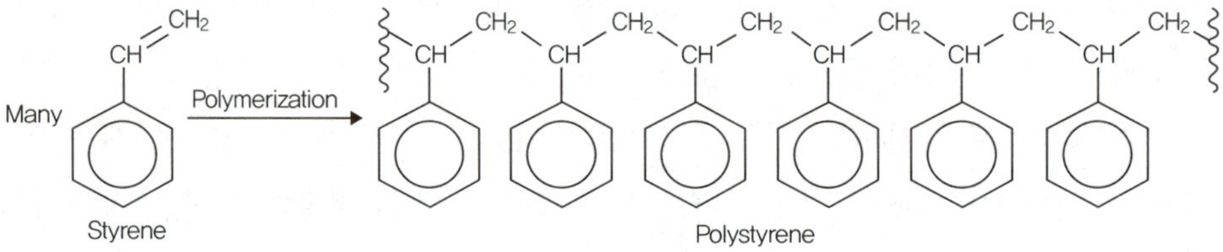

발포 폴리스타이렌은 폴리스타이렌 수지에 펜탄(Pentane) 또는 부탄(Butane, 우리가 아는 부탄가스의 부탄) 등 탄화수소 가스를 주입하여 이를 증기로 부풀린 소재로서 완충성과 방수성, 보온성, 경량성이 뛰어나 각종 제품의 포장재, 배달상자, 일회용 용기, 건축 단열재 등으로 널리 사용되고 있습니다.

Styropor은 독일 BASF사의 상표명이며, Styrofoam은 미국 Dow Chemical사의 상표명입니다. 실생활에서 스티로폼이라는 명칭이 점차 스티로폴이라는 명칭을 밀어내기 시작한 것은 어떠한 이유에서일까요?

(a) EPS 포장재 (b) EPS 일회용품 (c) EPS 단열재

[그림 19-1]

필자는 방송과 언론의 힘이 크다고 생각합니다. 이들이 스티로폼이라는 명칭을 주로 사용하면서부터 스티로폼이 좀 더 친숙한 용어가 된 것으로 여겨집니다.

홈쇼핑과 음식물 배달시장, 택배산업이 급속도로 성장하면서 EPS 시장도 덩달아 커졌습니다. 중국은 택배 박스만 1초에 1,000개가 넘게 소요되고, 1년이면 중국 땅 전체를 덮을 수 있을 만큼 그 양이 엄청나다고 합니다. 문제는 종이상자든, EPS든 재활용률이 낮다는 점입니다. 종이상자는 썩어서 흙으로 돌아간다지만, EPS는 쉽게 썩는 재료가 아니기 때문에 중국 전체가 EPS 쓰레기와의 전쟁을 치러야 할 수도 있습니다. 바닷가나 강가에 넘쳐나는 EPS 쓰레기들, 우리나라도 예외는 아닌 듯 합니다.

건축용 단열재와 더불어 샌드위치 패널(Sandwich Panel)의 속재료로 많이 사용되는 것이 또한 EPS입니다. 한 통계자료에 의하면, 건축자재 70%, 포장재 25% 기타 5%의 수요 분포를 보이고 있어 EPS는 건축자재로서의 용도 비중이 높은 편입니다. 물론 폴리우레탄이 사용되기도 하나, 가격 측면에서 EPS가 경쟁력이 있습니다.

문제는 EPS가 화재에 취약하다는 점입니다. 건축용 자재로는 좀 더 고가의 난연성(難燃性) 제품을 사용하는 것이 바람직하나, 공사비 절감차원에서 일반 EPS 자재를 사용하는 경우가 있습니다. 샌드위치 패널은 상하부 철판과 속재료의 형상이 샌드위치와 닮았다고 해서 붙여진 이름입니다.

샌드위치의 유래는 이러합니다. 영국의 샌드위치(Sandwich) 지방을 다스리던 제4대 샌드위치 백작인 존 몬터규(John Montagu, 1718~1792)가 도박에 빠져 식사시간이 부족했습니다. 그래서 얇게 썬 빵 두 쪽 사이에 쇠고기를 끼워넣은 간편식을 생각해냈습니다. 당시에는 칼질을 하고 포크로 찍어 먹어야 귀족다운 것이었고, 음식을 손으로 들고 먹는다는 것은 상상할 수 없는 일이었습니다. 아무튼 그의 도박중독과 그로 인한 간편식 때문에 샌드위치라는 이름이 널리 알려지게 되었습니다. 참고로 귀족들의 작위 서열은 이러합니다. 공작 〉 후작 〉 백작 〉 자작 〉 남작

[그림 19-2] (b)의 건물은 PEB(Pre-engineered Metal Building System) 공법으로 건축되었습니다. 건설, 플랜트 현장에서도 자재창고 등을 지을 때 자주 적용하는 공법입니다. 철골 구조물을 세우고 외벽과 천장에 샌드위치 패널을 두르는 형태로서 건물 내부에는 기둥이 없다는 특징이 있습니다. 사례의 건물도 EPS 등이 충진된 샌드위치 패널이 지붕 재료로 사용되었습니다. EPS는 워낙 가벼운 소재이기 때문에

(a) 샌드위치 패널 (b) 샌드위치 패널 지붕

[그림 19-2]

샌드위치 패널 속재료로 사용하면, 지붕 무게가 가벼워지므로, Column이나 Beam 등 철재 구조물의 경량화가 가능해집니다. 그러면 자재비 및 공사비를 절감할 수 있고 공사기간도 단축할 수 있습니다.

건물의 구조를 살펴보면 'ㅅ'자 모양의 Rafter(서까래), 그 위에 Purlin(도리)을 얹고 샌드위치 패널로 지붕을 마감한 형태입니다. 사진의 사례에서는 여러가지 붕괴원인이 있겠으나, 중요한 것은 폭설의 가능성을 간과했다는 점입니다. 사진에서 알 수 있듯이 Rafter간 이격도가 큰 반면 Purlin 자재가 빈약해 보입니다. 그리고 눈이 많이 오면 흘러내려야 하는데, 지붕이 완만한 경사를 유지하고 있어서 쉽게 쌓이는 구조로 되어 있습니다. 결국 내린 눈의 무게를 견디지 못해 사고가 발생했습니다.

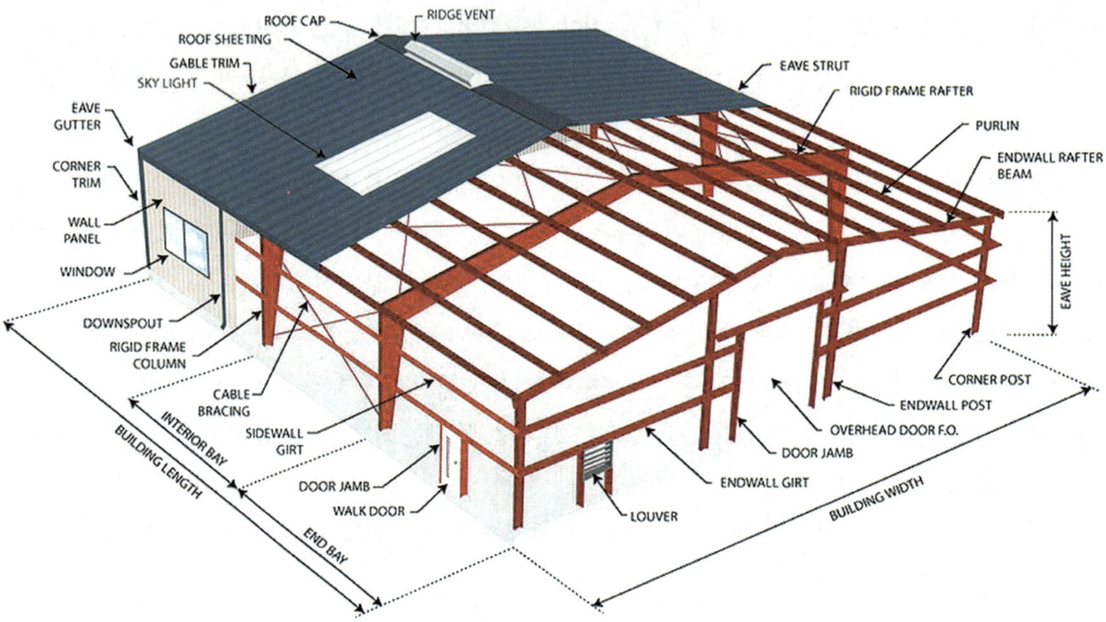

[그림 19-3] PEB 공법, 건물 구조와 각 부위별 명칭

PEB 공법을 적용하여 지붕이 샌드위치 패널로 이뤄져 있다면, 눈이 많이 내린 상태이거나 지속적으로 눈이 내릴 것으로 예상되는 경우, 가능한 한 해당 건물에서 신속히 벗어나기를 권합니다. 언급한 바와 같이 샌드위치 패널로 지붕을 설치했다는 것은 그 만큼 경량의 Column(기둥), Rafter, Purlin 자재가 사용되었을 가능성이 있기 때문입니다.

PEB 공법과 Rafter, Purlin을 설명하려다가 EPS로 거슬러 올라갔습니다.

Rafter가 들어서기 이전에는 Purlin을 설치할 수 없습니다. 또한 Purlin 설치 없이는 지붕공사를 진행할 수 없습니다. 그러므로 당장 공사에 착수해야 한다면, 운송의 우선순위는 Column 〉 Rafter 〉 Purlin 〉 Roof Panel 순입니다. 이 순서대로 철골자재를 입고시키려는 운송계획을 수립해야 합니다.

매 항차, 운송 우선순위에 대해 현장에 먼저 질의하는 센스가 필요합니다. 어차피 일정 시점이 되면 현장에서 긴급한 자재나 운송순서를 통보해올 것이기 때문에 이를 기다리기 보다 선제적으로 대처하는 것이 바람직합니다. 단지 일의 순서만 바뀌었을 뿐인데, 담당자에 대한 평가는 극명하게 갈립니다. 또한 운송 우선순위에 준해 Port내 Storage Plan을 수립해야 합니다. 이것이 가능하도록 통관/운송사에도 사전에 통지해야 하는 사항입니다.

현지에 발주되었다면, 상주공정관리자가 현장 및 Vendor와 Coordination할 문제이긴 하나, 이러한 경우에도 자재의 영어표현 정도는 알고 있어야 할 것입니다. 해외 Project를 수행하면서 의사소통의 표현이 보, 도리, 서까래일 수는 없기 때문입니다.

선적제품에 Rafter가 있었습니다. 그런데 통관서류상에는 Plate로 표기되어 있었습니다. 지붕을 떠받치는 자재가 Plate일 수 없고, Rafter의 쓰임새를 모르기 때문에 이러한 실수를 범하는 것입니다.

철골자재는 대부분 Carbon Steel 재질입니다. 따라서 표면에 페인트를 칠합니다. 선적과정에서 Scratch가 발생하지 않는 한, 부식이 발생할 염려는 없습니다. 그러나 Stainless Steel 재질의 경우는 주의가 필요합니다. 다음 글에서 Stainless Steel의 부식 원인과 선적시 조치사항에 대해 살펴보겠습니다.

20. Stainless Steel 제품은 해상운송 중에 왜 부식이 발생할까?

본론에 들어가기 앞서 몇 가지 흥미로운 이야기를 해보겠습니다. 스티로폴과 스티로폼이 EPS의 상표명이라는 사실을 알았습니다. EPS는 생소해도 그냥 스티로폼 하면 다 통하는 세상입니다. 이렇게 상표명이 제품을 규정하는 이름으로 굳어진 사례들이 있습니다. 시장 선점이 중요한 이유이기도 합니다.

어떤 분들에게는 승합차 대신 봉고차라는 표현이 더 익숙할 것입니다. 소시적에는 Stapler라는 용어가 있는지조차 몰랐고, 주변의 모든 사람들이 호치키스(E.H. Hotchkiss가 설립한 스태플러 제조사의 상품명), 아니 좀 더 정확하게는 호찌께스라는 표현을 사용했습니다. 비슷하게 생겼다면 다 호찌께스로 불렀습니다. 이 호치키스는 기관총 발명자 벤자민 호치키스(Benjamin Berkeley Hotchkiss)와는 관련이 없고, 일본의 막스社가 이 회사의 제품을 생산했다고 하는데, 당시가 일제 강점기였기 때문에 우리나라에서도 스태플러를 호치키스라고 부르게 되었다고 합니다. 우리말로는 제침기(除針器) 또는 종이찍개라고 표현합니다.

과거에 세제는 퐁퐁으로, 조미료는 미원으로 부르던 시절이 있었습니다. 일본의 한 청주 제조사의 상표명이었던 정종이 마치 청주로 인식되어 온 것 또한 시발 회사의 시장 선점효과라고 할 수 있습니다. Excavator 제작기업명인 Poclain도 같은 맥락입니다.

아스피린(Aspirin)의 화학명은 아세틸 살리실산(Acetylsalicylic Acid, ASA)입니다. 독일의 바이엘(Bayer AG)사가 최초로 합성하여 1899년 해열 진통제 특허를 등록하면서 아스피린이라는 명칭을 사용하였습니다. 아스피린의 인기가 하늘을 찌르게 되자 화학명을 논할 때조차 아세틸 살리실산 보다는 아스피린이라는 용어를 더 많이 언급하게 되었고, 브랜드파워가 공식 화학명까지도 잠재워버린 사례라고 할 수 있습니다.

앞서 소개한 Pitot Tube의 한 종류인 Annubar도 유사한 경우입니다. Tube식 유량계 하면 Rosemount사의 상표명인 Annubar를 떠올리게 하고, Annubar가 피토관 유량계를 대표하는 이름이 되었습니다.

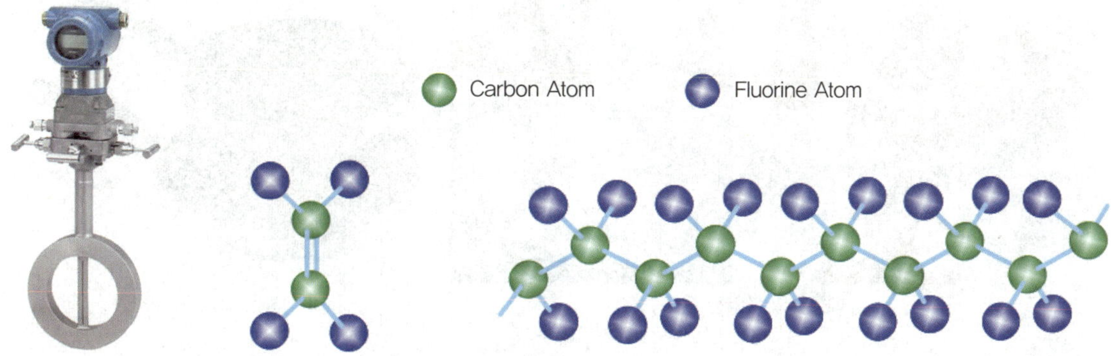

(a) Annubar (b) Tetrafluoroethylene(Monomer) (c) Polytetrafluoroethylene(PTFE) Molecule

[그림 20-1]

인류 역사상 가장 완벽하게 브랜드파워로 세뇌시킨 제품을 꼽으라면 미국 듀퐁(Dupont)사의 테플론(Teflon)일 것입니다. 에틸렌(Ethylene)의 수소원자 4개가 모두 원자번호 9번 불소(F, Fluorine)로 치환된 형태가 4플로오르화에틸렌(TFE, Tetrafluoroethylene)입니다. 이 단량체가 중합반응을 거쳐 고분자 화합물(Polymer)로 변환된 것이 PTFE(Polytetrafluoroethylene)이며 이의 상표명이 테플론입니다. Fluor는 형석(螢石, 빛을 내는 돌) 또는 형광(螢光)의 뜻으로 형광등을 Fluorescent Lamp라고 표현합니다.

테플론이 탄생하게 된 배경은 이러합니다. 로이 플렁켓(Roy Plunkett)은 박사학위를 받은 후 듀퐁사에 입사하여 여러 새로운 형태의 냉매를 합성하고 이산화황, 암모니아와 같은 냉매에 대한 무독성 대안을 찾는 연구에 매진했습니다. 1938년 27세의 플렁켓 박사와 그의 조교 잭 리복(Jack Rebok)이 그러한 대체 냉매인 TFE를 실험하고 있을 때였습니다. 플렁켓 박사는 약 100lb의 TFE Gas를 실린더에 보관해두었고, 1938년 4월 6일, 동결시킨 TFE의 가압 실린더 중 하나의 밸브를 열었습니다. 무게로 볼 때 여전히 꽉 찬 것으로 보였지만 Gas가 새어 나오지 않는다는 것을 알았습니다.

실린더의 내부를 조사해보니 TFE Gas가 중합되어 왁스 같은 흰색 분말의 PTFE 고분자 중합체로 변화된 것을 발견했습니다. 이것이 테플론이 탄생하게 된 배경입니다. 냉매를 연구하다가 우연히 역사를 새로 쓰게 되는 신물질을 합성해낸 것입니다.

PTFE의 중요한 특성은 잘 미끄러지고 비부식성이며, 화학적으로 안정성이 있고, 내열성이 뛰어나다는 점입니다. 그로부터 3년 후, 제조공정에 대한 특허와 Teflon의 상표등록을 받았습니다.

처음에는 생산원가가 워낙 고가였기 때문에 산업용 및 군사용으로만 사용되다가 오늘날에는 카펫이나 가구의 오염방지 처리, 전구 및 안경 코팅, 반도체 제조, 자동차 윤활제, 고체 연료 로켓 추진제 점화기, 자동차 Wiper에, 그리고 각종 코팅제로 사용되고, 최고 성능의 전선피복제로 우주선의 배선 등에도 쓰입니다. 그 외에도 O-ring, Gasket, 베어링, 내부식성 Pipe, Sealing 및 Valve 등의 Seat Material로 널리 사용되고 있습니다. 이렇게 그 용도가 광범위하게 확대되자, 결국 화학명인 PTFE 보다는 상표명인 테플론이 세상 사람들의 머리와 입을 장악해버린 것입니다.

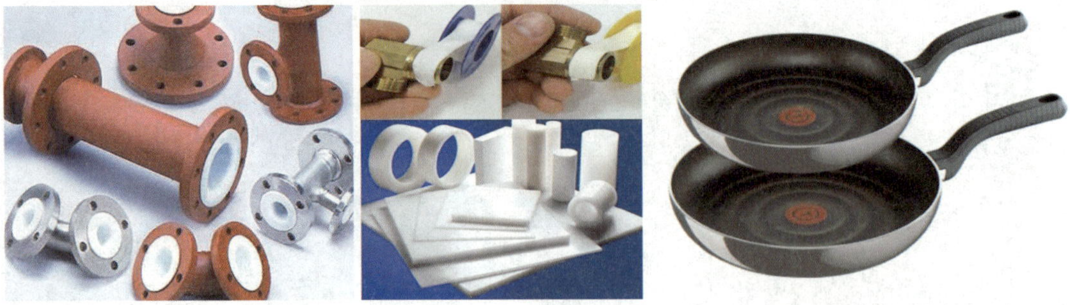

(a) 테플론의 다양한 용도 (b) 테플론 코팅 프라이팬

[그림 20-2]

그중에서도 테플론을 활용한 가장 성공적인 사례중의 하나가 사진의 프라이팬 중앙의 Logo로 유명한 프랑스의 테팔(Tefal)입니다. 앞서 잘 미끄러지는 플라스틱 소재가 PTFE라고 언급했듯이, 테플론 코팅된 프라이팬은 불소성분으로 인해 음식물이 프라이팬 위에서 쉽게 미끄러지고, 물기나 요리 후의 잔재를 씻어내기에도 수월합니다. 스테인리스스틸 프라이팬 등을 사용할 때 고기가 들러붙지 않도록 깔아주는 Sheet도 테플론 재질이 많이 사용됩니다.

1954년 마르크 그레고아르(Marc Grégoire)는 아내의 조언으로 낚시 도구에 사용되던 테플론을 알루미늄 프라이팬에 입혀 세계 최초로 눌어붙지 않는 프라이팬을 개발했습니다. 1956년 프랑스 사르셀레스(Sarcelles)에 Tefal사를 설립하고 테플론 코팅 프라이팬과 냄비를 생산하여 상표명 Tefal로 판매하기 시작했습니다. Tefal이라는 이름은 TEFlon과 ALuminum의 앞 글자들을 조합해서 만들어졌습니다.

1956년 말까지 '절대 들러붙지 않는 프라이팬 테팔(The Tefal pan: the pan that really doesn't stick.)'이라는 광고로 소비자들의 관심을 끌더니 하루에 약 100개의 프라이팬을 판매했고, 1961년에는 메이시(Macy's) 백화점에서 테팔 프라이팬을 사고 있는 부유한 여류 인사의 사진을 잡지에 실어 그 주에만 7,500개, 10일 후부터는 한 달에 1백만개 이상 주문이 쇄도하는 등 폭발적인 인기를 끌었습니다. 1968년 테팔은 프랑스 제1의 주방용품 회사가 되었으며, 그 해에 프랑스 가전제품 기업인 세브(SEB)에 인수됩니다.

2005년 미국 환경청은 PFOA(Perfluorooctanoic Acid, 과불화옥탄산)라는 물질이 암을 유발하거나 임산부에게 유산 또는 기형을 일으킬 수 있다고 발표합니다. PFOA는 국제암연구소(IARC)의 발암물질 분류에도 등재되어 있습니다. 그런데 미국 환경청의 발표를 계기로 테플론의 유해성 논란이 일어났습니다. 테플론이 유해한 게 아니라, 바로 이 PFOA가 테플론을 합성할 때 촉매제로 쓰이기 때문입니다. 테플론 제품에 PFOA가 잔류하는 경우 건강상의 문제를 야기할 수 있다는 것입니다.

그러나 실제로 더 위험한 것은 프라이팬보다 각종 포장지입니다. 프라이팬을 제조할 때는 400℃의 고열로 처리하기 때문에 200℃만 되어도 날아가버려 PFOA가 남아있을 가능성이 낮습니다. 반면에 각종 포장지 안쪽 면에 코팅되어 있는 테플론에는 PFOA가 잔류할 수도 있습니다.

PFOA의 유해성 관련 기사를 쉽게 찾아볼 수 있습니다. 인터넷에서 검색하여 읽어보시고 가족 건강을 위해 올바르게 대처하시기 바랍니다. 고가의 아웃도어 의류에도 테플론 소재가 사용됩니다.

가열성 조리기구를 오랫동안 반복해서 사용하면 코팅이 녹아내리거나 흠집이 생기면서 코팅이 벗겨지기 시작합니다. 특히 고열에서 조리하게 되는 경우에는 그 속도가 빠르게 진행됩니다. 이 과정에서 코팅 성분이 기화되어 흡입되거나 이탈된 코팅 성분이 조리된 음식물을 통해 인체에 유입될 가능성이 있습니다. 여러분 가정에서 사용하는 프라이팬의 코팅에 흠집이 생긴 걸 확인했다면 아깝다고 생각하지 마시고, 그 즉시 내다 버리시기 바랍니다. 한번 흠집이 생기기 시작하면 코팅의 손상속도가 더욱 빨라지기 때문입니다.

코팅 프라이팬의 유해성 논란으로 인해 스테인리스스틸 프라이팬이 각광을 받고 있습니다. 하지만, 스테인리스스틸 제품이라고 해서 전혀 무해한 것은 아닙니다.

이제부터 Stainless Steel에 대해 얘기해 보겠습니다. PART 1에서 범용적으로 사용되는 철강의 구분 기준을 아래와 같이 소개한 바 있습니다.

〈표 20-1〉 **범용 재질별 정의**

재질	성분
Carbon Steel(탄소강)	황(S), 인(P), 규소(Si), 망간(Mn), 탄소(C), 철(Fe) 외의 다른 원소 미포함의 강
Low Alloy Steel(저합금강)	크롬(Cr), 니켈(Ni), 바나듐(V), 텅스텐(W), 니오븀(Nb) 등이 5% 미만인 강
Intermediate Alloy Steel	크롬, 니켈, 바나듐, 텅스텐, 니오븀 등의 함량이 5% 이상 12% 미만인 강
Stainless Steel(스테인리스강)	크롬을 12% 이상 함유하고 크롬, 니켈, 알루미늄(Al), 몰리브덴(Mo), 니오븀, 탄소, 타이타늄(Ti) 등이 12%~50%인 강(크롬함량이 12%에 미치지 못하는 경우도 있음.)
Alloy(합금)	상기 합금원소 50% 초과함유.(Monel, Inconel, Incoloy, Hastelloy, Bronze, Brass 등) 50%를 초과하면 철보다 함량이 많아지기 때문에 합금이라 명명함.

크롬 함량 12% 이상이면 스테인리스강이라고 하는데, 왜 12%를 기준으로 스테인리스강을 정의했을까요?

스테인리스강의 핵심원소는 크롬입니다. 일반 철에 크롬을 첨가하여 Steel을 제작하고 그 비율을 달리하여 강산 속에 넣어두어 부식이 진행되는 속도를 측정했습니다. 그랬더니, 크롬 함량이 12%에 도달하자 이때부터는 부식의 속도가 현저히 감소된다는 것을 알게 되었습니다. 그리하여 12% 함량이 스테인리스강을 구분하는 기준이 된 것입니다. 이는 크롬의 산화물이 부동태 피막(Passive Film) 또는 불활성 피막으로 불리는 눈에 보이지 않을 정도의 얇은 보호막을 형성하여 산의 침투를 방지해주기 때문입니다. 부동태 피막은 제거되더라도 곧 회복되는 특성이 있어서 산에 강한 성질을 띠고 담수에서는 부식이 거의 발생하지 않습니다.

스테인리스강 최대의 불청객은 할로겐화합물 즉, F(불소), Cl(염소), Br(브롬), I(요오드)가 포함된 화합물에 노출되는 것입니다. 그 중에서도 일상적으로 문제의 소지가 될 수 있는 것은 염소가 포함된 화합물입니다. 대표적인 것이 바닷물, 즉 소금(NaCl)용액입니다.

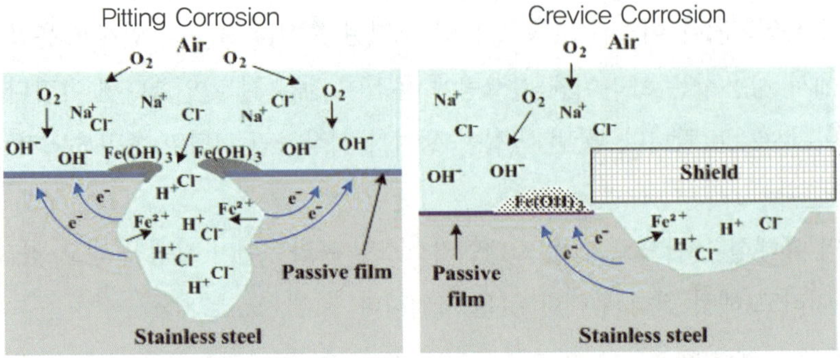

(a) 공식 메커니즘 (b) 틈새부식 메커니즘

[그림 20-3]

염분이 함유된 경우, 염소이온에 의한 부식은 부동태 피막이 파괴된 곳에 작은 구멍이 형성되면서 그 곳에 용액이 고이고 집중적으로 부식이 발생하는 공식(孔蝕, Pitting Corrosion 또는 점식 點蝕)과 틈새가 형성된 곳에 부식이 발생하는 틈새부식(Crevice Corrosion)으로 구분할 수 있고 부식 발생의 메커니즘은 동일합니다. 공식의 경우에는 겉에서는 구멍이 작아 보이나 내부에는 더 큰 공간에 부식이 발생되는 위험성이 있습니다. 공식의 진행과정은 다음과 같습니다.

> 부동태 피막 파괴→부식 Pit 형성→Pit 내 용액 정체→용존산소 고갈→양이온 과다→염소 이온과 결합하여 HCl(염산) 형성→부식 가속화

틈새부식의 경우에는 틈새의 부동태 피막이 일시적으로 파괴된 곳에 용액이 정체함으로써 이후 공식과 같은 부식 과정이 진행됩니다. 따라서 염도가 높은 음식물이나 소금물을 스테인리스스틸 용기에 장기간 보관하는 일은 피해야 합니다. 표면에 흠집이 발생하면, 일시적으로 부동태 피막이 파괴되고, 부동태 피막이 재생되기 전에 소금물과 접촉할 때 부식이 발생할 수 있습니다.

사례의 Column은 Head 부위에 열교환기가 장착되어 있고, 색깔이 다르다는 것이 확인됩니다. 바로

[그림 20-4] De-methanizer Column

Stainless Steel 재질입니다. Stainless Steel 재질은 일반적으로는 Painting을 실시하지 않기 때문에 쉽게 구분이 됩니다.(페인트를 칠하는 경우도 있음.) 그래서 부식방지를 위해 Tarpaulin을 잘 씌웠습니다. 그러나 애석하게도 현장에 도착했을 때는 부식이 진행된 흔적이 발견되었습니다. 필자가 생각하는 원인은 다음과 같습니다.

(a) Tarpaulin 포장 전

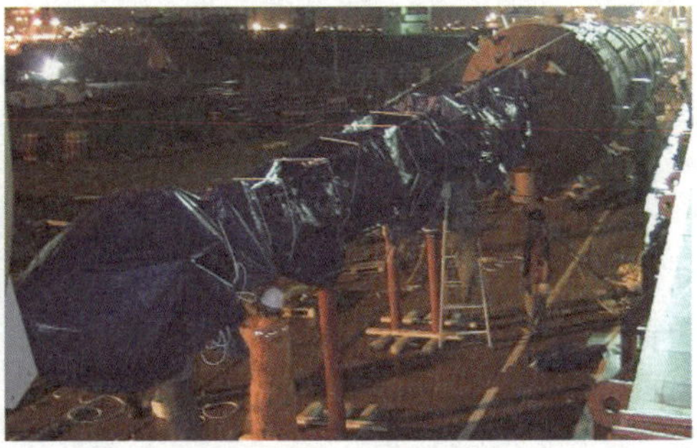

(b) Tarpaulin 포장 후

[그림 20-5]

선적을 마쳤을 때는 방수포 조치가 없습니다. 그리고 뒤늦게 Stainless Steel 재질이라는 사실을 인지하여 방수포를 씌운 것입니다. 야간에 방수포 작업을 진행하고 있는 모습입니다. 작업 전 기온이 떨어지면서 해수의 Mist가 이미 열교환기 표면에 응축되어 내려 앉았을 것입니다. 완전히 닦아낸 상태에서 방수포 작업을 실시했어야 하나, 그러지 못했을 가능성이 있습니다.

따라서 다음과 같은 조치가 필요합니다.

- Proforma Packing List, GA 도면을 통해 Stainless Steel 재질의 존재여부 확인
  → P/L상에 재질이 생략되었거나 여유시간이 없다면 Vendor에 직접 문의
- Stainless Steel 재질은 Vendor Shop에서부터 방수포 포장작업을 실시하도록 조치
- 사전 대처 미흡시, 선적 진행중이라도 Stainless Steel 재질 존재여부 확인
- 부득이 Port에서 포장작업을 실시하는 경우, 표면을 말끔히 닦아낸 상태에서 방수포 작업 진행
- 습한 환경에서 작업하는 경우, 다수의 방습제(Desiccant) 부착

화물에 부식이 발생한다면, Project 공기 및 비용손실에 대한 영향은 물론, 물류 담당자가 곤경에 처할 수밖에 없습니다. 그런 일이 일어나지 않도록 On-deck 선적시에는 Stainless Steel 제품의 존재 여부를 사전에 철저하게 파악하여 필요한 조치를 취해야 합니다. 그리고 가족들의 건강을 위해서도 설명한 내용들을 실생활에 반영하시기 바랍니다.

21. 볼리비아 Project의 해결과제들

볼리비아 국가정보를 간략하게 살펴본 후에 볼리비아 Project의 해결과제들에 대해 살펴보겠습니다.

- 언어 : 스페인어, 케추아어, 아이마라어
- 면적 : 1,098,581km^2 세계 28위(남한의 10배)
- 인구 : 약 11,380,000명 세계 82위(2019 통계청 기준)
- GDP : 418억$ 세계 93위(2018 IMF 기준)
- 1인당 GDP : 3,719$ 세계 119위(2018 IMF 기준)
- 수도 : La Paz

볼리비아는 주변국들에게 상당 부분 영토를 잠식 당한 불운한 역사를 가지고 있습니다. 가장 안타까운 것은 페루와 연합하여 칠레에 맞선 태평양전쟁에서 패하고 해양 진출로를 상실한 채, 내륙국가로 전락했다는 점입니다.

당초 볼리비아의 영토로 Antofagasta주의 Atacama사막은 당시 칠레 국토의 3분의 1 면적, 남한 영토 크기에 해당하며, 중국과 인도에 이어 화약의 원료로 사용되는 세계 3대 초석(硝石)광산이 자리 잡고 있었습니다. 1875년 볼리비아 정부는 칠레와의 조약을 무효화하고, 재정난 해소를 위해 Antofagasta 지역에 진출한 칠레 광산회사들에게 보다 높은 세금을 부과하기로 결정합니다. 그러자 1874년에 볼리비아가 25년간 세금 인상을 하지 않겠다고 합의한 사실을 들어 세금 납부를 거부합니다. 볼리비아 정부는 칠레의 광산회사들에게 세금 납부를 계속해서 강요했고, 이에 광산회사들이 칠레 정부에 불만을 쏟아냈습니다.

처음에는 외교적 해결해결을 시도했으나 무산되었고, 결국 1879년 안토파가스타시를 무력으로 점령한 칠레는 볼리비아 및 볼리비아와 군사동맹을 맺은 페루에 전쟁을 선포합니다. 이것이 태평양전쟁의 발단이 되었습니다. 이 전쟁에서 페루의 수도 리마가 함락되는 등 페루–볼리비아 연합군이 참패하였습니다. 패전국 볼리비아의 영토였던 Antofagasta주가 칠레에 귀속됩니다. 페루의 영토였던 Tarapaca주 또한 Arica와 Tacna를 경계로 칠레의 영토로 귀속됩니다. 결과적으로 볼리비아는 해양 진출로를 잃고 내륙국가로 전락하는 비운을 맞이하게 됩니다.

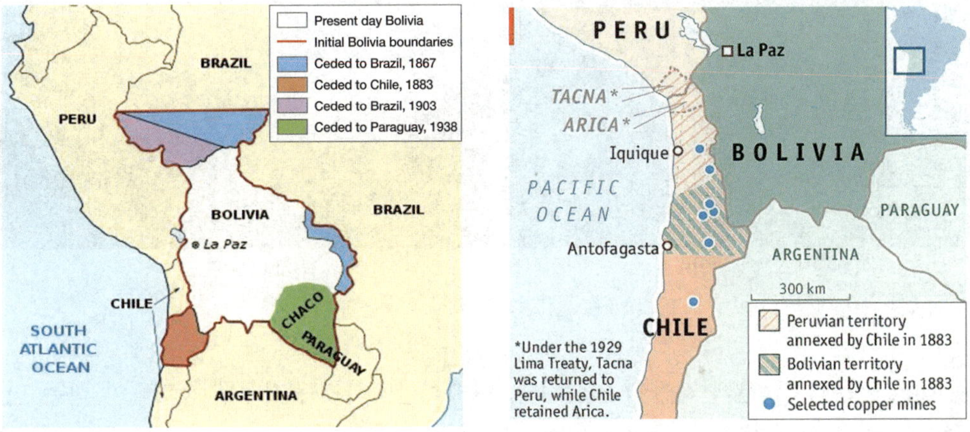

[그림 21-1] 볼리비아의 영토축소 과정

태평양전쟁 승리를 계기로 칠레는 초석광산과 더불어 전 세계 생산량의 3분의 1을 자랑하는 구리광산을 소유하게 되었으며, 그 외에도 풍부한 지하자원의 보고를 손에 넣게 됩니다. 이로써 막대한 부를 누리게 되는 칠레는 남미의 최부국으로 성장합니다. 현재도 구리생산은 GDP의 15%를 차지할 만큼 칠레 경제의 든든한 버팀목이 되어주고 있습니다.

볼리비아 Project의 주요 해결과제에 대해 살펴보겠습니다.

[칠레 → 볼리비아 운송]

볼리비아 경제를 주도하는 도시는 Santa Cruz입니다. 볼리비아 수입화물의 정식 통관도 산타크루즈에서 진행했습니다.(Cochabamba에서 통관할 수도 있음.) 현장이 위치한 Bulo Bulo 지역까지는 약 950km에 해당하나 산타크루즈를 경유해야 하는 관계로 칠레 Arica Port로부터 현장까지 화물운송 거리는 약 1,350km가 됩니다.

[그림 21-2] 칠레→볼리비아 운송 Route

볼리비아 수입화물의 관문은 칠레의 Arica Port와 Iquique Port입니다. 당시 Iquique Port는 Free

Time이 7일에 불과하여 Arica Port보다는 불리한 여건이었습니다. 칠레-볼리비아간 협약에 의해 Arica Port에 한해 볼리비아 수입화물은 365일의 Free Time을 부여하였습니다. (볼리비아 정부 화물은 90일) 따라서 거의 대부분의 일반화물은 Arica Port를 통해 볼리비아로 운송하였습니다.

(a) 안데스산맥 산악도로 (b) 비포장도로

[그림 21-3]

이 운송 Route 상에는 많은 난제들이 있습니다. 안데스산맥의 고원지대를 통과해야 하는 만큼, 비포장도로가 많고, 도로사정이 열악하여 비가 오면 산사태가 발생하는 등 도로를 보수해야 하는 일이 발생합니다. 총 90개 가량의 주의가 필요한 교량이 있으며, 낡은 교량들은 운송할 수 있는 화물 중량에 제약이 따릅니다. 길이 32미터 이하의 작은 교량들까지 포함하면 건너야 할 교량이 300여개에 달합니다.

(a) Khuchupunata 교량 (b) San Pedrito 지역 교량 유실 및 교통체증

[그림 21-4]

1951년에 지어진 Khuchupunata 교량의 사진을 옮겨보았습니다. (Puente는 교량을 의미) 이러한 유형의 오래된 교량이 다수 존재하여 붕괴사고의 우려가 있는 지역입니다. 실제로 Project 수행중 폭우로 인해 San Pedrito 지역 1개 교량이 유실되는 사고가 발생했습니다. 임시 교량이 들어설 때까지 교통대란이 불가피했습니다.

이 같이 볼리비아의 열악한 교통 인프라는 볼리비아가 플랜트 건설 Project가 활발하게 진행된 국가가 아니라는 반증이기도 합니다. 일찍이 각종 플랜트가 들어서기 시작했다면, 상당수의 교량이 그 사이에 신축되었을 것입니다. 그러나 역으로 생각하면 장차 플랜트 건설이 활성화될 국가라는 뜻이기도 합니다.

특정 중량 이상의 화물에 대해서는 교량에 Underpinning을 실시한 후에 운송했습니다. 교량 보강은 교통당국(ABC)의 지시에 의해서 이뤄지고 Transportation Permit 취득시 확인이 가능하므로, 조기에

Permit을 신청하여 Supporting 장비와 작업인력을 확보하는데 차질이 없도록 관리해야 합니다.

[그림 21-5] 교량 보강

이 운송 Route상에는 2개의 터널이 있습니다. 운송 높이와 폭이 제한되는 요인입니다. Project 수행 당시 운송 Permit을 취득할 수 있는 최대 Size와 중량은 다음과 같습니다.

- 트레일러 높이 및 중량 포함 25m × 7m × 5m(LWH), 120톤 → 최종 판단은 ABC 결정에 따름

기준 중량 또는 Size를 초과하는 화물에 대해서는 Knock-down하여 운송하거나, 다른 운송 Route를 모색해야 합니다. 그러므로 칠레 Route로 운송할 수 없는 화물을 조기에 확정하여 운송계획을 수립해야 합니다. 그러기 위해서는 대체 Route 또한 최대 허용 운송 중량과 Size가 먼저 확정되어야 합니다. 이를 테면 당장 문제가 되는 것이 Column 등을 몇 Piece로 분할하여 운송할 것인가 하는 사안입니다.

결론에 도달하기까지는 상당히 많은 시간이 소요되었습니다. 여러 운송 Route들을 조사하고 그 중에서 최적지를 결정해야 합니다. 교량 정보를 취합하고, 이의 안전성을 검증하고, 더불어 각종 장애물 정보를 바탕으로 종합적인 판단을 내려야 하는데, 교량과 관련해서는 쉽게 결론을 내릴 수 없다는 난제가 있습니다.

운송 Permit 취득에만 6개월 이상 소요된 사실을 감안할 때, 볼리비아 Project 수행시에는 최대한 서둘러서 최적의 Route 및 화물 운송 가능 기준을 확정하는 것이 관건입니다. 그리고 해당 정보가 설계팀에 전달되어 기기 설계에 반영될 수 있도록 해야 합니다.

허용 Size와 중량을 초과함으로써 칠레 Route를 이용할 수 없는 경우에는 먼저 아르헨티나를 경유하는 Route를 고려할 수 있습니다. 약 3,500km 거리에 마찬가지로 셀 수 없이 많은 교량이 존재합니다. 이 Route에는 다음과 같은 단점이 있습니다.

① 장거리 운송으로 인한 위험 요인

- 화물 Damage

– Operator 및 트레일러 피로 가중, 사고 위험 증가

– 과도한 운송비 발생

② 거액의 부대 비용 발생

– 보강해야 할 교량이 많고 적기 대처 필요

– 가교건설 필요

– 현지 기업의 실력행사 우려

우리가 찾은 대안은 Barge로 강송을 수행하고 볼리비아에 도착하여 육로운송을 진행하는 방안이었습니다. 최적의 방안 도출에 시간이 소요될 뿐만 아니라 자칫 오판의 소지가 있기 때문에 물류부서가 핵심역할을 담당할 수밖에 없는 이 같은 Project는 Route Survey에 다수가 참여하고 이들의 의견을 종합하여 합리적인 의사결정을 내려야 합니다.

임진왜란이 발발하기 전 통신사로 왜국에 갔던 동인의 김성일과 서인의 황윤길은 같은 것을 보고도 판단은 달랐습니다. 당시 조정에서는 집권여당에 해당하는 동인 김성일의 의견을 따르자는 것이 중론이었지만, 좀 더 많은 Opinion Leader들이 통신사에 합류했다면 보다 현실적인 결론에 도달하여 왜구의 침략에 대비함으로써 임진왜란의 참극이 벌어지지 않았을지도 모릅니다.

출장비를 아끼려고 현지조사를 대충 실시한다면 이로 인해 혹독한 대가를 치를 수 있다는 사실을 기억해야 합니다.

강송을 수반하는 이 Route에도 다음과 같은 해결과제들이 있습니다.

① 최적의 남미 T/S Port 선정

River Barge T/S(Transshipment)를 위해 후보지로 거론된 Port는 아르헨티나의 Rosario와 Zarate, 우루과이의 Montevideo와 Nueva Palmira였습니다. 수심에 지장이 없으면서, 유속이 빠르지 않으며, Port Congestion이 적고, 통관 제비용, Barge Handling의 용이성 측면을 고려했을 때, 가장 경쟁력이 있다고 판단되는 Nueva Palmira를 T/S Port로 선정하게 되었습니다. 이를 위해 몇 차례 현지 답사를 실시하였습니다.

본선에 선적될 화물 Grouping 및 도착일정에 대한 정보를 현지 운송사에 주기적으로 통보해야 합니다. 이는 Barge 운송 한 항차에 몇 척의 River Barge를 조합할 것인지에 대한 판단 기준이 됩니다. 현지 운송사는 다수의 River Barge를 한 Trip으로 묶어서 Push Boat의 동원횟수를 최소화하려고 할 것입니다. 그러나 Push Boat에 연결할 Barge 수를 늘리기 위해 후속 본선의 도착을 마냥 기다리게 된다면, 현장 설치일정을 맞추지 못하는 화물이 생길 수 있습니다. 그러므로, 최소 Trip수를 계약서상에 명기하고 일정이 늘어지지 않도록 관리해야 합니다. 아울러 본선 도착 일정에 맞게 Barge가 준비될 수 있도록 정교한 일정관리가 필요합니다.

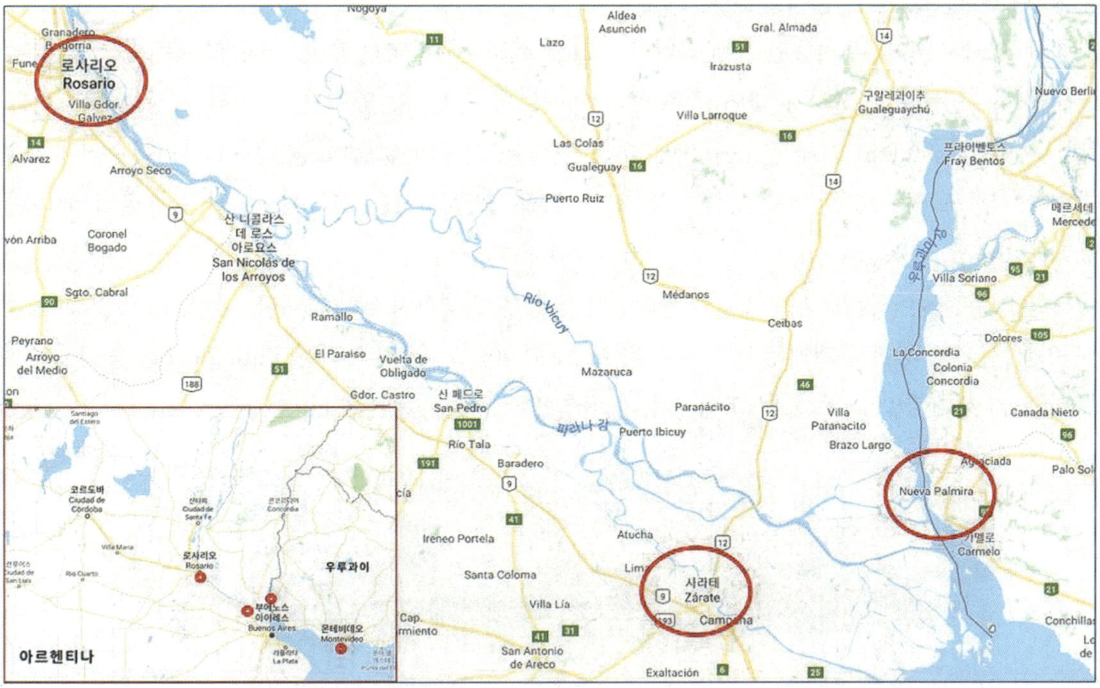

[그림 21-6] 환적항 후보지

Project가 진행되는 동안 이 Route를 이용해야 하는 화물의 Size, 중량, 수량이 달라지고 제작일정, 본선의 선적/항해일정에 변동사항이 발생할 수 있습니다. 이로 인해 현지 운송사와의 계약서 내역도 수정이 불가피합니다. 물류 담당자는 추가비용을 최소화 하면서 이를 최적화하여 관리할 수 있는 방안을 고민해야 합니다. 변동사항은 지속적으로 그리고 능동적으로 모니터링을 실시하여 실무에 즉시 반영하되, 계약 변경사항은 더 이상 변경사항이 발생하지 않을 시점에 일괄 품의 및 계약서 변경을 추진하는 것이 바람직합니다. 그렇지 않아도 해결과제가 많은데, 매 건마다 품의를 진행하다 보면 일거리가 많아집니다. 물론 중요한 변동사항에 대해서는 그때, 그때 결재권자에게 보고해야 합니다.

[그림 21-7] Nueva Palmira, Direct Ship to Barge

② River Barge를 통한 중량물 운송 사례 부재

강송에 있어서 제일 우려했던 부분입니다. Barge 선적 및 하역시 Ballasting에는 문제가 없을지, 곡물을 실어 나르던 Barge 선사가 과연 중량물을 제대로 운송할 수 있을지, 그리고 가장 위험한 결과를 초래할 수 있는 3,000km 전체 운송구간에 대해 수심은 이상이 없을지 등입니다. 사실 수심에 대해서는 검증할 시간도 방법도 마땅치 않습니다. 최저 수위 도달 시점을 피하는 것 말고는 달리 뾰족한 수가 없었습니다.

이러한 의문점들이 있었으나, 다행히 우려했던 상황은 발생하지 않았습니다. 다만, Push Boat는 운송 허가구역이 정해져 있어서 파라과이 아순시온(Asunción)에 도착한 후 다른 Push Boat를 동원해야 했습니다. 이 또한 제때에 Push Boat를 교체해야 하는 중요한 관리사항입니다.

[그림 21-8] Push Boat+River Barge

[그림 21-8]은 당 Project 화물을 Nueva Palmira에서 환적하여 Barge가 출항하는 모습입니다. 볼리비아 아기레(Aguirre) 도착까지는 평균 31일이 소요되었습니다.

③ 임시 Jetty 및 Storage Yard 건설, Terminal Crane 설치

볼리비아 국경 진입 후 중량물 운송 도로로 이어지는 위치에는 Barge를 접안하고 하역할 수 있는 장소가 부재하였습니다. 몇 군데 후보지 중에 Aguirre를 선정하였습니다. 사유지였으나 소유주와 얘기가 잘 통해서 비교적 순조롭게 공사를 진행할 수 있었습니다. 물론 공사 관련 Permit 취득 후 공사에 착수할 수 있습니다. 임시 Jetty와 Storage Yard를 새로이 건설하고, 중량물 도로로 이어지는 구간에 대한 도로 확장 및 보강작업을 실시했습니다. 그리고 450톤 Terminal Crane을 설치했습니다.

Terminal Crane 하나로 Lifting을 실시해야 하기 때문에 COG 위치로부터 Lifting Point가 등거리에 놓이지 않은 경우에는 Multi-eyed Spreader가 필요합니다. [그림 21-9] (b)의 Secondary Reformer Lifting 사례에서 Spreader 하단부의 Shackling Point가 대칭이 아님을 알 수 있습니다. Multi-eyed Spreader가 준비되지 않으면, 균형이 무너지면서 곤란한 상황에 처할 수 있습니다.

Terminal Crane은 부품 상태로 해외에서 들여왔습니다. 절대적인 통관/운송 소요시간과 조립기간도 고려해야 하나, 도난, 분실과 같은 불의의 사고에도 대비해야 합니다. 한지에 위치하고 있고, 경계 철조망과 보안시설이 없기 때문입니다. 실제로 일부 부속자재가 망실되어 당초 계획했던 일정보다 설치가 지연되는

(a) Terminal Crane (b) Secondary Reformer (c) Multi-eyed Spreader

[그림 21-9]

일이 발생했습니다. 따라서 일정을 좀 더 앞당긴 크레인자재 운송계획을 수립할 필요가 있습니다.

Terminal Crane에 두 차례 고장이 발생했습니다. 네덜란드 기술자를 급파하여 수리했습니다. 운송사의 빠른 대응으로 지연을 최소화할 수 있었습니다. Terminal Crane과 Receiving 및 Storage를 위한 SPT 1대는 Barge 운송이 마무리 될 때까지 Aguirre에 대기하였습니다.

사전에 운송사와 Lifting 도면을 철저히 분석한 탓에 하역시의 사고나 이렇다 할 Damage는 발생하지 않았습니다.

Barge가 도착할 때는 세관원이 출장을 나와 Aguirre에서 통관이 이뤄지도록 조치했습니다. 세관과의 교신 채널을 유지하고, 그 밖에 충분한 수량의 Transportation Beam과 Stool, Spare Tire가 준비될 수 있도록 조치해야 합니다.

④ 육로운송 Route상의 통과 가능 중량, Size 기준 확정

전체 825km 육로운송 구간중 최대 화물 중량과 Size를 결정하는 요인은 육교, Over Bridge, Toll Gate, 교량 및 도로상태 등입니다. 이러한 장애물의 사전조사를 통해 육로운송이 가능한 Size를 확정할 수 있었으나, Carbamate Condenser의 경우에는 화물 분할이 불가하여 Carbamate Condenser 중량 255톤이 최대 화물 중량의 기준이 되었습니다.

이에 따라 기준 중량과 Size를 초과하는 화물에 대해서는 현지에서 조립하는 것으로 협의하고 분할 제작품에 맞게 운송계획을 수립했습니다. 무엇보다도 기준 중량과 Size를 조기에 확정하여 설계 및 구매

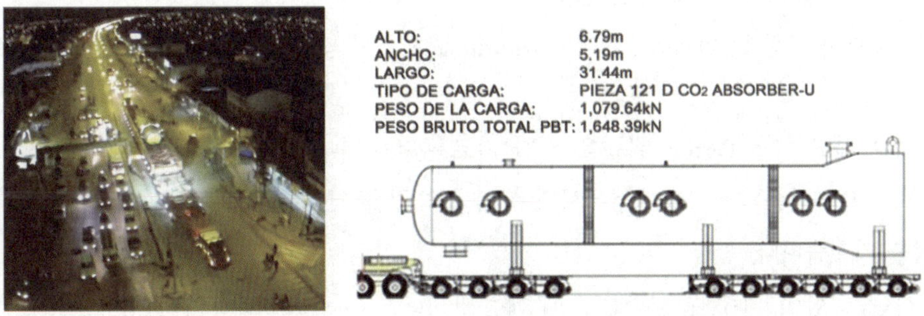

(a) Carbamate Condenser 운송 (b) CO_2 Absorber Upper Part

[그림 21-10]

부문과 대상화물에 대해 협의할 필요가 있습니다. 현지에서의 용접조립 및 설치일정에도 영향을 미치기 때문에 정확한 기준 마련이 관건입니다.

[그림 21-10] (b)는 2분할한 CO_2 Absorber의 앞부분을 운송하기 위한 TC 도면 Side View를 나타낸 것입니다. 특이사항은 중량의 표시를 kg이나 ton단위 대신 kN단위를 사용한 점입니다. 1장의 'GA Drawing'에서 설명한 바와 같이 kg과 kN의 관계에 대한 개념을 이해하시기 바랍니다.

⑤ 총 55개 교량에 대한 안전진단 실시

볼리비아 육로운송에 있어서 가장 크게 대두된 문제는 교량 통과에 대한 안전성 확보여부입니다. 준공된 지 30년이 지난 교량이 다수 존재하는 만큼 교통당국의 Bridge Calculation Data가 부재한 경우가 있었습니다. 전체 교량에 대해 현지업체가 한 차례, 한국업체가 두 차례 실사를 진행했으며, 교량 Data가 없는 경우에는 교량 구조에 해당하는 표준적 설계방식을 적용하여 안전성을 평가하였습니다. 아울러 콘크리트 강도를 측정했습니다.

[그림 21-11] 교량 통과

이렇게 도출된 자료들을 기반으로 일부 보강문제 포함, 교량통과 안전성에 문제가 없다는 것을 수치적 Data로 표현하고, Permit을 신청하였으나, 교통당국에서는 다음의 조건을 추가로 제시하였습니다.

- 1,500만불의 배상책임 보험에 가입할 것
- 트레일러 통과시 교량 Deflection에 대한 Monitoring 실시 및 결과물에 대한 Report 제출

위 조건을 수용하고 최초 Permit 취득을 위한 자료 준비에서부터 최종 Permit을 취득하기까지 6개월이 넘는 시간이 소요되었습니다. 그 과정에서도 A/L당 하중을 낮추는 등의 보완 요구에 따라 몇 차례의 변경신청 과정을 거쳤습니다.

통과해야 하는 교량이 다수 존재하는 경우에는 Time Frame을 수립하여 일정에 차질이 없도록 관리해야 합니다. 단번에 Permit이 승인될 가능성이 높지 않기 때문에 서둘러서 절차에 착수해야 합니다.

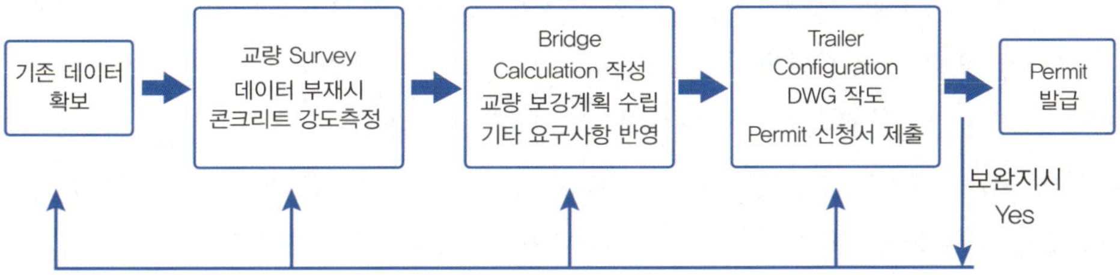

[그림 21-12] 운송 Permit 취득 절차

결과적으로는 모든 화물이 현장에 도착될 때까지 교량에 Damage가 발생하지 않았습니다.

⑥ Amistad Bridge 주변에 300m 가교 건설

Amistad 교량은 Truss 구조에 지붕이 있는 형태입니다. 당초에는 지붕을 걷어내고 통과하는 방법을 모색하였으나, 이 경우 교량이 감당할 수 있는 최대 하중이 감소하여 불가한 방법으로 확인되었습니다. 이에 Hover Barge 이용과 가교건설의 두 가지 대안을 놓고 타당성을 검토했습니다.

(a) Amistad 교량 (b) Hover Barge (c) 가교 건설

[그림 21-13]

Hover Barge를 이용한 도강방법은 Rope로 끌어당겨 이동하는 방식입니다. 모든 화물의 도강이 완료될 때까지 작업인력과 Barge가 계속해서 대기하는 비용을 고려했을 때, 가교를 건설하는 것이 보다 유리한 대안이 되었습니다. 다만, 12월부터 우기가 시작되기 때문에 11월까지 모든 화물을 통과시킨다는 전제하에 가교건설 및 운송계획을 수립하였습니다.

(a) Carbamate Condenser 가교 통과 (b) 준설 및 이물질 제거작업 (c) 가교 유실

[그림 21-14]

여러 공법중에서 Corrugated Steel Pipe 등을 이용한 방법을 채택하였습니다. 물론 가교 건설을 위해서는 추후 철거계획 포함, 관계기관으로부터 Permit을 취득해야 합니다. 그리고 공법에 대해 몇 차례 보완 지시가 있었고, 그로 인해 건설비용이 상승한 측면이 있습니다.

최중량물인 Carbamate Condenser가 이상없이 통과한 만큼 가교 건설은 성공적이었습니다. 시간이 지나면서 상류에서 흘러 내려오는 토사나 부유물들이 Pipe를 틀어막기 때문에 지속적으로 준설 및 이물질 제거 작업을 진행했습니다. 그렇게 최중량물도 안전하게 통과되고, 도강은 순조롭게 진행되는 듯 했습니다.

도강해야 할 화물 수량이 3분의 1정도 남았을 무렵, 상류에 폭우가 쏟아지는 일이 발생했습니다. 예년과 달리 11월 중순에 우기가 시작된 것입니다. 그 결과는 처참했습니다. 자연의 엄청난 위력 앞에 가교가 맥없이 망가지고 말았습니다.

두 차례에 걸쳐 복구작업을 진행했으나, 이미 우기가 시작된 탓에 매번 유실되는 일이 재현되었습니다. 가교 공사비가 증가되고, 운송이 지연되면서 물류부서가 난처한 입장에 처해졌습니다. 결국 우기가 종료되는 시점에 공사를 재개하여 운송을 완료할 수 있었습니다. 해외에서 들여온 트레일러는 그때까지 대기료를 지불해야 했습니다. 안전한 장소까지 잔여 화물들을 이동시키고 보관하는 비용(장소사용료+Stool & Beam Charge)도 추가로 발생했습니다.

이때 얻은 교훈은 다음과 같습니다.

- 통상의 우기시작 시점보다 여유기간을 두고 가교건설 및 운송완료 계획을 수립할 것
- 부득이하게 가교가 유실되는 경우, 우기에는 공사를 재개하지 말 것
- 가교 유실에 대비한 보험에 가입할 것

추후 사업주가 천재지변으로 발생한 사고임을 받아들여 공기연장을 인정함으로써, 물류부서가 회생하고 Project가 회생할 수 있었습니다. 또한 가교유실에 대한 보험금을 수령하게 되어 손실을 만회하였습니다.

⑦ 최중량물 Carbamate Condenser(255톤)

Carbamate Condenser는 Licenser가 공급하는 품목으로 2분할 제작이 불가하다는 통보를 받았습니다. Antonov 화물기를 통한 항공운송을 검토했으나, Size와 중량 초과로 불가한 방법이었습니다. 또한 활주로가 3.5km에 미치지 못하는 등 요건이 충족되지 않아 고려대상에서 제외되었고 결국 Carbamate Condenser가 최중량물 운송의 기준이 되었습니다.

⑧ 공사자재와 장비

볼리비아의 녹록치 않은 인프라 여건을 고려할 때, 공사자재 및 장비의 조달 일정에 대해서도 만전을

기해야 합니다. 승인기관에서 공사자재 투입 물량과 공사장비 수를 늘리고, Excavator 1대에 대해서는 준설과 이물질 제거 용도로 상시 대기를 지시했기 때문에 자재나 장비 측면에서도 당초 계획했던 것보다 공사비가 증가되었습니다.

임시 Jetty 건설, Terminal Crane 설치, 가교건설, 공사 Permit 취득 이 모두가 시간과의 싸움이었습니다. 우기가 도래하기 이전에 가교 통과가 완료되어야 하기 때문에 정해진 시간 내에 계획대로 진행하려면 공사자재 조달, 공사장비의 동원 일정도 중요한 관리사항입니다. 아울러 공사 전담인력을 배치하여 공사 진척도를 높일 필요가 있습니다.

⑨ 장애물 제거/복구 계획 수립 및 실행

Cable Line, 육교, Toll Gate, Overbridge, 표지판, 가로등, 신호등, 기타 도로 시설물, 도로/교량 보강 등 수많은 장애요소들이 있었습니다. 더욱이 비포장도로의 여러 지점에서 도로 보강이 불가피했습니다. 트레일러의 통과시점에 맞게 장애물 제거와 복구작업이 유기적으로 진행되어야 합니다. 또 한편으로는 지역사회의 텃세도 우려되는 부분이었으나, 다행히 훼방행위는 발생하지 않았습니다.

(a) Cable Line 극복 (b) 도로보강 후 운송 (c) 현장 도착

[그림 21-15]

오지로 진출하는 Project 빈도가 높아지고 있습니다. 운송 Permit 취득에 6개월을 초과하여 장기간이 소요될 거라고는 전혀 예상을 못했던 게 사실입니다. 만약 선제적 대처가 미흡했다면, 이 한 가지 사유만으로도 물류부서가 불명예를 떠안을 수 있습니다. 선행관리의 중요성이 더욱 부각되는 사례라고 할 수 있습니다.

열악한 여건 속에서 아무도 가보지 않은 길을 개척하며 물류의 성과를 달성해 주신 홍성호, 박성옥 선배님과 최기원, 박종제, 이상백, 구지은, 채성규, 이충혁, 이승환, 박건우, 김은진, 강민수 후배님들에게 감사드립니다. 안전하게 운송을 완료한 당시 김정섭 Mammoet 한국지사장님과 박세정 과장님, Mammoet 현지 관계자들에게도 감사의 뜻을 전합니다.

22. 중량물 내륙운송 Report와 Route Survey Report

❯❯❯ 중량물 내륙운송 Report

ODC를 포함한 중량물 운송은 Project 공기에 지대한 영향을 미치는 만큼, 현장과 지속적으로 운송계획을 공유해야 합니다. 시스템이 도입되지 않은 기업에서 중량물 운송 Report는 〈표 22-1〉과 같이 엑셀 파일에 각 기기별 운송계획과 진행경과를 표시하여 Daily Report 형식으로 유관부문에 배포하는 것이 일반적인 방식입니다.

핵심기기에 대해서는 1면으로 구성한 [그림 22-1]과 같은 형식의 Report를 함께 배포하면 더욱 훌륭한 보고서가 될 것입니다. 사업주나 PMC도 관심을 갖는 사안인 만큼 좀 더 세련되게 작성할 필요가 있습니다.

일자별 정차장소와 운송거리, 트레일러의 현 위치 및 화물상태 그리고 현장도착 예상일자를 보여줌으로써, 가시성이 확보된 Report라고 할 수 있습니다. 다만, 이 Report는 축척에 의한 실제 지형을 옮겨온 것이 아니라는 점과 방위표시가 없다는 점이 개선해야 할 부분입니다.

중량물의 장거리 운송에 있어서 중요한 포인트의 하나는 임시 정차장소를 확보하는 것입니다. 이 Report에 의하면 예비장소 포함, 총 14곳의 정차장소가 표시되어 있습니다. 경우에 따라서는 정차장소 마련을 위한 별도의 Civil Work이 필요하여 부대비용이 발생합니다. 사전에 Route Survey를 통해 파악해야 하는 사항입니다.

동일 지역에서 다수의 Project Package가 동시에 진행됨에 따라 중량물 운송 Route가 타사 Project에서도 공통적으로 사용되는 경우, 최초 중량물 운송을 개시하는 EPC사의 운송사가 도로 Modification 및 임시 정차장소 마련에 착수할 수밖에 없습니다. 이 경우, 후속적으로 중량물 운송을 수행하는 타 EPC사는 무임승차의 가능성이 있습니다. 따라서 선발 운송인지, 후발 운송인지의 여부에 따라 물류부서의 대처방식이 달라집니다.

〈표 22-1〉 Delivery Plan 예시

No.	Req. No.	Item No.	Item Descr-iption	Size (m)			Vol. (CBM)	Wgt. (Ton)	Shipping DWG		Trailer Config.	Expected Schedule			Inland Transportation (OCT)																	
				L	W	H			Rev. No.	Date		ETA	C. Clear	Vssl Name	1	2	3	4	5	6	7	8	9	10	11	12	13	14	15	16	17	18
1																																
2																																
3																																
4																																
5																																
6																																
7																																
8																																
9																																
10																																
11																																
12																																
13																																
14																																
15																																
16																																
17																																
18																																
19																																
20																																
21																																
22																																

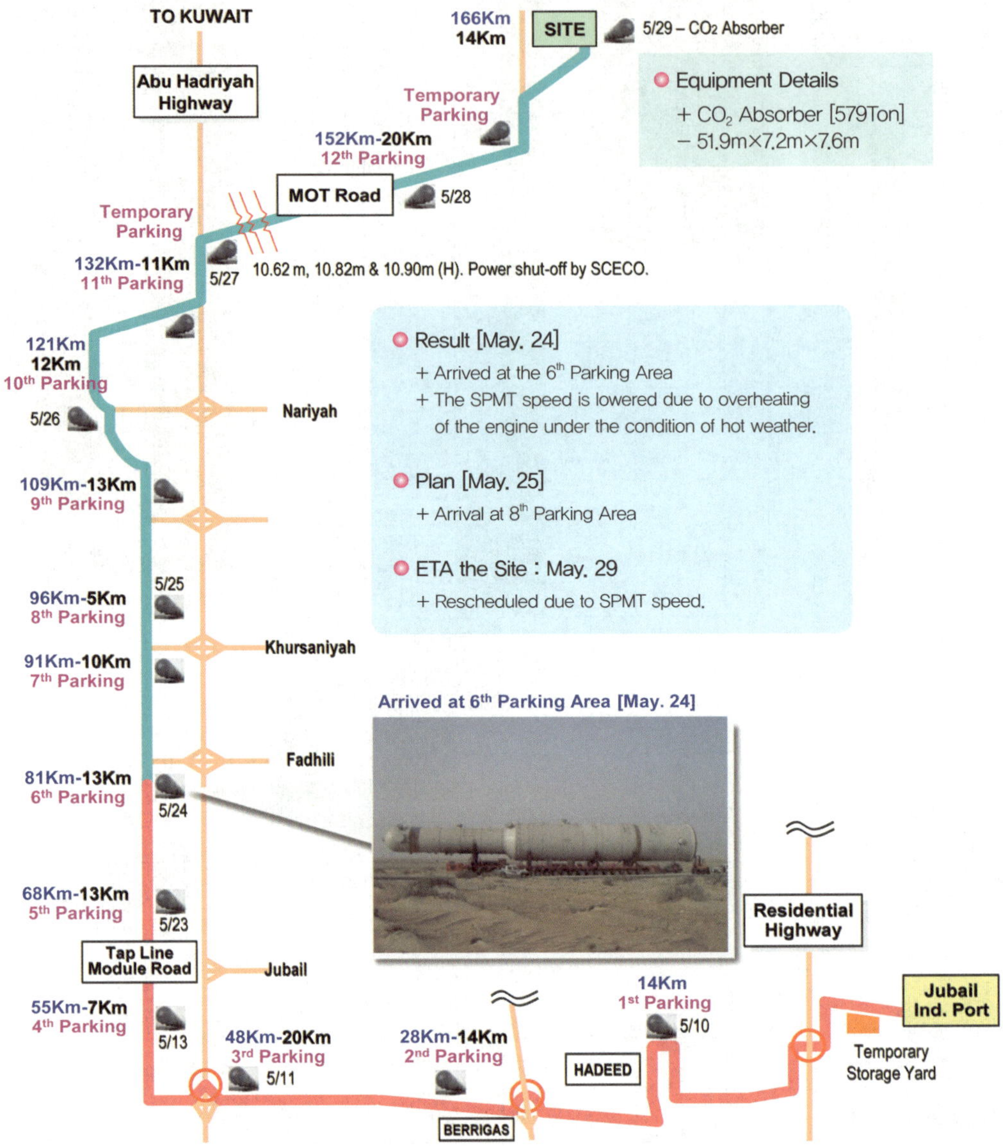

[그림 22-1] 중량물 운송 Report 사례 1

만약 본인의 회사가 선발 운송에 해당한다면, 도로 수정과 임시정차 장소 공사, 기타 일회성으로 그치지 않고 지속 적용이 가능한 장애물 변경비용을 다른 EPC사들과 공유할 수 있도록 힘을 써야 할 것입니다. 반대로 후발 운송에 해당하고 선발 운송 EPC사에서 아무런 얘기가 없다면, 운송사와의 계약서에 명기한 관련 부대비용을 삭감해야 할 것입니다. 그러려면 현지 물류 담당자는 타사 Project의 운송 진행 상황을 파악하고 있어야 합니다.

[그림 22-1]의 중량물 운송 Report의 원문에는 상단으로부터 다음의 내용이 함께 명기되어 있습니다.

- 사업주, PMC 및 EPC 수행사 Logo
- 제목을 의미하는 "Heavy Cargo Transportation Report"
- Project명, 작성일자, 보고자명

사업주와 PMC(Project Management & Consulting Company, 사업주를 대신하여 Project를 관리하는 기업)에도 전달되는 문건에는 해당 기업 Logo를 함께 표시해 주면 이들에게 보다 좋은 이미지를 심어줄 수 있습니다.

보고자(작성자)를 명기하는 것은 모든 Report의 기본이라고 할 수 있으며, 보통은 보고자의 연락처를 표시하지 않으나, 이를 기재할 것을 권장합니다. 이는 사업주든 현장이든 또는 보고서를 받아서 출력하여 업무 도구로 활용하는 분들이 궁금한 사항이 있을 때, 즉시 보고자에게 연락을 취할 수 있도록 하기 위함입니다. 이를 통해 보다 신속한 소통이 가능해집니다. 다른 성격의 Report에도 이 같이 적용하시기 바랍니다. 실제로 트레일러가 모래땅에 박혀서 허우적대고 있을 때, 사업주와 PMC가 이 Report를 손에 쥐고 사고장소에 출현한 것을 확인할 수 있었습니다.(물류에서 직접 사업주측에 보고한 적은 없음.)

한 장으로 작성한 이 Report의 유용성과 중요성을 다음의 사례를 통해 짚어볼 수 있습니다.

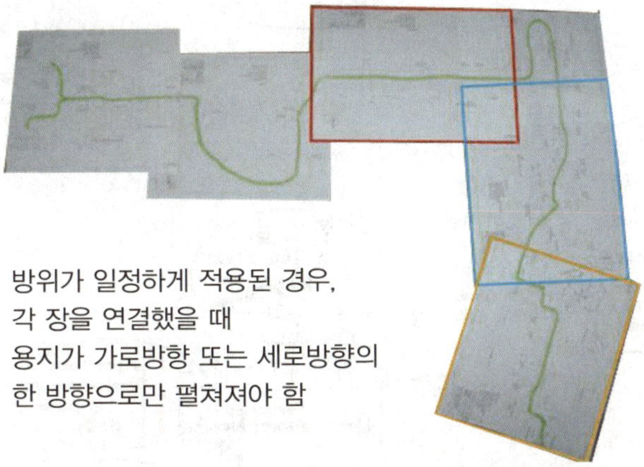

[그림 22-2] Route Map

중량물 운송사가 제출하는 문건에는 Route Survey 결과를 반영한 Route Map이 있습니다. [그림 22-2]는 여러 장의 Route Map을 도로의 연속성 측면에서 이어 붙인 것입니다. 만약 방위가 일정하게 적용된 경우라면 이러한 연결 형태를 보이지 않을 것입니다. 그러므로, Route Map에는 방위를 표시하도록 하고, 각 페이지마다 동일한 방위를 적용하여 작도하도록 해야 합니다.

또 하나의 맹점은 장애물이 위치한 지역을 확대하여 표시하는 사례가 있기 때문에 각 장당 축척이 동일하지 않다는 점입니다. 각 장을 연결해서 살펴본다 해도 축척이 각각 다르게 적용되면 전혀 다른 지형으로 나타납니다. 따라서 운송사로 하여금 다음의 원칙에 준해 Route Map을 작도하도록 해야 합니다.

- 방위를 일정하게 적용할 것
- 동일한 축척을 적용할 것
- 확대하여 볼 필요가 있는 경우, 해당 부분을 별도의 첨부로 표시할 것

[그림 22-2]의 여러 장으로 구성된 Rout Map을 한 장으로 표시한 것이 [그림 22-3]의 Route Map입니다.

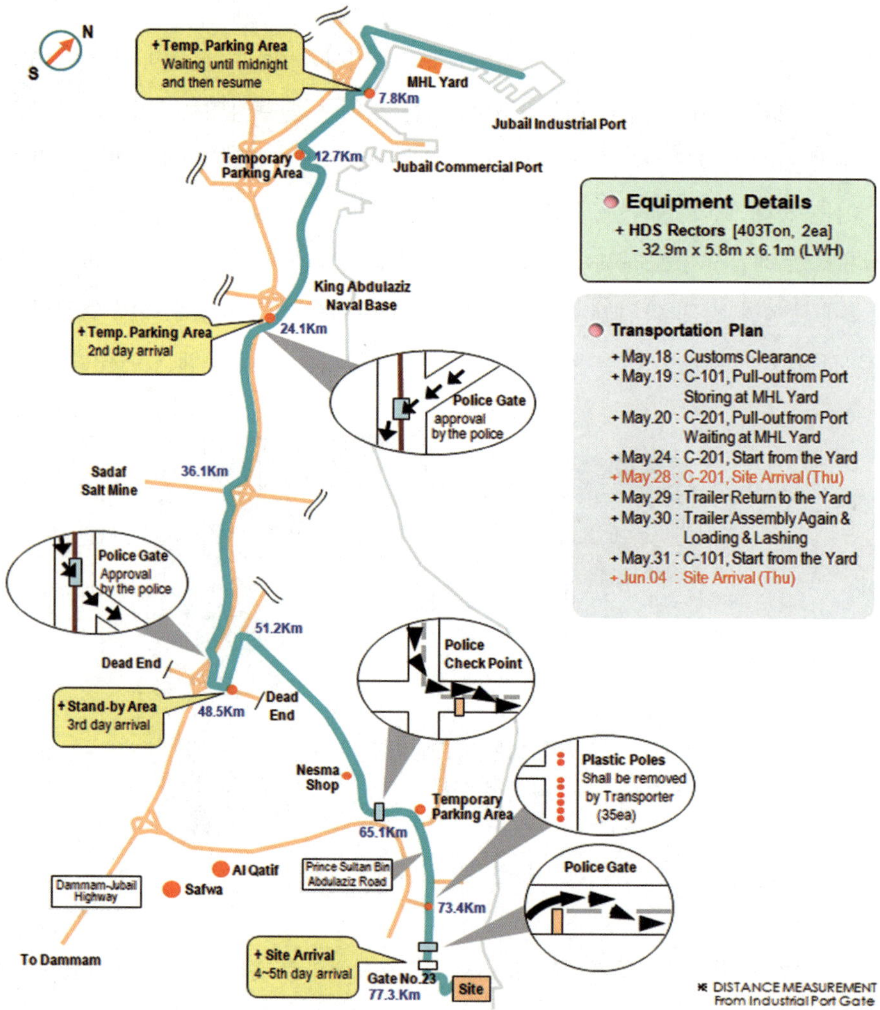

[그림 22-3] 중량물 운송 계획

Route Map상에는 Survey를 통해 확인된 장애물 정보가 함께 명기되어 있습니다. 한 장으로 구성되어 있지만, 장애물들을 쉽게 파악할 수 있도록 해줍니다. 또한 Delivery Plan을 포함하는 Report이기도 합니다. 이렇게 한 장으로 구성한 Map을 실무에 적용해 보면 상당히 유용하다는 사실을 인지하게 될 것입니다. 이 Route Map을 곧 바로 중량물 운송 Report로 활용할 수 있기 때문입니다.

다음은 일견 전혀 다른 Map처럼 보이나, 같은 운송 Route를 표시한 것입니다. 이 비교를 통해서 여러 장으로 구성된 이전의 Map은 지형에 대한 왜곡이 있다는 사실을 알 수 있습니다. 같은 원둘레 색깔로 표시한 부분이 동일한 지점을 나타냅니다.

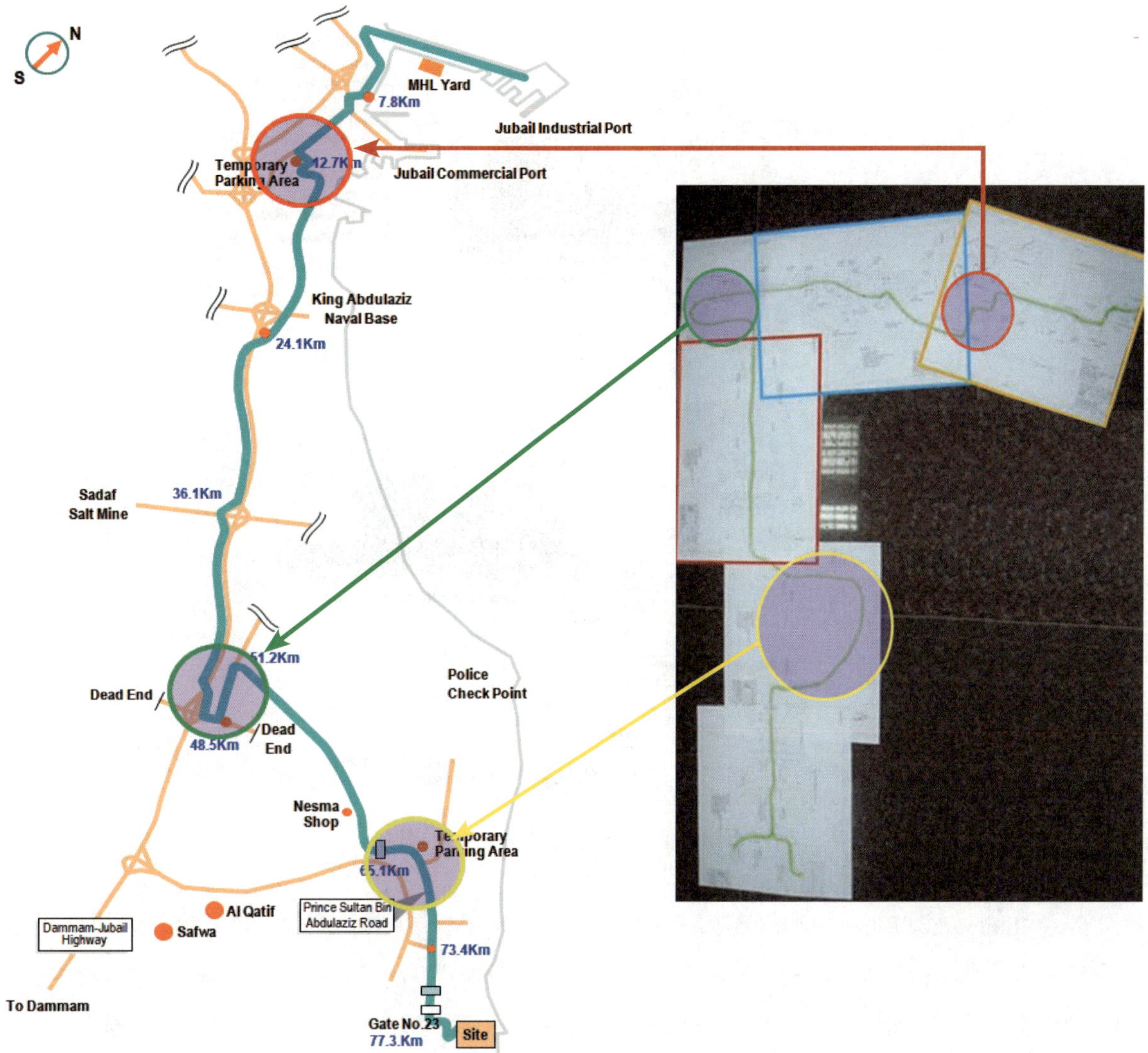

[그림 22-4] Route Map 비교

[그림 22-5]는 운송 Report의 형태로 재탄생한 모습입니다. 트레일러의 현 위치를 여러 장으로 구성된 Route Map 중 특정 페이지 부분에 표시한다면, 가시성 측면에서 볼 때, 바람직하지 않은 Report 형태가 될 것입니다. 반면에 이와 같이 Report를 작성하면, 트레일러의 현 위치를 한 눈에 파악할 수 있고, 남은 거리를 알 수 있으므로, 현장이나 사업주측에서도 예상 도착일을 가늠해 볼 수 있습니다. 이때 사례의 Report와는 달리 현장으로부터의 거리를 표시하는 것이 보다 효과적입니다.

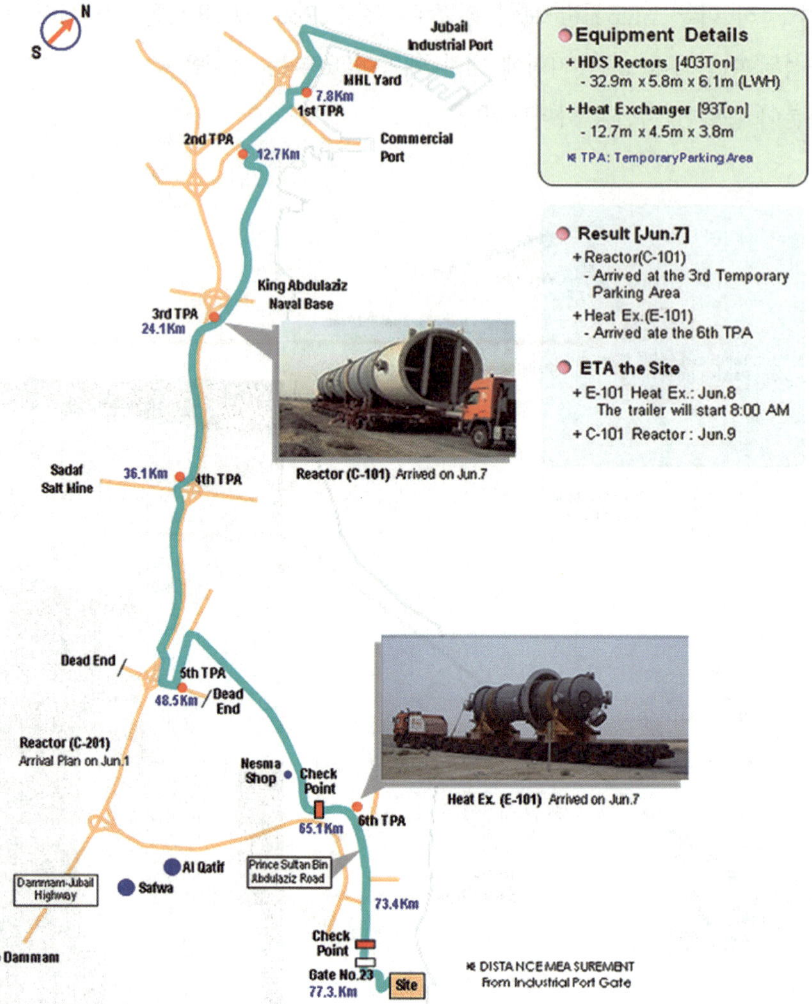

[그림 22-5] 중량물 운송 Report 사례 2

TPA는 Temporary Packing Area로 이 Report에서는 총 6곳의 TPA가 계획되었음을 알 수 있습니다. [그림 22-1]의 Report에서는 SPMT로 운송한 반면, 이 사례에서는 Conventional Trailer를 적용하였습니다. 1일 운송거리가 상대적으로 장거리입니다. 따라서 실제로는 Report상의 TPA보다 정차 장소가 적을 수 있습니다. 그럼에도 다수의 정차 장소를 마련한 것은 예기치 못한 트레일러 고장이나, Escort가 필요한 지점에서 경찰의 늑장 출동 등에 대비하기 위함입니다.

요컨대, 운송 Route의 상세사항은 중량물 운송사가 제공하는 Route Map을 통해 파악하고 실제 Coodination 및 보고용은 한 장으로 구성하는 것이 바람직합니다. 더욱이 중량물 운송은 사업주를 포함하여 Project 구성원 모두의 관심사이므로, 다른 EPC사와는 차별화 하여 Report를 작성할 필요가 있습니다.

Report 제목, Project명, 보고일자, 보고자 성명, 보고자 연락처, 소속 등 기본적으로 포함되어야 하는 사항 이외에 모든 Report는 가시성과 간결성, 그리고 일관성을 유지하는 것이 중요합니다.

가시성은 핵심내용을 쉽게 파악할 수 있도록 Report에 나타내는 것이며, 간결성은 한 장으로 집약해도 문제가 없는 사안을 여러 장에 분산시킬 필요가 없다는 것입니다. 일관성은 방위표시나 축척표시 등에 동일한 기준을 적용해야 하는 것처럼 보고서에 일관된 작성기준과 격식을 적용하는 것을 의미합니다.

이러한 요건에 비추어 볼 때, 한 장으로 표현한 Route Map은 적절한 Report 형태라고 할 수 있습니다. 다만 이를 어떻게 구현할지가 관건입니다. 방법은 다음과 같습니다.

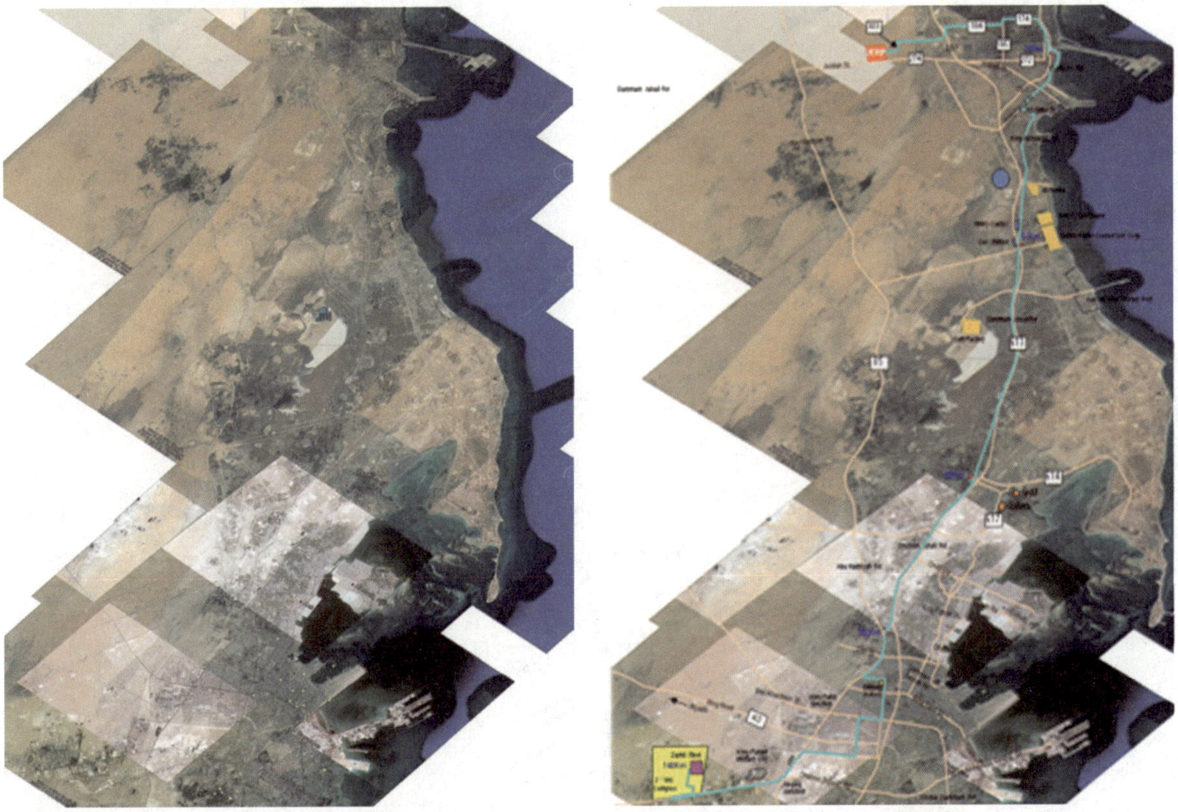

[그림 22-6] Route Map 작성

먼저 지도 서비스를 제공하는 곳에서 운송 Route를 포함하는 지도를 복사합니다. 그런 다음 이 지도를 파워포인트에 옮겨 놓습니다. 파워포인트상에서 이미지 파일의 밝기를 조절하여 작업의 편리성을 도모할 수 있습니다. 이때 슬라이드마스터에 이미지를 삽입하는 것이 효과적입니다. 그러면 지도를 그려나갈 때, 실수로 지도 자체를 옮기는 일이 발생하지 않습니다.

운송사에서 제공한 Route Map을 참조하여 운송 Route와 지명, 그 밖의 도로 및 주요시설물들을 표시해 나갑니다. 도로번호와 도로명을 명기합니다. 도로를 따라 곡선으로 이어가기가 쉽지가 않은데, 점편집 기능을 활용하면 미세 조정이 가능합니다. 방위를 표시하고, 지도 서비스에서 거리를 확인하여 주요 정차지점 또는 시설물의 위치에 따른 거리를 표시합니다. 최종적으로 옮겨온 지도를 파워포인트에서 걷어내면 [그림 22-7]과 같은 작품이 완성됩니다.

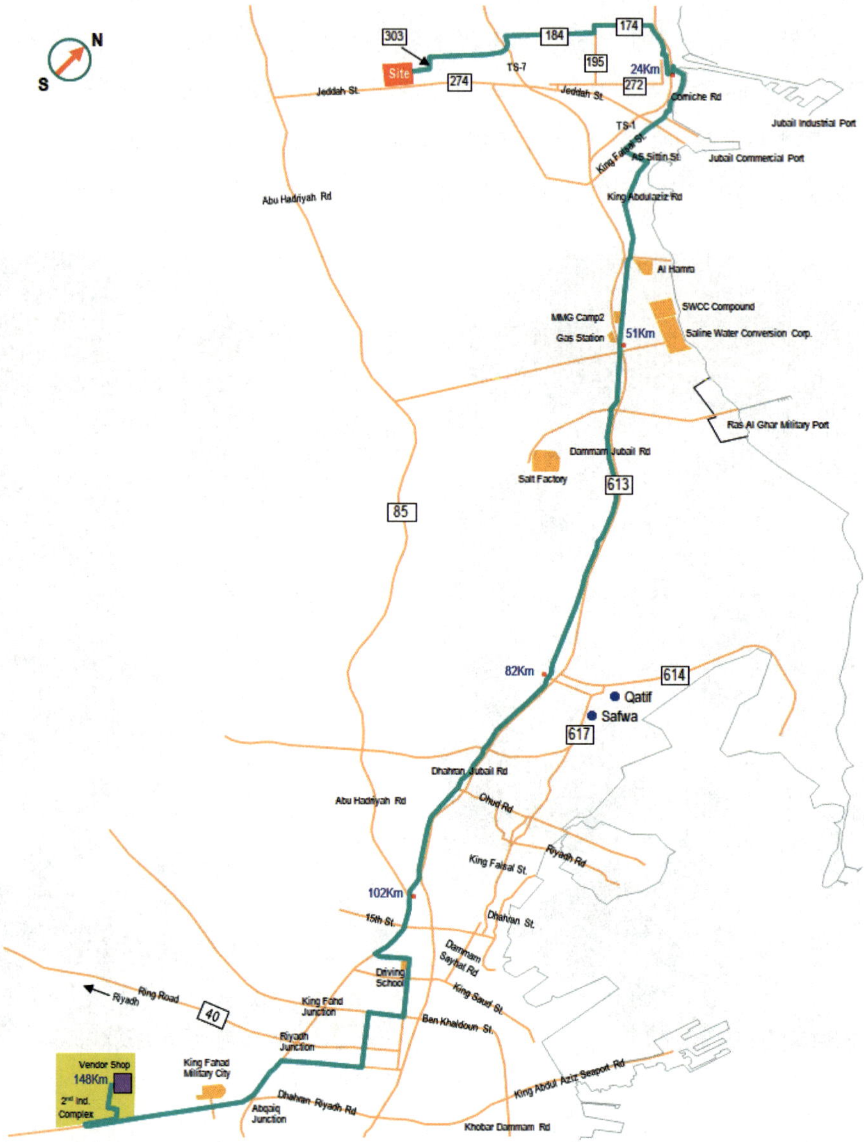

[그림 22-7] 완성된 Route Map

이 Map에 주요 장애물들과 임시 정차장소, 운송일정 등을 표시하면 운송계획에 관한 Report가 되고, 실행에 있어서는 현 위치에 따른 각 기자재별 운송사진과 예상 현장 도착일을 명기함으로써 중량물 운송 Report의 중요한 부분으로 자리매김될 수 있습니다. 이 Map은 현장으로부터 거리를 표시한 바람직한 사례입니다.

중량물의 내륙운송 Report를 간단한 동영상과 함께 제공한다면, 더욱 근사한 Report가 될 것입니다.

이를 통해 트레일러 사양과 Loading 형상을 시각적으로 확인할 수 있기 때문에 현장에서도 하역에 대비하기가 한결 수월해집니다. 이 또한 보고자의 역량을 호의적으로 평가하게 하는 요인이 될 수 있습니다. 모든 운송이 완료된 후에는 이를 편집하여 영상물로 남기면 직원들의 수행역량 강화를 위한 교육자료로 활용할 수 있을 것입니다.

>>> Route Survey Report

Route Survey는 Project 수행에 있어서 반드시 실시해야 하고 철저히 확인해야 하는 매우 중요한 업무 중의 하나입니다. 일차적으로는 Proposal 업무 수행시에 Survey를 실시하여 그 결과가 예산수립에 반영되도록 해야 할 것입니다. 단거리 Route인 경우에는 현지 운송사가 Survey 비용청구 없이 서비스를 제공하기도 하지만, 장거리 내륙운송 또는 강송이 수반되는 경우에는 비용을 청구할 수 있습니다. 특히 다수의 교량이 존재한다면, 안전성 평가에 대한 비용발생이 불가피합니다.

Route Survey는 비용이 발생하더라도 익히 검증된 운송사와 함께 실시하는 것이 바람직합니다. 어설프게 접근했다가 추후 실행시에 예견치 못한 거액의 부대비용이 발생할 수 있기 때문입니다. 따라서 Route Survey에 소요되는 비용은 비용이 아니라 투자의 개념으로 접근해야 합니다. 한번을 실시하더라도 제대로 실시하고 장애물들을 철저히 파악하여 적정의 물류비 예산에 반영될 수 있도록 해야 합니다.

현지 운송사 선정이 지연되어 확인해야 할 사항이 발생할 때마다 여러 운송사에 문의하게 됨으로써, 만족할 만한 수준의 답변을 구하기가 쉽지 않았던 경험이 있습니다. 설령 비용을 청구하지 않더라도 운송사 입장에서는 시간과 비용을 투입해야 하는 일인 만큼, 부실한 정보를 제공하거나 또는 아예 무응답으로 대응하는 경우가 있습니다. 따라서 실행 Project에서는 조기에 현지 운송사를 선정하는 것이 일차적으로는 병목구간 없이 중량물 운송을 수행하는 시발점이라고 할 수 있습니다. 여러 운송사를 난처하게 만들기보다 한 곳만 팔 필요가 있습니다. 선정된 운송사 또한 안전운송과 적기운송을 책임져야 하는 만큼 적극적으로 협조하게 될 것입니다.

운송사가 제공하는 Route Survey Report는 보통 이러한 형식을 취합니다.

먼저 캡춰한 지도상에 전체 운송 Route를 표시합니다. 다수의 페이지를 할애하여 사진과 설명 그리고 출발지로부터의 거리를 표시합니다. 결론부에 이르러서는 "우리는 문제없이 귀사의 운송을 성공적으로 수행할 수 있다."는 식의 끝맺음을 합니다.

장거리 Route의 경우에는 물류 담당자 또한 Survey에 동참해야 할 것입니다. Survey Report는 100페이지가 넘는 분량이 될 수도 있습니다. 멕시코 Project로 현지 운송사가 제출한 Survey Report는 대형 바인더 하나를 가득 채워 페이지수가 상상을 초월할 정도였습니다. 이 Report를 그대로 출장보고서에 첨부하기 보다는 중요한 사항에 대해서 요약 정리하여 별도의 Report를 작성하는 것이 바람직합니다.

결재는 물론 보고받을 사안이 많은 고위직 인사에게 방대한 양의 보고서를 읽어보라고 하는 것은 보고하지 않은 만 못합니다. 그러므로 어떻게 하면 영양가가 높은 Report를 작성할 수 있을지를 고민해야 합니다. Report를 작성할 때는 앞서 언급한 가시성, 간결성, 일관성의 관점에서 접근해야 합니다.

참고로 결재와 결제를 혼동하는 경우가 있는데, 결재(決裁)는 결정할 권한이 있는 상관이 부하직원이 제출한 안건을 검토하여 허가하거나 승인하는 행위를 말하고, 결제(決濟)는 대금을 주고받아 거래 당사자 사이의 거래관계를 종결하는 일을 의미합니다.

다음에 기술한 방식이 꼭 정답이라고는 할 수 없으나, 형식 측면에서 권하고 싶은 방식입니다. 페이지 번호는 '1/10' 또는 '2 of 10'과 같이 부여하시기 바랍니다. 종이문서로 읽을 때, 마지막 페이지가 이탈되더라도 쉽게 그 사실을 인지할 수 있습니다.

① 표지

'Route Survey Report for Heavy Cargo Transportation' 본 Report의 제목은 이러한 표현이 될 것입니다. Project명, Project No. Survey 구간, 거리, Survey 일자, Survey 참여 운송사, 작성자, 보고일자, 연락처 및 소속부서 등을 표지에 기재합니다.

② Project 개요

Project명, 사업주명, Licensor명, 수주 또는 예상 수주규모, 현장주소, 예상 공사기간, Capacity, 계약방식 등 Project 관련 정보를 기재합니다.

③ 목적

주요 기기의 명칭을 언급하고 최소의 비용으로 이들의 적기운송과 안전운송을 도모하기 위한 목적임을 기술합니다.

④ Key Equipment List

다음의 예시와 같이 핵심 중량물의 Item No., 기기명칭, 중량, Dimension, Volume, 예상 선적일 등을 표시합니다.

〈표 22-2〉 **주요 중량물 리스트**

Item No.	Item Description	W.T(Mton)	Dimension(m)			Volume(CBM)	Expected FOB Date	Origin
			L	W	H			
xxx-C001	CO_2 Absorber	572.0	51.9	7.2	7.7	2,877.34		Korea
xxx-C002	Flash Vessel	409.3	49.7	8.5	8.6	3,633.07		Korea
xxx-F001	Boiler Block	220.0	14.0	8.5	9.2	1,094.80		India

⑤ Route Map

앞서 설명한 Route Map 작도 방법에 따라 전체 Route Map을 작성하고 문제의 소지가 될 수 있는 주요 장애물을 표시합니다.

⑥ Route Details

현장으로부터 해당 위치의 거리 표시 및 사진과 함께 극복해야 할 사항들을 언급합니다. [그림 22-8] 사례의 왼쪽에 보여지는 것과 같이 현 위치를 알려주는 미니맵을 병기하면 보는 이로 하여금 위치 파악을

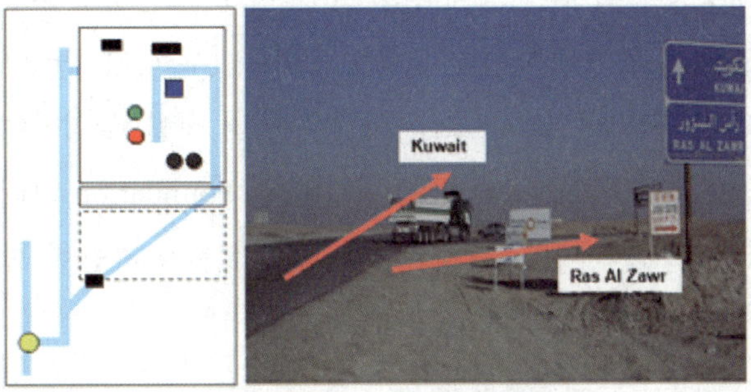

- Kuwait향 고속도로는 편도 2차선에 갓길과 중앙의 비포장 노면을 고려하면 30m 이상의 넓은 도로임.
- Ras Al Zawr향 장척물 Turning에 지장없음
- 현장 방향 좌회전 도로 접점까지 약 29km

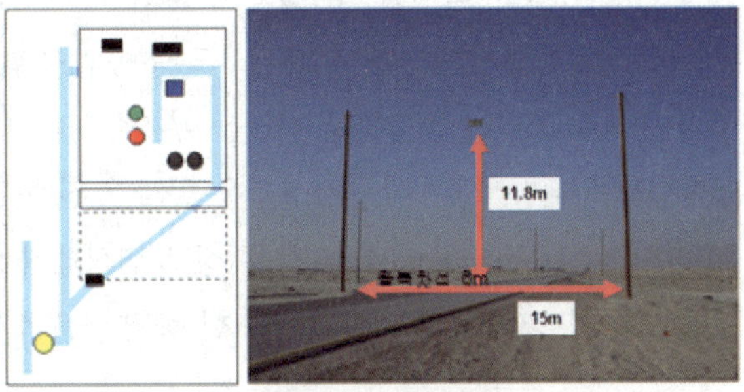

- Ras Al Zawr향 우회전 후 약 700m 지점 전신주
- 높이 11.8m, 전주간 거리 15m, 중량물 운송에 지장없음
- 이외의 전신주는 높이 14m 이상임.
- 기타 27km 구간내 장애물 없음

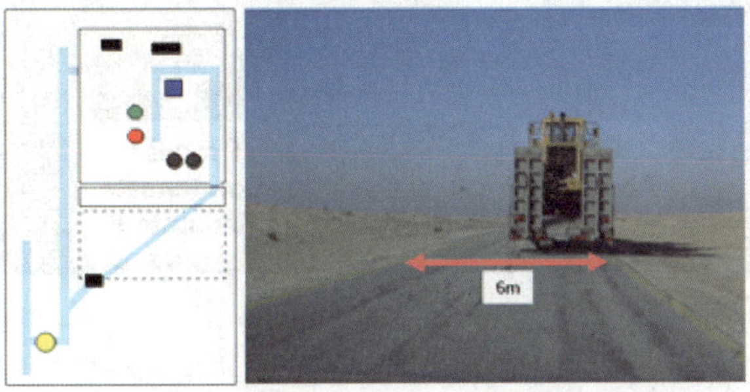

- 아스팔트 포장면 왕복차선 6m 양측면 비포장면은 각각 10m 이상임
- 대부분 심경사 및 연약 지반으로 갓길 중량물 트레일러 이동 불가
- 컨테이너 차량등 기타 차량은 위치에 따라서 이동가능
- 폭 5m 이상 화물은 Infraco Permit 사전 획득 필요

- Auxiliary Boiler Foundation
- 추후 보일러 설치를 위한 Crane의 위치가 결정되면 그에 따른 보일러 운송 Orientation 결정 계획
- 타원형은 장척물 2기 Foundation
- 사각형은 장척물 운송 목적지 및 Dress-up 대기 위치

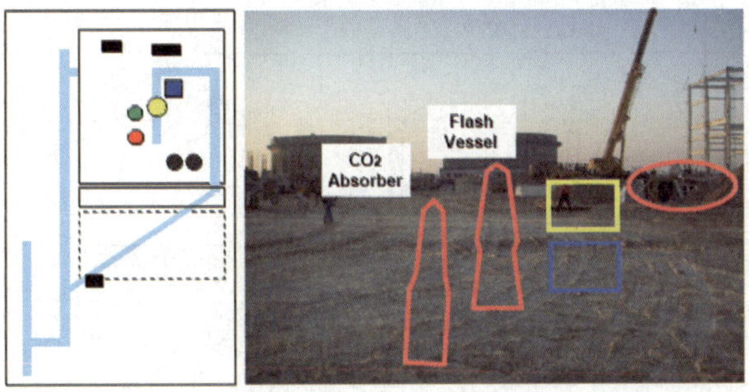

- 황색 : Flash Vessel, 청색 : CO_2 Absorber 각각의 Main Crane 위치임.
- 타원형 : Foundation
- 측면 공간이 충분함→Dress-up 완료 후 설치 계획

[그림 22-8] Route Details 예시

보다 용이하게 해줍니다. 미니맵 또한 실제지형을 반영하여 표시하는 것이 바람직합니다. 일반적으로 운송사에서 작성하는 것처럼 사소한 것까지 다 열거할 필요는 없고 문제가 될 수 있는 지점만 취사선택하여 운송상의 장애요인들을 언급하면 됩니다.

이는 어디까지나 예시이므로, 내용을 좀 더 보완하여 중량물 운송의 장애요인들이 쉽게 인지될 수 있도록 작성하시기 바랍니다.

⑦ Foundation과 Trailer Configuration Drawing

Foundation을 확인할 수 있고 Trailer Configuration이 확정된 상태라면 관련 자료를 반영합니다. Foundation 공사 진행상태에 따라서도 운송의 긴급성 여부를 판단하는데 도움이 됩니다. 주요 기기별 예상되는 Foundation 공사완료 시점을 부기합니다. [그림 22-9]의 Foundation 사진은 여러 장을 촬영하여 합성한 것입니다. 사례의 현장상황은 공사가 진행중인 Foundation, Template 제거 중인 Foundation 그리고 공사가 완료된 Foundation 등 현장 노면상태가 양호하고 크레인만 준비된다면 당장 설치가 가능한 중량물과 설치까지 좀 더 시간이 필요한 중량물을 쉽게 판단할 수 있도록 해줍니다.

[그림 22-9] Foundation

- Trailer Configuration 도면(CO_2 Absorber / Flash Vessel / Boiler)

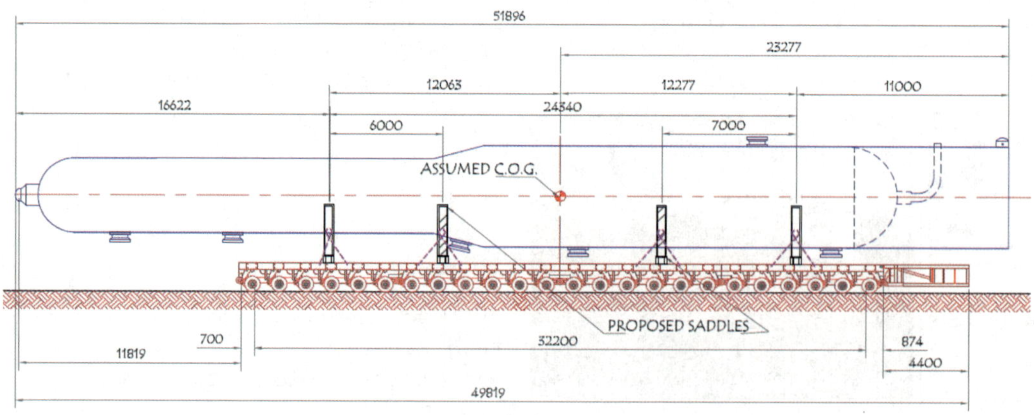

[그림 22-10] CO_2 Absorber

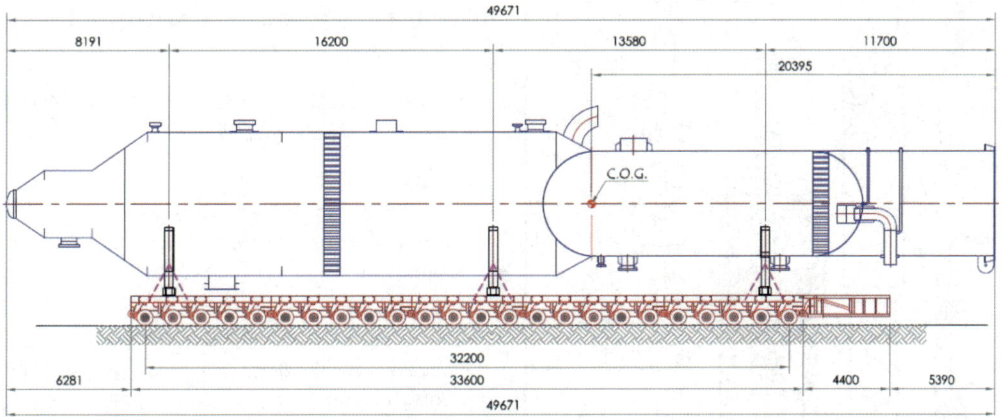

[그림 22-11] Flash Vessel

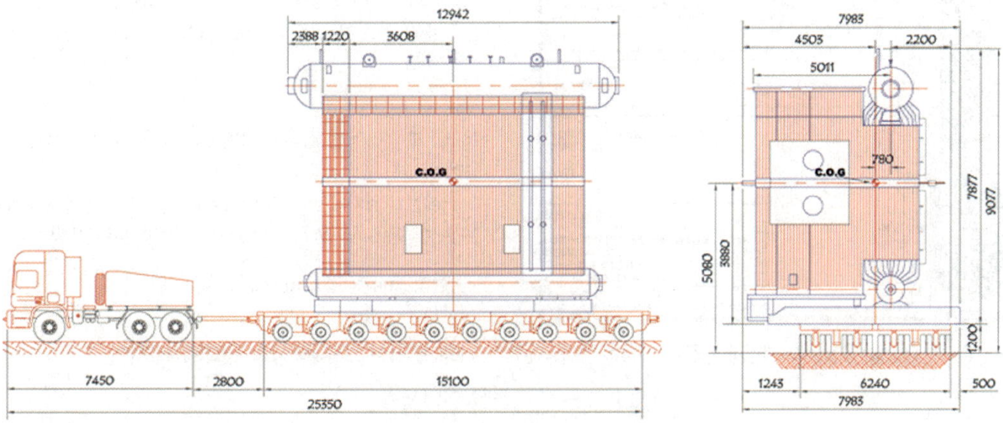

[그림 22-12] Boiler

⑧ Rigging Plan 및 현장 협의사항

Rigging Plan과 트레일러 Loading Orientation의 일치성을 보여줄 필요가 있습니다. Survey 결과에 따라 현장에서 조치해줘야 하는 사항을 언급합니다([그림 22-13]).

⑨ Conclusion

주요 장애물과 예상 운송소요기간, 해결과제 및 향후계획을 요약하여 기술합니다.

이상과 같은 형식을 취하면 손색이 없는 Report가 될 것입니다. 본 건은 물류 담당자가 단독으로 Survey를 실시하여 혼자서는 실측에 어려움이 따르고, 운송사의 전문가보다는 정확한 판단에 한계가 있기 때문에 운송사의 전문가와 함께 Survey를 실시하는 것이 바람직합니다. 다만, 이러한 Report를 좀 더 세련되게 작성하기 위해서는 파워포인트는 물론 Graphic Tool을 적극 활용할 필요가 있습니다. 더불어

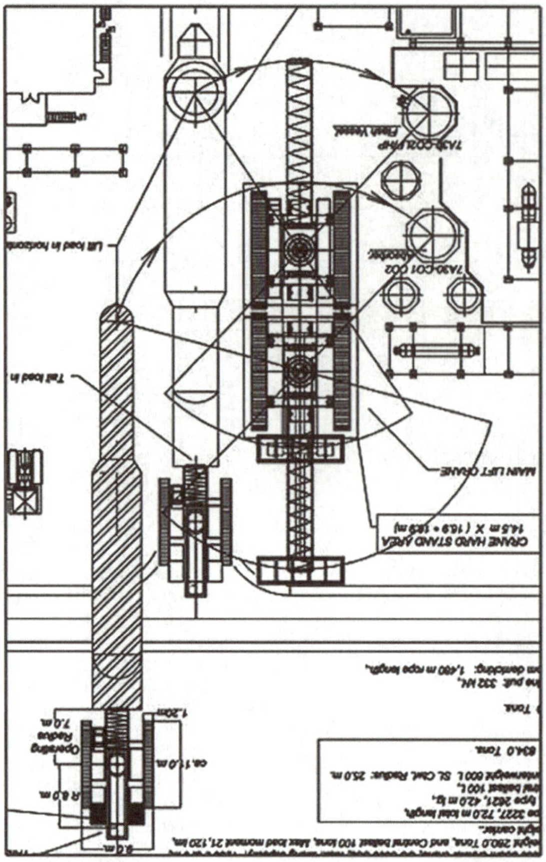

- Port로부터 현장진입 지점까지 운송사를 통한 1차 Route Survey는 기 실시하였음.
- 1월 20일 전후 현장 내부 포함 운송사는 Engineer와 함께 전체 Route에 대한 2차 Survey 진행 계획
- CO_2 Absorber/Flash Vessel
  - Orientation은 Port에서부터 Head First임.
  - Jack-down 및 Dress-up용 Steel Stool 또는 Concrete Block을 현장에서 준비 계획
  - 16개 지점/Stool 높이 1.3m~1.7m/동일사양
  - CO_2 Abosorber는 Saddle(3개 또는 4개) 수에 따라 Stool 개수 조정
  - Boiler Foundation을 좌측에 두고 Turning 후 정확한 이동위치 포착을 위해 Trailer 이동 경로상에 Center Line 및 Trunnion Lug 정위치 지점 표시 필요
  - 운송사와 협의하여 27km 구간내 야간 정차 지점 확정 후 Detour 작업 현장 협조 요망
  - Flash Vessel 선 운송 후 Absorber운송 계획
  - 운송사에 Plot Plan 송부하여 현장내부 경로에 대한 Simulation 진행 계획
- Boiler
  - Trailer 도착시 직접 설치가 아닌 경우 4개 지점의 Stool 필요(Stool 높이 1m)
  - Crane 설치 위치에 맞게 Trailer Loading Orientation 조정 계획
  - 현장 설치용 Sling Wire 및 Shackle은 현장에서 준비함
- 현장 진입 Ramp, 2차 Survey시 점검 계획

Route Survey 사진과 동일한 방향을 유지하기 위해 편의상 도면을 상하 반대로 배치함

[그림 22-13] 현장 협의사항

해당 Route에 대한 동영상을 촬영하여 첨부하면 금상첨화가 될 것입니다. 본 Report 배포시에도 동영상을 촬영하여 함께 송부하였습니다.

[그림 22-14]의 Survey Report는 Port에서 현장까지의 거리가 16km에 불과하여 Route 상의 주요사항들을 한 장으로 표시한 것입니다. 가시성과 간결성 측면에서 볼 때, 합격점을 줄 수 있습니다. [그림 22-15]의 Survey Report도 비슷한 사례입니다. [그림 22-14]의 Report를 반시계 방향으로 회전시키면 Site 위치만 다를 뿐, 동일 지역의 같은 지도를 표시한 것임을 알 수 있습니다.

[그림 22-15]는 주요 위치에서 거리 표시가 누락되어 있습니다. 1번과 2번 위치에서는 도로 보강이 필요하고, 4번과 5번 위치에서는 Culvert 보강작업이 필요합니다. 그리고 가로등, 신호등 및 표지판 제거작업을 실시해야 합니다.

장애물 제거와 보강 작업은 누가 언제 어떻게 실시하는지 업무범위와 책임소재를 명확히 하고 관련 비용을 협의해야 합니다. 그리고 실제로 계약서에서 정한 대로 장애물 제거작업이 실시되는지 확인해야 합니다. 이 Survey Report상의 운송거리도 18km에 불과합니다. 이 같이 단거리 운송의 경우에는

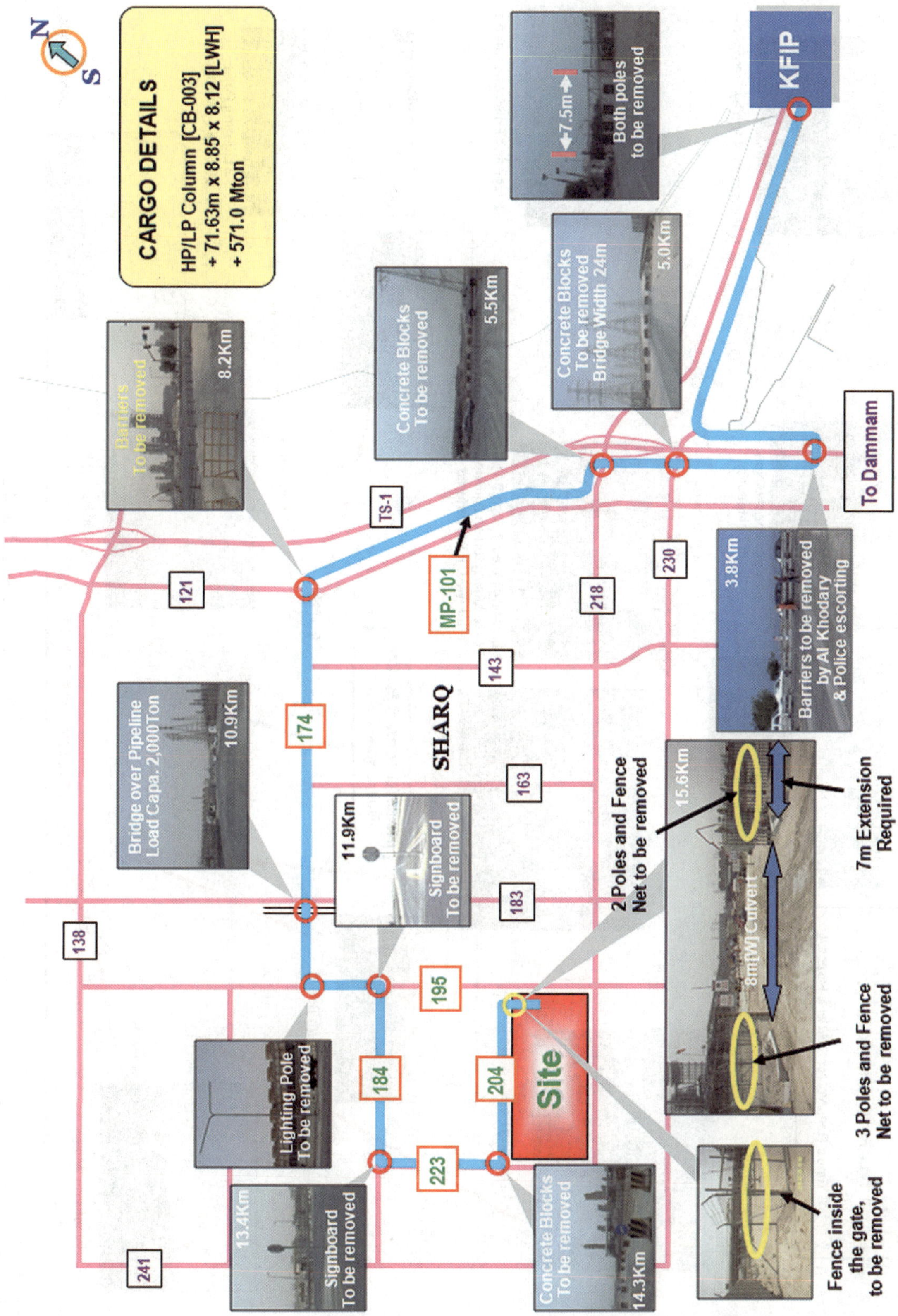

[그림 22-14] Route Survey Report 예시1

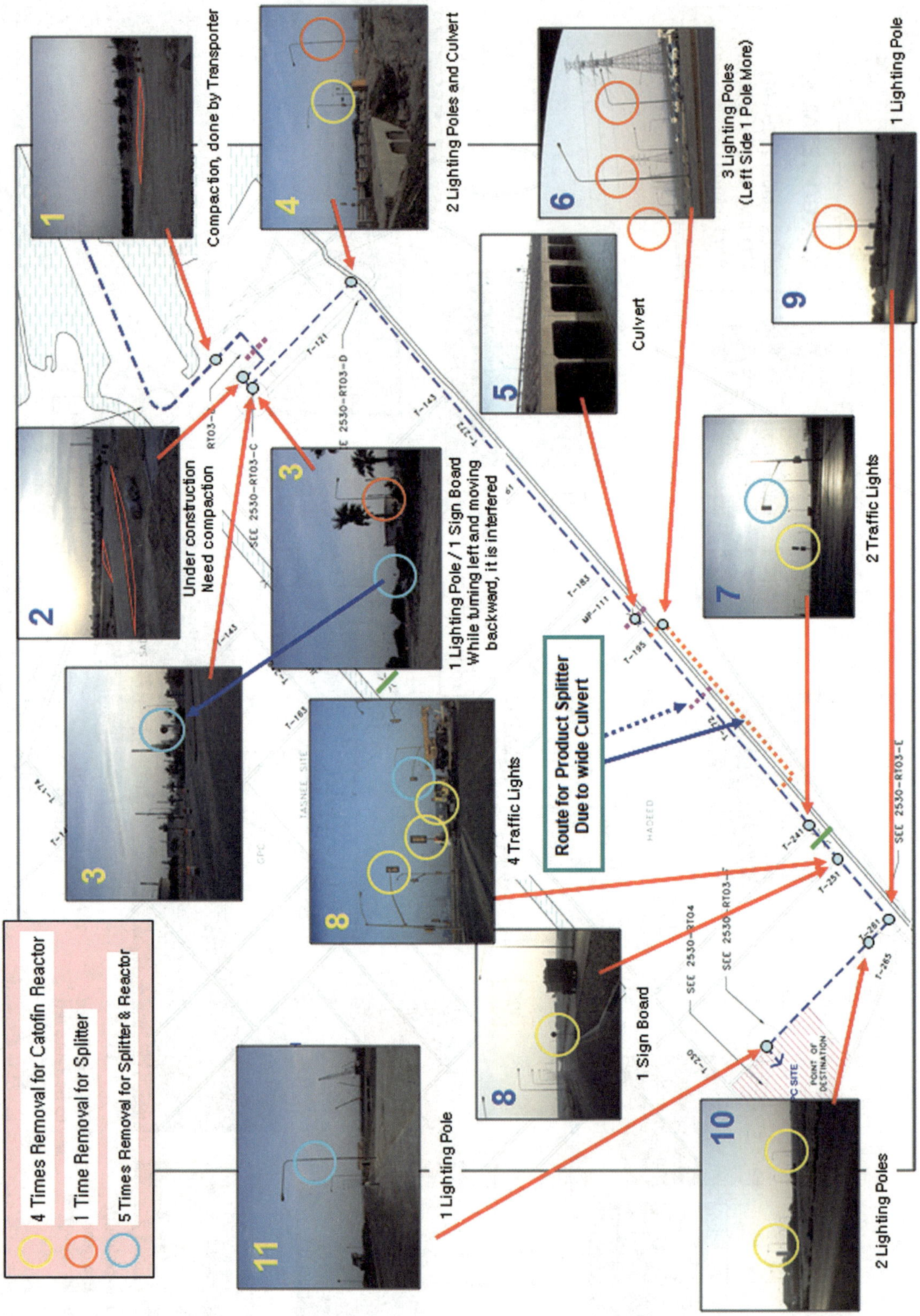

[그림 22-15] Route Survey Report 예시 2

Route 상의 Issue들을 한 장으로 작성해도 무방합니다.

[그림 22-16]은 General Cargo의 자재수령 담당자를 알려주고, Lay-down Area 진입방법을 보여 주는 Map입니다. 이런 자료가 운송사에 사전에 제공되면 초행의 운전자라도 쉽게 목적지를 찾아갈 수 있을 것입니다. 다만 네비게이션 기기 사용을 위해 현장주소를 명기하는 것이 바람직합니다.

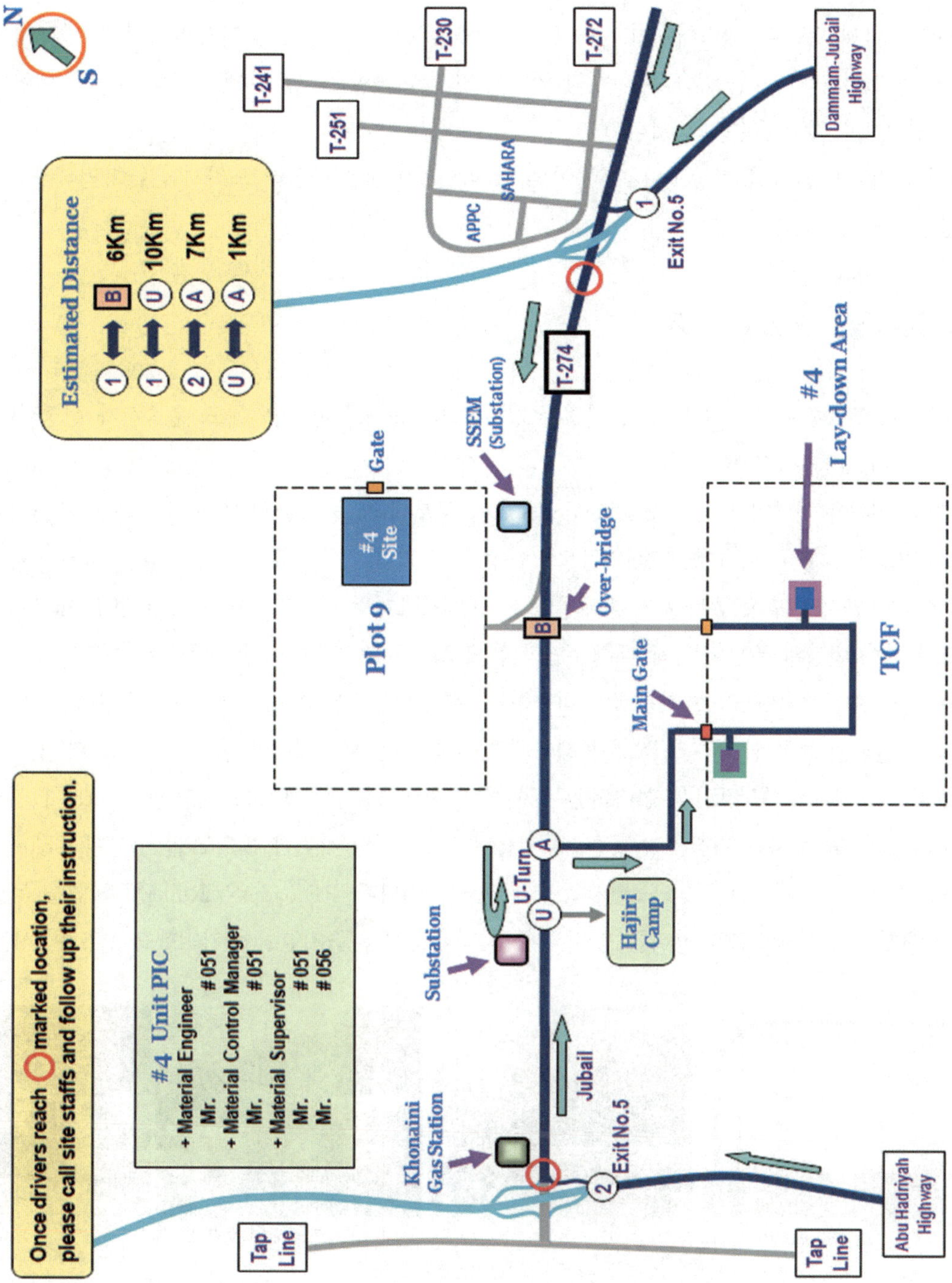

[그림 22-16] General Cargo 운송을 위한 Route Map

어느 시점에 운송 Notice가 필요한지를 표시하여 물류 담당자가 현장과 직접 소통하지 않아도 자연스럽게 운송이 진행될 수 있도록 해야 합니다. 이를테면, Port 출발시 현장에 전화, 현장 도착 30분 전 현장에 전화 등과 같이 명기하면 됩니다. 위 지침에서는 붉은색 원으로 표시한 지점 도착시 현장에 전화하도록 표기한 것을 확인할 수 있습니다. 트레일러가 양방향에서 진입할 수 있기 때문에 2개의 지점을 표시한 것이 특징입니다.

FMC 연락처 다수를 명기해주면 부재중일 때 좀 더 원활한 소통이 가능해집니다. 국가에 따라서는 Driver들의 언어가 다를 수 있습니다. 해당 언어에 맞게 대응할 수 있도록 각 사용 언어별 현장인력의 연락처를 명기하는 것도 좋은 방법입니다.

이러한 지침이 없다면 현장 FMC분들이 물류 담당자에게 트레일러 도착시점을 확인하려고 줄기차게 전화를 걸어올 수 있습니다.

≫≫ 정기적인 Route 점검

Proposal 업무수행 당시와 Project 실행 초창기의 Route Survey 이외에도 운송사가 선정되면, 정기적으로 운송 Route를 점검해야 합니다.

필자의 의견은 하역항 또는 Local Vendor Shop으로부터 첫 중량물의 예상 내륙운송 개시시점을 기준으로 6개월 전, 3개월 전, 1개월 전, 7일 전, 1~2일 전 각각 운송사로 하여금 Route Survey를 실시하도록 하고, 마찬가지로 후속 중량물에 대해서도 운송 개시 1개월 전, 7일 전, 1~2일 전 Route Survey를 실시하도록 하여 변경된 부분에 대해 대책수립과 함께 Report를 제출하도록 하는 것입니다.

일반적으로 운송 Permit을 취득했다 하더라도, 관계기관에서 Route 상의 변경사항을 통보해 주지는 않습니다. 결국은 물류 담당자 스스로가 제때에 챙겨야 하는 사안입니다.

제관류의 물류비 절감방안을 설명하는 장에서 운송 Route상에 도로표지판용 Gantry가 설치됨에 따라 Bypass 공사를 실시한 경험을 언급한 바 있습니다. 그 외의 사진은 Bolster를 이용한 Column 운송도중 전방 트레일러가 지나간 곳의 노면이 엉망이 된 사례입니다. Payloader와 Roller로 노면을 복구하고 운송을 속개했으나, 갑작스럽게 장비를 동원해야 했기 때문에 운송지연이 불가피했습니다. 이 사례와 같이

(a) 표지판 설치용 Gantry　　(b) 운송도중 노면 보강

[그림 22-17]

단기에 해결이 가능한 사안은 그 여파가 덜 한 편이지만, 도로 중앙에 Gantry가 설치되었다는 사실을 전혀 감지하지 못하고 있다가 운송을 개시한 이후에 알게 되었다면, 이는 물류부서에 커다란 부담을 안겨주는 일이 될 것입니다. 물류 담당자는 저 멀리 1,000km 떨어진 현장의 목소리조차 귓가에 쩌렁쩌렁하게 들리는 듯 할 것입니다.

화물접수와 설치계획을 변경해야 하고, 피하고 싶지만, 사업주나 PMC에게도 일정변경을 통보해야 하기 때문에 현장의 입장도 결코 녹록치 않습니다. Bypass 공사 Permit 취득에 일주일 이상 소요된다고 하면 공사기간까지 감안했을 때 현장 고위직은 물론 PM으로부터 불벼락이 떨어질 수도 있는 사안입니다.

사실 어떤 Project에서든 이러한 불상사가 발생할 개연성이 있습니다. 따라서 Route Survey는 실시 횟수가 많으면 많을수록 안전합니다. 예견치 못한 상황에 대처할 시간을 벌 수 있고, 운송일정에 차질이 발생하는 것을 최소화할 수 있습니다. 현지 물류 담당자를 곤혹스럽게 하는 것 중의 하나가 바로 이러한 Contingency, 즉 돌발상황이 발생하는 경우입니다. 운송지연이 해당 기자재 한 건에 그치는 수준이면 그나마 다행이라고 할 수 있으나, 가용한 트레일러가 제한적일 때가 적지 않아서 후속 중량물의 운송일정까지 차례차례 뒤로 밀리기 마련입니다. 전체적인 운송계획을 다시 수립하여 통보해야 하고, 현장에서도 설치일정을 조정해야 하기 때문에 모두가 원하지 않는 방향으로 상황이 전개되는 것입니다.

어떤 일이 어그러지면서 그로 인해 후행 부문 또는 제3자에게 가해지는 손해를 Consequential Damage라고 표현합니다. 화물의 Damage는 제품가치의 상실이라는 일차적인 손해와 공기지연이라는 이차적인 손해를 동반합니다. 이 이차적인 손해가 Consequential Damage에 해당됩니다. 보험사는 Consequential Damage에 대한 보상을 배제하고 있습니다.

중량물운송에 있어서 물류는 타 기능들과는 다른 면이 있습니다. A사에 발주한 Column의 납기지연이 B사에 발주한 Pressure Vessel의 납기에 직접적으로 영향을 미치지는 않습니다. 그 만큼 Consequential Damage로부터 자유로운 반면, 두 화물이 동일 선박에 실려오고 트레일러와 Operator가 충분하지 않은 경우, 물류 측면의 사유로 인한 Column의 내륙운송 지연은 해당 기기의 설치일정에 악영향을 미칠 뿐만 아니라, Pressure Vessel의 후속 운송일정마저 지연시키는 이중의 Consequential Damage를 초래하게 됩니다.

물류보다 앞선 공정에서 많은 날들을 허비했다 하더라도 그 때까지 까먹은 수많은 시간보다 물류기능에 주어진 불과 몇 시간이 더 강한 압박으로 다가올 수밖에 없는 이유입니다.

누군가가 시간적 여유를 두고 사전에 통지를 해주지 않는 한, 타개책은 하나 밖에 없습니다. 운송사든, 물류 담당자든 기회가 있을 때마다 운송 Route를 자주 살펴보는 것 말고는 달리 방법이 없습니다. 심지어 당일 Port에서 Super Heavy Cargo를 반출하기로 계획되어 있었는데 멀쩡하던 Port내의 도로가 [그림 22-18] (a)와 같이 파헤쳐진 사례가 있습니다. 이 또한 긴급하게 중장비와 철판을 섭외하여 필요한 조치를 취한 후에 해당 지점을 통과할 수 있었습니다.

물류 담당자가 보다 많은 경험을 쌓아야 한다는 것이 바로 이러한 상황들과도 관련이 있습니다. 운송

(a) Port 내 공사 (b) 보강 후 트레일러 통과

[그림 22-18]

사는 다소 공격적으로 운송일정을 수립하는 경향이 있습니다. 운송사의 얘기를 곧이곧대로 현장에 전달하는 단순 메신저 역할에서 벗어나 돌발상황까지 감안하여 어느 정도는 Room을 가지고 현장과 일정을 협의해야 한다는 것입니다.

❯❯❯ 현장 Coordination

최초 현장과 협의한 일자보다 트레일러가 먼저 현장에 도착하여 당장 설치준비가 완료되지 않았다 하더라도 SWL(Safe Working Load)을 충족하는 크레인의 Outreach내에 Jack-down 할 수 있는 공간이 확보되면 크게 문제될 게 없습니다. 물류와 협의한 시점까지 접수준비를 완료하였으나 운송지연이 발생하여 크레인과 작업자들이 손을 놓고 있을 때 물류부서에 비난의 화살이 쏟아지게 되는 것입니다.

예를 들어, 설치 일정에 여유가 있는(물류 담당자가 그 사실을 인지하지 못한) 60톤 중량의 Drum에 대해 통관 후 곧바로 운송하는 계획을 수립했다고 가정해보겠습니다. 도착일정을 통보받은 현장은 200톤 크레인으로 하역할 계획입니다. 크레인은 그 때 그 때, 요청하여 사용한 시간만큼 사용료를 지불하는 조건으로 계약했다고 가정하면, 현장 Receiving 담당자는 사전에 장비 공급사에 사용이 필요한 시점을 통보하게 될 것입니다.

그러나, 크레인이 준비되었는데도 하루를 허비하게 만들고, 다음 날에도 도착 약속을 어기고, 최초 약속한 일자로부터 3일째에 현장에 운송되었다고 한다면, 크레인 대기료가 발생할 것입니다. 현장 담당자는 이 비용을 어떻게 처리해야 할지 난감해집니다. 더불어 사업주에게 잘못된 인수계획을 보고한 것이 되어 쓴소리를 듣게 될 것입니다. 이러한 상황을 방지하기 위해서도 현장이 자체적으로 Stool을 마련하도록 촉구해야 합니다.

이 사례에서는 긴급하게 설치해야 하는 화물이 아니므로, 애초부터 운송일정을 빡빡하게 잡을 이유가 없습니다. 그렇기 때문에 물류 담당자는 긴급성 여부에 대한 올바른 판단을 내릴 수 있도록 현장의 설치일정 계획을 파악하고 있어야 합니다.

〈표 22-3〉은 현장 설치일정 계획의 예시입니다. 중량물의 설치계획은 Foundation 및 Foundation 접근

로에 장애요인이 없는 한, 크레인 준비상황과 밀접한 관련이 있습니다.

〈표 22-3〉 **현장 설치일정 계획 예시**

No.	Item No.	Type	Description	Erection W.T(ton)	Main Crane	Tailing Crane	Erection Planned Date
1		Reactor	Fourth Reactor	100	LR1750	LR1350-1	
2		Column	PX Purification Column	150	LR1750	LR1350-1	
3		Column	Stabilizer	185	LR1750	LR1350-1	
4		H/Exchanger	Reactor Feed Exchanger	198	LR1750	LR1350-1	
5		Column	Reformate Splitter	208	LR1750	LR1350-1	
6		Column	De-heptanizer	208	LR1750	LR1350-1	
7		Column	Extractive Distillation Column	214	LR1750	LR1350-1	
8		Column	Heavy Reformate Splitter	222	LR1750	LR1350-1	
9		Column	Extract Column	260	LR1750	LR1350-1	
10		Column	Adsorbent Towers	366	LR1750	LR1350-1	
11		Column	Raffinate Column	647	MSG80	CC8800-1	
12		Column	Xylene Rerun Column	1,403	MSG80	CC8800-1	
MSG-80 : 3,600ton CC8800-1 : 1,600ton LR1750 : 750ton LR1350-1 : 350ton							

4개의 Project가 동일지역에서 동시에 수행중일 때 부족한 트레일러로 인해 운송이 더디 진행되었고 현장의 불만이 고조될 무렵, 운송 우선순위를 정하는 것이 커다란 숙제였습니다. 서로 먼저 운송을 요청하는 전화가 빗발쳤고, 어떤 식으로 운송순서를 정하든 우선순위에서 밀리게 되는 현장으로부터는 원성을 살 수 밖에 없는 상황이었습니다.

해결책은 크레인 가용여부를 파악하여 당장 설치가 가능한 현장에 우선적으로 중량물을 운송하는 것이었습니다. 그렇다고 불만이 사그라진 것은 아니지만, 불가피한 상황 하에서 회사차원의 합리적인 의사결정인 것 만은 분명합니다. 그 만큼 현장의 사정을 제대로 인지하는 것 또한 중요한 사항이라고 할 수 있습니다.

현지 물류 담당자는 선박의 도착일정, 하역 및 통관일정, 현장 운송일정 등을 반영하여 유관부문에 Daily Report를 송부할 것입니다. 이때 Local Forwarder로부터 접수하는 일정을 여과과정 없이 그대로 전달해서는 곤란합니다. 이를 테면 세관이 전수검사를 실시하는 국가에서 한 항차에 컨테이너 1대 분량의 통관 소요시간과 50대 분량의 통관 소요시간에는 엄연히 차이가 있습니다. 상황에 부합하도록 통관과 운송일정을 조정한 후에 유관부문에 Daily Report를 송부해야 한다는 것입니다.

다행히 Local Forwarder가 제시한 시간에 통관이 이뤄지면 통관을 앞당겼다는 칭찬의 소리를 들을 수 있고(사실은 애쓴 게 없다 해도) 일정을 조정하여 보고한 대로 통관이 진행되면 일정을 정확히 준수한다는 소리를 들을 수 있습니다. 하지만 이와는 반대로 곧이곧대로 보고했다가 일정이 지연되는 일이 벌어진다면 제대로 일을 못하는 직원으로 낙인 찍힐 우려가 있습니다. 이는 본인만의 문제가 아니라 물류부서, 나아가 조달부문의 역량부재 문제로 비화될 수 있습니다.

필자는 물류를 다음과 같이 정의한 바 있습니다.

"출발지와 목적지 사이에서 동인의 정상적인 작동에 의한 재화의 경제적 이동"

또 한 편으로는 다음과 같은 정의를 제시하고자 합니다.

"Timely Transfer of Accurate Information"

정확한 정보가 적기에 전달된다면, 물건과 업무는 자동으로 흘러가게 되어 있다는 것입니다. 정확한 정보가 제때에 전달되지 않기 때문에 대기시간이 늘어나고, 추가비용이 발생하며, 현장 관계자로부터 그리고 또 다른 누군가로부터 불평의 소리를 듣게 되는 것입니다.

메신저 역할은 누구나 할 수 있습니다. Local Forwarder나 중량물 운송사가 제공하는 정보가 진정 정보로서 가치가 있는 것인지 이에 대한 안목을 키우고, 미흡하다면 이를 보완하여 현장과 Coordination을 진행해야 합니다. 정보로서 가치가 없는 것도 물류부서를 거치면 가치있는 것으로 변화되어야 합니다. 이것이 물류부서의 존재이유이기도 합니다.

요컨대, 당일에 벌어지는 불가피한 상황은 차치하더라도 Route Survey를 등한시함으로써 운송지연과 그로 인해 현장의 비용이 가중되는 상황만큼은 예방할 수 있도록 해야 합니다. 이는 불가항력이 아니라 인재에 가깝습니다. 또한 트레일러가 부족한 상황에서는 각 현장의 크레인 사정을 살펴서 합리적인 의사결정을 내리시기 바랍니다.

≫≫ Report 하나가 운명을 바꿀 수도 있습니다.

Report의 중요성과 관련하여 필자의 경험담을 소개하고자 합니다.

사우디 파견근무가 확정되기 이전, 필자는 재직중이던 회사에 퇴직의사를 밝혔습니다. 경력사원으로 입사한 지 1년이 조금 지난 시점이었습니다. 주로 구매와 시스템 개발분야에 몸담아 왔던 필자로서는 Forwarding 업무가 몸에 맞지 않는 옷을 걸친 것처럼 느껴졌습니다.

입사를 권유했던 분이 퇴직을 만류하며 이대로 회사를 떠난다면, 영원히 능력없는 사람으로 낙인 찍힐 거라고 조언해주셨습니다. 사실 그 말씀이 옳습니다. 필자의 이력을 되짚어 볼 때, 이 같은 평가는 오점을 남기는 일입니다. 그러니 퇴사할 때 퇴사하더라도 사우디에 가서 능력을 제대로 보여주고 떠나라는 것이었습니다. 그 설득이 제 마음을 움직여서 협력사 소속으로 사우디에 파견됩니다. 만약 그대로 퇴직해 버렸다면 필자의 운명이 또 어떻게 달려졌을지 모르겠습니다. 이 당시의 사우디 근무 경험이 바탕이 되어 훗날 삼성엔지니어링에 입사하는 계기가 되었습니다

현재적으로 좋은 평가를 받지 못한다고 해서 낙담할 필요가 없습니다. MB/L, FB/L, Surrender B/L도 구분 못하고 Ro–Ro나 Lo–Lo라는 용어조차도 들어본 적이 없는 필자가 물류에 첫 발을 내디뎠을 때는 과장이라는 타이틀을 달고 있었습니다. 여러분에게는 아직 주어진 시간이 많은 만큼 자신의 역량을 배가시키기 위해 노력한다면 언젠가는 분명 보다 많은 성과를 달성하여 인정받는 날이 도래할 거라고 믿어 의심치 않습니다.

사무실 소재는 Dammam이었습니다. 필자가 도착하고 3일 후, 기존 3개 Project의 물류업무를 담당하고 계시던 삼성 직원분이 정기휴가를 떠납니다. 이미 산적한 문제들이 필자를 기다리고 있었습니다. Jubail Port에서 하역한 중량물이 Transportation Permit이 만료되어 고속도로 횡단지점 앞에서 대기중이었고, Permit을 재취득했을 때는 경찰의 늑장 출동으로 계속해서 운송이 지연되고 있었습니다. 게다가 Column의 Head 부분에 장착된 열교환기에 부식이 발생했다는 사실을 알게 되었습니다.

관련하여 회사에도 VOC가 전달되었습니다. 본사로부터 전화연락을 받습니다. 먼저 입사를 권유했던 분으로부터, 이후 다른 임원분, 사장님으로부터 제대로 하라는 질책을 받았습니다. 이미 벌어진 상황임에도 불구하고 현지 도착 후 채 일주일도 지나지 않아 그런 전화를 받은 것입니다. 심정적으로는 이에 동의할 수 없었지만, 이 또한 필자가 헤쳐 나가야 할 몫이었습니다. 사실 이때부터 본격적으로 3개 Project의 중량물이 사우디에 도착하기 시작합니다. 그래서 인력지원이 필요했고, 필자가 업무 분담을 위해 파견을 나오게 된 것입니다.

아침 일찍 약 120km 떨어진 Jubail로 달려가서 중량물 운송을 관리하고, 오후 늦게 돌아와 그 때까지 쌓인 이메일에 응대하고, 3개 Project의 Status를 정리하고, Daily Report를 작성하여 배포하고, 관세 납부 업무와 협력사의 대금청구서(Invoice)를 처리하고, 통관서류를 정리하고, 다음 날 아침 Jubail로 이동하기 전에 통관사에 들러 서류를 전달했습니다. 그러다 보면 밤 12시경에나 사무실을 떠날 수 있었습니다. 중량물 운송관리를 위해 출타중이면 그 외의 화물에 대한 운송일정에 대해서도 현장으로부터 계속해서 문의가 옵니다. 그래서 항상 Status Report를 소지하고 다녔습니다.

삼성 직원분이 정기휴가를 마치고 복귀합니다. 그런데, 며칠 지나지 않아 부친상 소식을 듣고 다시 출국합니다. 라마단이 도래하여 숙소에서 아침식사 제공을 중단하면서부터는 먹는 것이 부실해졌습니다. 라마단 기간, 낮에는 상점도 문을 닫습니다. 저녁 때, 가게가 문을 열면 식빵을 구입하여 조식과 중식으로 한국에서 가져온 고추장을 발라먹곤 했습니다. 그렇게 몸도 마음도 고달픈 하루하루가 지속되고 있었습니다.

필자에 대한 평가는 여전히 밑바닥입니다. 물리적으로 관리할 수 있는 범위를 이미 벗어나버린 상태였기 때문에 현장에서 요청이 오면 제때에 대응할 수 없는 부분이 있었습니다. 나중에 삼성 직원분이 복귀했을 때, 업무 Scope을 정했습니다. 필자는 Break Bulk 화물을 관리하기로 하고 숙소를 Jubail로 옮깁니다. 근무지도 Jubail 사무실로 변경되었습니다.

그런데 반전의 순간이 다가옵니다. 중량물 운송을 마치고 "중량물 운송기"라는 제목의 Report를 IPO장님께 송부했습니다. 삼성엔지니어링 본사 조달팀장님께(당시는 조달 전체가 한 팀이었음.) 전달되었고, 조달팀장께서 삼성엔지니어링 사장님께 보고했습니다. 이에 극찬이 하사되었습니다.

반응은 폭발적이었습니다. 조달팀이 난리가 났습니다. 이름하여 "신바람 조달" 사례가 전파됩니다. 일못하던 찌질이가 자고 일어나니 조달 영웅으로 둔갑되어 있었습니다. 우리 회사에 대한 조달팀의 인식도 200% 반등했습니다. 삼성엔지니어링 조달팀으로부터 격려의 메시지기 쇄도하고 회사식원들로부터 찬사의 메일이 당도합니다. 이제는 반대로 입사를 권유했던 분으로부터 그리고 임원분, 사장님으로부터 각각 칭찬의 전화를 받습니다.

Report 하나가 무엇이라고....

물류업계에 발을 들여놓은 동안 그때까지 필자가 아는 세상은 한없이 우울한 것이었습니다. 그 우중충하게 다가왔던 세상을 단숨에 장밋빛으로 바꿔 놓은 사건이었습니다.

훌륭한 Report는 개인의 운명까지도 바꿀 수 있다는 생각이 듭니다. 본인의 존재감을 어필할 수 있는 수단이자, 그로 인해 새로운 기회가 주어질 수 있기 때문입니다. 그 만큼 심혈을 기울여서 제대로 작성할 필요가 있습니다. 어쩌면 이 Report가 계기가 되어 물류인의 길을 걷게 되었는지도 모릅니다. 필자의 존재가치가 세상에 드러나는 계기를 마련해주신, 당시 사우디 IPO장이셨던, 현 Kentech 이관희 사장님께 이 자리를 빌어 진심으로 감사드립니다.

당시의 '중량물 운송기'는 물류의 정석 2권에 수록하였습니다.

23. 내륙운송 장애물 제거, 극복 활동

장애물 극복과 관련하여 부분적으로 언급했던 사항들을 정리하였습니다. Route Survey를 통해 장애요인을 철저히 파악하고 적기에 극복방안을 마련하는 것은 중량물 내륙운송에 있어서 중요한 업무중의 하나입니다. Survey 수행시에는 레이저 거리측정기나 줄자, 측정봉 등을 휴대하여 정확한 실측값을 구하는 것이 바람직합니다.

Overbridge의 경우, 교량 표지판에 표시된 높이와 일치하지 않는 경우를 경험한 바 있습니다. 또한 Overbridge 아래의 도로가 전후좌우 경사진 경우가 있기 때문에 통행 위치에 따라 불과 몇 cm 차이로 통과할 수도 있고, 그렇지 못할 수도 있습니다. 그 불과 몇 cm로 인해 발생한 사고사례들이 있습니다. 심지어는 Overbridge와 충돌하여 화물을 다시 제작했는데, 새로 제작하여 수입한 화물이 또 다시 같은 교량 아래에서 사고가 발생한 사례도 있었습니다. 따라서 지형적 특성까지 고려하여 운송사와 함께, Route Survey를 빠짐없이 철저하고도 정확하게 실시해야 한다는 점을 강조하고자 합니다.

해상운송이 가능하다 하더라도 내륙운송상의 장애물을 극복할 수 없다면, 결국 내륙운송 기준에 맞게 화물 중량 및 Size를 조정해야 합니다. HRSG Super Module 운송시, 고도상의 장애물은 물론

(a) Overbridge 접촉사고

(b) Overbridge 높이 상이

(c) HRSG Super Module

(d) 트레일러 이동 장애

[그림 23-1]

GBP(Ground Bearing Pressure, 지내력) 문제를 반드시 고려해야 합니다. SPMT는 A/L당 중량이 4~4.5톤에 달합니다. 4톤이라 해도 공차상태에서 타이어 1개당 무려 1톤의 하중이 노면에 가해지는 것입니다. 여기에 화물 중량과 부대장비 중량이 더해지면 노면에 미치는 하중이 대폭 상승하게 됩니다. 따라서 중량물 운송은 GBP를 고려하고 GBP에 문제가 예상되는 경우에는 하중분산을 위한 Trailer Configuration을 검토해야 합니다. 별도의 Civil Work 없이 이를 타개할 수 있는 일반적인 방법은 A/L수를 늘리는 것입니다.

[그림 23-2] 하중분산을 위한 트레일러 확장

물론 국부지역에서만 노면 강도가 약한 경우에는 철판이나 Panel을 깔고 지나갈 수 있으나, 광범위한 지역에 걸쳐 문제의 소지가 있다면 사진의 사례들과 같은 트레일러 구성으로 하중을 분산시킬 수 있습니다. 다만 트레일러 증차시 몇 가지 단점이 있습니다.

- 증가되는 A/L 수만큼 운송비 상승
- 가용 트레일러가 제한적인 경우, 후속 화물운송 지연 발생
- 교차로 등에서 Turning이 불가할 수 있음
- 화물 높이에 따른 고도상의 장애물이 존재할 수 있음

하중을 적절히 분산시키고, 운송고도를 낮추며, 굽이길 통과에도 지장이 없도록 하기 위해서는 Girder Frame을 활용할 수 있습니다. 물론 Transformer, Generator, Turbine, Reactor 등과 같이 부피에 비해 중량이 과도하게 나가는 화물에 적용할 수 있습니다. 교량 통과시에도 교량에 미치는 하중을 분산시킬 수 있는 바람직한 운송형태라고 할 수 있습니다.

[그림 23-3] (a)는 전방에 4대, 후방에 1대의 Primemover를 연결하여 총 5대의 Primemover와 Girder Frame이 사용된 사례입니다. 다수의 Primemover가 동원된 것은 경사로를 극복하기 위한 조치입니다. Route Survey를 제대로 실시하지 않으면 경사노면을 간과함으로써 Primemover 부족으로 인해 곤란한 상황에 직면할 수 있습니다. 최악의 경우, 경사로에서 트레일러가 미끄러져 내리는 사고가 발생할 수 있습니다.

(a)

(b)

[그림 23-3] Girder Frame 적용

[그림 23-4] (a)의 사례는 트레일러 중량마저 최소화하기 위해 Deck Plate가 없는 형태의 트레일러를 사용하고 있습니다. 더불어 Wide Trailer를 사용한 점도 하중 분산 목적을 달성하기 위함입니다. 운송을 진행하는 동안 2차선 도로에서는 다른 차량의 통행이 불가능합니다. 교통경찰의 협조를 받아 적시에 교통흐름을 차단하는 것이 관건입니다.

(a) Girder Frame 적용

(b) Bolster 적용

[그림 23-4]

이처럼 Girder Frame을 이용한 트레일러 구성을 통해 운송높이를 낮추고, 하중을 적절히 분산시킬 수 있으며, Turning시의 문제점을 해소할 수 있습니다. 장비를 해외에서 들여와야 할 수 있으므로 장비 보유현황을 파악하고, 해외 동원에 소요되는 시간을 면밀히 검토하여 운송계획에 반영해야 할 것입니다.

중앙 분리대와 간섭이 발생하지 않는 교량의 통과시에 하중을 분산시킬 수 있는 유용한 방법중의 하나가 전후방의 트레일러를 서로 다른 교량 상판 위에 놓이게 하는 것입니다. [그림 23-4] (b)의 사례는 Bolster를 이용하여 트레일러를 구성하고 후방의 트레일러를 교통흐름과 반대 방향의 도로에 위치하게 한 모습니다. 이 또한 적시에 교통통제가 이뤄져야 합니다. Bolster 사용 역시 하중을 분산시키고 굽이길 Turning을 가능하게 해주는 이점이 있는 반면, 운송상의 높이는 오히려 상승한다는 단점이 있습니다.

[그림 23-5] (a)는 Shell 하부의 Boot로 인해 상당히 육중해 보이는 Steel Support로 지지하고 있습니다. Steel Support는 운송상의 고도를 높일 뿐만 아니라, COG 상승의 원인이 됩니다.

[그림 23-5] (b)의 사례는 상부에 Drum이 장착되어 있어서 COG가 상당히 높게 형성되었을 것으로 추정됩니다. 따라서 작은 방심에도 사고로 이어질 개연성이 있습니다. 할 수만 있다면 COG 또한 무조건

(a) Vessel 운송 (b) 운송사고 (c) 우회도로 이용

[그림 23-5]

낮춰야 합니다.

Boot를 Flange 접합형태로 제작 가능하고 Boot 부위를 별도로 운송할 수 있다면, 다음과 같은 이점이 있습니다.

- 운송상의 높이 감소 → 장애물 감소, 부대비용 절감
- Steel Support 제작비용 절감
- COG 높이를 낮춤으로써 안전운송 도모
- 운송 Volume 감소로 인한 해상/내륙운송비 절감
- 내륙운송 기간 단축

운송 Route상의 Overbridge나 육교 등으로 인해 우회로를 개설하는 경우가 있습니다. 또는 측면 도로를 통해서 Overbridge를 우회할 수 있습니다. 우회로를 개설해야 한다면, 공사 허용여부, 공사비와 공사기간 등이 관건이 될 수 있고, [그림 23-5] (c)와 같이 우회로를 이용한다고 해도 다음과 같은 문제점이 있습니다.

- 푸른색 원으로 표시한 지점에서 트레일러 Turning 가능 여부 확인
- 적시에 교통 통제 필요
- 우회로가 경사로이기 때문에 Primemover 추가 동원 필요
- 교통통제 지연에 대비한 임시 정차장소 마련

차량의 주행속도가 빠른 도로에서는 차량통행을 중단시키는 것이 쉽지 않기 때문에 통행량이 적은 자정 이후의 시간에만 우회로 이용이 허용될 수 있습니다. 그렇다 해도 경찰이 제때에 출동하여 교통을 통제해줘야 Overbridge 극복이 가능해집니다.

운송상의 화물 고도가 높아지면 Overbridge, 터널, 전선, 가로등, 표지판, 신호등, Pipe Rack 등 수많은

장애물들과 만나게 됩니다. 따라서 운송 높이를 낮출 수 있다면, 여러모로 이득입니다. 이 같은 장애물 통과 문제를 최소화하기 위해 중량물에 대해서는 설계, 구매, Vendor의 담당자가 참여하는 TBE 미팅에 물류 담당자가 참여할 것을 권합니다. 이는 추후 운송중에 발생할 수 있는 난제들을 미리 예방할 수 있는 바람직한 절차가 될 것입니다.

(a) Tower Adapter (b) Schnabel System (c) Drop Deck Spacer (d) Girder Frame

[그림 23-6]

철저한 Route Survey를 통해 부대장비의 필요성 여부를 검토하고 다양한 유형의 부대장비 중에서 최적의 장비를 선정해야 합니다. 다만, 부대장비를 활용한다 해도 원천적으로 화물 높이 이하로는 운송상의 고도를 낮출 수 없기 때문에 상부의 Nozzle이나 하부의 Boot를 조립형태로 제작함으로써 화물의 고도를 최대한 낮추는 방향으로 설계가 이뤄질 수 있도록 물류 담당자의 선제적 대처가 필요합니다.

(a) Wind Blade Adapter (b) Bolster 적용 (c) Turning Simulation

[그림 23-7]

Wind Blade(Rotor Blade) Adapter의 활용은 Turning시의 장애물들을 피해갈 수 있는 방법입니다. 물론 모든 운송사가 이 같은 장비를 보유하고 있는 것은 아니기 때문에, 사전에 장비보유 현황을 확인해야 합니다.

장척물은 그 길이로 인한 장애물 극복이 해결과제인 경우가 다수입니다. 이때는 Bolster 장비가 사용됩니다. Turning Radius의 Span이 넓어 정밀한 Route Survey가 필요합니다. 이어서 정확한 축척에 의거한 지도를 통해 Simulation DWG을 작도해야 합니다. 도면상에 초록색으로 표시한 영역이 화물의 이동궤적에 해당되며 이 범위내의 모든 장애물을 제거해야 합니다. 아울러 붉은색 트레일러 이동로의 노면에 대한 보강문제도 점검해야 합니다.

Bolster를 이용한 운송에 있어서는 다음 사항을 기억하시기 바랍니다.

- Deflection이 발생하지 않을 Saddle 위치 확인
- Tower Gantry로 설치시, Foundation 반경까지 고려하여 전방 트레일러가 Trunnion Lug 보다 뒤쪽에 위치할 것. Head First 상차 상태로 Foundation 접근
- 운송사의 Bolster 장비 Capa. 확인

(a) 1,513톤, Wash Tower (b) 737톤, C_3 Splitter

[그림 23-8]

C_3 Splitter 사례는 Trunnion Lug보다 전방 트레일러가 Head쪽에 더 가깝게 위치하고 있습니다. 따라서 Tower Gantry를 이용한 설치시에 Foundation을 모두 도포한 상태에서 그 위를 지나 정위치 해야 하는 문제점이 발생할 수 있습니다.

장애물 제거를 전담하는 도로시설물 관리기관이 별도로 존재하는 국가가 있습니다. 트레일러가 약속된 시간에 도착하지 않으면 인내심 Zero의 갑인 경우가 많습니다. 교통통제가 필요한 지점에서의 경찰도 마찬가지입니다. 트레일러 도착시점이 지연되면 그냥 떠나버린다는 것입니다. 이들과 어떻게 하면 유기적으로 Coordination을 할 수 있을지 고민해볼 사항입니다.

[그림 23-9] (a)는 트레일러 도착을 기다리며 신호등의 일시적인 제거를 위해 대기하고 있는 도로시설물 관리기관 직원들의 모습입니다.

(a) 신호등 제거 대기 (b) 가로등 제거 (c) 교통통제 대기 (d) 고속도로 횡단

[그림 23-9]

[그림 23-9] (b)에서는 가로등을 미리 눕혀놓은 모습이 보입니다. [그림 23-9] (c), (d)는 고속도로 횡단 지점의 모습입니다. 평상시에는 Barricade로 통행을 차단하고 있습니다. Barricade Open은 도로시설물 관리기관 담당입니다. 교통경찰과 시설물 관리기관 직원들이 동시에 출동할 때 이 지점을 통과할 수 있습니다. 그런데 교통경찰과 관리기관 직원들이 핑퐁을 치기도 합니다. 이들의 출동시점을 일치시킬 수 있도록 관리하는 것이 관건입니다.

(a) 가로등/신호등 제거

(b) Convection Module

[그림 23-10]

[그림 23-10] (a)의 사례는 가로등과 신호등이 같은 Pole에 설치되어 있습니다. 이를 일시적으로 제거하기 위해서는 Manlift와 크레인이 필요합니다. Manlift의 Basket에 올라탄 작업자가 크레인과 연결된 Belt를 가로등과 신호등에 묶어줍니다. 추가로 밧줄을 연결하고 하부의 볼트를 푼 후에 크레인으로 살짝 들어올립니다. 크레인 Lifting 상태에서 작업자가 도로 측면으로 밧줄을 잡아당겨 가로등 및 신호등의 방향을 전환시킵니다. 이후 트레일러가 해당지점을 통과하면 다시 방향을 원위치 시키고 볼트를 체결합니다. 사례에서는 이 절차가 원만히 진행되기 위해 크레인, Manlift, 그리고 전담기관의 직원이 제때에 정위치하고 있어야 합니다.

[그림 23-10] (b)의 Convection Module은 화물 고도가 상당히 높습니다. 이러한 고고도 화물은 Overbridge나 육교, 터널 등이 장애물로 작용하여 이들을 피해 우회로를 이용하게 될 것입니다. 또 하나의 현저한 장애물은 Cable Line입니다. 각 전선류마다 관할 주체가 다른 경우가 있기 때문에 Permit을 신청해야 하는 기관도 다수가 될 수 있습니다.

전력 차단 여부는 운송일정에 커다란 영향을 미치는 요인이 되므로, 이 역시 선행관리가 중요합니다. 사례의 Route Map에서는 정말 많은 Cable Line이 존재한다는 사실을 알 수 있습니다([그림 23-11]). 전력선인 경우, 실제 Voltage 수치 또는 Low Voltage라는 표시를, 그리고 통신선 여부 및 높이를 표시하였습니다. 다만, Clearance를 표시하지 않아서 이 상태로는 트레일러 포함 통과 허용높이를 알 수 없습니다. 그러므로 Map상에 Cable Line을 표시할 때는 정확한 의사결정을 위해 Clearance를 병기하고 전력차단 없이 통과 가능한 높이를 표시하는 것이 바람직합니다.

[그림 23-12]는 여러 지역에서의 Cable Line 통과 사례들입니다. Basket에 작업자가 올라탄 상태로

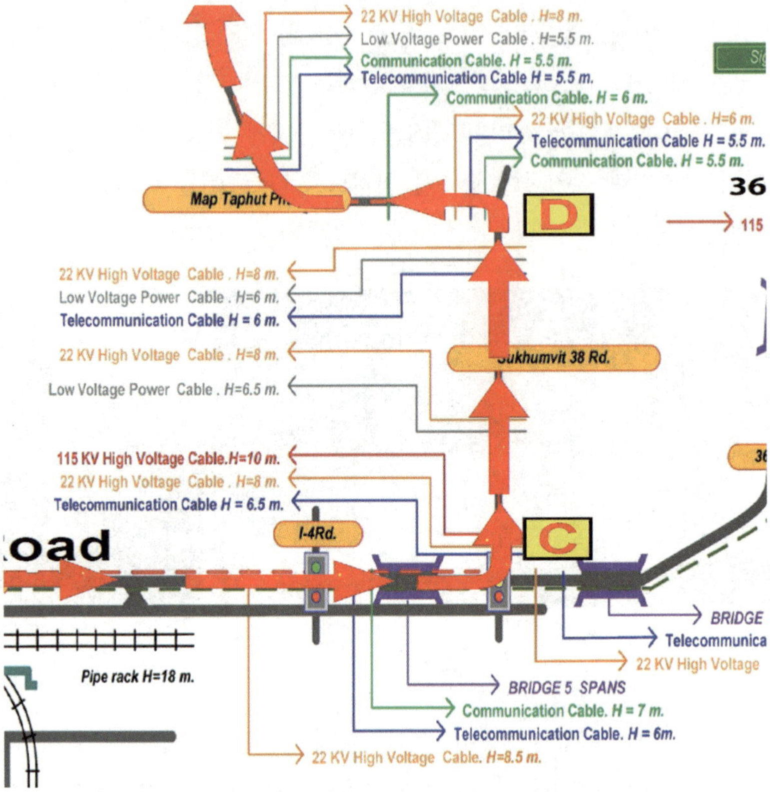

[그림 23-11] Route Map 사례

[그림 23-12] Cable Line 통과 사례들

전선 가까이 접근하거나 만질 수 있다는 것은 통신선이거나, 전력을 차단한 상태임을 의미합니다. 통신선의 경우에는 단순히 들어올리는 것만으로도 극복할 수 있습니다. Lifting 길이에 제약이 있는 경우에는 양 측면 전봇대로부터 전선을 분리시켜 충분한 길이를 확보한 후에 Lifting 하여 통과할 수 있습니다. 따라서 어떤 방식으로 화물을 통과시킬지를 사전에 면밀히 검토해야 합니다. 그리고 그에 따른 장비와 인력을 제때에 준비하고 관할 관청 또는 전력 수요처의 협조가 적기에 이뤄질 수 있도록 관리해야 합니다.

[그림 23-13]은 화물 위에 두 가닥 또는 세 가닥의 Protector를 설치하여 Cleat이나 Nozzle 등과 간섭 없이 자연스럽게 Cable Line 아래를 지나치도록 한 사례들입니다. 주로 Clearance와 무관한 통신선 밑을

통과할 때 활용하는 방법입니다. 이러한 준비가 없는 상태에서는 Manlift나 장대를 이용하여 트레일러가 통과하는 동안 통신선을 치켜들고 있어야 할 것입니다.

[그림 23-13] Cable Line 극복 조치

일반적으로 고압전력선은 수요가 많아 Shut-down이 쉽지 않습니다. 철탑으로 가까워질수록 전선의 높이가 높아지므로 만약 Shut-down이 불가하다면, [그림 23-14] (a)와 같은 형태의 Bypass를 건설하여 통과할 수 있습니다. 칠레 Project 수행시 이 같이 Bypass를 건설한 사례가 있습니다. 그러나 철탑 근처에서도 Clearance에 문제가 된다면, 지면을 파내려가서 Bypass를 건설해야 할 것입니다.

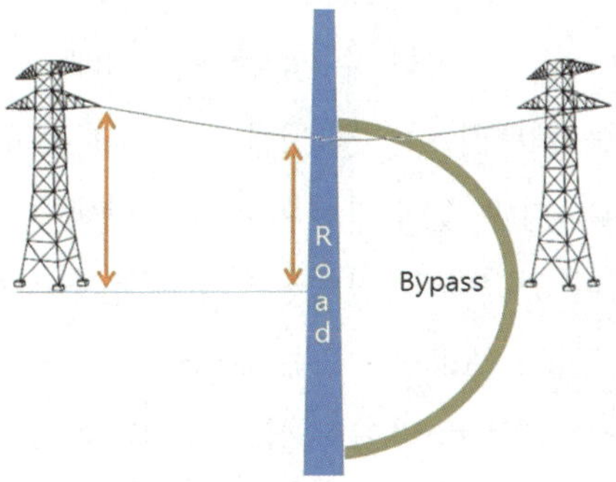

(a) Cable Line 우회로 개설

(b) 접촉 사고

[그림 23-14]

[그림 23-14] (b)의 사례는 나뭇가지들이 부러져 있고 가로등의 Pole이 휘어있습니다. Column의 운송 과정에서 벌어진 일입니다. Route Survey를 철저히 실시한다고 해도 이러한 상황이 발생할 가능성이 있습니다. 따라서 조금이라도 미심쩍은 장애물은 미리 조치를 취해두는 것이 바람직합니다. 가로등 정도는 사전에 제거가 가능할 수 있었으나 Damage가 발생한 것은 아쉬운 부분입니다.

가로수에 대해서는 발본 및 재식목 절차를 확인해야 합니다. 중동지역과 같이 비가 잘 내리지 않는 국가에서는 나무 한 그루 한 그루가 귀한 대접을 받습니다. 이러한 훼손 사례 발생시 벌금이 부과되기도 합니다. 다음 [그림 23-15] (a)의 사례는 트레일러의 도착시점에 맞춰 가로등을 제거하는 모습입니다. 하지만, 수목은 그 자리에서 바로 제거할 수 있는 장애물이 아니므로, 철저한 사전대비가 필요합니다.

Bypass를 이용할 수 없다면 [그림 23-15] (b)와 같이 장애물 아래의 도로를 파내려가는 방법으로 장애물을 극복할 수 있습니다. 이 또한 관계기관의 사전 승인이 필요합니다. 관계기관이 쉽게 허용하는 통상

(a) 가로등 제거 (b) Overbridge 극복 (c) Pipe Rack (d) Pipe Rack 극복

[그림 23-15]

적인 방법이 아니기 때문에 부대장비 사용 검토가 선행되어야 합니다.

Revamping Project에서는 중량물 운송에 있어서 현장 내 기존 시설물들과의 간섭 문제가 골칫거리가 될 수 있습니다. Pipe Rack이 걸림돌이 된다면, 일차적으로는 운송높이를 낮출 수 있는 장비 사용을 검토할 수 있고, 이들 장비를 사용할 수 없거나, 사용한다 해도 극복이 불가하다면, Pipe Rack 아래의 지면을 파내려가서 추가적으로 고도를 확보할 수 있습니다.

Underground Pipe, Cable 등이 매설되어 있다면 이 또한 운송높이를 낮추는 데는 한계가 있습니다. 이런 경우, 화물 중량과 Outreach를 고려할 때, 고가의 크레인 사용료가 발생할 것입니다. 더욱이 Crane Positioning이 마땅치 않다면 크레인을 이용한 극복 방안도 불가할 수 있습니다. 이때 크레인 대안으로 Hydraulic Gantry(Strand Jack 장착)와 Skidding 방식을 채택할 수 있습니다. Crawler Crane처럼 장비가 육중하지도 않고, 조립시간도 상대적으로 짧은 편입니다. 다만 장비 가용여부를 확인해야 합니다.

철로는 주변 대지보다 지대가 높게 형성되는 특징이 있습니다. 물빠짐에 유리하여 지반이 물러지는 것을 방지할 수 있습니다. 따라서 Drop Deck Spacer, Tower Adapter 또는 Girder Frame을 사용하여 운송하는 경우에는 철길 건널목 통과시 철로의 언덕 경사도를 반영하여 지상으로부터 이격되는 높이를 미리 조정해야 합니다. 철길 건널목 사고는 그야말로 대형사고가 불가피하기 때문에 단숨에 통과하는 것이 상책입니다.

[그림 23-16] (a)의 운송사례는 건널목에서 상당히 긴 시간을 지체하였습니다. 원인은 Drop Deck 높이를 미리 조정하지 않았기 때문입니다. 한번 지면과의 접촉이 발생한 후에 높이를 조정하고 출발하였으나

(a) 철길 노면 접촉 (b) Girder Frame 높이 조절 (c) 철길 건널목 사고

[그림 23-16]

다시 한번 접촉하는 일이 벌어졌습니다.

[그림 23-17]에서 보시는 바와 같이 전방 트레일러가 철길 경사면을 벗어났을 때가 Girder Frame 또는 Drop Deck 하부와 지면과의 간격이 가장 좁혀지는 시점입니다. 이를 감안하지 않은 것입니다.

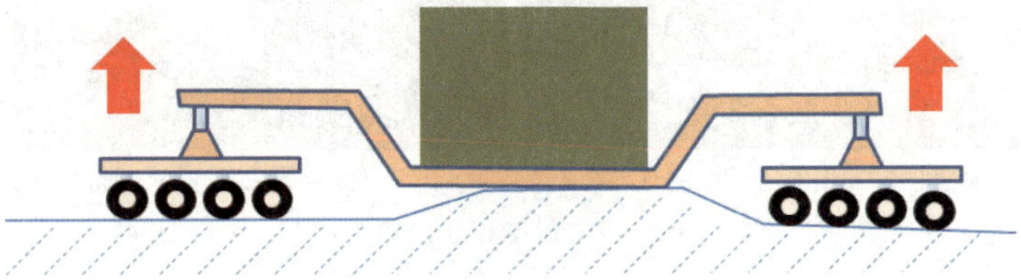

[그림 23-17] 트레일러 높이 조절 기준

[그림 23-18] (a)에서 차체의 노후화 정도는 논외로 하더라도 타이어가 상당히 낡아 보입니다. 포장도로를 달리는데도 펑크가 났습니다. 실제 낡은 장비로 운송하다가 타이어 교체나 Primemover, PPU, 트레일러 수리를 위해 운송 도중에 시간을 허비한 사례가 있습니다. 중앙아시아 Project에서는 트레일러 축이 주저앉은 사례도 있습니다. Primemover가 아예 못 쓸 정도로 망가져서 후속 일정에 차질이 발생한 사례도 있고, Pulling Device가 부러진 사례, Axle이 망가진 사례 등, 많은 고장 사례들이 있습니다. 따라서 장비의 노후화로 인한 사고를 예방하기 위해 연식기준을 마련하여 운송사와의 계약서에 명기하는 것이 바람직합니다.

(a) 타이어 펑크

(b) 중장비 동원 견인

[그림 23-18]

[그림 23-18] (b)의 노면상태는 트레일러를 움직이기에 적합하지 않습니다. 트레일러 자체적으로는 이동이 불가하여 Payloader에 의해 견인되는 모습입니다. 이는 우천의 영향입니다.

일반적으로 중동지역에는 비가 내리지 않는다는 선입견이 있습니다. 하지만 대략 11월부터 2월까지는 이 지역에도 비가 내립니다. 해마다 편차가 있기는 하나, 장대비가 내리기도 하고, 일주일에 두 세번씩 내리는 경우도 있습니다.

중동지역의 현장은 배수시설을 갖추지 않는 경향이 있습니다. 이 때문에 한번 큰 비가 내리면 며칠 동안은 운송이 중단되는 일이 발생하기도 합니다. 노면이 안정화되기 전에는 현장 하역이 불가능하기

(a) 사우디, 장대비가 내리는 날 (b) 우천으로 인한 현장진입 불가

[그림 23-19]

때문입니다.

모 회사의 잘 나가던 현장이 안타깝게도 한 순간에 망가진 사례가 있습니다. 우기에 대비하지 못하여 야적한 기자재들이 침수되는 사고가 발생한 것입니다. 타 지역에서 필자가 수행한 Project에서도 우기 동안 보관 소홀로 Box 포장에서 녹물이 새어 나오는 것을 경험한 바 있습니다. 우기에 대비한 기자재 운송 계획 수립도 중요하고 우기에 대비한 보관관리 또한 중요한 사안이라고 할 수 있습니다.

이 장에서 언급한 사례들만 살펴봐도 물류가 누구나 쉽게 수행할 수 있는 업무가 아님을 알 수 있습니다. 필자가 강조하고자 하는 바는 야기될 수 있는 문제점들을 예측하여 선제적으로 대처하라는 것입니다. 물류부서가 사는 길은 선행관리밖에 없습니다. 다양한 경험을 쌓고 Offshore와 Onshore 업무를 섭렵하여 후배 물류인들 모두가 명실공히 전문가의 반열에 오를 수 있기를 바랍니다.

24. 소통의 효율화

우리가 매일같이 바쁠 수밖에 없는 이유를 곰곰이 생각해 보면, 전화든, 이메일이든, 미팅이든, 업무교신과 회의에 너무 많은 시간을 할애하고 있다는 데에도 원인이 있습니다. 따라서 어떻게 하면 효율적인 교신을 통해 비생산적인 요소들을 줄일 수 있을지 고민해볼 필요가 있습니다. 전화나 이메일 소통이 원활하게 진행된다면, 미팅 시간을 대폭 단축시키거나, 미팅의 필요성 자체를 원천적으로 배제할 수 있습니다.

미팅에 참석했다가 물류 관련 안건이 없어서 시간을 허비하고 돌아온 경우가 적지 않습니다. 무엇을 위한 미팅인지 그 목적과 안건을 명확히 공지하고 그에 해당되는 인원만 참석하여 신속하게 취지에 맞는 결론을 도출해내는 것이 최선입니다. 아울러 직원들의 소중한 시간을 앗아가지 않도록 미팅 주관자의 의식 변화도 중요한 부분이라고 할 수 있습니다.

명확한 소통 지향

우리는 처음부터 명확한 소통을 지향하는 습관을 들여야 합니다. 이는 질의와 응답의 교신 횟수를 경감시켜줍니다. 예를 들어보겠습니다.

컨테이너 화물이 해외 환적항에 발이 묶여 있습니다. 그에 따라 물류 담당자가 계약사인 Forwarder에게 다음의 내용으로 이메일을 발송합니다. 그리고 이어지는 교신은 이메일의 내용을 요약한 것으로 간주하시기 바랍니다.

EPC : A항에서 환적이 지연되고 있는 원인과 당사 화물의 조기 환적 대책을 강구하여 답변 주시기 바랍니다.

지극히 원론적이고 일반적인 질문입니다. 이렇게 되면 Forwarder는 어느 범위까지 조사해서 답변을 해야 할지 애매합니다. 어쨌든 이메일 답신을 발송합니다.

Forwarder : 언제까지 조사해서 보고를 올리면 되는지 확인 부탁드립니다.
E : 사안의 중요성을 감안하여 최대한 빠른 답변과 빠른 수습을 부탁드립니다.
F : 상황 인지하였으며, 최대한 신속하게 답변을 드리도록 하겠습니다.

이후 3일이 지날 때까지 아직 Forwarder로부터 답신이 없습니다.

E : 표제 및 하기의 문의 건에 대한 진행상황을 확인 부탁드립니다.
F : 지난 며칠동안 000국가가 공휴일인 관계로 다소 시간이 걸릴 것으로 예상됩니다. 최대한 서둘러서 현황과 환적 가능 시점을 확인하여 알려드리도록 하겠습니다.
E : zz일까지 현장에 화물입고가 안 되면 당사 물류팀에 곤란한 상황이 초래될 수 있습니다. 이 점 감안하시어 빠른 대응 부탁드립니다.
F : 잘 알겠습니다. yy일까지 확인하여 회신드리도록 하겠습니다.
E : yy일은 너무 늦습니다. xx일까지 확인 부탁드립니다.
F : xx일까지 꼭 확인해서 회신드리도록 하겠습니다.

xx일이 도래하자 이메일 교신이 이어집니다.

F : 현재 환적항 CY의 보수공사로 인해 해당 CY의 일정구역을 사용할 수 없는 관계로 터미널 측에서 약 5km 거리의 사설 야적장을 임대하여 임시로 사용하고 있습니다. 이 때문에 사설 야적장과 터미널을 오가는 운송장비의 회전율이 저하되어 컨테이너 적체가 발생하고 있고, 선적과 하역에도 많은 시간이 소요됨에 따라 선박의 Congestion 현상도 가중되고 있는 상황입니다. 환적 대기중인 귀사 화물의 예상 환적 시점은 다음과 같습니다.
1번 항차 : ~~일
2번 항차 : ~~일
3번 항차 : ~~일

폐사는 신속한 환적이 이뤄질 수 있도록 지속적으로 현지 파트너사와 대책을 강구해나가도록 하겠습니다.

E : CY 공사완료 예상일, 현재 Port에 환적 대기중인 컨테이너 수량, 1일 환적 수량을 확인하여 주시고 환적일을 당길 수 있는 방안을 검토해주시기 바랍니다. 그리고 4번 항차에 대한 정보도 부탁드립니다.
F : 요청하신 사항, 조사하여 회신 드리겠습니다. 4번 항차는 ww일 환적항에 도착한 관계로 현재 하역 대기중에 있습니다.

두루뭉술한 질의로 인해 질의자를 만족시킬 수 없는 답변이 계속해서 이메일 교신으로 이어집니다. Forwarder의 현지 파트너사가 조사에 착수하기도 전에 이미 몇 번의 이메일 교신이 발생했는지 따져보십시오.

첫째는 물류 담당자의 정확한 지침 부재의 문제를 거론할 수 있습니다. 추가적인 질의 응답이 연이어 발생하지 않도록 처음부터 알고자 하는 정보에 대해 명확하게 적시하는 것이 바람직합니다. 이를테면 이러한 내용이 첫 이메일 질의에 포함되어야 했습니다.

- 환적이 지연되고 있는 근본 원인과 정상화 예상 시점
- 현재 Port에 환적 대기중인 컨테이너 수량
- 1일 평균, 환적용 컨테이너 유입 수량과 환적 유출 수량
- Feeder선 운영 주기

- 미 도착 항차 포함, 각 항차별 예상 환적시점 및 목적항 도착시점
- 환적을 앞당길 수 있는 방안
- 이메일 답변시한 0000일까지

우문은 우답을 불러옵니다. 그리고 M/H 낭비를 초래합니다. 우문에는 Forwarder 또한 어수룩하게 대처할 가능성이 높습니다. 설령 그렇다 하더라도 Forwarder측의 안이한 대응을 두번째 문제로 꼽을 수 있습니다. 고객사의 물류 담당자가 궁금하게 생각할 수 있는 사항, 미처 생각이 미치지 못했을 것 같은 사항들까지도 일목요연하게 정리하고, 그 부분을 조사하여 일자를 정해 통보하겠다고 하면 그나마 교신이 매끄러워집니다. 양자 모두 역지사지(易地思之)의 업무태도가 필요합니다.

물류 담당자는 협력사의 담당자가 어떻게 하면 보다 신속하게 업무를 처리할 수 있을지를 고민해야 합니다. 그리고 불필요하게 소요되는 시간이 있다면 이 부분을 해소해줘야 합니다.

Route Survey나 국가조사와 같은 자료를 요청하는 경우에는 조사항목을 영문으로 작성하여 제시하는 것이 바람직합니다. 사안에 따라서는 작성 양식까지도 함께 제공할 필요가 있습니다. 협력사 또한 해외 파트너사를 통해 자료를 입수해야 하는 만큼, 이들이 파트너사에 자료를 요청할 때, 영문 번역이 필요합니다. 그 과정에서 자칫 물류 담당자의 요청사항이 잘못 전달될 수 있습니다. 처음부터 영문으로, 그리고 원하는 양식을 제시하면 보다 충실한 자료를 확보할 수 있는 시점을 앞당길 수 있습니다.

다른 예를 들어보겠습니다. 화물에 Damage가 발생하여 현장으로부터 Damage 사진을 접수합니다. 3개의 사진이 이메일에 첨부됩니다. 이들이 모두 카메라에 저장될 때의 일련번호로 사진 제목이 부여되어 있다고 가정해 보겠습니다. 실제 현업에서 비일비재하게 발생하는 일입니다. 이런 경우에는 아래와 같이 파일제목을 변경하여 협력사에 송부하시기 바랍니다. 그리고 보다 유용한 정보가 있다면 파일제목에 추가하면 됩니다.

- 01_ABC_11-V01_HP Steam Drum_Nozzle Damage_2030.11.24.JPG
- 02_ABC_11-V01_HP Steam Drum_Shell Scratch_2030.11.24.JPG
- 03_ABC_11-V01_HP Steam Drum_Shipping Mark_2030.11.24.JPG
  - ABC: Project 명
  - 11-V01: Item No.

중요도에 따라서 01번부터 순차적으로 배치하고, 사진의 내용을 파일 제목에 담습니다. 이렇게 조치하면 설령 PC에 저장하는 과정에서 엉뚱한 폴더에 보관되더라도 검색이 용이합니다. 그리고 추후에 파일 제목만 살펴도 원하는 파일을 쉽게 찾을 수 있습니다. 만약 이 같은 과정없이 그대로 일련번호로 저장해 버리면, 원하는 사진을 찾고자 할 때 해당 폴더에서 큰 이미지 파일로 검색하거나, 여러 파일들을 열어서

일일이 들여다 봐야 합니다.

더불어 "첨부의 사진을 확인해주세요."라고만 적지 마시고, 사진들을 첨부하되, 사진이 몇 장에 불과한 경우에는 이메일 본문에도 사진을 실어 이메일을 송부하시기 바랍니다. 그러면 굳이 첨부파일을 열어보지 않고도 문제의 상황을 신속하게 인지할 수 있습니다.

[그림 24-1] 바람직하지 않은 첨부파일명 사례

일을 잘 하는 협력사 직원이라면 [그림 24-1]의 사례와 같은 첨부파일의 파일명을 사진 내용에 맞게 변경하여 본인 PC에 저장할 것입니다. 결국 소소하나마 협력사 직원의 시간을 앗아가는 일이 됩니다. 이메일 수신자가 12명이 존재하고 모두가 이 같이 조치한다면, 본인 한 사람이 5분만 투입하면 될 일을 전체적으로 60분이라는 시간 손실을 초래하게 됩니다.

협력사의 담당자 또한 다수의 Project를 수행할 수 있습니다. 그러므로 쉽게 구분이 가능하도록 파일명에 Project 약어를 담는 것도 권장할 만한 일입니다.

PDF 파일을 수신할 때, 가로 방향으로 읽어야 하는 페이지가 새로 방향으로 놓인 형태들을 접하게 됩니다. 이때도 90도 방향을 전환하여 본인 PC에 저장한 후에 PDF 파일을 송부하시기 바랍니다. PDF 파일을 어찌해야 할지 조작이 서툰 사람이 있을 수 있고, 모든 수신자가 방향을 전환하여 그렇게 저장하는 것 또한 이메일 수신자의 시간을 앗아가는 일이 됩니다.

간단한 사례를 언급했지만, 그 밖에도 비효율적인 관행이 그대로 답습되고 있지는 않은지 살펴보시기 바랍니다. 필자가 IPO장으로 재직중일 때 직원들을 환기시키기 위해 사무실 칠판에 항상 유지했던 문구가 있습니다.

"My vendor's performance is always my performance!"(협력사의 성과가 곧 나의 성과입니다.)

따라서 어떻게 하면 협력사들이 신속하게 보다 많은 성과를 달성할 수 있을지를 살펴야 합니다. 그 것이 곧 시간을 효율적으로 사용하면서 물류 담당자의 성과를 배가시키는 길이 될 것입니다.

당시 30명의 IPO 소속 외국인 직원들을 대상으로 실시한 실험이 있습니다. 필자는 9개의 파일에 일련번호를 부여하였습니다. 그리고 성격이 유사한 3개의 파일을 각각 zip파일로 압축했습니다. 이 역시 일련번호를 부여했습니다. 이렇게 만들어진 3개의 zip파일을 다음의 지시사항과 함께 직원들에게 전송했습니다.

- 내려받기 후, 압축을 해제하고 본인 PC에 3개의 폴더를 생성하여 저장할 것
- 이에 해당하는 최적의 폴더명을 부여할 것
- 각 파일에 대해서도 파일의 성격에 맞게 파일명을 부여할 것
- 이메일을 개봉한 시점부터 최종 완료시점까지 소요된 시간을 확인할 것

실험결과는 실로 놀라운 것이었습니다. 짧게는 15분, 길게는 40분이 소요되었습니다. 평균적으로 소요된 시간은 25분 정도였습니다. 따라서 단순히 파일을 내려받기 하고 적합한 이름으로 저장하는 데만 750분 즉, 12시간 30분의 시간이 소요되었습니다. 소중한 시간이 무의미하게 소진된 것입니다. 직원들도 결과에 대해 'Surprise'하다는 반응을 보였습니다. 이 실험을 마치고 직원들에게 다음과 같이 얘기했습니다.

> "여러분들이 본사에서 받은 파일을 그대로 Vendor에게 전송하면 이처럼 Vendor의 소중한 시간을 앗아가는 결과를 초래하게 됩니다. 이 때문에 Vendor의 답변시점이 지연될 수 있습니다. 이제부터는 단순 메신저 역할에서 벗어나 파일명 하나에도 본인의 가치를 담아서 전송하기 바랍니다."

습관적으로 zip파일로 압축하여 송부하는 분들이 계십니다. 수신자가 압축을 해제하는 것도 시간을 좀먹는 일입니다. 이메일 용량을 과도하게 차지하지 않는 이상, 압축파일로 전송하는 것은 바람직하지 않습니다. 대신에 파일명에 많은 정보를 담아서 송부하면 여러 사람이 편해집니다. 그 만큼 대응시간도 빨라집니다.

아무런 문제의식 없이 선대로부터 답습해온 업무습관이 협력사의 소중한 시간을 앗아가고 있다는 사실을 인식하시기 바랍니다. 협력사가 제때에 응대할 수 없다면 결국 이는 물류부서의 손실입니다. 다시 한 번 강조하면, 협력사가 신속하게 업무를 처리할 수 있도록 보다 효율적인 방법으로 소통하시기 바랍니다.

>>> 이메일 작성의 Tip

원활한 소통을 위한 이메일 작성의 몇 가지 팁을 소개하고자 합니다.

① 쉽게 인지가 가능한 이메일 제목 부여

견적을 요청하는 경우, [그림 24-2]의 예시와 같이 Project 약칭+'RFQ'+Material Name+Vendor Name+BCD의 형식으로 제목을 부여하면, 제목만 봐도 메일내용의 유추가 가능하고 추후 해당 이메일을 다시 열어보지 않더라도 BCD(Bid Closing Date)를 통해서 견적마감일을 인지할 수 있습니다. 이메일

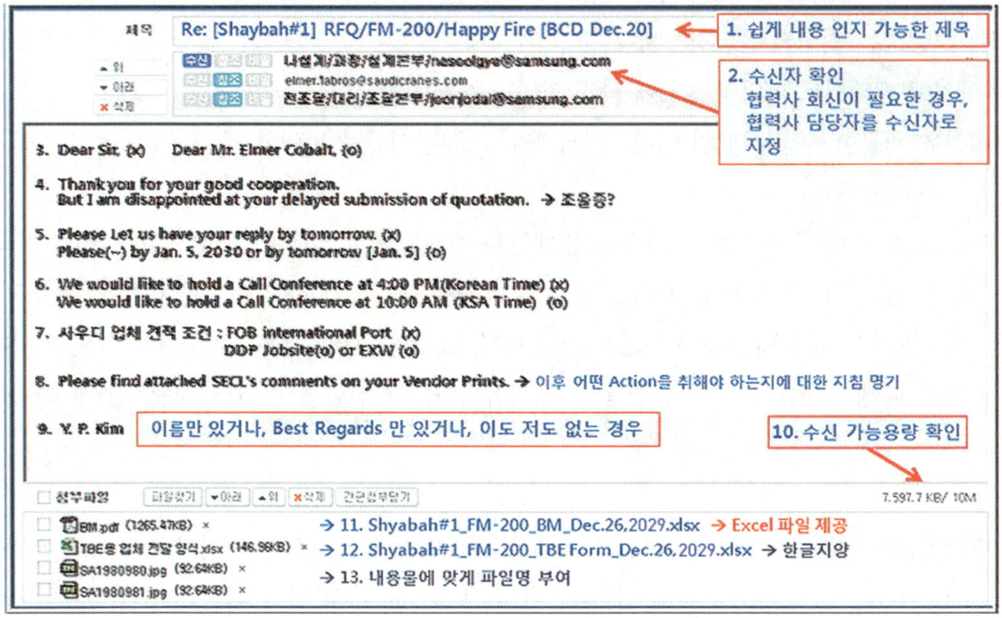

[그림 24-2] 이메일 작성시 주의해야 할 사항들

제목에 견적마감일이 명기되지 않은 상태에서 만약 협력사의 담당자가 견적마감일을 별도로 메모해 두지 않고, 나중에 업무를 처리하겠다고 마음 먹는다면, 추후 견적마감일을 상기하기 위해서는 해당 메일을 검색하여 개봉한 후, 본문의 내용에서 견적마감일자를 찾아봐야 할 것입니다. 따라서 이메일 제목에 BCD를 명기하는 것은 본인은 물론 협력사의 담당자에게도 유용하게 활용될 수 있습니다.

이메일 제목을 "Inquiry", "Item List", "TBE", "Vendor Print", "IRC", "Delivery Note", "Packing List", "Shipping Notice" 등등, 이와 같이 단순하게 부여해버리면, 해당 이메일을 개봉하기 전에는 어느 Project의 어느 RFQ 또는 P/O(Purchase Order)와 관련된 내용인지 알 수 없고, 후속 대응에도 시간이 더 소요될 수밖에 없습니다. 이런 경우, 비록 선행공정에서 제목을 부실하게 부여했다 하더라도, 이메일 내용에 맞게 제목을 변경한 후에 답신을 송부할 필요가 있습니다.

[SHAYBAH#1 INLET & GAS TREATEMENT PROJECT] REQUEST FOR QUOTATION / CARBON STEEL SEAMLESS PIPES ~

→ [Shaybah#1] RFQ/CS SMLS Pipe/ABC Pipe[BCD Dec.20]

이메일 제목에 대문자를 늘어놓는 것은 바람직하지 않습니다. 제목이 길어질 뿐만 아니라, 읽기에도 불편합니다. 대소문자를 혼용하되, Full Description 대신, 범용적인 용어는 약어를 사용하여 표시함으로써 깔끔하면서도 보다 많은 유용한 정보를 제목에 담을 수 있습니다.

앞서 언급한 바와 같이 협력사의 담당자 역시 다수의 Project를 수행하고 있다는 사실을 기억하시기 바랍니다. 다시 말해, 협력사의 담당자가 타사의 이메일보다 당사의 이메일을 좀 더 쉽게 인지하고, 보다 신속하게 대응할 수 있도록 여건을 마련해 주는 것이 무엇보다도 중요하다는 것입니다. 우리의 요청사항에 대해 협력사 직원의 시간투입과 비용발생을 최소화하도록 하는 것이 결국은 당사의 조달 경쟁력을 끌어올리는 결과를 가져오게 됩니다. 이것이 바로 이메일 제목에서부터 시작됩니다.

IPO 재직시절 필자는 이메일 제목만 봐도 내용 인지가 가능하도록, 가능한 한 많은 정보를 제목에 담을 것을 직원들에게 주문한 바 있습니다. 간단한 예로, 사우디에서 한국으로 휴가를 가기 위해 항공권을 예약합니다. 항공권을 예약하는 부서는 따로 있습니다. 보통은 이런 식으로 요청할 것입니다.

이메일 제목 : Request for Flight Booking
반면에 필자는 이메일 제목을 아래와 같은 형식으로 작성했습니다.
Gildong Hong/Jan.10 Bahrain→Incheon, Jan.21 Incheon→Bahrain/Flights Booking Plz

물론 이메일 본문에도 같은 내용을 적습니다만, 이와 같이 제목을 부여하면 항공권 예약 담당자가 이메일을 재차 열어보지 않더라도 제목만 보면 자신이 해야 할 일을 바로 인지할 수 있게 됩니다. 차량 또는 호텔예약을 요청하는 경우에도 필자는 같은 방식으로 적용하였습니다.

[SHB1-KC-045] SN / Fire Alarm System (ETA: Jul.11, DMM)

위 이메일 제목은 Shipping Notice의 예시입니다. 제목만으로도 많은 정보를 알 수 있습니다. 즉, Shaybah Package #1, Inlet & Gas Treatment Project, 한국발 컨테이너 선적 45번째 항차의 Shipping Notice로서, 어떤 제품이 언제, 어느 항구에 도착할 계획인지를 알려줍니다. 예전에는 제품명이나, ETA, 도착항구명을 표시하지 않았으나, 이와 같이 표시함으로써, 현장의 자재담당자와 통관 담당자가 제목만으로도 중요한 정보를 확인할 수 있도록 하였습니다.

수발신이 지속되다 보면, Re, Re, Fw, Re, Re, Fw, Fw, Re~와 같은 형태의 재발신 약어들이 계속해서 달라붙으면서 정작 이메일 제목은 기업의 자체 이메일 시스템에서 제목란의 화면을 넓히지 않으면 보이지 않는 경우가 있습니다. 이때는 'Re' 하나만 남기고 재발신 약어들을 과감히 삭제하여 답신해도 됩니다. 재발신 회수가 중요한 것이 아니라 메일의 제목을 인지하는 것이 본질적인 사항이기 때문입니다.

② 이메일 발송 전, 올바른 수신자 지정 확인

a) 전조달 대리가 협력사에 자료 요청
수신 : 협력사 직원

참조 : 사업, 설계, PRM 등

b) 이후 나설계 과장이 전조달 대리에게 협력사가 제공해야 할 추가자료 요청

수신 : 전조달 대리

참조 : 기타

c) 전조달 대리가 협력사에 추가자료 요청

수신 : 나설계 과장?

참조 : 기타

c)의 경우, 전조달 대리가 수신자를 협력사 직원으로 변경하지 않고 b)의 메일에 이어서 그대로 협력사에 메일을 발송해버린다면, 당사의 나설계 과장이 이메일주소상의 수신자가 되고 협력사 직원은 참조인으로 남게 됩니다. 결과적으로 수신자와 메일의 내용이 일치하지 않게 됩니다. 무심코 이메일을 발송하다 보면 이러한 경우가 종종 발생합니다. 따라서 이메일을 발송하기 전에 항시 수신자가 바르게 지정되어 있는지 확인하는 습관을 들여야 합니다.

③ 본문에 정확한 수신인 명기

이메일 본문에 정확한 수신자를 명기하지 않고 단순히 'Dear Sir'라고만 호칭하는 것은 바람직하지 않습니다. 만약, 실수로 협력사의 담당자가 참조인으로 지정된 상태에서 이메일 본문에 수신자를 명시하지 않으면, 협력사의 담당자는 중요성이 덜하거나 자신과는 무관한 것으로 여길 수 있습니다. 이 때문에 메일을 읽지 않은 채 건너뛰거나 또는 수신인으로 지정된 메일을 모두 읽은 후에 참조인으로 지정된 메일을 읽는 경우가 있을 것입니다. 그 만큼 협력사의 대응이 지연될 여지가 있습니다. 더욱이 재확인 메일을 송부하지 않는 한, 참조로 접수된 메일은 그대로 사장될 가능성도 있습니다.

이러한 이유 때문에도 수신처에 올바른 이메일주소 지정은 물론, 메일 본문에도 수신자를 정확히 명기하는 것이 바람직합니다. 목격자가 많을수록 어려움에 처한 사람을 도와주려는 경향이 약해지는 방관자효과(Bystander Effect or Genovese Syndrome)와도 일맥상통하는 부분입니다. 즉, 특정인을 지칭하여 도움을 청할 때, 도움을 받을 확률이 높다는 것입니다. 불특정 다수의 'Dear Sir(s)'보다는 'Dear Mr. Hamid'처럼 수신인을 정확히 지칭하는 경우, 비록 이메일 주소상의 수신인 지정이 잘못되었다 하더라도, 보다 빠른 Action을 이끌어낼 가능성이 높아집니다.

④ 메일은 흐름을 탈 필요가 있음

Good Cooperation에 감사하다 해놓고 갑자기 실망했다는 표현을 쓰는 건 난데없이 뒤통수를 치는 격입니다. 따라서 다른 화제를 좀 더 이어간 후에 실망의 메시지를 전달하는 것이 바람직합니다.

⑤ 정확한 날짜 명기

인터넷 Infra가 열악한 지역의 경우, 뒤늦게 메일이 전송되는 경우가 있습니다. 또한 해외 교신시에는 한국과의 시차문제도 고려해야 합니다. 실제로 날짜를 명기하지 않고, 내일 트레일러를 준비하라고 통보했다가 이메일 접수가 그 다음날 이루어진(시스템상의 문제로) 탓에 하루 늦게 트레일러를 대기시킨 사례가 있었습니다.

메일 수신자는 시스템이 알려주는 접수한 일자 기준으로 내일, 또는 몹시 바빠서 다음 날에야 이메일을 개봉하는 경우, 착오에 의해 개봉일 기준으로 내일이라는 시점을 인식할 수 있습니다. 따라서 논쟁의 소지를 원천적으로 없애고 정확한 의사전달이 이뤄질 수 있도록 날짜를 부기하는 습관을 들여야 합니다. 마찬가지로 한글 이메일 작성시에도 금일(7/22)은~ 명일(7/23)은~과 같이 날짜를 부기하는 것이 바람직합니다.

이를테면 사우디에서 오늘(7/22) 저녁 6시 30분에 한국의 본사로 Report를 송부하는 경우, 한국은 이미 그 다음날(7/23)이 되어버린 상태입니다. 따라서 이 경우 오해의 소지가 없도록 날짜를 부기하는 것이 중요합니다.

⑥ 현지 업체에는 현지시간을 함께 통보

Conference Call을 위해 한국시간으로 약속을 청하는 경우, 현지 시간을 물어오는 업체가 있습니다. 사소한 것 같지만, 불필요하게 이메일이 오가고, 또 그 메일에 포함되어 이를 읽어보는 많은 수신자들의 소중한 시간을 앗아가는 결과를 초래하게 됩니다. 이때는 현지시간을 부기하여 통보하시기 바랍니다. 협력사는 당사 뿐만 아니라 전세계에 고객사를 두고 있다는 점을 염두에 두고 상대방의 입장을 배려하여 메일을 작성하는 것이 바람직합니다.

아울러 KOM(Kick-off Meeting)이나 Nego. 미팅 등으로 해외 협력사 직원을 한국으로 초청할 경우, 단순히 장소와 시간만을 명기하는 수준에 그치지 말고, 약속장소의 위치지도를 첨부하되, 약속장소에 도달하는 방법 등을 이메일로 함께 안내하면 좋을 것입니다. 물론 방문경험이 있어서 쉽게 찾아올 수도 있겠지만, 이러한 부분이 배려로 인식되어 타사와는 차별화된 모습으로 비쳐질 수 있습니다.

⑦ 흠결없는 이메일 작성

해외 Project로 현지업체에 견적을 요청하면서 기존의 업무관행을 좇아 인도조건을 FOB International Port로 명기하는 것은 적절하지 않습니다. 그 외에도 다양한 흠결 사례들이 있습니다.

- RFQ 서류상에 필요한 항목들을 공란으로 방치
- 기존 문서 또는 다른 이메일의 내용을 차용하는 과정에서 수정절차 생략
- 파일제목 및 내용에 한글 문구 포함

- 관계없는 파일 첨부 또는 첨부파일 누락
- 영어 Spelling 오류
- 엉뚱한 이메일 주소에 메일 송부
- 내용이 불충분하여 추가 메일 송부

이와 같은 사례가 발생하지 않도록 이메일을 송부하기 전에 작성한 내용을 꼼꼼히 읽어보고, 첨부파일의 내용을 확인하여 이메일 작성의 정교함을 제고할 필요가 있습니다. 더욱이 협력사가 타 경쟁사와도 거래관계를 맺고 있을 수 있기 때문에 그들과 비교되어 회사의 이미지를 실추시키는 요인이 될 수 있다는 사실을 기억해야 합니다.

⑧ 아래 내용을 참조하라?

영어로 표현하면, Please refer to below information 정도인데, 참조를 국어사전에서 찾아보면 '더불어 살펴봄'입니다. 즉, 살펴볼 뿐이지 뭔가 Action을 취할 필요는 없는 것입니다. 상대방이 상응하는 조치를 취해줘야 함에도 불구하고, 습관적으로 '업무에 참조하여 주시기 바랍니다.'라고 메일을 쓰는 경향이 있습니다. 이럴 때는 '업무에 반영하여 주시기 바랍니다.' 영어로는 Please reflect the above on your~ 또는 Please do the needful accordingly. 정도로 표현하는 것이 바람직합니다.

Please find attached DPL's comments on your V/P.

예시의 내용 또한 중요한 사항입니다. 우리가 어떤 자료를 전달할 때는 상대방이 취해야 하는 후속 조치사항을 언급해야 합니다. 물론 관련된 업무절차에 익숙한 협력사 직원이라면 알아서 처리할 수도 있겠지만, 협력사 역시 신입사원이거나, 이 방면에서 업무를 처음 수행하는 직원일 수도 있다는 사실을 기억해야 합니다. 따라서 첨부물을 업무에 반영해달라는 메시지와 함께 상대방이 후속적으로 처리해줘야 하는 사항을 이메일 본문에 구체적으로 언급한다면, 그에게는 오히려 고마운 일이 될 수 있습니다.

⑨ 이메일 Ending

이름만 있거나, Best Regards만 있거나, 또는 둘 다 없는 그런 이메일을 접할 수 있습니다. 격식을 갖춰서 메일을 쓰고, 이메일 최하단부에 서명란이 불필요하게 계속 쌓이는 일이 없도록 주의가 필요합니다.

⑩ 메일 수신처의 첨부파일 수신 가능용량 확인

해외 근무시절 협력사들의 이메일 수신 가능용량을 조사한 경험이 있습니다. 다수의 협력사가 10Mb 이하의 수신용량을 채택하고 있었습니다. 따라서 파일 Size가 큰 이메일을 전송할 때는 협력사들의 이메일 수신 가능용량을 미리 확인해둘 필요가 있습니다. 그리하여 첨부파일 Size를 조정하거나, 파일을 분할하여 다수의 이메일로 송부하거나, 웹하드를 이용한 Link를 제공하고 Download 할 수 있도록 하는 방식의 다양한 전달방안을 모색해야 합니다.

⑪~⑬ 첨부파일

첨부파일의 파일명은 가능한 한 많은 정보를 담아서 송부하시기 바랍니다. 다만 해외 협력사를 위한 RFQ에 한글로 명기된 파일명을 송부하는 것은 예의에서 벗어나는 일입니다. 설령 선행부서에서 한글로 된 파일 또는 단순히 BM이라고만 명명된 파일을 접수했다 하더라도 Project 약칭, MR No. Item Description 등을 포함하여 이를 명확하고도 인지하기 쉽게 변경하여 송부하는 노력이 필요합니다. 더욱이 PDF 파일 대신 엑셀파일의 B/M을 제공하면 견적서 양식으로의 전환이 용이하고 곧바로 가격을 기입할 수 있기 때문에 견적 대응 속도가 빨라집니다.

파일 용량이 지나치게 커서 반드시 압축을 해야 할 필요성이 있는 경우를 제외하고 파일압축은 자제하시기 바랍니다. 수신자가 압축파일을 해제하여 저장하는 것도 소중한 시간을 좀먹는 일이 됩니다.

⑭ Reminder

상대방이 답신이 없다고 해서 제목에 'Reminder'를 붙이고 본문에는 추가내용 없이 빨건 글씨로 Reminder 1, Reminder 2~ 이런 식으로 메일을 송부하는 사례를 접할 수 있습니다. 하지만 이처럼 무례한 일도 없습니다. 우리에겐 역지사지의 자세가 필요합니다. 만약 협력사 직원으로부터 똑 같은 방식의 이메일을 접수한다고 하면 본인 또한 불쾌하게 여길 것이기 때문입니다. 더군다나, 많은 사람들이 해당 이메일에 수신처로 등록되어 있다면 수신자 입장에서는 반감이 더욱 커지게 될 것입니다. 정중하게, 격식을 갖춰 고객사에게 이메일을 쓰듯이, 협력사에게도 동일한 기준을 적용해야 하며, 고객사에 쓸 수 없는 형식의 이메일은 협력사에게도 써서는 안 됩니다.

이때는 Reminder 대신, 이전 메일에 우리의 절박한 사정을 추가하여 보내면 됩니다. 절대로 비난의 내용을 언급해서는 아니 되고, 오로지 우리의 절박한 상황만을 강조하면 됩니다.

협력사에게도 나름의 사정이 있기 마련입니다. 결코 무작정 손을 놓고 있는 건 아닐 것입니다. 다만, 우리가 원하는 일을 타사가 요청한 현안들보다 앞서 처리할 수 있도록 우선순위를 우리쪽으로 가져오는 것이 관건입니다.

필자는 단순 메신저 역할 대신, 어떻게 하면 이메일에 우리의 가치를 더 많이 담을 수 있을지를 고민하라고 주문하곤 합니다. 누구나 택할 수 있는 쉬운 길(단순히 Reminder 1, 2~로 명기하는 것)은 결코 우리를 가치있게 만들어 주지 못하고, 차별화되게 만들어 주지 못합니다. 남들이 하지 않는 나만의 가치를 보여줄 수 있는 길, 그 길로 가라고 얘기합니다. 그러면 협력사 직원에게도 통하게 되어 있습니다.

고객이 자신의 손길을 애타게 기다리고 있고, 어려움에 처해있다고 하소연하는데, 이를 아무렇지 않게 외면할 수 있는 협력사 직원은 그리 많지 않을 것입니다. 상대방의 마음을 움직이는 것은 우리의 정성이지 결코 강요나, 비난이 아니라는 사실을 깊이 인식하시기 바랍니다.

⑮ 행위영역에 입각한 이메일 작성

이를테면, 견적서를 제출하는 행위는 협력사의 업무영역에 속하고, 이를 접수하는 행위는 당사의 업무영역에 해당됩니다. 따라서 견적서를 접수하지 못함으로 인해 우리에게 이런 저런 문제가 있다는 것을 언급하는 것이 바람직합니다. 그런데, 보통은 약속을 해놓고 왜 제출을 하지 않느냐는 식으로 따지곤 합니다. 이는 상대방의 행위영역을 침범하는 처사입니다. 행위영역의 경계를 넘어선 지적은 간섭으로 비춰질 수 있고, 반발을 야기하는 것이 당연합니다. 왜냐하면, 상대방도 언제나 나름의 사정이 있기 때문입니다.

반면에 우리 영역내의 열악한 상황만을 언급하는 경우에는 반발을 살 이유가 전혀 없습니다. 오히려 상대방이 서둘러서 응대를 해야 한다는 심리를 더 강하게 자극하게 됩니다. 당사의 Receiving 행위가 지연됨에 따라 비용손실과 공기지연이 발생하게 됨을 강조하여 즉, 당사가 겪게 될 어려운 상황을 부각시켜서, 자연스럽게 협력을 유도하는 방식으로 소통해야 합니다. 더불어 사업주가 우려하고 있음을 언급하는 것도 보다 적극적인 협력을 유도하는 데 도움이 됩니다.

아래에 행위영역에 입각한 이메일 쓰기가 어떤 것인지 사례를 모아봤습니다.

I called you several times but you did not receive my call.
→ I tried to call you several times but I could not reach you.
[전화를 거는 건 나의 영역, 전화를 받는 건 상대방의 영역]

You did not attach WPS/PQR in your previous email.
→ I could not find WPS/PQR in your previous email.
[첨부 여부를 확인하는 건 나의 영역, 자료를 첨부하는 건 상대방의 영역]

You made mistake in describing Document No. and~
→ It was found that Document No. was wrongly mentioned in your Painting Procedure.

You should have submitted Inspection Application already but you did not send yet. I can not understand why you do not keep your promise.
→ Since we failed to receive your Inspection Application on time, I am afraid it will badly affect our construction schedule. Moreover, the owner side has started highlighting of this issue.

In this regard, I hope we can receive your Inspection Application by tomorrow[Jan.3] without fail.

Still, you did not send your catch-up plan. When will you send it? Don't break your commitment. I have never met this kind of poor performance. [최하수의 독촉 메일]

→ Once again, this is to inform you that we look forward to receipt of your delivery catch-up plan as agreed in the meeting at your office on 1st Jan., 2030.

I would like to understand your position. However, considering our subsequent construction damage which shall be caused by delayed arrival of your Forged Valves, please let us have your delivery catch-up plan by~.

⑯ 효율적인 이메일 소통

무엇인가를 요청할 때는 답신 기한을 명시하기 바랍니다. 의식이 있는 상대방이라면 분명 언제까지 회신을 주면 되는지 물어오게 될 것입니다. 이 또한 추가적인 교신을 야기합니다.

이메일을 접수하게 되면, 답변이 가능한 것은 곧바로 회신하고, 좀 더 시간이 필요한 경우에는 언제까지 회신하겠노라고 답장을 띄운 후에 달력 등에 메모해두거나, 포스트잇에 기재하여 모니터 앞에 붙여두면 시점을 실기하는 일이 현저히 줄어들 것입니다.

Due Date를 준수하는 일도 중요하지만, 요청내용을 인지했는지, 기한 내에 액션을 취할 것인지, 그리고 지속적으로 취하고 있는 것인지 이 사실을 인지하는 것 또한 이메일 발송자에게는 중요한 정보가 됩니다. 따라서 그들을 초조함으로 기다리게 해서는 곤란합니다. 메일을 개봉했다면 바로 답변을 송부하는 습관을 들이는 것이 비록 일면식이 없는 사람일지라도 좋은 인상, 늘 협조적이다는 인상, 나아가서 일을 잘 한다는 인상을 심어줄 수 있습니다. 만약 여러분이 이 같이 실행하고 있다면, 여러분을 향한 이메일 송부자들은 아마도 여러분의 열렬한 지지자가 되어 동네방네 소문을 내고 다닐 것입니다.

아울러 해당 안건 관련 이메일의 최종 송부자가 본인이 되어 소통을 종결하는 것이 바람직한 일입니다.

> "원하는 정보를 영어로 제출양식까지 작성하여 협력사에 요청해보세요. 그러면 누락되는 정보없이 한방에 우리가 원하는 것을 얻을 수도 있을 것입니다."

이는 사우디 IPO 재직시절 본사 직원들에게 안내했던 사항입니다. 한국 협력사 직원들은 우리의 요구사항을 다시금 영어로 번역할 필요도 없고, 지체없이 해외 파트너사에 필요한 정보를 요청할 수 있을 것입니다. 본인이 조금 더 수고스러움을 감수하는 것이 결국은 훨씬 빠르게 갈 수 있는 길입니다.

사우디 업체로부터 견적서를 받아달라며 한글로 이메일을 작성해오는 사례가 종종 있었습니다. 그러면 IPO는 매번 번역사가 되어야 합니다. 사우디 업체가 한국말을 못한다는 사실을 잘 알고 있으면서 왜 이렇게 요청해야 하는 걸까요? 이는 소통의 기술이 부족하거나, 상대방을 향한 배려의 마인드가 없거나, 평소에 그런 훈련이 안 되어 있기 때문입니다.

⑰ 정리

이메일과 우리의 업무수행은 불가분의 관계에 있습니다. 중요한 것은 협력사의 Performance가 결국 본인의 Performance와 무관하지 않다는 사실입니다. 따라서 비단 협력사 뿐만 아니라, 후행 공정에 계신 분들이 어떻게 하면 좀 더 쉽고 빠르게 업무를 처리할 수 있을지를 고민해볼 필요가 있습니다. 그 출발점이 바로 상대방에 대한 배려의 마음가짐입니다. 그리고 역지사지의 자세입니다.

더불어 메일을 쓸 때는 정중함을 잃지 말아야겠습니다. 말은 뱉으면 허공으로 사라지지만, 이메일은 영원히 글로 남게 됩니다. 정중하지 못한 이메일이 결국 여러분의 발목을 붙잡을 수도 있다는 사실을 기억해야 합니다.

필자에게는 아직도 풀리지 않는 의문이 있습니다. 부장급 직원들이나 임원들은 왜 이메일 본문 내용에 수신자도 없고, 발신자도 없고, 서명부분도 없이 그리고 최소한의 격식도 없이 단문장 형태로 이메일을 쓰는 걸까요? 이 분들이 실무자 시절에도 그랬을까요? 물론 고위직급에 계신 분들이 다 그런 건 아니지만, 참으로 이상하다는 생각이 듭니다. IPO 직원들에게 지시하곤 했던 사항이 있습니다.

> "타부서에 메일을 쓸 때는 우리 부서의 대표라는 생각으로, 타 회사에 메일을 쓸 때는 회사의 대표라는 생각으로, 그리고 나아가서 여러분의 국가, 믿는 종교, 민족의 대표라는 생각으로 이메일을 쓰시기 바랍니다. 그러다 보면, 실수는 적어지고 훗날 이메일 하나만으로도 존경받는 사람이 될 수 있을 것입니다."

필자는 다음과 같은 형식을 반영하여 이메일 본문을 작성할 것을 권합니다.

수신 : 김현장 부장님,
발신 : 최물류 과장

업무에 노고가 많으십니다.
xx Project 중량물 운송일정과 관련하여 아래와 같이 통보 드립니다.

1. ~~~
   1-1. ~~~
   1-2. ~~~
2. ~~~
3. ~~~

현장에서는 하역이 순조롭게 진행될 수 있도록 Stool과 철판을 준비해주시고 하역이 완료된 후에는 트레일러 해체를 위한 크레인 지원을 요청드립니다.

감사합니다.
최물류 드림

이때, 번호를 남발하는 것은 격식에 맞지 않습니다. 격이 어울리는 항목들에 대해서 번호를 부여하는 것이 바람직합니다. 격이 다른 경우에는 들여쓰기를 통해 다른 형태의 번호를 부여하시기 바랍니다.

1. 업무에 노고가 많으십니다.
2. xx Project 관련입니다.
3. 현재 Xylene Column의 통관일정이 지연되어~

......

7. 감사합니다.

실무에서 이와 같은 형식의 이메일을 접하는 경우가 있습니다. 번호를 부여한 것이 격이 맞지 않으므로 바람직하지 않은 이메일 작성방식이라고 할 수 있습니다.

혹자는 배상(拜上)이라는 표현을 사용하기도 하나 '드림'이라는 아름다운 우리말을 권하고 싶습니다. 뭔가를 요청할 때, 당부(當付)한다는 표현을 쓰기도 하는데, 당부는 사전에서 찾아보면 '말로 단단히 부탁함'을 말하며 윗사람이 아랫사람에게 부탁할 때 사용하므로, '부탁드립니다.' 또는 '요청드립니다.' 정도의 표현이 바람직합니다. 특히 아랫사람이 윗사람에게 '~하기 바랍니다.'라고 표현하는 것도 무례하게 비쳐질 수 있으므로 '부탁드립니다.' 또는 '요청드립니다'의 표현을 사용하시면 되겠습니다.

- 예측(豫測) : 미리 헤아려 짐작함.
- 예상(豫想) : 어떤 일을 직접 당하기 전에 미리 생각하여 둠.
- 예정(豫定) : 미리 정함.

일정이 지연될 경우, 책임이 큰 순서대로 단어를 나열하면, 예정 〉 예상 〉 예측 순이 됩니다. 필자는 물류의 정석 전체를 통틀어서 예정이라는 단어를 단 한 경우에만 언급하였습니다. 이는 컨테이너 선박의 도착 또는 출항예정 요일입니다. 컨테이너 선박(Mother Vessel에 국한)은 일정에서 벗어나는 경우가 거의 없기 때문에 예정요일이라고 표현해도 무리가 없습니다. 그 외의 상황에 대해서는 예측이나 예상이라는 표현이 적절합니다. 그런데 우리는 예정이라는 단어를 남발하는 경향이 있습니다. 물류부서가 선박을 운영하고 트레일러를 운영하는 게 아니기 때문에 예정, 즉 미리 정한다는 표현은 바람직하지 않습니다. 근거로 남는 이메일 작성에 있어서는 평소에 적절한 단어를 사용하는 습관을 들일 필요가 있습니다.

이는 분석적 사고방식과 밀접한 관련이 있습니다. 물류의 정석 2권에 분석적 사고의 중요성과 물류업무와의 연관성을 기술하였습니다.

≫≫ SR Package

물류업무와 관련하여 선적업무가 개시되는 사내소통의 출발점은 선행공정으로부터 접수하는 Shipping Request입니다. 이를 통해서도 소통의 효율화를 모색할 필요가 있습니다.

〈표 24-1〉 SR 양식 사례

SHIPPING REQUEST(S/R)					
1) S/R Date	DD-MMM-YYYY		2) Project Name		
3) P/O No. [Multiple P/O Nos Included]			4) Material Requisition No. [Multiple MR Nos]		
5) P/O Title					
6) This Shipment Time(s) within this P/O 상기 P/O No. 내, 금번 선적회차	3		7) Accumulated G.V within this P/O 금회를 포함하는 누적 선적 물량		CBM
8) Estimated Balance of this P/O, G.W 금회를 제외한 잔여 물량(없으면 "없음" 명기)		kg	9) Estimated Balance of this P/O, G.V 금회를 제외한 잔여 물량(없으면 "없음" 명기)		CBM
10) Vendor Full Name (& Abbreviation)	ABC Sample Co., Ltd. (ABCS)				
11) Name of Person in Charge of Vendor 한국업체는 한글명과 직책			12) Email Address		
13) Mobile No.			14) Phone No.		
15) City Name for Loading on Trailers			16) Contract Terms (Including Port Name)		
17) Preferred International Seaport/Airport			18) Summary of Shipment Items' Description		
19) FOB Value of this Shipment			20) Number of Cargo Packages		PKG(s)
21) Gross Weight		kg	22) Gross Volume		CBM
23) Estimated Cargo Readiness Date Enabling Moving Cargoes from Factories	DD-MMM-YYYY		24) Estimated Calendar Days for Transportation, Factory to Shipping Port		Day(s)
25) Acquisition of Transportation Permit, is it Required? (Yes or No)	No		26) If Yes, Expected Permit Application Date	DD-MMM-YYYY	
			27) Required Duration to obtain T.Permit	N.A	Day(s)
28) Attachment	*To describe actual attachment herewith *For Shipping DWGs, CAD Files with PDF Files				
29) Remarks					
Destination (현장 또는 Vendor Shop 등)	Described by Purchaser		Required Date at the Destination	Described by Purchaser	
Requested by (S/R 송부자 성명)	Described by Purchaser		Phone No. (S/R 송부자)	Described by Purchaser	
Remarks(If air shipment is required, relevant approval shall be attached.) / 항공선적 요청의 경우, 품의서 첨부 및 사유 명기					
Described by Purchaser					

물류시스템이 구비된 기업은 예시의 사례를 참조하여 시스템에 반영하면 되겠습니다. 필자가 사우디에서 근무할 때의 SR 양식에서 상당히 진화한 형태입니다. 당시에는 누락된 항목들로 인해 Project Forwarder가 물류 담당자 또는 Vendor에 연락하여 추가 정보를 입수해야 하는 형국이었습니다. 이 또한 불필요한 교신을 낳았습니다.

처음에는 11번 항목에 "Name of Person in Charge of Vendor"라고만 명기했습니다. 그랬더니, Vendor가 "S. H. Lee" 이런 식으로 기재하여 공정관리자에게 전달하곤 했습니다. 해당 Vendor와 이전에 교류가 없는 상태라면, Project Forwarder는 Vendor에 연락해서 "S. H. Lee님 좀 부탁합니다."라고 전화 통화를 시작할 것입니다. 어색하기 그지없는 일입니다. 그래서 "한국업체는 한글명과 직책"이라고 붉은 글씨로 부기하게 되었습니다.

사소한 것 같지만, Forwarder가 불편한 마음을 가지고 업무에 임하도록 해서는 곤란합니다. 담당자가 신입사원이라면 Vendor와의 전화연결을 주저할 수 있습니다. 이 또한 시간을 지체하게 만드는 일입니다. 앞서도 강조했듯이 협력사의 업무속도가 곧 물류 담당자의 업무속도와 직결된다는 점을 기억해야 합니다. SR 양식을 위와 같은 형태로 변경하여 사용한 이후로 Forwarder 측에서 물류 담당자는 물론 Vendor 측에 문의하는 빈도가 감소한 것이 사실입니다.

특히 물류 관점에서 중요한 부분이 화물준비 시점(Cargo Readiness Date)으로부터 선적항까지 내륙운송에 며칠이 소요되고, 사전에 운송 Permit을 취득하는데 또한 며칠이 소요되는지 해당 정보를 정확히 인지하는 것입니다. Permit 취득 기간과 내륙운송 기간을 종합하여 선적항에 도착 가능한 시점을 살펴봐야 합니다. 중량물 선적에 있어서는 반드시 필요한 정보입니다. 내륙운송에 일주일 이상 소요되는 경우가 있는데, 이를 간과하고 선박을 Booking 했다가는 낭패를 볼 수 있기 때문입니다. 운송 Permit 신청시점과 Permit 취득에 소요되는 기간도 같은 맥락에서 선박 Booking 일정과 무관하지 않습니다.

사실, 중량물의 경우, 운송 Permit 취득여부와 유효성, 내륙운송에 소요되는 시간을 고려하지 않고 선박을 Booking한다는 것 자체가 넌센스입니다. 그럼에도 불구하고 과거에는 SR에 해당 항목이 반영되지 않았습니다. 그러면 SR 접수 이후 누군가가 Vendor와의 접촉을 통해 이를 확인해야 하는데, 관례적으로 Forwarder가 대행했습니다. 하지만, 그 때는 시점적으로 늦을 수 있습니다. 따라서 Vendor가 직접 해당 사항을 SR에 반영하게 함으로써, 정보의 인지 시점을 앞당길 수 있고, 이 또한 Forwarder와 Vendor측(Vendor의 현지 Forwarder 포함)간에 불필요한 교신절차를 없앤 것이라고 할 수 있습니다.

물류비가 상대적으로 과도하게 발생하는 항공선적을 최소화하려는 노력이 필요합니다. 항공선적의 경우에는 그것이 진정으로 절실한 것인지 따져볼 필요가 있습니다. 절차상으로도 PRM 또는 공정관리부서에서 PM의 승인을 득하여 선적을 요청하도록 하는 것이 바람직합니다. 항공선적을 요청한다는 것 자체가 선행부서에서 구매관리나 공정관리의 실패를 자인하는 격입니다. 따라서 원인을 제공한 부서가 일정부분 그에 대한 책임을 떠안는 것이 합리적인 일입니다.

이는 물류부서에서 통제할 수 있는 부분이 아님에도 불구하고 물류비가 상승하게 되어 종국에는 물류부서의 성과를 저해하는 원인이 됩니다. 따라서 불가피한 경우를 제외하고는 항공선적 요청 절차를 까다롭게 가져갈 필요가 있고, PM의 승인 절차를 거쳐 항공선적의 타당한 사유를 명기하게 함으로써, 향후 유사 사례의 재발을 방지하는 데에도 기여할 수 있습니다. SR 양식에 항공선적 관련 항목을 추가한 것도 개선된 부분입니다.

본 양식에는 IRN(IRC) 발급 예상시점이 누락되어 있습니다. 중요한 사항이므로 SR 양식에 반영하시기 바랍니다.

Shipping Request 양식과 Packing List 및 Detailed P/L 양식(가격 항목이 포함된), Shipping Mark 양식 그리고 SR Guidance를 하나의 엑셀파일로 Vendor에 전달합니다.(또는 물류시스템으로) 과거에는 SR Guidance 없이 이들 양식이 각각 독립된 파일로 존재하여 불편함이 있었습니다. 필자는 이를 통합한 파일을 SR Package로 칭합니다. 통합관리가 필요한 이유는 Shipping Request와 이들을 따로 분리해서 업무를 처리할 수 없기 때문입니다.

Vendor는 모든 항목을 기재하여 공정관리자에게 전달하고, 공정관리자가 최종적으로 물류부서에 선적을 요청합니다. Shipping Notice 발송시에 해당 파일을 현장에도 그대로 전달합니다. 이때 누구든 필요시 공정관리자와 바로 연락을 취할 수 있도록 SR에 공정관리자의 연락처를 명기한 점도 개선된 사항입니다. 이를 통해 해당 기자재가 어느 공종에 속하는지도 쉽게 알 수 있습니다.

〈표 24-2〉 Shipping Mark 예시

Shipping Mark		
	EPC Company Logo	Owner Company Logo
Project Name	xxx Project	
Port of Destination		
Port of Shipping		
Shipper		
Consignee		
P/O No.	All included P/O Nos. should be described	
Requisition No.	All included Requisition Nos. should be described	
Item No.	All included Item Nos. should be described	
Item Description	Minimum 3 Item Descriptions (if exceeding 3 items)	
Net Weight [kgs]		
Gross Weight [kgs]		
Dimension [cm]	000.0×000.0×000.0 [LWH]	
Package No.	ABC – KPJ – ★★★ – 001 (★★★ = Supplier Initial, 3 Digits)	
Supplier Name	Contracted Supplier Name	
Country of Origin	All Included COO should be described	

SR Package에 Shipping Mark 양식을 엑셀파일의 별도 Tab으로 표시하되, Shipping Mark를 통해서도 현장에서 화물 식별이 보다 용이하도록 필수정보를 담는 것이 바람직합니다. Shipping Mark 예시에서 Requisition No., Item Description, Supplier Name을 추가한 부분이 개선된 사항입니다. 현장에서는 P/O

No. 보다도 Requisition No.가 주요한 소통의 수단이 됩니다. Supplier Name 역시 화물 관리에 있어서 긴요한 정보 중의 하나입니다. Supplier Name과 Item Description을 통해 현장에 보관중인 수많은 Box 화물 중에서 쉽게 인지가 가능하도록 해줍니다.

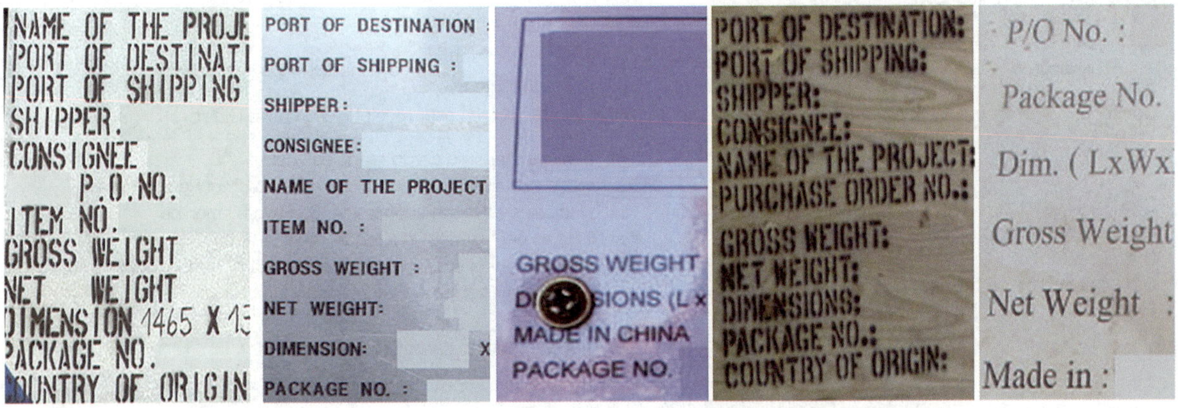

(a) 보일러 Shipping Mark (b) Shipping Mark 사례들

[그림 24-3]

사례들에서는 Supplier Name을 알 수 없고 Shipping Mark만을 주시했을 때, 어떤 제품을 포장한 것인지 알 수 없다는 공통점이 있습니다. 단, [그림 24-3] (a)는 형상 자체만으로 화물 인지가 가능하나, Box에 포장된 화물은 Item No.나 PKG No.와 제품명을 대조해보기 전에는 내용물을 알 수 없다는 불편함이 있습니다. Package No.에 공급사를 의미하는 약자를 명기할 수도 있으나, 이러한 약자 표기로는 구분이 모호한 경우가 있습니다. 그러므로 현장의 쉽고도 신속한 자재관리를 위해 Shipping Mark 또한 개선이 필요합니다.

SR Package와 관련하여 중요한 부분의 하나가 Shipping Request Guidance입니다. Vendor 또는 공정관리자가 물류 담당자나 지정된 Forwarder 앞으로 어느 시점에 어떤 서류를 송부해야 하는지에 대한 안내서입니다. 이는 중량물, ODC 등의 화물 Category에 따라 상이한 기준을 적용하고 있습니다. 중량물, ODC 등을 구분하는 기준은 기업마다 다를 수 있고, Project 특성에 맞게 달리 적용할 수 있습니다.

Shipper와 Consignee 정보를 명기하고 있기 때문에 Certificate of Origin 작성에도 반영할 수 있습니다. 이러한 Guidance가 Vendor에 전달되지 않는다면, 그리고 Shipping Procedure를 간과하고 있다면, Vendor는 COO 상에 이들 정보를 어떻게 기재해야 하는지 물류 담당자에게 문의해 올 것입니다. 반복되는 얘기입니다만, 우리는 불필요한 교신의 빈도를 획기적으로 줄여야 합니다.

물론 구매를 위한 RFQ 및 P/O 발송시에 해당 Project의 Shipping Procedure(or Instruction)가 Packing Procedure와 함께 Vendor에게 전달됩니다. 그러나 P/O 발송 시점과 실제적으로 선적에 관심을 갖기 시작하는 시점 사이에는 상당한 시차가 있습니다. 그 사이에 Shipping Procedure가 간과되는 경향이 있기 때문에 제출해야 하는 서류와 시점에 대해서 공정관리자가 본 Guidance를 통해 Vendor에게

〈표 24-3〉 Shipping Request Guidance 예시

Shipping Request Guidance for xxx Project		
Shipper(Exporter)	Company Name, Address, Tax ID (If required)	
Consignee(Importer)	Company Name, Address, Tax ID (If required)	
Notify Party	Same as Consignee	
Classification	**Documents**	**Time Schedule to Submit**
Common	1st Proforma P/L	Within two (2) months after receipt of Purchase Order.
Case that Heavy, Intermediate Heavy or Oversized Cargo, OOG Cargo are included	Proforma C/I, P/L, P/S and Proforma S/R with MSDS	Two (2) months prior to cargo readiness date. * If specific submission criteria exist by Vendor Print Requirement which indicates advance submission than two (2) months, it shall be as per Vendor Print requirement. * If postponement of submission date is required, Vendor shall inform in advance and shall follow Purchaser's instruction.
	Final C/I, P/L, P/S, Final S/R and Draft C/O with MSDS	One (1) month prior to cargo readiness date.
General Cargo	Proforma C/I, P/L and Proforma S/R with MSDS	One (1) month prior to cargo readiness date.
	Final P/L, C/I, Final S/R and Draft C/O with MSDS	Two (2) weeks prior to cargo readiness date.
Abbreviation		**Cargo Classification**
*C/I : Commercial Invoice *C/O : Certificate of Origin *P/L : Packing List *P/S : Packing Sketch(Shipping Drawing) *S/R : Shipping Request		*Heavy Cargo : Over 60Ton *Intermediate Heavy Cargo : 30Ton ~ 60Ton *Over Sized Cargo : 12 mx2.5 mx 2.5 m (LWH) whichever exceeds. *OOG(Out of Gauge) Cargo : 11.8 mx2.2 mx2.5 m (LWH) whichever exceeds.

REMARKS

[Certificate of Origin complying with FTA regulation]

+ Except for Korean Vendors, Vendors shall send a copy of Original Certificate of Origin to Purchaser by email prepared complying with FTA regulation showing Shipment No. instructed by Purchaser or nominated forwarder, xxx Logistics.
  - After confirmation by Purchaser, Vendors shall dispatch Original C/O to below address.
    yyy Logistics / Mr. xxx / General Manager, goodman@yyylogistics.com
    Address : Tel. No. :
  - Once C/O is collected by air courier service company, Vendors shall send a copy of Waybill to Purchaser, xxx logistics and yyy logistics by email.
+ In case of Korean Vendors, Original C/O prepared complying with FTA regulation shall be dispatched to xxx logistics.
  (If other forwarder is nominated for specific shipment, Original C/O shall be dispatched to relevant forwarder.)

[MSDS]

+ In case of shipment of dangerous goods, Vendors shall send a copy of MSDS to Purchaser together with Shipping Request by email. If it is notified that MSDS should be submitted to xxx Customs Office, Vensors shall dispatch orignial MSDS [stamped and signed by MSDS Issuer without fail] to yyy Logistics by air courier.
  [For Korean Vendors, xxx Logistics shall receive MSDS and dispatch them to yyy Logistics.]
+ Apart from the above, if any special instruction is given, subsequent action shall be followed accordingly.

[Contact Points of Nominated Forwarder]

+ xxx Logistics Corp.
  *Ms. 000 Kim / Asst. Manager / +(82) 2 xxxx xxxx / 000kim@xxxlogistics.co.kr
+ Most of shipmets shall be managed by xxx Logistics but In some specific shipment, selectively other forwarder can be assigned.

상기시킬 필요가 있습니다. 이때 SR Package를 함께 전달해야 합니다.

이따금 공정관리자나 Vendor로부터 계약된 Forwarder 연락처에 대한 문의를 받습니다. Local Forwarder의 연락처 문의도 마찬가지입니다. 이 부분 역시 SR Guidance에 반영하면, 교신의 빈도를 줄이는 효과가 있습니다.

Packing Procedure를 물류부서가 아닌 다른 부서에서 작성하는 경우, SR Package의 동일한 양식과 지침을 적용하도록 협의해야 합니다. 또한 선적업무 및 선적서류와 관련하여 P/O상에 언급되는 지침도 동일성을 유지하도록 해야 합니다. 이미 물류시스템을 운영하고 있거나 향후 구축할 계획이 있다면 살펴본 SR Package의 내용을 물류시스템에 반영하시기 바랍니다.

Vendor의 서류제출 시점은 각 기업의 사정에 맞게 조정할 수 있으나, 중량물에 대해서 만큼은 예상 선적일로부터 최소한 45일 전에 선행부서가 물류부서에 SR을 송부할 수 있도록 관리해야 합니다. 본 Guidance는 화물준비 2개월 전에 Proforma Document를 접수하고 최종서류는 1개월 전에 접수하는 것으로 표현하고 있습니다.

다만, 중량물 운송에 있어서는 화물준비일로부터 화물의 선적준비 가능일까지의 시차가 제 각각이기 때문에 화물의 예상 선적일(화물의 선적항 도착 가능일)로부터 기간을 설정하여 SR이 접수될 수 있도록 하는 것이 바람직합니다. 물론 초중량물의 경우에는 선박의 희소성을 고려하여 Proforma SR을 접수하는 시점을 이보다는 앞당겨서 Booking 시점을 결정해야 할 것입니다.

25. 물류가 물류 주간회의를 주관해야 한다.

물류가 물류 주간회의를 주관해야 한다니, 이상하게 들릴지도 모르겠습니다. 보통은 해당 Project별 Issue가 있을 때 사업팀 또는 PRM(Procurement Manager)의 소집으로 회의를 실시하곤 합니다. 그러나 필자는 사안의 경중에 관계없이 물류가 주체가 되어 주간회의를 실시할 것을 권합니다.

Project 초기에 정기적으로 회의를 진행할 요일과 시간을 정하고, 회의 개최 전날 소집공지 이메일을 송부합니다. PM(or PE), PRM, PRE(Procurement Engineer), 공정관리자 그리고 필요시 구매, 검사, 설계 담당자와 Project Forwarder를 참석시킵니다. 안건은 전주의 회의결과에 새로이 추가된 Issue를 더해 공지 사항에 반영합니다. 예상 참석인원에 맞게 안건에 대한 출력물을 준비합니다.

일반적으로 업계에서는 공정관리자를 Expediter라고 표현합니다. 우리말로 번역하면 '독촉하는 자' 입니다. 필자는 Expediter라는 용어 대신 Procurement Process Controller 또는 Procurement Process Coordinator라는 용어 사용을 권합니다. Expediter라는 용어가 다분히 갑을관계의 뉘앙스를 담고 있어서 Vendor에게는 불편한 느낌으로 다가올 수 있습니다.

필자가 L/E(Lead Engineer)로서 참여했던 Project는 모두 필자 주관 하에 물류 주간회의를 진행하였습니다. 회의 결과 또한 필자가 직접 작성하여 유관부문에 공지하였습니다. 관행상 안타까운 것이 회의록을 제일 말단 직원이 작성하여 배포하는 일입니다. 이는 올바른 방법이 아닙니다. 회의 결과는 PM과 물류부서장, 현장 관계자들과도 공유되는데, 경험이 많지 않은 직원이 적합한 어휘를 선택하는 것이 쉽지 않고, 회의의 진의가 왜곡 전달될 수 있기 때문입니다.

물류는 조달 공정의 최말단에 놓여 있기 때문에 물류의 실패가 자칫 조달 전체의 실패로 인식되기 십상입니다. 따라서 선행관리가 매우 중요합니다. 물류가 주관하여 회의를 진행하게 되면 자연스럽게 선행관리 안건을 회의에 상정할 수 있습니다. 각 유관부문에서 협조해줘야 하는 사항들을 지속 독려함으로써, 물류가 최선을 다하고 있다는 인상을 심어줄 수 있습니다. 더욱이 회의록에는 타 부문에서 협조가 미진한 부분을 부각시킬 수 있고, 물류가 삐걱대는 부분은 비중을 적게 언급함으로써 수위조절이 가능합니다. 어차피 회의록은 정도에서 벗어나지 않는 한, 작성자의 의중이 반영될 수밖에 없습니다. 다시 말해서 물류가 주간회의를 주관하면 물류가 칭찬받을 일이 많아지고, 질타받을 일은 현저히 감소하게 됩니다.

주간회의를 통해 중량물리스트와 위험물리스트의 Update를 지속 독려할 수 있습니다. Import Permit 신청을 위한 MSDS의 조기 접수를 독려할 수 있습니다. 각 화물 분류 기준에 따라 SR Package의 송부시점을 지속 상기시킬 수 있습니다. 이로써 MTR(Minimum Time Requirement)이 잠식되는 상황을 예방할 수 있습니다. PS 도면의 조기 출도를 요청할 수 있습니다. P/L 또한 작성 기준에 맞게 제공해줄 것을 거듭 요청할 수 있습니다. 방사능물질 수입 및 RSO(Radiation Safety Officer) 인증을 독려할 수 있습니다. Air Courier Service 이용시의 유의사항을 지속 상기시킬 수 있습니다.

그러나 매번 이렇게 요청한다 해도 선행부서에서 약속을 어기는 경우가 있습니다. 한 Project에서는 최초의 중량물 List를 받는 데만 6개월 정도가 소요되었습니다. SR을 불성실하게 작성하거나, P/L상의 오류는 여전히 발견됩니다. 물류의 요구사항이 지켜지지 않음으로 인해 발생되는 문제들에 대해서는 물류의 책임이 경감될 수 있습니다. 이러한 노력마저 없다면, 물류는 시간에 쫓겨 계속해서 바빠야 하고, MTR을 무시한 갑작스런 선적요청으로 일정 압박에 시달릴 수 있습니다. 따라서 주간회의를 통해 그 동안 발생한 문제점들의 재발방지를 촉구해야 합니다. 만약 주간회의를 개최하지 않는다면, 이는 실수를 범한 선행부서 당사자 개인의 문제로만 치부될 가능성이 있고, 언제든 선행공정의 다른 직원들에게서도 동일한 문제가 재현될 수 있습니다.

Length와 Width를 바꿔서 명기함에 따라 선적이 지연된 사례를 언급한 바 있습니다. 일차적으로는 Vendor의 실수이고, 공정관리자가 걸러내지 못했고, 물류에서도, Forwarder에서도 모두 제때에 걸러내지 못한 결과입니다. 이 또한 재발방지를 촉구할 수 있습니다. 이러한 이유에서도 우리는 시스템 도입 및 업무절차의 개선을 통해 단순한 메신저 역할이나 불필요한 교신에 소모되는 시간을 획기적으로 줄여야 합니다. 시스템에 이를 걸러주는 기능이 있다면 어처구니 없는 단순 실수로 선적이 지연되는 일은 발생하지 않을 것입니다.

위험물이 포함된 사실을 미처 확인하지 못한 사례가 있습니다. 다행히 항해기간이 길고 상대적으로 절차가 복잡하지 않아, 그 사이에 Import Permit을 취득할 수 있었으나, 사우디나 이라크 Project였다면 문제가 복잡해집니다. 그리하여 Detailed Packing List상에 위험물 여부를 표시하는 란을 별도로 마련하게 되었습니다.

SR Package는 계속해서 진화해야 합니다. 변경사항이 있다면, 그 사실을 주간회의를 통해 공지할 필요가 있습니다. 더욱이 선행부서가 제때에 대처하지 못하는 사항이 적지 않고, 물류부서가 주도적으로 주간회의를 진행하는 한, 선행부서에서 충족시키지 못한 문제점들이 고스란히 드러나기 때문에 그 누구도 물류부서를 함부로 대하지 못하게 될 것입니다.

주간회의를 꼭 진행하시고, 물류의 위상을 높일 수 있는 이 같은 기능을 십분 활용하시기 바랍니다.

맺는 글

본인의 위상을 높이는 방법중의 하나가 기존과는 다른 차별화된 방식을 모색하는 것입니다. 이를 연구하다 보면, 멋진 자료를 손에 넣거나 또는 본인이 직접 자료를 만들게 됩니다. 그런데 안타깝게도 자료 공유를 꺼리는 이들이 있습니다. 아마도 본인 노력의 산물이 다른 사람들에게 전달되는 경우, 손해라는 인식을 가지고 있는 것 같습니다. 그런데 이게 정말 손해일까요? 필자는 결코 그렇지 않다고 생각합니다. 흔히 'Give and Take'라는 표현을 사용하곤 하는데, 우리말로는 '주고받기'입니다. Take and Give 또는 받고주기라고 표현하지 않는 데에는 그럴 만한 이유가 있다고 생각됩니다.

바로 세상의 이치가 받는 게 우선이 아니라, 주는 게 우선이기 때문일 것입니다. 그리고 주지 않고서는 받을 생각을 하지 말라는 의미인지도 모르겠습니다. 그런데 받았다면 그에 상응하는 뭔가를 꼭 돌려주는 사람들이 있다고 가정해봅시다. 유용한 정보 하나를 열 사람에게 제공합니다. 그리고 그 열 사람으로부터 각각 서로 다른 정보를 제공받습니다. 여러분은 하나를 주었을 뿐인데, 결과적으로 열을 얻게 되어 결코 손해가 아닙니다. 장사로 치면 이만큼 남는 장사도 없을 것입니다.

상식적으로 생각해 봐도, 받는 게 더 많은 사람보다는 주는 게 더 많은 사람이 일을 더 잘 할 가능성이 높을 것 같습니다. 왜냐하면, 뭔가를 제공하기까지 다방면으로 깊이 있는 공부를 해야 하기 때문입니다. 마찬가지로 연구를 많이 하는, 그래서 주는 게 더 많은 부서가 만날 손을 벌리는 부서보다는 더 큰 성과를 낼 가능성이 높아 보입니다.

언젠가 O사원이 IPO에서 OJT를 수행한 적이 있습니다. 필자는 당시에 다음의 지도를 그리도록 지시했습니다. (트레일러 정차지점 표시가 없는)

필자가 O사원의 입장이었다면, 썩 내키는 일은 아니었을 것 같습니다. 담당했던 업무와는 직접적인

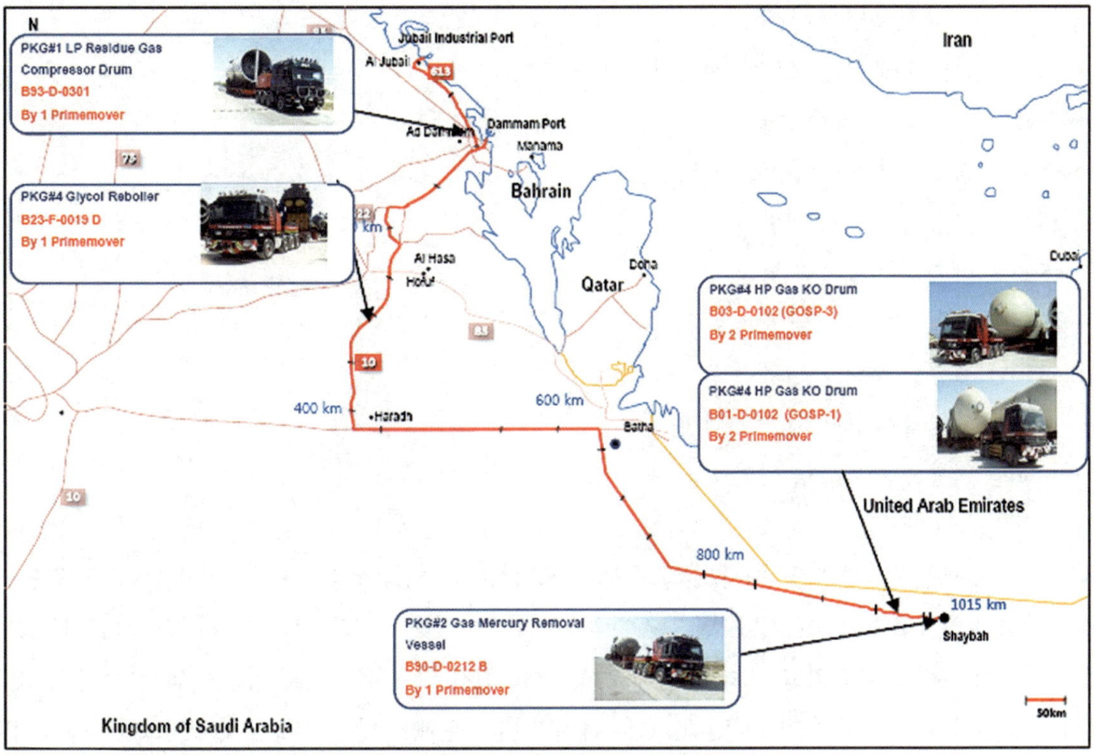

연관성이 없었기 때문입니다 그런데, 그로부터 약 1년 후, O사원이 해당 Project의 중량물 운송 관리 담당자로 사우디에 파견되었습니다. 그리고 자신이 그린 지도를 그대로 현업에 활용할 수 있게 되었습니다. 이 지도를 그리던 당시에 그런 날이 올 거라고 과연 상상할 수 있었을까요?

O사원은 운송이 진행될 때마다 각 트레일러의 정차지점을 표시하여 사업주와 직원들에게 Daily Report를 송부했습니다. 워낙 장거리 운송이어서 일일 보고가 쉽지 않을 거라고 생각했던 사업주측 담당자는 대단한 만족감을 표시했습니다. 결국 과거의 본인이 미래의 본인을 도운 셈입니다. 사례와 같이, 준다는 것이 때로는 직접적으로 자신을 돕는 길이 될 수 있습니다.

지금부터는 자연스러운 일과처럼, 주는 데에 익숙해지도록 노력합시다. 그리하여 조직의 역량이 향상되고, 더 많은 성과를 달성하게 된다면, 우리가 받게 될 급여나 보너스 또한 현 수준에 머물러 있지는 않을 것입니다. 더불어 신뢰와 인정이라는 무형의 선물을 듬뿍 받게 될 것입니다.

이제 제 글을 정리할 시점이 되었습니다.

링컨이 대통령이 되기까지의 과정을 묘사한 동영상에 이런 내용이 있습니다.

+ 1831년 사업 파산

+ 1832년 주 의회 선거 낙선

+ 1833년 친구에게 빌린 돈으로 사업시작, 다시 파산

+ 1838년 주 의회 대변인 선거 낙선

+ 1840년 정부통령 선거위원 출마 낙선

+ 1843년 하원의원 선거 낙선

+ 1848년 하원의원 재출마 낙선

+ 1854년 상원의원 선거 낙선

+ 1856년 부통령 후보 지명 선거 낙선

+ 1858년 상원의원 선거 재출마 낙선

+ 1860년 미합중국 대통령 당선

한 두 번 실패를 경험했다고 해서 만약 중도에 포기해버렸다면, 우리가 아는 에이브라함 링컨은 역사 속에 존재하지 않았을지도 모릅니다. 열거한 이력에서 알 수 있듯이, 그는 참으로 지독한 사람이었습니다. 수많은 실패에도 좌절하지 않고, 오히려 실패에 익숙해서인지 끝까지 도전을 멈추지 않더니, 결국 최고의 자리에 올랐습니다. 가만히 음미해보면, 성공을 하려면 마치 실패를 반복하라는 것처럼 보일 정도입니다.

그러나 우린 실패를 최소화하면서 전진할 수 있는 방안을 찾아야 합니다. 신생아를 받아내다가 실수가 있으면 안 되는 것처럼, 물류의 실패는 Project를 망치는 치명타가 될 수 있기 때문입니다.

이제부터는 지속적으로 물음표를 던져봅시다. Risk를 최소화할 수 있는 방법을 포함하여, 어떻게 하면 보다 생산적이고 효율적으로 물류업무를 수행할 수 있으며, 더 많은 성과를 낼 수 있을지, 또 어떻게 하면 주어진 여건 하에서 내외부 고객들의 만족도를 최대한 끌어올릴 수 있을지를…. 그리고 나아가서 지금은 새로운 것도 언젠가는 구식이 된다는 사실을 염두에 두고, 새로움에 대한 갈망의 끈을 놓지 않도록 합시다.

물류의 정석 2권에서 Project별 실전 물류업무 수행 사례들을 통해 독자 여러분을 다시 찾아뵙겠습니다. 독자 여러분의 앞날에 탄탄대로가 펼쳐지기를 바랍니다. 승승장구하여 커다란 결실과 함께 목표한 바를 꼭 이루시기를 기원합니다.

감사합니다.

앤디 박

참고 Website

ALE	http://www.ale-heavylift.com
Cometto S.p.A	https://www.cometto.com
Faymonville	https://www.faymonville.com
Goldhofer AG	https://www.goldhofer.de
Mammoet	https://www.mammoet.com
TII Group	https://www.tii-group.com
관세청 관세법령정보포털	https://unipass.customs.go.kr

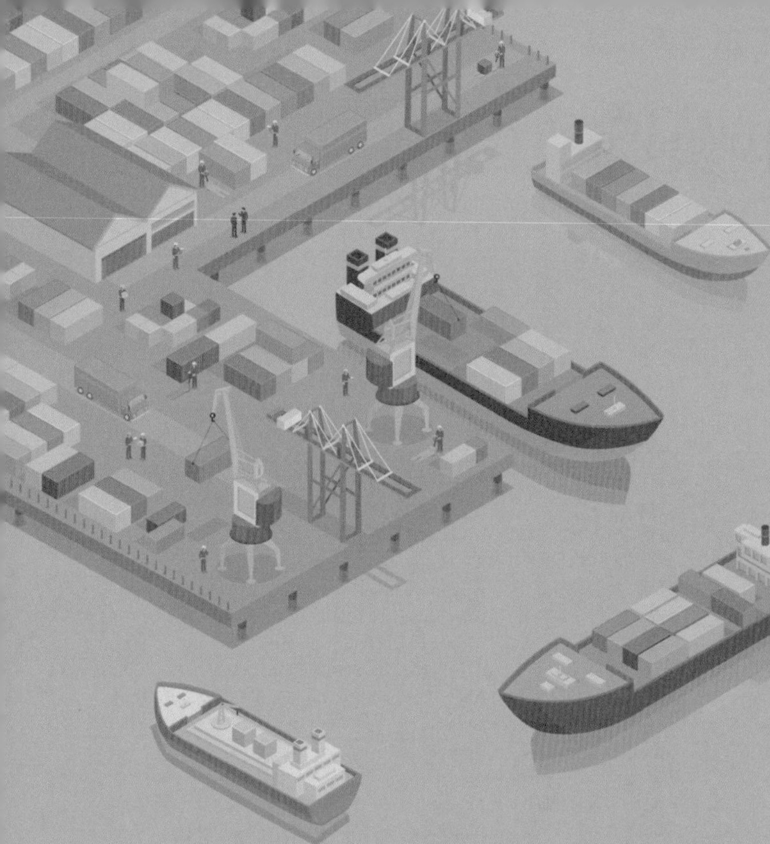

부록

해사약어집

석유화학 계통도

해사 약어집

A

AA	Additional Air, Always Afloat, All After
A/A	All About
AAA	Association of Average Adjusters
AAA WIWL	Always Afloat Always within IWL(Institute Warranty Limit)
AAAA	Always Afloat Always Accessible
AAOSA	Always Afloat or Safe Aground(Condition for a Vessel Whilst in Port)
AAR	Against All Risk, All and Any Risk
AARA	Amsterdam-Antwerp-Rotterdam Area
ABAFT	Toward the Stern of Ship
ABB, ABBR	Abbreviation
ABC	Automatic Boiler Control
ABDNT	Abandonment
ABL	Alien Business License
AB-LOG	Abstract Log Book
ABR	Abreast
ABS	Absolute, American Bureau of Shipping
ABS	Acrylonitrile Butadiene Styrene, Anti-Lock Braking System
ABT	About
ABV	Above
A/C	Air Conditioning, Account Current
ACC	Acceleration, Accessories
ACC, ACCPT	Acceptance, Accepted
ACCOMM	Accommodation
ACCT, ACT, A/C	Account, Accountant
ACDG	According
ACDGLY, ACCRDGLY	Accordingly
ACK	Acknowledge
ACKGT	Acknowledgement
ACOL	After Completion of Loading
ACP	Anchors and Chains Proved
ACPT	Accept
ACS	Application for Cargo Shipment
ACS PAY	Accounts Payable
ACSR	Aluminum Cable Steel Reinforced
ACV	Actual Cost Variance
ACWP	Actual Cost of Work Performed
AD	Air Dryer
ADCOM, ADD COMM	Address Commission
ADD, ADDR	Address
ADDENDUM	Additional Chartering Terms at the End of a Charter Party
ADDL, ADDTL	Additional
ADJ	Adjustment, Adjust
ADR	Average Daily Room Rate
ADV	Advise
ADVAL, A/V, ADV	Ad Valorem, According to Valu
AE	After End
A/E	Auxiliary Engine, Accept/Except
AF, ADVFRT	Advanced Freight, Advance Freight
AFC	Approved For Construction
AFD	Approved For Design
AFF	Affirmative
AFFREIGHTMENT	The Hiring of a Ship in Whole or Part
AFIA	American Foreign Insurance Association
AFMT	After Fixing Main Terms
AFRA	Average Freight Rate Assessment
AFT	At or Toward the Stern or Rear of a Ship
AG	Above Ground, Ace Group, Arabian Gulf, Agent General
AGCY	Agency
AGD	Agreed
AGST, AGNST, AGT	Against
AGMT, AGRMT	Agreement
AGN	Again
AGROUND	Touching or Fast to the Bottom
AGT	Agent
AGV	Automated Guided Vehicle
AGW	All Going Well
AGW WP UCAE	All Going Well Weather Permitting Unforeseen Circumstances Always Excepted
AH	After Hatch, Antwerp/Hamburg Range
AHF	American Hull Form(Insurance Policy)
AHFDA	American Hull Form, Deductible Average
AHL	Australian Hold Ladders
AID	Agency for International Development
AIMU	American Institute of Marine Underwriters
AITH FORM	American Institute Time Hull Form of Policy
AK MARINE	America Korea Marine
ALAR	As Low As Reasonably Practicable
ALLOC	Allocation
ALRDY	Already
ALT	Altered, Altitude, Alternative, Alternatively
ALW	Allowance
AM	Above Mentioned
AMA	American Management Association, American Maritime Association
AMAIL, ARML	Airmail
AMDT	Amendment
AMIDSHIPS	In or Toward the Center of the Ship
AMMI	American Merchant Marine Institute
AML	Absolute Maximum Loss
AMP	Amplifier
AMT	Amount
AMVER	Automated Mutual Assistance Vessel Rescue System
A/N	Arrival Notice
ANAL	Analysis, Analytic, Analogy
ANCHORAGE	A Place Suitable for Anchorage in Relation to the

	Wind, Sea and Bottom
ANS	Answer
ANSI	American National Standards Institute
ANTE	Before
ANTHAM	Antwerp-Hamburg Range
A/O, A/OR	and or
AOA	Any One Accident
AOB	Any One Bottom, Any Other Business
AOL	Any One Loss
AOO	Any One Occurrence
AORF	Aft or Forward
AOV	Any One Vessel
AOVOY	Any One Voyage
AP	Additional Premium, After Part, Authority to Purchase, All Purpose, Advance Payment
AP, APD	Account Paid
AP, APA	Account Payable
APBH	After Peak Bulkhead
API	American Petroleum Institute
APL	As per List
APMT	Appointment
APORT	Airport
APPD	Approved
APPLN	Application
APPR	Apprentice, Approve
APPROX	Approximate, Approximately
APPT	Appoint
APPTD	Appointed
APS	Arrival at Pilot Station
APT	After Peak Tank
AQ	Aqua
AR	Accounts Receivable, Award Recommendation, All Risk, Arrival, Arrive, Arrival and Return
ARAG	Amsterdam-Rotterdam--Antwerp-Gent Range
ARD, ARND	Around
ARGMT	Arrangement
ARP	All Risk Policy
ARRTL	Arranged Total Loss
ARVD	Arrived
AS	Air Supply, After Sight, Account Sales, Alongside
AS, ACS	Application for Cargo Shipment
A/S	Alongside
ASAP	As Soon As Possible
ASBA	American Shipbrokers Association
ASBA TANK VOY	Association of Ship Broker & Agents Tanker Voyage Charter Party
ASEAN	Association of South East Asian Nations
ASF	As Follows
ASGD, ASG	Assigned
ASGMT	Assignment
ASPW	Any Safe Port in the World
ASSN	Association
ASSO	Associate
ASST	Assistant
ASSY	Assembly
ASTERN	In the Back of the Ship, Opposite of Ahead
ASTM	American Society of Testing and Materials
A/T	American Terms for Grain Trade
ATA	Actual Time of Arrival
ATD	Actual Time of Departure
ATDNSHINC	Any Time Day/Night Sunday and Holiday Included
ATHWARTSHIPS	At Right Angles to the Center Line of the Ship
ATL	Actual Total Loss
ATM	Atmosphere
ATP	Authorization to Proceed
ATRS	American Tanker Rate Schedule
ATSBE	All Time Saved Both Ends
ATSOA	American Tramp Ship Owner's Association
ATT	Attached
ATTD	Attendant
ATTN	Attention
ATTY, ATTNY	Attorney
ATUTC	Actual Times Used to Count
ATWT	Atomic Weight
AUTH, AUTHY	Authority
AUX	Auxiliary
AUXB	Auxiliary Boiler
AUXE	Auxiliary Engine
AVG, AVRG	Average
AVE	Avenue
AV DISBTS(DISB)	Average Disbursements
AVLBL	Available

B

BACKLETTER	Where a Shipper Issues a Letter of Indemnity in Favor of Carrier in Exchange for Clean B/L
BAF	Bunker Adjustment Factor
BAL, BLNCE	Balance
BALDRIA	Timber C/P from Baltic to Alexandra
BALLAST BONUS	Compensation for Relatively Long Ballast Voyage
BB	Ballast Bonus, Below Bridge, Bill Book, Both-to-Blame
BBB	Before Breaking Bulk. Freight Payments Should be Received Before Discharge of Vessel Commences
BBC	Bare-Boat Charter
BBCHP	Bareboat Charter Hire Purchase
BBCL	Both to Blame Collision Clause
BBL	Barrel
BC	Bunker C, Bale of Cotton
BCS	Burner Control System
BCP	Boiler Circulating Pump
BCAUS	Because
BCI	Baltic Capesize Index
B/CPTY	Bale Capacity
BCTOC	Busan Container Terminal Operation Company
BCWP	Budgeted Cost of Work Performed
B/D	Bank Draft
BD	Bills Discounted, Bond, Brought Down
BDI	Baltic Dry Index, Both Dates(Days) Inclusive
BDS	Boards
BDLS	Bundles
B'DOWN	Breakdown
B/E	Bill of Exchanging, Bill of Entry
BEACON	Chamber of Shipping British North American(Atlantic) Wood Charter Party 1914
BEAM	The Maximum Breadth or the Greatest Width of a Ship
BEATS	Both Ends All Time Saved
BELOW	Beneath the Deck
BEG	Beginning

BENDS	Both Ends (Load & Discharge Ports)
BEP	Break Even Point
BFI	Baltic Freight Index
B/FORE, B4, BFR	Before
BFR	Belgium France
BFSL	Being Full Signed Line
BFWL	Being Full Written Line
BG	Bag, Being
B/G	Bank Guarantee, Bonded Goods
BGE	Barge
B/H	Bill of Health, Bordeaux to Hamburg Inclusive, Breast/Hamburg Inclusive
BHD	Bulkhead
BHF	Bulk Harmless Fertilizer
BHSI	Baltic Handysize Index
BHP	Brake Horse Power
BHPT	Broken Hills Proprietary Transportation
B & IMC	Baltic & International Maritime Conference
BI	Both Inclusive
BIA	British Insurance Association
BIBA	British Insurance Brokers Association
BIFFEX	Baltic Future Freight Index
BIG	British Insurance Group
BIMCO	The Baltic and International Maritime Council
BIS	British Information Services
BIZ, BNSS	Business
BK	Book, Backwardation, Bank
BKD	Booked
BKGD	Background
BKGE	Breakage
BKP	Book Post
BKT	Basket, Bracket
B/L	Bill of Lading
BL	Bale
BLC	Ben Line Container
BLDG	Building
BLNC	Balance
BLR	Boiler
BLS	Bales
BLT	Build Lease Transfer
BM	Board Measure, Bending Moment, Bill of Materials
B/N	Booking Note, Boat Note
BN	Been
B/O	Brought Over
BO	Buyer's Option, Branch Office
BOA	Blanket Order Agreement
BOB	Bunker on Board
BOD	Bunkers on Delivery
BOFFER	Best Offer
BOI	Board of Investment
BOOKG, BKG	Booking
BOR	Bunkers on Redelivery
BOS	Bill of Sight
BOT	Board of Trade
BOW	Forward Part of a Ship
B/P	Bills Payable, Between Perpendiculars, Bill of Parcels
BPD	Barrel Per Day
BP	Booking Prospect
BPB	Bank Post Bill
BR	Boiler Room, Builders Risks, Book of Reference, Bill Receivable
B/R	Bills Receivable
BRAIL	Bottom Rail
BRKGE	Brokerage
BROB	Bunkers Remaining on Board
BROKERAGE	Percentage of Freight Payable to Broker or Applicable to Sale or Purchase
B/S	British Standards, Balance Sheet, Breaking Stress, Bill of Sale, Bill of Store
BSA	Basic Slop Allocation
BS/P	Bills Payable
BSS	Basis
BSS 1/1	Basis 1 Port to 1 Port
BST	British Standard Time
BT	Berth Terms
BTB	Back to Back
BTC RATE	Berth Terms Charter Rate
BTHU	British Thermal Unit
BTM	Bottom
BTN	Brussels Trade Nomenclature
BTO BLAME	Both to Blame
BTU	Boat of Trade Unit
BTWN	Between
BULKHEAD	Vertical Partition Separating Compartments
BUNKERS	Name Given for Vessels Fuel and Diesel Oil Supplies
BUOY	Anchored Float Used for Marking a Position on the Water, Hazard or Shoal and for Mooring
BV	Bureau Veritas
BW	Ballast Water, Brackish Water, Black & White
BWAD	Brackish Water Arrival Draft
BWT	Boiler Water Treatment
BWTK	Bleeding Wing Tank
BZ	Buzzer

C

C	Speed of Light, Constant
C/A	Correction Advice, Court of Appeal, Chartered Accountant
CACTLVO	Compromised and/or Arranged and/or Constructive Total Loss of Vessel Only
CAD	Cash Against Documents
CAF	Currency Adjustment Factor, Cost and Freight
CALC	Calculate
CANC	Cancelled
CANCL	Cancelling Date
CANT, CNT	Can Not
CAP	Captioned, Capsule
CAPT	Captain
CB, C/B	Charter Base, Caustic Boiler, Center of Buoyancy
CBA	Commercial Bid Analysis, Cost Benefit Analysis
CBE	Commercial Bid Evaluation
CBF	Container Booking Forecast
CBFT, CFT, CUFT	Cubic Feet
CBM	Cubic Meter
CBS	Container Booking Summary
CBT	Clean Ballast Tank
CBTM	Center Bottom Tank
CC	Carbon Copy, Cubic Centimeter, Cancellation Clause, Collecting Commission, Closed Circuit
CCA	Current Cost Accounting
CCD	Container Cargo Depot

CCL	Customs Clearance
CCR	Crown Cases Reserved
CCV	Carrier's Convenient Vanning
CCY	Convertible-Currency
C/D	Collection & Delivery, Carried Down, Certificate of Deposit, Current Density, Commercial Dock, Consular Declaration
CD	Country Damage, Canadian Dollar, Container Deport
CDD	Certificate of Disability for Discharge
CDT	Center Deep Tank
CDV	Current Domestic Value
C/E	Customs Entry, Chief Engineer
CERT, CERTIF	Certificate, Certification, Certify, Certified
CF	Clarifier, Cost and Freight, Carried Forward, Cubic Feet, Clearing & Forwarding
CFM	Confirm, Cubic Feet per Minute
CFO	Chief Financial Officer, Calling for Orders, Channel for Order, Coast for Orders, Cash Flow From Operation
CFR, C&F	Cost and Freight
CFR	Code of Federal Regulation
CFS	Container Freight Station, Cubic Feet per Second
CG	Coast Guard, Consul-General,
CGA	Cargo's Proportion of General Average
CGE	Carriage
C.G.F PROCEEDS	Credit Given for Proceeds
C.G.F REC	Credit Given for Recovery
CGO	Cargo
CGFP	Credit Given for Proceeds
CGOH	Cargo Hold
CGUIDE	Cell Guide
CHART	Map Used by Navigators
CHGS	Charges
CHNL	Channel
CHOP, CHOPT	Charterer's Option
CH.PPD	Charges Prepaid
CHQ	Cheque
CHRG	Charge
CHS	Continuous Hull Survey
CHTRS	Charterers
CI	Consular Invoice, Cost and Insurance
C/I	Commercial Invoice
CIB	Corporation of Insurance Brokers
CIE	Captain's Imperfect Entry,
CIF	Cost, Insurance, Freight
CIF & C	Cost, Insurance, Freight and Commission
CIF & I	Cost, Insurance, Freight and Interest
CII	Chartered Insurance Institute
CIO	Chief Information Officer
CIP	Carriage and Insurance Paid to
CIR	Circular, Commissioners of Inland Revenue
CK	Check
CKD	Complete Knocked Down
CL	Craft Loss, Clause
CLD	Cleared Through Customs, Cleared, Called
CLMS	Claims
CLP	Container Load Plan
CM	Construction Manager, Comma
CMD	Commissioned
CMDTY	Commodity

CMPL	Complete
CMNT	Cement
CMR	Convention in The Contract for The International Carriage of Goods By Road
CMS	Combined Marine Surcharge, Continuous Machinery Survey
CN	Credit Note, Consignment Note, Cover Note
CNCL	Cancel
CNEE, CON(S)	Consignee
CNFM	Confirm
CNR	Charterers Not Reported
CNTR	Container
C/O	Chief Officer, Cash Order, Certificate of Origin, Cost of, Care of
CO	Cylinder Oil, Company
COA	Contract of Affreightment.
COACP	Contract of Affreightment Charter Party
COB	Close-out Book, Closing of Business, Cargo on Board
COC	Central Operations Committee
COD	Cash on Delivery, Charge of Destination
COG	Center of Gravity
COGSA	Carriage of Goods By Sea Act(U.S)
CO-INS	Co-insurance
COL	Collision
COLL DGE	Collision Damage
COLLN	Collision
CLT, COLCT	Collect
COM, COMM	Commission
COMB	Combination, Combining
COMD	Commander
COML	Commercial
COMM	Communication
COMP	Composite
COMPD	Compromised, Compound
COMPEN	Compensation
COMPLD	Completed
CON	Contract
CONCN	Concentration
COND, CONDTN	Condition
CONF	Conference
CONGESTION	Delays at Port/Berth
CON ROD	Connecting Rod
CONS	Consumption
CONSGT	Consignment
CONSPIC	Conspicuous
CONST	Constant
CONTACT DGE	Contact Damage
CONTD	Continued
CONTR	Contracted
CONTRA	Opposing
CONTRIB	Contribution, Contributor
CONV	Conveyance, Conventional, Converted
COP	Customs of Port
COS	Chief of Staffs, Cash on Shipment
COW	Crude Oil Washing
CP, C/P	Charter Party, Charter Party of Cargo Prospects, Candle Power
CPA	Clams Payable Aboard, Closest Position of Approach, Certified Public Accountable
CPD	Charterers Pay Dues
CPFF	Cost Plus Fixed Fee

CPM	Cycles per Minute, Certified Property Manager, Certified Purchasing Manager
CPP	Clean Petroleum Products
CPT	Carriage Paid To
CQD	Customary Quick Despatch
C/R	Chief Radio Operator
CR	Current Rate, Credit, Crane, Carrier's Risk
CREADINESS, CRDNESS	Cargo Readiness
CRISTAL	Contract Regarding an Interim Supplemental to Tanker Liability for Oil
CRS	Cranes
CROB	Cargo Remaining on Board
CRL	Craft Loss
CRO	Cancelling Returns Only
CRN	Crane
CRT	Crate, Cargo Retention Clauses
CS	Continuous Survey, Casualty Station
CSCG	Container Service Consultative Group
CSD	Closed Shelter Deck ship
CSK	Cask
CSM	Continuous Survey Machinery
CSO	Cargo Shipping Order
CSP	Container Service Port
CSSC	Consortium Standard Slot Consumption
CST	Central Standard Time, Container Service Tariff, Centistoke
CTC	Corn Trade Clause
CTGE	Cartage
CTL	Constructive Total Loss
CTLO	Constructive Total Loss Only
CTM	Cash to Master
CTN	Carton
CTNS, COTNS	Cottons
CTR	Container Fitted
CTS	Crates
CUB	Cubic
CUCM	Cubic Centimeter
CUD	Could
CUFT	Cubic Feet
CUM	Cubic Meter
CUR	Currency, Current, Now
C/V/E	Cabling / Victualing / Entertainment
CVC	Consecutive Voyage Charters
CW	Commercial Weight
CWO	Cash with Order
CY	Container Yard
CYL	Cylinder
CZ	Canal Zone

D

D	Demand, Depth, Draft
DA	Deductible Average
D/A	Disbursement Account
DAA	Document Against Acceptance
DAC	Deferred Attachment Clause
DAF	Deliver at Frontier
D/AF	Discharge Afloat
DAMFORDET	Damages for Detention..
DAPS	Days all Purposes (Total Days for Loading & Discharging)
DARC	Dangerous Awkward Reefer Container
DAS	Delivered Alongside Ship
DB	Debit, Donkey Boiler
DBB	Deal, Battens and Boards
DBK	Draw Back
DBL	Double
DBT	Double Bottom Tank
DBUE & B	Double Bottom Under Engines and Boiler
D/C	Deviation Clause, Detention Clause, Direct Current
D/D	Dry Dock
DD	Delivered, Dated
DDA	Direct Discharge Additional, Dangerous Drugs Act
DDO	Despatch Discharging Only
DDS	Delivered in Sound Condition
DD/S	Delivered Sound
DDU	Delivered Duty Unpaid.
DDP	Delivered Duty Paid.
DE	Dent
DEC	Declaration, December
DED	Deductible
DEF	Deferred Account
DEG	Degrees
DEL, DY, DLVRY	Delivery
DERG, DEM	Demurrage, Quay Rental Costs.
DEMS	Defensively Equipped Merchant Ship
DEPT	Department
DERR	Derricks
DES DEM	Despatch Money and Demurrage
DESP	Despatch. Time Saved, Reward for Quick Turnaround in Dry Cargo Only
DESTN	Destination
DET	Detail, Determiner
DET	Detention. When Cargo is not Ready, While Ship is Waiting for Loading Excluding Free Time Period
DEVN, DEV	Deviation
DF	Dead Freight
DF L	Draft Full Load
DFT, DRFT	Draft, Draught
DG	Dangerous Goods
DGA	Dangerous Good Anchorage
D½D	Despatch Half Demurrage
DHDATSBE	Despatch Half Demurrage on All Time Saved Both Ends
DHDWTSBE	Despatch Half Demurrage on Working Time Saved Both Ends
DIC	Delivered-In Charges
DIOT	Daily Including Overtime
DIFF	Difference
DISB, DISBT, DISBS	Disbursement
DISC	Discharge, Discussion
DISCH	Discharge
DISPT	Displacement
DIST	Distance
DIV	Division, Dividend
DK	Deck
DK LONGY	Deck Longitudinal
DKS	Decks
DLA	Direct Loading Additional
DLO	Despatch Loading Only
D'LONG	Difference in Longitude
DMG	Damage

DMP	Difference of Meridional Parts
D/N	Debit Note, Delivery Note
DNRCAOSLONL	Discountless and Non-Returnable Cargo and/or Ship Lost or Not Lost
DNV	Det Norske Veritas
DO	Diesel Oil
D/O	Delivery Order
DOC	Document of Compliance, Document
DOD	Date of Delivery
DOP	Dropping Outward Pilot
DOS	Documents
DOT	Department of Transport, Department of Overseas Trade
DOZ	Dozen
DP	Differential Pressure, Documents Against Payment, Direct Port, Delivery Port
DPR	Daily Pro Rata
DPT	Discharging Port
DPV	Duty-Paying Value
DR	Doctor, Double Reduction Gearing
D/R	Deposit Receipt, Dock Receipt, Deferred Relate
DRC	Damaged Received in Collision(or Condition)
DRK	Derrick
D/S	Days After Sight, Dry-Dock Survey
DSO	Deck Stowage Only
DST	Daylight Saving Time
DT	Deep Tank, Double Time
DTBA	Date to Be Advised
DTD	Dated
DTL	Detail
DTR, DRCTR	Director
DUP	Duplicate
DUR	Duration
D/V, DV	Dual Valuation, Despatch Vessel
DVLPMT	Development
DVP	Duty-Paying Value
DW, DWT	Dead Weight
DWC	Dead Weight Capacity
DWCC	Dead Weight Cargo Capacity
DWE	Deck Watch Error
DWN	Down
DWT	Deadweight, Deck Watch Time

E

E	Energy
EA	Each
E&EL	Each and Every Loss
E&EO	Each and Every Occurrence
EANDOE	Errors and Omission Excepted
E/B	East Bound
EC	East Coast
ECCA	East Coast Central America
ECCP	East Coast Coal Port
ECGB	East Coast of Great Britain
ECM	European Common Market
ECSC	European Coal and Steel Community
ECT	European Container Terminus
ED	Existence Doubtful, Extra Duty, Export Declaration
EDC	Estimated Time of Completion, Ethylene dichloride
EDH	Efficient Deck Hand
EDO	Equipment Despatch Order
EDPS	Electronic Data Processing System
EE	Errors Excepted
E/EA	Each and Every Accident
EFF	Effective, Efficiency
EFTA	European Free Trade Area (or Association)
E.G	Exempli Gratia(For Example)
EGGS	Exhaust Gas Generating System
EIR	Equipment Interchange Receipt
EIU	Even if Used
EJFC	Europe/Japan Freight Conference
E.K.	Even Keel
EL	Employer's Liability
ELEC	Electric
ELECTRO	Electronic
ELTCN	Electrician
ELVENT	Electric Ventilation
ELY	Early
EMA	European Monetary Agreement
EMERG	Emergency
EMPL	Estimated Maximum Probable Loss
ENCL	Enclosure
ENG	Engine
ENTD	Entered
ENV	Envelope
EOHP	Except Otherwise Herein Provided
EOM	End of Month
EOHP	Except Otherwise Herein Provided
E/OR	Error and Omissions Excepted
EP	Estimated Position
EPC	Export Price Control, Engineering Procurement Construction
EPI	Earned Premium Income
EPT	Excess Profits Tax
EPU	European Payments Union
EQUIPMT, EQMT	Equipment
EQUIV	Equivalent
ER	Equipment Receipt
E/R	Engine Room
ERR	Error
ERV	Each Round Voyage
ESD	Echo Sounding Device, Emergent Shut Down
EST	Estimate, Eastern Standard Time
ESV	Each Single Voyage
ETA	Estimated Time of Arrival
ETB	Estimated Time of Berthing
ETC	Estimated Time of Commencement
ETCD	Estimated Time of Completion of Discharging
ETD	Estimated Time of Departure
ETL	Estimated Time of Landing
ETS	Estimated Time of Sailing
ETY	Empty
EUR	Europe
EURATOM	European Atomic Energy Community
EVAP	Evaporate, Evaporator
EX	Example
EXCL, XCL	Excluding
EXD	Examined, Exchanged, Excluded, Executed
EXEC	Executive
EX FACIE	In Accordance with the Documents
EXHV	Exhaust Value

EXIM, EI Export Import
EXIM Export Import
EXMD Examined
EXP Expense
EXPLOS Explosive
EXPT, XPRT Export
EX Q Ex Quay
EXS Expenses or Excesses, Ex Ship
EXW Ex Works

F

F Force, Factor
FA Freight Agent, Free Alongside
F/A Forward/Afterward
F/A Feeder Additional
FAA Free of All Average
F & AP Fire and Allied Perils
FAA S/C Free of All Average but to Pay Salvage Charges
FAC Fast as Can, Facultative, facsimile, Forwarding Agents Commission
F&C Full and Complete
FAC OBLIG Facultative Obligatory Cover
F&D Freight and Demurrage
FAP First Aid Post
FAQ First Average Quality
FAS Free Alongside Ship, First and Second
FB Freight Bill
FBD Freeboard
FC Freight Rate Conference
FCA Free to Carrier
FCC First Class Charterer
FCH Franchise
FCII Fellow of the Chartered Insurance Institute
F.CHGS Forwarding Charges
F'CLE DK Forecastle Deck
FCL Full Container Loads
FC/S Free of Capture and Seizure
FCSAD Free of Capture, Seizure, Arrest and Detainment
FCSRCC Free of Capture, Seizure, Riots and Civil Commotions
FCV Full Contact Value
FD Free Dock, Free Delivery, Free Discharge
FDD Freight Demurrage Dead Freight
FDESP, F/DP Free Despatch
FDF Forced Draft Fan
F/DP Free Despatch
FDIS Free Discharge
FE Far East, Forward End, Full/Empty
FEB Foreign Exchange Bank, February
FEC Far East Conference
FEFC Far Eastern Freight Conference
FENDER Cushions, Placed Between Ships, or Between Ship and Quay to Prevent Damage
FEPEM Federation of European Petroleum Equipment Manufacture
FERM Fermentation
FEU Forty Feet Equivalent Unit, Standard 40ft Container
FFA Free Form Average, Free From Alongside, Free Foreign Agency
FFCS Fixed Free Contact System
FFD Free From Damage
FFL Fixed & Flashing Light
FFO Fixed and Floating Objects
F.FW Fresh Water, Forward
FGA Foreign General Average, Free of General Average
FH Fore Hatch
F & HE Friday & Holiday Excepted
FHEX Friday and Holiday Excluded
FHINC Friday and Holiday Included
FI Free In, for Instance
FIA Full Interest Admitted
FIAS Free in and Stowed
FIATA International Federation of Forwarding Agent Associations
FIB Free Into Barge
FIBT Free in Berth Terms
FICS Fellow of the Institute of Chartered Shipbroker
FIH Free in Harbor
FILO Free in / Liner Out.
FIN Finnish
FIO Free in / out.
FIOS Free in / out Stowed. As per FIO, but Includes Stowage Costs.
FIOSLS Free in / out Stowed and Lashed and Secured
FIOST Free in / out Stowed, Trimmed
FIOT Free in / out and Trimmed
FIP Fair in Place
FIS Freight Insurance and Shipping Charges
FIT Free in Trimmed, Free of Income Tax
FIW Free in Wagons
FIXING Chartering a Vessel
FLATPACKING Cargo to be presented stacked and secured as an integral unit
F/L Freight List
FLE Fire Lightening and Explosion
FLG Flag
FLN Following Landing Numbers
FLWG Following
FM Frequency Modulation, Fathoms
FM, EX From
FMC Federal Maritime Commission
FMS Fathoms
FMSWR Flexible Mild Steel Wire Rope
FO / IFO Fuel Oil / Intermediate FO
FOB Free on Board
FOBOT Free on Board Owners Terms
FOC Flag of Convenience, Free of Claims. Free of Charge
FOD Free of Damage
FOD ABS Free of Damage Absolutely
FOFFER Firm Offer
FOG For Our Guidance
FOM Flag, Ownership or Management
FOQ Free on Quay
FOR Free on Rail
FOR & CC Free on Riots and Civil Commotions
FORT Free Out Rye Terms
FOS Free on Steamer
FOT Free on Truck, Fuel on Treatment, Fuel Oil Tank
FOW First Open Water
FOW Free on Wharf
FP Free Port, Floating policy, Fore Part, Flash Port
FPA Free of Particular Average

FPA UCB	Free from Particular Average Unless Caused by
FPA UNLESS ETC RDC	Free from Particular Average Unless Caused by Sinking Stranding, Fire or Collision with Running Down Clause
FPIL	Full Premium If Lost
FPIL IP	FPIL From an Insured Peril
FPIL PIA	FPIL From a Peril Insured Against
FPT	Forepeak Tank
FR	Frame, Freight Release, Flat Rack
FRATE	Freight Rate
FRC	Free of Reported Casualty
FRCC	Free of Riots and Civil Commotion
FREE OUT	Free of Discharge Costs to Owners
FREQ	Frequent
FR NO	Frame No
FRNT	Front
FRO	Fire Risk Only
FROF	Fire Risk on Freight
FRT	Freight
FS	Factors of Safety
FSF	Fellow of Institute of Shipping and Forwarding Agents
FSL	Full Signed Line
FSSHINC	Friday, Saturday, Sunday, Holiday Included
FST	Floating Storage Tank
FSW	Flexible Steel Wire
FSWR	Flexible Steel Wire Rope
FT	Free Trimming, Freight Ton, Foot/Feet
FTD	Fitted
FTH	Fathom
FTR	Footer
FTW	Free Trade Wharf
FV	Fishing Vessel
FW	Fresh Water
FWAD	Fresh Water Arrival Draft
FWAD	Fresh Water Atlantic Draft
FWD	Freshwater Damage, Forward, Fresh Water Draft
FWDD	Fresh Water Departure Draft
FWE	Finish with Engine
FWL	Full Written Line
FWT	Fresh Water Tank
FWT&GD	Fair Wear Tear and Gradual Deterioration
FXLE	Forecastle
FY	Fiscal Year
FYG	For Your Guidance
FYI	For Your Information
FYR	For Your Reference

G

G	Gravity, giga
GA	General Average
G/A	General Account, General Arrangement
GAA	General Average Agreement
G/A CON	General Average Contribution
GADV	Gross Arrived Damaged Value
GAL	General Average Loss
GALV	Galvanic, Galvanism, Galvanized
GAQ	General Average Quality
GARMT	Garment
GARS	Gulf of Aden & Red Sea
GA/S	General Average & Salvage Charge
GA/SC	General Average, Salvage & Special Charges
GASV	Gross Arrived Sound Value
GATT	General Agreement on Tariffs and Trade
GBB	Gross Ballast Bonus
GBO	Goods in Bad Order
GC	General Cargo, Great Circle
GCD	Great Circle Distance
G/CPTY	Grain Capacity
GCT	Greenwich Civil Time
GDS	Goods
GEC	General Electric Company
GEM	Ground Effect Machine
GEN	General, Geneva
GENCON	Uniform General Charter of the Baltic and International Maritime Conference
G/ENG	Generator Engine
GFA	Good Fair Average
G/G DEP	General Average Deposit
GLS	Gearless
GMB	Good Merchantable Brand
GMQ	Good Merchantable Quality
GMT	Greenwich Mean Time
GNCN	General Conditions
GN (or GR)	Grain (Capacity)
GO	Gas Oil
G/O	General Overhead
GOB	Good Ordinary Brand
GOV	Government, Governor
GP	Group
GR	Gross or Grain
GR/BALE	Grain Bale
GRD	Geared
GRNTEE	Guarantee
GRT	Gross Register Tonnage
GSB	Good Safe Berth
GSM	Good Sound Merchantable
GSP	Good Safe Port
GSW	Gross Shipping Weight
GT	Gross Term, Gas Turbine, Gross Tonnage
GTEE	Guarantee
GTV	Gas Turbine Vessel
GYRO, GYC, GY C	Gyro Compass

H

H	Height
HA	Hatch
HABN	Have Been
HANDING	Handling
HAZ	Hazard
HB	Hire Base
HBR	Harbor
HC	Held Covered
HCMC	Ho Chi Min City
HD	Head, High Density
HDC	High Density Cotton
HDLTSBENDS	Half Demurrage Lay Time Saved Both Ends
HDWE	Hardware
HDWTS	Half Despatch Working (or Weather) Time Saved
HF	Half, High Frequency
H/H(HO/HA)	Hold(s)/Hatch(es)

HHD	Hoys Head
HHDW	Handy Heavy Deadweight
HKD	Hongkong Dollar
HKG	Hongkong
HL	Hatch List, Heavy Lift
H/M	Hull and Machinery
HMD	Hyundai Mipo Dockyard
HMS	Heavy Metal Scrap
HO	Hold, Heavy Oil
H/O	Head Office
H & O	Hook and Oil Damage
HOR	Horizon
HP	Horse Power, High Pressure, High Power
HPN	Horse Power Nominal
HQTRS/HQ	Head Quarters
HR	Hour
HRC	Hot Rolled Coils
HSD	High Speed Diesel Oil
HT	Half Time Survey, Hired Transport, Height, Heat, High Tension
HTGC	High Temperature Gas-Cooled Reactor
HV	Have
HVF	High Viscosity Fuel
HVFO	High Viscosity Fuel Oil
HVY	Heavy
HVING	Having
HW	Heavy Weather, High Water
HWD	Heavy Weather Damage
HWF & C	High Water Full and Charge
HWM	High Water Mark
HWVR, HEVER	However

I

IAGW	If All Going Well
IAW	In Accordance With
IB	In Bond, Internal Bond, Invoice Book
IBC	Institute Clauses for Builder's Risk
IBRD	International Bank for Reconstruction and Development
IC, I/C	In Commission
I/C	Interchange, Initial Course
ICC	Institute Cargo Clause, International Chamber of Commerce
IC & C	Invoice Cost and Charges
ICGB	International Cargo Gear Bureau
IGHCA	International Cargo Handling Coordination Chamber of Shipping
ICS	Institute of Chartered Shipbrokers
ICU	May I Come to See You?
IE	That Is
IF	In Full
IFC	Institute Freight Clause
IFO	Intermediate Fuel Oil
IGA	Inter-Group Agreement
IGC	International Grain Code
IGS	Inert Gas System
IHP	Indicated Horse Power
ILA	International Longshoremen's Association
ILL CERT	International Load Line Certification
ILO	International Labors' Organization
ILOHC	In Lieu of Hold Cleaning
ILS	Instrument Landing System
ILU	Institute London Underwriters
ILWU	International Longshoremen's & Warehousemen's Unions
IMCO	Inter-Governmental Maritime Consultative Organization
IMDG	International Maritime Dangerous Goods Code
IMF	Intermediate Fuel, International Monetary Fund
IMM	Immediate
IMO	International Maritime Organization
IMOL	Molasses Charter Party
IMM	Immediate
IMPSBL	Impossible
IN	Inch(es), Insurance
INC	Incorporation, Including, Inclusive, Increase
INCE	Insurance
INCL	Including
IND, INDIC	Indication
INDEF	Indefinite
INF, INFO	Information
INM	Incidental Non Marine
INS	Insurance
INSP	Inspection
INST	Instant
INSTR	Instruction
INSTRMT	Instrument
INST WTIES	Institute Warranties
INT	Interest
INTA-SCALE	International Tanker Freight Scale Association
INTL	International
INTERMODAL	Carriage of a Commodity by Different Modes of Transport (Sea, Road, Rail and Air within a Single Journey)
INCOTERMS	International Rules for the Interpretation of the Trade Terms
INV	Invoice
I/O	In Lieu of, Instead of
IOP	Irrespective of percentage
IOU	I Owe You
IOW	In Other Words
IPA	Including Particular Average
IPC	Institute Time Clauses Hulls Port Risks
IPRC	Institute Port Risk Clause
IS	Intermediate Survey, Iron and Steel
ISO	International Organization for Standardization
IST	International Shipping Trusteeship
IT	In Transit
ITC	Institute Time Clause
ITF	International Transport-Worker's Federation
IU	If Used
IUAI	International Union of Aviation Insurers
IUHTAUTC	If Used, Half Time Actually to Count
IUMI	International Union of Marine Insurance
IV	Invoice Value, Increased Value
I/W	Idle Working
IWL	Institute Warranty Limits
IWT	Inland Water Transport

J

JA Justice of Appeal, Joint Account
JAN January
J. AND/OR L.O Jettison and/or Loss Overboard
JCS Japanese Shippers Council
JEFC Japan/Europe Freight Conference
JETT Jettison
JHC Joint Hull Committee
JHU Joint Hull Understanding
JKAG Japan, Korea, Atlantic & Gulf Freight
JKT Jakarta
JMC Joint Maritime Commission
JP Justice of The Peace
JUL, JLY July
JUN June
J & WO Jettison & Washing Overboard
JWOB Jettison Washing Overboard

K

K Kilo, Karat
KC/S Kilocycles per Second
KD Knock Down
KDC Knocked Down Condition
KMPA Korea Maritime and Port Administration
KN, KT Knot
KOFMIA Korea Flour Mills Industries Association
KOSCIA Korea Super Cereal Industries Association
KR Korean Register of Shipping Classification
KSA Korea Ship Owners Association
KST Korea Standard Time
KT Kilo ton

L

L Lumber, Lloyd, Length
L/A Landing Account, Letter of Authority
L.A Los Angeles
LANBY Large Automatic Navigation Buoy
LASH Lighter Aboard Ship
LASH To Hold Goods in Position by Use of Ropes, Wires, Chains or Straps etc.
LAT Latitude
LBP Length Between Perpendicular
LBS Pounds
LC London Clause
L/C Letter of Credit, Lay/Can
LCD Leasing Company Clause
LCG Longitudinal Center of Gravity
LCL Less Than a Container Loads
L/D Loading/Discharging, Loss and Damage, Liquidated Damage
LD Load Draft. Light Displacement
LDD Loss During Discharge
L/DEF Latent Defect
LDG Loading
LDG/DELY Landing & Delivery
LDN London
LDO Light Diesel Oil
LDR Leader
LDS Loads
LDT Loss During Transit
LEG CHGS Legal Charge
L/G Letter of Guarantee
LH, LHD Lower Hold
L/I, LOI Letter of Intent, Letter of Indemnity
LIAB Liability
LIBA Lloyd's Insurance Brokers' Association
LIFO Last in First Out, Liner in Free Out
LJA Line's Joint Account
LKGE Leakage
LKG(E) & BKG(E) Leakage & breakage
LKR Laker
LLA Line's Local Agent
LLDS Lloyd's
LLL. REP Lloyd's List Law Report
LM Last Month
LMAA London Maritime Arbitrators' Association
LMC Lloyd's Machinery Certificate
LMC CS Lloyd's Machinery Certificate Continuous Survey
LMG Liquified Methane Gas
LMT Local Mean Time
LNG Liquified Natural Gas
LNYD Liability Not Yet Determined
LO Lubricating Oil
LOA Length Overall of The Vessel
LOC Local Operations Committee
LOH Loss of Hire
LOL Loss of Life
LONG Longitude
LONG BHD Longitudinal Bulkhead
LONGL Longitudinal
LONG MT Longitudinal Moment
LOW Last Open Water
L/P Low Pressure
LPG Liquified Petroleum Gas
LPO Lloyd's Policy Office
LPS Loading Port Survey
LPSM Lump Sum
LPT Loading Port
LRMC Lloyd's Refrigerating Machinery Certificate
L/R, L.R Loading Report, Loss Ratio
L/S Lump Sum or Lump Sum Charter, Longshoreman
LSCLS Livestock Clause
LSHW LIAB Longshoremen's and Harbor Worker's Liability
LT Liner Traffic, Landed Terms
L/T Long Term, Long Ton
LTD Limited
LT/D Lower Tween Deck
LTDW Long Ton Dead Weight
LTL Less Than Trailer Load
LTR Lighter, Letter
LTS Lay Time Saved
LT-V Light Vessel
L/U Laid Up
L/U AGRMT Leading Underwriter Agreement
LS (or LUMPS) Lump Sum
LSD Lashed Secured Dunnaged
LT Liner Terms
L/UW Leading Underwriter
LUA Lloyd's Underwriter's Association

LUCO	Lloyd's Underwriter's Claim Office
LVL	Level
LW	Low Water, in Lieu Weighing
LWL	Load Water Line, Low Water Level
LWOST	Low Water, Ordinary Spring Tides
LWR	Lower
LYCN	Lay/Can, Lay Day Cancelling Date

M

M	Meter, Mass
MA	Mechanical Advantage
M/A	My Account
MACH	Machinery
MAJ	Major
MAL D	Malicious Damage
MALPRA	Malpractice
MAR	Marine, March
MAX	Maximum
M/F	Manifest
MB	Merchant Broker, Motor Boat
MBD	Machinery Breakdown
M/C	Machinery Certificate, Mechanical Completion
MCHY DGE	Machinery Damage
MD	Mean Draft, Months after Date, Mid Ship Draft
M/D	Memorandum of Deposit
MDO	Marine Diesel Oil
MDNT	Midnight
MDSE	Merchandise
M/E	Main Engine
MEC	Marine Extension Clause
MEAST	Measurement Tons
MED	Mediterranean Sea
MEM	Member
MEMO	Memorandum
M/F	Manifest
MFG	Manufacturing
MFO	Marine Fuel Oil
MGO	Marine Gas Oil
MGR	Manager
MGT	Management
MH	Main Hatch
MHWS	Mean High Water Spring Tide
MI	Marine Insurance
MID	Middle
MIC	Man in Charge
MIN/MAX(M/M)	Minimum/Maximum
MIN DEP	Minimum and Deposit Premium
MIN. WT	Minimum Weight
MIP	Marine Insurance Policy
MISC	Miscellaneous
MITE	Might
MIXT	Mixture
M/L, MOL, MOLES	More or Less
MLB	Mini Land Bridge
MLD	Moulded
MM	Merchant Marin
M/M	Made Merchantable
MNTIME	Meantime
MOA	Memorandum of Agreement
MODIF	Modification
MOA	Memorandum of Agreement
MOD	Modern
MODIF	Modification
MOLCO, MOLCHOP	More or Less Charterer's Option
MOLOO	More or Less Owner's Option
MOM	Middle of Month
MPACK	Missing Package
MPG	Miles per Gallon
MPH	Miles per Hour
MPL	Maximum Probable Loss
MPPS	Multipurpose
MR	Master Receipt
M/R	Mean Rate, Mate's Receipt
MS	Machinery Survey, Merchant Shipping
M/S	Motor Ship
MSA	Merchant Shipping Act
MSC	Manchester Ship Canal
MSD	Marine Sanitary Device
MSG	Message
MST, MSRMT	Measurement
M/T	Metric Ton, Tonne
MT	Measurement Ton, Moment
MTC	Moment to Change Trim One Centimeter
MTG	Meeting
MTGOR	Mortgagor
MTIME, MT	Meantime
MTL	Mean Tidal Level
MTR	Matter
M/V, MV	Motor Vessel
MVSSL	Mother Vessel
M & W	Marine and War Risks
MWHILE	Meanwhile
MXD	Mixed

N

N	Newton
NA	No Acceptance
N/A	Not Applicable
NAA	Not Always Afloat
NAABSA	Not Always Afloat But Safely Aground
NAD	No Apparent Defect
NAUT	Nautical
NAV	Navigating or Navigation
NB	Neutral Body, New Building
NBR(NR)	Number,
NBR	Acrylonitrile Butadiene Rubber
NC	No Combo(Combination Port), New Charter
NCAR	No Claim for Accident Reported
NCAD	Notice of Cancellation at Anniversary Date
NCB	No Cargo on Board
NCB	National Cargo Bureau
NCC	No Collecting Commission
N-CONE	Non Conference
NCV	Non Commercial Value
ND	Non Delivery
NDAS	No D.O at Sea
NDW	Net Deadweight
NE	No Effects
NEG	Negligence
NEGO	Negotiation

NEI	Not Elsewhere Included
NEP	Not Elsewhere Provided
NES	Not Elsewhere Specified
NFA	No Further Action
NFB	No Fuse Braker
NHP	Nominal Horse Power
NIL	Nothing, Zero
NITE	Night
NK	Not Known
NKR	Norway Krone
NLUR	No Lying Up Returns
NM	Non Marine or No Mark
N/M	No Mark
NMA	Lloyd's Non Marine Association
NN, N/N	Not North of, No Name, No Number
NNSS	Navy Navigation Satellite System
NOE	Not Otherwise Enumerated
NO I/C	Naval Officer-In-Charge
NOM STD	Nominal Standard
NOND	Non Delivery
NON-REVERSIBLE	If loading completed sooner than expected, then saved days will not be added to discharge time allowed.
NOP	Not Otherwise Provide
NOR	Notice of Readiness
NORDER	In Order To
NOS	Not Otherwise Specified
NO S.I	No Short Interest
NOV	November
N/P	Net Proceeds
NP	Notary Public
NPF	Not Provide For
NR, NOR	Notice of Readiness
NR	No Risk
NRAD	No Risk after Discharge
NRAL	No Risk after Landing
NRAS	No Risk after Shipping
NRT	Net Restricted Tonnage, Net Gross Tonnage
NRTOR	No Risk Until on Rail
NRTWB	No Risk Until Waterborne
NS	Nuclear Ship
N/S	Not Specified
NSPE	Not Specially Provided for
NT	Net Tonnage
N/T	New Terms, No Terms
NTD	Noted
NU	Name Unknown
NUR	Not Under Repair
NV	Norske Veritas Classification, Nuclear Vessel
NVOCC	Non Vessel Operating Common Carrier
N/WMN	Night Watchman
NY	New York
NYK	Nippon Yusen Kaisha

O

OA	Open Air, Overall
O/A	On/About, on or Around, Outer Anchorage
OAP	Over Age Premium
O/B	On Board, on or Before
OB	Oil Bulk Ship
OBL	Ordered Bill of Lading, Original Bill of Landing
OBO	Ore Bulk Oil Carrier
OBTN	Obtain
OC	Old Charter, Open Charter, Over Charge
OCA	Outstanding Claims Advice
OC B/L, OBL	Ocean Bill of Landing
OCCASL	Occasional
OCL	Overseas Container Line
OCP	Overland Common Point
OCT	October
OD	Over Draft, Office of Destination, on Deck, on Demand, Outside Diameter
ODR	Order
O/F	Ocean Freight
OFF	Offered, Officer, Office
OG	On Gross, Oil Grand
OGP	Original Gross Premium
OGPI	Original Gross Premium Income
OGR	Original Gross Rate
OM	Oil Mooring
ON	On Net
ONP	Original Net Premium
ONPI	Original Net Premium Income
ONR	Original Net Rate Owner
ONRPI	Original Net Retained Premium Income
ONR to HO	Original Net Rate to Head Office
OO	Owners Option
OP, O/P	Open Policy, Over Paid, Optional
OPEC	Organization of Petroleum Exporting Countries
OPL	Out Port Limit
OPN	Open
OPP	Opposite
OPT	Optional, Option
OR	Owner's Risk, Original Rate
O/R	Overriding Commission or Overrider
ORB	Owner's Risk of Breakage
ORC	Owner's Risk of Chafing
ORD	Owner's Risk of Damage, Order, Ordinal, Ordinary
ORDET	Owner's Risk of Deterioration
ORF	Owner's Risk of Fire
ORFR	Owner's Risk of Freezing
ORIG, ORIGNL	Original
ORL	Owner's Risk of Leakage
ORS	Others
OS	Owners, Ordinary Seaman
O/S	On Sale or Return, on Sample, Out of Stock, Outstanding
OSD	Open Shelter Deck Ship
OSD/CSD	Open/Closed Shelter Deck Ship
OS & D	Overage Shortage and Damage
OSH	Open Shelter Deck
OSL	On Signed Lines
O/T	Overtime, Old Terms, on Truck
OTC	Ocean Transshipment Cargo
OTR	Out-Tern Report
OTLX	OUT Telex
O/W BASE	One Way Base
O'WISE	Otherwise
OWS	Owners

P

P	Power
PA	Primary Air, Particular Average
PAC	Provisional Acceptance Certificate, Pacific Coast Ports, Pacific
PARA, PAR	Paragraph
PART	Particular, Participle
PASS	Passage, Passenger
PAYT	Payment
PB	Permanent Bunkers
PBH	Partial Bulkhead
PC	Pulverized Coal, Period of Charter, Particular Charge or Profit Commission
P/C	Percent, Petty Cash
PCC	Pure Car Carrier
PCDS	Proceeds
PCGO	Part Cargo
PCL	Parcel
PCS	Pieces
PCT	Percent
PD	Paid, Port Dues, per Diem, Property Damage
PDPR	Per Day Pro Rata
PER	Period, Person
PERDIEM	By the Day
PERF	Perfect
PERH	Perhaps
PER.INJ	Personal Injury
PERM	Permanent
PERS, ACC	Personal Accident
PER SE	By Itself
PFD	Preferred
PG	Persian Gulf, Pressure Gauge
PHO	Port Health Office
PHPD	Per Hatch per Day
P & I	Protection and Indemnity
PI	Personal Injury
PIA	Peril Incurred Against
PICO	Port in Charterer's Option
PILF	Pilferage
PKG, PKAG	Package, Packing
PKT	Packet
PL	Partial Loss, Public Liability
P/L	Profit or Loss, Plain Language, Packing List, Platforms & Ladders
PLA	Port of London Authority
PLD	Platform Deck
PLS(Z)	Please
PLSD	Pleased
PM	Premium, After Noon
PML	Possible Maximum Loss
PMO	Passing MUSCAT Outbound
PNC	Private and Confidential
PND	Pound
POC	Port of Call, Pre-Order Commitment
POD	Paid on Delivery, Port of Delivery
POLL	Pollution
POR	Port of Refuge
POST	After
PP	Picked Port, Particular Port, Parcel Post
P'P	Pump
PPC	Pour Prendre Conge, to Take Leave
PPD	Prepaid, Postpaid
PPI	Policy Proof of Interest
PPP	Polluter Pays Principle
PPT	Prompt
PR	Pro Rata
P.R	Port Risk
PRATIQUE	License or Permission to Use a Port
PREC	Preceding
PRED	Predicate
PREF	Preferred, Preference, Preface
PREM	Premium
PRM.RED	Premiums Reducing
PRES	President
PRIM	Primary, Primitive
PRIN	Principle
PRO	Protest
PROB, PBLM	Problem
PROF	Professor
PRORATA	In Proportion
PROV	Provision
PSA	Port of Singapore Authority
PSC	Port State Control
PST	Pacific Standard Time
PSTN, POSTN	Position
P.SETT	Previous Settlement
PT	Pressure Transmitter, Panama Canal Tonnage, Penalty Time, Pint, Port
PTO	Please Turn Over
PUB	Public, Publication
PWR	Power
PWSS	Port War Signal Station

Q

QA	Quality Assurance
QC	Quality Control, Quantity at Captain's Option
Q-COST	Quality Cost
QHSE	Quality, Health, Safety & Environment
QI	Quality Improvement
QLTY	Quality
Q/M	Quarter Master, Quality Management
QN	Quotation
QP	Quality Policy & Planning
QTE	Quote
QTINE	Quarantine
QTN	Quotation
QTY, Q'TY	Quantity

R

RAM	Reliability, Availability and Maintainability
RAP	Resource Allocation Process
RBCT	Richard Bay Container Terminal
RBR	Rubber
R & CC	Riots and Civil Commotions
RC	Royal Commission, Return Clause
RCC & S	Riots Civil Commotions and Strikes
RCD	Received, Reasonable Cost Down
RCL	Ramped Cargo Lighter
RCP	Rules for Construction of Policy

RCPT	Receipt
RCVD	Received
RCVR	Receivers
RD	Running Lay Days, Reserve Decoration, Running Days
R/D	Refer to Drawer
RDC	Running Down Clause
RDF	Radio Direction Finder
RDK	Raised Deck
RDLY	Redelivery
RDVOY	Round Voyage
RE	Referring To, Regarding, Rate of Exchange, Reference
REC	Rectifier
RECAP	Recapitulation
RECHECK	Check Again
RECOMM	Recommend
RECONFIRM	Confirm Again
REDEL	Redelivery
REDN	Reduction
REFER	Refrigerated Vessel or Refrigerated Space
REF	Reference, Ship Fitted with Refrigerated Cargo Installation
REG	Regulation
REGT	Registered Tonnage
REG.P	Registered Port
REM	Remainder, Remittance
REMCE, REMT	Remittance
REP	Representative
REQD, RQ	Required
RES	Researcher, Reserve
RET	Return of Premium
RETRO	Retroactive
REUR	Refer Tour
REV	Revenue
REVERSIBLE	If loading completed sooner than expected at loading port, then days saved can be added to discharge operations.
RF	Raised Face, Reefer
RGDS	Regards
RGE	Range
RI	Reinsurance
RICC	Reinsurance of Common Account
RLN	Running Landing Number
RM	Risk Management, River Moorings
RMC	Reference My Cable
RMKS	Remarks
RML	Reference My Letter
RMS	Royal Mail Ship
RMT	Reference My Telegram
RNR	Renewal Not Required
ROB	Remaining on Board
ROC	Regional Operations Committee
ROD	Refused on Delivery
RO/RO	Roll on Roll Off
ROJA	Reinsurance of Joint Account
ROT	Reference (to) Our Telegram
ROTN NO	Rotation Number
RP	Return Premium
RPM	Revolution per Minute
RPT	Repeat, Report
RQ, RQST	Request
RQMT	Requirement
R/R	Railroad
R/SCH	Regional Schedule
RSIDE	Right Side
RT	Radiographic Test, Revenue Ton, Rye Terms
RTBA	Rate to Be Arranged
RTFO	Rye Terms Full Outturn
RTRN	Return
RTSD	Rye Terms Sound Delivery
R/V	Round Voyage
RVRTG	Reverting
RYC	Reference Your Cable
RYL	Reference Your Letter
RYT	Reference Your Telegram

S

S	Second
SA	Seal Air, Service Air, System Analysis, Surge Arrester, Safe Arrival, Shipping Application
S/A	Sub-agent, Subject to Approval
SA A/C	Salvage Association Account
SAH	Sun Above the Horizon All Day
SAIS	Oversea Accounting Insurance System
S/A L/U	Subject to Acceptance by the assured, to be advised to the Leading underwriter only
S AND/OR ND	Shortage and/or Non Delivery
SALVL	Salvage Loss
SAN	Storage Area Network
SANR	Subject to Approval No Risk
SAPL	Sailed as per List
SAR	Saudi Arabian Riyal
SARAH	Search and Rescue Homing
SAS	Special Ammunition Stowage
SASHEX	Saturday afternoon Sunday Holiday Excluded
SASO	Saudi Arabian Standards Organization
SAT	Saturation
SATPM	Saturday PM
SATPMX	Saturday PM Excluded
SB	Safe Berth
SBE	Standby Engine
SBH	Sun Below The Horizon All Day
SBJ	Subject
SBS	Survey Before Shipment
SBT	Segregation Ballast Tank
S/C	Sub-Contractor, Salvage Charges, Supplementary Call
SCA	Suez Canal Authority
SCAN	Scandinavian
SCB	Safe Charterer's Berth
SCH	Schooner, Schedule
SCHDL	Schedule
SCN	Show Cause Notice
SCQ	Special Commodity Quotation
SD	Single Decker, Singapore Dollar
S/D	Steel Diesel or Short Delivery
SDBC	Single Deck Bulk Carrier
SDHF	Standard Dutch Hull Form
SDK	Shelter Deck
SDNR	Screw Down Non Return
SDNRV	Screw Down Non Return Value
SDR	Special Drawing Right

SE	Stock Exchange
SEC	Second
SE CERT	Safety equipment certificate
SECT	Section
SECUS	Otherwise
SEL	Seoul
SEMBLE	It Appears That
SELFD	Self Discharging
SEPT	September
SF	Stowage Factor, Shearing Force
S/F	Stowage Factor
S & FA	Shipping & Forwarding Agent
S/FEE	Survey Fee
S.G.	Specific Gravity of Liquid
SG	Ship and Goods, Specific Gravity
SH	Shipper
SHD	Shelter Deck
SHEX	Sunday and Holiday Excluded
SHEXEIU	Sunday and Holiday Excepted Even If Used
SHEXUU	Sunday and Holiday Excepted Unless Used
SHINC	Sunday and Holiday Included
SHP	Shaft Horsepower
SHPG	Shipping
SH. SHPT	Shipment
SHPR	Shipper
SHTG	Shortage
SHS	Shippers
SHUD	Should
SI	Sum Insured, Short Interest
SIBOR	Singaporean Inter-Bank Offered Rate
SIG	Signature
SINGL DKRS	Single Deckers
SK	Sack
S/K'LER	Store Keeper
SKR	Swedish Krone
SL	Salvage Loss, Sue and Labor Charges
S/L	Sue and Labor
SLB	Siberian Land Bridge
SL/NL	Ship Lost or Not Lost
SLC	Shipper's Load & Count
S/L CH	Sue and Labor Charges
SLD	Sailed
SLD A.P.L	Sailed as per List
SL/NL	Ship Lost or Not Lost
SMC	Safety Management Certificate
SMT	Ship's Mean Time
SN	Shipping Note
SNR	Ship Not Responsible For
S/O	Ship Owner
SO	Ship Operation, Ship's Order, Ship's Option
SOA	Ship Operating Agent, State of Account
SOL	Ship Owner's Liability, Solicitor
SOF	Statement of Facts
SOP	Sulfate of Potassium, Ship Operating Agent
SOS	Service of Suit, Save Our Souls
SP	Safe Port, Shipping Port
S & P	Sale and Purchase
SP CHGS	Special Charges
SPA	Subject to Particular Average
SP CHGS	Special Charges
SPCL	Special
SPD	Speed, Sparred, Steamer Pay Due
SPEC	Specification
SPP	Small Packet Post
SPS	Safety Ports
SPT	Shipper Pays Taxes
SR	Shipping Request
SRBL	Signing and Releasing Bill of Lading
SRCC	Strikes, Riot & Civil Commotion
SRCERT	Safety Radio-Telegraphy Certificate
SRL	Ship Repairs' Liability
SR & O	Statutory Rules and Orders
SRS	Shipping Research Service
S/S	Special Survey
SS	Steamship
SS&C	Same Sea and Coast, Same Sea and Country
SSBC	Sinking, Stranding, Grounding, Burning and Collision
SSE	South-South-East
SSHEX	Saturday, Sunday, Holiday Excluded
SSHINC	Saturday, Sunday, Holiday Included
SS or B	Stranded, Sunk or Burnt
SSO	Struck Submerged Object
SSW	South-South-West, Summer Salt Water
ST	Short Ton, Straighten, Straight Time
STA	Station
STABCAL	Stability Calculation
STBD	Starboard
STD	Stranded, Standard
STEM	Subject to Enough Merchandise (Availability of Cargo)
STERN	The After Most Part of a Ship
STERCOM	Steering Committee
STEVLIAB	Stevedores' Liability
STER, STG	Sterling
STGE,STOR	Storage
STH	South
STMT	Statement
STOS	Station to Station
STP	Stop
STS	Stevedores
STTN	Situation
SU	Set Up
SUB	Subject (to), Subscription
SUBT	Substitute
SUB U/WRS APP	Subject to Underwriters' Approval
SUN EXCT	Sunday Excepted
SUPER ECO	Super Economical
SUPRA	Above
SV	Sailing Vessel
SVC	Service
SVC SPD	Service Speed
SW	Seawater, Salt Water
SWAD	Salt Water Arrival Draft
SWD	Seawater Damage, Salt Water Draft
SWDD	Salt Water Departure Draft
SWL	Safe Within Limit, Safe Working Load,
SWR	Steel Wire Rope
SX	Sacks
SYND, SYN	Syndicate

T

T	Temperature, Tropical
TA	Turn Around
TAFHEX	Thursday Afternoon Friday Sunday Holiday Excluded
TAN	Twilight All Night
TAR	Tariff
T/ATL	Trans Atlantic
T AND/OR CTL	Total and/or Constructive Total Loss
T & S	Touch and Stay
TAX. CAS	Taxation Cases
TB	Trial Balance
TBA	To be Advised
TBCCO	Tobacco
TBL, THROBL	Through Bill of Lading
TBN	To be Nominated, to Be Named, to be Notified
T/C	Time Charter, Till Countermanded
TCATLVO	Total or Constructive or Arranged Total Loss of Vessel Only
TCI	Time Charterer's Interest
T/CH	Time Charterer
TCL	Time Charterers' Liability
TCM	Transports Combine of Merchandise
TCRVS	Trip Charter Round Voyage
TCT	Time Charter Trip
T/D	Tween Deck
TDO	Transshipment Delivery Order
TDW	Tonnage Deadweight
TDWCC	Tons Deadweight Cargo Capacity
TDY	Today
TE	Trade Expense
TECH	Technical
TEL	Telephone, Telegram, Telegraph
TELY	Telegraphy
TELCOM	Telecommunication
TEMP	Temperature
TEU	Twenty Feet Equivalent Unit, Standard 20ft Container
TEX	Textile, Texas
TF	Total Float, Tropical Fresh Water
TFO	Thin Fuel Oil
TFORE, TH4	Therefore
TFR	Transfer
TFW	Tropical Fresh Water
T/G	Tongued and Grooved, Temperature Gauge
TGM	Telegram
TGWU	Transport and General Workers Union
THR	Thunderstorm with Rain
THRU	Through
THS	Thunderstorm with Snow
TKS	Thanks
T/L	Total Loss
TLO	Total Loss Only
TLO BY TLV	Total Loss Only by Total Loss of Vessel
TLO EXCS	Total Loss Only and Excess Liability
TLO/GA	Total Loss Vessel Only & General Average
TLVO	Total Loss Vessel Only
TLX	Telex
TMNL	Terminal
TMW	Tomorrow
TOB	Total Amount on Board
TOD	Time of Despatch
T/OPRTN	Terminal Operation
TOR	Time on Risk, Time of Receipt
TOTCOM	Total Commission
TOVALOP	Tanker Owner's Voluntary Agreement Concerning Liability for Oil Pollution
TP, T/P	Theft & Pilferage, Third Party, Teleprinter
TPC	Tons per Centimeter Immersion
TPF & T	Third Party, Fire and Theft
TPHONE, TEL	Telephone
TPI	Tons per Inch Immersion, Third Party Inspector
TPL, TPLIAB	Third Party liability
TPND	Theft, Pilferage and Non Delivery
TPNSD	Theft, Pilferage, Non and/or Short Delivery
TR	Transformer, Transfer
TRANS	Transverse
TRANSP, TPT	Transportation
TRANS BHD	Transverse Bulkhead
TRC	Terminal Receiving Charge
TRDG	Trading
TRF	Tariff
TRFD	Transferred
TROP	Tropical, Tropic
TRM	Transverse Meter-center Above Base Line
TS	Tail Shaft Survey, Tough-Stay, Tween Screw Ship, Transshipment
T & S	Touch and Stay
T/S	Transshipment, Transship
TSKT	Top Side Tank
TSR	Trans Siberian Railroad
TT	Telegraphic Transfer
TTL	Total
TTF.CLAUSE	Timber Trade Federation Clause
TW	Tween Decker
TWMC	Transport, Wage, Maintenance and Care
TWN DKR	Tween Decker
TWPH	Tons Water per Hour
TX	Tax

U

U	You
UA	Underwriter Account
U/A	Underwriting Account
UBC	Universal Bulk Carrier
U/C	Under Construction
UCAE	Unforeseen Circumstances Always Excepted
UCB	Unless Caused by
UCE	Unexpected Circumstances Excepted
UCM	Can You Come and See Me
U/D, U DK	Under-Deck
UF	Utilization Factor
U/G	Under Ground
ULCC	Ultra Large Crude Oil Carrier
ULL	Ullage
ULT	Ultimate
UMV	Unpacked Mother Vehicle
UNACCTBL	Cannot Accept, Unacceptable
UNAVLBL	Unavailable
UNDSTND, USTAND	Understand
UNL	Ultimate Net Loss
U & O	Use and Occupancy

UOM	Unless Otherwise Mentioned, Unit of Measurement
UP	Under Proof
UPR	Upper
UP.FEE	Underwriters Pay Fee
UPS	Underwriters Pay Policy Stamp Duty
UP.TAX	Underwriters Pay Tax
U/R	Under Repair
U/R S	Underwriters
UR	Your, Uruguay Round
USC	Unless Sooner Commenced
USCG	United States Coast Guard
USEPA	US Environmental Protection Agency
UT	Ultrasonic Test, Unlimited Transshipment
UT/D	Upper Tween Deck
UTM	Utmost
UU	Unless Used
UUIWCTAUTC	Unless Used in Which Case Time Actually Used to Count
UV	Ultra Violet
UW, U/W	Underwriter

V

VA	Value Analysis
V/A	Voyage Account
VAC	Vacuum
VAT	Value Added Tax
VBM	Value Based Management
VC	Valuable Cargo
VCG	Vertical Center of Gravity Above Base Line
VCR	Vancouver
VD	Valued
VENT	Ventilator
VERT	Vertical
VERT MT	Vertical Moment
VHF	Very high Frequency
VIZ	As Specified Below, Namely
VLCC	Very Large Crude Oil Carrier
VL/F	Very low Frequency
VMT	Very Many Thanks
VOP	Valued as Original Policy
VOY	Voyage
VOY NO	Voyage No.
VS, VSL	Vessel
V/S	Visual Signalling
VPD	Vessel Pays Dues
VTOL	Vertical Take Off and Landing
VTS	Vessel Traffic System

W

W	Work
WA	Water Borne Agreement, with Average, Western Australia
WA B/C	With Average with Both Crafts
WACC	Weight Average Cost Capital
W&S	War and Strikes
W&W	Wind and Weather
WB	Water Ballast, Word Before, West Bound, Warehouse Book, Way Bill
WBD	Will Be Done
WBS	Without Benefit or Salvage to the Insurer, Without benefit of Salvage
WBT	Wing Ballast Tank
WC	West Coast
WCA	Workmen's Compensation Act
WCB	With Cargo on Board
WCCON	Whether Customs Cleared or Not
WCSA	West Coast of South America
WCYP	What Can You Propose
W/D	Warranted, Well Deck, Working Days
WDF	Wireless Direction Finder
WEF	With Effect From
WFTU	World Federation of Trade Unions
WG	Water Gauge, Weight Guaranteed
WHF	Wharf
W/HOUSE, WHSE	Warehouse
WHWD	Weather Half-Working Day
WHZ	Whether
W/I	Within
WIBON	Whether in Berth or Not
WICCON	Whether in Custom Clearance or Not
WIFPON	Whether in Free Pratique or Not
WIPON	Whether in Port or Not
WL, WIL	Will
WK	Week
WLTOHC	Water Line-To-Hatch Coaming
W/M, WORM	Weight or Measurement
WM.FEES	Winter Mooring Fees
WMT	Wet Metric Tonnage
WNA	Winter North Atlantic
WNWD	Weather Non-Working Day
W/O	Without
W/O,W/OB	Washing Overboard
WOC	Without Compensation
WOG	Without Guarantee
WOL	Wharf-Owner's Liability
WORMS	Weight, Measurement or Space
WP	Water Proof, Weather Permitting, Without Prejudice
WPA	With Particular Average
WPD	Weather Permitting Day
WPD	With Particular Date
WPP	Water Proof Paper Packing
WR	War Risk
WRI	War Risk Insurance
WRK	Wreck
WRO	War Risk Only
WRRC	War Risks Rating Committee
WS	World Scale
WT	Weight
WTE CL	Wartime Extension Clause
W'TIES	Warranties
W.TK	Wing Tank
WTS	Working Time Saved
WTY	Warranty
WUD	Would
WVNS	Within Vessel's Natural Separation/Segregation
WW	Worldwide
W/W	Warehouse to Warehouse
WWD	Weather Working Days
WWDSHEX	Weather Working Day Sunday Holiday Excluded
WWDSHINC	Weather Working Day Sunday Holiday Included

WWDSHEXUU	Weather Working Lay Days, Sunday and, Holiday Excepted Unless Used
WWDSSHEX	Weather Working Lay Days, Saturday Sunday and Holiday Excepted
WRIC	Wire Rods in Coils
WW	Water Wall
WWF	Waterfront Worker's Federation
WWR	When, Where Ready
WWT	Waste Water Treatment
WZ, WTH	With

X

X	Cross
XDCR	Transducer
XFER	Transfer
XGE	Exchange
XI, XIN	Ex Interest
XLPE	Cross Linked Polyethylene
XMTR	Transmitter
X NEW	Ex New Issue
XS	Excess
XS of	Excess of
XTRA	Extra

Y

Y	And
YAR	York-Antwerp Rules
YGP	Yancey Geer Price
YR, UR	Your
YRLET	Your Letter
YRS	Yours, Years
YT	Yacht
YTD,YESTDY	Yesterday
YTLX	Your Telex

Z

ZLD	Zero Liquid Discharge

석유화학 계통도

Upstream

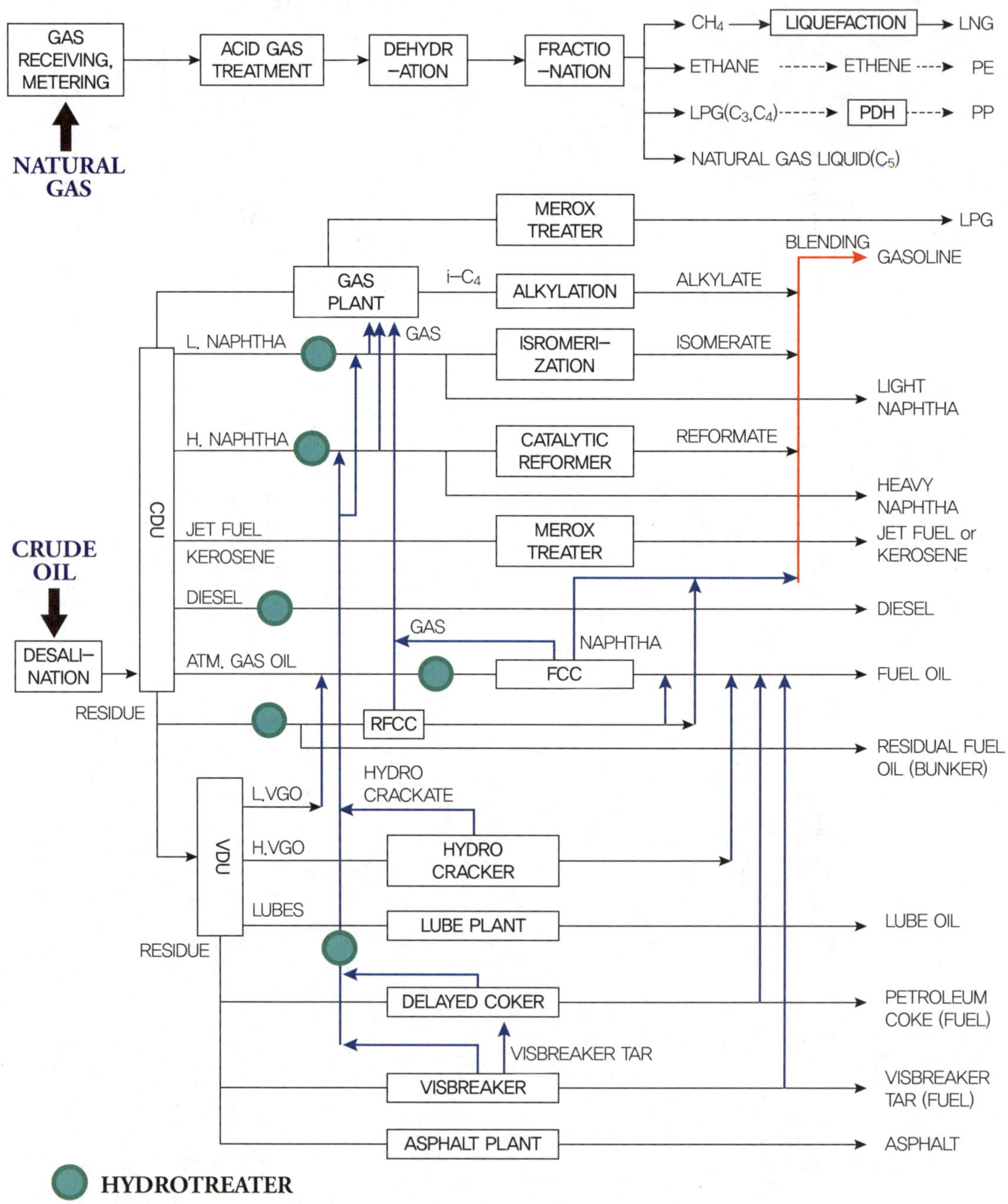

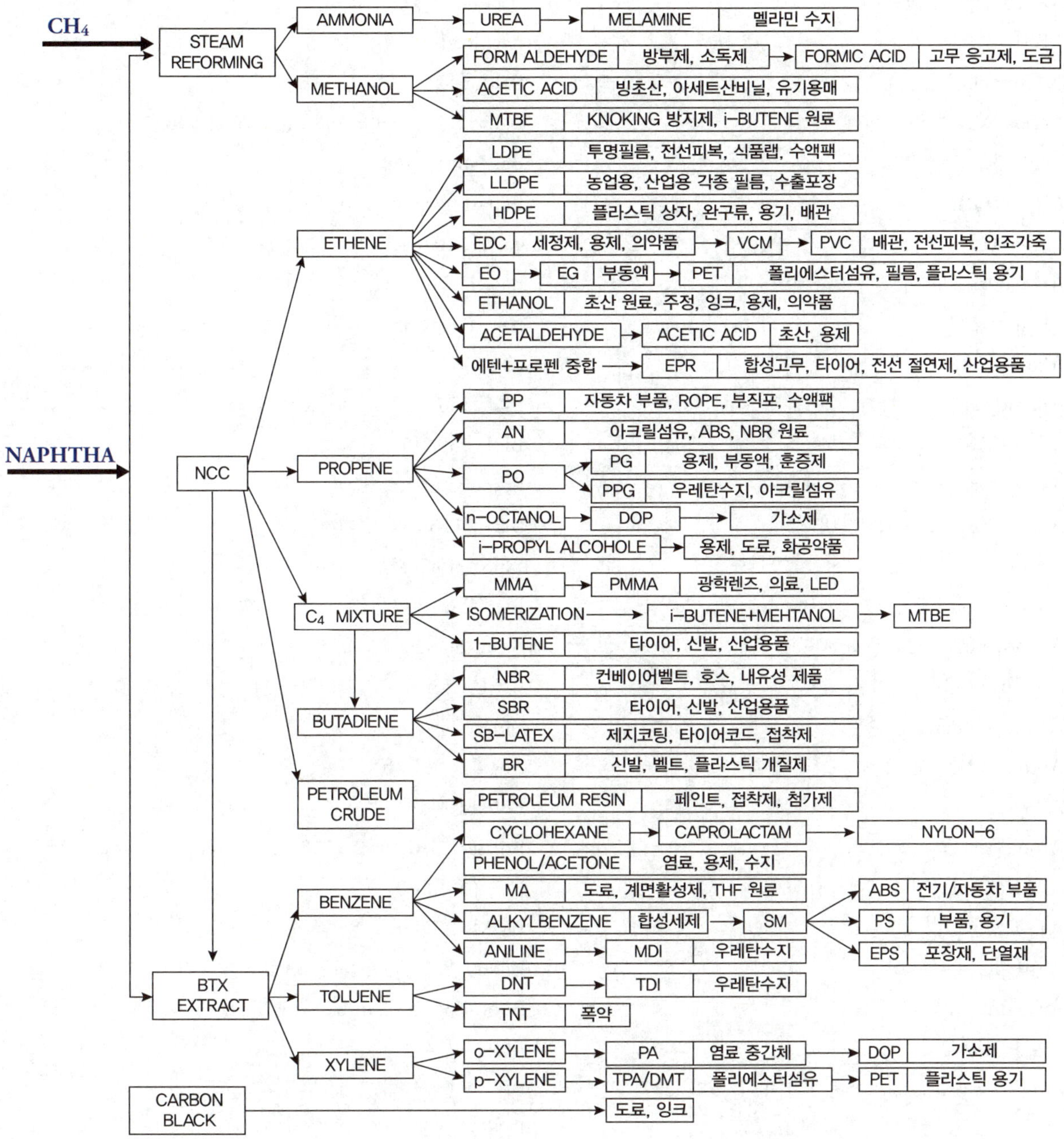
CH4
STEAM REFORMING
AMMONIA
UREA
MELAMINE
멜라민 수지
METHANOL
FORM ALDEHYDE
방부제, 소독제
FORMIC ACID
고무 응고제, 도금
ACETIC ACID
빙초산, 아세트산비닐, 유기용매
MTBE
KNOKING 방지제, i-BUTENE 원료
NAPHTHA
NCC
ETHENE
LDPE
투명필름, 전선피복, 식품랩, 수액팩
LLDPE
농업용, 산업용 각종 필름, 수출포장
HDPE
플라스틱 상자, 완구류, 용기, 배관
EDC
세정제, 용제, 의약품
VCM
PVC
배관, 전선피복, 인조가죽
EO
EG
부동액
PET
폴리에스터섬유, 필름, 플라스틱 용기
ETHANOL
초산 원료, 주정, 잉크, 용제, 의약품
ACETALDEHYDE
ACETIC ACID
초산, 용제
에텐+프로펜 중합
EPR
합성고무, 타이어, 전선 절연제, 산업용품
PROPENE
PP
자동차 부품, ROPE, 부직포, 수액팩
AN
아크릴섬유, ABS, NBR 원료
PO
PG
용제, 부동액, 훈증제
PPG
우레탄수지, 아크릴섬유
n-OCTANOL
DOP
가소제
i-PROPYL ALCOHOLE
용제, 도료, 화공약품
C4 MIXTURE
MMA
PMMA
광학렌즈, 의료, LED
ISOMERIZATION
i-BUTENE+MEHTANOL
MTBE
1-BUTENE
타이어, 신발, 산업용품
BUTADIENE
NBR
컨베이어벨트, 호스, 내유성 제품
SBR
타이어, 신발, 산업용품
SB-LATEX
제지코팅, 타이어코드, 접착제
BR
신발, 벨트, 플라스틱 개질제
PETROLEUM CRUDE
PETROLEUM RESIN
페인트, 접착제, 첨가제
BTX EXTRACT
BENZENE
CYCLOHEXANE
CAPROLACTAM
NYLON-6
PHENOL/ACETONE
염료, 용제, 수지
MA
도료, 계면활성제, THF 원료
ALKYLBENZENE
합성세제
SM
ABS
전기/자동차 부품
PS
부품, 용기
EPS
포장재, 단열재
ANILINE
MDI
우레탄수지
TOLUENE
DNT
TDI
우레탄수지
TNT
폭약
XYLENE
o-XYLENE
PA
염료 중간체
DOP
가소제
p-XYLENE
TPA/DMT
폴리에스터섬유
PET
플라스틱 용기
CARBON BLACK
도료, 잉크

영문 색인

A

B

C

D

E

F

G

H

I

J

K

L

M

N

O

P

Q

R

S

T

U

V

W

Y

한글 색인

ㅎ